NomosGesetze

Prof. Dr. Claus Dieter Classen
Prof. Dr. Ulrich Hufeld

Europäisches Verfassungsrecht

Vertragliches Europaverfassungsrecht
Staatliches Verfassungsrecht

4. Auflage

Stand: 1. Januar 2021

Nomos

Die Deutsche Nationalbibliothek verzeichnet diese Publikation in der Deutschen Nationalbibliografie; detaillierte bibliografische Daten sind im Internet über http://dnb.d-nb.de abrufbar.

ISBN 978-3-8487-7913-0

4. Auflage 2021

Herausgegeben von

Professor Dr. Claus Dieter Classen,
Universität Greifswald

Professor Dr. Ulrich Hufeld,
Helmut-Schmidt-Universität /
Universität der Bundeswehr Hamburg

Vorwort

Das vorliegende Textbuch ist dem *Europäischen Verfassungsrecht* gewidmet, versammelt die Texte, die das Fundament der Europäischen Integration ausmachen. Auf dieser Grundlage findet – verfasst – Integrationspolitik statt. Mit dem Verfassungsbegriff verbindet sich ein materielles Verständnis; einen europäischen Staat mit einer Verfassung gibt es nicht, wohl aber eine *Gesamtordnung* mit Rückhalt in einem *Ensemble der Verfassungstexte*. Konkret enthält und verbindet die Sammlung zum einen grundlegende europäische Vertragstexte, zum anderen grundlegende nationalstaatliche Texte. Auf der europäischen Ebene ist wiederum zu unterscheiden zwischen der europäischen Menschenrechtskonvention, die als Produkt des Europarats mit seinen 47 Mitgliedern den gesamten europäischen Kontinent abdeckt, und dem Primärrecht der Europäischen Union, die 27 Staaten in sich vereint. Wenn es einen „Europäischen Verfassungsverbund" gibt, dann beruht er auf diesen Grundlagen.

In der buchstäblichen Zusammenordnung supranationaler Verträge und nationalstaatlicher Verfassungen wird die moderne Integrations- und Verfassungskultur sichtbar. Zur Diskussion steht, ob die Vielheit der Verfassungstexte eine Zerklüftung der vormals einheitlichen Staatsgewalt, eine Inkongruenz der Politik-, Sozial- und Wirtschaftsräume, eine „Neue Mittelalterlichkeit" (*Oliver Diggelmann*) spiegelt – oder die Wechselbezüglichkeit der Texte eine neue Einheit stiftet „aus dem Zusammenwirken, der wechselseitigen Machtzuweisung und Machtbeschränkung, dem Zusammenklang von staatlicher und vergemeinschafteter Aufgabe" (*Paul Kirchhof*).

Indem der Staat supranationale Hoheitsgewalt „ausgründet" und einem eigenen Verfassungsrecht überantwortet, gibt er mit seiner Öffnung auch die kodifikatorische Geschlossenheit der Verfassungsurkunde preis. Die Einheit der Urkunde geht verloren mit der Einheit der Staatsgewalt. Auf Verfassungstexte integrierter Staaten ist kein Verlass mehr. Sie sind Teilverfassungen: „reduziert, relativiert, überlagert – auch wenn sich dies nicht durchweg an den Texten ablesen lässt" (*Peter Häberle*). Die vorliegende Sammlung stellt ausgewählte, für den akademischen Unterricht besonders wichtige Urkunden in einen Zusammenhang, der das Europäische Verfassungsrecht im Ensemble der Teilverfassungen erkennbar und verständlich, die „uneinheitliche Gesamtverfassung" greifbar macht. Wer sich intensiver mit den Verfassungen der Mitgliedstaaten der Europäischen Union befassen will, sei auf das Werk „Nationales Verfassungsrecht in der Europäischen Union" von *Claus Dieter Classen* verwiesen, das im gleichen Verlag 2021 in 2. Auflage erscheinen wird.

Die Neuauflage wurde in einer Zeit vorbereitet, in der die Zukunft der Europäischen Union stärker als in der Vergangenheit ungesichert erscheint. Zum ersten Mal hat ein Mitgliedstaat die Union verlassen – Anlass, in Auszügen das Brexit-Abkommen (Januar 2020) und das Handels- und Kooperationsabkommen der Union mit dem Vereinigten Königreich (Januar 2021) aufzunehmen. Die Vorstellungen darüber, was die Union in ihrem Kern ausmacht, divergieren zwischen den nunmehr 27 Mitgliedstaaten erheblich. Der Covid-19-Pandemie will die Union mit dem Programm „Next Generation EU" (NGEU) begegnen, mit eigenen Schulden im Umfang von 750 Mrd. Euro und dem ehrgeizigen Versuch, die Mitgliedstaaten aus der pandemischen Not in eine „grüne und digitale Zukunft" zu führen. Für diese Textsammlung haben wir einen zentralen NGEU-Rechtsakt ausgewählt, das „Aufbauinstrument" vom Dezember 2020.

Aus dem Kreis der Herausgeber sind Astrid Epiney und Franz Merli ausgeschieden. Ihnen gilt ein besonderer Dank. Claus Dieter Classen hat die Mitherausgeberschaft übernommen. Frau Ref. iur. Nicola Meier und Herrn Dipl.-iur. Dipl.-Finanzwirt (FH) Lennart Fischer danken wir für das Engagement in der redaktionellen Betreuung der Texte. Dem Nomos Verlag, namentlich Herrn Prof. Dr. Johannes Rux und Frau Marlies Dombrowski, bleiben wir dankbar verbunden.

Greifswald, Hamburg im Januar 2021

Claus Dieter Classen und *Ulrich Hufeld*

Inhalt

Europas Verfassungsgemeinschaft – Europarechtliche Perspektive

Claus Dieter Classen

Inhaltsübersicht

I. Die Europäische Union und ihre Rechtsordnung

1. Die Europäische Union zwischen Völkerrecht und staatlichem Recht

a) Die völkerrechtlichen Grundlagen der Union

Die Europäische Union ist in ihrer Struktur eine in der Welt einzigartige Organisation. Sie lässt sich nur schwer einordnen in die Struktur der internationalen Ordnung. Kategorial kann man unterscheiden zwischen den Staaten, ihren jeweiligen nationalen Rechtsordnungen mit den Menschen als natürlichen Rechtssubjekten auf der einen Seite und dem Völkerrecht als zwischenstaatlicher Rechtsordnung mit den Staaten als natürlichen Rechtssubjekten und den durch Verträge geschaffenen internationalen Organisationen auf der anderen Seite.

In dieser Perspektive ist die Europäische Union formal dem Völkerrecht zuzuordnen, denn sie beruht auf einem Vertrag zwischen den Staaten. Und auch wenn die Unionsorgane bei Änderungen am Vertrag beteiligt sind, müssen am Ende doch im Grundsatz alle Änderungen von allen Mitgliedstaaten nach deren jeweils geltenden verfassungsrechtlichen Vorschriften ratifiziert werden (Art. 48 Abs. 4, 6 EUV). Und selbst dort, wo das nicht ausdrücklich gefordert ist, kann doch jedes nationale Parlament eine Änderung verhindern (Art. 48 Abs. 7 EUV). Auch die Festlegung der Grundlagen der Finanzverfassung bedarf nationaler Zustimmung (Art. 311 AEUV).

Dies alles zeigt: Die Union ist in ihrer Existenz und ihren zentralen Elementen von diesen Staaten abhängig. Hoheitsrechte kann sie nur insoweit ausüben, wie ihr diese durch die Verträge zugewiesen worden sind (Art. 5 Abs. 1 EUV, Prinzip der begrenzten Einzelermächtigung). Soweit das Unionsrecht die Befugnisse in sehr offener Form definiert wie etwa in der Kompetenzergänzungsklausel des Art. 352 AEUV, ist das Unionsrecht offen für eine vom nationalen Verfassungsrecht verlangte Nachsteuerung in dem Sinne, dass das nationale Parlament zusätzliche Legitimation bereitstellen muss.

Hinzu kommt: Das Gebiet, auf dem sie diese Hoheitsgewalt ausüben kann, wird definiert durch das Hoheitsgebiet der Mitgliedstaaten mit der Folge, dass Veränderungen im Gebietsbestand bei einem Mitgliedstaat sich unmittelbar auf das Hoheitsgebiet der EU auswirken (Art. 52 EUV, 355 AEUV). Und trotz mancher unionsrechtlicher Vorgaben beim Verlust der Staatsangehörigkeit ist bis heute Unionsbürger, wer die Staatsangehörigkeit eines Mitgliedstaates besitzt (Art. 20 AEUV). Erwerb und Verlust der nationalen Staatsangehörigkeit schlagen also unmittelbar auf die unionsrechtliche Rechtsstellung durch.

b) Die staatsrechtlichen Elemente in der Europäischen Union

Betrachtet man die Union nicht formal, sondern inhaltlich, so weist sie mehrere Elemente auf, die sie als mit einem Staat vergleichbar erscheinen lassen. Sie kann nicht nur wie jede internationale Organisation – unabhängig von ihren Mitgliedern – ihren eigenen Willen bilden. An dieser Willensbildung sind über das EU-Parlament auch unmittelbar von den Bürgern gewählte Repräsentanten beteiligt. Vor allem aber kann die Union diesen Willen auch in einer rechtsförmigen Weise artikulieren, sodass dieser dann für die Bürger im nationalen Rechtsraum im Gegensatz zum herkömmlichen Völkerrecht unmittelbar Rechte und Pflichten erzeugt. Diese Rechte und Pflichten können dann auch vor unabhängigen Gerichten durchgesetzt werden. Dies gilt sowohl im Verhältnis des Staates zum Bürger als auch im Verhältnis zwischen den Mitgliedstaaten. Und auch institutionell stehen sich Mitgliedstaaten und Union nicht wie im klassischen Völkerrecht wie zwei geschlossene Blöcke gegenüber. An der europäischen Gesetzgebung sind auch die nationalen Parlamente, an der europäischen Verwaltung die nationalen Verwaltungen beteiligt. Damit erscheint die Europäische Union manchen schon beinahe selbst ein Staat zu sein.

c) Keine Souveränität

Tatsächlich aber ist die Europäische Union weit davon entfernt, ein Staat zu sein. Theoretisch ist dies damit zu begründen, dass der Europäischen Union die Souveränität fehlt. Diese wird zwar zum Teil schlicht mit der Vorstellung umfassender Machtfülle verbunden. In der Konsequenz sehen dann manche angesichts der Tatsache, dass die Staaten in der Union viel Macht verloren haben, die Souveränität heute als geteilt an: Teils liegt sie noch bei den Mitgliedstaaten, teils sei sie auf die Union übergegangen.

In diesem Sinne aber ist auch der Staat selbst schon lange nicht mehr souverän, wird doch seine Entscheidungsgewalt substantiell durch das Völkerrecht eingeschränkt. Das Konzept überzeugt daher nicht.

Tatsächlich geht es bei der Souveränität um die Frage der Legitimation der Herrschaft. Bis heute liegt die verfassungsgebende Gewalt der Union jedoch bei den Staaten. Praktisch wird der Unterschied zwischen Union und Staat zum einen daran deutlich, dass den Mitgliedstaaten bis heute in der Willensbildung der Union eine zentrale Rolle zusteht. Einseitig können sie sogar aus der Europäischen Union austreten, wie das Beispiel des Vereinigten Königreichs deutlich macht. Zum anderen fehlt es der Europäischen Union bis heute nahezu völlig an der Möglichkeit, auch physische Zwangsgewalt auszuüben, einem zentralen Merkmal der Staatlichkeit. Letztlich zeigt sich das vor allem in Krisenzeiten: In der auch für den Euro bedrohlichen Verschuldungskrise mancher Mitgliedstaaten (2010), beim Umgang mit dem starken Zustrom an Flüchtlingen (2015/16) sowie in der Covid-19-Pandemie (2020) haben letztlich die Staaten die zentrale Rolle gespielt; die Union war ein weitgehend machtloser Akteur.

2. Die Unionsrechtsordnung

a) Die formale Eigenständigkeit

Zentrale Eigenschaft der Union ist ihr Charakter als Rechtsgemeinschaft. Wie der damalige Präsident der Kommission der EWG, Walter Hallstein, bereits im Jahre 1962 formuliert hat und bis heute gilt, drückt sich dieser Charakter vor allem in drei Elementen aus: Die Union ist eine Schöpfung des Rechts, sie arbeitet im Wesentlichen mit den Mitteln des Rechts, und ihre Streitigkeiten werden mit den Mitteln des Rechts, also durch Gerichte gelöst.

Damit das Unionsrecht auch tatsächlich seine Wirkung entfalten kann, ist für einen bestimmten Teil von ihm, nämlich die Verordnung, ausdrücklich und damit in Abweichung von dem, was traditionell im Völkerrecht üblich ist, die unmittelbare Wirkung vorgeschrieben (Art. 288 Abs. 2 AEUV). Ein nationaler Rechtsanwendungsbefehl als Voraussetzung für die Anwendung von Verordnungen in der innerstaatlichen Rechtsordnung ist danach nicht vorgesehen.[1] Die unmittelbare Wirkung ist nur insoweit vom nationalen Recht abhängig, als der Vertrag, der der Ausübung der europäischen Hoheitsgewalt zugrunde liegt, gemäß den Regeln des nationalen Rechts wirksam geworden ist.

Dass sich diese im Vertrag verankerte unmittelbare Wirkung von Verordnungen auch mit den Normen des Vertragsrechts selbst verbinden kann, ist eine dann eigentlich nur logische Konsequenz. Außerdem macht das Vorabentscheidungsverfahren vor dem Gerichtshof nach Art. 267 AEUV nur unter dieser Voraussetzung wirklich Sinn, denn dieses setzt ja voraus, dass die jeweils vorgelegte europarechtliche Frage für die Entscheidung des nationalen Gerichts erheblich sein muss. Trotzdem gab und gibt es heute große Diskussionen um das Urteil des Gerichtshofes, in dem dieser 1963 zu ersten Mal ausdrücklich den Grundsatz der unmittelbaren Wirkung von Bestimmungen des damaligen EWGV postuliert hat.[2] Später wurde diese Möglichkeit auch auf Richtlinien erstreckt.[3] Dies war sicherlich – aus deutscher Perspektive, denn viele andere nationale Rechtsordnungen kennen diese Kategorie als Gegensatz zur Auslegung nicht – ein gutes Stück Rechtsfortbildung.[4]

Mit der unmittelbaren Wirkung sind die Besonderheiten des Unionsrechts aber nicht abschließend erfasst. Bereits früh wurden weitere Merkmale postuliert, die sich letztlich aber nur als Konsequenz dieser unmittelbaren Wirkung darstellen. Zunächst hat der EuGH bereits 1964 judiziert, dass das Unionsrecht auch Vorrang entfaltet gegenüber dem nationalen Recht, gleich welcher Quelle.[5] Dieser Vorrang ist letztlich zwingende Konsequenz der unmittelbaren Wirkung des Unionsrechts, denn diese wäre in Frage gestellt, könnte ein Mitgliedstaat durch einen nationalen Rechtsakt den Vorrang in Frage stellen. Er muss sich daher auf alle Quellen des nationalen Rechts beziehen, unter Einschluss des Verfassungsrechts. Dieser Vorrang ist allerdings nicht Ausdruck einer Normenhierarchie, sondern wirkt wie der Vorrang des speziellen vor dem allgemeinen Gesetz; es geht nur um einen Anwendungsvorrang, nicht um einen Geltungsvorrang.

1 Siehe aber BVerfGE 73, 339 (367, 375) – Solange II (1986).
2 EuGH, Rs. 26/62, Slg. 1963, 1 (25 f.) – van Gend & Loos.
3 EuGH, Rs. 41/74, Slg. 1974, 1337 Rn. 12 ff. – van Duyn.
4 BVerfGE 75, 223 (241) – Kloppenburg (1988).
5 EuGH, Rs. 6/64, Slg. 1964, 1251 (1269 ff.) – Costa/ENEL.

Eine weitere Eigenheit des Unionsrechts ist seine Einheitlichkeit. Wenn das Unionsrecht unmittelbar mit Vorrang überall gelten soll und der EuGH für seine letztverbindliche Auslegung zuständig ist, ist es nur konsequent, dass das Unionsrecht auch in der ganzen Union einheitlich zu gelten hat. Vergleichbares ist für alle nationalen Rechtsordnungen selbstverständlich. Alle Begriffe des Unionsrechts sind also einheitlich und damit nicht einfach so wie im fraglichen Mitgliedstaat auszulegen.[6] Damit verbindet sich angesichts der unterschiedlichen Sprachen und Rechtskulturen in der Union sicherlich eine besondere Herausforderung. Es ist aber zwingend, wenn die Union ihren Charakter als Rechtsgemeinschaft behalten soll.

Schließlich ist der Wille des EuGH deutlich erkennbar, sicherzustellen, dass die Gewährleistungen des Unionsrechts realen Charakter haben, also nicht nur einen Papiertiger bilden. Daher hat er für das Unionsrecht das Interpretationsprinzip des „effet utile" entwickelt.[7] Dieses soll die praktische Wirksamkeit des Unionsrechts sichern. Im Verhältnis zum nationalen Recht ist es ihm ein wichtiges Anliegen, sicherzustellen, dass das Unionsrecht nicht durch nationales Recht auch ohne formellen Widerspruch zum Unionsrecht doch faktisch unterlaufen wird. Insoweit postuliert er regelmäßig insbesondere, dass die Mitgliedstaaten verpflichtet sind, das Unionsrecht auch im nationalen Rechtsraum mit hinreichender Wirksamkeit durchzusetzen.[8]

b) Die inhaltliche Abhängigkeit des Unionsrechts von den nationalen Rechtsordnungen

Die vorstehenden Eigenheiten des Unionsrechts hat der EuGH bereits 1964 mit dem Begriff der Autonomie zusammengefasst.[9] Hierbei handelt es sich um einen offenen Begriff. Dessen Überzeugungskraft hängt von dem Inhalt ab, den man ihm gibt. Richtig ist zunächst der Ansatz, das Unionsrecht formal vom nationalen Recht abzukoppeln.

Formal handelt es sich bei der Unionsrechtsordnung zwar um eine völlig neue Rechtsordnung. Trotzdem entstand und entsteht diese nicht einem luftleeren Raum. Die europäischen Rechtstexte werden im Geiste dessen formuliert und angewendet, was sich als Rechtstraditionen in Europa herausgebildet hat. Im kontinentaleuropäischen Kontext war und ist es selbstverständlich, dass die Gerichte bei der Rechtsfindung von den entsprechenden Texten ausgehen, die sie methodengerecht zu interpretieren haben. Mit Blick auf diese Methoden gibt es einen anerkannten Kanon, der im Kern sogar im internationalen Recht anerkannt ist. Seine zentralen Elemente sind der Wortlaut, die Systematik, Sinn und Zweck sowie Entstehungsgeschichte. Die Bedeutung der Methoden in einzelnen Rechtsordnungen ist sicherlich unterschiedlich. Insoweit kommt dem Gerichtshof dann ein Spielraum zu. Eine von diesen Traditionen völlig abgekoppelte Methodenlehre aber durfte es nicht geben und hat es auch nicht gegeben.

Entsprechendes gilt für den Inhalt der Texte. Den Inhalt eines juristischen Begriffes zu bestimmen, fällt umso leichter, je stärker man an bereits bekannte Ideen anknüpfen kann. Insoweit ist der Begriff der Autonomie des Unionsrechts missverständlich. Überzeugend kann das Unionsrecht seine Inhalte nur entfalten, wenn es regelmäßig auch mit den jeweiligen nationalen Rechtstraditionen rückgekoppelt wird. Diese haben sich in einer jahrhundertelangen gedanklichen Arbeit herausgebildet, und das dort angehäufte Wissen, die dort angehäuften Erfahrungen müssen auch für das Unionsrecht fruchtbar gemacht werden.

6 EuGH, Rs. 106/77, Slg. 1978, 6289 Rn. 14 f. – Simmenthal; Rs. C-316/05, Slg. 2006, I-12083, Rn. 21 – Nokia.

7 Beispielhaft EuGH, Rs. 48/75, Slg. 1976, 497 Rn. 69 ff. – Royer.

8 EuGH, Rs. 33/76, Slg. 1976, 1989 Rn. 5 – Rewe; RS. 45/76, Slg. 1976, 2043 Rn. 12 f. – Comet.

9 EuGH, Rs. 6/64, Slg. 1964, 1251 (1270) – Costa/ENEL.

Bei den vorstehenden Überlegungen geht es weniger um konkrete Einzelregelungen. Wenn ein Unionsrechtsakt beschlossen wird, geschieht das ja gerade deshalb, weil die bestehenden nationalen Rechtsregeln inhaltlich nicht zu überzeugen vermögen. Soweit aber bestimmte Grundkonzepte im Raum stehen, muss, auch wenn insoweit sicher immer nur ein begrenzter Konsens zwischen den nationalen Rechtsordnungen festzustellen ist, die europäische Rechtsordnung dies in Rechnung stellen. Das gilt etwa für das Konzept des Vertragsrechts oder des Schadenersatzes im bürgerlichen Recht, für die Konstruktion des Verwaltungsaktes im öffentlichen Recht und für die spezifischen Voraussetzungen hoheitlichen Strafens.

Beispielhaft sei dies an der Diskussion um die Möglichkeiten konkretisiert, Streitigkeiten um die Beachtung der EMRK durch die Europäische Union durch den EGMR oder um Investitionen aus Drittstaaten durch Schiedsgerichte entscheiden zu lassen. In beiden Fällen handelt es sich um seit Jahrzehnten anerkannte Instrumente, die im Lichte der nationalen Rechtsprechungshoheit nie als prinzipiell problematisch angesehen wurden. Trotzdem lässt der EuGH mit Hinweis auf die Autonomie des Unionsrechts gegenüber solchen Gerichten eine gewisse Zurückhaltung erkennen.[10] Damit wird die Autonomie problematisch. Sie entwickelt sich so zu einem Hemmnis für internationale Kooperationen. Die Schaffung der Europäischen Union aber sollte die internationale Zusammenarbeit nicht erschweren. Insbesondere darf also die europäische Rechtsordnung nicht stärker gegenüber den Anforderungen internationaler Kooperationen immunisiert werden, als dies bei den nationalen Rechtsordnungen der Fall ist.

Bereits in ihrer Ursprungsfassung war dieser Gedanke einer Rückbindung des damaligen Gemeinschaftsrechts an die nationalen Rechtsordnungen in den europäischen Verträgen verankert. Mit Blick auf die Haftung der heutigen EU heißt es in der bis heute im sachlichen Gehalt unveränderten Bestimmung des heutigen Art. 340 AEUV (früher Art. 215 EWGV), dass im Bereich der außervertraglichen Haftung die Union den durch ihre Organe und Bediensteten in Ausübung ihrer Amtstätigkeit verursachten Schaden nach den allgemeinen Rechtsgrundsätzen ersetzt, die den Rechtsordnungen der Mitgliedstaaten gemeinsam sind.

Mit dem Vertrag von Maastricht wurde die heute in Art. 6 Abs. 3 EUV enthaltene Bestimmung im europäischen Recht verankert, in der mit Blick auf die Grundrechte Bezug genommen wird auf die gemeinsamen Verfassungsüberlieferungen der Mitgliedstaaten, die als allgemeine Grundsätze Teil des Unionsrechts seien. Schließlich hat der Vertrag von Lissabon grundlegende Werte postuliert, auf die sich die Union gründet, und betont in diesem Zusammenhang, dass diese Werte allen Mitgliedstaaten gemeinsam seien (Art. 2 EUV). Diese verschiedenen Ausprägungen wurden jeweils vorbereitet und ausgefüllt von einer langjährigen und umfangreichen Rechtsprechung des Gerichtshofes.

II.
Die Rolle des nationalen Verfassungsrechts in der Europäischen Union aus unionsrechtlicher Perspektive

1. Die Union als Werteunion

Die zentralen normativen Anknüpfungspunkte für die Bedeutung des nationalen Verfassungsrechts im Unionsrecht wurden bereits benannt: Nach Art. 6 Abs. 3 EUV spielen die nationalen Verfassungstraditionen bei der Herausbildung der entsprechenden europäischen

10 Zur Kontrolle der EU durch den EGMR Gutachten 2/13, ECLI:EU:C:2014:2454, Rn. 179 ff. – EMRK-Beitritt II; zu Investitionsschiedsgerichten EuGH, Rs. C-284/16, ECLI:EU:C:2018:158 – Achmea; Gutachten 1/17, ECLI:EU:C:2019:341, Rn. 149 f.

allgemeinen Rechtsgrundsätze im Bereich des Grundrechtschutzes eine wichtige Rolle. Nach Art. 2 EUV sind die dort benannten Werte – Menschenwürde, Freiheit, Demokratie, Gleichheit, Rechtsstaatlichkeit und Menschenrechte – den Mitgliedstaaten der Europäischen Union gemeinsam. Und in der Tat zeigt ein Blick in die in dieser Sammlung zusammengestellten Verfassungstexte, dass sich diese Werte auch in allen nationalen Verfassungstexten wiederfinden.

Diesen Werten kommt nach den Verträgen eine wichtige Rolle zu. Dies gilt für die Politik der Union sowohl im Inneren (Art. 3 Abs. 1 sowie 13 EUV) als auch nach außen (Art. 3 Abs. 5, 8, 21 Abs. 2 und 32 EUV). Zudem ist ihre Achtung zentrale Voraussetzung für die Mitwirkung eines Staates an der Union (Art. 7, 49 EUV).

In der Praxis zeigt der Blick in die nationalen Verfassungen aber auch, dass diese Werte in den einzelnen Staaten zum Teil sehr unterschiedlich ausgeformt sind. Dies macht es schwierig, ihren Inhalt auf europäischer Ebene konkret zu bestimmen. Hinzu kommt seit einigen Jahren, dass es große Schwierigkeiten macht, diesen Werten tatsächlich auch gerecht zu werden und sie zu sichern. Die jüngsten Entwicklungen in Ungarn und Polen, aber auch in Rumänien und Bulgarien zeigen deutlich, dass grundlegende Prinzipien dessen, was man gemeinhin unter einer rechtsstaatlichen Demokratie versteht, dort zunehmend in Frage gestellt werden. Das insoweit in Art. 7 EUV vorgesehene Verfahren läuft leer, weil sich die verschiedenen Staaten wechselseitig decken. Verfahren vor dem EuGH können häufig nur Teilprobleme bewältigen. Ein Verfahren vor dem EGMR ist bislang in keinem Fall durch andere Mitgliedstaaten eingeleitet worden.

Das Grundproblem besteht darin, dass die genannten Werte durch vergleichsweise offene Begriffe umschrieben sind, die auch unabhängig von den genannten Krisenphänomenen in den verschiedenen Staaten ausgesprochen unterschiedlich verstanden werden. Hinzu kommt, dass in den verschiedenen bereits erwähnten Krisensituationen, denen sich die Europäische Union ausgesetzt sah, diesen Werten kaum durchgängig angemessener Respekt gezollt wurde. Daher wird auch grundsätzlich in Zweifel gezogen, dass es richtig war, die vorstehenden Werte so in den Mittelpunkt der Unionsaktion zu stellen. Verschiedene Staaten wünschen sich ersichtlich eine Abkehr von einem solchen, für alle Mitgliedstaaten verbindlichen Wertekanon der Europäischen Union.

In der Tat ist dieser Wertediskurs vergleichsweise jung. Lange Zeit haben konkrete Politikfelder die Aktion der Europäischen Gemeinschaft und später der Europäischen Union bestimmt. Vertragsrechtlich wurde erst mit dem Vertrag von Lissabon eine Abkehr von der zuvor auf verschiedene Einzelfelder bezogenen Ausrichtung der Tätigkeiten der Gemeinschaft vollzogen (siehe Art. 3 EGV a.F.). Im Grundsatz aber war die Achtung der in Art. 2 EUV genannten Werte schon immer Voraussetzung für eine tragfähige Union. Mit Blick auf die Rechtsstaatlichkeit etwa ist darauf hinzuweisen, dass eine funktionsfähige Gerichtsbarkeit notwendig war, um den Anforderungen des Gemeinschaftsrechts Rechnung zu tragen: Eine angemessene Agrarfinanzierung setzt auch voraus, dass im Einzelfall ein Rechtstreit darüber geführt werden kann, ob die Fördervoraussetzungen vorliegen oder nicht.

In einigen Mitgliedstaaten der Union stößt sicherlich die Politik der Union im Kampf gegen die Diskriminierung aus Gründen der sexuellen Orientierung (Art. 21 GRCh; RL 2000/78) sowie für die damit in vielen anderen Staaten zunehmende einhergehende Gleichstellung gleichgeschlechtlicher mit gegengeschlechtlichen Partnerschaften auf Widerstand. Dies gilt insbesondere für die Einführung der Homoehe. Der Grundsatz, dass die Regeln über die Freizügigkeit der Bürger, früher nur der Arbeitnehmer und der Selbstständigen, innerhalb der Gemeinschaft und heute der Union auch die Mitnahme eines Ehegatten erlauben,[11] stammt aus den 1960er Jahren. Damals war zwar nicht vorstellbar, dass ein Ehegatte dem gleichen Geschlecht angehören könne wie der unmittelbar zur Freizügigkeit berechtigte Bürger. Rein rechtlich aber hat die Veränderung nichts mit Änderungen im Unionsrecht zu tun, sondern nur mit den Änderungen auf nationaler Ebene. Und schließlich gilt auch mit Blick auf die Demokratie, dass die Mitwirkung eines undemokratisch regierten Staates an der Gemeinschaft nie vorstellbar war.

2. Zu den einzelnen Werten

a) Demokratie

„Alle Staatsgewalt geht vom Volke aus.“ Diese Aussage des Grundgesetzes (Art. 20 Abs. 2) findet sich in nahezu allen anderen nationalen Verfassungen der Mitgliedstaaten der Union und kann daher wohl als Definition dessen angesehen werden, was man auf nationaler Ebene unter Demokratie zu verstehen hat. Bei der Frage, wie der Prozess der demokratischen Legitimation der Hoheitsgewalt organisiert wird, gibt es zwischen den Mitgliedstaaten in wichtigen Grundsatzfragen eine Übereinstimmung, bei zahlreichen Details aber auch grundlegende Unterschiede. Das Unionsrecht setzt voraus, dass es auf nationaler Ebene jeweils ein Parlament und eine Regierung gibt und dass die Regierung dem nationalen Parlament oder den Bürgerinnen und Bürgern gegenüber rechenschaftspflichtig ist (Art. 10 Abs. 2 UAbs. 2 EUV). Ergänzend kann auf Art. 3 des ersten Zusatzprotokolls zur EMRK verwiesen werden, das in allen Mitgliedstaaten gleicherweise gilt. Danach müssen alle Staaten in angemessenen Zeitabständen freie und geheime Wahlen unter Bedingungen abhalten, welche die freie Äußerung der Meinung des Volkes bei der Wahl der gesetzgebenden Körperschaften gewährleisten.

Damit ist vorgegeben, dass es ein frei gewähltes Parlament gibt, das die Regierung kontrolliert. Tatsächlich kann man feststellen, dass die Regierung außerdem in allen Mitgliedstaaten der Union zumindest gegen das Parlament nicht arbeiten kann und damit überall dann auch indirekt demokratisch legitimiert ist. Ebenso sind das Mehrheitsprinzip sowie eine pluralistische Willensbildung, abgesichert durch die Meinungsfreiheit, überall anerkannt. Die Wahlsysteme im Einzelnen sowie die Verteilung der Kompetenzen zwischen den Staatsorganen und die Frage, wie die erwähnte Kontrolle stattfindet, zeigen jedoch auch etliche Unterschiede zwischen den Mitgliedstaaten.

Fragt man sich in einem zweiten Schritt, ob und inwieweit auch die Union selbst den soeben geschilderten demokratischen Anforderungen genügen kann, wird schnell deutlich, dass dies nur mit gewissen Modifikationen der Grundprinzipien möglich ist. Die europäische Hoheitsgewalt geht nicht von einem als solchen gar nicht bestehenden europäischen Volk aus, sondern wie erwähnt von den Mitgliedstaaten. Dabei zeigt sich zunächst, dass internationale Zusammenarbeit aus der Perspektive einer nationalen Demokratie ohnehin ein Problem aufwirft, weil die Mitwirkung der anderen Staaten an der europäischen Willensbildung aus der Perspektive des eigenen Staatsvolkes ohnehin prinzipiell nicht demokratisch legitimiert sein kann; die Legitimation bezieht sich immer nur auf das jeweilige Volk der anderen Staaten.

Dieses Problem besteht aber bei jeder Form internationaler Zusammenarbeit von Staaten und würde, wenn man konsequent nur das jeweils eigene Volk als Bezugspunkt demokratischer Legitimation anerkennt, eine solche Kooperation generell unmöglich machen. Das ist ersichtlich nicht das Anliegen des Demokratieprinzips. Geboten ist jedoch zunächst,

11 Zu Anwendung der Freizügigkeitsregeln auf einen gleichgeschlechtlichen Ehepartner Rs. C-673/16, ECLI:EU:C:2018:385 – Coman.

dass die Verträge, auf denen jede Zusammenarbeit beruht, vom jeweiligen Parlament akzeptiert werden. Mit Blick auf die Europäische Union bestehen allerdings besondere Erfordernisse, weil deren Organe in vielen Bereichen auch Recht setzen können, das unmittelbar für die Bürger gilt. Daher verlangt das Unionsrecht zunächst zu Recht, dass auch alle anderen Mitgliedstaaten demokratisch verfasst sind. Zudem muss eine angemessene Mitwirkung der Unionsbürger unmittelbar an der Willensbildung der Union möglich sein. Aus diesem Grund sieht das Unionsrecht bereits seit 1979 vor, dass das Europäische Parlament unmittelbar von den Unionsbürgern gewählt wird. Die Besonderheiten der Europäischen Union zeigen sich aber daran, dass das Unionsrecht nicht nur den Anspruch verfolgt, dass alle Bürger der Union, sondern dass dabei auch die Bevölkerung der einzelnen Staaten angemessen vertreten sind. Dies erfordert eine degressive Proportionalität der Vertretung der Bevölkerung der einzelnen Staaten in dem Sinne, dass die Bevölkerung großer Mitgliedstaaten in Relation zu ihrer Größe schwächer im Parlament vertreten ist als die Bevölkerung kleiner Staaten.

Insgesamt betrachtet beruht die demokratische Legitimation der europäischen Organe heute auf zwei, in Art. 10 Abs. 2 EUV auch explizit genannten Legitimationssträngen, nämlich einerseits der im Ministerrat vertretenen Regierung, die sich ihrerseits wie erwähnt auf eine nationale Legitimation stützen kann, und andererseits dem europäischen Parlament, das unmittelbar von den Bürgern der Union gewählt wurde. Gemeinsam bestimmen beide Organe die Zusammensetzung der Europäischen Kommission. Bis heute aber zeigen die Diskussionen um die demokratische Legitimation der europäischen Organe die unterschiedlichen nationalen Demokratieverständnisse.

Mit Blick auf die nationalen Volksvertretungen wird zum Teil vor allem deren nationaler Charakter betont und dementsprechend das demokratische Herz der Union in dem aus von den nationalen Parlamenten kontrollierten Ministern zusammengesetzten Ministerrat gesehen. Andere sehen das demokratische Herz bei jeder hoheitlich verfassten Organisation bei der Volksvertretung und dementsprechend auf der Ebene der Europäischen Union beim europäischen Parlament.

b) Rechtsstaatlichkeit

Bereits die Begrifflichkeit der Rechtsstaatlichkeit wirft mit Blick auf die Europäische Union ein Problem auf, ist diese doch gar kein Staat. Hinzu kommt, dass bei der Frage, was sich im Einzelnen mit der Rechtsstaatlichkeit verbindet, zwischen den Mitgliedstaaten ebenfalls große Unterschiede bestehen. Ohnehin lässt sich dieses Prinzip, das erst, aber immerhin seit Mitte der 1970er Jahre regelmäßig in neuen Verfassungstexten auftaucht, nicht wie das Demokratieprinzip auf einen Grundgedanken zurückführen; es geht um ein Bündel an Prinzipien.

Als gewissen Grundkonsens kann man wohl annehmen die Bindung der hoheitlichen Gewalt an das Recht und eine Aufteilung der Machtbefugnisse zwischen verschiedenen Staatsorganen. Die verbindliche Entscheidung von Streitigkeiten am Maßstab des Rechts liegt, auch menschenrechtlich abgesichert (Art. 6 EMRK), bei unabhängigen Gerichten. Auch hier sind aber die Elemente im Einzelnen in den Mitgliedstaaten ausgesprochen unterschiedlich ausgestaltet.

Angesichts der Bedeutung, die dem Recht für die Europäische Union zukommt, ist die Existenz einer unabhängigen rechtsprechenden Gewalt in den Mitgliedstaaten zentral für das Funktionieren der Union. Vor diesem Hintergrund stellen die in manchen Mitgliedstaaten, insbesondere in Polen zu beobachtenden Eingriffe in die Unabhängigkeit der Justiz eine existenzielle Bedrohung für die Union dar. Zu Recht hat der EuGH, konfrontiert mit diesen Entwicklungen, zwar gewisse allgemeine Grundsätze zur Unabhängigkeit der Gerichte und der Richter aufgestellt.[12] Über die Frage, was diese im Einzelfall bedeuten, kann man sicher trefflich streiten. So bestehen in manchen Staaten Regelungen, die formal betrachtet denen vergleichbar sind, die jetzt in Polen die Unabhängigkeit der Justiz gefährden,[13] doch ist dort durch andere, zum Teil auch nur informelle Regeln gesichert, dass dies nicht geschieht.[14] Hier zeigt sich in besonderem Maße die Problematik, die sich mit den europäischen „Werten" verbindet.

Mit Blick auf die Europäische Union selbst wirft die Bindung an das Recht und die Unabhängigkeit der Gerichtsbarkeit keine prinzipiellen Probleme auf. Demgegenüber weicht die Struktur der übrigen Organe erheblich von dem ab, was aus den nationalen Verfassungen bekannt ist. Die Kommission lässt sich allenfalls partiell als europäische Regierung begreifen, und die nationalen Regierungen sind im Ministerrat vertreten, dem eine zentrale Rolle in der Gesetzgebung zukommt. Erklärlich ist dieses Modell durch den besonderen Charakter der Union als Organisation von Staaten. Das zentrale Anliegen der Gewaltenteilung, die Schaffung eines Systems von checks and balances, wird aber auch durch die Organstruktur der Union gewährleistet.

c) Grundrechte

Grundrechte sind auf nationaler Ebene eine Selbstverständlichkeit. Ebenso ist seit langem anerkannt, dass die Hoheitsgewalt der Europäischen Union durch Grundrechte begrenzt werden muss. Die einschlägige Rechtsprechung des EuGH geht auf das Jahr 1969 zurück und hat zunächst vor allem an die nationalen Verfassungstraditionen angeknüpft.[15] Seit 1974 sind zudem alle (damaligen) Mitgliedstaaten der heutigen Union an die EMRK gebunden; seither weist der EuGH diesem Vertragswerk zentrale Bedeutung zu.[16] Daneben hat das Unionsrecht aber auch eigene Akzente gesetzt. Insbesondere ist hier die 1999/2000 erarbeitete und seit dem 1.12.2009 formell verbindliche Charta der Grundrechte zu nennen. Sie greift in vielen Punkten auf die vorherigen Entwicklungen zurück. Zu diesen gehört insbesondere der in Art. 2 EUV besonders erwähnte Schutz vor Diskriminierung, der mit Blick auf die beiden Geschlechter seit Mitte der 1970er Jahre und im Übrigen seit dem Jahre 2000 von der europäischen Rechtsetzung wie der europäischen Rechtsprechung wirkungsmächtig entfaltet worden, dabei aber auch mit manchen nationalen Rechtstraditionen in Konflikt geraten ist.

Eine besondere Herausforderung verbindet sich mit der Bestimmung des Anwendungsbereichs des nationalen Grundrechtsschutzes. Das Unionsrecht wird nämlich regelmäßig nicht isoliert angewendet, sondern, bedingt durch den auf das Prinzip der begrenzten Einzelermächtigung zurückzuführenden Charakter der Unionsrechtsordnung als Teilrechtsordnung sowie durch die Existenz von ins nationale Recht umsetzungsbedürftigen Richtlinien, regelmäßig in einem vom nationalen Recht geprägten Kontext vollzogen. In diesem Rahmen wird es ausgesprochen schwierig, die Anwendungsbereiche von nationalem und europäischem Grundrechtsschutz zu trennen. Letzterer gibt nicht nur einen Maßstab für die Gültigkeit von Sekundärrechtsakten des Unionsrechts ab, sondern kann auch dessen Auslegung beeinflussen. Daher kommen die europäischen Grundrechte auch zum Tragen,

12 EuGH, Rs. C-64/16, ECLI:EU:C:2018:117 Rn. 41 ff. – Associação Sindical dos Juízes Portugueses.

13 Zu Polen EuGH, RS. C-619/18, ECLI:EU:C:2019:531 Rn. 71 ff., 108 ff. – Kommission/Polen; Rs. C-585/18, 624/18 und 625/18, ECLI:EU:C:2019:982 Rn. 114 ff. – A.K.

14 Vgl. zum unproblematischen Einfluss der Exekutive auf die deutsche Justiz EuGH, Rs. C-272/19, ECLI:EU:C:2020:535 Rn. 51 ff. – VQ.

15 EuGH, Rs. 29/69, Slg. 1969, 419 Rn. 7 – Stauder.

16 EuGH, Rs. 4/73, Slg. 1974, 491 Rn. 13 – Nold.

wenn etwa Richtlinien umsetzendes nationales Recht angewendet wird. Zugleich ist anerkannt, dass der Vorbehalt zugunsten weitergehenden Grundrechtsschutzes, wie er in Art. 53 GRCh verankert ist, keine Ausnahme vom Vorrang des Unionsrechts macht, sondern nur deutlich machen soll, dass die nationalen Grundrechte nicht prinzipiell von den europäischen Grundrechten verdrängt werden. Nationale Grundrechte können daher auch neben europäischen Grundrechten Anwendung finden; sie dürfen nur nicht den Vorrang des Unionsrechts in Frage stellen.[17] Vor diesem Hintergrund erweist sich die These des BVerfG, es müsse zur Sicherung seiner Aufgaben im europäischen Verfassungsverbund die europäischen Grundrechte als Prüfungsmaßstab heranziehen, weil der Rückgriff auf die Grundrechte des Grundgesetzes versperrt sei,[18] als unionsrechtlich nicht überzeugend und in der Sache gewagt.

Insgesamt zeigt dieser Überblick, dass dem nationalen Verfassungsrecht einerseits eine wichtige Bedeutung zukommt. Es ist heranzuziehen, wenn die allgemeinen Begriffe des Unionsrechts zu konkretisieren sind. Zugleich aber zeigt ein Blick in die verschiedenen Texte, dass hier große Unterschiede bestehen. Auch dafür soll die vorliegende Textausgabe sensibilisieren.

3. Nationale Identität

Nach Art. 4 Abs. 2 EUV wird die nationale Identität eines Mitgliedstaates, wie sie sich insbesondere auch in seinem verfassungsmäßigen Strukturen niederschlägt, durch das Unionsrecht speziell geschützt. So müssen sich die Deutschen keine Sorge um den Fortbestand des Föderalismus machen[19] und die Franzosen nicht um den Fortbestand der Laizität fürchten. Auch den österreichischen Regeln gegen die Fortführung von Adelsprädikaten, die dort nach dem ersten Weltkrieg erlassen worden sind, hat der EuGH angemessen Rechnung getragen.[20] Schwierig werden die Dinge, wenn ein bestimmtes nationales Prinzip dem Grunde nach in allen Mitgliedstaaten anerkannt ist, wie dies etwa für Demokratie oder Menschenwürde gilt, seine Ausformung auf der nationalen Ebene aber doch deutlich von dem abweicht, was auf Unionsebene praktiziert wird. Die starken Vorbehalte, die in Deutschland etwa gegenüber den von der Europäischen Union vielfacht geforderten oder eingesetzten unabhängigen Verwaltungseinheiten bestehen, oder die herausgehobene Stellung der Religionsfreiheit, die im Unionsrecht ebenfalls, nämlich in Art. 10 GRC anerkannt ist, machen das Problem deutlich. Hier stellen sich ebenfalls schwierige Fragen nach einer richtigen Balance.

III.
Die Europäische Menschenrechtskonvention als Fundament der europäischen Grundrechtsordnung

Angesichts der grundlegenden Bedeutung, die in der europäischen Integration heute den Grundrechten zuerkannt wird, stellt die Europäische Menschenrechtskonvention ein grundlegendes Element des europäischen Verfassungsverbundes dar. Sie bildet das zentrale Werk des 1949 gegründeten Europarates. Sie wurde bereits 1950 unterzeichnet und mittlerweile durch zahlreiche Zusatzprotokolle geändert und ergänzt. Große Bedeutung hat sie für den Grundrechtsschutz vor allem durch die Möglichkeit einer gerichtlichen Kontrolle

17 EuGH, Rs. C-399/11, ECLI:EU:C:2013:107 Rn. 60 – Melloni.
18 BVerfG, 1 BvR 276/17, Urt. v. 6.11.2019, Rn.42 ff. – Recht auf Vergessen II.
19 EuGH, Rs. C-156/13, ECLI:C:2014:1756 Rn. 34 – Digibet und Albers.
20 EuGH, Rs. C-208/09, Slg. 2010, I-13693 Rn. 83 – Sayn-Wittgenstein.

erlangt. Diese war zunächst optional vorgesehen, steht aber seit 1999 – nach Ausnutzung aller nationalen Rechtsbehelfe – verbindlich jedem Einzelnen offen.

Die Einforderung dieses Menschenrechtsschutzes gegenüber den Staaten durch ein internationales Gericht stellt bis heute eine große Herausforderung dar. Zu Recht hat sich der Gerichtshof darauf verständigt, dass die in der Konvention enthaltenen Garantien praktische Wirksamkeit erlangen sollten, und das auch gegenüber jeweils aktuellen Herausforderungen. Zu Recht hat er die Konvention daher als „living instrument" bezeichnet. Die Frage aber, wie Konflikte zwischen den Menschenrechten und entgegenstehenden Rechtsgütern, sei es der Allgemeinheit, sei es Dritter konkret zu bewältigen sind, erfordert immer wieder schwierige Abwägungsprozesse. Der Gerichtshof gesteht den Mitgliedstaaten in vielen Bereich einen gewissen Beurteilungsspielraum zu („margin of appreciation"). Die Größe dieses Spielraums hängt von verschiedenen Faktoren ab. Ein Umstand ist die Frage, ob und inwieweit sich zwischen den Mitgliedstaaten allmählich in einer bestimmten Frage ein gewisser Konsens herausbildet, oder ob zwischen den Mitgliedstaaten deutliche Unterschiede bestehen. Aber auch die Bedeutung des Rechtsgutes spielt eine wichtige Rolle.

Von der Bedeutung nationalen (Verfassungs-)Rechts für die EMRK zeugt die Bereitschaft des EGMR zum Blick in die nationalen Rechtsordnungen, die sich konkret darin manifestiert, dass jede Entscheidung immer auch einen vergleichenden Überblick über die Rechtslage in den einzelnen Mitgliedstaaten enthält. Die Breitenwirkung der Entscheidungen des Gerichtshofs wird dadurch begrenzt, dass sich dieser regelmäßig bemüht, immer nur den konkreten Fall zu lösen und keine abstrakten Einschätzungen abzugeben. Aber genau dies macht es für ihn auch schwierig, eine kohärente Dogmatik zu entwickeln.

In den 70 Jahren ihres Bestehens hat die EMRK und die zu ihr ergangene Rechtsprechung des EGMR nicht nur einen wichtigen Beitrag zur Bildung eines gemeineuropäischen Grundrechtskanons geleistet, der auch von vielen nationalen Höchstgerichten systematisch rezipiert wird, an den einige nationale Verfassungen sogar verfassungstextlich anknüpfen. Wie erwähnt hat er vor allem auch bei der Herausbildung des Grundrechtsschutzes der Europäischen Union eine wichtige Rolle gespielt.

Heute ist das Verhältnis zwischen dem genuin unionsrechtlichen Grundrechtsschutz und der EMRK von einer gewissen Ambivalenz geprägt. Viele Garantien der GRCh greifen Gewährleistungen der EMRK auf und sind daher in deren Lichte auszulegen und anzuwenden (Art. 52 Abs. 3 GRCh). Nichtsdestoweniger verweist der EuGH, vor allem bei der Bestimmung der Schranken dieser Rechte, auch immer wieder auf die Eigenständigkeit des Unionsrechts.[21]

21 EuGH, Rs. C-18/16, ECLI:EU:C:2017:680 Rn. 50 – K.

Europas Verfassungsgemeinschaft – Staatsrechtliche Perspektive

Ulrich Hufeld

Inhaltsübersicht

I. Deutschland als integrationsoffener Staat

Ein Staat, der mit anderen Staaten ein vertragsfestes Bündnis gründen und das Bündnis mit eigener Hoheitsgewalt ausstatten will, gibt sich eine offene Verfassung im Zeichen der Integration. Deutschland ist ein integrationsoffener Staat. Das Grundgesetz beauftragt die Bundesrepublik, ihr Glück in einem vereinten Europa zu suchen (unten 1). Die Integrationspolitik ist auf Integration durch Recht angewiesen: auf Staatsrecht der Integrationsoffenheit – offenes Verfassungsrecht der Bündnismitglieder – und auf das gemeinsame Recht der integrierten Staaten: Bündnisrecht, Gemeinschaftsrecht, Unionsrecht. Das Integrationsziel bedingt und bewirkt eine sich öffnende, offene Verfassung (unten 2).

1. Integration als Verfassungsauftrag

a) Dem Frieden der Welt dienen

Von Beginn an, seit dem 23. Mai 1949, bekundet die Präambel des Grundgesetzes den Willen des Deutschen Volkes, „in einem vereinten Europa dem Frieden der Welt zu dienen“. Wenn die Integrations- und Friedensklausel[1] Europa zutraut, dem Weltfrieden dienlich zu sein, dann einem friedlich vereinten, in sich befriedeten Europa. Krieg der Europäer untereinander sollte ausgeschlossen sein, soweit sich die Staaten auf dem europäischen Kontinent einigen und vereinigen. Und Europa im Frieden trägt zum Frieden der Welt bei. Der erste Präambelsatz reagierte 1949 unmittelbar auf deutsche Kriegs- und Unterwerfungspolitik, auf die monumentalen Staatsverbrechen der Nazi-Gewaltherrschaft. Das Deutschland der Präambel will nur mehr „gleichberechtigtes Glied in einem vereinten Eu-

1 So bezeichnet bei *Christian Starck*, in: von Mangoldt/Klein/Starck, GG Bd. 1, 7. Aufl. 2018, Präambel Rn. 40.

ropa" des Rechts und der gleichberechtigten Mitglieder einer Staatengemeinschaft sein. Das Integrationsprojekt begegnet im Grundgesetz zuallererst als Friedensprojekt.

Der „Vertrag über die abschließende Regelung in bezug auf Deutschland" (Zwei-Plus-Vier-Vertrag) vom 12. September 1990 hat den Grundgedanken für das vereinte Deutschland bekräftigt. Bundesrepublik, DDR, die Französische Republik, die Union der Sozialistischen Sowjetrepubliken, das Vereinigte Königreich Großbritannien und Nordirland und die Vereinigten Staaten von Amerika kamen überein „in Würdigung dessen, daß das deutsche Volk in freier Ausübung des Selbstbestimmungsrechts seinen Willen bekundet hat, die staatliche Einheit Deutschlands herzustellen, um als gleichberechtigtes und souveränes Glied in einem vereinten Europa dem Frieden der Welt zu dienen" (Abs. 10 der Präambel).

b) Verwirklichung in der Europäischen Union

Über mehr als vier Jahrzehnte hat das Grundgesetz zu den Verheißungen seiner Präambel mit einem schlichten Satz beigetragen: „Der Bund kann durch Gesetz Hoheitsrechte auf zwischenstaatliche Einrichtungen übertragen." Die Schlichtheit des Art. 24 Abs. 1 GG täuscht. Es ist ein Satz ungeheurer politischer Tragweite. Er ließ und lässt die Begründung von Hoheitsgewalt außerhalb der Staatsorganisation zu – eine Jahrhundertentscheidung, die Deutschlands Rückkehr in die zivilisierte Welt ermöglicht und seine Nachkriegsentwicklung wesentlich geprägt hat. Zugleich ist er fulminante Herausforderung, weil er die *Entstaatlichung öffentlicher Gewalt*[2] erlaubt. Dieser Vorgang stellt die Verfassungsidee in Frage. Wer in bester historischer Tradition Verfassung mit Staat zusammendenkt und die im souveränen Staat konzentrierte Hoheitsgewalt in einer *Staatsverfassung* gebändigt sehen will, kann nur eine Antwort geben: Wenn und weil wir in der heutigen europäischen und globalen Konstellation auf staatliche und suprastaatliche Hoheitsgewalt unentrinnbar angewiesen sind, müssen wir eine *Gesamtverfassung* etablieren. Wo öffentliche Gewalt ist, muss Verfassung sein!

Art. 23 Abs. 1 Satz 2 GG hat den Jahrhundertsatz aus Art. 24 Abs. 1 übernommen und konkretisiert. Der Beitrag des deutschen Staatsrechts zur europäischen Gesamtverfassung findet in Art. 23 GG seinen Dreh- und Angelpunkt. Im Dezember 1992, in der Zeit zwischen der Unterzeichnung des Maastrichter Vertrags über die Europäische Union (Februar 1992) und dessen Inkrafttreten (November 1993), trat die neue Europa-Norm an die Stelle der alten Deutschland-Norm.[3] Als Adressat der *Übertragung von Hoheitsrechten* figuriert – insbesondere, allerdings nicht allein[4] – die Europäische Union. Das Übertragungsgesetz ist ein Zustimmungsgesetz, also ohne das placet des Bundesrates nicht zu haben. Art. 23 Abs. 1 Satz 3 GG zieht die Konsequenzen aus der Einsicht, dass jede Übertragung zurückwirkt auf das Grundgesetz und die Verfasstheit Deutschlands: Revision durch Integration. Die verfassungsrechtliche Ermächtigung des Bundesgesetzgebers, einen Hoheitsträger außerhalb der Staatsorganisation, voran die Europäische Union, mit der Wahrnehmung von Hoheitsrechten zu betrauen, steht weiter im Zentrum der Norm. Doch sie leistet noch mehr, sie ist angelegt auf „Politikwirkung", auf *Verwirklichung* und *Mitwirkung* in den Bahnen,

---

2 *Oliver Diggelmann/Maya Hertig Randall/Benjamin Schindler*, Verfassung, in: dies. (Hrsg.), Verfassungsrecht der Schweiz, Bd. I, 2020, I 1 Rn. 28.

3 Art. 23 GG a.F. (1949–1990) zählte in Satz 1 die (Bundes-)Länder auf, in denen das Grundgesetz „zunächst" Geltung beanspruchte, Satz 2 hielt den Beitritt für „andere Teile Deutschlands" offen.

4 BVerfGE 153, 74 (144 ff. Rn. 120 ff.) – EPGÜ, im Anschluss an BVerfGE 131, 152 (199 ff.) – informierte Mitwirkung des Bundestages: Weites Verständnis von „Entwicklung" (Art. 23 Abs. 1 Satz 1 GG) und Begriff der Europäischen Union – mit der Folge, dass auch „Satelliten-Einrichtungen" (EPGÜ-Beschluss Rn. 121) im Ergänzungs- und Näheverhältnis (EPGÜ-Beschluss Rn. 124: „Primärrechtsäquivalenz") einbezogen werden, etwa das Einheitliche Patentgericht EPG oder der Europäische Stabilitätsmechanismus ESM.

Formen und Rhythmen des Art. 23 GG und der komplexen Ausführungsgesetzgebung (näher unten II 1, auch zu IntVG, EUZBBG und EUZBLG).

Art. 23 GG ist eine anspruchsvolle Brückennorm, die den abstrakten Anspruch der Präambel in konkrete Mitwirkungsaufträge überführt. Sie wiederholt das Ziel der Präambel und lenkt die Zielverwirklichung. Die „*Verwirklichung eines vereinten Europas*" wird konkret in „*der*" Europäischen Union und ihrer „*Entwicklung*" durch „*Mitwirkung*". Das Mitwirkungsrecht hat sich bewährt, auch in der Krisenära seit 2008 (Finanzkrise mit Bankenkrise und Staatsschuldenkrise; Flüchtlingskrise; Covid-19-Krise). Die Vielzahl und Vielfalt der Krisenkonflikte spiegelt sich in einer umfänglichen Rechtsprechung, die das staatliche Europaverfassungsrecht facettenreich mitprägt (unten II).

2. Integration als Verfassungsöffnung

a) Ambivalenz der Öffnung

Verfassungsstaat: Das ist der Staat der spätneuzeitlichen Epoche, der in seinem Machtbereich keinen konkurrierenden Hoheitsträger dulden will, dafür aber die monopolisierte Hoheitsgewalt ausschließlich – *perfekt* – auf ein Dokument namens Verfassung zurückführt, das alle Herrschaft begründet, begrenzt und auf den Primat der Bürger- und Menschenrechte ausrichtet. Dieser *perfekte Verfassungsstaat* setzt *Einheit* voraus: die Monopol-Anstalt Staat. *Staat* ist der Einheitsbegriff schlechthin, er wird als Friedens- und Politik-Einheit, Macht- und Entscheidungseinheit gedacht, in seiner einheitlichen Verfassung, die ihn als perfekte Einheit im Recht konstituiert. Diese Staat-Verfassung-Perfektion öffnet sich. Die im Staatsverfassungsrecht konzentrierte Perfektion hört auf, sobald *Öffnung* durch Übertragung von Hoheitsrechten stattfindet: Art. 24 Abs. 1, Art. 23 Abs. 1 Satz 2 GG.

„Die Übertragung von Hoheitsrechten bedeutet, dass fremde Hoheitsakte in einem Bereich ergehen, der an sich exklusiv der nationalen Hoheitsgewalt zugewiesen ist".[5] Doch sind die Mitglieder der in der Europäischen Union integrierten Verfassungsgemeinschaft bereit, sich den *fremden* Hoheitsakt *anzueignen*. Mit der Zugehörigkeit lassen sich die Mitgliedstaaten auf die Vergemeinschaftung eigener Ziele ein, wenn diese „wegen ihres Umfangs oder ihrer Wirkungen auf Unionsebene besser zu verwirklichen sind" (Art. 5 Abs. 3 UAbs. 1 EUV). Das Unionsrecht ist mitbewirktes und gemeinsames Recht kraft Mitgliedschaft und Aneignung – indem die Mitgliedstaaten die Union tragen (Art. 1 EUV), selbst an der Unionsgesetzgebung beteiligt sind (Art. 16 Abs. 2 EUV, Art. 289 Abs. 1 AEUV), staatliche Behörden das Unionsrecht durchführen (Art. 291 Abs. 1 AEUV) und staatliche Gerichte den „Rechtsschutz in den vom Unionsrecht erfassten Bereichen" gewährleisten (Art. 19 Abs. 1 UAbs. 2 EUV, Art. 267 AEUV). Der Euro symbolisiert den Vorgang der Aneignung in der Vergemeinschaftung: Er ist keine Fremdwährung, sondern die *eigene Währung* derer, die der Wirtschafts- und Währungsunion ohne „Ausnahmeregelung" (Art. 139 AEUV) angehören.

So hat auch der Solange I-Beschluss des Zweiten Senats vom Mai 1974 dem Recht aus „anderer" Quelle Raum gegeben: Das Grundgesetz ermächtige „nicht eigentlich zur Übertragung von Hoheitsrechten, sondern öffnet die nationale Rechtsordnung" derart, dass „der ausschließliche Herrschaftsanspruch der Bundesrepublik Deutschland im Geltungsbereich des Grundgesetzes zurückgenommen und der unmittelbaren Geltung und Anwendbarkeit eines Rechts aus anderer Quelle innerhalb des staatlichen Herrschaftsbereichs Raum ge-

5 *Claus Dieter Classen*, in: von Mangoldt/Klein/Starck, GG Bd. 2, 7. Aufl. 2018, Art. 24 Rn. 12.

lassen wird".[6] Der Erste Senat verdeutlicht 2019, die „Öffnung des Grundgesetzes für das Unionsrecht meint dabei nicht einen Rückzug der deutschen Staatsgewalt aus der Verantwortung für die der Union übertragenen Materien", und betont ein „eng verflochtenes Miteinander der Entscheidungsträger".[7] Er sieht sich seinerseits verpflichtet, die Unionsgrundrechte in den Prüfungsmaßstab des Bundesverfassungsgerichts einzubeziehen (unten II 3 c). Aus der „Urteilsverfassungsbeschwerde als der die Arbeit des Gerichts in besonderer Weise prägenden Verfahrensart" will sich der Senat nicht herausdrängen lassen, auch wenn „mit zunehmender Verdichtung des Unionsrechts" die Wirkkraft der nationalen Grundrechte ab- und jener der Unionsgrundrechte zunimmt.[8] Der Zweite Senat schließt sich an und betont den *„Verbund"-Charakter* in der Union der Staaten: „Die Europäische Union ist ein Staaten-, Verfassungs-, Verwaltungs- und Rechtsprechungsverbund. Im Rahmen des Verfassungsgerichtsverbunds gewährleistet das Bundesverfassungsgericht den Grundrechtsschutz in enger Kooperation mit dem Gerichtshof der Europäischen Union, dem Europäischen Gerichtshof für Menschenrechte und den Verfassungs- und Höchstgerichten der anderen Mitgliedstaaten."[9]

Das ist die Ambivalenz der Öffnung: Indem die Bundesrepublik ihren „ausschließlichen Herrschaftsanspruch" zurücknimmt, nimmt sie auch die Ausschließlichkeit des „Grundgesetzes für die Bundesrepublik Deutschland" (Verkündungsformel GG) zurück! Das Recht, dem „Raum gelassen wird", muss um seiner Gemeinschaftlichkeit willen einen Vorranganspruch[10] erheben. Mehr Unionsverfassung bedeutet weniger Grundgesetz. Mehr Unionsgewalt[11] lässt den Gegenstandsbereich der – auf Staatsgewalt bezogenen – nationalen Verfassung schrumpfen.[12] Mehr Unionsrecht vergrößert automatisch (Art. 51 Abs. 1 Satz 1 GRCh) den Geltungsbereich der EU-Grundrechtecharta. Öffnung bewirkt mehr Verfassungsgemeinschaft. Die gemeinschaftliche suprastaatliche Verbündung in einer zusammengesetzten Verfassung[13] unterscheidet sich fundamental von geschlossener, „perfekt" verfasster Staatlichkeit.

b) Grenzen der Öffnung

Diese mit der Öffnung verbundene Schrumpfung der nationalen Verfassung stößt auf Grenzen, solange Deutschland ein Staat sein soll (Art. 79 Abs. 3 GG) und will (Art. 146 GG). Die Integrationsdynamik einer „immer engeren Union" (Art. 1 Abs. 2 EUV) darf die Europäische Union der Bundesstaatlichkeit annähern, nicht aber der Einheitsstaatlichkeit. In staatsrechtlicher Perspektive gilt unveränderlich: Die Mitgliedstaaten bleiben Mitglieder in eigener Staatlichkeit. Mit Art. 23 Abs. 1 Satz 3 und dem dortigen Verweis auf Art. 79

6 BVerfGE 37, 271 (279) – Solange I; BVerfGE 153, 74 (154 f. Rn. 143) – EPGÜ, auch 152 f. Rn. 137: metaphorisch zu der völkervertraglich und zustimmungsgesetzlich bewirkten „Verpflichtung, die der Einwirkung einer supranationalen öffentlichen Gewalt auf Bürgerinnen und Bürger in Deutschland die Tür öffnet".

7 BVerfGE 152, 216 (238 Rn. 55) – Recht auf Vergessen II.

8 Zitate: BVerfGE 152, 216 (239 f. Rn. 58, 60) – Recht auf Vergessen II.

9 BVerfG v. 1.12.2020 – 2 BvR 1845/18, 2 BvR 2100/18 (Ls. 3 und Rn. 38) – Europäischer Haftbefehl III.

10 Zur „Anerkennung eines Anwendungsvorrangs des Unionsrechts" BVerfGE 152, 216 (235 f. Rn. 47) – Recht auf Vergessen II; BVerfG v. 1.12.2020 – 2 BvR 1845/18, 2 BvR 2100/18 (Rn. 36) – Europäischer Haftbefehl III; BVerfGE 126, 286 (301 f.) – Honeywell.

11 BVerfGE 123, 267 (349 u.ö.) – Lissabon; BVerfGE 89, 155 (187) – Maastricht: „Gemeinschaftsgewalt".

12 *Josef Isensee*, Der Selbstand der Verfassung in ihren Verweisungen und Öffnungen, in: AöR Bd. 138 (2013), 325 (354 ff.).

13 Vgl. nochmals BVerfG v. 1.12.2020 – 2 BvR 1845/18, 2 BvR 2100/18 (Rn. 38) – Europäischer Haftbefehl III zum „Staaten-, Verfassungs-, Verwaltungs- und Rechtsprechungsverbund".

Abs. 3 stellt das Grundgesetz klar, dass sein Fundament, seine Identität unantastbar bleibt[14] – in der Revision durch Integration (Art. 23 Abs. 1 GG) ebenso wie in den internen Änderungsverfahren des Art. 79 GG.

Das BVerfG hat die Grenzen der europapolitisch forcierten Öffnung in allen Phasen der Integration bekräftigt: 1974 heißt es im Solange I-Beschluss, Art. 24 GG sei auch Grenze der Integration, „indem an ihm eine Änderung des Vertrags scheitert, die die Identität der geltenden Verfassung der Bundesrepublik Deutschland durch Einbruch in die sie konstituierenden Strukturen aufheben würde".[15] 1993 verlangt das Maastricht-Urteil, dass „auch im Fortgang der Integration in den Mitgliedstaaten eine lebendige Demokratie erhalten bleibt".[16] Das Lissabon-Urteil identifiziert und katalogisiert 2009 inhaltliche Grenzen in „wesentlichen" und „besonders sensiblen" Bereichen demokratischer Selbstgestaltungsfähigkeit: „Staatsbürgerschaft, das zivile und militärische Gewaltmonopol, Einnahmen und Ausgaben einschließlich der Kreditaufnahme sowie die für die Grundrechtsverwirklichung maßgeblichen Eingriffstatbestände, vor allem bei intensiven Grundrechtseingriffen wie dem Freiheitsentzug".[17] 2019 anerkennt der Erste Senat den Vorrang der Grundrechtecharta „nur unter dem Vorbehalt", dass der Schutz der Charta „dem vom Grundgesetz jeweils als unabdingbar gebotenen Grundrechtsschutz im Wesentlichen gleich zu achten ist".[18]

Seit 2009[19] und intensiviert seit 2019[20] leitet der Zweite Senat aus den abstrakten Formeln der Grenzziehung die konkrete Aufgabe der Grenzkontrolle ab. Für die Abwehr von „Grenzüberschreitungen" und „Grenzdurchbrechungen"[21] soll allerdings das BVerfG nicht mehr alleine verantwortlich sein. Das Gericht etabliert einen neuen Begriff, der *Integration als Politikauftrag* voraussetzen (unten II 1) und einen *Kontrollauftrag* mit konkreten Handlungspflichten (unten II 2) mühelos anknüpfen kann: Integrationsverantwortung.

II.
Integrationsverantwortung

Erstmals im Lissabon-Urteil vom 30. Juni 2009, seither kontinuierlich, bündelt das Bundesverfassungsgericht alle wesentlichen Facetten des grundgesetzlichen Europaverfassungsrechts im Begriff *Integrationsverantwortung*. Zuletzt hat der Erste Senat die Gewährleistungsfunktion der Urteilsverfassungsbeschwerde gestärkt und die Unionsgrundrechte in die Kontrolle des innerstaatlichen (indirekten) Vollzugs von Unionsrecht einbezogen: „Das Gericht nimmt hierdurch seine Integrationsverantwortung nach Art. 23 Abs. 1 GG wahr"[22] (dazu unten 3 c). Der Zweite Senat akzentuiert vor allem die Verantwortung der Bundesregierung und des Bundestages, über die „Einhaltung des Integrati-

14 BVerfGE 123, 267 (344) – Lissabon: „Die Verletzung der in Art. 79 Abs. 3 GG festgelegten Verfassungsidentität ist aus der Sicht des Demokratieprinzips zugleich ein Übergriff in die verfassungsgebende Gewalt des Volkes. Die verfassungsgebende Gewalt hat insofern den Vertretern und Organen des Volkes kein Mandat erteilt, über die Verfassungsidentität zu verfügen. Keinem Verfassungsorgan ist die Kompetenz eingeräumt, die nach Art. 79 Abs. 3 GG grundlegenden Verfassungsprinzipien zu verändern." Bündelung der Integrationsschranken im Konzept der Verfassungsidentität: *Heiko Sauer*, Staatsrecht III, 6. Aufl. 2020, § 9 Rn. 24 ff.; rechtsvergleichend: *Marco Meyer*, Identitätsschutzklauseln im Verfassungsvergleich, Bucerius Law Journal 2017, 99 ff.

15 BVerfGE 37, 271 (279) – Solange I.

16 BVerfGE 89, 155 (186) – Maastricht.

17 BVerfGE 123, 267 (358, näher entfaltet 359 ff.) – Lissabon.

18 BVerfGE 152, 216 (235 f. Rn. 47) – Recht auf Vergessen II, mit Verweis auf Art. 23 Abs. 1 Satz 3, Art. 19 Abs. 2, Art. 79 Abs. 3 GG.

19 BVerfGE 123, 267 (356) – Lissabon.

20 BVerfGE 141, 202 (296 ff. Rn. 140 ff.) – Bankenunion.

21 BVerfGE 123, 267 (353) – Lissabon.

22 BVerfGE 152, 216 (Ls. 1 und 238 Rn. 53) – Recht auf Vergessen II.

onsprogramms“ zu wachen und „bei Kompetenzüberschreitungen durch Organe der Europäischen Union Mitwirkungs- und Umsetzungshandlungen zu unterlassen“.[23] Das ist die *negative* Integrationsverantwortung – eine Kontrollverantwortung (unten 2) –, die das Ermächtigungsprinzip stabilisiert und damit den Legitimationsanker der Europäischen Union befestigt. Demgegenüber vernachlässigt das Gericht die politische, dem Integrationsauftrag des Grundgesetzes verpflichtete *positive* Integrationsverantwortung für „gute“ Europapolitik (unten 1).

1. Politikverantwortung

a) Schlüsselbegriff „Mitwirkung“

„Integrationsverantwortung“ ist eine Begriffsschöpfung des BVerfG. Der Bundesgesetzgeber hat den Karlsruher Begriff aufgegriffen und an die Spitze des Integrationsverantwortungsgesetzes[24] gestellt: „Der Bundestag und der Bundesrat nehmen in Angelegenheiten der Europäischen Union ihre Integrationsverantwortung insbesondere nach Maßgabe der folgenden Bestimmungen wahr“ (§ 1 Abs. 1 IntVG). Das Grundgesetz verwendet in Art. 23 Abs. 1 Satz 1 GG den Begriff *Mitwirkung*: „Zur Verwirklichung eines vereinten Europas wirkt die Bundesrepublik Deutschland bei der Entwicklung der Europäischen Union mit …“. Dieser Satz verknüpft den Europa-Auftrag der Präambel mit einem konkreten Handlungs- und Mitgestaltungsauftrag: „Zur Verwirklichung“ des vereinten Europas soll Deutschland mitwirken an der Entwicklung *„der“* Europäischen Union. Die konkrete Union war zunächst (1992/93) der Dachverband des Art. A EUV-Maastricht, seit dem 1. Dezember 2009 ist es die Union des Art. 1 EUV-Lissabon. Zur *„Entwicklung“* der Europäischen Union (Art. 23 Abs. 1 Satz 1 GG) und damit zum Anwendungsbereich der Europa-Norm gehören heute auch die „Satelliten-Einrichtungen“[25] im „Ergänzungs- und Näheverhältnis“,[26] etwa der Europäische Stabilitätsmechanismus ESM[27] oder das Europäische Patentgericht. Die Programm- und Mitwirkungsnorm des Art. 23 Abs. 1 Satz 1 GG und die Gründungsnorm des Art. 1 Abs. 1 EUV ergänzen sich. Beide zielen auf die politische Tat, auf „Verwirklichung“: Art. 23 Abs. 1 Satz 1 GG will das „vereinte Europa“, Art. 1 Abs. 1 EUV die „gemeinsamen Ziele“ der Unionsstaaten *verwirklicht* sehen.

„Entwicklung“ und „Gründung“ der Europäischen Union, „Mitwirkung“ Deutschlands an der „Verwirklichung“ gemeinsamer Ziele im Kreis der „Hohen Vertragsparteien“, die sich auf programmatische Gemeinsamkeit in einer „Union“ einlassen – in der Sprache dieser Grundnormen spiegelt sich ein hochpolitisches Programm. Das *Integrationsprogramm* erwächst aus Politik und erteilt einen weitreichenden Politikauftrag. Nimmt man den gewaltigen Ehrgeiz und die globale Reichweite der „zur Verwirklichung“ anstehenden Ziele hinzu (Art. 3 und besonders eindrucksvoll Art. 21 EUV), besteht kein Zweifel mehr: Integrationsverantwortung ist vor allem anderen *Politikverantwortung*. Indem die Mitgliedstaaten „nach Maßgabe ihrer verfassungsrechtlichen Vorschriften“ (Art. 48 Abs. 4 UAbs. 2 EUV) „Zuständigkeiten zur Verwirklichung ihrer gemeinsamen Ziele übertragen“ (Art. 1 Abs. 1 EUV), entscheiden sie in den Bahnen des Verfassungs- und Vertragsrechts über ihre je eigene Europapolitik, über die gemeinsame Politikfähigkeit in der Union, über Politik der Unionsorgane mit unionseigener Hoheitsgewalt und über den Status der Union

23 BVerfGE 151, 202 (276 Rn. 94) – Bankenunion.
24 In dieser Sammlung unter Ordnungsnummer 10a. Zur „Logik“ des IntVG unten bei Fn. 38 ff.
25 BVerfGE 153, 74 (145 Rn. 121) – EPGÜ.
26 BVerfGE 131, 152 (199 ff.) – informierte Mitwirkung des Bundestages.
27 ESM-Vertrag, in dieser Sammlung unter Ordnungsnummer 5.

in der Welt. Gäbe es den Begriff der *großen Politik*[28] noch nicht, müsste man ihn dafür erfinden: für den Recht-Politik-Zusammenhang in der europäischen Integration und für die Freisetzung einer eigenständigen Politik auf Unionsebene mit globaler Wirksamkeit (Art. 21 EUV).

Die Politikverantwortung der europäischen Demokratien erstreckt sich traditionell auf ein „anspruchsvolles Marktintegrationsprogramm", das „mit einer gewissen Zwangsläufigkeit politische Sogwirkungen entfaltet",[29] verbunden mit gleicher Freiheit aller Unionsbürgerinnen und Unionsbürger in allen Mitgliedstaaten sowie dem supranationalen hoheitlichen „Durchgriff"[30] in der Unmittelbarkeitsbeziehung zwischen der Union und „ihren Bürgerinnen und Bürgern" (Art. 3 Abs. 2 EUV). In der jüngeren Integrationsgeschichte entwickelt sich, langsam aber stetig, das eigenständige *auswärtige Handeln* der Union, etwa in der Welthandelspolitik (Art. 206 ff. AEUV) oder in der Gemeinsamen Außen- und Sicherheitspolitik (Art. 23 ff. EUV).

Das staatliche Europaverfassungsrecht strukturiert die Mitwirkung an *europäischer Politik mit hoheitlichen Handlungsmitteln*. Das ist die Form des Politischen, die sich das Grundgesetz nur in einer Europäischen Union vorstellen kann, „die demokratischen, rechtsstaatlichen, sozialen und föderativen Grundsätzen und dem Grundsatz der Subsidiarität verpflichtet ist und einen diesem Grundgesetz im wesentlichen vergleichbaren Grundrechtsschutz gewährleistet". Mit diesen Vorgaben stellt Art. 23 Abs. 1 Satz 1 GG außer Streit, dass Europapolitik – die der deutschen Mitwirkungsakteure und die der Union – nur als *verfasste* Politik in Frage kommt. Dass die Europäische Union eine *Unionsverfassung* haben muss, ist mit Art. 23 Abs. 1 Satz 1 GG verfassungspositiv entschieden. Die Union gründet sich ihrerseits auf unverhandelbare Werte; insoweit (Art. 2 EUV) kann die Rede sein von einem Verfassungsrecht der Entpolitisierung.[31] Doch innerhalb der staatlichen und vertraglichen *Gesamtverfassung* öffnet sich der breite, der sehr breite Korridor der politischen Verhandlung und politischen Gestaltung – ein Politikkorridor: offen für Integrationspolitik, die die Mitwirkung aller Mitgliedstaaten voraussetzt.[32]

Die Verfassungsorgane der Bundesrepublik Deutschland sind europapolitische Akteure unter anderen Mitwirkungsakteuren, aufgerufen, mit den anderen das vereinte Europa zu bauen. Das drückt „Mitwirkung" enthusiastischer und zugleich bescheidener aus als „Integrationsverantwortung" (die etwas von erdenschwerer und „drückender Verantwortung" mitschleppt): Mit*wirkung* lässt anklingen, dass große Projekte zu bewirken, politisch wirkungsvoll ins Werk zu setzen sind, wenn gute Europapolitik eine „Wirkungs-Explosion"[33] heraufführen soll; *Mit*wirkung verweist auf die Verbundenheit der Mitglieder, auf die Mitgliedstaaten der Union. In einem Europa der Mitwirkung und gleich „Hohen Vertragsparteien" (Art. 1 EUV) sollte ein deutsches Europa ausgeschlossen, ein europäisches Deutschland gut aufgehoben sein.

28 *Reinhard Knodt*, Der Staat, die Arbeit und der Genius, in: Hans-Martin Schönherr-Mann (Hrsg.), Der Wille zur Macht und die „große Politik". Friedrich Nietzsches Staatsverständnis, 2010, S. 19 (22): „Abseits der (alltäglichen) Politik oder des ‚Marktes' und in Bezugnahme auf die Griechen sei die eigentliche oder ‚grosse Politik' zu betreiben, die eine Politik der Kultur- bzw. Geschichtsbeeinflussung durch schöpferisches Denken ist, welches sich zunächst zwar vielleicht unbeachtet, aber dann doch gewissermaßen mit unaufhaltsamer Kraft zu seiner politischen Wirkungs-Explosion hin steigert."

29 Zitate: *Friedemann Kainer*, Die Europäische Union als Freiheitsgemeinschaft, in: Müller-Graff (Hrsg.), Kernelemente der europäischen Integration, 2020, S. 339.

30 Dazu *Claus Dieter Classen*, Innere oder äußere Souveränität? – Zum Verständnis der Übertragung von Hoheitsrechten –, DÖV 2018, 253.

31 *Peter-Christian Müller-Graff*, Die Europäische Union als Rechtsgemeinschaft, in: ders. (Hrsg.), Kernelemente der europäischen Integration, 2020, S. 39 (41).

32 *Claus Dieter Classen*, in: von Mangoldt/Klein/Starck, GG Bd. 2, 7. Aufl. 2018, Art. 23 Rn. 7: „Ausgestaltung der Mitwirkung weitgehend im Ermessen der politischen Organe. Flexibilität ist vor allem gefordert, weil das vorgegebene Ziel allein im Zusammenwirken mit anderen Partnern zu erreichen ist".

33 S.o. Fn. 28.

b) Parlamentarische Mitwirkung

Verpflichtet auf Art. 23 Abs. 1 Satz 1 GG, tragen der Deutsche Bundestag und der Bundesrat[34] Mitverantwortung für Politik und Rechtsentwicklung im europäischen Integrationsgeschehen. Diese *positive parlamentarische Integrationsverantwortung* wird in weiteren Konkretisierungsschritten des Art. 23 GG (Abs. 1 Satz 2, Satz 3 und Abs. 2, Abs. 3 ff. GG) näher ausbuchstabiert. Verfassungsrechtlich und europapolitisch bedeutsam ist die Unterscheidung zwischen der *vorbehaltenen* Mitwirkung und der *informierten* Mitwirkung.

Vorbehaltene Mitwirkung: Art. 23 Abs. 1 Satz 2 GG ermächtigt zwar unspezifisch „den Bund", Hoheitsrechte auf die Europäische Union zu übertragen, erlaubt freilich die Übertragung nur „durch Gesetz mit Zustimmung des Bundesrates". Die Grundnorm der Öffnung (oben I 2) adressiert zuallererst den Bundestag (Art. 77 Abs. 1 Satz 1 GG: „Die Bundesgesetze werden vom Bundestage beschlossen.") und statuiert einen *Gesetzesvorbehalt*. Art. 23 GG setzt die bereits 1949 in der Stammfassung des Grundgesetzes etablierte Tradition des Art. 24 Abs. 1 GG fort: Supranationale Hoheitsgewalt beruht auf gesetzlicher Ermächtigung. Das heißt: Die Öffnung muss in der Mitte der Demokratie gewollt und legitimiert sein. Sie muss parlamentarisch, zudem föderal im Bundesrat, also zustimmungsgesetzlich gebilligt werden. Der Gesetzesvorbehalt vermittelt eine parlamentarische *Vetoposition*. Soweit die Kompetenzausstattung der Europäischen Union verändert werden soll (vgl. Art. 48 Abs. 2 Satz 2 EUV: „Ausdehnung oder Verringerung der der Union in den Verträgen übertragenen Zuständigkeiten"), greift der Mitwirkungsvorbehalt des Art. 23 Abs. 1 Satz 2 GG. *Satz 3* verschärft den Vorbehalt: Zugriffe auf die vertraglichen Grundlagen der Union und integrationsgesetzlich veranlasste Rückwirkungen auf die Substanz des Grundgesetzes aktivieren die Mehrheitserfordernisse des Art. 79 Abs. 2 GG. Qualifizierte Mehrheiten, die Zweidrittelmehrheiten in Bundestag und Bundesrat, tragen die Politikverantwortung für das europäisierte Grundgesetz.[35] Die Zugehörigkeit zur Europäischen Union verändert die Verfasstheit des Staates kraft Mitgliedschaft: *Revision durch Integration*. Eben darauf reagiert das Grundgesetz, indem es Integrationsgesetzgebung als einen Modus der Verfassungsgesetzgebung ausformt: *Integration durch Revision*.[36]

In der verfassungsrelevanten Integrationsgesetzgebung kulminiert die Verantwortung der Mitglieder des Bundestages und des Bundesrates: Sie nehmen gewichtige Politikverantwortung wahr für die „Entwicklung der Europäischen Union" (Art. 23 Abs. 1 Satz 1 GG) und deren Vertragsverfassung; zugleich für das Grundgesetz, „offen" für Veränderung, aber unantastbar im Identitätskern (Art. 79 Abs. 3 GG). Dass sich die deutsche Europapolitik in diesem – breiten, nicht grenzenlosen[37] – Politikkorridor bewegt, stellt Art. 23 Abs. 1 Satz 3 GG im Verweis auf die mit Art. 79 Abs. 3 GG gezogenen Außengrenzen ausdrücklich klar (oben I 2 b).

---

34 Zum Bundesrat, insbesondere zum EUZBLG (in dieser Sammlung unter Ordnungsnummer 10c): *Leila Saberzadeh*, Unterrichtungsmodi und das Recht auf Stellungnahme, in: von Arnauld/Hufeld (Hrsg.), SK Lissabon-Begleitgesetze, 2. Aufl. 2018, § 13 Rn. 52 ff.; *Alice Halsdorfer*, Institutionelle Beteiligung des Bundesrates und der Länder, ebenda § 16.

35 BVerfGE 153, 74 (147 f. Rn. 127) – EPGÜ entnimmt Art. 23 GG, dass die Norm „den Integrationsprozess stärker als Art. 24 Abs. 1 GG prozedural und materiell einhegen soll, was – vom Zustimmungserfordernis des Bundesrates abgesehen – vor allem durch die in Art. 23 Abs. 1 Satz 3 GG enthaltene Bezugnahme auf Art. 79 Abs. 2 und Abs. 3 GG geschieht".

36 Ausführlich *Ulrich Hufeld*, Europäische Integration und Verfassungsänderung, in: von Arnauld/Hufeld (Hrsg.), SK Lissabon-Begleitgesetze, 2. Aufl. 2018, § 1; *Josef Isensee*, Der Selbstand der Verfassung in ihren Verweisungen und Öffnungen, in: AöR Bd. 138 (2013), 325 (327 ff., 354 ff.).

37 *Sven Hölscheidt*, Wie viel „neues Deutschland" ist möglich?, DÖV 2020, S. 69 (70 ff.), zu den „Grenzen der europäischen Integration und Desintegration", aber auch zur „freien Entscheidung" im Wege des Art. 146 GG.

Im Vorbehaltsspektrum des Art. 23 Abs. 1 Satz 2, Satz 3 GG findet auch die Gesetzgebung statt, die das *Gesetz über die Wahrnehmung der Integrationsverantwortung des Bundestages und des Bundesrates in Angelegenheiten der Europäischen Union*[38] einfordert. Das Integrationsverantwortungsgesetz (IntVG) erfasst dynamische Klauseln des primären Unionsrechts und bindet deren Inanspruchnahme an die *vorbehaltene Mitwirkung*: Übernommen aus dem Textentwurf der gescheiterten Vertragsverfassung von 2004, sehen EUV und AEUV „vereinfachte" und „besondere" Änderungsverfahren vor, so genannte Brücken-, Kompetenzerweiterungs- und Flexibilitätsklauseln – in der Zusammenschau ein Stück Vertragsgewalt der Unionsorgane. Je nach Reichweite, Auslegung und Handhabung hätte sich neben der klassischen Vertragsänderung unter Ratifikationsvorbehalt (Art. 48 Abs. 2–5 EUV) ein unionsinterner Änderungsmodus etablieren können, emanzipiert vom staatlich-parlamentarischen Vorbehalt der strikt definierten Einzelermächtigung. An dieser auf Integrationsdynamik angelegten Vertragsgestaltung beteiligten sich Bundestag und Bundesrat mit der Zustimmung zum Vertrag von Lissabon 2007 – um noch vor dessen Inkrafttreten im Dezember 2009 unter dem Druck des Lissabon-Urteils[39] ein Vorbehaltsgesetz folgen zu lassen: das Integrationsverantwortungsgesetz (IntVG). Seine Tatbestände greifen die „zahlreichen Fällen der dynamischen Vertragsentwicklung"[40] auf. Unionsrechtlich konzipiert als „dynamische Vertragsvorschriften mit Blankettcharakter",[41] werden sie auf der Rechtsfolgenseite des IntVG an den (Politik-)Vorbehalt parlamentarischer Zustimmung gebunden. §§ 2–8 IntVG verlangen für jede einzelne Vertragsänderung außerhalb der Normalprozedur (Art. 48 Abs. 2–5 EUV) entweder ein „Gesetz gemäß Artikel 23 Absatz 1 des Grundgesetzes", einen Mandatsbeschluss (§§ 3 Abs. 3, 5–6 IntVG) oder ein Mandatsgesetz (§§ 7–8 IntVG). „Der deutsche Vertreter" (§§ 3–8 IntVG) verliert als Mandatar des Parlaments die ihm zugedachte Mitgestaltungsbefugnis. Insoweit, beschränkt auf die deutsche Außenvertretung, wird mit dem IntVG die Revisionsgewalt des Europäischen Rates (§§ 3–5 IntVG) und des Rates (§§ 6–8 IntVG) reparlamentarisiert. Indem das IntVG die vorbehaltene Mitwirkung in kritischen Grenzbereichen absichert, sorgt es für politische Rückversicherung und stabilisiert das Ermächtigungsprinzip (unten 2 b).

Informierte Mitwirkung: Art. 23 Abs. 2 GG unterscheidet Mitwirkung (Satz 1) und Mitwisserschaft (Satz 2). Darauf gründet das Konzept der informierten Mitwirkung[42] – ein Machtanspruch des Parlaments vor allem für die „Politik danach", für die politischen Prozesse *nach* der Übertragung von Hoheitsrechten. Danach, im sog. „Vollzug des Integrationsprogramms", wird Brüssel zum Zentrum der Politik. Die Kommission, die Abgeordneten des Europäischen Parlaments und die Regierungen der Mitgliedstaaten (in den Räten) verhandeln politisch, oft im Trilog, und übernehmen die Politikverantwortung. Aus deutscher Sicht steigt die Bundesregierung zu einem zentraleuropäischen Mitwirkungsakteur auf. Der Bundestag verliert nicht nur Gesetzgebungskompetenzen, sondern auch den eigenen, direkten Zugriff auf eine besonders wichtige Machtressource: Informationen.

38 Umfassende Kommentierung: *Hannes Rathke*, Legitimation der Änderung und Fortentwicklung des Primärrechts, in: von Arnauld/Hufeld (Hrsg.), SK Lissabon-Begleitgesetze, 2. Aufl. 2018, § 7.

39 BVerfGE 123, 267 (Ls. 2) definiert „Integrationsverantwortung" als „Mitwirkung, die in Deutschland innerstaatlich den Anforderungen des Art. 23 Abs. 1 GG genügen muss", und verlangt diese Form der Mitwirkung für jede „Veränderung des Vertragsrechts ohne Ratifikationsverfahren". In den Urteilsgründen werden die „dynamische Klauseln" und „Blankettermächtigungen" einzeln aufgeführt, BVerfGE 123, 267 (384 ff., 434 ff.).

40 BVerfGE 123, 267 (434) – Lissabon.

41 BVerfGE 123, 267 (353) – Lissabon.

42 Begriff: *Hannes Rathke/Sven Vollrath*, Beteiligungsrechte des Deutschen Bundestages im Rahmen der Gemeinsamen Außen- und Sicherheitspolitik der EU, DÖV 2017, S. 565 (566); *Alexander Koch*, Unterrichtung des Bundesrates und Gesamtwürdigung, in: von Arnauld/Hufeld (Hrsg.), SK Lissabon-Begleitgesetze, 2. Aufl. 2018, § 12 Rn. 4 ff.; vgl. auch BVerfGE 131, 152 (203) – informierte Mitwirkung des Bundestages: „verantwortungsvolle Mitwirkung".

Art. 23 Abs. 2 Satz 2 GG und das strenge Unterrichtungsregime des EUZBBG[43] gleichen Informationsasymmetrien zwischen Bundesregierung und Bundestag aus. Auf dieser Basis kann *informierte Mitwirkung* gelingen: „fundierte Willensbildung und verantwortungsvolle Mitwirkung".[44] Die Aufgabe der Parlamentarier besteht darin, Wissen in politische Mitverantwortung zu überführen, kompetenzakzessorisch auch in Kontrollverantwortung (unten 2 b). Daher rührt die Bedeutung des Art. 23 Abs. 2 Satz 2 GG, der die Bundesregierung verpflichtet, den Bundestag (und Bundesrat) umfassend und frühestmöglich über alle Angelegenheiten der Union zu unterrichten: Allwissend kann der Bundestag in der *Integrationsverantwortung zur gesamten Hand*[45] nach seiner Entscheidung stiller Teilhaber sein – oder aber ein vernehmbarer und interventionsfreudiger Teilhaber. Informierte Mitwirkung des Bundestages ist kein Mitentscheidungskonzept, sondern ein Konzept der Beobachtung, Begleitung und situativen Intervention (Art. 23 Abs. 3 GG, § 8 EUZBBG).

Das Konzept will den Bundestag nicht nur entschädigen, nicht nur seine Marginalisierung bekämpfen. Der Bundestag soll europapolitische Gestaltungsmacht aus Wissen schöpfen, Mitwirkungsmacht aus Information. Er darf sich nicht „in eine bloß nachvollziehende Rolle" drängen lassen – ihm steht das Recht auf „frühzeitige und effektive Einflussnahme" zu.[46] Mehr noch: Die Mitverantwortung in Angelegenheiten der Europäischen Union korrespondiert mit Art. 12 EUV, und in seiner Gesamtheit[47] wird das Recht der Mitwirkung „Teil einer institutionellen Architektur, die den nationalen Parlamenten in der Europäischen Union eine über die Mitgliedstaaten hinausweisende Rolle zuweist und auf diese Weise ihr demokratisches Legitimationspotential für die Europäische Union fruchtbar machen will".[48]

c) Gubernative Mitwirkung

Der Imperativ des Art. 23 Abs. 1 Satz 1 GG, „bei der Entwicklung der Europäischen Union" *mitzuwirken*, trifft selbstverständlich auch die Bundesregierung. Die Selbstverständlichkeit der gubernativen Mitwirkungsverantwortung mag entwicklungsgeschichtlich auf den traditionellen Primat der Regierung in der Außenpolitik zurückgehen. Doch allein die altväterliche Kabinettspolitik der Minister, Geheimräte, Diplomaten und ständigen Vertreter kann die komplexe Struktur der Europäischen Union nicht mehr tragen. Der Europäische Rat und der Ministerrat sind angewiesen auf Ratsmitglieder, die der Union parlamentarisch-demokratische Legitimation zuführen (Art. 10 Abs. 2 UAbs. 2 EUV). Das können die Regierungschefs und die Minister nur als *legitimierte Vertreter*.

Die Vollmachten der deutschen Regierungsvertreter auf europäischer Ebene (Art. 15 Abs. 2 Satz 1, Art. 16 Abs. 2 EUV) stützen sich auf staatsrechtliche Mandate unterschiedlicher Bindungsintensität. Im Alltag handeln Bundeskanzlerin und Minister weithin ungebunden. Allerdings gibt die Bundesregierung „vor ihrer Mitwirkung an Rechtsetzungsakten der Europäischen Union" (Art. 23 Abs. 3 Satz 1 GG) dem Bundestag die Gelegenheit zur

43 Gesetz über die Zusammenarbeit von Bundesregierung und Deutschem Bundestag in Angelegenheiten der Europäischen Union (in dieser Sammlung unter Ordnungsnummer 10b).

44 BVerfGE 131, 152 (203) – informierte Mitwirkung des Bundestages; *Andreas von Arnauld*, Politische Leitung und Kontrolle der Regierung durch das Parlament auf nationaler Ebene, in: Johannes Masing/Matthias Jestaedt/Olivier Jouanjan/David Capitant (Hrsg.), Politische Gestaltung durch Repräsentativorgane, 2019, S. 1 (3, 6 ff.) zur „Rolle des Bundestags als Leitungsorgan in der Europapolitik" im Zuge der „Europäisierung" des Traditionsbestandes.

45 *Andreas von Arnauld*, Parlamentarismus und Föderalismus in der EU, in: von Arnauld/Hufeld (Hrsg.), SK Lissabon-Begleitgesetze, 2. Aufl. 2018, § 2 Rn. 10.

46 Zitate: BVerfGE 131, 152 (202 f.) – informierte Mitwirkung des Bundestages.

47 BVerfGE 131, 152 (198) verweist auf Art. 6 des Dänischen Beitrittsgesetzes; Art. 88-4 der Französischen Verfassung; Art. 23e des Österreichischen B-VG; Art. 197 der Portugiesischen Verfassung; Kap. 10 §§ 2, 3 der Schwedischen Reichstagsordnung.

48 BVerfGE 131, 152 (198) – informierte Mitwirkung des Bundestages.

Stellungnahme. Ergreift er diese Gelegenheit, „berücksichtigt" die zuständige Ministerin, der zuständige Minister die parlamentarische Stellungnahme (Art. 23 Abs. 3 Satz 2 GG) und „legt die Bundesregierung diese ihren Verhandlungen zugrunde" (§ 8 Abs. 2 Satz 1 EUZBBG). In den Konstellationen des IntVG (oben 1 b) kann sich die Bindung zu einem strikten Mandat steigern: § 5 Abs. 1 IntVG bindet den deutschen Vertreter im Europäischen Rat – die Bundeskanzlerin – in der Abstimmung über die benannten Beschlussvorschläge (Art. 31 Abs. 3 EUV und Art. 312 Abs. 2 UAbs. 2 AEUV) an einen vorherigen parlamentarischen Mandatsbeschluss. „Ohne einen solchen Beschluss des Bundestages muss der deutsche Vertreter im Europäischen Rat den Beschlussvorschlag ablehnen."

Art. 23 GG erwartet, dass die Bundesregierung in Angelegenheiten der Europäischen Union umfassendes Wissen verfügbar hält (Art. 23 Abs. 2 Satz 2 GG und § 3 EUZBBG). Das BVerfG hat der Unterrichtungspflicht „im Vergleich mit den in Art. 23 Abs. 3 GG geregelten Mitwirkungsrechten des Bundestages eine überschießende Tendenz" bescheinigt und findet darin „den spezifischen Zweck dieses institutionellen Arrangements": „effektive Mitwirkung des Deutschen Bundestages in Angelegenheiten der Europäischen Union trotz Fehlens formaler Bindungsmöglichkeiten".[49] Das Arrangement ermöglicht kooperative Zusammenarbeit in der „*Willensbildung des Bundes*" (§ 1 Abs. 1 EUZBBG), setzt aber eigene „*Willensbildung der Bundesregierung*" (§ 3 Abs. 2 EUZBBG) voraus, verwandelt die Regierung auch nicht in einen Parlamentsausschuss oder verlängerten Arm des Bundestages. Die Politikverantwortung der Bundesregierung soll sich in eigenständiger gubernativer Mitwirkung entfalten. Die Bundesregierung trägt unabgeleitete, nicht jedoch unbeeinflussbare Integrationsverantwortung. Ihre funktionstypische Stärke ist die europapolitische Initiative, gestützt auf eine vorinformierte Ministerialbürokratie, die in jeder Parzelle der europapolitischen Kommunikation permanent vor- und nacharbeitet, national und transnational. Dank ihrer schier unerschöpflichen Ressourcen ist sie das primärzuständige Organ für die „Entwicklung" (Art. 23 Abs. 1 Satz 1 GG) der Europapolitik. Das Unionsrecht baut auf die Politikfähigkeit der in Ratsformationen vereinigten Regierungen nicht nur in der Unionsgesetzgebung (Art. 16 Abs. 1 Satz 1 EUV), sondern auch in der politischen Gesamtleitung: „Der Europäische Rat gibt der Union die für ihre Entwicklung erforderlichen Impulse und legt die allgemeinen politischen Zielvorstellungen und Prioritäten hierfür fest" (Art. 15 Abs. 1 Satz 1 EUV; vgl. auch Art. 16 Abs. 1 Satz 2 zur „Festlegung der Politik" als Aufgabe des Rates).

2. Kontrollverantwortung

a) Schlüsselbegriff „Ermächtigung"

Die Europäische Union ist eine Union der Staaten. Die Mitgliedstaaten sind die Herren der Verträge. Das BVerfG hat die „Herren der Verträge"-Formel über Jahrzehnte wiederholt[50] und immer wieder Kritik auf sich gezogen. In ihrem Kern geht es um die Rechtsbehauptung, dass die Union lediglich über diejenigen Zuständigkeiten verfügt, die ihr vonseiten ihrer Mitglieder zugeordnet werden.[51] Das primäre Unionsrecht lässt daran keinen Zweifel. Über die *Kompetenz-Kompetenz* – d.h.: die Macht, eine Verbandskompetenz der Union zu begründen, aber auch die Macht, eine vormals zugewiesene Zuständigkeit wieder zu entziehen (Art. 48 Abs. 2 Satz 2 EUV) – verfügen die Mitgliedstaaten im Konsens

49 BVerfGE 131, 152 (204) – informierte Mitwirkung des Bundestages.

50 Zuletzt im PSPP-Schlussurteil, BVerfG, Urt. v. 5.5.2020 – 2 BvR 859/15 u.a., EuGRZ 2020, 246 Rn. 111, Rn. 157; BVerfGE 151, 202 (366 Rn. 300) – Bankenunion.

51 Vgl. in diesem Band (o. S. 9): *Claus Dieter Classen*, Europas Verfassungsgemeinschaft – europarechtliche Perspektiven, sub I 1 a.

(Art. 48 Abs. 4 UAbs. 2 EUV). Die Europäische Union ist auf *mitgliedstaatlich konsentierte Ermächtigungsgrundlagen* angewiesen. Die Mitgliedstaaten bezeichnen sich in Art. 1 Abs. 1 EUV als „Hohe Vertragsparteien", die der Union „Zuständigkeiten zur Verwirklichung ihrer gemeinsamen Ziele übertragen". Art. 4 Abs. 1 und Art. 5 Abs. 2 Satz 2 EUV stellen klar: „Alle der Union nicht in den Verträgen übertragenen Zuständigkeiten verbleiben bei den Mitgliedstaaten." Mit dem unionsföderalen Verteilungsprinzip *von unten nach oben* korrespondieren jene Transfer-Normen des staatlichen Europaverfassungsrechts, die – ebenso wie Art. 23 Abs. 1 Satz 2, Satz 3 GG – die Übertragung von Hoheitsrechten der mitgliedstaatlich-parlamentarischen Zustimmung vorbehalten.[52]

Der „*Grundsatz der begrenzten Einzelermächtigung*" (Art. 5 Abs. 1 Satz 1, Art. 5 Abs. 2 Satz 1 EUV) hat gewiss jenen defensiven Begrenzungsgehalt, den er buchstäblich ausdrückt. Zugleich aber schützt er – das ist sein positiver, politisch überragend bedeutsamer Gehalt – die Akteure, die über die Einzelermächtigungen der Union disponieren: Mitgliedstaaten, voran die nationalen Parlamente, die Völker Europas, die gesamteuropäische Politik. Der Politikvorbehalt des Art. 48 Abs. 4 UAbs. 2 EUV ist ein Kronjuwel der europäischen Demokratien. Er ist Ausdruck ihrer souveränen Verbündungsbereitschaft. Souverän ist, wer sich verbündet und Herrschaft aufteilt; souverän bleibt, wer sich die Aufteilungsbefugnis vorbehält.

Diese „Verbündungssouveränität" der Staaten wird unterlaufen, wenn sich Unionsorgane *ultra vires* – außerhalb ihrer Kompetenzausstattung – selbst ermächtigen. Selbstermächtigung ist ein Frontalangriff auf das Ermächtigungsprinzip, auf den elementaren Gedanken der abgeleiteten Ermächtigung europäischer Hoheitsgewalt.[53] Einer Unionsgewalt ohne Ermächtigungs- und Legitimationsrückhalt fehlt alles, demokratische Vergangenheit und politische Zukunft. Sie ist hohle und brüchige Kompetenzanmaßung. Daraus resultiert Kontrollbedarf. Im Streit hat der EuGH, betraut mit der „Wahrung des Rechts bei der Auslegung und Anwendung der Verträge" (Art. 19 Abs. 1 UAbs. 1 Satz 2 EUV), jede Ermächtigung exakt zu vermessen.

Indem aber alle nicht übertragenen Zuständigkeiten bei den Mitgliedstaaten „verbleiben" (Art. 4 Abs. 1, Art. 5 Abs. 2 Satz 2 EUV), „verbleibt" auch ein staatlicher Kontrollvorbehalt im Kompetenzkonflikt. Wer die Konfliktentscheidung mit dem Mandat des EuGH vorbehaltlos erledigt sieht, bringt gegen das Fundamentalprinzip der begrenzten Einzelermächtigung eine ihrerseits begrenzte Einzelermächtigung (Art. 19 Abs. 1 Satz 2 EUV) in Stellung. Die Mitgliedstaaten respektieren das Urteil des EuGH „grundsätzlich",[54] also praktisch immer. Nur im harten Kronjuwel-Konflikt – wenn die „strukturell bedeutsame Verschiebung zulasten mitgliedstaatlicher Kompetenzen"[55] den Politikvorbehalt und die Ermächtigungsbefugnis der nationalen Parlamente überspielt – muss der EuGH mit dem Ultra-vires-Vorbehalt rechnen.

b) Abgestufte Kontrollverantwortung

Über die Ermächtigungsgrenze haben zuallererst diejenigen zu wachen, die einen Ermächtigungstitel in Anspruch nehmen wollen: Das Europäische Parlament und der Rat im ordentlichen Gesetzgebungsverfahren (Art. 289 Abs. 1, Art. 294 AEUV); der Europäische Rat und der Rat, soweit sie allein entscheiden (etwa Art. 48 Abs. 6, Abs. 7 EUV, Art. 127

52 Statt vieler: Art. 90 der polnischen Verfassung; Zehntes Kapitel Paragraph 6 der schwedischen Regierungsform.

53 *Josef Isensee*, Der Selbstand der Verfassung in ihren Verweisungen und Öffnungen, in: AöR Bd. 138 (2013), 325 (352); *Paul Kirchhof*, Die Rechtsarchitektur der Europäischen Union, NJW 2020, 2057 (2062 Rn. 33).

54 BVerfG, Urt. v. 5.5.2020 – 2 BvR 859/15 u.a., EuGRZ 2020, 246 Ls. 1 – PSPP-Schlussurteil.

55 BVerfG, Urt. v. 5.5.2020 – 2 BvR 859/15 u.a., EuGRZ 2020, 246 Rn. 110 – PSPP-Schlussurteil; BVerfGE 151, 202 (301 Rn. 153) – Bankenunion.

Abs. 6 oder Art. 218 Abs. 5 AEUV); die Europäische Zentralbank, die ein Anleihekaufprogramm (OMT, PSPP, PEPP) im währungspolitischen Mandat des Art. 127 Abs. 1, Abs. 2 AEUV absichern will. Deutsche Vertreter sind durchweg involviert, die Bundeskanzlerin, Bundesministerinnen und -minister, der Präsident der Bundesbank. Sie tragen Politikverantwortung (positive Integrationsverantwortung), aber auch eine Kontroll- und Gewährleistungsverantwortung, gerichtet darauf, „bei der Mitwirkung am Vollzug des Integrationsprogramms sowie bei dessen näherer Ausgestaltung und Fortentwicklung dafür zu sorgen, dass dessen Grenzen gewahrt werden“[56] (negative Integrationsverantwortung).

Die Kontrollverantwortung des Bundestages kann nur eine akzessorische sein. Sie ist im Bereich der vorbehaltenen Mitwirkung intensiver als im Bereich der informierten Mitwirkung (zur Unterscheidung oben 1 b). Justizförmige Kontrolle schuldet der Bundestag nicht; er soll und kann nicht als Vorposten des EuGH oder des BVerfG agieren. Parlamentarische Kontrolle muss funktionsgerecht konzipiert sein. Der Deutsche Bundestag ist nicht Kontrollorgan mit angeschlossener Politikfunktion, sondern Politikorgan mit einer akzessorischen Kontrollaufgabe. Die Akzessorietät lehnt die Kontrollfunktion an Art und Umfang der parlamentarischen Mitwirkung an: Wenn der Bundestag an einem neuen Eigenmittelbeschluss (Art. 311 Abs. 3 AEUV) mandatsgesetzlich mitzuwirken hat (§ 3 Abs. 1 IntVG), um den kreditfinanzierten Ergänzungshaushalt *Next Generation EU*[57] von deutscher Seite zu ermöglichen, obliegt ihm auch die genaue Prüfung des Art. 311 Abs. 3 AEUV und der Frage, ob und unter welchen Voraussetzungen das Integrationsprogramm eine Verschuldungspolitik der Union erlaubt. Wenn der Bundestag die vorläufige Anwendung (Art. 218 Abs. 5 AEUV) des Comprehensive Economic Trade Agreement (CETA), des Freihandelsvertrages mit Kanada, mit einer Stellungnahme[58] unterstützt (Art. 23 Abs. 3 GG), dann trägt er „aktiv zur guten Arbeitsweise der Union bei“ (Art. 12 EUV), muss aber nicht proaktiv die dem Rat und seinem Juristischen Dienst aufgebürdete Eingrenzung der vorläufigen Anwendung vorwegnehmen, noch weniger die EuGH-Kontrolle im Verfahren des Art. 218 Abs. 11 AEUV.

c) Arbeitsteilige Ultra-vires-Kontrolle

Das BVerfG handhabt seine Ultra-vires-Kontrolle in den Streitfällen der jüngeren Zeit als Kontrolle über die Integrationsverantwortung von Bundesregierung und Bundestag.[59] Die altetablierte Kontrollfigur[60] hat ihren (weiteren) Anknüpfungs- und Hebelpunkt gefunden in dem an die Bundesregierung und den Bundestag adressierten *Verbot der Mitwirkung* „am Zustandekommen und an der Umsetzung von Sekundärrecht, das die Grenzen des Integrationsprogramms überschreitet und dessen Erlass deshalb einen Ultra-vires-Akt darstellt“.[61] Dieser Zugriff bereitet allerdings Schwierigkeiten, wenn und weil sich die Handlungsprogramme der politischen Organe und das Kontrollprogramm des Gerichts unterscheiden. Bundesregierung und Bundestag sind nicht berufen, die auf Rechtsfragen kon-

56 BVerfGE 151, 202 (296 f. Rn. 141) – Bankenunion.

57 Beschluss (EU, Euratom) 2020/2053 des Rates v. 14.12.2020 über das Eigenmittelsystem der Europäischen Union und zur Aufhebung des Beschlusses 2014/335/EU, Euratom, ABl. L 424 v. 15.12.2020, 1 (dort insb. Art. 5); Verordnung (EU) 2020/2094 des Rates v. 14.12.2020 zur Schaffung eines Aufbauinstruments der Europäischen Union zur Unterstützung der Erholung nach der Covid-19-Krise, ABl. L 433 I v. 22.12.2020, 23 (in dieser Sammlung unter Ordnungsnummer 7).

58 BT-Drucks. 18/9663.

59 BVerfG, Urt. v. 5.5.2020 – 2 BvR 859/15 u.a., EuGRZ 2020, 246 Rn. 105 – PSPP-Schlussurteil; BVerfGE 151, 202 (296 Rn. 140) – Bankenunion.

60 Mit und seit BVerfGE 89, 155 (188) – Maastricht, erhebt das Gericht den Anspruch zu prüfen, „ob Rechtsakte der europäischen Einrichtungen und Organe sich in den Grenzen der ihnen eingeräumten Hoheitsrechte halten oder aus ihnen ausbrechen“.

61 BVerfGE 151, 202 (297 Rn. 144) – Bankenunion.

zentrierte, im Rechtsgespräch mit dem EuGH abgesicherte[62] ex post-Kontrolle in den politischen Prozess vorzuverlagern. Die unions- und verfassungsrechtlichen Handlungsnormen der Bundesregierung und des Bundestages sind zugeschnitten auf *legale Politik*, im Rat und auf dem Weg dorthin (Art. 23 Abs. 3 GG) auf „Festlegung der Politik" „nach Maßgabe der Verträge" (Art. 16 EUV), allgemein auf politische, legitimatorische und kontrollierende Beiträge der nationalen Parlamente (Art. 10 Abs. 2 UAbs. 2, Art. 12 EUV; zur „Beachtung" der Subsidiarität insbesondere Art. 12 lit. b EUV und das parlamentarische Klagerecht des Art. 23 Abs. 1a GG). Der jeweilige Funktionsauftrag und -zuschnitt bestimmt und begrenzt die Mitverantwortung für Legalität.

Der Bundestag kontrolliert funktionsgerecht, zeitgerecht, situativ: Er kann indirekt Einfluss nehmen. Im Bereich der informierten Mitwirkung (oben 1 b) kann er die Bundesregierung zur Befassung und Beachtung seiner Stellungnahme (Art. 23 Abs. 3 GG) und damit auch seiner Rechtsposition anhalten, nicht die Letztentscheidung an sich ziehen.[63] Die Legalitätsprüfung obliegt zuallererst dem Rat; Anhaltspunkte, die auf eine Verletzung des Integrationsprogramms hindeuten, können eine intensivere Beobachtung und Begleitung veranlassen, auch die Anpassung der Stellungnahme (§ 8 Abs. 3 EUZBBG). Wenn der Bundestag ohne Not in eine politisch und rechtlich noch offene Entwicklung mit einer juristischen Vorfestlegung eingreift, kann das politisch riskant sein. Kurz: Der Bundestag soll und kann im Zuge der politischen Mitwirkung auch kontrollieren, nicht jedoch die richterliche Ultra-vires-Prüfung imitieren und vollends nicht den gerichtlichen Ultra-vires-Befund antizipieren.

Dass der Bundestag beim Zustandekommen von Sekundärrecht die primäre Legalitätsverantwortung der Unionsorgane grundsätzlich respektiert, spiegelt den Leitsatz für das Kooperationsverhältnis zwischen BVerfG und EuGH: „Stellt sich bei einer Ultra-vires- oder Identitätskontrolle die Frage nach der Gültigkeit oder Auslegung einer Maßnahme von Organen, Einrichtungen und sonstigen Stellen der Europäischen Union, so legt das Bundesverfassungsgericht seiner Prüfung grundsätzlich den Inhalt und die Beurteilung zugrunde, die die Maßnahme durch den Gerichtshof der Europäischen Union erhalten hat."[64]

Diesen Leitsatz hat das BVerfG seiner Entscheidung vom 5. Mai 2020 vorangestellt. Mit dem PSPP-Urteil[65] hat das Gericht erstmals den abstrakten Kontrollanspruch eingelöst in der konkreten Ultra-vires-Feststellung durch Richterspruch. Im Tenor Ziffer 3 wird für Recht erkannt, dass die Bundesregierung und der Bundestag „geeignete Maßnahmen" der Integrationsverantwortung unterlassen und dadurch Verfassungsrecht verletzt haben. Die Maßnahmen hätten „dagegen" ergriffen werden müssen, dass der EZB-Rat in seinem Programm zum Ankauf von Staatsanleihen (Public Sector Purchase Programme) „weder geprüft noch dargelegt hat, dass die PSPP-Beschlüsse dem Grundsatz der Verhältnismäßigkeit entsprechen" (Art. 5 Abs. 4 EUV). Das Karlsruher PSPP-Urteil trifft freilich auch den EuGH, der auf Vorlage des BVerfG allzu wenig aufgeboten hatte, die EZB in die Schranken

62 BVerfGE 126, 286 (304) – Honeywell: „Vor der Annahme eines Ultra-vires-Akts der europäischen Organe und Einrichtungen ist deshalb dem Gerichtshof im Rahmen eines Vorabentscheidungsverfahrens nach Art. 267 AEUV die Gelegenheit zur Vertragsauslegung sowie zur Entscheidung über die Gültigkeit und die Auslegung der fraglichen Rechtsakte zu geben."

63 *Leila Saberzadeh*, Unterrichtungsmodi und das Recht auf Stellungnahme, in: von Arnauld/Hufeld (Hrsg.), SK Lissabon-Begleitgesetze, 2. Aufl. 2018, § 13 Rn. 62.

64 BVerfG, Urt. v. 5.5.2020 – 2 BvR 859/15 u.a., EuGRZ 2020, 246 Ls. 1 – PSPP-Schlussurteil; vgl. dort auch Rn. 111.

65 BVerfG, Urt. v. 5.5.2020 – 2 BvR 859/15 u.a., EuGRZ 2020, 246 – PSPP-Schlussurteil. Befürwortet bei *Ulrich Haltern*, Ultra-vires-Kontrolle im Dienst europäischer Demokratie, NVwZ 2020, 817; *Ulrich Hufeld*, Das PSPP-Urteil des BVerfG und die Statik der Wirtschafts- und Währungsunion, juris Monatszeitschrift 2020, 331. Kritik: *Franz Mayer*, Der Ultra-vires-Akt, JZ 2020, 725; *Bernhard W. Wegener*, Karlsruher Unheil, EuR 2020, 347.

ihrer währungspolitischen Kompetenzen zu verweisen.[66] Auch hier steht das Ermächtigungsprinzip im Zentrum: Die EZB bleibt verwiesen auf die ihr übertragenen Kompetenzen, der EuGH steht in der Pflicht, die „Wahrung" (Art. 19 Abs. 1 Satz 2 EUV) der beschränkten EZB-Kompetenz zu gewährleisten. Dass das Prinzip der begrenzten Einzelermächtigung beachtet wird, kann jeder einzelne aus Art. 38 Abs. 1 GG Wahlberechtigte im Wege der Verfassungsbeschwerde einfordern: klagbare Integrationsverantwortung.

3. Rechtsschutz

a) Das Grundrecht auf Demokratie

Das versteht sich nicht von selbst: Das BVerfG garantiert Individualrechtsschutz gegen Ultra-vires-Akte der Unionsorgane! Die Verfassungsbeschwerde ist der majestätische Rechtsbehelf aller Bürgerinnen und Bürger und jeder weiteren grundrechtsberechtigten Person. Mit ihr kann „jedermann" (Art. 93 Abs. 1 Nr. 4a GG) gerichtsförmig seine Rechte verteidigen und sich zugleich schützend und fördernd vor die Verfassung stellen. Diese außerordentliche Jedermann-Rechtsmacht erstreckt sich auch auf das Integrationsgeschehen und insbesondere auf die negative Integrationsverantwortung der Bundesregierung und des Bundestages: Rechtsakte der Union können zwar „nicht unmittelbarer Beschwerdegegenstand im Verfahren der Verfassungsbeschwerde" sein, jedoch mittelbar „als Vorfrage".[67] Eine „Betroffenheit" des Beschwerdeführers ergibt sich daraus, dass der Unionsakt zur Grundlage von Handlungen deutscher Staatsorgane wird – oder aber bereits daraus, dass Bundesregierung und Bundestag das freihändige Handeln der Unionsorgane jenseits ihrer Ermächtigungstitel *integrationsunverantwortlich geschehen lassen*. Diese „*Hinnahme*"[68] stört den Legitimationszusammenhang zwischen Wahlakt (Art. 38 Abs. 1 Satz 1 GG), Ermächtigungsakt (Art. 23 Abs. 1 GG) und Rechtsakt der Union.

Seit 1993[69] verweist das BVerfG auf den „grundlegenden demokratischen Gehalt" des Art. 38 Abs. 1 GG und verknüpft das Wahlrecht zum Deutschen Bundestag mit dem Ermächtigungsprinzip im Europaverfassungsrecht. Wenn und weil Art. 38 Abs. 1 GG nicht nur einen Wahlakt schützt, sondern auch seinen Entscheidungsgehalt und den demokratisch effektiven Stimmerfolg, muss die Wahlentscheidung politisch bedeutsam bleiben. Nur aus dem Politikgehalt der Wahl erwächst Legitimation. Wenn das Demokratieprinzip für „alle" an das Grundgesetz gebundene Staatsgewalt gilt (Art. 20 Abs. 2 GG), dann auch für die staatliche Integrationsgewalt und die Kompetenz- und Legitimationsweitergabe in den Verfahren der Art. 23 GG, Art. 48 EUV. Der Zweite Senat des BVerfG hat das Konzept der Subjektivierung in zweieinhalb Jahrzehnten kontinuierlich fortentwickelt, den „letztlich in der Würde des Menschen wurzelnde(n) Anspruch des Bürgers auf Demokratie" 2011 ausdrücklich gegen Kritik verteidigt[70] und in der jüngeren Judikatur befestigt: „Der wahlberechtigte Bürger hat zur Sicherung seiner demokratischen Einflussmöglichkeit im Prozess der europäischen Integration grundsätzlich einen aus Art. 38 Abs. 1 Satz 1 GG folgenden Anspruch darauf, dass eine Verlagerung von Hoheitsrechten nur in den dafür vorgesehenen Formen gemäß Art. 23 Abs. 1 Sätze 2 und 3, Art. 79 Abs. 2 GG geschieht."[71]

66 Zum Urteil des EuGH v. 11.12.2018 in Sachen Heinrich Weiss u.a. (C-493/17, auf die PSPP-Vorlage des BVerfG, BVerfGE 146, 216): *Sven Simon/Hannes Rathke*, „Schlechterdings nicht mehr nachvollziehbar" – Warum?, EuZW 2020, 500 (501): „kompetenziellen Fragestellungen nicht einmal im Ansatz nachgegangen".

67 BVerfGE 142, 123 (179 f. Rn. 97) – OMT-Schlussurteil.

68 BVerfG, Urt. v. 5.5.2020 – 2 BvR 859/15 u.a., EuGRZ 2020, 246 (Rn. 89 f.) – PSPP-Schlussurteil.

69 BVerfGE 89, 155 (171) – Maastricht.

70 BVerfGE 129, 124 (169) – Euro-Rettungsschirm, mit Nachw. zur Kritik.

71 BVerfGE 146, 216 (251 Rn. 50) – PSPP (Vorlage); BVerfGE 151, 202 (298 Rn. 144) – Bankenunion.

Auf dieser Linie betont der Senat 2019 im Urteil zur Bankenunion zwar noch einmal die Beschränkung des Anspruchs „auf Strukturveränderungen im staatsorganisationsrechtlichen Gefüge, wie sie etwa bei der Übertragung von Hoheitsrechten auf die Europäische Union oder andere supranationale Einrichtungen eintreten können".[72] Zugleich aber soll aus Art. 38 Abs. 1 GG ein *Anspruch auf Wahrnehmung der Integrationsverantwortung* fließen, gerichtet darauf, dass Bundestag und Bundesregierung „über die Einhaltung des Integrationsprogramms wachen".[73] Insoweit – auf der Ebene der informierten Mitwirkung (oben 1 b) – zielt der robuste Anspruch auf eine ungewisse Wahrnehmungspflicht, die von einem „weiten politischen Gestaltungsspielraum", „eigener Verantwortung" und „Risiken" bestimmt wird, die „politisch zu verantworten"[74] sind. Dieser Anspruch auf Demokratie[75] erweist sich als Anspruch auf akzessorische Kontrolle im Kontext politischer Mitwirkung (oben 2 b). So hat das BVerfG in der Anknüpfung an Art. 93 Abs. 1 Nr. 4a, Art. 38 Abs. 1 und Art. 23 GG zwar eine *klagbare Integrationsverantwortung* etabliert und Verfassungsbeschwerdeführer in Stellung gebracht als Hüter der Volkssouveränität, kann aber das Politikmandat der Verfassungsorgane nicht ausschalten. Am Ende muss sich auch das BVerfG beschränken und seine Kontrolle zurücknehmen auf die Einhaltung der Untermaßverbote.[76]

b) Formelle Übertragungskontrolle

Anders auf der Ebene der vorbehaltenen Mitwirkung. Das BVerfG sieht den „Kern des in Art. 38 Abs. 1 Satz 1, Art. 20 Abs. 1 und Abs. 2 in Verbindung mit Art. 79 Abs. 3 GG verankerten, verfassungsbeschwerdefähigen Rechts auf demokratische Selbstbestimmung"[77] betroffen, wenn der Integrationsgesetzgeber die formellen Voraussetzungen des Art. 23 Abs. 1 GG verfehlt. Die im Beschluss über das Europäische Patentgerichtsübereinkommen (EPGÜ) 2020 entwickelte *formelle Übertragungskontrolle*[78] erstreckt sich insbesondere auf die Mehrheiten, die Art. 23 Abs. 1 Satz 3 GG einfordert (oben II 1 b), die Zweidrittelmehrheiten: Geben sich Bundestag und Bundesrat in der Zustimmungsgesetzgebung rechtsirrig mit einfachen Mehrheiten zufrieden, dann sei die Öffnung der deutschen Rechtsordnung gescheitert. Alle darauf gestützten Maßnahmen der Europäischen Union oder ihrer Satelliten[79] „ergingen notwendig ultra vires und verstießen damit gegen den Grundsatz der Volkssouveränität".[80] Ein qualifizierter Substanzbezug zum Demokratieprinzip wird nicht mehr geprüft, sondern unterstellt. Die Wahlberechtigten haben aus Art. 38 Abs. 1 GG einen unkonditionierten Anspruch darauf, dass die formellen Voraussetzungen des Art. 23 Abs. 1 GG für eine Übertragung von Hoheitsrechten eingehalten werden.[81]

---

72 BVerfGE 151, 202 (286 Rn. 118) – Bankenunion.

73 BVerfGE 151, 202 (297 Rn. 142) – Bankenunion.

74 Zitate: BVerfGE 151, 202 (299 Rn. 148) – Bankenunion.

75 BVerfGE 151, 202 (206 Überschrift C I 1 b) – Bankenunion; Richterinnen *König* und *Langenfeld* und Richter *Maidowski* zum EPGÜ-Beschluss, Sondervotum, BVerfGE 153, 74 (164, 166 Rn. 1, 4).

76 BVerfGE 151, 202 (297 Rn. 142 und 299 Rn. 148) – Bankenunion.

77 BVerfGE 153, 74 (153 Rn. 138) – EPGÜ.

78 BVerfGE 153, 74 (152 Rn. 137) – EPGÜ.

79 BVerfGE 153, 74 (145 Rn. 121) – EPGÜ.

80 BVerfGE 153, 74 (151 Rn. 133) – EPGÜ.

81 BVerfGE 153, 74 (152 f. Rn. 137) – EPGÜ. Kritik: Richterinnen *König* und *Langenfeld* und Richter *Maidowski* zum EPGÜ-Beschluss, Sondervotum, BVerfGE 153, 74 (166 Rn. 4): „Die der formellen Übertragungskontrolle zugrundeliegende Erweiterung des Rechts aus Art. 38 Abs. 1 Satz 1 GG verkennt dessen Substanz und Grenzen. Für eine Verletzung der Substanz des Wahlrechts, verstanden als den in der Würde des Menschen wurzelnden Kern des Demokratieprinzips, ist in einem Fall, in dem es um die Nichtbeachtung formeller Voraussetzungen des Zustimmungsgesetzes geht, kein Raum"; kritisch auch *Heiko Sauer*, Staatsrecht III, 6. Aufl. 2020, § 9 Rn. 19.

Die Entscheidung war im Senat umstritten. Die Mehrheit (fünf Richterinnen und Richter) beansprucht Vollkontrolle über die abgestuften Mehrheitsanforderungen in der Zone der vorbehaltenen Mitwirkung (oben II 1 b), ungeachtet „der wertungsabhängigen und in vielen Fällen nicht eindeutigen Abgrenzung von Art. 23 Abs. 1 Satz 2 und Satz 3 GG".[82] Diese Normen sind zugleich Handlungsgrundlage der politischen Organe und Maßstäbe des BVerfG; Handlungs- und Kontrollnorm treten nicht auseinander. Damit hat die Senatsmehrheit das Anliegen und den Begriff der Integrationsverantwortung noch deutlicher im Zeichen der Kontrolle profiliert, demgegenüber die Politikverantwortung (oben II 1) unterbelichtet. Eine dominant auf Kontrolle ausgerichtete Integrationsverantwortung korrespondiert ohne weiteres mit einem subjektiven Recht auf formelle Übertragungskontrolle. Mehr Rechtsschutz, weniger Politik: Der „Anspruch auf Demokratie" zielt dann weniger auf gestaltungsoffene demokratische Aushandlung in Repräsentativorganen, aber konsequent auf die Einhaltung der (vermeintlich) strikten Anweisungen des Art. 23 Abs. 1 GG.

Der Einwand der Senatsminderheit ist nicht von der Hand zu weisen, die Warnung vor der Konsequenz, „dass sich notwendige politische Gestaltungsräume des Parlaments im Prozess der europäischen Integration entgegen den Intentionen des verfassungsändernden Gesetzgebers verengen und sich damit der in Art. 38 Abs. 1 Satz 1 GG beabsichtigte Schutz des demokratischen Prozesses in sein Gegenteil verkehren könnte."[83]

c) Gewährleistung der Unionsgrundrechte auf Urteilsverfassungsbeschwerde

„Auch die Unionsgrundrechte gehören heute zu dem gegenüber der deutschen Staatsgewalt durchzusetzenden Grundrechtsschutz." Der Satz spiegelt den Befund, dass „das Unionsrecht grundsätzlich nach Maßgabe der grundgesetzlichen Staatsorganisation zur Geltung gebracht" wird. Diese Feststellungen des BVerfG vom November 2019[84] haben den Ersten Senat – im Rekurs auf „seine Integrationsverantwortung" – bewogen, die Unionsgrundrechte in den Prüfungsmaßstab der Urteilsverfassungsbeschwerde einzubeziehen. Er folgert aus Art. 23 Abs. 1 Satz 1 und Art. 93 Abs. 1 Nr. 4a GG seine Zuständigkeit, die behördliche und fachgerichtliche Rechtsanwendung auch dann zu kontrollieren, wenn der Vollzug im Bereich „vollvereinheitlichter Regelungsmaterien" unionsrechtlich dirigiert und auf die Unionsgrundrechte verpflichtet wird.[85] Die „spezialisierte Kontrolle gegenüber den Fachgerichten"[86] und das institutionelle Gewicht des Bundesverfassungsgerichts sollen nicht abschmelzen mit dem Wachstum des „unionsrechtlichen Fachrechts"[87] und der damit verknüpften (Art. 51 Abs. 1 Satz 1 GRCh) Maßstäblichkeit der Grundrechtecharta. Materiell werden die Grundrechte des Grundgesetzes außer Anwendung gesetzt – dennoch soll die Urteilsverfassungsbeschwerde den fachgerichtlichen Rechtsschutz „um eine eigene verfassungsgerichtliche Kontrolle" ergänzen: „Wenn heute der verfassungsrechtliche Grundrechtsschutz teilweise durch den Anwendungsvorrang des Unionsrechts überlagert

82 Richterinnen *König* und *Langenfeld* und Richter *Maidowski* zum EPGÜ-Beschluss, Sondervotum, BVerfGE 153, 74 (181 f. Rn. 21).

83 Richterinnen *König* und *Langenfeld* und Richter *Maidowski* zum EPGÜ-Beschluss, Sondervotum, BVerfGE 153, 74 (181 f. Rn. 21).

84 BVerfGE 152, 216 (239 f., 238 f. Rn. 59, 55) – Recht auf Vergessen II.

85 BVerfGE 152, 216 (240 ff. Rn. 60 ff.) – Recht auf Vergessen II; BVerfG v. 1.12.2020 – 2 BvR 1845/18, 2 BvR 2100/18 (Rn. 36 f.) – Europäischer Haftbefehl III. Kritik an der Prämisse, dass die nationalen Grundrechte vollständig verdrängt werden, stattdessen für „eine Anwendung des grundgesetzlichen Grundrechtsschutzes, die begrenzt bleibt auf das, was mit dem Unionsrecht kompatibel ist": *Claus Dieter Classen*, EuR 2021, 92 (103).

86 BVerfGE 152, 216 (241 Rn. 63) – Recht auf Vergessen II.

87 BVerfGE 152, 216 (246 Rn. 78) – Recht auf Vergessen II.

wird, gibt es keinen Grund, den Bürgerinnen und Bürgern diesen Rechtsbehelf deshalb zu versagen."[88]

Auch das eine Variante der *klagbaren Integrationsverantwortung*: Die Urteilsverfassungsbeschwerde nach Rechtswegerschöpfung ist statthaft auch dann, wenn „der Rechtsstreit des Ausgangsverfahrens eine unionsrechtlich vollständig vereinheitlichte Materie betrifft"[89] und deshalb die Unionsgrundrechte maßstäblich die Grundrechte des Grundgesetzes verdrängen. In dieser Konstellation wird eindrucksvoll kenntlich, dass sich das Unionsrecht als *angeeignetes Recht* grundlegend von *fremdem Recht* unterscheidet. An seiner Erzeugung ist die Bundesrepublik Deutschland durch Öffnung (oben I 2) und kraft Mitwirkung beteiligt (oben II 1); sein Vollzug ist regelmäßig (Art. 291 Abs. 1 AEUV) Sache deutscher Behörden und Gerichte; das Bundesverfassungsgericht übernimmt eine (positive) Gewährleistungsfunktion für die Unionsgrundrechte unter dem (negativen) Vorbehalt, dass der Grundrechtsschutz durch die „zur Anwendung kommenden Grundrechte der Union hinreichend wirksam ist".[90]

Der Zweite Senat hat diese Konzeption der individualisierten Integrationsverantwortung durch Urteilsverfassungsbeschwerde im Dezember 2020 übernommen. Nunmehr kontrollieren beide Senate des BVerfG die Anwendung des Unionsrechts durch deutsche Behörden und Gerichte am Maßstab der Unionsgrundrechte.[91] Gegen die Beschwerdeführer lagen Europäische Haftbefehle vor. Das Kammergericht Berlin und das OLG Celle hielten die Auslieferungen für zulässig. Indessen stellte das BVerfG Verletzungen des Grundrechts aus Art. 4 GRCh fest (Verbot der Folter oder unmenschlicher oder erniedrigender Strafe oder Behandlung, hier wegen der Gefahr, dass Inhaftierten in Rumänien ein zu kleiner Haftraum in Gemeinschaftszellen zur Verfügung steht). Der Tenor ist unvereinbar mit dem Wortlaut des § 95 Abs. 1 BVerfGG, der den Rekurs auf eine „Vorschrift des Grundgesetzes" verlangt in Anknüpfung an Art. 93 Abs. 1 Nr. 4a GG und § 90 Abs. 1 BVerfGG: Maßstabsnormen der Verfassungsbeschwerde sind die Grundrechte und grundrechtsgleichen Rechte des Grundgesetzes. Das BVerfG setzt sich darüber hinweg mit dem unabweisbaren „Verbund"-Argument, dass „heute" auch die Unionsgrundrechte zu den gegenüber der deutschen Staatsgewalt durchzusetzenden Grundrechtsgewährleistungen gehören und in ihrem Anwendungsbereich (Art. 51 Abs. 1 Satz 1 GRCh) „ein Funktionsäquivalent zu den Grundrechten des Grundgesetzes" bilden.[92]

Dass ein „Rechtsprechungsverbund"[93] – zusammengesetzt aus EuGH, EGMR und den Verfassungs- und Höchstgerichten aller Mitgliedstaaten – ein *Interpretationsverbund* ist, versteht sich von selbst. Im Verbund reklamiert das BVerfG seinen Anteil, als Interpret, der seine Integrationsverantwortung wahrnimmt, aufmerksam darauf bedacht, „dass bei der Auslegung der Rechte der Charta sowohl die vom Europäischen Gerichtshof für Menschenrechte konkretisierten Konventionsrechte als auch die von den Verfassungs- und Höchstgerichten der Mitgliedstaaten ausgeformten mitgliedstaatlichen Grundrechte, wie sie sich aus den gemeinsamen Verfassungsüberlieferungen ergeben, heranzuziehen sind".[94]

---

88 BVerfGE 152, 216 (241 Rn. 63) – Recht auf Vergessen II; BVerfG v. 1.12.2020 – 2 BvR 1845/18, 2 BvR 2100/18 (Rn. 36 f.) – Europäischer Haftbefehl III.

89 BVerfGE 152, 216 (229 Rn. 32) – Recht auf Vergessen II.

90 BVerfGE 152, 216 (235 Rn. 47) – Recht auf Vergessen II. Zusammenhang von Vorrang des Unionsrechts und Vorbehalt der nationalen Verfassung: *Ulrich Hufeld*, Anwendung des europäischen Rechts in Grenzen des Verfassungsrechts, in: Isensee/Kirchhof (Hrsg.), HStR Bd. X, 3. Aufl. 2012, § 215 Rn. 1 ff.

91 BVerfG v. 1.12.2020 – 2 BvR 1845/18, 2 BvR 2100/18 (Rn. 36) – Europäischer Haftbefehl III.

92 BVerfGE 152, 216 (239 f. Rn. 59) – Recht auf Vergessen II; BVerfG v. 1.12.2020 – 2 BvR 1845/18, 2 BvR 2100/18 (Rn. 37) – Europäischer Haftbefehl III.

93 BVerfG v. 1.12.2020 – 2 BvR 1845/18, 2 BvR 2100/18 (Rn. 38) – Europäischer Haftbefehl III.

94 BVerfG v. 1.12.2020 – 2 BvR 1845/18, 2 BvR 2100/18 (Rn. 37) – Europäischer Haftbefehl III.

III.
Die verfasste Union der Staaten

Die Europäische Union ist ein Bündnis ihrer Mitglieder, die dem Staatenverbund Hoheitsgewalt übertragen (Art. 1 EUV), das Bündnis auf Werte gründen (Art. 2 EUV) und als politische Einheit konstituieren. Sie ist Union der Staaten „zur Verwirklichung ihrer gemeinsamen Ziele“ (Art. 1 EUV). In der Verwirklichung dieser Ziele (Art. 3, Art. 21 EUV) ist die Union mehr als die Summe ihrer Teile, handelt sie nicht im Verwaltungsmodus, sondern politisch. Ihre suprastaatliche Politikfähigkeit zeichnet sie aus. Diese politische Kraft setzt Verfassung voraus, eine eigene Unionsverfassung, aber auch die verlässliche Verfasstheit der unionstragenden Staaten. Die Gesamtverfassung erweist sich als moderner Modus der Gewaltenteilung und System der wechselseitigen Kontrolle. Die Staaten müssen um ihrer selbst willen darauf bestehen, dass die Union dem Ermächtigungsprinzip verpflichtet bleibt (oben II 2). Und umgekehrt müssen Union und Staaten vertikal und horizontal intervenieren, wenn einzelne Mitglieder, derzeit Ungarn und Polen, das Wertefundament beschädigen. Das unions- und verfassungsrechtliche Interventionsgebot[95] in gemeinsamen Angelegenheiten – voran: Art. 2 EUV – markiert die radikale Abkehr vom völkerrechtlichen Interventionsverbot. Im Zeichen der Intervention hat die verfasste Union der Staaten im zweiten Halbjahr 2020 nach mühevollem Ringen einen beachtlichen (Zwischen-)Erfolg errungen: Die Verordnung „über eine allgemeine Konditionalitätsregelung zum Schutz des Haushalts der Union“.[96] Dieser Rechtsstaatsmechanismus bekräftigt im Rekurs auf Art. 2 EUV explizit, maßstäblich und definitorisch[97] das gemeinsame rechtsstaatliche Fundament, implizit auch das liberal-demokratische Anliegen im modernen Verfassungsdenken: Legitimation von Herrschaft, Schutz gegen Machtmissbrauch, Verwirklichung persönlicher und politischer Freiheit.[98]

Der vormalige Kommissionspräsident Jean-Claude Juncker hat die Gründungs- und Entwicklungsgeschichte weiter- und eine globale Handlungsmacht der Union vorgedacht: „Es ist an der Zeit, dass Europa sein Schicksal selbst in die Hand nimmt. Es ist an der Zeit, dass Europa das entwickelt, was ich ‚Weltpolitikfähigkeit‘ nenne – die Fähigkeit, die Geschicke der Welt als Union mitzugestalten. Es ist an der Zeit, dass Europa zum souveränen Akteur auf der Weltbühne wird.“[99] Die politikfähige Union ist auf Legitimation angewiesen. Als Union der Verfassungsstaaten zehrt sie von staatsverfassungsrechtlicher Legitimationszufuhr durch Mitwirkung. Dieser Vorgang ist selbst ein politisches Ereignis: *Europapolitik* im Zeichen integrationsoffener Verfassungen. Die Verfassungen der Mitgliedstaaten tragen die Europapolitik und die Vertragsverfassung der Europäischen Union, die „Verfas-

95 *Ulrich Hufeld*, Europäische Integration und Verfassungsänderung, in: von Arnauld/Hufeld (Hrsg.), SK Lissabon-Begleitgesetze, 2. Aufl. 2018, § 1 Rn. 1 ff.; *ders.*, Die Europäische Union als Wertegemeinschaft, in: Müller-Graff (Hrsg.), Kernelemente der europäischen Integration, 2020, S. 239 (246 ff.).

96 Verordnung (EU, Euratom) 2020/2092 des Europäischen Parlaments und des Rates v. 16.12.2020, ABl. L 433 I v. 22.12.2020, 1.

97 Art. 2 lit. a VO 2020/2092: „‚Rechtsstaatlichkeit‘ bezeichnet den in Artikel 2 EUV verankerten Wert der Union. Dieser umfasst die Grundsätze der Rechtmäßigkeit, die transparente, rechenschaftspflichtige, demokratische und pluralistische Gesetzgebungsverfahren voraussetzen, der Rechtssicherheit, des Verbots der willkürlichen Ausübung von Hoheitsgewalt, des wirksamen Rechtsschutzes – einschließlich des Zugangs zur Justiz – durch unabhängige und unparteiische Gerichte, auch in Bezug auf Grundrechte, der Gewaltenteilung und der Nichtdiskriminierung und der Gleichheit vor dem Gesetz. Die Rechtsstaatlichkeit ist so zu verstehen, dass auch die anderen in Artikel 2 EUV verankerten Werte und Grundsätze der Union berücksichtigt werden“.

98 *Oliver Diggelmann/Maya Hertig Randall/Benjamin Schindler*, Verfassung, in: dies. (Hrsg.), Verfassungsrecht der Schweiz, Bd. I, 2020, I 1 Rn. 14 f. („Allianz von moderner Verfassung und liberaler Agenda“).

99 Rede zur Lage der Union 2018.

sung über der Verfassung".[100] Die folgende Auswahl präsentiert das europäische Verfassungspluriversum im Zusammenhang der Texte: Europäisches Verfassungsrecht.

100 *Hasso Hofmann*, Die Entwicklung des Grundgesetzes von 1949 bis 1990, in: Isensee/Kirchhof (Hrsg.), HStR Bd. I, 3. Aufl. 2003, § 9 Rn. 41.

Charta der Grundrechte der Europäischen Union[1)]

Vom 12. Dezember 2007[2)] (ABl. Nr. C 303 S. 1)
(Celex-Nr. 3 2007 X 1214 (01) Konsolidierte Fassung (ABl. 2016 Nr. C 202 S. 389)

Präambel

Die Völker Europas sind entschlossen, auf der Grundlage gemeinsamer Werte eine friedliche Zukunft zu teilen, indem sie sich zu einer immer engeren Union verbinden.

[1]In dem Bewusstsein ihres geistig-religiösen und sittlichen Erbes gründet sich die Union auf die unteilbaren und universellen Werte der Würde des Menschen, der Freiheit, der Gleichheit und der Solidarität. [2]Sie beruht auf den Grundsätzen der Demokratie und der Rechtsstaatlichkeit. [3]Sie stellt den Menschen in den Mittelpunkt ihres Handelns, indem sie die Unionsbürgerschaft und einen Raum der Freiheit, der Sicherheit und des Rechts begründet.

[1]Die Union trägt zur Erhaltung und zur Entwicklung dieser gemeinsamen Werte unter Achtung der Vielfalt der Kulturen und Traditionen der Völker Europas sowie der nationalen Identität der Mitgliedstaaten und der Organisation ihrer staatlichen Gewalt auf nationaler, regionaler und lokaler Ebene bei. [2]Sie ist bestrebt, eine ausgewogene und nachhaltige Entwicklung zu fördern und stellt den freien Personen-, Dienstleistungs-, Waren- und Kapitalverkehr sowie die Niederlassungsfreiheit sicher.

Zu diesem Zweck ist es notwendig, angesichts der Weiterentwicklung der Gesellschaft, des sozialen Fortschritts und der wissenschaftlichen und technologischen Entwicklungen den Schutz der Grundrechte zu stärken, indem sie in einer Charta sichtbarer gemacht werden.

[1]Diese Charta bekräftigt unter Achtung der Zuständigkeiten und Aufgaben der Union und des Subsidiaritätsprinzips die Rechte, die sich vor allem aus den gemeinsamen Verfassungstraditionen und den gemeinsamen internationalen Verpflichtungen der Mitgliedstaaten, aus der Europäischen Konvention zum Schutz der Menschenrechte und Grundfreiheiten, aus den von der Union und dem Europarat beschlossenen Sozialchartas sowie aus der Rechtsprechung des Gerichtshofs der Europäischen Union und des Europäischen Gerichtshofs für Menschenrechte ergeben. [2]In diesem Zusammenhang erfolgt die Auslegung der Charta durch die Gerichte der Union und der Mitgliedstaaten unter gebührender Berücksichtigung der Erläuterungen, die unter der Leitung des Präsidiums des Konvents zur Ausarbeitung der Charta formuliert und unter der Verantwortung des Präsidiums des Europäischen Konvents aktualisiert wurden.

Die Ausübung dieser Rechte ist mit Verantwortung und mit Pflichten sowohl gegenüber den Mitmenschen als auch gegenüber der menschlichen Gemeinschaft und den künftigen Generationen verbunden.

Daher erkennt die Union die nachstehend aufgeführten Rechte, Freiheiten und Grundsätze an.

Titel I

Würde des Menschen

Artikel 1 Würde des Menschen

[1]Die Würde des Menschen ist unantastbar. [2]Sie ist zu achten und zu schützen.

Artikel 2 Recht auf Leben

(1) Jeder Mensch hat das Recht auf Leben.

(2) Niemand darf zur Todesstrafe verurteilt oder hingerichtet werden.

Artikel 3 Recht auf Unversehrtheit

(1) Jeder Mensch hat das Recht auf körperliche und geistige Unversehrtheit.

(2) Im Rahmen der Medizin und der Biologie muss insbesondere Folgendes beachtet werden:

a) die freie Einwilligung des Betroffenen nach vorheriger Aufklärung entsprechend den gesetzlich festgelegten Einzelheiten,

---

1) Verweise/Bezugnahmen auf Vorschriften des AEUV bzw. EUV sind gemäß Art. 5 des Vertrags von Lissabon iVm den Übereinstimmungstabellen an die neue Nummerierung angepasst worden.

2) Der hier wiedergegebene Wortlaut übernimmt mit Anpassungen die am 7.12.2000 proklamierte Charta. Inkrafttreten am 1.12.2009, siehe die Bek. v. 13.11.2009 (BGBl. II S. 1223).

b) das Verbot eugenischer Praktiken, insbesondere derjenigen, welche die Selektion von Menschen zum Ziel haben,
c) das Verbot, den menschlichen Körper und Teile davon als solche zur Erzielung von Gewinnen zu nutzen,
d) das Verbot des reproduktiven Klonens von Menschen.

Artikel 4 Verbot der Folter und unmenschlicher oder erniedrigender Strafe oder Behandlung
Niemand darf der Folter oder unmenschlicher oder erniedrigender Strafe oder Behandlung unterworfen werden.

Artikel 5 Verbot der Sklaverei und der Zwangsarbeit
(1) Niemand darf in Sklaverei oder Leibeigenschaft gehalten werden.

(2) Niemand darf gezwungen werden, Zwangs- oder Pflichtarbeit zu verrichten.

(3) Menschenhandel ist verboten.

Titel II
Freiheiten

Artikel 6 Recht auf Freiheit und Sicherheit
Jeder Mensch hat das Recht auf Freiheit und Sicherheit.

Artikel 7 Achtung des Privat- und Familienlebens
Jede Person hat das Recht auf Achtung ihres Privat- und Familienlebens, ihrer Wohnung sowie ihrer Kommunikation.

Artikel 8 Schutz personenbezogener Daten
(1) Jede Person hat das Recht auf Schutz der sie betreffenden personenbezogenen Daten.

(2) [1]Diese Daten dürfen nur nach Treu und Glauben für festgelegte Zwecke und mit Einwilligung der betroffenen Person oder auf einer sonstigen gesetzlich geregelten legitimen Grundlage verarbeitet werden. [2]Jede Person hat das Recht, Auskunft über die sie betreffenden erhobenen Daten zu erhalten und die Berichtigung der Daten zu erwirken.

(3) Die Einhaltung dieser Vorschriften wird von einer unabhängigen Stelle überwacht.

Artikel 9 Recht, eine Ehe einzugehen und eine Familie zu gründen
Das Recht, eine Ehe einzugehen, und das Recht, eine Familie zu gründen, werden nach den einzelstaatlichen Gesetzen gewährleistet, welche die Ausübung dieser Rechte regeln.

Artikel 10 Gedanken-, Gewissens- und Religionsfreiheit
(1) [1]Jede Person hat das Recht auf Gedanken-, Gewissens- und Religionsfreiheit. [2]Dieses Recht umfasst die Freiheit, die Religion oder Weltanschauung zu wechseln, und die Freiheit, seine Religion oder Weltanschauung einzeln oder gemeinsam mit anderen öffentlich oder privat durch Gottesdienst, Unterricht, Bräuche und Riten zu bekennen.

(2) Das Recht auf Wehrdienstverweigerung aus Gewissensgründen wird nach den einzelstaatlichen Gesetzen anerkannt, welche die Ausübung dieses Rechts regeln.

Artikel 11 Freiheit der Meinungsäußerung und Informationsfreiheit
(1) [1]Jede Person hat das Recht auf freie Meinungsäußerung. [2]Dieses Recht schließt die Meinungsfreiheit und die Freiheit ein, Informationen und Ideen ohne behördliche Eingriffe und ohne Rücksicht auf Staatsgrenzen zu empfangen und weiterzugeben.

(2) Die Freiheit der Medien und ihre Pluralität werden geachtet.

Artikel 12 Versammlungs- und Vereinigungsfreiheit
(1) Jede Person hat das Recht, sich insbesondere im politischen, gewerkschaftlichen und zivilgesellschaftlichen Bereich auf allen Ebenen frei und friedlich mit anderen zu versammeln und frei mit anderen zusammenzuschließen, was das Recht jeder Person umfasst, zum Schutz ihrer Interessen Gewerkschaften zu gründen und Gewerkschaften beizutreten.

(2) Politische Parteien auf der Ebene der Union tragen dazu bei, den politischen Willen der Unionsbürgerinnen und Unionsbürger zum Ausdruck zu bringen.

Artikel 13 Freiheit der Kunst und der Wissenschaft
[1]Kunst und Forschung sind frei. [2]Die akademische Freiheit wird geachtet.

Artikel 14 Recht auf Bildung
(1) Jede Person hat das Recht auf Bildung sowie auf Zugang zur beruflichen Ausbildung und Weiterbildung.

(2) Dieses Recht umfasst die Möglichkeit, unentgeltlich am Pflichtschulunterricht teilzunehmen.

(3) Die Freiheit zur Gründung von Lehranstalten unter Achtung der demokratischen Grundsätze sowie das Recht der Eltern, die Erziehung und den Unterricht ihrer Kinder entsprechend ihren eigenen religiösen, weltanschaulichen und erzieherischen Überzeugungen sicherzustellen, werden nach den einzelstaatlichen Gesetzen geachtet, welche ihre Ausübung regeln.

Artikel 15 Berufsfreiheit und Recht zu arbeiten
(1) Jede Person hat das Recht, zu arbeiten und einen frei gewählten oder angenommenen Beruf auszuüben.

(2) Alle Unionsbürgerinnen und Unionsbürger haben die Freiheit, in jedem Mitgliedstaat Arbeit zu suchen, zu arbeiten, sich niederzulassen oder Dienstleistungen zu erbringen.

(3) Die Staatsangehörigen dritter Länder, die im Hoheitsgebiet der Mitgliedstaaten arbeiten dürfen, haben Anspruch auf Arbeitsbedingungen, die denen der Unionsbürgerinnen und Unionsbürger entsprechen.

Artikel 16 Unternehmerische Freiheit
Die unternehmerische Freiheit wird nach dem Unionsrecht und den einzelstaatlichen Rechtsvorschriften und Gepflogenheiten anerkannt.

Artikel 17 Eigentumsrecht
(1) [1]Jede Person hat das Recht, ihr rechtmäßig erworbenes Eigentum zu besitzen, zu nutzen, darüber zu verfügen und es zu vererben. [2]Niemandem darf sein Eigentum entzogen werden, es sei denn aus Gründen des öffentlichen Interesses in den Fällen und unter den Bedingungen, die in einem Gesetz vorgesehen sind, sowie gegen eine rechtzeitige angemessene Entschädigung für den Verlust des Eigentums. [3]Die Nutzung des Eigentums kann gesetzlich geregelt werden, soweit dies für das Wohl der Allgemeinheit erforderlich ist.

(2) Geistiges Eigentum wird geschützt.

Artikel 18 Asylrecht
Das Recht auf Asyl wird nach Maßgabe des Genfer Abkommens vom 28. Juli 1951 und des Protokolls vom 31. Januar 1967 über die Rechtsstellung der Flüchtlinge sowie nach Maßgabe des Vertrags über die Europäische Union und des Vertrags über die Arbeitsweise der Europäischen Union (im Folgenden „die Verträge") gewährleistet.

Artikel 19 Schutz bei Abschiebung, Ausweisung und Auslieferung
(1) Kollektivausweisungen sind nicht zulässig.

(2) Niemand darf in einen Staat abgeschoben oder ausgewiesen oder an einen Staat ausgeliefert werden, in dem für sie oder ihn das ernsthafte Risiko der Todesstrafe, der Folter oder einer anderen unmenschlichen oder erniedrigenden Strafe oder Behandlung besteht.

Titel III
Gleichheit

Artikel 20 Gleichheit vor dem Gesetz
Alle Personen sind vor dem Gesetz gleich.

Artikel 21 Nichtdiskriminierung

(1) Diskriminierungen insbesondere wegen des Geschlechts, der Rasse, der Hautfarbe, der ethnischen oder sozialen Herkunft, der genetischen Merkmale, der Sprache, der Religion oder der Weltanschauung, der politischen oder sonstigen Anschauung, der Zugehörigkeit zu einer nationalen Minderheit, des Vermögens, der Geburt, einer Behinderung, des Alters oder der sexuellen Ausrichtung sind verboten.

(2) Unbeschadet besonderer Bestimmungen der Verträge ist in ihrem Anwendungsbereich jede Diskriminierung aus Gründen der Staatsangehörigkeit verboten.

Artikel 22 Vielfalt der Kulturen, Religionen und Sprachen

Die Union achtet die Vielfalt der Kulturen, Religionen und Sprachen.

Artikel 23 Gleichheit von Frauen und Männern

Die Gleichheit von Frauen und Männern ist in allen Bereichen, einschließlich der Beschäftigung, der Arbeit und des Arbeitsentgelts, sicherzustellen.

Der Grundsatz der Gleichheit steht der Beibehaltung oder der Einführung spezifischer Vergünstigungen für das unterrepräsentierte Geschlecht nicht entgegen.

Artikel 24 Rechte des Kindes

(1) [1]Kinder haben Anspruch auf den Schutz und die Fürsorge, die für ihr Wohlergehen notwendig sind. [2]Sie können ihre Meinung frei äußern. [3]Ihre Meinung wird in den Angelegenheiten, die sie betreffen, in einer ihrem Alter und ihrem Reifegrad entsprechenden Weise berücksichtigt.

(2) Bei allen Kinder betreffenden Maßnahmen öffentlicher Stellen oder privater Einrichtungen muss das Wohl des Kindes eine vorrangige Erwägung sein.

(3) Jedes Kind hat Anspruch auf regelmäßige persönliche Beziehungen und direkte Kontakte zu beiden Elternteilen, es sei denn, dies steht seinem Wohl entgegen.

Artikel 25 Rechte älterer Menschen

Die Union anerkennt und achtet das Recht älterer Menschen auf ein würdiges und unabhängiges Leben und auf Teilnahme am sozialen und kulturellen Leben.

Artikel 26 Integration von Menschen mit Behinderung

Die Union anerkennt und achtet den Anspruch von Menschen mit Behinderung auf Maßnahmen zur Gewährleistung ihrer Eigenständigkeit, ihrer sozialen und beruflichen Eingliederung und ihrer Teilnahme am Leben der Gemeinschaft.

Titel IV
Solidarität

Artikel 27 Recht auf Unterrichtung und Anhörung der Arbeitnehmerinnen und Arbeitnehmer im Unternehmen

Für die Arbeitnehmerinnen und Arbeitnehmer oder ihre Vertreter muss auf den geeigneten Ebenen eine rechtzeitige Unterrichtung und Anhörung in den Fällen und unter den Voraussetzungen gewährleistet sein, die nach dem Unionsrecht und den einzelstaatlichen Rechtsvorschriften und Gepflogenheiten vorgesehen sind.

Artikel 28 Recht auf Kollektivverhandlungen und Kollektivmaßnahmen

Die Arbeitnehmerinnen und Arbeitnehmer sowie die Arbeitgeberinnen und Arbeitgeber oder ihre jeweiligen Organisationen haben nach dem Unionsrecht und den einzelstaatlichen Rechtsvorschriften und Gepflogenheiten das Recht, Tarifverträge auf den geeigneten Ebenen auszuhandeln und zu schließen sowie bei Interessenkonflikten kollektive Maßnahmen zur Verteidigung ihrer Interessen, einschließlich Streiks, zu ergreifen.

Artikel 29 Recht auf Zugang zu einem Arbeitsvermittlungsdienst

Jeder Mensch hat das Recht auf Zugang zu einem unentgeltlichen Arbeitsvermittlungsdienst.

Artikel 30 Schutz bei ungerechtfertigter Entlassung
Jede Arbeitnehmerin und jeder Arbeitnehmer hat nach dem Unionsrecht und den einzelstaatlichen Rechtsvorschriften und Gepflogenheiten Anspruch auf Schutz vor ungerechtfertigter Entlassung.

Artikel 31 Gerechte und angemessene Arbeitsbedingungen
(1) Jede Arbeitnehmerin und jeder Arbeitnehmer hat das Recht auf gesunde, sichere und würdige Arbeitsbedingungen.

(2) Jede Arbeitnehmerin und jeder Arbeitnehmer hat das Recht auf eine Begrenzung der Höchstarbeitszeit, auf tägliche und wöchentliche Ruhezeiten sowie auf bezahlten Jahresurlaub.

Artikel 32 Verbot der Kinderarbeit und Schutz der Jugendlichen am Arbeitsplatz
[1]Kinderarbeit ist verboten. [2]Unbeschadet günstigerer Vorschriften für Jugendliche und abgesehen von begrenzten Ausnahmen darf das Mindestalter für den Eintritt in das Arbeitsleben das Alter, in dem die Schulpflicht endet, nicht unterschreiten.

Zur Arbeit zugelassene Jugendliche müssen ihrem Alter angepasste Arbeitsbedingungen erhalten und vor wirtschaftlicher Ausbeutung und vor jeder Arbeit geschützt werden, die ihre Sicherheit, ihre Gesundheit, ihre körperliche, geistige, sittliche oder soziale Entwicklung beeinträchtigen oder ihre Erziehung gefährden könnte.

Artikel 33 Familien- und Berufsleben
(1) Der rechtliche, wirtschaftliche und soziale Schutz der Familie wird gewährleistet.

(2) Um Familien- und Berufsleben miteinander in Einklang bringen zu können, hat jeder Mensch das Recht auf Schutz vor Entlassung aus einem mit der Mutterschaft zusammenhängenden Grund sowie den Anspruch auf einen bezahlten Mutterschaftsurlaub und auf einen Elternurlaub nach der Geburt oder Adoption eines Kindes.

Artikel 34 Soziale Sicherheit und soziale Unterstützung
(1) Die Union anerkennt und achtet das Recht auf Zugang zu den Leistungen der sozialen Sicherheit und zu den sozialen Diensten, die in Fällen wie Mutterschaft, Krankheit, Arbeitsunfall, Pflegebedürftigkeit oder im Alter sowie bei Verlust des Arbeitsplatzes Schutz gewährleisten, nach Maßgabe des Unionsrechts und der einzelstaatlichen Rechtsvorschriften und Gepflogenheiten.

(2) Jeder Mensch, der in der Union seinen rechtmäßigen Wohnsitz hat und seinen Aufenthalt rechtmäßig wechselt, hat Anspruch auf die Leistungen der sozialen Sicherheit und die sozialen Vergünstigungen nach dem Unionsrecht und den einzelstaatlichen Rechtsvorschriften und Gepflogenheiten.

(3) Um die soziale Ausgrenzung und die Armut zu bekämpfen, anerkennt und achtet die Union das Recht auf eine soziale Unterstützung und eine Unterstützung für die Wohnung, die allen, die nicht über ausreichende Mittel verfügen, ein menschenwürdiges Dasein sicherstellen sollen, nach Maßgabe des Unionsrechts und der einzelstaatlichen Rechtsvorschriften und Gepflogenheiten.

Artikel 35 Gesundheitsschutz
[1]Jeder Mensch hat das Recht auf Zugang zur Gesundheitsvorsorge und auf ärztliche Versorgung nach Maßgabe der einzelstaatlichen Rechtsvorschriften und Gepflogenheiten. [2]Bei der Festlegung und Durchführung der Politik und Maßnahmen der Union in allen Bereichen wird ein hohes Gesundheitsschutzniveau sichergestellt.

Artikel 36 Zugang zu Dienstleistungen von allgemeinem wirtschaftlichen Interesse
Die Union anerkennt und achtet den Zugang zu Dienstleistungen von allgemeinem wirtschaftlichen Interesse, wie er durch die einzelstaatlichen Rechtsvorschriften und Gepflogenheiten im Einklang mit den Verträgen geregelt ist, um den sozialen und territorialen Zusammenhalt der Union zu fördern.

Artikel 37 Umweltschutz
Ein hohes Umweltschutzniveau und die Verbesserung der Umweltqualität müssen in die Politik der Union einbezogen und nach dem Grundsatz der nachhaltigen Entwicklung sichergestellt werden.

Artikel 38 Verbraucherschutz
Die Politik der Union stellt ein hohes Verbraucherschutzniveau sicher.

Titel V

Bürgerrechte

Artikel 39 Aktives und passives Wahlrecht bei den Wahlen zum Europäischen Parlament

(1) Die Unionsbürgerinnen und Unionsbürger besitzen in dem Mitgliedstaat, in dem sie ihren Wohnsitz haben, das aktive und passive Wahlrecht bei den Wahlen zum Europäischen Parlament unter denselben Bedingungen wie die Angehörigen des betreffenden Mitgliedstaats.

(2) Die Mitglieder des Europäischen Parlaments werden in allgemeiner, unmittelbarer, freier und geheimer Wahl gewählt.

Artikel 40 Aktives und passives Wahlrecht bei den Kommunalwahlen

Die Unionsbürgerinnen und Unionsbürger besitzen in dem Mitgliedstaat, in dem sie ihren Wohnsitz haben, das aktive und passive Wahlrecht bei Kommunalwahlen unter denselben Bedingungen wie die Angehörigen des betreffenden Mitgliedstaats.

Artikel 41 Recht auf eine gute Verwaltung

(1) Jede Person hat ein Recht darauf, dass ihre Angelegenheiten von den Organen, Einrichtungen und sonstigen Stellen der Union unparteiisch, gerecht und innerhalb einer angemessenen Frist behandelt werden.

(2) Dieses Recht umfasst insbesondere

a) das Recht jeder Person, gehört zu werden, bevor ihr gegenüber eine für sie nachteilige individuelle Maßnahme getroffen wird,

b) das Recht jeder Person auf Zugang zu den sie betreffenden Akten unter Wahrung des berechtigten Interesses der Vertraulichkeit sowie des Berufs- und Geschäftsgeheimnisses,

c) die Verpflichtung der Verwaltung, ihre Entscheidungen zu begründen.

(3) Jede Person hat Anspruch darauf, dass die Union den durch ihre Organe oder Bediensteten in Ausübung ihrer Amtstätigkeit verursachten Schaden nach den allgemeinen Rechtsgrundsätzen ersetzt, die den Rechtsordnungen der Mitgliedstaaten gemeinsam sind.

(4) Jede Person kann sich in einer der Sprachen der Verträge an die Organe der Union wenden und muss eine Antwort in derselben Sprache erhalten.

Artikel 42 Recht auf Zugang zu Dokumenten

Die Unionsbürgerinnen und Unionsbürger sowie jede natürliche oder juristische Person mit Wohnsitz oder satzungsmäßigem Sitz in einem Mitgliedstaat haben das Recht auf Zugang zu den Dokumenten der Organe, Einrichtungen und sonstigen Stellen der Union, unabhängig von der Form der für diese Dokumente verwendeten Träger.

Artikel 43 Der Europäische Bürgerbeauftragte

Die Unionsbürgerinnen und Unionsbürger sowie jede natürliche oder juristische Person mit Wohnsitz oder satzungsmäßigem Sitz in einem Mitgliedstaat haben das Recht, den Europäischen Bürgerbeauftragten im Falle von Missständen bei der Tätigkeit der Organe, Einrichtungen und sonstigen Stellen der Union, mit Ausnahme des Gerichtshofs der Europäischen Union in Ausübung seiner Rechtsprechungsbefugnisse, zu befassen.

Artikel 44 Petitionsrecht

Die Unionsbürgerinnen und Unionsbürger sowie jede natürliche oder juristische Person mit Wohnsitz oder satzungsmäßigem Sitz in einem Mitgliedstaat haben das Recht, eine Petition an das Europäische Parlament zu richten.

Artikel 45 Freizügigkeit und Aufenthaltsfreiheit

(1) Die Unionsbürgerinnen und Unionsbürger haben das Recht, sich im Hoheitsgebiet der Mitgliedstaaten frei zu bewegen und aufzuhalten.

(2) Staatsangehörigen von Drittländern, die sich rechtmäßig im Hoheitsgebiet eines Mitgliedstaats aufhalten, kann nach Maßgabe der Verträge Freizügigkeit und Aufenthaltsfreiheit gewährt werden.

Artikel 46 Diplomatischer und konsularischer Schutz
Die Unionsbürgerinnen und Unionsbürger genießen im Hoheitsgebiet eines Drittlands, in dem der Mitgliedstaat, dessen Staatsangehörigkeit sie besitzen, nicht vertreten ist, den Schutz durch die diplomatischen und konsularischen Behörden eines jeden Mitgliedstaats unter denselben Bedingungen wie Staatsangehörige dieses Staates.

Titel VI
Justizielle Rechte

Artikel 47 Recht auf einen wirksamen Rechtsbehelf und ein unparteiisches Gericht
Jede Person, deren durch das Recht der Union garantierte Rechte oder Freiheiten verletzt worden sind, hat das Recht, nach Maßgabe der in diesem Artikel vorgesehenen Bedingungen bei einem Gericht einen wirksamen Rechtsbehelf einzulegen.

[1]Jede Person hat ein Recht darauf, dass ihre Sache von einem unabhängigen, unparteiischen und zuvor durch Gesetz errichteten Gericht in einem fairen Verfahren, öffentlich und innerhalb angemessener Frist verhandelt wird. [2]Jede Person kann sich beraten, verteidigen und vertreten lassen.

Personen, die nicht über ausreichende Mittel verfügen, wird Prozesskostenhilfe bewilligt, soweit diese Hilfe erforderlich ist, um den Zugang zu den Gerichten wirksam zu gewährleisten.

Artikel 48 Unschuldsvermutung und Verteidigungsrechte
(1) Jeder Angeklagte gilt bis zum rechtsförmlich erbrachten Beweis seiner Schuld als unschuldig.

(2) Jedem Angeklagten wird die Achtung der Verteidigungsrechte gewährleistet.

Artikel 49 Grundsätze der Gesetzmäßigkeit und der Verhältnismäßigkeit im Zusammenhang mit Straftaten und Strafen
(1) [1]Niemand darf wegen einer Handlung oder Unterlassung verurteilt werden, die zur Zeit ihrer Begehung nach innerstaatlichem oder internationalem Recht nicht strafbar war. [2]Es darf auch keine schwerere Strafe als die zur Zeit der Begehung angedrohte Strafe verhängt werden. [3]Wird nach Begehung einer Straftat durch Gesetz eine mildere Strafe eingeführt, so ist diese zu verhängen.

(2) Dieser Artikel schließt nicht aus, dass eine Person wegen einer Handlung oder Unterlassung verurteilt oder bestraft wird, die zur Zeit ihrer Begehung nach den allgemeinen, von der Gesamtheit der Nationen anerkannten Grundsätzen strafbar war.

(3) Das Strafmaß darf zur Straftat nicht unverhältnismäßig sein.

Artikel 50 Recht, wegen derselben Straftat nicht zweimal strafrechtlich verfolgt oder bestraft zu werden
Niemand darf wegen einer Straftat, derentwegen er bereits in der Union nach dem Gesetz rechtskräftig verurteilt oder freigesprochen worden ist, in einem Strafverfahren erneut verfolgt oder bestraft werden.

Titel VII
Allgemeine Bestimmungen über die Auslegung und Anwendung der Charta

Artikel 51 Anwendungsbereich
(1) [1]Diese Charta gilt für die Organe, Einrichtungen und sonstigen Stellen der Union unter Wahrung des Subsidiaritätsprinzips und für die Mitgliedstaaten ausschließlich bei der Durchführung des Rechts der Union. [2]Dementsprechend achten sie die Rechte, halten sie sich an die Grundsätze und fördern sie deren Anwendung entsprechend ihren jeweiligen Zuständigkeiten und unter Achtung der Grenzen der Zuständigkeiten, die der Union in den Verträgen übertragen werden.

(2) Diese Charta dehnt den Geltungsbereich des Unionsrechts nicht über die Zuständigkeiten der Union hinaus aus und begründet weder neue Zuständigkeiten noch neue Aufgaben für die Union, noch ändert sie die in den Verträgen festgelegten Zuständigkeiten und Aufgaben.

Artikel 52 Tragweite und Auslegung der Rechte und Grundsätze
(1) [1]Jede Einschränkung der Ausübung der in dieser Charta anerkannten Rechte und Freiheiten muss gesetzlich vorgesehen sein und den Wesensgehalt dieser Rechte und Freiheiten achten. [2]Unter Wahrung des Grundsatzes der Verhältnismäßigkeit dürfen Einschränkungen nur vorgenommen werden,

wenn sie erforderlich sind und den von der Union anerkannten dem Gemeinwohl dienenden Zielsetzungen oder den Erfordernissen des Schutzes der Rechte und Freiheiten anderer tatsächlich entsprechen.

(2) Die Ausübung der durch diese Charta anerkannten Rechte, die in den Verträgen geregelt sind, erfolgt im Rahmen der in den Verträgen festgelegten Bedingungen und Grenzen.

(3) [1]Soweit diese Charta Rechte enthält, die den durch die Europäische Konvention zum Schutz der Menschenrechte und Grundfreiheiten garantierten Rechten entsprechen, haben sie die gleiche Bedeutung und Tragweite, wie sie ihnen in der genannten Konvention verliehen wird. [2]Diese Bestimmung steht dem nicht entgegen, dass das Recht der Union einen weiter gehenden Schutz gewährt.

(4) Soweit in dieser Charta Grundrechte anerkannt werden, wie sie sich aus den gemeinsamen Verfassungsüberlieferungen der Mitgliedstaaten ergeben, werden sie im Einklang mit diesen Überlieferungen ausgelegt.

(5) [1]Die Bestimmungen dieser Charta, in denen Grundsätze festgelegt sind, können durch Akte der Gesetzgebung und der Ausführung der Organe, Einrichtungen und sonstigen Stellen der Union sowie durch Akte der Mitgliedstaaten zur Durchführung des Rechts der Union in Ausübung ihrer jeweiligen Zuständigkeiten umgesetzt werden. [2]Sie können vor Gericht nur bei der Auslegung dieser Akte und bei Entscheidungen über deren Rechtmäßigkeit herangezogen werden.

(6) Den einzelstaatlichen Rechtsvorschriften und Gepflogenheiten ist, wie es in dieser Charta bestimmt ist, in vollem Umfang Rechnung zu tragen.

(7) Die Erläuterungen, die als Anleitung für die Auslegung dieser Charta verfasst wurden, sind von den Gerichten der Union und der Mitgliedstaaten gebührend zu berücksichtigen.

Artikel 53 Schutzniveau

Keine Bestimmung dieser Charta ist als eine Einschränkung oder Verletzung der Menschenrechte und Grundfreiheiten auszulegen, die in dem jeweiligen Anwendungsbereich durch das Recht der Union und das Völkerrecht sowie durch die internationalen Übereinkünfte, bei denen die Union oder alle Mitgliedstaaten Vertragsparteien sind, darunter insbesondere die Europäische Konvention zum Schutz der Menschenrechte und Grundfreiheiten, sowie durch die Verfassungen der Mitgliedstaaten anerkannt werden.

Artikel 54 Verbot des Missbrauchs der Rechte

Keine Bestimmung dieser Charta ist so auszulegen, als begründe sie das Recht, eine Tätigkeit auszuüben oder eine Handlung vorzunehmen, die darauf abzielt, die in der Charta anerkannten Rechte und Freiheiten abzuschaffen oder sie stärker einzuschränken, als dies in der Charta vorgesehen ist.

Der vorstehende Wortlaut übernimmt mit Anpassungen die am 7. Dezember 2000 proklamierte Charta und ersetzt sie ab dem Zeitpunkt des Inkrafttretens[1)] des Vertrags von Lissabon.

Geschehen zu Strassburg am zwölften Dezember zweitausendsieben.

Erläuterungen[2)] zur Charta der Grundrechte

Die nachstehenden Erläuterungen wurden ursprünglich unter der Verantwortung des Präsidiums des Konvents, der die Charta der Grundrechte der Europäischen Union ausgearbeitet hat, formuliert. Sie wurden unter der Verantwortung des Präsidiums des Europäischen Konvents aufgrund der von diesem Konvent vorgenommenen Anpassungen des Wortlauts der Charta (insbesondere der Artikel 51 und 52) und der Fortentwicklung des Unionsrechts aktualisiert. Diese Erläuterungen haben als solche keinen rechtlichen Status, stellen jedoch eine nützliche Interpretationshilfe dar, die dazu dient, die Bestimmungen der Charta zu verdeutlichen.

---

1) Die Bundesrepublik Deutschland hat mWv 15.10.2008 durch G v. 8.1.2008 (BGBl. II S. 1038) dem Vertrag von Lissabon zugestimmt; Inkrafttreten am 1.12.2009, siehe die Bek. v. 13.11.2009 (BGBl. II S. 1223).

2) **Amtl. Anm.:** Die Verweise auf die Artikelnummerierung der Verträge wurden auf den neuesten Stand gebracht und einige Fehler wurden berichtigt.

Titel I – Würde des Menschen

Erläuterung zu Artikel 1 – Würde des Menschen

Die Würde des Menschen ist nicht nur ein Grundrecht an sich, sondern bildet das eigentliche Fundament der Grundrechte. Die Allgemeine Erklärung der Menschenrechte von 1948 verankert die Menschenwürde in ihrer Präambel: „... da die Anerkennung der allen Mitgliedern der menschlichen Familie innewohnenden Würde und ihrer gleichen und unveräußerlichen Rechte die Grundlage der Freiheit, der Gerechtigkeit und des Friedens in der Welt bildet." In seinem Urteil vom 9. Oktober 2001 in der Rechtssache C-377/98, Niederlande gegen Europäisches Parlament und Rat, Slg. 2001, I-7079, Randnrn. 70-77 bestätigte der Gerichtshof, dass das Grundrecht auf Menschenwürde Teil des Unionsrechts ist.

Daraus ergibt sich insbesondere, dass keines der in dieser Charta festgelegten Rechte dazu verwendet werden darf, die Würde eines anderen Menschen zu verletzen, und dass die Würde des Menschen zum Wesensgehalt der in dieser Charta festgelegten Rechte gehört. Sie darf daher auch bei Einschränkungen eines Rechtes nicht angetastet werden.

Erläuterung zu Artikel 2 – Recht auf Leben

1. Absatz 1 dieses Artikels basiert auf Artikel 2 Absatz 1 Satz 1 der Europäischen Menschenrechtskonvention (EMRK), der wie folgt lautet:
   „1. Das Recht jedes Menschen auf Leben wird gesetzlich geschützt ..."
2. Satz 2 der genannten Vorschrift, der die Todesstrafe zum Gegenstand hatte, ist durch das Inkrafttreten des Protokolls Nr. 6 zur EMRK hinfällig geworden, dessen Artikel 1 wie folgt lautet:
   „[1]Die Todesstrafe ist abgeschafft. [2]Niemand darf zu dieser Strafe verurteilt oder hingerichtet werden.
   Auf dieser Vorschrift beruht Artikel 2 Absatz 2 der Charta."
3. Die Bestimmungen des Artikels 2 der Charta entsprechen den Bestimmungen der genannten Artikel der EMRK und des Zusatzprotokolls. Sie haben nach Artikel 52 Absatz 3 der Charta die gleiche Bedeutung und Tragweite. So müssen die in der EMRK enthaltenen „Negativdefinitionen" auch als Teil der Charta betrachtet werden:
   a) Artikel 2 Absatz 2 EMRK:
      „Eine Tötung wird nicht als Verletzung dieses Artikels betrachtet, wenn sie durch eine Gewaltanwendung verursacht wird, die unbedingt erforderlich ist, um
      a) jemanden gegen rechtswidrige Gewalt zu verteidigen;
      b) jemanden rechtmäßig festzunehmen oder jemanden, dem die Freiheit rechtmäßig entzogen ist, an der Flucht zu hindern;
      c) einen Aufruhr oder Aufstand rechtmäßig niederzuschlagen."
   b) Artikel 2 des Protokolls Nr. 6 zur EMRK:
      Ein Staat kann in seinem Recht die Todesstrafe für Taten vorsehen, die in Kriegszeiten oder bei unmittelbarer Kriegsgefahr begangen werden; diese Strafe darf nur in den Fällen, die im Recht vorgesehen sind, und in Übereinstimmung mit dessen Bestimmungen angewendet werden ... .

Erläuterung zu Artikel 3 – Recht auf Unversehrtheit

1. In seinem Urteil vom 9. Oktober 2001 in der Rechtssache C-377/98, Niederlande gegen Europäisches Parlament und Rat, Slg. 2001, I-7079, Randnrn. 70, 78, 79 und 80, bestätigte der Gerichtshof, dass das Grundrecht auf Unversehrtheit Teil des Unionsrechts ist und im Bereich der Medizin und der Biologie die freie Einwilligung des Spenders und des Empfängers nach vorheriger Aufklärung umfasst.
2. Die Grundsätze des Artikels 3 der Charta sind bereits in dem im Rahmen des Europarates angenommenen Übereinkommen über Menschenrechte und Biomedizin (STE 164 und Zusatzprotokoll STE 168) enthalten. Die Charta will von diesen Bestimmungen nicht abweichen und verbietet daher lediglich das reproduktive Klonen. Die anderen Formen des Klonens werden von der Charta weder gestattet noch verboten. Sie hindert den Gesetzgeber also keineswegs daran, auch die anderen Formen des Klonens zu verbieten.

3. Durch den Hinweis auf eugenische Praktiken, insbesondere diejenigen, welche die Selektion von Menschen zum Ziel haben, soll die Möglichkeit erfasst werden, dass Selektionsprogramme organisiert und durchgeführt werden, die beispielsweise Sterilisierungskampagnen, erzwungene Schwangerschaften, die Pflicht, den Ehepartner in der gleichen Volksgruppe zu wählen, usw. umfassen; derartige Handlungen werden in dem am 17. Juli 1998 in Rom verabschiedeten Statut des Internationalen Strafgerichtshofs (siehe Artikel 7 Absatz 1 Buchstabe g) als internationale Verbrechen betrachtet.

Erläuterung zu Artikel 4 – Verbot der Folter und unmenschlicher oder erniedrigender Strafe oder Behandlung

Das Recht nach Artikel 4 entspricht dem Recht, das durch den gleich lautenden Artikel 3 EMRK garantiert ist: „Niemand darf der Folter oder unmenschlicher oder erniedrigender Strafe oder Behandlung unterworfen werden.“ Nach Artikel 52 Absatz 3 der Charta hat Artikel 4 also die gleiche Bedeutung und Tragweite wie Artikel 3 EMRK.

Erläuterung zu Artikel 5 – Verbot der Sklaverei und der Zwangsarbeit

1. Das Recht nach Artikel 5 Absätze 1 und 2 entspricht dem gleich lautenden Artikel 4 Absätze 1 und 2 EMRK. Nach Artikel 52 Absatz 3 der Charta hat dieses Recht also die gleiche Bedeutung und Tragweite wie Artikel 4 EMRK. Daraus folgt:
   - Eine legitime Einschränkung des Rechts nach Absatz 1 kann es nicht geben.
   - In Absatz 2 müssen in Bezug auf die Begriffe „Zwangs- oder Pflichtarbeit“ die „negativen“ Definitionen nach Artikel 4 Absatz 3 EMRK berücksichtigt werden:
     Nicht als Zwangs- oder Pflichtarbeit im Sinne dieses Artikels gilt
     a) eine Arbeit, die üblicherweise von einer Person verlangt wird, der unter den Voraussetzungen des Artikels 5 die Freiheit entzogen oder die bedingt entlassen worden ist;
     b) eine Dienstleistung militärischer Art oder eine Dienstleistung, die an die Stelle des im Rahmen der Wehrpflicht zu leistenden Dienstes tritt, in Ländern, wo die Dienstverweigerung aus Gewissensgründen anerkannt ist;
     c) eine Dienstleistung, die verlangt wird, wenn Notstände oder Katastrophen das Leben oder das Wohl der Gemeinschaft bedrohen;
     d) eine Arbeit oder Dienstleistung, die zu den üblichen Bürgerpflichten gehört.
2. Absatz 3 ergibt sich unmittelbar aus der Menschenwürde und trägt neueren Entwicklungen auf dem Gebiet der organisierten Kriminalität wie der Schleuserkriminalität oder der organisierten sexuellen Ausbeutung Rechnung. Das Europol-Übereinkommen enthält im Anhang folgende Definition, die den Menschenhandel zum Zwecke der sexuellen Ausbeutung betrifft: „Menschenhandel: tatsächliche und rechtswidrige Unterwerfung einer Person unter den Willen anderer Personen mittels Gewalt, Drohung oder Täuschung oder unter Ausnutzung eines Abhängigkeitsverhältnisses insbesondere mit folgendem Ziel: Ausbeutung der Prostitution, Ausbeutung von Minderjährigen, sexuelle Gewalt gegenüber Minderjährigen oder Handel im Zusammenhang mit Kindesaussetzung.“ Kapitel VI des Schengener Durchführungsübereinkommens, das in den Besitzstand der Union integriert worden ist und an dem sich das Vereinigte Königreich und Irland beteiligen, enthält in Artikel 27 Absatz 1 folgende auf die Schleuseraktivitäten zielende Bestimmung: „Die Vertragsparteien verpflichten sich, angemessene Sanktionen gegen jede Person vorzusehen, die zu Erwerbszwecken einem Drittausländer hilft oder zu helfen versucht, in das Hoheitsgebiet einer der Vertragsparteien unter Verletzung ihrer Rechtsvorschriften in Bezug auf die Einreise und den Aufenthalt von Drittausländern einzureisen oder sich dort aufzuhalten.“ Am 19. Juli 2002 nahm der Rat einen Rahmenbeschluss zur Bekämpfung des Menschenhandels (ABl. L 203 vom 1. 8. 2002, S. 1) an; in Artikel 1 dieses Rahmenbeschlusses sind die Handlungen im Zusammenhang mit dem Menschenhandel zum Zwecke der Ausbeutung von Arbeitskräften oder der sexuellen Ausbeutung näher bestimmt, die die Mitgliedstaaten aufgrund des genannten Rahmenbeschlusses unter Strafe stellen müssen.

Titel II – Freiheiten

Erläuterung zu Artikel 6 – Recht auf Freiheit und Sicherheit

Die Rechte nach Artikel 6 entsprechen den Rechten, die durch Artikel 5 EMRK garantiert sind, denen sie nach Artikel 52 Absatz 3 der Charta an Bedeutung und Tragweite gleichkommen. Die Einschränkungen, die legitim an diesen Rechten vorgenommen werden können, dürfen daher nicht über die Einschränkungen hinausgehen, die im Rahmen des wie folgt lautenden Artikels 5 EMRK zulässig sind:

„1. Jeder Mensch hat das Recht auf Freiheit und Sicherheit. Die Freiheit darf nur in den folgenden Fällen und nur auf die gesetzlich vorgeschriebene Weise entzogen werden:
   a) rechtmäßige Freiheitsentziehung nach Verurteilung durch ein zuständiges Gericht;
   b) rechtmäßige Festnahme oder Freiheitsentziehung wegen Nichtbefolgung einer rechtmäßigen gerichtlichen Anordnung oder zur Erzwingung der Erfüllung einer gesetzlichen Verpflichtung;
   c) rechtmäßige Festnahme oder Freiheitsentziehung zur Vorführung vor die zuständige Gerichtsbehörde, wenn hinreichender Verdacht besteht, dass die betreffende Person eine Straftat begangen hat, oder wenn begründeter Anlass zu der Annahme besteht, dass es notwendig ist, sie an der Begehung einer Straftat oder an der Flucht nach Begehung einer solchen zu hindern;
   d) rechtmäßige Freiheitsentziehung bei Minderjährigen zum Zweck überwachter Erziehung oder zur Vorführung vor die zuständige Behörde;
   e) rechtmäßige Freiheitsentziehung mit dem Ziel, eine Verbreitung ansteckender Krankheiten zu verhindern, sowie bei psychisch Kranken, Alkohol- oder Rauschgiftsüchtigen und Landstreichern;
   f) rechtmäßige Festnahme oder Freiheitsentziehung zur Verhinderung der unerlaubten Einreise sowie bei Personen, gegen die ein Ausweisungs- oder Auslieferungsverfahren im Gange ist.
2. Jeder festgenommenen Person muss unverzüglich in einer ihr verständlichen Sprache mitgeteilt werden, welches die Gründe für ihre Festnahme sind und welche Beschuldigungen gegen sie erhoben werden.
3. Jede Person, die nach Absatz 1 Buchstabe c von Festnahme oder Freiheitsentziehung betroffen ist, muss unverzüglich einem Richter oder einer anderen gesetzlich zur Wahrnehmung richterlicher Aufgaben ermächtigten Person vorgeführt werden; sie hat Anspruch auf ein Urteil innerhalb angemessener Frist oder auf Entlassung während des Verfahrens. Die Entlassung kann von der Leistung einer Sicherheit für das Erscheinen vor Gericht abhängig gemacht werden.
4. Jede Person, die festgenommen oder der die Freiheit entzogen ist, hat das Recht, zu beantragen, dass ein Gericht innerhalb kurzer Frist über die Rechtmäßigkeit der Freiheitsentziehung entscheidet und ihre Entlassung anordnet, wenn die Freiheitsentziehung nicht rechtmäßig ist.
5. Jede Person, die unter Verletzung dieses Artikels von Festnahme oder Freiheitsentziehung betroffen ist, hat Anspruch auf Schadensersatz."

Die Rechte nach Artikel 6 müssen insbesondere dann geachtet werden, wenn das Europäische Parlament und der Rat Gesetzgebungsakte im Bereich der justiziellen Zusammenarbeit in Strafsachen auf der Grundlage der Artikel 82, 83 und 85 des Vertrags über die Arbeitsweise der Europäischen Union, insbesondere zur Festlegung gemeinsamer Mindestvorschriften über die Tatbestandsmerkmale strafbarer Handlungen und die Strafen sowie über bestimmte Aspekte des Verfahrensrechts erlassen.

Erläuterung zu Artikel 7 – Achtung des Privat- und Familienlebens

Die Rechte nach Artikel 7 entsprechen den Rechten, die durch Artikel 8 EMRK garantiert sind. Um der technischen Entwicklung Rechnung zu tragen, wurde der Begriff „Korrespondenz" durch „Kommunikation" ersetzt.

Nach Artikel 52 Absatz 3 haben diese Rechte die gleiche Bedeutung und Tragweite wie die Rechte aus dem entsprechenden Artikel der EMRK. Ihre möglichen legitimen Einschränkungen sind daher diejenigen, die der genannte Artikel 8 gestattet:

„1. Jede Person hat das Recht auf Achtung ihres Privat- und Familienlebens, ihrer Wohnung und ihrer Korrespondenz.
2. Eine Behörde darf in die Ausübung dieses Rechts nur eingreifen, soweit der Eingriff gesetzlich vorgesehen und in einer demokratischen Gesellschaft notwendig ist für die nationale oder öffentliche Sicherheit, für das wirtschaftliche Wohl des Landes, zur Aufrechterhaltung der Ordnung,

zur Verhütung von Straftaten, zum Schutz der Gesundheit oder der Moral oder zum Schutz der Rechte und Freiheiten anderer."

Erläuterung zu Artikel 8 – Schutz personenbezogener Daten
Dieser Artikel stützte sich auf Artikel 286 des Vertrags zur Gründung der Europäischen Gemeinschaft und auf die Richtlinie 95/46/EG des Europäischen Parlaments und des Rates zum Schutz natürlicher Personen bei der Verarbeitung personenbezogener Daten und zum freien Datenverkehr (ABl. L 281 vom 23. 11. 1995, S. 31) sowie auf Artikel 8 EMRK und das Übereinkommen des Europarates vom 28. Januar 1981 zum Schutz des Menschen bei der automatischen Verarbeitung personenbezogener Daten, das von allen Mitgliedstaaten ratifiziert wurde. Artikel 286 EGV wird nunmehr durch Artikel 16 des Vertrags über die Arbeitsweise der Europäischen Union und Artikel 39 des Vertrags über die Europäische Union ersetzt. Es wird ferner auf die Verordnung (EG) Nr. 45/2001 des Europäischen Parlaments und des Rates zum Schutz natürlicher Personen bei der Verarbeitung personenbezogener Daten durch die Organe und Einrichtungen der Gemeinschaft und zum freien Datenverkehr (ABl. L 8 vom 12. 1. 2001 S. 1) verwiesen. Die genannte Richtlinie und Verordnung enthalten Bedingungen und Beschränkungen für die Wahrnehmung des Rechts auf den Schutz personenbezogener Daten.

Erläuterung zu Artikel 9 – Recht, eine Ehe einzugehen und eine Familie zu gründen
Dieser Artikel stützt sich auf Artikel 12 EMRK, der wie folgt lautet: „Männer und Frauen im heiratsfähigen Alter haben das Recht, nach den innerstaatlichen Gesetzen, welche die Ausübung dieses Rechts regeln, eine Ehe einzugehen und eine Familie zu gründen." Die Formulierung dieses Rechts wurde zeitgemäßer gestaltet, um Fälle zu erfassen, in denen nach den einzelstaatlichen Rechtsvorschriften andere Formen als die Heirat zur Gründung einer Familie anerkannt werden. Durch diesen Artikel wird es weder untersagt noch vorgeschrieben, Verbindungen von Menschen gleichen Geschlechts den Status der Ehe zu verleihen. Dieses Recht ist also dem von der EMRK vorgesehenen Recht ähnlich, es kann jedoch eine größere Tragweite haben, wenn die einzelstaatlichen Rechtsvorschriften dies vorsehen.

Erläuterung zu Artikel 10 – Gedanken-, Gewissens- und Religionsfreiheit
Das in Absatz 1 garantierte Recht entspricht dem Recht, das durch Artikel 9 EMRK garantiert ist, und hat nach Artikel 52 Absatz 3 der Charta die gleiche Bedeutung und die gleiche Tragweite wie dieses. Bei Einschränkungen muss daher Artikel 9 Absatz 2 EMRK gewahrt werden, der wie folgt lautet: „Die Freiheit, seine Religion oder Weltanschauung zu bekennen, darf nur Einschränkungen unterworfen werden, die gesetzlich vorgesehen und in einer demokratischen Gesellschaft notwendig sind für die öffentliche Sicherheit, zum Schutz der öffentlichen Ordnung, Gesundheit oder Moral oder zum Schutz der Rechte und Freiheiten anderer."

Das in Absatz 2 garantierte Recht entspricht den einzelstaatlichen Verfassungstraditionen und der Entwicklung der einzelstaatlichen Gesetzgebungen in diesem Punkt.

Erläuterung zu Artikel 11 – Freiheit der Meinungsäußerung und Informationsfreiheit
1. Artikel 11 entspricht Artikel 10 EMRK, der wie folgt lautet:
   „1. Jede Person hat das Recht auf freie Meinungsäußerung. Dieses Recht schließt die Meinungsfreiheit und die Freiheit ein, Informationen und Ideen ohne behördliche Eingriffe und ohne Rücksicht auf Staatsgrenzen zu empfangen und weiterzugeben. Dieser Artikel hindert die Staaten nicht, für Hörfunk-, Fernseh- oder Kinounternehmen eine Genehmigung vorzuschreiben.
   2. Die Ausübung dieser Freiheiten ist mit Pflichten und Verantwortung verbunden; sie kann daher Formvorschriften, Bedingungen, Einschränkungen oder Strafdrohungen unterworfen werden, die gesetzlich vorgesehen und in einer demokratischen Gesellschaft notwendig sind für die nationale Sicherheit, die territoriale Unversehrtheit oder die öffentliche Sicherheit, zur Aufrechterhaltung der Ordnung oder zur Verhütung von Straftaten, zum Schutz der Gesundheit oder der Moral, zum Schutz des guten Rufes oder der Rechte anderer, zur Verhinderung der Verbreitung vertraulicher Informationen oder zur Wahrung der Autorität und der Unparteilichkeit der Rechtsprechung."

   Nach Artikel 52 Absatz 3 der Charta hat dieses Recht die gleiche Bedeutung und Tragweite wie das durch die EMRK garantierte Recht. Die möglichen Einschränkungen dieses Rechts dürfen also nicht über die in Artikel 10 Absatz 2 vorgesehenen Einschränkungen hinausgehen, allerdings unbeschadet der Beschränkungen, die die Möglichkeit der Mitgliedstaaten, Genehmigungsregelungen nach Artikel 10 Absatz 1 Satz 3 der EMRK einzuführen, durch das Wettbewerbsrecht der Union erfahren kann.

2. Absatz 2 dieses Artikels erläutert die Auswirkungen von Absatz 1 hinsichtlich der Freiheit der Medien. Er stützt sich insbesondere auf die Rechtsprechung des Gerichtshofs bezüglich des Fernsehens, insbesondere in der Rechtssache C-288/89 (Urteil vom 25. Juli 1991, Stichting Collectieve Antennevoorziening Gouda u.a.; Slg. 1991, I-4007), und auf das Protokoll über den öffentlich-rechtlichen Rundfunk in den Mitgliedstaaten, das dem EGV und nunmehr den Verträgen beigefügt ist, sowie auf die Richtlinie 89/552/EWG des Rates (siehe insbesondere Erwägungsgrund 17).

Erläuterung zu Artikel 12 – Versammlungs- und Vereinigungsfreiheit

1. Absatz 1 dieses Artikels entspricht Artikel 11 EMRK, der wie folgt lautet:

   „1. Jede Person hat das Recht, sich frei und friedlich mit anderen zu versammeln und sich frei mit anderen zusammenzuschließen; dazu gehört auch das Recht, zum Schutz seiner Interessen Gewerkschaften zu gründen und Gewerkschaften beizutreten.

   2. Die Ausübung dieser Rechte darf nur Einschränkungen unterworfen werden, die gesetzlich vorgesehen und in einer demokratischen Gesellschaft notwendig sind für die nationale oder öffentliche Sicherheit, zur Aufrechterhaltung der Ordnung oder zur Verhütung von Straftaten, zum Schutz der Gesundheit oder der Moral oder zum Schutz der Rechte und Freiheiten anderer. Dieser Artikel steht rechtmäßigen Einschränkungen der Ausübung dieser Rechte für Angehörige der Streitkräfte, der Polizei oder der Staatsverwaltung nicht entgegen."

   Die Bestimmungen des Absatzes 1 dieses Artikels 12 haben die gleiche Bedeutung wie die Bestimmungen der EMRK; sie haben jedoch eine größere Tragweite, weil sie auf alle Ebenen, auch auf die europäische Ebene, Anwendung finden können. Nach Artikel 52 Absatz 3 der Charta dürfen die Einschränkungen dieses Rechts nicht über die Einschränkungen hinausgehen, die als mögliche rechtmäßige Einschränkungen im Sinne von Artikel 11 Absatz 2 EMRK gelten.

2. Dieses Recht stützt sich auch auf Artikel 11 der Gemeinschaftscharta der sozialen Grundrechte der Arbeitnehmer.

3. Absatz 2 dieses Artikels entspricht Artikel 10 Absatz 4 des Vertrags über die Europäische Union.

Erläuterung zu Artikel 13 – Freiheit der Kunst und der Wissenschaft

Dieses Recht leitet sich in erster Linie aus der Gedankenfreiheit und der Freiheit der Meinungsäußerung ab. Seine Ausübung erfolgt unter Wahrung von Artikel 1, und es kann den durch Artikel 10 EMRK gestatteten Einschränkungen unterworfen werden.

Erläuterung zu Artikel 14 – Recht auf Bildung

1. Dieser Artikel lehnt sich sowohl an die gemeinsamen verfassungsrechtlichen Traditionen der Mitgliedstaaten als auch an Artikel 2 des Zusatzprotokolls zur EMRK an, der folgenden Wortlaut hat:

   „Niemandem darf das Recht auf Bildung verwehrt werden. Der Staat hat bei Ausübung der von ihm auf dem Gebiete der Erziehung und des Unterrichts übernommenen Aufgaben das Recht der Eltern zu achten, die Erziehung und den Unterricht entsprechend ihren eigenen religiösen und weltanschaulichen Überzeugungen sicherzustellen."

   Es wurde für zweckmäßig erachtet, diesen Artikel auf den Zugang zur beruflichen Aus- und Weiterbildung auszudehnen (siehe Nummer 15 der Gemeinschaftscharta der sozialen Grundrechte der Arbeitnehmer sowie Artikel 10 der Europäischen Sozialcharta) und den Grundsatz der Unentgeltlichkeit des Pflichtschulunterrichts einzufügen. In seiner hier vorliegenden Fassung besagt dieser Grundsatz lediglich, dass in Bezug auf den Pflichtschulunterricht jedes Kind die Möglichkeit haben muss, eine schulische Einrichtung zu besuchen, die unentgeltlichen Unterricht erteilt. Er besagt nicht, dass alle – und insbesondere auch die privaten – schulischen Einrichtungen, die den betreffenden Unterricht oder berufliche Ausbildung und Weiterbildung anbieten, dies unentgeltlich tun müssen. Ebenso wenig verbietet er, dass bestimmte besondere Unterrichtsformen entgeltlich sein können, sofern der Staat Maßnahmen zur Gewährung eines finanziellen Ausgleichs trifft. Soweit die Charta für die Union gilt, bedeutet das, dass die Union im Rahmen ihrer bildungspolitischen Maßnahmen die Unentgeltlichkeit des Pflichtunterrichts achten muss, doch es erwachsen ihr daraus selbstverständlich keine neuen Zuständigkeiten. Was das Recht der Eltern anbelangt, so ist dieses in Verbindung mit Artikel 24 auszulegen.

2. Die Freiheit zur Gründung von öffentlichen oder privaten Lehranstalten wird als einer der Aspekte der unternehmerischen Freiheit garantiert, ihre Ausübung ist jedoch durch die Achtung der demokratischen Grundsätze eingeschränkt und erfolgt entsprechend den in den einzelstaatlichen Rechtsvorschriften festgelegten Einzelheiten.

Erläuterung zu Artikel 15 – Berufsfreiheit und Recht zu arbeiten

Die in Artikel 15 Absatz 1 festgeschriebene Berufsfreiheit ist in der Rechtsprechung des Gerichtshofs anerkannt (siehe u.a. die Urteile vom 14. Mai 1974, Rechtssache 4/73, Nold, Slg. 1974, 491, Randnrn. 12-14; vom 13. Dezember 1979, Rechtssache 44/79, Hauer, Slg. 1979, 3727; vom 8. Oktober 1986, Rechtssache 234/85, Keller, Slg. 1986, 2897, Randnr. 8).

Dieser Absatz lehnt sich ferner an Artikel 1 Absatz 2 der am 18. Oktober 1961 unterzeichneten und von allen Mitgliedstaaten ratifizierten Europäischen Sozialcharta und an Nummer 4 der Gemeinschaftscharta der sozialen Grundrechte der Arbeitnehmer vom 9. Dezember 1989 an. Der Ausdruck „Arbeitsbedingungen" ist im Sinne des Artikels 156 des Vertrags über die Arbeitsweise der Europäischen Union zu verstehen.

In Absatz 2 wurden die drei Freiheiten aufgenommen, die durch die Artikel 26 und 45, 49 und 56 des Vertrags über die Arbeitsweise der Europäischen Union garantiert sind, d.h. die Freizügigkeit der Arbeitnehmer, die Niederlassungsfreiheit und der freie Dienstleistungsverkehr.

Absatz 3 stützt sich auf Artikel 153 Absatz 1 Buchstabe g des Vertrags über die Arbeitsweise der Europäischen Union sowie auf Artikel 19 Absatz 4 der am 18. Oktober 1961 unterzeichneten und von allen Mitgliedstaaten ratifizierten Europäischen Sozialcharta. Somit findet Artikel 52 Absatz 2 der Charta Anwendung. Die Frage der Anheuerung von Seeleuten, die Staatsangehörige von Drittstaaten sind, in der Besatzung von Schiffen unter der Flagge eines Mitgliedstaats der Union wird durch das Unionsrecht und die einzelstaatlichen Rechtsvorschriften und Gepflogenheiten geregelt.

Erläuterung zu Artikel 16 – Unternehmerische Freiheit

Dieser Artikel stützt sich auf die Rechtsprechung des Gerichtshofs, der die Freiheit, eine Wirtschafts- oder Geschäftstätigkeit auszuüben, (siehe die Urteile vom 14. Mai 1974, Rechtssache 4/73, Nold, Slg. 1974, 491, Randnr. 14; und vom 27. September 1979, Rechtssache 230/78, SpA Eridania und andere, Slg. 1979, 2749, Randnrn. 20 und 31) und die Vertragsfreiheit (siehe u.a. die Urteile „Sukkerfabriken Nykoebing", Rechtssache 151/78, Slg. 1979, 1, Randnr. 19; und vom 5. Oktober 1999, Rechtssache C-240/97, Spanien gegen Kommission, Slg. 1999, I-6571, Randnr. 99) anerkannt hat, sowie auf Artikel 119 Absätze 1 und 3 des Vertrags über die Arbeitsweise der Europäischen Union, in dem der freie Wettbewerb anerkannt wird. Dieses Recht wird natürlich unter Einhaltung des Unionsrechts und der einzelstaatlichen Rechtsvorschriften ausgeübt. Es kann nach Artikel 52 Absatz 1 der Charta beschränkt werden.

Erläuterung zu Artikel 17 – Eigentumsrecht

Dieser Artikel entspricht Artikel 1 des Zusatzprotokolls zur EMRK:

„Jede natürliche oder juristische Person hat das Recht auf Achtung ihres Eigentums. Niemandem darf sein Eigentum entzogen werden, es sei denn, dass das öffentliche Interesse es verlangt, und nur unter den durch Gesetz und durch die allgemeinen Grundsätze des Völkerrechts vorgesehenen Bedingungen.

Absatz 1 beeinträchtigt jedoch nicht das Recht des Staates, diejenigen Gesetze anzuwenden, die er für die Regelung der Benutzung des Eigentums im Einklang mit dem allgemeinen Interesse oder zur Sicherung der Zahlung der Steuern oder sonstigen Abgaben oder von Geldstrafen für erforderlich hält."

Es handelt sich um ein gemeinsames Grundrecht aller einzelstaatlichen Verfassungen. Es wurde mehrfach durch die Rechtsprechung des Gerichtshofs – zum ersten Mal in dem Urteil Hauer (13. Dezember 1979, Slg. 1979, 3727) – bekräftigt. Die Formulierung wurde zeitgemäßer gestaltet, doch hat dieses Recht nach Artikel 52 Absatz 3 die gleiche Bedeutung und die gleiche Tragweite wie das in der EMRK garantierte Recht, wobei nicht über die in der EMRK vorgesehenen Einschränkungen hinausgegangen werden darf.

Der Schutz des geistigen Eigentums ist zwar ein Aspekt des Eigentumsrechts, er wird jedoch aufgrund seiner zunehmenden Bedeutung und aufgrund des abgeleiteten Gemeinschaftsrechts in Absatz 2 ausdrücklich aufgeführt. Das geistige Eigentum umfasst neben dem literarischen und dem künstlerischen Eigentum unter anderem das Patent- und Markenrecht sowie die verwandten Schutzrechte. Die in Absatz 1 vorgesehenen Garantien gelten sinngemäß für das geistige Eigentum.

Erläuterung zu Artikel 18 – Asylrecht

Der Wortlaut des Artikels stützte sich auf Artikel 63 EGV, der nunmehr durch Artikel 78 des Vertrags über die Arbeitsweise der Europäischen Union ersetzt wurde und der die Union zur Einhaltung der Genfer Flüchtlingskonvention verpflichtet. Es sei auf die den Verträgen beigefügten Protokolle über das Vereinigte Königreich und Irland sowie Dänemark verwiesen, um zu bestimmen, inwieweit diese Mitgliedstaaten das diesbezügliche Unionsrecht anwenden und inwieweit dieser Artikel auf sie Anwendung findet. Dieser Artikel berücksichtigt das den Verträgen beigefügte Protokoll über die Gewährung von Asyl.

Erläuterung zu Artikel 19 – Schutz bei Abschiebung, Ausweisung und Auslieferung

Absatz 1 dieses Artikels hat hinsichtlich der Kollektivausweisungen die gleiche Bedeutung und Tragweite wie Artikel 4 des Zusatzprotokolls Nr. 4 zur EMRK. Hiermit soll gewährleistet werden, dass jeder Beschluss gesondert geprüft wird und dass nicht beschlossen werden kann, alle Menschen, die die Staatsangehörigkeit eines bestimmten Staates besitzen, mit einer einzigen Maßnahme auszuweisen (siehe auch Artikel 13 des Internationalen Pakts über bürgerliche und politische Rechte).

Mit Absatz 2 wird die einschlägige Rechtsprechung des Europäischen Gerichtshofs für Menschenrechte zu Artikel 3 EMRK (siehe Ahmed gegen Österreich, Urteil vom 17. Dezember 1996, Slg. EGMR 1996, VI-2206 und Soering, Urteil vom 7. Juli 1989) übernommen.

Titel III – Gleichheit

Erläuterung zu Artikel 20 – Gleichheit vor dem Gesetz

Dieser Artikel entspricht dem allgemeinen Rechtsprinzip, das in allen europäischen Verfassungen verankert ist und das der Gerichtshof als ein Grundprinzip des Gemeinschaftsrechts angesehen hat (Urteil vom 13. November 1984, Rechtssache 283/83, Racke, Slg. 1984, 3791, Urteil vom 17. April 1997, Rechtssache C-15/95, EARL, Slg. 1997, I-1961 und Urteil vom 13. April 2000, Rechtssache C-292/97, Karlsson, Slg. 2000, 2737).

Erläuterung zu Artikel 21 – Nichtdiskriminierung

Absatz 1 lehnt sich an Artikel 13 EGV, der nun durch Artikel 19 des Vertrags über die Arbeitsweise der Europäischen Union ersetzt wurde, und Artikel 14 EMRK sowie an Artikel 11 des Übereinkommens über Menschenrechte und Biomedizin in Bezug auf das genetische Erbe an. Soweit er mit Artikel 14 EMRK zusammenfällt, findet er nach diesem Artikel Anwendung.

Absatz 1 und Artikel 19 des Vertrags über die Arbeitsweise der Europäischen Union, der einen anderen Anwendungsbereich hat und einen anderen Zweck verfolgt, stehen nicht in Widerspruch zueinander und sind nicht unvereinbar miteinander: In Artikel 19 wird der Union die Zuständigkeit übertragen, Gesetzgebungsakte - unter anderem auch betreffend die Harmonisierung der Rechtsvorschriften der Mitgliedstaaten - zur Bekämpfung bestimmter Formen der Diskriminierung, die in diesem Artikel erschöpfend aufgezählt sind, zu erlassen. Diese Rechtsvorschriften können Maßnahmen der Behörden der Mitgliedstaaten (sowie die Beziehungen zwischen Privatpersonen) in jedem Bereich innerhalb der Grenzen der Zuständigkeiten der Union umfassen. In Absatz 1 des Artikels 21 hingegen wird weder eine Zuständigkeit zum Erlass von Antidiskriminierungsgesetzen in diesen Bereichen des Handelns von Mitgliedstaaten oder Privatpersonen geschaffen noch ein umfassendes Diskriminierungsverbot in diesen Bereichen festgelegt. Vielmehr behandelt er die Diskriminierung seitens der Organe und Einrichtungen der Union im Rahmen der Ausübung der ihr nach den Verträgen zugewiesenen Zuständigkeiten und seitens der Mitgliedstaaten im Rahmen der Umsetzung des Unionsrechts. Mit Absatz 1 wird daher weder der Umfang der nach Artikel 19 zugewiesenen Zuständigkeiten noch die Auslegung dieses Artikels geändert.

Absatz 2 entspricht Artikel 18 Absatz 1 des Vertrags über die Arbeitsweise der Europäischen Union und findet entsprechend Anwendung.

Erläuterung zu Artikel 22 – Vielfalt der Kulturen, Religionen und Sprachen
Dieser Artikel stützte sich auf Artikel 6 des Vertrags über die Europäische Union und auf Artikel 151 Absätze 1 und 4 EGV in Bezug auf die Kultur, der nunmehr durch Artikel 167 Absätze 1 und 4 des Vertrags über die Arbeitsweise der Europäischen Union ersetzt wurde. Die Achtung der kulturellen und sprachlichen Vielfalt ist nunmehr auch in Artikel 3 Absatz 3 des Vertrags über die Europäische Union verankert. Der vorliegende Artikel lehnt sich ebenfalls an die Erklärung Nr. 11 zur Schlussakte des Vertrags von Amsterdam betreffend den Status der Kirchen und weltanschauliche Gemeinschaften an, deren Inhalt nunmehr in Artikel 17 des Vertrags über die Arbeitsweise der Europäischen Union aufgenommen wurde.

Erläuterung zu Artikel 23 – Gleichheit von Frauen und Männern
Absatz 1 dieses Artikels stützte sich auf Artikel 2 und Artikel 3 Absatz 2 EGV, die nunmehr durch Artikel 3 des Vertrags über die Europäische Union und Artikel 8 des Vertrags über die Arbeitsweise der Europäischen Union ersetzt wurden und die die Union auf das Ziel der Förderung der Gleichstellung von Männern und Frauen verpflichten, sowie auf Artikel 157 Absatz 1 des Vertrags über die Arbeitsweise der Europäischen Union. Er lehnt sich an Artikel 20 der revidierten Europäischen Sozialcharta vom 3. Mai 1996 und an Nummer 16 der Gemeinschaftscharta der Arbeitnehmerrechte an.

Er stützt sich auch auf Artikel 157 Absatz 3 des Vertrags über die Arbeitsweise der Europäischen Union und auf Artikel 2 Absatz 4 der Richtlinie 76/207/EWG des Rates zur Verwirklichung des Grundsatzes der Gleichbehandlung von Männern und Frauen hinsichtlich des Zugangs zur Beschäftigung, zur Berufsbildung und zum beruflichen Aufstieg sowie in Bezug auf die Arbeitsbedingungen.

Absatz 2 übernimmt in einer kürzeren Formulierung Artikel 157 Absatz 4 des Vertrags über die Arbeitsweise der Europäischen Union, wonach der Grundsatz der Gleichbehandlung der Beibehaltung oder der Einführung spezifischer Vergünstigungen zur Erleichterung der Berufstätigkeit des unterrepräsentierten Geschlechts oder zur Verhinderung oder zum Ausgleich von Benachteiligungen in der beruflichen Laufbahn nicht entgegensteht. Nach Artikel 52 Absatz 2 ändert dieser Absatz nicht Artikel 157 Absatz 4.

Erläuterung zu Artikel 24 – Rechte des Kindes
Dieser Artikel stützt sich auf das am 20. November 1989 unterzeichnete und von allen Mitgliedstaaten ratifizierte Übereinkommen von New York über die Rechte des Kindes, insbesondere auf die Artikel 3, 9, 12 und 13 dieses Übereinkommens.

Mit Absatz 3 wird der Umstand berücksichtigt, dass als Teil der Errichtung des Raums der Freiheit, der Sicherheit und des Rechts die Gesetzgebung der Union in Bereichen des Zivilrechts mit grenzüberschreitenden Bezügen – für die in Artikel 81 des Vertrags über die Arbeitsweise der Europäischen Union die entsprechende Zuständigkeit vorgesehen ist – insbesondere auch das Umgangsrecht umfassen kann, mit dem sichergestellt wird, dass Kinder regelmäßige persönliche Beziehungen und direkte Kontakte zu beiden Elternteilen unterhalten können.

Erläuterung zu Artikel 25 – Rechte älterer Menschen
Dieser Artikel lehnt sich an Artikel 23 der revidierten Europäischen Sozialcharta und an die Artikel 24 und 25 der Gemeinschaftscharta der sozialen Grundrechte der Arbeitnehmer an. Die Teilnahme am sozialen und kulturellen Leben umfasst natürlich auch die Teilnahme am politischen Leben.

Erläuterung zu Artikel 26 – Integration von Menschen mit Behinderung
Der in diesem Artikel aufgeführte Grundsatz stützt sich auf Artikel 15 der Europäischen Sozialcharta und lehnt sich ferner an Nummer 26 der Gemeinschaftscharta der sozialen Grundrechte der Arbeitnehmer an.

Titel IV – Solidarität

Erläuterung zu Artikel 27 – Recht auf Unterrichtung und Anhörung der Arbeitnehmerinnen und Arbeitnehmer im Unternehmen
Dieser Artikel ist in der revidierten Europäischen Sozialcharta (Artikel 21) und in der Gemeinschaftscharta der sozialen Grundrechte der Arbeitnehmer (Nummern 17 und 18) enthalten. Er gilt unter den im Unionsrecht und in den Rechtsvorschriften der Mitgliedstaaten vorgesehenen Bedingungen. Die Bezugnahme auf die geeigneten Ebenen verweist auf die nach dem Unionsrecht und den einzelstaat-

lichen Rechtsvorschriften vorgesehenen Ebenen, was die europäische Ebene einschließen kann, wenn die Rechtsvorschriften der Union dies vorsehen. Die Union verfügt diesbezüglich über einen beachtlichen Besitzstand: die Artikel 154 und 155 des Vertrags über die Arbeitsweise der Europäischen Union, die Richtlinien 2002/14/EG (allgemeiner Rahmen für die Unterrichtung und Anhörung der Arbeitnehmer in der Europäischen Gemeinschaft), 98/59/EG (Massenentlassungen), 2001/23/EG (Übergang von Unternehmen) und 94/45/EG (Europäischer Betriebsrat).

Erläuterung zu Artikel 28 – Recht auf Kollektivverhandlungen und Kollektivmaßnahmen
Dieser Artikel stützt sich auf Artikel 6 der Europäischen Sozialcharta sowie auf die Gemeinschaftscharta der sozialen Grundrechte der Arbeitnehmer (Nummern 12 bis 14). Das Recht auf kollektive Maßnahmen wurde vom Europäischen Gerichtshof für Menschenrechte als einer der Bestandteile des gewerkschaftlichen Vereinigungsrechts anerkannt, das durch Artikel 11 EMRK festgeschrieben ist. Was die geeigneten Ebenen betrifft, auf denen die Tarifverhandlungen stattfinden können, so wird auf die Erläuterung zum vorhergehenden Artikel verwiesen. Die Modalitäten und Grenzen für die Durchführung von Kollektivmaßnahmen, darunter auch Streiks, werden durch die einzelstaatlichen Rechtsvorschriften und Gepflogenheiten geregelt; dies gilt auch für die Frage, ob diese Maßnahmen in mehreren Mitgliedstaaten parallel durchgeführt werden können.

Erläuterung zu Artikel 29 – Recht auf Zugang zu einem Arbeitsvermittlungsdienst
Dieser Artikel stützt sich auf Artikel 1 Absatz 3 der Europäischen Sozialcharta sowie auf Nummer 13 der Gemeinschaftscharta der sozialen Grundrechte der Arbeitnehmer.

Erläuterung zu Artikel 30 – Schutz bei ungerechtfertigter Entlassung
Dieser Artikel lehnt sich an Artikel 24 der revidierten Sozialcharta an. Siehe auch die Richtlinien 2001/23/EG über die Wahrung von Ansprüchen der Arbeitnehmer beim Übergang von Unternehmen und 80/987/EWG über den Schutz der Arbeitnehmer bei Zahlungsunfähigkeit des Arbeitgebers, geändert durch die Richtlinie 2002/74/EG.

Erläuterung zu Artikel 31 – Gerechte und angemessene Arbeitsbedingungen
1. Absatz 1 dieses Artikels stützt sich auf die Richtlinie 89/391/EWG über die Durchführung von Maßnahmen zur Verbesserung der Sicherheit und des Gesundheitsschutzes der Arbeitnehmer am Arbeitsplatz. Er lehnt sich ferner an Artikel 3 der Sozialcharta und Nummer 19 der Gemeinschaftscharta der Arbeitnehmerrechte sowie hinsichtlich des Rechts auf Würde am Arbeitsplatz an Artikel 26 der revidierten Sozialcharta an. Der Ausdruck „Arbeitsbedingungen" ist im Sinne des Artikels 156 des Vertrags über die Arbeitsweise der Europäischen Union zu verstehen.
2. Absatz 2 stützt sich auf die Richtlinie 93/104/EG über bestimmte Aspekte der Arbeitszeitgestaltung sowie auf Artikel 2 der Europäischen Sozialcharta und auf Nummer 8 der Gemeinschaftscharta der Arbeitnehmerrechte.

Erläuterung zu Artikel 32 – Verbot der Kinderarbeit und Schutz der Jugendlichen am Arbeitsplatz
Dieser Artikel stützt sich auf die Richtlinie 94/33/EG über den Jugendarbeitsschutz sowie auf Artikel 7 der Europäischen Sozialcharta und auf die Nummern 20 bis 23 der Gemeinschaftscharta der sozialen Grundrechte der Arbeitnehmer.

Erläuterung zu Artikel 33 – Familien- und Berufsleben
Artikel 33 Absatz 1 stützt sich auf Artikel 16 der Europäischen Sozialcharta.

Absatz 2 lehnt sich an die Richtlinie 92/85/EWG über die Durchführung von Maßnahmen zur Verbesserung der Sicherheit und des Gesundheitsschutzes von schwangeren Arbeitnehmerinnen, Wöchnerinnen und stillenden Arbeitnehmerinnen am Arbeitsplatz und an die Richtlinie 96/34/EG zu der von UNICE, CEEP und EGB geschlossenen Rahmenvereinbarung über Elternurlaub an. Er stützt sich ferner auf Artikel 8 (Mutterschutz) der Europäischen Sozialcharta und lehnt sich an Artikel 27 (Recht der Arbeitnehmer mit Familienpflichten auf Chancengleichheit und Gleichbehandlung) der revidierten Sozialcharta an. Der Begriff „Mutterschaft" deckt den Zeitraum von der Zeugung bis zum Stillen des Kindes ab.

Erläuterung zu Artikel 34 – Soziale Sicherheit und soziale Unterstützung
Der in Artikel 34 Absatz 1 aufgeführte Grundsatz stützt sich auf die Artikel 153 und 156 des Vertrags über die Arbeitsweise der Europäischen Union sowie auf Artikel 12 der Europäischen Sozialcharta und auf Nummer 10 der Gemeinschaftscharta der Arbeitnehmerrechte. Er ist von der Union zu wahren, wenn sie im Rahmen ihrer Zuständigkeiten nach den Artikeln 153 und 156 des Vertrags über die Arbeitsweise der Europäischen Union tätig wird. Durch den Hinweis auf die sozialen Dienste sollen die Fälle erfasst werden, in denen derartige Dienste eingerichtet wurden, um bestimmte Leistungen sicherzustellen; dies bedeutet aber keineswegs, dass solche Dienste eingerichtet werden müssen, wo sie nicht bestehen. Der Begriff „Mutterschaft" ist im Sinne des vorangehenden Artikels zu verstehen.

Absatz 2 stützt sich auf Artikel 12 Absatz 4 und Artikel 13 Absatz 4 der Europäischen Sozialcharta sowie auf Nummer 2 der Gemeinschaftscharta der sozialen Grundrechte der Arbeitnehmer und spiegelt die Regeln wider, die sich aus den Verordnungen (EWG) Nr. 1408/71 und (EWG) Nr. 1612/68 ergeben.

Absatz 3 lehnt sich an Artikel 13 der Europäischen Sozialcharta und die Artikel 30 und 31 der revidierten Sozialcharta sowie an Nummer 10 der Gemeinschaftscharta an. Er ist von der Union im Rahmen der Politiken zu wahren, die auf Artikel 153 des Vertrags über die Arbeitsweise der Europäischen Union beruhen.

Erläuterung zu Artikel 35 – Gesundheitsschutz
Die in diesem Artikel enthaltenen Grundsätze stützen sich auf Artikel 152 EGV, der nunmehr durch Artikel 168 des Vertrags über die Arbeitsweise der Europäischen Union ersetzt wurde, sowie auf die Artikel 11 und 13 der Europäischen Sozialcharta. Satz 2 entspricht Artikel 168 Absatz 1.

Erläuterung zu Artikel 36 – Zugang zu Dienstleistungen von allgemeinem wirtschaftlichen Interesse
Dieser Artikel steht vollauf im Einklang mit Artikel 14 des Vertrags über die Arbeitsweise der Europäischen Union und begründet kein neues Recht. Er stellt lediglich den Grundsatz auf, dass die Union den Zugang zu den Dienstleistungen von allgemeinem wirtschaftlichen Interesse nach den einzelstaatlichen Bestimmungen achtet, sofern diese mit dem Unionsrecht vereinbar sind.

Erläuterung zu Artikel 37 – Umweltschutz
Die in diesem Artikel enthaltenen Grundsätze stützten sich auf die Artikel 2, 6 und 174 EGV, die nunmehr durch Artikel 3 Absatz 3 des Vertrags über die Europäische Union sowie die Artikel 11 und 191 des Vertrags über die Arbeitsweise der Europäischen Union ersetzt wurden.

Er lehnt sich auch an die Verfassungsbestimmungen einiger Mitgliedstaaten an.

Erläuterung zu Artikel 38 – Verbraucherschutz
Der in diesem Artikel enthaltene Grundsatz stützt sich auf Artikel 169 des Vertrags über die Arbeitsweise der Europäischen Union.

Titel V – Bürgerrechte

Erläuterung zu Artikel 39 – Aktives und passives Wahlrecht bei den Wahlen zum Europäischen Parlament
Artikel 39 findet nach Artikel 52 Absatz 2 der Charta im Rahmen der in den Verträgen festgelegten Bedingungen Anwendung. Absatz 1 des Artikels 39 entspricht dem Recht, das durch Artikel 20 Absatz 2 des Vertrags über die Arbeitsweise der Europäischen Union garantiert ist (siehe auch die Rechtsgrundlage in Artikel 22 des Vertrags über die Arbeitsweise der Europäischen Union für die Festlegung der Einzelheiten für die Ausübung dieses Rechts), und Absatz 2 dieses Artikels entspricht Artikel 14 Absatz 3 des Vertrags über die Europäische Union. Artikel 39 Absatz 2 gibt die Grundprinzipien für die Durchführung von Wahlen in einem demokratischen System wieder.

Erläuterung zu Artikel 40 – Aktives und passives Wahlrecht bei den Kommunalwahlen
Dieser Artikel entspricht dem Recht, das durch Artikel 20 Absatz 2 des Vertrags über die Arbeitsweise der Europäischen Union garantiert ist (siehe auch die Rechtsgrundlage in Artikel 22 des Vertrags über die Arbeitsweise der Europäischen Union für die Festlegung der Einzelheiten für die Ausübung dieses Rechts). Nach Artikel 52 Absatz 2 findet es im Rahmen der in diesen beiden Artikeln der Verträge festgelegten Bedingungen Anwendung.

Erläuterung zu Artikel 41 – Recht auf eine gute Verwaltung

Artikel 41 ist auf das Bestehen der Union als eine Rechtsgemeinschaft gestützt, deren charakteristische Merkmale sich durch die Rechtsprechung entwickelt haben, die unter anderem eine gute Verwaltung als allgemeinen Rechtsgrundsatz festgeschrieben hat (siehe u.a. das Urteil des Gerichtshofs vom 31. März 1992 (Rechtssache C-255/90 P, Burban, Slg. 1992, I-2253) sowie die Urteile des Gerichts erster Instanz vom 18. September 1995 (Rechtssache T-167/94, Nölle, Slg. 1995, II-2589) und vom 9. Juli 1999 (Rechtssache T-231/97, New Europe Consulting und andere, Slg. 1999, II-2403). Dieses Recht in der in den ersten beiden Absätzen dargestellten Form ergibt sich aus der Rechtsprechung (Urteile des Gerichtshofs vom 15. Oktober 1987 (Rechtssache 222/86, Heylens, Slg. 1987, 4097, Randnr. 15), vom 18. Oktober 1989 (Rechtssache 374/87, Orkem, Slg. 1989, 3283) und vom 21. November 1991 (Rechtssache C-269/90, TU München, Slg. 1991, I-5469) sowie die Urteile des Gerichts erster Instanz vom 6. Dezember 1994 (Rechtssache T-450/93, Lisrestal, Slg. 1994, II-1177) und vom 18. September 1995 (Rechtssache T-167/94, Nölle, Slg. 1995, II-2589)) und - bezüglich der Pflicht zur Begründung - aus Artikel 296 des Vertrags über die Arbeitsweise der Europäischen Union, siehe ferner die Rechtsgrundlage in Artikel 298 des Vertrags über die Arbeitsweise der Europäischen Union für die Annahme gesetzlicher Bestimmungen im Interesse einer offenen, effizienten und unabhängigen europäischen Verwaltung.

In Absatz 3 ist das nunmehr durch Artikel 349 des Vertrags über die Arbeitsweise der Europäischen Union garantierte Recht aufgeführt. In Absatz 4 ist das nunmehr durch Artikel 20 Absatz 2 Buchstabe d und Artikel 25 des Vertrags über die Arbeitsweise der Europäischen Union garantierte Recht aufgeführt. Nach Artikel 52 Absatz 2 finden diese Rechte im Rahmen der in den Verträgen festgelegten Bedingungen und Grenzen Anwendung.

Das Recht auf einen wirksamen Rechtsbehelf, das hierbei eine wichtige Rolle spielt, wird durch Artikel 47 der Charta gewährleistet.

Erläuterung zu Artikel 42 – Recht auf Zugang zu Dokumenten

Das in diesem Artikel garantierte Recht wurde aus Artikel 255 EGV, auf dessen Grundlage in der Folge die Verordnung (EG) Nr. 1049/2001 angenommen wurde, übernommen. Der Europäische Konvent hat dieses Recht auf Dokumente der Organe, Einrichtungen, Ämter und Agenturen der Union im Allgemeinen ausgeweitet, ungeachtet ihrer Form (siehe Artikel 15 Absatz 3 des Vertrags über die Arbeitsweise der Europäischen Union). Nach Artikel 52 Absatz 2 der Charta wird das Recht auf Zugang zu Dokumenten im Rahmen der in Artikel 15 Absatz 3 des Vertrags über die Arbeitsweise der Europäischen Union festgelegten Bedingungen und Grenzen ausgeübt.

Erläuterung zu Artikel 43 – Der Europäische Bürgerbeauftragte

Das in diesem Artikel garantierte Recht ist das Recht, das durch die Artikel 20 und 228 des Vertrags über die Arbeitsweise der Europäischen Union garantiert ist. Nach Artikel 52 Absatz 2 findet es im Rahmen der in diesen beiden Artikeln festgelegten Bedingungen Anwendung.

Erläuterung zu Artikel 44 – Petitionsrecht

Das in diesem Artikel garantierte Recht ist das Recht, das durch die Artikel 20 und 227 des Vertrags über die Arbeitsweise der Europäischen Union garantiert ist. Nach Artikel 52 Absatz 2 findet es im Rahmen der in diesen beiden Artikeln festgelegten Bedingungen Anwendung.

Erläuterung zu Artikel 45 – Freizügigkeit und Aufenthaltsfreiheit

Das in Absatz 1 garantierte Recht ist das Recht, das durch Artikel 20 Absatz 2 Buchstabe a des Vertrags über die Arbeitsweise der Europäischen Union garantiert ist (vgl. auch die Rechtsgrundlage in Artikel 21 und das Urteil des Gerichtshofs vom 17. September 2002, Rechtssache C-413/99, Baumbast, Slg. 2002, I-709). Nach Artikel 52 Absatz 2 findet es im Rahmen der in den Verträgen festgelegten Bedingungen und Grenzen Anwendung.

Absatz 2 erinnert an die der Union durch die Artikel 77, 78 und 79 des Vertrags über die Arbeitsweise der Europäischen Union erteilte Zuständigkeit. Daraus folgt, dass die Gewährung dieses Rechts von der Ausübung dieser Zuständigkeit durch die Organe abhängt.

Erläuterung zu Artikel 46 – Diplomatischer und konsularischer Schutz

Das in diesem Artikel garantierte Recht ist das Recht, das durch Artikel 20 des Vertrags über die Arbeitsweise der Europäischen Union garantiert ist (siehe auch die Rechtsgrundlage in Artikel 23 des Vertrags). Nach Artikel 52 Absatz 2 findet es im Rahmen der in diesen Artikeln festgelegten Bedingungen Anwendung.

Titel VI – Justizielle Rechte

Erläuterung zu Artikel 47 – Recht auf einen wirksamen Rechtsbehelf und ein unparteiisches Gericht

Absatz 1 stützt sich auf Artikel 13 EMRK:

„Jede Person, die in ihren in dieser Konvention anerkannten Rechten oder Freiheiten verletzt worden ist, hat das Recht, bei einer innerstaatlichen Instanz eine wirksame Beschwerde zu erheben, auch wenn die Verletzung von Personen begangen worden ist, die in amtlicher Eigenschaft gehandelt haben."

Im Unionsrecht wird jedoch ein umfassenderer Schutz gewährt, da ein Recht auf einen wirksamen Rechtsbehelf bei einem Gericht garantiert wird. Der Gerichtshof hat dieses Recht in seinem Urteil vom 15. Mai 1986 als allgemeinen Grundsatz des Unionsrechts festgeschrieben (Rechtssache 222/84, Johnston, Slg. 1986, 1651); siehe auch die Urteile vom 15. Oktober 1987 (Rechtssache 222/86, Heylens, Slg. 1987, 4097) und vom 3. Dezember 1992 (Rechtssache C-97/91, Borelli, Slg. 1992, I-6313). Nach Auffassung des Gerichtshofs gilt dieser allgemeine Grundsatz des Unionsrechts auch für die Mitgliedstaaten, wenn sie das Unionsrecht anwenden. Die Übernahme dieser Rechtsprechung des Gerichtshofs in die Charta zielte nicht darauf ab, das in den Verträgen vorgesehene Rechtsschutzsystem und insbesondere nicht die Bestimmungen über die Zulässigkeit direkter Klagen beim Gerichtshof der Europäischen Union zu ändern. Der Europäische Konvent hat sich mit dem System des gerichtlichen Rechtsschutzes der Union, einschließlich der Zulässigkeitsvorschriften, befasst und hat es mit einigen Änderungen, die in die Artikel 251 bis 281 des Vertrags über die Arbeitsweise der Europäischen Union und insbesondere in Artikel 263 Absatz 4 eingeflossen sind, bestätigt. Artikel 47 gilt gegenüber den Organen der Union und den Mitgliedstaaten, wenn diese das Unionsrecht anwenden, und zwar für sämtliche durch das Unionsrecht garantierte Rechte.

Absatz 2 entspricht Artikel 6 Absatz 1 EMRK, der wie folgt lautet:

„Jede Person hat ein Recht darauf, dass über Streitigkeiten in Bezug auf ihre zivilrechtlichen Ansprüche und Verpflichtungen oder über eine gegen sie erhobene strafrechtliche Anklage von einem unabhängigen und unparteiischen, auf Gesetz beruhenden Gericht in einem fairen Verfahren, öffentlich und innerhalb angemessener Frist verhandelt wird. Das Urteil muss öffentlich verkündet werden; Presse und Öffentlichkeit können jedoch während des ganzen oder eines Teiles des Verfahrens ausgeschlossen werden, wenn dies im Interesse der Moral, der öffentlichen Ordnung oder der nationalen Sicherheit in einer demokratischen Gesellschaft liegt, wenn die Interessen von Jugendlichen oder der Schutz des Privatlebens der Prozessparteien es verlangen oder - soweit das Gericht es für unbedingt erforderlich hält - wenn unter besonderen Umständen eine öffentliche Verhandlung die Interessen der Rechtspflege beeinträchtigen würde."

Im Unionsrecht gilt das Recht auf ein Gerichtsverfahren nicht nur für Streitigkeiten im Zusammenhang mit zivilrechtlichen Ansprüchen und Verpflichtungen. Dies ist eine der Folgen der Tatsache, dass die Union eine Rechtsgemeinschaft ist, wie der Gerichtshof in der Rechtssache 294/83, „Les Verts" gegen Europäisches Parlament (Urteil vom 23. April 1986, Slg. 1986, 1339) festgestellt hat. Mit Ausnahme ihres Anwendungsbereichs gelten die Garantien der EMRK jedoch in der Union entsprechend.

In Bezug auf Absatz 3 sei darauf hingewiesen, dass nach der Rechtsprechung des Europäischen Gerichtshofs für Menschenrechte eine Prozesskostenhilfe zu gewähren ist, wenn mangels einer solchen Hilfe die Einlegung eines wirksamen Rechtsbehelfs nicht gewährleistet wäre (EGMR, Urteil vom 9. 10. 1979, Airey, Serie A, Band 32, S. 11). Es gibt auch ein Prozesskostenhilfesystem für die beim Gerichtshof der Europäischen Union anhängigen Rechtssachen.

Erläuterung zu Artikel 48 – Unschuldsvermutung und Verteidigungsrechte

Artikel 48 entspricht Artikel 6 Absätze 2 und 3 EMRK, der wie folgt lautet:

„2. Jede Person, die einer Straftat angeklagt ist, gilt bis zum gesetzlichen Beweis ihrer Schuld als unschuldig.
3. Jede angeklagte Person hat mindestens folgende Rechte:
   a) innerhalb möglichst kurzer Frist in einer ihr verständlichen Sprache in allen Einzelheiten über Art und Grund der gegen sie erhobenen Beschuldigung unterrichtet zu werden;
   b) ausreichende Zeit und Gelegenheit zur Vorbereitung ihrer Verteidigung zu haben;
   c) sich selbst zu verteidigen, sich durch einen Verteidiger ihrer Wahl verteidigen zu lassen oder, falls ihr die Mittel zur Bezahlung fehlen, unentgeltlich den Beistand eines Verteidigers zu erhalten, wenn dies im Interesse der Rechtspflege erforderlich ist;
   d) Fragen an Belastungszeugen zu stellen oder stellen zu lassen und die Ladung und Vernehmung von Entlastungszeugen unter denselben Bedingungen zu erwirken, wie sie für Belastungszeugen gelten;
   e) unentgeltliche Unterstützung durch einen Dolmetscher zu erhalten, wenn sie die Verhandlungssprache des Gerichts nicht versteht oder spricht."

Nach Artikel 52 Absatz 3 hat dieses Recht dieselbe Bedeutung und dieselbe Tragweite wie das durch die EMRK garantierte Recht.

Erläuterung zu Artikel 49 – Grundsätze der Gesetzmäßigkeit und der Verhältnismäßigkeit im Zusammenhang mit Straftaten und Strafen

In diesen Artikel ist die klassische Regel des Verbots der Rückwirkung von Gesetzen und Strafen in Strafsachen aufgenommen worden. Hinzugefügt wurde die in zahlreichen Mitgliedstaaten geltende und in Artikel 15 des Internationalen Paktes über bürgerliche und politische Rechte enthaltene Regel der Rückwirkung von milderen Strafrechtsvorschriften.

Artikel 7 EMRK lautet wie folgt:

„1. Niemand darf wegen einer Handlung oder Unterlassung verurteilt werden, die zur Zeit ihrer Begehung nach innerstaatlichem oder internationalem Recht nicht strafbar war. Es darf auch keine schwerere Strafe als die zur Zeit der Begehung angedrohte Strafe verhängt werden.
2. Dieser Artikel schließt nicht aus, dass jemand wegen einer Handlung oder Unterlassung verurteilt oder bestraft wird, die zur Zeit ihrer Begehung nach den von den zivilisierten Völkern anerkannten allgemeinen Rechtsgrundsätzen strafbar war."

Es wurde lediglich in Absatz 2 das Wort „zivilisierten" gestrichen; der Sinn dieses Absatzes, der insbesondere auf die Verbrechen gegen die Menschlichkeit zielt, wird dadurch in keiner Weise verändert. Entsprechend Artikel 52 Absatz 3 hat daher das garantierte Recht dieselbe Bedeutung und dieselbe Tragweite wie das von der EMRK garantierte Recht.

In Absatz 3 wurde der allgemeine Grundsatz der Verhältnismäßigkeit von Straftat und Strafmaß aufgenommen, der durch die gemeinsamen verfassungsrechtlichen Traditionen der Mitgliedstaaten und die Rechtsprechung des Gerichtshofs der Gemeinschaften festgeschrieben worden ist.

Erläuterung zu Artikel 50 – Recht, wegen derselben Straftat nicht zweimal strafrechtlich verfolgt oder bestraft zu werden

Artikel 4 des Protokolls Nr. 7 zur EMRK lautet wie folgt:

„1. Niemand darf wegen einer Straftat, wegen der er bereits nach dem Gesetz und dem Strafverfahrensrecht eines Staates rechtskräftig verurteilt oder freigesprochen worden ist, in einem Strafverfahren desselben Staates erneut verfolgt oder bestraft werden.
2. Absatz 1 schließt die Wiederaufnahme des Verfahrens nach dem Gesetz und dem Strafverfahrensrecht des betreffenden Staates nicht aus, falls neue oder neu bekannt gewordene Tatsachen vorliegen oder das vorausgegangene Verfahren schwere, den Ausgang des Verfahrens berührende Mängel aufweist.
3. Von diesem Artikel darf nicht nach Artikel 15 der Konvention abgewichen werden."

Die Regel „ne bis in idem" wird im Unionsrecht angewandt (siehe in der umfangreichen Rechtsprechung Urteil vom 5. Mai 1966, Rechtssachen 18/65 und 35/65, Gutmann gegen Kommission, Slg. 1966, 150, und in jüngerer Zeit Urteil des Gerichts erster Instanz vom 20. April 1999, verbundene Rechtssachen T-305/94 und andere, Limburgse Vinyl Maatschappij NV gegen Kommission, Slg. 1999, II-931). Es ist darauf hinzuweisen, dass die Regel des Verbots der Doppelbestrafung sich auf gleichartige Sanktionen, in diesem Fall durch ein Strafgericht verhängte Strafen, bezieht.

Nach Artikel 50 findet die Regel „ne bis in idem" nicht nur innerhalb der Gerichtsbarkeit eines Staates, sondern auch zwischen den Gerichtsbarkeiten mehrerer Mitgliedstaaten Anwendung. Dies entspricht dem Rechtsbesitzstand der Union; siehe die Artikel 54 bis 58 des Schengener Durchführungsübereinkommens und Urteil des Gerichtshofes vom 11. Februar 2003, Rechtssache C-187/01 Gözütok (Slg. 2003, I-1345), Artikel 7 des Übereinkommens über den Schutz der finanziellen Interessen der Europäischen Gemeinschaften sowie Artikel 10 des Übereinkommens über die Bekämpfung der Bestechung. Die klar eingegrenzten Ausnahmen, in denen die Mitgliedstaaten nach diesen Übereinkommen von der Regel „ne bis in idem" abweichen können, sind von der horizontalen Klausel des Artikels 52 Absatz 1 über die Einschränkungen abgedeckt. Was die in Artikel 4 des Protokolls Nr. 7 bezeichneten Fälle betrifft, nämlich die Anwendung des Grundsatzes in ein und demselben Mitgliedstaat, so hat das garantierte Recht dieselbe Bedeutung und dieselbe Tragweite wie das entsprechende Recht der EMRK.

Titel VII – Allgemeine Bestimmungen über die Auslegung und Anwendung der Charta

Erläuterung zu Artikel 51 – Anwendungsbereich

Mit Artikel 51 soll der Anwendungsbereich der Charta festgelegt werden. Es soll klar zum Ausdruck gebracht werden, dass die Charta zuerst auf die Organe und Einrichtungen der Union Anwendung findet, und zwar unter Beachtung des Grundsatzes der Subsidiarität. Bei dieser Bestimmung hielt man sich an Artikel 6 Absatz 2 des Vertrags über die Europäische Union, wonach die Union die Grundrechte zu achten hat, wie auch an das Mandat des Europäischen Rates (Köln). Der Begriff „Organe" ist in den Verträgen festgelegt. Der Ausdruck „Einrichtungen und sonstigen Stellen" wird in den Verträgen üblicherweise als Bezeichnung für alle durch die Verträge oder durch sekundäre Rechtsakte geschaffenen Einrichtungen verwendet (siehe beispielsweise Artikel 15 oder 16 des Vertrags über die Arbeitsweise der Europäischen Union).

Was die Mitgliedstaaten betrifft, so ist der Rechtsprechung des Gerichtshofs eindeutig zu entnehmen, dass die Verpflichtung zur Einhaltung der im Rahmen der Union definierten Grundrechte für die Mitgliedstaaten nur dann gilt, wenn sie im Anwendungsbereich des Unionsrechts handeln (Urteil vom 13. Juli 1989, Rechtssache 5/88, Wachauf, Slg. 1989, 2609, Urteil vom 18. Juni 1991, Rechtssache C-260/89, ERT, Slg. 1991, I-2925, Urteil vom 18. Dezember 1997, Rechtssache C-309/96, Annibaldi, Slg. 1997, I-7493). Der Gerichtshof hat diese Rechtsprechung kürzlich wie folgt bestätigt: „Die Mitgliedstaaten müssen bei der Durchführung der gemeinschaftsrechtlichen Regelungen aber auch die Erfordernisse des Grundrechtschutzes in der Gemeinschaftsrechtsordnung beachten." (Urteil vom 13. April 2000, Rechtssache C-292/97, Slg. 2000, I-2737, Randnr. 37). Diese in der Charta verankerte Regel gilt natürlich sowohl für die zentralen Behörden als auch für die regionalen oder lokalen Stellen sowie für die öffentlichen Einrichtungen, wenn sie das Unionsrecht anwenden.

Absatz 2, zusammen mit Absatz 1 Satz 2, bestätigt, dass die Charta nicht eine Erweiterung der Zuständigkeiten und Aufgaben bewirken darf, die der Union durch die Verträge zugewiesen sind. Es geht darum, explizit darzulegen, was sich logischerweise aus dem Subsidiaritätsprinzip und dem Umstand ergibt, dass die Union nur über die ihr eigens zugewiesenen Befugnisse verfügt. Die Grundrechte, wie sie in der Union garantiert werden, werden nur im Rahmen dieser von den Verträgen bestimmten Zuständigkeiten wirksam. Folglich kann sich für die Organe der Union nur nach Maßgabe dieser Befugnisse eine Verpflichtung nach Absatz 1 Satz 2 zur Förderung der in der Charta festgelegten Grundsätze ergeben.

Absatz 2 bestätigt auch, dass die Charta sich nicht dahin gehend auswirken darf, dass der Geltungsbereich des Unionsrechts über die in den Verträgen festgelegten Zuständigkeiten der Union hinaus ausgedehnt wird. Der Gerichtshof hat diese Regel bereits in Bezug auf die als Teil des Unionsrechts anerkannten Grundrechte aufgestellt (Urteil vom 17. Februar 1998, Rechtssache C-249/96, Grant, Slg. 1998, I-621, Randnr. 45). Im Einklang mit dieser Regel versteht es sich von selbst, dass der Verweis auf die Charta in Artikel 6 des Vertrags über die Europäische Union nicht dahin gehend verstanden werden kann, dass sie für sich genommen den als „Durchführung des Rechts der Union" betrachteten Aktionsrahmen der Mitgliedstaaten (im Sinne von Absatz 1 und der vorstehend genannten Rechtsprechung) ausdehnt.

Erläuterung zu Artikel 52 – Tragweite und Auslegung der Rechte und Grundsätze

Mit Artikel 52 sollen die Tragweite der Rechte und Grundsätze der Charta und Regeln für ihre Auslegung festgelegt werden. Absatz 1 enthält die allgemeine Einschränkungsregelung. Die verwendete Formulierung lehnt sich an die Rechtsprechung des Gerichtshofes an, die wie folgt lautet: „Nach gefestigter Rechtsprechung kann jedoch die Ausübung dieser Rechte, insbesondere im Rahmen einer gemeinsamen Marktorganisation, Beschränkungen unterworfen werden, sofern diese tatsächlich dem Gemeinwohl dienenden Zielen der Gemeinschaft entsprechen und nicht einen im Hinblick auf den verfolgten Zweck unverhältnismäßigen, nicht tragbaren Eingriff darstellen, der diese Rechte in ihrem Wesensgehalt antastet" (Urteil vom 13. April 2000, Rechtssache C-292/97, Randnr. 45). Die Bezugnahme auf das von der Union anerkannte Gemeinwohl erstreckt sich nicht nur auf die in Artikel 3 des Vertrags über die Europäische Union aufgeführten Ziele, sondern auch auf andere Interessen, die durch besondere Bestimmungen der Verträge wie Artikel 4 Absatz 1 des Vertrags über die Europäische Union, Artikel 35 Absatz 3 des Vertrags über die Arbeitsweise der Europäischen Union und die Artikel 36 und 346 dieses Vertrags geschützt werden.

Absatz 2 bezieht sich auf Rechte, die bereits ausdrücklich im Vertrag zur Gründung der Europäischen Gemeinschaft garantiert waren und in der Charta anerkannt wurden und die nun in den Verträgen zu finden sind (insbesondere die Rechte aus der Unionsbürgerschaft). Er verdeutlicht, dass diese Rechte weiterhin den Bedingungen und Grenzen unterliegen, die für das Unionsrecht, auf dem sie beruhen, gelten und die in den Verträgen festgelegt sind. Mit der Charta wird die Regelung hinsichtlich der durch den EG-Vertrag gewährten und in die Verträge übernommenen Rechte nicht geändert.

Mit Absatz 3 soll die notwendige Kohärenz zwischen der Charta und der EMRK geschaffen werden, indem die Regel aufgestellt wird, dass in dieser Charta enthaltene Rechte, die den durch die EMRK garantierten Rechten entsprechen, die gleiche Bedeutung und Tragweite, einschließlich der zugelassenen Einschränkungen, besitzen, wie sie ihnen in der EMRK verliehen werden. Daraus ergibt sich insbesondere, dass der Gesetzgeber bei der Festlegung von Einschränkungen dieser Rechte die gleichen Normen einhalten muss, die in der ausführlichen Regelung der Einschränkungen in der EMRK vorgesehen sind, die damit auch für die von diesem Absatz erfassten Rechte gelten, ohne dass dadurch die Eigenständigkeit des Unionsrechts und des Gerichtshofs der Europäischen Union berührt wird.

Die Bezugnahme auf die EMRK erstreckt sich sowohl auf die Konvention als auch auf ihre Protokolle. Die Bedeutung und Tragweite der garantierten Rechte werden nicht nur durch den Wortlaut dieser Vertragswerke, sondern auch durch die Rechtsprechung des Europäischen Gerichtshofs für Menschenrechte und durch den Gerichtshof der Europäischen Union bestimmt. Mit dem letzten Satz des Absatzes soll der Union die Möglichkeit gegeben werden, für einen weiter gehenden Schutz zu sorgen. Auf jeden Fall darf der durch die Charta gewährleistete Schutz niemals geringer als der durch die EMRK gewährte Schutz sein.

Die Charta berührt nicht die den Mitgliedstaaten offen stehende Möglichkeit, von Artikel 15 EMRK Gebrauch zu machen, der im Falle eines Krieges oder eines anderen öffentlichen Notstands, der das Leben der Nation bedroht, eine Abweichung von den in der EMRK vorgesehenen Rechten erlaubt, wenn sie nach ihren in Artikel 4 Absatz 1 des Vertrags über die Europäische Union und in den Artikeln 72 und 347 des Vertrags über die Arbeitsweise der Europäischen Union anerkannten Verantwortlichkeiten Maßnahmen im Bereich der nationalen Verteidigung im Kriegsfalle oder im Bereich der Aufrechterhaltung der öffentlichen Ordnung treffen.

Die Rechte, bei denen derzeit – ohne die Weiterentwicklung des Rechts, der Gesetzgebung und der Verträge auszuschließen – davon ausgegangen werden kann, dass sie Rechten aus der EMRK im Sinne dieses Absatzes entsprechen, sind nachstehend aufgeführt. Nicht aufgeführt sind die Rechte, die zu den Rechten aus der EMRK hinzukommen.

1. Artikel der Charta, die dieselbe Bedeutung und Tragweite wie die entsprechenden Artikel der Europäischen Menschenrechtskonvention haben:
   - Artikel 2 entspricht Artikel 2 EMRK;
   - Artikel 4 entspricht Artikel 3 EMRK;
   - Artikel 5 Absätze 1 und 2 entsprechen Artikel 4 EMRK;
   - Artikel 6 entspricht Artikel 5 EMRK;
   - Artikel 7 entspricht Artikel 8 EMRK;
   - Artikel 10 Absatz 1 entspricht Artikel 9 EMRK;

- Artikel 11 entspricht Artikel 10 EMRK unbeschadet der Einschränkungen, mit denen das Unionsrecht das Recht der Mitgliedstaaten auf Einführung der in Artikel 10 Absatz 1 dritter Satz EMRK genannten Genehmigungsverfahren eingrenzen kann;
- Artikel 17 entspricht Artikel 1 des Zusatzprotokolls zur EMRK;
- Artikel 19 Absatz 1 entspricht Artikel 4 des Protokolls Nr. 4 zur EMRK;
- Artikel 19 Absatz 2 entspricht Artikel 3 EMRK in der Auslegung durch den Europäischen Gerichtshof für Menschenrechte;
- Artikel 48 entspricht Artikel 6 Absätze 2 und 3 EMRK;
- Artikel 49 Absatz 1 (mit Ausnahme des letzten Satzes) und Absatz 2 entsprechen Artikel 7 EMRK.

2. Artikel, die dieselbe Bedeutung haben wie die entsprechenden Artikel der EMRK, deren Tragweite aber umfassender ist:
   - Artikel 9 deckt Artikel 12 EMRK ab, aber sein Anwendungsbereich kann auf andere Formen der Eheschließung ausgedehnt werden, wenn die einzelstaatlichen Rechtsvorschriften diese vorsehen;
   - Artikel 12 Absatz 1 entspricht Artikel 11 EMRK, aber sein Anwendungsbereich ist auf die Ebene der Union ausgedehnt worden;
   - Artikel 14 Absatz 1 entspricht Artikel 2 des Zusatzprotokolls zur EMRK, aber sein Anwendungsbereich ist auf den Zugang zur beruflichen Ausbildung und Weiterbildung ausgedehnt worden;
   - Artikel 14 Absatz 3 entspricht Artikel 2 des Zusatzprotokolls zur EMRK, was die Rechte der Eltern betrifft;
   - Artikel 47 Absätze 2 und 3 entsprechen Artikel 6 Absatz 1 EMRK, aber die Beschränkung auf Streitigkeiten in Bezug auf zivilrechtliche Ansprüche und Verpflichtungen oder strafrechtliche Anklagen kommt nicht zum Tragen, wenn es um das Recht der Union und dessen Anwendung geht;
   - Artikel 50 entspricht Artikel 4 des Protokolls Nr. 7 zur EMRK, aber seine Tragweite ist auf die Ebene der Europäischen Union ausgedehnt worden und er gilt zwischen den Gerichten der Mitgliedstaaten;
   - schließlich können die Unionsbürgerinnen und -bürger im Anwendungsbereich des Unionsrechts wegen des Verbots jeglicher Diskriminierung aufgrund der Nationalität nicht als Ausländer angesehen werden. Die in Artikel 16 EMRK vorgesehenen Beschränkungen der Rechte ausländischer Personen finden daher in diesem Rahmen auf die Unionsbürgerinnen und -bürger keine Anwendung.

Die Auslegungsregel in Absatz 4 beruht auf dem Wortlaut des Artikels 6 Absatz 3 des Vertrags über die Europäische Union und trägt dem Ansatz des Gerichtshofs hinsichtlich der gemeinsamen Verfassungsüberlieferungen gebührend Rechnung (z.B. Urteil vom 13. Dezember 1979, Rechtssache 44/79, Hauer, Slg. 1979, 3727; Urteil vom 18. Mai 1982, Rechtssache 155/79, AM&S, Slg. 1982, 1575). Anstatt einem restriktiven Ansatz eines „kleinsten gemeinsamen Nenners" zu folgen, sind die Charta-Rechte dieser Regel zufolge so auszulegen, dass sie ein hohes Schutzniveau bieten, das dem Unionsrecht angemessen ist und mit den gemeinsamen Verfassungsüberlieferungen im Einklang steht.

In Absatz 5 wird die Unterscheidung zwischen „Rechten" und „Grundsätzen" in der Charta näher bestimmt. Dieser Unterscheidung zufolge sind subjektive Rechte zu beachten, während Grundsätze einzuhalten sind (Artikel 51 Absatz 1). Grundsätze können durch Rechtsakte oder Durchführungsvorschriften (die von der Union im Einklang mit ihren Zuständigkeiten erlassen werden, von den Mitgliedstaaten aber nur dann, wenn sie Unionsrecht umsetzen) umgesetzt werden; sie erhalten demzufolge nur dann Bedeutung für die Gerichte, wenn solche Rechtsakte ausgelegt oder überprüft werden. Sie begründen jedoch keine direkten Ansprüche auf den Erlass positiver Maßnahmen durch die Organe der Union oder die Behörden den Mitgliedstaaten; dies steht sowohl mit der Rechtsprechung des Gerichtshofs (vgl. insbesondere die Rechtsprechung über das „Vorsorgeprinzip" in Artikel 191 Absatz 2 des Vertrags über die Arbeitsweise der Europäischen Union: Urteil des Gerichts erster Instanz vom 11. September 2002, Rechtssache T-13/99, Pfizer gegen Rat, mit zahlreichen Nachweisen aus der älteren Rechtsprechung, sowie eine Reihe von Urteilen zu Artikel 33 (ex-39) über die Grundsätze des Agrarrechts, z.B. Urteil des Gerichtshofs in der Rechtssache 265/85, Van den Bergh, Slg. 1987, 1155,

Prüfung des Grundsatzes der Marktstabilisierung und des Vertrauensschutzes) als auch mit dem Ansatz der Verfassungsordnungen der Mitgliedstaaten zu „Grundsätzen", insbesondere im Bereich des Sozialrechts, in Einklang. Zu den in der Charta anerkannten Grundsätzen gehören beispielsweise die Artikel 25, 26 und 37. In einigen Fällen kann ein Charta-Artikel sowohl Elemente eines Rechts als auch eines Grundsatzes enthalten, beispielsweise Artikel 23, 33 und 34.

Absatz 6 bezieht sich auf die verschiedenen Artikel in der Charta, in denen im Sinne der Subsidiarität auf die einzelstaatlichen Rechtsvorschriften und Gepflogenheiten verwiesen wird.

Erläuterung zu Artikel 53 – Schutzniveau
Der Zweck dieser Bestimmung ist die Aufrechterhaltung des durch das Recht der Union, das Recht der Mitgliedstaaten und das Völkerrecht in seinem jeweiligen Anwendungsbereich gegenwärtig gewährleisteten Schutzniveaus. Aufgrund ihrer Bedeutung findet die EMRK Erwähnung.

Erläuterung zu Artikel 54 – Verbot des Missbrauchs der Rechte
Dieser Artikel entspricht Artikel 17 EMRK:

Diese Konvention ist nicht so auszulegen, als begründe sie für einen Staat, eine Gruppe oder eine Person das Recht, eine Tätigkeit auszuüben oder eine Handlung vorzunehmen, die darauf abzielt, die in der Konvention festgelegten Rechte und Freiheiten abzuschaffen oder sie stärker einzuschränken, als es in der Konvention vorgesehen ist.

Vertrag über die Europäische Union idF des Vertrags von Lissabon

Vom 13. Dezember 2007[1)2)] (ABl. Nr. C 306 S. 1, ber. ABl. 2008 Nr. C 111 S. 56, ABl. 2009 Nr. C 290 S. 1, ABl. 2011 Nr. C 378 S. 3)
(Celex-Nr. 1 1992 M) Konsolidierte Fassung (ABl. 2016 Nr. C 202 S. 13)

Nichtamtliche Inhaltsübersicht

1) Die Artikelfolge und Verweise/Bezugnahmen auf Vorschriften des AEUV sind gemäß Art. 5 des Vertrags von Lissabon iVm den Übereinstimmungstabellen an die neue Nummerierung angepasst worden.

2) Konsolidierte Fassung des Vertrags über die Europäische Union v. 7. 2. 1992 (ABl. Nr. C 191 S. 1). Die Bundesrepublik Deutschland hat dem Vertrag mit G v. 28. 12. 1992 (BGBl. II S. 1251) zugestimmt. Inkrafttreten gemäß Bek. v. 19. 10. 1993 (BGBl. II S. 1947) am **1. 11. 1993**. Die durch den Amsterdamer Vertrag konsolidierte Fassung des Vertrages trat am 1. 5. 1999 in Kraft, siehe Bek. v. 6. 4. 1999 (BGBl. II S. 296); in seiner durch den Vertrag von Nizza geänderten Fassung ist er am 1. 2. 2003 in Kraft getreten, siehe Bek. v. 20. 8. 2003 (BGBl. II S. 1477); in seiner durch die EU-Beitrittsakte 2003 geänderten Fassung ist er am 1. 5. 2004 in Kraft getreten, siehe Bek. v. 28. 6. 2004 (BGBl. II S. 1102); in seiner durch die EU-Beitrittsakte 2005 geänderten Fassung ist er am 1. 1. 2007 in Kraft getreten, siehe Bek. v. 26. 1. 2007 (BGBl. II S. 127); in seiner durch den Vertrag von Lissabon geänderten Fassung ist er am 1. 12. 2009 in Kraft getreten, siehe Bek. v. 13. 11. 2009 (BGBl. II S. 1223).

SEINE MAJESTÄT DER KÖNIG DER BELGIER,
IHRE MAJESTÄT DIE KÖNIGIN VON DÄNEMARK,
DER PRÄSIDENT DER BUNDESREPUBLIK DEUTSCHLAND,
DER PRÄSIDENT DER GRIECHISCHEN REPUBLIK,
SEINE MAJESTÄT DER KÖNIG VON SPANIEN,
DER PRÄSIDENT DER FRANZÖSISCHEN REPUBLIK,
DER PRÄSIDENT IRLANDS,
DER PRÄSIDENT DER ITALIENISCHEN REPUBLIK,
SEINE KÖNIGLICHE HOHEIT DER GROSSHERZOG VON LUXEMBURG,
IHRE MAJESTÄT DIE KÖNIGIN DER NIEDERLANDE,
DER PRÄSIDENT DER PORTUGIESISCHEN REPUBLIK,
IHRE MAJESTÄT DIE KÖNIGIN DES VEREINIGTEN KÖNIGREICHS GROSSBRITANNIEN UND NORDIRLAND,[1)]

ENTSCHLOSSEN, den mit der Gründung der Europäischen Gemeinschaften eingeleiteten Prozeß der europäischen Integration auf eine neue Stufe zu heben,

SCHÖPFEND aus dem kulturellen, religiösen und humanistischen Erbe Europas, aus dem sich die unverletzlichen und unveräußerlichen Rechte des Menschen sowie Freiheit, Demokratie, Gleichheit und Rechtsstaatlichkeit als universelle Werte entwickelt haben,

EINGEDENK der historischen Bedeutung der Überwindung der Teilung des europäischen Kontinents und der Notwendigkeit, feste Grundlagen für die Gestalt des zukünftigen Europas zu schaffen,

IN BESTÄTIGUNG ihres Bekenntnisses zu den Grundsätzen der Freiheit, der Demokratie und der Achtung der Menschenrechte und Grundfreiheiten und der Rechtsstaatlichkeit,

IN BESTÄTIGUNG der Bedeutung, die sie den sozialen Grundrechten beimessen, wie sie in der am 18. Oktober 1961 in Turin unterzeichneten Europäischen Sozialcharta und in der Gemeinschaftscharta der sozialen Grundrechte der Arbeitnehmer von 1989 festgelegt sind,

IN DEM WUNSCH, die Solidarität zwischen ihren Völkern unter Achtung ihrer Geschichte, ihrer Kultur und ihrer Traditionen zu stärken,

---

1) **Amtl. Anm.:** Seit dem ursprünglichen Vertragsschluss sind Mitgliedstaaten der Europäischen Union geworden: *[**Red. Anm.:** die Republik Kroatien mWv 1.7.2013,]* die Republik Bulgarien, die Tschechische Republik, die Republik Estland, die Republik Zypern, die Republik Lettland, die Republik Litauen, die Republik Ungarn, die Republik Malta, die Republik Österreich, die Republik Polen, Rumänien, die Republik Slowenien, die Slowakische Republik, die Republik Finnland und das Königreich Schweden.

*[**Red. Anm.:** Mit Wirkung vom 1.2.2020 ist das Vereinigte Königreich Großbritannien und Nordirland aus der Europäischen Union ausgetreten und ist seitdem ein Drittland (Nicht-EU-Land).]*

IN DEM WUNSCH, Demokratie und Effizienz in der Arbeit der Organe weiter zu stärken, damit diese in die Lage versetzt werden, die ihnen übertragenen Aufgaben in einem einheitlichen institutionellen Rahmen besser wahrzunehmen,

ENTSCHLOSSEN, die Stärkung und die Konvergenz ihrer Volkswirtschaften herbeizuführen und eine Wirtschafts- und Währungsunion zu errichten, die im Einklang mit diesem Vertrag und dem Vertrag über die Arbeitsweise der Europäischen Union eine einheitliche, stabile Währung einschließt,

IN DEM FESTEN WILLEN, im Rahmen der Verwirklichung des Binnenmarkts sowie der Stärkung des Zusammenhalts und des Umweltschutzes den wirtschaftlichen und sozialen Fortschritt ihrer Völker unter Berücksichtigung des Grundsatzes der nachhaltigen Entwicklung zu fördern und Politiken zu verfolgen, die gewährleisten, dass Fortschritte bei der wirtschaftlichen Integration mit parallelen Fortschritten auf anderen Gebieten einhergehen,

ENTSCHLOSSEN, eine gemeinsame Unionsbürgerschaft für die Staatsangehörigen ihrer Länder einzuführen,

ENTSCHLOSSEN, eine Gemeinsame Außen- und Sicherheitspolitik zu verfolgen, wozu nach Maßgabe des Artikels 42 auch die schrittweise Festlegung einer gemeinsamen Verteidigungspolitik gehört, die zu einer gemeinsamen Verteidigung führen könnte, und so die Identität und Unabhängigkeit Europas zu stärken, um Frieden, Sicherheit und Fortschritt in Europa und in der Welt zu fördern,

ENTSCHLOSSEN, die Freizügigkeit unter gleichzeitiger Gewährleistung der Sicherheit ihrer Bürger durch den Aufbau eines Raums der Freiheit, der Sicherheit und des Rechts nach Maßgabe der Bestimmungen dieses Vertrags und des Vertrags über die Arbeitsweise der Europäischen Union zu fördern,

ENTSCHLOSSEN, den Prozeß der Schaffung einer immer engeren Union der Völker Europas, in der die Entscheidungen entsprechend dem Subsidiaritätsprinzip möglichst bürgernah getroffen werden, weiterzuführen,

IM HINBLICK auf weitere Schritte, die getan werden müssen, um die europäische Integration voranzutreiben,

HABEN BESCHLOSSEN, eine Europäische Union zu gründen; sie haben zu diesem Zweck zu ihren Bevollmächtigten ernannt:

(Aufzählung der Bevollmächtigten nicht wiedergegeben)

DIESE SIND nach Austausch ihrer als gut und gehörig befundenen Vollmachten wie folgt ÜBEREINGEKOMMEN:

Titel I
Gemeinsame Bestimmungen

Artikel 1 [Gründung der Europäischen Union; Grundlagen]

Durch diesen Vertrag gründen die Hohen Vertragsparteien untereinander eine EUROPÄISCHE UNION (im Folgenden „Union"), der die Mitgliedstaaten Zuständigkeiten zur Verwirklichung ihrer gemeinsamen Ziele übertragen.

Dieser Vertrag stellt eine neue Stufe bei der Verwirklichung einer immer engeren Union der Völker Europas dar, in der die Entscheidungen möglichst offen und möglichst bürgernah getroffen werden.

[1]Grundlage der Union sind dieser Vertrag und der Vertrag über die Arbeitsweise der Europäischen Union (im Folgenden „Verträge"). [2]Beide Verträge sind rechtlich gleichrangig. [3]Die Union tritt an die Stelle der Europäischen Gemeinschaft, deren Rechtsnachfolgerin sie ist.

Artikel 2 [Grundlegende Werte]

[1]Die Werte, auf die sich die Union gründet, sind die Achtung der Menschenwürde, Freiheit, Demokratie, Gleichheit, Rechtsstaatlichkeit und die Wahrung der Menschenrechte einschließlich der Rechte der Personen, die Minderheiten angehören. [2]Diese Werte sind allen Mitgliedstaaten in einer Gesellschaft gemeinsam, die sich durch Pluralismus, Nichtdiskriminierung, Toleranz, Gerechtigkeit, Solidarität und die Gleichheit von Frauen und Männern auszeichnet.

Artikel 3 [Ziel der Union]

(1) Ziel der Union ist es, den Frieden, ihre Werte und das Wohlergehen ihrer Völker zu fördern.

(2) Die Union bietet ihren Bürgerinnen und Bürgern einen Raum der Freiheit, der Sicherheit und des Rechts ohne Binnengrenzen, in dem – in Verbindung mit geeigneten Maßnahmen in Bezug auf die Kontrollen an den Außengrenzen, das Asyl, die Einwanderung sowie die Verhütung und Bekämpfung der Kriminalität – der freie Personenverkehr gewährleistet ist.

(3) [1]Die Union errichtet einen Binnenmarkt. [2]Sie wirkt auf die nachhaltige Entwicklung Europas auf der Grundlage eines ausgewogenen Wirtschaftswachstums und von Preisstabilität, eine in hohem Maße wettbewerbsfähige soziale Marktwirtschaft, die auf Vollbeschäftigung und sozialen Fortschritt abzielt, sowie ein hohes Maß an Umweltschutz und Verbesserung der Umweltqualität hin. [3]Sie fördert den wissenschaftlichen und technischen Fortschritt.

Sie bekämpft soziale Ausgrenzung und Diskriminierungen und fördert soziale Gerechtigkeit und sozialen Schutz, die Gleichstellung von Frauen und Männern, die Solidarität zwischen den Generationen und den Schutz der Rechte des Kindes.

Sie fördert den wirtschaftlichen, sozialen und territorialen Zusammenhalt und die Solidarität zwischen den Mitgliedstaaten.

Sie wahrt den Reichtum ihrer kulturellen und sprachlichen Vielfalt und sorgt für den Schutz und die Entwicklung des kulturellen Erbes Europas.

(4) Die Union errichtet eine Wirtschafts- und Währungsunion, deren Währung der Euro ist.

(5) [1]In ihren Beziehungen zur übrigen Welt schützt und fördert die Union ihre Werte und Interessen und trägt zum Schutz ihrer Bürgerinnen und Bürger bei. [2]Sie leistet einen Beitrag zu Frieden, Sicherheit, globaler nachhaltiger Entwicklung, Solidarität und gegenseitiger Achtung unter den Völkern, zu freiem und gerechtem Handel, zur Beseitigung der Armut und zum Schutz der Menschenrechte, insbesondere der Rechte des Kindes, sowie zur strikten Einhaltung und Weiterentwicklung des Völkerrechts, insbesondere zur Wahrung der Grundsätze der Charta der Vereinten Nationen.

(6) Die Union verfolgt ihre Ziele mit geeigneten Mitteln entsprechend den Zuständigkeiten, die ihr in den Verträgen übertragen sind.

Artikel 4 [Zuständigkeiten der Union]

(1) Alle der Union nicht in den Verträgen übertragenen Zuständigkeiten verbleiben gemäß Artikel 5 bei den Mitgliedstaaten.

(2) [1]Die Union achtet die Gleichheit der Mitgliedstaaten vor den Verträgen und ihre jeweilige nationale Identität, die in ihren grundlegenden politischen und verfassungsmäßigen Strukturen einschließlich der regionalen und lokalen Selbstverwaltung zum Ausdruck kommt. [2]Sie achtet die grundlegenden Funktionen des Staates, insbesondere die Wahrung der territorialen Unversehrtheit, die Aufrechterhaltung der öffentlichen Ordnung und den Schutz der nationalen Sicherheit. [3]Insbesondere die nationale Sicherheit fällt weiterhin in die alleinige Verantwortung der einzelnen Mitgliedstaaten.

(3) Nach dem Grundsatz der loyalen Zusammenarbeit achten und unterstützen sich die Union und die Mitgliedstaaten gegenseitig bei der Erfüllung der Aufgaben, die sich aus den Verträgen ergeben.

Die Mitgliedstaaten ergreifen alle geeigneten Maßnahmen allgemeiner oder besonderer Art zur Erfüllung der Verpflichtungen, die sich aus den Verträgen oder den Handlungen der Organe der Union ergeben.

Die Mitgliedstaaten unterstützen die Union bei der Erfüllung ihrer Aufgabe und unterlassen alle Maßnahmen, die die Verwirklichung der Ziele der Union gefährden könnten.

Artikel 5 [Subsidiaritäts- und Verhältnismäßigkeitsgrundsatz]

(1) [1]Für die Abgrenzung der Zuständigkeiten der Union gilt der Grundsatz der begrenzten Einzelermächtigung. [2]Für die Ausübung der Zuständigkeiten der Union gelten die Grundsätze der Subsidiarität und der Verhältnismäßigkeit.

(2) [1]Nach dem Grundsatz der begrenzten Einzelermächtigung wird die Union nur innerhalb der Grenzen der Zuständigkeiten tätig, die die Mitgliedstaaten ihr in den Verträgen zur Verwirklichung der darin niedergelegten Ziele übertragen haben. [2]Alle der Union nicht in den Verträgen übertragenen Zuständigkeiten verbleiben bei den Mitgliedstaaten.

(3) Nach dem Subsidiaritätsprinzip wird die Union in den Bereichen, die nicht in ihre ausschließliche Zuständigkeit fallen, nur tätig, sofern und soweit die Ziele der in Betracht gezogenen Maßnahmen von den Mitgliedstaaten weder auf zentraler noch auf regionaler oder lokaler Ebene ausreichend verwirk-

licht werden können, sondern vielmehr wegen ihres Umfangs oder ihrer Wirkungen auf Unionsebene besser zu verwirklichen sind.

[1]Die Organe der Union wenden das Subsidiaritätsprinzip nach dem Protokoll über die Anwendung der Grundsätze der Subsidiarität und der Verhältnismäßigkeit an. [2]Die nationalen Parlamente achten auf die Einhaltung des Subsidiaritätsprinzips nach dem in jenem Protokoll vorgesehenen Verfahren.

(4) Nach dem Grundsatz der Verhältnismäßigkeit gehen die Maßnahmen der Union inhaltlich wie formal nicht über das zur Erreichung der Ziele der Verträge erforderliche Maß hinaus.

Die Organe der Union wenden den Grundsatz der Verhältnismäßigkeit nach dem Protokoll über die Anwendung der Grundsätze der Subsidiarität und der Verhältnismäßigkeit an.

Artikel 6 [Grundrechte-Charta und EMRK]

(1) Die Union erkennt die Rechte, Freiheiten und Grundsätze an, die in der Charta der Grundrechte der Europäischen Union vom 7. Dezember 2000 in der am 12. Dezember 2007 in Straßburg angepassten Fassung niedergelegt sind; die Charta der Grundrechte und die Verträge sind rechtlich gleichrangig.

Durch die Bestimmungen der Charta werden die in den Verträgen festgelegten Zuständigkeiten der Union in keiner Weise erweitert.

Die in der Charta niedergelegten Rechte, Freiheiten und Grundsätze werden gemäß den allgemeinen Bestimmungen des Titels VII der Charta, der ihre Auslegung und Anwendung regelt, und unter gebührender Berücksichtigung der in der Charta angeführten Erläuterungen, in denen die Quellen dieser Bestimmungen angegeben sind, ausgelegt.

(2) [1]Die Union tritt der Europäischen Konvention zum Schutz der Menschenrechte und Grundfreiheiten bei. [2]Dieser Beitritt ändert nicht die in den Verträgen festgelegten Zuständigkeiten der Union.

(3) Die Grundrechte, wie sie in der Europäischen Konvention zum Schutz der Menschenrechte und Grundfreiheiten gewährleistet sind und wie sie sich aus den gemeinsamen Verfassungsüberlieferungen der Mitgliedstaaten ergeben, sind als allgemeine Grundsätze Teil des Unionsrechts.

Artikel 7 [Verletzung fundamentaler Grundsätze durch einen Mitgliedstaat]

(1) [1]Auf begründeten Vorschlag eines Drittels der Mitgliedstaaten, des Europäischen Parlaments oder der Europäischen Kommission kann der Rat mit der Mehrheit von vier Fünfteln seiner Mitglieder nach Zustimmung des Europäischen Parlaments feststellen, dass die eindeutige Gefahr einer schwerwiegenden Verletzung der in Artikel 2 genannten Werte durch einen Mitgliedstaat besteht. [2]Der Rat hört, bevor er eine solche Feststellung trifft, den betroffenen Mitgliedstaat und kann Empfehlungen an ihn richten, die er nach demselben Verfahren beschließt.

Der Rat überprüft regelmäßig, ob die Gründe, die zu dieser Feststellung geführt haben, noch zutreffen.

(2) Auf Vorschlag eines Drittels der Mitgliedstaaten oder der Europäischen Kommission und nach Zustimmung des Europäischen Parlaments kann der Europäische Rat einstimmig feststellen, dass eine schwerwiegende und anhaltende Verletzung der in Artikel 2 genannten Werte durch einen Mitgliedstaat vorliegt, nachdem er den betroffenen Mitgliedstaat zu einer Stellungnahme aufgefordert hat.

(3) [1]Wurde die Feststellung nach Absatz 2 getroffen, so kann der Rat mit qualifizierter Mehrheit beschließen, bestimmte Rechte auszusetzen, die sich aus der Anwendung der Verträge auf den betroffenen Mitgliedstaat herleiten, einschließlich der Stimmrechte des Vertreters der Regierung dieses Mitgliedstaats im Rat. [2]Dabei berücksichtigt er die möglichen Auswirkungen einer solchen Aussetzung auf die Rechte und Pflichten natürlicher und juristischer Personen.

Die sich aus den Verträgen ergebenden Verpflichtungen des betroffenen Mitgliedstaats sind für diesen auf jeden Fall weiterhin verbindlich.

(4) Der Rat kann zu einem späteren Zeitpunkt mit qualifizierter Mehrheit beschließen, nach Absatz 3 getroffene Maßnahmen abzuändern oder aufzuheben, wenn in der Lage, die zur Verhängung dieser Maßnahmen geführt hat, Änderungen eingetreten sind.

(5) Die Abstimmungsmodalitäten, die für die Zwecke dieses Artikels für das Europäische Parlament, den Europäischen Rat und den Rat gelten, sind in Artikel 354 des Vertrags über die Arbeitsweise der Europäischen Union festgelegt.

Artikel 8 [Nachbarschaftspolitik]
(1) Die Union entwickelt besondere Beziehungen zu den Ländern in ihrer Nachbarschaft, um einen Raum des Wohlstands und der guten Nachbarschaft zu schaffen, der auf den Werten der Union aufbaut und sich durch enge, friedliche Beziehungen auf der Grundlage der Zusammenarbeit auszeichnet.

(2) [1]Für die Zwecke des Absatzes 1 kann die Union spezielle Übereinkünfte mit den betreffenden Ländern schließen. [2]Diese Übereinkünfte können gegenseitige Rechte und Pflichten umfassen und die Möglichkeit zu gemeinsamem Vorgehen eröffnen. [3]Zur Durchführung der Übereinkünfte finden regelmäßige Konsultationen statt.

Titel II
Bestimmungen über die demokratischen Grundsätze

Artikel 9 [Gleichheitsgrundsatz; Unionsbürgerschaft]
[1]Die Union achtet in ihrem gesamten Handeln den Grundsatz der Gleichheit ihrer Bürgerinnen und Bürger, denen ein gleiches Maß an Aufmerksamkeit seitens der Organe, Einrichtungen und sonstigen Stellen der Union zuteil wird. [2]Unionsbürger ist, wer die Staatsangehörigkeit eines Mitgliedstaats besitzt. [3]Die Unionsbürgerschaft tritt zur nationalen Staatsbürgerschaft hinzu, ersetzt sie aber nicht.

Artikel 10 [Demokratische Grundsätze]
(1) Die Arbeitsweise der Union beruht auf der repräsentativen Demokratie.

(2) Die Bürgerinnen und Bürger sind auf Unionsebene unmittelbar im Europäischen Parlament vertreten.

Die Mitgliedstaaten werden im Europäischen Rat von ihrem jeweiligen Staats- oder Regierungschef und im Rat von ihrer jeweiligen Regierung vertreten, die ihrerseits in demokratischer Weise gegenüber ihrem nationalen Parlament oder gegenüber ihren Bürgerinnen und Bürgern Rechenschaft ablegen müssen.

(3) [1]Alle Bürgerinnen und Bürger haben das Recht, am demokratischen Leben der Union teilzunehmen. [2]Die Entscheidungen werden so offen und bürgernah wie möglich getroffen.

(4) Politische Parteien auf europäischer Ebene tragen zur Herausbildung eines europäischen politischen Bewusstseins und zum Ausdruck des Willens der Bürgerinnen und Bürger der Union bei.

Artikel 11 [Bürgerbeteiligung]
(1) Die Organe geben den Bürgerinnen und Bürgern und den repräsentativen Verbänden in geeigneter Weise die Möglichkeit, ihre Ansichten in allen Bereichen des Handelns der Union öffentlich bekannt zu geben und auszutauschen.

(2) Die Organe pflegen einen offenen, transparenten und regelmäßigen Dialog mit den repräsentativen Verbänden und der Zivilgesellschaft.

(3) Um die Kohärenz und die Transparenz des Handelns der Union zu gewährleisten, führt die Europäische Kommission umfangreiche Anhörungen der Betroffenen durch.

(4) Unionsbürgerinnen und Unionsbürger, deren Anzahl mindestens eine Million betragen und bei denen es sich um Staatsangehörige einer erheblichen Anzahl von Mitgliedstaaten handeln muss, können die Initiative ergreifen und die Europäische Kommission auffordern, im Rahmen ihrer Befugnisse geeignete Vorschläge zu Themen zu unterbreiten, zu denen es nach Ansicht jener Bürgerinnen und Bürger eines Rechtsakts der Union bedarf, um die Verträge umzusetzen.

Die Verfahren und Bedingungen, die für eine solche Bürgerinitiative gelten, werden nach Artikel 24 Absatz 1 des Vertrags über die Arbeitsweise der Europäischen Union festgelegt.

Artikel 12 [Beteiligung der nationalen Parlamente]
Die nationalen Parlamente tragen aktiv zur guten Arbeitsweise der Union bei, indem sie

a) von den Organen der Union unterrichtet werden und ihnen die Entwürfe von Gesetzgebungsakten der Union gemäß dem Protokoll über die Rolle der nationalen Parlamente in der Europäischen Union zugeleitet werden;
b) dafür sorgen, dass der Grundsatz der Subsidiarität gemäß den in dem Protokoll über die Anwendung der Grundsätze der Subsidiarität und der Verhältnismäßigkeit vorgesehenen Verfahren beachtet wird;

c) sich im Rahmen des Raums der Freiheit, der Sicherheit und des Rechts an den Mechanismen zur Bewertung der Durchführung der Unionspolitiken in diesem Bereich nach Artikel 70 des Vertrags über die Arbeitsweise der Europäischen Union beteiligen und in die politische Kontrolle von Europol und die Bewertung der Tätigkeit von Eurojust nach den Artikeln 88 und 85 des genannten Vertrags einbezogen werden;
d) sich an den Verfahren zur Änderung der Verträge nach Artikel 48 dieses Vertrags beteiligen;
e) über Anträge auf Beitritt zur Union nach Artikel 49 dieses Vertrags unterrichtet werden;
f) sich an der interparlamentarischen Zusammenarbeit zwischen den nationalen Parlamenten und mit dem Europäischen Parlament gemäß dem Protokoll über die Rolle der nationalen Parlamente in der Europäischen Union beteiligen.

Titel III
Bestimmungen über die Organe

Artikel 13 [Organe der Union]

(1) Die Union verfügt über einen institutionellen Rahmen, der zum Zweck hat, ihren Werten Geltung zu verschaffen, ihre Ziele zu verfolgen, ihren Interessen, denen ihrer Bürgerinnen und Bürger und denen der Mitgliedstaaten zu dienen sowie die Kohärenz, Effizienz und Kontinuität ihrer Politik und ihrer Maßnahmen sicherzustellen.

Die Organe der Union sind
- das Europäische Parlament,
- der Europäische Rat,
- der Rat,
- die Europäische Kommission (im Folgenden „Kommission"),
- der Gerichtshof der Europäischen Union,
- die Europäische Zentralbank,
- der Rechnungshof.

(2) [1]Jedes Organ handelt nach Maßgabe der ihm in den Verträgen zugewiesenen Befugnisse nach den Verfahren, Bedingungen und Zielen, die in den Verträgen festgelegt sind. [2]Die Organe arbeiten loyal zusammen.

(3) Die Bestimmungen über die Europäische Zentralbank und den Rechnungshof sowie die detaillierten Bestimmungen über die übrigen Organe sind im Vertrag über die Arbeitsweise der Europäischen Union enthalten.

(4) Das Europäische Parlament, der Rat und die Kommission werden von einem Wirtschafts- und Sozialausschuss sowie einem Ausschuss der Regionen unterstützt, die beratende Aufgaben wahrnehmen.

Artikel 14 [Europäisches Parlament]

(1) [1]Das Europäische Parlament wird gemeinsam mit dem Rat als Gesetzgeber tätig und übt gemeinsam mit ihm die Haushaltsbefugnisse aus. [2]Es erfüllt Aufgaben der politischen Kontrolle und Beratungsfunktionen nach Maßgabe der Verträge. [3]Es wählt den Präsidenten der Kommission.

(2) [1]Das Europäische Parlament setzt sich aus Vertretern der Unionsbürgerinnen und Unionsbürger zusammen. [2]Ihre Anzahl darf 750 nicht überschreiten, zuzüglich des Präsidenten. [3]Die Bürgerinnen und Bürger sind im Europäischen Parlament degressiv proportional, mindestens jedoch mit sechs Mitgliedern je Mitgliedstaat vertreten. [4]Kein Mitgliedstaat erhält mehr als 96 Sitze.

Der Europäische Rat erlässt einstimmig auf Initiative des Europäischen Parlaments und mit dessen Zustimmung einen Beschluss über die Zusammensetzung des Europäischen Parlaments, in dem die in Unterabsatz 1 genannten Grundsätze gewahrt sind.

(3) Die Mitglieder des Europäischen Parlaments werden in allgemeiner, unmittelbarer, freier und geheimer Wahl für eine Amtszeit von fünf Jahren gewählt.

(4) Das Europäische Parlament wählt aus seiner Mitte seinen Präsidenten und sein Präsidium.

Artikel 15 [Europäischer Rat]

(1) [1]Der Europäische Rat gibt der Union die für ihre Entwicklung erforderlichen Impulse und legt die allgemeinen politischen Zielvorstellungen und Prioritäten hierfür fest. [2]Er wird nicht gesetzgeberisch tätig.

(2) [1]Der Europäische Rat setzt sich zusammen aus den Staats- und Regierungschefs der Mitgliedstaaten sowie dem Präsidenten des Europäischen Rates und dem Präsidenten der Kommission. [2]Der Hohe Vertreter der Union für Außen- und Sicherheitspolitik nimmt an seinen Arbeiten teil.

(3) [1]Der Europäische Rat tritt zweimal pro Halbjahr zusammen; er wird von seinem Präsidenten einberufen. [2]Wenn es die Tagesordnung erfordert, können die Mitglieder des Europäischen Rates beschließen, sich jeweils von einem Minister oder – im Fall des Präsidenten der Kommission – von einem Mitglied der Kommission unterstützen zu lassen. [3]Wenn es die Lage erfordert, beruft der Präsident eine außerordentliche Tagung des Europäischen Rates ein.

(4) Soweit in den Verträgen nichts anderes festgelegt ist, entscheidet der Europäische Rat im Konsens.

(5) [1]Der Europäische Rat wählt seinen Präsidenten mit qualifizierter Mehrheit für eine Amtszeit von zweieinhalb Jahren; der Präsident kann einmal wiedergewählt werden. [2]Im Falle einer Verhinderung oder einer schweren Verfehlung kann der Europäische Rat ihn im Wege des gleichen Verfahrens von seinem Amt entbinden.

(6) Der Präsident des Europäischen Rates

a) führt den Vorsitz bei den Arbeiten des Europäischen Rates und gibt ihnen Impulse,
b) sorgt in Zusammenarbeit mit dem Präsidenten der Kommission auf der Grundlage der Arbeiten des Rates „Allgemeine Angelegenheiten" für die Vorbereitung und Kontinuität der Arbeiten des Europäischen Rates,
c) wirkt darauf hin, dass Zusammenhalt und Konsens im Europäischen Rat gefördert werden,
d) legt dem Europäischen Parlament im Anschluss an jede Tagung des Europäischen Rates einen Bericht vor.

Der Präsident des Europäischen Rates nimmt auf seiner Ebene und in seiner Eigenschaft, unbeschadet der Befugnisse des Hohen Vertreters der Union für Außen- und Sicherheitspolitik, die Außenvertretung der Union in Angelegenheiten der Gemeinsamen Außen- und Sicherheitspolitik wahr.

Der Präsident des Europäischen Rates darf kein einzelstaatliches Amt ausüben.

Artikel 16 [Rat]

(1) [1]Der Rat wird gemeinsam mit dem Europäischen Parlament als Gesetzgeber tätig und übt gemeinsam mit ihm die Haushaltsbefugnisse aus. [2]Zu seinen Aufgaben gehört die Festlegung der Politik und die Koordinierung nach Maßgabe der Verträge.

(2) Der Rat besteht aus je einem Vertreter jedes Mitgliedstaats auf Ministerebene, der befugt ist, für die Regierung des von ihm vertretenen Mitgliedstaats verbindlich zu handeln und das Stimmrecht auszuüben.

(3) Soweit in den Verträgen nichts anderes festgelegt ist, beschließt der Rat mit qualifizierter Mehrheit.

(4) Ab dem 1. November 2014 gilt als qualifizierte Mehrheit eine Mehrheit von mindestens 55 % der Mitglieder des Rates, gebildet aus mindestens 15 Mitgliedern, sofern die von diesen vertretenen Mitgliedstaaten zusammen mindestens 65 % der Bevölkerung der Union ausmachen.

Für eine Sperrminorität sind mindestens vier Mitglieder des Rates erforderlich, andernfalls gilt die qualifizierte Mehrheit als erreicht.

Die übrigen Modalitäten für die Abstimmung mit qualifizierter Mehrheit sind in Artikel 238 Absatz 2 des Vertrags über die Arbeitsweise der Europäischen Union festgelegt.

(5) Die Übergangsbestimmungen für die Definition der qualifizierten Mehrheit, die bis zum 31. Oktober 2014 gelten, sowie die Übergangsbestimmungen, die zwischen dem 1. November 2014 und dem 31. März 2017 gelten, sind im Protokoll über die Übergangsbestimmungen festgelegt.

(6) Der Rat tagt in verschiedenen Zusammensetzungen; die Liste dieser Zusammensetzungen wird nach Artikel 236 des Vertrags über die Arbeitsweise der Europäischen Union angenommen.

[1]Als Rat „Allgemeine Angelegenheiten" sorgt er für die Kohärenz der Arbeiten des Rates in seinen verschiedenen Zusammensetzungen. [2]In Verbindung mit dem Präsidenten des Europäischen Rates und

mit der Kommission bereitet er die Tagungen des Europäischen Rates vor und sorgt für das weitere Vorgehen.

Als Rat „Auswärtige Angelegenheiten" gestaltet er das auswärtige Handeln der Union entsprechend den strategischen Vorgaben des Europäischen Rates und sorgt für die Kohärenz des Handelns der Union.

(7) Ein Ausschuss der Ständigen Vertreter der Regierungen der Mitgliedstaaten ist für die Vorbereitung der Arbeiten des Rates verantwortlich.

(8) [1]Der Rat tagt öffentlich, wenn er über Entwürfe zu Gesetzgebungsakten berät und abstimmt. [2]Zu diesem Zweck wird jede Ratstagung in zwei Teile unterteilt, von denen der eine den Beratungen über die Gesetzgebungsakte der Union und der andere den nicht die Gesetzgebung betreffenden Tätigkeiten gewidmet ist.

(9) Der Vorsitz im Rat in allen seinen Zusammensetzungen mit Ausnahme des Rates „Auswärtige Angelegenheiten" wird von den Vertretern der Mitgliedstaaten im Rat unter Bedingungen, die gemäß Artikel 236 des Vertrags über die Arbeitsweise der Europäischen Union festgelegt werden, nach einem System der gleichberechtigten Rotation wahrgenommen.

Artikel 17 [Kommission]

(1) [1]Die Kommission fördert die allgemeinen Interessen der Union und ergreift geeignete Initiativen zu diesem Zweck. [2]Sie sorgt für die Anwendung der Verträge sowie der von den Organen kraft der Verträge erlassenen Maßnahmen. [3]Sie überwacht die Anwendung des Unionsrechts unter der Kontrolle des Gerichtshofs der Europäischen Union. [4]Sie führt den Haushaltsplan aus und verwaltet die Programme. [5]Sie übt nach Maßgabe der Verträge Koordinierungs-, Exekutiv- und Verwaltungsfunktionen aus. [6]Außer in der Gemeinsamen Außen- und Sicherheitspolitik und den übrigen in den Verträgen vorgesehenen Fällen nimmt sie die Vertretung der Union nach außen wahr. [7]Sie leitet die jährliche und die mehrjährige Programmplanung der Union mit dem Ziel ein, interinstitutionelle Vereinbarungen zu erreichen.

(2) [1]Soweit in den Verträgen nichts anderes festgelegt ist, darf ein Gesetzgebungsakt der Union nur auf Vorschlag der Kommission erlassen werden. [2]Andere Rechtsakte werden auf der Grundlage eines Kommissionsvorschlags erlassen, wenn dies in den Verträgen vorgesehen ist.

(3) Die Amtszeit der Kommission beträgt fünf Jahre.

Die Mitglieder der Kommission werden aufgrund ihrer allgemeinen Befähigung und ihres Einsatzes für Europa unter Persönlichkeiten ausgewählt, die volle Gewähr für ihre Unabhängigkeit bieten.

[1]Die Kommission übt ihre Tätigkeit in voller Unabhängigkeit aus. [2]Die Mitglieder der Kommission dürfen unbeschadet des Artikels 18 Absatz 2 Weisungen von einer Regierung, einem Organ, einer Einrichtung oder jeder anderen Stelle weder einholen noch entgegennehmen. [3]Sie enthalten sich jeder Handlung, die mit ihrem Amt oder der Erfüllung ihrer Aufgaben unvereinbar ist.

(4) Die Kommission, die zwischen dem Zeitpunkt des Inkrafttretens des Vertrags von Lissabon und dem 31. Oktober 2014 ernannt wird, besteht einschließlich ihres Präsidenten und des Hohen Vertreters der Union für Außen- und Sicherheitspolitik, der einer der Vizepräsidenten der Kommission ist, aus je einem Staatsangehörigen jedes Mitgliedstaats.

(5) Ab dem 1. November 2014 besteht die Kommission, einschließlich ihres Präsidenten und des Hohen Vertreters der Union für Außen- und Sicherheitspolitik, aus einer Anzahl von Mitgliedern, die zwei Dritteln der Zahl der Mitgliedstaaten entspricht, sofern der Europäische Rat nicht einstimmig eine Änderung dieser Anzahl beschließt.

[1]Die Mitglieder der Kommission werden unter den Staatsangehörigen der Mitgliedstaaten in einem System der strikt gleichberechtigten Rotation zwischen den Mitgliedstaaten so ausgewählt, dass das demografische und geografische Spektrum der Gesamtheit der Mitgliedstaaten zum Ausdruck kommt. [2]Dieses System wird vom Europäischen Rat nach Artikel 244 des Vertrags über die Arbeitsweise der Europäischen Union einstimmig festgelegt.

(6) Der Präsident der Kommission

a) legt die Leitlinien fest, nach denen die Kommission ihre Aufgaben ausübt,
b) beschließt über die interne Organisation der Kommission, um die Kohärenz, die Effizienz und das Kollegialitätsprinzip im Rahmen ihrer Tätigkeit sicherzustellen,

c) ernennt, mit Ausnahme des Hohen Vertreters der Union für Außen- und Sicherheitspolitik, die Vizepräsidenten aus dem Kreis der Mitglieder der Kommission.

[1]Ein Mitglied der Kommission legt sein Amt nieder, wenn es vom Präsidenten dazu aufgefordert wird. [2]Der Hohe Vertreter der Union für Außen- und Sicherheitspolitik legt sein Amt nach dem Verfahren des Artikels 18 Absatz 1 nieder, wenn er vom Präsidenten dazu aufgefordert wird.

(7) [1]Der Europäische Rat schlägt dem Europäischen Parlament nach entsprechenden Konsultationen mit qualifizierter Mehrheit einen Kandidaten für das Amt des Präsidenten der Kommission vor; dabei berücksichtigt er das Ergebnis der Wahlen zum Europäischen Parlament. [2]Das Europäische Parlament wählt diesen Kandidaten mit der Mehrheit seiner Mitglieder. [3]Erhält dieser Kandidat nicht die Mehrheit, so schlägt der Europäische Rat dem Europäischen Parlament innerhalb eines Monats mit qualifizierter Mehrheit einen neuen Kandidaten vor, für dessen Wahl das Europäische Parlament dasselbe Verfahren anwendet.

[1]Der Rat nimmt, im Einvernehmen mit dem gewählten Präsidenten, die Liste der anderen Persönlichkeiten an, die er als Mitglieder der Kommission vorschlägt. [2]Diese werden auf der Grundlage der Vorschläge der Mitgliedstaaten entsprechend den Kriterien nach Absatz 3 Unterabsatz 2 und Absatz 5 Unterabsatz 2 ausgewählt.

[1]Der Präsident, der Hohe Vertreter der Union für Außen- und Sicherheitspolitik und die übrigen Mitglieder der Kommission stellen sich als Kollegium einem Zustimmungsvotum des Europäischen Parlaments. [2]Auf der Grundlage dieser Zustimmung wird die Kommission vom Europäischen Rat mit qualifizierter Mehrheit ernannt.

(8) [1]Die Kommission ist als Kollegium dem Europäischen Parlament verantwortlich. [2]Das Europäische Parlament kann nach Artikel 234 des Vertrags über die Arbeitsweise der Europäischen Union einen Misstrauensantrag gegen die Kommission annehmen. [3]Wird ein solcher Antrag angenommen, so müssen die Mitglieder der Kommission geschlossen ihr Amt niederlegen, und der Hohe Vertreter der Union für Außen- und Sicherheitspolitik muss sein im Rahmen der Kommission ausgeübtes Amt niederlegen.

Artikel 18 [Hoher Vertreter für Außen- und Sicherheitspolitik]

(1) [1]Der Europäische Rat ernennt mit qualifizierter Mehrheit und mit Zustimmung des Präsidenten der Kommission den Hohen Vertreter der Union für Außen- und Sicherheitspolitik. [2]Der Europäische Rat kann die Amtszeit des Hohen Vertreters nach dem gleichen Verfahren beenden.

(2) [1]Der Hohe Vertreter leitet die Gemeinsame Außen- und Sicherheitspolitik der Union. [2]Er trägt durch seine Vorschläge zur Festlegung dieser Politik bei und führt sie im Auftrag des Rates durch. [3]Er handelt ebenso im Bereich der Gemeinsamen Sicherheits- und Verteidigungspolitik.

(3) Der Hohe Vertreter führt den Vorsitz im Rat „Auswärtige Angelegenheiten".

(4) [1]Der Hohe Vertreter ist einer der Vizepräsidenten der Kommission. [2]Er sorgt für die Kohärenz des auswärtigen Handelns der Union. [3]Er ist innerhalb der Kommission mit deren Zuständigkeiten im Bereich der Außenbeziehungen und mit der Koordinierung der übrigen Aspekte des auswärtigen Handelns der Union betraut. [4]Bei der Wahrnehmung dieser Zuständigkeiten in der Kommission und ausschließlich im Hinblick auf diese Zuständigkeiten unterliegt der Hohe Vertreter den Verfahren, die für die Arbeitsweise der Kommission gelten, soweit dies mit den Absätzen 2 und 3 vereinbar ist.

Artikel 19 [Europäischer Gerichtshof]

(1) [1]Der Gerichtshof der Europäischen Union umfasst den Gerichtshof, das Gericht und Fachgerichte. [2]Er sichert die Wahrung des Rechts bei der Auslegung und Anwendung der Verträge.

Die Mitgliedstaaten schaffen die erforderlichen Rechtsbehelfe, damit ein wirksamer Rechtsschutz in den vom Unionsrecht erfassten Bereichen gewährleistet ist.

(2) [1]Der Gerichtshof besteht aus einem Richter je Mitgliedstaat. [2]Er wird von Generalanwälten unterstützt.

Das Gericht besteht aus mindestens einem Richter je Mitgliedstaat.

[1]Als Richter und Generalanwälte des Gerichtshofs und als Richter des Gerichts sind Persönlichkeiten auszuwählen, die jede Gewähr für Unabhängigkeit bieten und die Voraussetzungen der Artikel 253 und 254 des Vertrags über die Arbeitsweise der Europäischen Union erfüllen. [2]Sie werden von den Regierungen der Mitgliedstaaten im gegenseitigen Einvernehmen für eine Amtszeit von sechs Jahren ernannt. [3]Die Wiederernennung ausscheidender Richter und Generalanwälte ist zulässig.

(3) Der Gerichtshof der Europäischen Union entscheidet nach Maßgabe der Verträge

a) über Klagen eines Mitgliedstaats, eines Organs oder natürlicher oder juristischer Personen;
b) im Wege der Vorabentscheidung auf Antrag der einzelstaatlichen Gerichte über die Auslegung des Unionsrechts oder über die Gültigkeit der Handlungen der Organe;
c) in allen anderen in den Verträgen vorgesehenen Fällen.

Titel IV

Bestimmungen über eine Verstärkte Zusammenarbeit

Artikel 20 [Verstärkte Zusammenarbeit]

(1) Die Mitgliedstaaten, die untereinander eine Verstärkte Zusammenarbeit im Rahmen der nicht ausschließlichen Zuständigkeiten der Union begründen wollen, können, in den Grenzen und nach Maßgabe dieses Artikels und der Artikel 326 bis 334 des Vertrags über die Arbeitsweise der Europäischen Union, die Organe der Union in Anspruch nehmen und diese Zuständigkeiten unter Anwendung der einschlägigen Bestimmungen der Verträge ausüben.

[1]Eine Verstärkte Zusammenarbeit ist darauf ausgerichtet, die Verwirklichung der Ziele der Union zu fördern, ihre Interessen zu schützen und ihren Integrationsprozess zu stärken. [2]Sie steht allen Mitgliedstaaten nach Artikel 328 des Vertrags über die Arbeitsweise der Europäischen Union jederzeit offen.

(2) [1]Der Beschluss über die Ermächtigung zu einer Verstärkten Zusammenarbeit wird vom Rat als letztes Mittel erlassen, wenn dieser feststellt, dass die mit dieser Zusammenarbeit angestrebten Ziele von der Union in ihrer Gesamtheit nicht innerhalb eines vertretbaren Zeitraums verwirklicht werden können, und sofern an der Zusammenarbeit mindestens neun Mitgliedstaaten beteiligt sind. [2]Der Rat beschließt nach dem in Artikel 329 des Vertrags über die Arbeitsweise der Europäischen Union vorgesehenen Verfahren.

(3) [1]Alle Mitglieder des Rates können an dessen Beratungen teilnehmen, aber nur die Mitglieder des Rates, die die an der Verstärkten Zusammenarbeit beteiligten Mitgliedstaaten vertreten, nehmen an der Abstimmung teil. [2]Die Abstimmungsmodalitäten sind in Artikel 330 des Vertrags über die Arbeitsweise der Europäischen Union vorgesehen.

(4) [1]An die im Rahmen einer Verstärkten Zusammenarbeit erlassenen Rechtsakte sind nur die an dieser Zusammenarbeit beteiligten Mitgliedstaaten gebunden. [2]Sie gelten nicht als Besitzstand, der von beitrittswilligen Staaten angenommen werden muss.

Titel V

Allgemeine Bestimmungen über das auswärtige Handeln der Union und besondere Bestimmungen über die gemeinsame Außen- und Sicherheitspolitik

Kapitel 1

Allgemeine Bestimmungen über das auswärtige Handeln der Union

Artikel 21 [Grundsätze europäischer Außenpolitik]

(1) Die Union lässt sich bei ihrem Handeln auf internationaler Ebene von den Grundsätzen leiten, die für ihre eigene Entstehung, Entwicklung und Erweiterung maßgebend waren und denen sie auch weltweit zu stärkerer Geltung verhelfen will: Demokratie, Rechtsstaatlichkeit, die universelle Gültigkeit und Unteilbarkeit der Menschenrechte und Grundfreiheiten, die Achtung der Menschenwürde, der Grundsatz der Gleichheit und der Grundsatz der Solidarität sowie die Achtung der Grundsätze der Charta der Vereinten Nationen und des Völkerrechts.

[1]Die Union strebt an, die Beziehungen zu Drittländern und zu regionalen oder weltweiten internationalen Organisationen, die die in Unterabsatz 1 aufgeführten Grundsätze teilen, auszubauen und Partnerschaften mit ihnen aufzubauen. [2]Sie setzt sich insbesondere im Rahmen der Vereinten Nationen für multilaterale Lösungen bei gemeinsamen Problemen ein.

(2) Die Union legt die gemeinsame Politik sowie Maßnahmen fest, führt diese durch und setzt sich für ein hohes Maß an Zusammenarbeit auf allen Gebieten der internationalen Beziehungen ein, um

a) ihre Werte, ihre grundlegenden Interessen, ihre Sicherheit, ihre Unabhängigkeit und ihre Unversehrtheit zu wahren;
b) Demokratie, Rechtsstaatlichkeit, die Menschenrechte und die Grundsätze des Völkerrechts zu festigen und zu fördern;
c) nach Maßgabe der Ziele und Grundsätze der Charta der Vereinten Nationen sowie der Prinzipien der Schlussakte von Helsinki und der Ziele der Charta von Paris, einschließlich derjenigen, die die Außengrenzen betreffen, den Frieden zu erhalten, Konflikte zu verhüten und die internationale Sicherheit zu stärken;
d) die nachhaltige Entwicklung in Bezug auf Wirtschaft, Gesellschaft und Umwelt in den Entwicklungsländern zu fördern mit dem vorrangigen Ziel, die Armut zu beseitigen;
e) die Integration aller Länder in die Weltwirtschaft zu fördern, unter anderem auch durch den schrittweisen Abbau internationaler Handelshemmnisse;
f) zur Entwicklung von internationalen Maßnahmen zur Erhaltung und Verbesserung der Qualität der Umwelt und der nachhaltigen Bewirtschaftung der weltweiten natürlichen Ressourcen beizutragen, um eine nachhaltige Entwicklung sicherzustellen;
g) den Völkern, Ländern und Regionen, die von Naturkatastrophen oder von vom Menschen verursachten Katastrophen betroffen sind, zu helfen; und
h) eine Weltordnung zu fördern, die auf einer verstärkten multilateralen Zusammenarbeit und einer verantwortungsvollen Weltordnungspolitik beruht.

(3) Die Union wahrt bei der Ausarbeitung und Umsetzung ihres auswärtigen Handelns in den verschiedenen unter diesen Titel und den Fünften Teil des Vertrags über die Arbeitsweise der Europäischen Union fallenden Bereichen sowie der externen Aspekte der übrigen Politikbereiche die in den Absätzen 1 und 2 genannten Grundsätze und Ziele.

[1]Die Union achtet auf die Kohärenz zwischen den einzelnen Bereichen ihres auswärtigen Handelns sowie zwischen diesen und ihren übrigen Politikbereichen. [2]Der Rat und die Kommission, die vom Hohen Vertreter der Union für Außen- und Sicherheitspolitik unterstützt werden, stellen diese Kohärenz sicher und arbeiten zu diesem Zweck zusammen.

Artikel 22 [Strategische Interessen und Ziele]

(1) Auf der Grundlage der in Artikel 21 aufgeführten Grundsätze und Ziele legt der Europäische Rat die strategischen Interessen und Ziele der Union fest.

[1]Die Beschlüsse des Europäischen Rates über die strategischen Interessen und Ziele der Union erstrecken sich auf die Gemeinsame Außen- und Sicherheitspolitik sowie auf andere Bereiche des auswärtigen Handelns der Union. [2]Sie können die Beziehungen der Union zu einem Land oder einer Region betreffen oder aber ein bestimmtes Thema zum Gegenstand haben. [3]Sie enthalten Bestimmungen zu ihrer Geltungsdauer und zu den von der Union und den Mitgliedstaaten bereitzustellenden Mitteln.

[1]Der Europäische Rat beschließt einstimmig auf Empfehlung des Rates, die dieser nach den für den jeweiligen Bereich vorgesehenen Regelungen abgibt. [2]Die Beschlüsse des Europäischen Rates werden nach Maßgabe der in den Verträgen vorgesehenen Verfahren durchgeführt.

(2) Der Hohe Vertreter der Union für Außen- und Sicherheitspolitik und die Kommission können dem Rat gemeinsame Vorschläge vorlegen, wobei der Hohe Vertreter für den Bereich der Gemeinsamen Außen- und Sicherheitspolitik und die Kommission für die anderen Bereiche des auswärtigen Handelns zuständig ist.

Kapitel 2
Besondere Bestimmungen über die Gemeinsame Außen- und Sicherheitspolitik

Abschnitt 1
Gemeinsame Bestimmungen

Artikel 23 [Grundsätze europäischer Außenpolitik; Verweis]

Das Handeln der Union auf internationaler Ebene im Rahmen dieses Kapitels beruht auf den Grundsätzen des Kapitel 1, verfolgt die darin genannten Ziele und steht mit den allgemeinen Bestimmungen jenes Kapitels im Einklang.

Artikel 24 [Zuständigkeit; Verfahren; Pflichten der Mitgliedstaaten]

(1) Die Zuständigkeit der Union in der Gemeinsamen Außen- und Sicherheitspolitik erstreckt sich auf alle Bereiche der Außenpolitik sowie auf sämtliche Fragen im Zusammenhang mit der Sicherheit der Union, einschließlich der schrittweisen Festlegung einer gemeinsamen Verteidigungspolitik, die zu einer gemeinsamen Verteidigung führen kann.

[1]Für die Gemeinsame Außen- und Sicherheitspolitik gelten besondere Bestimmungen und Verfahren. [2]Sie wird vom Europäischen Rat und vom Rat einstimmig festgelegt und durchgeführt, soweit in den Verträgen nichts anderes vorgesehen ist. [3]Der Erlass von Gesetzgebungsakten ist ausgeschlossen. [4]Die Gemeinsame Außen- und Sicherheitspolitik wird vom Hohen Vertreter der Union für Außen- und Sicherheitspolitik und von den Mitgliedstaaten gemäß den Verträgen durchgeführt. [5]Die spezifische Rolle des Europäischen Parlaments und der Kommission in diesem Bereich ist in den Verträgen festgelegt. [6]Der Gerichtshof der Europäischen Union ist in Bezug auf diese Bestimmungen nicht zuständig; hiervon ausgenommen ist die Kontrolle der Einhaltung des Artikels 40 dieses Vertrags und die Überwachung der Rechtmäßigkeit bestimmter Beschlüsse nach Artikel 275 Absatz 2 des Vertrags über die Arbeitsweise der Europäischen Union.

(2) Die Union verfolgt, bestimmt und verwirklicht im Rahmen der Grundsätze und Ziele ihres auswärtigen Handelns eine Gemeinsame Außen- und Sicherheitspolitik, die auf einer Entwicklung der gegenseitigen politischen Solidarität der Mitgliedstaaten, der Ermittlung der Fragen von allgemeiner Bedeutung und der Erreichung einer immer stärkeren Konvergenz des Handelns der Mitgliedstaaten beruht.

(3) Die Mitgliedstaaten unterstützen die Außen- und Sicherheitspolitik der Union aktiv und vorbehaltlos im Geiste der Loyalität und der gegenseitigen Solidarität und achten das Handeln der Union in diesem Bereich.

[1]Die Mitgliedstaaten arbeiten zusammen, um ihre gegenseitige politische Solidarität zu stärken und weiterzuentwickeln. [2]Sie enthalten sich jeder Handlung, die den Interessen der Union zuwiderläuft oder ihrer Wirksamkeit als kohärente Kraft in den internationalen Beziehungen schaden könnte.

Der Rat und der Hohe Vertreter tragen für die Einhaltung dieser Grundsätze Sorge.

Artikel 25 [Handlungsformen]

Die Union verfolgt ihre Gemeinsame Außen- und Sicherheitspolitik, indem sie

a) die allgemeinen Leitlinien bestimmt,
b) Beschlüsse erlässt zur Festlegung
   i) der von der Union durchzuführenden Aktionen,
   ii) der von der Union einzunehmenden Standpunkte,
   iii) der Einzelheiten der Durchführung der unter den Ziffern i und ii genannten Beschlüsse,
   und
c) die systematische Zusammenarbeit der Mitgliedstaaten bei der Führung ihrer Politik ausbaut.

Artikel 26 [Ziele und allgemeine Leitlinien]

(1) [1]Der Europäische Rat bestimmt die strategischen Interessen der Union und legt die Ziele und die allgemeinen Leitlinien der Gemeinsamen Außen- und Sicherheitspolitik fest, und zwar auch bei Fragen mit verteidigungspolitischen Bezügen. [2]Er erlässt die erforderlichen Beschlüsse.

Wenn eine internationale Entwicklung es erfordert, beruft der Präsident des Europäischen Rates eine außerordentliche Tagung des Europäischen Rates ein, um die strategischen Vorgaben für die Politik der Union angesichts dieser Entwicklung festzulegen.

(2) Der Rat gestaltet die Gemeinsame Außen- und Sicherheitspolitik und fasst die für die Festlegung und Durchführung dieser Politik erforderlichen Beschlüsse auf der Grundlage der vom Europäischen Rat festgelegten allgemeinen Leitlinien und strategischen Vorgaben.

Der Rat und der Hohe Vertreter der Union für Außen- und Sicherheitspolitik tragen für ein einheitliches, kohärentes und wirksames Vorgehen der Union Sorge.

(3) Die Gemeinsame Außen- und Sicherheitspolitik wird vom Hohen Vertreter und von den Mitgliedstaaten mit einzelstaatlichen Mitteln und den Mitteln der Union durchgeführt.

Artikel 27 [Kompetenzen des Hohen Vertreters; Europäischer Auswärtiger Dienst]

(1) Der Hohe Vertreter der Union für Außen- und Sicherheitspolitik, der im Rat „Auswärtige Angelegenheiten" den Vorsitz führt, trägt durch seine Vorschläge zur Festlegung der Gemeinsamen Außen- und Sicherheitspolitik bei und stellt sicher, dass die vom Europäischen Rat und vom Rat erlassenen Beschlüsse durchgeführt werden.

(2) [1]Der Hohe Vertreter vertritt die Union in den Bereichen der Gemeinsamen Außen- und Sicherheitspolitik. [2]Er führt im Namen der Union den politischen Dialog mit Dritten und vertritt den Standpunkt der Union in internationalen Organisationen und auf internationalen Konferenzen.

(3) [1]Bei der Erfüllung seines Auftrags stützt sich der Hohe Vertreter auf einen Europäischen Auswärtigen Dienst. [2]Dieser Dienst arbeitet mit den diplomatischen Diensten der Mitgliedstaaten zusammen und umfasst Beamte aus den einschlägigen Abteilungen des Generalsekretariats des Rates und der Kommission sowie abgeordnetes Personal der nationalen diplomatischen Dienste. [3]Die Organisation und die Arbeitsweise des Europäischen Auswärtigen Dienstes werden durch einen Beschluss des Rates festgelegt. [4]Der Rat beschließt auf Vorschlag des Hohen Vertreters nach Anhörung des Europäischen Parlaments und nach Zustimmung der Kommission.

Artikel 28 [Operatives Vorgehen der Union]

(1) [1]Verlangt eine internationale Situation ein operatives Vorgehen der Union, so erlässt der Rat die erforderlichen Beschlüsse. [2]In den Beschlüssen sind ihre Ziele, ihr Umfang, die der Union zur Verfügung zu stellenden Mittel sowie die Bedingungen und erforderlichenfalls der Zeitraum für ihre Durchführung festgelegt.

Tritt eine Änderung der Umstände mit erheblichen Auswirkungen auf eine Angelegenheit ein, die Gegenstand eines solchen Beschlusses ist, so überprüft der Rat die Grundsätze und Ziele dieses Beschlusses und erläßt die erforderlichen Beschlüsse.

(2) Die Beschlüsse nach Absatz 1 sind für die Mitgliedstaaten bei ihren Stellungnahmen und ihrem Vorgehen bindend.

(3) [1]Jede einzelstaatliche Stellungnahme oder Maßnahme, die im Rahmen eines Beschlusses nach Absatz 1 geplant ist, wird von dem betreffenden Mitgliedstaat so rechtzeitig mitgeteilt, daß erforderlichenfalls eine vorherige Abstimmung im Rat stattfinden kann. [2]Die Pflicht zur vorherigen Unterrichtung gilt nicht für Maßnahmen, die eine bloße praktische Umsetzung der Beschlüsse des Rates auf einzelstaatlicher Ebene darstellen.

(4) [1]Bei zwingender Notwendigkeit aufgrund der Entwicklung der Lage, und falls eine Überprüfung des Beschlusses des Rates nach Absatz 1 nicht stattfindet, können die Mitgliedstaaten unter Berücksichtigung der allgemeinen Ziele des genannten Beschlusses die erforderlichen Sofortmaßnahmen ergreifen. [2]Der betreffende Mitgliedstaat unterrichtet den Rat sofort über derartige Maßnahmen.

(5) [1]Ein Mitgliedstaat befaßt den Rat, wenn sich bei der Durchführung eines Beschlusses nach diesem Artikel größere Schwierigkeiten ergeben; der Rat berät darüber und sucht nach angemessenen Lösungen. [2]Diese dürfen nicht im Widerspruch zu den Zielen des Beschlusses nach Absatz 1 stehen oder seiner Wirksamkeit schaden.

Artikel 29 [Standpunkte der Union]

[1]Der Rat erlässt Beschlüsse, in denen der Standpunkt der Union zu einer bestimmten Frage geographischer oder thematischer Art bestimmt wird. [2]Die Mitgliedstaaten tragen dafür Sorge, daß ihre einzelstaatliche Politik mit den Standpunkten der Union in Einklang steht.

Artikel 30 [Initiativ- und Vorschlagsrecht; Eilentscheidungen]

(1) Jeder Mitgliedstaat, der Hohe Vertreter der Union für Außen- und Sicherheitspolitik oder der Hohe Vertreter mit Unterstützung der Kommission kann den Rat mit einer Frage der Gemeinsamen Außen- und Sicherheitspolitik befassen und ihm Initiativen beziehungsweise Vorschläge unterbreiten.

(2) In den Fällen, in denen eine rasche Entscheidung notwendig ist, beruft der Hohe Vertreter von sich aus oder auf Antrag eines Mitgliedstaats innerhalb von 48 Stunden, bei absoluter Notwendigkeit in kürzerer Zeit, eine außerordentliche Tagung des Rates ein.

Artikel 31 [Verfahren der Beschlussfassung]

(1) [1]Beschlüsse nach diesem Kapitel werden vom Europäischen Rat und vom Rat einstimmig gefasst, soweit in diesem Kapitel nichts anderes festgelegt ist. [2]Der Erlass von Gesetzgebungsakten ist ausgeschlossen.

[1]Bei einer Stimmenthaltung kann jedes Ratsmitglied zu seiner Enthaltung eine förmliche Erklärung im Sinne dieses Unterabsatzes abgeben. [2]In diesem Fall ist es nicht verpflichtet, den Beschluß durchzuführen, akzeptiert jedoch, daß der Beschluß für die Union bindend ist. [3]Im Geiste gegenseitiger Solidarität unterläßt der betreffende Mitgliedstaat alles, was dem auf diesem Beschluß beruhenden Vorgehen der Union zuwiderlaufen oder es behindern könnte, und die anderen Mitgliedstaaten respektieren seinen Standpunkt. [4]Vertreten die Mitglieder des Rates, die bei ihrer Stimmenthaltung eine solche Erklärung abgeben, mindestens ein Drittel der Mitgliedstaaten, die mindestens ein Drittel der Unionsbevölkerung ausmachen, so wird der Beschluss nicht erlassen.

(2) Abweichend von Absatz 1 beschließt der Rat mit qualifizierter Mehrheit, wenn er

- auf der Grundlage eines Beschlusses des Europäischen Rates über die strategischen Interessen und Ziele der Union nach Artikel 22 Absatz 1 einen Beschluss erlässt, mit dem eine Aktion oder ein Standpunkt der Union festgelegt wird;
- auf einen Vorschlag hin, den ihm der Hohe Vertreter der Union für Außen- und Sicherheitspolitik auf spezielles Ersuchen des Europäischen Rates unterbreitet hat, das auf dessen eigene Initiative oder auf eine Initiative des Hohen Vertreters zurückgeht, einen Beschluss erlässt, mit dem eine Aktion oder ein Standpunkt der Union festgelegt wird;
- einen Beschluss zur Durchführung eines Beschlusses, mit dem eine Aktion oder ein Standpunkt der Union festgelegt wird, erlässt,
- nach Artikel 33 einen Sonderbeauftragten ernennt.

[1]Erklärt ein Mitglied des Rates, daß es aus wesentlichen Gründen der nationalen Politik, die es auch nennen muß, die Absicht hat, einen mit qualifizierter Mehrheit zu fassenden Beschluß abzulehnen, so erfolgt keine Abstimmung. [2]Der Hohe Vertreter bemüht sich in engem Benehmen mit dem betroffenen Mitgliedstaat um eine für diesen Mitgliedstaat annehmbare Lösung. [3]Gelingt dies nicht, so kann der Rat mit qualifizierter Mehrheit veranlassen, dass die Frage im Hinblick auf einen einstimmigen Beschluss an den Europäischen Rat verwiesen wird.

(3) Der Europäische Rat kann einstimmig einen Beschluss erlassen, in dem vorgesehen ist, dass der Rat in anderen als den in Absatz 2 genannten Fällen mit qualifizierter Mehrheit beschließt.

(4) Die Absätze 2 und 3 gelten nicht für Beschlüsse mit militärischen oder verteidigungspolitischen Bezügen.

(5) In Verfahrensfragen beschließt der Rat mit der Mehrheit seiner Mitglieder.

Artikel 32 [Zusammenarbeit der Mitgliedstaaten im Rat]

[1]Die Mitgliedstaaten stimmen sich im Europäischen Rat und im Rat zu jeder außen- und sicherheitspolitischen Frage von allgemeiner Bedeutung ab, um ein gemeinsames Vorgehen festzulegen. [2]Bevor ein Mitgliedstaat in einer Weise, die die Interessen der Union berühren könnte, auf internationaler Ebene tätig wird oder eine Verpflichtung eingeht, konsultiert er die anderen Mitgliedstaaten im Europäischen Rat oder im Rat. [3]Die Mitgliedstaaten gewährleisten durch konvergentes Handeln, dass die Union ihre Interessen und ihre Werte auf internationaler Ebene geltend machen kann. [4]Die Mitgliedstaaten sind untereinander solidarisch.

Hat der Europäische Rat oder der Rat ein gemeinsames Vorgehen der Union im Sinne des Absatzes 1 festgelegt, so koordinieren der Hohe Vertreter der Union für Außen- und Sicherheitspolitik und die Minister für auswärtige Angelegenheiten der Mitgliedstaaten ihre Tätigkeiten im Rat.

Die diplomatischen Vertretungen der Mitgliedstaaten und die Delegationen der Union in Drittländern und bei internationalen Organisationen arbeiten zusammen und tragen zur Festlegung und Durchführung des gemeinsamen Vorgehens bei.

Artikel 33 [Sonderbeauftragter]

[1]Der Rat kann auf Vorschlag des Hohen Vertreters der Union für Außen- und Sicherheitspolitik einen Sonderbeauftragten für besondere politische Fragen ernennen. [2]Der Sonderbeauftragte übt sein Mandat unter der Verantwortung des Hohen Vertreters aus.

Artikel 34 [Koordiniertes Auftreten auf internationaler Ebene; Unterrichtungspflicht der Sicherheitsratsmitglieder]

(1) [1]Die Mitgliedstaaten koordinieren ihr Handeln in internationalen Organisationen und auf internationalen Konferenzen. [2]Sie treten dort für die Standpunkte der Union ein. [3]Der Hohe Vertreter der Union für Außen- und Sicherheitspolitik trägt für die Organisation dieser Koordinierung Sorge.

In den internationalen Organisationen und auf internationalen Konferenzen, bei denen nicht alle Mitgliedstaaten vertreten sind, setzen sich die dort vertretenen Mitgliedstaaten für die Standpunkte der Union ein.

(2) Nach Artikel 24 Absatz 3 unterrichten die Mitgliedstaaten, die in internationalen Organisationen oder auf internationalen Konferenzen vertreten sind, die dort nicht vertretenen Mitgliedstaaten und den Hohen Vertreter laufend über alle Fragen von gemeinsamem Interesse.

[1]Die Mitgliedstaaten, die auch Mitglieder des Sicherheitsrats der Vereinten Nationen sind, stimmen sich ab und unterrichten die übrigen Mitgliedstaaten sowie den Hohen Vertreter in vollem Umfang. [2]Die Mitgliedstaaten, die Mitglieder des Sicherheitsrats sind, setzen sich bei der Wahrnehmung ihrer Aufgaben unbeschadet ihrer Verantwortlichkeiten aufgrund der Charta der Vereinten Nationen für die Standpunkte und Interessen der Union ein.

Wenn die Union einen Standpunkt zu einem Thema festgelegt hat, das auf der Tagesordnung des Sicherheitsrats der Vereinten Nationen steht, beantragen die dort vertretenen Mitgliedstaaten, dass der Hohe Vertreter gebeten wird, den Standpunkt der Union vorzutragen.

Artikel 35 [Abgestimmtes Verhalten auf diplomatischer und konsularischer Ebene]

Die diplomatischen und konsularischen Vertretungen der Mitgliedstaaten und die Delegationen der Union in dritten Ländern und auf internationalen Konferenzen sowie ihre Vertretungen bei internationalen Organisationen stimmen sich ab, um die Einhaltung und Durchführung der nach diesem Kapitel erlassenen Beschlüsse, mit denen Standpunkte und Aktionen der Union festgelegt werden, zu gewährleisten.

Sie intensivieren ihre Zusammenarbeit durch Informationsaustausch und gemeinsame Bewertungen.

Sie tragen zur Verwirklichung des in Artikel 20 Absatz 2 Buchstabe c des Vertrags über die Arbeitsweise der Europäischen Union genannten Rechts der Unionsbürgerinnen und Unionsbürger auf Schutz im Hoheitsgebiet von Drittländern und zur Durchführung der nach Artikel 23 des genannten Vertrags erlassenen Maßnahmen bei.

Artikel 36 [Beteiligung des Europäischen Parlaments]

[1]Der Hohe Vertreter der Union für Außen- und Sicherheitspolitik hört das Europäische Parlament regelmäßig zu den wichtigsten Aspekten und den grundlegenden Weichenstellungen der Gemeinsamen Außen- und Sicherheitspolitik und der Gemeinsamen Sicherheits- und Verteidigungspolitik und unterrichtet es über die Entwicklung der Politik in diesen Bereichen. [2]Er achtet darauf, dass die Auffassungen des Europäischen Parlaments gebührend berücksichtigt werden. [3]Die Sonderbeauftragten können zur Unterrichtung des Europäischen Parlaments mit herangezogen werden.

[1]Das Europäische Parlament kann Anfragen oder Empfehlungen an den Rat und den Hohen Vertreter richten. [2]Zweimal jährlich führt es eine Aussprache über die Fortschritte bei der Durchführung der Gemeinsamen Außen- und Sicherheitspolitik, einschließlich der Gemeinsamen Sicherheits- und Verteidigungspolitik.

Artikel 37 [Übereinkünfte mit dritten Staaten und internationalen Organisationen]

Die Union kann in den unter dieses Kapitel fallenden Bereichen Übereinkünfte mit einem oder mehreren Staaten oder internationalen Organisationen schließen.

Artikel 38 [Politisches und Sicherheitspoltisches Komitee]

[1]Unbeschadet des Artikels 240 des Vertrags über die Arbeitsweise der Europäischen Union verfolgt ein Politisches und Sicherheitspolitisches Komitee die internationale Lage in den Bereichen der Gemeinsamen Außen- und Sicherheitspolitik und trägt auf Ersuchen des Rates, des Hohen Vertreters der Union für Außen- und Sicherheitspolitik oder von sich aus durch an den Rat gerichtete Stellungnahmen zur Festlegung der Politiken bei. [2]Ferner überwacht es die Durchführung vereinbarter Politiken; dies gilt unbeschadet der Zuständigkeiten des Hohen Vertreters.

Im Rahmen dieses Kapitels nimmt das Politische und Sicherheitspolitische Komitee unter der Verantwortung des Rates und des Hohen Vertreters die politische Kontrolle und strategische Leitung von Krisenbewältigungsoperationen im Sinne des Artikels 43 wahr.

Der Rat kann das Komitee für den Zweck und die Dauer einer Operation zur Krisenbewältigung, die vom Rat festgelegt werden, ermächtigen, geeignete Beschlüsse hinsichtlich der politischen Kontrolle und strategischen Leitung der Operation zu fassen.

Artikel 39 [Datenschutz]

[1]Gemäß Artikel 16 des Vertrags über die Arbeitsweise der Europäischen Union und abweichend von Absatz 2 des genannten Artikels erlässt der Rat einen Beschluss zur Festlegung von Vorschriften über den Schutz natürlicher Personen bei der Verarbeitung personenbezogener Daten durch die Mitgliedstaaten im Rahmen der Ausübung von Tätigkeiten, die in den Anwendungsbereich dieses Kapitels fallen, und über den freien Datenverkehr. [2]Die Einhaltung dieser Vorschriften wird von unabhängigen Behörden überwacht.

Artikel 40 [Kompetenzabgrenzung]

Die Durchführung der Gemeinsamen Außen- und Sicherheitspolitik lässt die Anwendung der Verfahren und den jeweiligen Umfang der Befugnisse der Organe, die in den Verträgen für die Ausübung der in den Artikeln 3 bis 6 des Vertrags über die Arbeitsweise der Europäischen Union aufgeführten Zuständigkeiten der Union vorgesehen sind, unberührt.

Ebenso lässt die Durchführung der Politik nach den genannten Artikeln die Anwendung der Verfahren und den jeweiligen Umfang der Befugnisse der Organe, die in den Verträgen für die Ausübung der Zuständigkeiten der Union nach diesem Kapitel vorgesehen sind, unberührt.

Artikel 41 [Finanzierung]

(1) Die Verwaltungsausgaben, die den Organen aus der Durchführung dieses Kapitels entstehen, gehen zu Lasten des Haushalts der Union.

(2) Die operativen Ausgaben im Zusammenhang mit der Durchführung dieses Kapitels gehen ebenfalls zu Lasten des Haushalts der Union, mit Ausnahme der Ausgaben aufgrund von Maßnahmen mit militärischen oder verteidigungspolitischen Bezügen und von Fällen, in denen der Rat einstimmig etwas anderes beschließt.

[1]In Fällen, in denen die Ausgaben nicht zu Lasten des Haushalts der Union gehen, gehen sie nach dem Bruttosozialprodukt-Schlüssel zu Lasten der Mitgliedstaaten, sofern der Rat nicht einstimmig etwas anderes beschließt. [2]Die Mitgliedstaaten, deren Vertreter im Rat eine förmliche Erklärung nach Artikel 31 Absatz 1 Unterabsatz 2 abgegeben haben, sind nicht verpflichtet, zur Finanzierung von Ausgaben für Maßnahmen mit militärischen oder verteidigungspolitischen Bezügen beizutragen.

(3) [1]Der Rat erlässt einen Beschluss zur Festlegung besonderer Verfahren, um den schnellen Zugriff auf die Haushaltsmittel der Union zu gewährleisten, die für die Sofortfinanzierung von Initiativen im Rahmen der Gemeinsamen Außen- und Sicherheitspolitik, insbesondere von Tätigkeiten zur Vorbereitung einer Mission nach Artikel 42 Absatz 1 und Artikel 43 bestimmt sind. [2]Er beschließt nach Anhörung des Europäischen Parlaments.

Die Tätigkeiten zur Vorbereitung der in Artikel 42 Absatz 1 und in Artikel 43 genannten Missionen, die nicht zulasten des Haushalts der Union gehen, werden aus einem aus Beiträgen der Mitgliedstaaten gebildeten Anschubfonds finanziert.

Der Rat erlässt mit qualifizierter Mehrheit auf Vorschlag des Hohen Vertreters der Union für Außen- und Sicherheitspolitik die Beschlüsse über

a) die Einzelheiten für die Bildung und die Finanzierung des Anschubfonds, insbesondere die Höhe der Mittelzuweisungen für den Fonds;
b) die Einzelheiten für die Verwaltung des Anschubfonds;
c) die Einzelheiten für die Finanzkontrolle.

[1]Kann die geplante Mission nach Artikel 42 Absatz 1 und Artikel 43 nicht aus dem Haushalt der Union finanziert werden, so ermächtigt der Rat den Hohen Vertreter zur Inanspruchnahme dieses Fonds. [2]Der Hohe Vertreter erstattet dem Rat Bericht über die Erfüllung dieses Mandats.

Abschnitt 2

Bestimmungen über die Gemeinsame Sicherheits- und Verteidigungspolitik

Artikel 42 [Gemeinsame Verteidigungspolitik; Europäische Verteidigungsagentur; Beistandsklausel]

(1) [1]Die Gemeinsame Sicherheits- und Verteidigungspolitik ist integraler Bestandteil der Gemeinsamen Außen- und Sicherheitspolitik. [2]Sie sichert der Union eine auf zivile und militärische Mittel gestützte Operationsfähigkeit. [3]Auf diese kann die Union bei Missionen außerhalb der Union zur Friedenssicherung, Konfliktverhütung und Stärkung der internationalen Sicherheit in Übereinstimmung mit den Grundsätzen der Charta der Vereinten Nationen zurückgreifen. [4]Sie erfüllt diese Aufgaben mit Hilfe der Fähigkeiten, die von den Mitgliedstaaten bereitgestellt werden.

(2) [1]Die Gemeinsame Sicherheits- und Verteidigungspolitik umfasst die schrittweise Festlegung einer gemeinsamen Verteidigungspolitik der Union. [2]Diese führt zu einer gemeinsamen Verteidigung, sobald der Europäische Rat dies einstimmig beschlossen hat. [3]Er empfiehlt in diesem Fall den Mitgliedstaaten, einen Beschluss in diesem Sinne im Einklang mit ihren verfassungsrechtlichen Vorschriften zu erlassen.

Die Politik der Union nach diesem Abschnitt berührt nicht den besonderen Charakter der Sicherheits- und Verteidigungspolitik bestimmter Mitgliedstaaten; sie achtet die Verpflichtungen einiger Mitgliedstaaten, die ihre gemeinsame Verteidigung in der Nordatlantikvertrags-Organisation (NATO) verwirklicht sehen, aus dem Nordatlantikvertrag und ist vereinbar mit der in jenem Rahmen festgelegten gemeinsamen Sicherheits- und Verteidigungspolitik.

(3) [1]Die Mitgliedstaaten stellen der Union für die Umsetzung der Gemeinsamen Sicherheits- und Verteidigungspolitik zivile und militärische Fähigkeiten als Beitrag zur Verwirklichung der vom Rat festgelegten Ziele zur Verfügung. [2]Die Mitgliedstaaten, die zusammen multinationale Streitkräfte aufstellen, können diese auch für die Gemeinsame Sicherheits- und Verteidigungspolitik zur Verfügung stellen.

[1]Die Mitgliedstaaten verpflichten sich, ihre militärischen Fähigkeiten schrittweise zu verbessern. [2]Die Agentur für die Bereiche Entwicklung der Verteidigungsfähigkeiten, Forschung, Beschaffung und Rüstung (im Folgenden „Europäische Verteidigungsagentur") ermittelt den operativen Bedarf und fördert Maßnahmen zur Bedarfsdeckung, trägt zur Ermittlung von Maßnahmen zur Stärkung der industriellen und technologischen Basis des Verteidigungssektors bei und führt diese Maßnahmen gegebenenfalls durch, beteiligt sich an der Festlegung einer europäischen Politik im Bereich der Fähigkeiten und der Rüstung und unterstützt den Rat bei der Beurteilung der Verbesserung der militärischen Fähigkeiten.

(4) [1]Beschlüsse zur Gemeinsamen Sicherheits- und Verteidigungspolitik, einschließlich der Beschlüsse über die Einleitung einer Mission nach diesem Artikel, werden vom Rat einstimmig auf Vorschlag des Hohen Vertreters der Union für Außen- und Sicherheitspolitik oder auf Initiative eines Mitgliedstaats erlassen. [2]Der Hohe Vertreter kann gegebenenfalls gemeinsam mit der Kommission den Rückgriff auf einzelstaatliche Mittel sowie auf Instrumente der Union vorschlagen.

(5) [1]Der Rat kann zur Wahrung der Werte der Union und im Dienste ihrer Interessen eine Gruppe von Mitgliedstaaten mit der Durchführung einer Mission im Rahmen der Union beauftragen. [2]Die Durchführung einer solchen Mission fällt unter Artikel 44.

(6) [1]Die Mitgliedstaaten, die anspruchsvollere Kriterien in Bezug auf die militärischen Fähigkeiten erfüllen und die im Hinblick auf Missionen mit höchsten Anforderungen untereinander weiter gehende Verpflichtungen eingegangen sind, begründen eine Ständige Strukturierte Zusammenarbeit im Rahmen der Union. [2]Diese Zusammenarbeit erfolgt nach Maßgabe von Artikel 46. [3]Sie berührt nicht die Bestimmungen des Artikels 43.

(7) [1]Im Falle eines bewaffneten Angriffs auf das Hoheitsgebiet eines Mitgliedstaats schulden die anderen Mitgliedstaaten ihm alle in ihrer Macht stehende Hilfe und Unterstützung, im Einklang mit Artikel 51 der Charta der Vereinten Nationen. [2]Dies lässt den besonderen Charakter der Sicherheits- und Verteidigungspolitik bestimmter Mitgliedstaaten unberührt.

Die Verpflichtungen und die Zusammenarbeit in diesem Bereich bleiben im Einklang mit den im Rahmen der Nordatlantikvertrags-Organisation eingegangenen Verpflichtungen, die für die ihr angehörenden Staaten weiterhin das Fundament ihrer kollektiven Verteidigung und das Instrument für deren Verwirklichung ist.

Artikel 43 [Missionen der GSVP]

(1) [1]Die in Artikel 42 Absatz 1 vorgesehenen Missionen, bei deren Durchführung die Union auf zivile und militärische Mittel zurückgreifen kann, umfassen gemeinsame Abrüstungsmaßnahmen, humanitäre Aufgaben und Rettungseinsätze, Aufgaben der militärischen Beratung und Unterstützung, Aufgaben der Konfliktverhütung und der Erhaltung des Friedens sowie Kampfeinsätze im Rahmen der Krisenbewältigung einschließlich Frieden schaffender Maßnahmen und Operationen zur Stabilisierung der Lage nach Konflikten. [2]Mit allen diesen Missionen kann zur Bekämpfung des Terrorismus beigetragen werden, unter anderem auch durch die Unterstützung für Drittländer bei der Bekämpfung des Terrorismus in ihrem Hoheitsgebiet.

(2) [1]Der Rat erlässt die Beschlüsse über Missionen nach Absatz 1; in den Beschlüssen sind Ziel und Umfang der Missionen sowie die für sie geltenden allgemeinen Durchführungsbestimmungen festgelegt. [2]Der Hohe Vertreter der Union für Außen- und Sicherheitspolitik sorgt unter Aufsicht des Rates und in engem und ständigem Benehmen mit dem Politischen und Sicherheitspolitischen Komitee für die Koordinierung der zivilen und militärischen Aspekte dieser Missionen.

Artikel 44 [Missionsübertragung]

(1) [1]Im Rahmen der nach Artikel 43 erlassenen Beschlüsse kann der Rat die Durchführung einer Mission einer Gruppe von Mitgliedstaaten übertragen, die dies wünschen und über die für eine derartige Mission erforderlichen Fähigkeiten verfügen. [2]Die betreffenden Mitgliedstaaten vereinbaren in Absprache mit dem Hohen Vertreter der Union für Außen- und Sicherheitspolitik untereinander die Ausführung der Mission.

(2) [1]Die an der Durchführung der Mission teilnehmenden Mitgliedstaaten unterrichten den Rat von sich aus oder auf Antrag eines anderen Mitgliedstaats regelmäßig über den Stand der Mission. [2]Die teilnehmenden Mitgliedstaaten befassen den Rat sofort, wenn sich aus der Durchführung der Mission schwerwiegende Konsequenzen ergeben oder das Ziel der Mission, ihr Umfang oder die für sie geltenden Regelungen, wie sie in den in Absatz 1 genannten Beschlüssen festgelegt sind, geändert werden müssen. [3]Der Rat erlässt in diesen Fällen die erforderlichen Beschlüsse.

Artikel 45 [Aufgabe der Europäischen Verteidigungsagentur]

(1) Aufgabe der in Artikel 42 Absatz 3 genannten, dem Rat unterstellten Europäischen Verteidigungsagentur ist es,

a) bei der Ermittlung der Ziele im Bereich der militärischen Fähigkeiten der Mitgliedstaaten und der Beurteilung, ob die von den Mitgliedstaaten in Bezug auf diese Fähigkeiten eingegangenen Verpflichtungen erfüllt wurden, mitzuwirken;
b) auf eine Harmonisierung des operativen Bedarfs sowie die Festlegung effizienter und kompatibler Beschaffungsverfahren hinzuwirken;
c) multilaterale Projekte zur Erfüllung der Ziele im Bereich der militärischen Fähigkeiten vorzuschlagen und für die Koordinierung der von den Mitgliedstaaten durchgeführten Programme sowie die Verwaltung spezifischer Kooperationsprogramme zu sorgen;
d) die Forschung auf dem Gebiet der Verteidigungstechnologie zu unterstützen, gemeinsame Forschungsaktivitäten sowie Studien zu technischen Lösungen, die dem künftigen operativen Bedarf gerecht werden, zu koordinieren und zu planen;
e) dazu beizutragen, dass zweckdienliche Maßnahmen zur Stärkung der industriellen und technologischen Basis des Verteidigungssektors und für einen wirkungsvolleren Einsatz der Verteidigungsausgaben ermittelt werden, und diese Maßnahmen gegebenenfalls durchzuführen.

(2) [1]Alle Mitgliedstaaten können auf Wunsch an der Arbeit der Europäischen Verteidigungsagentur teilnehmen. [2]Der Rat erlässt mit qualifizierter Mehrheit einen Beschluss, in dem die Rechtsstellung, der Sitz und die Funktionsweise der Agentur festgelegt werden. [3]Dieser Beschluss trägt dem Umfang der effektiven Beteiligung an den Tätigkeiten der Agentur Rechnung. [4]Innerhalb der Agentur werden spezielle Gruppen gebildet, in denen Mitgliedstaaten zusammenkommen, die gemeinsame Projekte durchführen. [5]Die Agentur versieht ihre Aufgaben erforderlichenfalls in Verbindung mit der Kommission.

Artikel 46 [Ständige Strukturierte Zusammenarbeit]

(1) Die Mitgliedstaaten, die sich an der Ständigen Strukturierten Zusammenarbeit im Sinne des Artikels 42 Absatz 6 beteiligen möchten und hinsichtlich der militärischen Fähigkeiten die Kriterien erfüllen und die Verpflichtungen eingehen, die in dem Protokoll über die Ständige Strukturierte Zusammenarbeit enthalten sind, teilen dem Rat und dem Hohen Vertreter der Union für Außen- und Sicherheitspolitik ihre Absicht mit.

(2) [1]Der Rat erlässt binnen drei Monaten nach der in Absatz 1 genannten Mitteilung einen Beschluss über die Begründung der Ständigen Strukturierten Zusammenarbeit und über die Liste der daran teilnehmenden Mitgliedstaaten. [2]Der Rat beschließt nach Anhörung des Hohen Vertreters mit qualifizierter Mehrheit.

(3) Jeder Mitgliedstaat, der sich zu einem späteren Zeitpunkt an der Ständigen Strukturierten Zusammenarbeit beteiligen möchte, teilt dem Rat und dem Hohen Vertreter seine Absicht mit.

[1]Der Rat erlässt einen Beschluss, in dem die Teilnahme des betreffenden Mitgliedstaats, der die Kriterien und Verpflichtungen nach den Artikeln 1 und 2 des Protokolls über die Ständige Strukturierte Zusammenarbeit erfüllt beziehungsweise eingeht, bestätigt wird. [2]Der Rat beschließt mit qualifizierter Mehrheit nach Anhörung des Hohen Vertreters. [3]Nur die Mitglieder des Rates, die die teilnehmenden Mitgliedstaaten vertreten, sind stimmberechtigt.

Die qualifizierte Mehrheit bestimmt sich nach Artikel 238 Absatz 3 Buchstabe a des Vertrags über die Arbeitsweise der Europäischen Union.

(4) Erfüllt ein teilnehmender Mitgliedstaat die Kriterien nach den Artikeln 1 und 2 des Protokolls über die Ständige Strukturierte Zusammenarbeit nicht mehr oder kann er den darin genannten Verpflichtungen nicht mehr nachkommen, so kann der Rat einen Beschluss erlassen, durch den die Teilnahme dieses Staates ausgesetzt wird.

[1]Der Rat beschließt mit qualifizierter Mehrheit. [2]Nur die Mitglieder des Rates, die die teilnehmenden Mitgliedstaaten mit Ausnahme des betroffenen Mitgliedstaats vertreten, sind stimmberechtigt.

Die qualifizierte Mehrheit bestimmt sich nach Artikel 238 Absatz 3 Buchstabe a des Vertrags über die Arbeitsweise der Europäischen Union.

(5) Wünscht ein teilnehmender Mitgliedstaat, von der Ständigen Strukturierten Zusammenarbeit Abstand zu nehmen, so teilt er seine Entscheidung dem Rat mit, der zur Kenntnis nimmt, dass die Teilnahme des betreffenden Mitgliedstaats beendet ist.

(6) [1]Mit Ausnahme der Beschlüsse nach den Absätzen 2 bis 5 erlässt der Rat die Beschlüsse und Empfehlungen im Rahmen der Ständigen Strukturierten Zusammenarbeit einstimmig. [2]Für die Zwecke dieses Absatzes bezieht sich die Einstimmigkeit allein auf die Stimmen der Vertreter der an der Zusammenarbeit teilnehmenden Mitgliedstaaten.

Titel VI
Schlußbestimmungen

Artikel 47 [Rechtspersönlichkeit der Union]

Die Union besitzt Rechtspersönlichkeit.

Artikel 48 [Vertragsänderung]

(1) [1]Die Verträge können gemäß dem ordentlichen Änderungsverfahren geändert werden. [2]Sie können ebenfalls nach vereinfachten Änderungsverfahren geändert werden.

Ordentliches Änderungsverfahren

(2) [1]Die Regierung jedes Mitgliedstaats, das Europäische Parlament oder die Kommission kann dem Rat Entwürfe zur Änderung der Verträge vorlegen. [2]Diese Entwürfe können unter anderem eine Ausdehnung oder Verringerung der der Union in den Verträgen übertragenen Zuständigkeiten zum Ziel haben. [3]Diese Entwürfe werden vom Rat dem Europäischen Rat übermittelt und den nationalen Parlamenten zur Kenntnis gebracht.

(3) [1]Beschließt der Europäische Rat nach Anhörung des Europäischen Parlaments und der Kommission mit einfacher Mehrheit die Prüfung der vorgeschlagenen Änderungen, so beruft der Präsident des Europäischen Rates einen Konvent von Vertretern der nationalen Parlamente, der Staats- und

Regierungschefs der Mitgliedstaaten, des Europäischen Parlaments und der Kommission ein. [2]Bei institutionellen Änderungen im Währungsbereich wird auch die Europäische Zentralbank gehört. [3]Der Konvent prüft die Änderungsentwürfe und nimmt im Konsensverfahren eine Empfehlung an, die an eine Konferenz der Vertreter der Regierungen der Mitgliedstaaten nach Absatz 4 gerichtet ist.

[1]Der Europäische Rat kann mit einfacher Mehrheit nach Zustimmung des Europäischen Parlaments beschließen, keinen Konvent einzuberufen, wenn seine Einberufung aufgrund des Umfangs der geplanten Änderungen nicht gerechtfertigt ist. [2]In diesem Fall legt der Europäische Rat das Mandat für eine Konferenz der Vertreter der Regierungen der Mitgliedstaaten fest.

(4) Eine Konferenz der Vertreter der Regierungen der Mitgliedstaaten wird vom Präsidenten des Rates einberufen, um die an den Verträgen vorzunehmenden Änderungen zu vereinbaren.

Die Änderungen treten in Kraft, nachdem sie von allen Mitgliedstaaten nach Maßgabe ihrer verfassungsrechtlichen Vorschriften ratifiziert worden sind.

(5) Haben nach Ablauf von zwei Jahren nach der Unterzeichnung eines Vertrags zur Änderung der Verträge vier Fünftel der Mitgliedstaaten den genannten Vertrag ratifiziert und sind in einem Mitgliedstaat oder mehreren Mitgliedstaaten Schwierigkeiten bei der Ratifikation aufgetreten, so befasst sich der Europäische Rat mit der Frage.

Vereinfachte Änderungsverfahren

(6) Die Regierung jedes Mitgliedstaats, das Europäische Parlament oder die Kommission kann dem Europäischen Rat Entwürfe zur Änderung aller oder eines Teils der Bestimmungen des Dritten Teils des Vertrags über die Arbeitsweise der Europäischen Union über die internen Politikbereiche der Union vorlegen.

[1]Der Europäische Rat kann einen Beschluss zur Änderung aller oder eines Teils der Bestimmungen des Dritten Teils des Vertrags über die Arbeitsweise der Europäischen Union erlassen. [2]Der Europäische Rat beschließt einstimmig nach Anhörung des Europäischen Parlaments und der Kommission sowie, bei institutionellen Änderungen im Währungsbereich, der Europäischen Zentralbank. [3]Dieser Beschluss tritt erst nach Zustimmung der Mitgliedstaaten im Einklang mit ihren jeweiligen verfassungsrechtlichen Vorschriften in Kraft.

Der Beschluss nach Unterabsatz 2 darf nicht zu einer Ausdehnung der der Union im Rahmen der Verträge übertragenen Zuständigkeiten führen.

(7) [1]In Fällen, in denen der Rat nach Maßgabe des Vertrags über die Arbeitsweise der Europäischen Union oder des Titels V dieses Vertrags in einem Bereich oder in einem bestimmten Fall einstimmig beschließt, kann der Europäische Rat einen Beschluss erlassen, wonach der Rat in diesem Bereich oder in diesem Fall mit qualifizierter Mehrheit beschließen kann. [2]Dieser Unterabsatz gilt nicht für Beschlüsse mit militärischen oder verteidigungspolitischen Bezügen.

In Fällen, in denen nach Maßgabe des Vertrags über die Arbeitsweise der Europäischen Union Gesetzgebungsakte vom Rat gemäß einem besonderen Gesetzgebungsverfahren erlassen werden müssen, kann der Europäische Rat einen Beschluss erlassen, wonach die Gesetzgebungsakte gemäß dem ordentlichen Gesetzgebungsverfahren erlassen werden können.

[1]Jede vom Europäischen Rat auf der Grundlage von Unterabsatz 1 oder Unterabsatz 2 ergriffene Initiative wird den nationalen Parlamenten übermittelt. [2]Wird dieser Vorschlag innerhalb von sechs Monaten nach der Übermittlung von einem nationalen Parlament abgelehnt, so wird der Beschluss nach Unterabsatz 1 oder Unterabsatz 2 nicht erlassen. [3]Wird die Initiative nicht abgelehnt, so kann der Europäische Rat den Beschluss erlassen.

Der Europäische Rat erlässt die Beschlüsse nach den Unterabsätzen 1 oder 2 einstimmig nach Zustimmung des Europäischen Parlaments, das mit der Mehrheit seiner Mitglieder beschließt.

Artikel 49 [Beitritt zur Union]

[1]Jeder Europäische Staat, der die in Artikel 2 genannten Werte achtet und sich für ihre Förderung einsetzt, kann beantragen, Mitglied der Union zu werden. [2]Das Europäische Parlament und die nationalen Parlamente werden über diesen Antrag unterrichtet. [3]Der antragstellende Staat richtet seinen Antrag an den Rat; dieser beschließt einstimmig nach Anhörung der Kommission und nach Zustimmung des Europäischen Parlaments, das mit der Mehrheit seiner Mitglieder beschließt. [4]Die vom Europäischen Rat vereinbarten Kriterien werden berücksichtigt.

[1]Die Aufnahmebedingungen und die durch eine Aufnahme erforderlich werdenden Anpassungen der Verträge, auf denen die Union beruht, werden durch ein Abkommen zwischen den Mitgliedstaaten und dem antragstellenden Staat geregelt. [2]Das Abkommen bedarf der Ratifikation durch alle Vertragsstaaten gemäß ihren verfassungsrechtlichen Vorschriften.

Artikel 50 [Austritt aus der Union]

(1) Jeder Mitgliedstaat kann im Einklang mit seinen verfassungsrechtlichen Vorschriften beschließen, aus der Union auszutreten.

(2) [1]Ein Mitgliedstaat, der auszutreten beschließt, teilt dem Europäischen Rat seine Absicht mit. [2]Auf der Grundlage der Leitlinien des Europäischen Rates handelt die Union mit diesem Staat ein Abkommen über die Einzelheiten des Austritts aus und schließt das Abkommen, wobei der Rahmen für die künftigen Beziehungen dieses Staates zur Union berücksichtigt wird. [3]Das Abkommen wird nach Artikel 218 Absatz 3 des Vertrags über die Arbeitsweise der Europäischen Union ausgehandelt. [4]Es wird vom Rat im Namen der Union geschlossen; der Rat beschließt mit qualifizierter Mehrheit nach Zustimmung des Europäischen Parlaments.

(3) Die Verträge finden auf den betroffenen Staat ab dem Tag des Inkrafttretens des Austrittsabkommens oder andernfalls zwei Jahre nach der in Absatz 2 genannten Mitteilung keine Anwendung mehr, es sei denn, der Europäische Rat beschließt im Einvernehmen mit dem betroffenen Mitgliedstaat einstimmig, diese Frist zu verlängern.

(4) Für die Zwecke der Absätze 2 und 3 nimmt das Mitglied des Europäischen Rates und des Rates, das den austretenden Mitgliedstaat vertritt, weder an den diesen Mitgliedstaat betreffenden Beratungen noch an der entsprechenden Beschlussfassung des Europäischen Rates oder des Rates teil.

Die qualifizierte Mehrheit bestimmt sich nach Artikel 238 Absatz 3 Buchstabe b des Vertrags über die Arbeitsweise der Europäischen Union.

(5) Ein Staat, der aus der Union ausgetreten ist und erneut Mitglied werden möchte, muss dies nach dem Verfahren des Artikels 49 beantragen.

Artikel 51 [Protokolle, Anhänge]

Die Protokolle und Anhänge der Verträge sind Bestandteil der Verträge.

Artikel 52 [Geltungsbereich]

(1) Die Verträge gelten für das Königreich Belgien, die Republik Bulgarien, die Tschechische Republik, das Königreich Dänemark, die Bundesrepublik Deutschland, die Republik Estland, Irland, die Hellenische Republik, das Königreich Spanien, die Französische Republik, die Republik Kroatien, die Italienische Republik, die Republik Zypern, die Republik Lettland, die Republik Litauen, das Großherzogtum Luxemburg, die Republik Ungarn, die Republik Malta, das Königreich der Niederlande, die Republik Österreich, die Republik Polen, die Portugiesische Republik, Rumänien, die Republik Slowenien, die Slowakische Republik, die Republik Finnland, das Königreich Schweden und das Vereinigte Königreich Großbritannien und Nordirland.[1)]

(2) Der räumliche Geltungsbereich der Verträge wird in Artikel 355 des Vertrags über die Arbeitsweise der Europäischen Union im Einzelnen angegeben.

Artikel 53 [Unbefristete Geltung]

Dieser Vertrag gilt auf unbegrenzte Zeit.

Artikel 54 [Ratifikation]

(1) [1]Dieser Vertrag bedarf der Ratifikation durch die Hohen Vertragsparteien gemäß ihren verfassungsrechtlichen Vorschriften. [2]Die Ratifikationsurkunden werden bei der Regierung der Italienischen Republik hinterlegt.

(2) Dieser Vertrag tritt am 1. Januar 1993 in Kraft, sofern alle Ratifikationsurkunden hinterlegt worden sind, oder andernfalls am ersten Tag des auf die Hinterlegung der letzten Ratifikationsurkunde folgenden Monats.

---

1) *[**Red. Anm.:** Das Vereinigte Königreich von Großbritannien und Nordirland ist mit Wirkung ab 1.2.2020 aus der Union ausgetreten.]*

Artikel 55 [Verbindlicher Wortlaut; Hinterlegung]

(1) Dieser Vertrag ist in einer Urschrift in bulgarischer, dänischer, deutscher, englischer, estnischer, finnischer, französischer, griechischer, irischer, italienischer, kroatischer, lettischer, litauischer, maltesischer, niederländischer, polnischer, portugiesischer, rumänischer, schwedischer, slowakischer, slowenischer, spanischer, tschechischer und ungarischer Sprache abgefasst, wobei jeder Wortlaut gleichermaßen verbindlich ist; er wird im Archiv der Regierung der Italienischen Republik hinterlegt; diese übermittelt der Regierung jedes anderen Unterzeichnerstaats eine beglaubigte Abschrift.

(2) [1]Dieser Vertrag kann ferner in jede andere von den Mitgliedstaaten bestimmte Sprache übersetzt werden, sofern diese Sprache nach der Verfassungsordnung des jeweiligen Mitgliedstaats in dessen gesamtem Hoheitsgebiet oder in Teilen davon Amtssprache ist. [2]Die betreffenden Mitgliedstaaten stellen eine beglaubigte Abschrift dieser Übersetzungen zur Verfügung, die in den Archiven des Rates hinterlegt wird.

ZU URKUND DESSEN haben die unterzeichneten Bevollmächtigten ihre Unterschriften unter diesen Vertrag gesetzt.

GESCHEHEN zu Maastricht am siebten Februar neunzehnhundertzweiundneunzig.

(Aufzählung der Unterzeichner nicht wiedergegeben)

Vertrag über die Arbeitsweise der Europäischen Union

In der Fassung der Bekanntmachung vom 9. Mai 2008[1)2)] (ABl. Nr. C 115 S. 47)
(Celex-Nr. 1 1957 E) Konsolidierte Fassung (ABl. 2016 Nr. C 202 S. 47, ber. ABl. 2016 Nr. C 400 S. 1)

Nichtamtliche Inhaltsübersicht

---

1) Konsolidierte Fassung des Vertrags zur Gründung der Europäischen Gemeinschaft v. 25. 3. 1957 (BGBl. II S. 766). Die Bundesrepublik Deutschland hat dem Vertrag von Lissabon mit G. v. 8. 10. 2008 (BGBl. II S. 1038) zugestimmt; Inkrafttreten am 1. 12. 2009, siehe Bek. v. 13. 11. 2009 (BGBl. II S. 1223).

2) Die Artikelfolge und Verweise/Bezugnahmen auf Vorschriften des EUV sind gemäß Art. 5 des Vertrags von Lissabon iVm den Übereinstimmungstabellen zum EUV bzw. AEUV an die neue Nummerierung angepasst worden.

Präambel

SEINE MAJESTÄT DER KÖNIG DER BELGIER, DER PRÄSIDENT DER BUNDESREPUBLIK DEUTSCHLAND, DER PRÄSIDENT DER FRANZÖSISCHEN REPUBLIK, DER PRÄSIDENT

DER ITALIENISCHEN REPUBLIK, IHRE KÖNIGLICHE HOHEIT DIE GROSSHERZOGIN VON LUXEMBURG, IHRE MAJESTÄT DIE KÖNIGIN DER NIEDERLANDE[1)],

IN DEM FESTEN WILLEN, die Grundlagen für einen immer engeren Zusammenschluss der europäischen Völker zu schaffen,

ENTSCHLOSSEN, durch gemeinsames Handeln den wirtschaftlichen und sozialen Fortschritt ihrer Staaten zu sichern, indem sie die Europa trennenden Schranken beseitigen,

IN DEM VORSATZ, die stetige Besserung der Lebens- und Beschäftigungsbedingungen ihrer Völker als wesentliches Ziel anzustreben,

IN DER ERKENNTNIS, dass zur Beseitigung der bestehenden Hindernisse ein einverständliches Vorgehen erforderlich ist, um eine beständige Wirtschaftsausweitung, einen ausgewogenen Handelsverkehr und einen redlichen Wettbewerb zu gewährleisten,

IN DEM BESTREBEN, ihre Volkswirtschaften zu einigen und deren harmonische Entwicklung zu fördern, indem sie den Abstand zwischen einzelnen Gebieten und den Rückstand weniger begünstigter Gebiete verringern,

IN DEM WUNSCH, durch eine gemeinsame Handelspolitik zur fortschreitenden Beseitigung der Beschränkungen im zwischenstaatlichen Wirtschaftsverkehr beizutragen,

IN DER ABSICHT, die Verbundenheit Europas mit den überseeischen Ländern zu bekräftigen, und in dem Wunsch, entsprechend den Grundsätzen der Satzung der Vereinten Nationen den Wohlstand der überseeischen Länder zu fördern,

ENTSCHLOSSEN, durch diesen Zusammenschluss ihrer Wirtschaftskräfte Frieden und Freiheit zu wahren und zu festigen, und mit der Aufforderung an die anderen Völker Europas, die sich zu dem gleichen hohen Ziel bekennen, sich diesen Bestrebungen anzuschließen,

ENTSCHLOSSEN, durch umfassenden Zugang zur Bildung und durch ständige Weiterbildung auf einen möglichst hohen Wissensstand ihrer Völker hinzuwirken,

HABEN zu diesem Zweck zu ihren Bevollmächtigten ERNANNT:

(Aufzählung der Bevollmächtigten nicht wiedergegeben)

DIESE SIND nach Austausch ihrer als gut und gehörig befundenen Vollmachten wie folgt übereingekommen:

Erster Teil **Grundsätze**

Artikel 1 [Regelungsbereich]

(1) Dieser Vertrag regelt die Arbeitsweise der Union und legt die Bereiche, die Abgrenzung und die Einzelheiten der Ausübung ihrer Zuständigkeiten fest.

(2) [1]Dieser Vertrag und der Vertrag über die Europäische Union bilden die Verträge, auf die sich die Union gründet. [2]Diese beiden Verträge, die rechtlich gleichrangig sind, werden als „die Verträge” bezeichnet.

Titel I **Arten und Bereiche der Zuständigkeit der Union**

Artikel 2 [Arten von Zuständigkeiten]

(1) Übertragen die Verträge der Union für einen bestimmten Bereich eine ausschließliche Zuständigkeit, so kann nur die Union gesetzgeberisch tätig werden und verbindliche Rechtsakte erlassen; die Mitgliedstaaten dürfen in einem solchen Fall nur tätig werden, wenn sie von der Union hierzu ermächtigt werden, oder um Rechtsakte der Union durchzuführen.

---

1) **Amtl. Anm.:** Seit dem ursprünglichen Vertragsschluss sind Mitgliedstaaten der Europäischen Union geworden ***[Red. Anm.:** Die Republik Kroatien mWv 1.7.2013.]*: die Republik Bulgarien, die Tschechische Republik, das Königreich Dänemark, die Republik Estland, die Hellenische Republik, das Königreich Spanien, Irland, die Republik Zypern, die Republik Lettland, die Republik Litauen, die Republik Ungarn, die Republik Malta, die Republik Österreich, die Republik Polen, die Portugiesische Republik, Rumänien, die Republik Slowenien, die Slowakische Republik, die Republik Finnland, das Königreich Schweden und das Vereinigte Königreich Großbritannien und Nordirland.

*[**Red. Anm.:** Mit Wirkung ab 1.2.2020 ist das Vereinigte Königreich Großbritannien und Nordirland aus der Europäischen Union ausgetreten und ist seitdem ein Drittland (Nicht-EU-Land).]*

(2) [1]Übertragen die Verträge der Union für einen bestimmten Bereich eine mit den Mitgliedstaaten geteilte Zuständigkeit, so können die Union und die Mitgliedstaaten in diesem Bereich gesetzgeberisch tätig werden und verbindliche Rechtsakte erlassen. [2]Die Mitgliedstaaten nehmen ihre Zuständigkeit wahr, sofern und soweit die Union ihre Zuständigkeit nicht ausgeübt hat. [3]Die Mitgliedstaaten nehmen ihre Zuständigkeit erneut wahr, sofern und soweit die Union entschieden hat, ihre Zuständigkeit nicht mehr auszuüben.

(3) Die Mitgliedstaaten koordinieren ihre Wirtschafts- und Beschäftigungspolitik im Rahmen von Regelungen nach Maßgabe dieses Vertrags, für deren Festlegung die Union zuständig ist.

(4) Die Union ist nach Maßgabe des Vertrags über die Europäische Union dafür zuständig, eine gemeinsame Außen- und Sicherheitspolitik einschließlich der schrittweisen Festlegung einer gemeinsamen Verteidigungspolitik zu erarbeiten und zu verwirklichen.

(5) In bestimmten Bereichen ist die Union nach Maßgabe der Verträge dafür zuständig, Maßnahmen zur Unterstützung, Koordinierung oder Ergänzung der Maßnahmen der Mitgliedstaaten durchzuführen, ohne dass dadurch die Zuständigkeit der Union für diese Bereiche an die Stelle der Zuständigkeit der Mitgliedstaaten tritt.

Die verbindlichen Rechtsakte der Union, die aufgrund der diese Bereiche betreffenden Bestimmungen der Verträge erlassen werden, dürfen keine Harmonisierung der Rechtsvorschriften der Mitgliedstaaten beinhalten.

(6) Der Umfang der Zuständigkeiten der Union und die Einzelheiten ihrer Ausübung ergeben sich aus den Bestimmungen der Verträge zu den einzelnen Bereichen.

Artikel 3 [Ausschließliche Zuständigkeiten]

(1) Die Union hat ausschließliche Zuständigkeit in folgenden Bereichen:

a) Zollunion,
b) Festlegung der für das Funktionieren des Binnenmarkts erforderlichen Wettbewerbsregeln,
c) Währungspolitik für die Mitgliedstaaten, deren Währung der Euro ist,
d) Erhaltung der biologischen Meeresschätze im Rahmen der gemeinsamen Fischereipolitik,
e) gemeinsame Handelspolitik.

(2) Die Union hat ferner die ausschließliche Zuständigkeit für den Abschluss internationaler Übereinkünfte, wenn der Abschluss einer solchen Übereinkunft in einem Gesetzgebungsakt der Union vorgesehen ist, wenn er notwendig ist, damit sie ihre interne Zuständigkeit ausüben kann, oder soweit er gemeinsame Regeln beeinträchtigen oder deren Tragweite verändern könnte.

Artikel 4 [Geteilte Zuständigkeiten]

(1) Die Union teilt ihre Zuständigkeit mit den Mitgliedstaaten, wenn ihr die Verträge außerhalb der in den Artikeln 3 und 6 genannten Bereiche eine Zuständigkeit übertragen.

(2) Die von der Union mit den Mitgliedstaaten geteilte Zuständigkeit erstreckt sich auf die folgenden Hauptbereiche:

a) Binnenmarkt,
b) Sozialpolitik hinsichtlich der in diesem Vertrag genannten Aspekte,
c) wirtschaftlicher, sozialer und territorialer Zusammenhalt,
d) Landwirtschaft und Fischerei, ausgenommen die Erhaltung der biologischen Meeresschätze,
e) Umwelt,
f) Verbraucherschutz,
g) Verkehr,
h) transeuropäische Netze,
i) Energie,
j) Raum der Freiheit, der Sicherheit und des Rechts,
k) gemeinsame Sicherheitsanliegen im Bereich der öffentlichen Gesundheit hinsichtlich der in diesem Vertrag genannten Aspekte.

(3) In den Bereichen Forschung, technologische Entwicklung und Raumfahrt erstreckt sich die Zuständigkeit der Union darauf, Maßnahmen zu treffen, insbesondere Programme zu erstellen und durchzuführen, ohne dass die Ausübung dieser Zuständigkeit die Mitgliedstaaten hindert, ihre Zuständigkeit auszuüben.

(4) In den Bereichen Entwicklungszusammenarbeit und humanitäre Hilfe erstreckt sich die Zuständigkeit der Union darauf, Maßnahmen zu treffen und eine gemeinsame Politik zu verfolgen, ohne dass die Ausübung dieser Zuständigkeit die Mitgliedstaaten hindert, ihre Zuständigkeit auszuüben.

Artikel 5 [Koordinierung der Wirtschafts-, Beschäftigungs- und Sozialpolitik]
(1) [1]Die Mitgliedstaaten koordinieren ihre Wirtschaftspolitik innerhalb der Union. [2]Zu diesem Zweck erlässt der Rat Maßnahmen; insbesondere beschließt er die Grundzüge dieser Politik.

Für die Mitgliedstaaten, deren Währung der Euro ist, gelten besondere Regelungen.

(2) Die Union trifft Maßnahmen zur Koordinierung der Beschäftigungspolitik der Mitgliedstaaten, insbesondere durch die Festlegung von Leitlinien für diese Politik.

(3) Die Union kann Initiativen zur Koordinierung der Sozialpolitik der Mitgliedstaaten ergreifen.

Artikel 6 [Unterstützungs-, Koordinierungs- und Ergänzungsmaßnahmen]
[1]Die Union ist für die Durchführung von Maßnahmen zur Unterstützung, Koordinierung oder Ergänzung der Maßnahmen der Mitgliedstaaten zuständig. [2]Diese Maßnahmen mit europäischer Zielsetzung können in folgenden Bereichen getroffen werden:

a) Schutz und Verbesserung der menschlichen Gesundheit,
b) Industrie,
c) Kultur,
d) Tourismus,
e) allgemeine und berufliche Bildung, Jugend und Sport,
f) Katastrophenschutz,
g) Verwaltungszusammenarbeit.

Titel II

Allgemein geltende Bestimmungen

Artikel 7 [Kohärenzprinzip]
Die Union achtet auf die Kohärenz zwischen ihrer Politik und ihren Maßnahmen in den verschiedenen Bereichen und trägt dabei unter Einhaltung des Grundsatzes der begrenzten Einzelermächtigung ihren Zielen in ihrer Gesamtheit Rechnung.

Artikel 8 [Gleichstellung; Querschnittsklausel]
Bei allen ihren Tätigkeiten wirkt die Union darauf hin, Ungleichheiten zu beseitigen und die Gleichstellung von Männern und Frauen zu fördern.

Artikel 9 [Sozialer Schutz; Querschnittsklausel]
Bei der Festlegung und Durchführung ihrer Politik und ihrer Maßnahmen trägt die Union den Erfordernissen im Zusammenhang mit der Förderung eines hohen Beschäftigungsniveaus, mit der Gewährleistung eines angemessenen sozialen Schutzes, mit der Bekämpfung der sozialen Ausgrenzung sowie mit einem hohen Niveau der allgemeinen und beruflichen Bildung und des Gesundheitsschutzes Rechnung.

Artikel 10 [Bekämpfung von Diskriminierungen; Querschnittsklausel]
Bei der Festlegung und Durchführung ihrer Politik und ihrer Maßnahmen zielt die Union darauf ab, Diskriminierungen aus Gründen des Geschlechts, der Rasse, der ethnischen Herkunft, der Religion oder der Weltanschauung, einer Behinderung, des Alters oder der sexuellen Ausrichtung zu bekämpfen.

Artikel 11 [Umweltschutz; Querschnittsklausel]
Die Erfordernisse des Umweltschutzes müssen bei der Festlegung und Durchführung der Unionspolitiken und -maßnahmen insbesondere zur Förderung einer nachhaltigen Entwicklung einbezogen werden.

Artikel 12 [Verbraucherschutz; Querschnittsklausel]
Den Erfordernissen des Verbraucherschutzes wird bei der Festlegung und Durchführung der anderen Unionspolitiken und -maßnahmen Rechnung getragen.

Artikel 13 [Tierschutz; Querschnittsklausel]
Bei der Festlegung und Durchführung der Politik der Union in den Bereichen Landwirtschaft, Fischerei, Verkehr, Binnenmarkt, Forschung, technologische Entwicklung und Raumfahrt tragen die Union und die Mitgliedstaaten den Erfordernissen des Wohlergehens der Tiere als fühlende Wesen in vollem Umfang Rechnung; sie berücksichtigen hierbei die Rechts- und Verwaltungsvorschriften und die Gepflogenheiten der Mitgliedstaaten insbesondere in Bezug auf religiöse Riten, kulturelle Traditionen und das regionale Erbe.

Artikel 14 [Dienste von allgemeinem wirtschaftlichem Interesse]
[1]Unbeschadet des Artikels 4 des Vertrags über die Europäische Union und der Artikel 93, 106 und 107 dieses Vertrags und in Anbetracht des Stellenwerts, den Dienste von allgemeinem wirtschaftlichen Interesse innerhalb der gemeinsamen Werte der Union einnehmen, sowie ihrer Bedeutung bei der Förderung des sozialen und territorialen Zusammmenhalts tragen die Union und die Mitgliedstaaten im Rahmen ihrer jeweiligen Befugnisse im Anwendungsbereich der Verträge dafür Sorge, dass die Grundsätze und Bedingungen, insbesondere jene wirtschaftlicher und finanzieller Art, für das Funktionieren dieser Dienste so gestaltet sind, dass diese ihren Aufgaben nachkommen können. [2]Diese Grundsätze und Bedingungen werden vom Europäischen Parlament und vom Rat durch Verordnungen gemäß dem ordentlichen Gesetzgebungsverfahren festgelegt, unbeschadet der Zuständigkeit der Mitgliedstaaten, diese Dienste im Einklang mit den Verträgen zur Verfügung zu stellen, in Auftrag zu geben und zu finanzieren.

Artikel 15 [Grundsatz der Offenheit]
(1) Um eine verantwortungsvolle Verwaltung zu fördern und die Beteiligung der Zivilgesellschaft sicherzustellen, handeln die Organe, Einrichtungen und sonstigen Stellen der Union unter weitestgehender Beachtung des Grundsatzes der Offenheit.

(2) Das Europäische Parlament tagt öffentlich; dies gilt auch für den Rat, wenn er über Entwürfe zu Gesetzgebungsakten berät oder abstimmt.

(3) Jeder Unionsbürger sowie jede natürliche oder juristische Person mit Wohnsitz oder satzungsgemäßem Sitz in einem Mitgliedstaat hat das Recht auf Zugang zu Dokumenten der Organe, Einrichtungen und sonstigen Stellen der Union, unabhängig von der Form der für diese Dokumente verwendeten Träger, vorbehaltlich der Grundsätze und Bedingungen, die nach diesem Absatz festzulegen sind.

Die allgemeinen Grundsätze und die aufgrund öffentlicher oder privater Interessen geltenden Einschränkungen für die Ausübung dieses Rechts auf Zugang zu Dokumenten werden vom Europäischen Parlament und vom Rat durch Verordnungen gemäß dem ordentlichen Gesetzgebungsverfahren festgelegt.

Die Organe, Einrichtungen und sonstigen Stellen gewährleisten die Transparenz ihrer Tätigkeit und legen im Einklang mit gemäß den in Unterabsatz 2 genannten Verordnungen in ihrer Geschäftsordnung Sonderbestimmungen hinsichtlich des Zugangs zu ihren Dokumenten fest.

Dieser Absatz gilt für den Gerichtshof der Europäischen Union, die Europäische Zentralbank und die Europäische Investitionsbank nur dann, wenn sie Verwaltungsaufgaben wahrnehmen.

Das Europäische Parlament und der Rat sorgen dafür, dass die Dokumente, die die Gesetzgebungsverfahren betreffen, nach Maßgabe der in Unterabsatz 2 genannten Verordnungen öffentlich zugänglich gemacht werden.

Artikel 16 [Datenschutz]
(1) Jede Person hat das Recht auf Schutz der sie betreffenden personenbezogenen Daten.

(2) [1]Das Europäische Parlament und der Rat erlassen gemäß dem ordentlichen Gesetzgebungsverfahren Vorschriften über den Schutz natürlicher Personen bei der Verarbeitung personenbezogener Daten durch die Organe, Einrichtungen und sonstigen Stellen der Union sowie durch die Mitgliedstaaten im Rahmen der Ausübung von Tätigkeiten, die in den Anwendungsbereich des Unionsrechts fallen, und über den freien Datenverkehr. [2]Die Einhaltung dieser Vorschriften wird von unabhängigen Behörden überwacht.

Die auf der Grundlage dieses Artikels erlassenen Vorschriften lassen die spezifischen Bestimmungen des Artikels 39 des Vertrags über die Europäische Union unberührt.

Artikel 17 [Religiöse und weltanschauliche Gemeinschaften]

(1) Die Union achtet den Status, den Kirchen und religiöse Vereinigungen oder Gemeinschaften in den Mitgliedstaaten nach deren Rechtsvorschriften genießen, und beeinträchtigt ihn nicht.

(2) Die Union achtet in gleicher Weise den Status, den weltanschauliche Gemeinschaften nach den einzelstaatlichen Rechtsvorschriften genießen.

(3) Die Union pflegt mit diesen Kirchen und Gemeinschaften in Anerkennung ihrer Identität und ihres besonderen Beitrags einen offenen, transparenten und regelmäßigen Dialog.

Zweiter Teil
Nichtdiskriminierung und Unionsbürgerschaft

Artikel 18 [Diskriminierungsverbot]

Unbeschadet besonderer Bestimmungen der Verträge ist in ihrem Anwendungsbereich jede Diskriminierung aus Gründen der Staatsangehörigkeit verboten.

Das Europäische Parlament und der Rat können gemäß dem ordentlichen Gesetzgebungsverfahren Regelungen für das Verbot solcher Diskriminierungen treffen.

Artikel 19 [Antidiskriminierungsmaßnahmen]

(1) Unbeschadet der sonstigen Bestimmungen der Verträge kann der Rat im Rahmen der durch die Verträge auf die Union übertragenen Zuständigkeiten gemäß einem besonderen Gesetzgebungsverfahren und nach Zustimmung des Europäischen Parlaments einstimmig geeignete Vorkehrungen treffen, um Diskriminierungen aus Gründen des Geschlechts, der Rasse, der ethnischen Herkunft, der Religion oder der Weltanschauung, einer Behinderung, des Alters oder der sexuellen Ausrichtung zu bekämpfen.

(2) Abweichend von Absatz 1 können das Europäische Parlament und der Rat gemäß dem ordentlichen Gesetzgebungsverfahren die Grundprinzipien für Fördermaßnahmen der Union unter Ausschluss jeglicher Harmonisierung der Rechts- und Verwaltungsvorschriften der Mitgliedstaaten zur Unterstützung der Maßnahmen festlegen, die die Mitgliedstaaten treffen, um zur Verwirklichung der in Absatz 1 genannten Ziele beizutragen.

Artikel 20 [Unionsbürgerschaft]

(1) [1]Es wird eine Unionsbürgerschaft eingeführt. [2]Unionsbürger ist, wer die Staatsangehörigkeit eines Mitgliedstaats besitzt. [3]Die Unionsbürgerschaft tritt zur nationalen Staatsbürgerschaft hinzu, ersetzt sie aber nicht.

(2) [1]Die Unionsbürgerinnen und Unionsbürger haben die in den Verträgen vorgesehenen Rechte und Pflichten. [2]Sie haben unter anderem

a) das Recht, sich im Hoheitsgebiet der Mitgliedstaaten frei zu bewegen und aufzuhalten;
b) in dem Mitgliedstaat, in dem sie ihren Wohnsitz haben, das aktive und passive Wahlrecht bei den Wahlen zum Europäischen Parlament und bei den Kommunalwahlen, wobei für sie dieselben Bedingungen gelten wie für die Angehörigen des betreffenden Mitgliedstaats;
c) im Hoheitsgebiet eines Drittlands, in dem der Mitgliedstaat, dessen Staatsangehörigkeit sie besitzen, nicht vertreten ist, Recht auf Schutz durch die diplomatischen und konsularischen Behörden eines jeden Mitgliedstaats unter denselben Bedingungen wie Staatsangehörige dieses Staates;
d) das Recht, Petitionen an das Europäische Parlament zu richten und sich an den Europäischen Bürgerbeauftragten zu wenden, sowie das Recht, sich in einer der Sprachen der Verträge an die Organe und die beratenden Einrichtungen der Union zu wenden und eine Antwort in derselben Sprache zu erhalten.

[3]Diese Rechte werden unter den Bedingungen und innerhalb der Grenzen ausgeübt, die in den Verträgen und durch die in Anwendung der Verträge erlassenen Maßnahmen festgelegt sind.

Artikel 21 [Freizügigkeit]

(1) Jeder Unionsbürger hat das Recht, sich im Hoheitsgebiet der Mitgliedstaaten vorbehaltlich der in den Verträgen und in den Durchführungsvorschriften vorgesehenen Beschränkungen und Bedingungen frei zu bewegen und aufzuhalten.

(2) Erscheint zur Erreichung dieses Ziels ein Tätigwerden der Union erforderlich und sehen die Verträge hierfür keine Befugnisse vor, so können das Europäische Parlament und der Rat gemäß dem ordentlichen Gesetzgebungsverfahren Vorschriften erlassen, mit denen die Ausübung der Rechte nach Absatz 1 erleichtert wird.

(3) [1]Zu den gleichen wie den in Absatz 1 genannten Zwecken kann der Rat, sofern die Verträge hierfür keine Befugnisse vorsehen, gemäß einem besonderen Gesetzgebungsverfahren Maßnahmen erlassen, die die soziale Sicherheit oder den sozialen Schutz betreffen. [2]Der Rat beschließt einstimmig nach Anhörung des Europäischen Parlaments.

Artikel 22 [Wahlrecht]

(1) [1]Jeder Unionsbürger mit Wohnsitz in einem Mitgliedstaat, dessen Staatsangehörigkeit er nicht besitzt, hat in dem Mitgliedstaat, in dem er seinen Wohnsitz hat, das aktive und passive Wahlrecht bei Kommunalwahlen, wobei für ihn dieselben Bedingungen gelten wie für die Angehörigen des betreffenden Mitgliedstaats. [2]Dieses Recht wird vorbehaltlich der Einzelheiten ausgeübt, die vom Rat einstimmig gemäß einem besonderen Gesetzgebungsverfahren und nach Anhörung des Europäischen Parlaments festgelegt werden; in diesen können Ausnahmeregelungen vorgesehen werden, wenn dies aufgrund besonderer Probleme eines Mitgliedstaats gerechtfertigt ist.

(2) [1]Unbeschadet des Artikels 223 Absatz 1 und der Bestimmungen zu dessen Durchführung besitzt jeder Unionsbürger mit Wohnsitz in einem Mitgliedstaat, dessen Staatsangehörigkeit er nicht besitzt, in dem Mitgliedstaat, in dem er seinen Wohnsitz hat, das aktive und passive Wahlrecht bei den Wahlen zum Europäischen Parlament, wobei für ihn dieselben Bedingungen gelten wie für die Angehörigen des betreffenden Mitgliedstaats. [2]Dieses Recht wird vorbehaltlich der Einzelheiten ausgeübt, die vom Rat einstimmig gemäß einem besonderen Gesetzgebungsverfahren und nach Anhörung des Europäischen Parlaments festgelegt werden; in diesen können Ausnahmeregelungen vorgesehen werden, wenn dies aufgrund besonderer Probleme eines Mitgliedstaats gerechtfertigt ist.

Artikel 23 [Diplomatischer und konsularischer Schutz]

[1]Jeder Unionsbürger genießt im Hoheitsgebiet eines dritten Landes, in dem der Mitgliedstaat, dessen Staatsangehörigkeit er besitzt, nicht vertreten ist, den diplomatischen und konsularischen Schutz eines jeden Mitgliedstaats unter denselben Bedingungen wie Staatsangehörige dieses Staates. [2]Die Mitgliedstaaten treffen die notwendigen Vorkehrungen und leiten die für diesen Schutz erforderlichen internationalen Verhandlungen ein.

Der Rat kann gemäß einem besonderen Gesetzgebungsverfahren und nach Anhörung des Europäischen Parlaments Richtlinien zur Festlegung der notwendigen Koordinierungs- und Kooperationsmaßnahmen zur Erleichterung dieses Schutzes erlassen.

Artikel 24 [Petitionsrecht]

Die Bestimmungen über die Verfahren und Bedingungen, die für eine Bürgerinitiative im Sinne des Artikels 11 des Vertrags über die Europäische Union gelten, einschließlich der Mindestzahl der Mitgliedstaaten, aus denen die Bürgerinnen und Bürger, die diese Initiative ergreifen, kommen müssen, werden vom Europäischen Parlament und vom Rat gemäß dem ordentlichen Gesetzgebungsverfahren durch Verordnungen festgelegt.

Jeder Unionsbürger besitzt das Petitionsrecht beim Europäischen Parlament nach Artikel 227.

Jeder Unionsbürger kann sich an den nach Artikel 228 eingesetzten Bürgerbeauftragten wenden.

Jeder Unionsbürger kann sich schriftlich in einer der in Artikel 55 Absatz 1 des Vertrags über die Europäische Union genannten Sprachen an jedes Organ oder an jede Einrichtung wenden, die in dem vorliegenden Artikel oder in Artikel 13 des genannten Vertrags genannt sind, und eine Antwort in derselben Sprache erhalten.

Artikel 25 [Fortentwicklung der Unionsbürgerschaft]

[1]Die Kommission erstattet dem Europäischen Parlament, dem Rat und dem Wirtschafts- und Sozialausschuss alle drei Jahre über die Anwendung dieses Teils Bericht. [2]In dem Bericht wird der Fortentwicklung der Union Rechnung getragen.

[1]Auf dieser Grundlage kann der Rat unbeschadet der anderen Bestimmungen der Verträge zur Ergänzung der in Artikel 20 Absatz 2 aufgeführten Rechte einstimmig gemäß einem besonderen Ge-

setzgebungsverfahren nach Zustimmung des Europäischen Parlaments Bestimmungen erlassen. [2]Diese Bestimmungen treten nach Zustimmung der Mitgliedstaaten im Einklang mit ihren jeweiligen verfassungsrechtlichen Vorschriften in Kraft.

Dritter Teil

Die internen Politiken und Maßnahmen der Union

Titel I

Der Binnenmarkt

Artikel 26 [Verwirklichung des Binnenmarkts]

(1) Die Union erlässt die erforderlichen Maßnahmen, um nach Maßgabe der einschlägigen Bestimmungen der Verträge den Binnenmarkt zu verwirklichen beziehungsweise dessen Funktionieren zu gewährleisten.

(2) Der Binnenmarkt umfasst einen Raum ohne Binnengrenzen, in dem der freie Verkehr von Waren, Personen, Dienstleistungen und Kapital gemäß den Bestimmungen der Verträge gewährleistet ist.

(3) Der Rat legt auf Vorschlag der Kommission die Leitlinien und Bedingungen fest, die erforderlich sind, um in allen betroffenen Sektoren einen ausgewogenen Fortschritt zu gewährleisten.

Artikel 27 [Ausnahmeregelungen]

Bei der Formulierung ihrer Vorschläge zur Verwirklichung der Ziele des Artikels 26 berücksichtigt die Kommission den Umfang der Anstrengungen, die einigen Volkswirtschaften mit unterschiedlichem Entwicklungsstand für die Errichtung des Binnenmarkts abverlangt werden, und kann geeignete Bestimmungen vorschlagen.

Erhalten diese Bestimmungen die Form von Ausnahmeregelungen, so müssen sie vorübergehender Art sein und dürfen das Funktionieren des Binnenmarkts so wenig wie möglich stören.

Titel II

Der freie Warenverkehr

Artikel 28 [Zollunion]

(1) Die Union umfasst eine Zollunion, die sich auf den gesamten Warenaustausch erstreckt; sie umfasst das Verbot, zwischen den Mitgliedstaaten Ein- und Ausfuhrzölle und Abgaben gleicher Wirkung zu erheben, sowie die Einführung eines Gemeinsamen Zolltarifs gegenüber dritten Ländern.

(2) Artikel 30 und Kapitel 3 dieses Titels gelten für die aus den Mitgliedstaaten stammenden Waren sowie für diejenigen Waren aus dritten Ländern, die sich in den Mitgliedstaaten im freien Verkehr befinden.

Artikel 29 [Freier Verkehr von Waren aus dritten Ländern]

Als im freien Verkehr eines Mitgliedstaats befindlich gelten diejenigen Waren aus dritten Ländern, für die in dem betreffenden Mitgliedstaat die Einfuhrförmlichkeiten erfüllt sowie die vorgeschriebenen Zölle und Abgaben gleicher Wirkung erhoben und nicht ganz oder teilweise rückvergütet worden sind.

Kapitel 1

Die Zollunion

Artikel 30 [Verbot von Zöllen]

[1]Ein- und Ausfuhrzölle oder Abgaben gleicher Wirkung sind zwischen den Mitgliedstaaten verboten. [2]Dieses Verbot gilt auch für Finanzzölle.

Artikel 31 [Gemeinsame Zolltarif]

Der Rat legt die Sätze des Gemeinsamen Zolltarifs auf Vorschlag der Kommission fest.

Artikel 32 [Zielsetzung der Kommissionsaufgaben]

Bei der Ausübung der ihr aufgrund dieses Kapitels übertragenen Aufgaben geht die Kommission von folgenden Gesichtspunkten aus:

a) der Notwendigkeit, den Handelsverkehr zwischen den Mitgliedstaaten und dritten Ländern zu fördern;
b) der Entwicklung der Wettbewerbsbedingungen innerhalb der Union, soweit diese Entwicklung zu einer Zunahme der Wettbewerbsfähigkeit der Unternehmen führt;
c) dem Versorgungsbedarf der Union an Rohstoffen und Halbfertigwaren; hierbei achtet die Kommission darauf, zwischen den Mitgliedstaaten die Wettbewerbsbedingungen für Fertigwaren nicht zu verfälschen;
d) der Notwendigkeit, ernsthafte Störungen im Wirtschaftsleben der Mitgliedstaaten zu vermeiden und eine rationelle Entwicklung der Erzeugung sowie eine Ausweitung des Verbrauchs innerhalb der Union zu gewährleisten.

Kapitel 2
Die Zusammenarbeit im Zollwesen

Artikel 33 [Ausbau der Zusammenarbeit]
Das Europäische Parlament und der Rat treffen im Rahmen des Geltungsbereichs der Verträge gemäß dem ordentlichen Gesetzgebungsverfahrens Maßnahmen zum Ausbau der Zusammenarbeit im Zollwesen zwischen den Mitgliedstaaten sowie zwischen den Mitgliedstaaten und der Kommission.

Kapitel 3
Verbot von mengenmäßigen Beschränkungen zwischen den Mitgliedstaaten

Artikel 34 [Verbot von Einfuhrbeschränkungen]
Mengenmäßige Einfuhrbeschränkungen sowie alle Maßnahmen gleicher Wirkung sind zwischen den Mitgliedstaaten verboten.

Artikel 35 [Verbot von Ausfuhrbeschränkungen]
Mengenmäßige Ausfuhrbeschränkungen sowie alle Maßnahmen gleicher Wirkung sind zwischen den Mitgliedstaaten verboten.

Artikel 36 [Ausnahmen]
[1]Die Bestimmungen der Artikel 34 und 35 stehen Einfuhr-, Ausfuhr- und Durchfuhrverboten oder -beschränkungen nicht entgegen, die aus Gründen der öffentlichen Sittlichkeit, Ordnung und Sicherheit, zum Schutze der Gesundheit und des Lebens von Menschen, Tieren oder Pflanzen, des nationalen Kulturguts von künstlerischem, geschichtlichem oder archäologischem Wert oder des gewerblichen und kommerziellen Eigentums gerechtfertigt sind. [2]Diese Verbote oder Beschränkungen dürfen jedoch weder ein Mittel zur willkürlichen Diskriminierung noch eine verschleierte Beschränkung des Handels zwischen den Mitgliedstaaten darstellen.

Artikel 37 [Staatliche Handelsmonopole]
(1) Die Mitgliedstaaten formen ihre staatlichen Handelsmonopole derart um, dass jede Diskriminierung in den Versorgungs- und Absatzbedingungen zwischen den Angehörigen der Mitgliedstaaten ausgeschlossen ist.

[1]Dieser Artikel gilt für alle Einrichtungen, durch die ein Mitgliedstaat unmittelbar oder mittelbar die Einfuhr oder die Ausfuhr zwischen den Mitgliedstaaten rechtlich oder tatsächlich kontrolliert, lenkt oder merklich beeinflusst. [2]Er gilt auch für die von einem Staat auf andere Rechtsträger übertragenen Monopole.

(2) Die Mitgliedstaaten unterlassen jede neue Maßnahme, die den in Absatz 1 genannten Grundsätzen widerspricht oder die Tragweite der Artikel über das Verbot von Zöllen und mengenmäßigen Beschränkungen zwischen den Mitgliedstaaten einengt.

(3) Ist mit einem staatlichen Handelsmonopol eine Regelung zur Erleichterung des Absatzes oder der Verwertung landwirtschaftlicher Erzeugnisse verbunden, so sollen bei der Anwendung dieses Artikels gleichwertige Sicherheiten für die Beschäftigung und Lebenshaltung der betreffenden Erzeuger gewährleistet werden.

Titel III

Die Landwirtschaft und die Fischerei

Artikel 38 [Binnenmarkt und Landwirtschaft]

(1) Die Union legt eine gemeinsame Agrar- und Fischereipolitik fest und führt sie durch.

[1]Der Binnenmarkt umfasst auch die Landwirtschaft, die Fischerei und den Handel mit landwirtschaftlichen Erzeugnissen. [2]Unter landwirtschaftlichen Erzeugnissen sind die Erzeugnisse des Bodens, der Viehzucht und der Fischerei sowie die mit diesen in unmittelbarem Zusammenhang stehenden Erzeugnisse der ersten Verarbeitungsstufe zu verstehen. [3]Die Bezugnahmen auf die gemeinsame Agrarpolitik oder auf die Landwirtschaft und die Verwendung des Wortes „landwirtschaftlich" sind in dem Sinne zu verstehen, dass damit unter Berücksichtigung der besonderen Merkmale des Fischereisektors auch die Fischerei gemeint ist.

(2) Die Vorschriften für die Errichtung oder das Funktionieren des Binnenmarkts finden auf die landwirtschaftlichen Erzeugnisse Anwendung, soweit in den Artikeln 39 bis 44 nicht etwas anderes bestimmt ist.

(3) Die Erzeugnisse, für welche die Artikel 39 bis 44 gelten, sind in Anhang I aufgeführt.

(4) Mit dem Funktionieren und der Entwicklung des Binnenmarkts für landwirtschaftliche Erzeugnisse muss die Gestaltung einer gemeinsamen Agrarpolitik Hand in Hand gehen.

Artikel 39 [Ziel gemeinsamer Agrarpolitik]

(1) Ziel der gemeinsamen Agrarpolitik ist es,

a) die Produktivität der Landwirtschaft durch Förderung des technischen Fortschritts, Rationalisierung der landwirtschaftlichen Erzeugung und den bestmöglichen Einsatz der Produktionsfaktoren, insbesondere der Arbeitskräfte, zu steigern;
b) auf diese Weise der landwirtschaftlichen Bevölkerung, insbesondere durch Erhöhung des Pro-Kopf-Einkommens der in der Landwirtschaft tätigen Personen, eine angemessene Lebenshaltung zu gewährleisten;
c) die Märkte zu stabilisieren;
d) die Versorgung sicherzustellen;
e) für die Belieferung der Verbraucher zu angemessenen Preisen Sorge zu tragen.

(2) Bei der Gestaltung der gemeinsamen Agrarpolitik und der hierfür anzuwendenden besonderen Methoden ist Folgendes zu berücksichtigen:

a) die besondere Eigenart der landwirtschaftlichen Tätigkeit, die sich aus dem sozialen Aufbau der Landwirtschaft und den strukturellen und naturbedingten Unterschieden der verschiedenen landwirtschaftlichen Gebiete ergibt;
b) die Notwendigkeit, die geeigneten Anpassungen stufenweise durchzuführen;
c) die Tatsache, dass die Landwirtschaft in den Mitgliedstaaten einen mit der gesamten Volkswirtschaft eng verflochtenen Wirtschaftsbereich darstellt.

Artikel 40 [Gemeinsame Marktorganisation]

(1) Um die Ziele des Artikels 39 zu erreichen, wird eine gemeinsame Organisation der Agrarmärkte geschaffen.

Diese besteht je nach Erzeugnis aus einer der folgenden Organisationsformen:

a) gemeinsame Wettbewerbsregeln,
b) bindende Koordinierung der verschiedenen einzelstaatlichen Marktordnungen,
c) eine Europäische Marktordnung.

(2) Die nach Absatz 1 gestaltete gemeinsame Organisation kann alle zur Durchführung des Artikels 39 erforderlichen Maßnahmen einschließen, insbesondere Preisregelungen, Beihilfen für die Erzeugung und die Verteilung der verschiedenen Erzeugnisse, Einlagerungs- und Ausgleichsmaßnahmen, gemeinsame Einrichtungen zur Stabilisierung der Ein- oder Ausfuhr.

Die gemeinsame Organisation hat sich auf die Verfolgung der Ziele des Artikels 39 zu beschränken und jede Diskriminierung zwischen Erzeugern oder Verbrauchern innerhalb der Union auszuschließen.

Eine etwaige gemeinsame Preispolitik muss auf gemeinsamen Grundsätzen und einheitlichen Berechnungsmethoden beruhen.

(3) Um der in Absatz 1 genannten gemeinsamen Organisation die Erreichung ihrer Ziele zu ermöglichen, können ein oder mehrere Ausrichtungs- oder Garantiefonds für die Landwirtschaft geschaffen werden.

Artikel 41 [Maßnahmen im Rahmen einer gemeinsamen Agrarpolitik]

Um die Ziele des Artikels 39 zu erreichen, können im Rahmen der gemeinsamen Agrarpolitik folgende Maßnahmen vorgesehen werden:

a) eine wirksame Koordinierung der Bestrebungen auf dem Gebiet der Berufsausbildung, der Forschung und der Verbreitung landwirtschaftlicher Fachkenntnisse; hierbei können Vorhaben oder Einrichtungen gemeinsam finanziert werden;
b) gemeinsame Maßnahmen zur Förderung des Verbrauchs bestimmter Erzeugnisse.

Artikel 42 [Anwendung der Wettbewerbs- und Beihilferegeln]

Das Kapitel über die Wettbewerbsregeln findet auf die Produktion landwirtschaftlicher Erzeugnisse und den Handel mit diesen nur insoweit Anwendung, als das Europäische Parlament und der Rat dies unter Berücksichtigung der Ziele des Artikels 39 im Rahmen des Artikels 43 Absatz 2 und gemäß dem dort vorgesehenen Verfahren bestimmt.

Der Rat kann auf Vorschlag der Kommission genehmigen, dass Beihilfen gewährt werden

a) zum Schutz von Betrieben, die durch strukturelle oder naturgegebene Bedingungen benachteiligt sind, oder
b) im Rahmen wirtschaftlicher Entwicklungsprogramme.

Artikel 43 [Rechtsetzung, Kompetenzen und Verfahren]

(1) Die Kommission legt zur Gestaltung und Durchführung der gemeinsamen Agrarpolitik Vorschläge vor, welche unter anderem die Ablösung der einzelstaatlichen Marktordnungen durch eine der in Artikel 40 Absatz 1 vorgesehenen gemeinsamen Organisationsformen sowie die Durchführung der in diesem Titel bezeichneten Maßnahmen vorsehen.

Diese Vorschläge müssen dem inneren Zusammenhang der in diesem Titel aufgeführten landwirtschaftlichen Fragen Rechnung tragen.

(2) Das Europäische Parlament und der Rat legen gemäß dem ordentlichen Gesetzgebungsverfahren und nach Anhörung des Wirtschafts- und Sozialausschusses die gemeinsame Organisation der Agrarmärkte nach Artikel 40 Absatz 1 sowie die anderen Bestimmungen fest, die für die Verwirklichung der Ziele der gemeinsamen Agrar- und Fischereipolitik notwendig sind.

(3) Der Rat erlässt auf Vorschlag der Kommission die Maßnahmen zur Festsetzung der Preise, der Abschöpfungen, der Beihilfen und der mengenmäßigen Beschränkungen sowie zur Festsetzung und Aufteilung der Fangmöglichkeiten in der Fischerei.

(4) Die einzelstaatlichen Marktordnungen können nach Maßgabe des Absatzes 2 durch die in Artikel 40 Absatz 1 vorgesehene gemeinsame Organisation ersetzt werden,

a) wenn sie den Mitgliedstaaten, die sich gegen diese Maßnahme ausgesprochen haben und eine eigene Marktordnung für die in Betracht kommende Erzeugung besitzen, gleichwertige Sicherheiten für die Beschäftigung und Lebenshaltung der betreffenden Erzeuger bietet; hierbei sind die im Zeitablauf möglichen Anpassungen und erforderlichen Spezialisierungen zu berücksichtigen, und
b) wenn die gemeinsame Organisation für den Handelsverkehr innerhalb der Union Bedingungen sicherstellt, die denen eines Binnenmarkts entsprechen.

(5) Wird eine gemeinsame Organisation für bestimmte Rohstoffe geschaffen, bevor eine gemeinsame Organisation für die entsprechenden weiterverarbeiteten Erzeugnisse besteht, so können die betreffenden Rohstoffe aus Ländern außerhalb der Union eingeführt werden, wenn sie für weiterverarbeitete Erzeugnisse verwendet werden, die zur Ausfuhr nach dritten Ländern bestimmt sind.

Artikel 44 [Ausgleichsabgaben]

Besteht in einem Mitgliedstaat für ein Erzeugnis eine innerstaatliche Marktordnung oder Regelung gleicher Wirkung und wird dadurch eine gleichartige Erzeugung in einem anderen Mitgliedstaat in ihrer Wettbewerbslage beeinträchtigt, so erheben die Mitgliedstaaten bei der Einfuhr des betreffenden

Erzeugnisses aus dem Mitgliedstaat, in dem die genannte Marktordnung oder Regelung besteht, eine Ausgleichsabgabe, es sei denn, dass dieser Mitgliedstaat eine Ausgleichsabgabe bei der Ausfuhr erhebt.

Die Kommission setzt diese Abgaben in der zur Wiederherstellung des Gleichgewichts erforderlichen Höhe fest; sie kann auch andere Maßnahmen genehmigen, deren Bedingungen und Einzelheiten sie festlegt.

Titel IV
Die Freizügigkeit, der freie Dienstleistungs- und Kapitalverkehr

Kapitel 1
Die Arbeitskräfte

Artikel 45 [Freizügigkeit der Arbeitnehmer]

(1) Innerhalb der Union ist die Freizügigkeit der Arbeitnehmer gewährleistet.

(2) Sie umfasst die Abschaffung jeder auf der Staatsangehörigkeit beruhenden unterschiedlichen Behandlung der Arbeitnehmer der Mitgliedstaaten in Bezug auf Beschäftigung, Entlohnung und sonstige Arbeitsbedingungen.

(3) Sie gibt – vorbehaltlich der aus Gründen der öffentlichen Ordnung, Sicherheit und Gesundheit gerechtfertigten Beschränkungen – den Arbeitnehmern das Recht,

a) sich um tatsächlich angebotene Stellen zu bewerben;
b) sich zu diesem Zweck im Hoheitsgebiet der Mitgliedstaaten frei zu bewegen;
c) sich in einem Mitgliedstaat aufzuhalten, um dort nach den für die Arbeitnehmer dieses Staates geltenden Rechts- und Verwaltungsvorschriften eine Beschäftigung auszuüben;
d) nach Beendigung einer Beschäftigung im Hoheitsgebiet eines Mitgliedstaats unter Bedingungen zu verbleiben, welche die Kommission durch Verordnungen festlegt.

(4) Dieser Artikel findet keine Anwendung auf die Beschäftigung in der öffentlichen Verwaltung.

Artikel 46 [Maßnahmen zur Herstellung der Freizügigkeit]

Das Europäische Parlament und der Rat treffen gemäß dem ordentlichen Gesetzgebungsverfahren und nach Anhörung des Wirtschafts- und Sozialausschusses durch Richtlinien oder Verordnungen alle erforderlichen Maßnahmen, um die Freizügigkeit der Arbeitnehmer im Sinne des Artikels 45 herzustellen, insbesondere

a) durch Sicherstellung einer engen Zusammenarbeit zwischen den einzelstaatlichen Arbeitsverwaltungen;
b) durch die Beseitigung der Verwaltungsverfahren und -praktiken sowie der für den Zugang zu verfügbaren Arbeitsplätzen vorgeschriebenen Fristen, die sich aus innerstaatlichen Rechtsvorschriften oder vorher zwischen den Mitgliedstaaten geschlossenen Übereinkünften ergeben und deren Beibehaltung die Herstellung der Freizügigkeit der Arbeitnehmer hindert;
c) durch die Beseitigung aller Fristen und sonstigen Beschränkungen, die in innerstaatlichen Rechtsvorschriften oder vorher zwischen den Mitgliedstaaten geschlossenen Übereinkünften vorgesehen sind und die den Arbeitnehmern der anderen Mitgliedstaaten für die freie Wahl des Arbeitsplatzes andere Bedingungen als den inländischen Arbeitnehmern auferlegen;
d) durch die Schaffung geeigneter Verfahren für die Zusammenführung und den Ausgleich von Angebot und Nachfrage auf dem Arbeitsmarkt zu Bedingungen, die eine ernstliche Gefährdung der Lebenshaltung und des Beschäftigungsstands in einzelnen Gebieten und Industrien ausschließen.

Artikel 47 [Austausch junger Arbeitskräfte]

Die Mitgliedstaaten fördern den Austausch junger Arbeitskräfte im Rahmen eines gemeinsamen Programms.

Artikel 48 [Sicherstellung der Ansprüche und Leistungen auf dem Gebiet der sozialen Sicherheit]

Das Europäische Parlament und der Rat beschließen gemäß dem ordentlichen Gesetzgebungsverfahren die auf dem Gebiet der sozialen Sicherheit für die Herstellung der Freizügigkeit der Arbeitnehmer notwendigen Maßnahmen; zu diesem Zweck führen sie insbesondere ein System ein, das zu- und abwandernden Arbeitnehmern und Selbstständigen sowie deren anspruchsberechtigten Angehörigen Folgendes sichert:

a) die Zusammenrechnung aller nach den verschiedenen innerstaatlichen Rechtsvorschriften berücksichtigten Zeiten für den Erwerb und die Aufrechterhaltung des Leistungsanspruchs sowie für die Berechnung der Leistungen;
b) die Zahlung der Leistungen an Personen, die in den Hoheitsgebieten der Mitgliedstaaten wohnen.

[1]Erklärt ein Mitglied des Rates, dass ein Entwurf eines Gesetzgebungsakts nach Absatz 1 wichtige Aspekte seines Systems der sozialen Sicherheit, insbesondere dessen Geltungsbereich, Kosten oder Finanzstruktur, verletzen oder dessen finanzielles Gleichgewicht beeinträchtigen würde, so kann es beantragen, dass der Europäische Rat befasst wird. [2]In diesem Fall wird das ordentliche Gesetzgebungsverfahren ausgesetzt. [3]Nach einer Aussprache geht der Europäische Rat binnen vier Monaten nach Aussetzung des Verfahrens wie folgt vor:

a) er verweist den Entwurf an den Rat zurück, wodurch die Aussetzung des ordentlichen Gesetzgebungsverfahrens beendet wird, oder
b) er sieht von einem Tätigwerden ab, oder aber er ersucht die Kommission um Vorlage eines neuen Vorschlags; in diesem Fall gilt der ursprünglich vorgeschlagene Rechtsakt als nicht erlassen.

Kapitel 2
Das Niederlassungsrecht

Artikel 49 [Niederlassungsfreiheit]

[1]Die Beschränkungen der freien Niederlassung von Staatsangehörigen eines Mitgliedstaats im Hoheitsgebiet eines anderen Mitgliedstaats sind nach Maßgabe der folgenden Bestimmungen verboten. [2]Das Gleiche gilt für Beschränkungen der Gründung von Agenturen, Zweigniederlassungen oder Tochtergesellschaften durch Angehörige eines Mitgliedstaats, die im Hoheitsgebiet eines Mitgliedstaats ansässig sind.

Vorbehaltlich des Kapitels über den Kapitalverkehr umfasst die Niederlassungsfreiheit die Aufnahme und Ausübung selbstständiger Erwerbstätigkeiten sowie die Gründung und Leitung von Unternehmen, insbesondere von Gesellschaften im Sinne des Artikels 54 Absatz 2, nach den Bestimmungen des Aufnahmestaats für seine eigenen Angehörigen.

Artikel 50 [Maßnahmen zur Verwirklichung der Niederlassungsfreiheit]

(1) Das Europäische Parlament und der Rat erlassen gemäß dem ordentlichen Gesetzgebungsverfahren und nach Anhörung des Wirtschafts- und Sozialausschusses Richtlinien zur Verwirklichung der Niederlassungsfreiheit für eine bestimmte Tätigkeit.

(2) Das Europäische Parlament, der Rat und die Kommission erfüllen die Aufgaben, die ihnen aufgrund der obigen Bestimmungen übertragen sind, indem sie insbesondere

a) im Allgemeinen diejenigen Tätigkeiten mit Vorrang behandeln, bei denen die Niederlassungsfreiheit die Entwicklung der Produktion und des Handels in besonderer Weise fördert;
b) eine enge Zusammenarbeit zwischen den zuständigen Verwaltungen der Mitgliedstaaten sicherstellen, um sich über die besondere Lage auf den verschiedenen Tätigkeitsgebieten innerhalb der Union zu unterrichten;
c) die aus innerstaatlichen Rechtsvorschriften oder vorher zwischen den Mitgliedstaaten geschlossenen Übereinkünften abgeleiteten Verwaltungsverfahren und -praktiken ausschalten, deren Beibehaltung der Niederlassungsfreiheit entgegensteht;
d) dafür Sorge tragen, dass Arbeitnehmer eines Mitgliedstaats, die im Hoheitsgebiet eines anderen Mitgliedstaats beschäftigt sind, dort verbleiben und eine selbstständige Tätigkeit unter denselben Voraussetzungen ausüben können, die sie erfüllen müssten, wenn sie in diesen Staat erst zu dem Zeitpunkt einreisen würden, in dem sie diese Tätigkeit aufzunehmen beabsichtigen;
e) den Erwerb und die Nutzung von Grundbesitz im Hoheitsgebiet eines Mitgliedstaats durch Angehörige eines anderen Mitgliedstaats ermöglichen, soweit hierdurch die Grundsätze des Artikels 39 Absatz 2 nicht beeinträchtigt werden;
f) veranlassen, dass bei jedem in Betracht kommenden Wirtschaftszweig die Beschränkungen der Niederlassungsfreiheit in Bezug auf die Voraussetzungen für die Errichtung von Agenturen,

Zweigniederlassungen und Tochtergesellschaften im Hoheitsgebiet eines Mitgliedstaats sowie für den Eintritt des Personals der Hauptniederlassung in ihre Leitungs- oder Überwachungsorgane schrittweise aufgehoben werden;

g) soweit erforderlich, die Schutzbestimmungen koordinieren, die in den Mitgliedstaaten den Gesellschaften im Sinne des Artikels 54 Absatz 2 im Interesse der Gesellschafter sowie Dritter vorgeschrieben sind, um diese Bestimmungen gleichwertig zu gestalten;

h) sicherstellen, dass die Bedingungen für die Niederlassung nicht durch Beihilfen der Mitgliedstaaten verfälscht werden.

Artikel 51 [Ausübung öffentlicher Gewalt]

Auf Tätigkeiten, die in einem Mitgliedstaat dauernd oder zeitweise mit der Ausübung öffentlicher Gewalt verbunden sind, findet dieses Kapitel in dem betreffenden Mitgliedstaat keine Anwendung.

Das Europäische Parlament und der Rat können gemäß dem ordentlichen Gesetzgebungsverfahren beschließen, dass dieses Kapitel auf bestimmte Tätigkeiten keine Anwendung findet.

Artikel 52 [Öffentliche Ordnung; Sicherheit; Gesundheit]

(1) Dieses Kapitel und die aufgrund desselben getroffenen Maßnahmen beeinträchtigen nicht die Anwendbarkeit der Rechts- und Verwaltungsvorschriften, die eine Sonderregelung für Ausländer vorsehen und aus Gründen der öffentlichen Ordnung, Sicherheit oder Gesundheit gerechtfertigt sind.

(2) Das Europäische Parlament und der Rat erlassen gemäß dem ordentlichen Gesetzgebungsverfahren Richtlinien für die Koordinierung der genannten Vorschriften.

Artikel 53 [Gegenseitige Anerkennung von Diplomen; Koordinierungsrechtsetzung]

(1) Um die Aufnahme und Ausübung selbstständiger Tätigkeiten zu erleichtern, erlassen das Europäische Parlament und der Rat gemäß dem ordentlichen Gesetzgebungsverfahren Richtlinien für die gegenseitige Anerkennung der Diplome, Prüfungszeugnisse und sonstigen Befähigungsnachweise sowie für die Koordinierung der Rechts- und Verwaltungsvorschriften der Mitgliedstaaten über die Aufnahme und Ausübung selbstständiger Tätigkeiten.

(2) Die schrittweise Aufhebung der Beschränkungen für die ärztlichen, arztähnlichen und pharmazeutischen Berufe setzt die Koordinierung der Bedingungen für die Ausübung dieser Berufe in den einzelnen Mitgliedstaaten voraus.

Artikel 54 [Gleichstellung der Gesellschaften]

Für die Anwendung dieses Kapitels stehen die nach den Rechtsvorschriften eines Mitgliedstaats gegründeten Gesellschaften, die ihren satzungsmäßigen Sitz, ihre Hauptverwaltung oder ihre Hauptniederlassung innerhalb der Union haben, den natürlichen Personen gleich, die Angehörige der Mitgliedstaaten sind.

Als Gesellschaften gelten die Gesellschaften des bürgerlichen Rechts und des Handelsrechts einschließlich der Genossenschaften und die sonstigen juristischen Personen des öffentlichen und privaten Rechts mit Ausnahme derjenigen, die keinen Erwerbszweck verfolgen.

Artikel 55 [Diskriminierungsverbot bei Kapitalbeteiligungen]

Unbeschadet der sonstigen Bestimmungen der Verträge stellen die Mitgliedstaaten die Staatsangehörigen der anderen Mitgliedstaaten hinsichtlich ihrer Beteiligung am Kapital von Gesellschaften im Sinne des Artikels 54 den eigenen Staatsangehörigen gleich.

Kapitel 3
Dienstleistungen

Artikel 56 [Dienstleistungsfreiheit]

Die Beschränkungen des freien Dienstleistungsverkehrs innerhalb der Union für Angehörige der Mitgliedstaaten, die in einem anderen Mitgliedstaat als demjenigen des Leistungsempfängers ansässig sind, sind nach Maßgabe der folgenden Bestimmungen verboten.

Das Europäische Parlament und der Rat können gemäß dem ordentlichen Gesetzgebungsverfahren beschließen, dass dieses Kapitel auch auf Erbringer von Dienstleistungen Anwendung findet, welche die Staatsangehörigkeit eines dritten Landes besitzen und innerhalb der Union ansässig sind.

Artikel 57 [Dienstleistungen]
Dienstleistungen im Sinne der Verträge sind Leistungen, die in der Regel gegen Entgelt erbracht werden, soweit sie nicht den Vorschriften über den freien Waren- und Kapitalverkehr und über die Freizügigkeit der Personen unterliegen.

Als Dienstleistungen gelten insbesondere:
a) gewerbliche Tätigkeiten,
b) kaufmännische Tätigkeiten,
c) handwerkliche Tätigkeiten,
d) freiberufliche Tätigkeiten.

Unbeschadet des Kapitels über die Niederlassungsfreiheit kann der Leistende zwecks Erbringung seiner Leistungen seine Tätigkeit vorübergehend in dem Mitgliedstaat ausüben, in dem die Leistung erbracht wird, und zwar unter den Voraussetzungen, welche dieser Mitgliedstaat für seine eigenen Angehörigen vorschreibt.

Artikel 58 [Verkehrsdienstleistungen; Kapitalverkehr]
(1) Für den freien Dienstleistungsverkehr auf dem Gebiet des Verkehrs gelten die Bestimmungen des Titels über den Verkehr.

(2) Die Liberalisierung der mit dem Kapitalverkehr verbundenen Dienstleistungen der Banken und Versicherungen wird im Einklang mit der Liberalisierung des Kapitalverkehrs durchgeführt.

Artikel 59 [Liberalisierungsmaßnahmen]
(1) Das Europäische Parlament und der Rat erlassen gemäß dem ordentlichen Gesetzgebungsverfahren und nach Anhörung des Wirtschafts- und Sozialausschusses Richtlinien zur Liberalisierung einer bestimmten Dienstleistung.

(2) Bei den in Absatz 1 genannten Richtlinien sind im Allgemeinen mit Vorrang diejenigen Dienstleistungen zu berücksichtigen, welche die Produktionskosten unmittelbar beeinflussen oder deren Liberalisierung zur Förderung des Warenverkehrs beiträgt.

Artikel 60 [Weitergehende Liberalisierung]
Die Mitgliedstaaten bemühen sich, über das Ausmaß der Liberalisierung der Dienstleistungen, zu dem sie aufgrund der Richtlinien gemäß Artikel 59 Absatz 1 verpflichtet sind, hinauszugehen, falls ihre wirtschaftliche Gesamtlage und die Lage des betreffenden Wirtschaftszweigs dies zulassen.

Die Kommission richtet entsprechende Empfehlungen an die betreffenden Staaten.

Artikel 61 [Übergangsregelung]
Solange die Beschränkungen des freien Dienstleistungsverkehrs nicht aufgehoben sind, wendet sie jeder Mitgliedstaat ohne Unterscheidung nach Staatsangehörigkeit oder Aufenthaltsort auf alle in Artikel 56 Absatz 1 bezeichneten Erbringer von Dienstleistungen an.

Artikel 62 [Entsprechende Anwendung von Vorschriften des Niederlassungsrechts]
Die Bestimmungen der Artikel 51 bis 54 finden auf das in diesem Kapitel geregelte Sachgebiet Anwendung.

Kapitel 4
Der Kapital- und Zahlungsverkehr

Artikel 63 [Freier Kapital- und Zahlungsverkehr]
(1) Im Rahmen der Bestimmungen dieses Kapitels sind alle Beschränkungen des Kapitalverkehrs zwischen den Mitgliedstaaten sowie zwischen den Mitgliedstaaten und dritten Ländern verboten.

(2) Im Rahmen der Bestimmungen dieses Kapitels sind alle Beschränkungen des Zahlungsverkehrs zwischen den Mitgliedstaaten sowie zwischen den Mitgliedstaaten und dritten Ländern verboten.

Artikel 64 [Ausnahmen im Kapitalverkehr mit Drittstaaten]
(1) [1]Artikel 63 berührt nicht die Anwendung derjenigen Beschränkungen auf dritte Länder, die am 31. Dezember 1993 aufgrund einzelstaatlicher Rechtsvorschriften oder aufgrund von Rechtsvorschriften der Union für den Kapitalverkehr mit dritten Ländern im Zusammenhang mit Direktinvestitionen

einschließlich Anlagen in Immobilien, mit der Niederlassung, der Erbringung von Finanzdienstleistungen oder der Zulassung von Wertpapieren zu den Kapitalmärkten bestehen. [2]Für in Bulgarien, Estland und Ungarn bestehende Beschränkungen nach innerstaatlichem Recht ist der maßgebliche Zeitpunkt der 31. Dezember 1999. [3]Für in Kroatien nach innerstaatlichem Recht bestehende Beschränkungen ist der maßgebliche Zeitpunkt der 31. Dezember 2002.

(2) Unbeschadet der anderen Kapitel der Verträge sowie ihrer Bemühungen um eine möglichst weit gehende Verwirklichung des Zieles eines freien Kapitalverkehrs zwischen den Mitgliedstaaten und dritten Ländern beschließen das Europäische Parlament und der Rat gemäß dem ordentlichen Gesetzgebungsverfahren Maßnahmen für den Kapitalverkehr mit dritten Ländern im Zusammenhang mit Direktinvestitionen einschließlich Anlagen in Immobilien, mit der Niederlassung, der Erbringung von Finanzdienstleistungen oder der Zulassung von Wertpapieren zu den Kapitalmärkten.

(3) Abweichend von Absatz 2 kann nur der Rat gemäß einem besonderen Gesetzgebungsverfahren und nach Anhörung des Europäischen Parlaments Maßnahmen einstimmig beschließen, die im Rahmen des Unionsrechts für die Liberalisierung des Kapitalverkehrs mit Drittländern einen Rückschritt darstellen.

Artikel 65 [Nationale Beschränkungen]

(1) Artikel 63 berührt nicht das Recht der Mitgliedstaaten,

a) die einschlägigen Vorschriften ihres Steuerrechts anzuwenden, die Steuerpflichtige mit unterschiedlichem Wohnort oder Kapitalanlageort unterschiedlich behandeln,

b) die unerlässlichen Maßnahmen zu treffen, um Zuwiderhandlungen gegen innerstaatliche Rechts- und Verwaltungsvorschriften, insbesondere auf dem Gebiet des Steuerrechts und der Aufsicht über Finanzinstitute, zu verhindern, sowie Meldeverfahren für den Kapitalverkehr zwecks administrativer oder statistischer Information vorzusehen oder Maßnahmen zu ergreifen, die aus Gründen der öffentlichen Ordnung oder Sicherheit gerechtfertigt sind.

(2) Dieses Kapitel berührt nicht die Anwendbarkeit von Beschränkungen des Niederlassungsrechts, die mit den Verträgen vereinbar sind.

(3) Die in den Absätzen 1 und 2 genannten Maßnahmen und Verfahren dürfen weder ein Mittel zur willkürlichen Diskriminierung noch eine verschleierte Beschränkung des freien Kapital- und Zahlungsverkehrs im Sinne des Artikels 63 darstellen.

(4) [1]Sind keine Maßnahmen nach Artikel 64 Absatz 3 erlassen worden, so kann die Kommission oder, wenn diese binnen drei Monaten nach der Vorlage eines entsprechenden Antrags des betreffenden Mitgliedstaats keinen Beschluss erlassen hat, der Rat einen Beschluss erlassen, mit dem festgelegt wird, dass die von einem Mitgliedstaat in Bezug auf ein oder mehrere Drittländer getroffenen restriktiven steuerlichen Maßnahmen insofern als mit den Verträgen vereinbar anzusehen sind, als sie durch eines der Ziele der Union gerechtfertigt und mit dem ordnungsgemäßen Funktionieren des Binnenmarkts vereinbar sind. [2]Der Rat beschließt einstimmig auf Antrag eines Mitgliedstaats.

Artikel 66 [Kurzfristige Schutzmaßnahmen]

Falls Kapitalbewegungen nach oder aus dritten Ländern unter außergewöhnlichen Umständen das Funktionieren der Wirtschafts- und Währungsunion schwerwiegend stören oder zu stören drohen, kann der Rat auf Vorschlag der Kommission und nach Anhörung der Europäischen Zentralbank gegenüber dritten Ländern Schutzmaßnahmen mit einer Geltungsdauer von höchstens sechs Monaten treffen, wenn diese unbedingt erforderlich sind.

Titel V
Der Raum der Freiheit, der Sicherheit und des Rechts

Kapitel 1
Allgemeine Bestimmungen

Artikel 67 [Grundsätze]

(1) Die Union bildet einen Raum der Freiheit, der Sicherheit und des Rechts, in dem die Grundrechte und die verschiedenen Rechtsordnungen und -traditionen der Mitgliedstaaten geachtet werden.

(2) [1]Sie stellt sicher, dass Personen an den Binnengrenzen nicht kontrolliert werden, und entwickelt eine gemeinsame Politik in den Bereichen Asyl, Einwanderung und Kontrollen an den Außengrenzen, die sich auf die Solidarität der Mitgliedstaaten gründet und gegenüber Drittstaatsangehörigen angemessen ist. [2]Für die Zwecke dieses Titels werden Staatenlose den Drittstaatsangehörigen gleichgestellt.

(3) Die Union wirkt darauf hin, durch Maßnahmen zur Verhütung und Bekämpfung von Kriminalität sowie von Rassismus und Fremdenfeindlichkeit, zur Koordinierung und Zusammenarbeit von Polizeibehörden und Organen der Strafrechtspflege und den anderen zuständigen Behörden sowie durch die gegenseitige Anerkennung strafrechtlicher Entscheidungen und erforderlichenfalls durch die Angleichung der strafrechtlichen Rechtsvorschriften ein hohes Maß an Sicherheit zu gewährleisten.

(4) Die Union erleichtert den Zugang zum Recht, insbesondere durch den Grundsatz der gegenseitigen Anerkennung gerichtlicher und außergerichtlicher Entscheidungen in Zivilsachen.

Artikel 68 [Strategische Leitlinien]
Der Europäische Rat legt die strategischen Leitlinien für die gesetzgeberische und operative Programmplanung im Raum der Freiheit, der Sicherheit und des Rechts fest.

Artikel 69 [Achtung des Subsidiaritätsprinzips]
Die nationalen Parlamente tragen bei Gesetzgebungsvorschlägen und -initiativen, die im Rahmen der Kapitel 4 und 5 vorgelegt werden, Sorge für die Achtung des Subsidiaritätsprinzips nach Maßgabe des Protokolls über die Anwendung der Grundsätze der Subsidiarität und der Verhältnismäßigkeit.

Artikel 70 [Kontrollsystem für nationale Durchführungsmaßnahmen]
[1]Unbeschadet der Artikel 258, 259 und 260 kann der Rat auf Vorschlag der Kommission Maßnahmen erlassen, mit denen Einzelheiten festgelegt werden, nach denen die Mitgliedstaaten in Zusammenarbeit mit der Kommission eine objektive und unparteiische Bewertung der Durchführung der unter diesen Titel fallenden Unionspolitik durch die Behörden der Mitgliedstaaten vornehmen, insbesondere um die umfassende Anwendung des Grundsatzes der gegenseitigen Anerkennung zu fördern. [2]Das Europäische Parlament und die nationalen Parlamente werden vom Inhalt und den Ergebnissen dieser Bewertung unterrichtet.

Artikel 71 [Ständiger Ausschuss „Innere Sicherheit"]
[1]Im Rat wird ein ständiger Ausschuss eingesetzt, um sicherzustellen, dass innerhalb der Union die operative Zusammenarbeit im Bereich der inneren Sicherheit gefördert und verstärkt wird. [2]Er fördert unbeschadet des Artikels 240 die Koordinierung der Maßnahmen der zuständigen Behörden der Mitgliedstaaten. [3]Die Vertreter der betroffenen Einrichtungen und sonstigen Stellen der Union können an den Arbeiten des Ausschusses beteiligt werden. [4]Das Europäische Parlament und die nationalen Parlamente werden über die Arbeiten des Ausschusses auf dem Laufenden gehalten.

Artikel 72 [Nationale Zuständigkeiten]
Dieser Titel berührt nicht die Wahrnehmung der Zuständigkeiten der Mitgliedstaaten für die Aufrechterhaltung der öffentlichen Ordnung und den Schutz der inneren Sicherheit.

Artikel 73 [Zusammenarbeit der Mitgliedstaaten]
Es steht den Mitgliedstaaten frei, untereinander und in eigener Verantwortung Formen der Zusammenarbeit und Koordinierung zwischen den zuständigen Dienststellen ihrer für den Schutz der nationalen Sicherheit verantwortlichen Verwaltungen einzurichten, die sie für geeignet halten.

Artikel 74 [Maßnahmen zur Verwaltungszusammenarbeit]
[1]Der Rat erlässt Maßnahmen, um die Verwaltungszusammenarbeit zwischen den zuständigen Dienststellen der Mitgliedstaaten in den Bereichen dieses Titels sowie die Zusammenarbeit zwischen diesen Dienststellen und der Kommission zu gewährleisten. [2]Dabei beschließt er auf Vorschlag der Kommission vorbehaltlich des Artikels 76 und nach Anhörung des Europäischen Parlaments.

Artikel 75 [Maßnahmen gegen Terrorismusfinanzierung]
Sofern dies notwendig ist, um die Ziele des Artikels 67 in Bezug auf die Verhütung und Bekämpfung von Terrorismus und damit verbundener Aktivitäten zu verwirklichen, schaffen das Europäische Parlament und der Rat gemäß dem ordentlichen Gesetzgebungsverfahren durch Verordnungen einen

Rahmen für Verwaltungsmaßnahmen in Bezug auf Kapitalbewegungen und Zahlungen, wozu das Einfrieren von Geldern, finanziellen Vermögenswerten oder wirtschaftlichen Erträgen gehören kann, deren Eigentümer oder Besitzer natürliche oder juristische Personen, Gruppierungen oder nichtstaatliche Einheiten sind.

Der Rat erlässt auf Vorschlag der Kommission Maßnahmen zur Umsetzung des in Absatz 1 genannten Rahmens.

In den Rechtsakten nach diesem Artikel müssen die erforderlichen Bestimmungen über den Rechtsschutz vorgesehen sein.

Artikel 76 [Initiativrecht]

Die in den Kapiteln 4 und 5 genannten Rechtsakte sowie die in Artikel 74 genannten Maßnahmen, mit denen die Verwaltungszusammenarbeit in den Bereichen der genannten Kapitel gewährleistet wird, werden wie folgt erlassen:

a) auf Vorschlag der Kommission oder
b) auf Initiative eines Viertels der Mitgliedstaaten.

Kapitel 2

Politik im Bereich Grenzkontrollen, Asyl und Einwanderung

Artikel 77 [Grenzschutzpolitik]

(1) Die Union entwickelt eine Politik, mit der

a) sichergestellt werden soll, dass Personen unabhängig von ihrer Staatsangehörigkeit beim Überschreiten der Binnengrenzen nicht kontrolliert werden;
b) die Personenkontrolle und die wirksame Überwachung des Grenzübertritts an den Außengrenzen sichergestellt werden soll;
c) schrittweise ein integriertes Grenzschutzsystem an den Außengrenzen eingeführt werden soll.

(2) Für die Zwecke des Absatzes 1 erlassen das Europäische Parlament und der Rat gemäß dem ordentlichen Gesetzgebungsverfahren Maßnahmen, die folgende Bereiche betreffen:

a) die gemeinsame Politik in Bezug auf Visa und andere kurzfristige Aufenthaltstitel;
b) die Kontrollen, denen Personen beim Überschreiten der Außengrenzen unterzogen werden;
c) die Voraussetzungen, unter denen sich Drittstaatsangehörige innerhalb der Union während eines kurzen Zeitraums frei bewegen können;
d) alle Maßnahmen, die für die schrittweise Einführung eines integrierten Grenzschutzsystems an den Außengrenzen erforderlich sind;
e) die Abschaffung der Kontrolle von Personen gleich welcher Staatsangehörigkeit beim Überschreiten der Binnengrenzen.

(3) [1]Erscheint zur Erleichterung der Ausübung des in Artikel 20 Absatz 2 Buchstabe a genannten Rechts ein Tätigwerden der Union erforderlich, so kann der Rat gemäß einem besonderen Gesetzgebungsverfahren Bestimmungen betreffend Pässe, Personalausweise, Aufenthaltstitel oder diesen gleichgestellte Dokumente erlassen, sofern die Verträge hierfür anderweitig keine Befugnisse vorsehen. [2]Der Rat beschließt einstimmig nach Anhörung des Europäischen Parlaments.

(4) Dieser Artikel berührt nicht die Zuständigkeit der Mitgliedstaaten für die geografische Festlegung ihrer Grenzen nach dem Völkerrecht.

Artikel 78 [Asylpolitik]

(1) [1]Die Union entwickelt eine gemeinsame Politik im Bereich Asyl, subsidiärer Schutz und vorübergehender Schutz, mit der jedem Drittstaatsangehörigen, der internationalen Schutz benötigt, ein angemessener Status angeboten und die Einhaltung des Grundsatzes der Nicht- Zurückweisung gewährleistet werden soll. [2]Diese Politik muss mit dem Genfer Abkommen vom 28. Juli 1951 und dem Protokoll vom 31. Januar 1967 über die Rechtsstellung der Flüchtlinge sowie den anderen einschlägigen Verträgen im Einklang stehen.

(2) Für die Zwecke des Absatzes 1 erlassen das Europäische Parlament und der Rat gemäß dem ordentlichen Gesetzgebungsverfahren Maßnahmen in Bezug auf ein gemeinsames europäisches Asylsystem, das Folgendes umfasst:

a) einen in der ganzen Union gültigen einheitlichen Asylstatus für Drittstaatsangehörige;
b) einen einheitlichen subsidiären Schutzstatus für Drittstaatsangehörige, die keinen europäischen Asylstatus erhalten, aber internationalen Schutz benötigen;
c) eine gemeinsame Regelung für den vorübergehenden Schutz von Vertriebenen im Falle eines Massenzustroms;
d) gemeinsame Verfahren für die Gewährung und den Entzug des einheitlichen Asylstatus beziehungsweise des subsidiären Schutzstatus;
e) Kriterien und Verfahren zur Bestimmung des Mitgliedstaats, der für die Prüfung eines Antrags auf Asyl oder subsidiären Schutz zuständig ist;
f) Normen über die Aufnahmebedingungen von Personen, die Asyl oder subsidiären Schutz beantragen;
g) Partnerschaft und Zusammenarbeit mit Drittländern zur Steuerung des Zustroms von Personen, die Asyl oder subsidiären beziehungsweise vorübergehenden Schutz beantragen.

(3) [1]Befinden sich ein oder mehrere Mitgliedstaaten aufgrund eines plötzlichen Zustroms von Drittstaatsangehörigen in einer Notlage, so kann der Rat auf Vorschlag der Kommission vorläufige Maßnahmen zugunsten der betreffenden Mitgliedstaaten erlassen. [2]Er beschließt nach Anhörung des Europäischen Parlaments.

Artikel 79 [Einwanderungspolitik]

(1) Die Union entwickelt eine gemeinsame Einwanderungspolitik, die in allen Phasen eine wirksame Steuerung der Migrationsströme, eine angemessene Behandlung von Drittstaatsangehörigen, die sich rechtmäßig in einem Mitgliedstaat aufhalten, sowie die Verhütung und verstärkte Bekämpfung von illegaler Einwanderung und Menschenhandel gewährleisten soll.

(2) Für die Zwecke des Absatzes 1 erlassen das Europäische Parlament und der Rat gemäß dem ordentlichen Gesetzgebungsverfahren Maßnahmen in folgenden Bereichen:

a) Einreise- und Aufenthaltsvoraussetzungen sowie Normen für die Erteilung von Visa und Aufenthaltstiteln für einen langfristigen Aufenthalt, einschließlich solcher zur Familienzusammenführung, durch die Mitgliedstaaten;
b) Festlegung der Rechte von Drittstaatsangehörigen, die sich rechtmäßig in einem Mitgliedstaat aufhalten, einschließlich der Bedingungen, unter denen sie sich in den anderen Mitgliedstaaten frei bewegen und aufhalten dürfen;
c) illegale Einwanderung und illegaler Aufenthalt, einschließlich Abschiebung und Rückführung solcher Personen, die sich illegal in einem Mitgliedstaat aufhalten;
d) Bekämpfung des Menschenhandels, insbesondere des Handels mit Frauen und Kindern.

(3) Die Union kann mit Drittländern Übereinkünfte über eine Rückübernahme von Drittstaatsangehörigen in ihr Ursprungs- oder Herkunftsland schließen, die die Voraussetzungen für die Einreise in das Hoheitsgebiet eines der Mitgliedstaaten oder die Anwesenheit oder den Aufenthalt in diesem Gebiet nicht oder nicht mehr erfüllen.

(4) Das Europäische Parlament und der Rat können gemäß dem ordentlichen Gesetzgebungsverfahren unter Ausschluss jeglicher Harmonisierung der Rechtsvorschriften der Mitgliedstaaten Maßnahmen festlegen, mit denen die Bemühungen der Mitgliedstaaten um die Integration der sich rechtmäßig in ihrem Hoheitsgebiet aufhaltenden Drittstaatsangehörigen gefördert und unterstützt werden.

(5) Dieser Artikel berührt nicht das Recht der Mitgliedstaaten, festzulegen, wie viele Drittstaatsangehörige aus Drittländern in ihr Hoheitsgebiet einreisen dürfen, um dort als Arbeitnehmer oder Selbstständige Arbeit zu suchen.

Artikel 80 [Grundsatz der Solidarität]

[1]Für die unter dieses Kapitel fallende Politik der Union und ihre Umsetzung gilt der Grundsatz der Solidarität und der gerechten Aufteilung der Verantwortlichkeiten unter den Mitgliedstaaten, einschließlich in finanzieller Hinsicht. [2]Die aufgrund dieses Kapitels erlassenen Rechtsakte der Union enthalten, immer wenn dies erforderlich ist, entsprechende Maßnahmen für die Anwendung dieses Grundsatzes.

Kapitel 3
Justizielle Zusammenarbeit in Zivilsachen

Artikel 81 [Justizielle Zusammenarbeit in Zivilsachen]

(1) [1]Die Union entwickelt eine justizielle Zusammenarbeit in Zivilsachen mit grenzüberschreitendem Bezug, die auf dem Grundsatz der gegenseitigen Anerkennung gerichtlicher und außergerichtlicher Entscheidungen beruht. [2]Diese Zusammenarbeit kann den Erlass von Maßnahmen zur Angleichung der Rechtsvorschriften der Mitgliedstaaten umfassen.

(2) Für die Zwecke des Absatzes 1 erlassen das Europäische Parlament und der Rat, insbesondere wenn dies für das reibungslose Funktionieren des Binnenmarkts erforderlich ist, gemäß dem ordentlichen Gesetzgebungsverfahren Maßnahmen, die Folgendes sicherstellen sollen:

a) die gegenseitige Anerkennung und die Vollstreckung gerichtlicher und außergerichtlicher Entscheidungen zwischen den Mitgliedstaaten;
b) die grenzüberschreitende Zustellung gerichtlicher und außergerichtlicher Schriftstücke;
c) die Vereinbarkeit der in den Mitgliedstaaten geltenden Kollisionsnormen und Vorschriften zur Vermeidung von Kompetenzkonflikten;
d) die Zusammenarbeit bei der Erhebung von Beweismitteln;
e) einen effektiven Zugang zum Recht;
f) die Beseitigung von Hindernissen für die reibungslose Abwicklung von Zivilverfahren, erforderlichenfalls durch Förderung der Vereinbarkeit der in den Mitgliedstaaten geltenden zivilrechtlichen Verfahrensvorschriften;
g) die Entwicklung von alternativen Methoden für die Beilegung von Streitigkeiten;
h) die Förderung der Weiterbildung von Richtern und Justizbediensteten.

(3) [1]Abweichend von Absatz 2 werden Maßnahmen zum Familienrecht mit grenzüberschreitendem Bezug vom Rat gemäß einem besonderen Gesetzgebungsverfahren festgelegt. [2]Dieser beschließt einstimmig nach Anhörung des Europäischen Parlaments.

[1]Der Rat kann auf Vorschlag der Kommission einen Beschluss erlassen, durch den die Aspekte des Familienrechts mit grenzüberschreitendem Bezug bestimmt werden, die Gegenstand von Rechtsakten sein können, die gemäß dem ordentlichen Gesetzgebungsverfahren erlassen werden. [2]Der Rat beschließt einstimmig nach Anhörung des Europäischen Parlaments.

[1]Der in Unterabsatz 2 genannte Vorschlag wird den nationalen Parlamenten übermittelt. [2]Wird dieser Vorschlag innerhalb von sechs Monaten nach der Übermittlung von einem nationalen Parlament abgelehnt, so wird der Beschluss nicht erlassen. [3]Wird der Vorschlag nicht abgelehnt, so kann der Rat den Beschluss erlassen.

Kapitel 4
Justizielle Zusammenarbeit in Strafsachen

Artikel 82 [Grundsatz der gegenseitigen Anerkennung; Mindestvorschriften]

(1) Die justizielle Zusammenarbeit in Strafsachen in der Union beruht auf dem Grundsatz der gegenseitigen Anerkennung gerichtlicher Urteile und Entscheidungen und umfasst die Angleichung der Rechtsvorschriften der Mitgliedstaaten in den in Absatz 2 und in Artikel 83 genannten Bereichen.

Das Europäische Parlament und der Rat erlassen gemäß dem ordentlichen Gesetzgebungsverfahren Maßnahmen, um

a) Regeln und Verfahren festzulegen, mit denen die Anerkennung aller Arten von Urteilen und gerichtlichen Entscheidungen in der gesamten Union sichergestellt wird;
b) Kompetenzkonflikte zwischen den Mitgliedstaaten zu verhindern und beizulegen;
c) die Weiterbildung von Richtern und Staatsanwälten sowie Justizbediensteten zu fördern;
d) die Zusammenarbeit zwischen den Justizbehörden oder entsprechenden Behörden der Mitgliedstaaten im Rahmen der Strafverfolgung sowie des Vollzugs und der Vollstreckung von Entscheidungen zu erleichtern.

(2) [1]Soweit dies zur Erleichterung der gegenseitigen Anerkennung gerichtlicher Urteile und Entscheidungen und der polizeilichen und justiziellen Zusammenarbeit in Strafsachen mit grenzüberschreitender Dimension erforderlich ist, können das Europäische Parlament und der Rat gemäß dem

ordentlichen Gesetzgebungsverfahren durch Richtlinien Mindestvorschriften festlegen. [2]Bei diesen Mindestvorschriften werden die Unterschiede zwischen den Rechtsordnungen und -traditionen der Mitgliedstaaten berücksichtigt.

Die Vorschriften betreffen Folgendes:

a) die Zulässigkeit von Beweismitteln auf gegenseitiger Basis zwischen den Mitgliedstaaten;
b) die Rechte des Einzelnen im Strafverfahren;
c) die Rechte der Opfer von Straftaten;
d) sonstige spezifische Aspekte des Strafverfahrens, die zuvor vom Rat durch Beschluss bestimmt worden sind; dieser Beschluss wird vom Rat einstimmig nach Zustimmung des Europäischen Parlaments erlassen.

Der Erlass von Mindestvorschriften nach diesem Absatz hindert die Mitgliedstaaten nicht daran, ein höheres Schutzniveau für den Einzelnen beizubehalten oder einzuführen.

(3) [1]Ist ein Mitglied des Rates der Auffassung, dass ein Entwurf einer Richtlinie nach Absatz 2 grundlegende Aspekte seiner Strafrechtsordnung berühren würde, so kann es beantragen, dass der Europäische Rat befasst wird. [2]In diesem Fall wird das ordentliche Gesetzgebungsverfahren ausgesetzt. [3]Nach einer Aussprache verweist der Europäische Rat im Falle eines Einvernehmens den Entwurf binnen vier Monaten nach Aussetzung des Verfahrens an den Rat zurück, wodurch die Aussetzung des ordentlichen Gesetzgebungsverfahrens beendet wird.

[1]Sofern kein Einvernehmen erzielt wird, mindestens neun Mitgliedstaaten aber eine Verstärkte Zusammenarbeit auf der Grundlage des betreffenden Entwurfs einer Richtlinie begründen möchten, teilen diese Mitgliedstaaten dies binnen derselben Frist dem Europäischen Parlament, dem Rat und der Kommission mit. [2]In diesem Fall gilt die Ermächtigung zu einer Verstärkten Zusammenarbeit nach Artikel 20 Absatz 2 des Vertrags über die Europäische Union und Artikel 329 Absatz 1 dieses Vertrags als erteilt, und die Bestimmungen über die Verstärkte Zusammenarbeit finden Anwendung.

Artikel 83 [Straftaten mit grenzüberschreitender Dimension]

(1) Das Europäische Parlament und der Rat können gemäß dem ordentlichen Gesetzgebungsverfahren durch Richtlinien Mindestvorschriften zur Festlegung von Straftaten und Strafen in Bereichen besonders schwerer Kriminalität festlegen, die aufgrund der Art oder der Auswirkungen der Straftaten oder aufgrund einer besonderen Notwendigkeit, sie auf einer gemeinsamen Grundlage zu bekämpfen, eine grenzüberschreitende Dimension haben.

Derartige Kriminalitätsbereiche sind: Terrorismus, Menschenhandel und sexuelle Ausbeutung von Frauen und Kindern, illegaler Drogenhandel, illegaler Waffenhandel, Geldwäsche, Korruption, Fälschung von Zahlungsmitteln, Computerkriminalität und organisierte Kriminalität.

[1]Je nach Entwicklung der Kriminalität kann der Rat einen Beschluss erlassen, in dem andere Kriminalitätsbereiche bestimmt werden, die die Kriterien dieses Absatzes erfüllen. [2]Er beschließt einstimmig nach Zustimmung des Europäischen Parlaments.

(2) [1]Erweist sich die Angleichung der strafrechtlichen Rechtsvorschriften der Mitgliedstaaten als unerlässlich für die wirksame Durchführung der Politik der Union auf einem Gebiet, auf dem Harmonisierungsmaßnahmen erfolgt sind, so können durch Richtlinien Mindestvorschriften für die Festlegung von Straftaten und Strafen auf dem betreffenden Gebiet festgelegt werden. [2]Diese Richtlinien werden unbeschadet des Artikels 76 gemäß dem gleichen ordentlichen oder besonderen Gesetzgebungsverfahren wie die betreffenden Harmonisierungsmaßnahmen erlassen.

(3) [1]Ist ein Mitglied des Rates der Auffassung, dass der Entwurf einer Richtlinie nach den Absätzen 1 oder 2 grundlegende Aspekte seiner Strafrechtsordnung berühren würde, so kann es beantragen, dass der Europäische Rat befasst wird. [2]In diesem Fall wird das ordentliche Gesetzgebungsverfahren ausgesetzt. [3]Nach einer Aussprache verweist der Europäische Rat im Falle eines Einvernehmens den Entwurf binnen vier Monaten nach Aussetzung des Verfahrens an den Rat zurück, wodurch die Aussetzung des ordentlichen Gesetzgebungsverfahrens beendet wird.

[1]Sofern kein Einvernehmen erzielt wird, mindestens neun Mitgliedstaaten aber eine Verstärkte Zusammenarbeit auf der Grundlage des betreffenden Entwurfs einer Richtlinie begründen möchten, teilen diese Mitgliedstaaten dies binnen derselben Frist dem Europäischen Parlament, dem Rat und der Kommission mit. [2]In diesem Fall gilt die Ermächtigung zu einer Verstärkten Zusammenarbeit nach

Artikel 20 Absatz 2 des Vertrags über die Europäische Union und Artikel 329 Absatz 1 dieses Vertrags als erteilt, und die Bestimmungen über die Verstärkte Zusammenarbeit finden Anwendung.

Artikel 84 [Kriminalprävention]

Das Europäische Parlament und der Rat können gemäß dem ordentlichen Gesetzgebungsverfahren unter Ausschluss jeglicher Harmonisierung der Rechtsvorschriften der Mitgliedstaaten Maßnahmen festlegen, um das Vorgehen der Mitgliedstaaten im Bereich der Kriminalprävention zu fördern und zu unterstützen.

Artikel 85 [Eurojust]

(1) Eurojust hat den Auftrag, die Koordinierung und Zusammenarbeit zwischen den nationalen Behörden zu unterstützen und zu verstärken, die für die Ermittlung und Verfolgung von schwerer Kriminalität zuständig sind, wenn zwei oder mehr Mitgliedstaaten betroffen sind oder eine Verfolgung auf gemeinsamer Grundlage erforderlich ist; Eurojust stützt sich dabei auf die von den Behörden der Mitgliedstaaten und von Europol durchgeführten Operationen und gelieferten Informationen.

[1]Zu diesem Zweck legen das Europäische Parlament und der Rat gemäß dem ordentlichen Gesetzgebungsverfahren durch Verordnungen den Aufbau, die Arbeitsweise, den Tätigkeitsbereich und die Aufgaben von Eurojust fest. [2]Zu diesen Aufgaben kann Folgendes gehören:

a) Einleitung von strafrechtlichen Ermittlungsmaßnahmen sowie Vorschläge zur Einleitung von strafrechtlichen Verfolgungsmaßnahmen, die von den zuständigen nationalen Behörden durchgeführt werden, insbesondere bei Straftaten zum Nachteil der finanziellen Interessen der Union;
b) Koordinierung der unter Buchstabe a genannten Ermittlungs- und Verfolgungsmaßnahmen;
c) Verstärkung der justiziellen Zusammenarbeit, unter anderem auch durch die Beilegung von Kompetenzkonflikten und eine enge Zusammenarbeit mit dem Europäischen Justiziellen Netz.

Durch diese Verordnungen werden ferner die Einzelheiten für die Beteiligung des Europäischen Parlaments und der nationalen Parlamente an der Bewertung der Tätigkeit von Eurojust festgelegt.

(2) Im Rahmen der Strafverfolgungsmaßnahmen nach Absatz 1 werden die förmlichen Prozesshandlungen unbeschadet des Artikels 86 durch die zuständigen einzelstaatlichen Bediensteten vorgenommen.

Artikel 86 [Europäische Staatsanwaltschaft]

(1) [1]Zur Bekämpfung von Straftaten zum Nachteil der finanziellen Interessen der Union kann der Rat gemäß einem besonderen Gesetzgebungsverfahren durch Verordnungen ausgehend von Eurojust eine Europäische Staatsanwaltschaft einsetzen. [2]Der Rat beschließt einstimmig nach Zustimmung des Europäischen Parlaments.

[1]Sofern keine Einstimmigkeit besteht, kann eine Gruppe von mindestens neun Mitgliedstaaten beantragen, dass der Europäische Rat mit dem Entwurf einer Verordnung befasst wird. [2]In diesem Fall wird das Verfahren im Rat ausgesetzt. [3]Nach einer Aussprache verweist der Europäische Rat im Falle eines Einvernehmens den Entwurf binnen vier Monaten nach Aussetzung des Verfahrens an den Rat zur Annahme zurück.

[1]Sofern kein Einvernehmen erzielt wird, mindestens neun Mitgliedstaaten aber eine Verstärkte Zusammenarbeit auf der Grundlage des betreffenden Entwurfs einer Verordnung begründen möchten, teilen diese Mitgliedstaaten dies binnen derselben Frist dem Europäischen Parlament, dem Rat und der Kommission mit. [2]In diesem Fall gilt die Ermächtigung zu einer Verstärkten Zusammenarbeit nach Artikel 20 Absatz 2 des Vertrags über die Europäische Union und Artikel 329 Absatz 1 dieses Vertrags als erteilt, und die Bestimmungen über die Verstärkte Zusammenarbeit finden Anwendung.

(2) [1]Die Europäische Staatsanwaltschaft ist, gegebenenfalls in Verbindung mit Europol, zuständig für die strafrechtliche Untersuchung und Verfolgung sowie die Anklageerhebung in Bezug auf Personen, die als Täter oder Teilnehmer Straftaten zum Nachteil der finanziellen Interessen der Union begangen haben, die in der Verordnung nach Absatz 1 festgelegt sind. [2]Die Europäische Staatsanwaltschaft nimmt bei diesen Straftaten vor den zuständigen Gerichten der Mitgliedstaaten die Aufgaben der Staatsanwaltschaft wahr.

(3) Die in Absatz 1 genannte Verordnung legt die Satzung der Europäischen Staatsanwaltschaft, die Einzelheiten für die Erfüllung ihrer Aufgaben, die für ihre Tätigkeit geltenden Verfahrensvorschriften sowie die Regeln für die Zulässigkeit von Beweismitteln und für die gerichtliche Kontrolle der von

der Europäischen Staatsanwaltschaft bei der Erfüllung ihrer Aufgaben vorgenommenen Prozesshandlungen fest.

(4) [1]Der Europäische Rat kann gleichzeitig mit der Annahme der Verordnung oder im Anschluss daran einen Beschluss zur Änderung des Absatzes 1 mit dem Ziel einer Ausdehnung der Befugnisse der Europäischen Staatsanwaltschaft auf die Bekämpfung der schweren Kriminalität mit grenzüberschreitender Dimension und zur entsprechenden Änderung des Absatzes 2 hinsichtlich Personen, die als Täter oder Teilnehmer schwere, mehr als einen Mitgliedstaat betreffende Straftaten begangen haben, erlassen. [2]Der Europäische Rat beschließt einstimmig nach Zustimmung des Europäischen Parlaments und nach Anhörung der Kommission.

Kapitel 5
Polizeiliche Zusammenarbeit

Artikel 87 [Polizeiliche Zusammenarbeit]

(1) Die Union entwickelt eine polizeiliche Zusammenarbeit zwischen allen zuständigen Behörden der Mitgliedstaaten, einschließlich der Polizei, des Zolls und anderer auf die Verhütung oder die Aufdeckung von Straftaten sowie entsprechende Ermittlungen spezialisierter Strafverfolgungsbehörden.

(2) Für die Zwecke des Absatzes 1 können das Europäische Parlament und der Rat gemäß dem ordentlichen Gesetzgebungsverfahren Maßnahmen erlassen, die Folgendes betreffen:

a) Einholen, Speichern, Verarbeiten, Analysieren und Austauschen sachdienlicher Informationen;
b) Unterstützung bei der Aus- und Weiterbildung von Personal sowie Zusammenarbeit in Bezug auf den Austausch von Personal, die Ausrüstungsgegenstände und die kriminaltechnische Forschung;
c) gemeinsame Ermittlungstechniken zur Aufdeckung schwerwiegender Formen der organisierten Kriminalität.

(3) [1]Der Rat kann gemäß einem besonderen Gesetzgebungsverfahren Maßnahmen erlassen, die die operative Zusammenarbeit zwischen den in diesem Artikel genannten Behörden betreffen. [2]Der Rat beschließt einstimmig nach Anhörung des Europäischen Parlaments.

[1]Sofern keine Einstimmigkeit besteht, kann eine Gruppe von mindestens neun Mitgliedstaaten beantragen, dass der Europäische Rat mit dem Entwurf von Maßnahmen befasst wird. [2]In diesem Fall wird das Verfahren im Rat ausgesetzt. [3]Nach einer Aussprache verweist der Europäische Rat im Falle eines Einvernehmens den Entwurf binnen vier Monaten nach Aussetzung des Verfahrens an den Rat zur Annahme zurück.

[1]Sofern kein Einvernehmen erzielt wird, mindestens neun Mitgliedstaaten aber eine Verstärkte Zusammenarbeit auf der Grundlage des betreffenden Entwurfs von Maßnahmen begründen möchten, teilen diese Mitgliedstaaten dies binnen derselben Frist dem Europäischen Parlament, dem Rat und der Kommission mit. [2]In diesem Fall gilt die Ermächtigung zu einer Verstärkten Zusammenarbeit nach Artikel 20 Absatz 2 des Vertrags über die Europäische Union und Artikel 329 Absatz 1 dieses Vertrags als erteilt, und die Bestimmungen über die Verstärkte Zusammenarbeit finden Anwendung.

Das besondere Verfahren nach den Unterabsätzen 2 und 3 gilt nicht für Rechtsakte, die eine Weiterentwicklung des Schengen-Besitzstands darstellen.

Artikel 88 [Europol]

(1) Europol hat den Auftrag, die Tätigkeit der Polizeibehörden und der anderen Strafverfolgungsbehörden der Mitgliedstaaten sowie deren gegenseitige Zusammenarbeit bei der Verhütung und Bekämpfung der zwei oder mehr Mitgliedstaaten betreffenden schweren Kriminalität, des Terrorismus und der Kriminalitätsformen, die ein gemeinsames Interesse verletzen, das Gegenstand einer Politik der Union ist, zu unterstützen und zu verstärken.

(2) [1]Das Europäische Parlament und der Rat legen gemäß dem ordentlichen Gesetzgebungsverfahren durch Verordnungen den Aufbau, die Arbeitsweise, den Tätigkeitsbereich und die Aufgaben von Europol fest. [2]Zu diesen Aufgaben kann Folgendes gehören:

a) Einholen, Speichern, Verarbeiten, Analysieren und Austauschen von Informationen, die insbesondere von den Behörden der Mitgliedstaaten oder Drittländern beziehungsweise Stellen außerhalb der Union übermittelt werden;

b) Koordinierung, Organisation und Durchführung von Ermittlungen und von operativen Maßnahmen, die gemeinsam mit den zuständigen Behörden der Mitgliedstaaten oder im Rahmen gemeinsamer Ermittlungsgruppen durchgeführt werden, gegebenenfalls in Verbindung mit Eurojust.

Durch diese Verordnungen werden ferner die Einzelheiten für die Kontrolle der Tätigkeiten von Europol durch das Europäische Parlament festgelegt; an dieser Kontrolle werden die nationalen Parlamente beteiligt.

(3) [1]Europol darf operative Maßnahmen nur in Verbindung und in Absprache mit den Behörden des Mitgliedstaats oder der Mitgliedstaaten ergreifen, deren Hoheitsgebiet betroffen ist. [2]Die Anwendung von Zwangsmaßnahmen bleibt ausschließlich den zuständigen einzelstaatlichen Behörden vorbehalten.

Artikel 89 [Grenzüberschreitende Behördentätigkeit]

[1]Der Rat legt gemäß einem besonderen Gesetzgebungsverfahren fest, unter welchen Bedingungen und innerhalb welcher Grenzen die in den Artikeln 82 und 87 genannten zuständigen Behörden der Mitgliedstaaten im Hoheitsgebiet eines anderen Mitgliedstaats in Verbindung und in Absprache mit dessen Behörden tätig werden dürfen. [2]Der Rat beschließt einstimmig nach Anhörung des Europäischen Parlaments.

Titel VI

Der Verkehr

Artikel 90 [Gemeinsame Verkehrspolitik]

Auf dem in diesem Titel geregelten Sachgebiet werden die Ziele der Verträge im Rahmen einer gemeinsamen Verkehrspolitik verfolgt.

Artikel 91 [Erlass von zweckdienlichen Maßnahmen]

(1) Zur Durchführung des Artikels 90 werden das Europäische Parlament und der Rat unter Berücksichtigung der Besonderheiten des Verkehrs gemäß dem ordentlichen Gesetzgebungsverfahren und nach Anhörung des Wirtschafts- und Sozialausschusses sowie des Ausschusses der Regionen

a) für den internationalen Verkehr aus oder nach dem Hoheitsgebiet eines Mitgliedstaats oder für den Durchgangsverkehr durch das Hoheitsgebiet eines oder mehrerer Mitgliedstaaten gemeinsame Regeln aufstellen;
b) für die Zulassung von Verkehrsunternehmern zum Verkehr innerhalb eines Mitgliedstaats, in dem sie nicht ansässig sind, die Bedingungen festlegen;
c) Maßnahmen zur Verbesserung der Verkehrssicherheit erlassen;
d) alle sonstigen zweckdienlichen Vorschriften erlassen.

(2) Beim Erlass von Maßnahmen nach Absatz 1 wird den Fällen Rechnung getragen, in denen die Anwendung den Lebensstandard und die Beschäftigungslage in bestimmten Regionen sowie den Betrieb der Verkehrseinrichtungen ernstlich beeinträchtigen könnte.

Artikel 92 [Stillhalteverpflichtung]

Bis zum Erlass der in Artikel 91 Absatz 1 genannten Vorschriften darf ein Mitgliedstaat die verschiedenen, am 1. Januar 1958 oder, im Falle später beigetretener Staaten, zum Zeitpunkt ihres Beitritts auf diesem Gebiet geltenden Vorschriften in ihren unmittelbaren oder mittelbaren Auswirkungen auf die Verkehrsunternehmer anderer Mitgliedstaaten im Vergleich zu den inländischen Verkehrsunternehmern nicht ungünstiger gestalten, es sei denn, dass der Rat einstimmig eine Maßnahme billigt, die eine Ausnahmeregelung gewährt.

Artikel 93 [Ausnahmen vom Beihilfeverbot]

Mit den Verträgen vereinbar sind Beihilfen, die den Erfordernissen der Koordinierung des Verkehrs oder der Abgeltung bestimmter, mit dem Begriff des öffentlichen Dienstes zusammenhängender Leistungen entsprechen.

Artikel 94 [Berücksichtigung der wirtschaftlichen Lage der Verkehrsunternehmer]

Jede Maßnahme auf dem Gebiet der Beförderungsentgelte und -bedingungen, die im Rahmen der Verträge getroffen wird, hat der wirtschaftlichen Lage der Verkehrsunternehmer Rechnung zu tragen.

Artikel 95 [Beseitigung von Diskriminierungen]

(1) Im Verkehr innerhalb der Union sind Diskriminierungen verboten, die darin bestehen, dass ein Verkehrsunternehmer in denselben Verkehrsverbindungen für die gleichen Güter je nach ihrem Herkunfts- oder Bestimmungsland unterschiedliche Frachten und Beförderungsbedingungen anwendet.

(2) Absatz 1 schließt sonstige Maßnahmen nicht aus, die das Europäische Parlament und der Rat gemäß Artikel 91 Absatz 1 treffen können.

(3) Der Rat trifft auf Vorschlag der Kommission und nach Anhörung des Europäischen Parlaments und des Wirtschafts- und Sozialausschusses eine Regelung zur Durchführung des Absatzes 1.

Er kann insbesondere die erforderlichen Vorschriften erlassen, um es den Organen der Union zu ermöglichen, für die Beachtung des Absatzes 1 Sorge zu tragen, und um den Verkehrsnutzern die Vorteile dieser Bestimmung voll zukommen zu lassen.

(4) Die Kommission prüft von sich aus oder auf Antrag eines Mitgliedstaats die Diskriminierungsfälle des Absatzes 1 und erlässt nach Beratung mit jedem in Betracht kommenden Mitgliedstaat die erforderlichen Beschlüsse im Rahmen der gemäß Absatz 3 getroffenen Regelung.

Artikel 96 [Verbot von Unterstützungsmaßnahmen, Ausnahmen]

(1) Im Verkehr innerhalb der Union sind die von einem Mitgliedstaat auferlegten Frachten und Beförderungsbedingungen verboten, die in irgendeiner Weise der Unterstützung oder dem Schutz eines oder mehrerer bestimmter Unternehmen oder Industrien dienen, es sei denn, dass die Kommission die Genehmigung hierzu erteilt.

(2) Die Kommission prüft von sich aus oder auf Antrag eines Mitgliedstaats die in Absatz 1 bezeichneten Frachten und Beförderungsbedingungen; hierbei berücksichtigt sie insbesondere sowohl die Erfordernisse einer angemessenen Standortpolitik, die Bedürfnisse der unterentwickelten Gebiete und die Probleme der durch politische Umstände schwer betroffenen Gebiete als auch die Auswirkungen dieser Frachten und Beförderungsbedingungen auf den Wettbewerb zwischen den Verkehrsarten.

Die Kommission erlässt die erforderlichen Beschlüsse nach Beratung mit jedem in Betracht kommenden Mitgliedstaat.

(3) Das in Absatz 1 genannte Verbot trifft nicht die Wettbewerbstarife.

Artikel 97 [Abgaben und Gebühren bei Grenzübergang]

Die Abgaben oder Gebühren, die ein Verkehrsunternehmer neben den Frachten beim Grenzübergang in Rechnung stellt, dürfen unter Berücksichtigung der hierdurch tatsächlich verursachten Kosten eine angemessene Höhe nicht übersteigen.

Die Mitgliedstaaten werden bemüht sein, diese Kosten schrittweise zu verringern.

Die Kommission kann zur Durchführung dieses Artikels Empfehlungen an die Mitgliedstaaten richten.

Artikel 98 [Teilungsbedingte Ausnahmen für gewisse deutsche Gebiete]

[1]Die Bestimmungen dieses Titels stehen Maßnahmen in der Bundesrepublik Deutschland nicht entgegen, soweit sie erforderlich sind, um die wirtschaftlichen Nachteile auszugleichen, die der Wirtschaft bestimmter, von der Teilung Deutschlands betroffener Gebiete der Bundesrepublik aus dieser Teilung entstehen. [2]Der Rat kann fünf Jahre nach dem Inkrafttreten des Vertrags von Lissabon auf Vorschlag der Kommission einen Beschluss erlassen, mit dem dieser Artikel aufgehoben wird.

Artikel 99 [Beratender Ausschuss]

[1]Bei der Kommission wird ein beratender Ausschuss gebildet; er besteht aus Sachverständigen, die von den Regierungen der Mitgliedstaaten ernannt werden. [2]Die Kommission hört den Ausschuss je nach Bedarf in Verkehrsfragen an.

Artikel 100 [Betroffene Verkehrsmittel]

(1) Dieser Titel gilt für die Beförderungen im Eisenbahn-, Straßen- und Binnenschiffsverkehr.

(2) [1]Das Europäische Parlament und der Rat können gemäß dem ordentlichen Gesetzgebungsverfahren geeignete Vorschriften für die Seeschifffahrt und die Luftfahrt erlassen. [2]Sie beschließen nach Anhörung des Wirtschafts- und Sozialausschusses und des Ausschusses der Regionen.

Titel VII
Gemeinsame Regeln betreffend Wettbewerb, Steuerfragen und Angleichung der Rechtsvorschriften

Kapitel 1
Wettbewerbsregeln

Abschnitt 1
Vorschriften für Unternehmen

Artikel 101 [Kartellverbot]
(1) Mit dem Binnenmarkt unvereinbar und verboten sind alle Vereinbarungen zwischen Unternehmen, Beschlüsse von Unternehmensvereinigungen und aufeinander abgestimmte Verhaltensweisen, welche den Handel zwischen Mitgliedstaaten zu beeinträchtigen geeignet sind und eine Verhinderung, Einschränkung oder Verfälschung des Wettbewerbs innerhalb des Binnenmarkts bezwecken oder bewirken, insbesondere
a) die unmittelbare oder mittelbare Festsetzung der An- oder Verkaufspreise oder sonstiger Geschäftsbedingungen;
b) die Einschränkung oder Kontrolle der Erzeugung, des Absatzes der technischen Entwicklung oder der Investitionen;
c) die Aufteilung der Märkte oder Versorgungsquellen;
d) die Anwendung unterschiedlicher Bedingungen bei gleichwertigen Leistungen gegenüber Handelspartnern, wodurch diese im Wettbewerb benachteiligt werden;
e) die an den Abschluss von Verträgen geknüpfte Bedingung, dass die Vertragspartner zusätzliche Leistungen annehmen, die weder sachlich noch nach Handelsbrauch in Beziehung zum Vertragsgegenstand stehen.

(2) Die nach diesem Artikel verbotenen Vereinbarungen oder Beschlüsse sind nichtig.

(3) Die Bestimmungen des Absatzes 1 können für nicht anwendbar erklärt werden auf
– Vereinbarungen oder Gruppen von Vereinbarungen zwischen Unternehmen,
– Beschlüsse oder Gruppen von Beschlüssen von Unternehmensvereinigungen,
– aufeinander abgestimmte Verhaltensweisen oder Gruppen von solchen,

die unter angemessener Beteiligung der Verbraucher an dem entstehenden Gewinn zur Verbesserung der Warenerzeugung oder -verteilung oder zur Förderung des technischen oder wirtschaftlichen Fortschritts beitragen, ohne dass den beteiligten Unternehmen
a) Beschränkungen auferlegt werden, die für die Verwirklichung dieser Ziele nicht unerlässlich sind, oder
b) Möglichkeiten eröffnet werden, für einen wesentlichen Teil der betreffenden Waren den Wettbewerb auszuschalten.

Artikel 102 [Missbrauch einer marktbeherrschenden Stellung]
Mit dem Binnenmarkt unvereinbar und verboten ist die missbräuchliche Ausnutzung einer beherrschenden Stellung auf dem Binnenmarkt oder auf einem wesentlichen Teil desselben durch ein oder mehrere Unternehmen, soweit dies dazu führen kann, den Handel zwischen Mitgliedstaaten zu beeinträchtigen.

Dieser Missbrauch kann insbesondere in Folgendem bestehen:
a) der unmittelbaren oder mittelbaren Erzwingung von unangemessenen Einkaufs- oder Verkaufspreisen oder sonstigen Geschäftsbedingungen;
b) der Einschränkung der Erzeugung, des Absatzes oder der technischen Entwicklung zum Schaden der Verbraucher;
c) der Anwendung unterschiedlicher Bedingungen bei gleichwertigen Leistungen gegenüber Handelspartnern, wodurch diese im Wettbewerb benachteiligt werden;
d) der an den Abschluss von Verträgen geknüpften Bedingung, dass die Vertragspartner zusätzliche Leistungen annehmen, die weder sachlich noch nach Handelsbrauch in Beziehung zum Vertragsgegenstand stehen.

Artikel 103 [Erlass von Verordnungen und Richtlinien]

(1) Die zweckdienlichen Verordnungen oder Richtlinien zur Verwirklichung der in den Artikeln 101 und 102 niedergelegten Grundsätze werden vom Rat auf Vorschlag der Kommission und nach Anhörung des Europäischen Parlaments beschlossen.

(2) Die in Absatz 1 vorgesehenen Vorschriften bezwecken insbesondere,

a) die Beachtung der in Artikel 101 Absatz 1 und Artikel 102 genannten Verbote durch die Einführung von Geldbußen und Zwangsgeldern zu gewährleisten;
b) die Einzelheiten der Anwendung des Artikels 101 Absatz 3 festzulegen; dabei ist dem Erfordernis einer wirksamen Überwachung bei möglichst einfacher Verwaltungskontrolle Rechnung zu tragen;
c) gegebenenfalls den Anwendungsbereich der Artikel 101 und 102 für die einzelnen Wirtschaftszweige näher zu bestimmen;
d) die Aufgaben der Kommission und des Gerichtshofs der Europäischen Union bei der Anwendung der in diesem Absatz vorgesehenen Vorschriften gegeneinander abzugrenzen;
e) das Verhältnis zwischen den innerstaatlichen Rechtsvorschriften einerseits und den in diesem Abschnitt enthaltenen oder aufgrund dieses Artikels getroffenen Bestimmungen andererseits festzulegen.

Artikel 104 [Übergangsbestimmung]

Bis zum Inkrafttreten der gemäß Artikel 103 erlassenen Vorschriften entscheiden die Behörden der Mitgliedstaaten im Einklang mit ihren eigenen Rechtsvorschriften und den Bestimmungen der Artikel 101, insbesondere Absatz 3, und 102 über die Zulässigkeit von Vereinbarungen, Beschlüssen und aufeinander abgestimmten Verhaltensweisen sowie über die missbräuchliche Ausnutzung einer beherrschenden Stellung auf dem Binnenmarkt.

Artikel 105 [Wettbewerbsaufsicht]

(1) [1]Unbeschadet des Artikels 104 achtet die Kommission auf die Verwirklichung der in den Artikeln 101 und 102 niedergelegten Grundsätze. [2]Sie untersucht auf Antrag eines Mitgliedstaats oder von Amts wegen in Verbindung mit den zuständigen Behörden der Mitgliedstaaten, die ihr Amtshilfe zu leisten haben, die Fälle, in denen Zuwiderhandlungen gegen diese Grundsätze vermutet werden. [3]Stellt sie eine Zuwiderhandlung fest, so schlägt sie geeignete Mittel vor, um diese abzustellen.

(2) [1]Wird die Zuwiderhandlung nicht abgestellt, so trifft die Kommission in einem mit Gründen versehenen Beschluss die Feststellung, dass eine derartige Zuwiderhandlung vorliegt. [2]Sie kann den Beschluss veröffentlichen und die Mitgliedstaaten ermächtigen, die erforderlichen Abhilfemaßnahmen zu treffen, deren Bedingungen und Einzelheiten sie festlegt.

(3) Die Kommission kann Verordnungen zu den Gruppen von Vereinbarungen erlassen, zu denen der Rat nach Artikel 103 Absatz 2 Buchstabe b eine Verordnung oder Richtlinie erlassen hat.

Artikel 106 [Öffentliche Unternehmen; Dienstleistungen von allgemeinem wirtschaftlichem Interesse]

(1) Die Mitgliedstaaten werden in Bezug auf öffentliche Unternehmen und auf Unternehmen, denen sie besondere oder ausschließliche Rechte gewähren, keine den Verträgen und insbesondere den Artikeln 18 und 101 bis 109 widersprechende Maßnahmen treffen oder beibehalten.

(2) [1]Für Unternehmen, die mit Dienstleistungen von allgemeinem wirtschaftlichem Interesse betraut sind oder den Charakter eines Finanzmonopols haben, gelten die Vorschriften der Verträge, insbesondere die Wettbewerbsregeln, soweit die Anwendung dieser Vorschriften nicht die Erfüllung der ihnen übertragenen besonderen Aufgabe rechtlich oder tatsächlich verhindert. [2]Die Entwicklung des Handelsverkehrs darf nicht in einem Ausmaß beeinträchtigt werden, das dem Interesse der Union zuwiderläuft.

(3) Die Kommission achtet auf die Anwendung dieses Artikels und richtet erforderlichenfalls geeignete Richtlinien oder Beschlüsse an die Mitgliedstaaten.

Abschnitt 2
Staatliche Beihilfen

Artikel 107 [Beihilfeverbot; Ausnahmen]
(1) Soweit in den Verträgen nicht etwas anderes bestimmt ist, sind staatliche oder aus staatlichen Mitteln gewährte Beihilfen gleich welcher Art, die durch die Begünstigung bestimmter Unternehmen oder Produktionszweige den Wettbewerb verfälschen oder zu verfälschen drohen, mit dem Binnenmarkt unvereinbar, soweit sie den Handel zwischen Mitgliedstaaten beeinträchtigen.

(2) Mit dem Binnenmarkt vereinbar sind:
a) Beihilfen sozialer Art an einzelne Verbraucher, wenn sie ohne Diskriminierung nach der Herkunft der Waren gewährt werden;
b) Beihilfen zur Beseitigung von Schäden, die durch Naturkatastrophen oder sonstige außergewöhnliche Ereignisse entstanden sind;
c) Beihilfen für die Wirtschaft bestimmter, durch die Teilung Deutschlands betroffener Gebiete der Bundesrepublik Deutschland, soweit sie zum Ausgleich der durch die Teilung verursachten wirtschaftlichen Nachteile erforderlich sind. Der Rat kann fünf Jahre nach dem Inkrafttreten des Vertrags von Lissabon auf Vorschlag der Kommission einen Beschluss erlassen, mit dem dieser Buchstabe aufgehoben wird.

(3) Als mit dem Binnenmarkt vereinbar können angesehen werden:
a) Beihilfen zur Förderung der wirtschaftlichen Entwicklung von Gebieten, in denen die Lebenshaltung außergewöhnlich niedrig ist oder eine erhebliche Unterbeschäftigung herrscht, sowie der in Artikel 349 genannten Gebiete unter Berücksichtigung ihrer strukturellen, wirtschaftlichen und sozialen Lage;
b) Beihilfen zur Förderung wichtiger Vorhaben von gemeinsamem europäischem Interesse oder zur Behebung einer beträchtlichen Störung im Wirtschaftsleben eines Mitgliedstaats;
c) Beihilfen zur Förderung der Entwicklung gewisser Wirtschaftszweige oder Wirtschaftsgebiete, soweit sie die Handelsbedingungen nicht in einer Weise verändern, die dem gemeinsamen Interesse zuwiderläuft;
d) Beihilfen zur Förderung der Kultur und der Erhaltung des kulturellen Erbes, soweit sie die Handels- und Wettbewerbsbedingungen in der Union nicht in einem Maß beeinträchtigen, das dem gemeinsamen Interesse zuwiderläuft;
e) sonstige Arten von Beihilfen, die der Rat durch einen Beschluss auf Vorschlag der Kommission bestimmt.

Artikel 108 [Beihilfeaufsicht]
(1) [1]Die Kommission überprüft fortlaufend in Zusammenarbeit mit den Mitgliedstaaten die in diesen bestehenden Beihilferegelungen. [2]Sie schlägt ihnen die zweckdienlichen Maßnahmen vor, welche die fortschreitende Entwicklung und das Funktionieren des Binnenmarkts erfordern.

(2) Stellt die Kommission fest, nachdem sie den Beteiligten eine Frist zur Äußerung gesetzt hat, dass eine von einem Staat oder aus staatlichen Mitteln gewährte Beihilfe mit dem Binnenmarkt nach Artikel 107 unvereinbar ist oder dass sie missbräuchlich angewandt wird, so beschließt sie, dass der betreffende Staat sie binnen einer von ihr bestimmten Frist aufzuheben oder umzugestalten hat.

Kommt der betreffende Staat diesem Beschluss innerhalb der festgesetzten Frist nicht nach, so kann die Kommission oder jeder betroffene Staat in Abweichung von den Artikeln 258 und 259 den Gerichtshof der Europäischen Union unmittelbar anrufen.

[1]Der Rat kann einstimmig auf Antrag eines Mitgliedstaats beschließen, dass eine von diesem Staat gewährte oder geplante Beihilfe in Abweichung von Artikel 107 oder von den nach Artikel 109 erlassenen Verordnungen als mit dem Binnenmarkt vereinbar gilt, wenn außergewöhnliche Umstände einen solchen Beschluss rechtfertigen. [2]Hat die Kommission bezüglich dieser Beihilfe das in Unterabsatz 1 dieses Absatzes vorgesehene Verfahren bereits eingeleitet, so bewirkt der Antrag des betreffenden Staates an den Rat die Aussetzung dieses Verfahrens, bis der Rat sich geäußert hat.

Äußert sich der Rat nicht binnen drei Monaten nach Antragstellung, so beschließt die Kommission.

(3) [1]Die Kommission wird von jeder beabsichtigten Einführung oder Umgestaltung von Beihilfen so rechtzeitig unterrichtet, dass sie sich dazu äußern kann. [2]Ist sie der Auffassung, dass ein derartiges Vorhaben nach Artikel 107 mit dem Binnenmarkt unvereinbar ist, so leitet sie unverzüglich das in

Absatz 2 vorgesehene Verfahren ein. [3]Der betreffende Mitgliedstaat darf die beabsichtigte Maßnahme nicht durchführen, bevor die Kommission einen abschließenden Beschluss erlassen hat.

(4) Die Kommission kann Verordnungen zu den Arten von staatlichen Beihilfen erlassen, für die der Rat nach Artikel 109 festgelegt hat, dass sie von dem Verfahren nach Absatz 3 ausgenommen werden können.

Artikel 109 [Erlass von Durchführungsverordnungen]
Der Rat kann auf Vorschlag der Kommission und nach Anhörung des Europäischen Parlaments alle zweckdienlichen Durchführungsverordnungen zu den Artikeln 107 und 108 erlassen und insbesondere die Bedingungen für die Anwendung des Artikels 108 Absatz 3 sowie diejenigen Arten von Beihilfen festlegen, die von diesem Verfahren ausgenommen sind.

Kapitel 2
Steuerliche Vorschriften

Artikel 110 [Diskriminierungs- und Protektionsverbot]
Die Mitgliedstaaten erheben auf Waren aus anderen Mitgliedstaaten weder unmittelbar noch mittelbar höhere inländische Abgaben gleich welcher Art, als gleichartige inländische Waren unmittelbar oder mittelbar zu tragen haben.

Die Mitgliedstaaten erheben auf Waren aus anderen Mitgliedstaaten keine inländischen Abgaben, die geeignet sind, andere Produktionen mittelbar zu schützen.

Artikel 111 [Privilegierungsverbot für Rückvergütungen]
Werden Waren in das Hoheitsgebiet eines Mitgliedstaats ausgeführt, so darf die Rückvergütung für inländische Abgaben nicht höher sein als die auf die ausgeführten Waren mittelbar oder unmittelbar erhobenen inländischen Abgaben.

Artikel 112 [Kompensationsverbot unter Genehmigungsvorbehalt]
Für Abgaben außer Umsatzsteuern, Verbrauchsabgaben und sonstigen indirekten Steuern sind Entlastungen und Rückvergütungen bei der Ausfuhr nach anderen Mitgliedstaaten sowie Ausgleichsabgaben bei der Einfuhr aus den Mitgliedstaaten nur zulässig, soweit der Rat sie vorher auf Vorschlag der Kommission für eine begrenzte Frist genehmigt hat.

Artikel 113 [Harmonisierung der indirekten Steuern]
Der Rat erlässt gemäß einem besonderen Gesetzgebungsverfahren und nach Anhörung des Europäischen Parlaments und des Wirtschafts- und Sozialausschusses einstimmig die Bestimmungen zur Harmonisierung der Rechtsvorschriften über die Umsatzsteuern, die Verbrauchsabgaben und sonstige indirekte Steuern, soweit diese Harmonisierung für die Errichtung und das Funktionieren des Binnenmarkts und die Vermeidung von Wettbewerbsverzerrungen notwendig ist.

Kapitel 3
Angleichung der Rechtsvorschriften

Artikel 114 [Rechtsangleichung im Binnenmarkt]
(1) [1]Soweit in den Verträgen nichts anderes bestimmt ist, gilt für die Verwirklichung der Ziele des Artikels 26 die nachstehende Regelung. [2]Das Europäische Parlament und der Rat erlassen gemäß dem ordentlichen Gesetzgebungsverfahren und nach Anhörung des Wirtschafts- und Sozialausschusses die Maßnahmen zur Angleichung der Rechts- und Verwaltungsvorschriften der Mitgliedstaaten, welche die Errichtung und das Funktionieren des Binnenmarkts zum Gegenstand haben.

(2) Absatz 1 gilt nicht für die Bestimmungen über die Steuern, die Bestimmungen über die Freizügigkeit und die Bestimmungen über die Rechte und Interessen der Arbeitnehmer.

(3) [1]Die Kommission geht in ihren Vorschlägen nach Absatz 1 in den Bereichen Gesundheit, Sicherheit, Umweltschutz und Verbraucherschutz von einem hohen Schutzniveau aus und berücksichtigt dabei insbesondere alle auf wissenschaftliche Ergebnisse gestützten neuen Entwicklungen. [2]Im Rah-

men ihrer jeweiligen Befugnisse streben das Europäische Parlament und der Rat dieses Ziel ebenfalls an.

(4) Hält es ein Mitgliedstaat nach dem Erlass einer Harmonisierungsmaßnahme durch das Europäische Parlament und den Rat beziehungsweise durch den Rat oder die Kommission für erforderlich, einzelstaatliche Bestimmungen beizubehalten, die durch wichtige Erfordernisse im Sinne des Artikels 36 oder in Bezug auf den Schutz der Arbeitsumwelt oder den Umweltschutz gerechtfertigt sind, so teilt er diese Bestimmungen sowie die Gründe für ihre Beibehaltung der Kommission mit.

(5) Unbeschadet des Absatzes 4 teilt ferner ein Mitgliedstaat, der es nach dem Erlass einer Harmonisierungsmaßnahme durch das Europäische Parlament und den Rat beziehungsweise durch den Rat oder die Kommission für erforderlich hält, auf neue wissenschaftliche Erkenntnisse gestützte einzelstaatliche Bestimmungen zum Schutz der Umwelt oder der Arbeitsumwelt aufgrund eines spezifischen Problems für diesen Mitgliedstaat, das sich nach dem Erlass der Harmonisierungsmaßnahme ergibt, einzuführen, die in Aussicht genommenen Bestimmungen sowie die Gründe für ihre Einführung der Kommission mit.

(6) Die Kommission beschließt binnen sechs Monaten nach den Mitteilungen nach den Absätzen 4 und 5, die betreffenden einzelstaatlichen Bestimmungen zu billigen oder abzulehnen, nachdem sie geprüft hat, ob sie ein Mittel zur willkürlichen Diskriminierung und eine verschleierte Beschränkung des Handels zwischen den Mitgliedstaaten darstellen und ob sie das Funktionieren des Binnenmarkts behindern.

Erlässt die Kommission innerhalb dieses Zeitraums keinen Beschluss, so gelten die in den Absätzen 4 und 5 genannten einzelstaatlichen Bestimmungen als gebilligt.

Die Kommission kann, sofern dies aufgrund des schwierigen Sachverhalts gerechtfertigt ist und keine Gefahr für die menschliche Gesundheit besteht, dem betreffenden Mitgliedstaat mitteilen, dass der in diesem Absatz genannte Zeitraum gegebenenfalls um einen weiteren Zeitraum von bis zu sechs Monaten verlängert wird.

(7) Wird es einem Mitgliedstaat nach Absatz 6 gestattet, von der Harmonisierungsmaßnahme abweichende einzelstaatliche Bestimmungen beizubehalten oder einzuführen, so prüft die Kommission unverzüglich, ob sie eine Anpassung dieser Maßnahme vorschlägt.

(8) Wirft ein Mitgliedstaat in einem Bereich, der zuvor bereits Gegenstand von Harmonisierungsmaßnahmen war, ein spezielles Gesundheitsproblem auf, so teilt er dies der Kommission mit, die dann umgehend prüft, ob sie dem Rat entsprechende Maßnahmen vorschlägt.

(9) In Abweichung von dem Verfahren der Artikel 258 und 259 kann die Kommission oder ein Mitgliedstaat den Gerichtshof der Europäischen Union unmittelbar anrufen, wenn die Kommission oder der Staat der Auffassung ist, dass ein anderer Mitgliedstaat die in diesem Artikel vorgesehenen Befugnisse missbraucht.

(10) Die vorgenannten Harmonisierungsmaßnahmen sind in geeigneten Fällen mit einer Schutzklausel verbunden, welche die Mitgliedstaaten ermächtigt, aus einem oder mehreren der in Artikel 36 genannten nichtwirtschaftlichen Gründe vorläufige Maßnahmen zu treffen, die einem Kontrollverfahren der Union unterliegen.

Artikel 115 [Nationales Recht mit unmittelbarer Auswirkung auf den Binnenmarkt; Rechtsangleichung]

Unbeschadet des Artikels 114 erlässt der Rat gemäß einem besonderen Gesetzgebungsverfahren einstimmig und nach Anhörung des Europäischen Parlaments und des Wirtschafts- und Sozialausschusses Richtlinien für die Angleichung derjenigen Rechts- und Verwaltungsvorschriften der Mitgliedstaaten, die sich unmittelbar auf die Errichtung oder das Funktionieren des Binnenmarkts auswirken.

Artikel 116 [Behandlung bestehender wettbewerbsverzerrender Vorschriften]

Stellt die Kommission fest, dass vorhandene Unterschiede in den Rechts- und Verwaltungsvorschriften der Mitgliedstaaten die Wettbewerbsbedingungen auf dem Binnenmarkt verfälschen und dadurch eine Verzerrung hervorrufen, die zu beseitigen ist, so tritt sie mit den betreffenden Mitgliedstaaten in Beratungen ein.

[1]Führen diese Beratungen nicht zur Beseitigung dieser Verzerrung, so erlassen das Europäische Parlament und der Rat gemäß dem ordentlichen Gesetzgebungsverfahren die erforderlichen Richtli-

nien. [2]Es können alle sonstigen in den Verträgen vorgesehenen zweckdienlichen Maßnahmen erlassen werden.

Artikel 117 [Behandlung geplanter wettbewerbsverzerrender Vorschriften]
(1) [1]Ist zu befürchten, dass der Erlass oder die Änderung einer Rechts- oder Verwaltungsvorschrift eine Verzerrung im Sinne des Artikels 116 verursacht, so setzt sich der Mitgliedstaat, der diese Maßnahmen beabsichtigt, mit der Kommission ins Benehmen. [2]Diese empfiehlt nach Beratung mit den Mitgliedstaaten den beteiligten Staaten die zur Vermeidung dieser Verzerrung geeigneten Maßnahmen.

(2) [1]Kommt der Staat, der innerstaatliche Vorschriften erlassen oder ändern will, der an ihn gerichteten Empfehlung der Kommission nicht nach, so kann nicht gemäß Artikel 116 verlangt werden, dass die anderen Mitgliedstaaten ihre innerstaatlichen Vorschriften ändern, um die Verzerrung zu beseitigen. [2]Verursacht ein Mitgliedstaat, der die Empfehlung der Kommission außer acht lässt, eine Verzerrung lediglich zu seinem eigenen Nachteil, so findet Artikel 116 keine Anwendung.

Artikel 118 [Schutz des geistigen Eigentums]
Im Rahmen der Verwirklichung oder des Funktionierens des Binnenmarkts erlassen das Europäische Parlament und der Rat gemäß dem ordentlichen Gesetzgebungsverfahren Maßnahmen zur Schaffung europäischer Rechtstitel über einen einheitlichen Schutz der Rechte des geistigen Eigentums in der Union sowie zur Einführung von zentralisierten Zulassungs-, Koordinierungs- und Kontrollregelungen auf Unionsebene.

[1]Der Rat legt gemäß einem besonderen Gesetzgebungsverfahren durch Verordnungen die Sprachenregelungen für die europäischen Rechtstitel fest. [2]Der Rat beschließt einstimmig nach Anhörung des Europäischen Parlaments.

Titel VIII
Die Wirtschafts- und Währungspolitik

Artikel 119 [Europäische Wirtschaftsverfassung; Grundsätze]
(1) Die Tätigkeit der Mitgliedstaaten und der Union im Sinne des Artikels 3 des Vertrags über die Europäische Union umfasst nach Maßgabe der Verträge die Einführung einer Wirtschaftspolitik, die auf einer engen Koordinierung der Wirtschaftspolitik der Mitgliedstaaten, dem Binnenmarkt und der Festlegung gemeinsamer Ziele beruht und dem Grundsatz einer offenen Marktwirtschaft mit freiem Wettbewerb verpflichtet ist.

(2) Parallel dazu umfasst diese Tätigkeit nach Maßgabe der Verträge und der darin vorgesehenen Verfahren eine einheitliche Währung, den Euro, sowie die Festlegung und Durchführung einer einheitlichen Geld- sowie Wechselkurspolitik, die beide vorrangig das Ziel der Preisstabilität verfolgen und unbeschadet dieses Zieles die allgemeine Wirtschaftspolitik in der Union unter Beachtung des Grundsatzes einer offenen Marktwirtschaft mit freiem Wettbewerb unterstützen sollen.

(3) Diese Tätigkeit der Mitgliedstaaten und der Union setzt die Einhaltung der folgenden richtungsweisenden Grundsätze voraus: stabile Preise, gesunde öffentliche Finanzen und monetäre Rahmenbedingungen sowie eine tragfähige Zahlungsbilanz.

Kapitel 1
Die Wirtschaftspolitik

Artikel 120 [Marktwirtschaftliche Ausrichtung]
[1]Die Mitgliedstaaten richten ihre Wirtschaftspolitik so aus, dass sie im Rahmen der in Artikel 121 Absatz 2 genannten Grundzüge zur Verwirklichung der Ziele der Union im Sinne des Artikels 3 des Vertrags über die Europäische Union beitragen. [2]Die Mitgliedstaaten und die Union handeln im Einklang mit dem Grundsatz einer offenen Marktwirtschaft mit freiem Wettbewerb, wodurch ein effizienter Einsatz der Ressourcen gefördert wird, und halten sich dabei an die in Artikel 119 genannten Grundsätze.

Artikel 121 [Koordinierung der Wirtschaftspolitik]

(1) Die Mitgliedstaaten betrachten ihre Wirtschaftspolitik als eine Angelegenheit von gemeinsamem Interesse und koordinieren sie im Rat nach Maßgabe des Artikels 120.

(2) Der Rat erstellt auf Empfehlung der Kommission einen Entwurf für die Grundzüge der Wirtschaftspolitik der Mitgliedstaaten und der Union und erstattet dem Europäischen Rat hierüber Bericht.

Der Europäische Rat erörtert auf der Grundlage dieses Berichtes des Rates eine Schlussfolgerung zu den Grundzügen der Wirtschaftspolitik der Mitgliedstaaten und der Union.

[1]Auf der Grundlage dieser Schlussfolgerung verabschiedet der Rat eine Empfehlung, in der diese Grundzüge dargelegt werden. [2]Der Rat unterrichtet das Europäische Parlament über seine Empfehlung.

(3) Um eine engere Koordinierung der Wirtschaftspolitik und eine dauerhafte Konvergenz der Wirtschaftsleistungen der Mitgliedstaaten zu gewährleisten, überwacht der Rat anhand von Berichten der Kommission die wirtschaftliche Entwicklung in jedem Mitgliedstaat und in der Union sowie die Vereinbarkeit der Wirtschaftspolitik mit den in Absatz 2 genannten Grundzügen und nimmt in regelmäßigen Abständen eine Gesamtbewertung vor.

Zum Zwecke dieser multilateralen Überwachung übermitteln die Mitgliedstaaten der Kommission Angaben zu wichtigen einzelstaatlichen Maßnahmen auf dem Gebiet ihrer Wirtschaftspolitik sowie weitere von ihnen für erforderlich erachtete Angaben.

(4) [1]Wird im Rahmen des Verfahrens nach Absatz 3 festgestellt, dass die Wirtschaftspolitik eines Mitgliedstaats nicht mit den in Absatz 2 genannten Grundzügen vereinbar ist oder das ordnungsgemäße Funktionieren der Wirtschafts- und Währungsunion zu gefährden droht, so kann die Kommission eine Verwarnung an den betreffenden Mitgliedstaat richten. [2]Der Rat kann auf Empfehlung der Kommission die erforderlichen Empfehlungen an den betreffenden Mitgliedstaat richten. [3]Der Rat kann auf Vorschlag der Kommission beschließen, seine Empfehlungen zu veröffentlichen.

Der Rat beschließt im Rahmen dieses Absatzes ohne Berücksichtigung der Stimme des den betreffenden Mitgliedstaat vertretenden Mitglieds des Rates.

Die qualifizierte Mehrheit der übrigen Mitglieder des Rates bestimmt sich nach Artikel 238 Absatz 3 Buchstabe a.

(5) [1]Der Präsident des Rates und die Kommission erstatten dem Europäischen Parlament über die Ergebnisse der multilateralen Überwachung Bericht. [2]Der Präsident des Rates kann ersucht werden, vor dem zuständigen Ausschuss des Europäischen Parlaments zu erscheinen, wenn der Rat seine Empfehlungen veröffentlicht hat.

(6) Das Europäische Parlament und der Rat können gemäß dem ordentlichen Gesetzgebungsverfahren durch Verordnungen die Einzelheiten des Verfahrens der multilateralen Überwachung im Sinne der Absätze 3 und 4 festlegen.

Artikel 122 [Gravierende Schwierigkeiten]

(1) Der Rat kann auf Vorschlag der Kommission unbeschadet der sonstigen in den Verträgen vorgesehenen Verfahren im Geiste der Solidarität zwischen den Mitgliedstaaten über die der Wirtschaftslage angemessenen Maßnahmen beschließen, insbesondere falls gravierende Schwierigkeiten in der Versorgung mit bestimmten Waren, vor allem im Energiebereich, auftreten.

(2) [1]Ist ein Mitgliedstaat aufgrund von Naturkatastrophen oder außergewöhnlichen Ereignissen, die sich seiner Kontrolle entziehen, von Schwierigkeiten betroffen oder von gravierenden Schwierigkeiten ernstlich bedroht, so kann der Rat auf Vorschlag der Kommission beschließen, dem betreffenden Mitgliedstaat unter bestimmten Bedingungen einen finanziellen Beistand der Union zu gewähren. [2]Der Präsident des Rates unterrichtet das Europäische Parlament über den Beschluss.

Artikel 123 [Verbot von Kreditfazilitäten für öffentliche Einrichtungen]

(1) Überziehungs- oder andere Kreditfazilitäten bei der Europäischen Zentralbank oder den Zentralbanken der Mitgliedstaaten (im Folgenden als „nationale Zentralbanken" bezeichnet) für Organe, Einrichtungen oder sonstige Stellen der Union, Zentralregierungen, regionale oder lokale Gebietskörperschaften oder andere öffentlich-rechtliche Körperschaften, sonstige Einrichtungen des öffentlichen Rechts oder öffentliche Unternehmen der Mitgliedstaaten sind ebenso verboten wie der unmittelbare Erwerb von Schuldtiteln von diesen durch die Europäische Zentralbank oder die nationalen Zentralbanken.

(2) Die Bestimmungen des Absatzes 1 gelten nicht für Kreditinstitute in öffentlichem Eigentum; diese werden von der jeweiligen nationalen Zentralbank und der Europäischen Zentralbank, was die Bereitstellung von Zentralbankgeld betrifft, wie private Kreditinstitute behandelt.

Artikel 124 [Verbot bevorrechtigten Zugangs zu Finanzinstituten für öffentliche Einrichtungen]

Maßnahmen, die nicht aus aufsichtsrechtlichen Gründen getroffen werden und einen bevorrechtigten Zugang der Organe, Einrichtungen oder sonstigen Stellen der Union, der Zentralregierungen, der regionalen oder lokalen Gebietskörperschaften oder anderen öffentlich-rechtlichen Körperschaften, sonstiger Einrichtungen des öffentlichen Rechts oder öffentlicher Unternehmen der Mitgliedstaaten zu den Finanzinstituten schaffen, sind verboten.

Artikel 125 [Haftungsausschlüsse]

(1) [1]Die Union haftet nicht für die Verbindlichkeiten der Zentralregierungen, der regionalen oder lokalen Gebietskörperschaften oder anderen öffentlich–rechtlichen Körperschaften, sonstiger Einrichtungen des öffentlichen Rechts oder öffentlicher Unternehmen von Mitgliedstaaten und tritt nicht für derartige Verbindlichkeiten ein; dies gilt unbeschadet der gegenseitigen finanziellen Garantien für die gemeinsame Durchführung eines bestimmten Vorhabens. [2]Ein Mitgliedstaat haftet nicht für die Verbindlichkeiten der Zentralregierungen, der regionalen oder lokalen Gebietskörperschaften oder anderen öffentlich–rechtlichen Körperschaften, sonstiger Einrichtungen des öffentlichen Rechts oder öffentlicher Unternehmen eines anderen Mitgliedstaats und tritt nicht für derartige Verbindlichkeiten ein; dies gilt unbeschadet der gegenseitigen finanziellen Garantien für die gemeinsame Durchführung eines bestimmten Vorhabens.

(2) Der Rat kann erforderlichenfalls auf Vorschlag der Kommission und nach Anhörung des Europäischen Parlaments die Definitionen für die Anwendung der in den Artikeln 123 und 124 sowie in diesem Artikel vorgesehenen Verbote näher bestimmen.

Artikel 126 [Vermeidung übermäßiger Defizite; Haushaltsdisziplin]

(1) Die Mitgliedstaaten vermeiden übermäßige öffentliche Defizite.

(2) [1]Die Kommission überwacht die Entwicklung der Haushaltslage und der Höhe des öffentlichen Schuldenstands in den Mitgliedstaaten im Hinblick auf die Feststellung schwerwiegender Fehler. [2]Insbesondere prüft sie die Einhaltung der Haushaltsdisziplin anhand von zwei Kriterien, nämlich daran,

a) ob das Verhältnis des geplanten oder tatsächlichen öffentlichen Defizits zum Bruttoinlandsprodukt einen bestimmten Referenzwert überschreitet, es sei denn, dass
   – entweder das Verhältnis erheblich und laufend zurückgegangen ist und einen Wert in der Nähe des Referenzwerts erreicht hat
   – oder der Referenzwert nur ausnahmsweise und vorübergehend überschritten wird und das Verhältnis in der Nähe des Referenzwerts bleibt,
b) ob das Verhältnis des öffentlichen Schuldenstands zum Bruttoinlandsprodukt einen bestimmten Referenzwert überschreitet, es sei denn, dass das Verhältnis hinreichend rückläufig ist und sich rasch genug dem Referenzwert nähert.

[3]Die Referenzwerte werden in einem den Verträgen beigefügten Protokoll über das Verfahren bei einem übermäßigen Defizit im Einzelnen festgelegt.

(3) [1]Erfüllt ein Mitgliedstaat keines oder nur eines dieser Kriterien, so erstellt die Kommission einen Bericht. [2]In diesem Bericht wird berücksichtigt, ob das öffentliche Defizit die öffentlichen Ausgaben für Investitionen übertrifft; berücksichtigt werden ferner alle sonstigen einschlägigen Faktoren, einschließlich der mittelfristigen Wirtschafts- und Haushaltslage des Mitgliedstaats.

Die Kommission kann ferner einen Bericht erstellen, wenn sie ungeachtet der Erfüllung der Kriterien der Auffassung ist, dass in einem Mitgliedstaat die Gefahr eines übermäßigen Defizits besteht.

(4) Der Wirtschafts- und Finanzausschuss gibt eine Stellungnahme zu dem Bericht der Kommission ab.

(5) Ist die Kommission der Auffassung, dass in einem Mitgliedstaat ein übermäßiges Defizit besteht oder sich ergeben könnte, so legt sie dem betreffenden Mitgliedstaat eine Stellungnahme vor und unterrichtet den Rat.

(6) Der Rat beschließt auf Vorschlag der Kommission und unter Berücksichtigung der Bemerkungen, die der betreffende Mitgliedstaat gegebenenfalls abzugeben wünscht, nach Prüfung der Gesamtlage, ob ein übermäßiges Defizit besteht.

(7) [1]Stellt der Rat nach Absatz 6 ein übermäßiges Defizit fest, so richtet er auf Empfehlung der Kommission unverzüglich Empfehlungen an den betreffenden Mitgliedstaat mit dem Ziel, dieser Lage innerhalb einer bestimmten Frist abzuhelfen. [2]Vorbehaltlich des Absatzes 8 werden diese Empfehlungen nicht veröffentlicht.

(8) Stellt der Rat fest, dass seine Empfehlungen innerhalb der gesetzten Frist keine wirksamen Maßnahmen ausgelöst haben, so kann er seine Empfehlungen veröffentlichen.

(9) Falls ein Mitgliedstaat den Empfehlungen des Rates weiterhin nicht Folge leistet, kann der Rat beschließen, den Mitgliedstaat mit der Maßgabe in Verzug zu setzen, innerhalb einer bestimmten Frist Maßnahmen für den nach Auffassung des Rates zur Sanierung erforderlichen Defizitabbau zu treffen.

Der Rat kann in diesem Fall den betreffenden Mitgliedstaat ersuchen, nach einem konkreten Zeitplan Berichte vorzulegen, um die Anpassungsbemühungen des Mitgliedstaats überprüfen zu können.

(10) Das Recht auf Klageerhebung nach den Artikeln 258 und 259 kann im Rahmen der Absätze 1 bis 9 dieses Artikels nicht ausgeübt werden.

(11) Solange ein Mitgliedstaat einen Beschluss nach Absatz 9 nicht befolgt, kann der Rat beschließen, eine oder mehrere der nachstehenden Maßnahmen anzuwenden oder gegebenenfalls zu verschärfen, nämlich

- von dem betreffenden Mitgliedstaat verlangen, vor der Emission von Schuldverschreibungen und sonstigen Wertpapieren vom Rat näher zu bezeichnende zusätzliche Angaben zu veröffentlichen,
- die Europäische Investitionsbank ersuchen, ihre Darlehenspolitik gegenüber dem Mitgliedstaat zu überprüfen,
- von dem Mitgliedstaat verlangen, eine unverzinsliche Einlage in angemessener Höhe bei der Union zu hinterlegen, bis das übermäßige Defizit nach Ansicht des Rates korrigiert worden ist,
- Geldbußen in angemessener Höhe verhängen.

Der Präsident des Rates unterrichtet das Europäische Parlament von den Beschlüssen.

(12) [1]Der Rat hebt einige oder sämtliche Beschlüsse oder Empfehlungen nach den Absätzen 6 bis 9 und 11 so weit auf, wie das übermäßige Defizit in dem betreffenden Mitgliedstaat nach Ansicht des Rates korrigiert worden ist. [2]Hat der Rat zuvor Empfehlungen veröffentlicht, so stellt er, sobald der Beschluss nach Absatz 8 aufgehoben worden ist, in einer öffentlichen Erklärung fest, dass in dem betreffenden Mitgliedstaat kein übermäßiges Defizit mehr besteht.

(13) Die Beschlussfassung und die Empfehlungen des Rates nach den Absätzen 8, 9, 11 und 12 erfolgen auf Empfehlung der Kommission.

Erlässt der Rat Maßnahmen nach den Absätzen 6 bis 9 sowie den Absätzen 11 und 12, so beschließt er ohne Berücksichtigung der Stimme des den betreffenden Mitgliedstaat vertretenden Mitglieds des Rates.

Die qualifizierte Mehrheit der übrigen Mitglieder des Rates bestimmt sich nach Artikel 238 Absatz 3 Buchstabe a.

(14) Weitere Bestimmungen über die Durchführung des in diesem Artikel beschriebenen Verfahrens sind in dem den Verträgen beigefügten Protokoll über das Verfahren bei einem übermäßigen Defizit enthalten.

Der Rat verabschiedet gemäß einem besonderen Gesetzgebungsverfahren einstimmig und nach Anhörung des Europäischen Parlaments sowie der Europäischen Zentralbank die geeigneten Bestimmungen, die sodann das genannte Protokoll ablösen.

Der Rat beschließt vorbehaltlich der sonstigen Bestimmungen dieses Absatzes auf Vorschlag der Kommission und nach Anhörung des Europäischen Parlaments nähere Einzelheiten und Begriffsbestimmungen für die Durchführung des genannten Protokolls.

Kapitel 2
Die Währungspolitik

Artikel 127 [Ziele und Aufgaben des ESZB]

(1) [1]Das vorrangige Ziel des Europäischen Systems der Zentralbanken (im Folgenden „ESZB") ist es, die Preisstabilität zu gewährleisten. [2]Soweit dies ohne Beeinträchtigung des Zieles der Preisstabilität möglich ist, unterstützt das ESZB die allgemeine Wirtschaftspolitik in der Union, um zur Verwirklichung der in Artikel 3 des Vertrags über die Europäische Union festgelegten Ziele der Union beizutragen. [3]Das ESZB handelt im Einklang mit dem Grundsatz einer offenen Marktwirtschaft mit freiem Wettbewerb, wodurch ein effizienter Einsatz der Ressourcen gefördert wird, und hält sich dabei an die in Artikel 119 genannten Grundsätze.

(2) Die grundlegenden Aufgaben des ESZB bestehen darin,
- die Geldpolitik der Union festzulegen und auszuführen,
- Devisengeschäfte im Einklang mit Artikel 219 durchzuführen,
- die offiziellen Währungsreserven der Mitgliedstaaten zu halten und zu verwalten,
- das reibungslose Funktionieren der Zahlungssysteme zu fördern.

(3) Absatz 2 dritter Gedankenstrich berührt nicht die Haltung und Verwaltung von Arbeitsguthaben in Fremdwährungen durch die Regierungen der Mitgliedstaaten.

(4) Die Europäische Zentralbank wird gehört
- zu allen Vorschlägen für Rechtsakte der Union im Zuständigkeitsbereich der Europäischen Zentralbank,
- von den nationalen Behörden zu allen Entwürfen für Rechtsvorschriften im Zuständigkeitsbereich der Europäischen Zentralbank, und zwar innerhalb der Grenzen und unter den Bedingungen, die der Rat nach dem Verfahren des Artikels 129 Absatz 4 festlegt.

Die Europäischen Zentralbank kann gegenüber den zuständigen Organen, Einrichtungen und sonstigen Stellen der Union und gegenüber den nationalen Behörden Stellungnahmen zu in ihren Zuständigkeitsbereich fallenden Fragen abgeben.

(5) Das ESZB trägt zur reibungslosen Durchführung der von den zuständigen Behörden auf dem Gebiet der Aufsicht über die Kreditinstitute und der Stabilität des Finanzsystems ergriffenen Maßnahmen bei.

(6) Der Rat kann einstimmig durch Verordnungen gemäß einem besonderen Gesetzgebungsverfahren und nach Anhörung des Europäischen Parlaments und der Europäischen Zentralbank besondere Aufgaben im Zusammenhang mit der Aufsicht über Kreditinstitute und sonstige Finanzinstitute mit Ausnahme von Versicherungsunternehmen der Europäischen Zentralbank übertragen.

Artikel 128 [Ausgabe von Banknoten und Münzen]

(1) [1]Die Europäische Zentralbank hat das ausschließliche Recht, die Ausgabe von Euro-Banknoten innerhalb der Union zu genehmigen. [2]Die Europäische Zentralbank und die nationalen Zentralbanken sind zur Ausgabe dieser Banknoten berechtigt. [3]Die von der Europäischen Zentralbank und den nationalen Zentralbanken ausgegebenen Banknoten sind die einzigen Banknoten, die in der Union als gesetzliches Zahlungsmittel gelten.

(2) [1]Die Mitgliedstaaten haben das Recht zur Ausgabe von Euro-Münzen, wobei der Umfang dieser Ausgabe der Genehmigung durch die Europäische Zentralbank bedarf. [2]Der Rat kann auf Vorschlag der Kommission und nach Anhörung des Europäischen Parlaments und der Europäischen Zentralbank Maßnahmen erlassen, um die Stückelung und die technischen Merkmale aller für den Umlauf bestimmten Münzen so weit zu harmonisieren, wie dies für deren reibungslosen Umlauf innerhalb der Union erforderlich ist.

Artikel 129 [Struktur des ESZB; Satzung]

(1) Das ESZB wird von den Beschlussorganen der Europäischen Zentralbank, nämlich dem Rat der Europäischen Zentralbank und dem Direktorium, geleitet.

(2) Die Satzung des Europäischen Systems der Zentralbanken und der Europäischen Zentralbank (im Folgenden „Satzung des ESZB und der EZB") ist in einem den Verträgen beigefügten Protokoll festgelegt.

(3) [1]Das Europäische Parlament und der Rat können die Artikel 5.1, 5.2, 5.3, 17, 18, 19.1, 22, 23, 24, 26, 32.2, 32.3, 32.4, 32.6, 33.1 Buchstabe a und 36 der Satzung des ESZB und der EZB gemäß dem ordentlichen Gesetzgebungsverfahren ändern. [2]Sie beschließen entweder auf Empfehlung der Europäischen Zentralbank nach Anhörung der Kommission oder auf Empfehlung der Kommission nach Anhörung der Europäischen Zentralbank.

(4) Der Rat erlässt entweder auf Vorschlag der Kommission und nach Anhörung des Europäischen Parlaments und der Europäischen Zentralbank oder auf Empfehlung der Europäischen Zentralbank und nach Anhörung des Europäischen Parlaments und der Kommission die in den Artikeln 4, 5.4, 19.2, 20, 28.1, 29.2, 30.4 und 34.3 der Satzung des ESZB und der EZB genannten Bestimmungen.

Artikel 130 [Unabhängigkeit von EZB und nationalen Zentralbanken]

[1]Bei der Wahrnehmung der ihnen durch die Verträge und die Satzung des ESZB und der EZB übertragenen Befugnisse, Aufgaben und Pflichten darf weder die Europäische Zentralbank noch eine nationale Zentralbank noch ein Mitglied ihrer Beschlussorgane Weisungen von Organen, Einrichtungen oder sonstigen Stellen der Union, Regierungen der Mitgliedstaaten oder anderen Stellen einholen oder entgegennehmen. [2]Die Organe, Einrichtungen oder sonstigen Stellen der Union sowie die Regierungen der Mitgliedstaaten verpflichten sich, diesen Grundsatz zu beachten und nicht zu versuchen, die Mitglieder der Beschlussorgane der Europäischen Zentralbank oder der nationalen Zentralbanken bei der Wahrnehmung ihrer Aufgaben zu beeinflussen.

Artikel 131 [Anpassungspflicht der Mitgliedstaaten]

Jeder Mitgliedstaat stellt sicher, dass seine innerstaatlichen Rechtsvorschriften einschließlich der Satzung seiner nationalen Zentralbank mit den Verträgen sowie mit der Satzung des ESZB und der EZB im Einklang stehen.

Artikel 132 [Rechtsakte]

(1) Zur Erfüllung der dem ESZB übertragenen Aufgaben werden von der Europäischen Zentralbank gemäß den Verträgen und unter den in der Satzung des ESZB und der EZB vorgesehenen Bedingungen

– Verordnungen erlassen, insoweit dies für die Erfüllung der in Artikel 3.1 erster Gedankenstrich, Artikel 19.1, Artikel 22 oder Artikel 25.2 der Satzung des ESZB und der EZB festgelegten Aufgaben erforderlich ist; sie erlässt Verordnungen ferner in den Fällen, die in den Rechtsakten des Rates nach Artikel 129 Absatz 4 vorgesehen werden,
– Beschlüsse erlassen, die zur Erfüllung der dem ESZB nach den Verträgen und der Satzung des ESZB und der EZB übertragenen Aufgaben erforderlich sind,
– Empfehlungen und Stellungnahmen abgegeben.

(2) Die Europäische Zentralbank kann die Veröffentlichung ihrer Beschlüsse, Empfehlungen und Stellungnahmen beschließen.

(3) Innerhalb der Grenzen und unter den Bedingungen, die der Rat nach dem Verfahren des Artikels 129 Absatz 4 festlegt, ist die Europäische Zentralbank befugt, Unternehmen bei Nichteinhaltung der Verpflichtungen, die sich aus ihren Verordnungen und Beschlüssen ergeben, mit Geldbußen oder in regelmäßigen Abständen zu zahlenden Zwangsgeldern zu belegen.

Artikel 133 [Rechtsakte betreffend den Euro]

[1]Unbeschadet der Befugnisse der Europäischen Zentralbank erlassen das Europäische Parlament und der Rat gemäß dem ordentlichen Gesetzgebungsverfahren die Maßnahmen, die für die Verwendung des Euro als einheitliche Währung erforderlich sind. [2]Diese Maßnahmen werden nach Anhörung der Europäischen Zentralbank erlassen.

Kapitel 3
Institutionelle Bestimmungen

Artikel 134 [Wirtschafts- und Finanzausschuss]

(1) Um die Koordinierung der Politiken der Mitgliedstaaten in dem für das Funktionieren des Binnenmarkts erforderlichen Umfang zu fördern, wird ein Wirtschafts- und Finanzausschuss eingesetzt.

(2) Der Wirtschafts- und Finanzausschuss hat die Aufgabe,

- auf Ersuchen des Rates oder der Kommission oder von sich aus Stellungnahmen an diese Organe abzugeben;
- die Wirtschafts- und Finanzlage der Mitgliedstaaten und der Union zu beobachten und dem Rat und der Kommission regelmäßig darüber Bericht zu erstatten, insbesondere über die finanziellen Beziehungen zu dritten Ländern und internationalen Einrichtungen;
- unbeschadet des Artikels 240 an der Vorbereitung der in Artikel 66, Artikel 75, Artikel 121 Absätze 2, 3, 4 und 6, Artikel 122, Artikel 124, Artikel 125, Artikel 126, Artikel 127 Absatz 6, Artikel 128 Absatz 2, Artikel 129 Absätze 3 und 4, Artikel 138, Artikel 140 Absätze 2 und 3, Artikel 143, Artikel 144 Absätze 2 und 3 und Artikel 219 genannten Arbeiten des Rates mitzuwirken und die sonstigen ihm vom Rat übertragenen Beratungsaufgaben und vorbereitenden Arbeiten auszuführen;
- mindestens einmal jährlich die Lage hinsichtlich des Kapitalverkehrs und der Freiheit des Zahlungsverkehrs, wie sie sich aus der Anwendung der Verträge und der Maßnahmen des Rates ergeben, zu prüfen; die Prüfung erstreckt sich auf alle Maßnahmen im Zusammenhang mit dem Kapital- und Zahlungsverkehr; der Ausschuss erstattet der Kommission und dem Rat Bericht über das Ergebnis dieser Prüfung.

Jeder Mitgliedstaat sowie die Kommission und die Europäische Zentralbank ernennen jeweils höchstens zwei Mitglieder des Ausschusses.

(3) [1]Der Rat legt auf Vorschlag der Kommission und nach Anhörung der Europäische Zentralbank und des in diesem Artikel genannten Ausschusses im Einzelnen fest, wie sich der Wirtschafts- und Finanzausschuss zusammensetzt. [2]Der Präsident des Rates unterrichtet das Europäische Parlament über diesen Beschluss.

(4) Sofern und solange es Mitgliedstaaten gibt, für die eine Ausnahmeregelung nach Artikel 139 gilt, hat der Ausschuss zusätzlich zu den in Absatz 2 beschriebenen Aufgaben die Währungs- und Finanzlage sowie den allgemeinen Zahlungsverkehr der betreffenden Mitgliedstaaten zu beobachten und dem Rat und der Kommission regelmäßig darüber Bericht zu erstatten.

Artikel 135 [Empfehlungen und Vorschläge der Kommission]

[1]Bei Fragen, die in den Geltungsbereich von Artikel 121 Absatz 4, Artikel 126 mit Ausnahme von Absatz 14, Artikel 138, Artikel 140 Absatz 1, Artikel 140 Absatz 2 Unterabsatz 1, Artikel 140 Absatz 3 und Artikel 219 fallen, kann der Rat oder ein Mitgliedstaat die Kommission ersuchen, je nach Zweckmäßigkeit eine Empfehlung oder einen Vorschlag zu unterbreiten. [2]Die Kommission prüft dieses Ersuchen und unterbreitet dem Rat umgehend ihre Schlussfolgerungen.

Kapitel 4
Besondere Bestimmungen für die Mitgliedstaaten, deren Währung der Euro ist

Artikel 136 [Haushaltsdisziplin; Grundzüge der Wirtschaftspolitik]

(1) Im Hinblick auf das reibungslose Funktionieren der Wirtschafts- und Währungsunion erlässt der Rat für die Mitgliedstaaten, deren Währung der Euro ist, Maßnahmen nach den einschlägigen Bestimmungen der Verträge und dem entsprechenden Verfahren unter den in den Artikeln 121 und 126 genannten Verfahren, mit Ausnahme des in Artikel 126 Absatz 14 genannten Verfahrens, um

a) die Koordinierung und Überwachung ihrer Haushaltsdisziplin zu verstärken,
b) für diese Staaten Grundzüge der Wirtschaftspolitik auszuarbeiten, wobei darauf zu achten ist, dass diese mit den für die gesamte Union angenommenen Grundzügen der Wirtschaftspolitik vereinbar sind, und ihre Einhaltung zu überwachen.

(2) Bei den in Absatz 1 genannten Maßnahmen sind nur die Mitglieder des Rates stimmberechtigt, die die Mitgliedstaaten vertreten, deren Währung der Euro ist.

Die qualifizierte Mehrheit dieser Mitglieder bestimmt sich nach Artikel 238 Absatz 3 Buchstabe a.

(3) [1]Die Mitgliedstaaten, deren Währung der Euro ist, können einen Stabilitätsmechanismus einrichten, der aktiviert wird, wenn dies unabdingbar ist, um die Stabilität des Euro-Währungsgebiets insgesamt zu wahren. [2]Die Gewährung aller erforderlichen Finanzhilfen im Rahmen des Mechanismus wird strengen Auflagen unterliegen.

Artikel 137 [Tagungen der Euro-Gruppe]
Die Einzelheiten für die Tagungen der Minister der Mitgliedstaaten, deren Währung der Euro ist, sind in dem Protokoll betreffend die Euro-Gruppe festgelegt.

Artikel 138 [Euro im internationalen Währungssystem]
(1) [1]Zur Gewährleistung der Stellung des Euro im internationalen Währungssystem erlässt der Rat auf Vorschlag der Kommission einen Beschluss zur Festlegung der innerhalb der zuständigen internationalen Einrichtungen und Konferenzen im Finanzbereich einzunehmenden gemeinsamen Standpunkte zu den Fragen, die von besonderer Bedeutung für die Wirtschafts- und Währungsunion sind. [2]Der Rat beschließt nach Anhörung der Europäischen Zentralbank.

(2) [1]Der Rat kann auf Vorschlag der Kommission geeignete Maßnahmen mit dem Ziel erlassen, eine einheitliche Vertretung bei den internationalen Einrichtungen und Konferenzen im Finanzbereich sicherzustellen. [2]Der Rat beschließt nach Anhörung der Europäischen Zentralbank.

(3) Bei den in den Absätzen 1 und 2 genannten Maßnahmen sind nur die Mitglieder des Rates stimmberechtigt, die die Mitgliedstaaten vertreten, deren Währung der Euro ist.

Die qualifizierte Mehrheit dieser Mitglieder bestimmt sich nach Artikel 238 Absatz 3 Buchstabe a.

Kapitel 5
Übergangsbestimmungen

Artikel 139 [Mitgliedstaaten mit Ausnahmeregelung]
(1) Die Mitgliedstaaten, für die der Rat nicht beschlossen hat, dass sie die erforderlichen Voraussetzungen für die Einführung des Euro erfüllen, werden im Folgenden als „Mitgliedstaaten, für die eine Ausnahmeregelung gilt" oder „Mitgliedstaaten mit Ausnahmeregelung" bezeichnet.

(2) Auf die Mitgliedstaaten, für die eine Ausnahmeregelung gilt, finden die im Folgenden aufgeführten Bestimmungen der Verträge keine Anwendung:

a) Annahme der das Euro-Währungsgebiet generell betreffenden Teile der Grundzüge der Wirtschaftspolitik (Artikel 121 Absatz 2);
b) Zwangsmittel zum Abbau eines übermäßigen Defizits (Artikel 126 Absätze 9 und 11);
c) Ziele und Aufgaben des ESZB (Artikel 127 Absätze 1, 2, 3 und 5);
d) Ausgabe des Euro (Artikel 128);
e) Rechtsakte der Europäischen Zentralbank (Artikel 132);
f) Maßnahmen bezüglich der Verwendung des Euro (Artikel 133);
g) Währungsvereinbarungen und andere Maßnahmen bezüglich der Wechselkurspolitik (Artikel 219);
h) Ernennung der Mitglieder des Direktoriums der Europäischen Zentralbank (Artikel 283 Absatz 2);
i) Beschlüsse zur Festlegung der innerhalb der zuständigen internationalen Einrichtungen und Konferenzen im Finanzbereich einzunehmenden gemeinsamen Standpunkte zu den Fragen, die von besonderer Bedeutung für die Wirtschafts- und Währungsunion sind (Artikel 138 Absatz 1);
j) Maßnahmen zur Sicherstellung einer einheitlichen Vertretung bei den internationalen Einrichtungen und Konferenzen im Finanzbereich (Artikel 138 Absatz 2).

Somit sind „Mitgliedstaaten" im Sinne der in den Buchstaben a bis j genannten Artikel die Mitgliedstaaten, deren Währung der Euro ist.

(3) Die Mitgliedstaaten, für die eine Ausnahmeregelung gilt, und deren nationale Zentralbanken sind nach Kapitel IX der Satzung des ESZB und der EZB von den Rechten und Pflichten im Rahmen des ESZB ausgeschlossen.

(4) Das Stimmrecht der Mitglieder des Rates, die Mitgliedstaaten mit Ausnahmeregelung vertreten, ruht beim Erlass von Maßnahmen nach den in Absatz 2 genannten Artikeln durch den Rat sowie bei

a) Empfehlungen an die Mitgliedstaaten, deren Währung der Euro ist, im Rahmen der multilateralen Überwachung, einschließlich Empfehlungen zu den Stabilitätsprogrammen und Verwarnungen (Artikel 121 Absatz 4);
b) Maßnahmen bei übermäßigem Defizit von Mitgliedstaaten, deren Währung der Euro ist (Artikel 126 Absätze 6, 7, 8, 12 und 13).

Die qualifizierte Mehrheit der übrigen Mitglieder des Rates bestimmt sich nach Artikel 238 Absatz 3 Buchstabe a.

Artikel 140 [Konvergenzbericht]

(1) [1]Mindestens einmal alle zwei Jahre oder auf Antrag eines Mitgliedstaats, für den eine Ausnahmeregelung gilt, berichten die Kommission und die Europäische Zentralbank dem Rat, inwieweit die Mitgliedstaaten, für die eine Ausnahmeregelung gilt, bei der Verwirklichung der Wirtschafts- und Währungsunion ihren Verpflichtungen bereits nachgekommen sind. [2]In ihren Berichten wird auch die Frage geprüft, inwieweit die innerstaatlichen Rechtsvorschriften jedes einzelnen dieser Mitgliedstaaten einschließlich der Satzung der jeweiligen nationalen Zentralbank mit Artikel 130 und Artikel 131 sowie der Satzung des ESZB und der EZB vereinbar sind. [3]Ferner wird darin geprüft, ob ein hoher Grad an dauerhafter Konvergenz erreicht ist; Maßstab hierfür ist, ob die einzelnen Mitgliedstaaten folgende Kriterien erfüllen:

- Erreichung eines hohen Grades an Preisstabilität, ersichtlich aus einer Inflationsrate, die der Inflationsrate jener – höchstens drei – Mitgliedstaaten nahe kommt, die auf dem Gebiet der Preisstabilität das beste Ergebnis erzielt haben;
- eine auf Dauer tragbare Finanzlage der öffentlichen Hand, ersichtlich aus einer öffentlichen Haushaltslage ohne übermäßiges Defizit im Sinne des Artikels 126 Absatz 6;
- Einhaltung der normalen Bandbreiten des Wechselkursmechanismus des Europäischen Währungssystems seit mindestens zwei Jahren ohne Abwertung gegenüber dem Euro;
- Dauerhaftigkeit der von dem Mitgliedstaat mit Ausnahmeregelung erreichten Konvergenz und seiner Teilnahme am Wechselkursmechanismus, die im Niveau der langfristigen Zinssätze zum Ausdruck kommt.

[1]Die vier Kriterien in diesem Absatz sowie die jeweils erforderliche Dauer ihrer Einhaltung sind in einem den Verträgen beigefügten Protokoll näher festgelegt. [2]Die Berichte der Kommission und der Europäischen Zentralbank berücksichtigen auch die Ergebnisse bei der Integration der Märkte, den Stand und die Entwicklung der Leistungsbilanzen, die Entwicklung bei den Lohnstückkosten und andere Preisindizes.

(2) Der Rat beschließt nach Anhörung des Europäischen Parlaments und nach Aussprache im Europäischen Rat auf Vorschlag der Kommission, welche der Mitgliedstaaten, für die eine Ausnahmeregelung gilt, die auf den Kriterien des Absatzes 1 beruhenden Voraussetzungen erfüllen, und hebt die Ausnahmeregelungen der betreffenden Mitgliedstaaten auf.

[1]Der Rat beschließt auf Empfehlung einer qualifizierten Mehrheit derjenigen seiner Mitglieder, die Mitgliedstaaten vertreten, deren Währung der Euro ist. [2]Diese Mitglieder beschließen innerhalb von sechs Monaten nach Eingang des Vorschlags der Kommission beim Rat.

Die in Unterabsatz 2 genannte qualifizierte Mehrheit dieser Mitglieder bestimmt sich nach Artikel 238 Absatz 3 Buchstabe a.

(3) Wird nach dem Verfahren des Absatzes 2 beschlossen, eine Ausnahmeregelung aufzuheben, so legt der Rat aufgrund eines einstimmigen Beschlusses der Mitgliedstaaten, deren Währung der Euro ist, und des betreffenden Mitgliedstaats auf Vorschlag der Kommission und nach Anhörung der Europäischen Zentralbank den Kurs, zu dem dessen Währung durch den Euro ersetzt wird, unwiderruflich fest und ergreift die sonstigen erforderlichen Maßnahmen zur Einführung des Euro als einheitliche Währung in dem betreffenden Mitgliedstaat.

Artikel 141 [Erweiterter Rat der EZB]

(1) Sofern und solange es Mitgliedstaaten gibt, für die eine Ausnahmeregelung gilt, wird unbeschadet des Artikels 129 Absatz 1 der in Artikel 44 der Satzung des ESZB und der EZB bezeichnete Erweiterte Rat der Europäischen Zentralbank als drittes Beschlussorgan der Europäischen Zentralbank errichtet.

(2) Sofern und solange es Mitgliedstaaten gibt, für die eine Ausnahmeregelung gilt, ist es die Aufgabe der Europäischen Zentralbank, in Bezug auf diese Mitgliedstaaten

- die Zusammenarbeit zwischen den nationalen Zentralbanken zu verstärken;
- die Koordinierung der Geldpolitiken der Mitgliedstaaten mit dem Ziel zu verstärken, die Preisstabilität aufrechtzuerhalten;
- das Funktionieren des Wechselkursmechanismus zu überwachen;

– Konsultationen zu Fragen durchzuführen, die in die Zuständigkeit der nationalen Zentralbanken fallen und die Stabilität der Finanzinstitute und -märkte berühren;
– die seinerzeitigen Aufgaben des Europäischen Fonds für währungspolitische Zusammenarbeit, die zuvor vom Europäischen Währungsinstitut übernommen worden waren, wahrzunehmen.

Artikel 142 [Wechselkurspolitik]

[1]Jeder Mitgliedstaat, für den eine Ausnahmeregelung gilt, behandelt seine Wechselkurspolitik als eine Angelegenheit von gemeinsamem Interesse. [2]Er berücksichtigt dabei die Erfahrungen, die bei der Zusammenarbeit im Rahmen des Wechselkursmechanismus gesammelt worden sind.

Artikel 143 [Zahlungsbilanzschwierigkeiten]

(1) [1]Ist ein Mitgliedstaat, für den eine Ausnahmeregelung gilt, hinsichtlich seiner Zahlungsbilanz von Schwierigkeiten betroffen oder ernstlich bedroht, die sich entweder aus einem Ungleichgewicht seiner Gesamtzahlungsbilanz oder aus der Art der ihm zur Verfügung stehenden Devisen ergeben, und sind diese Schwierigkeiten geeignet, insbesondere das Funktionieren des Binnenmarkts oder die Verwirklichung der gemeinsamen Handelspolitik zu gefährden, so prüft die Kommission unverzüglich die Lage dieses Staates sowie die Maßnahmen, die er getroffen hat oder unter Einsatz aller ihm zur Verfügung stehenden Mittel nach den Verträgen treffen kann. [2]Die Kommission gibt die Maßnahmen an, die sie dem betreffenden Mitgliedsstaat empfiehlt.

Erweisen sich die von einem Mitgliedstaat mit Ausnahmeregelung ergriffenen und die von der Kommission angeregten Maßnahmen als unzureichend, die aufgetretenen oder drohenden Schwierigkeiten zu beheben, so empfiehlt die Kommission dem Rat nach Anhörung des Wirtschafts- und Finanzausschusses einen gegenseitigen Beistand und die dafür geeigneten Methoden.

Die Kommission unterrichtet den Rat regelmäßig über die Lage und ihre Entwicklung.

(2) [1]Der Rat gewährt den gegenseitigen Beistand; er erlässt Richtlinien oder Beschlüsse, welche die Bedingungen und Einzelheiten hierfür festlegen. [2]Der gegenseitige Beistand kann insbesondere erfolgen

a) durch ein abgestimmtes Vorgehen bei anderen internationalen Organisationen, an die sich die Mitgliedstaaten, für die eine Ausnahmeregelung gilt, wenden können;
b) durch Maßnahmen, die notwendig sind, um Verlagerungen von Handelsströmen zu vermeiden, falls der in Schwierigkeiten befindliche Mitgliedstaat mit Ausnahmeregelung mengenmäßige Beschränkungen gegenüber dritten Ländern beibehält oder wieder einführt;
c) durch Bereitstellung von Krediten in begrenzter Höhe seitens anderer Mitgliedstaaten; hierzu ist ihr Einverständnis erforderlich.

(3) Stimmt der Rat dem von der Kommission empfohlenen gegenseitigen Beistand nicht zu oder sind der gewährte Beistand und die getroffenen Maßnahmen unzureichend, so ermächtigt die Kommission den in Schwierigkeiten befindlichen Mitgliedstaat mit Ausnahmeregelung, Schutzmaßnahmen zu treffen, deren Bedingungen und Einzelheiten sie festlegt.

Der Rat kann diese Ermächtigung aufheben und die Bedingungen und Einzelheiten ändern.

Artikel 144 [Plötzliche Zahlungsbilanzkrise; Schutzmaßnahmen]

(1) [1]Gerät ein Mitgliedstaat, für den eine Ausnahmeregelung gilt, in eine plötzliche Zahlungsbilanzkrise und wird ein Beschluss im Sinne des Artikels 143 Absatz 2 nicht unverzüglich getroffen, so kann der betreffende Staat vorsorglich die erforderlichen Schutzmaßnahmen ergreifen. [2]Sie dürfen nur ein Mindestmaß an Störungen im Funktionieren des Binnenmarkts hervorrufen und nicht über das zur Behebung der plötzlich aufgetretenen Schwierigkeiten unbedingt erforderliche Ausmaß hinausgehen.

(2) [1]Die Kommission und die anderen Mitgliedstaaten werden über die Schutzmaßnahmen spätestens bei deren Inkrafttreten unterrichtet. [2]Die Kommission kann dem Rat den gegenseitigen Beistand nach Artikel 143 empfehlen.

(3) Auf Empfehlung der Kommission und nach Anhörung des Wirtschafts- und Finanzausschusses kann der Rat beschließen, dass der betreffende Mitgliedstaat diese Schutzmaßnahmen zu ändern, auszusetzen oder aufzuheben hat.

Titel IX

Beschäftigung

Artikel 145 [Koordinierte Beschäftigungsstrategie]

Die Mitgliedstaaten und die Union arbeiten nach diesem Titel auf die Entwicklung einer koordinierten Beschäftigungsstrategie und insbesondere auf die Förderung der Qualifizierung, Ausbildung und Anpassungsfähigkeit der Arbeitnehmer sowie der Fähigkeit der Arbeitsmärkte hin, auf die Erfordernisse des wirtschaftlichen Wandels zu reagieren, um die Ziele des Artikels 3 des Vertrags über die Europäische Union zu erreichen.

Artikel 146 [Abgestimmte Beschäftigungspolitik der Mitgliedstaaten]

(1) Die Mitgliedstaaten tragen durch ihre Beschäftigungspolitik im Einklang mit den nach Artikel 121 Absatz 2 verabschiedeten Grundzügen der Wirtschaftspolitik der Mitgliedstaaten und der Union zur Erreichung der in Artikel 145 genannten Ziele bei.

(2) Die Mitgliedstaaten betrachten die Förderung der Beschäftigung als Angelegenheit von gemeinsamem Interesse und stimmen ihre diesbezüglichen Tätigkeiten nach Maßgabe des Artikels 148 im Rat aufeinander ab, wobei die einzelstaatlichen Gepflogenheiten in Bezug auf die Verantwortung der Sozialpartner berücksichtigt werden.

Artikel 147 [Hohes Beschäftigungsniveau]

(1) [1]Die Union trägt zu einem hohen Beschäftigungsniveau bei, indem sie die Zusammenarbeit zwischen den Mitgliedstaaten fördert und deren Maßnahmen in diesem Bereich unterstützt und erforderlichenfalls ergänzt. [2]Hierbei wird die Zuständigkeit der Mitgliedstaaten beachtet.

(2) Das Ziel eines hohen Beschäftigungsniveaus wird bei der Festlegung und Durchführung der Unionspolitiken und -maßnahmen berücksichtigt.

Artikel 148 [Beschäftigungspolitische Leitlinien]

(1) Anhand eines gemeinsamen Jahresberichts des Rates und der Kommission prüft der Europäische Rat jährlich die Beschäftigungslage in der Union und nimmt hierzu Schlussfolgerungen an.

(2) [1]Anhand der Schlussfolgerungen des Europäischen Rates legt der Rat auf Vorschlag der Kommission und nach Anhörung des Europäischen Parlaments, des Wirtschafts- und Sozialausschusses, des Ausschusses der Regionen und des in Artikel 150 genannten Beschäftigungsausschusses jährlich Leitlinien fest, welche die Mitgliedstaaten in ihrer Beschäftigungspolitik berücksichtigen. [2]Diese Leitlinien müssen mit den nach Artikel 121 Absatz 2 verabschiedeten Grundzügen in Einklang stehen.

(3) Jeder Mitgliedstaat übermittelt dem Rat und der Kommission jährlich einen Bericht über die wichtigsten Maßnahmen, die er zur Durchführung seiner Beschäftigungspolitik im Lichte der beschäftigungspolitischen Leitlinien nach Absatz 2 getroffen hat.

(4) [1]Anhand der in Absatz 3 genannten Berichte und nach Stellungnahme des Beschäftigungsausschusses unterzieht der Rat die Durchführung der Beschäftigungspolitik der Mitgliedstaaten im Lichte der beschäftigungspolitischen Leitlinien jährlich einer Prüfung. [2]Der Rat kann dabei auf Empfehlung der Kommission Empfehlungen an die Mitgliedstaaten richten, wenn er dies aufgrund der Ergebnisse dieser Prüfung für angebracht hält.

(5) Auf der Grundlage der Ergebnisse der genannten Prüfung erstellen der Rat und die Kommission einen gemeinsamen Jahresbericht für den Europäischen Rat über die Beschäftigungslage in der Union und über die Umsetzung der beschäftigungspolitischen Leitlinien.

Artikel 149 [Anreizmaßnahmen zur Förderung der Zusammenarbeit]

Das Europäische Parlament und der Rat kann gemäß dem ordentlichen Gesetzgebungsverfahren und nach Anhörung des Wirtschafts- und Sozialausschusses sowie des Ausschusses der Regionen Anreizmaßnahmen zur Förderung der Zusammenarbeit zwischen den Mitgliedstaaten und zur Unterstützung ihrer Beschäftigungsmaßnahmen durch Initiativen beschließen, die darauf abzielen, den Austausch von Informationen und bewährten Verfahren zu entwickeln, vergleichende Analysen und Gutachten bereitzustellen sowie innovative Ansätze zu fördern und Erfahrungen zu bewerten, und zwar insbesondere durch den Rückgriff auf Pilotvorhaben.

Diese Maßnahmen schließen keinerlei Harmonisierung der Rechts- und Verwaltungsvorschriften der Mitgliedstaaten ein.

Artikel 150 [Beschäftigungsausschuss]
[1]Der Rat, der mit einfacher Mehrheit beschließt, setzt nach Anhörung des Europäischen Parlaments einen BeschäftigungsAusschuss mit beratender Funktion zur Förderung der Koordinierung der Beschäftigungs- und Arbeitsmarktpolitik ein. [2]Der Ausschuss hat folgende Aufgaben:
- Er verfolgt die Beschäftigungslage und die Beschäftigungspolitik in den Mitgliedstaaten und der Union;
- er gibt unbeschadet des Artikels 240 auf Ersuchen des Rates oder der Kommission oder von sich aus Stellungnahmen ab und trägt zur Vorbereitung der in Artikel 148 genannten Beratungen des Rates bei.

Bei der Erfüllung seines Auftrags hört der Ausschuss die Sozialpartner.

Jeder Mitgliedstaat und die Kommission entsenden zwei Mitglieder in den Ausschuss.

Titel X
Sozialpolitik

Artikel 151 [Ziele und Mittel abgestimmter und gemeinsamer Sozialpolitik]
Die Union und die Mitgliedstaaten verfolgen eingedenk der sozialen Grundrechte, wie sie in der am 18. Oktober 1961 in Turin unterzeichneten Europäischen Sozialcharta und in der Gemeinschaftscharta der sozialen Grundrechte der Arbeitnehmer von 1989 festgelegt sind, folgende Ziele: die Förderung der Beschäftigung, die Verbesserung der Lebens- und Arbeitsbedingungen, um dadurch auf dem Wege des Fortschritts ihre Angleichung zu ermöglichen, einen angemessenen sozialen Schutz, den sozialen Dialog, die Entwicklung des Arbeitskräftepotenzials im Hinblick auf ein dauerhaft hohes Beschäftigungsniveau und die Bekämpfung von Ausgrenzungen.

Zu diesem Zweck führen die Union und die Mitgliedstaaten Maßnahmen durch, die der Vielfalt der einzelstaatlichen Gepflogenheiten, insbesondere in den vertraglichen Beziehungen, sowie der Notwendigkeit, die Wettbewerbsfähigkeit der Wirtschaft der Union zu erhalten, Rechnung tragen.

Sie sind der Auffassung, dass sich eine solche Entwicklung sowohl aus dem eine Abstimmung der Sozialordnungen begünstigenden Wirken des Binnenmarkts als auch aus den in den Verträgen vorgesehenen Verfahren sowie aus der Angleichung ihrer Rechts- und Verwaltungsvorschriften ergeben wird.

Artikel 152 [Rolle der Sozialpartner; Sozialer Dialog; Sozialgipfel]
[1]Die Union anerkennt und fördert die Rolle der Sozialpartner auf Ebene der Union unter Berücksichtigung der Unterschiedlichkeit der nationalen Systeme. [2]Sie fördert den sozialen Dialog und achtet dabei die Autonomie der Sozialpartner.

Der Dreigliedrige Sozialgipfel für Wachstum und Beschäftigung trägt zum sozialen Dialog bei.

Artikel 153 [Unionskompetenzen]
(1) Zur Verwirklichung der Ziele des Artikels 151 unterstützt und ergänzt die Union die Tätigkeit der Mitgliedstaaten auf folgenden Gebieten:
a) Verbesserung insbesondere der Arbeitsumwelt zum Schutz der Gesundheit und der Sicherheit der Arbeitnehmer,
b) Arbeitsbedingungen,
c) soziale Sicherheit und sozialer Schutz der Arbeitnehmer,
d) Schutz der Arbeitnehmer bei Beendigung des Arbeitsvertrags,
e) Unterrichtung und Anhörung der Arbeitnehmer,
f) Vertretung und kollektive Wahrnehmung der Arbeitnehmer- und Arbeitgeberinteressen, einschließlich der Mitbestimmung, vorbehaltlich des Absatzes 5,
g) Beschäftigungsbedingungen der Staatsangehörigen dritter Länder, die sich rechtmäßig im Gebiet der Union aufhalten,
h) berufliche Eingliederung der aus dem Arbeitsmarkt ausgegrenzten Personen, unbeschadet des Artikels 166,
i) Chancengleichheit von Männern und Frauen auf dem Arbeitsmarkt und Gleichbehandlung am Arbeitsplatz,

j) Bekämpfung der sozialen Ausgrenzung,
k) Modernisierung der Systeme des sozialen Schutzes, unbeschadet des Buchstabens c.

(2) Zu diesem Zweck können das Europäische Parlament und der Rat

a) unter Ausschluss jeglicher Harmonisierung der Rechts- und Verwaltungsvorschriften der Mitgliedstaaten Maßnahmen annehmen, die dazu bestimmt sind, die Zusammenarbeit zwischen den Mitgliedstaaten durch Initiativen zu fördern, die die Verbesserung des Wissensstands, die Entwicklung des Austauschs von Informationen und bewährten Verfahren, die Förderung innovativer Ansätze und die Bewertung von Erfahrungen zum Ziel haben;
b) in den in Absatz 1 Buchstaben a bis i genannten Bereichen unter Berücksichtigung der in den einzelnen Mitgliedstaaten bestehenden Bedingungen und technischen Regelungen durch Richtlinien Mindestvorschriften erlassen, die schrittweise anzuwenden sind. Diese Richtlinien sollen keine verwaltungsmäßigen, finanziellen oder rechtlichen Auflagen vorschreiben, die der Gründung und Entwicklung von kleinen und mittleren Unternehmen entgegenstehen.

Das Europäische Parlament und der Rat beschließen gemäß dem ordentliche Gesetzgebungsverfahren nach Anhörung des Wirtschafts- und Sozialausschusses und des Ausschusses der Regionen.

In den in Absatz 1 Buchstaben c, d, f und g genannten Bereichen beschließt der Rat einstimmig gemäß einem besonderen Gesetzgebungsverfahren nach Anhörung des Europäischen Parlaments und der genannten Ausschüsse.

Der Rat kann einstimmig auf Vorschlag der Kommission nach Anhörung des Europäischen Parlaments beschließen, dass das ordentlichen Gesetzgebungsverfahren auf Absatz 1 Buchstaben d, f und g angewandt wird.

(3) Ein Mitgliedstaat kann den Sozialpartnern auf deren gemeinsamen Antrag die Durchführung von aufgrund des Absatzes 2 angenommenen Richtlinien oder gegebenenfalls die Durchführung eines nach Artikel 155 erlassenen Beschlusses des Rates übertragen.

In diesem Fall vergewissert sich der Mitgliedstaat, dass die Sozialpartner spätestens zu dem Zeitpunkt, zu dem eine Richtlinie umgesetzt oder ein Beschluss durchgeführt sein muss, im Wege einer Vereinbarung die erforderlichen Vorkehrungen getroffen haben; dabei hat der Mitgliedstaat alle erforderlichen Maßnahmen zu treffen, um jederzeit gewährleisten zu können, dass die durch diese Richtlinie oder diesen Beschluss vorgeschriebenen Ergebnisse erzielt werden.

(4) Die aufgrund dieses Artikels erlassenen Bestimmungen

– berühren nicht die anerkannte Befugnis der Mitgliedstaaten, die Grundprinzipien ihres Systems der sozialen Sicherheit festzulegen, und dürfen das finanzielle Gleichgewicht dieser Systeme nicht erheblich beeinträchtigen;
– hindern die Mitgliedstaaten nicht daran, strengere Schutzmaßnahmen beizubehalten oder zu treffen, die mit den Verträgen vereinbar sind.

(5) Dieser Artikel gilt nicht für das Arbeitsentgelt, das Koalitionsrecht, das Streikrecht sowie das Aussperrungsrecht.

Artikel 154 [Anhörung der Sozialpartner]

(1) Die Kommission hat die Aufgabe, die Anhörung der Sozialpartner auf Unionsebene zu fördern, und erlässt alle zweckdienlichen Maßnahmen, um den Dialog zwischen den Sozialpartnern zu erleichtern, wobei sie für Ausgewogenheit bei der Unterstützung der Parteien sorgt.

(2) Zu diesem Zweck hört die Kommission vor Unterbreitung von Vorschlägen im Bereich der Sozialpolitik die Sozialpartner zu der Frage, wie eine Unionsaktion gegebenenfalls ausgerichtet werden sollte.

(3) [1]Hält die Kommission nach dieser Anhörung eine Unionsmaßnahme für zweckmäßig, so hört sie die Sozialpartner zum Inhalt des in Aussicht genommenen Vorschlags. [2]Die Sozialpartner übermitteln der Kommission eine Stellungnahme oder gegebenenfalls eine Empfehlung.

(4) [1]Bei den Anhörungen nach den Absätzen 2 und 3 können die Sozialpartner der Kommission mitteilen, dass sie den Prozess nach Artikel 155 in Gang setzen wollen. [2]Die Dauer dieses Prozesses darf höchstens neun Monate betragen, sofern die betroffenen Sozialpartner und die Kommission nicht gemeinsam eine Verlängerung beschließen.

Artikel 155 [Dialog zwischen den Sozialpartnern]

(1) Der Dialog zwischen den Sozialpartnern auf Unionsebene kann, falls sie es wünschen, zur Herstellung vertraglicher Beziehungen einschließlich des Abschlusses von Vereinbarungen führen.

(2) [1]Die Durchführung der auf Unionsebene geschlossenen Vereinbarungen erfolgt entweder nach den jeweiligen Verfahren und Gepflogenheiten der Sozialpartner und der Mitgliedstaaten oder – in den durch Artikel 153 erfassten Bereichen – auf gemeinsamen Antrag der Unterzeichnerparteien durch einen Beschluss des Rates auf Vorschlag der Kommission. [2]Das Europäische Parlament wird unterrichtet.

Der Rat beschließt einstimmig, sofern die betreffende Vereinbarung eine oder mehrere Bestimmungen betreffend einen der Bereiche enthält, für die nach Artikel 153 Absatz 2 Einstimmigkeit erforderlich ist.

Artikel 156 [Fördermaßnahmen der Kommission]

Unbeschadet der sonstigen Bestimmungen der Verträge fördert die Kommission im Hinblick auf die Erreichung der Ziele des Artikels 151 die Zusammenarbeit zwischen den Mitgliedstaaten und erleichtert die Abstimmung ihres Vorgehens in allen unter dieses Kapitel fallenden Bereichen der Sozialpolitik, insbesondere auf dem Gebiet

- der Beschäftigung,
- des Arbeitsrechts und der Arbeitsbedingungen,
- der beruflichen Ausbildung und Fortbildung,
- der sozialen Sicherheit,
- der Verhütung von Berufsunfällen und Berufskrankheiten,
- des Gesundheitsschutzes bei der Arbeit,
- des Koalitionsrechts und der Kollektivverhandlungen zwischen Arbeitgebern und Arbeitnehmern.

[1]Zu diesem Zweck wird die Kommission in enger Verbindung mit den Mitgliedstaaten durch Untersuchungen, Stellungnahmen und die Durchführung von Konsultationen in Bezug auf innerstaatlich oder in den internationalen Organisationen zu behandelnde Fragen tätig, und zwar insbesondere im Wege von Initiativen, die darauf abzielen, Leitlinien und Indikatoren festzulegen, den Austausch bewährter Verfahren durchzuführen und die erforderlichen Elemente für eine regelmäßige Überwachung und Bewertung auszuarbeiten. [2]Das Europäische Parlament wird in vollem Umfang unterrichtet.

Vor Abgabe der in diesem Artikel vorgesehenen Stellungnahmen hört die Kommission den Wirtschafts- und Sozialausschuss.

Artikel 157 [Gleichstellung von Mann und Frau im Erwerbsleben]

(1) Jeder Mitgliedstaat stellt die Anwendung des Grundsatzes des gleichen Entgelts für Männer und Frauen bei gleicher oder gleichwertiger Arbeit sicher.

(2) Unter „Entgelt" im Sinne dieses Artikels sind die üblichen Grund- oder Mindestlöhne und -gehälter sowie alle sonstigen Vergütungen zu verstehen, die der Arbeitgeber aufgrund des Dienstverhältnisses dem Arbeitnehmer unmittelbar oder mittelbar in bar oder in Sachleistungen zahlt.

Gleichheit des Arbeitsentgelts ohne Diskriminierung aufgrund des Geschlechts bedeutet,

a) dass das Entgelt für eine gleiche nach Akkord bezahlte Arbeit aufgrund der gleichen Maßeinheit festgesetzt wird,
b) dass für eine nach Zeit bezahlte Arbeit das Entgelt bei gleichem Arbeitsplatz gleich ist.

(3) Das Europäische Parlament und der Rat beschließen gemäß dem ordentlichen Gesetzgebungsverfahren und nach Anhörung des Wirtschafts- und Sozialausschusses Maßnahmen zur Gewährleistung der Anwendung des Grundsatzes der Chancengleichheit und der Gleichbehandlung von Männern und Frauen in Arbeits- und Beschäftigungsfragen, einschließlich des Grundsatzes des gleichen Entgelts bei gleicher oder gleichwertiger Arbeit.

(4) Im Hinblick auf die effektive Gewährleistung der vollen Gleichstellung von Männern und Frauen im Arbeitsleben hindert der Grundsatz der Gleichbehandlung die Mitgliedstaaten nicht daran, zur Erleichterung der Berufstätigkeit des unterrepräsentierten Geschlechts oder zur Verhinderung bzw. zum Ausgleich von Benachteiligungen in der beruflichen Laufbahn spezifische Vergünstigungen beizubehalten oder zu beschließen.

Artikel 158 [Bezahlte Freizeit]
Die Mitgliedstaaten sind bestrebt, die bestehende Gleichwertigkeit der Ordnungen über die bezahlte Freizeit beizubehalten.

Artikel 159 [Bericht zur sozialen und demografischen Lage]
[1]Die Kommission erstellt jährlich einen Bericht über den Stand der Verwirklichung der in Artikel 151 genannten Ziele sowie über die demografische Lage in der Union. [2]Sie übermittelt diesen Bericht dem Europäischen Parlament, dem Rat und dem Wirtschafts- und Sozialausschuss.

Artikel 160 [Ausschuss für Sozialschutz]
[1]Der Rat, der mit einfacher Mehrheit beschließt, setzt nach Anhörung des Europäischen Parlaments einen Ausschuss für Sozialschutz mit beratender Aufgabe ein, um die Zusammenarbeit im Bereich des sozialen Schutzes zwischen den Mitgliedstaaten und mit der Kommission zu fördern. [2]Der Ausschuss hat folgende Aufgaben:
- Er verfolgt die soziale Lage und die Entwicklung der Politiken im Bereich des sozialen Schutzes in den Mitgliedstaaten und der Union;
- er fördert den Austausch von Informationen, Erfahrungen und bewährten Verfahren zwischen den Mitgliedstaaten und mit der Kommission;
- unbeschadet des Artikels 240 arbeitet er auf Ersuchen des Rates oder der Kommission oder von sich aus in seinem Zuständigkeitsbereich Berichte aus, gibt Stellungnahmen ab oder wird auf andere Weise tätig.

Bei der Erfüllung seines Auftrags stellt der Ausschuss geeignete Kontakte zu den Sozialpartnern her.

Jeder Mitgliedstaat und die Kommission ernennen zwei Mitglieder des Ausschusses.

Artikel 161 [Jahresbericht der Kommission]
Der Jahresbericht der Kommission an das Europäische Parlament hat stets ein besonderes Kapitel über die Entwicklung der sozialen Lage in der Union zu enthalten.

Das Europäische Parlament kann die Kommission auffordern, Berichte über besondere, die soziale Lage betreffende Fragen auszuarbeiten.

Titel XI
Der Europäische Sozialfonds

Artikel 162 [Errichtung und Ziel des Europäischen Sozialfonds]
Um die Beschäftigungsmöglichkeiten der Arbeitskräfte im Binnenmarkt zu verbessern und damit zur Hebung der Lebenshaltung beizutragen, wird nach Maßgabe der folgenden Bestimmungen ein Europäischer Sozialfonds errichtet, dessen Ziel es ist, innerhalb der Union die berufliche Verwendbarkeit und die örtliche und berufliche Mobilität der Arbeitskräfte zu fördern sowie die Anpassung an die industriellen Wandlungsprozesse und an Veränderungen der Produktionssysteme insbesondere durch berufliche Bildung und Umschulung zu erleichtern.

Artikel 163 [Verwaltung des Fonds]
Die Verwaltung des Fonds obliegt der Kommission.

Die Kommission wird hierbei von einem Ausschuss unterstützt, der aus Vertretern der Regierungen sowie der Arbeitgeber- und der Arbeitnehmerverbände besteht; den Vorsitz führt ein Mitglied der Kommission.

Artikel 164 [Durchführungsverordnungen]
Das Europäische Parlament und der Rat erlassen gemäß dem ordentlichen Gesetzgebungsverfahren und nach Anhörung des Wirtschafts- und Sozialausschusses sowie des Ausschusses der Regionen die den Europäischen Sozialfonds betreffenden Durchführungsverordnungen.

Titel XII
Allgemeine und berufliche Bildung, Jugend und Sport

Artikel 165 [Beitrag der Union; Ziele]

(1) Die Union trägt zur Entwicklung einer qualitativ hoch stehenden Bildung dadurch bei, dass sie die Zusammenarbeit zwischen den Mitgliedstaaten fördert und die Tätigkeit der Mitgliedstaaten unter strikter Beachtung der Verantwortung der Mitgliedstaaten für die Lehrinhalte und die Gestaltung des Bildungssystems sowie der Vielfalt ihrer Kulturen und Sprachen erforderlichenfalls unterstützt und ergänzt.

Die Union trägt zur Förderung der europäischen Dimension des Sports bei und berücksichtigt dabei dessen besondere Merkmale, dessen auf freiwilligem Engagement basierende Strukturen sowie dessen soziale und pädagogische Funktion.

(2) Die Tätigkeit der Union hat folgende Ziele:

- Entwicklung der europäischen Dimension im Bildungswesen, insbesondere durch Erlernen und Verbreitung der Sprachen der Mitgliedstaaten;
- Förderung der Mobilität von Lernenden und Lehrenden, auch durch die Förderung der akademischen Anerkennung der Diplome und Studienzeiten;
- Förderung der Zusammenarbeit zwischen den Bildungseinrichtungen;
- Ausbau des Informations- und Erfahrungsaustauschs über gemeinsame Probleme im Rahmen der Bildungssysteme der Mitgliedstaaten;
- Förderung des Ausbaus des Jugendaustauschs und des Austauschs sozialpädagogischer Betreuer und verstärkte Beteiligung der Jugendlichen am demokratischen Leben in Europa;
- Förderung der Entwicklung der Fernlehre;
- Entwicklung der europäischen Dimension des Sports durch Förderung der Fairness und der Offenheit von Sportwettkämpfen und der Zusammenarbeit zwischen den für den Sport verantwortlichen Organisationen sowie durch den Schutz der körperlichen und seelischen Unversehrtheit der Sportler, insbesondere der jüngeren Sportler.

(3) Die Union und die Mitgliedstaaten fördern die Zusammenarbeit mit dritten Ländern und den für den Bildungsbereich und den Sport zuständigen internationalen Organisationen, insbesondere dem Europarat.

(4) Als Beitrag zur Verwirklichung der Ziele dieses Artikels

- erlassen das Europäische Parlament und der Rat gemäß dem ordentlichen Gesetzgebungsverfahren und nach Anhörung des Wirtschafts- und Sozialausschusses und des Ausschusses der Regionen Fördermaßnahmen unter Ausschluss jeglicher Harmonisierung der Rechts- und Verwaltungsvorschriften der Mitgliedstaaten;
- erlässt der Rat auf Vorschlag der Kommission Empfehlungen.

Artikel 166 [Berufliche Bildung; Ziele]

(1) Die Union führt eine Politik der beruflichen Bildung, welche die Maßnahmen der Mitgliedstaaten unter strikter Beachtung der Verantwortung der Mitgliedstaaten für Inhalt und Gestaltung der beruflichen Bildung unterstützt und ergänzt.

(2) Die Tätigkeit der Union hat folgende Ziele:

- Erleichterung der Anpassung an die industriellen Wandlungsprozesse, insbesondere durch berufliche Bildung und Umschulung;
- Verbesserung der beruflichen Erstausbildung und Weiterbildung zur Erleichterung der beruflichen Eingliederung und Wiedereingliederung in den Arbeitsmarkt;
- Erleichterung der Aufnahme einer beruflichen Bildung sowie Förderung der Mobilität der Ausbilder und der in beruflicher Bildung befindlichen Personen, insbesondere der Jugendlichen;
- Förderung der Zusammenarbeit in Fragen der beruflichen Bildung zwischen Unterrichtsanstalten und Unternehmen;
- Ausbau des Informations- und Erfahrungsaustauschs über gemeinsame Probleme im Rahmen der Berufsbildungssysteme der Mitgliedstaaten.

(3) Die Union und die Mitgliedstaaten fördern die Zusammenarbeit mit dritten Ländern und den für die berufliche Bildung zuständigen internationalen Organisationen.

(4) Das Europäische Parlament und der Rat erlassen gemäß dem ordentlichen Gesetzgebungsverfahren und nach Anhörung des Wirtschafts- und Sozialausschusses sowie des Ausschusses der Regionen Maßnahmen, die zur Verwirklichung der Ziele dieses Artikels beitragen, unter Ausschluss jeglicher Harmonisierung der Rechts- und Verwaltungsvorschriften der Mitgliedstaaten, und der Rat erlässt auf Vorschlag der Kommission Empfehlungen.

Titel XIII
Kultur

Artikel 167 [Beitrag der Union unter Wahrung und Förderung der Kulturvielfalt]

(1) Die Union leistet einen Beitrag zur Entfaltung der Kulturen der Mitgliedstaaten unter Wahrung ihrer nationalen und regionalen Vielfalt sowie gleichzeitiger Hervorhebung des gemeinsamen kulturellen Erbes.

(2) Die Union fördert durch ihre Tätigkeit die Zusammenarbeit zwischen den Mitgliedstaaten und unterstützt und ergänzt erforderlichenfalls deren Tätigkeit in folgenden Bereichen:
- Verbesserung der Kenntnis und Verbreitung der Kultur und Geschichte der europäischen Völker,
- Erhaltung und Schutz des kulturellen Erbes von europäischer Bedeutung,
- nichtkommerzieller Kulturaustausch,
- künstlerisches und literarisches Schaffen, einschließlich im audiovisuellen Bereich.

(3) Die Union und die Mitgliedstaaten fördern die Zusammenarbeit mit dritten Ländern und den für den Kulturbereich zuständigen internationalen Organisationen, insbesondere mit dem Europarat.

(4) Die Union trägt bei ihrer Tätigkeit aufgrund anderer Bestimmungen der Verträge den kulturellen Aspekten Rechnung, insbesondere zur Wahrung und Förderung der Vielfalt ihrer Kulturen.

(5) Als Beitrag zur Verwirklichung der Ziele dieses Artikels
- erlassen das Europäische Parlament und der Rat gemäß dem ordentlichen Gesetzgebungsverfahren und nach Anhörung des Ausschusses der Regionen Fördermaßnahmen unter Ausschluss jeglicher Harmonisierung der Rechts- und Verwaltungsvorschriften der Mitgliedstaaten.
- erlässt der Rat auf Vorschlag der Kommission Empfehlungen.

Titel XIV
Gesundheitswesen

Artikel 168 [Beitrag der Union zur Sicherstellung eines hohen Gesundheitsschutzniveaus]

(1) Bei der Festlegung und Durchführung aller Unionspolitiken und -maßnahmen wird ein hohes Gesundheitsschutzniveau sichergestellt.

[1]Die Tätigkeit der Union ergänzt die Politik der Mitgliedstaaten und ist auf die Verbesserung der Gesundheit der Bevölkerung, die Verhütung von Humankrankheiten und die Beseitigung von Ursachen für die Gefährdung der körperlichen und geistigen Gesundheit gerichtet. [2]Sie umfasst die Bekämpfung der weit verbreiteten schweren Krankheiten, wobei die Erforschung der Ursachen, der Übertragung und der Verhütung dieser Krankheiten sowie Gesundheitsinformation und -erziehung gefördert werden; außerdem umfasst sie die Beobachtung, frühzeitige Meldung und Bekämpfung schwerwiegender grenzüberschreitender Gesundheitsgefahren.

Die Union ergänzt die Maßnahmen der Mitgliedstaaten zur Verringerung drogenkonsumbedingter Gesundheitsschäden einschließlich der Informations- und Vorbeugungsmaßnahmen.

(2) [1]Die Union fördert die Zusammenarbeit zwischen den Mitgliedstaaten in den in diesem Artikel genannten Bereichen und unterstützt erforderlichenfalls deren Tätigkeit. [2]Sie fördert insbesondere die Zusammenarbeit zwischen den Mitgliedstaaten, die darauf abzielt, die Komplementarität ihrer Gesundheitsdienste in den Grenzgebieten zu verbessern.

[1]Die Mitgliedstaaten koordinieren untereinander im Benehmen mit der Kommission ihre Politiken und Programme in den in Absatz 1 genannten Bereichen. [2]Die Kommission kann in enger Verbindung mit den Mitgliedstaaten alle Initiativen ergreifen, die dieser Koordinierung förderlich sind, insbesondere Initiativen, die darauf abzielen, Leitlinien und Indikatoren festzulegen, den Austausch bewährter Verfahren durchzuführen und die erforderlichen Elemente für eine regelmäßige Überwachung und Bewertung auszuarbeiten. [3]Das Europäische Parlament wird in vollem Umfang unterrichtet.

(3) Die Union und die Mitgliedstaaten fördern die Zusammenarbeit mit dritten Ländern und den für das Gesundheitswesen zuständigen internationalen Organisationen.

(4) Abweichend von Artikel 2 Absatz 5 und Artikel 6 Buchstabe a tragen das Europäische Parlament und der Rat nach Artikel 4 Absatz 2 Buchstabe k gemäß dem ordentlichen Gesetzgebungsverfahren und nach Anhörung des Wirtschafts- und Sozialausschusses sowie des Ausschusses der Regionen mit folgenden Maßnahmen zur Verwirklichung der Ziele dieses Artikels bei, um den gemeinsamen Sicherheitsanliegen Rechnung zu tragen:

a) Maßnahmen zur Festlegung hoher Qualitäts- und Sicherheitsstandards für Organe und Substanzen menschlichen Ursprungs sowie für Blut und Blutderivate; diese Maßnahmen hindern die Mitgliedstaaten nicht daran, strengere Schutzmaßnahmen beizubehalten oder einzuführen;
b) Maßnahmen in den Bereichen Veterinärwesen und Pflanzenschutz, die unmittelbar den Schutz der Gesundheit der Bevölkerung zum Ziel haben;
c) Maßnahmen zur Festlegung hoher Qualitäts- und Sicherheitsstandards für Arzneimittel und Medizinprodukte.

(5) Das Europäische Parlament und der Rat können unter Ausschluss jeglicher Harmonisierung der Rechtsvorschriften der Mitgliedstaaten gemäß dem ordentlichen Gesetzgebungsverfahren und nach Anhörung des Wirtschafts- und Sozialausschusses und des Ausschusses der Regionen auch Fördermaßnahmen zum Schutz und zur Verbesserung der menschlichen Gesundheit sowie insbesondere zur Bekämpfung der weit verbreiteten schweren grenzüberschreitenden Krankheiten, Maßnahmen zur Beobachtung, frühzeitigen Meldung und Bekämpfung schwerwiegender grenzüberschreitender Gesundheitsgefahren sowie Maßnahmen, die unmittelbar den Schutz der Gesundheit der Bevölkerung vor Tabakkonsum und Alkoholmissbrauch zum Ziel haben, erlassen.

(6) Der Rat kann ferner auf Vorschlag der Kommission für die in diesem Artikel genannten Zwecke Empfehlungen erlassen.

(7) [1]Bei der Tätigkeit der Union wird die Verantwortung der Mitgliedstaaten für die Festlegung ihrer Gesundheitspolitik sowie für die Organisation des Gesundheitswesens und die medizinische Versorgung gewahrt. [2]Die Verantwortung der Mitgliedstaaten umfasst die Verwaltung des Gesundheitswesens und der medizinischen Versorgung sowie die Zuweisung der dafür bereitgestellten Mittel. [3]Die Maßnahmen nach Absatz 4 Buchstabe a lassen die einzelstaatlichen Regelungen über die Spende oder die medizinische Verwendung von Organen und Blut unberührt.

Titel XV
Verbraucherschutz

Artikel 169 [Beitrag der Union; Mindeststandards]

(1) Zur Förderung der Interessen der Verbraucher und zur Gewährleistung eines hohen Verbraucherschutzniveaus leistet die Union einen Beitrag zum Schutz der Gesundheit, der Sicherheit und der wirtschaftlichen Interessen der Verbraucher sowie zur Förderung ihres Rechtes auf Information, Erziehung und Bildung von Vereinigungen zur Wahrung ihrer Interessen.

(2) Die Union leistet einen Beitrag zur Erreichung der in Absatz 1 genannten Ziele durch

a) Maßnahmen, die sie im Rahmen der Verwirklichung des Binnenmarkts nach Artikel 114 erlässt;
b) Maßnahmen zur Unterstützung, Ergänzung und Überwachung der Politik der Mitgliedstaaten.

(3) Das Europäische Parlament und der Rat beschließen gemäß dem ordentlichen Gesetzgebungsverfahren und nach Anhörung des Wirtschafts- und Sozialausschusses die Maßnahmen nach Absatz 2 Buchstabe b.

(4) [1]Die nach Absatz 3 beschlossenen Maßnahmen hindern die einzelnen Mitgliedstaaten nicht daran, strengere Schutzmaßnahmen beizubehalten oder zu ergreifen. [2]Diese Maßnahmen müssen mit den Verträgen vereinbar sein. [3]Sie werden der Kommission mitgeteilt.

Titel XVI
Transeuropäische Netze

Artikel 170 [Beitrag zum Auf- und Ausbau]

(1) Um einen Beitrag zur Verwirklichung der Ziele der Artikel 26 und 174 zu leisten und den Bürgern der Union, den Wirtschaftsbeteiligten sowie den regionalen und lokalen Gebietskörperschaften in vol-

lem Umfang die Vorteile zugute kommen zu lassen, die sich aus der Schaffung eines Raumes ohne Binnengrenzen ergeben, trägt die Union zum Auf- und Ausbau transeuropäischer Netze in den Bereichen der Verkehrs-, Telekommunikations- und Energieinfrastruktur bei.

(2) [1]Die Tätigkeit der Union zielt im Rahmen eines Systems offener und wettbewerbsorientierter Märkte auf die Förderung des Verbunds und der Interoperabilität der einzelstaatlichen Netze sowie des Zugangs zu diesen Netzen ab. [2]Sie trägt insbesondere der Notwendigkeit Rechnung, insulare, eingeschlossene und am Rande gelegene Gebiete mit den zentralen Gebieten der Union zu verbinden.

Artikel 171 [Handlungsinstrumente der Union]

(1) Zur Erreichung der Ziele des Artikels 170 geht die Union wie folgt vor:

- Sie stellt eine Reihe von Leitlinien auf, in denen die Ziele, die Prioritäten und die Grundzüge der im Bereich der transeuropäischen Netze in Betracht gezogenen Aktionen erfasst werden; in diesen Leitlinien werden Vorhaben von gemeinsamem Interesse ausgewiesen;
- sie führt jede Aktion durch, die sich gegebenenfalls als notwendig erweist, um die Interoperabilität der Netze zu gewährleisten, insbesondere im Bereich der Harmonisierung der technischen Normen;
- sie kann von den Mitgliedstaaten unterstützte Vorhaben von gemeinsamem Interesse, die im Rahmen der Leitlinien gemäß dem ersten Gedankenstrich ausgewiesen sind, insbesondere in Form von Durchführbarkeitsstudien, Anleihebürgschaften oder Zinszuschüssen unterstützen; die Union kann auch über den nach Artikel 177 errichteten Kohäsionsfonds zu spezifischen Verkehrsinfrastrukturvorhaben in den Mitgliedstaaten finanziell beitragen.

Die Union berücksichtigt bei ihren Maßnahmen die potentielle wirtschaftliche Lebensfähigkeit der Vorhaben.

(2) [1]Die Mitgliedstaaten koordinieren untereinander in Verbindung mit der Kommission die einzelstaatlichen Politiken, die sich erheblich auf die Verwirklichung der Ziele des Artikels 170 auswirken können. [2]Die Kommission kann in enger Zusammenarbeit mit den Mitgliedstaaten alle Initiativen ergreifen, die dieser Koordinierung förderlich sind.

(3) Die Union kann beschließen, mit dritten Ländern zur Förderung von Vorhaben von gemeinsamem Interesse sowie zur Sicherstellung der Interoperabilität der Netze zusammenzuarbeiten.

Artikel 172 [Beschlussfassung]

Die Leitlinien und die übrigen Maßnahmen nach Artikel 171 Absatz 1 werden vom Europäischen Parlament und vom Rat gemäß dem ordentlichen Gesetzgebungsverfahren und nach Anhörung des Wirtschafts- und Sozialausschusses und des Ausschusses der Regionen festgelegt.

Leitlinien und Vorhaben von gemeinsamem Interesse, die das Hoheitsgebiet eines Mitgliedstaats betreffen, bedürfen der Billigung des betroffenen Mitgliedstaats.

Titel XVII
Industrie

Artikel 173 [Förderung der Wettbewerbsfähigkeit; Subventionsverbot]

(1) Die Union und die Mitgliedstaaten sorgen dafür, dass die notwendigen Voraussetzungen für die Wettbewerbsfähigkeit der Industrie der Union gewährleistet sind.

Zu diesem Zweck zielt ihre Tätigkeit entsprechend einem System offener und wettbewerbsorientierter Märkte auf Folgendes ab:

- Erleichterung der Anpassung der Industrie an die strukturellen Veränderungen;
- Förderung eines für die Initiative und Weiterentwicklung der Unternehmen in der gesamten Union, insbesondere der kleinen und mittleren Unternehmen, günstigen Umfelds;
- Förderung eines für die Zusammenarbeit zwischen Unternehmen günstigen Umfelds;
- Förderung einer besseren Nutzung des industriellen Potenzials der Politik in den Bereichen Innovation, Forschung und technologische Entwicklung.

(2) [1]Die Mitgliedstaaten konsultieren einander in Verbindung mit der Kommission und koordinieren, soweit erforderlich, ihre Maßnahmen. [2]Die Kommission kann alle Initiativen ergreifen, die dieser Koordinierung förderlich sind, insbesondere Initiativen, die darauf abzielen, Leitlinien und Indikatoren festzulegen, den Austausch bewährter Verfahren durchzuführen und die erforderlichen Elemente für

eine regelmäßige Überwachung und Bewertung auszuarbeiten. [3]Das Europäische Parlament wird in vollem Umfang unterrichtet.

(3) [1]Die Union trägt durch die Politik und die Maßnahmen, die sie aufgrund anderer Bestimmungen der Verträge durchführt, zur Erreichung der Ziele des Absatzes 1 bei. [2]Das Europäische Parlament und der Rat können unter Ausschluss jeglicher Harmonisierung der Rechtsvorschriften der Mitgliedstaaten gemäß dem ordentlichen Gesetzgebungsverfahren und nach Anhörung des Wirtschafts- und Sozialausschusses spezifische Maßnahmen zur Unterstützung der in den Mitgliedstaaten durchgeführten Maßnahmen im Hinblick auf die Verwirklichung der Ziele des Absatzes 1 beschließen.

Dieser Titel bietet keine Grundlage dafür, dass die Union irgendeine Maßnahme einführt, die zu Wettbewerbsverzerrungen führen könnte oder steuerliche Vorschriften oder Bestimmungen betreffend die Rechte und Interessen der Arbeitnehmer enthält.

Titel XVIII
Wirtschaftlicher, sozialer und territorialer Zusammenhalt

Artikel 174 [Ziele der Strukturpolitik]

Die Union entwickelt und verfolgt weiterhin ihre Politik zur Stärkung ihres wirtschaftlichen, sozialen und territorialen Zusammenhalts, um eine harmonische Entwicklung der Union als Ganzes zu fördern.

Die Union setzt sich insbesondere zum Ziel, die Unterschiede im Entwicklungsstand der verschiedenen Regionen und den Rückstand der am stärksten benachteiligten Gebiete zu verringern.

Unter den betreffenden Gebieten gilt besondere Aufmerksamkeit den ländlichen Gebieten, den vom industriellen Wandel betroffenen Gebieten und den Gebieten mit schweren und dauerhaften natürlichen oder demografischen Nachteilen, wie den nördlichsten Regionen mit sehr geringer Bevölkerungsdichte sowie den Insel-, Grenz- und Bergregionen.

Artikel 175 [Rolle der Strukturfonds; Aktionen außerhalb der Fonds]

[1]Die Mitgliedstaaten führen und koordinieren ihre Wirtschaftspolitik in der Weise, dass auch die in Artikel 174 genannten Ziele erreicht werden. [2]Die Festlegung und Durchführung der Politiken und Aktionen der Union sowie die Errichtung des Binnenmarkts berücksichtigen die Ziele des Artikels 174 und tragen zu deren Verwirklichung bei. [3]Die Union unterstützt auch diese Bemühungen durch die Politik, die sie mit Hilfe der Strukturfonds (Europäischer Ausrichtungs- und Garantiefonds für die Landwirtschaft – Abteilung Ausrichtung, Europäischer Sozialfonds, Europäischer Fonds für regionale Entwicklung), der Europäischen Investitionsbank und der sonstigen vorhandenen Finanzierungsinstrumente führt.

[1]Die Kommission erstattet dem Europäischen Parlament, dem Rat, dem Wirtschafts- und Sozialausschuss und dem Ausschuss der Regionen alle drei Jahre Bericht über die Fortschritte bei der Verwirklichung des wirtschaftlichen, sozialen und territorialen Zusammenhalts und über die Art und Weise, in der die in diesem Artikel vorgesehenen Mittel hierzu beigetragen haben. [2]Diesem Bericht werden erforderlichenfalls entsprechende Vorschläge beigefügt.

Falls sich spezifische Aktionen außerhalb der Fonds und unbeschadet der im Rahmen der anderen Politiken der Union beschlossenen Maßnahmen als erforderlich erweisen, so können sie vom Europäischen Parlament und vom Rat gemäß dem ordentlichen Gesetzgebungsverfahren nach Anhörung des Wirtschafts- und Sozialausschusses und des Ausschusses der Regionen beschlossen werden.

Artikel 176 [Europäischer Regionalfonds]

Aufgabe des Europäischen Fonds für regionale Entwicklung ist es, durch Beteiligung an der Entwicklung und an der strukturellen Anpassung der rückständigen Gebiete und an der Umstellung der Industriegebiete mit rückläufiger Entwicklung zum Ausgleich der wichtigsten regionalen Ungleichgewichte in der Union beizutragen.

Artikel 177 [Strukturfonds; Kohäsionsfonds]

[1]Unbeschadet des Artikels 178 legen das Europäische Parlament und der Rat durch Verordnungen gemäß dem ordentlichen Gesetzgebungsverfahren und nach Anhörung des Wirtschafts- und Sozialausschusses und des Ausschusses der Regionen die Aufgaben, die vorrangigen Ziele und die Organisation der Strukturfonds fest, was ihre Neuordnung einschließen kann. [2]Nach demselben Verfahren werden ferner die für die Fonds geltenden allgemeinen Regeln sowie die Bestimmungen festgelegt,

die zur Gewährleistung einer wirksamen Arbeitsweise und zur Koordinierung der Fonds sowohl untereinander als auch mit den anderen vorhandenen Finanzierungsinstrumenten erforderlich sind.

Ein nach demselben Verfahren errichteter Kohäsionsfonds trägt zu Vorhaben in den Bereichen Umwelt und transeuropäische Netze auf dem Gebiet der Verkehrsinfrastruktur finanziell bei.

Artikel 178 [Durchführungsverordnungen]
Die den Europäischen Fonds für regionale Entwicklung betreffenden Durchführungsverordnungen werden vom Europäischen Parlament und vom Rat gemäß dem ordentlichen Gesetzgebungsverfahren und nach Anhörung des Wirtschafts- und Sozialausschusses sowie des Ausschusses der Regionen gefasst.

Für den Europäischen Ausrichtungs- und Garantiefonds für die Landwirtschaft, Abteilung Ausrichtung, und den Europäischen Sozialfonds sind die Artikel 43 bzw. 164 weiterhin anwendbar.

Titel XIX

Forschung, technologische Entwicklung und Raumfahrt

Artikel 179 [Europäischer Raum der Forschung]
(1) Die Union hat zum Ziel, ihre wissenschaftlichen und technologischen Grundlagen dadurch zu stärken, dass ein europäischer Raum der Forschung geschaffen wird, in dem Freizügigkeit für Forscher herrscht und wissenschaftliche Erkenntnisse und Technologien frei ausgetauscht werden, die Entwicklung ihrer Wettbewerbsfähigkeit einschließlich der ihrer Industrie zu fördern sowie alle Forschungsmaßnahmen zu unterstützen, die aufgrund anderer Kapitel der Verträge für erforderlich gehalten werden.

(2) In diesem Sinne unterstützt sie in der gesamten Union die Unternehmen – einschließlich der kleinen und mittleren Unternehmen –, die Forschungszentren und die Hochschulen bei ihren Bemühungen auf dem Gebiet der Forschung und technologischen Entwicklung von hoher Qualität; sie fördert ihre Zusammenarbeitsbestrebungen, damit vor allem die Forscher ungehindert über die Grenzen hinweg zusammenarbeiten und die Unternehmen die Möglichkeiten des Binnenmarkts in vollem Umfang nutzen können, und zwar insbesondere durch Öffnen des einzelstaatlichen öffentlichen Auftragswesens, Festlegung gemeinsamer Normen und Beseitigung der dieser Zusammenarbeit entgegenstehenden rechtlichen und steuerlichen Hindernisse.

(3) Alle Maßnahmen der Union aufgrund der Verträge auf dem Gebiet der Forschung und der technologischen Entwicklung, einschließlich der Demonstrationsvorhaben, werden nach Maßgabe dieses Titels beschlossen und durchgeführt.

Artikel 180 [Ergänzende Unionsmaßnahmen]
Zur Erreichung dieser Ziele trifft die Union folgende Maßnahmen, welche die in den Mitgliedstaaten durchgeführten Aktionen ergänzen:

a) Durchführung von Programmen für Forschung, technologische Entwicklung und Demonstration unter Förderung der Zusammenarbeit mit und zwischen Unternehmen, Forschungszentren und Hochschulen;
b) Förderung der Zusammenarbeit mit dritten Ländern und internationalen Organisationen auf dem Gebiet der Forschung der Union, technologischen Entwicklung und Demonstration;
c) Verbreitung und Auswertung der Ergebnisse der Tätigkeiten auf dem Gebiet der Forschung der Union, technologischen Entwicklung und Demonstration;
d) Förderung der Ausbildung und der Mobilität der Forscher aus der Union.

Artikel 181 [Koordinierung; Rolle der Kommission]
(1) Die Union und die Mitgliedstaaten koordinieren ihre Tätigkeiten auf dem Gebiet der Forschung und der technologischen Entwicklung, um die Kohärenz der einzelstaatlichen Politiken und der Politik der Union sicherzustellen.

(2) [1]Die Kommission kann in enger Zusammenarbeit mit den Mitgliedstaaten alle Initiativen ergreifen, die der Koordinierung nach Absatz 1 förderlich sind, insbesondere Initiativen, die darauf abzielen, Leitlinien und Indikatoren festzulegen, den Austausch bewährter Verfahren durchzuführen und die erforderlichen Elemente für eine regelmäßige Überwachung und Bewertung auszuarbeiten. [2]Das Europäische Parlament wird in vollem Umfang unterrichtet.

Artikel 182 [Mehrjähriges Rahmenprogramm; spezifische Programme]

(1) Das Europäische Parlament und der Rat stellen gemäß dem ordentlichen Gesetzgebungsverfahren und nach Anhörung des Wirtschafts- und Sozialausschusses ein mehrjähriges Rahmenprogramm auf, in dem alle Aktionen der Union zusammengefasst werden.

In dem Rahmenprogramm werden

- die wissenschaftlichen und technologischen Ziele, die mit den Maßnahmen nach Artikel 180 erreicht werden sollen, sowie die jeweiligen Prioritäten festgelegt;
- die Grundzüge dieser Maßnahmen angegeben;
- der Gesamthöchstbetrag und die Einzelheiten der finanziellen Beteiligung der Union am Rahmenprogramm sowie die jeweiligen Anteile der vorgesehenen Maßnahmen festgelegt.

(2) Das Rahmenprogramm wird je nach Entwicklung der Lage angepasst oder ergänzt.

(3) [1]Die Durchführung des Rahmenprogramms erfolgt durch spezifische Programme, die innerhalb einer jeden Aktion entwickelt werden. [2]In jedem spezifischen Programm werden die Einzelheiten seiner Durchführung, seine Laufzeit und die für notwendig erachteten Mittel festgelegt. [3]Die Summe der in den spezifischen Programmen für notwendig erachteten Beträge darf den für das Rahmenprogramm und für jede Aktion festgesetzten Gesamthöchstbetrag nicht überschreiten.

(4) Die spezifischen Programme werden vom Rat gemäß einem besonderen Gesetzgebungsverfahren nach Anhörung des Europäischen Parlaments und des Wirtschafts- und Sozialausschusses beschlossen.

(5) Ergänzend zu den in dem mehrjährigen Rahmenprogramm vorgesehenen Aktionen erlassen das Europäische Parlament und der Rat gemäß dem ordentlichen Gesetzgebungsverfahren und nach Anhörung des Wirtschafts- und Sozialausschusses die Maßnahmen, die für die Verwirklichung des Europäischen Raums der Forschung notwendig sind.

Artikel 183 [Durchführung des Rahmenprogramms]

Zur Durchführung des mehrjährigen Rahmenprogramms legt die Union Folgendes fest:

- die Regeln für die Beteiligung der Unternehmen, der Forschungszentren und der Hochschulen;
- die Regeln für die Verbreitung der Forschungsergebnisse.

Artikel 184 [Zusatzprogramme]

Bei der Durchführung des mehrjährigen Rahmenprogramms können Zusatzprogramme beschlossen werden, an denen nur bestimmte Mitgliedstaaten teilnehmen, die sie vorbehaltlich einer etwaigen Beteiligung der Union auch finanzieren.

Die Union legt die Regeln für die Zusatzprogramme fest, insbesondere hinsichtlich der Verbreitung der Kenntnisse und des Zugangs anderer Mitgliedstaaten.

Artikel 185 [Beteiligung der Union]

Die Union kann im Einvernehmen mit den betreffenden Mitgliedstaaten bei der Durchführung des mehrjährigen Rahmenprogramms eine Beteiligung an Forschungs- und Entwicklungsprogrammen mehrerer Mitgliedstaaten, einschließlich der Beteiligung an den zu ihrer Durchführung geschaffenen Strukturen, vorsehen.

Artikel 186 [Zusammenarbeit mit Drittländern; Abkommen]

Die Union kann bei der Durchführung des mehrjährigen Rahmenprogramms eine Zusammenarbeit auf dem Gebiet der Forschung, technologischen Entwicklung und Demonstration mit dritten Ländern oder internationalen Organisationen vorsehen.

Die Einzelheiten dieser Zusammenarbeit können Gegenstand von Abkommen zwischen der Union und den betreffenden dritten Parteien sein.

Artikel 187 [Gründung gemeinsamer Unternehmen]

Die Union kann gemeinsame Unternehmen gründen oder andere Strukturen schaffen, die für die ordnungsgemäße Durchführung der Programme für Forschung, technologische Entwicklung und Demonstration der Union erforderlich sind.

Artikel 188 [Beschlussfassung]

Der Rat legt auf Vorschlag der Kommission und nach Anhörung des Europäischen Parlaments und des Wirtschafts- und Sozialausschusses die in Artikel 187 vorgesehenen Bestimmungen fest.

[1]Das Europäische Parlament und der Rat legen gemäß dem ordentlichen Gesetzgebungsverfahren und nach Anhörung des Wirtschafts- und Sozialausschusses die in den Artikeln 183, 184 und 185 vorgesehenen Bestimmungen fest. [2]Für die Verabschiedung der Zusatzprogramme ist die Zustimmung der daran beteiligten Mitgliedstaaten erforderlich.

Artikel 189 [Europäische Raumfahrtpolitik]

(1) [1]Zur Förderung des wissenschaftlichen und technischen Fortschritts, der Wettbewerbsfähigkeit der Industrie und der Durchführung ihrer Politik arbeitet die Union eine europäische Raumfahrtpolitik aus. [2]Sie kann zu diesem Zweck gemeinsame Initiativen fördern, die Forschung und technologische Entwicklung unterstützen und die Anstrengungen zur Erforschung und Nutzung des Weltraums koordinieren.

(2) Als Beitrag zur Erreichung der Ziele des Absatzes 1 werden vom Europäischen Parlament und vom Rat unter Ausschluss jeglicher Harmonisierung der Rechtsvorschriften der Mitgliedstaaten gemäß dem ordentlichen Gesetzgebungsverfahren die notwendigen Maßnahmen erlassen, was in Form eines europäischen Raumfahrtprogramms geschehen kann.

(3) Die Union stellt die zweckdienlichen Verbindungen zur Europäischen Weltraumorganisation her.

(4) Dieser Artikel gilt unbeschadet der sonstigen Bestimmungen dieses Titels.

Artikel 190 [Jährlicher Forschungsbericht]

[1]Zu Beginn jedes Jahres unterbreitet die Kommission dem Europäischen Parlament und dem Rat einen Bericht. [2]Dieser Bericht erstreckt sich insbesondere auf die Tätigkeiten auf dem Gebiet der Forschung und technologischen Entwicklung und der Verbreitung der Ergebnisse dieser Tätigkeiten während des Vorjahrs sowie auf das Arbeitsprogramm des laufenden Jahres.

Titel XX
Umwelt

Artikel 191 [Umweltpolitische Ziele; Schutzmaßnahmen; Internationale Zusammenarbeit]

(1) Die Umweltpolitik der Union trägt zur Verfolgung der nachstehenden Ziele bei:

- Erhaltung und Schutz der Umwelt sowie Verbesserung ihrer Qualität;
- Schutz der menschlichen Gesundheit;
- umsichtige und rationelle Verwendung der natürlichen Ressourcen;
- Förderung von Maßnahmen auf internationaler Ebene zur Bewältigung regionaler oder globaler Umweltprobleme und insbesondere zur Bekämpfung des Klimawandels.

(2) [1]Die Umweltpolitik der Union zielt unter Berücksichtigung der unterschiedlichen Gegebenheiten in den einzelnen Regionen der Union auf ein hohes Schutzniveau ab. [2]Sie beruht auf den Grundsätzen der Vorsorge und Vorbeugung, auf dem Grundsatz, Umweltbeeinträchtigungen mit Vorrang an ihrem Ursprung zu bekämpfen, sowie auf dem Verursacherprinzip.

Im Hinblick hierauf umfassen die den Erfordernissen des Umweltschutzes entsprechenden Harmonisierungsmaßnahmen gegebenenfalls eine Schutzklausel, mit der die Mitgliedstaaten ermächtigt werden, aus nicht wirtschaftlich bedingten umweltpolitischen Gründen vorläufige Maßnahmen zu treffen, die einem Kontrollverfahren der Union unterliegen.

(3) Bei der Erarbeitung ihrer Umweltpolitik berücksichtigt die Union

- die verfügbaren wissenschaftlichen und technischen Daten;
- die Umweltbedingungen in den einzelnen Regionen der Union;
- die Vorteile und die Belastung aufgrund des Tätigwerdens bzw. eines Nichttätigwerdens;
- die wirtschaftliche und soziale Entwicklung der Union insgesamt sowie die ausgewogene Entwicklung ihrer Regionen.

(4) [1]Die Union und die Mitgliedstaaten arbeiten im Rahmen ihrer jeweiligen Befugnisse mit dritten Ländern und den zuständigen internationalen Organisationen zusammen. [2]Die Einzelheiten der Zu-

sammenarbeit der Union können Gegenstand vom Abkommen zwischen dieser und den betreffenden dritten Parteien sein.

Unterabsatz 1 berührt nicht die Zuständigkeit der Mitgliedstaaten, in internationalen Gremien zu verhandeln und internationale Abkommen zu schließen.

Artikel 192 [Beschlussfassung; Finanzierung; Verursacherprinzip]

(1) Das Europäische Parlament und der Rat beschließen gemäß dem ordentlichen Gesetzgebungsverfahren und nach Anhörung des Wirtschafts- und Sozialausschusses sowie des Ausschusses der Regionen über das Tätigwerden der Union zur Erreichung der in Artikel 191 genannten Ziele.

(2) Abweichend von dem Beschlussverfahren des Absatzes 1 und unbeschadet des Artikels 114 erlässt der Rat gemäß einem besonderen Gesetzgebungsverfahren nach Anhörung des Europäischen Parlaments, des Wirtschafts- und Sozialausschusses sowie des Ausschusses der Regionen einstimmig

a) Vorschriften überwiegend steuerlicher Art;
b) Maßnahmen, die
   - die Raumordnung berühren,
   - die mengenmäßige Bewirtschaftung der Wasserressourcen berühren oder die Verfügbarkeit dieser Ressourcen mittelbar oder unmittelbar betreffen,
   - die Bodennutzung mit Ausnahme der Abfallbewirtschaftung berühren;
c) Maßnahmen, welche die Wahl eines Mitgliedstaats zwischen verschiedenen Energiequellen und die allgemeine Struktur seiner Energieversorgung erheblich berühren.

Der Rat kann auf Vorschlag der Kommission und nach Anhörung des Europäischen Parlaments, des Wirtschafts- und Sozialausschusses und des Ausschusses der Regionen einstimmig festlegen, dass für die in Unterabsatz 1 genannten Bereiche das ordentliche Gesetzgebungsverfahren gilt.

(3) Das Europäische Parlament und der Rat beschließen gemäß dem ordentlichen Gesetzgebungsverfahren und nach Anhörung des Wirtschafts- und Sozialausschusses sowie des Ausschusses der Regionen allgemeine Aktionsprogramme, in denen die vorrangigen Ziele festgelegt werden.

Die zur Durchführung dieser Programme erforderlichen Maßnahmen werden, je nach Fall, nach dem in Absatz 1 beziehungsweise Absatz 2 vorgesehenen Verfahren erlassen.

(4) Unbeschadet bestimmter Maßnahmen der Union tragen die Mitgliedstaaten für die Finanzierung und Durchführung der Umweltpolitik Sorge.

(5) Sofern eine Maßnahme nach Absatz 1 mit unverhältnismäßig hohen Kosten für die Behörden eines Mitgliedstaats verbunden ist, werden darin unbeschadet des Verursacherprinzips geeignete Bestimmungen in folgender Form vorgesehen:

- vorübergehende Ausnahmeregelungen und/oder
- eine finanzielle Unterstützung aus dem nach Artikel 177 errichteten Kohäsionsfonds.

Artikel 193 [Schutzmaßnahmen der Mitgliedstaaten]

[1]Die Schutzmaßnahmen, die aufgrund des Artikels 192 getroffen werden, hindern die einzelnen Mitgliedstaaten nicht daran, verstärkte Schutzmaßnahmen beizubehalten oder zu ergreifen. [2]Die betreffenden Maßnahmen müssen mit den Verträgen vereinbar sein. [3]Sie werden der Kommission notifiziert.

Titel XXI
Energie

Artikel 194 [Europäische Energiepolitik; Ziele und Maßnahmen]

(1) Die Energiepolitik der Union verfolgt im Geiste der Solidarität zwischen den Mitgliedstaaten im Rahmen der Verwirklichung oder des Funktionierens des Binnenmarkts und unter Berücksichtigung der Notwendigkeit der Erhaltung und Verbesserung der Umwelt folgende Ziele:

a) Sicherstellung des Funktionierens des Energiemarkts;
b) Gewährleistung der Energieversorgungssicherheit in der Union;
c) Förderung der Energieeffizienz und von Energieeinsparungen sowie Entwicklung neuer und erneuerbarer Energiequellen und
d) Förderung der Interkonnektion der Energienetze.

(2) [1]Unbeschadet der Anwendung anderer Bestimmungen der Verträge erlassen das Europäische Parlament und der Rat gemäß dem ordentlichen Gesetzgebungsverfahren die Maßnahmen, die erfor-

derlich sind, um die Ziele nach Absatz 1 zu verwirklichen. [2]Der Erlass dieser Maßnahmen erfolgt nach Anhörung des Wirtschafts- und Sozialausschusses und des Ausschusses der Regionen.

Diese Maßnahmen berühren unbeschadet des Artikels 192 Absatz 2 Buchstabe c nicht das Recht eines Mitgliedstaats, die Bedingungen für die Nutzung seiner Energieressourcen, seine Wahl zwischen verschiedenen Energiequellen und die allgemeine Struktur seiner Energieversorgung zu bestimmen.

(3) Abweichend von Absatz 2 erlässt der Rat die darin genannten Maßnahmen gemäß einem besonderen Gesetzgebungsverfahren einstimmig nach Anhörung des Europäischen Parlaments, wenn sie überwiegend steuerlicher Art sind.

Titel XXII
Tourismus

Artikel 195 [Maßnahmen im Tourismussektor]

(1) Die Union ergänzt die Maßnahmen der Mitgliedstaaten im Tourismussektor, insbesondere durch die Förderung der Wettbewerbsfähigkeit der Unternehmen der Union in diesem Sektor.

Die Union verfolgt zu diesem Zweck mit ihrer Tätigkeit das Ziel,

a) die Schaffung eines günstigen Umfelds für die Entwicklung der Unternehmen in diesem Sektor anzuregen;
b) die Zusammenarbeit zwischen den Mitgliedstaaten insbesondere durch den Austausch bewährter Praktiken zu unterstützen.

(2) Das Europäische Parlament und der Rat erlassen unter Ausschluss jeglicher Harmonisierung der Rechtsvorschriften der Mitgliedstaaten gemäß dem ordentlichen Gesetzgebungsverfahren die spezifischen Maßnahmen zur Ergänzung der Maßnahmen, die die Mitgliedstaaten zur Verwirklichung der in diesem Artikel genannten Ziele durchführen.

Titel XXIII
Katastrophenschutz

Artikel 196 [Förderung der Zusammenarbeit in Mitgliedstaaten]

(1) Die Union fördert die Zusammenarbeit zwischen den Mitgliedstaaten, um die Systeme zur Verhütung von Naturkatastrophen oder von vom Menschen verursachten Katastrophen und zum Schutz vor solchen Katastrophen wirksamer zu gestalten.

Die Tätigkeit der Union hat folgende Ziele:

a) Unterstützung und Ergänzung der Tätigkeit der Mitgliedstaaten auf nationaler, regionaler und kommunaler Ebene im Hinblick auf die Risikoprävention, auf die Ausbildung der in den Mitgliedstaaten am Katastrophenschutz Beteiligten und auf Einsätze im Falle von Naturkatastrophen oder von vom Menschen verursachten Katastrophen in der Union;
b) Förderung einer schnellen und effizienten Zusammenarbeit in der Union zwischen den einzelstaatlichen Katastrophenschutzstellen;
c) Verbesserung der Kohärenz der Katastrophenschutzmaßnahmen auf internationaler Ebene.

(2) Das Europäische Parlament und der Rat erlassen unter Ausschluss jeglicher Harmonisierung der Rechtsvorschriften der Mitgliedstaaten gemäß dem ordentlichen Gesetzgebungsverfahren die erforderlichen Maßnahmen zur Verfolgung der Ziele des Absatzes 1.

Titel XXIV
Verwaltungszusammenarbeit

Artikel 197 [Effektive Durchführung des Unionsrechts]

(1) Die für das ordnungsgemäße Funktionieren der Union entscheidende effektive Durchführung des Unionsrechts durch die Mitgliedstaaten ist als Frage von gemeinsamem Interesse anzusehen.

(2) [1]Die Union kann die Mitgliedstaaten in ihren Bemühungen um eine Verbesserung der Fähigkeit ihrer Verwaltung zur Durchführung des Unionsrechts unterstützen. [2]Dies kann insbesondere die Erleichterung des Austauschs von Informationen und von Beamten sowie die Unterstützung von Aus- und Weiterbildungsprogrammen beinhalten. [3]Die Mitgliedstaaten müssen diese Unterstützung nicht in Anspruch nehmen. [4]Das Europäische Parlament und der Rat erlassen die erforderlichen Maßnahmen

unter Ausschluss jeglicher Harmonisierung der Rechtsvorschriften der Mitgliedstaaten durch Verordnungen gemäß dem ordentlichen Gesetzgebungsverfahren.

(3) [1]Dieser Artikel berührt weder die Verpflichtung der Mitgliedstaaten, das Unionsrecht durchzuführen, noch die Befugnisse und Pflichten der Kommission. [2]Er berührt auch nicht die übrigen Bestimmungen der Verträge, in denen eine Verwaltungszusammenarbeit unter den Mitgliedstaaten sowie zwischen diesen und der Union vorgesehen ist.

Vierter Teil
Die Assoziierung der überseeischen Länder und Hoheitsgebiete

Artikel 198 [Ziele der Assoziierung]

[1]Die Mitgliedstaaten kommen überein, die außereuropäischen Länder und Hoheitsgebiete, die mit Dänemark, Frankreich, den Niederlanden und dem Vereinigten Königreich besondere Beziehungen unterhalten, der Union zu assoziieren. [2]Diese Länder und Hoheitsgebiete, im Folgenden als „Länder und Hoheitsgebiete" bezeichnet, sind in Anhang II aufgeführt.

Ziel der Assoziierung ist die Förderung der wirtschaftlichen und sozialen Entwicklung der Länder und Hoheitsgebiete und die Herstellung enger Wirtschaftsbeziehungen zwischen ihnen und der gesamten Union.

Entsprechend den in der Präambel dieses Vertrags aufgestellten Grundsätzen soll die Assoziierung in erster Linie den Interessen der Einwohner dieser Länder und Hoheitsgebiete dienen und ihren Wohlstand fördern, um sie der von ihnen erstrebten wirtschaftlichen, sozialen und kulturellen Entwicklung entgegenzuführen.

Artikel 199 [Zwecke der Assoziierung]

Mit der Assoziierung werden folgende Zwecke verfolgt:

1. Die Mitgliedstaaten wenden auf ihren Handelsverkehr mit den Ländern und Hoheitsgebieten das System an, das sie aufgrund der Verträge untereinander anwenden.
2. Jedes Land oder Hoheitsgebiet wendet auf seinen Handelsverkehr mit den Mitgliedstaaten und den anderen Ländern und Hoheitsgebieten das System an, das es auf den europäischen Staat anwendet, mit dem es besondere Beziehungen unterhält.
3. Die Mitgliedstaaten beteiligen sich an den Investitionen, welche die fortschreitende Entwicklung dieser Länder und Hoheitsgebiete erfordert.
4. Bei Ausschreibungen und Lieferungen für Investitionen, die von der Union finanziert werden, steht die Beteiligung zu gleichen Bedingungen allen natürlichen und juristischen Personen offen, welche die Staatsangehörigkeit der Mitgliedstaaten oder der Länder oder Hoheitsgebiete besitzen.
5. Soweit aufgrund des Artikels 203 nicht Sonderregelungen getroffen werden, gelten zwischen den Mitgliedstaaten und den Ländern und Hoheitsgebieten für das Niederlassungsrecht ihrer Staatsangehörigen und Gesellschaften die Bestimmungen und Verfahrensregeln des Kapitels Niederlassungsfreiheit, und zwar unter Ausschluss jeder Diskriminierung.

Artikel 200 [Verbot von Zöllen; Ausnahmen]

(1) Zölle bei der Einfuhr von Waren aus den Ländern und Hoheitsgebieten in die Mitgliedstaaten sind verboten; dies geschieht nach Maßgabe des in den Verträgen vorgesehenen Verbots von Zöllen zwischen den Mitgliedstaaten.

(2) In jedem Land und Hoheitsgebiet sind Zölle bei der Einfuhr von Waren aus den Mitgliedstaaten und den anderen Ländern und Hoheitsgebieten nach Maßgabe des Artikels 30 verboten.

(3) Die Länder und Hoheitsgebiete können jedoch Zölle erheben, die den Erfordernissen ihrer Entwicklung und Industrialisierung entsprechen oder als Finanzzölle der Finanzierung ihres Haushalts dienen.

Die in Unterabsatz 1 genannten Zölle dürfen nicht höher sein als diejenigen, die für die Einfuhr von Waren aus dem Mitgliedstaat gelten, mit dem das entsprechende Land oder Hoheitsgebiet besondere Beziehungen unterhält.

(4) Absatz 2 gilt nicht für die Länder und Hoheitsgebiete, die aufgrund besonderer internationaler Verpflichtungen bereits einen nichtdiskriminierenden Zolltarif anwenden.

(5) Die Festlegung oder Änderung der Zollsätze für Waren, die in die Länder und Hoheitsgebiete eingeführt werden, darf weder rechtlich noch tatsächlich zu einer mittelbaren oder unmittelbaren Diskriminierung zwischen den Einfuhren aus den einzelnen Mitgliedstaaten führen.

Artikel 201 [Abhilfe bei nachteiliger Verkehrsverlagerung]
Ist die Höhe der Zollsätze, die bei der Einfuhr in ein Land oder Hoheitsgebiet für Waren aus einem dritten Land gelten, bei Anwendung des Artikels 200 Absatz 1 geeignet, Verkehrsverlagerungen zum Nachteil eines Mitgliedstaats hervorzurufen, so kann dieser die Kommission ersuchen, den anderen Mitgliedstaaten die erforderlichen Abhilfemaßnahmen vorzuschlagen.

Artikel 202 [Regelung der Freizügigkeit der Arbeitskräfte]
Vorbehaltlich der Bestimmungen über die Volksgesundheit und die öffentliche Sicherheit und Ordnung werden für die Freizügigkeit der Arbeitskräfte aus den Ländern und Hoheitsgebieten in den Mitgliedstaaten und der Arbeitskräfte aus den Mitgliedstaaten in den Ländern und Hoheitsgebieten Rechtsakte nach Artikel 203 erlassen.

Artikel 203 [Durchführungsgesetzgebung]
[1]Der Rat erlässt einstimmig auf Vorschlag der Kommission und aufgrund der im Rahmen der Assoziierung der Länder und Hoheitsgebiete an die Union erzielten Ergebnisse und der Grundsätze der Verträge die Bestimmungen über die Einzelheiten und das Verfahren für die Assoziierung der Länder und Hoheitsgebiete an die Union. [2]Werden diese Bestimmungen vom Rat gemäß einem besonderen Gesetzgebungsverfahren angenommen, so beschließt er einstimmig auf Vorschlag der Kommission nach Anhörung des Europäischen Parlaments.

Artikel 204 [Anwendung auf Grönland]
Die Artikel 198 bis 203 sind auf Grönland anwendbar, vorbehaltlich der spezifischen Bestimmungen für Grönland in dem Protokoll über die Sonderregelung für Grönland im Anhang zu den Verträgen.

Fünfter Teil
Das auswärtige Handeln der Union

Titel I
Allgemeine Bestimmungen über das auswärtige Handeln der Union

Artikel 205 [Handlungsgrundsätze auf internationaler Ebene]
Das Handeln der Union auf internationaler Ebene im Rahmen dieses Teils wird von den Grundsätzen bestimmt, von den Zielen geleitet und an den allgemeinen Bestimmungen ausgerichtet, die in Titel V Kapitel 1 des Vertrags über die Europäische Union niedergelegt sind.

Titel II
Gemeinsame Handelspolitik

Artikel 206 [Ziele der Handelspolitik]
Durch die Schaffung einer Zollunion nach den Artikeln 28 bis 32 trägt die Union im gemeinsamen Interesse zur harmonischen Entwicklung des Welthandels, zur schrittweisen Beseitigung der Beschränkungen im internationalen Handelsverkehr und bei den ausländischen Direktinvestitionen sowie zum Abbau der Zollschranken und anderer Schranken bei.

Artikel 207 [Grundsätze der gemeinsamen Handelspolitik]
(1) [1]Die gemeinsame Handelspolitik wird nach einheitlichen Grundsätzen gestaltet; dies gilt insbesondere für die Änderung von Zollsätzen, für den Abschluss von Zoll- und Handelsabkommen, die den Handel mit Waren und Dienstleistungen betreffen, und für die Handelsaspekte des geistigen Eigentums, die ausländischen Direktinvestitionen, die Vereinheitlichung der Liberalisierungsmaßnahmen, die Ausfuhrpolitik sowie die handelspolitischen Schutzmaßnahmen, zum Beispiel im Fall von Dumping und Subventionen. [2]Die gemeinsame Handelspolitik wird im Rahmen der Grundsätze und Ziele des auswärtigen Handelns der Union gestaltet.

(2) Das Europäische Parlament und der Rat erlassen durch Verordnungen gemäß dem ordentlichen Gesetzgebungsverfahren die Maßnahmen, mit denen der Rahmen für die Umsetzung der gemeinsamen Handelspolitik bestimmt wird.

(3) Sind mit einem oder mehreren Drittländern oder internationalen Organisationen Abkommen auszuhandeln und zu schließen, so findet Artikel 218 vorbehaltlich der besonderen Bestimmungen dieses Artikels Anwendung.

[1]Die Kommission legt dem Rat Empfehlungen vor; dieser ermächtigt die Kommission zur Aufnahme der erforderlichen Verhandlungen. [2]Der Rat und die Kommission haben dafür Sorge zu tragen, dass die ausgehandelten Abkommen mit der internen Politik und den internen Vorschriften der Union vereinbar sind.

[1]Die Kommission führt diese Verhandlungen im Benehmen mit einem zu ihrer Unterstützung vom Rat bestellten Sonderausschuss und nach Maßgabe der Richtlinien, die ihr der Rat erteilen kann. [2]Die Kommission erstattet dem Sonderausschuss sowie dem Europäischen Parlament regelmäßig Bericht über den Stand der Verhandlungen.

(4) Über die Aushandlung und den Abschluss der in Absatz 3 genannten Abkommen beschließt der Rat mit qualifizierter Mehrheit.

Über die Aushandlung und den Abschluss eines Abkommens über den Dienstleistungsverkehr, über Handelsaspekte des geistigen Eigentums oder über ausländische Direktinvestitionen beschließt der Rat einstimmig, wenn das betreffende Abkommen Bestimmungen enthält, bei denen für die Annahme interner Vorschriften Einstimmigkeit erforderlich ist.

Der Rat beschließt ebenfalls einstimmig über die Aushandlung und den Abschluss von Abkommen in den folgenden Bereichen:

a) Handel mit kulturellen und audiovisuellen Dienstleistungen, wenn diese Abkommen die kulturelle und sprachliche Vielfalt in der Union beeinträchtigen könnten;
b) Handel mit Dienstleistungen des Sozial-, des Bildungs- und des Gesundheitssektors, wenn diese Abkommen die einzelstaatliche Organisation dieser Dienstleistungen ernsthaft stören und die Verantwortlichkeit der Mitgliedstaaten für ihre Erbringung beinträchtigen könnten.

(5) Für die Aushandlung und den Abschluss von internationalen Abkommen im Bereich des Verkehrs gelten der Dritte Teil Titel VI sowie Artikel 218.

(6) Die Ausübung der durch diesen Artikel übertragenen Zuständigkeiten im Bereich der gemeinsamen Handelspolitik hat keine Auswirkungen auf die Abgrenzung der Zuständigkeiten zwischen der Union und den Mitgliedstaaten und führt nicht zu einer Harmonisierung der Rechtsvorschriften der Mitgliedstaaten, soweit eine solche Harmonisierung in den Verträgen ausgeschlossen wird.

Titel III
Zusammenarbeit mit Drittländern und humanitäre Hilfe

Kapitel 1
Entwicklungszusammenarbeit

Artikel 208 [Beitrag der Union; Ziel]

(1) [1]Die Politik der Union auf dem Gebiet der Entwicklungszusammenarbeit wird im Rahmen der Grundsätze und Ziele des auswärtigen Handelns der Union durchgeführt. [2]Die Politik der Union und die Politik der Mitgliedstaaten auf dem Gebiet der Entwicklungszusammenarbeit ergänzen und verstärken sich gegenseitig.

[1]Hauptziel der Unionspolitik in diesem Bereich ist die Bekämpfung und auf längere Sicht die Beseitigung der Armut. [2]Bei der Durchführung politischer Maßnahmen, die sich auf die Entwicklungsländer auswirken können, trägt die Union den Zielen der Entwicklungszusammenarbeit Rechnung.

(2) Die Union und die Mitgliedstaaten kommen den im Rahmen der Vereinten Nationen und anderer zuständiger internationaler Organisationen gegebenen Zusagen nach und berücksichtigen die in diesem Rahmen gebilligten Zielsetzungen.

Artikel 209 [Mehrjahres- und thematische Programme; Vertragsschlusskompetenz; Rolle der EIB]

(1) Das Europäische Parlament und der Rat erlassen gemäß dem ordentlichen Gesetzgebungsverfahren die zur Durchführung der Politik im Bereich der Entwicklungszusammenarbeit erforderlichen Maßnahmen; diese Maßnahmen können Mehrjahresprogramme für die Zusammenarbeit mit Entwicklungsländern oder thematische Programme betreffen.

(2) Die Union kann mit Drittländern und den zuständigen internationalen Organisationen alle Übereinkünfte schließen, die zur Verwirklichung der Ziele des Artikels 21 des Vertrags über die Europäische Union und des Artikels 208 dieses Vertrags beitragen.

Unterabsatz 1 berührt nicht die Zuständigkeit der Mitgliedstaaten, in internationalen Gremien zu verhandeln und Übereinkünfte zu schließen.

(3) Die Europäische Investitionsbank trägt nach Maßgabe ihrer Satzung zur Durchführung der Maßnahmen im Sinne des Absatzes 1 bei.

Artikel 210 [Koordinierung]

(1) [1]Die Union und die Mitgliedstaaten koordinieren ihre Politik auf dem Gebiet der Entwicklungszusammenarbeit und stimmen ihre Hilfsprogramme aufeinander ab, auch in internationalen Organisationen und auf internationalen Konferenzen, damit ihre Maßnahmen einander besser ergänzen und wirksamer sind. [2]Sie können gemeinsame Maßnahmen ergreifen. [3]Die Mitgliedstaaten tragen erforderlichenfalls zur Durchführung der Hilfsprogramme der Union bei.

(2) Die Kommission kann alle Initiativen ergreifen, die der in Absatz 1 genannten Koordinierung förderlich sind.

Artikel 211 [Internationale Zusammenarbeit]

Die Union und die Mitgliedstaaten arbeiten im Rahmen ihrer jeweiligen Befugnisse mit dritten Ländern und den zuständigen internationalen Organisationen zusammen.

Kapitel 2
Wirtschaftliche, finanzielle und technische Zusammenarbeit mit Drittländern

Artikel 212 [Grundsätze der Zusammenarbeit mit Nicht-Entwicklungsländern]

(1) [1]Unbeschadet der übrigen Bestimmungen der Verträge, insbesondere der Artikel 208 bis 211, führt die Union mit Drittländern, die keine Entwicklungsländer sind, Maßnahmen der wirtschaftlichen, finanziellen und technischen Zusammenarbeit durch, die auch Unterstützung, insbesondere im finanziellen Bereich, einschließen. [2]Diese Maßnahmen stehen mit der Entwicklungspolitik der Union im Einklang und werden im Rahmen der Grundsätze und Ziele ihres auswärtigen Handelns durchgeführt. [3]Die Maßnahmen der Union und die Maßnahmen der Mitgliedstaaten ergänzen und verstärken sich gegenseitig.

(2) Das Europäische Parlament und der Rat erlassen gemäß dem ordentlichen Gesetzgebungsverfahren die zur Durchführung des Absatzes 1 erforderlichen Maßnahmen.

(3) [1]Die Union und die Mitgliedstaaten arbeiten im Rahmen ihrer jeweiligen Zuständigkeiten mit Drittländern und den zuständigen internationalen Organisationen zusammen. [2]Die Einzelheiten der Zusammenarbeit der Union können in Abkommen zwischen dieser und den betreffenden dritten Parteien geregelt werden.

Unterabsatz 1 berührt nicht die Zuständigkeit der Mitgliedstaaten, in internationalen Gremien zu verhandeln und internationale Abkommen zu schließen.

Artikel 213 [Finanzielle Hilfe für Drittländer]

Ist es aufgrund der Lage in einem Drittland notwendig, dass die Union umgehend finanzielle Hilfe leistet, so erlässt der Rat auf Vorschlag der Kommission die erforderlichen Beschlüsse.

Kapitel 3
Humanitäre Hilfe

Artikel 214 [Maßnahmen; Europäisches Freiwilligenkorps]
(1) [1]Den Rahmen für die Maßnahmen der Union im Bereich der humanitären Hilfe bilden die Grundsätze und Ziele des auswärtigen Handelns der Union. [2]Die Maßnahmen dienen dazu, Einwohnern von Drittländern, die von Naturkatastrophen oder von vom Menschen verursachten Katastrophen betroffen sind, gezielt Hilfe, Rettung und Schutz zu bringen, damit die aus diesen Notständen resultierenden humanitären Bedürfnisse gedeckt werden können. [3]Die Maßnahmen der Union und die Maßnahmen der Mitgliedstaaten ergänzen und verstärken sich gegenseitig.

(2) Die Maßnahmen der humanitären Hilfe werden im Einklang mit den Grundsätzen des Völkerrechts sowie den Grundsätzen der Unparteilichkeit, der Neutralität und der Nichtdiskriminierung durchgeführt.

(3) Das Europäische Parlament und der Rat legen gemäß dem ordentlichen Gesetzgebungsverfahren die Maßnahmen zur Festlegung des Rahmens fest, innerhalb dessen die Maßnahmen der humanitären Hilfe der Union durchgeführt werden.

(4) Die Union kann mit Drittländern und den zuständigen internationalen Organisationen alle Übereinkünfte schließen, die zur Verwirklichung der Ziele des Absatzes 1 und des Artikels 21 des Vertrags über die Europäische Union beitragen.

Unterabsatz 1 berührt nicht die Zuständigkeit der Mitgliedstaaten, in internationalen Gremien zu verhandeln und Übereinkünfte zu schließen.

(5) [1]Als Rahmen für gemeinsame Beiträge der jungen Europäer zu den Maßnahmen der humanitären Hilfe der Union wird ein Europäisches Freiwilligenkorps für humanitäre Hilfe geschaffen. [2]Das Europäische Parlament und der Rat legen gemäß dem ordentlichen Gesetzgebungsverfahren durch Verordnungen die Rechtsstellung und die Einzelheiten der Arbeitsweise des Korps fest.

(6) Die Kommission kann alle Initiativen ergreifen, die der Koordinierung zwischen den Maßnahmen der Union und denen der Mitgliedstaaten förderlich sind, damit die Programme der Union und der Mitgliedstaaten im Bereich der humanitären Hilfe wirksamer sind und einander besser ergänzen.

(7) Die Union trägt dafür Sorge, dass ihre Maßnahmen der humanitären Hilfe mit den Maßnahmen der internationalen Organisationen und Einrichtungen, insbesondere derer, die zum System der Vereinten Nationen gehören, abgestimmt werden und im Einklang mit ihnen stehen.

Titel IV
Restriktive Maßnahmen

Artikel 215 [Wirtschaftsembargo; Beschlussfassung; Rechtsschutz]
(1) [1]Sieht ein nach Titel V Kapitel 2 des Vertrags über die Europäische Union erlassener Beschluss die Aussetzung, Einschränkung oder vollständige Einstellung der Wirtschafts- und Finanzbeziehungen zu einem oder mehreren Drittländern vor, so erlässt der Rat die erforderlichen Maßnahmen mit qualifizierter Mehrheit auf gemeinsamen Vorschlag des Hohen Vertreters der Union für Außen- und Sicherheitspolitik und der Kommission. [2]Er unterrichtet hierüber das Europäische Parlament.

(2) Sieht ein nach Titel V Kapitel 2 des Vertrags über die Europäische Union erlassener Beschluss dies vor, so kann der Rat nach dem Verfahren des Absatzes 1 restriktive Maßnahmen gegen natürliche oder juristische Personen sowie Gruppierungen oder nichtstaatliche Einheiten erlassen.

(3) In den Rechtsakten nach diesem Artikel müssen die erforderlichen Bestimmungen über den Rechtsschutz vorgesehen sein.

Titel V
Internationale Übereinkünfte

Artikel 216 [Vertragsschlusskompetenz]
(1) Die Union kann mit einem oder mehreren Drittländern oder einer oder mehreren internationalen Organisationen eine Übereinkunft schließen, wenn dies in den Verträgen vorgesehen ist oder wenn der Abschluss einer Übereinkunft im Rahmen der Politik der Union entweder zur Verwirklichung eines der in den Verträgen festgesetzten Ziele erforderlich oder in einem verbindlichen Rechtsakt der Union

vorgesehen ist oder aber gemeinsame Vorschriften beeinträchtigen oder deren Anwendungsbereich ändern könnte.

(2) Die von der Union geschlossenen Übereinkünfte binden die Organe der Union und die Mitgliedstaaten.

Artikel 217 [Assoziierungsabkommen]

Die Union kann mit einem oder mehreren Drittländern oder einer oder mehrerer internationaler Organisationen Abkommen schließen, die eine Assoziierung mit gegenseitigen Rechten und Pflichten, gemeinsamem Vorgehen und besonderen Verfahren herstellen.

Artikel 218 [Vertragsschlussverfahren; Gutachten des EuGH]

(1) Unbeschadet der besonderen Bestimmungen des Artikels 207 werden Übereinkünfte zwischen der Union und Drittländern oder internationalen Organisationen nach dem im Folgenden beschriebenen Verfahren ausgehandelt und geschlossen.

(2) Der Rat erteilt eine Ermächtigung zur Aufnahme von Verhandlungen, legt Verhandlungsrichtlinien fest, genehmigt die Unterzeichnung und schließt die Übereinkünfte.

(3) Die Kommission oder, wenn sich die geplante Übereinkunft ausschließlich oder hauptsächlich auf die Gemeinsame Außen- und Sicherheitspolitik bezieht, der Hohe Vertreter der Union für Außen- und Sicherheitspolitik legt dem Rat Empfehlungen vor; dieser erlässt einen Beschluss über die Ermächtigung zur Aufnahme von Verhandlungen und über die Benennung, je nach dem Gegenstand der geplanten Übereinkunft, des Verhandlungsführers oder des Leiters des Verhandlungsteams der Union.

(4) Der Rat kann dem Verhandlungsführer Richtlinien erteilen und einen Sonderausschuss bestellen; die Verhandlungen sind im Benehmen mit diesem Ausschuss zu führen.

(5) Der Rat erlässt auf Vorschlag des Verhandlungsführers einen Beschluss, mit dem die Unterzeichnung der Übereinkunft und gegebenenfalls deren vorläufige Anwendung vor dem Inkrafttreten genehmigt werden.

(6) Der Rat erlässt auf Vorschlag des Verhandlungsführers einen Beschluss über den Abschluss der Übereinkunft.

Mit Ausnahme der Übereinkünfte, die ausschließlich die Gemeinsame Außen- und Sicherheitspolitik betreffen, erlässt der Rat den Beschluss über den Abschluss der Übereinkunft

a) nach Zustimmung des Europäischen Parlaments in folgenden Fällen:
   i) Assoziierungsabkommen;
   ii) Übereinkunft über den Beitritt der Union zur Europäischen Konvention zum Schutz der Menschenrechte und Grundfreiheiten;
   iii) Übereinkünfte, die durch die Einführung von Zusammenarbeitsverfahren einen besonderen institutionellen Rahmen schaffen;
   iv) Übereinkünfte mit erheblichen finanziellen Folgen für die Union;
   v) Übereinkünfte in Bereichen, für die entweder das ordentliche Gesetzgebungsverfahren oder, wenn die Zustimmung des Europäischen Parlaments erforderlich ist, das besondere Gesetzgebungsverfahren gilt.

   Das Europäische Parlament und der Rat können in dringenden Fällen eine Frist für die Zustimmung vereinbaren.

b) nach Anhörung des Europäischen Parlaments in den übrigen Fällen. Das Europäische Parlament gibt seine Stellungnahme innerhalb einer Frist ab, die der Rat entsprechend der Dringlichkeit festlegen kann. Ergeht innerhalb dieser Frist keine Stellungnahme, so kann der Rat einen Beschluss fassen.

(7) [1]Abweichend von den Absätzen 5, 6 und 9 kann der Rat den Verhandlungsführer bei Abschluss einer Übereinkunft ermächtigen, im Namen der Union Änderungen der Übereinkunft zu billigen, wenn die Übereinkunft vorsieht, dass diese Änderungen im Wege eines vereinfachten Verfahrens oder durch ein durch die Übereinkunft eingesetztes Gremium anzunehmen sind. [2]Der Rat kann diese Ermächtigung gegebenenfalls mit besonderen Bedingungen verbinden.

(8) Der Rat beschließt während des gesamten Verfahrens mit qualifizierter Mehrheit.

[1]Er beschließt jedoch einstimmig, wenn die Übereinkunft einen Bereich betrifft, in dem für den Erlass eines Rechtsakts der Union Einstimmigkeit erforderlich ist, sowie bei Assoziierungsabkommen

und Übereinkünften nach Artikel 212 mit beitrittswilligen Staaten. [2]Auch über die Übereinkunft über den Beitritt der Union zur Europäischen Konvention zum Schutz der Menschenrechte und Grundfreiheiten beschließt der Rat einstimmig; der Beschluss zum Abschluss dieser Übereinkunft tritt in Kraft, nachdem die Mitgliedstaaten im Einklang mit ihren jeweiligen verfassungsrechtlichen Vorschriften zugestimmt haben.

(9) Der Rat erlässt auf Vorschlag der Kommission oder des Hohen Vertreters der Union für Außen- und Sicherheitspolitik einen Beschluss über die Aussetzung der Anwendung einer Übereinkunft und zur Festlegung der Standpunkte, die im Namen der Union in einem durch eine Übereinkunft eingesetzten Gremium zu vertreten sind, sofern dieses Gremium rechtswirksame Akte, mit Ausnahme von Rechtsakten zur Ergänzung oder Änderung des institutionellen Rahmens der betreffenden Übereinkunft, zu erlassen hat.

(10) Das Europäische Parlament wird in allen Phasen des Verfahrens unverzüglich und umfassend unterrichtet.

(11) [1]Ein Mitgliedstaat, das Europäische Parlament, der Rat oder die Kommission können ein Gutachten des Gerichtshofs über die Vereinbarkeit einer geplanten Übereinkunft mit den Verträgen einholen. [2]Ist das Gutachten des Gerichtshofs ablehnend, so kann die geplante Übereinkunft nur in Kraft treten, wenn sie oder die Verträge geändert werden.

Artikel 219 [Wechselkursfestlegung nach außen; Internationale Vereinbarungen]

(1) [1]Abweichend von Artikel 218 kann der Rat entweder auf Empfehlung der Europäischen Zentralbank oder auf Empfehlung der Kommission und nach Anhörung der Europäischen Zentralbank in dem Bemühen, zu einem mit dem Ziel der Preisstabilität im Einklang stehenden Konsens zu gelangen, förmliche Vereinbarungen über ein Wechselkurssystem für den Euro gegenüber den Währungen von Drittstaaten treffen. [2]Der Rat beschließt nach dem Verfahren des Absatzes 3 einstimmig nach Anhörung des Europäischen Parlaments.

[1]Der Rat kann entweder auf Empfehlung der Europäischen Zentralbank oder auf Empfehlung der Kommission und nach Anhörung der Europäischen Zentralbank in dem Bemühen, zu einem mit dem Ziel der Preisstabilität im Einklang stehenden Konsens zu gelangen, die Euro-Leitkurse innerhalb des Wechselkurssystems festlegen, ändern oder aufgeben. [2]Der Präsident des Rates unterrichtet das Europäische Parlament von der Festlegung, Änderung oder Aufgabe der Euro-Leitkurse.

(2) [1]Besteht gegenüber einer oder mehreren Währungen von Drittstaaten kein Wechselkurssystem nach Absatz 1, so kann der Rat entweder auf Empfehlung der Kommission und nach Anhörung der Europäischen Zentralbank oder auf Empfehlung der Europäischen Zentralbank allgemeine Orientierungen für die Wechselkurspolitik gegenüber diesen Währungen aufstellen. [2]Diese allgemeinen Orientierungen dürfen das vorrangige Ziel des ESZB, die Preisstabilität zu gewährleisten, nicht beeinträchtigen.

(3) [1]Wenn von der Union mit einem oder mehreren Drittstaaten oder internationalen Organisationen Vereinbarungen im Zusammenhang mit Währungsfragen oder Devisenregelungen auszuhandeln sind, beschließt der Rat abweichend von Artikel 218 auf Empfehlung der Kommission und nach Anhörung der Europäischen Zentralbank die Modalitäten für die Aushandlung und den Abschluss solcher Vereinbarungen. [2]Mit diesen Modalitäten wird gewährleistet, dass die Union einen einheitlichen Standpunkt vertritt. [3]Die Kommission wird an den Verhandlungen in vollem Umfang beteiligt.

(4) Die Mitgliedstaaten haben das Recht, unbeschadet der Unionszuständigkeit und der Unionsvereinbarungen über die Wirtschafts- und Währungsunion in internationalen Gremien Verhandlungen zu führen und internationale Vereinbarungen zu treffen.

Titel VI

Beziehungen der Union zu internationalen Organisationen und Drittländern sowie Delegationen der Union

Artikel 220 [Beziehungen zu internationalen Organisationen]

(1) Die Union betreibt jede zweckdienliche Zusammenarbeit mit den Organen der Vereinten Nationen und ihrer Sonderorganisationen, dem Europarat, der Organisation für Sicherheit und Zusammenarbeit in Europa und der Organisation für wirtschaftliche Zusammenarbeit und Entwicklung.

Die Union unterhält ferner, soweit zweckdienlich, Beziehungen zu anderen internationalen Organisationen.

(2) Die Durchführung dieses Artikels obliegt dem Hohen Vertreter der Union für Außen- und Sicherheitspolitik und der Kommission.

Artikel 221 [Vertretung der Union in Drittländern]

(1) Die Delegationen der Union in Drittländern und bei internationalen Organisationen sorgen für die Vertretung der Union.

(2) [1]Die Delegationen der Union unterstehen der Leitung des Hohen Vertreters der Union für Außen- und Sicherheitspolitik. [2]Sie werden in enger Zusammenarbeit mit den diplomatischen und konsularischen Vertretungen der Mitgliedstaaten tätig.

Titel VII

Solidaritätsklausel

Artikel 222 [Gegenseitige Unterstützung bei Terroranschlägen und Katastrophen]

(1) [1]Die Union und ihre Mitgliedstaaten handeln gemeinsam im Geiste der Solidarität, wenn ein Mitgliedstaat von einem Terroranschlag, einer Naturkatastrophe oder einer vom Menschen verursachten Katastrophe betroffen ist. [2]Die Union mobilisiert alle ihr zur Verfügung stehenden Mittel, einschließlich der ihr von den Mitgliedstaaten bereitgestellten militärischen Mittel, um

a) – terroristische Bedrohungen im Hoheitsgebiet von Mitgliedstaaten abzuwenden;
   – die demokratischen Institutionen und die Zivilbevölkerung vor etwaigen Terroranschlägen zu schützen;
   – im Falle eines Terroranschlags einen Mitgliedstaat auf Ersuchen seiner politischen Organe innerhalb seines Hoheitsgebiets zu unterstützen;

b) im Falle einer Naturkatastrophe oder einer vom Menschen verursachten Katastrophe einen Mitgliedstaat auf Ersuchen seiner politischen Organe innerhalb seines Hoheitsgebiets zu unterstützen.

(2) [1]Ist ein Mitgliedstaat von einem Terroranschlag, einer Naturkatastrophe oder einer vom Menschen verursachten Katastrophe betroffen, so leisten die anderen Mitgliedstaaten ihm auf Ersuchen seiner politischen Organe Unterstützung. [2]Zu diesem Zweck sprechen die Mitgliedstaaten sich im Rat ab.

(3) [1]Die Einzelheiten für die Anwendung dieser Solidaritätsklausel durch die Union werden durch einen Beschluss festgelegt, den der Rat aufgrund eines gemeinsamen Vorschlags der Kommission und des Hohen Vertreters der Union für Außen- und Sicherheitspolitik erlässt. [2]Hat dieser Beschluss Auswirkungen im Bereich der Verteidigung, so beschließt der Rat nach Artikel 31 Absatz 1 des Vertrags über die Europäische Union. [3]Das Europäische Parlament wird darüber unterrichtet.

Für die Zwecke dieses Absatzes unterstützen den Rat unbeschadet des Artikels 240 das Politische und Sicherheitspolitische Komitee, das sich hierbei auf die im Rahmen der Gemeinsamen Sicherheits- und Verteidigungspolitik entwickelten Strukturen stützt, sowie der Ausschuss nach Artikel 71, die dem Rat gegebenenfalls gemeinsame Stellungnahmen vorlegen.

(4) Damit die Union und ihre Mitgliedstaaten auf effiziente Weise tätig werden können, nimmt der Europäische Rat regelmäßig eine Einschätzung der Bedrohungen vor, denen die Union ausgesetzt ist.

Sechster Teil
Institutionelle Bestimmungen und Finanzvorschriften

Titel I
Vorschriften über die Organe

Kapitel 1
Die Organe

Abschnitt 1
Das Europäische Parlament

Artikel 223 [Einheitliches Wahlverfahren; Abgeordneten-Statut]
(1) Das Europäische Parlament erstellt einen Entwurf der erforderlichen Bestimmungen für die allgemeine unmittelbare Wahl seiner Mitglieder nach einem einheitlichen Verfahren in allen Mitgliedstaaten oder im Einklang mit den allen Mitgliedstaaten gemeinsamen Grundsätzen.

[1]Der Rat erlässt die erforderlichen Bestimmungen einstimmig gemäß einem besonderen Gesetzgebungsverfahren und nach Zustimmung des Europäischen Parlaments, die mit der Mehrheit seiner Mitglieder erteilt wird. [2]Diese Bestimmungen treten nach Zustimmung der Mitgliedstaaten im Einklang mit ihren jeweiligen verfassungsrechtlichen Vorschriften in Kraft.

(2) [1]Das Europäische Parlament legt aus eigener Initiative gemäß einem besonderen Gesetzgebungsverfahren durch Verordnungen nach Anhörung der Kommission und mit Zustimmung des Rates die Regelungen und allgemeinen Bedingungen für die Wahrnehmung der Aufgaben seiner Mitglieder fest. [2]Alle Vorschriften und Bedingungen, die die Steuerregelung für die Mitglieder oder ehemaligen Mitglieder betreffen, sind vom Rat einstimmig festzulegen.

Artikel 224 [Politische Parteien]
Das Europäische Parlament und der Rat legen gemäß dem ordentlichen Gesetzgebungsverfahren durch Verordnungen die Regelung für die politischen Parteien auf europäischer Ebene nach Artikel 10 Absatz 4 des Vertrags über die Europäische Union und insbesondere die Vorschriften über ihre Finanzierung fest.

Artikel 225 [Indirektes Initiativrecht]
[1]Das Europäische Parlament kann mit der Mehrheit seiner Mitglieder die Kommission auffordern, geeignete Vorschläge zu Fragen zu unterbreiten, die nach seiner Auffassung die Ausarbeitung eines Unionsakts zur Durchführung der Verträge erfordern. [2]Legt die Kommission keinen Vorschlag vor, so teilt sie dem Europäischen Parlament die Gründe dafür mit.

Artikel 226 [Untersuchungsausschuss]
Das Europäische Parlament kann bei der Erfüllung seiner Aufgaben auf Antrag eines Viertels seiner Mitglieder die Einsetzung eines nichtständigen Untersuchungsausschusses beschließen, der unbeschadet der Befugnisse, die anderen Organen oder Einrichtungen durch die Verträge übertragen sind, behauptete Verstöße gegen das Unionsrecht oder Mißstände bei der Anwendung desselben prüft; dies gilt nicht, wenn ein Gericht mit den behaupteten Sachverhalten befasst ist, solange das Gerichtsverfahren nicht abgeschlossen ist.

Mit der Vorlage seines Berichts hört der nichtständige Untersuchungsausschuss auf zu bestehen.

Die Einzelheiten der Ausübung des Untersuchungsrechts werden vom Europäischen Parlament festgelegt, das aus eigener Initiative gemäß einem besonderen Gesetzgebungsverfahren durch Verordnungen nach Zustimmung des Rates und der Kommission beschließt.

Artikel 227 [Petitionsrecht]
Jeder Bürger der Union sowie jede natürliche oder juristische Person mit Wohnort oder satzungsmäßigem Sitz in einem Mitgliedstaat kann allein oder zusammen mit anderen Bürgern oder Personen in Angelegenheiten, die in die Tätigkeitsbereiche der Union fallen und die ihn oder sie unmittelbar betreffen, eine Petition an das Europäische Parlament richten.

Artikel 228 [Bürgerbeauftragter]

(1) [1]Ein vom Europäischen Parlament gewählter Europäischer Bürgerbeauftragter ist befugt, Beschwerden von jedem Bürger der Union oder von jeder natürlichen oder juristischen Person mit Wohnort oder satzungsmäßigem Sitz in einem Mitgliedstaat über Missstände bei der Tätigkeit der Organe, Einrichtungen oder sonstige Stellen der Union, mit Ausnahme des Gerichtshofs der Europäischen Union in Ausübung seiner Rechtsprechungsbefugnisse, entgegenzunehmen. [2]Er untersucht diese Beschwerden und erstattet darüber Bericht.

[1]Der Bürgerbeauftragte führt im Rahmen seines Auftrags von sich aus oder aufgrund von Beschwerden, die ihm unmittelbar oder über ein Mitglied des Europäischen Parlaments zugehen, Untersuchungen durch, die er für gerechtfertigt hält; dies gilt nicht, wenn die behaupteten Sachverhalte Gegenstand eines Gerichtsverfahrens sind oder waren. [2]Hat der Bürgerbeauftragte einen Missstand festgestellt, so befasst er das betreffende Organ, die betreffende Einrichtung oder sonstige Stelle, das bzw. die über eine Frist von drei Monaten verfügt, um ihm seine bzw. ihre Stellungnahme zu übermitteln. [3]Der Bürgerbeauftragte legt anschließend dem Europäischen Parlament und dem betreffenden Organ, der betreffenden Einrichtung oder sonstigen Stelle einen Bericht vor. [4]Der Beschwerdeführer wird über das Ergebnis dieser Untersuchungen unterrichtet.

Der Bürgerbeauftragte legt dem Europäischen Parlament jährlich einen Bericht über die Ergebnisse seiner Untersuchungen vor.

(2) [1]Der Bürgerbeauftragte wird nach jeder Wahl des Europäischen Parlaments für die Dauer der Wahlperiode gewählt. [2]Wiederwahl ist zulässig.

Der Bürgerbeauftragte kann auf Antrag des Europäischen Parlaments vom Gerichtshof seines Amtes enthoben werden, wenn er die Voraussetzungen für die Ausübung seines Amtes nicht mehr erfüllt oder eine schwere Verfehlung begangen hat.

(3) [1]Der Bürgerbeauftragte übt sein Amt in völliger Unabhängigkeit aus. [2]Er darf bei der Erfüllung seiner Pflichten von keiner Regierung, keinem Organ, keiner Einrichtung oder sonstigen Stelle Weisungen einholen oder entgegennehmen. [3]Der Bürgerbeauftragte darf während seiner Amtszeit keine andere entgeltliche oder unentgeltliche Berufstätigkeit ausüben.

(4) Das Europäische Parlament legt aus eigener Initiative gemäß einem besonderen Gesetzgebungsverfahren durch Verordnungen nach Stellungnahme der Kommission und nach Zustimmung des Rates die Regelungen und allgemeinen Bedingungen für die Ausübung der Aufgaben des Bürgerbeauftragten fest.

Artikel 229 [Ordentliche und außerordentliche Sitzungsperiode]

[1]Das Europäische Parlament hält jährlich eine Sitzungsperiode ab. [2]Es tritt, ohne dass es einer Einberufung bedarf, am zweiten Dienstag des Monats März zusammen.

Das Europäische Parlament kann auf Antrag der Mehrheit seiner Mitglieder sowie auf Antrag des Rates oder der Kommission zu einer außerordentlichen Sitzungsperiode zusammentreten.

Artikel 230 [Anhörungsrecht von Kommission; Rat und Europäischem Rat]

Die Kommission kann an allen Sitzungen des Europäischen Parlaments teilnehmen und wird auf ihren Antrag gehört.

Die Kommission antwortet mündlich oder schriftlich auf die ihr vom Europäischen Parlament oder von dessen Mitgliedern gestellten Fragen.

Der Europäische Rat und der Rat werden vom Europäischen Parlament nach Maßgabe der Geschäftsordnung des Europäischen Rates und der Geschäftsordnung des Rates gehört.

Artikel 231 [Abstimmung; Beschlussfähigkeit]

Soweit die Verträge nicht etwas anderes bestimmen, beschließt das Europäische Parlament mit der Mehrheit der abgegebenen Stimmen.

Die Geschäftsordnung legt die Beschlussfähigkeit fest.

Artikel 232 [Geschäftsordnung; Verhandlungsniederschriften]

Das Europäische Parlament gibt sich seine Geschäftsordnung; hierzu sind die Stimmen der Mehrheit seiner Mitglieder erforderlich.

Die Verhandlungsniederschriften des Europäischen Parlaments werden nach Maßgabe der Verträge und seiner Geschäftsordnung veröffentlicht.

Artikel 233 [Jährlicher Gesamtbericht]
Das Europäische Parlament erörtert in öffentlicher Sitzung den jährlichen Gesamtbericht, der ihm von der Kommission vorgelegt wird.

Artikel 234 [Misstrauensantrag gegen die Kommission]
Wird wegen der Tätigkeit der Kommission ein Misstrauensantrag eingebracht, so darf das Europäische Parlament nicht vor Ablauf von drei Tagen nach seiner Einbringung und nur in offener Abstimmung darüber entscheiden.

[1]Wird der Misstrauensantrag mit der Mehrheit von zwei Dritteln der abgegebenen Stimmen und mit der Mehrheit der Mitglieder des Europäischen Parlaments angenommen, so legen die Mitglieder der Kommission geschlossen ihr Amt nieder, und der Hohe Vertreter der Union für Außen- und Sicherheitspolitik legt sein im Rahmen der Kommission ausgeübtes Amt nieder. [2]Sie bleiben im Amt und führen die laufenden Geschäfte bis zu ihrer Ersetzung nach Artikel 17 des Vertrags über die Europäische Union weiter. [3]In diesem Fall endet die Amtszeit der zu ihrer Ersetzung ernannten Mitglieder der Kommission zu dem Zeitpunkt, zu dem die Amtszeit der Mitglieder der Kommission, die ihr Amt geschlossen niederlegen mussten, geendet hätte.

Abschnitt 2

Der Europäische Rat

Artikel 235 [Verfahrensfragen; Geschäftsordnung]
(1) Jedes Mitglied des Europäischen Rates kann sich das Stimmrecht höchstens eines anderen Mitglieds übertragen lassen.

[1]Beschließt der Europäische Rat mit qualifizierter Mehrheit, so gelten für ihn Artikel 16 Absatz 4 des Vertrags über die Europäische Union und Artikel 238 Absatz 2 dieses Vertrags. [2]An Abstimmungen im Europäischen Rat nehmen dessen Präsident und der Präsident der Kommission nicht teil.

Die Stimmenthaltung von anwesenden oder vertretenen Mitgliedern steht dem Zustandekommen von Beschlüssen des Europäischen Rates, zu denen Einstimmigkeit erforderlich ist, nicht entgegen.

(2) Der Präsident des Europäischen Parlaments kann vom Europäischen Rat gehört werden.

(3) Der Europäische Rat beschließt mit einfacher Mehrheit über Verfahrensfragen sowie über den Erlass seiner Geschäftsordnung.

(4) Der Europäische Rat wird vom Generalsekretariat des Rates unterstützt.

Artikel 236 [Beschlüsse zur Zusammensetzung und Vorsitz des Rates]
Der Europäische Rat erlässt mit qualifizierter Mehrheit

a) einen Beschluss zur Festlegung der Zusammensetzungen des Rates, mit Ausnahme des Rates „Allgemeine Angelegenheiten" und des Rates „Auswärtige Angelegenheiten" nach Artikel 16 Absatz 6 des Vertrags über die Europäische Union;
b) einen Beschluss nach Artikel 16 Absatz 9 des Vertrags über die Europäische Union zur Festlegung des Vorsitzes im Rat in allen seinen Zusammensetzungen mit Ausnahme des Rates „Auswärtige Angelegenheiten".

Abschnitt 3

Der Rat

Artikel 237 [Einberufung]
Der Rat wird von seinem Präsidenten aus eigenem Entschluss oder auf Antrag eines seiner Mitglieder oder der Kommission einberufen.

Artikel 238 [Beschlussfassung; Mehrheiten]
(1) Ist zu einem Beschluss des Rates die einfache Mehrheit erforderlich, so beschließt der Rat mit der Mehrheit seiner Mitglieder.

(2) Beschließt der Rat nicht auf Vorschlag der Kommission oder des Hohen Vertreters der Union für Außen- und Sicherheitspolitik, so gilt ab dem 1. November 2014 abweichend von Artikel 16 Absatz 4 des Vertrags über die Europäische Union und vorbehaltlich der Vorschriften des Protokolls über die Übergangsbestimmungen als qualifizierte Mehrheit eine Mehrheit von mindestens 72 % der Mitglieder des Rates, sofern die von ihnen vertretenen Mitgliedstaaten zusammen mindestens 65 % der Bevölkerung der Union ausmachen.

(3) In den Fällen, in denen in Anwendung der Verträge nicht alle Mitglieder des Rates stimmberechtigt sind, gilt ab dem 1. November 2014 vorbehaltlich der Vorschriften des Protokolls über die Übergangsbestimmungen für die qualifizierte Mehrheit Folgendes:

a) Als qualifizierte Mehrheit gilt eine Mehrheit von mindestens 55 % derjenigen Mitglieder des Rates, die die beteiligten Mitgliedstaaten vertreten, sofern die von ihnen vertretenen Mitgliedstaaten zusammen mindestens 65 % der Bevölkerung der beteiligten Mitgliedstaaten ausmachen.
   Für eine Sperrminorität bedarf es mindestens der Mindestzahl von Mitgliedern des Rates, die zusammen mehr als 35 % der Bevölkerung der beteiligten Mitgliedstaaten vertreten, zuzüglich eines Mitglieds; andernfalls gilt die qualifizierte Mehrheit als erreicht.
b) Beschließt der Rat nicht auf Vorschlag der Kommission oder des Hohen Vertreters der Union für Außen- und Sicherheitspolitik, so gilt abweichend von Buchstabe a als qualifizierte Mehrheit eine Mehrheit von mindestens 72 % derjenigen Mitglieder des Rates, die die beteiligten Mitgliedstaaten vertreten, sofern die von ihnen vertretenen Mitgliedstaaten zusammen mindestens 65 % der Bevölkerung der beteiligten Mitgliedstaaten ausmachen.

(4) Die Stimmenthaltung von anwesenden oder vertretenen Mitgliedern steht dem Zustandekommen von Beschlüssen des Rates, zu denen Einstimmigkeit erforderlich ist, nicht entgegen.

Artikel 239 [Stimmrechtsübertragung]
Jedes Mitglied kann sich das Stimmrecht höchstens eines anderen Mitglieds übertragen lassen.

Artikel 240 [Ausschuss der Ständigen Vertreter; Generalsekretariat; Geschäftsordnung]
(1) [1]Ein Ausschuss, der sich aus den Ständigen Vertretern der Regierungen der Mitgliedstaaten zusammensetzt, trägt die Verantwortung, die Arbeiten des Rates vorzubereiten und die ihm vom Rat übertragenen Aufträge auszuführen. [2]Der Ausschuss kann in Fällen, die in der Geschäftsordnung des Rates vorgesehen sind, Verfahrensbeschlüsse fassen.

(2) Der Rat wird von einem Generalsekretariat unterstützt, das einem vom Rat ernannten Generalsekretär untersteht.

Der Rat beschließt mit einfacher Mehrheit über die Organisation des Generalsekretariats.

(3) Der Rat beschließt mit einfacher Mehrheit über Verfahrensfragen sowie über den Erlass seiner Geschäftsordnung.

Artikel 241 [Indirektes Initiativrecht]
[1]Der Rat, der mit einfacher Mehrheit beschließt, kann die Kommission auffordern, die nach seiner Ansicht zur Verwirklichung der gemeinsamen Ziele geeigneten Untersuchungen vorzunehmen und ihm entsprechende Vorschläge zu unterbreiten. [2]Legt die Kommission keinen Vorschlag vor, so teilt sie dem Rat die Gründe dafür mit.

Artikel 242 [Regelung der Rechtsstellung der Ausschüsse]
Der Rat, der mit einfacher Mehrheit beschließt, regelt nach Anhörung der Kommission die rechtliche Stellung der in den Verträgen vorgesehenen Ausschüsse.

Artikel 243 [Festsetzung von Gehältern und Vergütungen]
[1]Der Rat setzt die Gehälter, Vergütungen und Ruhegehälter für den Präsidenten des Europäischen Rates, den Präsidenten der Kommission, den Hohen Vertreter der Union für Außen- und Sicherheitspolitik, die Mitglieder der Kommission, die Präsidenten, die Mitglieder und die Kanzler des Gerichtshofs der Europäischen Union sowie den Generalsekretär des Rates fest. [2]Er setzt ebenfalls alle als Entgelt gezahlten Vergütungen fest.

Abschnitt 4
Die Kommission

Artikel 244 [Rotationsprinzip]
Gemäß Artikel 17 Absatz 5 des Vertrags über die Europäische Union werden die Kommissionsmitglieder in einem vom Europäischen Rat einstimmig festgelegten System der Rotation ausgewählt, das auf folgenden Grundsätzen beruht:

a) Die Mitgliedstaaten werden bei der Festlegung der Reihenfolge und der Dauer der Amtszeiten ihrer Staatsangehörigen in der Kommission vollkommen gleich behandelt; demzufolge kann die Gesamtzahl der Mandate, welche Staatsangehörige zweier beliebiger Mitgliedstaaten innehaben, niemals um mehr als eines voneinander abweichen.
b) Vorbehaltlich des Buchstabens a ist jede der aufeinander folgenden Kommissionen so zusammengesetzt, dass das demografische und geografische Spektrum der Gesamtheit der Mitgliedstaaten auf zufrieden stellende Weise zum Ausdruck kommt.

Artikel 245 [Amtspflichten der Kommissare; Amtsenthebung]
[1]Die Mitglieder der Kommission haben jede Handlung zu unterlassen, die mit ihren Aufgaben unvereinbar ist. [2]Die Mitgliedstaaten achten ihre Unabhängigkeit und versuchen nicht, sie bei der Erfüllung ihrer Aufgaben zu beeinflussen.

[1]Die Mitglieder der Kommission dürfen während ihrer Amtszeit keine andere entgeltliche oder unentgeltliche Berufstätigkeit ausüben. [2]Bei der Aufnahme ihrer Tätigkeit übernehmen sie die feierliche Verpflichtung, während der Ausübung und nach Ablauf ihrer Amtstätigkeit die sich aus ihrem Amt ergebenden Pflichten zu erfüllen, insbesondere die Pflicht, bei der Annahme gewisser Tätigkeiten oder Vorteile nach Ablauf dieser Tätigkeit ehrenhaft und zurückhaltend zu sein. [3]Werden diese Pflichten verletzt, so kann der Gerichtshof auf Antrag des Rates, der mit einfacher Mehrheit beschließt, oder der Kommission das Mitglied je nach Lage des Falles gemäß Artikel 247 seines Amtes entheben oder ihm seine Ruhegehaltsansprüche oder andere an ihrer Stelle gewährte Vergünstigungen aberkennen.

Artikel 246 [Neubesetzung während der Amtszeit]
Abgesehen von den regelmäßigen Neubesetzungen und von Todesfällen endet das Amt eines Mitglieds der Kommission durch Rücktritt oder Amtsenthebung.

Für ein zurückgetretenes, seines Amtes enthobenes oder verstorbenes Mitglied wird für die verbleibende Amtszeit vom Rat mit Zustimmung des Präsidenten der Kommission nach Anhörung des Europäischen Parlaments und nach den Anforderungen des Artikels 17 Absatz 3 Unterabsatz 2 des Vertrags über die Europäische Union ein neues Mitglied derselben Staatsangehörigkeit ernannt.

Der Rat kann auf Vorschlag des Präsidenten der Kommission einstimmig beschließen, dass ein ausscheidendes Mitglied der Kommission für die verbleibende Amtszeit nicht ersetzt werden muss, insbesondere wenn es sich um eine kurze Zeitspanne handelt.

[1]Bei Rücktritt, Amtsenthebung oder Tod des Präsidenten wird für die verbleibende Amtszeit ein Nachfolger ernannt. [2]Für die Ersetzung findet das Verfahren des Artikels 17 Absatz 7 Unterabsatz 1 des Vertrags über die Europäische Union Anwendung.

Bei Rücktritt, Amtsenthebung oder Tod des Hohen Vertreters der Union für die Außen- und Sicherheitspolitik wird für die verbleibende Amtszeit nach Artikel 18 Absatz 1 des Vertrags über die Europäische Union ein Nachfolger ernannt.

Bei Rücktritt aller Mitglieder der Kommission bleiben diese bis zur Neubesetzung ihres Sitzes nach Artikel 17 des Vertrags über die Europäische Union für die verbleibende Amtszeit im Amt und führen die laufenden Geschäfte weiter.

Artikel 247 [Amtsenthebung]
Jedes Mitglied der Kommission, das die Voraussetzungen für die Ausübung seines Amtes nicht mehr erfüllt oder eine schwere Verfehlung begangen hat, kann auf Antrag des Rates, der mit einfacher Mehrheit beschließt, oder der Kommission durch den Gerichtshof seines Amtes enthoben werden.

Artikel 248 [Zuständigkeitsaufteilung durch den Präsidenten]
[1]Die Zuständigkeiten der Kommission werden unbeschadet des Artikels 18 Absatz 4 des Vertrags über die Europäische Union von ihrem Präsidenten nach Artikel 17 Absatz 6 des genannten Vertrags ge-

gliedert und zwischen ihren Mitgliedern aufgeteilt. [2]Der Präsident kann diese Zuständigkeitsverteilung im Laufe der Amtszeit ändern. [3]Die Mitglieder der Kommission üben die ihnen vom Präsidenten übertragenen Aufgaben unter dessen Leitung aus.

Artikel 249 [Geschäftsordnung; Jährlicher Gesamtbericht]

(1) [1]Die Kommission gibt sich eine Geschäftsordnung, um ihr ordnungsgemäßes Arbeiten und das ihrer Dienststellen zu gewährleisten. [2]Sie sorgt für die Veröffentlichung dieser Geschäftsordnung.

(2) Die Kommission veröffentlicht jährlich, und zwar spätestens einen Monat vor Beginn der Sitzungsperiode des Europäischen Parlaments, einen Gesamtbericht über die Tätigkeit der Union.

Artikel 250 [Beschlussfassung]

Die Beschlüsse der Kommission werden mit der Mehrheit ihrer Mitglieder gefasst.

Die Beschlussfähigkeit wird in ihrer Geschäftsordnung festgelegt.

Abschnitt 5

Der Gerichtshof der Europäischen Union

Artikel 251 [Spruchkörper des Gerichtshofs]

Der Gerichtshof tagt in Kammern oder als Große Kammer entsprechend den hierfür in der Satzung des Gerichtshofs der Europäischen Union vorgesehenen Regeln.

Wenn die Satzung es vorsieht, kann der Gerichtshof auch als Plenum tagen.

Artikel 252 [Generalanwälte]

[1]Der Gerichtshof wird von acht Generalanwälten unterstützt. [2]Auf Antrag des Gerichtshofs kann der Rat einstimmig die Zahl der Generalanwälte erhöhen.

Der Generalanwalt hat öffentlich in völliger Unparteilichkeit und Unabhängigkeit begründete Schlussanträge zu den Rechtssachen zu stellen, in denen nach der Satzung des Gerichtshofs der Europäischen Union seine Mitwirkung erforderlich ist.

Artikel 253 [Ernennung der Richter, Generalanwälte und des Kanzlers; Amtsdauer; Verfahrensordnung]

Zu Richtern und Generalanwälten des Gerichtshofs sind Persönlichkeiten auszuwählen, die jede Gewähr für Unabhängigkeit bieten und in ihrem Staat die für die höchsten richterlichen Ämter erforderlichen Voraussetzungen erfüllen oder Juristen von anerkannt hervorragender Befähigung sind; sie werden von den Regierungen der Mitgliedstaaten im gegenseitigen Einvernehmen nach Anhörung des in Artikel 255 vorgesehenen Ausschusses auf sechs Jahre ernannt.

Alle drei Jahre findet nach Maßgabe der Satzung des Gerichtshofs der Europäischen Union eine teilweise Neubesetzung der Stellen der Richter und Generalanwälte statt.

[1]Die Richter wählen aus ihrer Mitte den Präsidenten des Gerichtshofs für die Dauer von drei Jahren. [2]Wiederwahl ist zulässig.

Die Wiederernennung ausscheidender Richter und Generalanwälte ist zulässig.

Der Gerichtshof ernennt seinen Kanzler und bestimmt dessen Stellung.

[1]Der Gerichtshof erlässt seine Verfahrensordnung. [2]Sie bedarf der Genehmigung des Rates.

Artikel 254 [Zusammensetzung des Gerichts; Verfahrensordnung]

[1]Die Zahl der Richter des Gerichts wird in der Satzung des Gerichtshofs der Europäischen Union festgelegt. [2]In der Satzung kann vorgesehen werden, dass das Gericht von Generalanwälten unterstützt wird.

[1]Zu Mitgliedern des Gerichts sind Personen auszuwählen, die jede Gewähr für Unabhängigkeit bieten und über die Befähigung zur Ausübung hoher richterlicher Tätigkeiten verfügen. [2]Sie werden von den Regierungen der Mitgliedstaaten im gegenseitigen Einvernehmen nach Anhörung des in Artikel 255 vorgesehenen Ausschusses für sechs Jahre ernannt. [3]Alle drei Jahre wird das Gericht teilweise neu besetzt. [4]Die Wiederernennung ausscheidender Mitglieder ist zulässig.

[1]Die Richter wählen aus ihrer Mitte den Präsidenten des Gerichts für die Dauer von drei Jahren. [2]Wiederwahl ist zulässig.

Das Gericht ernennt seinen Kanzler und bestimmt dessen Stellung.

[1]Das Gericht erlässt seine Verfahrensordnung im Einvernehmen mit dem Gerichtshof. [2]Sie bedarf der Genehmigung des Rates.

Soweit die Satzung des Gerichtshofs der Europäischen Union nichts anderes vorsieht, finden die den Gerichtshof betreffenden Bestimmungen der Verträge auf das Gericht Anwendung.

Artikel 255 [Ausschuss „Bewerberprüfung"]

Es wird ein Ausschuss eingerichtet, der die Aufgabe hat, vor einer Ernennung durch die Regierungen der Mitgliedstaaten nach den Artikeln 253 und 254 eine Stellungnahme zur Eignung der Bewerber für die Ausübung des Amts eines Richters oder Generalanwalts beim Gerichtshof oder beim Gericht abzugeben.

[1]Der Ausschuss setzt sich aus sieben Persönlichkeiten zusammen, die aus dem Kreis ehemaliger Mitglieder des Gerichtshofs und des Gerichts, der Mitglieder der höchsten einzelstaatlichen Gerichte und der Juristen von anerkannt hervorragender Befähigung ausgewählt werden, von denen einer vom Europäischen Parlament vorgeschlagen wird. [2]Der Rat erlässt einen Beschluss zur Festlegung der Vorschriften für die Arbeitsweise und einen Beschluss zur Ernennung der Mitglieder dieses Ausschusses. [3]Er beschließt auf Initiative des Präsidenten des Gerichtshofs.

Artikel 256 [Gericht, Zuständigkeiten; Rechtszug; Verweisung in Grundsatzfragen]

(1) [1]Das Gericht ist für Entscheidungen im ersten Rechtszug über die in den Artikeln 263, 265, 268, 270 und 272 genannten Klagen zuständig, mit Ausnahme derjenigen Klagen, die einem nach Artikel 257 gebildeten Fachgericht übertragen werden, und der Klagen, die gemäß der Satzung dem Gerichtshof vorbehalten sind. [2]In der Satzung kann vorgesehen werden, dass das Gericht für andere Kategorien von Klagen zuständig ist.

Gegen die Entscheidungen des Gerichts aufgrund dieses Absatzes kann nach Maßgabe der Bedingungen und innerhalb der Grenzen, die in der Satzung vorgesehen sind, beim Gerichtshof ein auf Rechtsfragen beschränktes Rechtsmittel eingelegt werden.

(2) Das Gericht ist für Entscheidungen über Rechtsmittel gegen die Entscheidungen der Fachgerichte zuständig.

Die Entscheidungen des Gerichts aufgrund dieses Absatzes können nach Maßgabe der Bedingungen und innerhalb der Grenzen, die in der Satzung vorgesehen sind, in Ausnahmefällen vom Gerichtshof überprüft werden, wenn die ernste Gefahr besteht, dass die Einheit oder Kohärenz des Unionsrechts berührt wird.

(3) Das Gericht ist in besonderen in der Satzung festgelegten Sachgebieten für Vorabentscheidungen nach Artikel 267 zuständig.

Wenn das Gericht der Auffassung ist, dass eine Rechtssache eine Grundsatzentscheidung erfordert, die die Einheit oder die Kohärenz des Unionsrechts berühren könnte, kann es die Rechtssache zur Entscheidung an den Gerichtshof verweisen.

Die Entscheidungen des Gerichts über Anträge auf Vorabentscheidung können nach Maßgabe der Bedingungen und innerhalb der Grenzen, die in der Satzung vorgesehen sind, in Ausnahmefällen vom Gerichtshof überprüft werden, wenn die ernste Gefahr besteht, dass die Einheit oder die Kohärenz des Unionsrechts berührt wird.

Artikel 257 [Fachgerichte]

[1]Das Europäische Parlament und der Rat können gemäß dem ordentlichen Gesetzgebungsverfahren dem Gericht beigeordnete Fachgerichte bilden, die für Entscheidungen im ersten Rechtszug über bestimmte Kategorien von Klagen zuständig sind, die auf besonderen Sachgebieten erhoben werden. [2]Das Europäische Parlament und der Rat beschließen durch Verordnungen entweder auf Vorschlag der Kommission nach Anhörung des Gerichtshofs oder auf Antrag des Gerichtshofs nach Anhörung der Kommission.

In der Verordnung über die Bildung eines Fachgerichts werden die Regeln für die Zusammensetzung dieses Gerichts und der ihm übertragene Zuständigkeitsbereich festgelegt.

Gegen die Entscheidungen der Fachgerichte kann vor dem Gericht ein auf Rechtsfragen beschränktes Rechtsmittel oder, wenn die Verordnung über die Bildung des Fachgerichts dies vorsieht, ein auch Sachfragen betreffendes Rechtsmittel eingelegt werden.

[1]Zu Mitgliedern der Fachgerichte sind Personen auszuwählen, die jede Gewähr für Unabhängigkeit bieten und über die Befähigung zur Ausübung richterlicher Tätigkeiten verfügen. [2]Sie werden einstimmig vom Rat ernannt.

[1]Die Fachgerichte erlassen ihre Verfahrensordnung im Einvernehmen mit dem Gerichtshof. [2]Diese Verfahrensordnung bedarf der Genehmigung des Rates.

[1]Soweit die Verordnung über die Bildung der Fachgerichte nichts anderes vorsieht, finden die den Gerichtshof der Europäischen Union betreffenden Bestimmungen der Verträge und die Satzung des Gerichtshofs der Europäischen Union auf die Fachgerichte Anwendung. [2]Titel I und Artikel 64 der Satzung gelten auf jeden Fall für die Fachgerichte.

Artikel 258 [Vertragsverletzungsverfahren]
Hat nach Auffassung der Kommission ein Mitgliedstaat gegen eine Verpflichtung aus den Verträgen verstoßen, so gibt sie eine mit Gründen versehene Stellungnahme hierzu ab; sie hat dem Staat zuvor Gelegenheit zur Äußerung zu geben.

Kommt der Staat dieser Stellungnahme innerhalb der von der Kommission gesetzten Frist nicht nach, so kann die Kommission den Gerichtshof der Europäischen Union anrufen.

Artikel 259 [Vertragsverletzungsverfahren; Anrufung durch einen Mitgliedstaat]
Jeder Mitgliedstaat kann den Gerichtshof der Europäischen Union anrufen, wenn er der Auffassung ist, dass ein anderer Mitgliedstaat gegen eine Verpflichtung aus den Verträgen verstoßen hat.

Bevor ein Mitgliedstaat wegen einer angeblichen Verletzung der Verpflichtungen aus den Verträgen gegen einen anderen Staat Klage erhebt, muss er die Kommission damit befassen.

Die Kommission erlässt eine mit Gründen versehene Stellungnahme; sie gibt den beteiligten Staaten zuvor Gelegenheit zu schriftlicher und mündlicher Äußerung in einem kontradiktorischen Verfahren.

Gibt die Kommission binnen drei Monaten nach dem Zeitpunkt, in dem ein entsprechender Antrag gestellt wurde, keine Stellungnahme ab, so kann ungeachtet des Fehlens der Stellungnahme vor dem Gerichtshof geklagt werden.

Artikel 260 [Wirkung und Durchsetzung von Urteilen; Zwangsgeld]
(1) Stellt der Gerichtshof der Europäischen Union fest, dass ein Mitgliedstaat gegen eine Verpflichtung aus den Verträgen verstoßen hat, so hat dieser Staat die Maßnahmen zu ergreifen, die sich aus dem Urteil des Gerichtshofs ergeben.

(2) [1]Hat der betreffende Mitgliedstaat die Maßnahmen, die sich aus dem Urteil des Gerichtshofs ergeben, nach Auffassung der Kommission nicht getroffen, so kann die Kommission den Gerichtshof anrufen, nachdem sie diesem Staat zuvor Gelegenheit zur Äußerung gegeben hat. [2]Hierbei benennt sie die Höhe des von dem betreffenden Mitgliedstaat zu zahlenden Pauschalbetrags oder Zwangsgelds, die sie den Umständen nach für angemessen hält.

Stellt der Gerichtshof fest, dass der betreffende Mitgliedstaat seinem Urteil nicht nachgekommen ist, so kann er die Zahlung eines Pauschalbetrags oder Zwangsgelds verhängen.

Dieses Verfahren lässt den Artikel 259 unberührt.

(3) Erhebt die Kommission beim Gerichtshof Klage nach Artikel 258, weil sie der Auffassung ist, dass der betreffende Mitgliedstaat gegen seine Verpflichtung verstoßen hat, Maßnahmen zur Umsetzung einer gemäß einem Gesetzgebungsverfahren erlassenen Richtlinie mitzuteilen, so kann sie, wenn sie dies für zweckmäßig hält, die Höhe des von dem betreffenden Mitgliedstaat zu zahlenden Pauschalbetrags oder Zwangsgelds benennen, die sie den Umständen nach für angemessen hält.

[1]Stellt der Gerichtshof einen Verstoß fest, so kann er gegen den betreffenden Mitgliedstaat die Zahlung eines Pauschalbetrags oder eines Zwangsgelds bis zur Höhe des von der Kommission genannten Betrags verhängen. [2]Die Zahlungsverpflichtung gilt ab dem vom Gerichtshof in seinem Urteil festgelegten Zeitpunkt.

Artikel 261 [Ermessensnachprüfung; Zwangsmaßnahmen]
Aufgrund der Verträge vom Europäischen Parlament und vom Rat gemeinsam sowie vom Rat erlassene Verordnungen können hinsichtlich der darin vorgesehenen Zwangsmaßnahmen dem Gerichtshof der Europäischen Union eine Zuständigkeit übertragen, welche die Befugnis zu unbeschränkter Ermessensnachprüfung und zur Änderung oder Verhängung solcher Maßnahmen umfasst.

Artikel 262 [Rechtsstreitigkeiten im Bereich des geistigen Eigentums]
[1]Unbeschadet der sonstigen Bestimmungen der Verträge kann der Rat gemäß einem besonderen Gesetzgebungsverfahren nach Anhörung des Europäischen Parlaments einstimmig Bestimmungen erlassen, mit denen dem Gerichtshof der Europäischen Union in dem vom Rat festgelegten Umfang die Zuständigkeit übertragen wird, über Rechtsstreitigkeiten im Zusammenhang mit der Anwendung von aufgrund der Verträge erlassenen Rechtsakten, mit denen europäische Rechtstitel für das geistige Eigentum geschaffen werden, zu entscheiden. [2]Diese Bestimmungen treten nach Zustimmung der Mitgliedstaaten im Einklang mit ihren jeweiligen verfassungsrechtlichen Vorschriften in Kraft.

Artikel 263 [Nichtigkeitsklage]
[1]Der Gerichtshof der Europäischen Union überwacht die Rechtmäßigkeit der Gesetzgebungsakte sowie der Handlungen des Rates, der Kommission und der Europäischen Zentralbank, soweit es sich nicht um Empfehlungen oder Stellungnahmen handelt, und der Handlungen des Europäischen Parlaments und des Europäischen Rates mit Rechtswirkung gegenüber Dritten. [2]Er überwacht ebenfalls die Rechtmäßigkeit der Handlungen der Einrichtungen oder sonstigen Stellen der Union mit Rechtswirkung gegenüber Dritten.

Zu diesem Zweck ist der Gerichtshof der Europäischen Union für Klagen zuständig, die ein Mitgliedstaat, das Europäische Parlament, der Rat oder die Kommission wegen Unzuständigkeit, Verletzung wesentlicher Formvorschriften, Verletzung der Verträge oder einer bei seiner Durchführung anzuwendenden Rechtsnorm oder wegen Ermessensmissbrauchs erhebt.

Der Gerichtshof der Europäischen Union ist unter den gleichen Voraussetzungen zuständig für Klagen des Rechnungshofs, der Europäischen Zentralbank und des Ausschusses der Regionen, die auf die Wahrung ihrer Rechte abzielen.

Jede natürliche oder juristische Person kann unter den Bedingungen nach den Absätzen 1 und 2 gegen die an sie gerichteten oder sie unmittelbar und individuell betreffenden Handlungen sowie gegen Rechtsakte mit Verordnungscharakter, die sie unmittelbar betreffen und keine Durchführungsmaßnahmen nach sich ziehen, Klage erheben.

In den Rechtsakten zur Gründung von Einrichtungen und sonstigen Stellen der Union können besondere Bedingungen und Einzelheiten für die Erhebung von Klagen von natürlichen oder juristischen Personen gegen Handlungen dieser Einrichtungen und sonstigen Stellen vorgesehen werden, die eine Rechtswirkung gegenüber diesen Personen haben.

Die in diesem Artikel vorgesehenen Klagen sind binnen zwei Monaten zu erheben; diese Frist läuft je nach Lage des Falles von der Bekanntgabe der betreffenden Handlung, ihrer Mitteilung an den Kläger oder in Ermangelung dessen von dem Zeitpunkt an, zu dem der Kläger von dieser Handlung Kenntnis erlangt hat.

Artikel 264 [Nichtigkeitsklage; Urteilswirkung]
Ist die Klage begründet, so erklärt der Gerichtshof der Europäischen Union die angefochtene Handlung für nichtig.

Erklärt der Gerichtshof eine Handlung für nichtig, so bezeichnet er, falls er dies für notwendig hält, diejenigen ihrer Wirkungen, die als fortgeltend zu betrachten sind.

Artikel 265 [Untätigkeitsklage]
[1]Unterlässt es das Europäische Parlament, der Europäische Rat, der Rat, die Kommission oder die Europäische Zentralbank unter Verletzung der Verträge, einen Beschluss zu fassen, so können die Mitgliedstaaten und die anderen Organe der Union beim Gerichtshof der Europäischen Union Klage auf Feststellung dieser Vertragsverletzung erheben. [2]Dieser Artikel gilt entsprechend für die Einrichtungen und sonstigen Stellen der Union, die es unterlassen, tätig zu werden.

[1]Diese Klage ist nur zulässig, wenn das in Frage stehende Organ, die in Frage stehende Einrichtung oder sonstige Stelle zuvor aufgefordert worden ist, tätig zu werden. [2]Hat es bzw. sie binnen zwei Monaten nach dieser Aufforderung nicht Stellung genommen, so kann die Klage innerhalb einer weiteren Frist von zwei Monaten erhoben werden.

Jede natürliche oder juristische Person kann nach Maßgabe der Absätze 1 und 2 vor dem Gerichtshof Beschwerde darüber führen, dass ein Organ oder eine Einrichtung oder sonstige Stelle der Union es unterlassen hat, einen anderen Akt als eine Empfehlung oder eine Stellungnahme an sie zu richten.

Artikel 266 [Verpflichtung aus dem Urteil]

Die Organe, Einrichtungen oder sonstigen Stellen, denen das für nichtig erklärte Handeln zur Last fällt oder deren Untätigkeit als vertragswidrig erklärt worden ist, haben die sich aus dem Urteil des Gerichtshofs der Europäischen Union ergebenden Maßnahmen zu ergreifen.

Diese Verpflichtung besteht unbeschadet der Verpflichtungen, die sich aus der Anwendung des Artikels 340 Absatz 2 ergeben.

Artikel 267 [Vorabentscheidungsverfahren]

Der Gerichtshof der Europäischen Union entscheidet im Wege der Vorabentscheidung

a) über die Auslegung der Verträge,
b) über die Gültigkeit und die Auslegung der Handlungen der Organe, Einrichtungen oder sonstigen Stellen der Union.

Wird eine derartige Frage einem Gericht eines Mitgliedstaats gestellt und hält dieses Gericht eine Entscheidung darüber zum Erlass seines Urteils für erforderlich, so kann es diese Frage dem Gerichtshof zur Entscheidung vorlegen.

Wird eine derartige Frage in einem schwebenden Verfahren bei einem einzelstaatlichen Gericht gestellt, dessen Entscheidungen selbst nicht mehr mit Rechtsmitteln des innerstaatlichen Rechts angefochten werden können, so ist dieses Gericht zur Anrufung des Gerichtshofs verpflichtet.

Wird eine derartige Frage in einem schwebenden Verfahren, das eine inhaftierte Person betrifft, bei einem einzelstaatlichen Gericht gestellt, so entscheidet der Gerichtshof innerhalb kürzester Zeit.

Artikel 268 [Schadenersatzklage]

Der Gerichtshof der Europäischen Union ist für Streitsachen über den in Artikel 340 Absätze 2 und 3 vorgesehenen Schadensersatz zuständig.

Artikel 269 [Eingeschränkte Zuständigkeit bei Suspendierung von Mitgliedschaftsrechten]

Der Gerichtshof ist für Entscheidungen über die Rechtmäßigkeit eines nach Artikel 7 des Vertrags über die Europäische Union erlassenen Rechtsakts des Europäischen Rates oder des Rates nur auf Antrag des von einer Feststellung des Europäischen Rates oder des Rates betroffenen Mitgliedstaats und lediglich im Hinblick auf die Einhaltung der in dem genannten Artikel vorgesehenen Verfahrensbestimmungen zuständig.

[1]Der Antrag muss binnen eines Monats nach der jeweiligen Feststellung gestellt werden. [2]Der Gerichtshof entscheidet binnen eines Monats nach Antragstellung.

Artikel 270 [Dienstrechtliche Streitigkeiten]

Der Gerichtshof der Europäischen Union ist für alle Streitsachen zwischen der Union und deren Bediensteten innerhalb der Grenzen und nach Maßgabe der Bedingungen zuständig, die im Statut der Beamten der Union und in den Beschäftigungsbedingungen für die sonstigen Bediensteten der Union festgelegt sind.

Artikel 271 [Zuständigkeit für gewisse Streitigkeiten betreffend EIB und EZB]

Der Gerichtshof der Europäischen Union ist nach Maßgabe der folgenden Bestimmungen zuständig in Streitsachen über

a) die Erfüllung der Verpflichtungen der Mitgliedstaaten aus der Satzung der Europäischen Investitionsbank. Der Verwaltungsrat der Bank besitzt hierbei die der Kommission in Artikel 258 übertragenen Befugnisse;
b) die Beschlüsse des Rates der Gouverneure der Europäischen Investitionsbank. Jeder Mitgliedstaat, die Kommission und der Verwaltungsrat der Bank können hierzu nach Maßgabe des Artikels 263 Klage erheben;
c) die Beschlüsse des Verwaltungsrats der Europäischen Investitionsbank. Diese können nach Maßgabe des Artikels 263 nur von Mitgliedstaaten oder der Kommission und lediglich wegen Verletzung der Formvorschriften des Artikels 19 Absatz 2 und Absätze 5 bis 7 der Satzung der Investitionsbank angefochten werden;
d) die Erfüllung der sich aus den Verträgen und der Satzung des ESZB und der EZB ergebenden Verpflichtungen durch die nationalen Zentralbanken. Der Rat der Gouverneure der Europäischen Zentralbank besitzt hierbei gegenüber den nationalen Zentralbanken die Befugnisse, die der Kom-

mission in Artikel 258 gegenüber den Mitgliedstaaten eingeräumt werden. Stellt der Gerichtshof der Europäischen Union fest, dass eine nationale Zentralbank gegen eine Verpflichtung aus den Verträgen verstoßen hat, so hat diese Bank die Maßnahmen zu ergreifen, die sich aus dem Urteil des Gerichtshofs ergeben.

Artikel 272 [Zuständigkeit aufgrund einer Schiedsklausel]
Der Gerichtshof der Europäischen Union ist für Entscheidungen aufgrund einer Schiedsklausel zuständig, die in einem von der Union oder für ihre Rechnung abgeschlossenen öffentlich-rechtlichen oder privatrechtlichen Vertrag enthalten ist.

Artikel 273 [Zuständigkeit aufgrund eines Schiedsvertrags]
Der Gerichtshof ist für jede mit dem Gegenstand der Verträge in Zusammenhang stehende Streitigkeit zwischen Mitgliedstaaten zuständig, wenn diese bei ihm aufgrund eines Schiedsvertrags anhängig gemacht wird.

Artikel 274 [Zuständigkeit einzelstaatlicher Gerichte]
Soweit keine Zuständigkeit des Gerichtshofs der Europäischen Union aufgrund der Verträge besteht, sind Streitsachen, bei denen die Union Partei ist, der Zuständigkeit der einzelstaatlichen Gerichte nicht entzogen.

Artikel 275 [Unzuständigkeit in der Außen- und Sicherheitspolitik; Ausnahmen]
Der Gerichtshof der Europäischen Union ist nicht zuständig für die Bestimmungen hinsichtlich der Gemeinsamen Außen- und Sicherheitspolitik und für die auf der Grundlage dieser Bestimmungen erlassenen Rechtsakte.

Der Gerichtshof ist jedoch zuständig für die Kontrolle der Einhaltung von Artikel 40 des Vertrags über die Europäische Union und für die unter den Voraussetzungen des Artikels 263 Absatz 4 dieses Vertrags erhobenen Klagen im Zusammenhang mit der Überwachung der Rechtmäßigkeit von Beschlüssen über restriktive Maßnahmen gegenüber natürlichen oder juristischen Personen, die der Rat auf der Grundlage von Titel V Kapitel 2 des Vertrags über die Europäische Union erlassen hat.

Artikel 276 [Unzuständigkeit für mitgliedstaatliche Polizeimaßnahmen]
Bei der Ausübung seiner Befugnisse im Rahmen der Bestimmungen des Dritten Teils Titel V Kapitel 4 und 5 über den Raum der Freiheit, der Sicherheit und des Rechts ist der Gerichtshof der Europäischen Union nicht zuständig für die Überprüfung der Gültigkeit oder Verhältnismäßigkeit von Maßnahmen der Polizei oder anderer Strafverfolgungsbehörden eines Mitgliedstaats oder der Wahrnehmung der Zuständigkeiten der Mitgliedstaaten für die Aufrechterhaltung der öffentlichen Ordnung und den Schutz der inneren Sicherheit.

Artikel 277 [Inzidente Normenkontrolle]
Ungeachtet des Ablaufs der in Artikel 263 Absatz 6 genannten Frist kann jede Partei in einem Rechtsstreit, bei dem die Rechtmäßigkeit eines von einem Organ, einer Einrichtung oder einer sonstigen Stelle der Union erlassenen Rechtsakts mit allgemeiner Geltung angefochten wird, vor dem Gerichtshof der Europäischen Union die Unanwendbarkeit dieses Rechtsakts aus den in Artikel 263 Absatz 2 genannten Gründen geltend machen.

Artikel 278 [Keine aufschiebende Wirkung; Aussetzung]
[1]Klagen bei dem Gerichtshof der Europäischen Union haben keine aufschiebende Wirkung. [2]Der Gerichtshof kann jedoch, wenn er dies den Umständen nach für nötig hält, die Durchführung der angefochtenen Handlung aussetzen.

Artikel 279 [Einstweilige Anordnungen]
Der Gerichtshof der Europäischen Union kann in den bei ihm anhängigen Sachen die erforderlichen einstweiligen Anordnungen treffen.

Artikel 280 [Vollstreckbarkeit der Urteile]
Die Urteile des Gerichtshofs der Europäischen Union sind gemäß Artikel 299 vollstreckbar.

Artikel 281 [Satzung]
Die Satzung des Gerichtshofs der Europäischen Union wird in einem besonderen Protokoll festgelegt.

[1]Das Europäische Parlament und der Rat können gemäß dem ordentlichen Gesetzgebungsverfahren die Satzung mit Ausnahme ihres Titels I und ihres Artikels 64 ändern. [2]Das Europäische Parlament und der Rat beschließen entweder auf Antrag des Gerichtshofs nach Anhörung der Kommission oder auf Vorschlag der Kommission nach Anhörung des Gerichtshofs.

Abschnitt 6
Die Europäische Zentralbank

Artikel 282 [Aufgaben und Maßnahmen; Rechtspersönlichkeit; Unabhängigkeit; Anhörungsrecht]
(1) [1]Die Europäische Zentralbank und die nationalen Zentralbanken bilden das Europäische System der Zentralbanken (ESZB). [2]Die Europäische Zentralbank und die nationalen Zentralbanken der Mitgliedstaaten, deren Währung der Euro ist, bilden das Eurosystem und betreiben die Währungspolitik der Union.

(2) [1]Das ESZB wird von den Beschlussorganen der Europäischen Zentralbank geleitet. [2]Sein vorrangiges Ziel ist es, die Preisstabilität zu gewährleisten. [3]Unbeschadet dieses Zieles unterstützt es die allgemeine Wirtschaftspolitik in der Union, um zur Verwirklichung ihrer Ziele beizutragen.

(3) [1]Die Europäische Zentralbank besitzt Rechtspersönlichkeit. [2]Sie allein ist befugt, die Ausgabe des Euro zu genehmigen. [3]Sie ist in der Ausübung ihrer Befugnisse und der Verwaltung ihrer Mittel unabhängig. [4]Die Organe, Einrichtungen oder sonstigen Stellen der Union sowie die Regierungen der Mitgliedstaaten achten diese Unabhängigkeit.

(4) [1]Die Europäische Zentralbank erlässt die für die Erfüllung ihrer Aufgaben erforderlichen Maßnahmen nach den Artikeln 127 bis 133 und Artikel 138 und nach Maßgabe der Satzung des ESZB und der EZB. [2]Nach diesen Artikeln behalten die Mitgliedstaaten, deren Währung nicht der Euro ist, sowie deren Zentralbanken ihre Zuständigkeiten im Währungsbereich.

(5) Die Europäische Zentralbank wird in den Bereichen, auf die sich ihre Befugnisse erstrecken, zu allen Entwürfen für Rechtsakte der Union sowie zu allen Entwürfen für Rechtsvorschriften auf einzelstaatlicher Ebene gehört und kann Stellungnahmen abgeben.

Artikel 283 [Organstruktur]
(1) Der Rat der Europäischen Zentralbank besteht aus den Mitgliedern des Direktoriums der Europäischen Zentralbank und den Präsidenten der nationalen Zentralbanken der Mitgliedstaaten, deren Währung der Euro ist.

(2) Das Direktorium besteht aus dem Präsidenten, dem Vizepräsidenten und vier weiteren Mitgliedern.

Der Präsident, der Vizepräsident und die weiteren Mitglieder des Direktoriums werden vom Europäischen Rat auf Empfehlung des Rates, der hierzu das Europäische Parlament und den Rat der Europäischen Zentralbank anhört, aus dem Kreis der in Währungs- oder Bankfragen anerkannten und erfahrenen Persönlichkeiten mit qualifizierter Mehrheit ausgewählt und ernannt.

Ihre Amtszeit beträgt acht Jahre; Wiederernennung ist nicht zulässig.

Nur Staatsangehörige der Mitgliedstaaten können Mitglieder des Direktoriums werden.

Artikel 284 [Teilnahmerechte; Jahresbericht]
(1) [1]Der Präsident des Rates und ein Mitglied der Kommission können ohne Stimmrecht an den Sitzungen des Rates der Europäischen Zentralbank teilnehmen. [2]Der Präsident des Rates kann dem Rat der Europäischen Zentralbank einen Antrag zur Beratung vorlegen.

(2) Der Präsident der Europäischen Zentralbank wird zur Teilnahme an den Tagungen des Rates eingeladen, wenn dieser Fragen im Zusammenhang mit den Zielen und Aufgaben des ESZB erörtert.

(3) [1]Die Europäische Zentralbank unterbreitet dem Europäischen Parlament, dem Rat und der Kommission sowie auch dem Europäischen Rat einen Jahresbericht über die Tätigkeit des ESZB und die Geld- und Währungspolitik im vergangenen und im laufenden Jahr. [2]Der Präsident der Europäischen Zentralbank legt den Bericht dem Rat und dem Europäischen Parlament vor, das auf dieser Grundlage eine allgemeine Aussprache durchführen kann.

Der Präsident der Europäischen Zentralbank und die anderen Mitglieder des Direktoriums können auf Ersuchen des Europäischen Parlaments oder auf ihre Initiative hin von den zuständigen Ausschüssen des Europäischen Parlaments gehört werden.

Abschnitt 7

Der Rechnungshof

Artikel 285 [Aufgabe; Zusammensetzung]

Der Rechnungshof nimmt die Rechnungsprüfung der Union wahr.

[1]Der Rechnungshof besteht aus einem Staatsangehörigen je Mitgliedstaat. [2]Seine Mitglieder üben ihre Aufgaben in voller Unabhängigkeit zum allgemeinen Wohl der Union aus.

Artikel 286 [Anforderungen an die Mitglieder; Ernennung und Ausscheiden aus dem Amt]

(1) [1]Zu Mitgliedern des Rechnungshofs sind Persönlichkeiten auszuwählen, die in ihren Staaten Rechnungsprüfungsorganen angehören oder angehört haben oder die für dieses Amt besonders geeignet sind. [2]Sie müssen jede Gewähr für Unabhängigkeit bieten.

(2) [1]Die Mitglieder des Rechnungshofs werden auf sechs Jahre ernannt. [2]Der Rat nimmt die gemäß den Vorschlägen der einzelnen Mitgliedstaaten erstellte Liste der Mitglieder nach Anhörung des Europäischen Parlaments an. [3]Die Wiederernennung der Mitglieder des Rechnungshofs ist zulässig.

[1]Sie wählen aus ihrer Mitte den Präsidenten des Rechnungshofs für drei Jahre. [2]Wiederwahl ist zulässig.

(3) [1]Die Mitglieder des Rechnungshofs dürfen bei der Erfüllung ihrer Pflichten Anweisungen von einer Regierung oder einer anderen Stelle weder anfordern noch entgegennehmen. [2]Sie haben jede Handlung zu unterlassen, die mit ihren Aufgaben unvereinbar ist.

(4) [1]Die Mitglieder des Rechnungshofs dürfen während ihrer Amtszeit keine andere entgeltliche oder unentgeltliche Berufstätigkeit ausüben. [2]Bei der Aufnahme ihrer Tätigkeit übernehmen sie die feierliche Verpflichtung, während der Ausübung und nach Ablauf ihrer Amtstätigkeit die sich aus ihrem Amt ergebenden Pflichten zu erfüllen, insbesondere die Pflicht, bei der Annahme gewisser Tätigkeiten oder Vorteile nach Ablauf dieser Tätigkeit ehrenhaft und zurückhaltend zu sein.

(5) Abgesehen von regelmäßigen Neubesetzungen und von Todesfällen endet das Amt eines Mitglieds des Rechnungshofs durch Rücktritt oder durch Amtsenthebung durch den Gerichtshof gemäß Absatz 6.

Für das ausscheidende Mitglied wird für die verbleibende Amtszeit ein Nachfolger ernannt.

Außer im Fall der Amtsenthebung bleiben die Mitglieder des Rechnungshofs bis zu Neubesetzung ihres Sitzes im Amt.

(6) Ein Mitglied des Rechnungshofs kann nur dann seines Amtes enthoben oder seiner Ruhegehaltsansprüche oder anderer an ihrer Stelle gewährter Vergünstigungen für verlustig erklärt werden, wenn der Gerichtshof auf Antrag des Rechnungshofs feststellt, dass es nicht mehr die erforderlichen Voraussetzungen erfüllt oder den sich aus seinem Amt ergebenden Verpflichtungen nicht mehr nachkommt.

(7) [1]Der Rat setzt die Beschäftigungsbedingungen für den Präsidenten und die Mitglieder des Rechnungshofs fest, insbesondere die Gehälter, Vergütungen und Ruhegehälter. [2]Er setzt alle sonstigen als Entgelt gezahlten Vergütungen fest.

(8) Die für die Richter des Gerichtshofs der Europäischen Union geltenden Bestimmungen des Protokolls über die Vorrechte und Befreiungen der Europäischen Union gelten auch für die Mitglieder des Rechnungshofs.

Artikel 287 [Rechnungsprüfung]

(1) [1]Der Rechnungshof prüft die Rechnung über alle Einnahmen und Ausgaben der Union. [2]Er prüft ebenfalls die Rechnung über alle Einnahmen und Ausgaben jeder von der Union geschaffenen Einrichtung oder sonstigen Stelle, soweit der Gründungsakt dies nicht ausschließt.

[1]Der Rechnungshof legt dem Europäischen Parlament und dem Rat eine Erklärung über die Zuverlässigkeit der Rechnungsführung sowie die Rechtmäßigkeit und Ordnungsmäßigkeit der zugrunde liegenden Vorgänge vor, die im *Amtsblatt der Europäischen Union* veröffentlicht wird. [2]Diese Erklä-

rung kann durch spezifische Beurteilungen zu allen größeren Tätigkeitsbereichen der Union ergänzt werden.

(2) [1]Der Rechnungshof prüft die Rechtmäßigkeit und Ordnungsmäßigkeit der Einnahmen und Ausgaben und überzeugt sich von der Wirtschaftlichkeit der Haushaltsführung. [2]Dabei berichtet er insbesondere über alle Fälle von Unregelmäßigkeiten.

Die Prüfung der Einnahmen erfolgt anhand der Feststellungen und der Zahlungen der Einnahmen an die Union.

Die Prüfung der Ausgaben erfolgt anhand der Mittelbindungen und der Zahlungen.

Diese Prüfungen können vor Abschluss der Rechnung des betreffenden Haushaltsjahrs durchgeführt werden.

(3) [1]Die Prüfung wird anhand der Rechnungsunterlagen und erforderlichenfalls an Ort und Stelle bei den anderen Organen der Union, in den Räumlichkeiten der Einrichtungen oder sonstigen Stellen, die Einnahmen oder Ausgaben für Rechnung der Union verwalten, sowie der natürlichen und juristischen Personen, die Zahlungen aus dem Haushalt erhalten, und in den Mitgliedstaaten durchgeführt. [2]Die Prüfung in den Mitgliedstaaten erfolgt in Verbindung mit den einzelstaatlichen Rechnungsprüfungsorganen oder, wenn diese nicht über die erforderliche Zuständigkeit verfügen, mit den zuständigen einzelstaatlichen Dienststellen. [3]Der Rechnungshof und die einzelstaatlichen Rechnungsprüfungsorgane arbeiten unter Wahrung ihrer Unabhängigkeit vertrauensvoll zusammen. [4]Diese Organe oder Dienststellen teilen dem Rechnungshof mit, ob sie an der Prüfung teilzunehmen beabsichtigen.

Die anderen Organe der Union, die Einrichtungen oder sonstigen Stellen, die Einnahmen oder Ausgaben für Rechnung der Union verwalten, die natürlichen oder juristischen Personen, die Zahlungen aus dem Haushalt erhalten, und die einzelstaatlichen Rechnungsprüfungsorgane oder, wenn diese nicht über die erforderliche Zuständigkeit verfügen, die zuständigen einzelstaatlichen Dienststellen übermitteln dem Rechnungshof auf dessen Antrag die für die Erfüllung seiner Aufgabe erforderlichen Unterlagen oder Informationen.

[1]Die Rechte des Rechnungshofs auf Zugang zu Informationen der Europäischen Investitionsbank im Zusammenhang mit deren Tätigkeit bei der Verwaltung von Einnahmen und Ausgaben der Union werden in einer Vereinbarung zwischen dem Rechnungshof, der Bank und der Kommission geregelt. [2]Der Rechnungshof hat auch dann Recht auf Zugang zu den Informationen, die für die Prüfung der von der Bank verwalteten Einnahmen und Ausgaben der Union erforderlich sind, wenn eine entsprechende Vereinbarung nicht besteht.

(4) [1]Der Rechnungshof erstattet nach Abschluss eines jeden Haushaltsjahrs einen Jahresbericht. [2]Dieser Bericht wird den anderen Organen der Union vorgelegt und im *Amtsblatt der Europäischen Union* zusammen mit den Antworten dieser Organe auf die Bemerkungen des Rechnungshofs veröffentlicht.

Der Rechnungshof kann ferner jederzeit seine Bemerkungen zu besonderen Fragen vorlegen, insbesondere in Form von Sonderberichten, und auf Antrag eines der anderen Organe der Union Stellungnahmen abgeben.

[1]Er nimmt seine jährlichen Berichte, Sonderberichte oder Stellungnahmen mit der Mehrheit seiner Mitglieder an. [2]Er kann jedoch für die Annahme bestimmter Arten von Berichten oder Stellungnahmen nach Maßgabe seiner Geschäftsordnung Kammern bilden.

Er unterstützt das Europäische Parlament und den Rat bei der Kontrolle der Ausführung des Haushaltsplans.

[1]Der Rechnungshof gibt sich eine Geschäftsordnung. [2]Diese bedarf der Genehmigung des Rates.

Kapitel 2

Rechtsakte der Union, Annahmeverfahren und sonstige Vorschriften

Abschnitt 1

Die Rechtsakte der Union

Artikel 288 [Rechtsakte; Katalog]

Für die Ausübung der Zuständigkeiten der Union nehmen die Organe Verordnungen, Richtlinien, Beschlüsse, Empfehlungen und Stellungnahmen an.

[1]Die Verordnung hat allgemeine Geltung. [2]Sie ist in allen ihren Teilen verbindlich und gilt unmittelbar in jedem Mitgliedstaat.

Die Richtlinie ist für jeden Mitgliedstaat, an den sie gerichtet wird, hinsichtlich des zu erreichenden Ziels verbindlich, überlässt jedoch den innerstaatlichen Stellen die Wahl der Form und der Mittel.

[1]Beschlüsse sind in allen ihren Teilen verbindlich. [2]Sind sie an bestimmte Adressaten gerichtet, so sind sie nur für diese verbindlich.

Die Empfehlungen und Stellungnahmen sind nicht verbindlich.

Artikel 289 [Ordentliches und besonderes Gesetzgebungsverfahren; Initiativrecht in besonderen Fällen]

(1) [1]Das ordentliche Gesetzgebungsverfahren besteht in der gemeinsamen Annahme einer Verordnung, einer Richtlinie oder eines Beschlusses durch das Europäische Parlament und den Rat auf Vorschlag der Kommission. [2]Dieses Verfahren ist in Artikel 294 festgelegt.

(2) In bestimmten, in den Verträgen vorgesehenen Fällen erfolgt als besonderes Gesetzgebungsverfahren die Annahme einer Verordnung, einer Richtlinie oder eines Beschlusses durch das Europäische Parlament mit Beteiligung des Rates oder durch den Rat mit Beteiligung des Europäischen Parlaments.

(3) Rechtsakte, die gemäß einem Gesetzgebungsverfahren angenommen werden, sind Gesetzgebungsakte.

(4) In bestimmten, in den Verträgen vorgesehenen Fällen können Gesetzgebungsakte auf Initiative einer Gruppe von Mitgliedstaaten oder des Europäischen Parlaments, auf Empfehlung der Europäischen Zentralbank oder auf Antrag des Gerichtshofs oder der Europäischen Investitionsbank erlassen werden.

Artikel 290 [Delegation von Rechtsetzungsbefugnissen auf die Kommission]

(1) In Gesetzgebungsakten kann der Kommission die Befugnis übertragen werden, Rechtsakte ohne Gesetzescharakter mit allgemeiner Geltung zur Ergänzung oder Änderung bestimmter nicht wesentlicher Vorschriften des betreffenden Gesetzgebungsaktes zu erlassen.

[1]In den betreffenden Gesetzgebungsakten werden Ziele, Inhalt, Geltungsbereich und Dauer der Befugnisübertragung ausdrücklich festgelegt. [2]Die wesentlichen Aspekte eines Bereichs sind dem Gesetzgebungsakt vorbehalten und eine Befugnisübertragung ist für sie deshalb ausgeschlossen.

(2) Die Bedingungen, unter denen die Übertragung erfolgt, werden in Gesetzgebungsakten ausdrücklich festgelegt, wobei folgende Möglichkeiten bestehen:

a) Das Europäische Parlament oder der Rat kann beschließen, die Übertragung zu widerrufen.
b) Der delegierte Rechtsakt kann nur in Kraft treten, wenn das Europäische Parlament oder der Rat innerhalb der im Gesetzgebungsakt festgelegten Frist keine Einwände erhebt.

Für die Zwecke der Buchstaben a und b beschließt das Europäische Parlament mit der Mehrheit seiner Mitglieder und der Rat mit qualifizierter Mehrheit.

(3) In den Titel der delegierten Rechtsakte wird das Wort „delegiert" eingefügt.

Artikel 291 [Durchführungsrechtsakte]

(1) Die Mitgliedstaaten ergreifen alle zur Durchführung der verbindlichen Rechtsakte der Union erforderlichen Maßnahmen nach innerstaatlichem Recht.

(2) Bedarf es einheitlicher Bedingungen für die Durchführung der verbindlichen Rechtsakte der Union, so werden mit diesen Rechtsakten der Kommission oder, in entsprechend begründeten Sonderfällen und in den in den Artikeln 24 und 26 des Vertrags über die Europäische Union vorgesehenen Fällen, dem Rat Durchführungsbefugnisse übertragen.

(3) Für die Zwecke des Absatzes 2 legen das Europäische Parlament und der Rat gemäß dem ordentlichen Gesetzgebungsverfahren durch Verordnungen im Voraus allgemeine Regeln und Grundsätze fest, nach denen die Mitgliedstaaten die Wahrnehmung der Durchführungsbefugnisse durch die Kommission kontrollieren.

(4) In den Titel der Durchführungsrechtsakte wird der Wortteil „Durchführungs-" eingefügt.

Artikel 292 [Rechtsgrundlage für Empfehlungen]
[1]Der Rat gibt Empfehlungen ab. [2]Er beschließt auf Vorschlag der Kommission in allen Fällen, in denen er nach Maßgabe der Verträge Rechtsakte auf Vorschlag der Kommission erlässt. [3]In den Bereichen, in denen für den Erlass eines Rechtsakts der Union Einstimmigkeit vorgesehen ist, beschließt er einstimmig. [4]Die Kommission und, in bestimmten in den Verträgen vorgesehenen Fällen, die Europäische Zentralbank geben Empfehlungen ab.

Abschnitt 2
Annahmeverfahren und sonstige Vorschriften

Artikel 293 [Kommissionsvorschlag; Änderungsrecht]
(1) Wird der Rat aufgrund der Verträge auf Vorschlag der Kommission tätig, so kann er diesen Vorschlag nur einstimmig abändern; dies gilt nicht in den Fällen nach Artikel 294 Absätze 10 und 13, nach Artikel 310, Artikel 312, Artikel 314 und nach Artikel 315 Absatz 2.

(2) Solange ein Beschluss des Rates nicht ergangen ist, kann die Kommission ihren Vorschlag jederzeit im Verlauf der Verfahren zur Annahme eines Rechtsakts der Union ändern.

Artikel 294 [Ordentliches Gesetzgebungsverfahren]
(1) Wird in den Verträgen hinsichtlich der Annahme eines Rechtsakts auf das ordentliche Gesetzgebungsverfahren Bezug genommen, so gilt das nachstehende Verfahren.

(2) Die Kommission unterbreitet dem Europäischen Parlament und dem Rat einen Vorschlag.

Erste Lesung

(3) Das Europäische Parlament legt seinen Standpunkt in erster Lesung fest und übermittelt ihn dem Rat.

(4) Billigt der Rat den Standpunkt des Europäischen Parlaments, so ist der betreffende Rechtsakt in der Fassung des Standpunkts des Europäischen Parlaments erlassen.

(5) Billigt der Rat den Standpunkt des Europäischen Parlaments nicht, so legt er seinen Standpunkt in erster Lesung fest und übermittelt ihn dem Europäischen Parlament.

(6) [1]Der Rat unterrichtet das Europäische Parlament in allen Einzelheiten über die Gründe, aus denen er seinen Standpunkt in erster Lesung festgelegt hat. [2]Die Kommission unterrichtet das Europäische Parlament in vollem Umfang über ihren Standpunkt.

Zweite Lesung

(7) Hat das Europäische Parlament binnen drei Monaten nach der Übermittlung
a) den Standpunkt des Rates in erster Lesung gebilligt oder sich nicht geäußert, so gilt der betreffende Rechtsakt als in der Fassung des Standpunkts des Rates erlassen;
b) den Standpunkt des Rates in erster Lesung mit der Mehrheit seiner Mitglieder abgelehnt, so gilt der vorgeschlagene Rechtsakt als nicht erlassen;
c) mit der Mehrheit seiner Mitglieder Abänderungen an dem Standpunkt des Rates in erster Lesung vorgeschlagen, so wird die abgeänderte Fassung dem Rat und der Kommission zugeleitet; die Kommission gibt eine Stellungnahme zu diesen Abänderungen ab.

(8) Hat der Rat binnen drei Monaten nach Eingang der Abänderungen des Europäischen Parlaments mit qualifizierter Mehrheit
a) alle diese Abänderungen gebilligt, so gilt der betreffende Rechtsakt als erlassen;
b) nicht alle Abänderungen gebilligt, so beruft der Präsident des Rates im Einvernehmen mit dem Präsidenten des Europäischen Parlaments binnen sechs Wochen den Vermittlungsausschuss ein.

(9) Über Abänderungen, zu denen die Kommission eine ablehnende Stellungnahme abgegeben hat, beschließt der Rat einstimmig.

Vermittlung

(10) Der Vermittlungsausschuss, der aus den Mitgliedern des Rates oder deren Vertretern und ebenso vielen das Europäische Parlament vertretenden Mitgliedern besteht, hat die Aufgabe, mit der qualifizierten Mehrheit der Mitglieder des Rates oder deren Vertretern und der Mehrheit der das Europäische

Parlament vertretenden Mitglieder binnen sechs Wochen nach seiner Einberufung eine Einigung auf der Grundlage der Standpunkte des Europäischen Parlaments und des Rates in zweiter Lesung zu erzielen.

(11) Die Kommission nimmt an den Arbeiten des Vermittlungsausschusses teil und ergreift alle erforderlichen Initiativen, um auf eine Annäherung der Standpunkte des Europäischen Parlaments und des Rates hinzuwirken.

(12) Billigt der Vermittlungsausschuss binnen sechs Wochen nach seiner Einberufung keinen gemeinsamen Entwurf, so gilt der vorgeschlagene Rechtsakt als nicht erlassen.

Dritte Lesung

(13) [1]Billigt der Vermittlungsausschuss innerhalb dieser Frist einen gemeinsamen Entwurf, so verfügen das Europäische Parlament und der Rat ab dieser Billigung über eine Frist von sechs Wochen, um den betreffenden Rechtsakt entsprechend diesem Entwurf zu erlassen, wobei im Europäischen Parlament die Mehrheit der abgegebenen Stimmen und im Rat die qualifizierte Mehrheit erforderlich ist. [2]Andernfalls gilt der vorgeschlagene Rechtsakt als nicht erlassen.

(14) Die in diesem Artikel genannten Fristen von drei Monaten beziehungsweise sechs Wochen werden auf Initiative des Europäischen Parlaments oder des Rates um höchstens einen Monat beziehungsweise zwei Wochen verlängert.

Besondere Bestimmungen

(15) Wird in den in den Verträgen vorgesehenen Fällen ein Gesetzgebungsakt auf Initiative einer Gruppe von Mitgliedstaaten, auf Empfehlung der Europäischen Zentralbank oder auf Antrag des Gerichtshofs im ordentlichen Gesetzgebungsverfahren erlassen, so finden Absatz 2, Absatz 6 Satz 2 und Absatz 9 keine Anwendung.

[1]In diesen Fällen übermitteln das Europäische Parlament und der Rat der Kommission den Entwurf des Rechtsakts sowie ihre jeweiligen Standpunkte in erster und zweiter Lesung. [2]Das Europäische Parlament oder der Rat kann die Kommission während des gesamten Verfahrens um eine Stellungnahme bitten, die die Kommission auch von sich aus abgeben kann. [3]Sie kann auch nach Maßgabe des Absatzes 11 an dem Vermittlungsausschuss teilnehmen, sofern sie dies für erforderlich hält.

Artikel 295 [Interinstitutionelle Vereinbarungen]

[1]Das Europäische Parlament, der Rat und die Kommission beraten sich und regeln einvernehmlich die Einzelheiten ihrer Zusammenarbeit. [2]Dazu können sie unter Wahrung der Verträge interinstitutionelle Vereinbarungen schließen, die auch bindenden Charakter haben können.

Artikel 296 [Wahl der Handlungsform; Begründung]

Wird die Art des zu erlassenden Rechtsakts von den Verträgen nicht vorgegeben, so entscheiden die Organe darüber von Fall zu Fall unter Einhaltung der geltenden Verfahren und des Grundsatzes der Verhältnismäßigkeit.

Die Rechtsakte sind mit einer Begründung zu versehen und nehmen auf die in den Verträgen vorgesehenen Vorschläge, Initiativen, Empfehlungen, Anträge oder Stellungnahmen Bezug.

Werden das Europäische Parlament und der Rat mit dem Entwurf eines Gesetzgebungsakts befasst, so nehmen sie keine Rechtsakte an, die gemäß dem für den betreffenden Bereich geltenden Gesetzgebungsverfahren nicht vorgesehen sind.

Artikel 297 [Unterzeichnung; Veröffentlichung; Inkrafttreten]

(1) Gesetzgebungsakte, die gemäß dem ordentlichen Gesetzgebungsverfahren erlassen wurden, werden vom Präsidenten des Europäischen Parlaments und vom Präsidenten des Rates unterzeichnet.

Gesetzgebungsakte, die gemäß einem besonderen Gesetzgebungsverfahren erlassen wurden, werden vom Präsidenten des Organs unterzeichnet, das sie erlassen hat.

[1]Die Gesetzgebungsakte werden im *Amtsblatt der Europäischen Union* veröffentlicht. [2]Sie treten zu dem durch sie festgelegten Zeitpunkt oder anderenfalls am zwanzigsten Tag nach ihrer Veröffentlichung in Kraft.

(2) Rechtsakte ohne Gesetzescharakter, die als Verordnung, Richtlinie oder Beschluss, der an keinen bestimmten Adressaten gerichtet ist, erlassen wurden, werden vom Präsidenten des Organs unterzeichnet, das sie erlassen hat.

[1]Verordnungen, Richtlinien, die an alle Mitgliedstaaten gerichtet sind, sowie Beschlüsse, die an keinen bestimmten Adressaten gerichtet sind, werden im *Amtsblatt der Europäischen Union* veröffentlicht. [2]Sie treten zu dem durch sie festgelegten Zeitpunkt oder anderenfalls am zwanzigsten Tag nach ihrer Veröffentlichung in Kraft.

Die anderen Richtlinien sowie die Beschlüsse, die an einen bestimmten Adressaten gerichtet sind, werden denjenigen, für die sie bestimmt sind, bekannt gegeben und durch diese Bekanntgabe wirksam.

Artikel 298 [Europäische Verwaltung]

(1) Zur Ausübung ihrer Aufgaben stützen sich die Organe, Einrichtungen oder sonstigen Stellen der Union auf eine offene, effiziente und unabhängige europäische Verwaltung.

(2) Die Bestimmungen zu diesem Zweck werden unter Beachtung des Statuts und der Beschäftigungsbedingungen nach Artikel 336 vom Europäischen Parlament und vom Rat gemäß dem ordentlichen Gesetzgebungsverfahren durch Verordnungen erlassen.

Artikel 299 [Entscheidungen als vollstreckbare Titel; Zwangsvollstreckung]

Die Rechtsakte des Rates, der Kommission oder der Europäischen Zentralbank, die eine Zahlung auferlegen, sind vollstreckbare Titel; dies gilt nicht gegenüber Staaten.

[1]Die Zwangsvollstreckung erfolgt nach den Vorschriften des Zivilprozessrechts des Staates, in dessen Hoheitsgebiet sie stattfindet. [2]Die Vollstreckungsklausel wird nach einer Prüfung, die sich lediglich auf die Echtheit des Titels erstrecken darf, von der staatlichen Behörde erteilt, welche die Regierung jedes Mitgliedstaats zu diesem Zweck bestimmt und der Kommission und dem Gerichtshof der Europäischen Union benennt.

Sind diese Formvorschriften auf Antrag der die Vollstreckung betreibenden Partei erfüllt, so kann diese die Zwangsvollstreckung nach innerstaatlichem Recht betreiben, indem sie die zuständige Stelle unmittelbar anruft.

[1]Die Zwangsvollstreckung kann nur durch eine Entscheidung des Gerichtshofs der Europäischen Union ausgesetzt werden. [2]Für die Prüfung der Ordnungsmäßigkeit der Vollstreckungsmaßnahmen sind jedoch die einzelstaatlichen Rechtsprechungsorgane zuständig.

Kapitel 3
Die beratenden Einrichtungen der Union

Artikel 300 [Wirtschafts- und Sozialausschuss; Ausschuss der Regionen]

(1) Das Europäische Parlament, der Rat und die Kommission werden von einem Wirtschafts- und Sozialausschuss sowie einem Ausschuss der Regionen unterstützt, die beratende Aufgaben wahrnehmen.

(2) Der Wirtschafts- und Sozialausschuss setzt sich zusammen aus Vertretern der Organisationen der Arbeitgeber und der Arbeitnehmer sowie anderen Vertretern der Zivilgesellschaft, insbesondere aus dem sozialen und wirtschaftlichen, dem staatsbürgerlichen, dem beruflichen und dem kulturellen Bereich.

(3) Der Ausschuss der Regionen setzt sich zusammen aus Vertretern der regionalen und lokalen Gebietskörperschaften, die entweder ein auf Wahlen beruhendes Mandat in einer regionalen oder lokalen Gebietskörperschaft innehaben oder gegenüber einer gewählten Versammlung politisch verantwortlich sind.

(4) [1]Die Mitglieder des Wirtschafts- und Sozialausschusses und des Ausschusses der Regionen sind an keine Weisungen gebunden. [2]Sie üben ihre Tätigkeit in voller Unabhängigkeit zum allgemeinen Wohl der Union aus.

(5) [1]Die Vorschriften der Absätze 2 und 3 über die Art der Zusammensetzung dieser Ausschüsse werden in regelmäßigen Abständen vom Rat überprüft, um der wirtschaftlichen, sozialen und demografischen Entwicklung in der Union Rechnung zu tragen. [2]Der Rat erlässt auf Vorschlag der Kommission Beschlüsse zu diesem Zweck.

Abschnitt 1

Der Wirtschafts- und Sozialausschuss

Artikel 301 [Zusammensetzung]

Der Wirtschafts- und Sozialausschuss hat höchstens dreihundertfünfzig Mitglieder.

Der Rat erlässt einstimmig auf Vorschlag der Kommission einen Beschluss über die Zusammensetzung des Ausschusses.

Der Rat setzt die Vergütungen für die Mitglieder des Ausschusses fest.

Artikel 302 [Ernennung der Mitglieder]

(1) [1]Die Mitglieder des Ausschusses werden für fünf Jahre ernannt. [2]Der Rat nimmt die gemäß den Vorschlägen der einzelnen Mitgliedstaaten erstellte Liste der Mitglieder an. [3]Die Wiederernennung der Mitglieder des Ausschusses ist zulässig.

(2) [1]Der Rat beschließt nach Anhörung der Kommission. [2]Er kann die Meinung der maßgeblichen europäischen Organisationen der verschiedenen Zweige des Wirtschafts- und Soziallebens und der Zivilgesellschaft einholen, die von der Tätigkeit der Union betroffen sind.

Artikel 303 [Präsident; Präsidium; Geschäftsordnung; Einberufung]

Der Ausschuss wählt aus seiner Mitte seinen Präsidenten und sein Präsidium auf zweieinhalb Jahre.

Er gibt sich eine Geschäftsordnung.

[1]Der Ausschuss wird von seinem Präsidenten auf Antrag des Europäischen Parlaments, des Rates oder der Kommission einberufen. [2]Er kann auch von sich aus zusammentreten.

Artikel 304 [Anhörungsrechte]

[1]Der Ausschuss wird vom Europäischen Parlament, vom Rat oder der Kommission in den in den Verträgen vorgesehenen Fällen gehört. [2]Er kann von diesen Organen in allen Fällen gehört werden, in denen diese es für zweckmäßig erachten. [3]Er kann von sich aus eine Stellungnahme in den Fällen abgeben, in denen er dies für zweckmäßig erachtet.

[1]Wenn das Europäische Parlament, der Rat oder die Kommission es für notwendig erachten, setzen sie dem Ausschuss für die Vorlage seiner Stellungnahme eine Frist; diese beträgt mindestens einen Monat, vom Eingang der Mitteilung beim Präsidenten des Ausschusses an gerechnet. [2]Nach Ablauf der Frist kann das Fehlen einer Stellungnahme unberücksichtigt bleiben.

Die Stellungnahmen des Ausschusses sowie ein Bericht über die Beratungen werden dem Europäischen Parlament, dem Rat und der Kommission übermittelt.

Abschnitt 2

Der Ausschuss der Regionen

Artikel 305 [Zusammensetzung; Auswahl und Ernennung der Mitglieder]

Der Ausschuss der Regionen hat höchstens dreihundertfünfzig Mitglieder.

Der Rat erlässt einstimmig auf Vorschlag der Kommission einen Beschluss über die Zusammensetzung des Ausschusses.

[1]Die Mitglieder des Ausschusses sowie eine gleiche Anzahl von Stellvertretern werden auf fünf Jahre ernannt. [2]Wiederernennung ist zulässig. [3]Der Rat nimmt die gemäß den Vorschlägen der einzelnen Mitgliedstaaten erstellte Liste der Mitglieder und Stellvertreter an. [4]Die Amtszeit der Mitglieder des Ausschusses endet automatisch bei Ablauf des in Artikel 300 Absatz 3 genannten Mandats, aufgrund dessen sie vorgeschlagen wurden; für die verbleibende Amtszeit wird nach demselben Verfahren ein Nachfolger ernannt. [5]Ein Mitglied des Ausschusses darf nicht gleichzeitig Mitglied des Europäischen Parlaments sein.

Artikel 306 [Präsidium; Geschäftsordnung; Einberufung]

Der Ausschuss der Regionen wählt aus seiner Mitte seinen Präsidenten und sein Präsidium auf zweieinhalb Jahre.

Er gibt sich eine Geschäftsordnung.

[1]Der Ausschuss wird von seinem Präsidenten auf Antrag des Europäischen Parlaments, des Rates oder der Kommission einberufen. [2]Er kann auch von sich aus zusammentreten.

Artikel 307 [Anhörungsrechte]

Der Ausschuss der Regionen wird vom Europäischen Parlament, vom Rat oder von der Kommission in den in den Verträgen vorgesehenen Fällen und in allen anderen Fällen gehört, in denen eines dieser Organe dies für zweckmäßig erachtet, insbesondere in Fällen, welche die grenzüberschreitende Zusammenarbeit betreffen.

[1]Wenn das Europäische Parlament, der Rat oder die Kommission es für notwendig erachten, setzen sie dem Ausschuss für die Vorlage seiner Stellungnahme eine Frist; diese beträgt mindestens einen Monat, vom Eingang der diesbezüglichen Mitteilung beim Präsidenten des Ausschusses an gerechnet. [2]Nach Ablauf der Frist kann das Fehlen einer Stellungnahme unberücksichtigt bleiben.

[1]Wird der Wirtschafts- und Sozialausschuss nach Artikel 304 gehört, so wird der Ausschuss der Regionen vom Europäischen Parlament, vom Rat oder von der Kommission über dieses Ersuchen um Stellungnahme unterrichtet. [2]Der Ausschuss der Regionen kann, wenn er der Auffassung ist, dass spezifische regionale Interessen berührt werden, eine entsprechende Stellungnahme abgeben.

Er kann, wenn er dies für zweckdienlich erachtet, von sich aus eine Stellungnahme abgeben.

Die Stellungnahme des Ausschusses sowie ein Bericht über die Beratungen werden dem Europäischen Parlament, Rat und der Kommission übermittelt.

Kapitel 4

Die Europäische Investitionsbank

Artikel 308 [Rechtspersönlichkeit; Mitglieder; Satzung]

Die Europäische Investitionsbank besitzt Rechtspersönlichkeit.

Mitglieder der Europäischen Investitionsbank sind die Mitgliedstaaten.

[1]Die Satzung der Europäischen Investitionsbank ist den Verträgen als Protokoll beigefügt. [2]Der Rat kann auf Antrag der Europäischen Investitionsbank und nach Anhörung des Europäischen Parlaments und der Kommission oder auf Vorschlag der Kommission und nach Anhörung des Europäischen Parlaments und der Europäischen Investitionsbank die Satzung der Bank einstimmig gemäß einem besonderen Gesetzgebungsverfahren ändern.

Artikel 309 [Aufgabe der EIB]

[1]Aufgabe der Europäischen Investitionsbank ist es, zu einer ausgewogenen und reibungslosen Entwicklung des Binnenmarkts im Interesse der Union beizutragen; hierbei bedient sie sich des Kapitalmarkts, sowie ihrer eigenen Mittel. [2]In diesem Sinne erleichtert sie ohne Verfolgung eines Erwerbszwecks durch Gewährung von Darlehen und Bürgschaften die Finanzierung der nachstehend bezeichneten Vorhaben in allen Wirtschaftszweigen:

a) Vorhaben zur Erschließung der weniger entwickelten Gebiete;
b) Vorhaben zur Modernisierung oder Umstellung von Unternehmen oder zur Schaffung neuer Arbeitsmöglichkeiten, die sich aus der Errichtung oder dem Funktionieren des Binnenmarkts ergeben und wegen ihres Umfangs oder ihrer Art mit den in den einzelnen Mitgliedstaaten vorhandenen Mitteln nicht vollständig finanziert werden können;
c) Vorhaben von gemeinsamem Interesse für mehrere Mitgliedstaaten, die wegen ihres Umfangs oder ihrer Art mit den in den einzelnen Mitgliedstaaten vorhandenen Mitteln nicht vollständig finanziert werden können.

In Erfüllung ihrer Aufgabe erleichtert die Bank die Finanzierung von Investitionsprogrammen in Verbindung mit der Unterstützung aus den Strukturfonds und anderen Finanzierungsinstrumenten der Union.

Titel II

Finanzvorschriften

Artikel 310 [Haushaltsplan; Grundsätze; Haushaltsdisziplin; Betrugsbekämpfung]

(1) Alle Einnahmen und Ausgaben der Union werden für jedes Haushaltsjahr veranschlagt und in den Haushaltsplan eingesetzt.

Der jährliche Haushaltsplan der Union wird vom Europäischen Parlament und vom Rat nach Maßgabe des Artikels 314 aufgestellt.

Der Haushaltsplan ist in Einnahmen und Ausgaben auszugleichen.

(2) Die in den Haushaltsplan eingesetzten Ausgaben werden für ein Haushaltsjahr entsprechend der Verordnung nach Artikel 322 bewilligt.

(3) Die Ausführung der in den Haushaltsplan eingesetzten Ausgaben setzt den Erlass eines verbindlichen Rechtsakts der Union voraus, mit dem die Maßnahme der Union und die Ausführung der entsprechenden Ausgabe entsprechend der Verordnung nach Artikel 322 eine Rechtsgrundlage erhalten, soweit nicht diese Verordnung Ausnahmen vorsieht.

(4) Um die Haushaltsdisziplin sicherzustellen, erlässt die Union keine Rechtsakte, die erhebliche Auswirkungen auf den Haushaltsplan haben könnten, ohne die Gewähr zu bieten, dass die mit diesen Rechtsakten verbundenen Ausgaben im Rahmen der Eigenmittel der Union und unter Einhaltung des mehrjährigen Finanzrahmens nach Artikel 312 finanziert werden können.

(5) [1]Der Haushaltsplan wird entsprechend dem Grundsatz der Wirtschaftlichkeit der Haushaltsführung ausgeführt. [2]Die Mitgliedstaaten arbeiten mit der Union zusammen, um sicherzustellen, dass die in den Haushaltsplan eingesetzten Mittel nach diesem Grundsatz verwendet werden.

(6) Die Union und die Mitgliedstaaten bekämpfen nach Artikel 325 Betrügereien und sonstige gegen die finanziellen Interessen der Union gerichtete rechtswidrige Handlungen.

Kapitel 1
Die Eigenmittel der Union

Artikel 311 [Finanzierung aus Eigenmitteln; Eigenmittelbeschluss]

Die Union stattet sich mit den erforderlichen Mitteln aus, um ihre Ziele erreichen und ihre Politik durchführen zu können.

Der Haushalt wird unbeschadet der sonstigen Einnahmen vollständig aus Eigenmitteln finanziert.

[1]Der Rat erlässt gemäß einem besonderen Gesetzgebungsverfahren einstimmig und nach Anhörung des Europäischen Parlaments einen Beschluss, mit dem die Bestimmungen über das System der Eigenmittel der Union festgelegt werden. [2]Darin können neue Kategorien von Eigenmitteln eingeführt oder bestehende Kategorien abgeschafft werden. [3]Dieser Beschluss tritt erst nach Zustimmung der Mitgliedstaaten im Einklang mit ihren jeweiligen verfassungsrechtlichen Vorschriften in Kraft.

[1]Der Rat legt gemäß einem besonderen Gesetzgebungsverfahren durch Verordnungen Durchführungsmaßnahmen zu dem System der Eigenmittel der Union fest, sofern dies in dem nach Absatz 3 erlassenen Beschluss vorgesehen ist. [2]Der Rat beschließt nach Zustimmung des Europäischen Parlaments.

Kapitel 2
Der mehrjährige Finanzrahmen

Artikel 312 [Mehrjähriger Finanzrahmen]

(1) Mit dem mehrjährigen Finanzrahmen soll sichergestellt werden, dass die Ausgaben der Union innerhalb der Grenzen ihrer Eigenmittel eine geordnete Entwicklung nehmen.

Er wird für einen Zeitraum von mindestens fünf Jahren aufgestellt.

Bei der Aufstellung des jährlichen Haushaltsplans der Union ist der mehrjährige Finanzrahmen einzuhalten.

(2) [1]Der Rat erlässt gemäß einem besonderen Gesetzgebungsverfahren eine Verordnung zur Festlegung des mehrjährigen Finanzrahmens. [2]Er beschließt einstimmig nach Zustimmung des Europäischen Parlaments, die mit der Mehrheit seiner Mitglieder erteilt wird.

Der Europäische Rat kann einstimmig einen Beschluss fassen, wonach der Rat mit qualifizierter Mehrheit beschließen kann, wenn er die in Unterabsatz 1 genannte Verordnung erlässt.

(3) [1]In dem Finanzrahmen werden die jährlichen Obergrenzen der Mittel für Verpflichtungen je Ausgabenkategorie und die jährliche Obergrenze der Mittel für Zahlungen festgelegt. [2]Die Ausgabenkategorien, von denen es nur wenige geben darf, entsprechen den Haupttätigkeitsbereichen der Union.

Der Finanzrahmen enthält auch alle sonstigen für den reibungslosen Ablauf des jährlichen Haushaltsverfahrens sachdienlichen Bestimmungen.

(4) Hat der Rat bis zum Ablauf des vorangegangenen Finanzrahmens keine Verordnung zur Aufstellung eines neuen Finanzrahmens erlassen, so werden die Obergrenzen und sonstigen Bestimmungen des letzten Jahres des vorangegangenen Finanzrahmens bis zum Erlass dieses Rechtsakts fortgeschrieben.

(5) Das Europäische Parlament, der Rat und die Kommission treffen während des gesamten Verfahrens zur Annahme des Finanzrahmens alle erforderlichen Maßnahmen, um den Erlass des Rechtsakts zu erleichtern.

Kapitel 3
Der Jahreshaushaltsplan der Union

Artikel 313 [Haushaltsjahr]

Das Haushaltsjahr beginnt am 1. Januar und endet am 31. Dezember.

Artikel 314 [Jahreshaushaltsplan; Verfahren zur Annahme]

Das Europäische Parlament und der Rat legen den Jahreshaushaltsplan der Union im Rahmen eines besonderen Gesetzgebungsverfahrens nach den folgenden Bestimmungen fest:

(1) [1]Jedes Organ, mit Ausnahme der Europäischen Zentralbank, stellt vor dem 1. Juli einen Haushaltsvoranschlag für seine Ausgaben für das folgende Haushaltsjahr auf. [2]Die Kommission fasst diese Voranschläge in einem Entwurf für den Haushaltsplan zusammen, der abweichende Voranschläge enthalten kann.

Dieser Entwurf umfasst den Ansatz der Einnahmen und den Ansatz der Ausgaben.

(2) Die Kommission legt dem Europäischen Parlament und dem Rat spätestens am 1. September des Jahres, das dem entsprechenden Haushaltsjahr vorausgeht, einen Vorschlag mit dem Entwurf des Haushaltsplans vor.

Die Kommission kann den Entwurf des Haushaltsplans während des laufenden Verfahrens bis zur Einberufung des in Absatz 5 genannten Vermittlungsausschusses ändern.

(3) [1]Der Rat legt seinen Standpunkt zu dem Entwurf des Haushaltsplans fest und leitet ihn spätestens am 1. Oktober des Jahres, das dem entsprechenden Haushaltsjahr vorausgeht, dem Europäischen Parlament zu. [2]Er unterrichtet das Europäische Parlament in vollem Umfang über die Gründe, aus denen er seinen Standpunkt festgelegt hat.

(4) Hat das Europäische Parlament binnen 42 Tagen nach der Übermittlung

a) den Standpunkt des Rates gebilligt, so ist der Haushaltsplan erlassen;
b) keinen Beschluss gefasst, so gilt der Haushaltsplan als erlassen;
c) mit der Mehrheit seiner Mitglieder Abänderungen angenommen, so wird die abgeänderte Fassung des Entwurfs dem Rat und der Kommission zugeleitet. Der Präsident des Europäischen Parlaments beruft im Einvernehmen mit dem Präsidenten des Rates umgehend den Vermittlungsausschuss ein. Der Vermittlungsausschuss tritt jedoch nicht zusammen, wenn der Rat dem Europäischen Parlament binnen zehn Tagen nach der Übermittlung des geänderten Entwurfs mitteilt, dass er alle seine Abänderungen billigt.

(5) Der Vermittlungsausschuss, der aus den Mitgliedern des Rates oder deren Vertretern und ebenso vielen das Europäische Parlament vertretenden Mitgliedern besteht, hat die Aufgabe, binnen 21 Tagen nach seiner Einberufung auf der Grundlage der Standpunkte des Europäischen Parlaments und des Rates mit der qualifizierten Mehrheit der Mitglieder des Rates oder deren Vertretern und der Mehrheit der das Europäische Parlament vertretenden Mitglieder eine Einigung über einen gemeinsamen Entwurf zu erzielen.

Die Kommission nimmt an den Arbeiten des Vermittlungsausschusses teil und ergreift alle erforderlichen Initiativen, um eine Annäherung der Standpunkte des Europäischen Parlaments und des Rates zu bewirken.

(6) Einigt sich der Vermittlungsausschuss innerhalb der in Absatz 5 genannten Frist von 21 Tagen auf einen gemeinsamen Entwurf, so verfügen das Europäische Parlament und der Rat ab dieser Einigung über eine Frist von 14 Tagen, um den gemeinsamen Entwurf zu billigen.

(7) Wenn innerhalb der in Absatz 6 genannten Frist von 14 Tagen

a) der gemeinsame Entwurf sowohl vom Europäischen Parlament als auch vom Rat gebilligt wird oder beide keinen Beschluss fassen oder eines dieser Organe den gemeinsamen Entwurf billigt, während das andere Organ keinen Beschluss fasst, so gilt der Haushaltsplan als entsprechend dem gemeinsamen Entwurf endgültig erlassen, oder
b) der gemeinsame Entwurf sowohl vom Europäischen Parlament mit der Mehrheit seiner Mitglieder als auch vom Rat abgelehnt wird oder eines dieser Organe den gemeinsamen Entwurf ablehnt, während das andere Organ keinen Beschluss fasst, so legt die Kommission einen neuen Entwurf für den Haushaltsplan vor, oder
c) der gemeinsame Entwurf vom Europäischen Parlament mit der Mehrheit seiner Mitglieder abgelehnt wird, während er vom Rat gebilligt wird, so legt die Kommission einen neuen Entwurf für den Haushaltsplan vor, oder
d) der gemeinsame Entwurf vom Europäischen Parlament gebilligt wird, während er vom Rat abgelehnt wird, so kann das Europäische Parlament binnen 14 Tagen ab dem Tag der Ablehnung durch den Rat mit der Mehrheit seiner Mitglieder und drei Fünfteln der abgegebenen Stimmen beschließen, alle oder einige der in Absatz 4 Buchstabe c genannten Abänderungen zu bestätigen. Wird eine Abänderung des Europäischen Parlaments nicht bestätigt, so wird der im Vermittlungsausschuss vereinbarte Standpunkt zu dem Haushaltsposten, der Gegenstand der Abänderung ist, übernommen. Der Haushaltsplan gilt als auf dieser Grundlage endgültig erlassen.

(8) Einigt sich der Vermittlungsausschuss nicht binnen der in Absatz 5 genannten Frist von 21 Tagen auf einen gemeinsamen Entwurf, so legt die Kommission einen neuen Entwurf für den Haushaltsplan vor.

(9) Nach Abschluss des Verfahrens dieses Artikels stellt der Präsident des Europäischen Parlaments fest, dass der Haushaltsplan endgültig erlassen ist.

(10) Jedes Organ übt die ihm aufgrund dieses Artikels zufallenden Befugnisse unter Wahrung der Verträge und der Rechtsakte aus, die auf der Grundlage der Verträge insbesondere im Bereich der Eigenmittel der Union und des Gleichgewichts von Einnahmen und Ausgaben erlassen wurden.

Artikel 315 [Nothaushalt]

Ist zu Beginn eines Haushaltsjahres der Haushaltsplan noch nicht endgültig erlassen, so können nach der gemäß Artikel 322 festgelegten Haushaltsordnung für jedes Kapitel monatliche Ausgaben bis zur Höhe eines Zwölftels der im betreffenden Kapitel des Haushaltsplans des vorangegangenen Haushaltsjahres eingesetzten Mittel vorgenommen werden, die jedoch ein Zwölftel der Mittelansätze des gleichen Kapitels des Haushaltsplanentwurfs nicht überschreiten dürfen.

[1]Der Rat kann auf Vorschlag der Kommission unter Beachtung der sonstigen Bestimmungen des Absatzes 1 entsprechend der nach Artikel 322 erlassenen Verordnung Ausgaben genehmigen, die über dieses Zwölftel hinausgehen. [2]Er leitet seinen Beschluss unverzüglich dem Europäischen Parlament zu.

In dem Beschluss nach Absatz 2 werden unter Beachtung der in Artikel 311 genannten Rechtsakte die zur Durchführung dieses Artikels erforderlichen Maßnahmen betreffend die Mittel vorgesehen.

Der Beschluss tritt 30 Tage nach seinem Erlass in Kraft, sofern das Europäische Parlament nicht innerhalb dieser Frist mit der Mehrheit seiner Mitglieder beschließt, diese Ausgaben zu kürzen.

Artikel 316 [Übertragbarkeit; Spezialität]

Nach Maßgabe der aufgrund des Artikels 322 erlassenen Vorschriften dürfen die nicht für Personalausgaben vorgesehenen Mittel, die bis zum Ende der Durchführungszeit eines Haushaltsplans nicht verbraucht worden sind, lediglich auf das nächste Haushaltsjahr übertragen werden.

Die vorgesehenen Mittel werden nach Kapiteln gegliedert, in denen die Ausgaben nach Art oder Bestimmung zusammengefasst sind; die Kapitel werden nach der gemäß Artikel 322 festgelegten Haushaltsordnung unterteilt.

Die Ausgaben des Europäischen Parlaments, des Europäischen Rates und des Rates, der Kommission sowie des Gerichtshofs der Europäischen Union werden unbeschadet einer besonderen Regelung für bestimmte gemeinsame Ausgaben in gesonderten Teilen des Haushaltsplans aufgeführt.

Kapitel 4

Ausführung des Hauhaltsplans und Entlastung

Artikel 317 [Vollzug des Haushaltsplans]

[1]Die Kommission führt den Haushaltsplan zusammen mit den Mitgliedstaaten gemäß der nach Artikel 322 festgelegten Haushaltsordnung in eigener Verantwortung und im Rahmen der zugewiesenen Mittel entsprechend dem Grundsatz der Wirtschaftlichkeit der Haushaltsführung aus. [2]Die Mitgliedstaaten arbeiten mit der Kommission zusammen, um sicherzustellen, dass die Mittel nach dem Grundsatz der Wirtschaftlichkeit der Haushaltsführung verwendet werden.

[1]In der Haushaltsordnung sind die Kontroll- und Wirtschaftsprüfungspflichten der Mitgliedstaaten bei der Ausführung des Haushaltsplans sowie die damit verbundenen Verantwortlichkeiten geregelt. [2]Darin sind ferner die Verantwortlichkeiten und die besonderen Einzelheiten geregelt, nach denen jedes Organ an der Vornahme seiner Ausgaben beteiligt ist.

Die Kommission kann nach der gemäß Artikel 322 festgelegten Haushaltsordnung Mittel von Kapitel zu Kapitel oder von Untergliederung zu Untergliederung übertragen.

Artikel 318 [Rechnungslegung]

[1]Die Kommission legt dem Europäischen Parlament und dem Rat jährlich die Rechnung des abgelaufenen Haushaltsjahres für die Rechnungsvorgänge des Haushaltsplans vor. [2]Sie übermittelt ihnen ferner eine Übersicht über das Vermögen und die Schulden der Union.

Die Kommission legt dem Europäischen Parlament und dem Rat ferner einen Evaluierungsbericht zu den Finanzen der Union vor, der sich auf die Ergebnisse stützt, die insbesondere in Bezug auf die Vorgaben erzielt wurden, die vom Europäischen Parlament und vom Rat nach Artikel 319 erteilt wurden.

Artikel 319 [Entlastung der Kommission]

(1) [1]Auf Empfehlung des Rates erteilt das Europäische Parlament der Kommission Entlastung zur Ausführung des Haushaltsplans. [2]Zu diesem Zweck prüft es nach dem Rat die Rechnung, die Übersicht und den Evaluierungsbericht nach Artikel 318 sowie den Jahresbericht des Rechnungshofs zusammen mit den Antworten der kontrollierten Organe auf dessen Bemerkungen, die in Artikel 287 Absatz 1 Unterabsatz 2 genannte Zuverlässigkeitserklärung und die einschlägigen Sonderberichte des Rechnungshofs.

(2) [1]Das Europäische Parlament kann vor der Entlastung der Kommission sowie auch zu anderen Zwecken im Zusammenhang mit der Ausübung ihrer Haushaltsbefugnisse die Kommission auffordern, Auskunft über die Vornahme der Ausgaben oder die Arbeitsweise der Finanzkontrollsysteme zu erteilen. [2]Die Kommission legt dem Europäischen Parlament auf dessen Ersuchen alle notwendigen Informationen vor.

(3) Die Kommission trifft alle zweckdienlichen Maßnahmen, um den Bemerkungen in den Entlastungsbeschlüssen und anderen Bemerkungen des Europäischen Parlaments zur Vornahme der Ausgaben sowie den Erläuterungen, die den Entlastungsempfehlungen des Rates beigefügt sind, nachzukommen.

[1]Auf Ersuchen des Europäischen Parlaments oder des Rates erstattet die Kommission Bericht über die Maßnahmen, die aufgrund dieser Bemerkungen und Erläuterungen getroffen wurden, insbesondere über die Weisungen, die den für die Ausführung des Haushaltsplans zuständigen Dienststellen erteilt worden sind. [2]Diese Berichte sind auch dem Rechnungshof zuzuleiten.

Kapitel 5

Gemeinsame Bestimmungen

Artikel 320 [Rechnungseinheit Euro]

Der mehrjährige Finanzrahmen und der Jahreshaushaltsplan werden in Euro aufgestellt.

Artikel 321 [Transferleistungen; Kommunikation auf dem Finanzsektor]

[1]Die Kommission kann vorbehaltlich der Unterrichtung der zuständigen Behörden der betreffenden Mitgliedstaaten ihre Guthaben in der Währung eines dieser Staaten in die Währung eines anderen

Mitgliedstaats transferieren, soweit dies erforderlich ist, um diese Guthaben für die in den Verträgen vorgesehenen Zwecke zu verwenden. [2]Besitzt die Kommission verfügbare oder flüssige Guthaben in der benötigten Währung, so vermeidet sie soweit möglich derartige Transferierungen.

[1]Die Kommission verkehrt mit jedem Mitgliedstaat über die von diesem bezeichnete Behörde. [2]Bei der Durchführung ihrer Finanzgeschäfte nimmt sie die Notenbank des betreffenden Mitgliedstaats oder ein anderes von diesem genehmigtes Finanzinstitut in Anspruch.

Artikel 322 [Haushaltsvorschriften]

(1) Das Europäische Parlament und der Rat erlassen gemäß dem ordentlichen Gesetzgebungsverfahren durch Verordnungen nach Anhörung des Rechnungshofs

a) die Haushaltsvorschriften, in denen insbesondere die Aufstellung und Ausführung des Haushaltsplans sowie die Rechnungslegung und Rechnungsprüfung im Einzelnen geregelt werden;
b) die Vorschriften, die die Kontrolle der Verantwortung der Finanzakteure und insbesondere der Anweisungsbefugten und der Rechnungsführer regeln.

(2) Der Rat legt auf Vorschlag der Kommission und nach Anhörung des Europäischen Parlaments und des Rechnungshofs die Einzelheiten und das Verfahren fest, nach denen die Haushaltseinnahmen, die in der Regelung über die Eigenmittel der Union vorgesehen sind, der Kommission zur Verfügung gestellt werden, sowie die Maßnahmen, die zu treffen sind, um gegebenenfalls die erforderlichen Kassenmittel bereitzustellen.

Artikel 323 [Sicherung der Finanzmittel]

Das Europäische Parlament, der Rat und die Kommission stellen sicher, dass der Union die Finanzmittel zur Verfügung stehen, die es ihr ermöglichen, ihren rechtlichen Verpflichtungen gegenüber Dritten nachzukommen.

Artikel 324 [Konsultationen der am Haushaltsverfahren beteiligten Organe]

[1]Auf Initiative der Kommission werden im Rahmen der nach diesem Titel vorgesehenen Haushaltsverfahren regelmäßige Treffen der Präsidenten des Europäischen Parlaments, des Rates und der Kommission einberufen. [2]Diese treffen alle erforderlichen Maßnahmen, um die Abstimmung und Annäherung der Standpunkte der Organe, denen sie vorstehen, zu fördern und so die Durchführung dieses Titels zu erleichtern.

Kapitel 6
Betrugsbekämpfung

Artikel 325 [Schutz der finanziellen Interessen der Union]

(1) Die Union und die Mitgliedstaaten bekämpfen Betrügereien und sonstige gegen die finanziellen Interessen der Union gerichtete rechtswidrige Handlungen mit Maßnahmen nach diesem Artikel, die abschreckend sind und in den Mitgliedstaaten sowie in den Organen, Einrichtungen und sonstigen Stellen der Union einen effektiven Schutz bewirken.

(2) Zur Bekämpfung von Betrügereien, die sich gegen die finanziellen Interessen der Union richten, ergreifen die Mitgliedstaaten die gleichen Maßnahmen, die sie auch zur Bekämpfung von Betrügereien ergreifen, die sich gegen ihre eigenen finanziellen Interessen richten.

(3) [1]Die Mitgliedstaaten koordinieren unbeschadet der sonstigen Bestimmungen der Verträge ihre Tätigkeit zum Schutz der finanziellen Interessen der Union vor Betrügereien. [2]Sie sorgen zu diesem Zweck zusammen mit der Kommission für eine enge, regelmäßige Zusammenarbeit zwischen den zuständigen Behörden.

(4) Zur Gewährleistung eines effektiven und gleichwertigen Schutzes in den Mitgliedstaaten sowie in den Organen, Einrichtungen und sonstigen Stellen der Union beschließen das Europäische Parlament und der Rat gemäß dem ordentlichen Gesetzgebungsverfahren nach Anhörung des Rechnungshofs die erforderlichen Maßnahmen zur Verhütung und Bekämpfung von Betrügereien, die sich gegen die finanziellen Interessen der Union richten.

(5) Die Kommission legt in Zusammenarbeit mit den Mitgliedstaaten dem Europäischen Parlament und dem Rat jährlich einen Bericht über die Maßnahmen vor, die zur Durchführung dieses Artikels getroffen wurden.

Titel III
Verstärkte Zusammenarbeit

Artikel 326 [Grundsätze]
Eine Verstärkte Zusammenarbeit achtet die Verträge und das Recht der Union.

[1]Sie darf weder den Binnenmarkt noch den wirtschaftlichen, sozialen und territorialen Zusammenhalt beeinträchtigen. [2]Sie darf für den Handel zwischen den Mitgliedstaaten weder ein Hindernis noch eine Diskriminierung darstellen noch darf sie zu Verzerrungen des Wettbewerbs zwischen den Mitgliedstaaten führen.

Artikel 327 [Nichtbeteiligte Mitgliedstaaten]
[1]Eine Verstärkte Zusammenarbeit achtet die Zuständigkeiten, Rechte und Pflichten der nicht an der Zusammenarbeit beteiligten Mitgliedstaaten. [2]Diese stehen der Durchführung der Verstärkten Zusammenarbeit durch die daran beteiligten Mitgliedstaaten nicht im Wege.

Artikel 328 [Offenheit für weitere Mitgliedstaaten]
(1) [1]Bei ihrer Begründung steht eine Verstärkte Zusammenarbeit allen Mitgliedstaaten offen, sofern sie die in dem hierzu ermächtigenden Beschluss gegebenenfalls festgelegten Teilnahmevoraussetzungen erfüllen. [2]Dies gilt auch zu jedem anderen Zeitpunkt, sofern sie neben den genannten Voraussetzungen auch die in diesem Rahmen bereits erlassenen Rechtsakte beachten.

Die Kommission und die an einer Verstärkten Zusammenarbeit teilnehmenden Mitgliedstaaten tragen dafür Sorge, dass die Teilnahme möglichst vieler Mitgliedstaaten gefördert wird.

(2) Die Kommission und gegebenenfalls der Hohe Vertreter der Union für die Außen- und Sicherheitspolitik unterrichten das Europäische Parlament und den Rat regelmäßig über die Entwicklung einer Verstärkten Zusammenarbeit.

Artikel 329 [Ermächtigungsverfahren]
(1) [1]Die Mitgliedstaaten, die in einem der Bereiche der Verträge – mit Ausnahme der Bereiche, für die die Union die ausschließliche Zuständigkeit besitzt, und der Gemeinsamen Außen- und Sicherheitspolitik – untereinander eine Verstärkte Zusammenarbeit begründen möchten, richten einen Antrag an die Kommission, in dem der Anwendungsbereich und die Ziele aufgeführt werden, die mit der beabsichtigten Verstärkten Zusammenarbeit angestrebt werden. [2]Die Kommission kann dem Rat einen entsprechenden Vorschlag vorlegen. [3]Legt die Kommission keinen Vorschlag vor, so teilt sie den betroffenen Mitgliedstaaten ihre Gründe dafür mit.

Die Ermächtigung zur Einleitung einer Verstärkten Zusammenarbeit nach Unterabsatz 1 wird vom Rat auf Vorschlag der Kommission und nach Zustimmung des Europäischen Parlaments erteilt.

(2) [1]Der Antrag der Mitgliedstaaten, die untereinander im Rahmen der Gemeinsamen Außen- und Sicherheitspolitik eine Verstärkte Zusammenarbeit begründen möchten, wird an den Rat gerichtet. [2]Er wird dem Hohen Vertreter der Union für die Außen- und Sicherheitspolitik, der zur Kohärenz der beabsichtigten Verstärkten Zusammenarbeit mit der Gemeinsamen Außen- und Sicherheitspolitik der Union Stellung nimmt, sowie der Kommission übermittelt, die insbesondere zur Kohärenz der beabsichtigten Verstärkten Zusammenarbeit mit der Politik der Union in anderen Bereichen Stellung nimmt. [3]Der Antrag wird ferner dem Europäischen Parlament zur Unterrichtung übermittelt.

Die Ermächtigung zur Einleitung einer Verstärkten Zusammenarbeit wird mit einem Beschluss des Rates erteilt, der einstimmig beschließt.

Artikel 330 [Beratungen; Stimmberechtigung]
Alle Mitglieder des Rates können an dessen Beratungen teilnehmen, aber nur die Mitglieder des Rates, die die an der Verstärkten Zusammenarbeit beteiligten Mitgliedstaaten vertreten, sind stimmberechtigt.

Die Einstimmigkeit bezieht sich allein auf die Stimmen der Vertreter der an der Verstärkten Zusammenarbeit beteiligten Mitgliedstaaten.

Die qualifizierte Mehrheit bestimmt sich nach Artikel 238 Absatz 3.

Artikel 331 [Beitritt weiterer Staaten]

(1) Jeder Mitgliedstaat, der sich einer bestehenden Verstärkten Zusammenarbeit in einem der in Artikel 329 Absatz 1 genannten Bereiche anschließen will, teilt dem Rat und der Kommission seine Absicht mit.

[1]Die Kommission bestätigt binnen vier Monaten nach Eingang der Mitteilung die Beteiligung des betreffenden Mitgliedstaats. [2]Dabei stellt sie gegebenenfalls fest, dass die Beteiligungsvoraussetzungen erfüllt sind, und erlässt die notwendigen Übergangsmaßnahmen zur Anwendung der im Rahmen der Verstärkten Zusammenarbeit bereits erlassenen Rechtsakte.

[1]Ist die Kommission jedoch der Auffassung, dass die Beteiligungsvoraussetzungen nicht erfüllt sind, so gibt sie an, welche Bestimmungen zur Erfüllung dieser Voraussetzungen erlassen werden müssen, und legt eine Frist für die erneute Prüfung des Antrags fest. [2]Nach Ablauf dieser Frist prüft sie den Antrag erneut nach dem in Unterabsatz 2 vorgesehenen Verfahren. [3]Ist die Kommission der Auffassung, dass die Beteiligungsvoraussetzungen weiterhin nicht erfüllt sind, so kann der betreffende Mitgliedstaat mit dieser Frage den Rat befassen, der über den Antrag befindet. [4]Der Rat beschließt nach Artikel 330. [5]Er kann außerdem auf Vorschlag der Kommission die in Unterabsatz 2 genannten Übergangsmaßnahmen erlassen.

(2) Jeder Mitgliedstaat, der an einer bestehenden Verstärkten Zusammenarbeit im Rahmen der Gemeinsamen Außen- und Sicherheitspolitik teilnehmen möchte, teilt dem Rat, dem Hohen Vertreter der Union für die Außen- und Sicherheitspolitik und der Kommission seine Absicht mit.

[1]Der Rat bestätigt die Teilnahme des betreffenden Mitgliedstaats nach Anhörung des Hohen Vertreters der Union für die Außen- und Sicherheitspolitik und gegebenenfalls nach der Feststellung, dass die Teilnahmevoraussetzungen erfüllt sind. [2]Der Rat kann auf Vorschlag des Hohen Vertreters ferner die notwendigen Übergangsmaßnahmen zur Anwendung der im Rahmen der Verstärkten Zusammenarbeit bereits erlassenen Rechtsakte treffen. [3]Ist der Rat jedoch der Auffassung, dass die Teilnahmevoraussetzungen nicht erfüllt sind, so gibt er an, welche Schritte zur Erfüllung dieser Voraussetzungen notwendig sind, und legt eine Frist für die erneute Prüfung des Antrags auf Teilnahme fest.

Für die Zwecke dieses Absatzes beschließt der Rat einstimmig nach Artikel 330.

Artikel 332 [Budgetlast]

Die sich aus der Durchführung einer Verstärkten Zusammenarbeit ergebenden Ausgaben, mit Ausnahme der Verwaltungskosten der Organe, werden von den beteiligten Mitgliedstaaten getragen, sofern der Rat nicht nach Anhörung des Europäischen Parlaments durch einstimmigen Beschluss sämtlicher Mitglieder des Rates etwas anderes beschließt.

Artikel 333 [Abstimmungsregeln]

(1) Wenn nach einer Bestimmung der Verträge, die im Rahmen einer Verstärkten Zusammenarbeit angewendet werden könnte, der Rat einstimmig beschließen muss, kann der Rat nach Artikel 330 einstimmig einen Beschluss dahin gehend erlassen, dass er mit qualifizierter Mehrheit beschließt.

(2) [1]Wenn nach einer Bestimmung der Verträge, die im Rahmen einer Verstärkten Zusammenarbeit angewendet werden könnte, Rechtsakte vom Rat gemäß einem besonderen Gesetzgebungsverfahren erlassen werden müssen, kann der Rat nach Artikel 330 einstimmig einen Beschluss dahin gehend erlassen, dass er gemäß dem ordentlichen Gesetzgebungsverfahren beschließt. [2]Der Rat beschließt nach Anhörung des Europäischen Parlaments.

(3) Die Absätze 1 und 2 gelten nicht für Beschlüsse mit militärischen oder verteidigungspolitischen Bezügen.

Artikel 334 [Wahrung der Kohärenz]

Der Rat und die Kommission stellen sicher, dass die im Rahmen einer Verstärkten Zusammenarbeit durchgeführten Maßnahmen untereinander und mit der Politik der Union im Einklang stehen, und arbeiten entsprechend zusammen.

Siebter Teil
Allgemeine und Schlussbestimmungen

Artikel 335 [Rechts- und Geschäftsfähigkeit der Union]
[1]Die Union besitzt in jedem Mitgliedstaat die weitestgehende Rechts- und Geschäftsfähigkeit, die juristischen Personen nach dessen Rechtsvorschriften zuerkannt ist; sie kann insbesondere bewegliches und unbewegliches Vermögen erwerben und veräußern sowie vor Gericht stehen. [2]Zu diesem Zweck wird sie von der Kommission vertreten. [3]In Fragen, die das Funktionieren der einzelnen Organe betreffen, wird die Union hingegen aufgrund von deren Verwaltungsautonomie von dem betreffenden Organ vertreten.

Artikel 336 [Beamtenstatut; Beschäftigungsbedingungen]
Das Europäische Parlament und der Rat erlassen gemäß dem ordentlichen Gesetzgebungsverfahren durch Verordnungen nach Anhörung der anderen betroffenen Organe das Statut der Beamten der Europäischen Union und die Beschäftigungsbedingungen für die sonstigen Bediensteten der Union.

Artikel 337 [Auskunfts- und Nachprüfungsrecht der Kommission]
Zur Erfüllung der ihr übertragenen Aufgaben kann die Kommission alle erforderlichen Auskünfte einholen und alle erforderlichen Nachprüfungen vornehmen; der Rahmen und die nähere Maßgabe hierfür werden vom Rat, der mit einfacher Mehrheit beschließt, gemäß den Bestimmungen der Verträge festgelegt.

Artikel 338 [Unionsstatistiken]
(1) Unbeschadet des Artikels 5 des Protokolls über die Satzung des Europäischen Systems der Zentralbanken und der Europäischen Zentralbank beschließen das Europäische Parlament und der Rat gemäß dem ordentlichen Gesetzgebungsverfahren Maßnahmen für die Erstellung von Statistiken, wenn dies für die Durchführung der Tätigkeiten der Union erforderlich ist.

(2) Die Erstellung der Unionsstatistiken erfolgt unter Wahrung der Unparteilichkeit, der Zuverlässigkeit, der Objektivität, der wissenschaftlichen Unabhängigkeit, der Kostenwirksamkeit und der statistischen Geheimhaltung; der Wirtschaft dürfen dadurch keine übermäßigen Belastungen entstehen.

Artikel 339 [Geheimhaltungspflicht]
Die Mitglieder der Organe der Union, die Mitglieder der Ausschüsse sowie die Beamten und sonstigen Bediensteten der Union sind verpflichtet, auch nach Beendigung ihrer Amtstätigkeit Auskünfte, die ihrem Wesen nach unter das Berufsgeheimnis fallen, nicht preiszugeben; dies gilt insbesondere für Auskünfte über Unternehmen sowie deren Geschäftsbeziehungen oder Kostenelemente.

Artikel 340 [Amtshaftung der Union]
Die vertragliche Haftung der Union bestimmt sich nach dem Recht, das auf den betreffenden Vertrag anzuwenden ist.

Im Bereich der außervertraglichen Haftung ersetzt die Union den durch ihre Organe oder Bediensteten in Ausübung ihrer Amtstätigkeit verursachten Schaden nach den allgemeinen Rechtsgrundsätzen, die den Rechtsordnungen der Mitgliedstaaten gemeinsam sind.

Abweichend von Absatz 2 ersetzt die Europäische Zentralbank den durch sie oder ihre Bediensteten in Ausübung ihrer Amtstätigkeit verursachten Schaden nach den allgemeinen Rechtsgrundsätzen, die den Rechtsordnungen der Mitgliedstaaten gemeinsam sind.

Die persönliche Haftung der Bediensteten gegenüber der Union bestimmt sich nach den Vorschriften ihres Statuts oder der für sie geltenden Beschäftigungsbedingungen.

Artikel 341 [Sitz der Organe der Union]
Der Sitz der Organe der Union wird im Einvernehmen zwischen den Regierungen der Mitgliedstaaten bestimmt.

Artikel 342 [Sprachenfrage]
Die Regelung der Sprachenfrage für die Organe der Union wird unbeschadet der Satzung des Gerichtshofs der Europäischen Union vom Rat einstimmig durch Verordnungen getroffen.

Artikel 343 [Vorrechte und Befreiungen der Union]
[1]Die Union genießt im Hoheitsgebiet der Mitgliedstaaten die zur Erfüllung ihrer Aufgabe erforderlichen Vorrechte und Befreiungen nach Maßgabe des Protokolls vom 8. April 1965 über die Vorrechte und Befreiungen der Europäischen Union. [2]Dasselbe gilt für die Europäische Zentralbank und die Europäische Investitionsbank.

Artikel 344 [Exklusivität der unionsrechtlichen Streitbeilegungsmechanismen]
Die Mitgliedstaaten verpflichten sich, Streitigkeiten über die Auslegung oder Anwendung der Verträge nicht anders als hierin vorgesehen zu regeln.

Artikel 345 [Eigentumsordnung]
Die Verträge lassen die Eigentumsordnung in den verschiedenen Mitgliedstaaten unberührt.

Artikel 346 [Ausnahme bei wesentlichen Sicherheitsinteressen; Rüstungsgüter]
(1) Die Vorschriften der Verträge stehen folgenden Bestimmungen nicht entgegen:
a) Ein Mitgliedstaat ist nicht verpflichtet, Auskünfte zu erteilen, deren Preisgabe seines Erachtens seinen wesentlichen Sicherheitsinteressen widerspricht;
b) jeder Mitgliedstaat kann die Maßnahmen ergreifen, die seines Erachtens für die Wahrung seiner wesentlichen Sicherheitsinteressen erforderlich sind, soweit sie die Erzeugung von Waffen, Munition und Kriegsmaterial oder den Handel damit betreffen; diese Maßnahmen dürfen auf dem Binnenmarkt die Wettbewerbsbedingungen hinsichtlich der nicht eigens für militärische Zwecke bestimmten Waren nicht beeinträchtigen.

(2) Der Rat kann die von ihm am 15. April 1958 festgelegte Liste der Waren, auf die Absatz 1 Buchstabe b Anwendung findet, einstimmig auf Vorschlag der Kommission ändern.

Artikel 347 [Notstandsvorbehalt]
Die Mitgliedstaaten setzen sich miteinander ins Benehmen, um durch gemeinsames Vorgehen zu verhindern, dass das Funktionieren des Binnenmarkts durch Maßnahmen beeinträchtigt wird, die ein Mitgliedstaat bei einer schwerwiegenden innerstaatlichen Störung der öffentlichen Ordnung, im Kriegsfall, bei einer ernsten, eine Kriegsgefahr darstellenden internationalen Spannung oder in Erfüllung der Verpflichtungen trifft, die er im Hinblick auf die Aufrechterhaltung des Friedens und der internationalen Sicherheit übernommen hat.

Artikel 348 [Anpassungsmaßnahmen; besonderes Vertragsverletzungsverfahren]
Werden auf dem Binnenmarkt die Wettbewerbsbedingungen durch Maßnahmen aufgrund der Artikel 346 und 347 verfälscht, so prüft die Kommission gemeinsam mit dem beteiligten Staat, wie diese Maßnahmen den Vorschriften der Verträge angepasst werden können.

[1]In Abweichung von dem in den Artikeln 258 und 259 vorgesehenen Verfahren kann die Kommission oder ein Mitgliedstaat den Gerichtshof unmittelbar anrufen, wenn die Kommission oder der Staat der Auffassung ist, dass ein anderer Mitgliedstaat die in den Artikeln 346 und 347 vorgesehenen Befugnisse missbraucht. [2]Der Gerichtshof entscheidet unter Ausschluss der Öffentlichkeit.

Artikel 349 [Sonderregelungen für bestimmte außereuropäische Territorien der Mitgliedstaaten]
[1]Unter Berücksichtigung der strukturbedingten sozialen und wirtschaftlichen Lage von Guadeloupe, Französisch-Guayana, Martinique, Mayotte, Réunion und Saint-Martin, der Azoren, Madeiras und der Kanarischen Inseln, die durch die Faktoren Abgelegenheit, Insellage, geringe Größe, schwierige Relief- und Klimabedingungen und wirtschaftliche Abhängigkeit von einigen wenigen Erzeugnissen erschwert wird, die als ständige Gegebenheiten und durch ihr Zusammenwirken die Entwicklung schwer beeinträchtigen, beschließt der Rat auf Vorschlag der Kommission nach Anhörung des Europäischen Parlaments spezifische Maßnahmen, die insbesondere darauf abzielen, die Bedingungen für die Anwendung der Verträge auf die genannten Gebiete, einschließlich gemeinsamer Politiken, festzulegen. [2]Werden die betreffenden spezifischen Maßnahmen vom Rat gemäß einem besonderen Gesetzgebungsverfahren erlassen, so beschließt er ebenfalls auf Vorschlag der Kommission und nach Anhörung des Europäischen Parlaments.

Die Maßnahmen nach Absatz 1 betreffen insbesondere die Zoll- und Handelspolitik, Steuerpolitik, Freizonen, Agrar- und Fischereipolitik, die Bedingungen für die Versorgung mit Rohstoffen und grundlegenden Verbrauchsgütern, staatliche Beihilfen sowie die Bedingungen für den Zugang zu den Strukturfonds und zu den horizontalen Unionsprogrammen.

Der Rat beschließt die in Absatz 1 genannten Maßnahmen unter Berücksichtigung der besonderen Merkmale und Zwänge der Gebiete in äußerster Randlage, ohne dabei die Integrität und Kohärenz der Rechtsordnung der Union, die auch den Binnenmarkt und die gemeinsamen Politiken umfasst, auszuhöhlen.

Artikel 350 [Benelux-Union]
Die Verträge stehen dem Bestehen und der Durchführung der regionalen Zusammenschlüsse zwischen Belgien und Luxemburg sowie zwischen Belgien, Luxemburg und den Niederlanden nicht entgegen, soweit die Ziele dieser Zusammenschlüsse durch Anwendung der Verträge nicht erreicht sind.

Artikel 351 [Frühere Abkommen der Mitgliedstaaten]
Die Rechte und Pflichten aus Übereinkünften, die vor dem 1. Januar 1958 oder, im Falle später beigetretener Staaten, vor dem Zeitpunkt ihres Beitritts zwischen einem oder mehreren Mitgliedstaaten einerseits und einem oder mehreren dritten Ländern andererseits geschlossen wurden, werden durch die Verträge nicht berührt.

[1]Soweit diese Übereinkünfte mit den Verträgen nicht vereinbar sind, wenden der oder die betreffenden Mitgliedstaaten alle geeigneten Mittel an, um die festgestellten Unvereinbarkeiten zu beheben. [2]Erforderlichenfalls leisten die Mitgliedstaaten zu diesem Zweck einander Hilfe; sie nehmen gegebenenfalls eine gemeinsame Haltung ein.

Bei Anwendung der in Absatz 1 bezeichneten Übereinkünfte tragen die Mitgliedstaaten dem Umstand Rechnung, dass die in den Verträgen von jedem Mitgliedstaat gewährten Vorteile Bestandteil der Errichtung der Union sind und daher in untrennbarem Zusammenhang stehen mit der Schaffung gemeinsamer Organe, der Übertragung von Zuständigkeiten auf diese und der Gewährung der gleichen Vorteile durch alle anderen Mitgliedstaaten.

Artikel 352 [Kompetenzergänzungsklausel]
(1) [1]Erscheint ein Tätigwerden der Union im Rahmen der in den Verträgen festgelegten Politikbereiche erforderlich, um eines der Ziele der Verträge zu verwirklichen, und sind in den Verträgen die hierfür erforderlichen Befugnisse nicht vorgesehen, so erlässt der Rat einstimmig auf Vorschlag der Kommission und nach Zustimmung des Europäischen Parlaments die geeigneten Vorschriften. [2]Werden diese Vorschriften vom Rat gemäß einem besonderen Gesetzgebungsverfahren erlassen, so beschließt er ebenfalls einstimmig auf Vorschlag der Kommission und nach Zustimmung des Europäischen Parlaments.

(2) Die Kommission macht die nationalen Parlamente im Rahmen des Verfahrens zur Kontrolle der Einhaltung des Subsidiaritätsprinzips nach Artikel 5 Absatz 3 des Vertrags über die Europäische Union auf die Vorschläge aufmerksam, die sich auf diesen Artikel stützen.

(3) Die auf diesem Artikel beruhenden Maßnahmen dürfen keine Harmonisierung der Rechtsvorschriften der Mitgliedstaaten in den Fällen beinhalten, in denen die Verträge eine solche Harmonisierung ausschließen.

(4) Dieser Artikel kann nicht als Grundlage für die Verwirklichung von Zielen der Gemeinsamen Außen- und Sicherheitspolitik dienen, und Rechtsakte, die nach diesem Artikel erlassen werden, müssen innerhalb der in Artikel 40 Absatz 2 des Vertrags über die Europäische Union festgelegten Grenzen bleiben.

Artikel 353 [Änderung der Einstimmigkeit]
Artikel 48 Absatz 7 des Vertrags über die Europäische Union findet keine Anwendung auf die folgenden Artikel:

- Artikel 311 Absätze 3 und 4,
- Artikel 312 Absatz 2 Unterabsatz 1,
- Artikel 352 und
- Artikel 354.

Artikel 354 [Stimmrechtsaussetzung]

[1]Für die Zwecke des Artikels 7 des Vertrags über die Europäische Union über die Aussetzung bestimmter mit der Zugehörigkeit zur Union verbundener Rechte ist das Mitglied des Europäischen Rates oder des Rates, das den betroffenen Mitgliedstaat vertritt, nicht stimmberechtigt und der betreffende Mitgliedstaat wird bei der Berechnung des Drittels oder der vier Fünftel der Mitgliedstaaten nach den Absätzen 1 und 2 des genannten Artikels nicht berücksichtigt. [2]Die Stimmenthaltung von anwesenden oder vertretenen Mitgliedern steht dem Erlass von Beschlüssen nach Absatz 2 des genannten Artikels nicht entgegen.

Für den Erlass von Beschlüssen nach Artikel 7 Absätze 3 und 4 des Vertrags über die Europäische Union bestimmt sich die qualifizierte Mehrheit nach Artikel 238 Absatz 3 Buchstabe b dieses Vertrags.

Beschließt der Rat nach dem Erlass eines Beschlusses über die Aussetzung der Stimmrechte nach Artikel 7 Absatz 3 des Vertrags über die Europäische Union auf der Grundlage einer Bestimmung der Verträge mit qualifizierter Mehrheit, so bestimmt sich die qualifizierte Mehrheit hierfür nach Artikel 238 Absatz 3 Buchstabe b dieses Vertrags oder, wenn der Rat auf Vorschlag der Kommission oder des Hohen Vertreters der Union für die Außen- und Sicherheitspolitik handelt, nach Artikel 238 Absatz 3 Buchstabe a.

Für die Zwecke des Artikels 7 des Vertrags über die Europäische Union beschließt das Europäische Parlament mit der Mehrheit von zwei Dritteln der abgegebenen Stimmen und mit der Mehrheit seiner Mitglieder.

Artikel 355 [Geltungsbereich der Verträge; Sonderfälle][1)]

Zusätzlich zu den Bestimmungen des Artikels 52 des Vertrags über die Europäische Union über den räumlichen Geltungsbereich der Verträge gelten folgende Bestimmungen:

(1) Die Verträge gelten nach Artikel 349 für Guadeloupe, Französisch-Guayana, Martinique, Mayotte, Réunion, Saint-Martin, die Azoren, Madeira und die Kanarischen Inseln.

(2) Für die in Anhang II aufgeführten überseeischen Länder und Hoheitsgebiete gilt das besondere Assoziierungssystem, das im Vierten Teil festgelegt ist.

Die Verträge finden keine Anwendung auf die überseeischen Länder und Hoheitsgebiete, die besondere Beziehungen zum Vereinigten Königreich Großbritannien und Nordirland unterhalten und die in dem genannten Anhang nicht aufgeführt sind.

(3) Die Verträge finden auf die europäischen Hoheitsgebiete Anwendung, deren auswärtige Beziehungen ein Mitgliedstaat wahrnimmt.

(4) Die Verträge finden entsprechend den Bestimmungen des Protokolls Nr. 2 zur Akte über die Bedingungen des Beitritts der Republik Österreich, der Republik Finnland und des Königsreichs Schweden auf die Ålandinseln Anwendung.

(5) Abweichend von Artikel 52 des Vertrags über die Europäische Union und von den Absätzen 1 bis 4 dieses Artikels gilt:

a) Die Verträge finden auf die Färöer keine Anwendung.
b) Die Verträge finden auf die Hoheitszonen des Vereinigten Königreichs auf Zypern, Akrotiri und Dhekelia, nur insoweit Anwendung, als dies erforderlich ist, um die Anwendung der Regelungen des Protokolls über die Hoheitszonen des Vereinigten Königreichs Großbritannien und Nordirland in Zypern, das der Akte über die Bedingungen des Beitritts der Tschechischen Republik, der Republik Estland, der Republik Zypern, der Republik Lettland, der Republik Litauen, der Republik Ungarn, der Republik Malta, der Republik Polen, der Republik Slowenien und der Slowakischen Republik zur Europäischen Union beigefügt ist, nach Maßgabe jenes Protokolls sicherzustellen.
c) Die Verträge finden auf die Kanalinseln und die Insel Man nur insoweit Anwendung, als dies erforderlich ist, um die Anwendung der Regelung sicherzustellen, die in dem am 22. Januar 1972 unterzeichneten Vertrag über den Beitritt neuer Mitgliedstaaten zur Europäischen Wirtschaftsgemeinschaft und zur Europäischen Atomgemeinschaft für diese Inseln vorgesehen ist.

(6) [1]Der Europäische Rat kann auf Initiative des betroffenen Mitgliedstaats einen Beschluss zur Änderung des Status eines in den Absätzen 1 und 2 genannten dänischen, französischen oder nieder-

---

1) *[Red. Anm.:]* Absatz 5 lit. b) und c) sind seit dem Austritts des Vereinigten Königreichs von Großbritannien und Nordirland, also ab dem 1.2.2020 obsolet.

ländischen Landes oder Hoheitsgebiets gegenüber der Union erlassen. [2]Der Europäische Rat beschließt einstimmig nach Anhörung der Kommission.

Artikel 356 [Geltungsdauer]
Dieser Vertrag gilt auf unbegrenzte Zeit.

Artikel 357 [Ratifizierung und Inkrafttreten]
[1]Dieser Vertrag bedarf der Ratifizierung durch die Hohen Vertragsparteien gemäß ihren verfassungsrechtlichen Vorschriften. [2]Die Ratifikationsurkunden werden bei der Regierung der Italienischen Republik hinterlegt.

[1]Dieser Vertrag tritt am ersten Tag des auf die Hinterlegung der letzten Ratifikationsurkunde folgenden Monats in Kraft. [2]Findet diese Hinterlegung weniger als fünfzehn Tage vor Beginn des folgenden Monats statt, so tritt der Vertrag am ersten Tag des zweiten Monats nach dieser Hinterlegung in Kraft.

Artikel 358 [Verbindlicher Wortlaut; Hinterlegung]
Die Bestimmungen des Artikels 55 des Vertrags über die Europäische Union sind auf diesen Vertrag anwendbar.

ZU URKUND DESSEN haben die unterzeichnenden Bevollmächtigten ihre Unterschriften unter diesen Vertrag gesetzt.

Geschehen zu Rom am fünfundzwanzigsten März neunzehnhundertsiebenundfünfzig.

(Aufzählung der Unterzeichner nicht wiedergegeben)

Anhänge (hier nicht wiedergegeben)

Protokoll über die Rolle der nationalen Parlamente in der Europäischen Union[1)]

Vom 13. Dezember 2007 (ABl. Nr. C 306 S. 146)
(EU-Dok.-Nr. 1 2007 L/PRO/A/01)

DIE HOHEN VERTRAGSPARTEIEN –

EINGEDENK dessen, dass die Art der Kontrolle der Regierungen durch die nationalen Parlamente hinsichtlich der Tätigkeiten der Europäischen Union Sache der besonderen verfassungsrechtlichen Gestaltung und Praxis jedes Mitgliedstaats ist,

IN DEM WUNSCH, eine stärkere Beteiligung der nationalen Parlamente an den Tätigkeiten der Europäischen Union zu fördern und ihnen bessere Möglichkeiten zu geben, sich zu den Entwürfen von Gesetzgebungsakten der Europäischen Union sowie zu anderen Fragen, die für sie von besonderem Interesse sein können, zu äußern –

SIND über folgende Bestimmungen ÜBEREINGEKOMMEN, die dem Vertrag über die Europäische Union, dem Vertrag über die Arbeitsweise der Europäischen Union und dem Vertrag zur Gründung der Europäischen Atomgemeinschaft beigefügt sind:

Titel I
Unterrichtung der nationalen Parlamente

Artikel 1 [Weiterleitung von Dokumenten]

[1]Die Konsultationsdokumente der Kommission (Grün- und Weißbücher sowie Mitteilungen) werden bei ihrer Veröffentlichung von der Kommission direkt den nationalen Parlamenten zugeleitet. [2]Ferner leitet die Kommission den nationalen Parlamenten gleichzeitig mit der Übermittlung an das Europäische Parlament und den Rat das jährliche Rechtsetzungsprogramm sowie alle weiteren Dokumente für die Ausarbeitung der Rechtsetzungsprogramme oder politischen Strategien zu.

Artikel 2 [Weiterleitung von Gesetzgebungsakten]

Die an das Europäische Parlament und den Rat gerichteten Entwürfe von Gesetzgebungsakten werden den nationalen Parlamenten zugeleitet.

Im Sinne dieses Protokolls bezeichnet „Entwurf eines Gesetzgebungsakts" die Vorschläge der Kommission, die Initiativen einer Gruppe von Mitgliedstaaten, die Initiativen des Europäischen Parlaments, die Anträge des Gerichtshofs, die Empfehlungen der Europäischen Zentralbank und die Anträge der Europäischen Investitionsbank, die den Erlass eines Gesetzgebungsaktes zum Ziel haben.

Die von der Kommission vorgelegten Entwürfe von Gesetzgebungsakten werden von der Kommission gleichzeitig mit der Übermittlung an das Europäische Parlament und den Rat direkt den nationalen Parlamenten zugeleitet.

Die vom Europäischen Parlament vorgelegten Entwürfe von Gesetzgebungsakten werden vom Europäischen Parlament direkt den nationalen Parlamenten zugeleitet.

Die von einer Gruppe von Mitgliedstaaten, vom Gerichtshof, von der Europäischen Zentralbank oder von der Europäischen Investitionsbank vorgelegten Entwürfe von Gesetzgebungsakten werden vom Rat den nationalen Parlamenten zugeleitet.

Artikel 3 [Subsidiaritätsprinzip]

Die nationalen Parlamente können nach dem im Protokoll über die Anwendung der Grundsätze der Subsidiarität und der Verhältnismäßigkeit vorgesehenen Verfahren eine begründete Stellungnahme zur Übereinstimmung eines Entwurfs eines Gesetzgebungsakts mit dem Subsidiaritätsprinzip an die Präsidenten des Europäischen Parlaments, des Rates und der Kommission richten.

Wird der Entwurf eines Gesetzgebungsakts von einer Gruppe von Mitgliedstaaten vorgelegt, so übermittelt der Präsident des Rates die begründete Stellungnahme oder die begründeten Stellungnahmen den Regierungen dieser Mitgliedstaaten.

---

1) Verkündet mit dem Vertrag von Lissabon am 13. 12. 2007 (ABl. Nr. C 306 S. 1). Die Bundesrepublik Deutschland hat dem Vertrag mit G. v. 8. 10. 2008 (BGBl. II S. 1038) zugestimmt; Inkrafttreten am **1. 12. 2009**, siehe Bek. v. 13. 11. 2009 (BGBl. II S. 1223).

Wird der Entwurf eines Gesetzgebungsakts vom Gerichtshof, von der Europäischen Zentralbank oder von der Europäischen Investitionsbank vorgelegt, so übermittelt der Präsident des Rates die begründete Stellungnahme oder die begründeten Stellungnahmen dem betreffenden Organ oder der betreffenden Einrichtung.

Artikel 4 [Fristen]

[1]Zwischen dem Zeitpunkt, zu dem ein Entwurf eines Gesetzgebungsakts den nationalen Parlamenten in den Amtssprachen der Union zugeleitet wird, und dem Zeitpunkt, zu dem er zwecks Erlass oder zur Festlegung eines Standpunkts im Rahmen eines Gesetzgebungsverfahrens auf die vorläufige Tagesordnung des Rates gesetzt wird, müssen acht Wochen liegen. [2]In dringenden Fällen, die in dem Rechtsakt oder dem Standpunkt des Rates begründet werden, sind Ausnahmen möglich. [3]Außer in ordnungsgemäß begründeten dringenden Fällen darf in diesen acht Wochen keine Einigung über den Entwurf eines Gesetzgebungsakts festgestellt werden. [4]Außer in ordnungsgemäß begründeten dringenden Fällen müssen zwischen der Aufnahme des Entwurfs eines Gesetzgebungsakts in die vorläufige Tagesordnung für die Tagung des Rates und der Festlegung eines Standpunkts zehn Tage liegen.

Artikel 5 [Tagesordnungen des Rates]

Den nationalen Parlamenten werden die Tagesordnungen für die Tagungen des Rates und die Ergebnisse dieser Tagungen, einschließlich der Protokolle der Tagungen, auf denen der Rat über Entwürfe von Gesetzgebungsakten berät, gleichzeitig mit der Übermittlung an die Regierungen der Mitgliedstaaten direkt zugeleitet.

Artikel 6 [Vertragsänderungen]

Beabsichtigt der Europäische Rat, Artikel 48 Absatz 7 Unterabsatz 1 oder Unterabsatz 2 des Vertrags über die Europäische Union in Anspruch zu nehmen, so werden die nationalen Parlamente mindestens sechs Monate vor dem Erlass eines Beschlusses von der Initiative des Europäischen Rates unterrichtet.

Artikel 7 [Jahresbericht des Rechnungshofs]

Der Rechnungshof übermittelt den nationalen Parlamenten gleichzeitig mit der Übermittlung an das Europäische Parlament und den Rat seinen Jahresbericht zur Unterrichtung.

Artikel 8 [Zweikammersystem]

Handelt es sich bei dem System des nationalen Parlaments nicht um ein Einkammersystem, so gelten die Artikel 1 bis 7 für jede der Kammern des Parlaments.

Titel II
Zusammenarbiet zwischen den Parlamenten

Artikel 9 [Regelung der Zusammenarbeit]

Das Europäische Parlament und die nationalen Parlamente legen gemeinsam fest, wie eine effiziente und regelmäßige Zusammenarbeit zwischen den Parlamenten innerhalb der Union gestaltet und gefördert werden kann.

Artikel 10 [Konferenz der Europa-Ausschüsse]

[1]Eine Konferenz der Europa-Ausschüsse der Parlamente kann jeden ihr zweckmäßig erscheinenden Beitrag dem Europäischen Parlament, dem Rat und der Kommission zur Kenntnis bringen. [2]Diese Konferenz fördert ferner den Austausch von Informationen und bewährten Praktiken zwischen den nationalen Parlamenten und dem Europäischen Parlament, einschließlich ihrer Fachausschüsse. [3]Sie kann auch interparlamentarische Konferenzen zu Einzelthemen organisieren, insbesondere zur Erörterung von Fragen der Gemeinsamen Außen- und Sicherheitspolitik, einschließlich der Gemeinsamen Sicherheits- und Verteidigungspolitik. [4]Die Beiträge der Konferenz binden nicht die nationalen Parlamente und greifen ihrem Standpunkt nicht vor.

Protokoll über die Anwendung der Grundsätze der Subsidiarität und der Verhältnismäßigkeit[1)]

Vom 13. Dezember 2007 (ABl. Nr. C 306 S. 150)
(Celex-Nr. 1 2007 L/PRO/A/02)

DIE HOHEN VERTRAGSPARTEIEN –

IN DEM WUNSCH sicherzustellen, dass die Entscheidungen in der Union so bürgernah wie möglich getroffen werden,

ENTSCHLOSSEN, die Bedingungen für die Anwendung der in Artikel 5 des Vertrags über die Europäische Union verankerten Grundsätze der Subsidiarität und der Verhältnismäßigkeit festzulegen und ein System zur Kontrolle der Anwendung dieser Grundsätze zu schaffen –

SIND über folgende Bestimmungen ÜBEREINGEKOMMEN, die dem Vertrag über die Europäische Union und dem Vertrag über die Arbeitsweise der Europäischen Union beigefügt sind:

Artikel 1 [Pflichten der Organe]

Jedes Organ trägt stets für die Einhaltung der in Artikel 5 des Vertrags über die Europäische Union niedergelegten Grundsätze der Subsidiarität und der Verhältnismäßigkeit Sorge.

Artikel 2 [Anhörungen]

[1]Die Kommission führt umfangreiche Anhörungen durch, bevor sie einen Gesetzgebungsakt vorschlägt. [2]Dabei ist gegebenenfalls der regionalen und lokalen Bedeutung der in Betracht gezogenen Maßnahmen Rechnung zu tragen. [3]In außergewöhnlich dringenden Fällen führt die Kommission keine Konsultationen durch. [4]Sie begründet dies in ihrem Vorschlag.

Artikel 3 [Definition des „Gesetzgebungsakts"]

Im Sinne dieses Protokolls bezeichnet „Entwurf eines Gesetzgebungsakts" die Vorschläge der Kommission, die Initiativen einer Gruppe von Mitgliedstaaten, die Initiativen des Europäischen Parlaments, die Anträge des Gerichtshofs, die Empfehlungen der Europäischen Zentralbank und die Anträge der Europäischen Investitionsbank, die den Erlass eines Gesetzgebungsakts zum Ziel haben.

Artikel 4 [Weiterleitung der Gesetzgebungsentwürfe]

Die Kommission leitet ihre Entwürfe für Gesetzgebungsakte und ihre geänderten Entwürfe den nationalen Parlamenten und dem Unionsgesetzgeber gleichzeitig zu.

Das Europäische Parlament leitet seine Entwürfe von Gesetzgebungsakten sowie seine geänderten Entwürfe den nationalen Parlamenten zu.

Der Rat leitet die von einer Gruppe von Mitgliedstaaten, vom Gerichtshof, von der Europäischen Zentralbank oder von der Europäischen Investitionsbank vorgelegten Entwürfe von Gesetzgebungsakten sowie die geänderten Entwürfe den nationalen Parlamenten zu.

Sobald das Europäische Parlament seine legislativen Entschließungen angenommen und der Rat seine Standpunkte festgelegt hat, leiten sie diese den nationalen Parlamenten zu.

Artikel 5 [Anforderungen an die Entwürfe]

[1]Die Entwürfe von Gesetzgebungsakten werden im Hinblick auf die Grundsätze der Subsidiarität und der Verhältnismäßigkeit begründet. [2]Jeder Entwurf eines Gesetzgebungsakts sollte einen Vermerk mit detaillierten Angaben enthalten, die es ermöglichen zu beurteilen, ob die Grundsätze der Subsidiarität und der Verhältnismäßigkeit eingehalten wurden. [3]Dieser Vermerk sollte Angaben zu den voraussichtlichen finanziellen Auswirkungen sowie im Fall einer Richtlinie zu den Auswirkungen auf die von den Mitgliedstaaten zu erlassenden Rechtsvorschriften, einschließlich gegebenenfalls der regionalen Rechtsvorschriften, enthalten. [4]Die Feststellung, dass ein Ziel der Union besser auf Unionsebene erreicht werden kann, beruht auf qualitativen und, soweit möglich, quantitativen Kriterien. [5]Die Entwürfe von Gesetzgebungsakten berücksichtigen dabei, dass die finanzielle Belastung und der Verwaltungsaufwand der Union, der nationalen Regierungen, der regionalen und lokalen Behörden, der Wirt-

1) Die Verweise/Bezugnahmen auf Vorschriften des AEUV sind bereits gemäß Art. 5 des Vertrags von Lissabon iVm der Übereinstimmungstabelle an die neue Nummerierung angepasst worden.

schaftsteilnehmer und der Bürgerinnen und Bürger so gering wie möglich gehalten werden und in einem angemessenen Verhältnis zu dem angestrebten Ziel stehen müssen.

Artikel 6 [Stellungnahme der nationalen Parlamente]

[1]Die nationalen Parlamente oder die Kammern eines dieser Parlamente können binnen acht Wochen nach dem Zeitpunkt der Übermittlung eines Entwurfs eines Gesetzgebungsakts in den Amtssprachen der Union in einer begründeten Stellungnahme an die Präsidenten des Europäischen Parlaments, des Rates und der Kommission darlegen, weshalb der Entwurf ihres Erachtens nicht mit dem Subsidiaritätsprinzip vereinbar ist. [2]Dabei obliegt es dem jeweiligen nationalen Parlament oder der jeweiligen Kammer eines nationalen Parlaments, gegebenenfalls die regionalen Parlamente mit Gesetzgebungsbefugnissen zu konsultieren.

Wird der Entwurf eines Gesetzgebungsakts von einer Gruppe von Mitgliedstaaten vorgelegt, so übermittelt der Präsident des Rates die Stellungnahme den Regierungen dieser Mitgliedstaaten.

Wird der Entwurf eines Gesetzgebungsakts vom Gerichtshof, von der Europäischen Zentralbank oder von der Europäischen Investitionsbank vorgelegt, so übermittelt der Präsident des Rates die Stellungnahme dem betreffenden Organ oder der betreffenden Einrichtung.

Artikel 7 [Abstimmung über Stellungnahmen]

(1) Das Europäische Parlament, der Rat und die Kommission sowie gegebenenfalls die Gruppe von Mitgliedstaaten, der Gerichtshof, die Europäische Zentralbank oder die Europäische Investitionsbank, sofern der Entwurf eines Gesetzgebungsakts von ihnen vorgelegt wurde, berücksichtigen die begründeten Stellungnahmen der nationalen Parlamente oder einer der Kammern eines dieser Parlamente.

[1]Jedes nationale Parlament hat zwei Stimmen, die entsprechend dem einzelstaatlichen parlamentarischen System verteilt werden. [2]In einem Zweikammersystem hat jede der beiden Kammern eine Stimme.

(2) [1]Erreicht die Anzahl begründeter Stellungnahmen, wonach der Entwurf eines Gesetzgebungsakts nicht mit dem Subsidiaritätsprinzip im Einklang steht, mindestens ein Drittel der Gesamtzahl der den nationalen Parlamenten nach Absatz 1 Unterabsatz 2 zugewiesenen Stimmen, so muss der Entwurf überprüft werden. [2]Die Schwelle beträgt ein Viertel der Stimmen, wenn es sich um den Entwurf eines Gesetzgebungsakts auf der Grundlage des Artikels 76 des Vertrags über die Arbeitsweise der Europäischen Union betreffend den Raum der Freiheit, der Sicherheit und des Rechts handelt.

[1]Nach Abschluss der Überprüfung kann die Kommission oder gegebenenfalls die Gruppe von Mitgliedstaaten, das Europäische Parlament, der Gerichtshof, die Europäische Zentralbank oder die Europäische Investitionsbank, sofern der Entwurf eines Gesetzgebungsakts von ihr beziehungsweise ihm vorgelegt wurde, beschließen, an dem Entwurf festzuhalten, ihn zu ändern oder ihn zurückzuziehen. [2]Dieser Beschluss muss begründet werden.

(3) [1]Außerdem gilt im Rahmen des ordentlichen Gesetzgebungsverfahrens Folgendes: Erreicht die Anzahl begründeter Stellungnahmen, wonach der Vorschlag für einen Gesetzgebungsakt nicht mit dem Subsidiaritätsprinzip im Einklang steht, mindestens die einfache Mehrheit der Gesamtzahl der den nationalen Parlamenten nach Absatz 1 Unterabsatz 2 zugewiesenen Stimmen, so muss der Vorschlag überprüft werden. [2]Nach Abschluss dieser Überprüfung kann die Kommission beschließen, an dem Vorschlag festzuhalten, ihn zu ändern oder ihn zurückzuziehen.

[1]Beschließt die Kommission, an dem Vorschlag festzuhalten, so hat sie in einer begründeten Stellungnahme darzulegen, weshalb der Vorschlag ihres Erachtens mit dem Subsidiaritätsprinzip im Einklang steht. [2]Die begründete Stellungnahme der Kommission wird zusammen mit den begründeten Stellungnahmen der nationalen Parlamente dem Unionsgesetzgeber vorgelegt, damit dieser sie im Rahmen des Verfahrens berücksichtigt:

a) Vor Abschluss der ersten Lesung prüft der Gesetzgeber (das Europäische Parlament und der Rat), ob der Gesetzgebungsvorschlag mit dem Subsidiaritätsprinzip im Einklang steht; hierbei berücksichtigt er insbesondere die angeführten Begründungen, die von einer Mehrheit der nationalen Parlamente unterstützt werden, sowie die begründete Stellungnahme der Kommission.
b) Ist der Gesetzgeber mit der Mehrheit von 55 % der Mitglieder des Rates oder einer Mehrheit der abgegebenen Stimmen im Europäischen Parlament der Ansicht, dass der Vorschlag nicht mit dem Subsidiaritätsprinzip im Einklang steht, wird der Gesetzgebungsvorschlag nicht weiter geprüft.

Artikel 8 [EuGH-Zuständigkeit]

Der Gerichtshof der Europäischen Union ist für Klagen wegen Verstoßes eines Gesetzgebungsakts gegen das Subsidiaritätsprinzip zuständig, die nach Maßgabe des Artikels 263 des Vertrags über die Arbeitsweise der Europäischen Union von einem Mitgliedstaat erhoben oder entsprechend der jeweiligen innerstaatlichen Rechtsordnung von einem Mitgliedstaat im Namen seines nationalen Parlaments oder einer Kammer dieses Parlaments übermittelt werden.

Nach Maßgabe des genannten Artikels können entsprechende Klagen in Bezug auf Gesetzgebungsakte, für deren Erlass die Anhörung des Ausschusses der Regionen nach dem Vertrag über die Arbeitsweise der Europäischen Union vorgeschrieben ist, auch vom Ausschuss der Regionen erhoben werden.

Artikel 9 [Jahresbericht der Kommission]

[1]Die Kommission legt dem Europäischen Rat, dem Europäischen Parlament, dem Rat und den nationalen Parlamenten jährlich einen Bericht über die Anwendung des Artikels 5 des Vertrags über die Europäische Union vor. [2]Dieser Jahresbericht wird auch dem Wirtschafts- und Sozialausschuss und dem Ausschuss der Regionen zugeleitet.

Protokoll über das Verfahren bei einem übermäßigen Defizit[1)2)]

Vom 7. Februar 1992 (ABl. Nr. C 191 S. 84)
(Celex-Nr. 1 1992 M/PRO/DE/00)

zuletzt geändert durch Art. 1 Abs. 4 Buchst. c, Abs. 5 Buchst. b, Abs. 6 Buchst. b, Abs. 24 Protokoll Nr. 1 zum Vertrag von Lissabon vom 13. Dezember 2007 (ABl. Nr. C 306 S. 165)

DIE HOHEN VERTRAGSPARTEIEN –

IN DEM WUNSCH, die Einzelheiten des in Artikel 126 des Vertrags über die Arbeitsweise der Europäischen Union genannten Verfahrens bei einem übermäßigen Defizit festzulegen –

SIND über folgende Bestimmungen ÜBEREINGEKOMMEN, die dem Vertrag über die Europäische Union und dem Vertrag über die Arbeitsweise der Europäischen Union beigefügt sind:

Artikel 1 [Referenzwerte]

Die in Artikel 126 Absatz 2 des Vertrags über die Arbeitsweise der Europäischen Union genannten Referenzwerte sind:

- 3 % für das Verhältnis zwischen dem geplanten oder tatsächlichen öffentlichen Defizit und dem Bruttoinlandsprodukt zu Marktpreisen,
- 60 % für das Verhältnis zwischen dem öffentlichen Schuldenstand und dem Bruttoinlandsprodukt zu Marktpreisen.

Artikel 2 [Definitionen]

In Artikel 126 des genannten Vertrags und in diesem Protokoll bedeutet

- „öffentlich" zum Staat, d.h. zum Zentralstaat (Zentralregierung), zu regionalen oder lokalen Gebietskörperschaften oder Sozialversicherungseinrichtungen gehörig, mit Ausnahme von kommerziellen Transaktionen, im Sinne des Europäischen Systems volkswirtschaftlicher Gesamtrechnungen;
- „Defizit" das Finanzierungsdefizit im Sinne des Europäischen Systems volkswirtschaftlicher Gesamtrechnungen;
- „Investitionen" die Brutto-Anlageinvestitionen im Sinne des Europäischen Systems volkswirtschaftlicher Gesamtrechnungen;
- „Schuldenstand" den Brutto-Gesamtschuldenstand zum Nominalwert am Jahresende nach Konsolidierung innerhalb und zwischen den einzelnen Bereichen des Staatssektors im Sinne des ersten Gedankenstrichs.

Artikel 3 [Wirksamkeit des Verfahrens]

[1]Um die Wirksamkeit des Verfahrens bei einem übermäßigen Defizit zu gewährleisten, sind die Regierungen der Mitgliedstaaten im Rahmen dieses Verfahrens für die Defizite des Staatssektors im Sinne von Artikel 2 erster Gedankenstrich verantwortlich. [2]Die Mitgliedstaaten gewährleisten, daß die innerstaatlichen Verfahren im Haushaltsbereich sie in die Lage versetzen, ihre sich aus diesen Verträgen ergebenden Verpflichtungen in diesem Bereich zu erfüllen. [3]Die Mitgliedstaaten müssen ihre geplanten und tatsächlichen Defizite und die Höhe ihres Schuldenstands der Kommission unverzüglich und regelmäßig mitteilen.

Artikel 4 [Statistischen Daten]

Die zur Anwendung dieses Protokolls erforderlichen statistischen Daten werden von der Kommission zur Verfügung gestellt.

---

1) In Kraft mWv 1. 11. 1993 durch Art. 52 Abs. 2 Vertrag über die Europäische Union.

2) Die Verweise/Bezugnahmen auf Vorschriften des AEUV sind bereits gemäß Art. 5 des Vertrags von Lissabon iVm der Übereinstimmungstabelle an die neue Nummerierung angepasst worden.

Protokoll über den Binnenmarkt und den Wettbewerb[1)]

Vom 13. Dezember 2007 (ABl. Nr. C 306 S. 154)

DIE HOHEN VERTRAGSPARTEIEN –

UNTER BERÜCKSICHTIGUNG der Tatsache, dass der Binnenmarkt, wie er in Artikel 3 des Vertrags über die Europäische Union beschrieben wird, ein System umfasst, das den Wettbewerb vor Verfälschungen schützt –

SIND ÜBEREINGEKOMMEN, dass für diese Zwecke die Union erforderlichenfalls nach den Bestimmungen der Verträge, einschließlich des Artikels 352 des Vertrags über die Arbeitsweise der Europäischen Union, tätig wird.

Anfügung des Binnenmarkt-Protokolls

Dieses Protokoll wird dem Vertrag über die Europäische Union und dem Vertrag über die Arbeitsweise der Europäischen Union beigefügt.

1) Die Verweise/Bezugnahmen auf Vorschriften des EUV und/oder AEUV sind bereits gemäß Art. 5 der Vertrags von Lissabon iVm der Übereinstimmungstabelle an die neue Nummerierung angepasst worden.

Protokoll über die Ständige strukturierte Zusammenarbeit nach Artikel 42 des Vertrags über die Europäische Union[1)2)]

Vom 13. Dezember 2007 (ABl. C 306 S. 153)
(Celex-Nr. 1 2007 L/PRO/A/04)

DIE HOHEN VERTRAGSPARTEIEN –

GESTÜTZT AUF Artikel 42 Absatz 6 und Artikel 46 des Vertrags über die Europäische Union,

EINGEDENK DESSEN, dass die Union eine Gemeinsame Außen- und Sicherheitspolitik verfolgt, die auf der Erreichung einer immer stärkeren Konvergenz des Handelns der Mitgliedstaaten beruht,

EINGEDENK DESSEN, dass die Gemeinsame Sicherheits- und Verteidigungspolitik integraler Bestandteil der Gemeinsamen Außen- und Sicherheitspolitik ist, dass sie der Union eine auf zivile und militärische Mittel gestützte Fähigkeit zu Operationen sichert, dass die Union hierauf bei Missionen nach Artikel 43 des Vertrags über die Europäische Union außerhalb der Union zur Friedenssicherung, Konfliktverhütung und Stärkung der internationalen Sicherheit nach den Grundsätzen der Charta der Vereinten Nationen zurückgreifen kann und dass diese Aufgaben dank der von den Mitgliedstaaten nach dem Grundsatz der „nur einmal einsetzbaren Streitkräfte“ bereitgestellten militärischen Fähigkeiten erfüllt werden,

EINGEDENK DESSEN, dass die Gemeinsame Sicherheits- und Verteidigungspolitik der Union den besonderen Charakter der Sicherheits- und Verteidigungspolitik bestimmter Mitgliedstaaten unberührt lässt,

EINGEDENK DESSEN, dass die Gemeinsame Sicherheits- und Verteidigungspolitik der Union die aus dem Nordatlantikvertrag erwachsenden Verpflichtungen der Mitgliedstaaten achtet, die ihre gemeinsame Verteidigung als durch die Nordatlantikvertrags-Organisation verwirklicht betrachten, die das Fundament der kollektiven Verteidigung ihrer Mitglieder bleibt, und dass sie mit der in jenem Rahmen festgelegten gemeinsamen Sicherheits- und Verteidigungspolitik vereinbar ist,

IN DER ÜBERZEUGUNG, dass eine maßgeblichere Rolle der Union im Bereich von Sicherheit und Verteidigung im Einklang mit den sogenannten Berlin-plus-Vereinbarungen zur Vitalität eines erneuerten Atlantischen Bündnisses beitragen wird,

FEST ENTSCHLOSSEN, dass die Union in der Lage sein muss, die ihr im Rahmen der Staatengemeinschaft obliegenden Verantwortungen in vollem Umfang wahrzunehmen,

IN DER ERKENNTNIS, dass die Organisation der Vereinten Nationen die Union für die Durchführung dringender Missionen nach den Kapiteln VI und VII der Charta der Vereinten Nationen um Unterstützung ersuchen kann,

IN DER ERKENNTNIS, dass die Stärkung der Sicherheits- und Verteidigungspolitik von den Mitgliedstaaten Anstrengungen im Bereich der Fähigkeiten erfordern wird,

IN DEM BEWUSSTSEIN, dass der Eintritt in eine neue Phase der Entwicklung der Europäischen Sicherheits- und Verteidigungspolitik von den Mitgliedstaaten, die dazu bereit sind, entschiedene Anstrengungen erfordert,

EINGEDENK der Bedeutung, die der umfassenden Beteiligung des Hohen Vertreters der Union für Außen- und Sicherheitspolitik an den Arbeiten im Rahmen der Ständigen Strukturierten Zusammenarbeit zukommt –

SIND über folgende Bestimmungen ÜBEREINGEKOMMEN, die dem Vertrag über die Europäische Union und dem Vertrag über die Arbeitsweise der Europäischen Union beigefügt sind:

Artikel 1 [Voraussetzungen]

An der Ständigen Strukturierten Zusammenarbeit nach Artikel 42 Absatz 6 des Vertrags über die Europäische Union kann jeder Mitgliedstaat teilnehmen, der sich ab dem Zeitpunkt des Inkrafttretens des Vertrags von Lissabon verpflichtet,

---

1) Die Verweise/Bezugnahmen auf Vorschriften des EUV sind wie in der konsolidierten Fassung des Protokolls (ABl. 2016 C 202 S. 275) bereits gemäß Art. 5 des Vertrags von Lissabon iVm der Übereinstimmungstabelle an die neue Nummerierung angepasst worden.

2) Die Verweise/Bezugnahmen auf Vorschriften des EUV sind wie in der konsolidierten Fassung des Protokolls (ABl. 2016 C 202 S. 275) bereits gemäß Art. 5 des Vertrags von Lissabon iVm der Übereinstimmungstabelle (Nr. **1a**) an die neue Nummerierung angepasst worden.

a) seine Verteidigungsfähigkeiten durch Ausbau seiner nationalen Beiträge und gegebenenfalls durch Beteiligung an multinationalen Streitkräften, an den wichtigsten europäischen Ausrüstungsprogrammen und an der Tätigkeit der Agentur für die Bereiche Entwicklung der Verteidigungsfähigkeiten, Forschung, Beschaffung und Rüstung (Europäische Verteidigungsagentur) intensiver zu entwickeln und
b) spätestens 2010 über die Fähigkeit zu verfügen, entweder als nationales Kontingent oder als Teil von multinationalen Truppenverbänden bewaffnete Einheiten bereitzustellen, die auf die in Aussicht genommenen Missionen ausgerichtet sind, taktisch als Gefechtsverband konzipiert sind, über Unterstützung unter anderem für Transport und Logistik verfügen und fähig sind, innerhalb von 5 bis 30 Tagen Missionen nach Artikel 43 des Vertrags über die Europäische Union aufzunehmen, um insbesondere Ersuchen der Organisation der Vereinten Nationen nachzukommen, und diese Missionen für eine Dauer von zunächst 30 Tagen, die bis auf 120 Tage ausgedehnt werden kann, aufrechtzuerhalten.

Artikel 2 [Verpflichtungen]

Die an der Ständigen Strukturierten Zusammenarbeit teilnehmenden Mitgliedstaaten verpflichten sich zwecks Erreichung der in Artikel 1 genannten Ziele zu

a) einer Zusammenarbeit ab dem Inkrafttreten des Vertrags von Lissabon zur Verwirklichung der vereinbarten Ziele für die Höhe der Investitionsausgaben für Verteidigungsgüter und zur regelmäßigen Überprüfung dieser Ziele im Lichte des Sicherheitsumfelds und der internationalen Verantwortung der Union;
b) einer möglichst weit gehenden Angleichung ihres Verteidigungsinstrumentariums, indem sie insbesondere die Ermittlung des militärischen Bedarfs harmonisieren, ihre Verteidigungsmittel und -fähigkeiten gemeinsam nutzen und gegebenenfalls spezialisieren sowie die Zusammenarbeit auf den Gebieten Ausbildung und Logistik stärken;
c) konkreten Maßnahmen zur Stärkung der Verfügbarkeit, der Interoperabilität, der Flexibilität und der Verlegefähigkeit ihrer Truppen insbesondere, indem sie gemeinsame Ziele für die Entsendung von Streitkräften aufstellen und gegebenenfalls ihre nationalen Beschlussfassungsverfahren überprüfen;
d) einer Zusammenarbeit mit dem Ziel, dass sie die erforderlichen Maßnahmen ergreifen, um unter anderem durch multinationale Konzepte und unbeschadet der sie betreffenden Verpflichtungen im Rahmen der Nordatlantikvertrags-Organisation die im Rahmen des „Mechanismus zur Entwicklung der Fähigkeiten" festgestellten Lücken zu schließen;
e) einer eventuellen Mitwirkung an der Entwicklung gemeinsamer oder europäischer Programme für wichtige Güter im Rahmen der Europäischen Verteidigungsagentur.

Artikel 3 [Bericht der Verteidigungsagentur]

[1]Die Europäische Verteidigungsagentur trägt zur regelmäßigen Beurteilung der Beiträge der teilnehmenden Mitgliedstaaten zu den Fähigkeiten bei, insbesondere der Beiträge nach den unter anderem auf der Grundlage von Artikel 2 aufgestellten Kriterien, und erstattet hierüber mindestens einmal jährlich Bericht. [2]Die Beurteilung kann als Grundlage für die Empfehlungen sowie für die Beschlüsse des Rates dienen, die nach Artikel 46 des Vertrags über die Europäische Union erlassen werden.

Abkommen über den Austritt des Vereinigten Königreichs Großbritannien und Nordirland aus der Europäischen Union und der Europäischen Atomgemeinschaft

Vom 24. Januar 2020 (ABl. Nr. L 29 S. 7)[1)]

– Auszug –

DIE EUROPÄISCHE UNION UND DIE EUROPÄISCHE ATOMGEMEINSCHAFT
UND
DAS VEREINIGTE KÖNIGREICH GROßBRITANNIEN UND NORDIRLAND,

IN DER ERWÄGUNG, dass das Vereinigte Königreich Großbritannien und Nordirland („Vereinigtes Königreich") am 29. März 2017, im Anschluss an den Ausgang eines im Vereinigten Königreich abgehaltenen Referendums und seinen souveränen Beschluss, die Europäische Union („Union") zu verlassen, nach Artikel 50 des Vertrags über die Europäische Union („EUV"), der aufgrund des Artikels 106a des Vertrags zur Gründung der Europäischen Atomgemeinschaft („Euratom-Vertrag") auch für die Europäische Atomgemeinschaft („Euratom") gilt, seine Absicht mitgeteilt hat, aus der Europäischen Union und Euratom auszutreten,

IN DEM WUNSCH, die Einzelheiten des Austritts des Vereinigten Königreichs aus der Union und Euratom festzulegen, wobei der Rahmen für ihre künftigen Beziehungen berücksichtigt wird,

IN ANBETRACHT der Leitlinien des Europäischen Rates vom 29. April und 15. Dezember 2017 und vom 23. März 2018, auf deren Grundlage die Union das Abkommen über die Einzelheiten des Austritts des Vereinigten Königreichs aus der Union und Euratom zu schließen hat,

EINGEDENK dessen, dass nach Artikel 50 AEUV in Verbindung mit Artikel 106a des Euratom-Vertrags und vorbehaltlich der Regelungen in diesem Abkommen das Recht der Union und der Euratom in seiner Gesamtheit ab dem Tag des Inkrafttretens dieses Abkommens auf das Vereinigte Königreich keine Anwendung mehr findet,

UNTER BETONUNG, dass es Ziel dieses Abkommens ist, einen geordneten Austritt des Vereinigten Königreichs aus der Union und Euratom zu gewährleisten,

IN DER ERKENNTNIS, dass es notwendig ist, einen beiderseitigen Schutz für Unionsbürger und britische Staatsangehörige sowie ihre jeweiligen Familienangehörigen vorzusehen, wenn sie vor einem in diesem Abkommen festgesetzten Tag ihre Freizügigkeitsrechte ausgeübt haben, und zu gewährleisten, dass ihre Rechte nach diesem Abkommen durchsetzbar sind und auf dem Grundsatz der Nichtdiskriminierung beruhen; ferner in der Erkenntnis, dass Rechte, die sich aus Sozialversicherungszeiten ergeben, geschützt werden sollten,

ENTSCHLOSSEN, einen geordneten Austritt durch verschiedene Trennungsbestimmungen zu gewährleisten, die darauf abzielen, Störungen vorzubeugen und Rechtssicherheit für Bürger und Wirtschaftsbeteiligte sowie für Justiz- und Verwaltungsbehörden in der Union und im Vereinigten Königreich zu schaffen, ohne jedoch die Möglichkeit auszuschließen, dass einschlägige Trennungsbestimmungen durch das oder die Abkommen über die künftigen Beziehungen ersetzt werden,

IN DER ERWÄGUNG, dass es sowohl im Interesse der Union als auch im Interesse des Vereinigten Königreichs liegt, einen Übergangs- oder Durchführungszeitraum festzulegen, in dem – ungeachtet aller Folgen des Austritts des Vereinigten Königreichs aus der Union für die Beteiligung des Vereinigten Königreichs an den Organen, Einrichtungen und sonstigen Stellen der Union, insbesondere des Endes der Amtszeit der im Zusammenhang mit der Mitgliedschaft des Vereinigten Königreichs in der Union benannten, ernannten oder gewählten Mitglieder der Organe, Einrichtungen und Agenturen der Union am Tag des Inkrafttretens dieses Abkommens – das Unionsrecht, einschließlich der internationalen Übereinkünfte, auf das Vereinigte Königreich und im Vereinigten Königreich und in der Regel mit gleicher Wirkung wie in Bezug auf die Mitgliedstaaten Anwendung finden sollte, um Störungen in dem Zeitraum zu vermeiden, in dem das oder die Abkommen über die künftigen Beziehungen ausgehandelt werden,

---

1) Inkrafttreten am 1. Februar 2020 gemäß Art. 185 Abs. 1 des Abkommens; s. Mitteilung v. 31. Januar 2020, ABl. Nr. L 29 S. 189.

IN DER ERKENNTNIS, dass, auch wenn das Unionsrecht im Übergangszeitraum auf das Vereinigte Königreich und im Vereinigten Königreich Anwendung findet, die Besonderheiten des Vereinigten Königreichs als eines aus der Union ausgetretenen Staates bedeuten, dass es für das Vereinigte Königreich wichtig sein wird, Schritte unternehmen zu können, um selbst neue internationale Regelungen, auch in den in die ausschließliche Zuständigkeit der Union fallenden Bereichen, auszuarbeiten und festzulegen, sofern solche Übereinkünfte nicht während dieses Zeitraums in Kraft treten oder gelten, es sei denn, die Union stimmt dem zu,
EINGEDENK dessen, dass die Union und das Vereinigte Königreich vereinbart haben, den gegenseitigen Verpflichtungen, die sie während der Mitgliedschaft des Vereinigten Königreichs in der Union eingegangen sind, im Rahmen einer einheitlichen Finanzregelung nachzukommen,
IN DER ERWÄGUNG, dass es zur Gewährleistung der ordnungsgemäßen Auslegung und Anwendung dieses Abkommens und der Einhaltung der Verpflichtungen aus diesem Abkommen wesentlich ist, Bestimmungen festzulegen, die die allgemeine Governance sicherstellen, insbesondere verbindliche Streitbeilegungs- und Durchsetzungsvorschriften, die die Autonomie der jeweiligen Rechtsordnung der Union und des Vereinigten Königreichs sowie den Status des Vereinigten Königreichs als Drittstaat uneingeschränkt wahren,
IN ANERKENNUNG DESSEN, dass es für einen geordneten Austritt des Vereinigten Königreichs aus der Union erforderlich ist, in gesonderten Protokollen zu diesem Abkommen dauerhafte Regelungen für die sehr spezifischen Situationen im Zusammenhang mit Irland/Nordirland und mit den Hoheitszonen auf Zypern festzulegen,
DES WEITEREN IN ANERKENNUNG DESSEN, dass es für einen geordneten Austritt des Vereinigten Königreichs aus der Union außerdem erforderlich ist, in einem gesonderten Protokoll zu diesem Abkommen die spezifischen, insbesondere während des Übergangszeitraums anzuwendenden Regelungen im Hinblick auf Gibraltar festzulegen,
UNTER BETONUNG, dass dieses Abkommen auf einem insgesamt ausgewogenen Verhältnis zwischen Vorteilen, Rechten und Pflichten für die Union und das Vereinigte Königreich beruht,
IN ANBETRACHT DESSEN, dass die Vertragsparteien parallel zu diesem Abkommen eine Politische Erklärung zur Darlegung des Rahmens der künftigen Beziehungen zwischen der Union und dem Vereinigten Königreich Großbritannien und Nordirland abgegeben haben,
IN DER ERWÄGUNG, dass sowohl für das Vereinigte Königreich als auch für die Union die Notwendigkeit besteht, sämtliche erforderlichen Schritte einzuleiten, um so rasch wie möglich nach dem Tag des Inkrafttretens dieses Abkommens die förmlichen Verhandlungen über ein oder mehrere Abkommen über ihre künftigen Beziehungen aufzunehmen, um sicherzustellen, dass diese Abkommen soweit möglich ab dem Ende des Übergangszeitraums gelten,
SIND WIE FOLGT ÜBEREINGEKOMMEN:

TEIL EINS
GEMEINSAME BESTIMMUNGEN

Artikel 1 Ziel

Dieses Abkommen enthält die Regelungen für den Austritt des Vereinigten Königreichs Großbritannien und Nordirland („Vereinigtes Königreich“) aus der Europäischen Union („Union“) und der Europäischen Atomgemeinschaft („Euratom“).

(…)

Artikel 4 Methoden und Grundsätze in Bezug auf die Wirkung, die Durchführung und die Anwendung dieses Abkommens

(1) Die Bestimmungen dieses Abkommens und die aufgrund dieses Abkommens anwendbaren Bestimmungen des Unionsrechts entfalten für das Vereinigte Königreich und im Vereinigten Königreich die gleichen Rechtswirkungen wie innerhalb der Union und ihrer Mitgliedstaaten.

Dementsprechend können juristische oder natürliche Personen sich insbesondere unmittelbar auf die Bestimmungen berufen, die in diesem Abkommen enthalten sind oder auf die dort verwiesen wird, welche die Voraussetzungen für eine unmittelbare Wirkung nach dem Unionsrecht erfüllen.

(2) Das Vereinigte Königreich gewährleistet durch innerstaatliche vorrangige Gesetzgebung die Einhaltung von Absatz 1, einschließlich in Bezug auf die Befugnisse, die erforderlich sind, damit seine

Justiz- und Verwaltungsbehörden widersprüchliche oder unvereinbare innerstaatliche Vorschriften nicht anwenden.

(3) Die Bestimmungen dieses Abkommens, die auf Unionsrecht oder Begriffe oder Bestimmungen des Unionsrechts verweisen, werden im Einklang mit den Methoden und allgemeinen Grundsätzen des Unionsrechts ausgelegt und angewandt.

(4) Die Bestimmungen dieses Abkommens, die auf Unionsrecht oder darin enthaltene Begriffe oder Bestimmungen verweisen, werden in ihrer Umsetzung und Anwendung unter Einhaltung der vor dem Ende des Übergangszeitraums ergangenen einschlägigen Rechtsprechung des Gerichtshofs der Europäischen Union ausgelegt.

(5) In der Auslegung und Anwendung dieses Abkommens tragen die Justiz- und Verwaltungsbehörden des Vereinigten Königreichs der nach dem Ende des Übergangszeitraums ergangenen einschlägigen Rechtsprechung des Gerichtshofs der Europäischen Union gebührend Rechnung.

Artikel 5 Treu und Glauben

Die Union und das Vereinigte Königreich unterstützen sich gegenseitig in vollem gegenseitigem Respekt und nach Treu und Glauben bei der Erfüllung der Aufgaben, die sich aus diesem Abkommen ergeben.

Sie treffen alle geeigneten Maßnahmen allgemeiner oder besonderer Art zur Erfüllung der Verpflichtungen, die sich aus diesem Abkommen ergeben, und unterlassen alle Maßnahmen, die die Verwirklichung der Ziele dieses Abkommens gefährden könnten.

Die Anwendung des Unionsrechts nach diesem Abkommen, insbesondere des Grundsatzes der loyalen Zusammenarbeit, bleibt von diesem Artikel unberührt.

(…)

TEIL ZWEI

RECHTE DER BÜRGER

TITEL I

ALLGEMEINE BESTIMMUNGEN

Artikel 12 Diskriminierungsverbot

Im Anwendungsbereich dieses Teils ist unbeschadet darin enthaltender besonderer Bestimmungen jede Diskriminierung aus Gründen der Staatsangehörigkeit im Sinne des Artikels 18 Absatz 1 AEUV in Bezug auf die in Artikel 10 dieses Abkommens genannten Personen im Aufnahmestaat und im Arbeitsstaat verboten.

TITEL II

RECHTE UND PFLICHTEN

Kapitel 1

RECHTE IM ZUSAMMENHANG MIT AUFENTHALT UND AUFENTHALTSDOKUMENTEN

Artikel 13 Aufenthaltsrechte

(1) Unionsbürger und britische Staatsangehörige haben das Recht, sich mit den Beschränkungen und unter den Bedingungen, die in Artikel 21, 45 oder 49 AEUV sowie in Artikel 6 Absatz 1, Artikel 7 Absatz 1 Buchstabe a, b oder c, Artikel 7 Absatz 3, Artikel 14, Artikel 16 Absatz 1 oder Artikel 17 Absatz 1 der Richtlinie 2004/38/EG vorgesehen sind, im Aufnahmestaat aufzuhalten.

(…)

Artikel 14 Recht auf Ausreise und Einreise

(1) Unionsbürger und britische Staatsangehörige, ihre jeweiligen Familienangehörigen sowie sonstige im Einklang mit den in diesem Titel vorgesehenen Bedingungen im Hoheitsgebiet des Aufnahmestaats wohnende Personen, die – im Falle der Unionsbürger und britischen Staatsangehörigen – einen gültigen nationalen Personalausweis oder Reisepass beziehungsweise – im Falle ihrer jeweiligen Familienangehörigen und sonstiger Personen, die keine Unionsbürger oder britischen Staatsangehörigen sind –

einen gültigen Reisepass mit sich führen, haben nach Artikel 4 Absatz 1 und Artikel 5 Absatz 1 Unterabsatz 1 der Richtlinie 2004/38/EG das Recht, den Aufnahmestaat zu verlassen, und das Recht, wieder in den Aufnahmestaat einzureisen.

Fünf Jahre nach Ende des Übergangszeitraums kann der Aufnahmestaat beschließen, für die Einreise in sein Hoheitsgebiet oder die Ausreise aus seinem Hoheitsgebiet nationale Personalausweise nicht mehr anzuerkennen, wenn diese Personalausweise keinen den geltenden Normen der Internationalen Zivilluftfahrt-Organisation für die biometrische Identifizierung entsprechenden Chip enthalten.

(…)

Artikel 15 Recht auf Daueraufenthalt

(1) Unionsbürger und britische Staatsangehörige sowie ihre jeweiligen Familienangehörigen, die sich im Einklang mit dem Unionsrecht fünf Jahre lang oder während des in Artikel 17 der Richtlinie 2004/38/EG genannten Zeitraums ununterbrochen rechtmäßig im Aufnahmestaat aufgehalten haben, haben das Recht, sich unter den Voraussetzungen der Artikel 16, 17 und 18 der Richtlinie 2004/38/EG auf Dauer im Aufnahmestaat aufzuhalten. Bei der Berechnung des für den Erwerb des Rechts auf Daueraufenthalt erforderlichen Zeitraums werden die Zeiten des rechtmäßigen Aufenthalts oder der Erwerbstätigkeit im Einklang mit dem Unionsrecht vor und nach Ende des Übergangszeitraums berücksichtigt.

(2) Die Kontinuität des Aufenthalts für die Zwecke des Erwerbs des Rechts auf Daueraufenthalt wird nach Artikel 16 Absatz 3 und Artikel 21 der Richtlinie 2004/38/EG bestimmt.

(3) Wenn das Recht auf Daueraufenthalt erworben wurde, führt nur die Abwesenheit vom Aufnahmestaat, die fünf aufeinanderfolgende Jahre überschreitet, zu seinem Verlust.

(…)

Artikel 23 Gleichbehandlung

(1) Vorbehaltlich der besonderen Bestimmungen, die in diesem Titel und den Titeln I und IV dieses Teils vorgesehen sind, genießt jeder Unionsbürger oder britische Staatsangehörige, der sich aufgrund dieses Abkommens im Hoheitsgebiet des Aufnahmestaats aufhält, nach Artikel 24 der Richtlinie 2004/38/EG im Anwendungsbereich dieses Teils die gleiche Behandlung wie die Staatsangehörigen dieses Staates. Das Recht auf Gleichbehandlung erstreckt sich auch auf die Familienangehörigen von Unionsbürgern oder britischen Staatsangehörigen, die das Recht auf Aufenthalt oder das Recht auf Daueraufenthalt genießen.

(2) Abweichend von Absatz 1 ist der Aufnahmestaat nicht verpflichtet, anderen Personen als Arbeitnehmern oder Selbstständigen, Personen, denen dieser Status erhalten bleibt, oder ihren Familienangehörigen während Aufenthaltszeiten auf der Grundlage des Artikels 6 oder des Artikels 14 Absatz 4 Buchstabe b der Richtlinie 2004/38/EG einen Anspruch auf Sozialhilfe oder vor Erwerb des Rechts auf Daueraufenthalt nach Artikel 15 dieses Abkommens Studienbeihilfen, einschließlich Beihilfen zur Berufsausbildung, in Form eines Stipendiums oder Studiendarlehens, zu gewähren.

Kapitel 2
RECHTE VON ARBEITNEHMERN UND SELBSTSTÄNDIGEN

Artikel 24 Rechte von Arbeitnehmern

(1) Vorbehaltlich der in Artikel 45 Absätze 3 und 4 AEUV vorgesehenen Beschränkungen genießen Arbeitnehmer im Aufnahmestaat und abhängig beschäftigte Grenzgänger im Arbeitsstaat oder in den Arbeitsstaaten die durch Artikel 45 AEUV garantierten Rechte sowie die Rechte, die durch die Verordnung (EU) Nr. 492/2011 des Europäischen Parlaments und des Rates gewährt werden.

(…)

Artikel 25 Rechte von Selbstständigen

(1) Vorbehaltlich der in den Artikeln 51 und 52 AEUV vorgesehenen Beschränkungen genießen Selbstständige im Aufnahmestaat und selbstständige Grenzgänger im Arbeitsstaat oder in den Arbeitsstaaten die durch die Artikel 49 und 55 AEUV garantierten Rechte.

(…)

Kapitel 3
BERUFSQUALIFIKATIONEN

Artikel 27 Anerkannte Berufsqualifikationen
(1) Eine vor Ende des Übergangszeitraums erfolgte Anerkennung der von Unionsbürgern oder britischen Staatsangehörigen und ihren Familienangehörigen erworbenen Berufsqualifikationen im Sinne des Artikels 3 Absatz 1 Buchstabe b der Richtlinie 2005/36/EG des Europäischen Parlaments und des Rates durch den Aufnahmestaat oder den Arbeitsstaat behält in dem betreffenden Staat ihre Wirkungen, einschließlich des Rechts, den Beruf unter denselben Voraussetzungen auszuüben wie Inländer, wenn diese Anerkennung nach einer der folgenden Bestimmungen gewährt wurde:

(...)

Artikel 39 Lebenslanger Schutz
Die unter diesen Teil fallenden Personen genießen die in den einschlägigen Titeln dieses Teils vorgesehenen Rechte während ihres gesamten Lebens, es sei denn, sie erfüllen nicht mehr die in den genannten Titeln festgelegten Voraussetzungen.

TEIL DREI
TRENNUNGSBESTIMMUNGEN

(...)

TITEL X
GERICHTS- UND VERWALTUNGSVERFAHREN DER UNION

Kapitel 1
GERICHTSVERFAHREN

Artikel 86 Vor dem Gerichtshof der Europäischen Union anhängige Rechtssachen
(1) Der Gerichtshof der Europäischen Union ist weiterhin für Verfahren zuständig, die vor Ende des Übergangszeitraums durch oder gegen das Vereinigte Königreich eingeleitet werden. Diese Zuständigkeit gilt für alle Verfahrensstufen, einschließlich Rechtsmittelverfahren vor dem Gerichtshof und Verfahren vor dem Gericht, wenn ein Verfahren an das Gericht zurückverwiesen wird.

(2) Der Gerichtshof der Europäischen Union ist weiterhin für Vorabentscheidungsersuchen der Gerichte des Vereinigten Königreichs zuständig, die vor Ende des Übergangszeitraums vorgelegt werden.

(3) Für die Zwecke dieses Kapitels gilt ein Verfahren vor dem Gerichtshof der Europäischen Union zu dem Zeitpunkt als eingeleitet und ein Vorabentscheidungsersuchen zu dem Zeitpunkt als vorgelegt, zu dem die Unterlagen zur Einleitung des Verfahrens von der Kanzlei des Gerichtshofs der Europäischen Union registriert wurden.

Artikel 87 Neue Rechtssachen vor dem Gerichtshof
(1) Gelangt die Europäische Kommission zu der Auffassung, dass das Vereinigte Königreich eine Verpflichtung aus den Verträgen oder aus Teil Vier dieses Abkommens vor Ende des Übergangszeitraums nicht erfüllt hat, so kann sie den Gerichtshof der Europäischen Union im Einklang mit den Vorschriften nach Artikel 258 AEUV beziehungsweise Artikel 108 Absatz 2 Unterabsatz 2 AEUV innerhalb von vier Jahren nach Ende des Übergangszeitraums mit der Angelegenheit befassen. In diesen Fällen ist der Gerichtshof der Europäischen Union zuständig.

(2) Setzt das Vereinigte Königreich eine Entscheidung nach Artikel 95 Absatz 1 dieses Abkommens nicht um oder verleiht es einer darin genannten Entscheidung, die sich an eine im Vereinigten Königreich ansässige beziehungsweise niedergelassene natürliche oder juristische Person richtet, in seiner Rechtsordnung keine Rechtswirksamkeit, so kann die Europäische Kommission innerhalb von vier Jahren ab dem Tag der betreffenden Entscheidung den Gerichtshof der Europäischen Union im Einklang mit den Bestimmungen des Artikels 258 AEUV beziehungsweise Artikel 108 Absatz 2 Unterabsatz 2 AEUV mit der Angelegenheit befassen. In diesen Fällen ist der Gerichtshof der Europäischen Union zuständig.

(3) Für Verfahren nach diesem Artikel bringt die Europäische Kommission für das Vereinigte Königreich dieselben Grundsätze zur Anwendung wie für die Mitgliedstaaten.

(…)

TEIL VIER

ÜBERGANG

Artikel 126 Übergangszeitraum

Es gibt einen Übergangs- oder Durchführungszeitraum, der am Tag des Inkrafttretens dieses Abkommens beginnt und am 31. Dezember 2020 endet.

Artikel 127 Anwendungsbereich für den Übergang

(1) Sofern in diesem Abkommen nichts anderes bestimmt ist, gilt das Unionsrecht während des Übergangszeitraums für das Vereinigte Königreich sowie im Vereinigten Königreich.

(…)

Artikel 132 Verlängerung des Übergangszeitraums

(1) Unbeschadet des Artikels 126 kann der Gemeinsame Ausschuss vor dem 1. Juli 2020 einen einzigen Beschluss zur Verlängerung des Übergangszeitraums um höchstens 1 oder 2 Jahre erlassen.

TEIL FÜNF

FINANZBESTIMMUNGEN

(…)

Kapitel 2

BEITRAG ZUM UND BETEILIGUNG AM UNIONSHAUSHALT SEITENS DES VEREINIGTEN KÖNIGREICHS

Artikel 135 Beitrag zu den Unionshaushalten und Beteiligung am Haushaltsvollzug seitens des Vereinigten Königreichs in den Jahren 2019 und 2020

(1) Gemäß Teil Vier trägt das Vereinigte Königreich in den Jahren 2019 und 2020 zu den Unionshaushalten bei und beteiligt sich an deren Vollzug.

(2) Abweichend von Teil Vier sind Änderungen an der Verordnung (EU, Euratom) Nr. 1311/2013 des Rates bzw. an dem Beschluss 2014/335/EU, Euratom des Rates, die am oder nach dem Tag des Inkrafttretens des vorliegenden Abkommens verabschiedet werden, nicht auf das Vereinigte Königreich anwendbar, soweit sie sich auf die finanziellen Verpflichtungen des Vereinigten Königreichs auswirken.

Artikel 136 Nach dem 31. Dezember 2020 in Bezug auf die Eigenmittel geltende Bestimmungen

(1) Das für die Eigenmittel der Union für die Haushaltsjahre bis 2020 geltende Unionsrecht ist auch nach dem 31. Dezember 2020 weiterhin auf das Vereinigte Königreich anwendbar, und zwar auch dann, wenn die betreffenden Eigenmittel nach diesem Tag bereitgestellt, korrigiert oder angepasst werden müssen.

(…)

Artikel 142 Verbindlichkeiten der Union zum Jahresende 2020

(1) Das Vereinigte Königreich haftet der Union für seinen Anteil an der Finanzierung der bis zum 31. Dezember 2020 eingegangenen Verbindlichkeiten der Union, mit Ausnahme der folgenden:

a) Verbindlichkeiten mit entsprechenden Vermögenswerten, darunter: Kreditforderungen aus finanziellem Beistand der Union und die entsprechenden in der Vermögensübersicht erfassten Verbindlichkeiten, Vermögenswerte in Form von Sachanlagen und Rückstellungen im Zusammenhang mit dem Rückbau nuklearer Anlagen der gemeinsamen Forschungsstelle sowie alle mietbezogenen Verpflichtungen, immateriellen Vermögenswerte und Vorräte, alle etwaigen Vermögenswerte und Verbindlichkeiten im Zusammenhang mit der Verwaltung von Fremdwährungsrisiken, Rechnungsabgrenzungsposten und alle Rückstellungen mit Ausnahme derjenigen für Geldbußen, Gerichtsverfahren und Verbindlichkeiten aus finanziellen Garantien und

b) Verbindlichkeiten und Vermögenswerte im Zusammenhang mit der Funktionsweise des Haushalts und der Verwaltung der Eigenmittel, einschließlich ausstehender Vorschüsse aus Vorfinanzierungen, Forderungen, Barmittel, Verbindlichkeiten und antizipativer Passiva, auch solcher im Zusammenhang mit dem Europäischen Garantiefonds für die Landwirtschaft und solcher, die bereits in den noch abzuwickelnden Mittelbindungen (RAL) erfasst sind.

(2) Das Vereinigte Königreich haftet insbesondere für seinen Anteil an den Verbindlichkeiten der Union für am oder vor dem 31. Dezember 2020 aufgelaufene Ruhegehaltsansprüche und Ansprüche auf andere beschäftigungsbezogene Leistungen. Zahlungen im Zusammenhang mit dieser Verbindlichkeit werden gemäß den Absätzen 5 und 6 geleistet.

(...)

Artikel 145 Die Europäische Gemeinschaft für Kohle und Stahl

Die Union haftet dem Vereinigten Königreich für seinen Anteil an den Nettovermögenswerten der Europäischen Gemeinschaft für Kohle und Stahl in Abwicklung zum 31. Dezember 2020.

Ab dem 30. Juni 2021 erstattet die Union dem Vereinigten Königreich jeweils am 30. Juni eines jeden Jahres den entsprechenden Betrag in fünf gleich hohen Jahresraten.

Kapitel 3
EUROPÄISCHE ZENTRALBANK

Artikel 149 Erstattung des eingezahlten Kapitals

Die Europäische Zentralbank erstattet der Bank of England im Namen der Union das von der Bank of England eingezahlte Kapital. Der Erstattungstermin und andere praktische Vorkehrungen werden gemäß dem Protokoll (Nr. 4) über die Satzung des Europäischen Systems der Zentralbanken und der Europäischen Zentralbank festgelegt.

(...)

TEIL SECHS
INSTITUTIONELLE UND SCHLUSSBESTIMMUNGEN

TITEL I
EINHEITLICHE AUSLEGUNG UND ANWENDUNG

Artikel 158 Vorabentscheidungsersuchen an den Gerichtshof der Europäischen Union in Bezug auf Teil Zwei

(1) Wird in einem Verfahren, das in erster Instanz innerhalb von acht Jahren nach Ende des Übergangszeitraums bei einem Gericht im Vereinigten Königreich eingeleitet wurde, eine Frage in Bezug auf die Auslegung des Teils Zwei dieses Abkommens gestellt und hält dieses Gericht eine Entscheidung darüber zum Erlass seines Urteils für erforderlich, so kann es diese Frage dem Gerichtshof der Europäischen Union zur Vorabentscheidung vorlegen.

Wenn jedoch Gegenstand des Verfahrens vor dem Gericht im Vereinigten Königreich eine Entscheidung über einen Antrag nach Artikel 18 Absatz 1 oder 4 oder nach Artikel 19 ist, kann um Vorabentscheidung nur ersucht werden, wenn das Verfahren in erster Instanz innerhalb eines Zeitraums von acht Jahren nach dem Tag des Geltungsbeginns des Artikels 19 eingeleitet wurde.

(2) Der Gerichtshof der Europäischen Union entscheidet im Wege der Vorabentscheidung über Ersuchen nach Absatz 1. Eine solche Vorabentscheidung entfaltet im Vereinigten Königreich dieselben rechtlichen Wirkungen wie eine Vorabentscheidung nach Artikel 267 AEUV in der Union und ihren Mitgliedstaaten.

(3) Falls der Gemeinsame Ausschuss einen Beschluss nach Artikel 132 Absatz 1 fasst, so verlängert sich der Zeitraum von acht Jahren nach Absatz 1 Unterabsatz 2 automatisch um die entsprechende Zahl der Monate, um die der Übergangszeitraum verlängert wurde.

Artikel 159 Überwachung der Durchführung und Anwendung von Teil Zwei

(1) Im Vereinigten Königreich wird die Durchführung und Anwendung von Teil Zwei von einer unabhängigen Behörde („Behörde") überwacht, die über Befugnisse verfügt, die denen der Europäischen Kommission nach den Verträgen entsprechen, um von Amts wegen mutmaßliche Verstöße von Verwaltungsbehörden des Vereinigten Königreichs gegen Teil Zwei zu untersuchen und Beschwerden von Unionsbürgern und ihren Familienangehörigen für die Zwecke derartiger Untersuchungen entgegenzunehmen. Die Behörde ist auch befugt, auf solche Beschwerden hin in einem geeigneten Gerichtsverfahren rechtliche Schritte vor einem zuständigen Gericht im Vereinigten Königreich einzuleiten, um angemessene Abhilfe zu erwirken.

(2) Die Europäische Kommission und die Behörde erstatten jeweils dem in Artikel 165 Absatz 1 Buchstabe a genannten Fachausschuss für Rechte der Bürger jährlich Bericht über die Durchführung und Anwendung von Teil Zwei in der Union beziehungsweise im Vereinigten Königreich. Die bereitgestellten Informationen müssen insbesondere die zur Durchführung oder Einhaltung von Teil Zwei getroffenen Maßnahmen sowie Zahl und Art der eingegangenen Beschwerden betreffen.

(3) Der Gemeinsame Ausschuss prüft frühestens acht Jahre nach Ende des Übergangszeitraums das Funktionieren der Behörde. Im Anschluss an diese Prüfung kann er nach Artikel 164 Absatz 4 Buchstabe f und Artikel 166 nach Treu und Glauben beschließen, dass das Vereinigte Königreich die Behörde auflösen kann.

(...)

Artikel 163 Regelmäßiger Dialog und Austausch von Informationen

Zur Erleichterung der einheitlichen Auslegung dieses Abkommens und bei voller Wahrung der Unabhängigkeit der Gerichte führen der Gerichtshof der Europäischen Union und die obersten Gerichte des Vereinigten Königreichs einen regelmäßigen Dialog, der dem Dialog zwischen dem Gerichtshof der Europäischen Union und den obersten Gerichten der Mitgliedstaaten entspricht.

TITEL II
INSTITUTIONELLE BESTIMMUNGEN

Artikel 164 Gemeinsamer Ausschuss

(1) Es wird ein Gemeinsamer Ausschuss aus Vertretern der Union und des Vereinigten Königreichs eingesetzt. Der Vorsitz im Gemeinsamen Ausschuss wird gemeinsam von der Union und dem Vereinigten Königreich geführt.

(2) Der Gemeinsame Ausschuss tritt auf Antrag der Union oder des Vereinigten Königreichs, in jedem Fall aber mindestens einmal jährlich zusammen. Der Gemeinsame Ausschuss legt seinen Sitzungskalender und seine Tagesordnung in gegenseitigem Einvernehmen fest. Die Tätigkeit des Gemeinsamen Ausschusses wird von der in Anhang VIII festgelegten Geschäftsordnung geregelt.

(3) Der Gemeinsame Ausschuss ist für die Durchführung und Anwendung dieses Abkommens verantwortlich. Die Union und das Vereinigte Königreich können jeweils den Gemeinsamen Ausschuss mit Fragen zur Durchführung, Anwendung und Auslegung dieses Abkommens befassen.

(4) Der Gemeinsame Ausschuss

a) überwacht und erleichtert die Durchführung und Anwendung dieses Abkommens,
b) beschließt über die Aufgaben der Fachausschüsse und überwacht deren Arbeit,
c) sucht angemessene Mittel und Wege, um Problemen vorzubeugen, die in den unter dieses Abkommen fallenden Bereichen auftreten könnten, oder um Streitigkeiten beizulegen, die bei der Auslegung und Anwendung dieses Abkommens entstehen können,
d) prüft alle Fragen, die für die unter dieses Abkommen fallenden Bereiche von Interesse sind,
e) fasst Beschlüsse und unterbreitet Empfehlungen nach Artikel 166 und
f) verabschiedet in den in diesem Abkommen vorgesehenen Fällen Änderungen dieses Abkommens.

(5) Der Gemeinsame Ausschuss kann

a) den Fachausschüssen Zuständigkeiten übertragen, ausgenommen die Zuständigkeiten nach Absatz 4 Buchstaben b, e und f,
b) andere als die mit Artikel 165 eingesetzten Fachausschüsse einsetzen, um den Gemeinsamen Ausschuss bei der Erfüllung seiner Aufgaben zu unterstützen,
c) die den Fachausschüssen übertragenen Aufgaben ändern und diese Ausschüsse auflösen;

d) bis zum Ende des vierten Jahres nach Ende des Übergangszeitraums außer für die Teile Eins, Vier und Sechs Änderungen an diesem Abkommen beschließen, sofern diese notwendig sind, um Fehler zu beheben, Auslassungen oder andere Mängel zu beseitigen oder Fälle abzudecken, die bei Unterzeichnung dieses Abkommens nicht vorhersehbar waren, und sofern die wesentlichen Bestandteile dieses Abkommens durch diese Beschlüsse nicht geändert werden;
e) Änderungen der in Anhang VIII festgelegten Geschäftsordnung annehmen und
f) in Wahrnehmung seiner Aufgaben sonstige Maßnahmen treffen, die von der Union und dem Vereinigten Königreich beschlossen werden.

(6) Der Gemeinsame Ausschuss erstellt einen Jahresbericht über das Funktionieren dieses Abkommens.

Artikel 165 Fachausschüsse

(1) Es werden die folgenden Fachausschüsse eingesetzt:
a) Ausschuss für Rechte der Bürger,
b) Ausschuss für sonstige Trennungsbestimmungen,
c) Ausschuss für Fragen der Durchführung des Protokolls zu Irland/Nordirland,
d) Ausschuss für Fragen der Durchführung des Protokolls zu den Hoheitszonen auf Zypern,
e) Ausschuss für Fragen der Durchführung des Protokolls zu Gibraltar und
f) Ausschuss für Finanzbestimmungen.

Diese Fachausschüsse setzen sich aus Vertretern der Union und Vertretern des Vereinigten Königreichs zusammen.

(…)

Artikel 166 Beschlüsse und Empfehlungen

(1) Für die Zwecke dieses Abkommens ist der Gemeinsame Ausschuss befugt, in allen Angelegenheiten, für die dies in diesem Abkommen vorgesehen ist, Beschlüsse zu fassen und der Union und dem Vereinigten Königreich geeignete Empfehlungen zu unterbreiten.

(2) Die Beschlüsse des Gemeinsamen Ausschusses sind für die Union und das Vereinigte Königreich verbindlich und von der Union und dem Vereinigten Königreich durchzuführen. Sie haben dieselbe rechtliche Wirkung wie dieses Abkommen.

(3) Der Gemeinsame Ausschuss fasst seine Beschlüsse und unterbreitet seine Empfehlungen in gegenseitigem Einvernehmen.

TITEL III
STREITBEILEGUNG

Artikel 167 Zusammenarbeit

Die Union und das Vereinigte Königreich bemühen sich stets um eine einvernehmliche Auslegung und Anwendung dieses Abkommens und unternehmen im Wege der Zusammenarbeit und Konsultation alle Anstrengungen, um eine für beide Seiten zufriedenstellende Lösung aller Fragen zu erreichen, die seine Durchführung beeinträchtigen könnten.

Artikel 168 Ausschließlichkeit

Im Falle von Streitigkeiten zwischen der Union und dem Vereinigten Königreich im Zusammenhang mit diesem Abkommen nehmen die Union und das Vereinigte Königreich nur die in diesem Abkommen vorgesehenen Verfahren in Anspruch.

Artikel 169 Konsultationen und Mitteilungen innerhalb des Gemeinsamen Ausschusses

(1) Die Union und das Vereinigte Königreich bemühen sich, Streitigkeiten über die Auslegung und Anwendung der Bestimmungen dieses Abkommens dadurch beizulegen, dass sie nach Treu und Glauben Konsultationen aufnehmen, um zu einer einvernehmlichen Lösung zu gelangen. Möchte eine Vertragspartei Konsultationen aufnehmen, so setzt sie den Gemeinsamen Ausschuss schriftlich davon in Kenntnis.

(2) Mitteilungen oder Bekanntgaben zwischen der Union und dem Vereinigten Königreich nach diesem Titel erfolgen im Gemeinsamen Ausschuss.

Artikel 170 Einleitung des Schiedsverfahrens

(1) Unbeschadet des Artikels 160 kann die Union oder das Vereinigte Königreich um die Einsetzung eines Schiedspanels ersuchen wenn innerhalb von 3 Monaten nach der in Artikel 169 Absatz 1 genannten schriftlichen Mitteilung an den Gemeinsamen Ausschuss keine einvernehmliche Lösung erzielt wurde. Ein entsprechendes Ersuchen ist der anderen Vertragspartei und dem Internationalen Büro des Ständigen Schiedshofs schriftlich zu übermitteln. Darin anzugeben sind der Gegenstand der Streitigkeit, die vor dem Schiedspanel entschieden werden soll, und eine Zusammenfassung der rechtlichen Grundlagen, auf die sich das Ersuchen stützt.

(2) Die Union und das Vereinigte Königreich können übereinkommen, dass die Einsetzung eines Schiedspanels vor Ablauf der in Absatz 1 festgelegten Frist beantragt werden kann.

(…)

TITEL IV
SCHLUSSBESTIMMUNGEN

Artikel 182 Protokolle und Anhänge

Das Protokoll zu Irland/Nordirland, das Protokoll zu den Hoheitszonen auf Zypern, das Protokoll zu Gibraltar und die Anhänge I bis IX sind Bestandteil dieses Abkommens.

Artikel 183 Verbindlicher Wortlaut und Verwahrer

Dieses Abkommen ist in einer Urschrift in bulgarischer, dänischer, deutscher, englischer, estnischer, finnischer, französischer, griechischer, irischer, italienischer, kroatischer, lettischer, litauischer, maltesischer, niederländischer, polnischer, portugiesischer, rumänischer, schwedischer, slowakischer, slowenischer, spanischer, tschechischer und ungarischer Sprache abgefasst, wobei der Wortlaut in jeder Sprache gleichermaßen verbindlich ist.

Der Generalsekretär des Rates der Europäischen Union ist Verwahrer dieses Abkommens.

Artikel 184 Verhandlungen über die künftigen Beziehungen

Die Union und das Vereinigte Königreich bemühen sich nach besten Kräften, in gutem Glauben und unter uneingeschränkter Achtung ihrer jeweiligen Rechtsordnung die erforderlichen Schritte einzuleiten, um die in der politischen Erklärung vom 17. Oktober 2019 genannten Abkommen über ihre künftigen Beziehungen rasch auszuhandeln, und die entsprechenden Verfahren zur Ratifizierung oder zum Abschluss dieser Abkommen durchzuführen, um sicherzustellen, dass diese Abkommen, so weit als möglich ab dem Ende des Übergangszeitraums gelten.

Artikel 185 Inkrafttreten[1] und Geltung

Dieses Abkommen tritt am frühesten der nachstehenden Termine in Kraft:

a) dem Tag nach Ablauf der vom Europäischen Rat im Einvernehmen mit dem Vereinigten Königreich verlängerten Frist nach Artikel 50 Absatz 3 EUV, sofern der Verwahrer dieses Abkommens vor diesem Tag die schriftlichen Notifikationen des Abschlusses der erforderlichen internen Verfahren durch die Union und das Vereinigte Königreich erhalten hat;
b) dem ersten Tag des Monats, der auf das Datum des Eingangs der letzten der schriftlichen Notifikationen nach Buchstabe a folgt.

(…)

1) Inkrafttreten am 1. Februar 2020; s. Mitteilung v. 31. Januar 2020, ABl. Nr. L 29 S. 189.

Handels- und Kooperationsabkommen zwischen der Europäischen Union und der Europäischen Atomgemeinschaft einerseits und dem Vereinigten Königreich Großbritannien und Nordirland andererseits

ABl. EU 2020 Nr. L 444 S. 14*)

– Auszug –

PRÄAMBEL

DIE EUROPÄISCHE UNION UND DIE EUROPÄISCHE ATOMGEMEINSCHAFT

UND

DAS VEREINIGTE KÖNIGREICH GROẞBRITANNIEN UND NORDIRLAND,

IN BEKRÄFTIGUNG ihres Bekenntnisses zu demokratischen Grundsätzen, zu Rechtsstaatlichkeit und zu Menschenrechten, zur Bekämpfung der Verbreitung von Massenvernichtungswaffen sowie zur Bekämpfung des Klimawandels, die wesentliche Bestandteile dieses Abkommens sowie etwaiger Zusatzabkommen darstellen,

IN ANERKENNUNG der Bedeutung der globalen Zusammenarbeit in Fragen von gemeinsamem Interesse,

IN ANERKENNUNG der Tatsache, dass Transparenz im internationalen Handels- und Investitionsumfeld von Bedeutung ist und allen Beteiligten zugutekommt,

IN DEM BESTREBEN, klare und beiderseits vorteilhafte Regeln für Handel und Investitionen zwischen den Vertragsparteien aufzustellen,

IN DER ERWÄGUNG, dass es zur Gewährleistung der effizienten Koordinierung und ordnungsgemäßen Auslegung und Anwendung dieses Abkommens sowie etwaiger Zusatzabkommen und der Einhaltung der Verpflichtungen aus diesen Abkommen wesentlich ist, Bestimmungen festzulegen, die die allgemeine Governance sicherstellen, insbesondere Streitbeilegungs- und Durchsetzungsvorschriften, die die Autonomie der jeweiligen Rechtsordnung der Union und des Vereinigten Königreichs sowie den Status des Vereinigten Königreichs als Land außerhalb der Europäischen Union,

AUFBAUEND auf ihren jeweiligen Rechten und Pflichten aus dem Übereinkommen von Marrakesch zur Errichtung der Welthandelsorganisation vom 15. April 1994 und aus anderen multilateralen und bilateralen Instrumenten der Zusammenarbeit,

IN ANERKENNUNG der jeweiligen Autonomie und des jeweiligen Rechts der Vertragsparteien, in ihren jeweiligen Gebieten Regelungen zu erlassen, um legitime Gemeinwohlziele wie Schutz und Förderung der öffentlichen Gesundheit, sozialer Dienstleistungen und des öffentlichen Bildungswesens, Sicherheit, Schutz der Umwelt einschließlich im Hinblick auf Klimaänderungen, Sittlichkeit, Sozial- oder Verbraucherschutz, Tierschutz, Schutz des Persönlichkeitsrechts und personenbezogener Daten sowie Förderung und Schutz der kulturellen Vielfalt zu erreichen und gleichzeitig eine Verbesserung ihres jeweiligen hohen Schutzniveaus anzustreben,

ÜBERZEUGT von den Vorteilen eines berechenbaren Marktumfelds, das Handel und Investitionen zwischen den Vertragsparteien fördert und Handelsverzerrungen und unfaire Wettbewerbsvorteile verhindert und einer wirtschaftlich, sozial und ökologisch nachhaltigen Entwicklung förderlich ist,

IN ANERKENNUNG der jeweiligen Autonomie und des jeweiligen Rechts der Vertragsparteien, in ihren jeweiligen Gebieten Regelungen zu erlassen, um legitime Gemeinwohlziele wie Schutz und Förderung der öffentlichen Gesundheit, sozialer Dienstleistungen und des öffentlichen Bildungswesens, Sicherheit, Schutz der Umwelt einschließlich im Hinblick auf Klimaänderungen, Sittlichkeit, Sozial- oder Verbraucherschutz, Tierschutz, Schutz des Persönlichkeitsrechts und personenbezogener Daten sowie Förderung und Schutz der kulturellen Vielfalt zu erreichen und gleichzeitig eine Verbesserung ihres jeweiligen hohen Schutzniveaus anzustreben,

IN ANERKENNUNG der Notwendigkeit, einen offenen und sicheren Markt für Unternehmen, einschließlich mittlerer Unternehmen, sowie für ihre Waren und Dienstleistungen sicherzustellen,

---

*) Vorläufige Anwendung seit dem 1. Januar 2021; s. Mitteilung v. 1. Januar 2021, ABl. Nr. L 1 S. 1. Vgl. auch den Hinweis im ABl. Nr. L 444 S. 1 vom 31.12.2020, dass „die abschließende sprachjuristische Überarbeitung der Wortlaute der Abkommen in allen 24 Sprachfassungen vor der Unterzeichnung durch die Vertragsparteien und der Veröffentlichung im Amtsblatt faktisch nicht erfolgen" konnte.

In ANBETRACHT der Bedeutung, die der Erleichterung neuer Möglichkeiten für Unternehmen und Verbraucher durch den digitalen Handel zukommt und dass ungerechtfertigte Hindernisse für Datenströme und den Handel, die auf elektronischem Wege ermöglicht werden, unter Einhaltung der Datenschutzvorschriften der Vertragsparteien beseitigt werden müssen,
IN DEM WUNSCH, dass dieses Abkommen durch eine Politik, die ein hohes Niveau des Verbraucherschutzes und des wirtschaftlichen Wohlergehens gewährleistet, einen Beitrag zum Verbraucherwohl leistet,
IN ANBETRACHT der Bedeutung der grenzüberschreitenden Luft-, Straßen- und Seeverbindungen für den Passagier- und Güterverkehr und der Notwendigkeit der Gewährleistung hoher Standards bei der Erbringung von Verkehrsdiensten zwischen den Vertragsparteien,
IN ANERKENNUNG der Vorteile des Handels mit und der Investitionen in Energie und Rohstoffe sowie der Bedeutung, die der Förderung einer kosteneffizienten, sauberen und sicheren Energieversorgung der Union und des Vereinigten Königreichs zukommt,
IN ANBETRACHT des Interesses der Vertragsparteien an der Schaffung eines Rahmens zur Erleichterung der technischen Zusammenarbeit und an der Ausarbeitung neuer Regelungen für den Handel über Verbindungsleitungen, die robuste und effiziente Ergebnisse in allen Zeitbereichen ermöglichen,
IN ANBETRACHT dessen, dass die Zusammenarbeit und der Handel zwischen den Vertragsparteien in diesen Bereichen auf einem fairen Wettbewerb auf den Energiemärkten und einem diskriminierungsfreien Netzzugang beruhen sollten,
IN ANERKENNUNG der Vorteile nachhaltiger und erneuerbarer Energien, insbesondere Offshore-Energie in der Nordsee, sowie der Energieeffizienz,
In DEM WUNSCH, die friedliche Nutzung der an ihre Küsten angrenzenden Gewässer und die optimale und gerechte Nutzung der lebenden Meeresschätze in diesen Gewässern, einschließlich der nachhaltigen Bewirtschaftung der gemeinsam genutzten Bestände, zu fördern,
In ANBETRACHT DESSEN, dass sich das Vereinigte Königreich aus der Europäischen Union zurückgezogen hat und dass das Vereinigte Königreich mit Wirkung vom 1. Januar 2021 ein unabhängiger Küstenstaat mit entsprechenden Rechten und Pflichten nach nationalem Recht ist,
IN BEKRÄFTIGUNG DESSEN, dass die souveränen Rechte der Küstenstaaten, die von den Vertragsparteien zum Zwecke der Erforschung, Ausbeutung, Erhaltung und Bewirtschaftung der lebenden Ressourcen in ihren Gewässern ausgeübt werden, im Einklang mit und im Einklang mit den Grundsätzen des Völkerrechts, einschließlich des Seerechtsübereinkommens der Vereinten Nationen vom 10. Dezember 1982, ausgeübt werden sollten,
IN ANERKENNUNG der Bedeutung der Koordinierung der Sozialversicherungsansprüche von Personen, die sich zu Arbeits-, Aufenthalts- oder Wohnzwecken von einer Vertragspartei in die andere begeben, sowie ihrer Familienangehörigen und Hinterbliebenen, IN DER ERWÄGUNG, dass die Zusammenarbeit in Bereichen von gemeinsamem Interesse wie Wissenschaft, Forschung und Innovation, Nuklearforschung oder Raumfahrt in Form einer Teilnahme des Vereinigten Königreichs an den entsprechenden Programmen der Union unter fairen und angemessenen Bedingungen beiden Vertragsparteien zugutekommen wird,
IN DER ERWÄGUNG, dass die Zusammenarbeit zwischen dem Vereinigten Königreich und der Union bei der Verhütung, Ermittlung, Aufdeckung oder Verfolgung von Straftaten und der Vollstreckung strafrechtlicher Sanktionen, einschließlich des Schutzes vor und der Abwehr von Gefahren für die öffentliche Sicherheit, eine Stärkung der Sicherheit des Vereinigten Königreichs und der Union ermöglichen wird,
IN DEM WUNSCH, dass ein Abkommen zwischen dem Vereinigten Königreich und der Union geschlossen wird, das eine Rechtsgrundlage für eine derartige Zusammenarbeit bietet,
In ANERKENNUNG DER TATSACHE, dass die Vertragsparteien dieses Abkommen durch andere Übereinkünfte ergänzen können, die Bestandteil ihrer durch dieses Abkommen geregelten allgemeinen bilateralen Beziehungen sind, und dass das Abkommen über Sicherheitsverfahren für den Austausch und den Schutz von Verschlusssachen als ein solches Zusatzabkommen geschlossen wird und den Austausch von Verschlusssachen zwischen den Vertragsparteien im Rahmen dieses Abkommens oder anderer ergänzender Übereinkünfte ermöglicht —

SIND WIE FOLGT ÜBEREINGEKOMMEN:

TEIL EINS
GEMEINSAME UND INSTITUTIONELLE BESTIMMUNGEN

TITEL I
ALLGEMEINE BESTIMMUNGEN

Artikel COMPROV.1 Ziel

Mit diesem Abkommen wird die Grundlage für umfassende Beziehungen zwischen den Vertragsparteien in einem Raum des Wohlstands und der guten Nachbarschaft geschaffen, der sich durch enge, friedliche Beziehungen auf der Grundlage der Zusammenarbeit auszeichnet und die Autonomie und Souveränität der Vertragsparteien wahrt.

Artikel COMPROV.2 Zusatzabkommen

(1) Wenn die Union und das Vereinigte Königreich weitere bilaterale Abkommen miteinander schließen, gelten diese Abkommen als Zusatzabkommen zu diesem Abkommen, soweit in diesen Abkommen nichts anderes vereinbart wird. Solche Zusatzabkommen sind ein integraler Bestandteil der diesem Abkommen unterliegenden bilateralen Gesamtbeziehungen und Teil des institutionellen Gesamtrahmens.

(2) Absatz 1 gilt auch für

(a) Abkommen zwischen der Union und ihren Mitgliedstaaten einerseits und dem Vereinigten Königreich andererseits, und

(b) Abkommen zwischen Euratom einerseits und dem Vereinigten Königreich andererseits.

Artikel COMPROV.3 Treu und Glauben

(1) Die Vertragsparteien unterstützen sich gegenseitig in vollem gegenseitigem Respekt und nach Treu und Glauben bei der Erfüllung der Aufgaben, die sich aus diesem Abkommen und allen Zusatzabkommen ergeben.

(2) Sie treffen alle geeigneten Maßnahmen allgemeiner oder besonderer Art zur Erfüllung der Verpflichtungen, die sich aus diesem Abkommen und etwaigen Zusatzabkommen ergeben, und unterlassen alle Maßnahmen, die die Verwirklichung der Ziele dieses Abkommens oder etwaiger Zusatzabkommen gefährden könnten.

TITEL II
AUSLEGUNGSGRUNDSÄTZE UND BEGRIFFSBESTIMMUNGEN

Artikel COMPROV.13 Völkerrecht

(1) Die Bestimmungen dieses Abkommens und etwaiger Zusatzabkommen sind nach Treu und Glauben in Übereinstimmung mit ihrer gewöhnlichen, ihnen in ihrem jeweiligen Zusammenhang zukommenden Bedeutung und im Lichte des Zieles und Zweckes des Abkommens nach den Auslegungsregeln des Völkerrechts, einschließlich der im Wiener Vertragsrechtsübereinkommen, geschehen zu Wien am 23. Mai 1969 kodifizierten Regeln, auszulegen.

(2) Zur Klarstellung sei angemerkt, dass weder dieses Abkommen noch etwaige Zusatzabkommen eine Verpflichtung begründen, die darin enthaltenen Bestimmungen im Einklang mit dem internen Recht einer der Vertragsparteien auszulegen.

(3) Zur Klarstellung gilt ferner, dass die Auslegung dieses Abkommens oder etwaiger Zusatzabkommen durch die Gerichte einer der Vertragsparteien für die Gerichte der anderen Vertragspartei nicht bindend ist.

Artikel COMPROV.16 Privatrechte

(1) Unbeschadet von Artikel MOBI.SSC.67 [Schutz der Rechte des Einzelnen] und – im Hinblick auf die Union – mit Ausnahme von Teil drei [Zusammenarbeit im Bereich der Strafverfolgung und Justiz] sind die Bestimmungen dieses Abkommens sowie etwaiger Zusatzabkommen weder dahin gehend auszulegen, dass sie andere Rechte oder Pflichten für Personen begründen als die zwischen den Ver-

tragsparteien nach dem Völkerrecht geschaffenen Rechte oder Pflichten, noch dahin gehend, dass sie in den internen Rechtsordnungen der Vertragsparteien unmittelbar geltend gemacht werden können.

(2) Die Vertragsparteien dürfen in ihren internen Rechtsvorschriften kein Klagerecht gegen die jeweils andere Vertragspartei vorsehen, das auf einem Verstoß dieser anderen Vertragspartei gegen dieses Abkommen oder etwaige Zusatzabkommen gründet.

TITEL III
INSTITUTIONELLER RAHMEN

Artikel INST.1 Partnerschaftsrat

(1) Es wird ein Partnerschaftsrat eingesetzt. Ihm gehören Vertreter der Union und des Vereinigten Königreichs an. Der Partnerschaftsrat kann in verschiedener Zusammensetzung abhängig von den erörterten Fragen zusammentreten.

(2) Der Vorsitz des Partnerschaftsrats wird von einem Mitglied der Europäischen Kommission und einem Vertreter der Regierung des Vereinigten Königreichs auf Ministerebene gemeinsam geführt. Er tritt auf Antrag der Union oder des Vereinigten Königreichs, mindestens jedoch einmal jährlich, zusammen und legt seinen Sitzungskalender und seine Tagesordnung in gegenseitigem Einvernehmen fest.

(3) Der Partnerschaftsrat überwacht das Erreichen der Ziele dieses Abkommens und etwaiger Zusatzabkommen. Er überwacht und unterstützt die Umsetzung und Anwendung dieses Abkommens und etwaiger Zusatzabkommen. Jede Vertragspartei kann dem Partnerschaftsrat alle Fragen im Zusammenhang mit der Umsetzung, Anwendung und Auslegung dieses Abkommens oder eines etwaigen Zusatzabkommens vorlegen.

(4) Der Partnerschaftsrat ist befugt

(a) Beschlüsse in allen Angelegenheiten zu fassen, für die dies in diesem Abkommen oder in etwaigen Zusatzabkommen vorgesehen ist

(b) den Vertragsparteien Empfehlungen zur Umsetzung und Anwendung dieses Abkommens oder etwaiger Zusatzabkommen zu unterbreiten

(c) Änderungen dieses Abkommens oder etwaiger Zusatzabkommen in den in diesem Abkommen oder in etwaigen Zusatzabkommen vorgesehenen Fällen durch einen Beschluss zu verabschieden

(d) bis zum Ende des vierten Jahres nach Inkrafttreten dieses Abkommens Beschlüsse zur Änderung dieses Abkommens – außer in Bezug auf Teil eins [Gemeinsame und institutionelle Bestimmungen] Titel III [Institutioneller Rahmen] – oder etwaiger Zusatzabkommen annehmen, sofern solche Änderungen notwendig sind, um Fehler zu beheben oder Auslassungen oder andere Mängel zu beseitigen

(e) alle Fragen im Zusammenhang mit den Bereichen zu erörtern, die unter dieses Abkommen oder etwaige Zusatzabkommen fallen

(f) einige seiner Befugnisse dem Handelspartnerschaftsausschuss oder einem Sonderausschuss zu übertragen, mit Ausnahme der in Artikel INST.1 Absatz 4 Buchstabe g [Partnerschaftsrat] genannten Befugnisse und Zuständigkeiten

(g) durch einen Beschluss andere als die in Artikel INST.2 Absatz 1 [Ausschüsse] genannten Handelspartnerschaftsausschüsse und Sonderausschüsse einzurichten, Handelspartnerschaftsausschüsse oder Sonderausschüsse aufzulösen oder die ihnen übertragenen Aufgaben zu ändern und

(h) Richtet Empfehlungen an die Vertragsparteien in Bezug auf die Übermittlung personenbezogener Daten in bestimmten Bereichen, die unter dieses Abkommen oder etwaige Zusatzabkommen fallen.

(5) Die Tätigkeit des Partnerschaftsrats wird von der in ANHANG INST-1 [Geschäftsordnung des Partnerschaftsrats und der Ausschüsse] festgelegten Geschäftsordnung geregelt. Der Partnerschaftsrat kann diesen Anhang ändern.

Artikel INST.2 Ausschüsse

(1) Es werden die folgenden Ausschüsse eingesetzt:

(a) der Handelspartnerschaftsausschuss, der sich mit Fragen in Zusammenhang mit Teil zwei Teilbereich eins [Handel] Titel I bis VII, Titel VIII Kapitel vier [Energiegüter und Rohstoffe] Titel

IX bis XII und Teil zwei Teilbereich sechs [Sonstige Bestimmungen] und Anhang ENER-2 [Subventionen für Energie und Umwelt] befasst

(b) der Handelssonderausschuss für Waren, der Angelegenheiten behandelt, die unter Teil zwei Teilbereich eins Titel I Kapitel 1 und Titel VIII Kapitel vier [Energiegüter und Rohstoffe] fallen

(c) der Handelssonderausschuss für Zusammenarbeit im Zollbereich und Ursprungsregeln, der Angelegenheiten behandelt, die unter Teil zwei Teilbereich eins Titel I Kapitel 2 und 5, unter das Protokoll über gegenseitige Amtshilfe im Zollbereich oder unter die Bestimmungen über die Durchsetzung der Rechte geistigen Eigentums durch die Zollbehörden, Gebühren und Abgaben, Zollwertermittlung und ausgebesserte Waren fallen

(d) der Handelssonderausschuss für gesundheitspolizeiliche und pflanzenschutzrechtliche Maßnahmen, der Angelegenheiten behandelt, die unter Teil zwei Teilbereich eins Titel I Kapitel 3 fallen

(e) der Handelssonderausschuss für technische Handelshemmnisse, der Angelegenheiten behandelt, die unter Teil zwei Teilbereich eins Titel I Kapitel 4 und Titel VIII [Energie] Artikel ENER.25 [Zusammenarbeit bei Normen] fallen

(f) der Handelssonderausschuss für Dienstleistungen, Investitionen und digitalen Handel, der Angelegenheiten behandelt, die unter Teil zwei Teilbereich eins Titel II bis IV und Titel VIII Kapitel 4 [Energiegüter und Rohstoffe] fallen

(g) der Handelssonderausschuss für geistiges Eigentum, der Angelegenheiten behandelt, die unter Teil zwei Teilbereich eins Titel V fallen

(h) der Handelssonderausschuss für das öffentliche Beschaffungswesen, der Angelegenheiten behandelt, die unter Teil zwei Teilbereich eins Titel VI fallen

(i) der Handelssonderausschuss für Zusammenarbeit in Regulierungsfragen, der Angelegenheiten behandelt, die unter Teil zwei Teilbereich eins Titel X fallen

(j) der Handelssonderausschuss für gleiche Ausgangsbedingungen für einen offenen und fairen Wettbewerb und eine nachhaltige Entwicklung, der Angelegenheiten behandelt, die unter Teil zwei Teilbereich eins Titel XI und Anhang ENER-2, [SUBVENTIONEN FÜR ENERGIE UND UMWELT] fallen

(k) der Handelssonderausschuss für Verwaltungszusammenarbeit auf dem Gebiet der Mehrwertsteuer und der Beitreibung von Steuern und Abgaben, der Angelegenheiten behandelt, die unter das Protokoll über die Zusammenarbeit der Verwaltungsbehörden und Betrugsbekämpfung auf dem Gebiet der Mehrwertsteuer und über die gegenseitige Amtshilfe bei der Beitreibung von Forderungen in Bezug auf Steuern und Zölle fallen]

(l) der Sonderausschuss für Energie, der
   (i) Angelegenheiten behandelt, die unter Teil zwei Teilbereich eins Titel VIII mit Ausnahme des Kapitels 4 [Energiegüter und Rohstoffe], Artikel ENER.25 [Zusammenarbeit bei Normen] und des Anhangs ENER-2 [SUBVENTIONEN FÜR ENERGIE UND UMWELT] fallen, und
   (ii) Fragen im Zusammenhang mit Teil zwei Teilbereich eins Titel VIII Kapitel vier [Energiegüter und Rohstoffe] und Artikel ENER.25 [Zusammenarbeit bei Normen] mit dem zuständigen Handelssonderausschuss erörtern und diesen fachlich beraten kann

(m) der Sonderausschuss für Luftverkehr, der Angelegenheiten behandelt, die unter Teil zwei Teilbereich zwei Titel I fallen

(n) der Sonderausschuss für Flugsicherheit, der Angelegenheiten behandelt, die unter Teil zwei Teilbereich zwei Titel II fallen

(o) der Sonderausschuss für Straßenverkehr, der Angelegenheiten behandelt, die unter Teil zwei Teilbereich drei [Straßenverkehr] fallen

(p) der Sonderausschuss für die Koordinierung der Systeme der sozialen Sicherheit, der Angelegenheiten behandelt, die unter Teil zwei Teilbereich vier oder unter das Protokoll über die Koordinierung der sozialen Sicherheit fallen

(q) der Sonderausschuss für Fischerei, der Angelegenheiten behandelt, die unter Teil zwei Teilbereich fünf [Fischerei] fallen

(r) der Sonderausschuss für Zusammenarbeit im Bereich der Strafverfolgung und Justiz, der Angelegenheiten behandelt, die unter Teil drei [Zusammenarbeit im Bereich der Strafverfolgung und Justiz hinsichtlich Strafsachen] fallen und

(s) der Sonderausschuss für die Teilnahme an Programmen der Union, der Angelegenheiten behandelt, die unter Teil fünf [Programme der Union] fallen

(2) Im Hinblick auf Fragen in Zusammenhang mit Teil zwei Teilbereich eins [Handel] Titel I bis VII, Titel VIII Kapitel vier [Energiegüter und Rohstoffe] Titel IX bis XII und Teil zwei Teilbereich sechs [Sonstige Bestimmungen] und Anhang ENER-2 [SUBVENTIONEN FÜR ENERGIE UND UMWELT] ist der in Absatz 1 genannte Handelspartnerschaftsausschuss befugt:

(a) den Partnerschaftsrat bei der Wahrnehmung seiner Aufgaben zu unterstützen und insbesondere dem Partnerschaftsrat zu berichten und alle Aufgaben zu übernehmen, die ihm dieser überträgt
(b) die Umsetzung dieses Abkommens oder etwaiger Zusatzabkommen zu überwachen
(c) in den in diesem Abkommen oder in etwaigen Zusatzabkommen vorgesehenen Fällen oder in den Bereichen, für die ihm die Befugnis vom Partnerschaftsrat übertragen worden ist, Beschlüsse zu fassen und Empfehlungen auszusprechen
(d) die in Absatz 1 genannten Tätigkeiten der Handelssonderausschüsse zu überwachen
(e) zu ermitteln, auf welche Weise Schwierigkeiten, die sich in Bezug auf die Auslegung und Anwendung dieses Abkommens oder etwaiger Zusatzabkommen ergeben können, unbeschadet von Teil sechs Titel I [Streitbeilegung] am besten verhindert oder gelöst werden können
(f) die ihm vom Partnerschaftsrat gemäß Artikel INST.1 [Partnerschaftsrat] Absatz 4 Buchstabe f übertragenen Befugnisse wahrzunehmen
(g) andere als die in Absatz 1 genannten Handelssonderausschüsse durch einen Beschluss einzurichten, solche Handelssonderausschüsse aufzulösen oder die ihnen übertragenen Aufgaben zu ändern und
(h) Arbeitsgruppen einzurichten, zu überwachen, zu koordinieren und aufzulösen oder ihre Überwachung einem Handelssonderausschuss zu übertragen

(3) Die Handelssonderausschüsse sind im Hinblick auf Fragen im Zusammenhang mit ihrem Zuständigkeitsbereich befugt:

(a) die Umsetzung dieses Abkommens und etwaiger Zusatzabkommen zu überwachen und zu überprüfen und deren ordnungsgemäßes Funktionieren zu gewährleisten
(b) den Handelspartnerschaftsausschuss bei der Wahrnehmung seiner Aufgaben zu unterstützen und insbesondere dem Handelspartnerschaftsausschuss zu berichten und alle Aufgaben zu übernehmen, die ihnen von diesem übertragen werden
(c) die zur Unterstützung der Aufgaben des Partnerschaftsrats und des Handelspartnerschaftsausschusses notwendigen vorbereitenden technischen Arbeiten auszuführen, auch wenn diese Gremien Beschlüsse fassen oder Empfehlungen aussprechen müssen
(d) Beschlüsse in allen Angelegenheiten zu fassen, für die dies in diesem Abkommen oder in etwaigen Zusatzabkommen vorgesehen ist
(e) unbeschadet von Teil sechs Titel I [Streitbeilegung] technische Fragen zu erörtern, die sich aus der Umsetzung dieses Abkommens oder etwaiger Zusatzabkommen ergeben und
(f) den Vertragsparteien als Forum für den Austausch von Informationen, die Erörterung bewährter Verfahren und den Austausch über Erfahrungen mit der Durchsetzung zu dienen

(4) Die Sonderausschüsse sind im Hinblick auf Fragen im Zusammenhang mit ihrem Zuständigkeitsbereich befugt:

(a) die Umsetzung dieses Abkommens und etwaiger Zusatzabkommen zu überwachen und zu überprüfen und deren ordnungsgemäßes Funktionieren zu gewährleisten
(b) den Partnerschaftsrat bei der Wahrnehmung seiner Aufgaben zu unterstützen und insbesondere dem Partnerschaftsrat zu berichten und alle Aufgaben zu übernehmen, die ihnen von diesem übertragen werden
(c) in allen Angelegenheiten, für die dies in diesem Abkommen oder in etwaigen Zusatzabkommen vorgesehen ist oder für die der Partnerschaftsrat gemäß dem Artikel INST.1 [Partnerschaftsrat] Absatz 4 Buchstabe f seine Befugnisse einem Sonderausschuss übertragen hat, Beschlüsse, einschließlich zur Änderung, zu fassen und Empfehlungen auszusprechen
(d) technische Fragen zu erörtern, die sich aus der Umsetzung dieses Abkommens oder etwaiger Zusatzabkommen ergeben
(e) den Vertragsparteien als Forum für den Austausch von Informationen, die Erörterung bewährter Verfahren und den Austausch über Erfahrungen mit der Durchsetzung zu dienen

(f) Arbeitsgruppen einzurichten, zu überwachen, zu koordinieren und aufzulösen und
(g) gemäß Teil sechs Titel I [Streitbeilegung] Artikel INST.13 [Konsultationen] Absatz 7 als Konsultationsforum zu dienen

(5) Den Ausschüssen gehören Vertreter beider Vertragsparteien an. Jede Vertragspartei stellt sicher, dass ihre Vertreter in den Ausschüssen über angemessene Sachkenntnis in Bezug auf die behandelten Fragen verfügen.

(6) Der Vorsitz des Handelspartnerschaftsausschusses wird von einem hochrangigen Vertreter der Union und einem Vertreter des Vereinigten Königreichs mit Zuständigkeit für handelsbezogene Fragen oder ihren jeweiligen Vertretern gemeinsam geführt. Er tritt auf Antrag der Union oder des Vereinigten Königreichs, mindestens jedoch einmal jährlich, zusammen und legt seinen Sitzungskalender und seine Tagesordnung in gegenseitigem Einvernehmen fest.

(7) Der Vorsitz der Handelssonderausschüsse und der Sonderausschüsse wird von einem Vertreter der Union und einem Vertreter des Vereinigten Königreichs gemeinsam geführt. Sofern in diesem Abkommen nichts anderes bestimmt ist und die Vorsitzenden nichts anderes beschließen, treten sie mindestens einmal jährlich zusammen.

(8) Die Ausschüsse legen ihre Sitzungskalender und Tagesordnungen in gegenseitigem Einvernehmen fest.

(9) Die Tätigkeit der Ausschüsse wird von der in ANHANG INST-X [Geschäftsordnung des Partnerschaftsrates und der Ausschüsse] festgelegten Geschäftsordnung geregelt.

(10) Abweichend von Absatz 9 kann ein Ausschuss seine eigene Geschäftsordnung annehmen und anschließend ändern.

Artikel INST.3 Arbeitsgruppen

(1) Es werden die folgenden Ausschüsse eingesetzt:
a) die Arbeitsgruppe „Ökologische Erzeugnisse“ unter der Aufsicht des Fachausschusses „Technische Handelshemmnisse“;
b) die Arbeitsgruppe „Kraftfahrzeuge und Teile davon“ unter der Aufsicht des Fachausschusses „Technische Handelshemmnisse“;
c) die Arbeitsgruppe „Arzneimittel“ unter der Aufsicht des Fachausschusses für Handelsfragen (Trade Specialised Committee on Technical Barriers to Trade);
d) die Arbeitsgruppe „Koordinierung der Systeme der sozialen Sicherheit“ unter der Aufsicht des Fachausschusses für die Koordinierung der Systeme der sozialen Sicherheit;

(2) Die Arbeitsgruppen unterstützen unter Aufsicht der Ausschüsse die Ausschüsse bei der Wahrnehmung ihrer Aufgaben und bereiten insbesondere die Arbeit der Ausschüsse vor und übernehmen alle Aufgaben, die ihnen von diesen übertragen werden.

(3) Die Arbeitsgruppen setzen sich aus Vertretern der Union und Vertretern des Vereinigten Königreichs zusammen, ihr Vorsitz wird von einem Vertreter der Union und einem Vertreter des Vereinigten Königreichs gemeinsam geführt.

(4) Die Arbeitsgruppen legen ihre Geschäftsordnungen, Sitzungskalender und Tagesordnungen in gegenseitigem Einvernehmen fest.

Artikel INST.4 Beschlüsse und Empfehlungen

(1) Die vom Partnerschaftsrat oder gegebenenfalls einem Ausschuss gefassten Beschlüsse sind für die Vertragsparteien und alle nach diesem Abkommen und etwaigen Zusatzabkommen eingerichteten Gremien bindend, einschließlich des in Teil sechs Titel I [Streitbeilegung] genannten Schiedsgerichts. Empfehlungen sind nicht bindend.

(2) Der Partnerschaftsrat oder gegebenenfalls ein Ausschuss fassen in gegenseitigem Einvernehmen Beschlüsse und sprechen Empfehlungen aus.

Artikel INST.5 Parlamentarische Zusammenarbeit

(1) Das Europäische Parlament und das Parlament des Vereinigten Königreichs können eine Parlamentarische Partnerschaftsversammlung bestehend aus Mitgliedern des Europäischen Parlaments und Mitgliedern des Parlaments des Vereinigten Königreichs als Forum für einen Meinungsaustausch über die Partnerschaft einsetzen.

(2) Nach ihrer Einsetzung kann die Parlamentarische Partnerschaftsversammlung

(a) den Partnerschaftsrat um sachdienliche Informationen über die Umsetzung dieses Abkommens und etwaiger Zusatzabkommen ersuchen; dieser übermittelt daraufhin der Versammlung die erbetenen Informationen

(b) wird die Parlamentarische Partnerschaftsversammlung über die Beschlüsse und Empfehlungen des Partnerschaftsrats unterrichtet

(c) kann die Parlamentarische Partnerschaftsversammlung Empfehlungen an den Partnerschaftsrat richten.

Artikel INST.6 Beteiligung der Zivilgesellschaft

Die Vertragsparteien konsultieren die Zivilgesellschaft zur Durchführung dieses Abkommens und etwaiger Zusatzabkommen, insbesondere durch die Interaktion mit den in Artikel INST.7 [Interne Beratungsgruppen] und INST.8 [Zivilgesellschaftliches Forum] genannten internen Beratungsgruppen und dem Zivilgesellschaftlichen Forum.

Artikel INST.7 Interne Beratungsgruppen

(1) Jede Vertragspartei konsultiert zu Fragen, die unter dieses Abkommen und etwaige von ihr neu geschaffene oder bestehende interne Beratungsgruppen fallen und in denen unabhängige Organisationen der Zivilgesellschaft vertreten sind, darunter Nichtregierungsorganisationen, Unternehmens- und Arbeitgeberverbände sowie Gewerkschaften, die in den Bereichen Wirtschaft, nachhaltige Entwicklung, Soziales, Menschenrechte, Umwelt und andere Fragen tätig sind. Jede Vertragspartei kann ihre interne Beratergruppe oder ihre internen Beratungsgruppen in verschiedenen Zusammensetzungen einberufen, um die Durchführung verschiedener Bestimmungen dieses Abkommens oder ergänzender Übereinkünfte zu erörtern.

(2) Jede Vertragspartei berücksichtigt die von ihrer internen Beratungsgruppe oder -gruppen vorgelegten Empfehlungen. Vertreter jeder Vertragspartei bemühen sich, sich mit ihrer jeweiligen internen Beratungsgruppe oder -gruppen mindestens einmal jährlich zu beraten. Die Sitzungen können in virtueller Form abgehalten werden.

(3) Jede Vertragspartei bemüht sich, zur Sensibilisierung der Öffentlichkeit in Bezug auf die internen Beratungsgruppen die Liste der Organisationen, die an ihrer internen Beratungsgruppe(n) teilnehmen, sowie die Kontaktstelle für diese Gruppe(n), zu veröffentlichen.

(4) Die Vertragsparteien fördern die Interaktion zwischen ihren jeweiligen internen Beratungsgruppen, indem sie nach Möglichkeit auch die Kontaktdaten der Mitglieder ihrer internen Beratungsgruppen austauschen.

Artikel INST.8 Zivilgesellschaftliches Forum

(1) Die Vertragsparteien ermöglichen die Organisation eines Zivilgesellschaftlichen Forums, um einen Dialog über die Umsetzung von Teil zwei dieses Abkommens zu führen. Der Partnerschaftsrat nimmt operative Leitlinien für die Durchführung des Forums an.

(2) Sofern von den Vertragsparteien nichts anderes vereinbart wird, tritt das zivilgesellschaftliche Forum mindestens einmal jährlich zusammen. Die Sitzungen des Zivilgesellschaftlichen Forums können in virtueller Form abgehalten werden.

(3) Das Zivilgesellschaftliche Forum steht unabhängigen, im Gebiet der Vertragsparteien niedergelassenen Organisationen der Zivilgesellschaft, einschließlich Mitgliedern der in Artikel INST.7 [Interne Beratungsgruppen] genannten internen Beratungsgruppen zur Teilnahme, offen. Jede Vertragspartei fördert eine ausgewogene Vertretung, einschließlich von nichtstaatlichen Organisationen, Unternehmens- und Arbeitgeberverbänden sowie Gewerkschaften, die in den Bereichen Wirtschaft, nachhaltige Entwicklung, Soziales, Menschenrechte, Umwelt und sonstigen Bereichen tätig sind.

(…)

TEIL SECHS
STREITBEILEGUNG UND HORIZONTALE BESTIMMUNGEN

TITEL I
STREITBEILEGUNG

Kapitel 1
Allgemeine Bestimmungen

Artikel INST.9 Ziel

Ziel dieses Titels ist es, einen wirksamen und effizienten Mechanismus für die Vermeidung und Beilegung von Streitigkeiten zwischen den Vertragsparteien über die Auslegung und Anwendung dieses Abkommens und etwaiger ergänzender Abkommen zu schaffen, um nach Möglichkeit zu einer einvernehmlichen Lösung zu gelangen.

Artikel INST.10 Anwendungsbereich

(1) Dieser Titel findet vorbehaltlich der Absätze 2, 3, 4 und 5 auf Streitigkeiten zwischen den Vertragsparteien hinsichtlich der Auslegung und Anwendung der Bestimmungen dieses Abkommens oder eines etwaigen Zusatzabkommens („erfasste Bestimmungen") Anwendung.

(2) Zu den erfassten Bestimmungen gehören alle Bestimmungen dieses Abkommens und eines etwaigen Zusatzabkommens mit Ausnahme von:

(a) Artikel Goods.17 [Handelsabhilfen] Absätze 1 bis 6 und Artikel Goods.21 [Kulturgüter] Titel I Titel I des Zweiten Teils;
(b) Anhang TBT-X [Arzneimittel];
(c) Titel VII [Kleine und mittlere Unternehmen] der ersten Rubrik des Zweiten Teils;
(d) Titel X [Gute Regulierungspraxis und Zusammenarbeit in Regulierungsfragen] des ersten Teils des Zweiten Teils;
(e) die Absätze 1, 2 und 4 des Artikels LPFS.1.1 [Grundsätze und Ziele] und Artikel LPFS.3 Absätze 1 und 1.2 [Recht auf Regulierung, Vorsorgeansatz und wissenschaftliche und technische Informationen] Kapitel 1 [Allgemeine Bestimmungen], Kapitel 2 [Wettbewerbspolitik], Artikel LPFS. 3.9 [Unabhängige Behörde oder Stelle und Zusammenarbeit] und LPFS.3.10 [Gerichte] von Kapitel 2 [Subsidy control]; und Titel XI [Gleiche Wettbewerbsbedingungen für offenen und fairen Wettbewerb und nachhaltige Entwicklung] Kapitel 5 [Steuerwesen] von Titel XI [Gleiche Wettbewerbsbedingungen für offenen und fairen Wettbewerb und nachhaltige Entwicklung] in Titel XI Kapitel 9 [Horizontale und institutionelle Bestimmungen] Titel XI [Gleiche Wettbewerbsbedingungen für offenen und fairen Wettbewerb und nachhaltige Entwicklung] der Rubrik I von Teil Zwei Abschnitt 4 Absätze bis 9 des Artikels LPFS.9.4 [Neugewichtung];
(f) Dritter Teil [Rechtsdurchsetzung und justizielle Zusammenarbeit in Strafsachen], auch wenn es sich um Situationen handelt, die durch andere Bestimmungen dieses Abkommens geregelt sind;
(g) Vierter Teil [Thematische Zusammenarbeit];
(h) Titel II [Grundlagen für die Zusammenarbeit] des Sechsten Teils [Streitbeilegung und horizontale Bestimmungen];
(i) Artikel FINPROV.10A [Übergangsbestimmung für die Übermittlung personenbezogener Daten an das Vereinigte Königreich] von Teil Seven; und
(j) das Abkommen über die Sicherheitsverfahren für den Austausch und den Schutz von Verschlusssachen;

(3) Der Partnerschaftsrat kann von einer Vertragspartei im Hinblick auf die Beilegung einer Streitigkeit bezüglich der Verpflichtungen befasst werden, die sich aus den in Absatz 2 genannten Bestimmungen ergeben.

(4) Artikel INST.11 [Ausschließlichkeit] gilt für die in Absatz 2 genannten Bestimmungen.

(5) Ungeachtet der Absätze 1 und 2 ist dieser Titel nicht anwendbar auf Streitigkeiten über die Auslegung und Anwendung der Bestimmungen des Protokolls über die Koordinierung der sozialen Sicherheit und seine Anhänge in Einzelfällen.

Artikel INST.11 Ausschließlichkeit

Die Vertragsparteien verpflichten sich, eine zwischen ihnen bestehende Streitigkeit in Bezug auf die Auslegung oder Anwendung der Bestimmungen dieses Abkommens oder eines etwaigen Zusatzabkommens keinem anderen als dem in diesem Abkommen vorgesehenen Streitbeilegungsmechanismus vorzulegen.

Artikel INST.12 Wahl des Gremiums im Falle einer im Wesentlichen gleichwertigen Verpflichtung aus einem anderen internationalen Übereinkommen

(1) Entsteht eine Streitigkeit über eine Maßnahme, die einen mutmaßlichen Verstoß gegen eine Verpflichtung aus diesem Abkommen oder einem etwaigen Zusatzabkommen und eine im Wesentlichen gleichwertige Verpflichtung aus einem anderen internationalen Übereinkommen darstellt, dem beide Vertragsparteien angehören, einschließlich des WTO-Übereinkommens, so wählt die Beschwerdeführerin das Gremium, in dessen Rahmen die Streitigkeit beigelegt werden soll.

(2) Hat eine Vertragspartei das Gremium ausgewählt und die Streitbeilegungsverfahren nach diesem Titel oder einem anderen internationalen Übereinkommen eingeleitet, so darf sie wegen der in Absatz 1 genannten Maßnahme kein solches Verfahren im Rahmen des anderen internationalen Übereinkommens einleiten, es sei denn, das zuerst gewählte Gremium kann aus verfahrenstechnischen Gründen oder aus Gründen der Zuständigkeit nicht über den Fall befinden.

(3) Für die Zwecke dieses Artikels

(a) gelten Streitbeilegungsverfahren nach diesem Titel als eingeleitet, sobald eine Vertragspartei einen Antrag auf Einsetzung eines Schiedsgerichts nach Artikel INST.14 [Schiedsverfahren] gestellt hat;

(b) gelten Streitbeilegungsverfahren nach dem WTO-Übereinkommen als zu dem Zeitpunkt eingeleitet, zu dem eine Vertragspartei nach Artikel 6 der WTO-Vereinbarung über Regeln und Verfahren zur Beilegung von Streitigkeiten einen Antrag auf Einsetzung eines Panels gestellt hat; und

gelten Streitbeilegungsverfahren im Rahmen etwaiger sonstiger Übereinkommen eingeleitet, wenn sie gemäß den einschlägigen Bestimmungen des betreffenden Übereinkommens eingeleitet wurden.

(4) Unbeschadet von Absatz 2 hindert dieses Abkommen oder etwaige Zusatzabkommen eine Vertragspartei nicht daran, vom WTO-Streitbeilegungsgremium genehmigte oder im Rahmen der Streitbeilegungsverfahren eines anderen internationalen Übereinkommens, dessen Vertragspartei die Vertragsparteien sind, genehmigte Verpflichtungen auszusetzen. Das WTO-Übereinkommen oder ein anderes internationales Übereinkommen zwischen den Vertragsparteien kann nicht in Anspruch genommen werden, um eine Vertragspartei daran zu hindern, Verpflichtungen nach diesem Titel auszusetzen.

Kapitel 2

Verfahren

Artikel INST.13 Konsultationen

(1) Ist eine Vertragspartei („Beschwerdeführerin“) der Auffassung, dass die andere Vertragspartei („Beschwerdegegnerin“) gegen eine Verpflichtung aus diesem Abkommen oder einem Zusatzabkommen verstoßen hat, sind die Vertragsparteien bestrebt, die Angelegenheit dadurch beizulegen, dass sie nach Treu und Glauben Konsultationen aufnehmen, um eine einvernehmliche Lösung herbeizuführen.

(2) Zur Aufnahme von Konsultationen übermittelt die Beschwerdeführerin der Beschwerdegegnerin ein schriftliches Ersuchen. Im schriftlichen Ersuchen begründet die Beschwerdeführerin ihren Antrag und nennt die strittigen Maßnahmen und deren rechtliche Grundlage sowie die erfassten Bestimmungen, die ihres Erachtens anwendbar sind.

(3) Die Beschwerdegegnerin beantwortet das Ersuchen unverzüglich, spätestens jedoch 10 Tage nach dem Tag der Übermittlung des Ersuchens. Innerhalb von 30 Tagen nach dem Tag der Übermittlung des Ersuchens werden Konsultationen in direktem persönlichem Kontakt oder mittels beliebiger Konsultationsmittel geführt, auf die sich die Vertragsparteien verständigen. Konsultationen in Form persönlicher Zusammenkünfte finden im Gebiet der ersuchten Vertragspartei statt, sofern die Vertragsparteien nichts anderes vereinbaren.

(4) Die Konsultationen gelten 30 Tage nach dem Tag der Übermittlung des Ersuchens als abgeschlossen, es sei denn, die Vertragsparteien vereinbaren, die Konsultationen fortzusetzen.

(5) Konsultationen in dringenden Fällen, unter anderem solchen, die leicht verderbliche Waren, saisonabhängige Waren oder Dienstleistungen betreffen, werden innerhalb von 20 Tagen nach dem Eingang Ersuchens abgehalten. Die Konsultationen gelten innerhalb dieser 20 Tage als abgeschlossen, es sei denn, die Vertragsparteien vereinbaren, die Konsultationen fortzusetzen.

(6) Jede Vertragspartei legt ausreichende Sachinformationen vor, damit die strittige Maßnahme vollständig geprüft werden kann, und legt insbesondere dar, wie sich diese Maßnahme auf die Anwendung dieses Abkommens oder etwaiger Zusatzabkommen auswirken könnte. Jede Vertragspartei ist bestrebt sicherzustellen, dass an den Konsultationen Bedienstete ihrer zuständigen Behörden teilnehmen, die über Fachwissen in der Angelegenheit verfügen, die Gegenstand der Konsultationen ist.

(7) Bei Streitigkeiten, die einen anderen Bereich als diejenigen in Teil zwei Teilbereich eins Titel I bis VII, Titel VIII Kapitel vier [Energie und Rohstoffe] Titel IX bis XII oder Teilbereich sechs betreffen, werden die Konsultationen nach Absatz 3 auf Ersuchen der Beschwerdeführerin im Rahmen eines Sonderausschusses oder des Partnerschaftsrats geführt. Der Sonderausschuss kann jederzeit beschließen, den Partnerschaftsrat mit der Angelegenheit zu befassen. Der Partnerschaftsrat kann auch selbst die Angelegenheit an sich ziehen. Der Sonderausschuss beziehungsweise der Partnerschaftsrat kann die Streitigkeit im Wege eines Beschlusses beilegen. Die in Absatz 3 dieses Artikels genannten Fristen finden Anwendung. Die Sitzungsorte werden nach den Regeln der Geschäftsordnung des Sonderausschusses bzw. des Partnerschaftsrats festgelegt.

(8) Die Konsultationen, insbesondere alle von den Vertragsparteien während der Konsultationen als vertraulich eingestuften Informationen und abgegebenen Stellungnahmen, sind vertraulich und lassen die Rechte der Vertragsparteien in allen weiteren Verfahren unberührt.

Artikel INST.14 Schiedsverfahren

(1) Die Beschwerdeführerin kann die Einsetzung eines Schiedsgerichts beantragen, sofern

(a) die Beschwerdegegnerin nicht innerhalb von 10 Tagen nach Eingang des Konsultationsersuchens reagiert,

(b) die Konsultation nicht innerhalb der Fristen nach Artikel INST.13 Absätze (3), (4) oder (5) [Konsultationen] erfolgen,

(c) sich die Vertragsparteien darauf geeinigt haben, keine Konsultation abzuhalten, oder

(d) die Konsultation ohne einvernehmliche Lösung abgeschlossen wurde.

(2) Das Ersuchen um Einsetzung des Schiedsgerichts wird der Beschwerdegegnerin schriftlich übermittelt. Die Beschwerdeführerin nennt in ihrem Ersuchen ausdrücklich die strittige Maßnahme und erläutert in einer zur Verdeutlichung der Rechtsgrundlage der Beschwerde ausreichenden Weise, inwiefern die betreffende Maßnahme gegen die erfassten Bestimmungen verstößt.

Artikel INST.15 Einsetzung des Schiedsgerichts

(1) Ein Schiedsgericht setzt sich aus drei Schiedsrichtern zusammen.

(2) Spätestens 10 Tage nach dem Tag der Übermittlung des Ersuchens um Einsetzung eines Schiedsgerichts nehmen die Vertragsparteien Konsultationen auf, um eine Einigung über die Zusammensetzung des Schiedsgerichts herbeizuführen.

(3) Einigen sich die Vertragsparteien innerhalb der in Absatz 2 festgelegten Frist nicht über die Zusammensetzung des Schiedsgerichts, so bestimmt jede Vertragspartei spätestens fünf Tage nach Ablauf der in Absatz 2 festgelegten Frist einen Schiedsrichter von der nach Artikel INST.27 [Liste der Schiedsrichter] aufgestellten Teilliste für diese Vertragspartei. Bestimmt eine Vertragspartei innerhalb der genannten Frist keinen Schiedsrichter von ihrer Teilliste, so wählt der von der Beschwerdeführerin gestellte Ko-Vorsitzende des Partnerschaftsrats spätestens fünf Tage nach Ablauf der Frist einen Schiedsrichter per Losentscheid aus der Teilliste der Vertragspartei, die keinen Schiedsrichter bestimmt hat, aus. Der von der Beschwerdeführerin gestellte Ko-Vorsitzende des Partnerschaftsrats kann die per Losentscheid vorzunehmende Auswahl des Schiedsrichters delegieren.

(4) Einigen sich die Vertragsparteien innerhalb der in Absatz 2 festgelegten Frist nicht über den Vorsitz des Schiedsgerichts, so wählt der von der Beschwerdeführerin gestellte Ko-Vorsitzende des Partnerschaftsrats spätestens fünf Tage nach Ablauf dieser Frist den Vorsitzenden des Schiedsgerichts per Losentscheid aus der nach Artikel INST.27 [Liste der Schiedsrichter] erstellten Teilliste der Vorsitzenden aus. Der von der Beschwerdeführerin gestellte Ko-Vorsitzende des Partnerschaftsrats kann die per Losentscheid vorzunehmende Auswahl des Vorsitzenden des Schiedsgerichts delegieren.

(5) Ist eine der in Artikel INST.27 [Liste der Schiedsrichter] vorgesehenen Listen zum Zeitpunkt eines Ersuchens nach Absatz 3 oder Absatz 4 noch nicht aufgestellt oder umfasst sie keine ausreichende Zahl von Personen, so werden die Schiedsrichter unter den Personen, die von einer Vertragspartei oder beiden Vertragsparteien gemäß Anhang INST-X [Verfahrensordnung] förmlich vorgeschlagen wurden, per Losentscheid bestimmt.

(6) Als Tag der Einsetzung des Schiedsgerichts gilt der Tag, an dem der letzte der drei Schiedsrichter den Vertragsparteien gemäß Anhang INST-X [Verfahrensordnung] förmlich mitgeteilt hat, dass er seiner Ernennung zustimmt.

(…)

Vertrag zur Einrichtung des Europäischen Stabilitätsmechanismus zwischen dem Königreich Belgien, der Bundesrepublik Deutschland, der Republik Estland, Irland, der Hellenischen Republik, dem Königreich Spanien, der Französischen Republik, der Italienischen Republik, der Republik Zypern, dem Großherzogtum Luxemburg, Malta, dem Königreich der Niederlande, der Republik Österreich, der Portugiesischen Republik, der Republik Slowenien, der Slowakischen Republik und der Republik Finnland

Vom 2. Februar 2012[1)] (BGBl. II S. 983)

Die Vertragsparteien, das Königreich Belgien, die Bundesrepublik Deutschland, die Republik Estland, Irland, die Hellenische Republik, das Königreich Spanien, die Französische Republik, die Italienische Republik, die Republik Zypern, das Großherzogtum Luxemburg, Malta, das Königreich der Niederlande, die Republik Österreich, die Portugiesische Republik, die Republik Slowenien, die Slowakische Republik und die Republik Finnland („Mitgliedstaaten des Euro-Währungsgebiets" oder „ESM-Mitglieder") –

in ihrer Verpflichtung zur Wahrung der Finanzstabilität des Euro-Währungsgebiets,

eingedenk der Schlussfolgerungen des Europäischen Rates vom 25. März 2011 zur Einrichtung eines Europäischen Stabilitätsmechanismus,

in Erwägung nachstehender Gründe:

(1) Der Europäische Rat erzielte am 17. Dezember 2010 Einvernehmen darüber, dass die Mitgliedstaaten des Euro-Währungsgebiets einen ständigen Stabilitätsmechanismus einrichten müssen. Dieser Europäische Stabilitätsmechanismus („ESM") wird die gegenwärtigen Aufgaben der Europäischen Finanzstabilisierungsfazilität („EFSF") und des europäischen Finanzstabilisierungsmechanismus („EFSM") übernehmen, die darin bestehen, den Mitgliedstaaten des Euro-Währungsgebiets bei Bedarf Finanzhilfe bereitzustellen.

(2) Am 25. März 2011 nahm der Europäische Rat den Beschluss 2011/199/EU zur Änderung des Artikels 136 des Vertrags über die Arbeitsweise der Europäischen Union hinsichtlich eines Stabilitätsmechanismus für die Mitgliedstaaten, deren Währung der Euro ist[2)] an, womit Artikel 136 folgender Absatz angefügt wird: „Die Mitgliedstaaten, deren Währung der Euro ist, können einen Stabilitätsmechanismus einrichten, der aktiviert wird, wenn dies unabdingbar ist, um die Stabilität des Euro-Währungsgebiets insgesamt zu wahren. Die Gewährung aller erforderlichen Finanzhilfen im Rahmen des Mechanismus wird strengen Auflagen unterliegen."

(3) Zur Verbesserung der Wirksamkeit der Finanzhilfe und zur Bekämpfung der Ansteckungsgefahr kamen die Staats- und Regierungschefs der Mitgliedstaaten, deren Währung der Euro ist, am 21. Juli 2011 überein, „die Flexibilität [des ESM] unter Bindung an angemessene Auflagen zu erhöhen".

(4) Die strikte Einhaltung des Rahmens der Europäischen Union, der integrierten makroökonomischen Überwachung, insbesondere des Stabilitäts- und Wachstumspakts, des Rahmens für makroökonomische Ungleichgewichte und der Vorschriften für die wirtschaftspolitische Steuerung der Europäischen Union sollte die erste Verteidigungslinie gegen Vertrauenskrisen bleiben, die die Stabilität des Euro-Währungsgebiets beeinträchtigen.

(5) Am 9. Dezember 2011 haben die Staats- und Regierungschefs der Mitgliedstaaten, deren Währung der Euro ist, vereinbart, Schritte in Richtung auf eine stärkere Wirtschaftsunion zu unternehmen, einschließlich eines neuen fiskalpolitischen Pakts und einer verstärkten wirtschaftspolitischen Koordinierung, die durch einen Vertrag über Stabilität, Koordinierung und Steuerung in der Wirtschafts- und Währungsunion („VSKS") umzusetzen ist. Der VSKS wird dazu beitragen, eine engere Koordinierung der Wirtschaftspolitik im Euro-Währungsgebiet zu entwickeln,

---

1) Der Vertrag wurde für die Bundesrepublik Deutschland ratifiziert durch G v. 13. 9. 2012 (BGBl. II S. 981).

2) **Amtl. Anm.:** ABl. L 91 vom 6. 4. 2011, S. 1

um eine dauerhafte, gesunde und stabile Verwaltung der öffentlichen Finanzen zu gewährleisten und so eine der Hauptursachen der finanziellen Instabilität anzugehen. Der vorliegende Vertrag und der VSKS ergänzen sich gegenseitig bei der Verstärkung der haushaltspolitischen Verantwortlichkeit und der Solidarität innerhalb der Wirtschafts- und Währungsunion. Es ist anerkannt und vereinbart, dass die Gewährung von Finanzhilfe im Rahmen neuer Programme durch den ESM ab dem 1. März 2013 von der Ratifizierung des VSKS durch das betreffende ESM-Mitglied abhängt, und nach Ablauf der in Artikel 3 Absatz 2 VSKS genannten Frist von der Erfüllung der in diesem Artikel genannten Pflichten.

(6) Angesichts der starken Interdependenzen innerhalb des Euro-Währungsgebiets können ernsthafte Risiken für die Finanzstabilität der Mitgliedstaaten, deren Währung der Euro ist, die Finanzstabilität des gesamten Euro-Währungsgebiets gefährden. Daher kann der ESM auf der Grundlage strenger Auflagen, die dem gewählten Finanzinstrument angemessen sind, Stabilitätshilfe gewähren, wenn dies zur Wahrung der Finanzstabilität des Euro-Währungsgebiets insgesamt und seiner Mitgliedstaaten unabdingbar ist. Das anfängliche maximale Darlehensvolumen des ESM wird auf 500 Milliarden EUR einschließlich der ausstehenden EFSF-Stabilitätshilfe festgesetzt. Die Angemessenheit des konsolidierten maximalen Darlehensvolumens des ESM und der EFSF wird jedoch vor dem Inkrafttreten des vorliegenden Vertrags neu bewertet werden. Falls dies angebracht ist, wird es ab Inkrafttreten des vorliegenden Vertrags gemäß Artikel 10 durch den Gouverneursrat des ESM angepasst.

(7) Alle Mitgliedstaaten des Euro-Währungsgebiets werden ESM-Mitglieder werden. Mit dem Beitritt zum Euro-Währungsgebiet sollte ein Mitgliedstaat der Europäischen Union zu einem ESM-Mitglied mit denselben Rechten und Pflichten werden wie die Vertragsparteien.

(8) Der ESM wird bei der Bereitstellung von Stabilitätshilfe sehr eng mit dem Internationalen Währungsfonds („IWF“) zusammenarbeiten. Eine aktive Beteiligung des IWF, sowohl auf fachlicher als auch auf finanzieller Ebene, wird angestrebt. Von einem Mitgliedstaat des Euro-Währungsgebiets, der um eine Finanzhilfe durch den ESM ersucht, wird erwartet, dass er, wann immer dies möglich ist, ein ähnliches Ersuchen an den IWF richtet.

(9) Mitgliedstaaten der Europäischen Union, deren Währung nicht der Euro ist („Nichtmitgliedstaaten des Euro-Währungsgebiets“) und die sich im Einzelfall neben dem ESM an einer Stabilitätshilfemaßnahme für Mitgliedstaaten des Euro-Währungsgebiets beteiligen, werden als Beobachter zu den Sitzungen des ESM eingeladen, auf denen diese Stabilitätshilfemaßnahme und ihre Überwachung erörtert werden. Sie erhalten zeitnahen Zugang zu sämtlichen Informationen und werden ordnungsgemäß konsultiert.

(10) Am 20. Juni 2011 ermächtigten die Vertreter der Regierungen der Mitgliedstaaten der Europäischen Union die Vertragsparteien des vorliegenden Vertrags, die Europäische Kommission und die Europäische Zentralbank („EZB“) dazu aufzufordern, die in dem vorliegenden Vertrag vorgesehenen Aufgaben zu erfüllen.

(11) In ihrer Erklärung vom 28. November 2010 stellte die Euro-Gruppe fest, dass standardisierte und identische Umschuldungsklauseln („Collective Action Clauses“ – „CAC“) in einer die Marktliquidität wahrenden Form in die Vertragsbedingungen aller neuen Staatsanleihen des Euro-Währungsgebiets aufgenommen werden. Wie vom Europäischen Rat am 25. März 2011 gefordert, sind die Einzelheiten der rechtlichen Regelungen für die Aufnahme von Umschuldungsklauseln in Staatsschuldtitel des Euro-Währungsgebiets vom Wirtschafts- und Finanzausschuss festgelegt worden.

(12) Entsprechend der Praxis des IMF ist in Ausnahmefällen eine Beteiligung des Privatsektors in angemessener und verhältnismäßiger Form in Fällen in Betracht zu ziehen, in denen die Stabilitätshilfe in Verbindung mit Auflagen in Form eines makroökonomischen Anpassungsprogramms gewährt wird.

(13) Der ESM wird, wie der IWF, einem ESM-Mitglied Stabilitätshilfe gewähren, wenn dessen regulärer Zugang zur Finanzierung über den Markt beeinträchtigt ist oder beeinträchtigt zu werden droht. Eingedenk dessen haben die Staats- und Regierungschefs festgelegt, dass ESM-Darlehen – vergleichbar denen des IWF – den Status eines bevorrechtigten Gläubigers haben werden, wobei akzeptiert wird, dass der IWF gegenüber dem ESM als Gläubiger vorrangig ist. Dieser Status wird ab dem Tag des Inkrafttretens dieses Vertrags gelten. In dem Fall, dass sich die ESM-

Finanzhilfe in Form von ESM-Darlehen an ein Finanzhilfeprogramm anschließt, das im Zeitpunkt der Unterzeichnung dieses Vertrags bereits besteht, wird der ESM den gleichen Rang haben, wie alle anderen Darlehen und Verpflichtungen des die Finanzhilfe empfangenden ESM-Mitglieds, ausgenommen die Darlehen des IWF.

(14) Die dem Euro-Währungsgebiet angehörenden Mitgliedstaaten werden es unterstützen, dass dem ESM und anderen Staaten, die bilateral in Abstimmung mit dem ESM als Darlehensgeber auftreten, ein gleichwertiger Gläubigerstatus zuerkannt wird.

(15) Die Preisgestaltung des ESM für Mitgliedstaaten, die einem makroökonomischen Anpassungsprogramm, einschließlich der in Artikel 40 dieses Vertrags genannten, unterliegen, muss die Finanzierungs- und Betriebskosten des ESM decken und sollte mit den Bedingungen der zwischen dem EFSF, Irland und der Central Bank of Ireland einerseits und zwischen dem EFSF, der Portugiesischen Republik und der Banco de Portugal andererseits geschlossenen Vereinbarungen über eine Finanzhilfefazilität in Einklang stehen.

(16) Streitigkeiten über die Auslegung oder Anwendung dieses Vertrags zwischen den Vertragsparteien oder zwischen den Vertragsparteien und dem ESM sollten gemäß Artikel 273 des Vertrags über die Arbeitsweise der Europäischen Union („AEUV“) beim Gerichtshof der Europäischen Union anhängig gemacht werden.

(17) Die Überwachung nach Abschluss des Programms wird von der Europäischen Kommission und vom Rat der Europäischen Union im Rahmen der Artikel 121 und 136 AEUV durchgeführt –

sind wie folgt übereingekommen:

Kapitel 1
Mitgliedschaft und Zweck

Artikel 1 Einrichtung und Mitglieder

(1) Durch diesen Vertrag richten die Vertragsparteien untereinander eine internationale Finanzinstitution ein, die den Namen „Europäischer Stabilitätsmechanismus“ („ESM“) trägt.

(2) Die Vertragsparteien sind die ESM-Mitglieder.

Artikel 2 Neue Mitglieder

(1) Die Mitgliedschaft im ESM steht den anderen Mitgliedstaaten der Europäischen Union von dem Zeitpunkt an offen, zu dem der gemäß Artikel 140 Absatz 2 AEUV angenommene Beschluss des Rates der Europäischen Union zur Aufhebung der für sie geltenden Ausnahmeregelung bezüglich der Einführung des Euro in Kraft tritt.

(2) Neue ESM-Mitglieder werden nach Maßgabe des Artikels 44 zu den selben Bedingungen aufgenommen wie die bestehenden ESM-Mitglieder.

(3) Ein neuer Mitgliedstaat, der dem ESM nach dessen Einrichtung beitritt, erhält für seinen Kapitalbeitrag, der gemäß dem Beitragsschlüssel nach Artikel 11 berechnet wird, Anteile am ESM.

Artikel 3 Zweck

[1]Zweck des ESM ist es, Finanzmittel zu mobilisieren und ESM-Mitgliedern, die schwerwiegende Finanzierungsprobleme haben oder denen solche Probleme drohen, unter strikten, dem gewählten Finanzhilfeinstrument angemessenen Auflagen eine Stabilitätshilfe bereitzustellen, wenn dies zur Wahrung der Finanzstabilität des Euro-Währungsgebiets insgesamt und seiner Mitgliedstaaten unabdingbar ist. [2]Zu diesem Zweck ist der ESM berechtigt, Mittel aufzunehmen, indem er Finanzinstrumente begibt oder mit ESM-Mitgliedern, Finanzinstituten oder sonstigen Dritten finanzielle oder sonstige Vereinbarungen oder Übereinkünfte schließt.

Kapitel 2
Geschäftsführung

Artikel 4 Aufbau und Abstimmungsregeln

(1) Der ESM hat einen Gouverneursrat und ein Direktorium sowie einen Geschäftsführenden Direktor und andere für erforderlich erachtete eigene Bedienstete.

(2) [1]Der Gouverneursrat und das Direktorium beschließen nach Maßgabe dieses Vertrags in gegenseitigem Einvernehmen, mit qualifizierter Mehrheit oder mit einfacher Mehrheit. [2]Bei allen Beschlüssen ist die Beschlussfähigkeit erreicht, wenn 2/3 der stimmberechtigten Mitglieder, auf die insgesamt mindestens 2/3 der Stimmrechte entfallen, anwesend sind.

(3) [1]Die Annahme eines Beschlusses in gegenseitigem Einvernehmen erfordert die Einstimmigkeit der an der Abstimmung teilnehmenden Mitglieder. [2]Die Annahme eines Beschlusses in gegenseitigem Einvernehmen wird durch Enthaltungen nicht verhindert.

(4) [1]Abweichend von Absatz 3 wird in Fällen, in denen die Europäische Kommission und die EZB beide zu dem Schluss gelangen, dass die Unterlassung der dringlichen Annahme eines Beschlusses zur Gewährung oder Durchführung von Finanzhilfe in aller Eile gemäß der Regelung in den Artikeln 13 bis 18 die wirtschaftliche und finanzielle Stabilität des Euro-Währungsgebiets bedrohen würde, ein Dringlichkeitsabstimmungsverfahren angewandt. [2]Die Annahme eines Beschlusses in gegenseitigem Einvernehmen durch den Gouverneursrat gemäß Artikel 5 Absatz 6 Buchstaben f und g und durch das Direktorium nach diesem Dringlichkeitsverfahren erfordert eine qualifizierte Mehrheit von 85 % der abgegebenen Stimmen.

[1]Wird das in Unterabsatz 1 genannte Dringlichkeitsverfahren angewandt, so wird eine Übertragung vom Reservefonds und/oder vom eingezahlten Kapital in einen Notfallreservefonds vorgenommen, um einen zweckbestimmten Puffer zur Abdeckung der Risiken zu bilden, die sich aus der im Dringlichkeitsverfahren gewährten Finanzhilfe ergeben. [2]Der Gouverneursrat kann beschließen, den Notfallreservefonds aufzulösen und seinen Inhalt auf den Reservefonds und/oder das eingezahlte Kapital rückzuübertragen.

(5) Für die Annahme eines Beschlusses mit qualifizierter Mehrheit sind 80 % der abgegebenen Stimmen erforderlich.

(6) Für die Annahme eines Beschlusses mit einfacher Mehrheit ist die Mehrheit der abgegebenen Stimmen erforderlich.

(7) Die Stimmrechte eines jeden ESM-Mitglieds, die von dessen Beauftragten oder dem Vertreter des Letztgenannten im Gouverneursrat oder im Direktorium ausgeübt werden, entsprechen der Zahl der Anteile, die dem betreffenden Mitglied gemäß Anhang II am genehmigten Stammkapital des ESM zugeteilt wurden.

(8) [1]Versäumt es ein ESM-Mitglied, den Betrag, der aufgrund seiner Verpflichtungen im Zusammenhang mit eingezahlten Anteilen oder Kapitalabrufen nach Maßgabe der Artikel 8, 9 und 10 oder im Zusammenhang mit der Rückzahlung der Finanzhilfe nach Maßgabe der Artikel 16 oder 17 fällig werden, in voller Höhe zu begleichen, so werden sämtliche Stimmrechte dieses ESM-Mitglieds so lange ausgesetzt, bis die Zahlung erfolgt ist. [2]Die Stimmrechtsschwellen werden entsprechend neu berechnet.

Artikel 5 Gouverneursrat

(1) [1]Jedes ESM-Mitglied ernennt ein Mitglied des Gouverneursrats und ein stellvertretendes Mitglied des Gouverneursrats. [2]Die Ernennungen können jederzeit widerrufen werden. [3]Das Mitglied des Gouverneursrats ist ein Regierungsmitglied des jeweiligen ESM-Mitglieds mit Zuständigkeit für die Finanzen. [4]Das stellvertretende Mitglied des Gouverneursrats ist bevollmächtigt, bei Abwesenheit des Gouverneursratsmitglieds in dessen Namen zu handeln.

(2) [1]Der Gouverneursrat beschließt entweder, seinen Vorsitz dem in dem dem Vertrag über die Europäische Union und dem Vertrag über die Arbeitsweise der Europäischen Union beigefügten Protokoll (Nr. 14) betreffend die Euro-Gruppe genannten Präsidenten der Euro-Gruppe zu übertragen, oder er wählt aus dem Kreis seiner Mitglieder einen Vorsitzenden und einen stellvertretenden Vorsitzenden für eine Amtszeit von zwei Jahren. [2]Der Vorsitzende und der stellvertretende Vorsitzende können wiedergewählt werden. [3]Hat der amtierende Vorsitzende die für das Amt des Gouverneursratsmitglieds erforderliche Funktion nicht länger inne, so wird unverzüglich eine Neuwahl durchgeführt.

(3) Das für Wirtschaft und Währung zuständige Mitglied der Europäischen Kommission und der Präsident der EZB sowie der Präsident der Euro-Gruppe (sofern er nicht der Vorsitzende oder ein Mitglied des Gouverneursrats ist) können als Beobachter an den Sitzungen des Gouverneursrats teilnehmen.

(4) Vertreter der Mitgliedstaaten, die dem Euro-Währungsgebiet nicht angehören und sich auf Ad-hoc-Basis neben dem ESM an einer Stabilitätshilfemaßnahme für Mitgliedstaaten des Euro-Währungsgebiets beteiligen, werden ebenfalls als Beobachter zu den Sitzungen des Gouverneursrats eingeladen, auf denen diese Stabilitätshilfe und ihre Überwachung erörtert werden.

(5) Der Gouverneursrat kann im Einzelfall auch andere Personen als Beobachter zu Sitzungen einladen, darunter auch Vertreter von Institutionen oder Organisationen wie dem IWF.

(6) Der Gouverneursrat fasst die folgenden Beschlüsse im gegenseitigen Einvernehmen:

a) Auflösung des Notfallreservefonds und Rückübertragung seines Inhalts auf den Reservefonds und/oder in das eingezahlte Kapital nach Maßgabe des Artikels 4 Absatz 4;
b) Auflage neuer Anteile zu anderen Konditionen als zum Nennwert nach Maßgabe des Artikels 8 Absatz 2;
c) Kapitalabrufe nach Maßgabe des Artikels 9 Absatz 1;
d) Veränderungen des genehmigten Stammkapitals und Anpassung des maximalen Darlehensvolumens des ESM nach Maßgabe des Artikels 10 Absatz 1;
e) Berücksichtigung einer etwaigen Aktualisierung des Schlüssels für die Zeichnung des EZB-Kapitals nach Maßgabe des Artikels 11 Absatz 3 und die erforderlichen Änderungen an Anhang I gemäß Artikel 11 Absatz 6;
f) Gewährung von Stabilitätshilfe durch den ESM einschließlich der in dem Memorandum of Understanding nach Artikel 13 Absatz 3 festgelegten wirtschaftspolitischen Auflagen sowie Wahl der Instrumente und Festlegung der Finanzierungsbedingungen nach Maßgabe der Artikel 12 bis 18;
g) Erteilung des Mandats an die Europäische Kommission, im Benehmen mit der EZB die an jede Finanzhilfe gebundenen wirtschaftspolitischen Auflagen auszuhandeln, nach Maßgabe des Artikels 13 Absatz 3;
h) Änderungen der Methodik der Preisgestaltung und der Preisgestaltungsleitlinie für Finanzhilfe nach Maßgabe des Artikels 20;
i) Änderungen an der Liste der Finanzhilfeinstrumente, die der ESM nutzen kann, nach Maßgabe des Artikels 19;
j) Festlegung der Modalitäten für die Übertragung von EFSF-Hilfen auf den ESM nach Maßgabe des Artikels 40;
k) Genehmigung des Antrags neuer Mitglieder auf Beitritt zum ESM nach Maßgabe des Artikels 44;
l) Anpassungen dieses Vertrags, die unmittelbar infolge des Beitritts neuer Mitglieder erforderlich werden, einschließlich Änderungen an der Kapitalverteilung zwischen den ESM-Mitgliedern und an der Berechnung dieser Verteilung als unmittelbare Folge des Beitritts eines neuen Mitglieds zum ESM nach Maßgabe des Artikels 44 und
m) Übertragung der in diesem Artikel genannten Aufgaben auf das Direktorium.

(7) Der Gouverneursrat fasst die folgenden Beschlüsse mit qualifizierter Mehrheit:

a) Festlegung ausführlicher technischer Regelungen für den Beitritt eines neuen Mitglieds zum ESM nach Maßgabe des Artikels 44;
b) ob der Vorsitz dem Präsidenten der Euro-Gruppe übertragen wird oder ob – mit qualifizierter Mehrheit – eine Wahl eines Vorsitzenden und eines stellvertretenden Vorsitzenden des Gouverneursrats nach Maßgabe des Absatzes 2 stattfindet;
c) Festlegung der Satzung des ESM und der Geschäftsordnung des Gouverneursrats und des Direktoriums (einschließlich des Rechts zur Einsetzung von Ausschüssen und nachgeordneten Gremien) nach Maßgabe des Absatzes 9;
d) Aufstellung der Liste der mit den Pflichten eines Direktoriumsmitglieds oder eines stellvertretenden Direktoriumsmitglieds unvereinbaren Tätigkeiten nach Maßgabe des Artikels 6 Absatz 8;
e) Ernennung und Beendigung der Amtszeit des Geschäftsführenden Direktors nach Maßgabe des Artikels 7;
f) Einrichtung anderer Fonds nach Maßgabe des Artikels 24;
g) Maßnahmen, die zur Beitreibung einer Schuld eines ESM-Mitglieds nach Maßgabe des Artikels 25 Absätze 2 und 3 zu treffen sind;
h) Feststellung des Jahresabschlusses des ESM nach Maßgabe des Artikels 27 Absatz 1;
i) Ernennung der Mitglieder des Prüfungsausschusses nach Maßgabe des Artikels 30 Absatz 1;

j) Billigung externer Abschlussprüfer nach Maßgabe des Artikels 29;
k) Aufhebung der Immunität des Vorsitzenden des Gouverneursrats, eines Mitglieds des Gouverneursrats, eines stellvertretenden Mitglieds des Gouverneursrats, eines Mitglieds des Direktoriums, eines stellvertretenden Mitglieds des Direktoriums oder des Geschäftsführenden Direktors nach Maßgabe des Artikels 35 Absatz 2;
l) Festlegung der für Bedienstete des ESM geltenden Steuerregelung nach Maßgabe des Artikels 36 Absatz 5;
m) Entscheidung über Streitigkeiten nach Maßgabe des Artikels 37 Absatz 2 und
n) sonstige erforderliche Beschlüsse, die in diesem Vertrag nicht ausdrücklich genannt sind.

(8) [1]Der Vorsitzende beruft die Sitzungen des Gouverneursrats ein und führt in ihnen den Vorsitz. [2]Ist der Vorsitzende an der Teilnahme verhindert, so führt der stellvertretende Vorsitzende in den Sitzungen den Vorsitz.

(9) Der Gouverneursrat nimmt seine Geschäftsordnung und die Satzung des ESM an.

Artikel 6 Direktorium

(1) [1]Jedes Mitglied des Gouverneursrats ernennt aus einem Personenkreis mit großem Sachverstand im Bereich der Wirtschaft und der Finanzen ein Mitglied und ein stellvertretendes Mitglied des Direktoriums. [2]Diese Ernennungen können jederzeit widerrufen werden. [3]Das stellvertretende Mitglied des Direktoriums ist bevollmächtigt, bei Abwesenheit des Mitglieds des Direktoriums in dessen Namen zu handeln.

(2) Das für Wirtschaft und Finanzen zuständige Mitglied der Europäischen Kommission und der Präsident der EZB können jeweils einen Beobachter ernennen.

(3) Vertreter der Mitgliedstaaten, die dem Euro-Währungsgebiet nicht angehören und sich im Einzelfall neben dem ESM an einer Finanzhilfemaßnahme für einen Mitgliedstaat des Euro-Währungsgebiets beteiligen, werden ebenfalls als Beobachter zu den Sitzungen des Direktoriums eingeladen, auf denen diese Finanzhilfemaßnahme und ihre Überwachung erörtert werden.

(4) Der Gouverneursrat kann im Einzelfall auch andere Personen als Beobachter zu den Sitzungen einladen, darunter auch Vertreter von Institutionen oder Organisationen.

(5) [1]Soweit in diesem Vertrag nicht anders vorgesehen, beschließt das Direktorium mit qualifizierter Mehrheit. [2]Beschlüsse, die auf Grundlage von Befugnissen, die der Gouverneursrat delegiert hat, zu fassen sind, werden gemäß den einschlägigen Abstimmungsregeln in Artikel 5 Absätze 6 und 7 angenommen.

(6) [1]Unbeschadet der Befugnisse des Gouverneursrats nach Maßgabe des Artikels 5 gewährleistet das Direktorium, dass der ESM gemäß diesem Vertrag und gemäß der vom Gouverneursrat beschlossenen Satzung des ESM geführt wird. [2]Es fasst die Beschlüsse, die ihm nach Maßgabe dieses Vertrags obliegen oder die ihm vom Gouverneursrat übertragen werden.

(7) Nicht besetzte Positionen im Direktorium werden nach Maßgabe des Absatzes 1 unverzüglich besetzt.

(8) Der Gouverneursrat beschließt, welche Tätigkeiten mit den Pflichten eines Mitglieds des Direktoriums oder eines stellvertretenden Mitglieds des Direktoriums unvereinbar sind, die Satzung des ESM und die Geschäftsordnung des Direktoriums.

Artikel 7 Geschäftsführender Direktor

(1) [1]Der Geschäftsführende Direktor wird vom Gouverneursrat aus einem Kreis von Kandidaten ernannt, die die Staatsangehörigkeit eines ESM-Mitglieds, einschlägige internationale Erfahrung und großen Sachverstand im Bereich der Wirtschaft und der Finanzen besitzen. [2]Der Geschäftsführende Direktor darf während seiner Amtszeit weder Mitglied noch stellvertretendes Mitglied des Gouverneursrats oder des Direktoriums sein.

(2) [1]Die Amtszeit des Geschäftsführenden Direktors beträgt fünf Jahre. [2]Eine einmalige Wiederernennung ist möglich. [3]Durch Beschluss des Gouverneursrats kann die Amtszeit des Geschäftsführenden Direktors jedoch vorzeitig beendet werden.

(3) Der Geschäftsführende Direktor führt in den Sitzungen des Direktoriums den Vorsitz und nimmt an den Sitzungen des Gouverneursrats teil.

(4) [1]Der Geschäftsführende Direktor steht den Bediensteten des ESM vor. [2]Er ist für die Organisation, Ernennung und Entlassung der Bediensteten nach Maßgabe der vom Direktorium zu beschließenden Beschäftigungsbedingungen zuständig.

(5) Der Geschäftsführende Direktor ist der gesetzliche Vertreter des ESM und führt nach den Weisungen des Direktoriums die laufenden Geschäfte des ESM.

Kapitel 3
Kapital

Artikel 8 Genehmigtes Stammkapital

(1) [1]Das genehmigte Stammkapital beträgt 700 Milliarden EUR. [2]Es ist aufgeteilt in sieben Millionen Anteile mit einem Nennwert von je 100 000 EUR, die gemäß dem in Artikel 11 vorgesehenen und in Anhang I berechneten Erstbeitragsschlüssel zur Zeichnung zur Verfügung stehen.

(2) [1]Das genehmigte Stammkapital wird in eingezahlte Anteile und abrufbare Anteile unterteilt. [2]Der anfängliche Gesamtnennwert der eingezahlten Anteile beläuft sich auf 80 Milliarden EUR. [3]Die Anteile des genehmigten Stammkapitals am anfänglich gezeichneten Stammkapital werden zum Nennwert ausgegeben. [4]Andere Anteile werden zum Nennwert ausgegeben, sofern der Gouverneursrat nicht unter besonderen Umständen eine anderweitige Ausgabe beschließt.

(3) Die Anteile am genehmigten Stammkapital werden in keiner Weise belastet oder verpfändet und sind nicht übertragbar, außer im Falle einer Übertragung zur Durchführung von Anpassungen des in Artikel 11 vorgesehenen Beitragsschlüssels in dem Umfang, der erforderlich ist, um zu gewährleisten, dass die Verteilung der Anteile dem angepassten Schlüssel entspricht.

(4) [1]Die ESM-Mitglieder verpflichten sich unwiderruflich und uneingeschränkt, ihren Beitrag zum genehmigten Stammkapital gemäß ihrem Beitragsschlüssel in Anhang I zu leisten. [2]Sie kommen sämtlichen Kapitalabrufen gemäß den Bedingungen dieses Vertrages fristgerecht nach.

(5) [1]Die Haftung eines jeden ESM-Mitglieds bleibt unter allen Umständen auf seinen Anteil am genehmigten Stammkapital zum Ausgabekurs begrenzt. [2]Kein ESM-Mitglied haftet aufgrund seiner Mitgliedschaft für die Verpflichtungen des ESM. [3]Die Verpflichtung der ESM-Mitglieder zur Leistung von Kapitalbeiträgen zum genehmigten Stammkapital gemäß diesem Vertrag bleibt unberührt, falls ein ESM-Mitglied Finanzhilfe vom ESM erhält oder die Voraussetzungen dafür erfüllt.

Artikel 9 Kapitalabrufe

(1) Der Gouverneursrat kann genehmigtes nicht eingezahltes Kapital jederzeit abrufen und den ESM-Mitgliedern eine angemessene Frist für dessen Einzahlung setzen.

(2) Das Direktorium kann genehmigtes nicht eingezahltes Kapital durch Beschluss mit einfacher Mehrheit abrufen, um die Höhe des eingezahlten Kapitals wiederherzustellen, wenn diese durch das Auffangen von Verlusten unter den in Artikel 8 Absatz 2 festgelegten Betrag – der vom Gouverneursrat gemäß dem Verfahren nach Artikel 10 geändert werden kann – abgesunken ist, und den ESM-Mitgliedern eine angemessene Frist für dessen Einzahlung setzen.

(3) [1]Der Geschäftsführende Direktor ruft genehmigtes nicht eingezahltes Kapital rechtzeitig ab, falls dies notwendig ist, damit der ESM bei planmäßigen oder sonstigen fälligen Zahlungsverpflichtungen gegenüber Gläubigern des ESM nicht in Verzug gerät. [2]Der Geschäftsführende Direktor setzt das Direktorium und den Gouverneursrat über jeden derartigen Abruf in Kenntnis. [3]Wird ein potenzieller Fehlbetrag in den Mitteln des ESM entdeckt, so führt der Geschäftsführende Direktor (einen) entsprechende(n) Abruf(e) baldmöglichst durch, um sicherzustellen, dass der ESM über ausreichende Mittel verfügt, um fällige Zahlungen an Gläubiger fristgerecht und in voller Höhe leisten zu können. [4]Die ESM-Mitglieder verpflichten sich unwiderruflich und uneingeschränkt, Kapital, das der Geschäftsführende Direktor gemäß diesem Absatz von ihnen abruft, innerhalb von sieben Tagen ab Erhalt der Aufforderung einzuzahlen.

(4) Das Direktorium beschließt die ausführlichen Regelungen und Bedingungen, die für Kapitalabrufe nach Maßgabe dieses Artikels gelten.

Artikel 10 Veränderungen des genehmigten Stammkapitals

(1) [1]Der Gouverneursrat überprüft das maximale Darlehensvolumen und die Angemessenheit des genehmigten Stammkapitals des ESM regelmäßig, mindestens jedoch alle fünf Jahre. [2]Er kann beschlie-

ßen, das genehmigte Stammkapital zu verändern und Artikel 8 und Anhang II entsprechend zu ändern. [3]Dieser Beschluss tritt in Kraft, nachdem die ESM-Mitglieder dem Verwahrer den Abschluss ihrer jeweiligen nationalen Verfahren notifiziert haben. [4]Die neuen Anteile werden den ESM-Mitgliedern nach dem in Artikel 11 und Anhang I vorgesehenen Beitragsschlüssel zugeteilt.

(2) Das Direktorium beschließt die ausführlichen Regelungen und Bedingungen, die für sämtliche oder etwaige gemäß Absatz 1 vorgenommene Kapitalveränderungen gelten.

(3) Wird ein Mitgliedstaat der Europäischen Union neues ESM-Mitglied, so wird das genehmigte Stammkapital des ESM automatisch erhöht, indem die zum betreffenden Zeitpunkt geltenden Beträge mit der Verhältniszahl aus dem Gewichtsanteil des neuen ESM-Mitglieds und dem Gewichtsanteil der bestehenden ESM-Mitglieder im Rahmen des in Artikel 11 vorgesehenen angepassten Beitragsschlüssels multipliziert werden.

Artikel 11 Beitragsschlüssel

(1) Der Beitragsschlüssel für die Zeichnung des genehmigten Stammkapitals des ESM stützt sich vorbehaltlich der Absätze 2 und 3 auf den Schlüssel für die Zeichnung des EZB-Kapitals durch die nationalen Zentralbanken der ESM-Mitglieder gemäß Artikel 29 des dem Vertrag über die Europäische Union und dem Vertrag über die Arbeitsweise der Europäischen Union beigefügten Protokolls (Nr. 4) über die Satzung des Europäischen Systems der Zentralbanken und der Europäischen Zentralbank („ESZB-Satzung“).

(2) Der Beitragsschlüssel für die Zeichnung des genehmigten Stammkapitals des ESM ist in Anhang I niedergelegt.

(3) Der Beitragsschlüssel für die Zeichnung des genehmigten Stammkapitals des ESM wird angepasst, wenn

a) ein Mitgliedstaat der Europäischen Union neues ESM-Mitglied wird und sich das genehmigte Stammkapital des ESM nach Maßgabe des Artikels 10 Absatz 3 automatisch erhöht oder
b) die gemäß Artikel 42 ermittelte zwölfjährige zeitweilige Korrektur, die für ein ESM-Mitglied gilt, endet.

(4) Der Gouverneursrat kann beschließen, etwaige Aktualisierungen des in Absatz 1 genannten Schlüssels für die Zeichnung des EZB-Kapitals zu berücksichtigen, wenn der Beitragsschlüssel gemäß Absatz 3 angepasst wird oder wenn sich das genehmigte Stammkapital nach Maßgabe des Artikels 10 Absatz 1 verändert.

(5) Wird der Beitragsschlüssel für die Zeichnung des genehmigten Stammkapitals des ESM angepasst, übertragen die ESM-Mitglieder einander genehmigtes Stammkapital in dem Umfang, der erforderlich ist, damit die Verteilung des genehmigten Stammkapitals dem angepassten Schlüssel entspricht.

(6) Bei jeder Anpassung im Sinne dieses Artikels wird Anhang I durch Beschluss des Gouverneursrats geändert.

(7) Das Direktorium trifft alle weiteren Maßnahmen, die zur Anwendung dieses Artikels erforderlich sind.

Kapitel 4
Tätigkeit

Artikel 12 Grundsätze

(1) [1]Ist dies zur Wahrung der Finanzstabilität des Euro-Währungsgebiets insgesamt und seiner Mitgliedstaaten unabdingbar, so kann der ESM einem ESM-Mitglied unter strengen, dem gewählten Finanzhilfeinstrument angemessenen Auflagen Stabilitätshilfe gewähren. [2]Diese Auflagen können von einem makroökonomischen Anpassungsprogramm bis zur kontinuierlichen Erfüllung zuvor festgelegter Anspruchsvoraussetzungen reichen.

(2) Unbeschadet des Artikels 19 kann die ESM-Stabilitätshilfe mittels der in den Artikeln 14 bis 18 vorgesehenen Instrumente gewährt werden.

(3) Ab 1. Januar 2013 enthalten alle neuen Staatsschuldtitel des Euro-Währungsgebiets mit einer Laufzeit von mehr als einem Jahr Umschuldungsklauseln, die so ausgestaltet sind, dass gewährleistet wird, dass ihre rechtliche Wirkung in allen Rechtsordnungen des Euro-Währungsgebiets gleich ist.

Artikel 13 Verfahren für die Gewährung von Stabilitätshilfe

(1) [1]Ein ESM-Mitglied kann an den Vorsitzenden des Gouverneursrats ein Stabilitätshilfeersuchen richten. [2]In diesem Ersuchen wird angegeben, welche(s) Finanzhilfeinstrument(e) zu erwägen ist/sind. [3]Bei Erhalt eines solchen Ersuchens überträgt der Vorsitzende des Gouverneursrats der Europäischen Kommission, im Benehmen mit der EZB, die folgenden Aufgaben:

a) das Bestehen einer Gefahr für die Finanzstabilität des Euro-Währungsgebiets insgesamt oder seiner Mitgliedstaaten zu bewerten, es sei denn, die EZB hat bereits eine Analyse nach Artikel 18 Absatz 2 vorgelegt;
b) zu bewerten, ob die Staatsverschuldung tragfähig ist. Es wird erwartet, dass diese Bewertung, wann immer dies angemessen und möglich ist, zusammen mit dem IWF durchgeführt wird;
c) den tatsächlichen oder potenziellen Finanzierungsbedarf des betreffenden ESM-Mitglieds zu bewerten.

(2) Auf der Grundlage des Ersuchens des ESM-Mitglieds und der in Absatz 1 genannten Bewertung kann der Gouverneursrat beschließen, dem betroffenen ESM-Mitglied grundsätzlich Stabilitätshilfe in Form einer Finanzhilfefazilität zu gewähren.

(3) [1]Wird ein Beschluss nach Absatz 2 angenommen, so überträgt der Gouverneursrat der Europäischen Kommission die Aufgabe, – im Benehmen mit der EZB und nach Möglichkeit zusammen mit dem IWF – mit dem betreffenden ESM-Mitglied ein Memorandum of Understanding („MoU") auszuhandeln, in dem die mit der Finanzhilfefazilität verbundenen Auflagen im Einzelnen ausgeführt werden. [2]Der Inhalt des MoU spiegelt den Schweregrad der zu behebenden Schwachpunkte und das gewählte Finanzhilfeinstrument wider. [3]Gleichzeitig arbeitet der Geschäftsführende Direktor des ESM einen Vorschlag für eine Vereinbarung über eine Finanzhilfefazilität aus, der unter anderem die Finanzierungsbedingungen sowie die gewählten Instrumente enthält und vom Gouverneursrat anzunehmen ist.

Das MoU steht in voller Übereinstimmung mit den im AEUV vorgesehenen Maßnahmen der wirtschaftspolitischen Koordinierung, insbesondere etwaiger Rechtsakte der Europäischen Union, einschließlich etwaiger an das betreffende ESM-Mitglied gerichteter Stellungnahmen, Verwarnungen, Empfehlungen oder Beschlüsse.

(4) Die Europäische Kommission unterzeichnet das MoU im Namen des ESM, vorbehaltlich der vorherigen Erfüllung der in Absatz 3 ausgeführten Bedingungen und der Zustimmung des Gouverneursrats.

(5) Das Direktorium billigt die Vereinbarung über eine Finanzhilfefazilität, die die finanziellen Aspekte der zu gewährenden Stabilitätshilfe im Einzelnen regelt und – soweit anwendbar – die Auszahlung der ersten Tranche der Hilfe.

(6) Der ESM richtet einen angemessenen Warnmechanismus ein, um sicherzustellen, dass er jedwede im Rahmen der Stabilitätshilfe fällige Rückzahlungen des ESM-Mitglieds fristgerecht erhält.

(7) Die Europäische Kommission wird – im Benehmen mit der EZB und nach Möglichkeit zusammen mit dem IWF – damit betraut, die Einhaltung der mit der Finanzhilfefazilität verbundenen wirtschaftspolitischen Auflagen zu überwachen.

Artikel 14 Vorsorgliche ESM-Finanzhilfe

(1) Der Gouverneursrat kann beschließen, nach Maßgabe des Artikels 12 Absatz 1 eine vorsorgliche Finanzhilfe in Form einer vorsorglichen bedingten Kreditlinie oder in Form einer Kreditlinie mit erweiterten Bedingungen zu gewähren.

(2) Die mit der vorsorglichen ESM-Finanzhilfe verbundenen Auflagen werden gemäß Artikel 13 Absatz 3 im MoU im Einzelnen ausgeführt.

(3) Die Finanzierungsbedingungen der vorsorglichen Finanzhilfe werden in einer Vereinbarung über eine vorsorgliche ESM-Finanzhilfefazilität niedergelegt, die vom Geschäftsführenden Direktor zu unterzeichnen ist.

(4) Das Direktorium beschließt ausführliche Leitlinien für die Durchführungsmodalitäten der vorsorglichen ESM-Finanzhilfe.

(5) Das Direktorium entscheidet in gegenseitigem Einvernehmen auf Vorschlag des Geschäftsführenden Direktors und nach Erhalt eines Berichts der Europäischen Kommission gemäß Artikel 13 Absatz 7, ob die Kreditlinie beibehalten werden sollte.

(6) Nachdem das ESM-Mitglied erstmals Mittel (über ein Darlehen oder einen Primärmarktankauf) gezogen hat, entscheidet das Direktorium in gegenseitigem Einvernehmen auf Vorschlag des Geschäftsführenden Direktors und auf der Grundlage einer von der Europäischen Kommission im Benehmen mit der EZB durchgeführten Untersuchung, ob die Kreditlinie noch angemessen ist oder ob eine andere Form der Finanzhilfe benötigt wird.

Artikel 15 Finanzhilfe zur Rekapitalisierung von Finanzinstituten eines ESM-Mitglieds
(1) Der Gouverneursrat kann beschließen, Finanzhilfe mittels Darlehen an ein ESM-Mitglied speziell zum Zwecke der Rekapitalisierung von Finanzinstituten dieses ESM-Mitglieds zu gewähren.

(2) Die mit der Finanzhilfe zur Rekapitalisierung von Finanzinstituten eines ESM-Mitglieds verbundenen Auflagen werden gemäß Artikel 13 Absatz 3 im MoU im Einzelnen ausgeführt.

(3) Unbeschadet der Artikel 107 und 108 AEUV werden die Finanzierungsbedingungen der Finanzhilfe zur Rekapitalisierung von Finanzinstituten eines ESM-Mitglieds in einer Vereinbarung über eine Finanzhilfefazilität ausgeführt, die vom Geschäftsführenden Direktor zu unterzeichnen ist.

(4) Das Direktorium beschließt detaillierte Leitlinien für die Durchführungsmodalitäten der Finanzhilfe zur Rekapitalisierung von Finanzinstituten eines ESM-Mitglieds.

(5) Sofern anwendbar, beschließt das Direktorium in gegenseitigem Einvernehmen auf Vorschlag des Geschäftsführenden Direktors und nach Erhalt eines Berichts der Europäischen Kommission nach Artikel 13 Absatz 7 die Auszahlung der auf die erste Tranche folgenden Tranchen der Finanzhilfe.

Artikel 16 ESM-Darlehen
(1) Der Gouverneursrat kann beschließen, einem ESM-Mitglied nach Maßgabe des Artikels 12 Finanzhilfe in Form eines Darlehens zu gewähren.

(2) Die mit den ESM-Darlehen verbundenen Auflagen sind in einem makroökonomischen Anpassungsprogramm enthalten, das gemäß Artikel 13 Absatz 3 im MoU im Einzelnen ausgeführt wird.

(3) Die Finanzierungsbedingungen eines jeden ESM-Darlehens werden in einer Vereinbarung über eine Finanzhilfefazilität niedergelegt, die vom Geschäftsführenden Direktor zu unterzeichnen ist.

(4) Das Direktorium beschließt ausführliche Leitlinien für die Durchführungsmodalitäten der ESM-Darlehen.

(5) Das Direktorium beschließt in gegenseitigem Einvernehmen auf Vorschlag des Geschäftsführenden Direktors und nach Erhalt eines Berichts der Europäischen Kommission nach Artikel 13 Absatz 7 die Auszahlung der auf die erste Tranche folgenden Tranchen der Finanzhilfe.

Artikel 17 Primärmarkt-Unterstützungsfazilität
(1) Nach Maßgabe des Artikels 12 und mit dem Ziel, die Kosteneffizienz der Finanzhilfe zu maximieren, kann der Gouverneursrat beschließen, Vorkehrungen für den Ankauf von Anleihen eines ESM-Mitglieds am Primärmarkt zu treffen.

(2) Die mit der Primärmarkt-Unterstützungsfazilität verbundenen Auflagen werden gemäß Artikel 13 Absatz 3 im MoU im Einzelnen ausgeführt.

(3) Die Finanzierungsbedingungen, unter denen der Ankauf der Anleihen durchgeführt wird, werden in einer Vereinbarung über eine Finanzhilfefazilität festgelegt, die vom Geschäftsführenden Direktor zu unterzeichnen ist.

(4) Das Direktorium beschließt ausführliche Leitlinien für die Durchführungsmodalitäten der Primärmarkt-Unterstützungsfazilität.

(5) Das Direktorium beschließt in gegenseitigem Einvernehmen auf Vorschlag des Geschäftsführenden Direktors und nach Erhalt eines Berichts der Europäischen Kommission nach Artikel 13 Absatz 7, die Auszahlung der Finanzhilfe an einen Empfängermitgliedstaat mittels Primärmarktoperationen.

Artikel 18 Sekundärmarkt-Unterstützungsfazilität
(1) Der Gouverneursrat kann beschließen, nach Maßgabe des Artikels 12 Absatz 1 Vorkehrungen für Sekundärmarktoperationen in Bezug auf die Anleihen eines ESM-Mitglieds zu treffen.

(2) Beschlüsse über Sekundärmarktinterventionen zur Verhinderung einer Ansteckung werden auf der Grundlage einer Analyse der EZB gefasst, in der das Vorliegen außergewöhnlicher Umstände auf dem Finanzmarkt und Gefahren für die Finanzstabilität festgestellt werden.

(3) Die mit der Sekundärmarkt-Unterstützungsfazilität verbundenen Auflagen werden gemäß Artikel 13 Absatz 3 im MoU im Einzelnen ausgeführt.

(4) Die Finanzierungsbedingungen, unter denen die Sekundärmarktoperationen durchzuführen sind, werden in einer Vereinbarung über eine Finanzhilfefazilität festgelegt, die vom Geschäftsführenden Direktor zu unterzeichnen ist.

(5) Das Direktorium beschließt ausführliche Leitlinien für die Durchführungsmodalitäten der Sekundärmarkt-Unterstützungsfazilität.

(6) Das Direktorium beschließt die Einleitung von Sekundärmarktoperationen in gegenseitigem Einvernehmen auf Vorschlag des Geschäftsführenden Direktors.

Artikel 19 Überprüfung der Liste der Finanzhilfeinstrumente

Der Gouverneursrat kann die in den Artikeln 14 bis 18 vorgesehene Liste der Finanzhilfeinstrumente überprüfen und beschließen, sie zu ändern.

Artikel 20 Preisgestaltung

(1) Bei der Gewährung von Stabilitätshilfe strebt der ESM die volle Deckung seiner Finanzierungs- und Betriebskosten an und kalkuliert eine angemessene Marge ein.

(2) Für alle Finanzhilfeinstrumente wird die Preisgestaltung in einer Preisgestaltungsleitlinie, die vom Gouverneursrat beschlossen wird, im Einzelnen geregelt.

(3) Die Preisgestaltungspolitik kann vom Gouverneursrat überprüft werden.

Artikel 21 Anleiheoperationen

(1) Der ESM ist befugt, zur Erfüllung seiner Aufgaben an den Kapitalmärkten bei Banken, Finanzinstituten oder sonstigen Personen und Institutionen Kapital aufzunehmen.

(2) Die Modalitäten der Anleiheoperationen werden vom Geschäftsführenden Direktor in Einklang mit den vom Direktorium zu beschließenden detaillierten Leitlinien festgelegt.

(3) Der ESM setzt geeignete Mittel für das Risikomanagement ein, die regelmäßig vom Direktorium überprüft werden.

Kapitel 5
Finanzmanagement

Artikel 22 Anlagepolitik

(1) [1]In Einklang mit den Leitlinien, die vom Direktorium zu beschließen und regelmäßig zu überprüfen sind, führt der Geschäftsführende Direktor für den ESM eine umsichtige Anlagepolitik durch, um diesem die höchste Bonität zu sichern. [2]Der ESM hat das Recht, einen Teil des Ertrags aus seinem Anlageportfolio zur Deckung seiner Betriebs- und Verwaltungskosten zu verwenden.

(2) Die Operationen des ESM entsprechen den Grundsätzen eines soliden Finanz- und Risikomanagements.

Artikel 23 Dividendenpolitik

(1) [1]Das Direktorium kann mit einfacher Mehrheit beschließen, eine Dividende an die ESM-Mitglieder auszuschütten, falls die Summe aus eingezahltem Kapital und Reservefonds die für die Aufrechterhaltung der Darlehenskapazität des ESM erforderliche Höhe übersteigt und wenn die Anlageerträge nicht benötigt werden, um einen Zahlungsausfall gegenüber den Gläubigern zu verhindern. [2]Die Dividenden werden im Verhältnis der Beiträge zum eingezahlten Kapital ausgeschüttet, wobei der in Artikel 41 Absatz 3 genannten möglichen Beschleunigung Rechnung getragen wird.

(2) Solange der ESM keinem seiner Mitglieder Finanzhilfe gewährt hat, fließen die Erträge aus den Anlagen des eingezahlten Kapitals des ESM nach Abzug der Betriebskosten und unter der Voraussetzung, dass die angestrebte effektive Darlehenskapazität in voller Höhe zur Verfügung steht, an die ESM-Mitglieder entsprechend ihren jeweiligen Beiträgen zum eingezahlten Kapital zurück.

(3) Der Geschäftsführende Direktor führt die Dividendenpolitik für den ESM im Einklang mit den vom Direktorium zu beschließenden Leitlinien durch.

Artikel 24 Reserve- und weitere Fonds

(1) Der Gouverneursrat richtet einen Reservefonds und gegebenenfalls weitere Fonds ein.

(2) Unbeschadet des Artikels 23 werden der Reingewinn aus den Operationen des ESM und die Einnahmen aus finanziellen Sanktionen gegen ESM-Mitglieder im Rahmen des Verfahrens der multilateralen Überwachung, des Verfahrens bei einem übermäßigen Defizit und des Verfahrens bei einem übermäßigen makroökonomischen Ungleichgewicht im Rahmen des AEUV in einen Reservefonds eingestellt.

(3) Die Mittel des Reservefonds werden in Einklang mit den vom Direktorium zu beschließenden Leitlinien angelegt.

(4) Das Direktorium beschließt erforderlichenfalls Vorschriften für die Einrichtung, Verwaltung und Verwendung weiterer Fonds.

Artikel 25 Deckung von Verlusten

(1) Verluste aus den Operationen des ESM werden beglichen

a) zunächst aus dem Reservefonds,
b) sodann aus dem eingezahlten Kapital und
c) an letzter Stelle mit einem angemessenen Betrag des genehmigten nicht eingezahlten Kapitals, der nach Maßgabe des Artikels 9 Absatz 3 abgerufen wird.

(2) [1]Nimmt ein ESM-Mitglied die aufgrund eines Kapitalabrufs gemäß Artikel 9 Absätze 2 oder 3 erforderliche Einzahlung nicht vor, so ergeht an alle ESM-Mitglieder ein revidierter erhöhter Kapitalabruf, um sicherzustellen, dass der ESM die Kapitaleinzahlung in voller Höhe erhält. [2]Der Gouverneursrat beschließt geeignete Schritte, um sicherzustellen, dass das betreffende ESM-Mitglied seine Schuld gegenüber dem ESM innerhalb vertretbarer Zeit begleicht. [3]Der Gouverneursrat hat das Recht, auf den überfälligen Betrag Verzugszinsen zu erheben.

(3) Begleicht ein ESM-Mitglied eine in Absatz 2 genannte Schuld gegenüber dem ESM, so wird das überschüssige Kapital gemäß den vom Gouverneursrat zu beschließenden Vorschriften an die anderen ESM-Mitglieder zurückgezahlt.

Artikel 26 Haushalt

Das Direktorium billigt den Haushalt des ESM jährlich.

Artikel 27 Jahresabschluss

(1) Der Gouverneursrat billigt den Jahresabschluss des ESM.

(2) Der ESM veröffentlicht einen Jahresbericht mit einem geprüften Jahresabschluss und übermittelt den ESM-Mitgliedern einen zusammengefassten Quartalsabschluss und eine Gewinn- und Verlustrechnung, die das Ergebnis seiner Operationen ausweist.

Artikel 28 Interne Revision

In Einklang mit internationalen Standards wird eine Funktion der Internen Revision eingerichtet.

Artikel 29 Externe Prüfung

[1]Der Abschluss des ESM wird von unabhängigen externen Abschlussprüfern geprüft, die mit Zustimmung des Gouverneursrats bestellt werden und für die Bestätigung des Jahresabschlusses verantwortlich sind. [2]Die externen Abschlussprüfer sind befugt, sämtliche Bücher und Konten des ESM zu prüfen und alle Auskünfte über dessen Geschäfte zu verlangen.

Artikel 30 Prüfungsausschuss

(1) Der Prüfungsausschuss setzt sich aus fünf Mitgliedern zusammen, die vom Gouverneursrat aufgrund ihres Sachverstands im Bereich der Rechnungsprüfung und der Finanzen ernannt werden, und weist zwei – auf Rotationsbasis einander abwechselnde – Mitglieder der obersten Rechnungskontrollbehörden der ESM-Mitglieder und ein Mitglied vom Europäischen Rechnungshof auf.

(2) [1]Die Mitglieder des Prüfungsausschusses sind unabhängig. [2]Sie holen weder Weisungen der ESM-Leitungsgremien, der ESM-Mitglieder oder anderer öffentlicher oder privater Gremien ein, noch nehmen sie solche Weisungen entgegen.

(3) [1]Der Prüfungsausschuss erstellt unabhängige Prüfberichte. [2]Er prüft die Konten des ESM und überzeugt sich von der Ordnungsmäßigkeit seiner Gewinn- und Verlustrechnung und seiner Bilanz.

[3]Er erhält uneingeschränkten Zugang zu allen Unterlagen des ESM, die er zur Erfüllung seiner Aufgaben benötigt.

(4) [1]Der Prüfungsausschuss kann das Direktorium jederzeit über seine Feststellungen unterrichten. [2]Er erstellt jährlich einen Bericht, der dem Gouverneursrat vorzulegen ist.

(5) Der Gouverneursrat macht den jährlichen Bericht den nationalen Parlamenten und obersten Rechnungskontrollbehörden der ESM-Mitglieder sowie dem Europäischen Rechnungshof zugänglich.

(6) Alle Angelegenheiten in Zusammenhang mit diesem Artikel werden in der Satzung des ESM im Einzelnen geregelt.

Kapitel 6
Allgemeine Bestimmungen

Artikel 31 Sitz

(1) Der ESM hat seinen Sitz und seine Hauptverwaltung in Luxemburg.

(2) Der ESM kann ein Verbindungsbüro in Brüssel einrichten.

Artikel 32 Rechtsstatus, Vorrechte und Befreiungen

(1) [1]Um dem ESM die Erfüllung seines Zwecks zu ermöglichen, werden ihm im Hoheitsgebiet eines jeden ESM-Mitglieds der Rechtsstatus und die Vorrechte und Befreiungen gewährt, die in diesem Artikel dargelegt sind. [2]Der ESM bemüht sich um die Anerkennung seines Rechtsstatus und seiner Vorrechte und Befreiungen in anderen Hoheitsgebieten, in denen er Aufgaben wahrnimmt oder Vermögenswerte hält.

(2) Der ESM besitzt volle Rechtspersönlichkeit; er besitzt die uneingeschränkte Rechts- und Geschäftsfähigkeit,

a) bewegliches und unbewegliches Vermögen zu erwerben und zu veräußern,
b) Verträge abzuschließen,
c) Partei in Gerichtsverfahren zu sein und
d) ein Sitzabkommen und/oder Protokolle zu unterzeichnen, soweit dies notwendig ist, um sicherzustellen, dass sein Rechtsstatus und seine Vorrechte und Befreiungen anerkannt und durchgesetzt werden.

(3) Der ESM, sein Eigentum, seine Mittelausstattung und seine Vermögenswerte genießen unabhängig davon, wo und in wessen Besitz sie sich befinden, Immunität von gerichtlichen Verfahren jeder Art, es sei denn, der ESM verzichtet für ein Gerichtsverfahren oder in den Klauseln eines Vertrags, etwa in der Dokumentation der Finanzierungsinstrumente, ausdrücklich auf seine Immunität.

(4) Das Eigentum, die Mittelausstattung und die Vermögenswerte des ESM genießen unabhängig davon, wo und in wessen Besitz sie sich befinden, Immunität von Durchsuchung, Beschlagnahme, Einziehung, Enteignung und jeder sonstigen Form des Zugriffs durch vollziehende, gerichtliche, administrative oder gesetzgeberische Maßnahmen.

(5) Die Archive des ESM und sämtliche Unterlagen, die sich im Eigentum oder im Besitz des ESM befinden, sind unverletzlich.

(6) Die Geschäftsräume des ESM sind unverletzlich.

(7) Jedes ESM-Mitglied und jeder Staat, der den Rechtsstatus und die Vorrechte und Befreiungen des ESM anerkannt hat, gewährt dem amtlichen Nachrichtenverkehr des ESM dieselbe Behandlung, die er dem amtlichen Nachrichtenverkehr eines ESM-Mitglieds gewährt.

(8) Soweit dies zur Durchführung der in diesem Vertrag vorgesehenen Tätigkeiten notwendig ist, sind das gesamte Eigentum, die gesamte Mittelausstattung und alle Vermögenswerte des ESM von Beschränkungen, Verwaltungsvorschriften, Kontrollen und Moratorien jeder Art befreit.

(9) Der ESM ist von jeglicher Zulassungs- oder Lizenzierungspflicht, die nach dem Recht eines ESM-Mitglieds für Kreditinstitute, Finanzdienstleistungsunternehmen oder sonstige der Zulassungs- oder Lizenzierungspflicht sowie der Regulierung unterliegende Unternehmen gilt, befreit.

Artikel 33 Bedienstete des ESM

Das Direktorium legt die Beschäftigungsbedingungen für den Geschäftsführenden Direktor und die anderen Bediensteten des ESM fest.

Artikel 34 Berufliche Schweigepflicht
[1]Die Mitglieder und früheren Mitglieder des Gouverneursrats und des Direktoriums sowie alle anderen Personen, die für den ESM oder in Zusammenhang damit tätig sind oder tätig waren, geben keine der beruflichen Schweigepflicht unterliegenden Informationen weiter. [2]Auch nach Beendigung ihrer Tätigkeit dürfen sie keine der beruflichen Schweigepflicht unterliegenden Informationen weitergeben.

Artikel 35 Persönliche Immunitäten
(1) Im Interesse des ESM genießen der Vorsitzende des Gouverneursrats, die Mitglieder des Gouverneursrats, die stellvertretenden Mitglieder des Gouverneursrats, die Mitglieder des Direktoriums, die stellvertretenden Mitglieder des Direktoriums sowie der Geschäftsführende Direktor und die anderen Bediensteten des ESM Immunität von der Gerichtsbarkeit hinsichtlich ihrer in amtlicher Eigenschaft vorgenommenen Handlungen und Unverletzlichkeit hinsichtlich ihrer amtlichen Schriftstücke und Unterlagen.

(2) Der Gouverneursrat kann die durch diesen Artikel gewährten Immunitäten des Vorsitzenden des Gouverneursrats, der Mitglieder des Gouverneursrats, der stellvertretenden Mitglieder des Gouverneursrats, der Mitglieder des Direktoriums, der stellvertretenden Mitglieder des Direktoriums sowie des Geschäftsführenden Direktors in dem Maße und zu den Bedingungen, die er bestimmt, aufheben.

(3) Der Geschäftsführende Direktor kann diese Immunität hinsichtlich eines jeden Bediensteten des ESM außer seiner selbst aufheben.

(4) Jedes ESM-Mitglied trifft unverzüglich alle Maßnahmen, die erforderlich sind, um diesen Artikel in seinem eigenen Recht in Kraft zu setzen, und unterrichtet den ESM entsprechend.

Artikel 36 Steuerbefreiung
(1) Im Rahmen seiner amtlichen Tätigkeiten sind der ESM, seine Vermögenswerte, sein Gewinn, sein Eigentum sowie seine im Rahmen dieses Vertrags zulässigen Operationen und Geschäfte von allen direkten Steuern befreit.

(2) Die ESM-Mitglieder treffen in allen Fällen, in denen es ihnen möglich ist, geeignete Maßnahmen für den Erlass oder die Erstattung des Betrages der indirekten Steuern und Verkaufsabgaben, die in den Preisen für bewegliche oder unbewegliche Güter inbegriffen sind, wenn der ESM für seinen Dienstbedarf größere Einkäufe tätigt, bei denen derartige Steuern und Abgaben im Preis enthalten sind.

(3) Von den Abgaben, die lediglich die Vergütung für Leistungen gemeinnütziger Versorgungsbetriebe darstellen, wird keine Befreiung gewährt.

(4) Vom ESM eingeführte und für die Ausübung seiner amtlichen Tätigkeiten benötigte Waren sind von allen Einfuhrzöllen und -steuern sowie von allen Einfuhrverboten und -beschränkungen befreit.

(5) [1]Die Bediensteten des ESM unterliegen für die vom ESM gezahlten Gehälter und sonstigen Bezüge nach Maßgabe der vom Gouverneursrat zu beschließenden Vorschriften einer internen Steuer zugunsten des ESM. [2]Vom Tag der Erhebung dieser Steuer an sind diese Gehälter und Bezüge von der nationalen Einkommensteuer befreit.

(6) Die vom ESM aufgelegten Schuldverschreibungen oder Wertpapiere, einschließlich dafür anfallender Zinsen oder Dividenden, unterliegen unabhängig davon, in wessen Besitz sie sich befinden, keiner Art von Besteuerung,
a) die eine solche Schuldverschreibung oder ein solches Wertpapier nur aufgrund ihrer Herkunft benachteiligt oder
b) deren einzige rechtliche Grundlage der Ort oder die Währung sind, an dem bzw. in der sie ausgegeben werden, zahlbar sind oder bezahlt werden, oder deren einzige rechtliche Grundlage der Sitz eines Büros oder einer Geschäftsstelle des ESM ist.

Artikel 37 Auslegung und Streitbeilegung
(1) Alle Fragen der Auslegung oder Anwendung der Bestimmungen dieses Vertrages und der Satzung des ESM, die zwischen einem ESM-Mitglied und dem ESM oder zwischen ESM-Mitgliedern auftreten, werden dem Direktorium zur Entscheidung vorgelegt.

(2) [1]Der Gouverneursrat entscheidet über alle Streitigkeiten zwischen einem ESM-Mitglied und dem ESM oder zwischen ESM-Mitgliedern über die Auslegung und Anwendung dieses Vertrags, einschließlich etwaiger Streitigkeiten über die Vereinbarkeit der vom ESM gefassten Beschlüsse mit diesem Vertrag. [2]Das Stimmrecht des Mitglieds (der Mitglieder) des Gouverneursrats, das das/die

betroffene(n) ESM-Mitglied(er) vertritt, wird bei der Abstimmung des Gouverneursrats über eine solche Entscheidung ausgesetzt und die zur Abstimmung des Gouverneursrats über diese Entscheidung notwendige Stimmrechtsschwelle wird entsprechend neu berechnet.

(3) [1]Ficht ein ESM-Mitglied die in Absatz 2 genannte Entscheidung an, so wird die Streitigkeit beim Gerichtshof der Europäischen Union anhängig gemacht. [2]Das Urteil des Gerichtshofs der Europäischen Union ist für die Parteien dieses Rechtsstreits verbindlich; diese treffen innerhalb der vom Gerichtshof festgelegten Frist die erforderlichen Maßnahmen, um dem Urteil nachzukommen.

Artikel 38 Internationale Zusammenarbeit

Der ESM hat das Recht, zur Beförderung seiner Zwecke nach Maßgabe der Bestimmungen dieses Vertrages mit dem IWF, mit jedem Staat, der einem ESM-Mitglied auf Ad-hoc-Basis Finanzhilfe bereitstellt, und mit jeder internationalen Organisation oder Einrichtung mit besonderen Zuständigkeiten in damit zusammenhängenden Bereichen zusammenzuarbeiten.

Kapitel 7

Übergangsregelungen

Artikel 39 Darlehensvergabe des EFSF

[1]In der Übergangsphase vom Inkrafttreten dieses Vertrags bis zur vollständigen Abwicklung der EFSF beläuft sich die konsolidierte Darlehensvergabe von ESM und EFSF unbeschadet der regelmäßigen Überprüfung der Angemessenheit des maximalen Darlehensvolumens nach Maßgabe des Artikels 10 auf höchstens 500 Milliarden EUR. [2]Das Direktorium beschließt ausführliche Leitlinien für die Berechnung der künftigen Kreditzusagekapazität, um sicherzustellen, dass die Obergrenze für die konsolidierte Darlehensvergabe nicht überschritten wird.

Artikel 40 Übertragung der EFSF-Hilfen

(1) Abweichend von Artikel 13 kann der Gouverneursrat beschließen, dass die Finanzhilfezusagen der EFSF an ein ESM-Mitglied, die die EFSF in einer Vereinbarung mit diesem Mitglied eingegangen ist, vom ESM übernommen werden, soweit diese Finanzhilfezusagen sich auf noch nicht ausgezahlte und noch nicht finanzierte Teile von Darlehensfazilitäten beziehen.

(2) Der ESM kann mit Zustimmung des Gouverneursrats die Rechte und Verpflichtungen der EFSF übernehmen, insbesondere in Bezug auf die Gesamtheit oder einen Teil ihrer im Rahmen ihrer bestehenden Darlehensfazilitäten oder in Zusammenhang damit ausstehenden Rechte und Verpflichtungen.

(3) Der Gouverneursrat nimmt die ausführlichen Modalitäten an, die erforderlich sind, um die in Absatz 1 vorgesehene Übertragung der Verpflichtungen der EFSF auf den ESM sowie etwaige Übertragungen von Rechten und Verpflichtungen im Sinne des Absatzes 2 in Kraft zu setzen.

Artikel 41 Einzahlung des Anfangskapitals

(1) [1]Unbeschadet des Absatzes 2 erfolgt die Einzahlung des von jedem ESM-Mitglied anfänglich gezeichneten Betrags der eingezahlten Anteile in fünf jährlichen Raten von jeweils 20 % des Gesamtbetrags. [2]Die erste Rate wird von jedem ESM-Mitglied innerhalb von fünfzehn Tagen nach dem Tag des Inkrafttretens dieses Vertrags eingezahlt. [3]Die vier übrigen Raten werden jeweils an dem Tag eingezahlt, an dem sich die Einzahlung der ersten Rate zum ersten, zweiten, dritten und vierten Mal jährt.

(2) Während des Fünfjahreszeitraums, in dem das Kapital in Raten eingezahlt wird, beschleunigen die ESM-Mitglieder die Zahlung der eingezahlten Anteile rechtzeitig vor dem Ausgabetermin, um das Verhältnis zwischen eingezahltem Kapital und ausstehendem Betrag an ESM-Anleiheemissionen stets bei mindestens 15 % zu halten und eine gemeinsame Mindestdarlehenskapazität des ESM und der EFSF von 500 Milliarden EUR sicherzustellen.

(3) Ein ESM-Mitglied kann beschließen, die Zahlung seines Anteils am eingezahlten Kapital zu beschleunigen.

Artikel 42 Zeitweilige Korrektur des Beitragsschlüssels

(1) [1]Zu Anfang zeichnen die ESM-Mitglieder das genehmigte Stammkapital auf der Grundlage des in Anhang I festgelegten Erstbeitragsschlüssels. [2]Die in diesem Erstbeitragsschlüssel enthaltene zeitwei-

lige Korrektur gilt für einen Zeitraum von zwölf Jahren ab dem Tag, an dem das betreffende ESM-Mitglied den Euro einführt.

(2) Beträgt das Pro-Kopf-Bruttoinlandsprodukt (BIP) eines ESM-Mitglieds zu Marktpreisen in Euro in dem Jahr, das seinem Beitritt zum ESM unmittelbar vorausgeht, weniger als 75 % des durchschnittlichen Pro-Kopf-BIP der Europäischen Union zu Marktpreisen, so wird sein gemäß Artikel 10 bestimmter Beitragsschlüssel für die Zeichnung des genehmigten Stammkapitals des ESM zeitweilig korrigiert und entspricht der Summe aus:

a) 25 % des gemäß Artikel 29 der ESZB-Satzung bestimmten prozentualen Anteils der nationalen Zentralbank dieses ESM-Mitglieds am Kapital der EZB und
b) 75 % des prozentualen Anteils dieses ESM-Mitglieds am Bruttonationaleinkommen (BNE) des Euro-Währungsgebiets zu Marktpreisen in Euro in dem Jahr, das seinem Beitritt zum ESM unmittelbar vorausgeht.

[1]Die unter den Buchstaben a und b genannten Prozentsätze werden zum nächsten Vielfachen von 0,0001 Prozentpunkten ab- oder aufgerundet. [2]Es gelten die von Eurostat veröffentlichten statistischen Begriffe.

(3) Die zeitweilige Korrektur gemäß Absatz 2 gilt für einen Zeitraum von zwölf Jahren ab dem Tag, an dem das betreffende ESM-Mitglied den Euro einführt.

(4) Infolge der zeitweiligen Korrektur des Schlüssels wird das einem ESM-Mitglied gemäß Absatz 2 zugeteilte Verhältnis der Anteile unter den ESM-Mitgliedern, denen auf der Grundlage ihrer gemäß Artikel 29 der ESZB-Satzung bestimmten, unmittelbar vor der Ausgabe von Anteilen an das beitretende ESM-Mitglied bestehenden Beteiligung an der EZB keine zeitweilige Korrektur gewährt wurde, umverteilt.

Artikel 43 Ersternennungen

(1) Jedes ESM-Mitglied ernennt sein Mitglied und sein stellvertretendes Mitglied des Gouverneursrats innerhalb von zwei Wochen nach Inkrafttreten dieses Vertrags.

(2) Der Gouverneursrat ernennt den Geschäftsführenden Direktor und jedes Mitglied des Gouverneursrats ernennt innerhalb von zwei Monaten nach Inkrafttreten dieses Vertrags ein Mitglied des Direktoriums und ein stellvertretendes Mitglied des Direktoriums.

Kapitel 8
Schlussbestimmungen

Artikel 44 Beitritt

[1]Anderen Mitgliedstaaten der Europäischen Union steht der Beitritt zu diesem Vertrag nach Maßgabe des Artikels 2 auf Antrag hin offen; dieser Antrag wird von dem betreffenden Mitgliedstaat der Europäischen Union an den ESM gerichtet, nachdem der Rat der Europäischen Union gemäß Artikel 140 Absatz 2 AEUV beschlossen hat, die für diesen Mitgliedstaat geltende Ausnahmeregelung betreffend die Teilnahme am Euro aufzuheben. [2]Der Gouverneursrat genehmigt den Beitrittsantrag des neuen ESM-Mitglieds und die damit zusammenhängenden ausführlichen technischen Regelungen sowie die Anpassungen, die als unmittelbare Folge des Beitritts an diesem Vertrag vorzunehmen sind. [3]Nach Genehmigung des Antrags auf Beitritt durch den Gouverneursrat treten neue ESM-Mitglieder nach Hinterlegung der Beitrittsurkunde beim Verwahrer bei, der die anderen ESM-Mitglieder davon in Kenntnis setzt.

Artikel 45 Anhänge

Die folgenden Anhänge dieses Vertrags sind Bestandteil des Vertrags:

1. Anhang I: Erstbeitragsschlüssel des ESM und
2. Anhang II: Zeichnungen des genehmigten Stammkapitals.

Artikel 46 Hinterlegung

Dieser Vertrag wird beim Generalsekretariat des Rates der Europäischen Union („Verwahrer") hinterlegt; der Verwahrer übermittelt allen Unterzeichnern beglaubigte Abschriften.

Artikel 47 Ratifikation, Genehmigung oder Annahme

(1) [1]Dieser Vertrag bedarf der Ratifikation, Genehmigung oder Annahme durch die Unterzeichner. [2]Die Ratifikations-, Genehmigungs- oder Annahmeurkunden werden beim Verwahrer hinterlegt.

(2) Der Verwahrer setzt die anderen Unterzeichner von jeder Hinterlegung und deren Zeitpunkt in Kenntnis.

Artikel 48 Inkrafttreten

(1) [1]Dieser Vertrag tritt an dem Tag in Kraft[1)], an dem die Ratifikations-, Genehmigungs- oder Annahmeurkunden von Unterzeichnern hinterlegt wurden, deren Erstzeichnungen mindestens 90 % der gesamten in Anhang II vorgesehenen Zeichnungen ausmachen. [2]Die Liste der ESM-Mitglieder wird gegebenenfalls angepasst. [3]Der Schlüssel in Anhang I wird sodann neu berechnet und das gesamte genehmigte Stammkapital gemäß Artikel 8 Absatz 1 und Anhang II sowie der anfängliche Gesamtnennwert der eingezahlten Anteile gemäß Artikel 8 Absatz 2 werden entsprechend verringert.

(2) Dieser Vertrag tritt für jeden Unterzeichner, der die Ratifikations-, Genehmigungs- oder Annahmeurkunde danach hinterlegt, am Tag nach dem Tag der Hinterlegung in Kraft.

(3) Für jeden Staat, der diesem Vertrag nach Maßgabe von dessen Artikel 44 beitritt, tritt dieser Vertrag am zwanzigsten Tag nach dem Tag der Hinterlegung der Beitrittsurkunde in Kraft.

Geschehen zu Brüssel am zweiten Februar zweitausendzwölf in deutscher, englischer, estnischer, finnischer, französischer, griechischer, irischer, italienischer, maltesischer, niederländischer, portugiesischer, schwedischer, slowakischer, slowenischer und spanischer Sprache, wobei jeder Wortlaut gleichermaßen verbindlich ist, in einer Urschrift, die in den Archiven des Verwahrers hinterlegt wird; dieser übermittelt den Vertragsparteien je eine beglaubigte Abschrift.

---

1) Der Vertrag ist für die Bundesrepublik Deutschland am **27. 9. 2012** in Kraft getreten; vgl. hierzu die Bekanntmachung über das Inkrafttreten des Vertrags zur Einrichtung des Europäischen Stabilitätsmechanismus (ESM) v. 1. 10. 2012 (BGBl. II S. 1086).

Für das Inkrafttreten des Vertrages in den anderen Vertragsstaaten siehe hierzu:

- die **Bekanntmachung über das Inkrafttreten des Vertrags zur Einrichtung des Europäischen Stabilitätsmechanismus (ESM)** v. 1. 10. 2012 (BGBl. II S. 1086),
- die **Bekanntmachung über den Geltungsbereich des Vertrags zur Einrichtung des Europäischen Stabilitätsmechanismus (ESM)** v. 16. 10. 2012 (BGBl. II S. 1336).

Anhang I[1)]

Beitragsschlüssel des ESM

ESM-Mitglied	ESM-Schlüssel (%)
Königreich Belgien	3,4513
Bundesrepublik Deutschland	26,9449
Republik Estland	0,1847
Irland	1,5804
Hellenische Republik	2,7957
Königreich Spanien	11,8153
Französische Republik	20,2346
Italienische Republik	17,7807
Republik Zypern	0,1948
Republik Lettland	0,2746
Republik Litauen	0,4063
Großherzogtum Luxemburg	0,2486
Malta	0,0899
Königreich der Niederlande	5,6746
Republik Österreich	2,7627
Portugiesische Republik	2,4906
Republik Slowenien	0,4678
Slowakische Republik	0,8184
Republik Finnland	1,7841
Insgesamt	**100,0**

Anhang II[2)]

Zeichnungen des genehmigten Stammkapitals

ESM-Mitglied	Anzahl der Anteile	Kapitalzeichnung (EUR)
Königreich Belgien	243 244	24 324 400 000
Bundesrepublik Deutschland	1 899 071	189 907 100 000
Republik Estland	13 020	1 302 000 000
Irland	111 383	11 138 300 000
Hellenische Republik	197 044	19 704 400 000
Königreich Spanien	832 743	83 274 300 000
Französische Republik	1 426 131	142 613 100 000
Italienische Republik	1 253 184	125 318 400 000
Republik Zypern	13 729	1 372 900 000
Republik Lettland	19 353	1 935 300 000
Republik Litauen	28 634	2 863 400 000
Großherzogtum Luxemburg	17 519	1 751 900 000
Malta	6 338	633 800 000
Königreich der Niederlande	399 945	39 994 500 000
Republik Österreich	194 718	19 471 800 000
Portugiesische Republik	175 534	17 553 400 000
Republik Slowenien	32 973	3 297 300 000
Slowakische Republik	57 680	5 768 000 000
Republik Finnland	125 744	12 574 400 000
Insgesamt	**7 047 987**	**704 798 700 000**

1) Zuletzt geändert durch Änderungsbekanntmachung vom 22. 1. 2020 (BGBl. II S. 125).
2) Zuletzt geändert durch Änderungsbekanntmachung vom 22. 1. 2020 (BGBl. II S. 126).

Vertrag über Stabilität, Koordinierung und Steuerung in der Wirtschafts- und Währungsunion zwischen dem Königreich Belgien, der Republik Bulgarien, dem Königreich Dänemark, der Bundesrepublik Deutschland, der Republik Estland, Irland, der Hellenischen Republik, dem Königreich Spanien, der Französischen Republik, der Italienischen Republik, der Republik Zypern, der Republik Lettland, der Republik Litauen, dem Großherzogtum Luxemburg, Ungarn, Malta, dem Königreich der Niederlande, der Republik Österreich, der Republik Polen, der Portugiesischen Republik, Rumänien, der Republik Slowenien, der Slowakischen Republik, der Republik Finnland und dem Königreich Schweden

Vom 2. März 2012[1)] (BGBl. II S. 1006)

Das Königreich Belgien, die Republik Bulgarien, das Königreich Dänemark, die Bundesrepublik Deutschland, die Republik Estland, Irland, die Hellenische Republik, das Königreich Spanien, die Französische Republik, die Italienische Republik, die Republik Zypern, die Republik Lettland, die Republik Litauen, das Großherzogtum Luxemburg, Ungarn, Malta, das Königreich der Niederlande, die Republik Österreich, die Republik Polen, die Portugiesische Republik, Rumänien, die Republik Slowenien, die Slowakische Republik, die Republik Finnland und das Königreich Schweden,

im Folgenden „Vertragsparteien" –

in dem Bewusstsein ihrer Verpflichtung, als Mitgliedstaaten der Europäischen Union ihre Wirtschaftspolitik als eine Angelegenheit von gemeinsamem Interesse zu betrachten,

in dem Wunsch, die Voraussetzungen für ein stärkeres Wirtschaftswachstum in der Europäischen Union zu verbessern und zu diesem Zweck eine immer engere Koordinierung der Wirtschaftspolitik im Euro-Währungsgebiet zu erreichen,

eingedenk dessen, dass die Regierungen für gesunde und auf Dauer tragfähige öffentliche Finanzen sorgen und das Entstehen eines übermäßigen öffentlichen Defizits verhindern müssen, da dies für die Erhaltung der Stabilität des Euro-Währungsgebiets insgesamt von zentraler Bedeutung ist, und zu diesem Zweck spezifische Vorschriften eingeführt werden müssen, einschließlich einer Regel des ausgeglichenen Haushalts und eines automatischen Mechanismus zur Einleitung von Korrekturmaßnahmen,

in dem Bewusstsein, dass sichergestellt werden muss, dass ihr gesamtstaatliches Haushaltsdefizit 3 % ihres Bruttoinlandsprodukts zu Marktpreisen nicht überschreitet und dass der öffentliche Schuldenstand 60 % ihres Bruttoinlandsprodukts zu Marktpreisen nicht überschreitet oder sich in ausreichendem Maße auf diesen Wert hin verringert,

unter Hinweis darauf, dass die Vertragsparteien als Mitgliedstaaten der Europäischen Union alle Maßnahmen zu unterlassen haben, die die Verwirklichung der Ziele der Union im Rahmen der Wirtschaftsunion gefährden könnten, insbesondere die Praxis, Schulden nicht im gesamtstaatlichen Haushalt auszuweisen,

eingedenk dessen, dass sich die Staats- und Regierungschefs der Mitgliedstaaten des Euro-Währungsgebiets am 9. Dezember 2011 auf eine verstärkte Architektur für die Wirtschafts- und Währungsunion verständigt haben, die auf den Verträgen aufbaut, auf denen die Europäische Union beruht, und die Durchführung von Maßnahmen erleichtert, die auf der Grundlage der Artikel 121, 126 und 136 des Vertrags über die Arbeitsweise der Europäischen Union ergriffen werden,

eingedenk dessen, dass es das Ziel der Staats- und Regierungschefs der Mitgliedstaaten des Euro-Währungsgebiets und anderer Mitgliedstaaten der Europäischen Union ist, die Bestimmungen dieses Vertrags so bald wie möglich in die Verträge, auf denen die Europäische Union beruht, zu überführen,

unter Begrüßung der Gesetzgebungsvorschläge über den Ausbau der wirtschafts- und haushaltspolitischen Überwachung von Mitgliedstaaten, die von gravierenden Schwierigkeiten in Bezug auf ihre

1) Der Vertrag wurde von der Bundesrepublik Deutschland ratifiziert durch G v. 13. 9. 2012 (BGBl. II S. 1006).

finanzielle Stabilität betroffen oder bedroht sind, und über gemeinsame Bestimmungen für die Überwachung und Bewertung der Übersichten über die gesamtstaatliche Haushaltsplanung und für die Gewährleistung der Korrektur übermäßiger Defizite der Mitgliedstaaten, die die Europäische Kommission am 23. November 2011 im Rahmen der Verträge, auf denen die Europäische Union beruht, für das Euro-Währungsgebiet vorgelegt hat, und in Kenntnisnahme der Absicht der Europäischen Kommission, weitere Gesetzgebungsvorschläge für das Euro-Währungsgebiet vorzulegen, die insbesondere Folgendes betreffen: die Vorabberichterstattung über die Begebung von Staatsschuldtiteln, Wirtschaftspartnerschaftsprogramme mit genauer Beschreibung der Strukturreformen für die Mitgliedstaaten, die Gegenstand eines Defizitverfahrens sind, und die Koordinierung größerer Pläne von Mitgliedstaaten für wirtschaftspolitische Reformen,

unter Bekundung ihrer Bereitschaft zur Unterstützung von Vorschlägen, die die Europäische Kommission zur weiteren Stärkung des Stabilitäts- und Wachstumspakts vorlegen könnte und die darin bestehen, in Übereinstimmung mit den in diesem Vertrag gesetzten Grenzen eine neue Spanne für mittelfristige Ziele für Mitgliedstaaten, deren Währung der Euro ist, einzuführen,

in der Feststellung, dass die Europäische Kommission bei der Überprüfung und Überwachung der durch diesen Vertrag begründeten haushaltspolitischen Verpflichtungen im Rahmen der Befugnisse handeln wird, die ihr durch den Vertrag über die Arbeitsweise der Europäischen Union, insbesondere die Artikel 121, 126 und 136, übertragen wurden,

insbesondere in der Feststellung, dass diese Überwachung, was die Anwendung der in Artikel 3 dieses Vertrags beschriebenen Regel des ausgeglichenen Haushalts anbelangt, für die einzelnen Vertragsparteien angemessen durch Festlegung von länderspezifischen mittelfristigen Zielen und von Konvergenzzeitplänen durchgeführt werden wird,

unter Hinweis darauf, dass die mittelfristigen Ziele regelmäßig nach einer gemeinsam vereinbarten Methode aktualisiert werden sollten, deren Hauptparameter ebenfalls regelmäßig zu überprüfen sind, wobei die Risiken expliziter und impliziter Verbindlichkeiten für die öffentlichen Finanzen den im Stabilitäts- und Wachstumspakt formulierten Zielen entsprechend zu berücksichtigen sind,

unter Hinweis darauf, dass in Übereinstimmung mit den Bestimmungen des Rechts der Europäischen Union, insbesondere der Verordnung (EG) Nr. 1466/97 des Rates vom 7. Juli 1997 über den Ausbau der haushaltspolitischen Überwachung und der Überwachung und Koordinierung der Wirtschaftspolitiken, geändert durch die Verordnung (EU) Nr. 1175/2011 des Europäischen Parlaments und des Rates vom 16. November 2011 (im Folgenden „geänderter Stabilitäts- und Wachstumspakt") das Ausreichen der Fortschritte in Richtung auf die mittelfristigen Ziele auf der Grundlage einer Gesamtbewertung evaluiert werden sollte, bei der der strukturelle Haushaltssaldo als Referenz dient und die eine Analyse der Ausgaben ohne Anrechnung diskretionärer einnahmenseitiger Maßnahmen einschließt,

unter Hinweis darauf, dass der von den Vertragsparteien einzuführende Korrekturmechanismus darauf abzielen sollte, Abweichungen vom mittelfristigen Ziel oder vom Anpassungspfad samt ihrer kumulierten Auswirkungen auf die Dynamik der Staatsverschuldung zu korrigieren,

unter Hinweis darauf, dass für die Einhaltung der Verpflichtung der Vertragsparteien, die Regel des ausgeglichenen Haushalts durch verbindliche und dauerhafte Bestimmungen, die vorzugsweise Verfassungsrang besitzen, in ihren einzelstaatlichen Rechtsordnungen zu verankern, gemäß Artikel 273 des Vertrags über die Arbeitsweise der Europäischen Union der Gerichtshof der Europäischen Union zuständig sein sollte,

unter Hinweis darauf, dass Artikel 260 des Vertrags über die Arbeitsweise der Europäischen Union den Gerichtshof der Europäischen Union dazu ermächtigt, die Zahlung eines Pauschalbetrags oder Zwangsgelds gegen einen Mitgliedstaat der Europäischen Union zu verhängen, der einem seiner Urteile nicht nachgekommen ist, und unter Hinweis darauf, dass die Europäische Kommission Kriterien für die Festsetzung des im Rahmen dieses Artikels zu verhängenden Pauschalbetrags oder Zwangsgelds festgelegt hat,

unter Hinweis darauf, dass für die Mitgliedstaaten, deren Währung der Euro ist und deren geplantes oder tatsächliches Verhältnis zwischen öffentlichem Haushaltsdefizit und Bruttoinlandsprodukt 3 % des Bruttoinlandsprodukts überschreitet, die Festlegung von Maßnahmen im Rahmen des Defizitverfahrens der Europäischen Union erleichtert werden muss, während gleichzeitig dem Ziel dieses Verfahrens, nämlich einen Mitgliedstaat zu veranlassen und wenn nötig zu zwingen, ein etwa festgestelltes Defizit abzubauen, deutlich mehr Gewicht verliehen werden muss, unter Hinweis auf die Verpflichtung der Vertragsparteien, deren öffentlicher Schuldenstand über dem Referenzwert von 60 % liegt, diesen als Richtwert um durchschnittlich ein Zwanzigstel pro Jahr zu verringern,

eingedenk der Notwendigkeit, bei der Umsetzung dieses Vertrags die im Recht und den nationalen Systemen der einzelnen Vertragsparteien anerkannte besondere Rolle der Sozialpartner zu achten,

unter Betonung der Tatsache, dass keine Bestimmung dieses Vertrags so auszulegen ist, dass dadurch die wirtschaftspolitischen Auflagen, unter denen einer Vertragspartei im Rahmen eines Stabilisierungsprogramms der Europäischen Union, ihrer Mitgliedstaaten oder des Internationalen Währungsfonds finanzieller Beistand gewährt wurde, in irgendeiner Weise geändert werden,

unter Hinweis darauf, dass die Vertragsparteien für das reibungslose Funktionieren der Wirtschafts- und Währungsunion gemeinsam auf eine Wirtschaftspolitik hinarbeiten müssen, bei der sie gestützt auf die in den Verträgen, auf denen die Europäische Union beruht, festgelegten Mechanismen der wirtschaftspolitischen Koordinierung in allen für das reibungslose Funktionieren des Euro-Währungsgebiets wesentlichen Bereichen die notwendigen Schritte und Maßnahmen einleiten,

insbesondere unter Hinweis auf den Wunsch der Vertragsparteien, konsequenter auf die in Artikel 20 des Vertrags über die Europäische Union und in den Artikeln 326 bis 334 des Vertrags über die Arbeitsweise der Europäischen Union vorgesehene Verstärkte Zusammenarbeit zurückzugreifen, ohne den Binnenmarkt zu beeinträchtigen, und in vollem Umfang auf die in Artikel 136 des Vertrags über die Arbeitsweise der Europäischen Union genannten Maßnahmen für die Mitgliedstaaten, deren Währung der Euro ist, sowie auf ein Verfahren zurückzugreifen, das es den Vertragsparteien, deren Währung der Euro ist, ermöglicht, alle größeren von ihnen geplanten wirtschaftspolitischen Reformen vorab zu erörtern und zu koordinieren, um Benchmarks für vorbildliche Vorgehensweisen festzulegen,

unter Hinweis auf die Vereinbarung der Staats- und Regierungschefs der Mitgliedstaaten des Euro-Währungsgebiets vom 26. Oktober 2011, die Steuerungsstrukturen des Euro-Währungsgebiets zu verbessern und zu diesem Zweck unter anderem alljährlich mindestens zwei Euro-Gipfel abzuhalten, die, außer wenn anderes durch außergewöhnliche Umstände gerechtfertigt ist, unmittelbar nach den Tagungen des Europäischen Rates oder unmittelbar nach Tagungen, an denen alle Vertragsparteien teilnehmen, die diesen Vertrag ratifiziert haben, anberaumt werden,

unter Hinweis auf die Billigung des Euro-Plus-Pakts durch die Staats- und Regierungschefs der Mitgliedstaaten des Euro-Währungsgebiets und andere Mitgliedstaaten der Europäischen Union am 25. März 2011, in dem die für die Förderung der Wettbewerbsfähigkeit im Euro-Währungsgebiet wesentlichen Punkte ermittelt werden,

unter Betonung der Bedeutung, die dem Vertrag zur Einrichtung des Europäischen Stabilitätsmechanismus als Element der globalen Strategie zur Stärkung der Wirtschafts- und Währungsunion zukommt, und unter Hinweis darauf, dass bei neuen Programmen im Rahmen des Europäischen Stabilitätsmechanismus die Gewährung von Finanzhilfe ab dem 1. März 2013 von der Ratifizierung des vorliegenden Vertrags durch die betreffende Vertragspartei und nach Ablauf der in Artikel 3 Absatz 2 dieses Vertrags genannten Umsetzungsfrist von der Erfüllung der in dem genannten Artikel festgelegten Pflichten abhängen wird,

unter Hinweis darauf, dass das Königreich Belgien, die Bundesrepublik Deutschland, die Republik Estland, Irland, die Hellenische Republik, das Königreich Spanien, die Französische Republik, die Italienische Republik, die Republik Zypern, das Großherzogtum Luxemburg, Malta, das Königreich der Niederlande, die Republik Österreich, die Portugiesische Republik, die Republik Slowenien, die Slowakische Republik und die Republik Finnland Vertragsparteien sind, deren Währung der Euro ist, und diese als solche ab dem ersten Tag des Monats nach Hinterlegung ihrer Ratifikationsurkunde an diesen Vertrag gebunden sind, sofern er zu diesem Zeitpunkt in Kraft ist,

sowie unter Hinweis darauf, dass die Republik Bulgarien, das Königreich Dänemark, die Republik Lettland, die Republik Litauen, Ungarn, die Republik Polen, Rumänien und das Königreich Schweden Vertragsparteien sind, für die als Mitgliedstaaten der Europäischen Union zum Zeitpunkt der Unterzeichnung dieses Vertrags eine Ausnahmeregelung gilt oder sie von der Teilnahme an der gemeinsamen Währung freigestellt sind, und dass sie – solange diese Ausnahmeregelung oder Freistellung nicht aufgehoben ist – ausschließlich an die Bestimmungen der Titel III und IV dieses Vertrags gebunden sind, an die sie sich bei Hinterlegung ihrer Ratifikationsurkunde oder zu einem späteren Zeitpunkt gebunden zu sein erklären –

sind über folgende Bestimmungen übereingekommen:

Titel I

Zweck und Anwendungsbereich

Artikel 1 [Stärkung der Wirtschaftsunion]

(1) Mit diesem Vertrag kommen die Vertragsparteien als Mitgliedstaaten der Europäischen Union überein, die wirtschaftliche Säule der Wirtschafts- und Währungsunion durch Verabschiedung einer Reihe von Vorschriften zu stärken, die die Haushaltsdisziplin durch einen fiskalpolitischen Pakt fördern, die Koordinierung ihrer Wirtschaftspolitiken verstärken und die Steuerung des Euro-Währungsgebiets verbessern sollen und dadurch zur Erreichung der Ziele der Europäischen Union für nachhaltiges Wachstum, Beschäftigung, Wettbewerbsfähigkeit und sozialen Zusammenhalt beitragen.

(2) [1]Auf die Vertragsparteien, deren Währung der Euro ist, findet dieser Vertrag in vollem Umfang Anwendung. [2]Für die anderen Vertragsparteien gilt er in dem in Artikel 14 festgelegten Umfang und unter den dort genannten Voraussetzungen.

Titel II

Kohärenz mit dem Unionsrecht und Verhältnis zum Unionsrecht

Artikel 2 [Vereinbarkeitsvorbehalt]

(1) Dieser Vertrag wird von den Vertragsparteien in Übereinstimmung mit den Verträgen, auf denen die Europäische Union beruht, insbesondere mit Artikel 4 Absatz 3 des Vertrags über die Europäische Union, und mit dem Recht der Europäischen Union, einschließlich dem Verfahrensrecht, wann immer der Erlass von Sekundärgesetzgebung erforderlich ist, angewandt und ausgelegt.

(2) [1]Dieser Vertrag gilt insoweit, wie er mit den Verträgen, auf denen die Europäische Union beruht, und mit dem Recht der Europäischen Union vereinbar ist. [2]Er lässt die Handlungsbefugnisse der Union auf dem Gebiet der Wirtschaftsunion unberührt.

Titel III

Fiskalpolitischer Pakt

Artikel 3 [Staatsschuldenrecht, Gebot der Selbstverfassung]

(1) Die Vertragsparteien wenden zusätzlich zu ihren sich aus dem Recht der Europäischen Union ergebenden Verpflichtungen und unbeschadet dieser Verpflichtungen die in diesem Absatz festgelegten Vorschriften an:

a) Der gesamtstaatliche Haushalt einer Vertragspartei ist ausgeglichen oder weist einen Überschuss auf.
b) Die Regel unter Buchstabe a gilt als eingehalten, wenn der jährliche strukturelle Saldo des Gesamtstaats dem länderspezifischen mittelfristigen Ziel im Sinne des geänderten Stabilitäts- und Wachstumspakts, mit einer Untergrenze von einem strukturellen Defizit von 0,5 % des Bruttoinlandsprodukts zu Marktpreisen, entspricht. Die Vertragsparteien stellen eine rasche Annäherung an ihr jeweiliges mittelfristiges Ziel sicher. Der zeitliche Rahmen für diese Annäherung wird von der Europäischen Kommission unter Berücksichtigung der länderspezifischen Risiken für die langfristige Tragfähigkeit vorgeschlagen werden. Die Fortschritte in Richtung auf das mittelfristige Ziel und dessen Einhaltung werden dem geänderten Stabilitäts- und Wachstumspakt entsprechend auf der Grundlage einer Gesamtbewertung evaluiert, bei der der strukturelle Haushaltssaldo als Referenz dient und die eine Analyse der Ausgaben ohne Anrechnung diskretionärer einnahmenseitiger Maßnahmen einschließt.
c) Die Vertragsparteien dürfen nur unter den in Absatz 3 Buchstabe b festgelegten außergewöhnlichen Umständen vorübergehend von ihrem jeweiligen mittelfristigen Ziel oder dem dorthin führenden Anpassungspfad abweichen.
d) Liegt das Verhältnis zwischen öffentlichem Schuldenstand und Bruttoinlandsprodukt zu Marktpreisen erheblich unter 60 % und sind die Risiken für die langfristige Tragfähigkeit der öffentlichen Finanzen gering, so kann die Untergrenze des in Buchstabe b angegebenen mittelfristigen Ziels ein strukturelles Defizit von maximal 1,0 % des Bruttoinlandsprodukts zu Marktpreisen erreichen.

e) Erhebliche Abweichungen vom mittelfristigen Ziel oder dem dorthin führenden Anpassungspfad lösen automatisch einen Korrekturmechanismus aus. Dieser Mechanismus schließt die Verpflichtung der betreffenden Vertragspartei ein, zur Korrektur der Abweichungen innerhalb eines festgelegten Zeitraums Maßnahmen zu treffen.

(2) [1]Die Regelungen nach Absatz 1 werden im einzelstaatlichen Recht der Vertragsparteien in Form von Bestimmungen, die verbindlicher und dauerhafter Art sind, vorzugsweise mit Verfassungsrang, oder deren vollständige Einhaltung und Befolgung im gesamten nationalen Haushaltsverfahren auf andere Weise garantiert ist, spätestens ein Jahr nach Inkrafttreten dieses Vertrags wirksam. [2]Die Vertragsparteien richten auf nationaler Ebene den in Absatz 1 Buchstabe e genannten Korrekturmechanismus ein und stützen sich dabei auf gemeinsame, von der Europäischen Kommission vorzuschlagende Grundsätze, die insbesondere die Art, den Umfang und den zeitlichen Rahmen der – auch unter außergewöhnlichen Umständen – zu treffenden Korrekturmaßnahmen sowie die Rolle und Unabhängigkeit der auf nationaler Ebene für die Überwachung der Einhaltung der in Absatz 1 genannten Regelungen zuständigen Institutionen betreffen. [3]Dieser Korrekturmechanismus wahrt uneingeschränkt die Vorrechte der nationalen Parlamente.

(3) Für die Zwecke dieses Artikels gelten die Begriffsbestimmungen, die in Artikel 2 des den Verträgen zur Europäischen Union beigefügten Protokolls (Nr. 12) über das Verfahren bei einem übermäßigen Defizit festgelegt sind.

Zusätzlich dazu gelten für die Zwecke dieses Artikels die folgenden Begriffsbestimmungen:

a) „Jährlicher struktureller Saldo des Gesamtstaats" ist der konjunkturbereinigte jährliche Saldo ohne Anrechnung einmaliger und befristeter Maßnahmen.

b) „Außergewöhnliche Umstände" sind ein außergewöhnliches Ereignis, das sich der Kontrolle der betreffenden Vertragspartei entzieht und erhebliche Auswirkungen auf die Lage der öffentlichen Finanzen hat, oder ein schwerer Konjunkturabschwung im Sinne des geänderten Stabilitäts- und Wachstumspakts, vorausgesetzt, die vorübergehende Abweichung der betreffenden Vertragspartei gefährdet nicht die mittelfristige Tragfähigkeit der öffentlichen Finanzen.

Artikel 4 [Verpflichtung auf das EU-Defizitrecht]

[1]Geht das Verhältnis zwischen dem gesamtstaatlichen Schuldenstand einer Vertragspartei und dem Bruttoinlandsprodukt über den in Artikel 1 des den Verträgen zur Europäischen Union beigefügten Protokolls (Nr. 12) über das Verfahren bei einem übermäßigen Defizit genannten Referenzwert von 60 % hinaus, so verringert diese Vertragspartei es gemäß Artikel 2 der Verordnung (EG) Nr. 1467/97 des Rates vom 7. Juli 1997 über die Beschleunigung und Klärung des Verfahrens bei einem übermäßigen Defizit in der durch die Verordnung (EU) Nr. 1177/2011 des Rates vom 8. November 2011 geänderten Fassung als Richtwert um durchschnittlich ein Zwanzigstel jährlich. [2]Das Bestehen eines übermäßigen Defizits durch die Verletzung des Schuldenkriteriums wird vom Rat nach dem Verfahren des Artikels 126 des Vertrags über die Arbeitsweise der Europäischen Union festgestellt werden.

Artikel 5 [Haushalts- und Wirtschaftspartnerschaftsprogramm]

(1) [1]Eine Vertragspartei, die gemäß den Verträgen, auf denen die Europäische Union beruht, Gegenstand eines Defizitverfahrens ist, legt ein Haushalts- und Wirtschaftspartnerschaftsprogramm auf, das eine detaillierte Beschreibung der Strukturreformen enthält, die zur Gewährleistung einer wirksamen und dauerhaften Korrektur ihres übermäßigen Defizits zu beschließen und umzusetzen sind. [2]Inhalt und Form dieser Programme werden im Recht der Europäischen Union festgelegt. [3]Sie werden dem Rat der Europäischen Union und der Europäischen Kommission im Rahmen der bestehenden Überwachungsverfahren des Stabilitäts- und Wachstumspakts zur Genehmigung vorgelegt werden und auch innerhalb dieses Rahmens überwacht werden.

(2) Die Umsetzung des Haushalts- und Wirtschaftspartnerschaftsprogramms und die mit diesem Programm in Einklang stehenden jährlichen Haushaltspläne werden vom Rat der Europäischen Union und der Europäischen Kommission überwacht werden.

Artikel 6 [Berichterstattung über Schuldenplanung]

Zur besseren Koordinierung der Planung für die Begebung von Staatsschuldtiteln erstatten die Vertragsparteien dem Rat der Europäischen Union und der Europäischen Kommission im Voraus über ihre entsprechenden Planungen Bericht.

Artikel 7 [Stimmrechtsbindung in der Defizitkontrolle]
[1]Die Vertragsparteien, deren Währung der Euro ist, verpflichten sich unter uneingeschränkter Einhaltung der Verfahrensvorschriften der Verträge, auf denen die Europäische Union beruht, zur Unterstützung der Vorschläge oder Empfehlungen der Europäischen Kommission, in denen diese die Auffassung vertritt, dass ein Mitgliedstaat der Europäischen Union, dessen Währung der Euro ist, im Rahmen eines Verfahrens bei einem übermäßigen Defizit gegen das Defizit-Kriterium verstößt. [2]Diese Verpflichtung entfällt, wenn zwischen den Vertragsparteien, deren Währung der Euro ist, feststeht, dass eine analog zu den einschlägigen Bestimmungen der Verträge, auf denen die Europäische Union beruht, unter Auslassung des Standpunkts der betroffenen Vertragspartei ermittelte qualifizierte Mehrheit von ihnen gegen den vorgeschlagenen oder empfohlenen Beschluss ist.

Artikel 8 [Schiedsvertragliche Einschaltung des EuGH]
(1) [1]Die Europäische Kommission wird aufgefordert, den Vertragsparteien zu gegebener Zeit einen Bericht über die Bestimmungen vorzulegen, die jede von ihnen gemäß Artikel 3 Absatz 2 erlassen hat. [2]Gelangt die Europäische Kommission, nachdem sie der betreffenden Vertragspartei Gelegenheit zur Stellungnahme gegeben hat, in ihrem Bericht zu dem Schluss, dass diese Vertragspartei Artikel 3 Absatz 2 nicht nachgekommen ist, wird der Gerichtshof der Europäischen Union von einer oder mehreren Vertragsparteien mit der Angelegenheit befasst werden. [3]Ist eine Vertragspartei unabhängig vom Bericht der Kommission der Auffassung, dass eine andere Vertragspartei Artikel 3 Absatz 2 nicht nachgekommen ist, so kann sie den Gerichtshof mit der Angelegenheit befassen. [4]In beiden Fällen ist das Urteil des Gerichtshofs für die Verfahrensbeteiligten verbindlich, und diese müssen innerhalb einer vom Gerichtshof festgelegten Frist die erforderlichen Maßnahmen treffen, um dem Urteil nachzukommen.

(2) [1]Ist eine Vertragspartei nach eigener Einschätzung oder aufgrund der Bewertung der Europäischen Kommission der Auffassung, dass eine andere Vertragspartei nicht die in Absatz 1 genannten erforderlichen Maßnahmen getroffen hat, um dem Urteil des Gerichtshofs nachzukommen, so kann sie den Gerichtshof mit der Sache befassen und die Verhängung finanzieller Sanktionen gemäß den von der Europäischen Kommission im Rahmen von Artikel 260 des Vertrags über die Arbeitsweise der Europäischen Union festgelegten Kriterien verlangen. [2]Stellt der Gerichtshof fest, dass die betreffende Vertragspartei seinem Urteil nicht nachgekommen ist, so kann er gegen diese Vertragspartei einen Pauschalbetrag oder ein Zwangsgeld verhängen, der/das den Umständen angemessen ist und nicht über 0,1 % ihres Bruttoinlandsprodukts hinausgeht. [3]Die gegen eine Vertragspartei, deren Währung der Euro ist, verhängten Beträge sind an den Europäischen Stabilitätsmechanismus zu entrichten. [4]Anderenfalls werden die Zahlungen an den Gesamthaushaltsplan der Europäischen Union entrichtet.

(3) Dieser Artikel stellt einen Schiedsvertrag zwischen den Vertragsparteien im Sinne des Artikels 273 des Vertrags über die Arbeitsweise der Europäischen Union dar.

Titel IV
Wirtschaftspolitische Koordinierung und Konvergenz

Artikel 9 [Wachstum durch Wettbewerbsfähigkeit]
[1]Gestützt auf die wirtschaftspolitische Koordinierung im Sinne des Vertrags über die Arbeitsweise der Europäischen Union verpflichten sich die Vertragsparteien, gemeinsam auf eine Wirtschaftspolitik hinzuarbeiten, die durch erhöhte Konvergenz und Wettbewerbsfähigkeit das reibungslose Funktionieren der Wirtschafts- und Währungsunion sowie das Wirtschaftswachstum fördert. [2]Zu diesem Zweck leiten die Vertragsparteien in Verfolgung des Ziels, Wettbewerbsfähigkeit und Beschäftigung zu fördern, weiter zur langfristigen Tragfähigkeit der öffentlichen Finanzen beizutragen und die Finanzstabilität zu stärken, in allen für das reibungslose Funktionieren des Euro-Währungsgebiets wesentlichen Bereichen die notwendigen Schritte und Maßnahmen ein.

Artikel 10 [Eigenrecht der Eurozone, Verrechtlichungsbekenntnis]
Den Anforderungen der Verträge, auf denen die Europäische Union beruht, entsprechend sind die Vertragsparteien bereit, in Angelegenheiten, die für das reibungslose Funktionieren des Euro-Währungsgebiets wesentlich sind, wann immer dies angemessen und notwendig ist, von den in Artikel 136 des Vertrags über die Arbeitsweise der Europäischen Union vorgesehenen Maßnahmen für die Mit-

gliedstaaten, deren Währung der Euro ist, und – ohne dabei den Binnenmarkt zu beeinträchtigen – von der in Artikel 20 des Vertrags über die Europäische Union und in den Artikeln 326 bis 334 des Vertrags über die Arbeitsweise der Europäischen Union vorgesehenen Verstärkten Zusammenarbeit aktiven Gebrauch zu machen.

Artikel 11 [Koordinierung der größeren wirtschaftspolitischen Reformen]
[1]Um Benchmarks für vorbildliche Vorgehensweisen festzulegen und auf eine enger koordinierte Wirtschaftspolitik hinzuarbeiten, stellen die Vertragsparteien sicher, dass alle von ihnen geplanten größeren wirtschaftspolitischen Reformen vorab zwischen ihnen erörtert und gegebenenfalls koordiniert werden. [2]In diese Koordinierung werden die Organe der Europäischen Union gemäß den Erfordernissen des Rechts der Europäischen Union einbezogen.

Titel V
Steuerung des Euro-Währungsgebiets

Artikel 12 [Governance der Eurozone, Euro-Gipfel]
(1) [1]Die Staats- und Regierungschefs der Vertragsparteien, deren Währung der Euro ist, und der Präsident der Europäischen Kommission treten informell zu Tagungen des Euro-Gipfels zusammen. [2]Der Präsident der Europäischen Zentralbank wird zur Teilnahme an diesen Tagungen eingeladen.

Der Präsident des Euro-Gipfels wird von den Staats- und Regierungschefs der Vertragsparteien, deren Währung der Euro ist, mit einfacher Mehrheit zu dem gleichen Zeitpunkt ernannt, zu dem der Europäische Rat seinen Präsidenten wählt; die Amtszeit entspricht der des Präsidenten des Europäischen Rates.

(2) Euro-Gipfel werden bei Bedarf – mindestens jedoch zweimal jährlich – einberufen, damit die Vertragsparteien, deren Währung der Euro ist, Fragen im Zusammenhang mit ihrer spezifischen gemeinsamen Verantwortung für die einheitliche Währung, weitere die Steuerung des Euro-Währungsgebiets betreffende Fragen und die dafür geltenden Vorschriften sowie strategische Orientierungen für die Steuerung der Wirtschaftspolitik und größere Konvergenz im Euro-Währungsgebiet erörtern.

(3) Die Staats- und Regierungschefs der Vertragsparteien, deren Währung nicht der Euro ist und die diesen Vertrag ratifiziert haben, nehmen an den Beratungen der Tagungen der Euro-Gipfel teil, die für die Vertragsparteien die Wettbewerbsfähigkeit, die Änderung der allgemeinen Architektur des Euroraums und der grundlegenden Regelungen, die für diesen in Zukunft gelten werden, betreffen, sowie, wenn dies sachgerecht ist und mindestens einmal im Jahr, an Beratungen zu bestimmten Fragen der Durchführung dieses Vertrags über Stabilität, Koordinierung und Steuerung in der Wirtschafts- und Währungsunion.

(4) [1]Der Präsident des Euro-Gipfels gewährleistet in enger Zusammenarbeit mit dem Präsidenten der Europäischen Kommission die Vorbereitung und Kontinuität der Tagungen des Euro-Gipfels. [2]Das mit der Vorbereitung und Nachbereitung der Tagungen des Euro-Gipfels betraute Gremium ist die Euro-Gruppe, deren Präsident zu diesem Zweck zur Teilnahme an diesen Tagungen eingeladen werden kann.

(5) [1]Der Präsident des Europäischen Parlaments kann eingeladen werden, um gehört zu werden. [2]Der Präsident des Euro-Gipfels legt dem Europäischen Parlament nach jeder Tagung des Euro-Gipfels einen Bericht vor.

(6) Der Präsident des Euro-Gipfels unterrichtet die anderen Vertragsparteien als die, deren Währung der Euro ist, und die anderen Mitgliedstaaten der Europäischen Union laufend und eingehend über die Vorbereitungen und die Ergebnisse der Tagungen des Euro-Gipfels.

Artikel 13 [Mitverantwortung der Parlamente]
Wie in Titel II des den Verträgen zur Europäischen Union beigefügten Protokolls (Nr. 1) über die Rolle der nationalen Parlamente in der Europäischen Union vorgesehen, bestimmen das Europäische Parlament und die nationalen Parlamente der Vertragsparteien gemeinsam über die Organisation und Förderung einer Konferenz von Vertretern der zuständigen Ausschüsse des Europäischen Parlaments und von Vertretern der zuständigen Ausschüsse der nationalen Parlamente, um die Haushaltspolitik und andere von diesem Vertrag erfasste Angelegenheiten zu diskutieren.

Titel VI

Allgemeine Bestimmungen und Schlussbestimmungen

Artikel 14 [Ratifikation und Inkrafttreten]

(1) [1]Dieser Vertrag bedarf der Ratifikation durch die Vertragsparteien gemäß ihren jeweiligen verfassungsrechtlichen Vorschriften. [2]Die Ratifikationsurkunden werden beim Generalsekretariat des Rates der Europäischen Union (im Folgenden „Verwahrer") hinterlegt.

(2) Dieser Vertrag tritt am 1. Januar 2013 in Kraft[1)], sofern zwölf Vertragsparteien, deren Währung der Euro ist, ihre Ratifikationsurkunde hinterlegt haben, oder am ersten Tag des Monats, der auf die Hinterlegung der zwölften Ratifikationsurkunde durch eine Vertragspartei, deren Währung der Euro ist, folgt, je nachdem, welcher Zeitpunkt früher liegt.

(3) [1]Dieser Vertrag gilt ab dem Tag des Inkrafttretens zwischen den Vertragsparteien, deren Währung der Euro ist, die ihn ratifiziert haben. [2]Er gilt für die anderen Vertragsparteien, deren Währung der Euro ist, ab dem ersten Tag des auf die Hinterlegung ihrer jeweiligen Ratifikationsurkunde folgenden Monats.

(4) Abweichend von den Absätzen 3 und 5 gilt Titel V für alle betroffenen Vertragsparteien ab dem Tag des Inkrafttretens dieses Vertrags.

(5) Auf die Vertragsparteien, für die eine Ausnahmeregelung im Sinne von Artikel 139 Absatz 1 des Vertrags über die Arbeitsweise der Europäischen Union oder eine Freistellung gemäß dem den Verträgen zur Europäischen Union beigefügten Protokolls (Nr. 16) über einige Bestimmungen betreffend Dänemark gilt und die den vorliegenden Vertrag ratifiziert haben, findet dieser Vertrag ab dem Tag Anwendung, an dem der Beschluss zur Aufhebung der Ausnahmeregelung bzw. Freistellung wirksam wird, es sei denn, die betreffende Vertragspartei erklärt, dass sie zu einem früheren Zeitpunkt an alle oder einige Bestimmungen der Titel III und IV dieses Vertrags gebunden sein will.

Artikel 15 [Beitritt von EU-Mitgliedstaaten, die nicht Vertragspartei sind]

[1]Dieser Vertrag steht den Mitgliedstaaten der Europäischen Union, die keine Vertragspartei sind, zum Beitritt offen. [2]Der Beitritt wird mit der Hinterlegung der Beitrittsurkunde beim Verwahrer wirksam, der die anderen Vertragsparteien davon in Kenntnis setzt. [3]Nach Authentifizierung durch die Vertragsparteien wird der Wortlaut dieses Vertrags in der Amtssprache des beitretenden Mitgliedstaats, die auch eine Amtssprache und eine Arbeitssprache der Organe der Union ist, im Archiv des Verwahrers als verbindlicher Wortlaut dieses Vertrags hinterlegt.

Artikel 16 [Überführung des VSKS in das Recht der EU]

Binnen höchstens fünf Jahren ab dem Inkrafttreten dieses Vertrags werden auf der Grundlage einer Bewertung der Erfahrungen mit der Umsetzung des Vertrags gemäß dem Vertrag über die Europäische Union und dem Vertrag über die Arbeitsweise der Europäischen Union die notwendigen Schritte mit dem Ziel unternommen, den Inhalt dieses Vertrags in den Rechtsrahmen der Europäischen Union zu überführen.

Geschehen zu Brüssel am zweiten März zweitausendzwölf.

Dieses Abkommen ist in bulgarischer, tschechischer, dänischer, niederländischer, englischer, estnischer, finnischer, französischer, deutscher, griechischer, ungarischer, irischer, italienischer, lettischer, litauischer, maltesischer, polnischer, portugiesischer, rumänischer, slowakischer, slowenischer, spanischer und schwedischer Sprache abgefasst, wobei jeder Wortlaut gleichermaßen verbindlich ist, in einer Urschrift, die im Archiv des Verwahrers hinterlegt wird; dieser übermittelt den Vertrags parteien je eine beglaubigte Abschrift.

---

1) Der Vertrag ist für die Bundesrepublik Deutschland am **1. Januar 2013** in Kraft getreten; siehe hierzu die Bekanntmachung über das Inkrafttreten des Vertrags über Stabilität, Koordinierung und Steuerung in der Wirtschafts- und Währungsunion v. 14. 1. 2013 (BGBl. II S. 162).

Für das Inkrafttreten des Vertrages in den anderen Vertragsstaaten siehe u.a.:
- die **Bekanntmachung über das Inkrafttreten des Vertrags über Stabilität, Koordinierung und Steuerung in der Wirtschafts- und Währungsunion** v. 14. 1. 2013 (BGBl. II S. 162),
- die **Bekanntmachung über den Geltungsbereich des Vertrags über Stabilität, Koordinierung und Steuerung in der Wirtschafts- und Währungsunion** v. 1. 3. 2013 (BGBl. II S. 510).

Protokoll über die Unterzeichnung des Vertrags über Stabilität, Koordinierung und Steuerung in der Wirtschafts- und Währungsunion

Die Bevollmächtigten des Königreichs Belgien, der Republik Bulgarien, des Königreichs Dänemark, der Bundesrepublik Deutschland, der Republik Estland, Irlands, der Hellenischen Republik, des Königreichs Spanien, der Französischen Republik, der Italienischen Republik, der Republik Zypern, der Republik Lettland, der Republik Litauen, des Großherzogtums Luxemburg, Ungarns, Maltas, des Königreichs der Niederlande, der Republik Österreich, der Republik Polen, der Portugiesischen Republik, Rumäniens, der Republik Slowenien, der Slowakischen Republik, der Republik Finnland und des Königreichs Schweden haben heute den Vertrag über Stabilität, Koordinierung und Steuerung in der Wirtschafts- und Währungsunion unterzeichnet.

Die Unterzeichner kamen dabei überein, dem Protokoll die folgenden Vereinbarungen beizufügen.

Geschehen zu Brüssel am 2. März 2012.

Anhang

Vertrag über Stabilität, Koordinierung und Steuerung in der Wirtschafts- und Währungsunion

Von den Vertragsparteien bei der Unterzeichnung getroffene Regelung betreffend Artikel 8 des Vertrags

Die folgende Regelung gilt, um eine Angelegenheit gemäß Artikel 8 Absatz 1 Satz 2 des Vertrags über Stabilität, Koordinierung und Steuerung in der Wirtschafts- und Währungsunion (im Folgenden „Vertrag") auf Grundlage von Artikel 273 des Vertrags über die Arbeitsweise der Europäischen Union beim Gerichtshof der Europäischen Union anhängig zu machen, wenn die Kommission in einem Bericht an die Vertragsparteien zu dem Schluss gelangt ist, dass eine Vertragspartei Artikel 3 Absatz 2 des Vertrags nicht nachgekommen ist:

(1) Die Klageschrift, mit der der Gerichtshof ersucht wird festzustellen, dass eine Vertragspartei – wie im Kommissionsbericht festgestellt – Artikel 3 Absatz 2 des Vertrags nicht nachgekommen ist, wird von den in Absatz 2 genannten Klägern bei der Kanzlei des Gerichtshofs innerhalb von drei Monaten eingereicht werden, nachdem der Kommissionsbericht, in dem festgestellt wird, dass eine Vertragspartei Artikel 3 Absatz 2 des Vertrags nicht nachgekommen ist, bei den Vertragsparteien eingegangen ist. Die Kläger werden im Interesse aller durch die Artikel 3 und 8 des Vertrags gebundenen Vertragsparteien und in enger Zusammenarbeit mit diesen handeln, mit Ausnahme der Vertragspartei, gegen die sich die Klage richtet, und im Einklang mit der Satzung und der Verfahrensordnung des Gerichtshofs.

(2) Kläger werden die durch die Artikel 3 und 8 des Vertrags gebundenen Vertragsparteien sein, welche die Mitgliedstaaten sind, die zum Zeitpunkt der Veröffentlichung des Kommissionsberichts die zuvor festgelegte Gruppe derjenigen drei Mitgliedstaaten bilden, die nach Artikel 1 Absatz 4 der Geschäftsordnung des Rates den Vorsitz im Rat der Europäischen Union führen (Dreiervorsitz[1)]), soweit zu diesem Zeitpunkt i) nicht aus einem Kommissionsbericht hervorgeht, dass sie ihren Verpflichtungen im Rahmen des Artikels 3 Absatz 2 des Vertrags nicht nachgekommen sind, ii) nicht anderweitig gemäß Artikel 8 Absatz 1 oder 2 vor dem Gerichtshof gegen sie Klage erhoben worden ist und iii) sie nicht im Einklang mit den allgemeinen Grundsätzen des Völkerrechts aus anderen nachweisbaren Gründen übergeordneter Natur daran gehindert sind, zu handeln. Erfüllt keiner der drei betreffenden Mitgliedstaaten diese Kriterien, so obliegt es den Mitgliedern des vorausgehenden Dreiervorsitzes, den Gerichtshof unter denselben Bedingungen mit der Sache zu befassen.

(3) Auf Antrag der Kläger wird diesen während des Verfahrens vor dem Gerichtshof von den Vertragsparteien, in deren Interesse Klage erhoben wurde, die erforderliche technische oder logistische Unterstützung gewährt.

(4) Entstehen den Klägern infolge des Urteils des Gerichtshofs Kosten, so werden diese von allen Vertragsparteien, in deren Interesse der Rechtsstreit anhängig gemacht wurde, gemeinsam getragen werden.

---

1) **Amtl. Anm.:** Die Reihenfolge der Dreiervorsitze ist in Anhang I des Beschlusses 2009/908/EU des Rates vom 1. Dezember 2009 zur Festlegung von Maßnahmen für die Durchführung des Beschlusses des Europäischen Rates über die Ausübung des Vorsitzes im Rat und über den Vorsitz in den Vorbereitungsgremien des Rates (ABl. L 322 vom 9. 12. 2009, S. 28, Berichtigung in ABl. L 344 vom 23. 12. 2009, S. 56) festgelegt.

(5) Gelangt ein neuer Bericht der Kommission zu dem Schluss, dass die betreffende Vertragspartei es nicht länger unterlässt, Artikel 3 Absatz 2 des Vertrags nachzukommen, so werden die Kläger dem Gerichtshof unverzüglich schriftlich mitteilen, dass sie im Einklang mit den einschlägigen Bestimmungen der Verfahrensordnung des Gerichtshofs die Klage zurücknehmen.

(6) Auf Grundlage einer Bewertung der Europäischen Kommission, dass eine Vertragspartei nicht die erforderlichen Maßnahmen getroffen hat, um dem in Artikel 8 Absatz 1 des Vertrags genannten Urteil des Gerichtshofs nachzukommen, erklären die durch die Artikel 3 und 8 des Vertrags gebundenen Vertragsparteien, dass sie beabsichtigen, von dem Verfahren gemäß Artikel 8 Absatz 2 in vollem Umfang Gebrauch zu machen, um den Gerichtshof unter Zugrundelegung der für die Umsetzung von Artikel 8 Absatz 1 des Vertrags getroffenen Regelung mit dem Fall zu befassen.

Verordnung (EU) 2020/2094 des Rates zur Schaffung eines Aufbauinstruments der Europäischen Union zur Unterstützung der Erholung nach der COVID-19-Krise

Vom 14. Dezember 2020 (ABl. Nr. L 433 I S. 23)*)

DER RAT DER EUROPÄISCHEN UNION —

gestützt auf den Vertrag über die Arbeitsweise der Europäischen Union, insbesondere auf Artikel 122,

auf Vorschlag der Europäischen Kommission,

in Erwägung nachstehender Gründe:

(1) Um die Ausbreitung von COVID-19 einzudämmen, das am 11. März 2020 von der Weltgesundheitsorganisation zu einer Pandemie erklärt wurde, haben die Mitgliedstaaten eine Reihe beispielloser Maßnahmen ergriffen.

(2) Die beispielslosen Maßnahmen, die in Reaktion auf die durch COVID-19 verursachte außergewöhnliche Situation, die sich der Kontrolle der Mitgliedstaaten entzieht, ergriffen wurden haben zu erheblichen Störungen der Wirtschaftstätigkeit geführt, die sich in einem starken Rückgang des Bruttoinlandsprodukts sowie in signifikanten Auswirkungen auf die Beschäftigung, die sozialen Bedingungen, Armut und Ungleichheiten widerspiegeln. Insbesondere haben die Maßnahmen zu Unterbrechungen der Lieferketten sowie der Produktion geführt und Abwesenheiten vom Arbeitsplatz verursacht. Darüber hinaus ist die Erbringung vieler Dienstleistungen sehr schwierig oder unmöglich geworden. Gleichzeitig ging die Verbrauchernachfrage zurück. Viele Unternehmen sind mit Liquiditätsengpässen sowie Solvenzrisiken konfrontiert, während die Finanzmärkte eine sehr hohe Volatilität aufweisen. Besonders stark betroffen sind wichtige Wirtschaftszweige wie die Reise- und Tourismusbranche. Alles in allem haben diese Maßnahmen bereits zu einer erheblichen Verschlechterung der finanziellen Lage vieler Unternehmen in der Union geführt oder werden eine solche Verschlechterung nach sich ziehen.

(3) Die durch COVID-19 verursachte Krise hat sich in der Union und in Drittländern rasch ausgebreitet. Für 2020 wird ein drastischer Rückgang des Wachstums in der Union erwartet. Es besteht die Gefahr, dass die Erholung in den einzelnen Mitgliedstaaten sehr unterschiedlich verläuft und die Divergenzen zwischen den nationalen Volkswirtschaften zunehmen. Die unterschiedlichen haushaltspolitischen Spielräume, die den Mitgliedstaaten zur Verfügung stehen, um finanzielle Unterstützung dort zu leisten, wo sie am dringendsten für die Erholung benötigt wird, und die zwischen den Mitgliedstaaten uneinheitlichen Maßnahmen stellen eine Gefahr für den Binnenmarkt und den sozialen und territorialen Zusammenhalt dar.

(4) Für die wirtschaftliche Erholung wird ein umfassendes Bündel von Maßnahmen benötigt. Dieses Bündel von Maßnahmen erfordert umfangreiche öffentliche und private Investitionen, um die Union auf einen Pfad der nachhaltigen und robusten Erholung zu geleiten, hochwertige Arbeitsplätze zu schaffen, die soziale Inklusion zu fördern, die durch die COVID-19-Krise verursachten unmittelbaren Schäden zu beheben und gleichzeitig die Prioritäten der Union im Hinblick auf den ökologischen und digitalen Wandel voranzutreiben.

(5) In der durch COVID-19 verursachten außergewöhnlichen Situation, die sich der Kontrolle der Mitgliedstaaten entzieht, ist ein kohärentes und einheitliches Vorgehen auf Unionsebene erforderlich. Um eine weitere Verschlechterung der Wirtschafts- und Beschäftigungslage sowie des sozialen Zusammenhalts zu verhindern und eine nachhaltige und robuste Erholung der Wirtschaftstätigkeit zu fördern, sollte im Geiste der Solidarität zwischen den Mitgliedstaaten ein außergewöhnliches und koordiniertes Programm zur wirtschaftlichen und sozialen Unterstützung eingerichtet werden, insbesondere für jene Mitgliedstaaten, die besonders stark betroffen sind.

*) Die Verordnung ist zentraler Baustein des Europäischen Aufbauplans „Next Generation EU", siehe Mitteilung der Kommission vom 27. Mai 2020, COM(2020) 442 final. Siehe zum Inkrafttreten Art. 6. Veröffentlichung im Amtsblatt am 22. Dezember 2020. Art. 2 verweist auf die Grundlage im neuen Eigenmittelbeschluss. Dieser gilt seit dem 1. Januar 2021, tritt aber erst in Kraft nach Annahme in den Mitgliedstaaten (Art. 311 Abs. 3 Satz 3 AEUV und Eigenmittelbeschluss vom 14. Dezember 2020, ABl. Nr. L 424 S. 1, dort Art. 12).

(6) Da diese Verordnung eine außergewöhnliche Reaktion auf zwar vorübergehende, jedoch extreme Umstände darstellt, sollte die Unterstützung im Rahmen dieser Verordnung lediglich für die Zwecke der Bewältigung der negativen wirtschaftlichen Folgen der COVID-19-Krise oder für die Finanzmittel bereitgestellt werden, die unmittelbar erforderlich sind, um ein Wiederauftreten der COVID-19-Krise zu verhindern.

(7) Der Schwerpunkt der Unterstützung im Rahmen des durch diese Verordnung geschaffenen Instruments (im Folgenden „Instrument") sollte insbesondere auf Maßnahmen liegen, die darauf abstellen, die Arbeitsmärkte und den Sozialschutz sowie die Gesundheitssysteme wiederherzustellen, dem Potenzial für nachhaltiges Wachstum und Beschäftigung neue Impulse zu verleihen, damit der Zusammenhalt unter den Mitgliedstaaten gestärkt wird und sie beim Übergang zu einer grünen und digitalen Wirtschaft unterstützt werden, Unternehmen, die von den Auswirkungen der COVID-19-Krise betroffen sind, insbesondere kleine und mittlere Unternehmen, zu unterstützen, sowie Investitionen in Aktivitäten, die von grundlegender Bedeutung für die Stärkung des nachhaltigen Wachstums in der Union sind, zu fördern, einschließlich direkter finanzieller Investitionen in Unternehmen, sowie auf Maßnahmen für Forschung und Innovation in Reaktion auf die COVID-19-Krise, für Kapazitätsaufbau auf Unionsebene, um die künftige Krisenvorsorge zu verbessern, für die Aufrechterhaltung der Bemühungen um einen gerechten Übergang zu einer klimaneutralen Wirtschaft, und auf der Unterstützung der Landwirtschaft sowie der Entwicklung ländlicher Gebiete bei der Bewältigung der Auswirkungen der COVID-19-Krise.

(8) Um eine nachhaltige und stabile Erholung in der gesamten Union zu gewährleisten und die Durchführung der wirtschaftlichen Unterstützung zu erleichtern, sind die bestehenden Mechanismen für Ausgaben im Rahmen von Unionsprogrammen nach Maßgabe des Mehrjährigen Finanzrahmens zu nutzen. Die Unterstützung im Rahmen dieser Programme ist in Form von nicht rückzahlbarer Unterstützung, Darlehen und Dotierungen für Haushaltsgarantien zu gewähren. Bei der Zuweisung von Finanzmitteln sollte berücksichtigt werden, inwieweit diese Programme zur Verwirklichung der Ziele des Instruments beitragen können. Bei Beiträgen zu diesen Programmen im Rahmen des Instruments sollten die Ziele des Instruments, die mit der Unterstützung der Erholung nach der COVID-19-Krise im Zusammenhang stehen, genau beachtet werden.

(9) Angesichts der Art der zu finanzierenden Maßnahmen sollte ein Teil der im Rahmen des Instruments verfügbaren Beträge für Darlehen für Mitgliedstaaten verwendet werden, während es sich bei dem anderen Teil der Mittel um externe zweckgebundene Einnahmen für die Zwecke von Artikel 21 Absatz 5 der Verordnung (EU, Euratom) 2018/1046 des Europäischen Parlaments und des Rates (im Folgenden „Haushaltsordnung") handeln sollte, die von der Union für nicht rückzahlbare Unterstützung, Unterstützung durch Finanzierungsinstrumente oder Dotierungen für Haushaltsgarantien und damit verbundene Ausgaben verwendet werden sollten. Zu diesem Zweck ist es — als Teil der im Rahmen der vorliegenden Verordnung erforderlichen Maßnahmen — angemessen, zu ermöglichen, dass Artikel 21 Absatz 5 der Haushaltsordnung die Zuweisung gemäß der als Basisrechtsakt fungierenden vorliegenden Verordnung eines Teils der Einnahmen, die auf Grundlage der im Beschluss des Rates über das Eigenmittelsystem der Europäischen Union und zur Aufhebung des Beschlusses 2014/335/EU des Rates, Euratom (im Folgenden „Eigenmittelbeschluss") vorgesehenen außerordentlichen und zeitlich befristeten Ermächtigung aufgenommen werden dürfen, abdeckt.

(10) Wenngleich Artikel 12 Absatz 4 Buchstabe c und Artikel 14 Absatz 3 der Haushaltsordnung auf Mittel für Verpflichtungen und Mittel für Zahlungen Anwendung finden, die im Zusammenhang mit den externen zweckgebundenen Einnahmen im Rahmen dieser Verordnung bereitgestellt werden, sollten die Mittel für Verpflichtungen aus diesen externen zweckgebundenen Einnahmen angesichts der festgelegten Fristen für die verschiedenen Unterstützungsarten nicht automatisch über die jeweiligen Enddaten hinaus übertragen werden, ausgenommen Mittel für Verpflichtungen, die für die technische und administrative Unterstützung bei der Durchführung der Maßnahmen gemäß dem Instrument erforderlich sind.

(11) Mittel für Verpflichtungen für nicht rückzahlbare Unterstützung sollten automatisch bis zur Höhe des bewilligten Betrags zur Verfügung gestellt werden. Die Liquidität sollte wirksam verwaltet werden, damit Mittel erst dann aufgenommen werden, wenn die Mittel für Zahlungen, die sich aus den betreffenden rechtlichen Verpflichtungen ergeben, bereitzustellen sind.

(12) Angesichts der Bedeutung, die der Verwendung der Beträge in den ersten Jahren der Durchführung des Instruments zukommt, ist es angezeigt, die bei der Durchführung des Instruments erzielten Fortschritte und die Verwendung der zugewiesenen Unterstützung gemäß dieser Verordnung zu überprüfen. Zu diesem Zwecke sollte die Kommission bis zum 31. Oktober 2022 einen Bericht erstellen.

(13) In Artikel 135 Absatz 2 des Abkommens über den Austritt des Vereinigten Königreichs Großbritannien und Nordirland aus der Europäischen Union und der Europäischen Atomgemeinschaft (im Folgenden „Austrittsabkommen“) ist festgelegt, dass Änderungen an dem Beschluss 2014/335/EU, Euratom, die am oder nach dem Tag des Inkrafttretens des Austrittsabkommens verabschiedet werden, nicht auf das Vereinigte Königreich anwendbar sind, soweit sie sich auf die finanziellen Verpflichtungen des Vereinigten Königreichs auswirken. Die Unterstützung im Rahmen dieser Verordnung und die entsprechende Anhebung der Eigenmittelobergrenze der Union würden sich auf die finanziellen Verpflichtungen des Vereinigten Königreichs auswirken. In Artikel 143 Absatz 1 des Austrittsabkommens wird die Haftung des Vereinigten Königreichs für seinen Anteil an den Eventualverbindlichkeiten der Union auf Verbindlichkeiten aus Finanzoperationen beschränkt, die die Union vor dem Tag des Inkrafttretens des Austrittsabkommens getätigt hat. Jede Eventualverbindlichkeit der Union aus einer im Rahmen dieser Verordnung gewährten Unterstützung entstünde nach dem Datum des Inkrafttretens des Austrittsabkommens. Daher sollte diese Verordnung auf das Vereinigte Königreich und im Vereinigten Königreich keine Anwendung finden —

HAT FOLGENDE VERORDNUNG ERLASSEN:

Artikel 1 Gegenstand und Anwendungsbereich

(1) Zur Unterstützung der Erholung nach der COVID-19-Krise wird mit dieser Verordnung das Aufbauinstrument der Europäischen Union (im Folgenden „Instrument“) geschaffen.

(2) Die Unterstützung im Rahmen des Instruments dient insbesondere der Finanzierung der folgenden Maßnahmen zur Bewältigung der negativen wirtschaftlichen Folgen der COVID-19-Krise oder zur Deckung der Finanzmittel, die unmittelbar erforderlich sind, um ein Wiederauftreten dieser Krise zu verhindern:

a) Maßnahmen zur Wiederherstellung der Beschäftigung und zur Schaffung neuer Arbeitsplätze;
b) Maßnahmen in Form von Reformen und Investitionen, um dem Potenzial für nachhaltiges Wachstum und Beschäftigung neue Impulse zu verleihen, den Zusammenhalt unter den Mitgliedstaaten zu stärken und ihre Resilienz zu steigern;
c) Maßnahmen für Unternehmen, die von den wirtschaftlichen Auswirkungen der COVID-19-Krise betroffen sind, insbesondere Maßnahmen zugunsten kleiner und mittlerer Unternehmen sowie Unterstützung für Investitionen in Aktivitäten, die von grundlegender Bedeutung für die Stärkung des nachhaltigen Wachstums in der Union sind, einschließlich direkter Finanzinvestitionen in Unternehmen;
d) Maßnahmen für Forschung und Innovation in Reaktion auf die COVID-19-Krise;
e) Maßnahmen zur Verbesserung der Krisenvorsorge der Union und zur Ermöglichung einer raschen und wirksamen Reaktion der Union im Falle wesentlicher Krisensituationen, einschließlich Maßnahmen wie die Bevorratung grundlegender Güter und medizinischer Ausrüstung und den Erwerb der erforderlichen Infrastrukturen für eine rasche Krisenreaktion;
f) Maßnahmen, mit denen sichergestellt wird, dass ein gerechter Übergang zu einer klimaneutralen Wirtschaft nicht durch die COVID-19-Krise untergraben wird;
g) Maßnahmen zur Bewältigung der Auswirkungen der COVID-19-Krise auf die Landwirtschaft und die Entwicklung des ländlichen Raums.

(3) Die in Absatz 2 genannten Maßnahmen werden im Rahmen spezifischer Unionsprogramme sowie im Einklang mit den einschlägigen Rechtsakten der Union durchgeführt, die Vorschriften für diese Programme festlegen, unter uneingeschränkter Achtung der Ziele des Instruments. Sie umfassen technische und administrative Unterstützung bei der Durchführung.

Artikel 2 Finanzierung des Instruments und Mittelzuweisung

(1) Das Instrument wird auf der Grundlage der Ermächtigung nach Artikel 5 des Eigenmittelbeschlusses bis in Höhe des Betrags von 750 000 Mio. EUR zu Preisen von 2018 finanziert.

Für die Zwecke der Durchführung im Rahmen der spezifischen Unionsprogramme wird der in Unterabsatz 1 genannte Betrag auf der Grundlage eines festen Deflators von 2 % pro Jahr angepasst. Für Mittel aus Verpflichtungen gilt dieser Deflator für die jährlichen Tranchen.

(2) Der in Absatz 1 genannte Betrag wird folgendermaßen aufgeteilt:

a) Unterstützung von bis zu 384 400 Mio. EUR zu Preisen von 2018 in Form von nicht rückzahlbarer Unterstützung und rückzahlbarer Unterstützung durch Finanzierungsinstrumente, die wie folgt aufgeteilt wird:
   i) bis zu 47 500 Mio. EUR zu Preisen von 2018 für Struktur- und Kohäsionsprogramme des bis 2022 verstärkten Mehrjährigen Finanzrahmens 2014-2020, einschließlich Unterstützung durch Finanzierungsinstrumente;
   ii) bis zu 312 500 Mio. EUR zu Preisen von 2018 für ein Programm zur Finanzierung des Aufbaus und der wirtschaftlichen und sozialen Resilienz durch die Unterstützung von Reformen und Investitionen;
   iii) bis zu 1 900 Mio. EUR zu Preisen von 2018 für Zivilschutzprogramme;
   iv) bis zu 5 000 Mio. EUR zu Preisen von 2018 für Programme im Zusammenhang mit Forschung und Innovation, einschließlich Unterstützung durch Finanzierungsinstrumente;
   v) bis zu 10 000 Mio. EUR zu Preisen von 2018 für Programme zur Unterstützung von Gebieten bei ihrem Übergang zu einer klimaneutralen Wirtschaft;
   vi) bis zu 7 500 Mio. EUR zu Preisen von 2018 für die Entwicklung ländlicher Gebiete;
b) bis zu 360 000 Mio. EUR zu Preisen von 2018 in Form von Darlehen für die Mitgliedstaaten für ein Programm zur Finanzierung des Aufbaus und der wirtschaftlichen und sozialen Resilienz durch die Unterstützung von Reformen und Investitionen;
c) bis zu 5 600 Mio. EUR zu Preisen von 2018 für die Dotierung für Haushaltsgarantien und damit verbundene Ausgaben für Programme zur Unterstützung von Investitionen in internen Politikbereichen der Union.

Artikel 3 Vorschriften für den Haushaltsvollzug

(1) Für den Zweck von Artikel 21 Absatz 5 der Haushaltsordnung stellen 384 400 Mio. EUR zu Preisen von 2018 des in Artikel 2 Absatz 1 der vorliegenden Verordnung genannten Betrags externe zweckgebundene Einnahmen für die Unionsprogramme nach Artikel 2 Absatz 2 Buchstabe a der vorliegenden Verordnung und 5 600 Mio. EUR zu Preisen von 2018 dieses Betrags externe zweckgebundene Einnahmen für die Unionsprogramme nach Artikel 2 Absatz 2 Buchstabe c der vorliegenden Verordnung dar.

(2) 360 000 Mio. EUR zu Preisen von 2018 des in Artikel 2 Absatz 1 genannten Betrags werden für Darlehen für Mitgliedstaaten im Rahmen der Unionsprogramme nach Artikel 2 Absatz 2 Buchstabe b verwendet.

(3) Mittel für Verpflichtungen zur Deckung der Unterstützung der Unionsprogramme nach Artikel 2 Absatz 2 Buchstaben a und c werden ab dem Tag des Inkrafttretens des Eigenmittelbeschlusses automatisch bis zu den jeweiligen Beträgen gemäß diesen Buchstaben zur Verfügung gestellt; der Eigenmittelbeschluss enthält die in Artikel 2 Absatz 1 der vorliegenden Verordnung genannte Ermächtigung.

(4) Rechtliche Verpflichtungen, die zu Ausgaben für Unterstützung gemäß Artikel 2 Absatz 2 Buchstabe a und gegebenenfalls Artikel 2 Absatz 2 Buchstabe c führen, werden von der Kommission oder ihren Exekutivagenturen spätestens am 31. Dezember 2023 eingegangen. Rechtliche Verpflichtungen in Höhe von mindestens 60 % des in Artikel 2 Absatz 2 Buchstabe a genannten Betrags werden spätestens am 31. Dezember 2022 eingegangen.

(5) Beschlüsse über die Gewährung von Darlehen nach Artikel 2 Absatz 2 Buchstabe b werden spätestens am 31. Dezember 2023 angenommen.

(6) Haushaltsgarantien der Union bis zu einem Betrag, der im Einklang mit der in den einschlägigen Basisrechtsakten festgelegten betreffenden Dotierungsquote je nach Risikoprofil der unterstützten Finanzierungen und Investitionen der Dotierung für die Haushaltsgarantien nach Artikel 2 Absatz 2 Buchstabe c entspricht, werden nur zur Unterstützung von Vorhaben gewährt, die von den Gegenpar-

teien spätestens am 31. Dezember 2023 genehmigt wurden. Die jeweiligen Haushaltsgarantievereinbarungen enthalten Bestimmungen, die erfordern, dass Finanzoperationen in Höhe von mindestens 60 % des Betrags dieser Haushaltsgarantien spätestens am 31. Dezember 2022 von den Gegenparteien genehmigt werden. Wird die Dotierung für Haushaltsgarantien für nicht rückzahlbare Unterstützung im Zusammenhang mit den in Artikel 2 Absatz 2 Buchstabe c genannten Finanzierungen und Investitionen verwendet, so werden die damit verbundenen rechtlichen Verpflichtungen von der Kommission spätestens am 31. Dezember 2023 eingegangen.

(7) Die Absätze 4 bis 6 des vorliegenden Artikels finden keine Anwendung auf die in Artikel 1 Absatz 3 genannte technische und administrative Unterstützung.

(8) Die Kosten für die technische und administrative Unterstützung bei der Durchführung des Instruments, etwa für die Vorbereitung, Überwachung, Kontrolle, Prüfung und Evaluierung, einschließlich für betriebliche IT-Systeme für die Zwecke dieser Verordnung, werden aus dem Unionshaushalt finanziert.

(9) Zahlungen im Zusammenhang mit den eingegangenen rechtlichen Verpflichtungen, den angenommenen Beschlüssen und den Bestimmungen in Bezug auf genehmigte Finanzoperationen nach den Absätzen 4 bis 6 erfolgen spätestens am 31. Dezember 2026, mit Ausnahme der in Artikel 1 Absatz 3 genannten technischen und administrativen Unterstützung und der Fälle, in denen zwar die im vorliegenden Absatz festgelegte Frist eingehalten wurde, als die rechtliche Verpflichtung eingegangen, der Beschluss angenommen oder das Vorhaben genehmigt wurde, aber ausnahmsweise Zahlungen nach 2026 erforderlich sind, damit die Union ihren Verpflichtungen gegenüber Dritten nachkommen kann, auch aufgrund eines rechtskräftigen Urteils gegen die Union.

Artikel 4 Berichterstattung

Die Kommission legt dem Rat bis zum 31. Oktober 2022 einen Bericht über die bei der Durchführung des Instruments erzielten Fortschritte und die Verwendung der nach Artikel 2 Absatz 2 zugewiesenen Mittel vor.

Artikel 5 Anwendungsbereich

(1) Diese Verordnung findet auf das Vereinigte Königreich und im Vereinigten Königreich keine Anwendung.

(2) Wird in dieser Verordnung auf die Mitgliedstaaten verwiesen, so schließt dies das Vereinigte Königreich nicht ein.

Artikel 6 Inkrafttreten

Diese Verordnung tritt am Tag nach ihrer Veröffentlichung im *Amtsblatt der Europäischen Union* in Kraft.

Konvention zum Schutz der Menschenrechte und Grundfreiheiten

In der Fassung der Bekanntmachung vom 22. Oktober 2010[1)2)] (BGBl. II S. 1198)[3)]
(SEV[4)] 005)
zuletzt geändert durch 15. EMRK-Protokoll[5)] vom 24. Juni 2013 (BGBl. 2014 II S. 1034)

(Übersetzung)

Die Unterzeichnerregierungen, Mitglieder des Europarats –

in Anbetracht der Allgemeinen Erklärung der Menschenrechte, die am 10. Dezember 1948 von der Generalversammlung der Vereinten Nationen verkündet worden ist;

in der Erwägung, dass diese Erklärung bezweckt, die universelle und wirksame Anerkennung und Einhaltung der in ihr aufgeführten Rechte zu gewährleisten;

in der Erwägung, dass es das Ziel des Europarats ist, eine engere Verbindung zwischen seinen Mitgliedern herzustellen, und dass eines der Mittel zur Erreichung dieses Zieles die Wahrung und Fortentwicklung der Menschenrechte und Grundfreiheiten ist;

in Bekräftigung ihres tiefen Glaubens an diese Grundfreiheiten, welche die Grundlage von Gerechtigkeit und Frieden in der Welt bilden und die am besten durch eine wahrhaft demokratische politische Ordnung sowie durch ein gemeinsames Verständnis und eine gemeinsame Achtung der diesen Grundfreiheiten zugrunde liegenden Menschenrechte gesichert werden;

entschlossen, als Regierungen europäischer Staaten, die vom gleichen Geist beseelt sind und ein gemeinsames Erbe an politischen Überlieferungen, Idealen, Achtung der Freiheit und Rechtsstaatlichkeit besitzen, die ersten Schritte auf dem Weg zu einer kollektiven Garantie bestimmter in der Allgemeinen Erklärung aufgeführter Rechte zu unternehmen –

haben Folgendes vereinbart:

Artikel 1 Verpflichtung zur Achtung der Menschenrechte

Die Hohen Vertragsparteien sichern allen ihrer Hoheitsgewalt unterstehenden Personen die in Abschnitt I bestimmten Rechte und Freiheiten zu.

Abschnitt I
Rechte und Freiheiten

Artikel 2 Recht auf Leben

(1) [1]Das Recht jedes Menschen auf Leben wird gesetzlich geschützt. [2]Niemand darf absichtlich getötet werden, außer durch Vollstreckung eines Todesurteils, das ein Gericht wegen eines Verbrechens verhängt hat, für das die Todesstrafe gesetzlich vorgesehen ist.

(2) Eine Tötung wird nicht als Verletzung dieses Artikels betrachtet, wenn sie durch eine Gewaltanwendung verursacht wird, die unbedingt erforderlich ist, um

a) jemanden gegen rechtswidrige Gewalt zu verteidigen;
b) jemanden rechtmäßig festzunehmen oder jemanden, dem die Freiheit rechtmäßig entzogen ist, an der Flucht zu hindern;
c) einen Aufruhr oder Aufstand rechtmäßig niederzuschlagen.

Artikel 3 Verbot der Folter

Niemand darf der Folter oder unmenschlicher oder erniedrigender Behandlung oder Strafe unterworfen werden.

---

1) Neubekanntmachung der Europäischen Menschenrechtskonvention v. 4.11.1950 (BGBl. 1952 II S. 685, ber. S. 953) nach Art. 2 G v. 21.2.2006 (BGBl. II S. 138) in einer sprachlich überarbeiteten deutschen Übersetzung in der ab 1.6.2010 geltenden Fassung.

2) Vorbehalte und Erklärungen zu dieser Konvention sind in englischer und französischer Sprache auf der Webseite des Europarats unter www.conventions.coe.int einsehbar. Gleiches gilt für die ggf. gemäß Konvention zu benennenden Zentralen Behörden oder Kontaktstellen.

3) Internationale Quelle: UNTS Bd. 213 S. 221.

4) Sammlung der Europäischen Verträge des Europarates.

5) Die Bundesrepublik Deutschland hat dem Protokoll Nr. 15 zur Konvention zum Schutz der Menschenrechte und Grundfreiheiten zugestimmt, vgl. G v. 2.12.2014 (BGBl. II S. 1034). Der Tag des Inkrafttretens ist noch im Bundesgesetzblatt bekannt zu geben.

Artikel 4 Verbot der Sklaverei und der Zwangsarbeit

(1) Niemand darf in Sklaverei oder Leibeigenschaft gehalten werden.

(2) Niemand darf gezwungen werden, Zwangs- oder Pflichtarbeit zu verrichten.

(3) Nicht als Zwangs- oder Pflichtarbeit im Sinne dieses Artikels gilt:

a) eine Arbeit, die üblicherweise von einer Person verlangt wird, der unter den Voraussetzungen des Artikels 5 die Freiheit entzogen oder die bedingt entlassen worden ist;
b) eine Dienstleistung militärischer Art oder eine Dienstleistung, die an die Stelle des im Rahmen der Wehrpflicht zu leistenden Dienstes tritt, in Ländern, wo die Dienstverweigerung aus Gewissensgründen anerkannt ist;
c) eine Dienstleistung, die verlangt wird, wenn Notstände oder Katastrophen das Leben oder das Wohl der Gemeinschaft bedrohen;
d) eine Arbeit oder Dienstleistung, die zu den üblichen Bürgerpflichten gehört.

Artikel 5 Recht auf Freiheit und Sicherheit

(1) [1]Jede Person hat das Recht auf Freiheit und Sicherheit. [2]Die Freiheit darf nur in den folgenden Fällen und nur auf die gesetzlich vorgeschriebene Weise entzogen werden:

a) rechtmäßige Freiheitsentziehung[1)] nach Verurteilung durch ein zuständiges Gericht;
b) rechtmäßige Festnahme oder Freiheitsentziehung[1)] wegen Nichtbefolgung einer rechtmäßigen gerichtlichen Anordnung oder zur Erzwingung der Erfüllung einer gesetzlichen Verpflichtung;
c) rechtmäßige Festnahme oder Freiheitsentziehung[1)] zur Vorführung vor die zuständige Gerichtsbehörde, wenn hinreichender Verdacht besteht, dass die betreffende Person eine Straftat begangen hat, oder wenn begründeter Anlass zu der Annahme besteht, dass es notwendig ist, sie an der Begehung einer Straftat oder an der Flucht nach Begehung einer solchen zu hindern;
d) rechtmäßige Freiheitsentziehung[1)] bei Minderjährigen zum Zweck überwachter Erziehung oder zur Vorführung vor die zuständige Behörde;
e) rechtmäßige Freiheitsentziehung[1)] mit dem Ziel, eine Verbreitung ansteckender Krankheiten zu verhindern, sowie bei psychisch Kranken, Alkohol- oder Rauschgiftsüchtigen und Landstreichern;
f) rechtmäßige Festnahme oder Freiheitsentziehung[1)] zur Verhinderung der unerlaubten Einreise sowie bei Personen, gegen die ein Ausweisungs- oder Auslieferungsverfahren im Gange ist.

(2) Jeder festgenommenen Person muss innerhalb möglichst kurzer Frist in einer ihr verständlichen Sprache mitgeteilt werden, welches die Gründe für ihre Festnahme sind und welche Beschuldigungen gegen sie erhoben werden.

(3) [1]Jede Person, die nach Absatz 1 Buchstabe c von Festnahme oder Freiheitsentziehung[2)] betroffen ist, muss unverzüglich einem Richter oder einer anderen gesetzlich zur Wahrnehmung richterlicher Aufgaben ermächtigten Person vorgeführt werden; sie hat Anspruch auf ein Urteil innerhalb angemessener Frist oder auf Entlassung während des Verfahrens. [2]Die Entlassung kann von der Leistung einer Sicherheit für das Erscheinen vor Gericht abhängig gemacht werden.

(4) Jede Person, die festgenommen oder der die Freiheit entzogen ist, hat das Recht zu beantragen, dass ein Gericht innerhalb kurzer Frist über die Rechtmäßigkeit der Freiheitsentziehung[3)] entscheidet und ihre Entlassung anordnet, wenn die Freiheitsentziehung[4)] nicht rechtmäßig ist.

(5) Jede Person, die unter Verletzung dieses Artikels von Festnahme oder Freiheitsentziehung[2)] betroffen ist, hat Anspruch auf Schadensersatz.

Artikel 6 Recht auf ein faires Verfahren

(1) [1]Jede Person hat ein Recht darauf, dass über Streitigkeiten in Bezug auf ihre zivilrechtlichen Ansprüche und Verpflichtungen oder über eine gegen sie erhobene strafrechtliche Anklage von einem unabhängigen und unparteiischen, auf Gesetz beruhenden Gericht in einem fairen Verfahren, öffentlich und innerhalb angemessener Frist verhandelt wird. [2]Das Urteil muss öffentlich verkündet werden; Presse und Öffentlichkeit können jedoch während des ganzen oder eines Teiles des Verfahrens ausgeschlossen werden, wenn dies im Interesse der Moral, der öffentlichen Ordnung oder der nationalen Sicherheit in einer demokratischen Gesellschaft liegt, wenn die Interessen von Jugendlichen oder der

1) Österreich und Schweiz: rechtmäßiger Freiheitsentzug.
2) Österreich und Schweiz: Freiheitsentzug.
3) Österreich und Schweiz: des Freiheitsentzuges.
4) Österreich und Schweiz: der Freiheitsentzug.

Schutz des Privatlebens der Prozessparteien es verlangen oder – soweit das Gericht es für unbedingt erforderlich hält – wenn unter besonderen Umständen eine öffentliche Verhandlung die Interessen der Rechtspflege beeinträchtigen würde.

(2) Jede Person, die einer Straftat angeklagt ist, gilt bis zum gesetzlichen Beweis ihrer Schuld als unschuldig.

(3) Jede angeklagte Person hat mindestens[1)] folgende Rechte:

a) innerhalb möglichst kurzer Frist in einer ihr verständlichen Sprache in allen Einzelheiten über Art und Grund der gegen sie erhobenen Beschuldigung unterrichtet zu werden;
b) ausreichende Zeit und Gelegenheit zur Vorbereitung ihrer Verteidigung zu haben;
c) sich selbst zu verteidigen, sich durch einen Verteidiger ihrer Wahl verteidigen zu lassen oder, falls ihr die Mittel zur Bezahlung fehlen, unentgeltlich den Beistand eines Verteidigers zu erhalten, wenn dies im Interesse der Rechtspflege erforderlich ist;
d) Fragen an Belastungszeugen zu stellen oder stellen zu lassen und die Ladung und Vernehmung von Entlastungszeugen unter denselben Bedingungen zu erwirken, wie sie für Belastungszeugen gelten;
e) unentgeltliche Unterstützung durch einen Dolmetscher zu erhalten, wenn sie die Verhandlungssprache des Gerichts nicht versteht oder spricht.

Artikel 7 Keine Strafe ohne Gesetz

(1) [1]Niemand darf wegen einer Handlung oder Unterlassung verurteilt werden, die zur Zeit ihrer Begehung nach innerstaatlichem oder internationalem Recht nicht strafbar war. [2]Es darf auch keine schwerere als die zur Zeit der Begehung angedrohte Strafe verhängt werden.

(2)[2)] Dieser Artikel schließt nicht aus, dass jemand wegen einer Handlung oder Unterlassung verurteilt oder bestraft wird, die zur Zeit ihrer Begehung nach den von den zivilisierten Völkern anerkannten allgemeinen Rechtsgrundsätzen strafbar war.

Artikel 8 Recht auf Achtung des Privat- und Familienlebens

(1) Jede Person hat das Recht auf Achtung ihres Privat- und Familienlebens, ihrer Wohnung und ihrer Korrespondenz.

(2) Eine Behörde darf in die Ausübung dieses Rechts nur eingreifen, soweit der Eingriff gesetzlich vorgesehen und in einer demokratischen Gesellschaft notwendig ist für die nationale oder öffentliche Sicherheit, für das wirtschaftliche Wohl des Landes, zur Aufrechterhaltung der Ordnung, zur Verhütung von Straftaten, zum Schutz der Gesundheit oder der Moral oder zum Schutz der Rechte und Freiheiten anderer.

Artikel 9 Gedanken-, Gewissens- und Religionsfreiheit

(1) Jede Person hat das Recht auf Gedanken-, Gewissens- und Religionsfreiheit; dieses Recht umfasst die Freiheit, seine Religion oder Weltanschauung zu wechseln, und die Freiheit, seine Religion oder Weltanschauung einzeln oder gemeinsam mit anderen öffentlich oder privat durch Gottesdienst, Unterricht oder Praktizieren von Bräuchen und Riten zu bekennen.

(2) Die Freiheit, seine Religion oder Weltanschauung zu bekennen, darf nur Einschränkungen unterworfen werden, die gesetzlich vorgesehen und in einer demokratischen Gesellschaft notwendig sind für die öffentliche Sicherheit, zum Schutz der öffentlichen Ordnung, Gesundheit oder Moral oder zum Schutz der Rechte und Freiheiten anderer.

Artikel 10 Freiheit der Meinungsäußerung

(1) [1]Jede Person hat das Recht auf freie Meinungsäußerung. [2]Dieses Recht schließt die Meinungsfreiheit und die Freiheit ein, Informationen und Ideen ohne behördliche Eingriffe und ohne Rücksicht auf Staatsgrenzen zu empfangen und weiterzugeben. [3]Dieser Artikel hindert die Staaten nicht, für Hörfunk-[3)], Fernseh- oder Kinounternehmen eine Genehmigung vorzuschreiben.

---

1) Der Wortlaut der englischen Fassung ist: „minimum rights"; in der franz. Sprachfassung heißt es: „notamment".

2) Bezüglich Art. 7 Abs. 2 hat die Bundesregierung mit Zustimmung des Bundestages und des Bundesrates den nach Art. 57 der Konvention zulässigen Vorbehalt gemacht, dass auf jeden Fall die Grenzen von Art. 103 Abs. 2 GG gewahrt werden, siehe hierzu die Bek. v. 15.12.1953 (BGBl. 1954 II S. 14).

3) Schweiz und Liechtenstein: Radio.

(2) Die Ausübung dieser Freiheiten ist mit Pflichten und Verantwortung verbunden; sie kann daher Formvorschriften, Bedingungen, Einschränkungen oder Strafdrohungen unterworfen werden, die gesetzlich vorgesehen und in einer demokratischen Gesellschaft notwendig sind für die nationale Sicherheit, die territoriale Unversehrtheit oder die öffentliche Sicherheit, zur Aufrechterhaltung der Ordnung oder zur Verhütung von Straftaten, zum Schutz der Gesundheit oder der Moral, zum Schutz des guten Rufes oder der Rechte anderer, zur Verhinderung der Verbreitung vertraulicher Informationen oder zur Wahrung der Autorität und der Unparteilichkeit der Rechtsprechung.

Artikel 11 Versammlungs- und Vereinigungsfreiheit

(1) Jede Person hat das Recht, sich frei und friedlich mit anderen zu versammeln und sich frei mit anderen zusammenzuschließen; dazu gehört auch das Recht, zum Schutz seiner Interessen Gewerkschaften zu gründen und Gewerkschaften beizutreten.

(2) [1]Die Ausübung dieser Rechte darf nur Einschränkungen unterworfen werden, die gesetzlich vorgesehen und in einer demokratischen Gesellschaft notwendig sind für die nationale oder öffentliche Sicherheit, zur Aufrechterhaltung der Ordnung oder zur Verhütung von Straftaten, zum Schutz der Gesundheit oder der Moral oder zum Schutz der Rechte und Freiheiten anderer. [2]Dieser Artikel steht rechtmäßigen Einschränkungen der Ausübung dieser Rechte für Angehörige der Streitkräfte, der Polizei oder der Staatsverwaltung nicht entgegen.

Artikel 12 Recht auf Eheschließung

Männer und Frauen im heiratsfähigen Alter haben das Recht, nach den innerstaatlichen Gesetzen, welche die Ausübung dieses Rechts regeln, eine Ehe einzugehen und eine Familie zu gründen.

Artikel 13 Recht auf wirksame Beschwerde

Jede Person, die in ihren in dieser Konvention anerkannten Rechten oder Freiheiten verletzt worden ist, hat das Recht, bei einer innerstaatlichen Instanz eine wirksame Beschwerde zu erheben, auch wenn die Verletzung von Personen begangen worden ist, die in amtlicher Eigenschaft gehandelt haben.

Artikel 14 Diskriminierungsverbot

Der Genuss der in dieser Konvention anerkannten Rechte und Freiheiten ist ohne Diskriminierung insbesondere wegen des Geschlechts, der Rasse, der Hautfarbe, der Sprache, der Religion, der politischen oder sonstigen Anschauung, der nationalen oder sozialen Herkunft, der Zugehörigkeit zu einer nationalen Minderheit, des Vermögens, der Geburt oder eines sonstigen Status zu gewährleisten.

Artikel 15 Abweichen im Notstandsfall

(1) Wird das Leben der Nation durch Krieg oder einen anderen öffentlichen Notstand bedroht, so kann jede Hohe Vertragspartei Maßnahmen treffen, die von den in dieser Konvention vorgesehenen Verpflichtungen abweichen, jedoch nur, soweit es die Lage unbedingt erfordert und wenn die Maßnahmen nicht in Widerspruch zu den sonstigen völkerrechtlichen Verpflichtungen der Vertragspartei stehen.

(2) Aufgrund des Absatzes 1 darf von Artikel 2 nur bei Todesfällen infolge rechtmäßiger Kriegshandlungen und von Artikel 3, Artikel 4 Absatz 1 und Artikel 7 in keinem Fall abgewichen werden.

(3) [1]Jede Hohe Vertragspartei, die dieses Recht auf Abweichung ausübt, unterrichtet den Generalsekretär des Europarats umfassend über die getroffenen Maßnahmen und deren Gründe. [2]Sie unterrichtet den Generalsekretär des Europarats auch über den Zeitpunkt, zu dem diese Maßnahmen außer Kraft getreten sind und die Konvention wieder volle Anwendung findet.

Artikel 16 Beschränkungen der politischen Tätigkeit ausländischer Personen

Die Artikel 10, 11 und 14 sind nicht so auszulegen, als untersagten sie den Hohen Vertragsparteien, die politische Tätigkeit ausländischer Personen zu beschränken.

Artikel 17 Verbot des Missbrauchs der Rechte

Diese Konvention ist nicht so auszulegen, als begründe sie für einen Staat, eine Gruppe oder eine Person das Recht, eine Tätigkeit auszuüben oder eine Handlung vorzunehmen, die darauf abzielt, die in der Konvention festgelegten Rechte und Freiheiten abzuschaffen oder sie stärker einzuschränken, als es in der Konvention vorgesehen ist.

Artikel 18 Begrenzung der Rechtseinschränkungen
Die nach dieser Konvention zulässigen Einschränkungen der genannten Rechte und Freiheiten dürfen nur zu den vorgesehenen Zwecken erfolgen.

Abschnitt II
Europäischer Gerichtshof für Menschenrechte

Artikel 19 Errichtung des Gerichtshofs
[1]Um die Einhaltung der Verpflichtungen sicherzustellen, welche die Hohen Vertragsparteien in dieser Konvention und den Protokollen dazu übernommen haben, wird ein Europäischer Gerichtshof für Menschenrechte, im Folgenden als „Gerichtshof" bezeichnet, errichtet. [2]Er nimmt seine Aufgaben als ständiger Gerichtshof wahr.

Artikel 20 Zahl der Richter
Die Zahl der Richter des Gerichtshofs entspricht derjenigen der Hohen Vertragsparteien.

Artikel 21[1)] Voraussetzungen für das Amt
(1) Die Richter müssen hohes sittliches Ansehen genießen und entweder die für die Ausübung hoher richterlicher Ämter erforderlichen Voraussetzungen erfüllen oder Rechtsgelehrte von anerkanntem Ruf sein.

(2) Die Richter gehören dem Gerichtshof in ihrer persönlichen Eigenschaft an.

(3) Während ihrer Amtszeit dürfen die Richter keine Tätigkeit ausüben, die mit ihrer Unabhängigkeit, ihrer Unparteilichkeit oder mit den Erfordernissen der Vollzeitbeschäftigung in diesem Amt unvereinbar ist; alle Fragen, die sich aus der Anwendung dieses Absatzes ergeben, werden vom Gerichtshof entschieden.

Artikel 22 Wahl der Richter
Die Richter werden von der Parlamentarischen Versammlung für jede Hohe Vertragspartei mit der Mehrheit der abgegebenen Stimmen aus einer Liste von drei Kandidaten gewählt, die von der Hohen Vertragspartei vorgeschlagen werden.

Artikel 23[2)] Amtszeit und Entlassung
(1) [1]Die Richter werden für neun Jahre gewählt. [2]Ihre Wiederwahl ist nicht zulässig.

(2) Die Amtszeit der Richter endet mit Vollendung des 70. Lebensjahrs.

(3) [1]Die Richter bleiben bis zum Amtsantritt ihrer Nachfolger im Amt. [2]Sie bleiben jedoch in den Rechtssachen tätig, mit denen sie bereits befasst sind.

(4) Ein Richter kann nur entlassen werden, wenn die anderen Richter mit Zweidrittelmehrheit entscheiden, dass er die erforderlichen Voraussetzungen nicht mehr erfüllt.

Artikel 24 Kanzlei und Berichterstatter
(1) Der Gerichtshof hat eine Kanzlei, deren Aufgaben und Organisation in der Verfahrensordnung des Gerichtshofs festgelegt werden.

(2) [1]Wenn der Gerichtshof in Einzelrichterbesetzung tagt, wird er von Berichterstattern unterstützt, die ihre Aufgaben unter der Aufsicht des Präsidenten des Gerichtshofs ausüben. [2]Sie gehören der Kanzlei des Gerichtshofs an.

---

1) Durch Prot. Nr. 15 v. 24.6.2013 (BGBl. 2014 II S. 1034, 1035) wird mit unbestimmtem Datum ein neuer Abs. 2 eingef.: *„(2) Die Kandidaten dürfen zu dem Zeitpunkt, zu dem die Liste von drei Kandidaten nach Artikel 22 bei der Parlamentarischen Versammlung eingehen soll, das 65. Lebensjahr nicht vollendet haben."*. Die Änderung gilt nur für Kandidaten auf Listen, die nach dem Inkrafttreten des Protokolls der Parlamentarischen Versammlung gemäß Artikel 22 der Konvention vorgelegt werden.

2) Durch Prot. Nr. 15 v. 24.6.2013 (BGBl. 2014 II S. 1034, 1035) wird mit unbestimmtem Datum Abs. 2 aufgehoben. Die Änderung gilt nur für Kandidaten auf Listen, die nach dem Inkrafttreten des Protokolls der Parlamentarischen Versammlung gemäß Artikel 22 der Konvention vorgelegt werden.

Artikel 25 Plenum des Gerichtshofs

Das Plenum des Gerichtshofs

a) wählt seinen Präsidenten und einen oder zwei Vizepräsidenten für drei Jahre; ihre Wiederwahl ist zulässig;
b) bildet Kammern für einen bestimmten Zeitraum;
c) wählt die Präsidenten der Kammern des Gerichtshofs; ihre Wiederwahl ist zulässig;
d) beschließt die Verfahrensordnung des Gerichtshofs;
e) wählt den Kanzler und einen oder mehrere stellvertretende Kanzler;
f) stellt Anträge nach Artikel 26 Absatz 2.

Artikel 26 Einzelrichterbesetzung, Ausschüsse, Kammern und Große Kammer

(1) [1]Zur Prüfung der Rechtssachen, die bei ihm anhängig gemacht werden, tagt der Gerichtshof in Einzelrichterbesetzung, in Ausschüssen mit drei Richtern, in Kammern mit sieben Richtern und in einer Großen Kammer mit siebzehn Richtern. [2]Die Kammern des Gerichtshofs bilden die Ausschüsse für einen bestimmten Zeitraum.

(2) Auf Antrag des Plenums des Gerichtshofs kann die Anzahl der Richter je Kammer für einen bestimmten Zeitraum durch einstimmigen Beschluss des Ministerkomitees auf fünf herabgesetzt werden.

(3) Ein Richter, der als Einzelrichter tagt, prüft keine Beschwerde gegen die Hohe Vertragspartei, für die er gewählt worden ist.

(4) [1]Der Kammer und der Großen Kammer gehört von Amts wegen der für eine als Partei beteiligte Hohe Vertragspartei gewählte Richter an. [2]Wenn ein solcher nicht vorhanden ist oder er an den Sitzungen nicht teilnehmen kann, nimmt eine Person in der Eigenschaft eines Richters an den Sitzungen teil, die der Präsident des Gerichtshofs aus einer Liste auswählt, welche ihm die betreffende Vertragspartei vorab unterbreitet hat.

(5) [1]Der Großen Kammer gehören ferner der Präsident des Gerichtshofs, die Vizepräsidenten, die Präsidenten der Kammern und andere nach der Verfahrensordnung des Gerichtshofs ausgewählte Richter an. [2]Wird eine Rechtssache nach Artikel 43 an die Große Kammer verwiesen, so dürfen Richter der Kammer, die das Urteil gefällt hat, der Großen Kammer nicht angehören; das gilt nicht für den Präsidenten der Kammer und den Richter, welcher in der Kammer für die als Partei beteiligte Hohe Vertragspartei mitgewirkt hat.

Artikel 27 Befugnisse des Einzelrichters

(1) Ein Einzelrichter kann eine nach Artikel 34 erhobene Beschwerde für unzulässig erklären oder im Register streichen, wenn eine solche Entscheidung ohne weitere Prüfung getroffen werden kann.

(2) Die Entscheidung ist endgültig.

(3) Erklärt der Einzelrichter eine Beschwerde nicht für unzulässig und streicht er sie auch nicht im Register des Gerichtshofs, so übermittelt er sie zur weiteren Prüfung an einen Ausschuss oder eine Kammer.

Artikel 28 Befugnisse der Ausschüsse

(1) Ein Ausschuss, der mit einer nach Artikel 34 erhobenen Beschwerde befasst wird, kann diese durch einstimmigen Beschluss

a) für unzulässig erklären oder im Register streichen, wenn eine solche Entscheidung ohne weitere Prüfung getroffen werden kann; oder
b) für zulässig erklären und zugleich ein Urteil über die Begründetheit fällen, sofern die der Rechtssache zugrunde liegende Frage der Auslegung oder Anwendung dieser Konvention oder der Protokolle dazu Gegenstand einer gefestigten Rechtsprechung des Gerichtshofs ist.

(2) Die Entscheidungen und Urteile nach Absatz 1 sind endgültig.

(3) Ist der für die als Partei beteiligte Hohe Vertragspartei gewählte Richter nicht Mitglied des Ausschusses, so kann er von Letzterem jederzeit während des Verfahrens eingeladen werden, den Sitz eines Mitglieds im Ausschuss einzunehmen; der Ausschuss hat dabei alle erheblichen Umstände einschließlich der Frage, ob diese Vertragspartei der Anwendung des Verfahrens nach Absatz 1 Buchstabe b entgegengetreten ist, zu berücksichtigen.

Artikel 29 Entscheidungen der Kammern über die Zulässigkeit und Begründetheit

(1) [1]Ergeht weder eine Entscheidung nach Artikel 27 oder 28 noch ein Urteil nach Artikel 28, so entscheidet eine Kammer über die Zulässigkeit und Begründetheit der nach Artikel 34 erhobenen Beschwerden. [2]Die Entscheidung über die Zulässigkeit kann gesondert ergehen.

(2) [1]Eine Kammer entscheidet über die Zulässigkeit und Begründetheit der nach Artikel 33 erhobenen Staatenbeschwerden. [2]Die Entscheidung über die Zulässigkeit ergeht gesondert, sofern der Gerichtshof in Ausnahmefällen nicht anders entscheidet.

Artikel 30[1)] Abgabe der Rechtssache an die Große Kammer

Wirft eine bei einer Kammer anhängige Rechtssache eine schwerwiegende Frage der Auslegung dieser Konvention oder der Protokolle dazu auf oder kann die Entscheidung einer ihr vorliegenden Frage zu einer Abweichung von einem früheren Urteil des Gerichtshofs führen, so kann die Kammer diese Sache jederzeit, bevor sie ihr Urteil gefällt hat, an die Große Kammer abgeben, sofern nicht eine Partei widerspricht.

Artikel 31 Befugnisse der Großen Kammer

Die Große Kammer

a) entscheidet über nach Artikel 33 oder Artikel 34 erhobene Beschwerden, wenn eine Kammer die Rechtssache nach Artikel 30 an sie abgegeben hat oder wenn die Sache nach Artikel 43 an sie verwiesen worden ist,
b) entscheidet über Fragen, mit denen der Gerichtshof durch das Ministerkomitee nach Artikel 46 Absatz 4 befasst wird, und
c) behandelt Anträge nach Artikel 47 auf Erstattung von Gutachten.

Artikel 32 Zuständigkeit des Gerichtshofs

(1) Die Zuständigkeit des Gerichtshofs umfasst alle die Auslegung und Anwendung dieser Konvention und der Protokolle dazu betreffenden Angelegenheiten, mit denen er nach den Artikeln 33, 34, 46 und 47 befasst wird.

(2) Besteht Streit über die Zuständigkeit des Gerichtshofs, so entscheidet der Gerichtshof.

Artikel 33 Staatenbeschwerden

Jede Hohe Vertragspartei kann den Gerichtshof wegen jeder behaupteten Verletzung dieser Konvention und der Protokolle dazu durch eine andere Hohe Vertragspartei anrufen.

Artikel 34 Individualbeschwerden

[1]Der Gerichtshof kann von jeder natürlichen Person, nichtstaatlichen Organisation oder Personengruppe, die behauptet, durch eine der Hohen Vertragsparteien in einem der in dieser Konvention oder den Protokollen dazu anerkannten Rechte verletzt zu sein, mit einer Beschwerde befasst werden. [2]Die Hohen Vertragsparteien verpflichten sich, die wirksame Ausübung dieses Rechts nicht zu behindern.

Artikel 35[2)] Zulässigkeitsvoraussetzungen

(1) Der Gerichtshof kann sich mit einer Angelegenheit erst nach Erschöpfung aller innerstaatlichen Rechtsbehelfe[3)] in Übereinstimmung mit den allgemein anerkannten Grundsätzen des Völkerrechts und nur innerhalb einer Frist von sechs Monaten nach der endgültigen innerstaatlichen Entscheidung befassen.

---

1) Durch Prot. Nr. 15 v. 24.6.2013 (BGBl. 2014 II S. 1034, 1035) werden mit unbestimmtem Datum die Wörter „*, sofern nicht eine Partei widerspricht*“ aufgehoben. Die Änderung gilt nicht für anhängige Rechtssachen, bei denen eine der Parteien vor dem Inkrafttreten des Protokolls dem Vorschlag einer Kammer des Gerichtshofs widersprochen hat, die Rechtssache an die Große Kammer abzugeben.

2) Durch Prot. Nr. 15 v. 24.6.2013 (BGBl. 2014 II S. 1034, 1035) wird mit unbestimmtem Datum in Abs. 1 das Wort „*sechs*“ durch das Wort „*vier*“ ersetzt. Diese Änderung tritt nach Ablauf eines Zeitabschnitts von sechs Monaten nach dem Inkrafttreten des Protokolls in Kraft. Sie gilt nicht für Beschwerden, bei denen die endgültige Entscheidung im Sinne des Artikels 35 Absatz 1 der Konvention vor dem Inkrafttreten dieser Änderung des Protokolls ergangen ist.
In Abs. 3 Buchst. b werden mit unbestimmtem Datum die Wörter „*, und vorausgesetzt, es wird aus diesem Grund nicht eine Rechtssache zurückgewiesen, die noch von keinem innerstaatlichen Gericht gebührend geprüft worden ist*“ aufgehoben.

3) Vorbehalt Österreichs, „Rechtsmittel“ zu setzen.

(2) Der Gerichtshof befasst sich nicht mit einer nach Artikel 34 erhobenen Individualbeschwerde, die

a) anonym ist oder
b) im Wesentlichen mit einer schon vorher vom Gerichtshof geprüften Beschwerde übereinstimmt oder schon einer anderen internationalen Untersuchungs- oder Vergleichsinstanz unterbreitet worden ist und keine neuen Tatsachen enthält.

(3) Der Gerichtshof erklärt eine nach Artikel 34 erhobene Individualbeschwerde für unzulässig,

a) wenn er sie für unvereinbar mit dieser Konvention oder den Protokollen dazu, für offensichtlich unbegründet oder für missbräuchlich hält oder
b) wenn er der Ansicht ist, dass dem Beschwerdeführer kein erheblicher Nachteil entstanden ist, es sei denn, die Achtung der Menschenrechte, wie sie in dieser Konvention und den Protokollen dazu anerkannt sind, erfordert eine Prüfung der Begründetheit der Beschwerde, und vorausgesetzt, es wird aus diesem Grund nicht eine Rechtssache zurückgewiesen, die noch von keinem innerstaatlichen Gericht gebührend geprüft worden ist.

(4) [1]Der Gerichtshof weist eine Beschwerde zurück, die er nach diesem Artikel für unzulässig hält. [2]Er kann dies in jedem Stadium des Verfahrens tun.

Artikel 36 Beteiligung Dritter

(1) In allen bei einer Kammer oder der Großen Kammer anhängigen Rechtssachen ist die Hohe Vertragspartei, deren Staatsangehörigkeit der Beschwerdeführer besitzt, berechtigt, schriftliche Stellungnahmen abzugeben und an den mündlichen Verhandlungen teilzunehmen.

(2) Im Interesse der Rechtspflege kann der Präsident des Gerichtshofs jeder Hohen Vertragspartei, die in dem Verfahren nicht Partei ist, oder jeder betroffenen Person, die nicht Beschwerdeführer ist, Gelegenheit geben, schriftlich Stellung zu nehmen oder an den mündlichen Verhandlungen teilzunehmen.

(3) In allen bei einer Kammer oder der Großen Kammer anhängigen Rechtssachen kann der Kommissar für Menschenrechte des Europarats schriftliche Stellungnahmen abgeben und an den mündlichen Verhandlungen teilnehmen.

Artikel 37 Streichung von Beschwerden

(1) [1]Der Gerichtshof kann jederzeit während des Verfahrens entscheiden, eine Beschwerde in seinem Register zu streichen, wenn die Umstände Grund zur Annahme geben, dass

a) der Beschwerdeführer seine Beschwerde nicht weiterzuverfolgen beabsichtigt;
b) die Streitigkeit einer Lösung zugeführt worden ist oder
c) eine weitere Prüfung der Beschwerde aus anderen vom Gerichtshof festgestellten Gründen nicht gerechtfertigt ist.

[2]Der Gerichtshof setzt jedoch die Prüfung der Beschwerde fort, wenn die Achtung der Menschenrechte, wie sie in dieser Konvention und den Protokollen dazu anerkannt sind, dies erfordert.

(2) Der Gerichtshof kann die Wiedereintragung einer Beschwerde in sein Register anordnen, wenn er dies den Umständen nach für gerechtfertigt hält.

Artikel 38 Prüfung der Rechtssache

Der Gerichtshof prüft die Rechtssache mit den Vertretern der Parteien und nimmt, falls erforderlich, Ermittlungen vor; die betreffenden Hohen Vertragsparteien haben alle zur wirksamen Durchführung der Ermittlungen erforderlichen Erleichterungen zu gewähren.

Artikel 39 Gütliche Einigung

(1) Der Gerichtshof kann sich jederzeit während des Verfahrens zur Verfügung der Parteien halten mit dem Ziel, eine gütliche Einigung auf der Grundlage der Achtung der Menschenrechte, wie sie in dieser Konvention und den Protokollen dazu anerkannt sind, zu erreichen.

(2) Das Verfahren nach Absatz 1 ist vertraulich.

(3) Im Fall einer gütlichen Einigung streicht der Gerichtshof durch eine Entscheidung, die sich auf eine kurze Angabe des Sachverhalts und der erzielten Lösung beschränkt, die Rechtssache in seinem Register.

(4) Diese Entscheidung ist dem Ministerkomitee zuzuleiten; dieses überwacht die Durchführung der gütlichen Einigung, wie sie in der Entscheidung festgehalten wird.

Artikel 40 Öffentliche Verhandlung und Akteneinsicht

(1) Die Verhandlung ist öffentlich, soweit nicht der Gerichtshof auf Grund besonderer Umstände anders entscheidet.

(2) Die beim Kanzler verwahrten Schriftstücke sind der Öffentlichkeit zugänglich, soweit nicht der Präsident des Gerichtshofs anders entscheidet.

Artikel 41 Gerechte Entschädigung

Stellt der Gerichtshof fest, dass diese Konvention oder die Protokolle dazu verletzt worden sind, und gestattet das innerstaatliche Recht der Hohen Vertragspartei nur eine unvollkommene Wiedergutmachung für die Folgen dieser Verletzung, so spricht der Gerichtshof der verletzten Partei eine gerechte Entschädigung zu, wenn dies notwendig ist.

Artikel 42 Urteile der Kammern

Urteile der Kammern werden nach Maßgabe des Artikels 44 Absatz 2 endgültig.

Artikel 43 Verweisung an die Große Kammer

(1) Innerhalb von drei Monaten nach dem Datum des Urteils der Kammer kann jede Partei in Ausnahmefällen die Verweisung der Rechtssache an die Große Kammer beantragen.

(2) Ein Ausschuss von fünf Richtern der Großen Kammer nimmt den Antrag an, wenn die Rechtssache eine schwerwiegende Frage der Auslegung oder Anwendung dieser Konvention oder der Protokolle dazu oder eine schwerwiegende Frage von allgemeiner Bedeutung aufwirft.

(3) Nimmt der Ausschuss den Antrag an, so entscheidet die Große Kammer die Sache durch Urteil.

Artikel 44 Endgültige Urteile

(1) Das Urteil der Großen Kammer ist endgültig.

(2) Das Urteil einer Kammer wird endgültig,

a) wenn die Parteien erklären, dass sie die Verweisung der Rechtssache an die Große Kammer nicht beantragen werden;
b) drei Monate nach dem Datum des Urteils, wenn nicht die Verweisung der Rechtssache an die Große Kammer beantragt worden ist; oder
c) wenn der Ausschuss der Großen Kammer den Antrag auf Verweisung nach Artikel 43 abgelehnt hat.

(3) Das endgültige Urteil wird veröffentlicht.

Artikel 45 Begründung der Urteile und Entscheidungen

(1) Urteile sowie Entscheidungen, mit denen Beschwerden für zulässig oder für unzulässig erklärt werden, werden begründet.

(2) Bringt ein Urteil ganz oder teilweise nicht die übereinstimmende Meinung der Richter zum Ausdruck, so ist jeder Richter berechtigt, seine abweichende Meinung darzulegen.

Artikel 46 Verbindlichkeit und Durchführung[1] der Urteile

(1) Die Hohen Vertragsparteien verpflichten sich, in allen Rechtssachen, in denen sie Partei sind, das endgültige Urteil des Gerichtshofs zu befolgen.

(2) Das endgültige Urteil des Gerichtshofs ist dem Ministerkomitee zuzuleiten; dieses überwacht seine Durchführung.

(3) [1]Wird die Überwachung der Durchführung eines endgültigen Urteils nach Auffassung des Ministerkomitees durch eine Frage betreffend die Auslegung dieses Urteils behindert, so kann das Ministerkomitee den Gerichtshof anrufen, damit er über diese Auslegungsfrage entscheidet. [2]Der Beschluss des Ministerkomitees, den Gerichtshof anzurufen, bedarf der Zweidrittelmehrheit der Stimmen der zur Teilnahme an den Sitzungen des Komitees berechtigten Mitglieder.

(4) Weigert sich eine Hohe Vertragspartei nach Auffassung des Ministerkomitees, in einer Rechtssache, in der sie Partei ist, ein endgültiges Urteil des Gerichtshofs zu befolgen, so kann das Minister-

1) Schweiz: Vollzug.

komitee, nachdem es die betreffende Partei gemahnt hat, durch einen mit Zweidrittelmehrheit der Stimmen der zur Teilnahme an den Sitzungen des Komitees berechtigten Mitglieder gefassten Beschluss den Gerichtshof mit der Frage befassen, ob diese Partei ihrer Verpflichtung nach Absatz 1 nachgekommen ist.

(5) [1]Stellt der Gerichtshof eine Verletzung des Absatzes 1 fest, so weist er die Rechtssache zur Prüfung der zu treffenden Maßnahmen an das Ministerkomitee zurück. [2]Stellt der Gerichtshof fest, dass keine Verletzung des Absatzes 1 vorliegt, so weist er die Rechtssache an das Ministerkomitee zurück; dieses beschließt die Einstellung seiner Prüfung.

Artikel 47 Gutachten

(1) Der Gerichtshof kann auf Antrag des Ministerkomitees Gutachten über Rechtsfragen erstatten, welche die Auslegung dieser Konvention und der Protokolle dazu betreffen.

(2) Diese Gutachten dürfen keine Fragen zum Gegenstand haben, die sich auf den Inhalt oder das Ausmaß der in Abschnitt I dieser Konvention und in den Protokollen dazu anerkannten Rechte und Freiheiten beziehen, noch andere Fragen, über die der Gerichtshof oder das Ministerkomitee auf Grund eines nach dieser Konvention eingeleiteten Verfahrens zu entscheiden haben könnte.

(3) Der Beschluss des Ministerkomitees, ein Gutachten beim Gerichtshof zu beantragen, bedarf der Mehrheit der Stimmen der zur Teilnahme an den Sitzungen des Komitees berechtigten Mitglieder.

Artikel 48 Gutachterliche Zuständigkeit des Gerichtshofs

Der Gerichtshof entscheidet, ob ein vom Ministerkomitee gestellter Antrag auf Erstattung eines Gutachtens in seine Zuständigkeit nach Artikel 47 fällt.

Artikel 49 Begründung der Gutachten

(1) Die Gutachten des Gerichtshofs werden begründet.

(2) Bringt das Gutachten ganz oder teilweise nicht die übereinstimmende Meinung der Richter zum Ausdruck, so ist jeder Richter berechtigt, seine abweichende Meinung darzulegen.

(3) Die Gutachten des Gerichtshofs werden dem Ministerkomitee übermittelt.

Artikel 50 Kosten des Gerichtshofs

Die Kosten des Gerichtshofs werden vom Europarat getragen.

Artikel 51 Vorrechte[1)] und Immunitäten der Richter

Die Richter genießen bei der Ausübung ihres Amtes die Vorrechte[1)] und Immunitäten, die in Artikel 40 der Satzung des Europarats und den auf Grund jenes Artikels geschlossenen Übereinkünften vorgesehen sind.

Abschnitt III
Verschiedene Bestimmungen

Artikel 52 Anfragen des Generalsekretärs

Auf Anfrage des Generalsekretärs des Europarats erläutert jede Hohe Vertragspartei, auf welche Weise die wirksame Anwendung aller Bestimmungen dieser Konvention in ihrem innerstaatlichen Recht gewährleistet wird.

Artikel 53 Wahrung anerkannter Menschenrechte

Diese Konvention ist nicht so auszulegen, als beschränke oder beeinträchtige sie Menschenrechte und Grundfreiheiten, die in den Gesetzen einer Hohen Vertragspartei oder in einer anderen Übereinkunft, deren Vertragspartei sie ist, anerkannt werden.

Artikel 54 Befugnisse des Ministerkomitees

Diese Konvention berührt nicht die dem Ministerkomitee durch die Satzung des Europarats übertragenen Befugnisse.

---

1) Österreich und Schweiz: Privilegien.

Artikel 55 Ausschluss anderer Verfahren zur Streitbeilegung
Die Hohen Vertragsparteien kommen überein, dass sie sich vorbehaltlich besonderer Vereinbarungen nicht auf die zwischen ihnen geltenden Verträge, sonstigen Übereinkünfte oder Erklärungen berufen werden, um eine Streitigkeit über die Auslegung oder Anwendung dieser Konvention einem anderen als dem in der Konvention vorgesehenen Beschwerdeverfahren zur Beilegung zu unterstellen.

Artikel 56 Räumlicher Geltungsbereich
(1) Jeder Staat kann bei der Ratifikation oder jederzeit danach durch eine an den Generalsekretär des Europarats gerichtete Notifikation erklären, dass diese Konvention vorbehaltlich des Absatzes 4 auf alle oder einzelne Hoheitsgebiete Anwendung findet, für deren internationale Beziehungen er verantwortlich ist.[1)]

(2) Die Konvention findet auf jedes in der Erklärung bezeichnete Hoheitsgebiet ab dem dreißigsten Tag nach Eingang der Notifikation beim Generalsekretär des Europarats Anwendung.

(3) In den genannten Hoheitsgebieten wird diese Konvention unter Berücksichtigung der örtlichen Notwendigkeiten angewendet.

(4) Jeder Staat, der eine Erklärung nach Absatz 1 abgegeben hat, kann jederzeit danach für eines oder mehrere der in der Erklärung bezeichneten Hoheitsgebiete erklären, dass er die Zuständigkeit des Gerichtshofs für die Entgegennahme von Beschwerden von natürlichen Personen, nichtstaatlichen Organisationen oder Personengruppen nach Artikel 34 anerkennt.

Artikel 57 Vorbehalte
(1) [1]Jeder Staat kann bei der Unterzeichnung dieser Konvention oder bei der Hinterlegung seiner Ratifikationsurkunde einen Vorbehalt zu einzelnen Bestimmungen der Konvention anbringen, soweit ein zu dieser Zeit in seinem Hoheitsgebiet geltendes Gesetz mit der betreffenden Bestimmung nicht übereinstimmt.[2)] [2]Vorbehalte allgemeiner Art sind nach diesem Artikel nicht zulässig.

(2) Jeder nach diesem Artikel angebrachte Vorbehalt muss mit einer kurzen Darstellung des betreffenden Gesetzes verbunden sein.

Artikel 58 Kündigung
(1) Eine Hohe Vertragspartei kann diese Konvention frühestens fünf Jahre nach dem Tag, an dem sie Vertragspartei geworden ist, unter Einhaltung einer Kündigungsfrist von sechs Monaten durch eine an den Generalsekretär des Europarats gerichtete Notifikation kündigen; dieser unterrichtet die anderen Hohen Vertragsparteien.

(2) Die Kündigung befreit die Hohe Vertragspartei nicht von ihren Verpflichtungen aus dieser Konvention in Bezug auf Handlungen, die sie vor dem Wirksamwerden der Kündigung vorgenommen hat und die möglicherweise eine Verletzung dieser Verpflichtungen darstellen.

(3) Mit derselben Maßgabe scheidet eine Hohe Vertragspartei, deren Mitgliedschaft im Europarat endet, als Vertragspartei dieser Konvention aus.

(4) Die Konvention kann in Bezug auf jedes Hoheitsgebiet, auf das sie durch eine Erklärung nach Artikel 56 anwendbar geworden ist, nach den Absätzen 1 bis 3 gekündigt werden.

Artikel 59 Unterzeichnung und Ratifikation
(1) [1]Diese Konvention liegt für die Mitglieder des Europarats zur Unterzeichnung auf. [2]Sie bedarf der Ratifikation. [3]Die Ratifikationsurkunden werden beim Generalsekretär des Europarats hinterlegt.

(2) Die Europäische Union kann dieser Konvention beitreten.

(3) Diese Konvention tritt nach Hinterlegung von zehn Ratifikationsurkunden in Kraft.

(4) Für jeden Unterzeichner, der die Konvention später ratifiziert, tritt sie mit der Hinterlegung seiner Ratifikationsurkunde in Kraft.[3)]

---

1) Die Konvention findet Anwendung auf folgende Gebiete, für deren internationale Beziehungen Vertragsstaaten verantwortlich sind (vgl. BGBl. 1966 II S. 773; 1970 II S. 1016): Surinam und Niederländische Antillen auf Grund einer Erklärung der niederländischen Regierung mWv 31.12.1955 (unter Ausschluss des Art. 6 Abs. 3 Buchst. c); Grönland auf Grund einer Erklärung der dänischen Regierung mWv 3.9.1953; die sog. abhängigen Gebiete Großbritanniens auf Grund einer Erklärung der britischen Regierung v. 3.4.1984 (BGBl. II S. 564).

2) Zum Vorbehalt der Bundesrepublik Deutschland v. 5.12.1952 siehe Fußnote zu Art. 7 Abs. 2.

3) Inkrafttreten für die Bundesrepublik Deutschland am 3.9.1953 gem. Bek. v. 15.12.1953 (BGBl. 1954 II S. 14). Zum weiteren Geltungsbereich siehe die Übersicht in der nichtamtlichen Anlage.

(5) [1]Der Generalsekretär des Europarats notifiziert allen Mitgliedern des Europarats das Inkrafttreten der Konvention, die Namen der Hohen Vertragsparteien, die sie ratifiziert haben, und jede spätere Hinterlegung einer Ratifikationsurkunde.

Geschehen zu Rom am 4. November 1950 in englischer und französischer Sprache, wobei jeder Wortlaut gleichermaßen verbindlich[1)] ist, in einer Urschrift, die im Archiv des Europarats hinterlegt wird. Der Generalsekretär übermittelt allen Unterzeichnern beglaubigte Abschriften.[2)]

Nichtamtliche Anlage

Geltungsbereich[3)]

Vertragsparteien	Konvention in Kraft am	BGBl. Jg.	BGBl. S.
Albanien	2. 10. 1996	97 II	1738
Andorra	22. 1. 1996	97 II	733
Armenien	26. 4. 2002	03 II	1575
Aserbaidschan	15. 4. 2002	03 II	1575
Belgien	14. 6. 1955	55 II	832
Bosnien und Herzegowina	12. 7. 2002	03 II	1575
Bulgarien	7. 9. 1992	93 II	808
Dänemark	3. 9. 1953	54 II	14
Estland	16. 4. 1996	97 II	733
Finnland	10. 5. 1990	90 II	806
Frankreich	3. 5. 1974	75 II	1346
Georgien	20. 5. 1999	03 II	1575
Griechenland	28. 11. 1974	75 II	1144
Irland	3. 9. 1953	54 II	14
Island	3. 9. 1953	54 II	14
Italien	26. 10. 1955	55 II	942
Kroatien	5. 11. 1997	98 II	898
Lettland	27. 6. 1997	98 II	898
Liechtenstein	8. 9. 1982	83 II	628
Litauen	20. 6. 1995	97 II	733
Luxemburg	3. 9. 1953	54 II	14
Malta	23. 1. 1967	67 II	2051
Moldau, Republik	12. 9. 1997	98 II	898
Monaco	30. 11. 2005	09 II	358
Montenegro	6. 6. 2006	09 II	358
Niederlande	31. 8. 1954	54 II	1044
Nordmazedonien	10. 4. 1997	97 II	1738
Norwegen	3. 9. 1953	54 II	14
Österreich	3. 9. 1958	59 II	107
Polen	19. 1. 1993	93 II	808
Portugal	9. 11. 1978	79 II	1040

1) Österreich: authentisch.

2) Die Verkündungsformel ist in der Neubekanntmachung amtlich nicht mehr enthalten. Von der Wiedergabe des in der Neubekanntmachung im Anschluss abgedruckten Zusatzprotokolls sowie der Protokolle Nr. 4 und Nr. 6 wird an dieser Stelle abgesehen.

3) Nach FNB Stand 31.12.2014, redaktionell fortgeführt.

Vertragsparteien	Konvention in Kraft am	BGBl. Jg.	BGBl. S.
Rumänien	20. 6. 1994	94 II	3623
Russische Föderation	5. 5. 1998	98 II	2932
San Marino	22. 3. 1989	89 II	619
Schweden	3. 9. 1953	54 II	14
Schweiz	28. 11. 1974	75 II	910
Serbien	3. 3. 2004	05 II	87
Slowakei	1. 1. 1993	94 II	352
Slowenien	28. 6. 1994	94 II	3623
Spanien	4. 10. 1979	86 II	78
Tschechische Republik	1. 1. 1993	94 II	352
Tschechoslowakei, ehemalige	18. 3. 1992	92 II	1064
Türkei	18. 5. 1954	54 II	719
Ukraine	11. 9. 1997	98 II	898
Ungarn	5. 11. 1992	93 II	808
Vereinigtes Königreich	3. 9. 1953	54 II	14
Zypern	6. 10. 1962	68 II	847

Zusatzprotokoll zur Konvention zum Schutz der Menschenrechte und Grundfreiheiten

In der Fassung der Bekanntmachung vom 22. Oktober 2010[1)] (BGBl. II S. 1198, 1218)
(Übersetzung)

Die Unterzeichnerregierungen, Mitglieder des Europarats –

entschlossen, Maßnahmen zur kollektiven Gewährleistung gewisser Rechte und Freiheiten zu treffen, die in Abschnitt I der am 4. November 1950 in Rom unterzeichneten Konvention zum Schutz der Menschenrechte und Grundfreiheiten (im Folgenden als „Konvention" bezeichnet) noch nicht enthalten sind –

haben Folgendes vereinbart:

Artikel 1 Schutz des Eigentums

[1]Jede natürliche oder juristische Person hat das Recht auf Achtung ihres Eigentums. [2]Niemandem darf sein Eigentum entzogen werden, es sei denn, dass das öffentliche Interesse es verlangt, und nur unter den durch Gesetz und durch die allgemeinen Grundsätze des Völkerrechts vorgesehenen Bedingungen.

Absatz 1 beeinträchtigt jedoch nicht das Recht des Staates, diejenigen Gesetze anzuwenden, die er für die Regelung der Benutzung des Eigentums im Einklang mit dem Allgemeininteresse oder zur Sicherung der Zahlung der Steuern oder sonstigen Abgaben oder von Geldstrafen für erforderlich hält.

Artikel 2 Recht auf Bildung

[1]Niemandem darf das Recht auf Bildung verwehrt werden. [2]Der Staat hat bei Ausübung der von ihm auf dem Gebiet der Erziehung und des Unterrichts übernommenen Aufgaben das Recht der Eltern zu achten, die Erziehung und den Unterricht entsprechend ihren eigenen religiösen und weltanschaulichen Überzeugungen sicherzustellen.

Artikel 3 Recht auf freie Wahlen

Die Hohen Vertragsparteien verpflichten sich, in angemessenen Zeitabständen freie und geheime Wahlen unter Bedingungen abzuhalten, welche die freie Äußerung der Meinung des Volkes bei der Wahl der gesetzgebenden Körperschaften gewährleisten.

Artikel 4 Räumlicher Geltungsbereich

Jede Hohe Vertragspartei kann im Zeitpunkt der Unterzeichnung oder Ratifikation dieses Protokolls oder zu jedem späteren Zeitpunkt an den Generalsekretär des Europarats eine Erklärung darüber richten, in welchem Umfang sie sich zur Anwendung dieses Protokolls auf die in der Erklärung angegebenen Hoheitsgebiete verpflichtet, für deren internationale Beziehungen sie verantwortlich ist.

Jede Hohe Vertragspartei, die eine Erklärung nach Absatz 1 abgegeben hat, kann jederzeit eine weitere Erklärung abgeben, die den Inhalt einer früheren Erklärung ändert oder die Anwendung der Bestimmungen dieses Protokolls auf irgendein Hoheitsgebiet beendet.

Eine nach diesem Artikel abgegebene Erklärung gilt als eine Erklärung im Sinne des Artikels 56 Absatz 1 der Konvention.

Artikel 5 Verhältnis zur Konvention

Die Hohen Vertragsparteien betrachten die Artikel 1, 2, 3 und 4 dieses Protokolls als Zusatzartikel zur Konvention; alle Bestimmungen der Konvention sind dementsprechend anzuwenden.

Artikel 6 Unterzeichnung und Ratifikation

[1]Dieses Protokoll liegt für die Mitglieder des Europarats, die Unterzeichner der Konvention sind, zur Unterzeichnung auf; es wird gleichzeitig mit der Konvention oder zu einem späteren Zeitpunkt ratifiziert. [2]Es tritt nach Hinterlegung von zehn Ratifikationsurkunden in Kraft. [3]Für jeden Unterzeichner,

1) Neubekanntmachung des Zusatzprotokolls v. 20. 3. 1952 (BGBl. 1956 II S. 1879, 1880) in einer sprachlich überarbeiteten deutschen Übersetzung in der ab 1. 6. 2010 geltenden Fassung.

der das Protokoll später ratifiziert, tritt es mit der Hinterlegung seiner Ratifikationsurkunde in Kraft.[1)]

Die Ratifikationsurkunden werden beim Generalsekretär des Europarats hinterlegt, der allen Mitgliedern die Namen derjenigen Staaten, die das Protokoll ratifiziert haben, notifiziert.

Geschehen zu Paris am 20. März 1952 in englischer und französischer Sprache, wobei jeder Wortlaut gleichermaßen verbindlich ist, in einer Urschrift, die im Archiv des Europarats hinterlegt wird. Der Generalsekretär übermittelt allen Unterzeichnerregierungen beglaubigte Abschriften.

1) Inkrafttreten für die Bundesrepublik Deutschland gemäß Bek. v. 13. 4. 1957 (BGBl. I S. 226) am 13. 2. 1957. Zum weiteren Geltungsbereich vgl. BGBl. II Fundstellennachweis B, abgeschlossen am 31. 12. jeden Jahres.

Protokoll Nr. 4 zur Konvention zum Schutz der Menschenrechte und Grundfreiheiten, durch das gewisse Rechte und Freiheiten gewährleistet werden, die nicht bereits in der Konvention oder im ersten Zusatzprotokoll enthalten sind

In der Fassung der Bekanntmachung vom 17. Mai 2002 (BGBl. II S. 1074)

Die Unterzeichnerregierungen, Mitglieder des Europarats –

entschlossen, Maßnahmen zur kollektiven Gewährleistung gewisser Rechte und Freiheiten zu treffen, die in Abschnitt I der am 4. November 1950 in Rom unterzeichneten Konvention zum Schutz der Menschenrechte und Grundfreiheiten (im Folgenden als "Konvention" bezeichnet) und in den Artikeln 1 bis 3 des am 20. März 1952 in Paris unterzeichneten ersten Zusatzprotokolls zur Konvention noch nicht enthalten sind –

haben Folgendes vereinbart:

Artikel 1 Verbot der Freiheitsentziehung wegen Schulden
Niemandem darf die Freiheit allein deshalb entzogen werden, weil er nicht in der Lage ist, eine vertragliche Verpflichtung zu erfüllen.

Artikel 2 Freizügigkeit
(1) Jede Person, die sich rechtmäßig im Hoheitsgebiet eines Staates aufhält, hat das Recht, sich dort frei zu bewegen und ihren Wohnsitz frei zu wählen.

(2) Jeder Person steht es frei, jedes Land, einschließlich des eigenen, zu verlassen.

(3) Die Ausübung dieser Rechte darf nur Einschränkungen unterworfen werden, die gesetzlich vorgesehen und in einer demokratischen Gesellschaft notwendig sind für die nationale oder öffentliche Sicherheit, zur Aufrechterhaltung der öffentlichen Ordnung, zur Verhütung von Straftaten, zum Schutz der Gesundheit oder der Moral oder zum Schutz der Rechte und Freiheiten anderer.

(4) Die in Absatz 1 anerkannten Rechte können ferner für bestimmte Gebiete Einschränkungen unterworfen werden, die gesetzlich vorgesehen und in einer demokratischen Gesellschaft durch das öffentliche Interesse gerechtfertigt sind.

Artikel 3 Verbot der Ausweisung eigener Staatsangehöriger
(1) Niemand darf durch eine Einzel- oder Kollektivmaßnahme aus dem Hoheitsgebiet des Staates ausgewiesen werden, dessen Angehöriger er ist.

(2) Niemandem darf das Recht entzogen werden, in das Hoheitsgebiet des Staates einzureisen, dessen Angehöriger er ist.

Artikel 4 Verbot der Kollektivausweisung ausländischer Personen
Kollektivausweisungen ausländischer Personen sind nicht zulässig.

Artikel 5 Räumlicher Geltungsbereich
(1) Jede Hohe Vertragspartei kann im Zeitpunkt der Unterzeichnung oder Ratifikation dieses Protokolls oder zu jedem späteren Zeitpunkt an den Generalsekretär des Europarats eine Erklärung darüber richten, in welchem Umfang sie sich zur Anwendung dieses Protokolls auf die in der Erklärung angegebenen Hoheitsgebiete verpflichtet, für deren internationale Beziehungen sie verantwortlich ist.

(2) Jede Hohe Vertragspartei, die eine Erklärung nach Absatz 1 abgegeben hat, kann jederzeit eine weitere Erklärung abgeben, die den Inhalt einer früheren Erklärung ändert oder die Anwendung der Bestimmungen dieses Protokolls auf irgendein Hoheitsgebiet beendet.

(3) Eine nach diesem Artikel abgegebene Erklärung gilt als eine Erklärung im Sinne des Artikels 56 Absatz 1 der Konvention.

(4) Das Hoheitsgebiet eines Staates, auf das dieses Protokoll aufgrund der Ratifikation oder Annahme durch diesen Staat Anwendung findet, und jedes Hoheitsgebiet, auf welches das Protokoll aufgrund einer von diesem Staat nach diesem Artikel abgegebenen Erklärung Anwendung findet, werden als getrennte Hoheitsgebiete betrachtet, soweit die Artikel 2 und 3 auf das Hoheitsgebiet eines Staates Bezug nehmen.

(5) Jeder Staat, der eine Erklärung nach Absatz 1 oder 2 abgegeben hat, kann jederzeit für eines oder mehrere der in der Erklärung bezeichneten Hoheitsgebiete erklären, dass er die Zuständigkeit des Gerichtshofs, Beschwerden von natürlichen Personen, nichtstaatlichen Organisationen oder Personengruppen nach Artikel 34 der Konvention entgegenzunehmen, für die Artikel 1 bis 4 dieses Protokolls insgesamt oder für einzelne dieser Artikel annimmt.

Artikel 6 Verhältnis zur Konvention
Die Hohen Vertragsparteien betrachten die Artikel 1 bis 5 dieses Protokolls als Zusatzartikel zur Konvention; alle Bestimmungen der Konvention sind dementsprechend anzuwenden.

Artikel 7 Unterzeichnung und Ratifikation
(1) [1]Dieses Protokoll liegt für die Mitglieder des Europarats, die Unterzeichner der Konvention sind, zur Unterzeichnung auf; es wird gleichzeitig mit der Konvention oder zu einem späteren Zeitpunkt ratifiziert. [2]Es tritt nach Hinterlegung von fünf Ratifikationsurkunden in Kraft. [3] Für jeden Unterzeichner, der das Protokoll später ratifiziert, tritt es mit der Hinterlegung der Ratifikationsurkunde in Kraft.

(2) Die Ratifikationsurkunden werden beim Generalsekretär des Europarats hinterlegt, der allen Mitgliedern die Namen derjenigen Staaten, die das Protokoll ratifiziert haben, notifiziert.

Zu Urkund dessen haben die hierzu gehörig befugten Unterzeichneten dieses Protokoll unterschrieben.

Geschehen zu Straßburg am 16. September 1963 in englischer und französischer Sprache, wobei jeder Wortlaut gleichermaßen verbindlich ist, in einer Urschrift, die im Archiv des Europarats hinterlegt wird. Der Generalsekretär übermittelt allen Unterzeichnerstaaten beglaubigte Abschriften.

Protokoll Nr. 6 zur Konvention zum Schutz der Menschenrechte und Grundfreiheiten über die Abschaffung der Todesstrafe

In der Fassung der Bekanntmachung vom 22. Oktober 2010[1)] (BGBl. II S. 1198, 1223)

(Übersetzung)

Die Mitgliedstaaten des Europarats, die dieses Protokoll zu der am 4. November 1950 in Rom unterzeichneten Konvention zum Schutz der Menschenrechte und Grundfreiheiten (im Folgenden als „Konvention" bezeichnet) unterzeichnen –

in der Erwägung, dass die in verschiedenen Mitgliedstaaten des Europarats eingetretene Entwicklung eine allgemeine Tendenz zugunsten der Abschaffung der Todesstrafe zum Ausdruck bringt –

haben Folgendes vereinbart:

Artikel 1 Abschaffung der Todesstrafe

[1]Die Todesstrafe ist abgeschafft. [2]Niemand darf zu dieser Strafe verurteilt oder hingerichtet werden.

Artikel 2 Todesstrafe in Kriegszeiten

[1]Ein Staat kann in seinem Recht die Todesstrafe für Taten vorsehen, die in Kriegszeiten oder bei unmittelbarer Kriegsgefahr begangen werden; diese Strafe darf nur in den Fällen, die im Recht vorgesehen sind, und in Übereinstimmung mit dessen Bestimmungen angewendet werden. [2]Der Staat übermittelt dem Generalsekretär des Europarats die einschlägigen Rechtsvorschriften.

Artikel 3 Verbot des Abweichens

Von diesem Protokoll darf nicht nach Artikel 15 der Konvention abgewichen werden.

Artikel 4 Verbot von Vorbehalten

Vorbehalte nach Artikel 57 der Konvention zu Bestimmungen dieses Protokolls sind nicht zulässig.

Artikel 5 Räumlicher Geltungsbereich

(1) Jeder Staat kann bei der Unterzeichnung oder bei der Hinterlegung seiner Ratifikations-, Annahme- oder Genehmigungsurkunde einzelne oder mehrere Hoheitsgebiete bezeichnen, auf die dieses Protokoll Anwendung findet.

(2) [1]Jeder Staat kann jederzeit danach durch eine an den Generalsekretär des Europarats gerichtete Erklärung die Anwendung dieses Protokolls auf jedes weitere in der Erklärung bezeichnete Hoheitsgebiet erstrecken. [2]Das Protokoll tritt für dieses Hoheitsgebiet am ersten Tag des Monats in Kraft, der auf den Eingang der Erklärung beim Generalsekretär folgt.

(3) [1]Jede nach den Absätzen 1 und 2 abgegebene Erklärung kann in Bezug auf jedes darin bezeichnete Hoheitsgebiet durch eine an den Generalsekretär gerichtete Notifikation zurückgenommen werden. [2]Die Rücknahme wird am ersten Tag des Monats wirksam, der auf den Eingang der Notifikation beim Generalsekretär folgt.

Artikel 6 Verhältnis zur Konvention

Die Vertragsstaaten betrachten die Artikel 1 bis 5 dieses Protokolls als Zusatzartikel zur Konvention; alle Bestimmungen der Konvention sind dementsprechend anzuwenden.

Artikel 7 Unterzeichnung und Ratifikation

[1]Dieses Protokoll liegt für die Mitgliedstaaten des Europarats, welche die Konvention unterzeichnet haben, zur Unterzeichnung auf. [2]Es bedarf der Ratifikation, Annahme oder Genehmigung. [3]Ein Mitgliedstaat des Europarats kann dieses Protokoll nur ratifizieren, annehmen oder genehmigen, wenn er die Konvention gleichzeitig ratifiziert oder sie früher ratifiziert hat. [4]Die Ratifikations-, Annahme- oder Genehmigungsurkunden werden beim Generalsekretär des Europarats hinterlegt.

---

1) Neubekanntmachung des Protokolls Nr. 6 v. 28. 4. 1983 (BGBl. 1988 II S. 662, 663) in einer sprachlich überarbeiteten deutschen Übersetzung in der ab 1. 6. 2010 geltenden Fassung.

Artikel 8 Inkrafttreten

(1) Dieses Protokoll tritt am ersten Tag des Monats in Kraft, der auf den Tag folgt, an dem fünf Mitgliedstaaten des Europarats nach Artikel 7 ihre Zustimmung ausgedrückt haben, durch das Protokoll gebunden zu sein.

(2) Für jeden Mitgliedstaat, der später seine Zustimmung ausdrückt, durch das Protokoll gebunden zu sein, tritt es am ersten Tag des Monats in Kraft, der auf die Hinterlegung der Ratifikations-, Annahme- oder Genehmigungsurkunde folgt.[1)]

Artikel 9 Aufgaben des Verwahrers

Der Generalsekretär des Europarats notifiziert den Mitgliedstaaten des Rates

a) jede Unterzeichnung;
b) jede Hinterlegung einer Ratifikations-, Annahme- oder Genehmigungsurkunde;
c) jeden Zeitpunkt des Inkrafttretens dieses Protokolls nach den Artikeln 5 und 8;
d) jede andere Handlung, Notifikation oder Mitteilung im Zusammenhang mit diesem Protokoll.

Zu Urkund dessen haben die hierzu gehörig befugten Unterzeichneten dieses Protokoll unterschrieben.

Geschehen zu Straßburg am 28. April 1983 in englischer und französischer Sprache, wobei jeder Wortlaut gleichermaßen verbindlich ist, in einer Urschrift, die im Archiv des Europarats hinterlegt wird. Der Generalsekretär des Europarats übermittelt allen Mitgliedstaaten des Europarats beglaubigte Abschriften.

1) Inkrafttreten für die Bundesrepublik Deutschland gemäß Bek. v. 27. 9. 1989 (BGBl. II S. 814) am 1. 8. 1989. Zum weiteren Geltungsbereich vgl. BGBl. II Fundstellennachweis B, abgeschlossen am 31. 12. jeden Jahres.

Protokoll Nr. 7 zur Konvention zum Schutze der Menschenrechte und Grundfreiheiten

Vom 22. November 1984 (ÖBGBl. 1988 II S. 628)
zuletzt geändert durch Art. 2 Abs. 7 Elftes EMRK-Protokoll[1] vom 11. Mai 1994 (BGBl. 1995 II S. 578, 579)
(Übersetzung)

Die Mitgliedstaaten des Europarates, die dieses Protokoll unterzeichnen,

entschlossen, weitere Maßnahmen zur kollektiven Gewährleistung gewisser Rechte und Freiheiten durch die am 4. November 1950 in Rom unterzeichnete Konvention zum Schutze der Menschenrechte und Grundfreiheiten (im Folgenden als „Konvention" bezeichnet) zu treffen,

haben Folgendes vereinbart:

Artikel 1 Verfahrensrechtliche Schutzvorschriften in bezug auf die Ausweisung von Ausländern

(1) Ein Ausländer, der seinen rechtmäßigen Aufenthalt im Hoheitsgebiet eines Staates hat, darf aus diesem nur aufgrund einer rechtmäßig ergangenen Entscheidung ausgewiesen werden; ihm muß gestattet werden,

a) Gründe vorzubringen, die gegen seine Ausweisung sprechen,
b) seinen Fall prüfen zu lassen und
c) sich zu diesem Zweck vor der zuständigen Behörde oder von einer oder mehreren von dieser Behörde bestimmten Personen vertreten zu lassen.

(2) Ein Ausländer kann vor Ausübung der in Abs. 1 Lit. a, b und c genannten Rechte ausgewiesen werden, wenn die Ausweisung im Interesse der öffentlichen Ordnung erforderlich ist oder aus Gründen der nationalen Sicherheit erfolgt.

Artikel 2 Rechtsmittel in Strafsachen

(1) [1]Wer von einem Gericht wegen einer strafbaren Handlung verurteilt worden ist, hat das Recht, das Urteil von einem übergeordneten Gericht nachprüfen zu lassen. [2]Die Ausübung dieses Rechts, einschließlich der Gründe, aus denen es ausgeübt werden kann, richtet sich nach dem Gesetz.

(2) Ausnahmen von diesem Recht sind für strafbare Handlungen geringfügiger Art, wie sie durch Gesetz näher bestimmt sind, oder in Fällen möglich, in denen das Verfahren gegen eine Person in erster Instanz vor dem obersten Gericht stattgefunden hat oder in denen sie nach einem gegen ihren Freispruch eingelegten Rechtsmittel verurteilt worden ist.

Artikel 3 Recht auf Entschädigung bei Fehlurteilen

Ist jemand wegen einer strafbaren Handlung rechtskräftig verurteilt und ist das Urteil später aufgehoben oder der Verurteilte begnadigt worden, weil eine neue oder eine neu bekannt gewordene Tatsache schlüssig beweist, daß ein Fehlurteil vorlag, so ist derjenige, der aufgrund eines solchen Urteils eine Strafe verbüßt hat, entsprechend dem Gesetz oder der Übung des betreffenden Staates zu entschädigen, sofern nicht nachgewiesen wird, daß das nicht rechtzeitige Bekanntwerden der betreffenden Tatsache ganz oder teilweise ihm zuzuschreiben ist.

Artikel 4 Recht, wegen derselben Sache nicht zweimal vor Gericht gestellt oder bestraft zu werden

(1) Niemand darf wegen einer Straftat, wegen der er bereits nach dem Gesetz und dem Strafverfahrensrecht eines Staates rechtskräftig verurteilt oder freigesprochen worden ist, in einem Strafverfahren desselben Staates erneut vor Gericht gestellt oder bestraft werden.

(2) Abs. 1 schließt die Wiederaufnahme des Verfahrens nach dem Gesetz und dem Strafverfahrensrecht des betreffenden Staates nicht aus, falls neue oder neu bekannt gewordene Tatsachen vorliegen oder das vorausgegangene Verfahren schwere, den Ausgang des Verfahrens berührende Mängel aufweist.

(3) Dieser Artikel darf nicht nach Art. 15 der Konvention außer Kraft gesetzt werden.

---

1) Inkrafttreten gemäß Bek. v. 12. 2. 2001 (BGBl. II S. 231) am 1. 11. 1998.

Artikel 5 Gleichberechtigung der Ehegatten

[1]Ehegatten haben untereinander und in ihren Beziehungen zu ihren Kindern gleiche Rechte und Pflichten privatrechtlicher Art hinsichtlich der Eheschließung, während der Ehe und bei Auflösung der Ehe. [2]Dieser Artikel verwehrt es den Staaten nicht, die im Interesse der Kinder notwendigen Maßnahmen zu treffen.

Artikel 6 Räumlicher Geltungsbereich

(1) Jeder Staat kann bei der Unterzeichnung oder bei der Hinterlegung seiner Ratifikations-, Annahme- oder Genehmigungsurkunde einzelne oder mehrere Hoheitsgebiete bezeichnen, auf die dieses Protokoll Anwendung findet, und erklären, in welchem Umfang er sich zur Anwendung dieses Protokolls auf diese Hoheitsgebiete verpflichtet.

(2) [1]Jeder Staat kann jederzeit danach durch eine an den Generalsekretär des Europarates gerichtete Erklärung die Anwendung dieses Protokoll auf jedes weitere in der Erklärung bezeichnete Hoheitsgebiet erstrecken. [2]Das Protokoll tritt für dieses Hoheitsgebiet am ersten Tag des Monats in Kraft, der auf einen Zeitabschnitt von zwei Monaten nach Eingang der Erklärung beim Generalsekretär folgt.

(3) [1]Jede nach den Abs. 1 und 2 abgegebene Erklärung kann in bezug auf jedes darin bezeichnete Hoheitsgebiet durch eine an den Generalsekretär gerichtete Notifikation zurückgenommen oder geändert werden. [2]Die Rücknahme oder Änderung wird am ersten Tag des Monats wirksam, der auf einen Zeitabschnitt von zwei Monaten nach Eingang der Notifikation beim Generalsekretär folgt.

(4) Eine nach diesem Artikel abgegebene Erklärung gilt als eine Erklärung im Sinne des Art. 56 Abs. 1 der Konvention.

(5) Das Hoheitsgebiet eines Staates, auf das dieses Protokoll aufgrund der Ratifikation, Annahme oder Genehmigung durch diesen Staat Anwendung findet, und jedes Hoheitsgebiet, auf welches das Protokoll aufgrund einer von diesem Staat nach diesem Artikel abgegebenen Erklärung Anwendung findet, können als getrennte Hoheitsgebiete betrachtet werden, soweit Art. 1 auf das Hoheitsgebiet eines Staates Bezug nimmt.

(6) Jeder Staat, der eine Erklärung nach Absatz 1 oder 2 abgegeben hat, kann jederzeit danach für eines oder mehrere der in der Erklärung bezeichneten Hoheitsgebiete erklären, daß er die Zuständigkeit des Gerichtshofs, Beschwerden von natürlichen Personen, nichtstaatlichen Organisationen oder Personengruppen nach Artikel 34 der Konvention entgegenzunehmen, für die Artikel 1 bis 5 dieses Protokolls annimmt.

Artikel 7 Verhältnis zur Konvention

Die Vertragsstaaten betrachten die Art. 1 bis 6 dieses Protokolls als Zusatzartikel zur Konvention; alle Bestimmungen der Konvention sind dementsprechend anzuwenden.

Artikel 8 Unterzeichnung und Ratifikation

[1]Dieses Protokoll liegt für die Mitgliedstaaten des Europarates, welche die Konvention unterzeichnet haben, zur Unterzeichnung auf. [2]Es bedarf der Ratifikation, Annahme oder Genehmigung. Ein Mitgliedstaat des Europarates kann dieses Protokoll nicht ratifizieren, annehmen oder genehmigen, ohne die Konvention früher ratifiziert zu haben oder sie gleichzeitig zu ratifizieren. [3]Die Ratifikations-, Annahme- oder Genehmigungsurkunden werden beim Generalsekretär des Europarates hinterlegt.

Artikel 9 Inkrafttreten

(1) Dieses Protokoll tritt am ersten Tag des Monates in Kraft, der auf einen Zeitabschnitt von zwei Monaten nach dem Tag folgt, an dem sieben Mitgliedstaaten des Europarates nach Art. 8 ihre Zustimmung ausgedrückt haben, durch das Protokoll gebunden zu sein.[1)]

(2) Für jeden Mitgliedstaat, der später seine Zustimmung ausdrückt, durch das Protokoll gebunden zu sein, tritt es am ersten Tag des Monates in Kraft, der auf einen Zeitabschnitt von zwei Monaten nach Hinterlegung der Ratifikations-, Annahme- oder Genehmigungsurkunde folgt.

Artikel 10 Aufgaben des Verwahrers

Der Generalsekretär des Europarats notifiziert allen Mitgliedstaaten des Europarates:

1) Das Protokoll ist am 1. 11. 1988 in Kraft getreten. Die Bundesrepublik Deutschland hat das Protokoll bislang nicht ratifiziert.

a) jede Unterzeichnung;
b) jede Hinterlegung einer Ratifikations-, Annahme- oder Genehmigungsurkunde;
c) jeden Zeitpunkt des Inkrafttretens dieses Protokolls nach den Art. 6 und 9;
d) jede andere Handlung, Notifikation oder Erklärung im Zusammenhang mit diesem Protokoll.

Zu Urkund dessen haben die hiezu gehörig befugten Unterzeichneten dieses Protokoll unterschrieben.

Geschehen zu Straßburg am 22. November 1984 in englischer und französischer Sprache, wobei jeder Wortlaut gleichermaßen verbindlich[1)] ist, in einer Urschrift, die im Archiv des Europarates hinterlegt wird. Der Generalsekretär des Europarats übermittelt allen Unterzeichnerstaaten des Europarates beglaubigte Abschriften.

Erklärungen
(hier nicht wiedergeben)

1) Österreich: authentisch.

Protokoll Nr. 13 zur Konvention zum Schutz der Menschenrechte und Grundfreiheiten über die vollständige Abschaffung der Todesstrafe

In der Fassung der Bekanntmachung vom 22. Oktober 2010[1)] (BGBl. II S. 1198, 1226)

(Übersetzung)

Die Mitgliedstaaten des Europarats, die dieses Protokoll unterzeichnen,

in der Überzeugung, dass in einer demokratischen Gesellschaft das Recht jedes Menschen auf Leben einen Grundwert darstellt und die Abschaffung der Todesstrafe für den Schutz dieses Rechts und für die volle Anerkennung der allen Menschen innewohnenden Würde von wesentlicher Bedeutung ist;

in dem Wunsch, den Schutz des Rechts auf Leben, der durch die am 4. November 1950 in Rom unterzeichnete Konvention zum Schutz der Menschenrechte und Grundfreiheiten (im Folgenden als „Konvention" bezeichnet) gewährleistet wird, zu stärken;

in Anbetracht dessen, dass das Protokoll Nr. 6 zur Konvention über die Abschaffung der Todesstrafe, das am 28. April 1983 in Straßburg unterzeichnet wurde, die Todesstrafe nicht für Taten ausschließt, die in Kriegszeiten oder bei unmittelbarer Kriegsgefahr begangen werden;

entschlossen, den letzten Schritt zu tun, um die Todesstrafe vollständig abzuschaffen,

haben Folgendes vereinbart:

Artikel 1 Abschaffung der Todesstrafe

[1]Die Todesstrafe ist abgeschafft. [2]Niemand darf zu dieser Strafe verurteilt oder hingerichtet werden.

Artikel 2 Verbot des Abweichens

Von diesem Protokoll darf nicht nach Artikel 15 der Konvention abgewichen werden.

Artikel 3 Verbot von Vorbehalten

Vorbehalte nach Artikel 57 der Konvention zu diesem Protokoll sind nicht zulässig.

Artikel 4 Räumlicher Geltungsbereich

(1) Jeder Staat kann bei der Unterzeichnung oder bei der Hinterlegung der Ratifikations-, Annahme- oder Genehmigungsurkunde einzelne oder mehrere Hoheitsgebiete bezeichnen, auf die dieses Protokoll Anwendung findet.

(2) [1]Jeder Staat kann jederzeit danach durch eine an den Generalsekretär des Europarats gerichtete Erklärung die Anwendung dieses Protokolls auf jedes weitere in der Erklärung bezeichnete Hoheitsgebiet erstrecken. [2]Das Protokoll tritt für dieses Hoheitsgebiet am ersten Tag des Monats in Kraft, der auf einen Zeitabschnitt von drei Monaten nach Eingang der Erklärung beim Generalsekretär folgt.

(3) [1]Jede nach den Absätzen 1 und 2 abgegebene Erklärung kann in Bezug auf jedes darin bezeichnete Hoheitsgebiet durch eine an den Generalsekretär gerichtete Notifikation zurückgenommen oder geändert werden. [2]Die Rücknahme oder Änderung wird am ersten Tag des Monats wirksam, der auf einen Zeitabschnitt von drei Monaten nach Eingang der Notifikation beim Generalsekretär folgt.

Artikel 5 Verhältnis zur Konvention

Die Vertragsstaaten betrachten die Artikel 1 bis 4 dieses Protokolls als Zusatzartikel zur Konvention; alle Bestimmungen der Konvention sind dementsprechend anzuwenden.

Artikel 6 Unterzeichnung und Ratifikation

[1]Dieses Protokoll liegt für die Mitgliedstaaten des Europarats, welche die Konvention unterzeichnet haben, zur Unterzeichnung auf. [2]Es bedarf der Ratifikation, Annahme oder Genehmigung. [3]Ein Mitgliedstaat des Europarats kann dieses Protokoll nur ratifizieren, annehmen oder genehmigen, wenn er die Konvention gleichzeitig ratifiziert oder bereits zu einem früheren Zeitpunkt ratifiziert hat. [4]Die Ratifikations-, Annahme- oder Genehmigungsurkunden werden beim Generalsekretär des Europarats hinterlegt.

---

1) Neubekanntmachung des Protokolls Nr. 13 v. 3. 5. 2002 (BGBl. 2004 II S. 982, 983) in einer sprachlich überarbeiteten deutschen Übersetzung in der ab 1. 6. 2010 geltenden Fassung.

Artikel 7 Inkrafttreten

(1) Dieses Protokoll tritt am ersten Tag des Monats in Kraft, der auf einen Zeitabschnitt von drei Monaten nach dem Tag folgt, an dem zehn Mitgliedstaaten des Europarats nach Artikel 6 ihre Zustimmung ausgedrückt haben, durch das Protokoll gebunden zu sein.

(2) Für jeden Mitgliedstaat, der später seine Zustimmung ausdrückt, durch dieses Protokoll gebunden zu sein, tritt es am ersten Tag des Monats in Kraft, der auf einen Zeitabschnitt von drei Monaten nach der Hinterlegung der Ratifikations-, Annahme- oder Genehmigungsurkunde folgt.[1)]

Artikel 8 Aufgaben des Verwahrers

Der Generalsekretär des Europarats notifiziert allen Mitgliedstaaten des Europarats

a) jede Unterzeichnung;
b) jede Hinterlegung einer Ratifikations-, Annahme- oder Genehmigungsurkunde;
c) jeden Zeitpunkt des Inkrafttretens dieses Protokolls nach Artikel 4 und 7;
d) jede andere Handlung, Notifikation oder Mitteilung im Zusammenhang mit diesem Protokoll.

Zu Urkund dessen haben die hierzu gehörig befugten Unterzeichneten dieses Protokoll unterschrieben.

Geschehen zu Wilna am 3. Mai 2002 in englischer und französischer Sprache, wobei jeder Wortlaut gleichermaßen verbindlich ist, in einer Urschrift, die im Archiv des Europarats hinterlegt wird.

Der Generalsekretär des Europarats übermittelt allen Mitgliedstaaten des Europarats beglaubigte Abschriften.

1) Inkrafttreten für die Bundesrepublik Deutschland gemäß Bek. v. 23. 11. 2004 (BGBl. II S. 1722) am 1. 2. 2005. Zum weiteren Geltungsbereich vgl. BGBl. II Fundstellennachweis B, abgeschlossen am 31. 12. jeden Jahres.

Die koordinierte Verfassung Belgiens

Vom 17. Februar 1994
zuletzt geändert am 22. April 2019

Inhalt

TITEL I

DAS FÖDERALE BELGIEN, SEINE ZUSAMMENSETZUNG UND SEIN STAATSGEBIET

Artikel 1 [Föderalstaat]
Belgien ist ein Föderalstaat, der sich aus den Gemeinschaften und den Regionen zusammensetzt.

Artikel 2 [Gemeinschaften]
Belgien umfaßt drei Gemeinschaften: die Deutschsprachige Gemeinschaft, die Flämische Gemeinschaft und die Französische Gemeinschaft.

Artikel 3 [Regionen]
Belgien umfaßt drei Regionen: die Wallonische Region, die Flämische Region und die Brüsseler Region.

Artikel 4 [Sprachgebiete; Mehrheiten in den Sprachgruppen]
Belgien umfaßt vier Sprachgebiete: das deutsche Sprachgebiet, das französische Sprachgebiet, das niederländische Sprachgebiet und das zweisprachige Gebiet Brüssel-Hauptstadt.

Jede Gemeinde des Königreichs gehört einem dieser Sprachgebiete an.

Die Grenzen der vier Sprachgebiete können nur durch ein mit Stimmenmehrheit in jeder Sprachgruppe einer jeden Kammer angenommenes Gesetz abgeändert oder berichtigt werden, vorausgesetzt, daß die Mehrheit der Mitglieder jeder Gruppe versammelt ist, und insofern die Gesamtzahl der Jastimmen aus beiden Sprachgruppen zwei Drittel der abgegebenen Stimmen erreicht.

Artikel 5 [Provinzen]
[1]Die Wallonische Region umfaßt die Provinzen Hennegau, Lüttich, Luxemburg, Namur und Wallonisch-Brabant. [2]Die Flämische Region umfaßt die Provinzen Antwerpen, Flämisch-Brabant, Limburg, Ostflandern und Westflandern.

[1]Ein Gesetz kann bestimmte Gebiete, deren Grenzen es festlegt, der Einteilung in Provinzen entziehen, sie der föderalen ausführenden Gewalt unmittelbar unterstellen und ihnen einen eigenen Status zuerkennen. [2]Dieses Gesetz muß mit der in Artikel 4 letzter Absatz bestimmten Mehrheit angenommen werden.

Artikel 6 [Gesetzesvorbehalt]
Die Unterteilungen der Provinzen können nur durch Gesetz festgelegt werden.

Artikel 7 [Grenzen, Gesetzesvorbehalt]
Die Grenzen des Staates, der Provinzen und der Gemeinden können nur aufgrund eines Gesetzes abgeändert oder berichtigt werden.

TITEL I^{bis}

ALLGEMEINE POLITISCHE ZIELSETZUNGEN DES FÖDERALEN BELGIENS, DER GEMEINSCHAFTEN UND DER REGIONEN

Artikel 7bis [Nachhaltige Entwicklung; Solidarität zwischen den Generationen]
Der Föderalstaat, die Gemeinschaften und die Regionen verfolgen bei der Ausübung ihrer jeweiligen Befugnisse die Ziele einer nachhaltigen Entwicklung in deren sozialen, wirtschaftlichen und umweltbezogenen Aspekten unter Berücksichtigung der Solidarität zwischen den Generationen.

TITEL II

DIE BELGIER UND IHRE RECHTE

Artikel 8 [Staatsangehörigkeit; Stimmrecht von Unionsbürgern und Drittstaatsangehörigen]
Erwerb, Fortbestand und Verlust der belgischen Staatsangehörigkeit werden durch das Zivilgesetz geregelt.

Die Verfassung und die sonstigen Gesetze über die politischen Rechte bestimmen, welche Voraussetzungen neben der belgischen Staatsangehörigkeit für die Ausübung dieser Rechte zu erfüllen sind.

In Abweichung von Absatz 2 kann das Gesetz das Stimmrecht der Bürger der Europäischen Union, die nicht die belgische Staatsangehörigkeit haben, gemäß den internationalen und überstaatlichen Verpflichtungen Belgiens regeln.

Das im vorangehenden Absatz erwähnte Stimmrecht kann durch das Gesetz unter den Bedingungen und gemäß den Modalitäten, die es festlegt, auf die in Belgien wohnhaften Personen ausgedehnt werden, die nicht Staatsangehörige eines Mitgliedstaates der Europäischen Union sind.

Artikel 9 [Einbürgerung]
Die Einbürgerung wird von der föderalen gesetzgebenden Gewalt verliehen.

Artikel 10 [Gleichheit]
Es gibt im Staat keine Unterscheidung nach Ständen.

Die Belgier sind vor dem Gesetz gleich; nur sie können zur Bekleidung der zivilen und militärischen Ämter zugelassen werden, vorbehaltlich der Ausnahmen, die für Sonderfälle durch ein Gesetz festgelegt werden können.

Die Gleichheit von Frauen und Männern ist gewährleistet.

Artikel 11 [Rechte und Freiheiten ohne Diskriminierung]
[1]Der Genuß der den Belgiern zuerkannten Rechte und Freiheiten muß ohne Diskriminierung gesichert werden. [2]Zu diesem Zweck gewährleisten das Gesetz und das Dekret insbesondere die Rechte und Freiheiten der ideologischen und philosophischen Minderheiten.

Artikel 11bis [Gleicher Zugang von Frauen und Männern zu öffentlichen Mandaten]
Das Gesetz, das Dekret oder die in Artikel 134 erwähnte Regel gewährleistet Frauen und Männern die gleiche Ausübung ihrer Rechte und Freiheiten und fördert insbesondere ihren gleichen Zugang zu durch Wahl vergebenen Mandaten und öffentlichen Mandaten.

Dem Ministerrat und den Gemeinschafts- und Regionalregierungen gehören Personen verschiedenen Geschlechts an.

Das Gesetz, das Dekret oder die in Artikel 134 erwähnte Regel organisiert die Anwesenheit von Personen verschiedenen Geschlechts in den ständigen Ausschüssen der Provinzialräte, den Bürgermeister- und Schöffenkollegien, den Sozialhilferäten, den ständigen Präsidien der öffentlichen Sozialhilfezentren und in den ausführenden Organen jeglicher anderen interprovinzialen, suprakommunalen, interkommunalen oder intrakommunalen territoriale Organe.

Der vorhergehende Absatz ist nicht anwendbar, wenn das Gesetz, das Dekret oder die in Artikel 134 erwähnte Regel die Direktwahl der Mitglieder der ständigen Ausschüsse der Provinzialräte, der Schöffen, der Mitglieder der Sozialhilferäte, der Mitglieder der ständigen Präsidien der öffentlichen Sozialhilfezentren oder der Mitglieder der ausführenden Organe jeglicher anderen interprovinzialen, suprakommunalen, interkommunalen oder intrakommunalen territorialen Organe organisiert.

Artikel 12 [Freiheit der Person; habeas corpus]
Die Freiheit der Person ist gewährleistet.

Niemand darf verfolgt werden, es sei denn in den durch Gesetz bestimmten Fällen und in der dort vorgeschriebenen Form.

Außer bei Entdeckung auf frischer Tat darf jemand nur festgenommen werden aufgrund einer mit Gründen versehenen richterlichen Anordnung, die spätestens binnen achtundvierzig Stunden ab der Freiheitsentziehung zugestellt werden muss und nur eine Untersuchungsinhaftierung zur Folge haben darf.

Artikel 13 [Gesetzlicher Richter]
Niemand darf gegen seinen Willen seinem gesetzlichen Richter entzogen werden.

Artikel 14 [nulla poena sine lege]
Eine Strafe darf nur aufgrund des Gesetzes eingeführt oder angewandt werden.

Artikel 14bis [Verbot der Todesstrafe]
Die Todesstrafe ist abgeschafft.

Artikel 15 [Unverletzlichkeit der Wohnung]
Die Wohnung ist unverletzlich; eine Haussuchung darf nur in den durch Gesetz bestimmten Fällen und in der dort vorgeschriebenen Form vorgenommen werden.

Artikel 16 [Schutz des Eigentums]
Niemandem darf sein Eigentum entzogen werden, es sei denn zum Nutzen der Allgemeinheit, in den Fällen und in der Weise, die das Gesetz bestimmt, und gegen gerechte und vorherige Entschädigung.

Artikel 17 [Verbot der Vermögenskonfiskation]
Die Strafe der Vermögenskonfiskation darf nicht eingeführt werden.

Artikel 18 [Verbot des bürgerlichen Tods]
Der bürgerliche Tod ist abgeschafft; er darf nicht wieder eingeführt werden.

Artikel 19 [Freiheit der Kulte]
Die Freiheit der Kulte, diejenige ihrer öffentlichen Ausübung sowie die Freiheit, zu allem seine Ansichten kundzutun, werden gewährleistet, unbeschadet der Ahndung der bei der Ausübung dieser Freiheiten begangenen Delikte.

Artikel 20 [Kein Zwang zum Kult]
Niemand darf gezwungen werden, in irgendeiner Weise an Handlungen und Feierlichkeiten eines Kultes teilzunehmen oder dessen Ruhetage einzuhalten.

Artikel 21 [Staat und Kulte]
Der Staat hat nicht das Recht, in die Ernennung oder Einsetzung der Diener irgendeines Kultes einzugreifen oder ihnen zu verbieten, mit ihrer Obrigkeit zu korrespondieren und deren Akte zu veröffentlichen, unbeschadet, in letztgenanntem Fall, der gewöhnlichen Verantwortlichkeit im Bereich der Presse und der Veröffentlichungen.

Die zivile Eheschließung muß stets der Einsegnung der Ehe vorangehen, vorbehaltlich der erforderlichenfalls durch Gesetz festzulegenden Ausnahmen.

Artikel 22 [Privatsphäre; Familienleben]
Jeder hat ein Recht auf Achtung vor seinem Privat- und Familienleben, außer in den Fällen und unter den Bedingungen, die durch Gesetz festgelegt sind.

Das Gesetz, das Dekret oder die in Artikel 134 erwähnte Regel gewährleistet den Schutz dieses Rechtes.

Artikel 22bis [Kinderrechte]
Jedes Kind hat ein Recht auf Achtung vor seiner moralischen, körperlichen, geistigen und sexuellen Unversehrtheit.

Jedes Kind hat das Recht, sich in allen Angelegenheiten, die es betreffen, zu äußern; seiner Meinung wird unter Berücksichtigung seines Alters und seines Unterscheidungsvermögens Rechnung getragen.

Jedes Kind hat das Recht auf Maßnahmen und Dienste, die seine Entwicklung fördern.

Das Wohl des Kindes ist in allen Entscheidungen, die es betreffen, vorrangig zu berücksichtigen.

Das Gesetz, das Dekret oder die in Artikel 134 erwähnte Regel gewährleistet diese Rechte des Kindes.

Artikel 23 [Recht auf menschenwürdiges Leben]
Jeder hat das Recht, ein menschenwürdiges Leben zu führen.

Zu diesem Zweck gewährleistet das Gesetz, das Dekret oder die in Artikel 134 erwähnte Regel unter Berücksichtigung der entsprechenden Verpflichtungen die wirtschaftlichen, sozialen und kulturellen Rechte und bestimmt die Bedingungen für ihre Ausübung.

Diese Rechte umfassen insbesondere:

1. das Recht auf Arbeit und auf freie Wahl der Berufstätigkeit im Rahmen einer allgemeinen Beschäftigungspolitik, die unter anderem darauf ausgerichtet ist, einen Beschäftigungsstand zu gewährleisten, der so stabil und hoch wie möglich ist, das Recht auf gerechte Arbeitsbedingungen

und gerechte Entlohnung sowie das Recht auf Information, Konsultation und kollektive Verhandlungen;
2. das Recht auf soziale Sicherheit, auf Gesundheitsschutz und auf sozialen, medizinischen und rechtlichen Beistand;
3. das Recht auf eine angemessene Wohnung;
4. das Recht auf den Schutz einer gesunden Umwelt;
5. das Recht auf kulturelle und soziale Entfaltung;
6. das Recht auf Familienleistungen.

Artikel 24 [Unterrichtswesen]

§ 1

Das Unterrichtswesen ist frei; jede präventive Maßnahme ist verboten; die Ahndung der Delikte wird nur durch Gesetz oder Dekret geregelt.

Die Gemeinschaft gewährleistet die Wahlfreiheit der Eltern.

[1]Die Gemeinschaft organisiert ein Unterrichtswesen, das neutral ist. [2]Die Neutralität beinhaltet insbesondere die Achtung der philosophischen, ideologischen oder religiösen Auffassungen der Eltern und Schüler.

Die von den öffentlichen Behörden organisierten Schulen bieten bis zum Ende der Schulpflicht die Wahl zwischen dem Unterricht in einer der anerkannten Religionen und demjenigen in nichtkonfessioneller Sittenlehre.

§ 2

Wenn eine Gemeinschaft als Organisationsträger einem oder mehreren autonomen Organen Befugnisse übertragen will, kann dies nur durch ein mit Zweidrittelmehrheit der abgegebenen Stimmen angenommenes Dekret erfolgen.

§ 3

[1]Jeder hat ein Recht auf Unterricht unter Berücksichtigung der Grundfreiheiten und Grundrechte. [2]Der Zugang zum Unterricht ist unentgeltlich bis zum Ende der Schulpflicht.

Alle schulpflichtigen Schüler haben zu Lasten der Gemeinschaft ein Recht auf eine moralische oder religiöse Erziehung.

§ 4

[1]Alle Schüler oder Studenten, Eltern, Personalmitglieder und Unterrichtsanstalten sind vor dem Gesetz oder dem Dekret gleich. [2]Das Gesetz und das Dekret berücksichtigen die objektiven Unterschiede, insbesondere die jedem Organisationsträger eigenen Merkmale, die eine angepaßte Behandlung rechtfertigen.

§ 5

Die Organisation, die Anerkennung oder die Bezuschussung des Unterrichtswesens durch die Gemeinschaft wird durch Gesetz oder Dekret geregelt.

Artikel 25 [Pressefreiheit]

Die Presse ist frei; die Zensur darf nie eingeführt werden; von den Autoren, Verlegern oder Druckern darf keine Sicherheitsleistung verlangt werden.

Wenn der Autor bekannt ist und seinen Wohnsitz in Belgien hat, darf der Verleger, Drucker oder Verteiler nicht verfolgt werden.

Artikel 26 [Versammlungsfreiheit]

Die Belgier haben das Recht, sich friedlich und ohne Waffen zu versammeln, unter Beachtung der Gesetze, die die Ausübung dieses Rechts regeln können, ohne diese indessen einer vorherigen Genehmigung zu unterwerfen.

Diese Bestimmung ist nicht auf Versammlungen unter freiem Himmel anwendbar, die gänzlich den Polizeigesetzen unterworfen bleiben.

Artikel 27 [Vereinigungsfreiheit]
Die Belgier haben das Recht, Vereinigungen zu bilden; dieses Recht darf keiner präventiven Maßnahme unterworfen werden.

Artikel 28 [Petitionsrecht]
Jeder hat das Recht, Petitionen, die von einer oder mehreren Personen unterzeichnet sind, an die öffentlichen Behörden zu richten.

Nur die konstituierten Behörden haben das Recht, Petitionen unter einem Gesamtnamen einzureichen.

Artikel 29 [Briefgeheimnis]
Das Briefgeheimnis ist unverletzlich.

Das Gesetz bestimmt, welche Bediensteten für die Verletzung des Geheimnisses der der Post anvertrauten Briefe verantwortlich sind.

Artikel 30 [Freiheit der Sprachen]
Der Gebrauch der in Belgien gesprochenen Sprachen ist frei; er darf nur durch Gesetz und allein für Handlungen der öffentlichen Gewalt und für Gerichtsangelegenheiten geregelt werden.

Artikel 31 [Verfolgung wegen Amtshandlungen]
Es bedarf keiner vorherigen Genehmigung, um Beamte wegen ihrer Amtshandlungen zu verfolgen, vorbehaltlich der die Minister und die Mitglieder der Gemeinschafts- und Regionalregierungen betreffenden Bestimmungen.

Artikel 32 [Zugang zu Verwaltungsdokumenten]
Jeder hat das Recht, jegliches Verwaltungsdokument einzusehen und eine Abschrift davon zu bekommen, außer in den Fällen und unter den Bedingungen, die durch Gesetz, Dekret oder die in Artikel 134 erwähnte Regel festgelegt sind.

TITEL III
DIE GEWALTEN

Artikel 33 [Ursprung in der Nation; Verfassung]
Alle Gewalten gehen von der Nation aus.

Sie werden in der durch die Verfassung bestimmten Weise ausgeübt.

Artikel 34 [Integrationsklausel]
Die Ausübung bestimmter Gewalten kann völkerrechtlichen Einrichtungen durch einen Vertrag oder ein Gesetz übertragen werden.

Artikel 35 [Einzelermächtigungen der Föderalbehörde]
Die Föderalbehörde ist für nichts anderes zuständig als für die Angelegenheiten, die die Verfassung und die aufgrund der Verfassung selbst ergangenen Gesetze ihr ausdrücklich zuweisen.

[1]Die Gemeinschaften oder die Regionen, jede für ihren Bereich, sind gemäß den durch Gesetz festgelegten Bedingungen und Modalitäten für die anderen Angelegenheiten zuständig. [2]Dieses Gesetz muß mit der in Artikel 4 letzter Absatz bestimmten Mehrheit angenommen werden.

Artikel 36 [Drei Faktoren der föderalen Gesetzgebung]
Die föderale gesetzgebende Gewalt wird vom König, von der Abgeordnetenkammer und vom Senat gemeinsam ausgeübt.

Artikel 37 [Ausführende Gewalt beim König]
Die föderale ausführende Gewalt, so wie sie durch die Verfassung geregelt wird, liegt beim König.

Artikel 38 [Befugnisse der Gemeinschaften]
Jede Gemeinschaft hat die Befugnisse, die ihr die Verfassung oder die aufgrund der Verfassung ergangenen Gesetze zuerkennen.

Artikel 39 [Regionale Zuständigkeit kraft Gesetzes]
[1]Das Gesetz überträgt den regionalen Organen, die es schafft und die sich aus gewählten Vertretern zusammensetzen, die Zuständigkeit, innerhalb des von ihm bestimmten Bereichs und gemäß der von ihm bestimmten Weise die von ihm bezeichneten Angelegenheiten zu regeln unter Ausschluß derjenigen, die in den Artikeln 30 und 127 bis 129 erwähnt sind. [2]Dieses Gesetz muß mit der in Artikel 4 letzter Absatz bestimmten Mehrheit angenommen werden.

Artikel 39bis [Regionale Volksbefragungen]
Mit Ausnahme der Angelegenheiten mit Bezug auf die Finanzen oder den Haushalt oder der Angelegenheiten, die mit Zweidrittelmehrheit der abgegebenen Stimmen geregelt werden, kann über die Angelegenheiten, die ausschließlich den regionalen Organen übertragen sind, in der betreffenden Region eine Volksbefragung abgehalten werden.

[1]Die in Artikel 134 erwähnte Regel regelt die Modalitäten und die Organisation der Volksbefragung und wird mit Zweidrittelmehrheit der abgegebenen Stimmen angenommen, vorausgesetzt, die Mehrheit der Mitglieder des betreffenden Parlaments ist anwesend. [2]Ein Gesetz, das mit der in Artikel 4 letzter Absatz bestimmten Mehrheit angenommen wird, sieht zusätzliche Mehrheitsbedingungen für das Parlament der Region Brüssel-Hauptstadt vor.

Artikel 39ter [Inkrafttreten von Wahlregelungen für die Abgeordnetenkammer oder ein Gemeinschafts- oder Regionalparlament]
Das Gesetz, das Dekret oder die in Artikel 134 erwähnte Regel, das beziehungsweise die die Wahlen für die Abgeordnetenkammer oder ein Gemeinschafts- oder Regionalparlament regelt und weniger als ein Jahr vor dem vorgesehenen Datum des Endes der Legislaturperiode ausgefertigt wird, tritt frühestens ein Jahr nach Ausfertigung in Kraft.

Artikel 40 [Rechtsprechende Gewalt im Namen des Königs]
Die rechtsprechende Gewalt wird von den Gerichtshöfen und Gerichten ausgeübt.

Die Entscheide und Urteile werden im Namen des Königs vollstreckt.

Artikel 41 [Kommunalverfassung]
[1]Die ausschließlich kommunalen oder provinzialen Belange werden von den Gemeinde- oder Provinzialräten gemäß den durch die Verfassung festgelegten Grundsätzen geregelt. [2]In Ausführung eines Gesetzes, das mit der in Artikel 4 letzter Absatz bestimmten Mehrheit angenommen wird, kann die in Artikel 134 erwähnte Regel die provinzialen Einrichtungen jedoch abschaffen. [3]In diesem Fall kann die in Artikel 134 erwähnte Regel sie durch suprakommunale Körperschaften ersetzen, deren Räte gemäß den durch die Verfassung festgelegten Grundsätzen ausschließlich suprakommunale Belange regeln. [4]Die in Artikel 134 erwähnte Regel muss mit Zweidrittelmehrheit der abgegebenen Stimmen angenommen werden, vorausgesetzt, die Mehrheit der Mitglieder des betreffenden Parlaments ist anwesend.

Die in Artikel 134 erwähnte Regel bestimmt die Befugnisse, die Regeln für die Arbeitsweise und den Modus der Wahl intrakommunaler territorialer Organe, die Angelegenheiten kommunalen Interesses regeln können.

[1]Diese intrakommunalen territorialen Organe werden auf Initiative des Gemeinderates in Gemeinden mit mehr als 100.000 Einwohnern geschaffen. [2]Ihre Mitglieder werden direkt gewählt. [3]In Ausführung eines mit der in Artikel 4 letzter Absatz bestimmten Mehrheit angenommenen Gesetzes regelt das Dekret oder die in Artikel 134 erwähnte Regel die anderen Bedingungen und den Modus für die Schaffung solcher intrakommunaler territorialer Organe.

Dieses Dekret und diese in Artikel 134 erwähnte Regel werden mit Zweidrittelmehrheit der abgegebenen Stimmen angenommen, vorausgesetzt, die Mehrheit der Mitglieder des betreffenden Parlaments ist anwesend.

[1]Über Angelegenheiten kommunalen, suprakommunalen oder provinzialen Interesses kann in der betreffenden Gemeinde, suprakommunalen Körperschaft oder Provinz eine Volksbefragung abgehalten werden. [2]Die in Artikel 134 erwähnte Regel regelt die Modalitäten und die Organisation der Volksbefragung.

KAPITEL I

DIE FÖDERALEN KAMMERN

Artikel 42 [Vertreter der Nation]
Die Mitglieder der beiden Kammern vertreten die Nation und nicht allein diejenigen, von denen sie gewählt worden sind.

Artikel 43 [Aufteilung in Sprachgruppen]
§ 1
Für die in der Verfassung bestimmten Fälle werden die gewählten Mitglieder der Abgeordnetenkammer in der durch Gesetz festgelegten Weise in eine französische und eine niederländische Sprachgruppe aufgeteilt.

§ 2
Für die in der Verfassung bestimmten Fälle werden die Senatoren, mit Ausnahme des vom Parlament der Deutschsprachigen Gemeinschaft bestimmten Senators, in eine französische und eine niederländische Sprachgruppe aufgeteilt.

[1]Die in Artikel 67 § 1 Nr. 2 bis 4 und 7 erwähnten Senatoren bilden die französische Sprachgruppe des Senats. [2]Die in Artikel 67 § 1 Nr. 1 und 6 erwähnten Senatoren bilden die niederländische Sprachgruppe des Senats.

Artikel 44 [Zusammentritt und Sitzungsperiode der Kammern]
Die Kammern treten von Rechts wegen jedes Jahr am zweiten Dienstag im Oktober zusammen, insofern sie nicht schon zu einem früheren Zeitpunkt vom König einberufen worden sind.

[1]Die Sitzungsperiode der Kammern muß jedes Jahr mindestens vierzig Tage dauern. [2]Der Senat ist ein nichtständiges Organ.

Die Sitzungsperiode wird vom König geschlossen.

Der König hat das Recht, die Kammern zu einer außerordentlichen Sitzungsperiode einzuberufen.

Artikel 45 [Vertagung der Kammern]
[1]Der König kann die Kammern vertagen. [2]Die Vertagung darf jedoch ohne Zustimmung der Kammern weder die Frist von einem Monat übersteigen noch während derselben Sitzungsperiode erneut erfolgen.

Artikel 46 [Auflösung der Abgeordnetenkammer; Vertrauens- und Misstrauensantrag; Rücktritt]
Der König hat nur dann das Recht, die Abgeordnetenkammer aufzulösen, wenn sie mit absoluter Mehrheit ihrer Mitglieder:

1. entweder einen Vertrauensantrag der Föderalregierung ablehnt und dem König nicht binnen drei Tagen nach Ablehnung des Antrags einen Nachfolger für den Premierminister zur Ernennung vorschlägt;
2. oder einen Mißtrauensantrag gegen die Föderalregierung annimmt und dem König nicht gleichzeitig einen Nachfolger für den Premierminister zur Ernennung vorschlägt.

Über Vertrauens- und Mißtrauensanträge kann erst achtundvierzig Stunden nach Einbringung des Antrags abgestimmt werden.

Außerdem kann der König im Falle des Rücktritts der Föderalregierung die Abgeordnetenkammer auflösen, nachdem Er deren mit absoluter Mehrheit ihrer Mitglieder ausgesprochene Zustimmung erhalten hat.

Der Auflösungsbeschluss enthält die Einberufung der Wähler binnen vierzig Tagen und die der Abgeordnetenkammer binnen zwei Monaten.

Im Falle einer Auflösung beider Kammern gemäß Artikel 195 werden die Kammern binnen drei Monaten einberufen.

Im Falle einer vorzeitigen Auflösung darf die Dauer der neuen föderalen Legislaturperiode nicht über den Tag der ersten Wahlen für das Europäische Parlament, die dieser Auflösung folgen, hinausgehen.

Artikel 47 [Öffentlichkeit]
Die Sitzungen der Kammern sind öffentlich.

Jede Kammer schließt jedoch auf Antrag ihres Präsidenten oder von zehn ihrer Mitglieder die Öffentlichkeit aus.

Anschließend entscheidet sie mit absoluter Mehrheit, ob die Sitzung zur Behandlung desselben Gegenstandes öffentlich fortgeführt werden soll.

Artikel 48 [Mandatsprüfung]
Jede Kammer prüft die Mandate ihrer Mitglieder und entscheidet über die diesbezüglich auftretenden Streitigkeiten.

Artikel 49 [Inkompatibilität]
Niemand darf gleichzeitig Mitglied beider Kammern sein.

Artikel 50 [Mandat und Ministeramt]
[1]Ein Mitglied einer der beiden Kammern, das vom König zum Minister ernannt wird und diese Ernennung annimmt, hört auf zu tagen und nimmt sein Mandat wieder auf, wenn seinem Amt als Minister vom König ein Ende gesetzt worden ist. [2]Das Gesetz sieht die Modalitäten seiner Ersetzung in der betreffenden Kammer vor.

Artikel 51 [Mandatsverlust]
Das Mitglied einer der beiden Kammern, das von der Föderalregierung in ein anderes besoldetes Amt als das eines Ministers ernannt wird und dieses annimmt, verliert unmittelbar seinen Sitz und kann diesen nur aufgrund einer Neuwahl wiedererlangen.

Artikel 52 [Präsidenten; Vizepräsidenten]
Für jede Sitzungsperiode ernennt jede Kammer ihren Präsidenten und ihre Vizepräsidenten und stellt ihr Präsidium zusammen.

Artikel 53 [Absolute Mehrheit; Beschlußfähigkeit]
Jeder Beschluß wird mit absoluter Stimmenmehrheit gefaßt, vorbehaltlich dessen, was durch die Geschäftsordnung der Kammern in Bezug auf Wahlen und Wahlvorschläge bestimmt wird.

Bei Stimmengleichheit ist der behandelte Vorschlag abgelehnt.

Keine der beiden Kammern ist beschlußfähig, wenn nicht die Mehrheit ihrer Mitglieder anwesend ist.

Artikel 54 [Gefährdung der Beziehungen zwischen den Gemeinschaften]
Außer bei Haushaltsplänen sowie bei Gesetzen, die eine besondere Mehrheit erfordern, kann eine von mindestens drei Vierteln der Mitglieder einer der Sprachgruppen unterzeichnete sowie nach Hinterlegung des Berichts und vor der Schlußabstimmung in öffentlicher Sitzung eingereichte mit Gründen versehene Motion erklären, daß die von ihr bezeichneten Bestimmungen eines Gesetzentwurfes oder Gesetzesvorschlages die Beziehungen zwischen den Gemeinschaften ernstlich gefährden können.

In diesem Fall wird das parlamentarische Verfahren ausgesetzt und die Motion an den Ministerrat verwiesen, der binnen dreißig Tagen seine mit Gründen versehene Stellungnahme dazu abgibt und die betreffende Kammer auffordert, entweder über diese Stellungnahme oder über den gegebenenfalls mit einem Abänderungsantrag versehenen Entwurf oder Vorschlag zu befinden.

Dieses Verfahren darf von den Mitgliedern einer Sprachgruppe nur einmal in Bezug auf denselben Gesetzentwurf oder Gesetzesvorschlag angewandt werden.

Artikel 55 [Abstimmung]
[1]Die Abstimmungen erfolgen durch Sitzenbleiben und Aufstehen oder namentlich; über die Gesetze als Ganzes wird immer namentlich abgestimmt. [2]Wahlen und Wahlvorschläge erfolgen in geheimer Abstimmung.

Artikel 56 [Untersuchungsrecht]
Die Abgeordnetenkammer hat das Untersuchungsrecht.

[1]Der Senat kann auf Antrag von fünfzehn seiner Mitglieder, der Abgeordnetenkammer, eines Gemeinschafts- oder Regionalparlaments oder des Königs mit absoluter Mehrheit der abgegebenen Stimmen – mit mindestens einem Drittel der abgegebenen Stimmen in jeder Sprachgruppe – beschließen, dass eine Frage, die ebenfalls Folgen für die Befugnisse der Gemeinschaften oder der Regionen hat, in einem Informationsbericht behandelt wird. [2]Der Bericht wird mit absoluter Mehrheit der abgegebenen Stimmen – mit mindestens einem Drittel der abgegebenen Stimmen in jeder Sprachgruppe – gebilligt.

Artikel 57 [Behandlung von Petitionen]
Es ist verboten, den Kammern Petitionen persönlich zu unterbreiten.

[1]Die Abgeordnetenkammer hat das Recht, die an sie gerichteten Petitionen an die Minister zu verweisen. [2]Die Minister sind verpflichtet, zu deren Inhalt Erläuterungen zu geben, sooft die Kammer dies verlangt.

Artikel 58 [Indemnität]
Ein Mitglied einer der beiden Kammern darf nicht anläßlich einer in Ausübung seines Amtes erfolgten Meinungsäußerung oder Stimmabgabe verfolgt oder Gegenstand irgendeiner Ermittlung werden.

Artikel 59 [Immunität]
Außer bei Entdeckung auf frischer Tat darf ein Mitglied einer der beiden Kammern während der Sitzungsperiode in Strafsachen nur mit Genehmigung der Kammer, der es angehört, an einen Gerichtshof oder ein Gericht verwiesen, unmittelbar dorthin geladen oder festgenommen werden.

[1]Außer bei Entdeckung auf frischer Tat dürfen Zwangsmaßnahmen gegen ein Mitglied einer der beiden Kammern, für die das Eingreifen eines Richters erforderlich ist, während der Sitzungsperiode in Strafsachen nur vom ersten Präsidenten des Appellationshofes auf Antrag des zuständigen Richters angeordnet werden. [2]Dieser Beschluß wird dem Präsidenten der betreffenden Kammer mitgeteilt.

Eine Haussuchung oder Beschlagnahme aufgrund des vorangehenden Absatzes darf nur im Beisein des Präsidenten der betreffenden Kammer oder eines von ihm bestimmten Mitglieds erfolgen.

Während der Sitzungsperiode dürfen nur die Mitglieder der Staatsanwaltschaft und die zuständigen Bediensteten gegen ein Mitglied einer der beiden Kammern in Strafsachen Verfolgungen einleiten.

[1]In jedem Stadium der Untersuchung kann das betroffene Mitglied der einen oder anderen Kammer während der Sitzungsperiode in Strafsachen bei der Kammer, der es angehört, die Aussetzung der Verfolgung beantragen. [2]Diese Kammer hat darüber mit Zweidrittelmehrheit der abgegebenen Stimmen zu entscheiden.

Die Haft eines Mitglieds einer der beiden Kammern oder seine Verfolgung vor einem Gerichtshof oder Gericht wird während der Sitzungsperiode ausgesetzt, wenn die Kammer, der das Mitglied angehört, dies verlangt.

Artikel 60 [Geschäftsordnung]
Jede Kammer bestimmt in ihrer Geschäftsordnung die Weise, in der sie ihre Befugnisse ausübt.

Abschnitt I
Die Abgeordnetenkammer

Artikel 61 [Wahlrecht]
Die Mitglieder der Abgeordnetenkammer werden unmittelbar von den Bürgern gewählt, die das achtzehnte Lebensjahr vollendet haben und sich nicht in einem der durch Gesetz bestimmten Ausschließungsfälle befinden.

Jeder Wähler hat ein Recht auf nur eine Stimme.

Artikel 62 [Verhältniswahl; obligatorische, geheime Stimmabgabe]
Die Zusammenstellung der Wahlkollegien wird durch Gesetz geregelt.

Die Wahlen erfolgen nach dem durch Gesetz festgelegten System der verhältnismäßigen Vertretung.

[1]Die Stimmabgabe ist obligatorisch und geheim. [2]Sie findet in der Gemeinde statt, vorbehaltlich der durch Gesetz festzulegenden Ausnahmen.

Artikel 63 [hundertfünfzig Abgeordnete; Wahlkreise]

§ 1

Die Abgeordnetenkammer zählt hundertfünfzig Mitglieder.

§ 2

Die Anzahl Sitze eines jeden Wahlkreises entspricht dem Ergebnis der Teilung der Bevölkerungszahl des Wahlkreises durch den föderalen Divisor, der sich aus der Teilung der Bevölkerungszahl des Königreiches durch hundertfünfzig ergibt.

Die verbleibenden Sitze entfallen auf die Wahlkreise mit dem größten noch nicht vertretenen Bevölkerungsüberschuss.

§ 3

Die Aufteilung der Mitglieder der Abgeordnetenkammer nach Wahlkreisen wird vom König im Verhältnis zur Bevölkerungszahl bestimmt.

[1]Die Bevölkerungszahl jedes Wahlkreises wird alle zehn Jahre durch eine Volkszählung oder durch jegliches andere durch Gesetz definierte Mittel festgelegt. [2]Der König veröffentlicht die Ergebnisse innerhalb einer Frist von sechs Monaten.

Binnen drei Monaten nach dieser Veröffentlichung bestimmt der König die Anzahl Sitze, die auf jeden Wahlkreis entfallen.

Die neue Aufteilung wird ab den nächstfolgenden allgemeinen Wahlen angewandt.

§ 4

Das Gesetz bestimmt die Wahlkreise; es bestimmt ebenfalls die Bedingungen, denen die Wahlberechtigung unterliegt, sowie den Verlauf der Wahlverrichtungen.

Um die rechtmäßigen Interessen der Niederländischsprachigen und der Französischsprachigen in der ehemaligen Provinz Brabant zu gewährleisten, sieht das Gesetz jedoch Sondermodalitäten vor.

Die Regeln, die diese Sondermodalitäten festlegen, können nur durch ein Gesetz, das mit der in Artikel 4 letzter Absatz bestimmten Mehrheit angenommen wird, abgeändert werden.

Artikel 64 [Passives Wahlrecht]

Wählbar ist, wer

1. Belgier ist,
2. die zivilen und politischen Rechte besitzt,
3. das achtzehnte Lebensjahr vollendet hat und
4. seinen Wohnsitz in Belgien hat.

Es darf keine andere Wählbarkeitsbedingung auferlegt werden.

Artikel 65 [Wahlperiode]

Die Mitglieder der Abgeordnetenkammer werden auf fünf Jahre gewählt.

Die Kammer wird alle fünf Jahre vollständig erneuert.

Die Wahlen für die Kammer finden am selben Tag wie die Wahlen für das Europäische Parlament statt.

Artikel 66 [Entschädigung]

Jedes Mitglied der Abgeordnetenkammer bezieht eine jährliche Entschädigung von zwölftausend Franken.

Innerhalb der Staatsgrenzen haben die Mitglieder der Abgeordnetenkammer ein Recht auf freie Fahrt auf allen von den öffentlichen Behörden betriebenen oder konzessionierten Verkehrsverbindungen.

Dem Präsidenten der Abgeordnetenkammer kann eine jährliche Entschädigung zuerkannt werden, die auf die zur Deckung der Ausgaben dieser Versammlung bestimmte Dotation angerechnet wird.

Die Kammer bestimmt den Betrag, der von der Entschädigung einbehalten werden darf als Beitrag zugunsten der Renten- oder Pensionskassen, deren Errichtung sie für angebracht hält.

Abschnitt II
Der Senat

Artikel 67 [Wahl der sechzig Senatoren]
§ 1
Der Senat setzt sich aus sechzig Senatoren zusammen:
1. Neunundzwanzig Senatoren werden vom Flämischen Parlament aus seiner Mitte oder aus der Mitte der niederländischen Sprachgruppe des Parlaments der Region Brüssel-Hauptstadt bestimmt.
2. Zehn Senatoren werden vom Parlament der Französischen Gemeinschaft aus seiner Mitte bestimmt.
3. Acht Senatoren werden vom Parlament der Wallonischen Region aus seiner Mitte bestimmt.
4. Zwei Senatoren werden von der französischen Sprachgruppe des Parlaments der Region Brüssel-Hauptstadt aus ihrer Mitte bestimmt.
5. Ein Senator wird vom Parlament der Deutschsprachigen Gemeinschaft aus seiner Mitte bestimmt.
6. Sechs Senatoren werden von den unter Nr. 1 erwähnten Senatoren bestimmt.
7. Vier Senatoren werden von den unter den Nummern 2 bis 4 erwähnten Senatoren bestimmt.

§ 2
Mindestens einer der in § 1 Nr. 1 erwähnten Senatoren hat am Tag seiner Wahl seinen Wohnsitz im zweisprachigen Gebiet Brüssel-Hauptstadt.

[1]Drei der in § 1 Nr. 2 erwähnten Senatoren sind Mitglieder der französischen Sprachgruppe des Parlaments der Region Brüssel-Hauptstadt. [2]In Abweichung von § 1 Nr. 2 braucht einer dieser drei Senatoren nicht Mitglied des Parlaments der Französischen Gemeinschaft zu sein.

§ 3
Nicht mehr als zwei Drittel der Senatoren sind desselben Geschlechts.

§ 4
Wenn eine in Artikel 68 § 2 erwähnte Liste nicht durch Senatoren vertreten ist, die in § 1 Nr. 1 beziehungsweise § 1 Nr. 2, 3 oder 4 erwähnt sind, kann die Bestimmung der in § 1 Nr. 6 oder § 1 Nr. 7 erwähnten Senatoren durch die auf der vorerwähnten Liste gewählten Abgeordneten erfolgen.

Artikel 68 [Verteilung innerhalb der Sprachgruppen; obligatorische, geheime Stimmabgabe; Wahlkreise]
§ 1
Die in Artikel 67 § 1 Nr. 1 vorgesehenen Senatssitze werden nach dem durch Gesetz festgelegten System der verhältnismäßigen Vertretung auf der Grundlage der Addition – gemäß den durch Gesetz vorgesehenen Modalitäten – der Wahlziffern, die die Listen bei den Wahlen zum Flämischen Parlament in den verschiedenen Wahlkreisen erzielt haben, auf die Listen verteilt.

Die Listen, deren Wahlziffern aufgrund von Absatz 1 addiert werden, dürfen an der Verteilung der in Artikel 67 § 1 Nr. 1 vorgesehenen Senatssitze nur teilnehmen, wenn sie mindestens einen Sitz im Flämischen Parlament erhalten haben.

Die in Artikel 67 § 1 Nr. 2 bis 4 vorgesehenen Senatssitze werden nach dem durch Gesetz festgelegten System der verhältnismäßigen Vertretung auf der Grundlage der Addition – gemäß den durch Gesetz vorgesehenen Modalitäten – der Wahlziffern, die die Listen bei den Wahlen zum Parlament der Wallonischen Region in den verschiedenen Wahlkreisen erzielt haben, und der Wahlziffern, die die Listen der französischen Sprachgruppe bei den Wahlen zum Parlament der Region Brüssel-Hauptstadt erzielt haben, auf die Listen verteilt.

Die Listen, deren Wahlziffern aufgrund von Absatz 3 addiert werden, dürfen an der Verteilung der in Artikel 67 § 1 Nr. 2 bis 4 vorgesehenen Senatssitze nur teilnehmen, wenn sie mindestens einen Sitz im Parlament der Französischen Gemeinschaft, im Wallonischen Parlament beziehungsweise in der französischen Sprachgruppe des Parlaments der Region Brüssel-Hauptstadt erhalten haben.

[1]Das Gesetz regelt die Bestimmung der in Artikel 67 § 1 Nr. 1 bis 4 erwähnten Senatoren, mit Ausnahme der Modalitäten, die durch ein Gesetz, das mit der in Artikel 4 letzter Absatz bestimmten Mehrheit angenommen wird, bestimmt und von den Gemeinschaftsparlamenten, jedes für seinen Be-

reich, durch Dekret geregelt werden. [2]Dieses Dekret muss mit Zweidrittelmehrheit der abgegebenen Stimmen angenommen werden, vorausgesetzt, die Mehrheit der Mitglieder des betreffenden Parlaments ist anwesend.

Der in Artikel 67 § 1 Nr. 5 erwähnte Senator wird vom Parlament der Deutschsprachigen Gemeinschaft mit absoluter Mehrheit der abgegebenen Stimmen bestimmt.

§ 2

[1]Die in Artikel 67 § 1 Nr. 6 und 7 vorgesehenen Senatssitze werden nach dem durch Gesetz festgelegten System der verhältnismäßigen Vertretung auf der Grundlage der Addition – gemäß den durch Gesetz vorgesehenen Modalitäten – der Wahlziffern, die die Listen bei den Wahlen zur Abgeordnetenkammer erzielt haben, auf die Listen verteilt. [2]Dieses System ist das in Artikel 63 § 2 verwendete System. [3]Durch ein mit der in Artikel 4 letzter Absatz bestimmten Mehrheit angenommenes Gesetz werden die territorialen Bereiche bestimmt, deren Stimmen für die Verteilung der Sitze der in Artikel 67 § 1 Nr. 6 und 7 erwähnten Senatoren der niederländischen beziehungsweise französischen Sprachgruppe des Senats berücksichtigt werden.

Eine Liste kann nur für die Sitzverteilung einer einzigen Sprachgruppe berücksichtigt werden.

Das Gesetz regelt die Bestimmung der in Artikel 67 § 1 Nr. 6 und 7 erwähnten Senatoren.

Artikel 69 [Passives Wahlrecht]

Zum Senator kann gewählt oder bestimmt werden, wer

1. Belgier ist,
2. die zivilen und politischen Rechte besitzt,
3. das achtzehnte Lebensjahr vollendet hat und
4. seinen Wohnsitz in Belgien hat.

Artikel 70 [Wahlperiode]

Das Mandat der in Artikel 67 § 1 Nr. 1 bis 5 erwähnten Senatoren beginnt am Tag ihrer Eidesleistung im Senat und endet, nach der vollständigen Erneuerung des Parlaments, das sie bestimmt hat, am Tag der Eröffnung der ersten Sitzungsperiode dieses Parlaments.

Das Mandat der in Artikel 67 § 1 Nr. 6 und 7 erwähnten Senatoren beginnt am Tag ihrer Eidesleistung im Senat und endet am Tag der Eröffnung der ersten Sitzungsperiode der Abgeordnetenkammer nach ihrer vollständigen Erneuerung.

Artikel 71 [Entschädigung]

Die Senatoren beziehen kein Gehalt.

Sie haben jedoch das Recht, für ihre Unkosten entschädigt zu werden.

[1]Die Entschädigung der in Artikel 67 § 1 Nr. 1 bis 4 erwähnten Senatoren wird von dem Gemeinschafts- oder Regionalparlament, das sie bestimmt, festgelegt. [2]Die Entschädigung geht zu Lasten dieses Parlaments.

Die Entschädigung des in Artikel 67 § 1 Nr. 5 erwähnten Senators entspricht der Entschädigung der in Artikel 67 § 1 Nr. 3 erwähnten Senatoren und geht zu Lasten des Parlaments der Deutschsprachigen Gemeinschaft.

[1]Die Entschädigung der in Artikel 67 § 1 Nr. 6 und 7 erwähnten Senatoren geht zu Lasten der Dotation des Senats. [2]Innerhalb der Staatsgrenzen haben die Senatoren ein Recht auf freie Fahrt auf allen von den öffentlichen Behörden betriebenen oder konzessionierten Verkehrsverbindungen.

Artikel 72 [*aufgehoben*]

Artikel 73 [Ungültige Versammlung des Senats]

Jede Versammlung des Senats, die außerhalb der Sitzungsperiode der Abgeordnetenkammer stattfände, ist von Rechts wegen ungültig.

KAPITEL II

DIE FÖDERALE GESETZGEBENDE GEWALT

Artikel 74 [Zuständigkeiten von König und Abgeordnetenkammer]
In Abweichung von Artikel 36 wird die föderale gesetzgebende Gewalt für Angelegenheiten, die nicht in den Artikeln 77 und 78 erwähnt sind, vom König und von der Abgeordnetenkammer gemeinsam ausgeübt.

Artikel 75 [Initiativrechte]
[1]Jeder Zweig der föderalen gesetzgebenden Gewalt hat das Initiativrecht. [2]Das Initiativrecht des Senats ist jedoch auf die in Artikel 77 erwähnten Angelegenheiten beschränkt.

Die den Kammern auf Initiative des Königs vorgelegten Gesetzentwürfe werden für die in Artikel 78 erwähnten Angelegenheiten in der Abgeordnetenkammer eingebracht und danach dem Senat übermittelt.

Artikel 76 [Behandlung der Entwürfe in den Kammern]
Ein Gesetzentwurf kann von einer Kammer erst angenommen werden, nachdem über jeden einzelnen Artikel abgestimmt worden ist.

Die Kammern haben das Recht, die Artikel und die eingebrachten Revisionsanträge zu ändern und aufzuteilen.

Die Geschäftsordnung der Abgeordnetenkammer sieht ein Verfahren für eine zweite Lesung vor.

Artikel 77 [Gleichberechtigte Mitwirkung von Abgeordnetenkammer und Senat]
Die Abgeordnetenkammer und der Senat sind gleichermaßen zuständig für:
1. die Erklärung zur Revision der Verfassung und die Revision und Koordinierung der Verfassung,
2. Angelegenheiten, die aufgrund der Verfassung von beiden gesetzgebenden Kammern zu regeln sind,
3. Gesetze, die mit der in Artikel 4 letzter Absatz bestimmten Mehrheit anzunehmen sind,
4. Gesetze über die Einrichtungen der Deutschsprachigen Gemeinschaft und deren Finanzierung,
5. Gesetze über die Finanzierung der politischen Parteien und die Kontrolle der Wahlausgaben,
6. Gesetze über die Organisation des Senats und die Rechtsstellung des Senators.

Ein mit der in Artikel 4 letzter Absatz bestimmten Mehrheit angenommenes Gesetz kann andere Angelegenheiten angeben, für die die Abgeordnetenkammer und der Senat gleichermaßen zuständig sind.

Artikel 78 [Beschränkte Teilhabe des Senats]
§ 1
Vorbehaltlich des Artikels 77 wird der von der Abgeordnetenkammer angenommene Gesetzentwurf in folgenden Angelegenheiten dem Senat übermittelt:
1. Gesetze zur Ausführung der mit der in Artikel 4 letzter Absatz bestimmten Mehrheit anzunehmenden Gesetze,
2. in den Artikeln 5, 39, 115, 117, 118, 121, 123, 127 bis 129, 131, 135 bis 137, 141 bis 143, 163, 165, 166, 167 § 1 Absatz 3, 169, 170 § 2 Absatz 2, § 3 Absatz 2 und 3 und § 4 Absatz 2, 175 und 177 erwähnte Gesetze und in Ausführung dieser Gesetze und Artikel ergangene Gesetze, mit Ausnahme der Rechtsvorschriften zur Organisation der automatisierten Wahl,
3. gemäß Artikel 169 angenommene Gesetze zur Gewährleistung der Einhaltung der internationalen und überstaatlichen Verpflichtungen,
4. Gesetze über den Staatsrat und die föderalen Verwaltungsgerichtsbarkeiten.

Ein mit der in Artikel 4 letzter Absatz bestimmten Mehrheit angenommenes Gesetz kann andere Angelegenheiten angeben, die der Senat gemäß dem in vorliegendem Artikel erwähnten Verfahren untersuchen kann.

§ 2
[1]Der Senat untersucht den Gesetzentwurf auf Antrag der Mehrheit seiner Mitglieder mit mindestens einem Drittel der Mitglieder jeder Sprachgruppe. [2]Dieser Antrag ist binnen fünfzehn Tagen nach Empfang des Gesetzentwurfs zu stellen.

Der Senat kann innerhalb einer Frist von höchstens dreißig Tagen:
- beschließen, dass es keinen Grund gibt, den Gesetzentwurf abzuändern,
- den Gesetzentwurf annehmen, nachdem er ihn abgeändert hat.

Hat der Senat innerhalb der vorgeschriebenen Frist keinen Beschluss gefasst oder der Abgeordnetenkammer seinen Beschluss mitgeteilt, den Gesetzentwurf nicht abzuändern, übermittelt die Abgeordnetenkammer den Entwurf dem König.

Ist der Entwurf abgeändert worden, übermittelt der Senat ihn der Abgeordnetenkammer, die einen definitiven Beschluss fasst, indem sie den Gesetzentwurf entweder annimmt oder abändert.

Artikel 79 bis 81 [*aufgehoben*]

Artikel 82 [Zuständigkeitskonflikte]
Ein paritätisch aus Mitgliedern der Abgeordnetenkammer und des Senats zusammengesetzter parlamentarischer Konzertierungsausschuss regelt die zwischen beiden Kammern auftretenden Zuständigkeitskonflikte und kann in gegenseitigem Einvernehmen jederzeit die in Artikel 78 vorgesehene Untersuchungsfrist verlängern.

Wird nicht innerhalb der zwei Bestandteile des Ausschusses eine Mehrheit erzielt, beschließt dieser mit Zweidrittelmehrheit seiner Mitglieder.

Ein Gesetz bestimmt die Zusammensetzung und die Arbeitsweise des Ausschusses sowie die Weise, wie die in Artikel 78 erwähnten Fristen zu berechnen sind.

Artikel 83 [Zuordnung der Initiative]
Jeder Gesetzesvorschlag und jeder Gesetzentwurf gibt an, ob es sich um eine in Artikel 74, in Artikel 77 oder in Artikel 78 erwähnte Angelegenheit handelt.

Artikel 84 [Authentische Interpretation]
Die authentische Interpretation der Gesetze ist allein Sache des Gesetzes.

KAPITEL III
DER KÖNIG UND DIE FÖDERALREGIERUNG

Abschnitt I
Der König

Artikel 85 [Primogenitur; Heirat ohne Einverständnis]
Die verfassungsmäßige Gewalt des Königs geht durch Erbfolge in gerader Linie über auf die leibliche und legitime Nachkommenschaft S.M. Leopold, Georg, Christian, Friedrich von Sachsen-Coburg, und zwar nach dem Recht der Erstgeburt.

Der in Absatz 1 erwähnte Nachkomme, der ohne Einverständnis des Königs oder derjenigen heiratet, die bei Fehlen des Königs dessen Gewalt in den von der Verfassung vorgesehenen Fällen ausüben, verwirkt seine Rechte auf die Krone.

Er kann jedoch vom König oder von denjenigen, die bei Fehlen des Königs dessen Gewalt in den von der Verfassung vorgesehenen Fällen ausüben, wieder in seine Rechte eingesetzt werden, doch nur mit der Zustimmung beider Kammern.

Artikel 86 [Nachfolge durch Ernennung; Vakanz]
In Ermangelung einer Nachkommenschaft S.M. Leopold, Georg, Christian, Friedrich von Sachsen-Coburg kann der König seinen Nachfolger ernennen, insofern die Kammern ihre Zustimmung in der in Artikel 87 vorgeschriebenen Weise erteilen.

Wenn kein Nachfolger ernannt worden ist, wird der Thron vakant.

Artikel 87 [Oberhaupt eines anderen Staates]
Der König darf nur mit der Zustimmung der beiden Kammern gleichzeitig Oberhaupt eines anderen Staates sein.

Keine der beiden Kammern kann hierüber beraten, wenn nicht mindestens zwei Drittel ihrer Mitglieder anwesend sind, und der Beschluß ist nur dann angenommen, wenn er mindestens zwei Drittel der abgegebenen Stimmen erhalten hat.

Artikel 88 [Unverletzlichkeit]
Die Person des Königs ist unverletzlich; seine Minister sind verantwortlich.

Artikel 89 [Zivilliste]
Das Gesetz legt die Zivilliste für die Dauer der Herrschaft jedes Königs fest.

Artikel 90 [Tod des Königs]
[1]Beim Tod des Königs treten die Kammern ohne Einberufung spätestens am zehnten Tag nach seinem Tod zusammen. [2]Wenn die Kammern vorher aufgelöst worden sind und im Auflösungsbeschluß die Einberufung für einen späteren Zeitpunkt als diesen zehnten Tag erfolgt ist, nehmen die alten Kammern ihre Funktionen wieder auf bis zum Zusammentritt derer, die sie ersetzen sollen.

Ab dem Tod des Königs bis zur Eidesleistung des Thronfolgers oder des Regenten wird die verfassungsmäßige Gewalt des Königs im Namen des belgischen Volkes von den im Rat versammelten Ministern und unter ihrer Verantwortung ausgeübt.

Artikel 91 [Volljährigkeit; Eid]
Der König ist mit vollendetem achtzehnten Lebensjahr volljährig.

Der König besteigt erst den Thron, nachdem er vor den vereinigten Kammern feierlich folgenden Eid geleistet hat:

„Ich schwöre, die Verfassung und die Gesetze des belgischen Volkes zu beachten, die Unabhängigkeit des Landes zu erhalten und die Unversehrtheit des Staatsgebietes zu wahren."

Artikel 92 [Regentschaft bei Minderjährigkeit]
Wenn beim Tod des Königs sein Nachfolger minderjährig ist, vereinigen sich beide Kammern zu einer einzigen Versammlung, um für die Regentschaft und die Vormundschaft zu sorgen.

Artikel 93 [Regentschaft bei Unmöglichkeit zu herrschen]
[1]Befindet sich der König in der Unmöglichkeit zu herrschen, so berufen die Minister unverzüglich die Kammern ein, nachdem sie diese Unmöglichkeit haben feststellen lassen. [2]Die vereinigten Kammern sorgen für die Vormundschaft und die Regentschaft.

Artikel 94 [Regent]
Die Regentschaft darf nur einer einzelnen Person übertragen werden.

Der Regent nimmt seine Funktionen erst auf, nachdem er den in Artikel 91 vorgeschriebenen Eid geleistet hat.

Artikel 95 [Vorläufige Regentschaft]
[1]Ist der Thron vakant, so sorgen die gemeinsam beratenden Kammern vorläufig für die Regentschaft bis zum Zusammentritt der gänzlich erneuerten Kammern; dieser Zusammentritt erfolgt spätestens binnen zwei Monaten. [2]Die gemeinsam beratenden neuen Kammern sorgen endgültig für die Besetzung des Thrones.

Abschnitt II
Die Föderalregierung

Artikel 96 [Ernennung; Entlassung; Rücktritt]
Der König ernennt und entläßt seine Minister.

[1]Die Föderalregierung bietet dem König ihren Rücktritt an, wenn die Abgeordnetenkammer mit absoluter Mehrheit ihrer Mitglieder einen Mißtrauensantrag annimmt, mit dem dem König ein Nachfolger für den Premierminister zur Ernennung vorgeschlagen wird, oder binnen drei Tagen nach Ablehnung eines Vertrauensantrags dem König einen Nachfolger für den Premierminister zur Ernennung vorschlägt. [2]Der König ernennt den vorgeschlagenen Nachfolger zum Premierminister; dieser tritt sein Amt bei der Eidesleistung der neuen Föderalregierung an.

Artikel 97 [Vorbehalt]
Nur Belgier dürfen Minister sein.

Artikel 98 [Inkompatibilität]
Kein Mitglied der königlichen Familie darf Minister sein.

Artikel 99 [Ministerrat; niederländisch- und französischsprachige Minister]
Der Ministerrat zählt höchstens fünfzehn Mitglieder.

Den Premierminister eventuell ausgenommen, zählt der Ministerrat ebenso viele niederländischsprachige wie französischsprachige Minister.

Artikel 100 [Zutritt zu den Kammern; Anwesenheit]
Die Minister haben Zutritt zu jeder Kammer, und auf ihren Antrag hin muß ihnen das Wort erteilt werden.

[1]Die Abgeordnetenkammer kann die Anwesenheit der Minister verlangen. [2]Der Senat kann ihre Anwesenheit im Rahmen der in den Artikeln 77 oder 78 erwähnten Angelegenheiten verlangen. [3]Für andere Angelegenheiten kann er um ihre Anwesenheit bitten.

Artikel 101 [Verantwortlichkeit; Indemnität]
Die Minister sind der Abgeordnetenkammer gegenüber verantwortlich.

Ein Minister darf nicht anläßlich einer in der Ausübung seines Amtes erfolgten Meinungsäußerung verfolgt oder Gegenstand irgendeiner Ermittlung werden.

Artikel 102 [Vorbehaltlose Verantwortung]
In keinem Fall kann ein mündlicher oder schriftlicher Befehl des Königs einen Minister von seiner Verantwortung befreien.

Artikel 103 [Strafverfolgung]
[1]Über Minister wird für Straftaten, die sie in der Ausübung ihres Amtes begangen haben sollten, ausschließlich durch den Appellationshof gerichtet. [2]Dies gilt auch für Straftaten, die Minister außerhalb der Ausübung ihres Amtes begangen haben sollten und für die während der Zeit der Ausübung ihres Amtes über sie gerichtet wird. [3]Gegebenenfalls kommen die Artikel 59 und 120 nicht zur Anwendung.

Das Gesetz bestimmt, auf welche Weise gegen sie vorgegangen wird, sowohl bei der Verfolgung als auch, wenn über sie gerichtet wird.

[1]Das Gesetz bestimmt den zuständigen Appellationshof, der in Generalversammlung tagt, und gibt ihre Zusammensetzung an. [2]Gegen die Entscheide des Appellationshofes kann eine Beschwerde eingereicht werden beim Kassationshof in vereinigten Kammern, der nicht über die Sache selbst erkennt.

Nur die Staatsanwaltschaft beim zuständigen Appellationshof kann die Verfolgung in Strafsachen gegen einen Minister einleiten und führen.

Alle Anträge auf Regelung des Verfahrens, jede direkte Ladung vor den Appellationshof und, außer bei Entdeckung auf frischer Tat, jede Festnahme bedürfen der Genehmigung der Abgeordnetenkammer.

Das Gesetz bestimmt das Verfahren, das einzuhalten ist, wenn die Artikel 103 und 125 beide anwendbar sind.

Ein gemäß Absatz 1 verurteilter Minister kann nur auf Ersuchen der Abgeordnetenkammer begnadigt werden.

Das Gesetz bestimmt, in welchen Fällen und nach welchen Regeln die geschädigten Parteien eine Zivilklage erheben können.

Artikel 104 [Staatssekretäre]
Der König ernennt und entläßt die föderalen Staatssekretäre.

[1]Sie sind Mitglieder der Föderalregierung. [2]Sie gehören dem Ministerrat nicht an. [3]Sie sind einem Minister beigeordnet.

Der König bestimmt ihre Zuständigkeit und die Grenzen, innerhalb deren sie das Recht auf Gegenzeichnung erhalten können.

Die Verfassungsbestimmungen, die die Minister betreffen, sind mit Ausnahme der Artikel 90 Absatz 2, 93 und 99 auf die föderalen Staatssekretäre entsprechend anwendbar.

Abschnitt III

Die Befugnisse

Artikel 105 [Verfasstheit königlicher Gewalt]
Der König hat keine andere Gewalt als die, die ihm die Verfassung und die aufgrund der Verfassung selbst ergangenen besonderen Gesetze ausdrücklich übertragen.

Artikel 106 [Kontrasignatur]
Ein Akt des Königs kann nur wirksam werden, wenn er von einem Minister gegengezeichnet ist, der schon allein dadurch die Verantwortung dafür übernimmt.

Artikel 107 [Verleihung von Dienstgraden; Beamtenernennung]
Der König verleiht die Dienstgrade in der Armee.

Er ernennt die Beamten der allgemeinen Verwaltung und der auswärtigen Beziehungen, vorbehaltlich der durch die Gesetze festgelegten Ausnahmen.

Er ernennt andere Beamte nur aufgrund einer ausdrücklichen Gesetzesbestimmung.

Artikel 108 [Verordnungen und Erlasse]
Der König erlässt die zur Ausführung der Gesetze notwendigen Verordnungen und Erlasse, ohne jemals die Gesetze selbst aussetzen noch von ihrer Ausführung entbinden zu dürfen.

Artikel 109 [Sanktion; Promulgation]
Der König sanktioniert die Gesetze und fertigt sie aus.

Artikel 110 [Straferlaß und -ermäßigung]
Der König hat das Recht, die von den Richtern verhängten Strafen zu erlassen oder zu ermäßigen, vorbehaltlich der die Minister und die Mitglieder der Gemeinschafts- und Regionalregierungen betreffenden Bestimmungen.

Artikel 111 [Begnadigung von Ministern]
Der König kann einen vom Kassationshof verurteilten Minister oder ein vom Kassationshof verurteiltes Mitglied einer Gemeinschafts- oder Regionalregierung nur auf Ersuchen der Abgeordnetenkammer beziehungsweise des betroffenen Parlaments begnadigen.

Artikel 112 [Münzrecht]
Der König übt das Münzrecht aus nach Maßgabe des Gesetzes.

Artikel 113 [Adelstitel]
Der König hat das Recht, Adelstitel zu verleihen, ohne jemals irgendein Privileg daran binden zu dürfen.

Artikel 114 [Orden]
Der König verleiht die militärischen Orden unter Beachtung der diesbezüglichen gesetzlichen Bestimmungen.

KAPITEL IV
DIE GEMEINSCHAFTEN UND DIE REGIONEN

Abschnitt I
Die Organe

Unterabschnitt I
Die Gemeinschafts- und Regionalparlamente

Artikel 115 [Zusammensetzung und Arbeitsweise kraft Gesetzes]

§ 1

Es gibt ein Parlament der Flämischen Gemeinschaft, Flämisches Parlament genannt, und ein Parlament der Französischen Gemeinschaft, deren Zusammensetzung und Arbeitsweise durch ein mit der in Artikel 4 letzter Absatz bestimmten Mehrheit angenommenes Gesetz bestimmt werden.

Es gibt ein Parlament der Deutschsprachigen Gemeinschaft, dessen Zusammensetzung und Arbeitsweise durch Gesetz bestimmt werden.

§ 2

Unbeschadet des Artikels 137 umfassen die in Artikel 39 erwähnten regionalen Organe für jede Region ein Parlament.

Artikel 116 [Direkt gewählte Vertreter]

§ 1

Die Gemeinschafts- und Regionalparlamente setzen sich aus gewählten Vertretern zusammen.

§ 2

Jedes Gemeinschaftsparlament setzt sich aus Mitgliedern zusammen, die direkt zu Mitgliedern des betreffenden Gemeinschaftsparlaments oder zu Mitgliedern eines Regionalparlaments gewählt werden.

Außer bei Anwendung von Artikel 137 setzt sich jedes Regionalparlament aus Mitgliedern zusammen, die direkt zu Mitgliedern des betreffenden Regionalparlaments oder zu Mitgliedern eines Gemeinschaftsparlamente gewählt werden.

Artikel 117 [Wahlperiode]

[1]Die Mitglieder der Gemeinschafts- und Regionalparlamente werden auf fünf Jahre gewählt. [2]Die Gemeinschafts- und Regionalparlamente werden alle fünf Jahre vollständig erneuert.

Die Wahlen für die Gemeinschafts- und Regionalparlamente finden am selben Tag statt und fallen zusammen mit den Wahlen für das Europäische Parlament.

In Ausführung eines in Artikel 118 § 2 Absatz 4 erwähnten Gesetzes kann ein Dekret oder eine in Artikel 134 erwähnte Regel, das beziehungsweise die gemäß Artikel 118 § 2 Absatz 4 angenommen wird, von den Absätzen 1 und 2 abweichen.

Artikel 118 [Vorbehalt des Gesetzes]

§ 1

[1]Das Gesetz regelt die in Artikel 116 § 2 erwähnten Wahlen sowie die Zusammensetzung und die Arbeitsweise der Gemeinschafts- und Regionalparlamente. [2]Außer für den Rat der Deutschsprachigen Gemeinschaft wird dieses Gesetz mit der in Artikel 4 letzter Absatz bestimmten Mehrheit angenommen.

§ 2

[1]Ein mit der in Artikel 4 letzter Absatz bestimmten Mehrheit angenommenes Gesetz bestimmt die Angelegenheiten in Bezug auf die Wahl, die Zusammensetzung und die Arbeitsweise des Parlaments der Region Brüssel-Hauptstadt, des Parlaments der Flämischen Gemeinschaft, des Parlaments der Französischen Gemeinschaft und des Parlaments der Wallonischen Region, die von den Parlamenten, jedes für seinen Bereich, je nach Fall durch Dekret oder durch eine in Artikel 134 erwähnte Regel geregelt werden. [2]Dieses Dekret und diese in Artikel 134 erwähnte Regel werden mit Zweidrittelmehrheit der abgegebenen Stimmen angenommen, vorausgesetzt, die Mehrheit der Mitglieder des betreffenden Parlaments ist anwesend.

Das in Absatz 1 erwähnte Gesetz sieht zusätzliche Mehrheitsbedingungen vor, was das Parlament der Region Brüssel-Hauptstadt betrifft.

[1]Ein Gesetz bestimmt die Angelegenheiten in Bezug auf die Wahl, die Zusammensetzung und die Arbeitsweise des Parlaments der Deutschsprachigen Gemeinschaft, die von diesem Parlament durch Dekret geregelt werden. [2]Dieses Dekret wird mit Zweidrittelmehrheit der abgegebenen Stimmen angenommen, vorausgesetzt, die Mehrheit der Mitglieder des Parlaments ist anwesend.

[1]Das je nach Fall in Absatz 1 beziehungsweise Absatz 3 erwähnte Gesetz kann den Gemeinschafts- und Regionalparlamenten die Befugnis anvertrauen, jedes für seinen Bereich und je nach Fall durch Dekret oder durch eine in Artikel 134 erwähnte Regel, die Dauer ihrer Sitzungsperiode und das Datum der Wahl ihres Parlaments zu regeln. [2]Dieses Dekret und diese in Artikel 134 erwähnte Regel werden mit den in den Absätzen 1 bis 3 vorgesehenen Mehrheiten angenommen.

Artikel 118bis [Freie Fahrt]

Innerhalb der Staatsgrenzen haben die Mitglieder der Parlamente der in den Artikeln 2 und 3 erwähnten Gemeinschaften und Regionen ein Recht auf freie Fahrt auf allen von den öffentlichen Behörden betriebenen oder konzessionierten Verkehrsverbindungen.

Artikel 119 [Inkompatibilität]

[1]Das Mandat eines Mitglieds eines Gemeinschafts- oder Regionalparlaments ist unvereinbar mit dem Mandat eines Mitglieds der Abgeordnetenkammer. [2]Außerdem ist es unvereinbar mit dem in Artikel 67 § 1 Nr. 6 und 7 erwähnten Mandat eines Senators.

Artikel 120 [Immunität]

Jedes Mitglied eines Gemeinschafts- oder Regionalparlaments kommt in den Genuß der in den Artikeln 58 und 59 vorgesehenen Immunitäten.

Unterabschnitt II

Die Gemeinschafts- und Regionalregierungen

Artikel 121 [Zusammensetzung und Arbeitsweise kraft Gesetzes]

§ 1

Es gibt eine Regierung der Flämischen Gemeinschaft und eine Regierung der Französischen Gemeinschaft, deren Zusammensetzung und Arbeitsweise durch ein mit der in Artikel 4 letzter Absatz bestimmten Mehrheit angenommenes Gesetz bestimmt werden.

Es gibt eine Regierung der Deutschsprachigen Gemeinschaft, deren Zusammensetzung und Arbeitsweise durch Gesetz bestimmt werden.

§ 2

Unbeschadet des Artikels 137 umfassen die in Artikel 39 erwähnten regionalen Organe für jede Region eine Regierung.

Artikel 122 [Parlamentswahl]

Die Mitglieder jeder Gemeinschafts- oder Regionalregierung werden von ihrem Parlament gewählt.

Artikel 123 [Vorbehalt des Gesetzes]

§ 1

[1]Das Gesetz regelt die Zusammensetzung und die Arbeitsweise der Gemeinschafts- und Regionalregierungen. [2]Außer für die Regierung der Deutschsprachigen Gemeinschaft wird dieses Gesetz mit der in Artikel 4 letzter Absatz bestimmten Mehrheit angenommen.

§ 2

[1]Ein mit der in Artikel 4 letzter Absatz bestimmten Mehrheit angenommenes Gesetz bestimmt die Angelegenheiten in Bezug auf die Zusammensetzung und Arbeitsweise der Regierung der Region Brüssel-Hauptstadt, der Regierung der Flämischen Gemeinschaft, der Regierung der Französischen Gemeinschaft und der Regierung der Wallonischen Region, die von den Parlamenten, jedes für seinen Bereich, je nach Fall durch Dekret oder durch eine in Artikel 134 erwähnte Regel geregelt werden. [2]Dieses Dekret und diese in Artikel 134 erwähnte Regel werden mit Zweidrittelmehrheit der abgege-

benen Stimmen angenommen, vorausgesetzt, die Mehrheit der Mitglieder des betreffenden Parlaments ist anwesend.

Das in Absatz 1 erwähnte Gesetz sieht zusätzliche Mehrheitsbedingungen vor, was das Parlament der Region Brüssel-Hauptstadt betrifft.

[1]Ein Gesetz bestimmt die Angelegenheiten in Bezug auf die Zusammensetzung und Arbeitsweise der Regierung der Deutschsprachigen Gemeinschaft, die von ihrem Parlament durch Dekret geregelt werden. [2]Dieses Dekret wird mit Zweidrittelmehrheit der abgegebenen Stimmen angenommen, vorausgesetzt, die Mehrheit der Mitglieder des Parlaments ist anwesend.

Artikel 124 [Indemnität]
Ein Mitglied einer Gemeinschafts- oder Regionalregierung darf nicht anlässlich einer in Ausübung seines Amtes erfolgten Meinungsäußerung oder Stimmabgabe verfolgt oder Gegenstand irgendeiner Ermittlung werden.

Artikel 125 [Strafverfolgung]
[1]Über Mitglieder einer Gemeinschafts- oder Regionalregierung wird für Straftaten, die sie in der Ausübung ihres Amtes begangen haben sollten, ausschließlich durch den Appellationshof gerichtet. [2]Dies gilt auch für Straftaten, die Mitglieder einer Gemeinschafts- oder Regionalregierung außerhalb der Ausübung ihres Amtes begangen haben sollten und für die während der Zeit der Ausübung ihres Amtes über sie gerichtet wird. [3]Gegebenenfalls kommen die Artikel 120 und 59 nicht zur Anwendung.

Das Gesetz bestimmt, auf welche Weise gegen sie vorgegangen wird, sowohl bei der Verfolgung als auch, wenn über sie gerichtet wird.

[1]Das Gesetz bestimmt den zuständigen Appellationshof, der in Generalversammlung tagt, und gibt ihre Zusammensetzung an. [2]Gegen die Entscheide des Appellationshofes kann eine Beschwerde eingereicht werden beim Kassationshof in vereinigten Kammern, der nicht über die Sache selbst erkennt.

Nur die Staatsanwaltschaft beim zuständigen Appellationshof kann die Verfolgung in Strafsachen gegen ein Mitglied einer Gemeinschafts- oder Regionalregierung einleiten und führen.

Alle Anträge auf Regelung des Verfahrens, jede direkte Ladung vor den Appellationshof und, außer bei Entdeckung auf frischer Tat, jede Festnahme bedürfen der Genehmigung des Gemeinschafts- oder Regionalparlaments, jedes für seinen Bereich.

Das Gesetz bestimmt das Verfahren, das einzuhalten ist, wenn die Artikel 103 und 125 beide anwendbar sind und wenn es zu einer doppelten Anwendung von Artikel 125 kommt.

Ein gemäß Absatz 1 verurteiltes Mitglied einer Gemeinschafts- oder Regionalregierung kann nur auf Ersuchen des betreffenden Gemeinschafts- oder Regionalparlaments begnadigt werden.

Das Gesetz bestimmt, in welchen Fällen und nach welchen Regeln die geschädigten Parteien eine Zivilklage erheben können.

Die in vorliegendem Artikel erwähnten Gesetze müssen mit der in Artikel 4 letzter Absatz bestimmten Mehrheit angenommen werden.

Artikel 126 [Regionale Staatssekretäre]
Die Verfassungsbestimmungen über die Mitglieder der Gemeinschafts- und Regionalregierungen sowie die in Artikel 125 letzter Absatz erwähnten Ausführungsgesetze finden Anwendung auf die regionalen Staatssekretäre.

Abschnitt II
Die Befugnisse

Unterabschnitt I
Die Gemeinschaftsbefugnisse

Artikel 127 [Parlamentszuständigkeiten; Dekrete]
§ 1
Die Parlamente der Französischen und der Flämischen Gemeinschaft regeln durch Dekret, jedes für seinen Bereich:
1. die kulturellen Angelegenheiten;
2. das Unterrichtswesen mit Ausnahme

a) der Festlegung von Beginn und Ende der Schulpflicht;
b) der Mindestbedingungen für die Ausstellung der Diplome;
c) der Pensionsregelungen;
3. die Zusammenarbeit zwischen den Gemeinschaften sowie die internationale Zusammenarbeit, einschließlich des Abschlusses von Verträgen, in den unter den Nummern 1 und 2 erwähnten Angelegenheiten.

Ein Gesetz, das mit der in Artikel 4 letzter Absatz bestimmten Mehrheit angenommen wird, legt die unter Nummer 1 erwähnten kulturellen Angelegenheiten, die unter Nummer 3 erwähnten Formen der Zusammenarbeit sowie die näheren Regeln für den unter Nummer 3 erwähnten Abschluß von Verträgen fest.

§ 2
Diese Dekrete haben jeweils Gesetzeskraft im französischen Sprachgebiet beziehungsweise im niederländischen Sprachgebiet sowie in bezug auf die im zweisprachigen Gebiet Brüssel-Hauptstadt errichteten Einrichtungen, die aufgrund ihrer Tätigkeiten als ausschließlich zu der einen oder der anderen Gemeinschaft gehörend zu betrachten sind.

Artikel 128 [Grenzüberschreitende Zusammenarbeit; Dekrete]
§ 1
Die Parlamente der Französischen und der Flämischen Gemeinschaft regeln durch Dekret, jedes für seinen Bereich, die personenbezogenen Angelegenheiten sowie in diesen Angelegenheiten die Zusammenarbeit zwischen den Gemeinschaften und die internationale Zusammenarbeit, einschließlich des Abschlusses von Verträgen.

Ein Gesetz, das mit der in Artikel 4 letzter Absatz bestimmten Mehrheit angenommen wird, legt diese personenbezogenen Angelegenheiten sowie die Formen der Zusammenarbeit und die näheren Regeln für den Abschluß von Verträgen fest.

§ 2
Diese Dekrete haben jeweils Gesetzeskraft im französischen Sprachgebiet beziehungsweise im niederländischen Sprachgebiet sowie, außer wenn ein Gesetz, das mit der in Artikel 4 letzter Absatz bestimmten Mehrheit angenommen wird, etwas anderes festlegt, in bezug auf die im zweisprachigen Gebiet Brüssel-Hauptstadt errichteten Einrichtungen, die aufgrund ihrer Organisation als ausschließlich zu der einen oder der anderen Gemeinschaft gehörend zu betrachten sind.

Artikel 129 [Gebrauch der Sprachen; Dekrete]
§ 1
Die Parlamente der Französischen und der Flämischen Gemeinschaft regeln, jedes für seinen Bereich, durch Dekret und unter Ausschluß des föderalen Gesetzgebers den Gebrauch der Sprachen für:
1. die Verwaltungsangelegenheiten;
2. den Unterricht in den von den öffentlichen Behörden geschaffenen, bezuschußten oder anerkannten Einrichtungen;
3. die sozialen Beziehungen zwischen den Arbeitgebern und ihrem Personal sowie die durch Gesetz und Verordnungen vorgeschriebenen Handlungen und Dokumente der Unternehmen.

§ 2
Diese Dekrete haben jeweils Gesetzeskraft im französischen Sprachgebiet beziehungsweise im niederländischen Sprachgebiet, ausgenommen in bezug auf:
– die an ein anderes Sprachgebiet grenzenden Gemeinden oder Gemeindegruppen, wo das Gesetz den Gebrauch einer anderen Sprache als der des Gebietes, in dem sie gelegen sind, vorschreibt oder zuläßt. Für diese Gemeinden können die Bestimmungen über den Gebrauch der Sprachen für die in § 1 erwähnten Angelegenheiten nur durch ein Gesetz, das mit der in Artikel 4 letzter Absatz bestimmten Mehrheit angenommen wird, abgeändert werden;
– die Dienststellen, deren Tätigkeit über das Sprachgebiet, in dem sie errichtet sind, hinausgeht;
– die durch das Gesetz bezeichneten föderalen und internationalen Einrichtungen, deren Tätigkeit mehr als eine Gemeinschaft betrifft.

Artikel 130 [Zuständigkeiten des Parlaments der Deutschsprachigen Gemeinschaft; Dekrete]

§ 1

Das Parlament der Deutschsprachigen Gemeinschaft regelt durch Dekret:

1. die kulturellen Angelegenheiten;
2. die personenbezogenen Angelegenheiten;
3. das Unterrichtswesen in den in Artikel 127 § 1 Absatz 1 Nummer 2 bestimmten Grenzen;
4. die Zusammenarbeit zwischen den Gemeinschaften sowie die internationale Zusammenarbeit, einschließlich des Abschlusses von Verträgen, in den unter den Nummern 1, 2 und 3 erwähnten Angelegenheiten.
5. den Gebrauch der Sprachen für den Unterricht in den von den öffentlichen Behörden geschaffenen, bezuschußten oder anerkannten Einrichtungen.

Das Gesetz legt die unter den Nummern 1 und 2 erwähnten kulturellen und personenbezogenen Angelegenheiten fest sowie die unter Nummer 4 erwähnten Formen der Zusammenarbeit und die Art und Weise, wie die Verträge abgeschlossen werden.

§ 2

Diese Dekrete haben Gesetzeskraft im deutschen Sprachgebiet.

Artikel 131 [Schutz vor Diskriminierung]

Das Gesetz legt die Regeln fest, um jeglicher Diskriminierung aus ideologischen und philosophischen Gründen vorzubeugen.

Artikel 132 [Initiativrecht]

Die Gemeinschaftsregierung und die Mitglieder des Gemeinschaftsparlaments haben das Initiativrecht.

Artikel 133 [Authentische Interpretation]

Die authentische Interpretation der Dekrete ist allein Sache des Dekretes.

Unterabschnitt II

Die Regionalbefugnisse

Artikel 134 [Vorbehalt des Gesetzes; Dekrete]

Die in Ausführung von Artikel 39 ergangenen Gesetze bestimmen die Rechtskraft der Regeln, die die von ihnen geschaffenen Organe in den Angelegenheiten erlassen, die sie bezeichnen.

Sie können diesen Organen die Zuständigkeit zuerkennen, Dekrete mit Gesetzeskraft innerhalb des von ihnen bestimmten Bereichs und gemäß der von ihnen bestimmten Weise zu erlassen.

Unterabschnitt III

Sonderbestimmungen

Artikel 135 [Behörden für Brüssel-Hauptstadt]

Ein Gesetz, das mit der in Artikel 4 letzter Absatz bestimmten Mehrheit angenommen wird, bezeichnet die Behörden, die für das zweisprachige Gebiet Brüssel-Hauptstadt die Befugnisse ausüben, die in den in Artikel 128 § 1 erwähnten Angelegenheiten den Gemeinschaften nicht übertragen worden sind.

Artikel 135bis [Übertragung von Befugnissen an das zweisprachige Gebiet Brüssel-Hauptstadt]

Durch ein Gesetz, das mit der in Artikel 4 letzter Absatz bestimmten Mehrheit angenommen wird, können für das zweisprachige Gebiet Brüssel-Hauptstadt der Region Brüssel-Hauptstadt Befugnisse anvertraut werden, die in den in Artikel 127 § 1 Absatz 1 Nr. 1 und – was diese Angelegenheiten betrifft – Nr. 3 erwähnten Angelegenheiten den Gemeinschaften nicht übertragen worden sind.

Artikel 136 [Sprachgruppen, Kollegien, Vereinigtes Kollegium]

Es gibt Sprachgruppen des Parlaments der Region Brüssel-Hauptstadt und Kollegien, die zuständig sind für die Gemeinschaftsangelegenheiten; ihre Zusammensetzung, ihre Arbeitsweise, ihre Befugnisse und, unbeschadet des Artikels 175, ihre Finanzierung werden durch ein Gesetz geregelt, das mit der in Artikel 4 letzter Absatz bestimmten Mehrheit angenommen wird.

Die Kollegien bilden zusammen das Vereinigte Kollegium, das zwischen den zwei Gemeinschaften als Konzertierungs- und Koordinierungsorgan fungiert.

Artikel 137 [Anwendung des Artikels 39]
[1]Im Hinblick auf die Anwendung des Artikels 39 können das Parlament der Französischen Gemeinschaft und das Parlament der Flämischen Gemeinschaft sowie deren Regierungen die Befugnisse der Wallonischen Region beziehungsweise der Flämischen Region gemäß den durch Gesetz festgelegten Bedingungen und Modalitäten ausüben. [2]Dieses Gesetz muss mit der in Artikel 4 letzter Absatz bestimmten Mehrheit angenommen werden.

Artikel 138 [Ausübung von Befugnissen der Französischen Gemeinschaft]
Das Parlament der Französischen Gemeinschaft einerseits und das Parlament der Wallonischen Region und die französische Sprachgruppe des Parlaments der Region Brüssel-Hauptstadt andererseits können in gegenseitigem Einvernehmen und jeweils durch Dekret beschließen, daß das Parlament und die Regierung der Wallonischen Region im französischen Sprachgebiet und die französische Sprachgruppe des Parlaments der Region Brüssel-Hauptstadt und ihr Kollegium im zweisprachigen Gebiet Brüssel-Hauptstadt ganz oder teilweise Befugnisse der Französischen Gemeinschaft ausüben.

[1]Diese Dekrete werden mit Zweidrittelmehrheit der im Rat der Französischen Gemeinschaft abgegebenen Stimmen und mit absoluter Mehrheit der im Rat der Wallonischen Region und in der französischen Sprachgruppe des Rates der Region Brüssel-Hauptstadt abgegebenen Stimmen angenommen, vorausgesetzt, die Mehrheit der Mitglieder des betreffenden Rates beziehungsweise der betreffenden Sprachgruppe ist anwesend. [2]Sie können die Finanzierung der von ihnen angegebenen Befugnisse sowie die Übertragung des Personals, der Güter, Rechte und Pflichten, die damit verbunden sind, regeln.

Diese Befugnisse werden je nach Fall mittels Dekreten, Erlassen oder Verordnungen ausgeübt.

Artikel 139 [Ausübung von Befugnissen der Wallonischen Region]
Auf Vorschlag ihrer jeweiligen Regierung können das Parlament der Deutschsprachigen Gemeinschaft und das Parlament der Wallonischen Region in gegenseitigem Einvernehmen und jedes durch Dekret beschließen, daß das Parlament und die Regierung der Deutschsprachigen Gemeinschaft im deutschen Sprachgebiet Befugnisse der Wallonischen Region ganz oder teilweise ausüben.

Diese Befugnisse werden je nach Fall im Wege von Dekreten, Erlassen oder Verordnungen ausgeübt.

Artikel 140 [Andere Befugnisse von Organen der Deutschsprachigen Gemeinschaft]
Das Parlament und die Regierung der Deutschsprachigen Gemeinschaft üben im Wege von Erlassen und Verordnungen jegliche andere Befugnis aus, die ihnen das Gesetz überträgt.

Artikel 159 ist auf diese Erlasse und Verordnungen entsprechend anwendbar.

KAPITEL V
DER VERFASSUNGSGERICHTSHOF, DIE VORBEUGUNG UND BEILEGUNG VON KONFLIKTEN

Abschnitt I
Die Vorbeugung von Zuständigkeitskonflikten

Artikel 141 [Gesetzliches Verfahren]
Das Gesetz gestaltet das Verfahren, um den Konflikten vorzubeugen zwischen dem Gesetz, dem Dekret und den in Artikel 134 erwähnten Regeln, zwischen den Dekreten sowie zwischen den in Artikel 134 erwähnten Regeln.

Abschnitt II
Der Verfassungsgerichtshof

Artikel 142 [Zuständigkeiten; Anrufungsberechtigte]
Es gibt für ganz Belgien einen Verfassungsgerichtshof, dessen Zusammensetzung, Zuständigkeit und Arbeitsweise durch Gesetz bestimmt werden.

Dieser Verfassungsgerichtshof befindet im Wege eines Entscheids über:

1. die in Artikel 141 erwähnten Konflikte;
2. die Verletzung der Artikel 10, 11 und 24 durch ein Gesetz, ein Dekret oder eine in Artikel 134 erwähnte Regel;
3. die Verletzung der Verfassungsartikel, die das Gesetz bestimmt, durch ein Gesetz, ein Dekret oder eine in Artikel 134 erwähnte Regel.

Der Verfassungsgerichtshof kann angerufen werden von jeder durch Gesetz bezeichneten Behörde, von jedem, der ein Interesse nachweist, oder, zwecks Vorabentscheidung, von jedem Rechtsprechungsorgan.

Der Verfassungsgerichtshof befindet unter Bedingungen und gemäß Modalitäten, die das Gesetz festlegt, im Wege einer Entscheidung über jede in Artikel 39bis erwähnte Volksbefragung vor deren Organisation.

Das Gesetz kann in Fällen, unter Bedingungen und gemäß Modalitäten, die es bestimmt, dem Verfassungsgerichtshof die Zuständigkeit übertragen, im Wege eines Entscheids über Beschwerden zu befinden, die gegen die von gesetzgebenden Versammlungen oder ihren Organen gefassten Beschlüsse über die Kontrolle der Wahlausgaben für die Wahlen der Abgeordnetenkammer eingelegt werden.

Die in Absatz 1, Absatz 2 unter Nr. 3 und in den Absätzen 3 bis 5 erwähnten Gesetze werden mit der in Artikel 4 letzter Absatz bestimmten Mehrheit angenommen.

Abschnitt III

Die Vorbeugung und Beilegung von Interessenkonflikten

Artikel 143 [Föderale Loyalität; Gutachten des Senats]

§ 1

Der Föderalstaat, die Gemeinschaften, die Regionen und die Gemeinsame Gemeinschaftskommission respektieren bei der Ausübung ihrer jeweiligen Befugnisse die föderale Loyalität, um Interessenkonflikte zu vermeiden.

§ 2

Der Senat befindet unter Bedingungen und gemäß Modalitäten, die ein mit der in Artikel 4 letzter Absatz bestimmten Mehrheit angenommenes Gesetz festlegt, im Wege eines mit Gründen versehenen Gutachtens über Interessenkonflikte zwischen den Versammlungen, die die gesetzgebende Gewalt im Wege von Gesetzen, Dekreten oder in Artikel 134 erwähnten Regeln ausüben.

§ 3

Ein mit der in Artikel 4 letzter Absatz bestimmten Mehrheit angenommenes Gesetz gestaltet das Verfahren, um den Interessenkonflikten zwischen der Föderalregierung, den Gemeinschafts- und Regionalregierungen und dem Vereinigten Kollegium der Gemeinsamen Gemeinschaftskommission vorzubeugen und sie beizulegen.

§ 4

Die in den Paragraphen 2 und 3 vorgesehenen Verfahren sind nicht anwendbar auf die Gesetze, Erlasse, Regelungen, Akte und Beschlüsse des Föderalstaats über die Besteuerungsgrundlage, die Steuersätze, die Steuerbefreiungen oder jegliche anderen Bestandteile, die bei der Berechnung der Steuer der natürlichen Personen berücksichtigt werden.

KAPITEL VI

DIE RECHTSPRECHENDE GEWALT

Artikel 144 [Bürgerliche Rechte]

Streitfälle über bürgerliche Rechte gehören ausschließlich zum Zuständigkeitsbereich der Gerichte.

Das Gesetz kann jedoch gemäß den von ihm bestimmten Modalitäten den Staatsrat oder die föderalen Verwaltungsgerichtsbarkeiten ermächtigen, über die bürgerrechtlichen Auswirkungen ihrer Entscheidungen zu befinden.

Artikel 145 [Politische Rechte]
Streitfälle über politische Rechte gehören zum Zuständigkeitsbereich der Gerichte, vorbehaltlich der durch Gesetz festgelegten Ausnahmen.

Artikel 146 [Vorbehalt des Gesetzes; Verbot außerordentlicher Gerichte]
[1]Ein Gericht und ein Organ der streitigen Gerichtsbarkeit dürfen nur aufgrund eines Gesetzes eingesetzt werden. [2]Es dürfen keine außerordentlichen Kommissionen oder Gerichte geschaffen werden, unter welcher Bezeichnung es auch sei.

Artikel 147 [Kassationshof]
Es gibt für ganz Belgien einen Kassationshof.

Dieser Gerichtshof erkennt nicht über die Sache selbst.

Artikel 148 [Justizöffentlichkeit]
Die Sitzungen der Gerichte sind öffentlich, es sei denn, daß diese Öffentlichkeit die Ordnung oder die Sittlichkeit gefährdet; dies wird vom Gericht durch ein Urteil festgestellt.

Bei politischen Delikten und Pressedelikten kann der Ausschluß der Öffentlichkeit nur bei Einstimmigkeit verkündet werden.

Artikel 149 [Urteilsgründe; Verkündung]
[1]Jedes Urteil wird mit Gründen versehen. [2]Es wird gemäß den durch Gesetz festgelegten Modalitäten bekannt gemacht. [3]In Strafsachen wird sein Tenor in öffentlicher Sitzung verkündet.

Artikel 150 [Geschworenenkollegium]
Das Geschworenenkollegium wird für alle Kriminalsachen sowie für politische Delikte und Pressedelikte eingesetzt, außer für Pressedelikte, denen Rassismus oder Xenophobie zugrunde liegt.

Artikel 151 [Unabhängigkeit der Richter und der Staatsanwaltschaft; Hoher Justizrat]
§ 1
[1]Die Richter sind unabhängig in der Ausübung ihrer Rechtsprechungsbefugnisse. [2]Die Staatsanwaltschaft ist unabhängig in der Durchführung individueller Ermittlungen und Verfolgungen, unbeschadet des Rechts des zuständigen Ministers, Verfolgungen anzuordnen und zwingende Richtlinien für die Kriminalpolitik, einschließlich im Bereich der Ermittlungs- und Verfolgungspolitik, festzulegen.

[1]Über den in Absatz 1 erwähnten Minister verfügen die Regierungen der Gemeinschaften und Regionen, jede für ihren Bereich, darüber hinaus über das Recht, in Angelegenheiten, die in ihre Zuständigkeit fallen, Verfolgungen anzuordnen. [2]Ein Gesetz, das mit der in Artikel 4 letzter Absatz bestimmten Mehrheit angenommen wird, legt die Modalitäten für die Ausübung dieses Rechts fest.

Ein Gesetz, das mit der in Artikel 4 letzter Absatz bestimmten Mehrheit angenommen wird, sieht die Beteiligung der Gemeinschaften und Regionen – in Angelegenheiten, die in ihre Zuständigkeit fallen – an der Ausarbeitung der in Absatz 1 erwähnten Richtlinien und an der Planung der Sicherheitspolitik sowie – in denselben Angelegenheiten – die Teilnahme ihrer Vertreter an den Versammlungen des Kollegiums der Generalprokuratoren vor.

§ 2
[1]Es gibt für ganz Belgien einen Hohen Justizrat. [2]Der Hohe Justizrat respektiert bei der Ausübung seiner Befugnisse die in § 1 erwähnte Unabhängigkeit.

[1]Der Hohe Justizrat setzt sich aus einem französischsprachigen und einem niederländischsprachigen Kollegium zusammen. [2]Jedes Kollegium umfaßt eine gleiche Anzahl Mitglieder und ist paritätisch zusammengesetzt einerseits aus Richtern und Mitgliedern der Staatsanwaltschaft, die unter den Bedingungen und in der Weise, die das Gesetz festlegt, unmittelbar von ihresgleichen gewählt werden, und andererseits aus anderen Mitgliedern, die vom Senat mit Zweidrittelmehrheit der abgegebenen Stimmen unter den Bedingungen, die das Gesetz festlegt, ernannt werden.

Es gibt in jedem Kollegium eine Ernennungs- und Bestimmungskommission und eine Begutachtungs- und Untersuchungskommission, die gemäß der Bestimmung des vorhergehenden Absatzes paritätisch zusammengesetzt sind.

Das Gesetz gibt an, wie der Hohe Justizrat, seine Kollegien und deren Kommissionen zusammengesetzt sind und unter welchen Bedingungen und wie sie ihre Befugnisse ausüben.

§ 3

Der Hohe Justizrat übt seine Befugnisse in folgenden Angelegenheiten aus:

1. Vorschlag von Kandidaten für eine Ernennung zum Richter, so wie in § 4 Absatz 1 erwähnt, oder zum Mitglied der Staatsanwaltschaft;
2. Vorschlag von Kandidaten für eine Bestimmung für die in § 5 Absatz 1 erwähnten Ämter und für das Amt des Korpschefs bei der Staatsanwaltschaft;
3. Zugang zum Amt eines Richters oder eines Mitglieds der Staatsanwaltschaft;
4. Ausbildung der Richter und der Mitglieder der Staatsanwaltschaft;
5. Erstellung von Standardprofilen für die unter Nummer 2 erwähnten Bestimmungen;
6. Abgabe von Gutachten und Vorschlägen im Bereich der allgemeinen Arbeitsweise und Organisation des gerichtlichen Standes;
7. allgemeine Überwachung und Förderung der Benutzung von internen Kontrollmitteln;
8. unter Ausschluß jeglicher disziplinarischen und strafrechtlichen Befugnisse:
   - Entgegennahme und Bearbeitung von Klagen in Bezug auf die Arbeitsweise des gerichtlichen Standes;
   - Einleitung einer Untersuchung über die Arbeitsweise des gerichtlichen Standes.

[1]Unter den Bedingungen und in der Weise, die das Gesetz festlegt, werden die unter den Nummern 1 bis 4 erwähnten Befugnisse der zuständigen Ernennungs- und Bestimmungskommission und die unter den Nummern 5 bis 8 erwähnten Befugnisse der zuständigen Begutachtungs- und Untersuchungskommission zugeteilt. [2]Das Gesetz bestimmt, in welchen Fällen und wie die Ernennungs- und Bestimmungskommissionen einerseits und die Begutachtungs- und Untersuchungskommissionen andererseits ihre Befugnisse gemeinsam ausüben.

Ein mit der in Artikel 4 letzter Absatz bestimmten Mehrheit anzunehmendes Gesetz legt die anderen Befugnisse dieses Rates fest.

§ 4

Die Friedensrichter, die Richter an den Gerichten, die Gerichtsräte an den Gerichtshöfen und am Kassationshof werden unter den Bedingungen und in der Weise, die das Gesetz festlegt, vom König ernannt.

[1]Diese Ernennung erfolgt auf einen mit Gründen versehenen Vorschlag der zuständigen Ernennungs- und Bestimmungskommission, mit einer Zweidrittelmehrheit gemäß den Modalitäten, die das Gesetz festlegt, und nach Beurteilung von Sachkunde und Eignung. [2]Dieser Vorschlag kann nur in der vom Gesetz festgelegten Weise und mittels Begründung abgelehnt werden.

Bei einer Ernennung zum Gerichtsrat an einem Gerichtshof und am Kassationshof gibt die Generalversammlung des betreffenden Hofes vor dem im vorhergehenden Absatz erwähnten Vorschlag in der Weise, die das Gesetz festlegt, eine mit Gründen versehene Stellungnahme ab.

§ 5

Der erste Präsident des Kassationshofes, die ersten Präsidenten der Gerichtshöfe und die Präsidenten der Gerichte werden vom König unter den Bedingungen und in der Weise, die das Gesetz festlegt, für diese Ämter bestimmt.

[1]Diese Bestimmung erfolgt auf einen mit Gründen versehenen Vorschlag der zuständigen Ernennungs- und Bestimmungskommission, mit einer Zweidrittelmehrheit gemäß den Modalitäten, die das Gesetz festlegt, und nach Beurteilung von Sachkunde und Eignung. [2]Dieser Vorschlag kann nur in der vom Gesetz festgelegten Weise und mittels Begründung abgelehnt werden.

Bei einer Bestimmung für das Amt als erster Präsident des Kassationshofes oder als erster Präsident eines Gerichtshofes gibt die Generalversammlung des betreffenden Hofes vor dem im vorhergehenden Absatz erwähnten Vorschlag in der Weise, die das Gesetz festlegt, eine mit Gründen versehene Stellungnahme ab.

Der Präsident und die Abteilungspräsidenten des Kassationshofes, die Kammerpräsidenten der Gerichtshöfe und die Vizepräsidenten der Gerichte werden von den Höfen und den Gerichten aus deren Mitte unter den Bedingungen und in der Weise, die das Gesetz festlegt, für diese Ämter bestimmt.

Unbeschadet der Bestimmungen von Artikel 152 legt das Gesetz die Dauer der Bestimmungen für diese Ämter fest.

§ 6

In der vom Gesetz festgelegten Weise werden die Richter, die Inhaber der in § 5 Absatz 4 erwähnten Ämter und die Mitglieder der Staatsanwaltschaft einer Bewertung unterworfen.

[Übergangsbestimmung] Die Bestimmungen der Paragraphen 3 bis 6 werden wirksam nach der Einsetzung des in § 2 erwähnten Hohen Justizrates.

Ab diesem Datum wird davon ausgegangen, daß der erste Präsident, der Präsident und die Abteilungspräsidenten des Kassationshofes, die ersten Präsidenten und die Kammerpräsidenten der Gerichtshöfe und die Präsidenten und Vizepräsidenten der Gerichte für die Dauer und unter den Bedingungen, die das Gesetz festlegt, für diese Ämter bestimmt sind und gleichzeitig beim Kassationshof, beim Appellationshof oder Arbeitsgerichtshof beziehungsweise beim betreffenden Gericht ernannt sind.

In der Zwischenzeit bleiben folgende Bestimmungen anwendbar:

Die Friedensrichter und die Richter an den Gerichten werden unmittelbar vom König ernannt.

Die Gerichtsräte an den Appellationshöfen und die Präsidenten und Vizepräsidenten der zu ihrem Bereich gehörenden Gerichte erster Instanz werden vom König aus zwei Listen mit je zwei Kandidaten ernannt, von denen die eine von diesen Höfen, die andere von den Provinzialräten beziehungsweise vom Parlament der Region Brüssel-Hauptstadt vorgelegt wird.

Die Gerichtsräte am Kassationshof werden vom König aus zwei Listen mit je zwei Kandidaten ernannt, von denen die eine vom Kassationshof, die andere abwechselnd von der Abgeordnetenkammer und vom Senat vorgelegt wird.

In beiden Fällen dürfen die auf einer Liste aufgeführten Kandidaten ebenfalls auf der anderen aufgeführt werden.

Alle Vorschläge werden mindestens fünfzehn Tage vor der Ernennung veröffentlicht.

Die Gerichtshöfe wählen aus ihrer Mitte ihre Präsidenten und Vizepräsidenten.

Artikel 152 [Richterstatus]

[1]Die Richter werden auf Lebenszeit ernannt. [2]Sie werden in dem durch Gesetz bestimmten Alter in den Ruhestand versetzt und beziehen die durch Gesetz vorgesehene Pension.

Ein Richter darf nur durch ein Urteil suspendiert oder seines Amtes enthoben werden.

Die Versetzung eines Richters darf nur durch eine neue Ernennung und mit seinem Einverständnis erfolgen.

Artikel 153 [Mitglieder der Staatsanwaltschaft]

Der König ernennt und entläßt die Mitglieder der Staatsanwaltschaft bei den Gerichtshöfen und Gerichten.

Artikel 154 [Gehälter kraft Gesetzes]

Die Gehälter der Mitglieder des gerichtlichen Standes werden durch Gesetz festgelegt.

Artikel 155 [Unvereinbarkeitsfälle]

Ein Richter darf keine besoldeten Ämter von einer Regierung annehmen, es sei denn, daß er diese unentgeltlich ausübt und vorbehaltlich der durch Gesetz bestimmten Unvereinbarkeitsfälle.

Artikel 156 [Appellationshöfe]

Es gibt in Belgien fünf Appellationshöfe:

1. den von Brüssel, dessen Bereich die Provinzen Flämisch-Brabant und Wallonisch-Brabant und das zweisprachige Gebiet Brüssel-Hauptstadt umfaßt;
2. den von Gent, dessen Bereich die Provinzen Ostflandern und Westflandern umfaßt;
3. den von Antwerpen, dessen Bereich die Provinzen Antwerpen und Limburg umfaßt;
4. den von Lüttich, dessen Bereich die Provinzen Lüttich, Namur und Luxemburg umfaßt;
5. den von Mons, dessen Bereich die Provinz Hennegau umfaßt.

Artikel 157 [Militärgerichte; Handelsgerichte; Arbeitsgerichte; Strafvollstreckungsgerichte]
[1]Es gibt Militärgerichte, wenn der in Artikel 167, § 1 Absatz 2 erwähnte Kriegszustand festgestellt worden ist. [2]Das Gesetz regelt die Organisation der Militärgerichte, ihre Zuständigkeit, die Rechte und Pflichten der Mitglieder dieser Gerichte und die Dauer ihres Amtes.

[1]Es gibt Handelsgerichte an den durch Gesetz bezeichneten Orten. [2]Das Gesetz regelt ihre Organisation, ihre Zuständigkeit, die Weise der Ernennung sowie die Dauer des Amtes ihrer Mitglieder.

Das Gesetz regelt auch die Organisation der Arbeitsgerichte, ihre Zuständigkeit, die Weise der Ernennung sowie die Dauer des Amtes ihrer Mitglieder.

[1]Es gibt Strafvollstreckungsgerichte an den durch Gesetz bestimmten Orten. [2]Das Gesetz regelt ihre Organisation, ihre Zuständigkeit, die Weise der Ernennung ihrer Mitglieder und die Dauer ihres Amtes.

Artikel 157bis [Bestandsschutz der Reform]
Die wesentlichen Bestandteile der Reform in Bezug auf den Sprachengebrauch in Gerichtsangelegenheiten im Gerichtsbezirk Brüssel und die damit verbundenen Aspekte in Bezug auf Staatsanwaltschaft, Richterschaft und Bereich können nur durch ein Gesetz, das mit der in Artikel 4 letzter Absatz bestimmten Mehrheit angenommen wird, abgeändert werden.

Artikel 158 [Kompetenzkonflikte]
Der Kassationshof befindet über Kompetenzkonflikte in der durch Gesetz geregelten Weise.

Artikel 159 [Vorrang des Gesetzes]
Die Gerichtshöfe und Gerichte wenden die allgemeinen, provinzialen und örtlichen Erlasse und Verordnungen nur an, insoweit sie mit den Gesetzen in Übereinstimmung stehen.

KAPITEL VII
DER STAATSRAT UND DIE VERWALTUNGSGERICHTSBARKEITEN

Artikel 160 [Tätigkeit des Staatsrats kraft Gesetzes]
[1]Es gibt für ganz Belgien einen Staatsrat, dessen Zusammensetzung, Zuständigkeit und Arbeitsweise durch Gesetz bestimmt werden. [2]Das Gesetz kann dem König jedoch die Macht übertragen, das Verfahren zu regeln gemäß den Grundsätzen, die es festlegt.

Der Staatsrat befindet als Verwaltungsgerichtsbarkeit im Wege eines Entscheids und gibt in den durch Gesetz bestimmten Fällen Gutachten ab.

Die am selben Tag wie dieser Absatz in Kraft tretenden Regeln über die Generalversammlung der Verwaltungsstreitsachenabteilung des Staatsrates können nur durch ein Gesetz, das mit der in Artikel 4 letzter Absatz bestimmten Mehrheit angenommen wird, abgeändert werden.

Artikel 161 [Vorbehalt des Gesetzes]
Eine Verwaltungsgerichtsbarkeit kann nur aufgrund eines Gesetzes eingesetzt werden.

KAPITEL VIII
DIE PROVINZIALEN UND KOMMUNALEN EINRICHTUNGEN

Artikel 162 [Gesetzliche Grundsätze]
Die provinzialen und kommunalen Einrichtungen werden durch Gesetz geregelt.

Das Gesetz gewährleistet die Anwendung der folgenden Grundsätze:

1. die Direktwahl der Mitglieder der Provinzial- und Gemeinderäte;
2. die Zuständigkeit der Provinzial- und Gemeinderäte für alles, was von provinzialem und kommunalem Interesse ist, unbeschadet der Billigung ihrer Handlungen in den Fällen und in der Weise, die das Gesetz bestimmt;
3. die Dezentralisierung von Befugnissen auf provinziale und kommunale Einrichtungen;
4. die Öffentlichkeit der Sitzungen der Provinzial- und Gemeinderäte innerhalb der durch Gesetz festgelegten Grenzen;
5. die Öffentlichkeit der Haushaltspläne und der Rechnungen;

6. das Eingreifen der Aufsichtsbehörde oder der föderalen gesetzgebenden Gewalt, um zu verhindern, daß gegen das Gesetz verstoßen oder das Gemeinwohl geschädigt wird.

[1]Die suprakommunalen Körperschaften werden durch die in Artikel 134 erwähnte Regel geregelt. [2]Diese Regel gewährleistet die Anwendung der in Absatz 2 erwähnten Grundsätze. [3]Die in Artikel 134 erwähnte Regel kann andere Grundsätze, die sie für wesentlich erachtet, festlegen, mit oder ohne Zweidrittelmehrheit der abgegebenen Stimmen, vorausgesetzt, die Mehrheit der Mitglieder des betreffenden Parlaments ist anwesend. [4]Die Artikel 159 und 190 finden Anwendung auf Erlasse und Verordnungen der suprakommunalen Körperschaften.

[1]In Ausführung eines Gesetzes, das mit der in Artikel 4 letzter Absatz bestimmten Mehrheit angenommen wird, regelt das Dekret oder die in Artikel 134 erwähnte Regel, unter welchen Bedingungen und wie mehrere Provinzen, mehrere suprakommunale Körperschaften oder mehrere Gemeinden sich verständigen oder vereinigen dürfen. [2]Jedoch darf es mehreren Provinzialräten, mehreren suprakommunalen Körperschaften oder mehreren Gemeinderäten nicht erlaubt werden, gemeinsam zu beraten.

Artikel 163 [Ausübung von Befugnissen im Gebiet Brüssel-Hauptstadt]

Die Befugnisse, die in der Wallonischen und in der Flämischen Region von gewählten provinzialen Organen ausgeübt werden, werden im zweisprachigen Gebiet Brüssel-Hauptstadt ausgeübt von der Französischen und der Flämischen Gemeinschaft und von der Gemeinsamen Gemeinschaftskommission, jede für die Angelegenheiten, für die sie aufgrund der Artikel 127 und 128 zuständig ist, und von der Region Brüssel-Hauptstadt, was die anderen Angelegenheiten betrifft.

[1]Ein Gesetz, das mit der in Artikel 4 letzter Absatz bestimmten Mehrheit angenommen wird, regelt jedoch die Modalitäten, gemäß denen die Region Brüssel-Hauptstadt oder jede andere Einrichtung, deren Mitglieder von ihr bestimmt werden, die in Absatz 1 erwähnten Befugnisse ausübt, die nicht zu den in Artikel 39 erwähnten Angelegenheiten gehören. [2]Ein mit derselben Mehrheit angenommenes Gesetz regelt die Übertragung aller oder eines Teils der in Absatz 1 erwähnten Befugnisse, die zu den in den Artikeln 127 und 128 erwähnten Angelegenheiten gehören, auf die in Artikel 136 vorgesehenen Einrichtungen.

Artikel 164 [Ausschließliche Zuständigkeit der Gemeindbehörden]

Die Abfassung der Personenstandsurkunden und die Führung der Register fallen ausschließlich in die Zuständigkeit der Gemeindebehörden.

Artikel 165 [Agglomerationen und Gemeindeföderationen]

§ 1

[1]Das Gesetz schafft Agglomerationen und Gemeindeföderationen. [2]Es bestimmt ihre Organisation und Zuständigkeit und gewährleistet dabei die Anwendung der in Artikel 162 genannten Grundsätze.

Jede Agglomeration und jede Föderation hat einen Rat und ein Exekutivkollegium.

Der Vorsitzende des Exekutivkollegiums wird vom Rat aus dessen Mitte gewählt; seine Wahl wird vom König ratifiziert; das Gesetz regelt seine Rechtsstellung.

Die Artikel 159 und 190 sind auf die Erlasse und Verordnungen der Agglomerationen und der Gemeindeföderationen entsprechend anwendbar.

Die Grenzen der Agglomerationen und der Gemeindeföderationen können nur aufgrund eines Gesetzes abgeändert oder berichtigt werden.

§ 2

Das Gesetz schafft das Organ, in dem jede Agglomeration und die nächstgelegenen Gemeindeföderationen sich unter den Bedingungen und in der Weise, die durch dieses Gesetz bestimmt werden, für die Untersuchung gemeinsamer Probleme technischer Art absprechen, die in ihre jeweilige Zuständigkeit fallen.

§ 3

[1]Mehrere Gemeindeföderationen dürfen sich unter den Bedingungen und in der Weise, die durch Gesetz bestimmt werden, untereinander oder mit einer oder mehreren Agglomerationen verständigen oder zusammenschließen, um in ihre Zuständigkeit fallende Angelegenheiten gemeinsam zu regeln und zu verwalten. [2]Ihren Räten ist es nicht erlaubt, gemeinsam zu beraten.

Artikel 166 [Agglomeration mit der Hauptstadt]

§ 1

Artikel 165 findet Anwendung auf die Agglomeration, der die Hauptstadt des Königreichs angehört, vorbehaltlich nachstehender Bestimmungen.

§ 2

Die Befugnisse der Agglomeration, der die Hauptstadt des Königreichs angehört, werden von den aufgrund von Artikel 39 geschaffenen Organen der Region Brüssel-Hauptstadt ausgeübt gemäß einem Gesetz, das mit der in Artikel 4 letzter Absatz bestimmten Mehrheit angenommen wird.

§ 3

Die in Artikel 136 erwähnten Organe:

1. haben jedes für seine Gemeinschaft dieselben Befugnisse wie die anderen Organisationsträger in kulturellen, Unterrichts- und personenbezogenen Angelegenheiten;
2. üben jedes für seine Gemeinschaft die Befugnisse aus, die ihnen von den Parlamenten der Französischen und der Flämischen Gemeinschaft übertragen werden;
3. regeln zusammen die unter Nummer 1 erwähnten Angelegenheiten, die von gemeinsamem Interesse sind.

TITEL IV

DIE INTERNATIONALEN BEZIEHUNGEN

Artikel 167 [Zuständigkeiten]

§ 1

Der König leitet die internationalen Beziehungen, unbeschadet der Zuständigkeit der Gemeinschaften und Regionen, die internationale Zusammenarbeit einschließlich des Abschlusses von Verträgen in den Angelegenheiten zu regeln, für die sie durch die Verfassung oder aufgrund der Verfassung zuständig sind.

[1]Der König befehligt die Streitkräfte, stellt den Kriegszustand sowie das Ende der Kampfhandlungen fest. [2]Der König setzt die Kammern davon in Kenntnis, sobald das Interesse und die Sicherheit des Staates es erlauben, und fügt die angemessenen Mitteilungen hinzu.

Eine Gebietsabtretung, ein Gebietsaustausch und eine Gebietserweiterung dürfen nur aufgrund eines Gesetzes erfolgen.

§ 2

[1]Der König schließt die Verträge ab, mit Ausnahme derjenigen, die sich auf die in § 3 erwähnten Angelegenheiten beziehen. [2]Diese Verträge werden erst wirksam, nachdem sie die Zustimmung der Abgeordnetenkammer erhalten haben.

§ 3

[1]Die in Artikel 121 erwähnten Gemeinschafts- und Regionalregierungen schließen, jede für ihren Bereich, die Verträge ab in den Angelegenheiten, für die ihr Parlament zuständig ist. [2]Diese Verträge werden erst wirksam, nachdem sie die Zustimmung des Parlaments erhalten haben.

§ 4

Ein Gesetz, das mit der in Artikel 4 letzter Absatz bestimmten Mehrheit angenommen wird, legt die Modalitäten fest für den Abschluß der in § 3 erwähnten Verträge und der Verträge, die sich nicht ausschließlich auf Angelegenheiten beziehen, für die die Gemeinschaften oder Regionen durch die oder aufgrund der Verfassung zuständig sind.

§ 5

Der König kann die vor dem 18. Mai 1993 abgeschlossenen Verträge, die sich auf die in § 3 erwähnten Angelegenheiten beziehen, in gegenseitigem Einvernehmen mit den betroffenen Gemeinschafts- und Regionalregierungen aufkündigen.

[1]Der König kündigt diese Verträge auf, wenn die betroffenen Gemeinschafts- und Regionalregierungen ihn darum ersuchen. [2]Ein Gesetz, das mit der in Artikel 4 letzter Absatz vorgesehenen Mehrheit

angenommen wird, regelt das Verfahren im Falle fehlenden Einvernehmens zwischen den betroffenen Gemeinschafts- und Regionalregierungen.

Artikel 168 [Europa-Verträge; Informationsrechte der Kammern]
[1]Ab Eröffnung der Verhandlungen im Hinblick auf jede Abänderung der Verträge zur Gründung der Europäischen Gemeinschaften und der Verträge und Akte, durch die diese Verträge abgeändert oder ergänzt werden, werden die Kammern darüber informiert. [2]Sie werden vom Vertragsentwurf in Kenntnis gesetzt, bevor er unterzeichnet wird.

Artikel 168bis [Sondermodalitäten für Wahlen des EP]
Für die Wahlen des Europäischen Parlaments sieht das Gesetz Sondermodalitäten vor, um die rechtmäßigen Interessen der Niederländischsprachigen und der Französischsprachigen in der ehemaligen Provinz Brabant zu gewährleisten.

Die Regeln, die diese Sondermodalitäten festlegen, können nur durch ein Gesetz, das mit der in Artikel 4 letzter Absatz bestimmten Mehrheit angenommen wird, abgeändert werden.

Artikel 169 [Eintrittsrecht der föderalen Organe]
[1]Um die Einhaltung der internationalen oder überstaatlichen Verpflichtungen zu gewährleisten, können die in den Artikeln 36 und 37 erwähnten Gewalten unter Einhaltung der durch Gesetz festgelegten Bedingungen zeitweilig an die Stelle der in den Artikeln 115 und 121 erwähnten Organe treten. [2]Dieses Gesetz muß mit der in Artikel 4 letzter Absatz bestimmten Mehrheit angenommen werden.

TITEL V
DIE FINANZEN

Artikel 170 [Nullum tributum sine lege]
§ 1
Eine Steuer zugunsten des Staates darf nur durch ein Gesetz eingeführt werden.

§ 2
Eine Steuer zugunsten der Gemeinschaft oder der Region darf nur durch ein Dekret oder durch eine in Artikel 134 erwähnte Regel eingeführt werden.

Hinsichtlich der in Absatz 1 erwähnten Besteuerungen bestimmt das Gesetz die Ausnahmen, deren Notwendigkeit erwiesen ist.

§ 3
Eine Last oder Besteuerung darf von der Provinz oder der suprakommunalen Körperschaft nur durch einen Beschluss ihres Rates eingeführt werden.

Hinsichtlich der in Absatz 1 erwähnten Besteuerungen bestimmt das Gesetz die Ausnahmen, deren Notwendigkeit erwiesen ist.

Das Gesetz kann die in Absatz 1 erwähnten Besteuerungen ganz oder teilweise abschaffen.

§ 4
Eine Last oder Besteuerung darf von der Agglomeration, der Gemeindeföderation und der Gemeinde nur durch einen Beschluss ihres Rates eingeführt werden.

Hinsichtlich der in Absatz 1 erwähnten Besteuerungen bestimmt das Gesetz die Ausnahmen, deren Notwendigkeit erwiesen ist.

Artikel 171 [Jahresprinzip]
Die Steuern zugunsten des Staates, der Gemeinschaft und der Region werden jährlich verabschiedet.

Die Regeln, die sie einführen, sind nur ein Jahr in Kraft, wenn sie nicht erneuert werden.

Artikel 172 [Privilegienverbot]
In Steuerangelegenheiten dürfen keine Privilegien eingeführt werden.

Eine Steuerbefreiung oder Steuerermäßigung darf nur durch ein Gesetz eingeführt werden.

Artikel 173 [Vorbehalt der Steuer]
Außer für die Provinzen, die Entwässerungsgenossenschaften und die Bewässerungsgenossenschaften und außer in den Fällen, die durch Gesetz, Dekret und die in Artikel 134 erwähnten Regeln ausdrücklich ausgenommen werden, darf den Bürgern eine Abgabe nur als Steuer zugunsten des Staates, der Gemeinschaft, der Region, der Agglomeration, der Gemeindeföderation oder der Gemeinde auferlegt werden.

Artikel 174 [Rechnungsgesetz, Haushaltsplan]
[1]Jedes Jahr erläßt die Abgeordnetenkammer das Rechnungsgesetz und verabschiedet den Haushaltsplan. [2]Die Abgeordnetenkammer und der Senat legen jedoch jedes Jahr für ihren jeweiligen Bereich die Dotation für ihre Arbeit fest.

Alle Einnahmen und Ausgaben des Staates sind im Haushaltsplan und in den Rechnungen aufzuführen.

Artikel 175 [Finanzierungssystem für die Französische und die Flämische Gemeinschaft]
Ein Gesetz, das mit der in Artikel 4 letzter Absatz bestimmten Mehrheit angenommen wird, legt das Finanzierungssystem für die Französische und die Flämische Gemeinschaft fest.

Die Parlamente der Französischen und der Flämischen Gemeinschaft regeln durch Dekret, jedes für seinen Bereich, den Verwendungszweck ihrer Einnahmen.

Artikel 176 [Finanzierungssystem für die Deutschsprachige Gemeinschaft]
Ein Gesetz legt das Finanzierungssystem für die Deutschsprachige Gemeinschaft fest.

Das Parlament der Deutschsprachigen Gemeinschaft regelt den Verwendungszweck der Einnahmen durch Dekret.

Artikel 177 [Finanzierungssystem für die Regionen]
Ein Gesetz, das mit der in Artikel 4 letzter Absatz bestimmten Mehrheit angenommen wird, legt das Finanzierungssystem für die Regionen fest.

Die Regionalparlamente bestimmen, jedes für seinen Bereich, den Verwendungszweck ihrer Einnahmen durch die in Artikel 134 erwähnten Regeln.

Artikel 178 [Finanzielle Mittel der Gemeinschaftskommissionen]
Unter den Bedingungen und nach den Modalitäten, die das mit der in Artikel 4 letzter Absatz bestimmten Mehrheit angenommene Gesetz festlegt, überträgt das Parlament der Region Brüssel-Hauptstadt der Gemeinsamen Gemeinschaftskommission und der Französischen und der Flämischen Gemeinschaftskommission finanzielle Mittel durch die in Artikel 134 erwähnte Regel.

Artikel 179 [Vorbehalt des Gesetzes]
Eine Pension oder eine Zuwendung zu Lasten der Staatskasse darf nur aufgrund eines Gesetzes gewährt werden.

Artikel 180 [Rechnungshof; Universalität der Prüfung; Bemerkungen]
Die Mitglieder des Rechnungshofes werden von der Abgeordnetenkammer für die durch Gesetz bestimmte Dauer ernannt.

[1]Der Rechnungshof ist beauftragt mit der Prüfung und dem Ausgleich der Rechnungen der allgemeinen Verwaltung und aller, die der Staatskasse gegenüber rechenschaftspflichtig sind. [2]Er wacht darüber, dass kein Ausgabenposten des Haushaltsplans überschritten wird und dass keine Übertragung stattfindet. [3]Der Rechnungshof übt auch eine allgemeine Kontrolle über die Verrichtungen bezüglich der Festlegung und Beitreibung der dem Staat zukommenden Forderungen aus, Steuereinnahmen einbegriffen. [4]Er schließt die Rechnungen der verschiedenen Verwaltungen des Staates ab und ist damit beauftragt, zu diesem Zweck alle erforderlichen Auskünfte und Rechnungsbelege zu sammeln. [5]Die Gesamtrechnung des Staates wird der Abgeordnetenkammer mit den Bemerkungen des Rechnungshofes vorgelegt.

Die Organisation des Rechnungshofes wird durch das Gesetz geregelt.

[1]Das Gesetz kann dem Rechnungshof die Kontrolle der Haushaltspläne und der Buchführung der Gemeinschaften und Regionen sowie der von ihnen abhängenden Einrichtungen öffentlichen Interesses übertragen. [2]Es kann ebenfalls gestatten, dass das Dekret oder die in Artikel 134 erwähnte Regel

diese Kontrolle regeln. [3]Außer für die Deutschsprachige Gemeinschaft wird dieses Gesetz mit der in Artikel 4 letzter Absatz bestimmten Mehrheit angenommen.

[1]Dem Rechnungshof können durch Gesetz, Dekret oder die in Artikel 134 erwähnte Regel zusätzliche Aufgaben übertragen werden. [2]Auf gleich lautende Stellungnahme des Rechnungshofes legt das Dekret oder die in Artikel 134 erwähnte Regel die Vergütung fest, die der Rechnungshof für die Ausführung dieser Aufgaben erhält. [3]Für eine Aufgabe, die der Rechnungshof vor dem Datum des Inkrafttretens des vorliegenden Absatzes für eine Gemeinschaft oder Region ausübt, ist keine Vergütung zu entrichten.

Artikel 181 [Gehälter und Pensionen der Diener der Kulte]

§ 1

Die Gehälter und Pensionen der Diener der Kulte gehen zu Lasten des Staates; die dazu erforderlichen Beträge werden jährlich in den Haushaltsplan eingesetzt.

§ 2

Die Gehälter und Pensionen der Vertreter der durch Gesetz anerkannten Organisationen, die moralischen Beistand aufgrund einer nichtkonfessionellen Weltanschauung bieten, gehen zu Lasten des Staates; die dazu erforderlichen Beträge werden jährlich in den Haushaltsplan eingesetzt.

TITEL VI
DIE BEWAFFNETE MACHT

Artikel 182 [Gesetzliche Grundlagen]

[1]Das Gesetz bestimmt, wie die Armee rekrutiert wird. [2]Es regelt ebenfalls die Beförderung, die Rechte und die Pflichten der Militärpersonen.

Artikel 183 [Jahresprinzip]

[1]Das Armeekontingent wird jährlich verabschiedet. [2]Das Gesetz, das dieses Kontingent festlegt, ist nur ein Jahr in Kraft, wenn es nicht erneuert wird.

Artikel 184 [Integrierter Polizeidienst]

[1]Die Organisation und die Zuständigkeit des auf zwei Ebenen strukturierten integrierten Polizeidienstes werden durch Gesetz geregelt. [2]Die wesentlichen Elemente des Statuts der Mitglieder des Personals des auf zwei Ebenen strukturierten integrierten Polizeidienstes werden durch Gesetz geregelt.

Artikel 185 [Ausländische Truppen]

Eine ausländische Truppe darf nur aufgrund eines Gesetzes in den Dienst des Staates gestellt werden, sich auf dem Staatsgebiet aufhalten oder es durchqueren.

Artikel 186 [Vorbehalt des Gesetzes]

Den Militärpersonen dürfen ihre Dienstgrade, Auszeichnungen und Pensionen nur in der durch Gesetz bestimmten Weise entzogen werden.

TITEL VII
ALLGEMEINE BESTIMMUNGEN

Artikel 187 [Verbot der Verfassungsaussetzung]

Die Verfassung darf weder ganz noch teilweise ausgesetzt werden.

Artikel 188 [Aufhebung verfassungswidrigen Rechts]

Ab dem Tag, an dem die Verfassung wirksam wird, sind alle zu ihr im Widerspruch stehenden Gesetze, Dekrete, Erlasse, Verordnungen und anderen Akte aufgehoben.

Artikel 189 [Sprachfassungen]

Der Text der Verfassung ist in Deutsch, in Französisch und in Niederländisch festgelegt.

Artikel 190 [Veröffentlichung]
Gesetze sowie Erlasse und Verordnungen im Bereich der allgemeinen, provinzialen oder kommunalen Verwaltung werden erst verbindlich, nachdem sie in der durch Gesetz bestimmten Form veröffentlicht worden sind.

Artikel 191 [Schutz von Ausländern]
Jeder Ausländer, der sich auf dem Staatsgebiet Belgiens befindet, genießt den Personen und Gütern gewährten Schutz, vorbehaltlich der durch Gesetz festgelegten Ausnahmen.

Artikel 192 [Eid kraft Gesetzes]
[1]Ein Eid darf nur aufgrund des Gesetzes auferlegt werden. [2]Das Gesetz legt die Eidesformel fest.

Artikel 193 [Wappen]
Die Belgische Nation wählt die Farben Rot, Gelb und Schwarz und als Wappen des Königreichs den Belgischen Löwen mit dem Spruch: EINIGKEIT MACHT STARK.

Artikel 194 [Hauptstadt]
Die Stadt Brüssel ist die Hauptstadt Belgiens und Sitz der Föderalregierung.

TITEL VIII
DIE REVISION DER VERFASSUNG

Artikel 195 [Revisionserklärung; Auflösung der Kammern; qualifizierte Mehrheiten]
Die föderale gesetzgebende Gewalt hat das Recht zu erklären, daß eine von ihr bezeichnete Verfassungsbestimmung einer Revision bedarf.

Nach dieser Erklärung sind beide Kammern von Rechts wegen aufgelöst.

Zwei neue Kammern werden gemäß Artikel 46 einberufen.

Diese Kammern beschließen im Einvernehmen mit dem König über die zur Revision anstehenden Punkte.

In diesem Fall dürfen die Kammern nur beraten, wenn mindestens zwei Drittel der Mitglieder jeder Kammer anwesend sind; eine Änderung ist nur dann angenommen, wenn sie mindestens zwei Drittel der Stimmen erhalten hat.

Artikel 196 [Revisionsfähigkeit der Kammern]
In Kriegszeiten oder wenn die Kammern daran gehindert sind, sich frei auf dem föderalen Staatsgebiet zu versammeln, darf keine Revision der Verfassung eingeleitet oder fortgeführt werden.

Artikel 197 [Grenzen der Revision zur Zeit der Regentschaft]
Während einer Regentschaft darf an der Verfassung in bezug auf die verfassungsmäßige Gewalt des Königs und die Artikel 85 bis 88, 91 bis 95, 106 und 197 der Verfassung keine Abänderung vorgenommen werden.

Artikel 198 [Redaktionelle Anpassungen]
Im Einvernehmen mit dem König können die verfassunggebenden Kammern die Numerierung der Artikel und der Unterteilungen der Artikel der Verfassung sowie die Unterteilungen der Verfassung in Titel, Kapitel und Abschnitte anpassen, die Terminologie der nicht zur Revision anstehenden Bestimmungen abändern, um sie mit der Terminologie der neuen Bestimmungen in Einklang zu bringen, und die Übereinstimmung des deutschen, des französischen und des niederländischen Textes der Verfassung gewährleisten.

In diesem Fall dürfen die Kammern nur beraten, wenn mindestens zwei Drittel der Mitglieder jeder Kammer anwesend sind; die Änderungen sind nur dann angenommen, wenn die Gesamtheit der Abänderungen mindestens zwei Drittel der abgegebenen Stimmen erhalten hat.

TITEL IX
INKRAFTTRETEN UND ÜBERGANGSBESTIMMUNGEN

(vom Abdruck abgesehen)

Grundgesetz für die Bundesrepublik Deutschland

Vom 23. Mai 1949 (BGBl. S. 1)
(BGBl. III/FNA 100-1)

zuletzt geändert durch Art. 1, Art. 2 Covid-19-G zur Änd. des GrundG vom 29. September 2020 (BGBl. I S. 2048)

Nichtamtliche Inhaltsübersicht

[Verkündungsformel]

Der Parlamentarische Rat hat am 23. Mai 1949 in Bonn am Rhein in öffentlicher Sitzung festgestellt, daß das am 8. Mai des Jahres 1949 vom Parlamentarischen Rat beschlossene Grundgesetz für die Bundesrepublik Deutschland in der Woche vom 16.–22. Mai 1949 durch die Volksvertretungen von mehr als Zweidritteln der beteiligten deutschen Länder angenommen worden ist.

Auf Grund dieser Feststellung hat der Parlamentarische Rat, vertreten durch seine Präsidenten, das Grundgesetz ausgefertigt und verkündet.

Das Grundgesetz wird hiermit gemäß Artikel 145 Absatz 3 im Bundesgesetzblatt veröffentlicht:

Präambel

[1]Im Bewußtsein seiner Verantwortung vor Gott und den Menschen,

von dem Willen beseelt, als gleichberechtigtes Glied in einem vereinten Europa dem Frieden der Welt zu dienen, hat sich das Deutsche Volk kraft seiner verfassungsgebenden Gewalt dieses Grundgesetz gegeben.

[2]Die Deutschen in den Ländern Baden-Württemberg, Bayern, Berlin, Brandenburg, Bremen, Hamburg, Hessen, Mecklenburg-Vorpommern, Niedersachsen, Nordrhein-Westfalen, Rheinland-Pfalz, Saarland, Sachsen, Sachsen-Anhalt, Schleswig-Holstein und Thüringen haben in freier Selbstbestimmung die Einheit und Freiheit Deutschlands vollendet. [3]Damit gilt dieses Grundgesetz für das gesamte Deutsche Volk.

I. Die Grundrechte

Artikel 1 [Schutz der Menschenwürde, Menschenrechte, Grundrechtsbindung]

(1) [1]Die Würde des Menschen ist unantastbar. [2]Sie zu achten und zu schützen ist Verpflichtung aller staatlichen Gewalt.

(2) Das Deutsche Volk bekennt sich darum zu unverletzlichen und unveräußerlichen Menschenrechten als Grundlage jeder menschlichen Gemeinschaft, des Friedens und der Gerechtigkeit in der Welt.

(3) Die nachfolgenden Grundrechte binden Gesetzgebung, vollziehende Gewalt und Rechtsprechung als unmittelbar geltendes Recht.

Artikel 2 [Freie Entfaltung der Persönlichkeit, Recht auf Leben, körperliche Unversehrtheit, Freiheit der Person]

(1) Jeder hat das Recht auf die freie Entfaltung seiner Persönlichkeit, soweit er nicht die Rechte anderer verletzt und nicht gegen die verfassungsmäßige Ordnung oder das Sittengesetz verstößt.

(2) [1]Jeder hat das Recht auf Leben und körperliche Unversehrtheit. [2]Die Freiheit der Person ist unverletzlich. [3]In diese Rechte darf nur auf Grund eines Gesetzes eingegriffen werden.

Artikel 3 [Gleichheit vor dem Gesetz]

(1) Alle Menschen sind vor dem Gesetz gleich.

(2) [1]Männer und Frauen sind gleichberechtigt. [2]Der Staat fördert die tatsächliche Durchsetzung der Gleichberechtigung von Frauen und Männern und wirkt auf die Beseitigung bestehender Nachteile hin.

(3) [1]Niemand darf wegen seines Geschlechtes, seiner Abstammung, seiner Rasse, seiner Sprache, seiner Heimat und Herkunft, seines Glaubens, seiner religiösen oder politischen Anschauungen benachteiligt oder bevorzugt werden. [2]Niemand darf wegen seiner Behinderung benachteiligt werden.

Artikel 4 [Glaubens-, Gewissens- und Bekenntnisfreiheit, Kriegsdienstverweigerung]

(1) Die Freiheit des Glaubens, des Gewissens und die Freiheit des religiösen und weltanschaulichen Bekenntnisses sind unverletzlich.

(2) Die ungestörte Religionsausübung wird gewährleistet.

(3) [1]Niemand darf gegen sein Gewissen zum Kriegsdienst mit der Waffe gezwungen werden. [2]Das Nähere regelt ein Bundesgesetz.

Artikel 5 [Recht der freien Meinungsäußerung, Medienfreiheit, Kunst- und Wissenschaftsfreiheit]

(1) [1]Jeder hat das Recht, seine Meinung in Wort, Schrift und Bild frei zu äußern und zu verbreiten und sich aus allgemein zugänglichen Quellen ungehindert zu unterrichten. [2]Die Pressefreiheit und die Freiheit der Berichterstattung durch Rundfunk und Film werden gewährleistet. [3]Eine Zensur findet nicht statt.

(2) Diese Rechte finden ihre Schranken in den Vorschriften der allgemeinen Gesetze, den gesetzlichen Bestimmungen zum Schutze der Jugend und in dem Recht der persönlichen Ehre.

(3) [1]Kunst und Wissenschaft, Forschung und Lehre sind frei. [2]Die Freiheit der Lehre entbindet nicht von der Treue zur Verfassung.

Artikel 6 [Ehe, Familie, nicht eheliche Kinder]

(1) Ehe und Familie stehen unter dem besonderen Schutze der staatlichen Ordnung.

(2) [1]Pflege und Erziehung der Kinder sind das natürliche Recht der Eltern und die zuvörderst ihnen obliegende Pflicht. [2]Über ihre Betätigung wacht die staatliche Gemeinschaft.

(3) Gegen den Willen der Erziehungsberechtigten dürfen Kinder nur auf Grund eines Gesetzes von der Familie getrennt werden, wenn die Erziehungsberechtigten versagen oder wenn die Kinder aus anderen Gründen zu verwahrlosen drohen.

(4) Jede Mutter hat Anspruch auf den Schutz und die Fürsorge der Gemeinschaft.

(5) Den unehelichen[1)] Kindern sind durch die Gesetzgebung die gleichen Bedingungen für ihre leibliche und seelische Entwicklung und ihre Stellung in der Gesellschaft zu schaffen wie den ehelichen Kindern.

Artikel 7 [Schulwesen]

(1) Das gesamte Schulwesen steht unter der Aufsicht des Staates.

(2) Die Erziehungsberechtigten haben das Recht, über die Teilnahme des Kindes am Religionsunterricht zu bestimmen.

(3) [1]Der Religionsunterricht ist in den öffentlichen Schulen mit Ausnahme der bekenntnisfreien Schulen ordentliches Lehrfach. [2]Unbeschadet des staatlichen Aufsichtsrechtes wird der Religionsunterricht in Übereinstimmung mit den Grundsätzen der Religionsgemeinschaften erteilt. [3]Kein Lehrer darf gegen seinen Willen verpflichtet werden, Religionsunterricht zu erteilen.

(4) [1]Das Recht zur Errichtung von privaten Schulen wird gewährleistet. [2]Private Schulen als Ersatz für öffentliche Schulen bedürfen der Genehmigung des Staates und unterstehen den Landesgesetzen. [3]Die Genehmigung ist zu erteilen, wenn die privaten Schulen in ihren Lehrzielen und Einrichtungen sowie in der wissenschaftlichen Ausbildung ihrer Lehrkräfte nicht hinter den öffentlichen Schulen zurückstehen und eine Sonderung der Schüler nach den Besitzverhältnissen der Eltern nicht gefördert wird. [4]Die Genehmigung ist zu versagen, wenn die wirtschaftliche und rechtliche Stellung der Lehrkräfte nicht genügend gesichert ist.

(5) Eine private Volksschule ist nur zuzulassen, wenn die Unterrichtsverwaltung ein besonderes pädagogisches Interesse anerkennt oder, auf Antrag von Erziehungsberechtigten, wenn sie als Gemeinschaftsschule, als Bekenntnis- oder Weltanschauungsschule errichtet werden soll und eine öffentliche Volksschule dieser Art in der Gemeinde nicht besteht.

(6) Vorschulen bleiben aufgehoben.

Artikel 8 [Versammlungsfreiheit]

(1) Alle Deutschen haben das Recht, sich ohne Anmeldung oder Erlaubnis friedlich und ohne Waffen zu versammeln.

(2) Für Versammlungen unter freiem Himmel kann dieses Recht durch Gesetz oder auf Grund eines Gesetzes beschränkt werden.

Artikel 9 [Vereinigungsfreiheit]

(1) Alle Deutschen haben das Recht, Vereine und Gesellschaften zu bilden.

---

1) Der Begriff „unehelich“ ist durch Art. 9 § 2 G zur Neuregelung des Rechts der elterlichen Sorge v. 18.7.1979 (BGBl. I S. 1061) in allen Bundesgesetzen mit Ausnahme des Grundgesetzes durch den Begriff „nicht ehelich“ ersetzt worden.

(2) Vereinigungen, deren Zwecke oder deren Tätigkeit den Strafgesetzen zuwiderlaufen oder die sich gegen die verfassungsmäßige Ordnung oder gegen den Gedanken der Völkerverständigung richten, sind verboten.

(3) [1]Das Recht, zur Wahrung und Förderung der Arbeits- und Wirtschaftsbedingungen Vereinigungen zu bilden, ist für jedermann und für alle Berufe gewährleistet. [2]Abreden, die dieses Recht einschränken oder zu behindern suchen, sind nichtig, hierauf gerichtete Maßnahmen sind rechtswidrig. [3]Maßnahmen nach den Artikeln 12a, 35 Abs. 2 und 3, Artikel 87a Abs. 4 und Artikel 91 dürfen sich nicht gegen Arbeitskämpfe richten, die zur Wahrung und Förderung der Arbeits- und Wirtschaftsbedingungen von Vereinigungen im Sinne des Satzes 1 geführt werden.

Artikel 10 [Brief-, Post- und Fernmeldegeheimnis]

(1) Das Briefgeheimnis sowie das Post- und Fernmeldegeheimnis sind unverletzlich.

(2) [1]Beschränkungen dürfen nur auf Grund eines Gesetzes angeordnet werden. [2]Dient die Beschränkung dem Schutze der freiheitlichen demokratischen Grundordnung oder des Bestandes oder der Sicherung des Bundes oder eines Landes, so kann das Gesetz bestimmen, daß sie dem Betroffenen nicht mitgeteilt wird und daß an die Stelle des Rechtsweges die Nachprüfung durch von der Volksvertretung bestellte Organe und Hilfsorgane tritt.

Artikel 11 [Freizügigkeit]

(1) Alle Deutschen genießen Freizügigkeit im ganzen Bundesgebiet.

(2) Dieses Recht darf nur durch Gesetz oder auf Grund eines Gesetzes und nur für die Fälle eingeschränkt werden, in denen eine ausreichende Lebensgrundlage nicht vorhanden ist und der Allgemeinheit daraus besondere Lasten entstehen würden oder in denen es zur Abwehr einer drohenden Gefahr für den Bestand oder die freiheitliche demokratische Grundordnung des Bundes oder eines Landes, zur Bekämpfung von Seuchengefahr, Naturkatastrophen oder besonders schweren Unglücksfällen, zum Schutze der Jugend vor Verwahrlosung oder um strafbaren Handlungen vorzubeugen, erforderlich ist.

Artikel 12 [Berufsfreiheit]

(1) [1]Alle Deutschen haben das Recht, Beruf, Arbeitsplatz und Ausbildungsstätte frei zu wählen. [2]Die Berufsausübung kann durch Gesetz oder auf Grund eines Gesetzes geregelt werden.

(2) Niemand darf zu einer bestimmten Arbeit gezwungen werden, außer im Rahmen einer herkömmlichen allgemeinen, für alle gleichen öffentlichen Dienstleistungspflicht.

(3) Zwangsarbeit ist nur bei einer gerichtlich angeordneten Freiheitsentziehung zulässig.

Artikel 12a [Dienstverpflichtungen]

(1) Männer können vom vollendeten achtzehnten Lebensjahr an zum Dienst in den Streitkräften, im Bundesgrenzschutz oder in einem Zivilschutzverband verpflichtet werden.

(2) [1]Wer aus Gewissensgründen den Kriegsdienst mit der Waffe verweigert, kann zu einem Ersatzdienst verpflichtet werden. [2]Die Dauer des Ersatzdienstes darf die Dauer des Wehrdienstes nicht übersteigen. [3]Das Nähere regelt ein Gesetz, das die Freiheit der Gewissensentscheidung nicht beeinträchtigen darf und auch eine Möglichkeit des Ersatzdienstes vorsehen muß, die in keinem Zusammenhang mit den Verbänden der Streitkräfte und des Bundesgrenzschutzes steht.

(3) [1]Wehrpflichtige, die nicht zu einem Dienst nach Absatz 1 oder 2 herangezogen sind, können im Verteidigungsfalle durch Gesetz oder auf Grund eines Gesetzes zu zivilen Dienstleistungen für Zwecke der Verteidigung einschließlich des Schutzes der Zivilbevölkerung in Arbeitsverhältnisse verpflichtet werden; Verpflichtungen in öffentlich-rechtliche Dienstverhältnisse sind nur zur Wahrnehmung polizeilicher Aufgaben oder solcher hoheitlichen Aufgaben der öffentlichen Verwaltung, die nur in einem öffentlich-rechtlichen Dienstverhältnis erfüllt werden können, zulässig. [2]Arbeitsverhältnisse nach Satz 1 können bei den Streitkräften, im Bereich ihrer Versorgung sowie bei der öffentlichen Verwaltung begründet werden; Verpflichtungen in Arbeitsverhältnisse im Bereiche der Versorgung der Zivilbevölkerung sind nur zulässig, um ihren lebensnotwendigen Bedarf zu decken oder ihren Schutz sicherzustellen.

(4) [1]Kann im Verteidigungsfalle der Bedarf an zivilen Dienstleistungen im zivilen Sanitäts- und Heilwesen sowie in der ortsfesten militärischen Lazarettorganisation nicht auf freiwilliger Grundlage

gedeckt werden, so können Frauen vom vollendeten achtzehnten bis zum vollendeten fünfundfünfzigsten Lebensjahr durch Gesetz oder auf Grund eines Gesetzes zu derartigen Dienstleistungen herangezogen werden. [2]Sie dürfen auf keinen Fall zum Dienst mit der Waffe verpflichtet werden.

(5) [1]Für die Zeit vor dem Verteidigungsfalle können Verpflichtungen nach Absatz 3 nur nach Maßgabe des Artikels 80a Abs. 1 begründet werden. [2]Zur Vorbereitung auf Dienstleistungen nach Absatz 3, für die besondere Kenntnisse oder Fertigkeiten erforderlich sind, kann durch Gesetz oder auf Grund eines Gesetzes die Teilnahme an Ausbildungsveranstaltungen zur Pflicht gemacht werden. [3]Satz 1 findet insoweit keine Anwendung.

(6) [1]Kann im Verteidigungsfalle der Bedarf an Arbeitskräften für die in Absatz 3 Satz 2 genannten Bereiche auf freiwilliger Grundlage nicht gedeckt werden, so kann zur Sicherung dieses Bedarfs die Freiheit der Deutschen, die Ausübung eines Berufs oder den Arbeitsplatz aufzugeben, durch Gesetz oder auf Grund eines Gesetzes eingeschränkt werden. [2]Vor Eintritt des Verteidigungsfalles gilt Absatz 5 Satz 1 entsprechend.

Artikel 13 [Unverletzlichkeit der Wohnung]

(1) Die Wohnung ist unverletzlich.

(2) Durchsuchungen dürfen nur durch den Richter, bei Gefahr im Verzuge auch durch die in den Gesetzen vorgesehenen anderen Organe angeordnet und nur in der dort vorgeschriebenen Form durchgeführt werden.

(3) [1]Begründen bestimmte Tatsachen den Verdacht, daß jemand eine durch Gesetz einzeln bestimmte besonders schwere Straftat begangen hat, so dürfen zur Verfolgung der Tat auf Grund richterlicher Anordnung technische Mittel zur akustischen Überwachung von Wohnungen, in denen der Beschuldigte sich vermutlich aufhält, eingesetzt werden, wenn die Erforschung des Sachverhalts auf andere Weise unverhältnismäßig erschwert oder aussichtslos wäre. [2]Die Maßnahme ist zu befristen. [3]Die Anordnung erfolgt durch einen mit drei Richtern besetzten Spruchkörper. [4]Bei Gefahr im Verzuge kann sie auch durch einen einzelnen Richter getroffen werden.

(4) [1]Zur Abwehr dringender Gefahren für die öffentliche Sicherheit, insbesondere einer gemeinen Gefahr oder einer Lebensgefahr, dürfen technische Mittel zur Überwachung von Wohnungen nur auf Grund richterlicher Anordnung eingesetzt werden. [2]Bei Gefahr im Verzuge kann die Maßnahme auch durch eine andere gesetzlich bestimmte Stelle angeordnet werden; eine richterliche Entscheidung ist unverzüglich nachzuholen.

(5) [1]Sind technische Mittel ausschließlich zum Schutze der bei einem Einsatz in Wohnungen tätigen Personen vorgesehen, kann die Maßnahme durch eine gesetzlich bestimmte Stelle angeordnet werden. [2]Eine anderweitige Verwertung der hierbei erlangten Erkenntnisse ist nur zum Zwecke der Strafverfolgung oder der Gefahrenabwehr und nur zulässig, wenn zuvor die Rechtmäßigkeit der Maßnahme richterlich festgestellt ist; bei Gefahr im Verzuge ist die richterliche Entscheidung unverzüglich nachzuholen.

(6) [1]Die Bundesregierung unterrichtet den Bundestag jährlich über den nach Absatz 3 sowie über den im Zuständigkeitsbereich des Bundes nach Absatz 4 und, soweit richterlich überprüfungsbedürftig, nach Absatz 5 erfolgten Einsatz technischer Mittel. [2]Ein vom Bundestag gewähltes Gremium übt auf der Grundlage dieses Berichts die parlamentarische Kontrolle aus. [3]Die Länder gewährleisten eine gleichwertige parlamentarische Kontrolle.

(7) Eingriffe und Beschränkungen dürfen im übrigen nur zur Abwehr einer gemeinen Gefahr oder einer Lebensgefahr für einzelne Personen, auf Grund eines Gesetzes auch zur Verhütung dringender Gefahren für die öffentliche Sicherheit und Ordnung, insbesondere zur Behebung der Raumnot, zur Bekämpfung von Seuchengefahr oder zum Schutze gefährdeter Jugendlicher vorgenommen werden.

Artikel 14 [Eigentum, Erbrecht und Enteignung]

(1) [1]Das Eigentum und das Erbrecht werden gewährleistet. [2]Inhalt und Schranken werden durch die Gesetze bestimmt.

(2) [1]Eigentum verpflichtet. [2]Sein Gebrauch soll zugleich dem Wohle der Allgemeinheit dienen.

(3) [1]Eine Enteignung ist nur zum Wohle der Allgemeinheit zulässig. [2]Sie darf nur durch Gesetz oder auf Grund eines Gesetzes erfolgen, das Art und Ausmaß der Entschädigung regelt. [3]Die Entschädigung ist unter gerechter Abwägung der Interessen der Allgemeinheit und der Beteiligten zu bestimmen.

[4]Wegen der Höhe der Entschädigung steht im Streitfalle der Rechtsweg vor den ordentlichen Gerichten offen.

Artikel 15 [Sozialisierung, Überführung in Gemeineigentum]
[1]Grund und Boden, Naturschätze und Produktionsmittel können zum Zwecke der Vergesellschaftung durch ein Gesetz, das Art und Ausmaß der Entschädigung regelt, in Gemeineigentum oder in andere Formen der Gemeinwirtschaft überführt werden. [2]Für die Entschädigung gilt Artikel 14 Abs. 3 Satz 3 und 4 entsprechend.

Artikel 16 [Ausbürgerung, Auslieferung]
(1) [1]Die deutsche Staatsangehörigkeit darf nicht entzogen werden. [2]Der Verlust der Staatsangehörigkeit darf nur auf Grund eines Gesetzes und gegen den Willen des Betroffenen nur dann eintreten, wenn der Betroffene dadurch nicht staatenlos wird.

(2) [1]Kein Deutscher darf an das Ausland ausgeliefert werden. [2]Durch Gesetz kann eine abweichende Regelung für Auslieferungen an einen Mitgliedstaat der Europäischen Union oder an einen internationalen Gerichtshof getroffen werden, soweit rechtsstaatliche Grundsätze gewahrt sind.

Artikel 16a [Asylrecht]
(1) Politisch Verfolgte genießen Asylrecht.

(2) [1]Auf Absatz 1 kann sich nicht berufen, wer aus einem Mitgliedstaat der Europäischen Gemeinschaften oder aus einem anderen Drittstaat einreist, in dem die Anwendung des Abkommens über die Rechtsstellung der Flüchtlinge und der Konvention zum Schutze der Menschenrechte und Grundfreiheiten sichergestellt ist. [2]Die Staaten außerhalb der Europäischen Gemeinschaften, auf die die Voraussetzungen des Satzes 1 zutreffen, werden durch Gesetz, das der Zustimmung des Bundesrates bedarf, bestimmt. [3]In den Fällen des Satzes 1 können aufenthaltsbeendende Maßnahmen unabhängig von einem hiergegen eingelegten Rechtsbehelf vollzogen werden.

(3) [1]Durch Gesetz, das der Zustimmung des Bundesrates bedarf, können Staaten bestimmt werden, bei denen auf Grund der Rechtslage, der Rechtsanwendung und der allgemeinen politischen Verhältnisse gewährleistet erscheint, daß dort weder politische Verfolgung noch unmenschliche oder erniedrigende Bestrafung oder Behandlung stattfindet. [2]Es wird vermutet, daß ein Ausländer aus einem solchen Staat nicht verfolgt wird, solange er nicht Tatsachen vorträgt, die die Annahme begründen, daß er entgegen dieser Vermutung politisch verfolgt wird.

(4) [1]Die Vollziehung aufenthaltsbeendender Maßnahmen wird in den Fällen des Absatzes 3 und in anderen Fällen, die offensichtlich unbegründet sind oder als offensichtlich unbegründet gelten, durch das Gericht nur ausgesetzt, wenn ernstliche Zweifel an der Rechtmäßigkeit der Maßnahme bestehen; der Prüfungsumfang kann eingeschränkt werden und verspätetes Vorbringen unberücksichtigt bleiben. [2]Das Nähere ist durch Gesetz zu bestimmen.

(5) Die Absätze 1 bis 4 stehen völkerrechtlichen Verträgen von Mitgliedstaaten der Europäischen Gemeinschaften untereinander und mit dritten Staaten nicht entgegen, die unter Beachtung der Verpflichtungen aus dem Abkommen über die Rechtsstellung der Flüchtlinge und der Konvention zum Schutze der Menschenrechte und Grundfreiheiten, deren Anwendung in den Vertragsstaaten sichergestellt sein muß, Zuständigkeitsregelungen für die Prüfung von Asylbegehren einschließlich der gegenseitigen Anerkennung von Asylentscheidungen treffen.

Artikel 17 [Petitionsrecht]
Jedermann hat das Recht, sich einzeln oder in Gemeinschaft mit anderen schriftlich mit Bitten oder Beschwerden an die zuständigen Stellen und an die Volksvertretung zu wenden.

Artikel 17a [Grundrechtseinschränkungen bei Wehr- und Ersatzdienst]
(1) Gesetze über Wehrdienst und Ersatzdienst können bestimmen, daß für die Angehörigen der Streitkräfte und des Ersatzdienstes während der Zeit des Wehr- oder Ersatzdienstes das Grundrecht, seine Meinung in Wort, Schrift und Bild frei zu äußern und zu verbreiten (Artikel 5 Abs. 1 Satz 1 erster Halbsatz), das Grundrecht der Versammlungsfreiheit (Artikel 8) und das Petitionsrecht (Artikel 17), soweit es das Recht gewährt, Bitten oder Beschwerden in Gemeinschaft mit anderen vorzubringen, eingeschränkt werden.

(2) Gesetze, die der Verteidigung einschließlich des Schutzes der Zivilbevölkerung dienen, können bestimmen, daß die Grundrechte der Freizügigkeit (Artikel 11) und der Unverletzlichkeit der Wohnung (Artikel 13) eingeschränkt werden.

Artikel 18 [Verwirkung von Grundrechten]
[1]Wer die Freiheit der Meinungsäußerung, insbesondere die Pressefreiheit (Artikel 5 Abs. 1), die Lehrfreiheit (Artikel 5 Abs. 3), die Versammlungsfreiheit (Artikel 8), die Vereinigungsfreiheit (Artikel 9), das Brief-, Post- und Fernmeldegeheimnis (Artikel 10), das Eigentum (Artikel 14) oder das Asylrecht (Artikel 16a) zum Kampfe gegen die freiheitliche demokratische Grundordnung mißbraucht, verwirkt diese Grundrechte. [2]Die Verwirkung und ihr Ausmaß werden durch das Bundesverfassungsgericht ausgesprochen.

Artikel 19 [Einschränkung von Grundrechten; Grundrechtsträger; Rechtsschutz]
(1) [1]Soweit nach diesem Grundgesetz ein Grundrecht durch Gesetz oder auf Grund eines Gesetzes eingeschränkt werden kann, muß das Gesetz allgemein und nicht nur für den Einzelfall gelten. [2]Außerdem muß das Gesetz das Grundrecht unter Angabe des Artikels nennen.

(2) In keinem Falle darf ein Grundrecht in seinem Wesensgehalt angetastet werden.

(3) Die Grundrechte gelten auch für inländische juristische Personen, soweit sie ihrem Wesen nach auf diese anwendbar sind.

(4) [1]Wird jemand durch die öffentliche Gewalt in seinen Rechten verletzt, so steht ihm der Rechtsweg offen. [2]Soweit eine andere Zuständigkeit nicht begründet ist, ist der ordentliche Rechtsweg gegeben. [3]Artikel 10 Abs. 2 Satz 2 bleibt unberührt.

II. Der Bund und die Länder

Artikel 20 [Bundesstaatliche Verfassung; Widerstandsrecht]
(1) Die Bundesrepublik Deutschland ist ein demokratischer und sozialer Bundesstaat.

(2) [1]Alle Staatsgewalt geht vom Volke aus. [2]Sie wird vom Volke in Wahlen und Abstimmungen und durch besondere Organe der Gesetzgebung, der vollziehenden Gewalt und der Rechtsprechung ausgeübt.

(3) Die Gesetzgebung ist an die verfassungsmäßige Ordnung, die vollziehende Gewalt und die Rechtsprechung sind an Gesetz und Recht gebunden.

(4) Gegen jeden, der es unternimmt, diese Ordnung zu beseitigen, haben alle Deutschen das Recht zum Widerstand, wenn andere Abhilfe nicht möglich ist.

Artikel 20a [Schutz der natürlichen Lebensgrundlagen]
Der Staat schützt auch in Verantwortung für die künftigen Generationen die natürlichen Lebensgrundlagen und die Tiere im Rahmen der verfassungsmäßigen Ordnung durch die Gesetzgebung und nach Maßgabe von Gesetz und Recht durch die vollziehende Gewalt und die Rechtsprechung.

Artikel 21 [Parteien]
(1) [1]Die Parteien wirken bei der politischen Willensbildung des Volkes mit. [2]Ihre Gründung ist frei. [3]Ihre innere Ordnung muß demokratischen Grundsätzen entsprechen. [4]Sie müssen über die Herkunft und Verwendung ihrer Mittel sowie über ihr Vermögen öffentlich Rechenschaft geben.

(2) Parteien, die nach ihren Zielen oder nach dem Verhalten ihrer Anhänger darauf ausgehen, die freiheitliche demokratische Grundordnung zu beeinträchtigen oder zu beseitigen oder den Bestand der Bundesrepublik Deutschland zu gefährden, sind verfassungswidrig.

(3) [1]Parteien, die nach ihren Zielen oder dem Verhalten ihrer Anhänger darauf ausgerichtet sind, die freiheitliche demokratische Grundordnung zu beeinträchtigen oder zu beseitigen oder den Bestand der Bundesrepublik Deutschland zu gefährden, sind von staatlicher Finanzierung ausgeschlossen. [2]Wird der Ausschluss festgestellt, so entfällt auch eine steuerliche Begünstigung dieser Parteien und von Zuwendungen an diese Parteien.

(4) Über die Frage der Verfassungswidrigkeit nach Absatz 2 sowie über den Ausschluss von staatlicher Finanzierung nach Absatz 3 entscheidet das Bundesverfassungsgericht.

(5) Das Nähere regeln Bundesgesetze.

Artikel 22 [Bundeshauptstadt, Bundesflagge]

(1) [1]Die Hauptstadt der Bundesrepublik Deutschland ist Berlin. [2]Die Repräsentation des Gesamtstaates in der Hauptstadt ist Aufgabe des Bundes. [3]Das Nähere wird durch Bundesgesetz geregelt.

(2) Die Bundesflagge ist schwarz-rot-gold.

Artikel 23 [Verwirklichung der Europäischen Union; Beteiligung des Bundesrates, der Bundesregierung]

(1) [1]Zur Verwirklichung eines vereinten Europas wirkt die Bundesrepublik Deutschland bei der Entwicklung der Europäischen Union mit, die demokratischen, rechtsstaatlichen, sozialen und föderativen Grundsätzen und dem Grundsatz der Subsidiarität verpflichtet ist und einen diesem Grundgesetz im wesentlichen vergleichbaren Grundrechtsschutz gewährleistet. [2]Der Bund kann hierzu durch Gesetz mit Zustimmung des Bundesrates Hoheitsrechte übertragen. [3]Für die Begründung der Europäischen Union sowie für Änderungen ihrer vertraglichen Grundlagen und vergleichbare Regelungen, durch die dieses Grundgesetz seinem Inhalt nach geändert oder ergänzt wird oder solche Änderungen oder Ergänzungen ermöglicht werden, gilt Artikel 79 Abs. 2 und 3.

(1a) [1]Der Bundestag und der Bundesrat haben das Recht, wegen Verstoßes eines Gesetzgebungsakts der Europäischen Union gegen das Subsidiaritätsprinzip vor dem Gerichtshof der Europäischen Union Klage zu erheben. [2]Der Bundestag ist hierzu auf Antrag eines Viertels seiner Mitglieder verpflichtet. [3]Durch Gesetz, das der Zustimmung des Bundesrates bedarf, können für die Wahrnehmung der Rechte, die dem Bundestag und dem Bundesrat in den vertraglichen Grundlagen der Europäischen Union eingeräumt sind, Ausnahmen von Artikel 42 Abs. 2 Satz 1 und Artikel 52 Abs. 3 Satz 1 zugelassen werden.

(2) [1]In Angelegenheiten der Europäischen Union wirken der Bundestag und durch den Bundesrat die Länder mit. [2]Die Bundesregierung hat den Bundestag und den Bundesrat umfassend und zum frühestmöglichen Zeitpunkt zu unterrichten.

(3) [1]Die Bundesregierung gibt dem Bundestag Gelegenheit zur Stellungnahme vor ihrer Mitwirkung an Rechtsetzungsakten der Europäischen Union. [2]Die Bundesregierung berücksichtigt die Stellungnahmen des Bundestages bei den Verhandlungen. [3]Das Nähere regelt ein Gesetz.

(4) Der Bundesrat ist an der Willensbildung des Bundes zu beteiligen, soweit er an einer entsprechenden innerstaatlichen Maßnahme mitzuwirken hätte oder soweit die Länder innerstaatlich zuständig wären.

(5) [1]Soweit in einem Bereich ausschließlicher Zuständigkeiten des Bundes Interessen der Länder berührt sind oder soweit im übrigen der Bund das Recht zur Gesetzgebung hat, berücksichtigt die Bundesregierung die Stellungnahme des Bundesrates. [2]Wenn im Schwerpunkt Gesetzgebungsbefugnisse der Länder, die Einrichtung ihrer Behörden oder ihre Verwaltungsverfahren betroffen sind, ist bei der Willensbildung des Bundes insoweit die Auffassung des Bundesrates maßgeblich zu berücksichtigen; dabei ist die gesamtstaatliche Verantwortung des Bundes zu wahren. [3]In Angelegenheiten, die zu Ausgabenerhöhungen oder Einnahmeminderungen für den Bund führen können, ist die Zustimmung der Bundesregierung erforderlich.

(6) [1]Wenn im Schwerpunkt ausschließliche Gesetzgebungsbefugnisse der Länder auf den Gebieten der schulischen Bildung, der Kultur oder des Rundfunks betroffen sind, wird die Wahrnehmung der Rechte, die der Bundesrepublik Deutschland als Mitgliedstaat der Europäischen Union zustehen, vom Bund auf einen vom Bundesrat benannten Vertreter der Länder übertragen. [2]Die Wahrnehmung der Rechte erfolgt unter Beteiligung und in Abstimmung mit der Bundesregierung; dabei ist die gesamtstaatliche Verantwortung des Bundes zu wahren.

(7) Das Nähere zu den Absätzen 4 bis 6 regelt ein Gesetz, das der Zustimmung des Bundesrates bedarf.

Artikel 24 [Kollektives Sicherheitssystem]

(1) Der Bund kann durch Gesetz Hoheitsrechte auf zwischenstaatliche Einrichtungen übertragen.

(1a) Soweit die Länder für die Ausübung der staatlichen Befugnisse und die Erfüllung der staatlichen Aufgaben zuständig sind, können sie mit Zustimmung der Bundesregierung Hoheitsrechte auf grenznachbarschaftliche Einrichtungen übertragen.

(2) Der Bund kann sich zur Wahrung des Friedens einem System gegenseitiger kollektiver Sicherheit einordnen; er wird hierbei in die Beschränkungen seiner Hoheitsrechte einwilligen, die eine friedliche und dauerhafte Ordnung in Europa und zwischen den Völkern der Welt herbeiführen und sichern.

(3) Zur Regelung zwischenstaatlicher Streitigkeiten wird der Bund Vereinbarungen über eine allgemeine, umfassende, obligatorische, internationale Schiedsgerichtsbarkeit beitreten.

Artikel 25 [Allgemeines Völkerrecht als Bestandteil des Bundesrechts]

[1]Die allgemeinen Regeln des Völkerrechtes sind Bestandteil des Bundesrechtes. [2]Sie gehen den Gesetzen vor und erzeugen Rechte und Pflichten unmittelbar für die Bewohner des Bundesgebietes.

Artikel 26 [Verbot des Angriffskrieges]

(1) [1]Handlungen, die geeignet sind und in der Absicht vorgenommen werden, das friedliche Zusammenleben der Völker zu stören, insbesondere die Führung eines Angriffskrieges vorzubereiten, sind verfassungswidrig. [2]Sie sind unter Strafe zu stellen.

(2) [1]Zur Kriegführung bestimmte Waffen dürfen nur mit Genehmigung der Bundesregierung hergestellt, befördert und in Verkehr gebracht werden. [2]Das Nähere regelt ein Bundesgesetz.

Artikel 27 [Handelsflotte]

Alle deutschen Kauffahrteischiffe bilden eine einheitliche Handelsflotte.

Artikel 28 [Verfassung der Länder]

(1) [1]Die verfassungsmäßige Ordnung in den Ländern muß den Grundsätzen des republikanischen, demokratischen und sozialen Rechtsstaates im Sinne dieses Grundgesetzes entsprechen. [2]In den Ländern, Kreisen und Gemeinden muß das Volk eine Vertretung haben, die aus allgemeinen, unmittelbaren, freien, gleichen und geheimen Wahlen hervorgegangen ist. [3]Bei Wahlen in Kreisen und Gemeinden sind auch Personen, die die Staatsangehörigkeit eines Mitgliedstaates der Europäischen Gemeinschaft besitzen, nach Maßgabe von Recht der Europäischen Gemeinschaft wahlberechtigt und wählbar. [4]In Gemeinden kann an die Stelle einer gewählten Körperschaft die Gemeindeversammlung treten.

(2) [1]Den Gemeinden muß das Recht gewährleistet sein, alle Angelegenheiten der örtlichen Gemeinschaft im Rahmen der Gesetze in eigener Verantwortung zu regeln. [2]Auch die Gemeindeverbände haben im Rahmen ihres gesetzlichen Aufgabenbereiches nach Maßgabe der Gesetze das Recht der Selbstverwaltung. [3]Die Gewährleistung der Selbstverwaltung umfaßt auch die Grundlagen der finanziellen Eigenverantwortung; zu diesen Grundlagen gehört eine den Gemeinden mit Hebesatzrecht zustehende wirtschaftskraftbezogene Steuerquelle.

(3) Der Bund gewährleistet, daß die verfassungsmäßige Ordnung der Länder den Grundrechten und den Bestimmungen der Absätze 1 und 2 entspricht.

Artikel 29 [Neugliederung des Bundesgebietes]

(1) [1]Das Bundesgebiet kann neu gegliedert werden, um zu gewährleisten, daß die Länder nach Größe und Leistungsfähigkeit die ihnen obliegenden Aufgaben wirksam erfüllen können. [2]Dabei sind die landsmannschaftliche Verbundenheit, die geschichtlichen und kulturellen Zusammenhänge, die wirtschaftliche Zweckmäßigkeit sowie die Erfordernisse der Raumordnung und der Landesplanung zu berücksichtigen.

(2) [1]Maßnahmen zur Neugliederung des Bundesgebietes ergehen durch Bundesgesetz, das der Bestätigung durch Volksentscheid bedarf. [2]Die betroffenen Länder sind zu hören.

(3) [1]Der Volksentscheid findet in den Ländern statt, aus deren Gebieten oder Gebietsteilen ein neues oder neu umgrenztes Land gebildet werden soll (betroffene Länder). [2]Abzustimmen ist über die Frage, ob die betroffenen Länder wie bisher bestehenbleiben sollen oder ob das neue oder neu umgrenzte Land gebildet werden soll. [3]Der Volksentscheid für die Bildung eines neuen oder neu umgrenzten Landes kommt zustande, wenn in dessen künftigem Gebiet und insgesamt in den Gebieten oder Gebietsteilen eines betroffenen Landes, deren Landeszugehörigkeit im gleichen Sinne geändert werden soll, jeweils eine Mehrheit der Änderung zustimmt. [4]Er kommt nicht zustande, wenn im Gebiet eines der betroffenen Länder eine Mehrheit die Änderung ablehnt; die Ablehnung ist jedoch unbeachtlich, wenn in einem Gebietsteil, dessen Zugehörigkeit zu dem betroffenen Land geändert werden soll, eine Mehrheit von zwei Dritteln der Änderung zustimmt, es sei denn, daß im Gesamtgebiet des betroffenen Landes eine Mehrheit von zwei Dritteln die Änderung ablehnt.

(4) Wird in einem zusammenhängenden, abgegrenzten Siedlungs- und Wirtschaftsraum, dessen Teile in mehreren Ländern liegen und der mindestens eine Million Einwohner hat, von einem Zehntel der in ihm zum Bundestag Wahlberechtigten durch Volksbegehren gefordert, daß für diesen Raum eine einheitliche Landeszugehörigkeit herbeigeführt werde, so ist durch Bundesgesetz innerhalb von zwei Jahren entweder zu bestimmen, ob die Landeszugehörigkeit gemäß Absatz 2 geändert wird, oder daß in den betroffenen Ländern eine Volksbefragung stattfindet.

(5) [1]Die Volksbefragung ist darauf gerichtet festzustellen, ob eine in dem Gesetz vorzuschlagende Änderung der Landeszugehörigkeit Zustimmung findet. [2]Das Gesetz kann verschiedene, jedoch nicht mehr als zwei Vorschläge der Volksbefragung vorlegen. [3]Stimmt eine Mehrheit einer vorgeschlagenen Änderung der Landeszugehörigkeit zu, so ist durch Bundesgesetz innerhalb von zwei Jahren zu bestimmen, ob die Landeszugehörigkeit gemäß Absatz 2 geändert wird. [4]Findet ein der Volksbefragung vorgelegter Vorschlag eine den Maßgaben des Absatzes 3 Satz 3 und 4 entsprechende Zustimmung, so ist innerhalb von zwei Jahren nach der Durchführung der Volksbefragung ein Bundesgesetz zur Bildung des vorgeschlagenen Landes zu erlassen, das der Bestätigung durch Volksentscheid nicht mehr bedarf.

(6) [1]Mehrheit im Volksentscheid und in der Volksbefragung ist die Mehrheit der abgegebenen Stimmen, wenn sie mindestens ein Viertel der zum Bundestag Wahlberechtigten umfaßt. [2]Im übrigen wird das Nähere über Volksentscheid, Volksbegehren und Volksbefragung durch ein Bundesgesetz geregelt; dieses kann auch vorsehen, daß Volksbegehren innerhalb eines Zeitraumes von fünf Jahren nicht wiederholt werden können.

(7) [1]Sonstige Änderungen des Gebietsbestandes der Länder können durch Staatsverträge der beteiligten Länder oder durch Bundesgesetz mit Zustimmung des Bundesrates erfolgen, wenn das Gebiet, dessen Landeszugehörigkeit geändert werden soll, nicht mehr als 50 000 Einwohner hat. [2]Das Nähere regelt ein Bundesgesetz, das der Zustimmung des Bundesrates und der Mehrheit der Mitglieder des Bundestages bedarf. [3]Es muß die Anhörung der betroffenen Gemeinden und Kreise vorsehen.

(8) [1]Die Länder können eine Neugliederung für das jeweils von ihnen umfaßte Gebiet oder für Teilgebiete abweichend von den Vorschriften der Absätze 2 bis 7 durch Staatsvertrag regeln. [2]Die betroffenen Gemeinden und Kreise sind zu hören. [3]Der Staatsvertrag bedarf der Bestätigung durch Volksentscheid in jedem beteiligten Land. [4]Betrifft der Staatsvertrag Teilgebiete der Länder, kann die Bestätigung auf Volksentscheide in diesen Teilgebieten beschränkt werden; Satz 5 zweiter Halbsatz findet keine Anwendung. [5]Bei einem Volksentscheid entscheidet die Mehrheit der abgegebenen Stimmen, wenn sie mindestens ein Viertel der zum Bundestag Wahlberechtigten umfaßt; das Nähere regelt ein Bundesgesetz. [6]Der Staatsvertrag bedarf der Zustimmung des Bundestages.

Artikel 30 [Funktionen der Länder]

Die Ausübung der staatlichen Befugnisse und die Erfüllung der staatlichen Aufgaben ist Sache der Länder, soweit dieses Grundgesetz keine andere Regelung trifft oder zuläßt.

Artikel 31 [Vorrang des Bundesrechts]

Bundesrecht bricht Landesrecht.

Artikel 32 [Auswärtige Beziehungen]

(1) Die Pflege der Beziehungen zu auswärtigen Staaten ist Sache des Bundes.

(2) Vor dem Abschlusse eines Vertrages, der die besonderen Verhältnisse eines Landes berührt, ist das Land rechtzeitig zu hören.

(3) Soweit die Länder für die Gesetzgebung zuständig sind, können sie mit Zustimmung der Bundesregierung mit auswärtigen Staaten Verträge abschließen.

Artikel 33 [Staatsbürgerliche Rechte]

(1) Jeder Deutsche hat in jedem Lande die gleichen staatsbürgerlichen Rechte und Pflichten.

(2) Jeder Deutsche hat nach seiner Eignung, Befähigung und fachlichen Leistung gleichen Zugang zu jedem öffentlichen Amte.

(3) [1]Der Genuß bürgerlicher und staatsbürgerlicher Rechte, die Zulassung zu öffentlichen Ämtern sowie die im öffentlichen Dienste erworbenen Rechte sind unabhängig von dem religiösen Bekenntnis.

[2]Niemandem darf aus seiner Zugehörigkeit oder Nichtzugehörigkeit zu einem Bekenntnisse oder einer Weltanschauung ein Nachteil erwachsen.

(4) Die Ausübung hoheitsrechtlicher Befugnisse ist als ständige Aufgabe in der Regel Angehörigen des öffentlichen Dienstes zu übertragen, die in einem öffentlich-rechtlichen Dienst- und Treueverhältnis stehen.

(5) Das Recht des öffentlichen Dienstes ist unter Berücksichtigung der hergebrachten Grundsätze des Berufsbeamtentums zu regeln und fortzuentwickeln.

Artikel 34 [Haftung bei Amtspflichtverletzung]

[1]Verletzt jemand in Ausübung eines ihm anvertrauten öffentlichen Amtes die ihm einem Dritten gegenüber obliegende Amtspflicht, so trifft die Verantwortlichkeit grundsätzlich den Staat oder die Körperschaft, in deren Dienst er steht. [2]Bei Vorsatz oder grober Fahrlässigkeit bleibt der Rückgriff vorbehalten. [3]Für den Anspruch auf Schadensersatz und für den Rückgriff darf der ordentliche Rechtsweg nicht ausgeschlossen werden.

Artikel 35 [Rechts- und Amtshilfe]

(1) Alle Behörden des Bundes und der Länder leisten sich gegenseitig Rechts- und Amtshilfe.

(2) [1]Zur Aufrechterhaltung oder Wiederherstellung der öffentlichen Sicherheit oder Ordnung kann ein Land in Fällen von besonderer Bedeutung Kräfte und Einrichtungen des Bundesgrenzschutzes[1)] zur Unterstützung seiner Polizei anfordern, wenn die Polizei ohne diese Unterstützung eine Aufgabe nicht oder nur unter erheblichen Schwierigkeiten erfüllen könnte. [2]Zur Hilfe bei einer Naturkatastrophe oder bei einem besonders schweren Unglücksfall kann ein Land Polizeikräfte anderer Länder, Kräfte und Einrichtungen anderer Verwaltungen sowie des Bundesgrenzschutzes und der Streitkräfte anfordern.

(3) [1]Gefährdet die Naturkatastrophe oder der Unglücksfall das Gebiet mehr als eines Landes, so kann die Bundesregierung, soweit es zur wirksamen Bekämpfung erforderlich ist, den Landesregierungen die Weisung erteilen, Polizeikräfte anderen Ländern zur Verfügung zu stellen, sowie Einheiten des Bundesgrenzschutzes[1)] und der Streitkräfte zur Unterstützung der Polizeikräfte einsetzen. [2]Maßnahmen der Bundesregierung nach Satz 1 sind jederzeit auf Verlangen des Bundesrates, im übrigen unverzüglich nach Beseitigung der Gefahr aufzuheben.

Artikel 36 [Beamte der Bundesbehörden]

(1) [1]Bei den obersten Bundesbehörden sind Beamte aus allen Ländern in angemessenem Verhältnis zu verwenden. [2]Die bei den übrigen Bundesbehörden beschäftigten Personen sollen in der Regel aus dem Lande genommen werden, in dem sie tätig sind.

(2) Die Wehrgesetze haben auch die Gliederung des Bundes in Länder und ihre besonderen landsmannschaftlichen Verhältnisse zu berücksichtigen.

Artikel 37 [Bundeszwang]

(1) Wenn ein Land die ihm nach dem Grundgesetze oder einem anderen Bundesgesetze obliegenden Bundespflichten nicht erfüllt, kann die Bundesregierung mit Zustimmung des Bundesrates die notwendigen Maßnahmen treffen, um das Land im Wege des Bundeszwanges zur Erfüllung seiner Pflichten anzuhalten.

(2) Zur Durchführung des Bundeszwanges hat die Bundesregierung oder ihr Beauftragter das Weisungsrecht gegenüber allen Ländern und ihren Behörden.

III. Der Bundestag

Artikel 38 [Wahl]

(1) [1]Die Abgeordneten des Deutschen Bundestages werden in allgemeiner, unmittelbarer, freier, gleicher und geheimer Wahl gewählt. [2]Sie sind Vertreter des ganzen Volkes, an Aufträge und Weisungen nicht gebunden und nur ihrem Gewissen unterworfen.

(2) Wahlberechtigt ist, wer das achtzehnte Lebensjahr vollendet hat; wählbar ist, wer das Alter erreicht hat, mit dem die Volljährigkeit eintritt.

1) Jetzt: „Bundespolizei“.

(3) Das Nähere bestimmt ein Bundesgesetz.

Artikel 39 [Zusammentritt und Wahlperiode]

(1) [1]Der Bundestag wird vorbehaltlich der nachfolgenden Bestimmungen auf vier Jahre gewählt. [2]Seine Wahlperiode endet mit dem Zusammentritt eines neuen Bundestages. [3]Die Neuwahl findet frühestens sechsundvierzig, spätestens achtundvierzig Monate nach Beginn der Wahlperiode statt. [4]Im Falle einer Auflösung des Bundestages findet die Neuwahl innerhalb von sechzig Tagen statt.

(2) Der Bundestag tritt spätestens am dreißigsten Tage nach der Wahl zusammen.

(3) [1]Der Bundestag bestimmt den Schluß und den Wiederbeginn seiner Sitzungen. [2]Der Präsident des Bundestages kann ihn früher einberufen. [3]Er ist hierzu verpflichtet, wenn ein Drittel der Mitglieder, der Bundespräsident oder der Bundeskanzler es verlangen.

Artikel 40 [Präsident; Geschäftsordnung]

(1) [1]Der Bundestag wählt seinen Präsidenten, dessen Stellvertreter und die Schriftführer. [2]Er gibt sich eine Geschäftsordnung[1)].

(2) [1]Der Präsident übt das Hausrecht und die Polizeigewalt im Gebäude des Bundestages aus. [2]Ohne seine Genehmigung darf in den Räumen des Bundestages keine Durchsuchung oder Beschlagnahme stattfinden.

Artikel 41 [Wahlprüfung]

(1) [1]Die Wahlprüfung ist Sache des Bundestages. [2]Er entscheidet auch, ob ein Abgeordneter des Bundestages die Mitgliedschaft verloren hat.

(2) Gegen die Entscheidung des Bundestages ist die Beschwerde an das Bundesverfassungsgericht zulässig.

(3) Das Nähere regelt ein Bundesgesetz.

Artikel 42 [Öffentlichkeit der Sitzungen; Mehrheitsprinzip]

(1) [1]Der Bundestag verhandelt öffentlich. [2]Auf Antrag eines Zehntels seiner Mitglieder oder auf Antrag der Bundesregierung kann mit Zweidrittelmehrheit die Öffentlichkeit ausgeschlossen werden. [3]Über den Antrag wird in nichtöffentlicher Sitzung entschieden.

(2) [1]Zu einem Beschlusse des Bundestages ist die Mehrheit der abgegebenen Stimmen erforderlich, soweit dieses Grundgesetz nichts anderes bestimmt. [2]Für die vom Bundestage vorzunehmenden Wahlen kann die Geschäftsordnung Ausnahmen zulassen.

(3) Wahrheitsgetreue Berichte über die öffentlichen Sitzungen des Bundestages und seiner Ausschüsse bleiben von jeder Verantwortlichkeit frei.

Artikel 43 [Anwesenheit der Bundesregierung]

(1) Der Bundestag und seine Ausschüsse können die Anwesenheit jedes Mitgliedes der Bundesregierung verlangen.

(2) [1]Die Mitglieder des Bundesrates und der Bundesregierung sowie ihre Beauftragten haben zu allen Sitzungen des Bundestages und seiner Ausschüsse Zutritt. [2]Sie müssen jederzeit gehört werden.

Artikel 44 [Untersuchungsausschüsse]

(1) [1]Der Bundestag hat das Recht und auf Antrag eines Viertels seiner Mitglieder die Pflicht, einen Untersuchungsausschuß einzusetzen, der in öffentlicher Verhandlung die erforderlichen Beweise erhebt. [2]Die Öffentlichkeit kann ausgeschlossen werden.

(2) [1]Auf Beweiserhebungen finden die Vorschriften über den Strafprozeß sinngemäß Anwendung. [2]Das Brief-, Post- und Fernmeldegeheimnis bleibt unberührt.

(3) Gerichte und Verwaltungsbehörden sind zur Rechts- und Amtshilfe verpflichtet.

(4) [1]Die Beschlüsse der Untersuchungsausschüsse sind der richterlichen Erörterung entzogen. [2]In der Würdigung und Beurteilung des der Untersuchung zugrunde liegenden Sachverhaltes sind die Gerichte frei.

---

1) Siehe die GeschäftsO des Deutschen Bundestages.

Artikel 45 [Ausschuss für die Angelegenheiten der Europäischen Union]
[1]Der Bundestag bestellt einen Ausschuß für die Angelegenheiten der Europäischen Union. [2]Er kann ihn ermächtigen, die Rechte des Bundestages gemäß Artikel 23 gegenüber der Bundesregierung wahrzunehmen. [3]Er kann ihn auch ermächtigen, die Rechte wahrzunehmen, die dem Bundestag in den vertraglichen Grundlagen der Europäischen Union eingeräumt sind.

Artikel 45a [Ausschüsse für auswärtige Angelegenheiten und für Verteidigung]
(1) Der Bundestag bestellt einen Ausschuß für auswärtige Angelegenheiten und einen Ausschuß für Verteidigung.

(2) [1]Der Ausschuß für Verteidigung hat auch die Rechte eines Untersuchungsausschusses. [2]Auf Antrag eines Viertels seiner Mitglieder hat er die Pflicht, eine Angelegenheit zum Gegenstand seiner Untersuchung zu machen.

(3) Artikel 44 Abs. 1 findet auf dem Gebiet der Verteidigung keine Anwendung.

Artikel 45b [Wehrbeauftragter des Bundestages]
[1]Zum Schutz der Grundrechte und als Hilfsorgan des Bundestages bei der Ausübung der parlamentarischen Kontrolle wird ein Wehrbeauftragter des Bundestages berufen. [2]Das Nähere regelt ein Bundesgesetz.

Artikel 45c [Petitionsausschuss des Bundestages]
(1) Der Bundestag bestellt einen Petitionsausschuß, dem die Behandlung der nach Artikel 17 an den Bundestag gerichteten Bitten und Beschwerden obliegt.

(2) Die Befugnisse des Ausschusses zur Überprüfung von Beschwerden regelt ein Bundesgesetz.

Artikel 45d Parlamentarisches Kontrollgremium
(1) Der Bundestag bestellt ein Gremium zur Kontrolle der nachrichtendienstlichen Tätigkeit des Bundes.

(2) Das Nähere regelt ein Bundesgesetz.

Artikel 46 [Indemnität und Immunität der Abgeordneten]
(1) [1]Ein Abgeordneter darf zu keiner Zeit wegen seiner Abstimmung oder wegen einer Äußerung, die er im Bundestage oder in einem seiner Ausschüsse getan hat, gerichtlich oder dienstlich verfolgt oder sonst außerhalb des Bundestages zur Verantwortung gezogen werden. [2]Dies gilt nicht für verleumderische Beleidigungen.

(2) Wegen einer mit Strafe bedrohten Handlung darf ein Abgeordneter nur mit Genehmigung des Bundestages zur Verantwortung gezogen oder verhaftet werden, es sei denn, daß er bei Begehung der Tat oder im Laufe des folgenden Tages festgenommen wird.

(3) Die Genehmigung des Bundestages ist ferner bei jeder anderen Beschränkung der persönlichen Freiheit eines Abgeordneten oder zur Einleitung eines Verfahrens gegen einen Abgeordneten gemäß Artikel 18 erforderlich.

(4) Jedes Strafverfahren und jedes Verfahren gemäß Artikel 18 gegen einen Abgeordneten, jede Haft und jede sonstige Beschränkung seiner persönlichen Freiheit sind auf Verlangen des Bundestages auszusetzen.

Artikel 47 [Zeugnisverweigerungsrecht der Abgeordneten]
[1]Die Abgeordneten sind berechtigt, über Personen, die ihnen in ihrer Eigenschaft als Abgeordnete oder denen sie in dieser Eigenschaft Tatsachen anvertraut haben, sowie über diese Tatsachen selbst das Zeugnis zu verweigern. [2]Soweit dieses Zeugnisverweigerungsrecht reicht, ist die Beschlagnahme von Schriftstücken unzulässig.

Artikel 48 [Ansprüche der Abgeordneten]
(1) Wer sich um einen Sitz im Bundestage bewirbt, hat Anspruch auf den zur Vorbereitung seiner Wahl erforderlichen Urlaub.

(2) [1]Niemand darf gehindert werden, das Amt eines Abgeordneten zu übernehmen und auszuüben. [2]Eine Kündigung oder Entlassung aus diesem Grunde ist unzulässig.

(3) [1]Die Abgeordneten haben Anspruch auf eine angemessene, ihre Unabhängigkeit sichernde Entschädigung. [2]Sie haben das Recht der freien Benutzung aller staatlichen Verkehrsmittel. [3]Das Nähere regelt ein Bundesgesetz.

Artikel 49 (aufgehoben)

IV. Der Bundesrat

Artikel 50 [Aufgabe]
Durch den Bundesrat wirken die Länder bei der Gesetzgebung und Verwaltung des Bundes und in Angelegenheiten der Europäischen Union mit.

Artikel 51 [Zusammensetzung]
(1) [1]Der Bundesrat besteht aus Mitgliedern der Regierungen der Länder, die sie bestellen und abberufen. [2]Sie können durch andere Mitglieder ihrer Regierungen vertreten werden.

(2) Jedes Land hat mindestens drei Stimmen, Länder mit mehr als zwei Millionen Einwohnern haben vier, Länder mit mehr als sechs Millionen Einwohnern fünf, Länder mit mehr als sieben Millionen Einwohnern sechs Stimmen.

(3) [1]Jedes Land kann so viele Mitglieder entsenden, wie es Stimmen hat. [2]Die Stimmen eines Landes können nur einheitlich und nur durch anwesende Mitglieder oder deren Vertreter abgegeben werden.

Artikel 52 [Präsident; Beschlussfassung; Bildung einer Europakammer]
(1) Der Bundesrat wählt seinen Präsidenten auf ein Jahr.

(2) [1]Der Präsident beruft den Bundesrat ein. [2]Er hat ihn einzuberufen, wenn die Vertreter von mindestens zwei Ländern oder die Bundesregierung es verlangen.

(3) [1]Der Bundesrat faßt seine Beschlüsse mit mindestens der Mehrheit seiner Stimmen. [2]Er gibt sich eine Geschäftsordnung. [3]Er verhandelt öffentlich. [4]Die Öffentlichkeit kann ausgeschlossen werden.

(3a) Für Angelegenheiten der Europäischen Union kann der Bundesrat eine Europakammer bilden, deren Beschlüsse als Beschlüsse des Bundesrates gelten; die Anzahl der einheitlich abzugebenden Stimmen der Länder bestimmt sich nach Artikel 51 Abs. 2.

(4) Den Ausschüssen des Bundesrates können andere Mitglieder oder Beauftragte der Regierungen der Länder angehören.

Artikel 53 [Teilnahme der Bundesregierung]
[1]Die Mitglieder der Bundesregierung haben das Recht und auf Verlangen die Pflicht, an den Verhandlungen des Bundesrates und seiner Ausschüsse teilzunehmen. [2]Sie müssen jederzeit gehört werden. [3]Der Bundesrat ist von der Bundesregierung über die Führung der Geschäfte auf dem laufenden zu halten.

IVa. Gemeinsamer Ausschuß

Artikel 53a [Gemeinsamer Ausschuss]
(1) [1]Der Gemeinsame Ausschuß besteht zu zwei Dritteln aus Abgeordneten des Bundestages, zu einem Drittel aus Mitgliedern des Bundesrates. [2]Die Abgeordneten werden vom Bundestage entsprechend dem Stärkeverhältnis der Fraktionen bestimmt; sie dürfen nicht der Bundesregierung angehören. [3]Jedes Land wird durch ein von ihm bestelltes Mitglied des Bundesrates vertreten; diese Mitglieder sind nicht an Weisungen gebunden. [4]Die Bildung des Gemeinsamen Ausschusses und sein Verfahren werden durch eine Geschäftsordnung geregelt, die vom Bundestage zu beschließen ist und der Zustimmung des Bundesrates bedarf.

(2) [1]Die Bundesregierung hat den Gemeinsamen Ausschuß über ihre Planungen für den Verteidigungsfall zu unterrichten. [2]Die Rechte des Bundestages und seiner Ausschüsse nach Artikel 43 Abs. 1 bleiben unberührt.

V. Der Bundespräsident

Artikel 54 [Wahl durch die Bundesversammlung]

(1) [1]Der Bundespräsident wird ohne Aussprache von der Bundesversammlung gewählt. [2]Wählbar ist jeder Deutsche, der das Wahlrecht zum Bundestage besitzt und das vierzigste Lebensjahr vollendet hat.

(2) [1]Das Amt des Bundespräsidenten dauert fünf Jahre. [2]Anschließende Wiederwahl ist nur einmal zulässig.

(3) Die Bundesversammlung besteht aus den Mitgliedern des Bundestages und einer gleichen Anzahl von Mitgliedern, die von den Volksvertretungen der Länder nach den Grundsätzen der Verhältniswahl gewählt werden.

(4) [1]Die Bundesversammlung tritt spätestens dreißig Tage vor Ablauf der Amtszeit des Bundespräsidenten, bei vorzeitiger Beendigung spätestens dreißig Tage nach diesem Zeitpunkt zusammen. [2]Sie wird von dem Präsidenten des Bundestages einberufen.

(5) Nach Ablauf der Wahlperiode beginnt die Frist des Absatzes 4 Satz 1 mit dem ersten Zusammentritt des Bundestages.

(6) [1]Gewählt ist, wer die Stimmen der Mehrheit der Mitglieder der Bundesversammlung erhält. [2]Wird diese Mehrheit in zwei Wahlgängen von keinem Bewerber erreicht, so ist gewählt, wer in einem weiteren Wahlgang die meisten Stimmen auf sich vereinigt.

(7) Das Nähere regelt ein Bundesgesetz.

Artikel 55 [Berufs- und Gewerbeverbot]

(1) Der Bundespräsident darf weder der Regierung noch einer gesetzgebenden Körperschaft des Bundes oder eines Landes angehören.

(2) Der Bundespräsident darf kein anderes besoldetes Amt, kein Gewerbe und keinen Beruf ausüben und weder der Leitung noch dem Aufsichtsrate eines auf Erwerb gerichteten Unternehmens angehören.

Artikel 56 [Amtseid]

[1]Der Bundespräsident leistet bei seinem Amtsantritt vor den versammelten Mitgliedern des Bundestages und des Bundesrates folgenden Eid:

„Ich schwöre, daß ich meine Kraft dem Wohle des deutschen Volkes widmen, seinen Nutzen mehren, Schaden von ihm wenden, das Grundgesetz und die Gesetze des Bundes wahren und verteidigen, meine Pflichten gewissenhaft erfüllen und Gerechtigkeit gegen jedermann üben werde. So wahr mir Gott helfe.“

[2]Der Eid kann auch ohne religiöse Beteuerung geleistet werden.

Artikel 57 [Vertretung]

Die Befugnisse des Bundespräsidenten werden im Falle seiner Verhinderung oder bei vorzeitiger Erledigung des Amtes durch den Präsidenten des Bundesrates wahrgenommen.

Artikel 58 [Gegenzeichnung]

[1]Anordnungen und Verfügungen des Bundespräsidenten bedürfen zu ihrer Gültigkeit der Gegenzeichnung durch den Bundeskanzler oder durch den zuständigen Bundesminister. [2]Dies gilt nicht für die Ernennung und Entlassung des Bundeskanzlers, die Auflösung des Bundestages gemäß Artikel 63 und das Ersuchen gemäß Artikel 69 Abs. 3.

Artikel 59 [Völkerrechtliche Vertretungsmacht]

(1) [1]Der Bundespräsident vertritt den Bund völkerrechtlich. [2]Er schließt im Namen des Bundes die Verträge mit auswärtigen Staaten. [3]Er beglaubigt und empfängt die Gesandten.

(2) [1]Verträge, welche die politischen Beziehungen des Bundes regeln oder sich auf Gegenstände der Bundesgesetzgebung beziehen, bedürfen der Zustimmung oder der Mitwirkung der jeweils für die Bundesgesetzgebung zuständigen Körperschaften in der Form eines Bundesgesetzes. [2]Für Verwaltungsabkommen gelten die Vorschriften über die Bundesverwaltung entsprechend.

Artikel 59a (aufgehoben)

Artikel 60 [Ernennung der Bundesbeamten und Soldaten]
(1) Der Bundespräsident ernennt und entläßt die Bundesrichter, die Bundesbeamten, die Offiziere und Unteroffiziere, soweit gesetzlich nichts anderes bestimmt ist.

(2) Er übt im Einzelfalle für den Bund das Begnadigungsrecht aus.

(3) Er kann diese Befugnisse auf andere Behörden übertragen.

(4) Die Absätze 2 bis 4 des Artikels 46 finden auf den Bundespräsidenten entsprechende Anwendung.

Artikel 61 [Anklage vor dem Bundesverfassungsgericht]
(1) [1]Der Bundestag oder der Bundesrat können den Bundespräsidenten wegen vorsätzlicher Verletzung des Grundgesetzes oder eines anderen Bundesgesetzes vor dem Bundesverfassungsgericht anklagen. [2]Der Antrag auf Erhebung der Anklage muß von mindestens einem Viertel der Mitglieder des Bundestages oder einem Viertel der Stimmen des Bundesrates gestellt werden. [3]Der Beschluß auf Erhebung der Anklage bedarf der Mehrheit von zwei Dritteln der Mitglieder des Bundestages oder von zwei Dritteln der Stimmen des Bundesrates. [4]Die Anklage wird von einem Beauftragten der anklagenden Körperschaft vertreten.

(2) [1]Stellt das Bundesverfassungsgericht fest, daß der Bundespräsident einer vorsätzlichen Verletzung des Grundgesetzes oder eines anderen Bundesgesetzes schuldig ist, so kann es ihn des Amtes für verlustig erklären. [2]Durch einstweilige Anordnung kann es nach der Erhebung der Anklage bestimmen, daß er an der Ausübung seines Amtes verhindert ist.

VI. Die Bundesregierung

Artikel 62 [Zusammensetzung]
Die Bundesregierung besteht aus dem Bundeskanzler und aus den Bundesministern.

Artikel 63 [Wahl des Bundeskanzlers]
(1) Der Bundeskanzler wird auf Vorschlag des Bundespräsidenten vom Bundestage ohne Aussprache gewählt.

(2) [1]Gewählt ist, wer die Stimmen der Mehrheit der Mitglieder des Bundestages auf sich vereinigt. [2]Der Gewählte ist vom Bundespräsidenten zu ernennen.

(3) Wird der Vorgeschlagene nicht gewählt, so kann der Bundestag binnen vierzehn Tagen nach dem Wahlgange mit mehr als der Hälfte seiner Mitglieder einen Bundeskanzler wählen.

(4) [1]Kommt eine Wahl innerhalb dieser Frist nicht zustande, so findet unverzüglich ein neuer Wahlgang statt, in dem gewählt ist, wer die meisten Stimmen erhält. [2]Vereinigt der Gewählte die Stimmen der Mehrheit der Mitglieder des Bundestages auf sich, so muß der Bundespräsident ihn binnen sieben Tagen nach der Wahl ernennen. [3]Erreicht der Gewählte diese Mehrheit nicht, so hat der Bundespräsident binnen sieben Tagen entweder ihn zu ernennen oder den Bundestag aufzulösen.

Artikel 64 [Ernennung der Bundesminister]
(1) Die Bundesminister werden auf Vorschlag des Bundeskanzlers vom Bundespräsidenten ernannt und entlassen.

(2) Der Bundeskanzler und die Bundesminister leisten bei der Amtsübernahme vor dem Bundestage den in Artikel 56 vorgesehenen Eid.

Artikel 65 [Verantwortung]
[1]Der Bundeskanzler bestimmt die Richtlinien der Politik und trägt dafür die Verantwortung. [2]Innerhalb dieser Richtlinien leitet jeder Bundesminister seinen Geschäftsbereich selbständig und unter eigener Verantwortung. [3]Über Meinungsverschiedenheiten zwischen den Bundesministern entscheidet die Bundesregierung. [4]Der Bundeskanzler leitet ihre Geschäfte nach einer von der Bundesregierung beschlossenen und vom Bundespräsidenten genehmigten Geschäftsordnung.

Artikel 65a [Befehls- und Kommandogewalt über die Streitkräfte]
Der Bundesminister für Verteidigung hat die Befehls- und Kommandogewalt über die Streitkräfte.

Artikel 66 [Berufs- und Gewerbeverbot]
Der Bundeskanzler und die Bundesminister dürfen kein anderes besoldetes Amt, kein Gewerbe und keinen Beruf ausüben und weder der Leitung noch ohne Zustimmung des Bundestages dem Aufsichtsrate eines auf Erwerb gerichteten Unternehmens angehören.

Artikel 67 [Misstrauensvotum]
(1) [1]Der Bundestag kann dem Bundeskanzler das Mißtrauen nur dadurch aussprechen, daß er mit der Mehrheit seiner Mitglieder einen Nachfolger wählt und den Bundespräsidenten ersucht, den Bundeskanzler zu entlassen. [2]Der Bundespräsident muß dem Ersuchen entsprechen und den Gewählten ernennen.

(2) Zwischen dem Antrage und der Wahl müssen achtundvierzig Stunden liegen.

Artikel 68 [Auflösung des Bundestages]
(1) [1]Findet ein Antrag des Bundeskanzlers, ihm das Vertrauen auszusprechen, nicht die Zustimmung der Mehrheit der Mitglieder des Bundestages, so kann der Bundespräsident auf Vorschlag des Bundeskanzlers binnen einundzwanzig Tagen den Bundestag auflösen. [2]Das Recht zur Auflösung erlischt, sobald der Bundestag mit der Mehrheit seiner Mitglieder einen anderen Bundeskanzler wählt.

(2) Zwischen dem Antrage und der Abstimmung müssen achtundvierzig Stunden liegen.

Artikel 69 [Stellvertreter des Bundeskanzlers]
(1) Der Bundeskanzler ernennt einen Bundesminister zu seinem Stellvertreter.

(2) Das Amt des Bundeskanzlers oder eines Bundesministers endigt in jedem Falle mit dem Zusammentritt eines neuen Bundestages, das Amt eines Bundesministers auch mit jeder anderen Erledigung des Amtes des Bundeskanzlers.

(3) Auf Ersuchen des Bundespräsidenten ist der Bundeskanzler, auf Ersuchen des Bundeskanzlers oder des Bundespräsidenten ein Bundesminister verpflichtet, die Geschäfte bis zur Ernennung seines Nachfolgers weiterzuführen.

VII. Die Gesetzgebung des Bundes

Artikel 70 [Gesetzgebung des Bundes und der Länder]
(1) Die Länder haben das Recht der Gesetzgebung, soweit dieses Grundgesetz nicht dem Bunde Gesetzgebungsbefugnisse verleiht.

(2) Die Abgrenzung der Zuständigkeit zwischen Bund und Ländern bemißt sich nach den Vorschriften dieses Grundgesetzes über die ausschließliche und die konkurrierende Gesetzgebung.

Artikel 71 [Ausschließliche Gesetzgebung]
Im Bereiche der ausschließlichen Gesetzgebung des Bundes haben die Länder die Befugnis zur Gesetzgebung nur, wenn und soweit sie hierzu in einem Bundesgesetze ausdrücklich ermächtigt werden.

Artikel 72 [Konkurrierende Gesetzgebung]
(1) Im Bereich der konkurrierenden Gesetzgebung haben die Länder die Befugnis zur Gesetzgebung, solange und soweit der Bund von seiner Gesetzgebungszuständigkeit nicht durch Gesetz Gebrauch gemacht hat.

(2) Auf den Gebieten des Artikels 74 Abs. 1 Nr. 4, 7, 11, 13, 15, 19a, 20, 22, 25 und 26 hat der Bund das Gesetzgebungsrecht, wenn und soweit die Herstellung gleichwertiger Lebensverhältnisse im Bundesgebiet oder die Wahrung der Rechts- oder Wirtschaftseinheit im gesamtstaatlichen Interesse eine bundesgesetzliche Regelung erforderlich macht.

(3) [1]Hat der Bund von seiner Gesetzgebungszuständigkeit Gebrauch gemacht, können die Länder durch Gesetz hiervon abweichende Regelungen treffen über:
1. das Jagdwesen (ohne das Recht der Jagdscheine);
2. den Naturschutz und die Landschaftspflege (ohne die allgemeinen Grundsätze des Naturschutzes, das Recht des Artenschutzes oder des Meeresnaturschutzes);
3. die Bodenverteilung;
4. die Raumordnung;
5. den Wasserhaushalt (ohne stoff- oder anlagenbezogene Regelungen);

6. die Hochschulzulassung und die Hochschulabschlüsse;
7. die Grundsteuer[1)].

[2]Bundesgesetze auf diesen Gebieten treten frühestens sechs Monate nach ihrer Verkündung in Kraft, soweit nicht mit Zustimmung des Bundesrates anderes bestimmt ist. [3]Auf den Gebieten des Satzes 1 geht im Verhältnis von Bundes- und Landesrecht das jeweils spätere Gesetz vor.

(4) Durch Bundesgesetz kann bestimmt werden, daß eine bundesgesetzliche Regelung, für die eine Erforderlichkeit im Sinne des Absatzes 2 nicht mehr besteht, durch Landesrecht ersetzt werden kann.

Artikel 73 [Gegenstände der ausschließlichen Gesetzgebung]

(1) Der Bund hat die ausschließliche Gesetzgebung über:

1. die auswärtigen Angelegenheiten sowie die Verteidigung einschließlich des Schutzes der Zivilbevölkerung;
2. die Staatsangehörigkeit im Bunde;
3. die Freizügigkeit, das Paßwesen, das Melde- und Ausweiswesen, die Ein- und Auswanderung und die Auslieferung;
4. das Währungs-, Geld- und Münzwesen, Maße und Gewichte sowie die Zeitbestimmung;
5. die Einheit des Zoll- und Handelsgebietes, die Handels- und Schiffahrtsverträge, die Freizügigkeit des Warenverkehrs und den Waren- und Zahlungsverkehr mit dem Auslande einschließlich des Zoll- und Grenzschutzes;

5a. den Schutz deutschen Kulturgutes gegen Abwanderung ins Ausland;

6. den Luftverkehr;

6a. den Verkehr von Eisenbahnen, die ganz oder mehrheitlich im Eigentum des Bundes stehen (Eisenbahnen des Bundes), den Bau, die Unterhaltung und das Betreiben von Schienenwegen der Eisenbahnen des Bundes sowie die Erhebung von Entgelten für die Benutzung dieser Schienenwege;

7. das Postwesen und die Telekommunikation;
8. die Rechtsverhältnisse der im Dienste des Bundes und der bundesunmittelbaren Körperschaften des öffentlichen Rechtes stehenden Personen;
9. den gewerblichen Rechtsschutz, das Urheberrecht und das Verlagsrecht;

9a. die Abwehr von Gefahren des internationalen Terrorismus durch das Bundeskriminalpolizeiamt in Fällen, in denen eine länderübergreifende Gefahr vorliegt, die Zuständigkeit einer Landespolizeibehörde nicht erkennbar ist oder die oberste Landesbehörde um eine Übernahme ersucht;

10. die Zusammenarbeit des Bundes und der Länder
    a) in der Kriminalpolizei,
    b) zum Schutze der freiheitlichen demokratischen Grundordnung, des Bestandes und der Sicherheit des Bundes oder eines Landes (Verfassungsschutz) und
    c) zum Schutze gegen Bestrebungen im Bundesgebiet, die durch Anwendung von Gewalt oder darauf gerichtete Vorbereitungshandlungen auswärtige Belange der Bundesrepublik Deutschland gefährden,

    sowie die Einrichtung eines Bundeskriminalpolizeiamtes und die internationale Verbrechensbekämpfung;
11. die Statistik für Bundeszwecke;
12. das Waffen- und das Sprengstoffrecht;
13. die Versorgung der Kriegsbeschädigten und Kriegshinterbliebenen und die Fürsorge für die ehemaligen Kriegsgefangenen;
14. die Erzeugung und Nutzung der Kernenergie zu friedlichen Zwecken, die Errichtung und den Betrieb von Anlagen, die diesen Zwecken dienen, den Schutz gegen Gefahren, die bei Freiwerden von Kernenergie oder durch ionisierende Strahlen entstehen, und die Beseitigung radioaktiver Stoffe.

(2) Gesetze nach Absatz 1 Nr. 9a bedürfen der Zustimmung des Bundesrates.

Artikel 74 [Gegenstände der konkurrierenden Gesetzgebung]

(1) Die konkurrierende Gesetzgebung erstreckt sich auf folgende Gebiete:

---

1) Die Grundsteuer kann erstmalig ab dem 1.1.2025 auf der Grundlage abweichenden Landesrechts erhoben werden; siehe Art. 125b Abs. 3.

1. das bürgerliche Recht, das Strafrecht, die Gerichtsverfassung, das gerichtliche Verfahren (ohne das Recht des Untersuchungshaftvollzugs), die Rechtsanwaltschaft, das Notariat und die Rechtsberatung;
2. das Personenstandswesen;
3. das Vereinsrecht;
4. das Aufenthalts- und Niederlassungsrecht der Ausländer;

4a. *[aufgehoben]*

5. *[aufgehoben]*
6. die Angelegenheiten der Flüchtlinge und Vertriebenen;
7. die öffentliche Fürsorge (ohne das Heimrecht);
8. *[aufgehoben]*
9. die Kriegsschäden und die Wiedergutmachung;
10. die Kriegsgräber und Gräber anderer Opfer des Krieges und Opfer von Gewaltherrschaft;
11. das Recht der Wirtschaft (Bergbau, Industrie, Energiewirtschaft, Handwerk, Gewerbe, Handel, Bank- und Börsenwesen, privatrechtliches Versicherungswesen) ohne das Recht des Ladenschlusses, der Gaststätten, der Spielhallen, der Schaustellung von Personen, der Messen, der Ausstellungen und der Märkte;

11a. *[aufgehoben]*

12. das Arbeitsrecht einschließlich der Betriebsverfassung, des Arbeitsschutzes und der Arbeitsvermittlung sowie die Sozialversicherung einschließlich der Arbeitslosenversicherung;
13. die Regelung der Ausbildungsbeihilfen und die Förderung der wissenschaftlichen Forschung;
14. das Recht der Enteignung, soweit sie auf den Sachgebieten der Artikel 73 und 74 in Betracht kommt;
15. die Überführung von Grund und Boden, von Naturschätzen und Produktionsmitteln in Gemeineigentum oder in andere Formen der Gemeinwirtschaft;
16. die Verhütung des Mißbrauchs wirtschaftlicher Machtstellung;
17. die Förderung der land- und forstwirtschaftlichen Erzeugung (ohne das Recht der Flurbereinigung), die Sicherung der Ernährung, die Ein- und Ausfuhr land- und forstwirtschaftlicher Erzeugnisse, die Hochsee- und Küstenfischerei und den Küstenschutz;
18. den städtebaulichen Grundstücksverkehr, das Bodenrecht (ohne das Recht der Erschließungsbeiträge) und das Wohngeldrecht, das Altschuldenhilferecht, das Wohnungsbauprämienrecht, das Bergarbeiterwohnungsbaurecht und das Bergmannssiedlungsrecht;
19. Maßnahmen gegen gemeingefährliche oder übertragbare Krankheiten bei Menschen und Tieren, Zulassung zu ärztlichen und anderen Heilberufen und zum Heilgewerbe, sowie das Recht des Apothekenwesens, der Arzneien, der Medizinprodukte, der Heilmittel, der Betäubungsmittel und der Gifte;

19a. die wirtschaftliche Sicherung der Krankenhäuser und die Regelung der Krankenhauspflegesätze;

20. das Recht der Lebensmittel einschließlich der ihrer Gewinnung dienenden Tiere, das Recht der Genussmittel, Bedarfsgegenstände und Futtermittel sowie den Schutz beim Verkehr mit land- und forstwirtschaftlichem Saat- und Pflanzgut, den Schutz der Pflanzen gegen Krankheiten und Schädlinge sowie den Tierschutz;
21. die Hochsee- und Küstenschiffahrt sowie die Seezeichen, die Binnenschiffahrt, den Wetterdienst, die Seewasserstraßen und die dem allgemeinen Verkehr dienenden Binnenwasserstraßen;
22. den Straßenverkehr, das Kraftfahrwesen, den Bau und die Unterhaltung von Landstraßen für den Fernverkehr sowie die Erhebung und Verteilung von Gebühren oder Entgelten für die Benutzung öffentlicher Straßen mit Fahrzeugen;
23. die Schienenbahnen, die nicht Eisenbahnen des Bundes sind, mit Ausnahme der Bergbahnen;
24. die Abfallwirtschaft, die Luftreinhaltung und die Lärmbekämpfung (ohne Schutz vor verhaltensbezogenem Lärm);
25. die Staatshaftung;

26. die medizinisch unterstützte Erzeugung menschlichen Lebens, die Untersuchung und die künstliche Veränderung von Erbinformationen sowie Regelungen zur Transplantation von Organen, Geweben und Zellen;
27. die Statusrechte und -pflichten der Beamten der Länder, Gemeinden und anderen Körperschaften des öffentlichen Rechts sowie der Richter in den Ländern mit Ausnahme der Laufbahnen, Besoldung und Versorgung;
28. das Jagdwesen;
29. den Naturschutz und die Landschaftspflege;
30. die Bodenverteilung;
31. die Raumordnung;
32. den Wasserhaushalt;
33. die Hochschulzulassung und die Hochschulabschlüsse.

(2) Gesetze nach Absatz 1 Nr. 25 und 27 bedürfen der Zustimmung des Bundesrates.

Artikel 74a, 75 (aufgehoben)

Artikel 76 [Gesetzesvorlagen]

(1) Gesetzesvorlagen werden beim Bundestage durch die Bundesregierung, aus der Mitte des Bundestages oder durch den Bundesrat eingebracht.

(2) [1]Vorlagen der Bundesregierung sind zunächst dem Bundesrat zuzuleiten. [2]Der Bundesrat ist berechtigt, innerhalb von sechs Wochen zu diesen Vorlagen Stellung zu nehmen. [3]Verlangt er aus wichtigem Grunde, insbesondere mit Rücksicht auf den Umfang einer Vorlage, eine Fristverlängerung, so beträgt die Frist neun Wochen. [4]Die Bundesregierung kann eine Vorlage, die sie bei der Zuleitung an den Bundesrat ausnahmsweise als besonders eilbedürftig bezeichnet hat, nach drei Wochen oder, wenn der Bundesrat ein Verlangen nach Satz 3 geäußert hat, nach sechs Wochen dem Bundestag zuleiten, auch wenn die Stellungnahme des Bundesrates noch nicht bei ihr eingegangen ist; sie hat die Stellungnahme des Bundesrates unverzüglich nach Eingang dem Bundestag nachzureichen. [5]Bei Vorlagen zur Änderung dieses Grundgesetzes und zur Übertragung von Hoheitsrechten nach Artikel 23 oder Artikel 24 beträgt die Frist zur Stellungnahme neun Wochen; Satz 4 findet keine Anwendung.

(3) [1]Vorlagen des Bundesrates sind dem Bundestag durch die Bundesregierung innerhalb von sechs Wochen zuzuleiten. [2]Sie soll hierbei ihre Auffassung darlegen. [3]Verlangt sie aus wichtigem Grunde, insbesondere mit Rücksicht auf den Umfang einer Vorlage, eine Fristverlängerung, so beträgt die Frist neun Wochen. [4]Wenn der Bundesrat eine Vorlage ausnahmsweise als besonders eilbedürftig bezeichnet hat, beträgt die Frist drei Wochen oder, wenn die Bundesregierung ein Verlangen nach Satz 3 geäußert hat, sechs Wochen. [5]Bei Vorlagen zur Änderung dieses Grundgesetzes und zur Übertragung von Hoheitsrechten nach Artikel 23 oder Artikel 24 beträgt die Frist neun Wochen; Satz 4 findet keine Anwendung. [6]Der Bundestag hat über die Vorlagen in angemessener Frist zu beraten und Beschluß zu fassen.

Artikel 77 [Verfahren bei Gesetzesbeschlüssen]

(1) [1]Die Bundesgesetze werden vom Bundestage beschlossen. [2]Sie sind nach ihrer Annahme durch den Präsidenten des Bundestages unverzüglich dem Bundesrate zuzuleiten.

(2) [1]Der Bundesrat kann binnen drei Wochen nach Eingang des Gesetzesbeschlusses verlangen, daß ein aus Mitgliedern des Bundestages und des Bundesrates für die gemeinsame Beratung von Vorlagen gebildeter Ausschuß einberufen wird. [2]Die Zusammensetzung und das Verfahren dieses Ausschusses regelt eine Geschäftsordnung, die vom Bundestag beschlossen wird und der Zustimmung des Bundesrates bedarf. [3]Die in diesen Ausschuß entsandten Mitglieder des Bundesrates sind nicht an Weisungen gebunden. [4]Ist zu einem Gesetze die Zustimmung des Bundesrates erforderlich, so können auch der Bundestag und die Bundesregierung die Einberufung verlangen. [5]Schlägt der Ausschuß eine Änderung des Gesetzesbeschlusses vor, so hat der Bundestag erneut Beschluß zu fassen.

(2a) Soweit zu einem Gesetz die Zustimmung des Bundesrates erforderlich ist, hat der Bundesrat, wenn ein Verlangen nach Absatz 2 Satz 1 nicht gestellt oder das Vermittlungsverfahren ohne einen Vorschlag zur Änderung des Gesetzesbeschlusses beendet ist, in angemessener Frist über die Zustimmung Beschluß zu fassen.

(3) [1]Soweit zu einem Gesetze die Zustimmung des Bundesrates nicht erforderlich ist, kann der Bundesrat, wenn das Verfahren nach Absatz 2 beendigt ist, gegen ein vom Bundestage beschlossenes Gesetz binnen zwei Wochen Einspruch einlegen. [2]Die Einspruchsfrist beginnt im Falle des Absatzes 2 letzter Satz mit dem Eingange des vom Bundestage erneut gefaßten Beschlusses, in allen anderen Fällen mit dem Eingange der Mitteilung des Vorsitzenden des in Absatz 2 vorgesehenen Ausschusses, daß das Verfahren vor dem Ausschusse abgeschlossen ist.

(4) [1]Wird der Einspruch mit der Mehrheit der Stimmen des Bundesrates beschlossen, so kann er durch Beschluß der Mehrheit der Mitglieder des Bundestages zurückgewiesen werden. [2]Hat der Bundesrat den Einspruch mit einer Mehrheit von mindestens zwei Dritteln seiner Stimmen beschlossen, so bedarf die Zurückweisung durch den Bundestag einer Mehrheit von zwei Dritteln, mindestens der Mehrheit der Mitglieder des Bundestages.

Artikel 78 [Zustandekommen von Bundesgesetzen]

Ein vom Bundestage beschlossenes Gesetz kommt zustande, wenn der Bundesrat zustimmt, den Antrag gemäß Artikel 77 Absatz 2 nicht stellt, innerhalb der Frist des Artikels 77 Absatz 3 keinen Einspruch einlegt oder ihn zurücknimmt oder wenn der Einspruch vom Bundestage überstimmt wird.

Artikel 79 [Änderungen des Grundgesetzes]

(1) [1]Das Grundgesetz kann nur durch ein Gesetz geändert werden, das den Wortlaut des Grundgesetzes ausdrücklich ändert oder ergänzt. [2]Bei völkerrechtlichen Verträgen, die eine Friedensregelung, die Vorbereitung einer Friedensregelung oder den Abbau einer besatzungsrechtlichen Ordnung zum Gegenstand haben oder der Verteidigung der Bundesrepublik zu dienen bestimmt sind, genügt zur Klarstellung, daß die Bestimmungen des Grundgesetzes dem Abschluß und dem Inkraftsetzen der Verträge nicht entgegenstehen, eine Ergänzung des Wortlautes des Grundgesetzes, die sich auf diese Klarstellung beschränkt.

(2) Ein solches Gesetz bedarf der Zustimmung von zwei Dritteln der Mitglieder des Bundestages und zwei Dritteln der Stimmen des Bundesrates.

(3) Eine Änderung dieses Grundgesetzes, durch welche die Gliederung des Bundes in Länder, die grundsätzliche Mitwirkung der Länder bei der Gesetzgebung oder die in den Artikeln 1 und 20 niedergelegten Grundsätze berührt werden, ist unzulässig.

Artikel 80 [Erlass von Rechtsverordnungen]

(1) [1]Durch Gesetz können die Bundesregierung, ein Bundesminister oder die Landesregierungen ermächtigt werden, Rechtsverordnungen zu erlassen. [2]Dabei müssen Inhalt, Zweck und Ausmaß der erteilten Ermächtigung im Gesetze bestimmt werden. [3]Die Rechtsgrundlage ist in der Verordnung anzugeben. [4]Ist durch Gesetz vorgesehen, daß eine Ermächtigung weiter übertragen werden kann, so bedarf es zur Übertragung der Ermächtigung einer Rechtsverordnung.

(2) Der Zustimmung des Bundesrates bedürfen, vorbehaltlich anderweitiger bundesgesetzlicher Regelung, Rechtsverordnungen der Bundesregierung oder eines Bundesministers über Grundsätze und Gebühren für die Benutzung der Einrichtungen des Postwesens und der Telekommunikation, über die Grundsätze der Erhebung des Entgelts für die Benutzung der Einrichtungen der Eisenbahnen des Bundes, über den Bau und Betrieb der Eisenbahnen, sowie Rechtsverordnungen auf Grund von Bundesgesetzen, die der Zustimmung des Bundesrates bedürfen oder die von den Ländern im Auftrage des Bundes oder als eigene Angelegenheit ausgeführt werden.

(3) Der Bundesrat kann der Bundesregierung Vorlagen für den Erlaß von Rechtsverordnungen zuleiten, die seiner Zustimmung bedürfen.

(4) Soweit durch Bundesgesetz oder auf Grund von Bundesgesetzen Landesregierungen ermächtigt werden, Rechtsverordnungen zu erlassen, sind die Länder zu einer Regelung auch durch Gesetz befugt.

Artikel 80a [Spannungsfall]

(1) [1]Ist in diesem Grundgesetz oder in einem Bundesgesetz über die Verteidigung einschließlich des Schutzes der Zivilbevölkerung bestimmt, daß Rechtsvorschriften nur nach Maßgabe dieses Artikels angewandt werden dürfen, so ist die Anwendung außer im Verteidigungsfalle nur zulässig, wenn der Bundestag den Eintritt des Spannungsfalles festgestellt oder wenn er der Anwendung besonders zugestimmt hat. [2]Die Feststellung des Spannungsfalles und die besondere Zustimmung in den Fällen des

Artikels 12a Abs. 5 Satz 1 und Abs. 6 Satz 2 bedürfen einer Mehrheit von zwei Dritteln der abgegebenen Stimmen.

(2) Maßnahmen auf Grund von Rechtsvorschriften nach Absatz 1 sind aufzuheben, wenn der Bundestag es verlangt.

(3) [1]Abweichend von Absatz 1 ist die Anwendung solcher Rechtsvorschriften auch auf der Grundlage und nach Maßgabe eines Beschlusses zulässig, der von einem internationalen Organ im Rahmen eines Bündnisvertrages mit Zustimmung der Bundesregierung gefaßt wird. [2]Maßnahmen nach diesem Absatz sind aufzuheben, wenn der Bundestag es mit der Mehrheit seiner Mitglieder verlangt.

Artikel 81 [Gesetzgebungsnotstand]

(1) [1]Wird im Falle des Artikels 68 der Bundestag nicht aufgelöst, so kann der Bundespräsident auf Antrag der Bundesregierung mit Zustimmung des Bundesrates für eine Gesetzesvorlage den Gesetzgebungsnotstand erklären, wenn der Bundestag sie ablehnt, obwohl die Bundesregierung sie als dringlich bezeichnet hat. [2]Das gleiche gilt, wenn eine Gesetzesvorlage abgelehnt worden ist, obwohl der Bundeskanzler mit ihr den Antrag des Artikels 68 verbunden hatte.

(2) [1]Lehnt der Bundestag die Gesetzesvorlage nach Erklärung des Gesetzgebungsnotstandes erneut ab oder nimmt er sie in einer für die Bundesregierung als unannehmbar bezeichneten Fassung an, so gilt das Gesetz als zustande gekommen, soweit der Bundesrat ihm zustimmt. [2]Das gleiche gilt, wenn die Vorlage vom Bundestage nicht innerhalb von vier Wochen nach der erneuten Einbringung verabschiedet wird.

(3) [1]Während der Amtszeit eines Bundeskanzlers kann auch jede andere vom Bundestage abgelehnte Gesetzesvorlage innerhalb einer Frist von sechs Monaten nach der ersten Erklärung des Gesetzgebungsnotstandes gemäß Absatz 1 und 2 verabschiedet werden. [2]Nach Ablauf der Frist ist während der Amtszeit des gleichen Bundeskanzlers eine weitere Erklärung des Gesetzgebungsnotstandes unzulässig.

(4) Das Grundgesetz darf durch ein Gesetz, das nach Absatz 2 zustande kommt, weder geändert, noch ganz oder teilweise außer Kraft oder außer Anwendung gesetzt werden.

Artikel 82 [Verkündung und Inkrafttreten der Gesetze]

(1) [1]Die nach den Vorschriften dieses Grundgesetzes zustande gekommenen Gesetze werden vom Bundespräsidenten nach Gegenzeichnung ausgefertigt und im Bundesgesetzblatte verkündet. [2]Rechtsverordnungen werden von der Stelle, die sie erläßt, ausgefertigt und vorbehaltlich anderweitiger gesetzlicher Regelung im Bundesgesetzblatte verkündet.

(2) [1]Jedes Gesetz und jede Rechtsverordnung soll den Tag des Inkrafttretens bestimmen. [2]Fehlt eine solche Bestimmung, so treten sie mit dem vierzehnten Tage nach Ablauf des Tages in Kraft, an dem das Bundesgesetzblatt ausgegeben worden ist.

VIII. Die Ausführung der Bundesgesetze und die Bundesverwaltung

Artikel 83 [Grundsatz der Landeseigenverwaltung]

Die Länder führen die Bundesgesetze als eigene Angelegenheit aus, soweit dieses Grundgesetz nichts anderes bestimmt oder zuläßt.

Artikel 84 [Landeseigenverwaltung und Bundesaufsicht]

(1) [1]Führen die Länder die Bundesgesetze als eigene Angelegenheit aus, so regeln sie die Einrichtung der Behörden und das Verwaltungsverfahren. [2]Wenn Bundesgesetze etwas anderes bestimmen, können die Länder davon abweichende Regelungen treffen. [3]Hat ein Land eine abweichende Regelung nach Satz 2 getroffen, treten in diesem Land hierauf bezogene spätere bundesgesetzliche Regelungen der Einrichtung der Behörden und des Verwaltungsverfahrens frühestens sechs Monate nach ihrer Verkündung in Kraft, soweit nicht mit Zustimmung des Bundesrates anderes bestimmt ist. [4]Artikel 72 Abs. 3 Satz 3 gilt entsprechend. [5]In Ausnahmefällen kann der Bund wegen eines besonderen Bedürfnisses nach bundeseinheitlicher Regelung das Verwaltungsverfahren ohne Abweichungsmöglichkeit für die Länder regeln. [6]Diese Gesetze bedürfen der Zustimmung des Bundesrates. [7]Durch Bundesgesetz dürfen Gemeinden und Gemeindeverbänden Aufgaben nicht übertragen werden.

(2) Die Bundesregierung kann mit Zustimmung des Bundesrates allgemeine Verwaltungsvorschriften erlassen.

(3) [1]Die Bundesregierung übt die Aufsicht darüber aus, daß die Länder die Bundesgesetze dem geltenden Rechte gemäß ausführen. [2]Die Bundesregierung kann zu diesem Zwecke Beauftragte zu den obersten Landesbehörden entsenden, mit deren Zustimmung und, falls diese Zustimmung versagt wird, mit Zustimmung des Bundesrates auch zu den nachgeordneten Behörden.

(4) [1]Werden Mängel, die die Bundesregierung bei der Ausführung der Bundesgesetze in den Ländern festgestellt hat, nicht beseitigt, so beschließt auf Antrag der Bundesregierung oder des Landes der Bundesrat, ob das Land das Recht verletzt hat. [2]Gegen den Beschluß des Bundesrates kann das Bundesverfassungsgericht angerufen werden.

(5) [1]Der Bundesregierung kann durch Bundesgesetz, das der Zustimmung des Bundesrates bedarf, zur Ausführung von Bundesgesetzen die Befugnis verliehen werden, für besondere Fälle Einzelweisungen zu erteilen. [2]Sie sind, außer wenn die Bundesregierung den Fall für dringlich erachtet, an die obersten Landesbehörden zu richten.

Artikel 85 [Landesverwaltung im Bundesauftrag]

(1) [1]Führen die Länder die Bundesgesetze im Auftrage des Bundes aus, so bleibt die Einrichtung der Behörden Angelegenheit der Länder, soweit nicht Bundesgesetze mit Zustimmung des Bundesrates etwas anderes bestimmen. [2]Durch Bundesgesetz dürfen Gemeinden und Gemeindeverbänden Aufgaben nicht übertragen werden.

(2) [1]Die Bundesregierung kann mit Zustimmung des Bundesrates allgemeine Verwaltungsvorschriften erlassen. [2]Sie kann die einheitliche Ausbildung der Beamten und Angestellten regeln. [3]Die Leiter der Mittelbehörden sind mit ihrem Einvernehmen zu bestellen.

(3) [1]Die Landesbehörden unterstehen den Weisungen der zuständigen obersten Bundesbehörden. [2]Die Weisungen sind, außer wenn die Bundesregierung es für dringlich erachtet, an die obersten Landesbehörden zu richten. [3]Der Vollzug der Weisung ist durch die obersten Landesbehörden sicherzustellen.

(4) [1]Die Bundesaufsicht erstreckt sich auf Gesetzmäßigkeit und Zweckmäßigkeit der Ausführung. [2]Die Bundesregierung kann zu diesem Zwecke Bericht und Vorlage der Akten verlangen und Beauftragte zu allen Behörden entsenden.

Artikel 86 [Bundesverwaltung]

[1]Führt der Bund die Gesetze durch bundeseigene Verwaltung oder durch bundesunmittelbare Körperschaften oder Anstalten des öffentlichen Rechtes aus, so erläßt die Bundesregierung, soweit nicht das Gesetz Besonderes vorschreibt, die allgemeinen Verwaltungsvorschriften. [2]Sie regelt, soweit das Gesetz nichts anderes bestimmt, die Einrichtung der Behörden.

Artikel 87 [Gegenstände der Bundesverwaltung]

(1) [1]In bundeseigener Verwaltung mit eigenem Verwaltungsunterbau werden geführt der Auswärtige Dienst, die Bundesfinanzverwaltung und nach Maßgabe des Artikels 89 die Verwaltung der Bundeswasserstraßen und der Schiffahrt. [2]Durch Bundesgesetz können Bundesgrenzschutzbehörden, Zentralstellen für das polizeiliche Auskunfts- und Nachrichtenwesen, für die Kriminalpolizei und zur Sammlung von Unterlagen für Zwecke des Verfassungsschutzes und des Schutzes gegen Bestrebungen im Bundesgebiet, die durch Anwendung von Gewalt oder darauf gerichtete Vorbereitungshandlungen auswärtige Belange der Bundesrepublik Deutschland gefährden, eingerichtet werden.

(2) [1]Als bundesunmittelbare Körperschaften des öffentlichen Rechtes werden diejenigen sozialen Versicherungsträger geführt, deren Zuständigkeitsbereich sich über das Gebiet eines Landes hinaus erstreckt. [2]Soziale Versicherungsträger, deren Zuständigkeitsbereich sich über das Gebiet eines Landes, aber nicht über mehr als drei Länder hinaus erstreckt, werden abweichend von Satz 1 als landesunmittelbare Körperschaften des öffentlichen Rechtes geführt, wenn das aufsichtsführende Land durch die beteiligten Länder bestimmt ist.

(3) [1]Außerdem können für Angelegenheiten, für die dem Bunde die Gesetzgebung zusteht, selbständige Bundesoberbehörden und neue bundesunmittelbare Körperschaften und Anstalten des öffentlichen Rechtes durch Bundesgesetz errichtet werden. [2]Erwachsen dem Bunde auf Gebieten, für die ihm die Gesetzgebung zusteht, neue Aufgaben, so können bei dringendem Bedarf bundeseigene Mittel- und Unterbehörden mit Zustimmung des Bundesrates und der Mehrheit der Mitglieder des Bundestages errichtet werden.

Artikel 87a [Streitkräfte]

(1) [1]Der Bund stellt Streitkräfte zur Verteidigung auf. [2]Ihre zahlenmäßige Stärke und die Grundzüge ihrer Organisation müssen sich aus dem Haushaltsplan ergeben.

(2) Außer zur Verteidigung dürfen die Streitkräfte nur eingesetzt werden, soweit dieses Grundgesetz es ausdrücklich zuläßt.

(3) [1]Die Streitkräfte haben im Verteidigungsfalle und im Spannungsfalle die Befugnis, zivile Objekte zu schützen und Aufgaben der Verkehrsregelung wahrzunehmen, soweit dies zur Erfüllung ihres Verteidigungsauftrages erforderlich ist. [2]Außerdem kann den Streitkräften im Verteidigungsfalle und im Spannungsfalle der Schutz ziviler Objekte auch zur Unterstützung polizeilicher Maßnahmen übertragen werden; die Streitkräfte wirken dabei mit den zuständigen Behörden zusammen.

(4) [1]Zur Abwehr einer drohenden Gefahr für den Bestand oder die freiheitliche demokratische Grundordnung des Bundes oder eines Landes kann die Bundesregierung, wenn die Voraussetzungen des Artikels 91 Abs. 2 vorliegen und die Polizeikräfte sowie der Bundesgrenzschutz nicht ausreichen, Streitkräfte zur Unterstützung der Polizei und des Bundesgrenzschutzes beim Schutze von zivilen Objekten und bei der Bekämpfung organisierter und militärisch bewaffneter Aufständischer einsetzen. [2]Der Einsatz von Streitkräften ist einzustellen, wenn der Bundestag oder der Bundesrat es verlangen.

Artikel 87b [Bundeswehrverwaltung]

(1) [1]Die Bundeswehrverwaltung wird in bundeseigener Verwaltung mit eigenem Verwaltungsunterbau geführt. [2]Sie dient den Aufgaben des Personalwesens und der unmittelbaren Deckung des Sachbedarfs der Streitkräfte. [3]Aufgaben der Beschädigtenversorgung und des Bauwesens können der Bundeswehrverwaltung nur durch Bundesgesetz, das der Zustimmung des Bundesrates bedarf, übertragen werden. [4]Der Zustimmung des Bundesrates bedürfen ferner Gesetze, soweit sie die Bundeswehrverwaltung zu Eingriffen in Rechte Dritter ermächtigen; das gilt nicht für Gesetze auf dem Gebiete des Personalwesens.

(2) [1]Im übrigen können Bundesgesetze, die der Verteidigung einschließlich des Wehrersatzwesens und des Schutzes der Zivilbevölkerung dienen, mit Zustimmung des Bundesrates bestimmen, daß sie ganz oder teilweise in bundeseigener Verwaltung mit eigenem Verwaltungsunterbau oder von den Ländern im Auftrage des Bundes ausgeführt werden. [2]Werden solche Gesetze von den Ländern im Auftrage des Bundes ausgeführt, so können sie mit Zustimmung des Bundesrates bestimmen, daß die der Bundesregierung und den zuständigen obersten Bundesbehörden auf Grund des Artikels 85 zustehenden Befugnisse ganz oder teilweise Bundesoberbehörden übertragen werden; dabei kann bestimmt werden, daß diese Behörden beim Erlaß allgemeiner Verwaltungsvorschriften gemäß Artikel 85 Abs. 2 Satz 1 nicht der Zustimmung des Bundesrates bedürfen.

Artikel 87c [Bestimmungen über Erzeugung und Nutzung der Kernenergie]

Gesetze, die auf Grund des Artikels 73 Abs. 1 Nr. 14 ergehen, können mit Zustimmung des Bundesrates bestimmen, daß sie von den Ländern im Auftrage des Bundes ausgeführt werden.

Artikel 87d [Luftverkehrsverwaltung]

(1) [1]Die Luftverkehrsverwaltung wird in Bundesverwaltung geführt. [2]Aufgaben der Flugsicherung können auch durch ausländische Flugsicherungsorganisationen wahrgenommen werden, die nach Recht der Europäischen Gemeinschaft zugelassen sind. [3]Das Nähere regelt ein Bundesgesetz.

(2) Durch Bundesgesetz, das der Zustimmung des Bundesrates bedarf, können Aufgaben der Luftverkehrsverwaltung den Ländern als Auftragsverwaltung übertragen werden.

Artikel 87e [Eisenbahnen des Bundes]

(1) [1]Die Eisenbahnverkehrsverwaltung für Eisenbahnen des Bundes wird in bundeseigener Verwaltung geführt. [2]Durch Bundesgesetz können Aufgaben der Eisenbahnverkehrsverwaltung den Ländern als eigene Angelegenheit übertragen werden.

(2) Der Bund nimmt die über den Bereich der Eisenbahnen des Bundes hinausgehenden Aufgaben der Eisenbahnverkehrsverwaltung wahr, die ihm durch Bundesgesetz übertragen werden.

(3) [1]Eisenbahnen des Bundes werden als Wirtschaftsunternehmen in privat-rechtlicher Form geführt. [2]Diese stehen im Eigentum des Bundes, soweit die Tätigkeit des Wirtschaftsunternehmens den Bau, die Unterhaltung und das Betreiben von Schienenwegen umfaßt. [3]Die Veräußerung von Anteilen

des Bundes an den Unternehmen nach Satz 2 erfolgt auf Grund eines Gesetzes; die Mehrheit der Anteile an diesen Unternehmen verbleibt beim Bund. [4]Das Nähere wird durch Bundesgesetz geregelt.

(4) [1]Der Bund gewährleistet, daß dem Wohl der Allgemeinheit, insbesondere den Verkehrsbedürfnissen, beim Ausbau und Erhalt des Schienennetzes der Eisenbahnen des Bundes sowie bei deren Verkehrsangeboten auf diesem Schienennetz, soweit diese nicht den Schienenpersonennahverkehr betreffen, Rechnung getragen wird. [2]Das Nähere wird durch Bundesgesetz geregelt.

(5) [1]Gesetze auf Grund der Absätze 1 bis 4 bedürfen der Zustimmung des Bundesrates. [2]Der Zustimmung des Bundesrates bedürfen ferner Gesetze, die die Auflösung, die Verschmelzung und die Aufspaltung von Eisenbahnunternehmen des Bundes, die Übertragung von Schienenwegen der Eisenbahnen des Bundes an Dritte sowie die Stillegung von Schienenwegen der Eisenbahnen des Bundes regeln oder Auswirkungen auf den Schienenpersonennahverkehr haben.

Artikel 87f [Post und Telekommunikation]

(1) Nach Maßgabe eines Bundesgesetzes, das der Zustimmung des Bundesrates bedarf, gewährleistet der Bund im Bereich des Postwesens und der Telekommunikation flächendeckend angemessene und ausreichende Dienstleistungen.

(2) [1]Dienstleistungen im Sinne des Absatzes 1 werden als privatwirtschaftliche Tätigkeiten durch die aus dem Sondervermögen Deutsche Bundespost hervorgegangenen Unternehmen und durch andere private Anbieter erbracht. [2]Hoheitsaufgaben im Bereich des Postwesens und der Telekommunikation werden in bundeseigener Verwaltung ausgeführt.

(3) Unbeschadet des Absatzes 2 Satz 2 führt der Bund in der Rechtsform einer bundesunmittelbaren Anstalt des öffentlichen Rechts einzelne Aufgaben in bezug auf die aus dem Sondervermögen Deutsche Bundespost hervorgegangenen Unternehmen nach Maßgabe eines Bundesgesetzes aus.

Artikel 88 [Bundesbank]

[1]Der Bund errichtet eine Währungs- und Notenbank als Bundesbank. [2]Ihre Aufgaben und Befugnisse können im Rahmen der Europäischen Union der Europäischen Zentralbank übertragen werden, die unabhängig ist und dem vorrangigen Ziel der Sicherung der Preisstabilität verpflichtet.

Artikel 89 [Bundeswasserstraßen]

(1) Der Bund ist Eigentümer der bisherigen Reichswasserstraßen.

(2) [1]Der Bund verwaltet die Bundeswasserstraßen durch eigene Behörden. [2]Er nimmt die über den Bereich eines Landes hinausgehenden staatlichen Aufgaben der Binnenschiffahrt und die Aufgaben der Seeschiffahrt wahr, die ihm durch Gesetz übertragen werden. [3]Er kann die Verwaltung von Bundeswasserstraßen, soweit sie im Gebiete eines Landes liegen, diesem Lande auf Antrag als Auftragsverwaltung übertragen. [4]Berührt eine Wasserstraße das Gebiet mehrerer Länder, so kann der Bund das Land beauftragen, für das die beteiligten Länder es beantragen.

(3) Bei der Verwaltung, dem Ausbau und dem Neubau von Wasserstraßen sind die Bedürfnisse der Landeskultur und der Wasserwirtschaft im Einvernehmen mit den Ländern zu wahren.

Artikel 90 [Bundesautobahnen und Bundesstraßen]

(1) [1]Der Bund bleibt Eigentümer der Bundesautobahnen und sonstigen Bundesstraßen des Fernverkehrs. [2]Das Eigentum ist unveräußerlich.

(2) [1]Die Verwaltung der Bundesautobahnen wird in Bundesverwaltung geführt. [2]Der Bund kann sich zur Erledigung seiner Aufgaben einer Gesellschaft privaten Rechts bedienen. [3]Diese Gesellschaft steht im unveräußerlichen Eigentum des Bundes. [4]Eine unmittelbare oder mittelbare Beteiligung Dritter an der Gesellschaft und deren Tochtergesellschaften ist ausgeschlossen. [5]Eine Beteiligung Privater im Rahmen von Öffentlich-Privaten Partnerschaften ist ausgeschlossen für Streckennetze, die das gesamte Bundesautobahnnetz oder das gesamte Netz sonstiger Bundesfernstraßen in einem Land oder wesentliche Teile davon umfassen. [6]Das Nähere regelt ein Bundesgesetz.

(3) Die Länder oder die nach Landesrecht zuständigen Selbstverwaltungskörperschaften verwalten die sonstigen Bundesstraßen des Fernverkehrs im Auftrage des Bundes.

(4) Auf Antrag eines Landes kann der Bund die sonstigen Bundesstraßen des Fernverkehrs, soweit sie im Gebiet dieses Landes liegen, in Bundesverwaltung übernehmen.

Artikel 91 [Abwehr von Gefahren für den Bestand des Bundes]
(1) Zur Abwehr einer drohenden Gefahr für den Bestand oder die freiheitliche demokratische Grundordnung des Bundes oder eines Landes kann ein Land Polizeikräfte anderer Länder sowie Kräfte und Einrichtungen anderer Verwaltungen und des Bundesgrenzschutzes anfordern.

(2) [1]Ist das Land, in dem die Gefahr droht, nicht selbst zur Bekämpfung der Gefahr bereit oder in der Lage, so kann die Bundesregierung die Polizei in diesem Lande und die Polizeikräfte anderer Länder ihren Weisungen unterstellen sowie Einheiten des Bundesgrenzschutzes einsetzen. [2]Die Anordnung ist nach Beseitigung der Gefahr, im übrigen jederzeit auf Verlangen des Bundesrates aufzuheben. [3]Erstreckt sich die Gefahr auf das Gebiet mehr als eines Landes, so kann die Bundesregierung, soweit es zur wirksamen Bekämpfung erforderlich ist, den Landesregierungen Weisungen erteilen; Satz 1 und Satz 2 bleiben unberührt.

VIIIa. Gemeinschaftsaufgaben, Verwaltungszusammenarbeit

Artikel 91a [Mitwirkungsbereiche des Bundes bei Länderaufgaben]
(1) Der Bund wirkt auf folgenden Gebieten bei der Erfüllung von Aufgaben der Länder mit, wenn diese Aufgaben für die Gesamtheit bedeutsam sind und die Mitwirkung des Bundes zur Verbesserung der Lebensverhältnisse erforderlich ist (Gemeinschaftsaufgaben):
1. Verbesserung der regionalen Wirtschaftsstruktur,
2. Verbesserung der Agrarstruktur und des Küstenschutzes.

(2) Durch Bundesgesetz mit Zustimmung des Bundesrates werden die Gemeinschaftsaufgaben sowie Einzelheiten der Koordinierung näher bestimmt.

(3) [1]Der Bund trägt in den Fällen des Absatzes 1 Nr. 1 die Hälfte der Ausgaben in jedem Land. [2]In den Fällen des Absatzes 1 Nr. 2 trägt der Bund mindestens die Hälfte; die Beteiligung ist für alle Länder einheitlich festzusetzen. [3]Das Nähere regelt das Gesetz. [4]Die Bereitstellung der Mittel bleibt der Feststellung in den Haushaltsplänen des Bundes und der Länder vorbehalten.

Artikel 91b [Bildungsplanung und Forschungsförderung]
(1) [1]Bund und Länder können auf Grund von Vereinbarungen in Fällen überregionaler Bedeutung bei der Förderung von Wissenschaft, Forschung und Lehre zusammenwirken. [2]Vereinbarungen, die im Schwerpunkt Hochschulen betreffen, bedürfen der Zustimmung aller Länder. [3]Dies gilt nicht für Vereinbarungen über Forschungsbauten einschließlich Großgeräten.

(2) Bund und Länder können auf Grund von Vereinbarungen zur Feststellung der Leistungsfähigkeit des Bildungswesens im internationalen Vergleich und bei diesbezüglichen Berichten und Empfehlungen zusammenwirken.

(3) Die Kostentragung wird in der Vereinbarung geregelt.

Artikel 91c [Informationstechnische Systeme]
(1) Bund und Länder können bei der Planung, der Errichtung und dem Betrieb der für ihre Aufgabenerfüllung benötigten informationstechnischen Systeme zusammenwirken.

(2) [1]Bund und Länder können auf Grund von Vereinbarungen die für die Kommunikation zwischen ihren informationstechnischen Systemen notwendigen Standards und Sicherheitsanforderungen festlegen. [2]Vereinbarungen über die Grundlagen der Zusammenarbeit nach Satz 1 können für einzelne nach Inhalt und Ausmaß bestimmte Aufgaben vorsehen, dass nähere Regelungen bei Zustimmung einer in der Vereinbarung zu bestimmenden qualifizierten Mehrheit für Bund und Länder in Kraft treten. [3]Sie bedürfen der Zustimmung des Bundestages und der Volksvertretungen der beteiligten Länder; das Recht zur Kündigung dieser Vereinbarungen kann nicht ausgeschlossen werden. [4]Die Vereinbarungen regeln auch die Kostentragung.

(3) Die Länder können darüber hinaus den gemeinschaftlichen Betrieb informationstechnischer Systeme sowie die Errichtung von dazu bestimmten Einrichtungen vereinbaren.

(4) [1]Der Bund errichtet zur Verbindung der informationstechnischen Netze des Bundes und der Länder ein Verbindungsnetz. [2]Das Nähere zur Errichtung und zum Betrieb des Verbindungsnetzes regelt ein Bundesgesetz mit Zustimmung des Bundesrates.

(5) Der übergreifende informationstechnische Zugang zu den Verwaltungsleistungen von Bund und Ländern wird durch Bundesgesetz mit Zustimmung des Bundesrates geregelt.

Artikel 91d [Leistungsvergleich]
Bund und Länder können zur Feststellung und Förderung der Leistungsfähigkeit ihrer Verwaltungen Vergleichsstudien durchführen und die Ergebnisse veröffentlichen.

Artikel 91e [Zusammenwirken hinsichtlich der Grundsicherung für Arbeitsuchende]
(1) Bei der Ausführung von Bundesgesetzen auf dem Gebiet der Grundsicherung für Arbeitsuchende wirken Bund und Länder oder die nach Landesrecht zuständigen Gemeinden und Gemeindeverbände in der Regel in gemeinsamen Einrichtungen zusammen.

(2) [1]Der Bund kann zulassen, dass eine begrenzte Anzahl von Gemeinden und Gemeindeverbänden auf ihren Antrag und mit Zustimmung der obersten Landesbehörde die Aufgaben nach Absatz 1 allein wahrnimmt. [2]Die notwendigen Ausgaben einschließlich der Verwaltungsausgaben trägt der Bund, soweit die Aufgaben bei einer Ausführung von Gesetzen nach Absatz 1 vom Bund wahrzunehmen sind.

(3) Das Nähere regelt ein Bundesgesetz, das der Zustimmung des Bundesrates bedarf.

IX. Die Rechtsprechung

Artikel 92 [Gerichtsorganisation]
Die rechtsprechende Gewalt ist den Richtern anvertraut; sie wird durch das Bundesverfassungsgericht, durch die in diesem Grundgesetze vorgesehenen Bundesgerichte und durch die Gerichte der Länder ausgeübt.

Artikel 93 [Bundesverfassungsgericht, Zuständigkeit]
(1) Das Bundesverfassungsgericht entscheidet:

1. über die Auslegung dieses Grundgesetzes aus Anlaß von Streitigkeiten über den Umfang der Rechte und Pflichten eines obersten Bundesorgans oder anderer Beteiligter, die durch dieses Grundgesetz oder in der Geschäftsordnung eines obersten Bundesorgans mit eigenen Rechten ausgestattet sind;
2. bei Meinungsverschiedenheiten oder Zweifeln über die förmliche und sachliche Vereinbarkeit von Bundesrecht oder Landesrecht mit diesem Grundgesetze oder die Vereinbarkeit von Landesrecht mit sonstigem Bundesrechte auf Antrag der Bundesregierung, einer Landesregierung oder eines Viertels der Mitglieder des Bundestages;

2a. bei Meinungsverschiedenheiten, ob ein Gesetz den Voraussetzungen des Artikels 72 Abs. 2 entspricht, auf Antrag des Bundesrates, einer Landesregierung oder der Volksvertretung eines Landes;

3. bei Meinungsverschiedenheiten über Rechte und Pflichten des Bundes und der Länder, insbesondere bei der Ausführung von Bundesrecht durch die Länder und bei der Ausübung der Bundesaufsicht;
4. in anderen öffentlich-rechtlichen Streitigkeiten zwischen dem Bunde und den Ländern, zwischen verschiedenen Ländern oder innerhalb eines Landes, soweit nicht ein anderer Rechtsweg gegeben ist;

4a. über Verfassungsbeschwerden, die von jedermann mit der Behauptung erhoben werden können, durch die öffentliche Gewalt in einem seiner Grundrechte oder in einem seiner in Artikel 20 Abs. 4, 33, 38, 101, 103 und 104 enthaltenen Rechte verletzt zu sein;

4b. über Verfassungsbeschwerden von Gemeinden und Gemeindeverbänden wegen Verletzung des Rechts auf Selbstverwaltung nach Artikel 28 durch ein Gesetz, bei Landesgesetzen jedoch nur, soweit nicht Beschwerde beim Landesverfassungsgericht erhoben werden kann;

4c. über Beschwerden von Vereinigungen gegen ihre Nichtanerkennung als Partei für die Wahl zum Bundestag;

5. in den übrigen in diesem Grundgesetze vorgesehenen Fällen.

(2) [1]Das Bundesverfassungsgericht entscheidet außerdem auf Antrag des Bundesrates, einer Landesregierung oder der Volksvertretung eines Landes, ob im Falle des Artikels 72 Abs. 4 die Erforderlichkeit für eine bundesgesetzliche Regelung nach Artikel 72 Abs. 2 nicht mehr besteht oder Bundesrecht in den Fällen des Artikels 125a Abs. 2 Satz 1 nicht mehr erlassen werden könnte. [2]Die Feststellung, dass die Erforderlichkeit entfallen ist oder Bundesrecht nicht mehr erlassen werden könnte, ersetzt

ein Bundesgesetz nach Artikel 72 Abs. 4 oder nach Artikel 125a Abs. 2 Satz 2. [3]Der Antrag nach Satz 1 ist nur zulässig, wenn eine Gesetzesvorlage nach Artikel 72 Abs. 4 oder nach Artikel 125a Abs. 2 Satz 2 im Bundestag abgelehnt oder über sie nicht innerhalb eines Jahres beraten und Beschluss gefasst oder wenn eine entsprechende Gesetzesvorlage im Bundesrat abgelehnt worden ist.

(3) Das Bundesverfassungsgericht wird ferner in den ihm sonst durch Bundesgesetz zugewiesenen Fällen tätig.

Artikel 94 [Bundesverfassungsgericht, Zusammensetzung]

(1) [1]Das Bundesverfassungsgericht besteht aus Bundesrichtern und anderen Mitgliedern. [2]Die Mitglieder des Bundesverfassungsgerichtes werden je zur Hälfte vom Bundestage und vom Bundesrate gewählt. [3]Sie dürfen weder dem Bundestage, dem Bundesrate, der Bundesregierung noch entsprechenden Organen eines Landes angehören.

(2) [1]Ein Bundesgesetz regelt seine Verfassung und das Verfahren und bestimmt, in welchen Fällen seine Entscheidungen Gesetzeskraft haben. [2]Es kann für Verfassungsbeschwerden die vorherige Erschöpfung des Rechtsweges zur Voraussetzung machen und ein besonderes Annahmeverfahren vorsehen.

Artikel 95 [Oberste Gerichtshöfe des Bundes]

(1) Für die Gebiete der ordentlichen, der Verwaltungs-, der Finanz-, der Arbeits- und der Sozialgerichtsbarkeit errichtet der Bund als oberste Gerichtshöfe den Bundesgerichtshof, das Bundesverwaltungsgericht, den Bundesfinanzhof, das Bundesarbeitsgericht und das Bundessozialgericht.

(2) Über die Berufung der Richter dieser Gerichte entscheidet der für das jeweilige Sachgebiet zuständige Bundesminister gemeinsam mit einem Richterwahlausschuß, der aus den für das jeweilige Sachgebiet zuständigen Ministern der Länder und einer gleichen Anzahl von Mitgliedern besteht, die vom Bundestage gewählt werden.

(3) [1]Zur Wahrung der Einheitlichkeit der Rechtsprechung ist ein Gemeinsamer Senat der in Absatz 1 genannten Gerichte zu bilden. [2]Das Nähere regelt ein Bundesgesetz.

Artikel 96 [Bundesgerichte]

(1) Der Bund kann für Angelegenheiten des gewerblichen Rechtsschutzes ein Bundesgericht errichten.

(2) [1]Der Bund kann Wehrstrafgerichte für die Streitkräfte als Bundesgerichte errichten. [2]Sie können die Strafgerichtsbarkeit nur im Verteidigungsfalle sowie über Angehörige der Streitkräfte ausüben, die in das Ausland entsandt oder an Bord von Kriegsschiffen eingeschifft sind. [3]Das Nähere regelt ein Bundesgesetz. [4]Diese Gerichte gehören zum Geschäftsbereich des Bundesjustizministers. [5]Ihre hauptamtlichen Richter müssen die Befähigung zum Richteramt haben.

(3) Oberster Gerichtshof für die in Absatz 1 und 2 genannten Gerichte ist der Bundesgerichtshof.

(4) Der Bund kann für Personen, die zu ihm in einem öffentlich-rechtlichen Dienstverhältnis stehen, Bundesgerichte zur Entscheidung in Disziplinarverfahren und Beschwerdeverfahren errichten.

(5) Für Strafverfahren auf den folgenden Gebieten kann ein Bundesgesetz mit Zustimmung des Bundesrates vorsehen, dass Gerichte der Länder Gerichtsbarkeit des Bundes ausüben:

1. Völkermord;
2. völkerstrafrechtliche Verbrechen gegen die Menschlichkeit;
3. Kriegsverbrechen;
4. andere Handlungen, die geeignet sind und in der Absicht vorgenommen werden, das friedliche Zusammenleben der Völker zu stören (Artikel 26 Abs. 1);
5. Staatsschutz.

Artikel 97 [Unabhängigkeit der Richter]

(1) Die Richter sind unabhängig und nur dem Gesetze unterworfen.

(2) [1]Die hauptamtlich und planmäßig endgültig angestellten Richter können wider ihren Willen nur kraft richterlicher Entscheidung und nur aus Gründen und unter den Formen, welche die Gesetze bestimmen, vor Ablauf ihrer Amtszeit entlassen oder dauernd oder zeitweise ihres Amtes enthoben oder an eine andere Stelle oder in den Ruhestand versetzt werden. [2]Die Gesetzgebung kann Altersgrenzen festsetzen, bei deren Erreichung auf Lebenszeit angestellte Richter in den Ruhestand treten. [3]Bei Ver-

änderung der Einrichtung der Gerichte oder ihrer Bezirke können Richter an ein anderes Gericht versetzt oder aus dem Amte entfernt werden, jedoch nur unter Belassung des vollen Gehaltes.

Artikel 98 [Rechtsstellung der Richter]

(1) Die Rechtsstellung der Bundesrichter ist durch besonderes Bundesgesetz zu regeln.

(2) [1]Wenn ein Bundesrichter im Amte oder außerhalb des Amtes gegen die Grundsätze des Grundgesetzes oder gegen die verfassungsmäßige Ordnung eines Landes verstößt, so kann das Bundesverfassungsgericht mit Zweidrittelmehrheit auf Antrag des Bundestages anordnen, daß der Richter in ein anderes Amt oder in den Ruhestand zu versetzen ist. [2]Im Falle eines vorsätzlichen Verstoßes kann auf Entlassung erkannt werden.

(3) Die Rechtsstellung der Richter in den Ländern ist durch besondere Landesgesetze zu regeln, soweit Artikel 74 Abs. 1 Nr. 27 nichts anderes bestimmt.

(4) Die Länder können bestimmen, daß über die Anstellung der Richter in den Ländern der Landesjustizminister gemeinsam mit einem Richterwahlausschuß entscheidet.

(5) [1]Die Länder können für Landesrichter eine Absatz 2 entsprechende Regelung treffen. [2]Geltendes Landesverfassungsrecht bleibt unberührt. [3]Die Entscheidung über eine Richteranklage steht dem Bundesverfassungsgericht zu.

Artikel 99 [Verfassungsstreit innerhalb eines Landes]

Dem Bundesverfassungsgerichte kann durch Landesgesetz die Entscheidung von Verfassungsstreitigkeiten innerhalb eines Landes, den in Artikel 95 Abs. 1 genannten obersten Gerichtshöfen für den letzten Rechtszug die Entscheidung in solchen Sachen zugewiesen werden, bei denen es sich um die Anwendung von Landesrecht handelt.

Artikel 100 [Verfassungswidrigkeit von Gesetzen]

(1) [1]Hält ein Gericht ein Gesetz, auf dessen Gültigkeit es bei der Entscheidung ankommt, für verfassungswidrig, so ist das Verfahren auszusetzen und, wenn es sich um die Verletzung der Verfassung eines Landes handelt, die Entscheidung des für Verfassungsstreitigkeiten zuständigen Gerichtes des Landes, wenn es sich um die Verletzung dieses Grundgesetzes handelt, die Entscheidung des Bundesverfassungsgerichtes einzuholen. [2]Dies gilt auch, wenn es sich um die Verletzung dieses Grundgesetzes durch Landesrecht oder um die Unvereinbarkeit eines Landesgesetzes mit einem Bundesgesetze handelt.

(2) Ist in einem Rechtsstreite zweifelhaft, ob eine Regel des Völkerrechtes Bestandteil des Bundesrechtes ist und ob sie unmittelbar Rechte und Pflichten für den Einzelnen erzeugt (Artikel 25), so hat das Gericht die Entscheidung des Bundesverfassungsgerichtes einzuholen.

(3) Will das Verfassungsgericht eines Landes bei der Auslegung des Grundgesetzes von einer Entscheidung des Bundesverfassungsgerichtes oder des Verfassungsgerichtes eines anderen Landes abweichen, so hat das Verfassungsgericht die Entscheidung des Bundesverfassungsgerichtes einzuholen.

Artikel 101 [Ausnahmegerichte]

(1) [1]Ausnahmegerichte sind unzulässig. [2]Niemand darf seinem gesetzlichen Richter entzogen werden.

(2) Gerichte für besondere Sachgebiete können nur durch Gesetz errichtet werden.

Artikel 102 [Abschaffung der Todesstrafe]

Die Todesstrafe ist abgeschafft.

Artikel 103 [Grundrechte vor Gericht]

(1) Vor Gericht hat jedermann Anspruch auf rechtliches Gehör.

(2) Eine Tat kann nur bestraft werden, wenn die Strafbarkeit gesetzlich bestimmt war, bevor die Tat begangen wurde.

(3) Niemand darf wegen derselben Tat auf Grund der allgemeinen Strafgesetze mehrmals bestraft werden.

Artikel 104[1)] [Rechtsgarantien bei Freiheitsentziehung]

(1) [1]Die Freiheit der Person kann nur auf Grund eines förmlichen Gesetzes und nur unter Beachtung der darin vorgeschriebenen Formen beschränkt werden. [2]Festgehaltene Personen dürfen weder seelisch noch körperlich mißhandelt werden.

(2) [1]Über die Zulässigkeit und Fortdauer einer Freiheitsentziehung hat nur der Richter zu entscheiden. [2]Bei jeder nicht auf richterlicher Anordnung beruhenden Freiheitsentziehung ist unverzüglich eine richterliche Entscheidung herbeizuführen. [3]Die Polizei darf aus eigener Machtvollkommenheit niemanden länger als bis zum Ende des Tages nach dem Ergreifen in eigenem Gewahrsam halten. [4]Das Nähere ist gesetzlich zu regeln.

(3) [1]Jeder wegen des Verdachtes einer strafbaren Handlung vorläufig Festgenommene ist spätestens am Tage nach der Festnahme dem Richter vorzuführen, der ihm die Gründe der Festnahme mitzuteilen, ihn zu vernehmen und ihm Gelegenheit zu Einwendungen zu geben hat. [2]Der Richter hat unverzüglich entweder einen mit Gründen versehenen schriftlichen Haftbefehl zu erlassen oder die Freilassung anzuordnen.

(4) Von jeder richterlichen Entscheidung über die Anordnung oder Fortdauer einer Freiheitsentziehung ist unverzüglich ein Angehöriger des Festgehaltenen oder eine Person seines Vertrauens zu benachrichtigen.

X. Das Finanzwesen

Artikel 104a [Ausgabenverteilung; Lastenverteilung]

(1) Der Bund und die Länder tragen gesondert die Ausgaben, die sich aus der Wahrnehmung ihrer Aufgaben ergeben, soweit dieses Grundgesetz nichts anderes bestimmt.

(2) Handeln die Länder im Auftrage des Bundes, trägt der Bund die sich daraus ergebenden Ausgaben.

(3) [1]Bundesgesetze, die Geldleistungen gewähren und von den Ländern ausgeführt werden, können bestimmen, daß die Geldleistungen ganz oder zum Teil vom Bund getragen werden. [2]Bestimmt das Gesetz, daß der Bund die Hälfte der Ausgaben oder mehr trägt, wird es im Auftrage des Bundes durchgeführt. [3]Bei der Gewährung von Leistungen für Unterkunft und Heizung auf dem Gebiet der Grundsicherung für Arbeitsuchende wird das Gesetz im Auftrage des Bundes ausgeführt, wenn der Bund drei Viertel der Ausgaben oder mehr trägt.

(4) Bundesgesetze, die Pflichten der Länder zur Erbringung von Geldleistungen, geldwerten Sachleistungen oder vergleichbaren Dienstleistungen gegenüber Dritten begründen und von den Ländern als eigene Angelegenheit oder nach Absatz 3 Satz 2 im Auftrag des Bundes ausgeführt werden, bedürfen der Zustimmung des Bundesrates, wenn daraus entstehende Ausgaben von den Ländern zu tragen sind.

(5) [1]Der Bund und die Länder tragen die bei ihren Behörden entstehenden Verwaltungsausgaben und haften im Verhältnis zueinander für eine ordnungsmäßige Verwaltung. [2]Das Nähere bestimmt ein Bundesgesetz, das der Zustimmung des Bundesrates bedarf.

(6) [1]Bund und Länder tragen nach der innerstaatlichen Zuständigkeits- und Aufgabenverteilung die Lasten einer Verletzung von supranationalen oder völkerrechtlichen Verpflichtungen Deutschlands. [2]In Fällen länderübergreifender Finanzkorrekturen der Europäischen Union tragen Bund und Länder diese Lasten im Verhältnis 15 zu 85. [3]Die Ländergesamtheit trägt in diesen Fällen solidarisch 35 vom Hundert der Gesamtlasten entsprechend einem allgemeinen Schlüssel; 50 vom Hundert der Gesamtlasten tragen die Länder, die die Lasten verursacht haben, anteilig entsprechend der Höhe der erhaltenen Mittel. [4]Das Nähere regelt ein Bundesgesetz, das der Zustimmung des Bundesrates bedarf.

Artikel 104b [Finanzhilfen für bedeutsame Investitionen der Länder]

(1) [1]Der Bund kann, soweit dieses Grundgesetz ihm Gesetzgebungsbefugnisse verleiht, den Ländern Finanzhilfen für besonders bedeutsame Investitionen der Länder und der Gemeinden (Gemeindeverbände) gewähren, die

---

1) Zu den Voraussetzungen der Festnahme von Abgeordneten siehe Art. 46 Abs. 2–4, zu denen der Festnahme des Bundespräsidenten siehe Art. 60 Abs. 4 iVm Art. 46 Abs. 2–4; siehe ferner Art. 5 der Konvention zum Schutz der Menschenrechte und Grundfreiheiten.

1. zur Abwehr einer Störung des gesamtwirtschaftlichen Gleichgewichts oder
2. zum Ausgleich unterschiedlicher Wirtschaftskraft im Bundesgebiet oder
3. zur Förderung des wirtschaftlichen Wachstums

erforderlich sind. [2]Abweichend von Satz 1 kann der Bund im Falle von Naturkatastrophen oder außergewöhnlichen Notsituationen, die sich der Kontrolle des Staates entziehen und die staatliche Finanzlage erheblich beeinträchtigen, auch ohne Gesetzgebungsbefugnisse Finanzhilfen gewähren.

(2) [1]Das Nähere, insbesondere die Arten der zu fördernden Investitionen, wird durch Bundesgesetz, das der Zustimmung des Bundesrates bedarf, oder auf Grund des Bundeshaushaltsgesetzes durch Verwaltungsvereinbarung geregelt. [2]Das Bundesgesetz oder die Verwaltungsvereinbarung kann Bestimmungen über die Ausgestaltung der jeweiligen Länderprogramme zur Verwendung der Finanzhilfen vorsehen. [3]Die Festlegung der Kriterien für die Ausgestaltung der Länderprogramme erfolgt im Einvernehmen mit den betroffenen Ländern. [4]Zur Gewährleistung der zweckentsprechenden Mittelverwendung kann die Bundesregierung Bericht und Vorlage der Akten verlangen und Erhebungen bei allen Behörden durchführen. [5]Die Mittel des Bundes werden zusätzlich zu eigenen Mitteln der Länder bereitgestellt. [6]Sie sind befristet zu gewähren und hinsichtlich ihrer Verwendung in regelmäßigen Zeitabständen zu überprüfen. [7]Die Finanzhilfen sind im Zeitablauf mit fallenden Jahresbeträgen zu gestalten.

(3) Bundestag, Bundesregierung und Bundesrat sind auf Verlangen über die Durchführung der Maßnahmen und die erzielten Verbesserungen zu unterrichten.

Artikel 104c [Finanzhilfen für bedeutsame Investitionen der Länder im Bereich der kommunalen Bildungsinfrastruktur]

[1]Der Bund kann den Ländern Finanzhilfen für gesamtstaatlich bedeutsame Investitionen sowie besondere, mit diesen unmittelbar verbundene, befristete Ausgaben der Länder und Gemeinden (Gemeindeverbände) zur Steigerung der Leistungsfähigkeit der kommunalen Bildungsinfrastruktur gewähren. [2]Artikel 104b Absatz 2 Satz 1 bis 3, 5, 6 und Absatz 3 gilt entsprechend. [3]Zur Gewährleistung der zweckentsprechenden Mittelverwendung kann die Bundesregierung Berichte und anlassbezogen die Vorlage von Akten verlangen.

Artikel 104d [Finanzhilfen für bedeutsame Investitionen der Länder im Bereich des sozialen Wohnungsbaus]

[1]Der Bund kann den Ländern Finanzhilfen für gesamtstaatlich bedeutsame Investitionen der Länder und Gemeinden (Gemeindeverbände) im Bereich des sozialen Wohnungsbaus gewähren. [2]Artikel 104b Absatz 2 Satz 1 bis 5 sowie Absatz 3 gilt entsprechend.

Artikel 105 [Gesetzgebungsrecht]

(1) Der Bund hat die ausschließliche Gesetzgebung über die Zölle und Finanzmonopole.

(2) [1]Der Bund hat die konkurrierende Gesetzgebung über die Grundsteuer. [2]Er hat die konkurrierende Gesetzgebung über die übrigen Steuern, wenn ihm das Aufkommen dieser Steuern ganz oder zum Teil zusteht oder die Voraussetzungen des Artikels 72 Abs. 2 vorliegen.

(2a) [1]Die Länder haben die Befugnis zur Gesetzgebung über die örtlichen Verbrauch- und Aufwandsteuern, solange und soweit sie nicht bundesgesetzlich geregelten Steuern gleichartig sind. [2]Sie haben die Befugnis zur Bestimmung des Steuersatzes bei der Grunderwerbsteuer.

(3) Bundesgesetze über Steuern, deren Aufkommen den Ländern oder den Gemeinden (Gemeindeverbänden) ganz oder zum Teil zufließt, bedürfen der Zustimmung des Bundesrates.

Artikel 106 [Verteilung des Steueraufkommens und des Ertrages der Finanzmonopole]

(1) Der Ertrag der Finanzmonopole und das Aufkommen der folgenden Steuern stehen dem Bund zu:

1. die Zölle,
2. die Verbrauchsteuern, soweit sie nicht nach Absatz 2 den Ländern, nach Absatz 3 Bund und Ländern gemeinsam oder nach Absatz 6 den Gemeinden zustehen,
3. die Straßengüterverkehrsteuer, die Kraftfahrzeugsteuer und sonstige auf motorisierte Verkehrsmittel bezogene Verkehrsteuern,
4. die Kapitalverkehrsteuern, die Versicherungsteuer und die Wechselsteuer,

5. die einmaligen Vermögensabgaben und die zur Durchführung des Lastenausgleichs erhobenen Ausgleichsabgaben,
6. die Ergänzungsabgabe zur Einkommensteuer und zur Körperschaftsteuer,
7. Abgaben im Rahmen der Europäischen Gemeinschaften.

(2) Das Aufkommen der folgenden Steuern steht den Ländern zu:

1. die Vermögensteuer,
2. die Erbschaftsteuer,
3. die Verkehrsteuern, soweit sie nicht nach Absatz 1 dem Bund oder nach Absatz 3 Bund und Ländern gemeinsam zustehen,
4. die Biersteuer,
5. die Abgabe von Spielbanken.

(3) [1]Das Aufkommen der Einkommensteuer, der Körperschaftsteuer und der Umsatzsteuer steht dem Bund und den Ländern gemeinsam zu (Gemeinschaftsteuern), soweit das Aufkommen der Einkommensteuer nicht nach Absatz 5 und das Aufkommen der Umsatzsteuer nicht nach Absatz 5a den Gemeinden zugewiesen wird. [2]Am Aufkommen der Einkommensteuer und der Körperschaftsteuer sind der Bund und die Länder je zur Hälfte beteiligt. [3]Die Anteile von Bund und Ländern an der Umsatzsteuer werden durch Bundesgesetz, das der Zustimmung des Bundesrates bedarf, festgesetzt. [4]Bei der Festsetzung ist von folgenden Grundsätzen auszugehen:

1. [1]Im Rahmen der laufenden Einnahmen haben der Bund und die Länder gleichmäßig Anspruch auf Deckung ihrer notwendigen Ausgaben. [2]Dabei ist der Umfang der Ausgaben unter Berücksichtigung einer mehrjährigen Finanzplanung zu ermitteln.
2. Die Deckungsbedürfnisse des Bundes und der Länder sind so aufeinander abzustimmen, daß ein billiger Ausgleich erzielt, eine Überbelastung der Steuerpflichtigen vermieden und die Einheitlichkeit der Lebensverhältnisse im Bundesgebiet gewahrt wird.

[5]Zusätzlich werden in die Festsetzung der Anteile von Bund und Ländern an der Umsatzsteuer Steuermindereinnahmen einbezogen, die den Ländern ab 1. Januar 1996 aus der Berücksichtigung von Kindern im Einkommensteuerrecht entstehen. [6]Das Nähere bestimmt das Bundesgesetz nach Satz 3.

(4) [1]Die Anteile von Bund und Ländern an der Umsatzsteuer sind neu festzusetzen, wenn sich das Verhältnis zwischen den Einnahmen und Ausgaben des Bundes und der Länder wesentlich anders entwickelt; Steuermindereinnahmen, die nach Absatz 3 Satz 5 in die Festsetzung der Umsatzsteueranteile zusätzlich einbezogen werden, bleiben hierbei unberücksichtigt. [2]Werden den Ländern durch Bundesgesetz zusätzliche Ausgaben auferlegt oder Einnahmen entzogen, so kann die Mehrbelastung durch Bundesgesetz, das der Zustimmung des Bundesrates bedarf, auch mit Finanzzuweisungen des Bundes ausgeglichen werden, wenn sie auf einen kurzen Zeitraum begrenzt ist. [3]In dem Gesetz sind die Grundsätze für die Bemessung dieser Finanzzuweisungen und für ihre Verteilung auf die Länder zu bestimmen.

(5) [1]Die Gemeinden erhalten einen Anteil an dem Aufkommen der Einkommensteuer, der von den Ländern an ihre Gemeinden auf der Grundlage der Einkommensteuerleistungen ihrer Einwohner weiterzuleiten ist. [2]Das Nähere bestimmt ein Bundesgesetz, das der Zustimmung des Bundesrates bedarf. [3]Es kann bestimmen, daß die Gemeinden Hebesätze für den Gemeindeanteil festsetzen.

(5a) [1]Die Gemeinden erhalten ab dem 1. Januar 1998 einen Anteil an dem Aufkommen der Umsatzsteuer. [2]Er wird von den Ländern auf der Grundlage eines orts- und wirtschaftsbezogenen Schlüssels an ihre Gemeinden weitergeleitet. [3]Das Nähere wird durch Bundesgesetz, das der Zustimmung des Bundesrates bedarf, bestimmt.

(6) [1]Das Aufkommen der Grundsteuer und Gewerbesteuer steht den Gemeinden, das Aufkommen der örtlichen Verbrauch- und Aufwandsteuern steht den Gemeinden oder nach Maßgabe der Landesgesetzgebung den Gemeindeverbänden zu. [2]Den Gemeinden ist das Recht einzuräumen, die Hebesätze der Grundsteuer und Gewerbesteuer im Rahmen der Gesetze festzusetzen. [3]Bestehen in einem Land keine Gemeinden, so steht das Aufkommen der Grundsteuer und Gewerbesteuer sowie der örtlichen Verbrauch- und Aufwandsteuern dem Land zu. [4]Bund und Länder können durch eine Umlage an dem Aufkommen der Gewerbesteuer beteiligt werden. [5]Das Nähere über die Umlage bestimmt ein Bundesgesetz, das der Zustimmung des Bundesrates bedarf. [6]Nach Maßgabe der Landesgesetzgebung können die Grundsteuer und Gewerbesteuer sowie der Gemeindeanteil vom Aufkommen der Ein-

kommensteuer und der Umsatzsteuer als Bemessungsgrundlagen für Umlagen zugrunde gelegt werden.

(7) [1]Von dem Länderanteil am Gesamtaufkommen der Gemeinschaftsteuern fließt den Gemeinden und Gemeindeverbänden insgesamt ein von der Landesgesetzgebung zu bestimmender Hundertsatz zu. [2]Im übrigen bestimmt die Landesgesetzgebung, ob und inwieweit das Aufkommen der Landessteuern den Gemeinden (Gemeindeverbänden) zufließt.

(8) [1]Veranlaßt der Bund in einzelnen Ländern oder Gemeinden (Gemeindeverbänden) besondere Einrichtungen, die diesen Ländern oder Gemeinden (Gemeindeverbänden) unmittelbar Mehrausgaben oder Mindereinnahmen (Sonderbelastungen) verursachen, gewährt der Bund den erforderlichen Ausgleich, wenn und soweit den Ländern oder Gemeinden (Gemeindeverbänden) nicht zugemutet werden kann, die Sonderbelastungen zu tragen. [2]Entschädigungsleistungen Dritter und finanzielle Vorteile, die diesen Ländern oder Gemeinden (Gemeindeverbänden) als Folge der Einrichtungen erwachsen, werden bei dem Ausgleich berücksichtigt.

(9) Als Einnahmen und Ausgaben der Länder im Sinne dieses Artikels gelten auch die Einnahmen und Ausgaben der Gemeinden (Gemeindeverbände).

Artikel 106a [Bundeszuschuss für öffentlichen Personennahverkehr]

[1]Den Ländern steht ab 1. Januar 1996 für den öffentlichen Personennahverkehr ein Betrag aus dem Steueraufkommen des Bundes zu. [2]Das Nähere regelt ein Bundesgesetz, das der Zustimmung des Bundesrates bedarf. [3]Der Betrag nach Satz 1 bleibt bei der Bemessung der Finanzkraft nach Artikel 107 Abs. 2 unberücksichtigt.

Artikel 106b [Länderanteil an der Kraftfahrzeugsteuer]

[1]Den Ländern steht ab dem 1. Juli 2009 infolge der Übertragung der Kraftfahrzeugsteuer auf den Bund ein Betrag aus dem Steueraufkommen des Bundes zu. [2]Das Nähere regelt ein Bundesgesetz, das der Zustimmung des Bundesrates bedarf.

Artikel 107 [Finanzausgleich; Ergänzungszuweisungen]

(1) [1]Das Aufkommen der Landessteuern und der Länderanteil am Aufkommen der Einkommensteuer und der Körperschaftsteuer stehen den einzelnen Ländern insoweit zu, als die Steuern von den Finanzbehörden in ihrem Gebiet vereinnahmt werden (örtliches Aufkommen). [2]Durch Bundesgesetz, das der Zustimmung des Bundesrates bedarf, sind für die Körperschaftsteuer und die Lohnsteuer nähere Bestimmungen über die Abgrenzung sowie über Art und Umfang der Zerlegung des örtlichen Aufkommens zu treffen. [3]Das Gesetz kann auch Bestimmungen über die Abgrenzung und Zerlegung des örtlichen Aufkommens anderer Steuern treffen. [4]Der Länderanteil am Aufkommen der Umsatzsteuer steht den einzelnen Ländern, vorbehaltlich der Regelungen nach Absatz 2, nach Maßgabe ihrer Einwohnerzahl zu.

(2) [1]Durch Bundesgesetz, das der Zustimmung des Bundesrates bedarf, ist sicherzustellen, dass die unterschiedliche Finanzkraft der Länder angemessen ausgeglichen wird; hierbei sind die Finanzkraft und der Finanzbedarf der Gemeinden (Gemeindeverbände) zu berücksichtigen. [2]Zu diesem Zweck sind in dem Gesetz Zuschläge zu und Abschläge von der jeweiligen Finanzkraft bei der Verteilung der Länderanteile am Aufkommen der Umsatzsteuer zu regeln. [3]Die Voraussetzungen für die Gewährung von Zuschlägen und für die Erhebung von Abschlägen sowie die Maßstäbe für die Höhe dieser Zuschläge und Abschläge sind in dem Gesetz zu bestimmen. [4]Für Zwecke der Bemessung der Finanzkraft kann die bergrechtliche Förderabgabe mit nur einem Teil ihres Aufkommens berücksichtigt werden. [5]Das Gesetz kann auch bestimmen, dass der Bund aus seinen Mitteln leistungsschwachen Ländern Zuweisungen zur ergänzenden Deckung ihres allgemeinen Finanzbedarfs (Ergänzungszuweisungen) gewährt. [6]Zuweisungen können unabhängig von den Maßstäben nach den Sätzen 1 bis 3 auch solchen leistungsschwachen Ländern gewährt werden, deren Gemeinden (Gemeindeverbände) eine besonders geringe Steuerkraft aufweisen (Gemeindesteuerkraftzuweisungen), sowie außerdem solchen leistungsschwachen Ländern, deren Anteile an den Fördermitteln nach Artikel 91b ihre Einwohneranteile unterschreiten.

Artikel 108 [Finanzverwaltung]

(1) [1]Zölle, Finanzmonopole, die bundesgesetzlich geregelten Verbrauchsteuern einschließlich der Einfuhrumsatzsteuer, die Kraftfahrzeugsteuer und sonstige auf motorisierte Verkehrsmittel bezogene

Verkehrsteuern ab dem 1. Juli 2009 sowie die Abgaben im Rahmen der Europäischen Gemeinschaften werden durch Bundesfinanzbehörden verwaltet. [2]Der Aufbau dieser Behörden wird durch Bundesgesetz geregelt. [3]Soweit Mittelbehörden eingerichtet sind, werden deren Leiter im Benehmen mit den Landesregierungen bestellt.

(2) [1]Die übrigen Steuern werden durch Landesfinanzbehörden verwaltet. [2]Der Aufbau dieser Behörden und die einheitliche Ausbildung der Beamten können durch Bundesgesetz mit Zustimmung des Bundesrates geregelt werden. [3]Soweit Mittelbehörden eingerichtet sind, werden deren Leiter im Einvernehmen mit der Bundesregierung bestellt.

(3) [1]Verwalten die Landesfinanzbehörden Steuern, die ganz oder zum Teil dem Bund zufließen, so werden sie im Auftrage des Bundes tätig. [2]Artikel 85 Abs. 3 und 4 gilt mit der Maßgabe, daß an die Stelle der Bundesregierung der Bundesminister der Finanzen tritt.

(4) [1]Durch Bundesgesetz, das der Zustimmung des Bundesrates bedarf, kann bei der Verwaltung von Steuern ein Zusammenwirken von Bundes- und Landesfinanzbehörden sowie für Steuern, die unter Absatz 1 fallen, die Verwaltung durch Landesfinanzbehörden und für andere Steuern die Verwaltung durch Bundesfinanzbehörden vorgesehen werden, wenn und soweit dadurch der Vollzug der Steuergesetze erheblich verbessert oder erleichtert wird. [2]Für die den Gemeinden (Gemeindeverbänden) allein zufließenden Steuern kann die den Landesfinanzbehörden zustehende Verwaltung durch die Länder ganz oder zum Teil den Gemeinden (Gemeindeverbänden) übertragen werden. [3]Das Bundesgesetz nach Satz 1 kann für ein Zusammenwirken von Bund und Ländern bestimmen, dass bei Zustimmung einer im Gesetz genannten Mehrheit Regelungen für den Vollzug von Steuergesetzen für alle Länder verbindlich werden.

(4a) [1]Durch Bundesgesetz, das der Zustimmung des Bundesrates bedarf, können bei der Verwaltung von Steuern, die unter Absatz 2 fallen, ein Zusammenwirken von Landesfinanzbehörden und eine länderübergreifende Übertragung von Zuständigkeiten auf Landesfinanzbehörden eines oder mehrerer Länder im Einvernehmen mit den betroffenen Ländern vorgesehen werden, wenn und soweit dadurch der Vollzug der Steuergesetze erheblich verbessert oder erleichtert wird. [2]Die Kostentragung kann durch Bundesgesetz geregelt werden.

(5) [1]Das von den Bundesfinanzbehörden anzuwendende Verfahren wird durch Bundesgesetz geregelt. [2]Das von den Landesfinanzbehörden und in den Fällen des Absatzes 4 Satz 2 von den Gemeinden (Gemeindeverbänden) anzuwendende Verfahren kann durch Bundesgesetz mit Zustimmung des Bundesrates geregelt werden.

(6) Die Finanzgerichtsbarkeit wird durch Bundesgesetz einheitlich geregelt.

(7) Die Bundesregierung kann allgemeine Verwaltungsvorschriften erlassen, und zwar mit Zustimmung des Bundesrates, soweit die Verwaltung den Landesfinanzbehörden oder Gemeinden (Gemeindeverbänden) obliegt.

Artikel 109 [Haushaltswirtschaft in Bund und Ländern]

(1) Bund und Länder sind in ihrer Haushaltswirtschaft selbständig und voneinander unabhängig.

(2) Bund und Länder erfüllen gemeinsam die Verpflichtungen der Bundesrepublik Deutschland aus Rechtsakten der Europäischen Gemeinschaft auf Grund des Artikels 104 des Vertrags zur Gründung der Europäischen Gemeinschaft zur Einhaltung der Haushaltsdisziplin und tragen in diesem Rahmen den Erfordernissen des gesamtwirtschaftlichen Gleichgewichts Rechnung.

(3) [1]Die Haushalte von Bund und Ländern sind grundsätzlich ohne Einnahmen aus Krediten auszugleichen. [2]Bund und Länder können Regelungen zur im Auf- und Abschwung symmetrischen Berücksichtigung der Auswirkungen einer von der Normallage abweichenden konjunkturellen Entwicklung sowie eine Ausnahmeregelung für Naturkatastrophen oder außergewöhnliche Notsituationen, die sich der Kontrolle des Staates entziehen und die staatliche Finanzlage erheblich beeinträchtigen, vorsehen. [3]Für die Ausnahmeregelung ist eine entsprechende Tilgungsregelung vorzusehen. [4]Die nähere Ausgestaltung regelt für den Haushalt des Bundes Artikel 115 mit der Maßgabe, dass Satz 1 entsprochen ist, wenn die Einnahmen aus Krediten 0,35 vom Hundert im Verhältnis zum nominalen Bruttoinlandsprodukt nicht überschreiten. [5]Die nähere Ausgestaltung für die Haushalte der Länder regeln diese im Rahmen ihrer verfassungsrechtlichen Kompetenzen mit der Maßgabe, dass Satz 1 nur dann entsprochen ist, wenn keine Einnahmen aus Krediten zugelassen werden.

(4) Durch Bundesgesetz, das der Zustimmung des Bundesrates bedarf, können für Bund und Länder gemeinsam geltende Grundsätze für das Haushaltsrecht, für eine konjunkturgerechte Haushaltswirtschaft und für eine mehrjährige Finanzplanung aufgestellt werden.

(5) [1]Sanktionsmaßnahmen der Europäischen Gemeinschaft im Zusammenhang mit den Bestimmungen in Artikel 104 des Vertrags zur Gründung der Europäischen Gemeinschaft zur Einhaltung der Haushaltsdisziplin tragen Bund und Länder im Verhältnis 65 zu 35. [2]Die Ländergesamtheit trägt solidarisch 35 vom Hundert der auf die Länder entfallenden Lasten entsprechend ihrer Einwohnerzahl; 65 vom Hundert der auf die Länder entfallenden Lasten tragen die Länder entsprechend ihrem Verursachungsbeitrag. [3]Das Nähere regelt ein Bundesgesetz, das der Zustimmung des Bundesrates bedarf.

Artikel 109a [Haushaltsnotlagen]

(1) Zur Vermeidung von Haushaltsnotlagen regelt ein Bundesgesetz, das der Zustimmung des Bundesrates bedarf,

1. die fortlaufende Überwachung der Haushaltswirtschaft von Bund und Ländern durch ein gemeinsames Gremium (Stabilitätsrat),
2. die Voraussetzungen und das Verfahren zur Feststellung einer drohenden Haushaltsnotlage,
3. die Grundsätze zur Aufstellung und Durchführung von Sanierungsprogrammen zur Vermeidung von Haushaltsnotlagen.

(2) [1]Dem Stabilitätsrat obliegt ab dem Jahr 2020 die Überwachung der Einhaltung der Vorgaben des Artikels 109 Absatz 3 durch Bund und Länder. [2]Die Überwachung orientiert sich an den Vorgaben und Verfahren aus Rechtsakten auf Grund des Vertrages über die Arbeitsweise der Europäischen Union zur Einhaltung der Haushaltsdisziplin.

(3) Die Beschlüsse des Stabilitätsrats und die zugrunde liegenden Beratungsunterlagen sind zu veröffentlichen.

Artikel 110 [Haushaltsplan des Bundes]

(1) [1]Alle Einnahmen und Ausgaben des Bundes sind in den Haushaltsplan einzustellen; bei Bundesbetrieben und bei Sondervermögen brauchen nur die Zuführungen oder die Ablieferungen eingestellt zu werden. [2]Der Haushaltsplan ist in Einnahme und Ausgabe auszugleichen.

(2) [1]Der Haushaltsplan wird für ein oder mehrere Rechnungsjahre, nach Jahren getrennt, vor Beginn des ersten Rechnungsjahres durch das Haushaltsgesetz festgestellt. [2]Für Teile des Haushaltsplanes kann vorgesehen werden, daß sie für unterschiedliche Zeiträume, nach Rechnungsjahren getrennt, gelten.

(3) Die Gesetzesvorlage nach Absatz 2 Satz 1 sowie Vorlagen zur Änderung des Haushaltsgesetzes und des Haushaltsplanes werden gleichzeitig mit der Zuleitung an den Bundesrat beim Bundestage eingebracht; der Bundesrat ist berechtigt, innerhalb von sechs Wochen, bei Änderungsvorlagen innerhalb von drei Wochen, zu den Vorlagen Stellung zu nehmen.

(4) [1]In das Haushaltsgesetz dürfen nur Vorschriften aufgenommen werden, die sich auf die Einnahmen und die Ausgaben des Bundes und auf den Zeitraum beziehen, für den das Haushaltsgesetz beschlossen wird. [2]Das Haushaltsgesetz kann vorschreiben, daß die Vorschriften erst mit der Verkündung des nächsten Haushaltsgesetzes oder bei Ermächtigung nach Artikel 115 zu einem späteren Zeitpunkt außer Kraft treten.

Artikel 111 [Ausgaben vor Etatgenehmigung]

(1) Ist bis zum Schluß eines Rechnungsjahres der Haushaltsplan für das folgende Jahr nicht durch Gesetz festgestellt, so ist bis zu seinem Inkrafttreten die Bundesregierung ermächtigt, alle Ausgaben zu leisten, die nötig sind,

a) um gesetzlich bestehende Einrichtungen zu erhalten und gesetzlich beschlossene Maßnahmen durchzuführen,
b) um die rechtlich begründeten Verpflichtungen des Bundes zu erfüllen,
c) um Bauten, Beschaffungen und sonstige Leistungen fortzusetzen oder Beihilfen für diese Zwecke weiter zu gewähren, sofern durch den Haushaltsplan eines Vorjahres bereits Beträge bewilligt worden sind.

(2) Soweit nicht auf besonderem Gesetze beruhende Einnahmen aus Steuern, Abgaben und sonstigen Quellen oder die Betriebsmittelrücklage die Ausgaben unter Absatz 1 decken, darf die Bundesregie-

rung die zur Aufrechterhaltung der Wirtschaftsführung erforderlichen Mittel bis zur Höhe eines Viertels der Endsumme des abgelaufenen Haushaltsplanes im Wege des Kredits flüssig machen.

Artikel 112 [Überplanmäßige und außerplanmäßige Ausgaben]
[1]Überplanmäßige und außerplanmäßige Ausgaben bedürfen der Zustimmung des Bundesministers der Finanzen. [2]Sie darf nur im Falle eines unvorhergesehenen und unabweisbaren Bedürfnisses erteilt werden. [3]Näheres kann durch Bundesgesetz bestimmt werden.

Artikel 113 [Ausgabenerhöhungen; Einnahmeminderungen]
(1) [1]Gesetze, welche die von der Bundesregierung vorgeschlagenen Ausgaben des Haushaltsplanes erhöhen oder neue Ausgaben in sich schließen oder für die Zukunft mit sich bringen, bedürfen der Zustimmung der Bundesregierung. [2]Das gleiche gilt für Gesetze, die Einnahmeminderungen in sich schließen oder für die Zukunft mit sich bringen. [3]Die Bundesregierung kann verlangen, daß der Bundestag die Beschlußfassung über solche Gesetze aussetzt. [4]In diesem Fall hat die Bundesregierung innerhalb von sechs Wochen dem Bundestage eine Stellungnahme zuzuleiten.

(2) Die Bundesregierung kann innerhalb von vier Wochen, nachdem der Bundestag das Gesetz beschlossen hat, verlangen, daß der Bundestag erneut Beschluß faßt.

(3) [1]Ist das Gesetz nach Artikel 78 zustande gekommen, kann die Bundesregierung ihre Zustimmung nur innerhalb von sechs Wochen und nur dann versagen, wenn sie vorher das Verfahren nach Absatz 1 Satz 3 und 4 oder nach Absatz 2 eingeleitet hat. [2]Nach Ablauf dieser Frist gilt die Zustimmung als erteilt.

Artikel 114 [Rechnungslegung; Bundesrechnungshof]
(1) Der Bundesminister der Finanzen hat dem Bundestage und dem Bundesrate über alle Einnahmen und Ausgaben sowie über das Vermögen und die Schulden im Laufe des nächsten Rechnungsjahres zur Entlastung der Bundesregierung Rechnung zu legen.

(2) [1]Der Bundesrechnungshof, dessen Mitglieder richterliche Unabhängigkeit besitzen, prüft die Rechnung sowie die Wirtschaftlichkeit und Ordnungsmäßigkeit der Haushalts- und Wirtschaftsführung des Bundes. [2]Zum Zweck der Prüfung nach Satz 1 kann der Bundesrechnungshof auch bei Stellen außerhalb der Bundesverwaltung Erhebungen vornehmen; dies gilt auch in den Fällen, in denen der Bund den Ländern zweckgebundene Finanzierungsmittel zur Erfüllung von Länderaufgaben zuweist. [3]Er hat außer der Bundesregierung unmittelbar dem Bundestage und dem Bundesrate jährlich zu berichten. [4]Im übrigen werden die Befugnisse des Bundesrechnungshofes durch Bundesgesetz geregelt.

Artikel 115 [Kreditbeschaffung]
(1) Die Aufnahme von Krediten sowie die Übernahme von Bürgschaften, Garantien oder sonstigen Gewährleistungen, die zu Ausgaben in künftigen Rechnungsjahren führen können, bedürfen einer der Höhe nach bestimmten oder bestimmbaren Ermächtigung durch Bundesgesetz.

(2) [1]Einnahmen und Ausgaben sind grundsätzlich ohne Einnahmen aus Krediten auszugleichen. [2]Diesem Grundsatz ist entsprochen, wenn die Einnahmen aus Krediten 0,35 vom Hundert im Verhältnis zum nominalen Bruttoinlandsprodukt nicht überschreiten. [3]Zusätzlich sind bei einer von der Normallage abweichenden konjunkturellen Entwicklung die Auswirkungen auf den Haushalt im Auf- und Abschwung symmetrisch zu berücksichtigen. [4]Abweichungen der tatsächlichen Kreditaufnahme von der nach den Sätzen 1 bis 3 zulässigen Kreditobergrenze werden auf einem Kontrollkonto erfasst; Belastungen, die den Schwellenwert von 1,5 vom Hundert im Verhältnis zum nominalen Bruttoinlandsprodukt überschreiten, sind konjunkturgerecht zurückzuführen. [5]Näheres, insbesondere die Bereinigung der Einnahmen und Ausgaben um finanzielle Transaktionen und das Verfahren zur Berechnung der Obergrenze der jährlichen Nettokreditaufnahme unter Berücksichtigung der konjunkturellen Entwicklung auf der Grundlage eines Konjunkturbereinigungsverfahrens sowie die Kontrolle und den Ausgleich von Abweichungen der tatsächlichen Kreditaufnahme von der Regelgrenze, regelt ein Bundesgesetz. [6]Im Falle von Naturkatastrophen oder außergewöhnlichen Notsituationen, die sich der Kontrolle des Staates entziehen und die staatliche Finanzlage erheblich beeinträchtigen, können diese Kreditobergrenzen auf Grund eines Beschlusses der Mehrheit der Mitglieder des Bundestages überschritten werden. [7]Der Beschluss ist mit einem Tilgungsplan zu verbinden. [8]Die Rückführung der nach Satz 6 aufgenommenen Kredite hat binnen eines angemessenen Zeitraumes zu erfolgen.

Xa. Verteidigungsfall

Artikel 115a [Feststellung des Verteidigungsfalles]

(1) [1]Die Feststellung, daß das Bundesgebiet mit Waffengewalt angegriffen wird oder ein solcher Angriff unmittelbar droht (Verteidigungsfall), trifft der Bundestag mit Zustimmung des Bundesrates. [2]Die Feststellung erfolgt auf Antrag der Bundesregierung und bedarf einer Mehrheit von zwei Dritteln der abgegebenen Stimmen, mindestens der Mehrheit der Mitglieder des Bundestages.

(2) Erfordert die Lage unabweisbar ein sofortiges Handeln und stehen einem rechtzeitigen Zusammentritt des Bundestages unüberwindliche Hindernisse entgegen oder ist er nicht beschlußfähig, so trifft der Gemeinsame Ausschuß diese Feststellung mit einer Mehrheit von zwei Dritteln der abgegebenen Stimmen, mindestens der Mehrheit seiner Mitglieder.

(3) [1]Die Feststellung wird vom Bundespräsidenten gemäß Artikel 82 im Bundesgesetzblatte verkündet. [2]Ist dies nicht rechtzeitig möglich, so erfolgt die Verkündung in anderer Weise; sie ist im Bundesgesetzblatte nachzuholen, sobald die Umstände es zulassen.

(4) [1]Wird das Bundesgebiet mit Waffengewalt angegriffen und sind die zuständigen Bundesorgane außerstande, sofort die Feststellung nach Absatz 1 Satz 1 zu treffen, so gilt diese Feststellung als getroffen und als zu dem Zeitpunkt verkündet, in dem der Angriff begonnen hat. [2]Der Bundespräsident gibt diesen Zeitpunkt bekannt, sobald die Umstände es zulassen.

(5) [1]Ist die Feststellung des Verteidigungsfalles verkündet und wird das Bundesgebiet mit Waffengewalt angegriffen, so kann der Bundespräsident völkerrechtliche Erklärungen über das Bestehen des Verteidigungsfalles mit Zustimmung des Bundestages abgeben. [2]Unter den Voraussetzungen des Absatzes 2 tritt an die Stelle des Bundestages der Gemeinsame Ausschuß.

Artikel 115b [Übergang der Befehls- und Kommandogewalt]

Mit der Verkündung des Verteidigungsfalles geht die Befehls- und Kommandogewalt über die Streitkräfte auf den Bundeskanzler über.

Artikel 115c [Erweiterte Bundesgesetzgebungskompetenz]

(1) [1]Der Bund hat für den Verteidigungsfall das Recht der konkurrierenden Gesetzgebung auch auf den Sachgebieten, die zur Gesetzgebungszuständigkeit der Länder gehören. [2]Diese Gesetze bedürfen der Zustimmung des Bundesrates.

(2) Soweit es die Verhältnisse während des Verteidigungsfalles erfordern, kann durch Bundesgesetz für den Verteidigungsfall

1. bei Enteignungen abweichend von Artikel 14 Abs. 3 Satz 2 die Entschädigung vorläufig geregelt werden,
2. für Freiheitsentziehungen eine von Artikel 104 Abs. 2 Satz 3 und Abs. 3 Satz 1 abweichende Frist, höchstens jedoch eine solche von vier Tagen, für den Fall festgesetzt werden, daß ein Richter nicht innerhalb der für Normalzeiten geltenden Frist tätig werden konnte.

(3) Soweit es zur Abwehr eines gegenwärtigen oder unmittelbar drohenden Angriffs erforderlich ist, kann für den Verteidigungsfall durch Bundesgesetz mit Zustimmung des Bundesrates die Verwaltung und das Finanzwesen des Bundes und der Länder abweichend von den Abschnitten VIII, VIIIa und X geregelt werden, wobei die Lebensfähigkeit der Länder, Gemeinden und Gemeindeverbände, insbesondere auch in finanzieller Hinsicht, zu wahren ist.

(4) Bundesgesetze nach den Absätzen 1 und 2 Nr. 1 dürfen zur Vorbereitung ihres Vollzuges schon vor Eintritt des Verteidigungsfalles angewandt werden.

Artikel 115d [Vereinfachtes Bundesgesetzgebungsverfahren]

(1) Für die Gesetzgebung des Bundes gilt im Verteidigungsfalle abweichend von Artikel 76 Abs. 2, Artikel 77 Abs. 1 Satz 2 und Abs. 2 bis 4, Artikel 78 und Artikel 82 Abs. 1 die Regelung der Absätze 2 und 3.

(2) [1]Gesetzesvorlagen der Bundesregierung, die sie als dringlich bezeichnet, sind gleichzeitig mit der Einbringung beim Bundestage dem Bundesrate zuzuleiten. [2]Bundestag und Bundesrat beraten diese Vorlagen unverzüglich gemeinsam. [3]Soweit zu einem Gesetze die Zustimmung des Bundesrates erforderlich ist, bedarf es zum Zustandekommen des Gesetzes der Zustimmung der Mehrheit seiner

Stimmen. [4]Das Nähere regelt eine Geschäftsordnung, die vom Bundestage beschlossen wird und der Zustimmung des Bundesrates bedarf.

(3) Für die Verkündung der Gesetze gilt Artikel 115a Abs. 3 Satz 2 entsprechend.

Artikel 115e [Aufgaben des Gemeinsamen Ausschusses]

(1) Stellt der Gemeinsame Ausschuß im Verteidigungsfalle mit einer Mehrheit von zwei Dritteln der abgegebenen Stimmen, mindestens mit der Mehrheit seiner Mitglieder fest, daß dem rechtzeitigen Zusammentritt des Bundestages unüberwindliche Hindernisse entgegenstehen oder daß dieser nicht beschlußfähig ist, so hat der Gemeinsame Ausschuß die Stellung von Bundestag und Bundesrat und nimmt deren Rechte einheitlich wahr.

(2) [1]Durch ein Gesetz des Gemeinsamen Ausschusses darf das Grundgesetz weder geändert noch ganz oder teilweise außer Kraft oder außer Anwendung gesetzt werden. [2]Zum Erlaß von Gesetzen nach Artikel 23 Abs. 1 Satz 2, Artikel 24 Abs. 1 oder Artikel 29 ist der Gemeinsame Ausschuß nicht befugt.

Artikel 115f [Erweiterte Befugnisse der Bundesregierung]

(1) Die Bundesregierung kann im Verteidigungsfalle, soweit es die Verhältnisse erfordern,
1. den Bundesgrenzschutz[1)] im gesamten Bundesgebiete einsetzen;
2. außer der Bundesverwaltung auch den Landesregierungen und, wenn sie es für dringlich erachtet, den Landesbehörden Weisungen erteilen und diese Befugnis auf von ihr zu bestimmende Mitglieder der Landesregierungen übertragen.

(2) Bundestag, Bundesrat und der Gemeinsame Ausschuß sind unverzüglich von den nach Absatz 1 getroffenen Maßnahmen zu unterrichten.

Artikel 115g [Stellung des Bundesverfassungsgerichts]

[1]Die verfassungsmäßige Stellung und die Erfüllung der verfassungsmäßigen Aufgaben des Bundesverfassungsgerichtes und seiner Richter dürfen nicht beeinträchtigt werden. [2]Das Gesetz über das Bundesverfassungsgericht darf durch ein Gesetz des Gemeinsamen Ausschusses nur insoweit geändert werden, als dies auch nach Auffassung des Bundesverfassungsgerichtes zur Aufrechterhaltung der Funktionsfähigkeit des Gerichtes erforderlich ist. [3]Bis zum Erlaß eines solchen Gesetzes kann das Bundesverfassungsgericht die zur Erhaltung der Arbeitsfähigkeit des Gerichtes erforderlichen Maßnahmen treffen. [4]Beschlüsse nach Satz 2 und Satz 3 faßt das Bundesverfassungsgericht mit der Mehrheit der anwesenden Richter.

Artikel 115h [Wahlperioden und Amtszeiten]

(1) [1]Während des Verteidigungsfalles ablaufende Wahlperioden des Bundestages oder der Volksvertretungen der Länder enden sechs Monate nach Beendigung des Verteidigungsfalles. [2]Die im Verteidigungsfalle ablaufende Amtszeit des Bundespräsidenten sowie bei vorzeitiger Erledigung seines Amtes die Wahrnehmung seiner Befugnisse durch den Präsidenten des Bundesrates enden neun Monate nach Beendigung des Verteidigungsfalles. [3]Die im Verteidigungsfalle ablaufende Amtszeit eines Mitgliedes des Bundesverfassungsgerichtes endet sechs Monate nach Beendigung des Verteidigungsfalles.

(2) [1]Wird eine Neuwahl des Bundeskanzlers durch den Gemeinsamen Ausschuß erforderlich, so wählt dieser einen neuen Bundeskanzler mit der Mehrheit seiner Mitglieder; der Bundespräsident macht dem Gemeinsamen Ausschuß einen Vorschlag. [2]Der Gemeinsame Ausschuß kann dem Bundeskanzler das Mißtrauen nur dadurch aussprechen, daß er mit der Mehrheit von zwei Dritteln seiner Mitglieder einen Nachfolger wählt.

(3) Für die Dauer des Verteidigungsfalles ist die Auflösung des Bundestages ausgeschlossen.

Artikel 115i [Erweiterte Befugnisse der Landesregierungen]

(1) Sind die zuständigen Bundesorgane außerstande, die notwendigen Maßnahmen zur Abwehr der Gefahr zu treffen, und erfordert die Lage unabweisbar ein sofortiges selbständiges Handeln in einzelnen Teilen des Bundesgebietes, so sind die Landesregierungen oder die von ihnen bestimmten Behörden oder Beauftragten befugt, für ihren Zuständigkeitsbereich Maßnahmen im Sinne des Artikels 115f Abs. 1 zu treffen.

---

1) Jetzt: Bundespolizei".

(2) Maßnahmen nach Absatz 1 können durch die Bundesregierung, im Verhältnis zu Landesbehörden und nachgeordneten Bundesbehörden auch durch die Ministerpräsidenten der Länder, jederzeit aufgehoben werden.

Artikel 115k [Geltung von Gesetzen und Rechtsverordnungen des Verteidigungsfalls]

(1) [1]Für die Dauer ihrer Anwendbarkeit setzen Gesetze nach den Artikeln 115c, 115e und 115g und Rechtsverordnungen, die auf Grund solcher Gesetze ergehen, entgegenstehendes Recht außer Anwendung. [2]Dies gilt nicht gegenüber früherem Recht, das auf Grund der Artikel 115c, 115e und 115g erlassen worden ist.

(2) Gesetze, die der Gemeinsame Ausschuß beschlossen hat, und Rechtsverordnungen, die auf Grund solcher Gesetze ergangen sind, treten spätestens sechs Monate nach Beendigung des Verteidigungsfalles außer Kraft.

(3) [1]Gesetze, die von den Artikeln 91a, 91b, 104a, 106 und 107 abweichende Regelungen enthalten, gelten längstens bis zum Ende des zweiten Rechnungsjahres, das auf die Beendigung des Verteidigungsfalles folgt. [2]Sie können nach Beendigung des Verteidigungsfalles durch Bundesgesetz mit Zustimmung des Bundesrates geändert werden, um zu der Regelung gemäß den Abschnitten VIIIa und X überzuleiten.

Artikel 115l [Aufhebung von Maßnahmen und Beendigung des Verteidigungsfalls]

(1) [1]Der Bundestag kann jederzeit mit Zustimmung des Bundesrates Gesetze des Gemeinsamen Ausschusses aufheben. [2]Der Bundesrat kann verlangen, daß der Bundestag hierüber beschließt. [3]Sonstige zur Abwehr der Gefahr getroffene Maßnahmen des Gemeinsamen Ausschusses oder der Bundesregierung sind aufzuheben, wenn der Bundestag und der Bundesrat es beschließen.

(2) [1]Der Bundestag kann mit Zustimmung des Bundesrates jederzeit durch einen vom Bundespräsidenten zu verkündenden Beschluß den Verteidigungsfall für beendet erklären. [2]Der Bundesrat kann verlangen, daß der Bundestag hierüber beschließt. [3]Der Verteidigungsfall ist unverzüglich für beendet zu erklären, wenn die Voraussetzungen für seine Feststellung nicht mehr gegeben sind.

(3) Über den Friedensschluß wird durch Bundesgesetz entschieden.

XI. Übergangs- und Schlußbestimmungen

Artikel 116 [Begriff des „Deutschen"; nationalsozialistische Ausbürgerung]

(1) Deutscher im Sinne dieses Grundgesetzes ist vorbehaltlich anderweitiger gesetzlicher Regelung, wer die deutsche Staatsangehörigkeit besitzt oder als Flüchtling oder Vertriebener deutscher Volkszugehörigkeit oder als dessen Ehegatte oder Abkömmling in dem Gebiete des Deutschen Reiches nach dem Stande vom 31. Dezember 1937 Aufnahme gefunden hat.

(2) [1]Frühere deutsche Staatsangehörige, denen zwischen dem 30. Januar 1933 und dem 8. Mai 1945 die Staatsangehörigkeit aus politischen, rassischen oder religiösen Gründen entzogen worden ist, und ihre Abkömmlinge sind auf Antrag wieder einzubürgern. [2]Sie gelten als nicht ausgebürgert, sofern sie nach dem 8. Mai 1945 ihren Wohnsitz in Deutschland genommen haben und nicht einen entgegengesetzten Willen zum Ausdruck gebracht haben.

Artikel 117 [Übergangsregelung zu Art. 3 Abs. 2 und Art. 11]

(1) Das dem Artikel 3 Abs. 2 entgegenstehende Recht bleibt bis zu seiner Anpassung an diese Bestimmung des Grundgesetzes in Kraft, jedoch nicht länger als bis zum 31. März 1953.

(2) Gesetze, die das Recht der Freizügigkeit mit Rücksicht auf die gegenwärtige Raumnot einschränken, bleiben bis zu ihrer Aufhebung durch Bundesgesetz in Kraft.

Artikel 118 [Neugliederung der badischen und württembergischen Länder]

[1]Die Neugliederung in dem die Länder Baden, Württemberg-Baden und Württemberg-Hohenzollern umfassenden Gebiete kann abweichend von den Vorschriften des Artikels 29 durch Vereinbarung der beteiligten Länder erfolgen. [2]Kommt eine Vereinbarung nicht zustande, so wird die Neugliederung durch Bundesgesetz geregelt, das eine Volksbefragung vorsehen muß.

Artikel 118a [Neugliederung Berlins und Brandenburgs]
Die Neugliederung in dem die Länder Berlin und Brandenburg umfassenden Gebiet kann abweichend von den Vorschriften des Artikels 29 unter Beteiligung ihrer Wahlberechtigten durch Vereinbarung beider Länder erfolgen.

Artikel 119 [Flüchtlinge und Vertriebene]
[1]In Angelegenheiten der Flüchtlinge und Vertriebenen, insbesondere zu ihrer Verteilung auf die Länder, kann bis zu einer bundesgesetzlichen Regelung die Bundesregierung mit Zustimmung des Bundesrates Verordnungen mit Gesetzeskraft erlassen. [2]Für besondere Fälle kann dabei die Bundesregierung ermächtigt werden, Einzelweisungen zu erteilen. [3]Die Weisungen sind außer bei Gefahr im Verzuge an die obersten Landesbehörden zu richten.

Artikel 120 [Kriegsfolge- und Sozialversicherungslasten; Ertragshoheit]
(1) [1]Der Bund trägt die Aufwendungen für Besatzungskosten und die sonstigen inneren und äußeren Kriegsfolgelasten nach näherer Bestimmung von Bundesgesetzen. [2]Soweit diese Kriegsfolgelasten bis zum 1. Oktober 1969 durch Bundesgesetze geregelt worden sind, tragen Bund und Länder im Verhältnis zueinander die Aufwendungen nach Maßgabe dieser Bundesgesetze. [3]Soweit Aufwendungen für Kriegsfolgelasten, die in Bundesgesetzen weder geregelt worden sind noch geregelt werden, bis zum 1. Oktober 1965 von den Ländern, Gemeinden (Gemeindeverbänden) oder sonstigen Aufgabenträgern, die Aufgaben von Ländern oder Gemeinden erfüllen, erbracht worden sind, ist der Bund zur Übernahme von Aufwendungen dieser Art auch nach diesem Zeitpunkt nicht verpflichtet. [4]Der Bund trägt die Zuschüsse zu den Lasten der Sozialversicherung mit Einschluß der Arbeitslosenversicherung und der Arbeitslosenhilfe. [5]Die durch diesen Absatz geregelte Verteilung der Kriegsfolgelasten auf Bund und Länder läßt die gesetzliche Regelung von Entschädigungsansprüchen für Kriegsfolgen unberührt.

(2) Die Einnahmen gehen auf den Bund zu demselben Zeitpunkte über, an dem der Bund die Ausgaben übernimmt.

Artikel 120a [Lastenausgleich]
(1) [1]Die Gesetze, die der Durchführung des Lastenausgleichs dienen, können mit Zustimmung des Bundesrates bestimmen, daß sie auf dem Gebiete der Ausgleichsleistungen teils durch den Bund, teils im Auftrage des Bundes durch die Länder ausgeführt werden und daß die der Bundesregierung und den zuständigen obersten Bundesbehörden auf Grund des Artikels 85 insoweit zustehenden Befugnisse ganz oder teilweise dem Bundesausgleichsamt übertragen werden. [2]Das Bundesausgleichsamt bedarf bei Ausübung dieser Befugnisse nicht der Zustimmung des Bundesrates; seine Weisungen sind, abgesehen von den Fällen der Dringlichkeit, an die obersten Landesbehörden (Landesausgleichsämter) zu richten.

(2) Artikel 87 Abs. 3 Satz 2 bleibt unberührt.

Artikel 121 [Begriff der Mehrheit]
Mehrheit der Mitglieder des Bundestages und der Bundesversammlung im Sinne dieses Grundgesetzes ist die Mehrheit ihrer gesetzlichen Mitgliederzahl.

Artikel 122 [Bisherige Gesetzgebungskompetenzen]
(1) Vom Zusammentritt des Bundestages an werden die Gesetze ausschließlich von den in diesem Grundgesetze anerkannten gesetzgebenden Gewalten beschlossen.

(2) Gesetzgebende und bei der Gesetzgebung beratend mitwirkende Körperschaften, deren Zuständigkeit nach Absatz 1 endet, sind mit diesem Zeitpunkt aufgelöst.

Artikel 123 [Fortgeltung des alten Rechts]
(1) Recht aus der Zeit vor dem Zusammentritt des Bundestages gilt fort, soweit es dem Grundgesetze nicht widerspricht.

(2) Die vom Deutschen Reich abgeschlossenen Staatsverträge, die sich auf Gegenstände beziehen, für die nach diesem Grundgesetze die Landesgesetzgebung zuständig ist, bleiben, wenn sie nach allgemeinen Rechtsgrundsätzen gültig sind und fortgelten, unter Vorbehalt aller Rechte und Einwendungen der Beteiligten in Kraft, bis neue Staatsverträge durch die nach diesem Grundgesetze zustän-

digen Stellen abgeschlossen werden oder ihre Beendigung auf Grund der in ihnen enthaltenen Bestimmungen anderweitig erfolgt.

Artikel 124 [Altes Recht auf dem Gebiet der ausschließlichen Gesetzgebung]
Recht, das Gegenstände der ausschließlichen Gesetzgebung des Bundes betrifft, wird innerhalb seines Geltungsbereiches Bundesrecht.

Artikel 125 [Altes Recht auf dem Gebiet der konkurrierenden Gesetzgebung]
Recht, das Gegenstände der konkurrierenden Gesetzgebung des Bundes betrifft, wird innerhalb seines Geltungsbereiches Bundesrecht,

1. soweit es innerhalb einer oder mehrerer Besatzungszonen einheitlich gilt,
2. soweit es sich um Recht handelt, durch das nach dem 8. Mai 1945 früheres Reichsrecht abgeändert worden ist.

Artikel 125a [Fortgeltung von Bundesrecht; Ersetzung durch Landesrecht]
(1) [1]Recht, das als Bundesrecht erlassen worden ist, aber wegen der Änderung des Artikels 74 Abs. 1, der Einfügung des Artikels 84 Abs. 1 Satz 7, des Artikels 85 Abs. 1 Satz 2 oder des Artikels 105 Abs. 2a Satz 2 oder wegen der Aufhebung der Artikel 74a, 75 oder 98 Abs. 3 Satz 2 nicht mehr als Bundesrecht erlassen werden könnte, gilt als Bundesrecht fort. [2]Es kann durch Landesrecht ersetzt werden.

(2) [1]Recht, das auf Grund des Artikels 72 Abs. 2 in der bis zum 15. November 1994 geltenden Fassung erlassen worden ist, aber wegen Änderung des Artikels 72 Abs. 2 nicht mehr als Bundesrecht erlassen werden könnte, gilt als Bundesrecht fort. [2]Durch Bundesgesetz kann bestimmt werden, dass es durch Landesrecht ersetzt werden kann.

(3) [1]Recht, das als Landesrecht erlassen worden ist, aber wegen Änderung des Artikels 73 nicht mehr als Landesrecht erlassen werden könnte, gilt als Landesrecht fort. [2]Es kann durch Bundesrecht ersetzt werden.

Artikel 125b [Fortgeltung von Bundesrecht; abweichende Regelungen durch die Länder]
(1) [1]Recht, das auf Grund des Artikels 75 in der bis zum 1. September 2006 geltenden Fassung erlassen worden ist und das auch nach diesem Zeitpunkt als Bundesrecht erlassen werden könnte, gilt als Bundesrecht fort. [2]Befugnisse und Verpflichtungen der Länder zur Gesetzgebung bleiben insoweit bestehen. [3]Auf den in Artikel 72 Abs. 3 Satz 1 genannten Gebieten können die Länder von diesem Recht abweichende Regelungen treffen, auf den Gebieten des Artikels 72 Abs. 3 Satz 1 Nr. 2, 5 und 6 jedoch erst, wenn und soweit der Bund ab dem 1. September 2006 von seiner Gesetzgebungszuständigkeit Gebrauch gemacht hat, in den Fällen der Nummern 2 und 5 spätestens ab dem 1. Januar 2010, im Falle der Nummer 6 spätestens ab dem 1. August 2008.

(2) Von bundesgesetzlichen Regelungen, die auf Grund des Artikels 84 Abs. 1 in der vor dem 1. September 2006 geltenden Fassung erlassen worden sind, können die Länder abweichende Regelungen treffen, von Regelungen des Verwaltungsverfahrens bis zum 31. Dezember 2008 aber nur dann, wenn ab dem 1. September 2006 in dem jeweiligen Bundesgesetz Regelungen des Verwaltungsverfahrens geändert worden sind.

(3) Auf dem Gebiet des Artikels 72 Absatz 3 Satz 1 Nummer 7 darf abweichendes Landesrecht der Erhebung der Grundsteuer frühestens für Zeiträume ab dem 1. Januar 2025 zugrunde gelegt werden.

Artikel 125c [Fortgeltung von Bundesrecht auf dem Gebiet der Gemeindeverkehrsfinanzierung und der sozialen Wohnraumförderung]
(1) Recht, das auf Grund des Artikels 91a Abs. 2 in Verbindung mit Abs. 1 Nr. 1 in der bis zum 1. September 2006 geltenden Fassung erlassen worden ist, gilt bis zum 31. Dezember 2006 fort.

(2) [1]Die nach Artikel 104a Abs. 4 in der bis zum 1. September 2006 geltenden Fassung in den Bereichen der Gemeindeverkehrsfinanzierung und der sozialen Wohnraumförderung geschaffenen Regelungen gelten bis zum 31. Dezember 2006 fort. [2]Die im Bereich der Gemeindeverkehrsfinanzierung für die besonderen Programme nach § 6 Absatz 1 des Gemeindeverkehrsfinanzierungsgesetzes sowie die mit dem Gesetz über Finanzhilfen des Bundes nach Artikel 104a Absatz 4 des Grundgesetzes an die Länder Bremen, Hamburg, Mecklenburg-Vorpommern, Niedersachsen sowie Schleswig-Holstein für Seehäfen vom 20. Dezember 2001 nach Artikel 104a Absatz 4 in der bis zum 1. September

2006 geltenden Fassung geschaffenen Regelungen gelten bis zu ihrer Aufhebung fort. [3]Eine Änderung des Gemeindeverkehrsfinanzierungsgesetzes durch Bundesgesetz ist zulässig. [4]Die sonstigen nach Artikel 104a Absatz 4 in der bis zum 1. September 2006 geltenden Fassung geschaffenen Regelungen gelten bis zum 31. Dezember 2019 fort, soweit nicht ein früherer Zeitpunkt für das Außerkrafttreten bestimmt ist oder wird. [5]Artikel 104b Absatz 2 Satz 4 gilt entsprechend.

(3) Artikel 104b Absatz 2 Satz 5 ist erstmals auf nach dem 31. Dezember 2019 in Kraft getretene Regelungen anzuwenden.

Artikel 126 [Streit über das Fortgelten des alten Rechts]
Meinungsverschiedenheiten über das Fortgelten von Recht als Bundesrecht entscheidet das Bundesverfassungsgericht.

Artikel 127 [Recht des Vereinigten Wirtschaftsgebietes]
Die Bundesregierung kann mit Zustimmung der Regierungen der beteiligten Länder Recht der Verwaltung des Vereinigten Wirtschaftsgebietes, soweit es nach Artikel 124 oder 125 als Bundesrecht fortgilt, innerhalb eines Jahres nach Verkündung dieses Grundgesetzes in den Ländern Baden, Groß-Berlin, Rheinland-Pfalz und Württemberg-Hohenzollern in Kraft setzen.

Artikel 128 [Fortbestehen von Weisungsrechten]
Soweit fortgeltendes Recht Weisungsrechte im Sinne des Artikels 84 Abs. 5 vorsieht, bleiben sie bis zu einer anderweitigen gesetzlichen Regelung bestehen.

Artikel 129 [Fortgeltung von Ermächtigungen zu Rechtsverordnungen]
(1) [1]Soweit in Rechtsvorschriften, die als Bundesrecht fortgelten, eine Ermächtigung zum Erlasse von Rechtsverordnungen oder allgemeinen Verwaltungsvorschriften sowie zur Vornahme von Verwaltungsakten enthalten ist, geht sie auf die nunmehr sachlich zuständigen Stellen über. [2]In Zweifelsfällen entscheidet die Bundesregierung im Einvernehmen mit dem Bundesrate; die Entscheidung ist zu veröffentlichen.

(2) Soweit in Rechtsvorschriften, die als Landesrecht fortgelten, eine solche Ermächtigung enthalten ist, wird sie von den nach Landesrecht zuständigen Stellen ausgeübt.

(3) Soweit Rechtsvorschriften im Sinne der Absätze 1 und 2 zu ihrer Änderung oder Ergänzung oder zum Erlaß von Rechtsvorschriften anstelle von Gesetzen ermächtigen, sind diese Ermächtigungen erloschen.

(4) Die Vorschriften der Absätze 1 und 2 gelten entsprechend, soweit in Rechtsvorschriften auf nicht mehr geltende Vorschriften oder nicht mehr bestehende Einrichtungen verwiesen ist.

Artikel 130 [Überleitung von Verwaltungs- und Rechtspflegeeinrichtungen]
(1) [1]Verwaltungsorgane und sonstige der öffentlichen Verwaltung oder Rechtspflege dienende Einrichtungen, die nicht auf Landesrecht oder Staatsverträgen zwischen Ländern beruhen, sowie die Betriebsvereinigung der südwestdeutschen Eisenbahnen und der Verwaltungsrat für das Post- und Fernmeldewesen für das französische Besatzungsgebiet unterstehen der Bundesregierung. [2]Diese regelt mit Zustimmung des Bundesrates die Überführung, Auflösung oder Abwicklung.

(2) Oberster Disziplinarvorgesetzter der Angehörigen dieser Verwaltungen und Einrichtungen ist der zuständige Bundesminister.

(3) Nicht landesunmittelbare und nicht auf Staatsverträgen zwischen den Ländern beruhende Körperschaften und Anstalten des öffentlichen Rechtes unterstehen der Aufsicht der zuständigen obersten Bundesbehörde.

Artikel 131 [Frühere Angehörige des Öffentlichen Dienstes]
[1]Die Rechtsverhältnisse von Personen einschließlich der Flüchtlinge und Vertriebenen, die am 8. Mai 1945 im öffentlichen Dienste standen, aus anderen als beamten- oder tarifrechtlichen Gründen ausgeschieden sind und bisher nicht oder nicht ihrer früheren Stellung entsprechend verwendet werden, sind durch Bundesgesetz zu regeln. [2]Entsprechendes gilt für Personen einschließlich der Flüchtlinge und Vertriebenen, die am 8. Mai 1945 versorgungsberechtigt waren und aus anderen als beamten- oder tarifrechtlichen Gründen keine oder keine entsprechende Versorgung mehr erhalten. [3]Bis zum Inkraft-

treten des Bundesgesetzes können vorbehaltlich anderweitiger landesrechtlicher Regelung Rechtsansprüche nicht geltend gemacht werden.

Artikel 132[1)] [Ausschluss aus dem Öffentlichen Dienst]

(1) [1]Beamte und Richter, die im Zeitpunkte des Inkrafttretens dieses Grundgesetzes auf Lebenszeit angestellt sind, können binnen sechs Monaten nach dem ersten Zusammentritt des Bundestages in den Ruhestand oder Wartestand oder in ein Amt mit niedrigerem Diensteinkommen versetzt werden, wenn ihnen die persönliche oder fachliche Eignung für ihr Amt fehlt. [2]Auf Angestellte, die in einem unkündbaren Dienstverhältnis stehen, findet diese Vorschrift entsprechende Anwendung. [3]Bei Angestellten, deren Dienstverhältnis kündbar ist, können über die tarifmäßige Regelung hinausgehende Kündigungsfristen innerhalb der gleichen Frist aufgehoben werden.

(2) Diese Bestimmung findet keine Anwendung auf Angehörige des öffentlichen Dienstes, die von den Vorschriften über die „Befreiung von Nationalsozialismus und Militarismus“ nicht betroffen oder die anerkannte Verfolgte des Nationalsozialismus sind, sofern nicht ein wichtiger Grund in ihrer Person vorliegt.

(3) Den Betroffenen steht der Rechtsweg gemäß Artikel 19 Absatz 4 offen.

(4) Das Nähere bestimmt eine Verordnung der Bundesregierung, die der Zustimmung des Bundesrates bedarf.

Artikel 133 [Rechtsnachfolge, Vereinigtes Wirtschaftsgebiet]

Der Bund tritt in die Rechte und Pflichten der Verwaltung des Vereinigten Wirtschaftsgebietes ein.

Artikel 134 [Rechtsnachfolge in das Reichsvermögen]

(1) Das Vermögen des Reiches wird grundsätzlich Bundesvermögen.

(2) [1]Soweit es nach seiner ursprünglichen Zweckbestimmung überwiegend für Verwaltungsaufgaben bestimmt war, die nach diesem Grundgesetze nicht Verwaltungsaufgaben des Bundes sind, ist es unentgeltlich auf die nunmehr zuständigen Aufgabenträger und, soweit es nach seiner gegenwärtigen, nicht nur vorübergehenden Benutzung Verwaltungsaufgaben dient, die nach diesem Grundgesetze nunmehr von den Ländern zu erfüllen sind, auf die Länder zu übertragen. [2]Der Bund kann auch sonstiges Vermögen den Ländern übertragen.

(3) Vermögen, das dem Reich von den Ländern und Gemeinden (Gemeindeverbänden) unentgeltlich zur Verfügung gestellt wurde, wird wiederum Vermögen der Länder und Gemeinden (Gemeindeverbände), soweit es nicht der Bund für eigene Verwaltungsaufgaben benötigt.

(4) Das Nähere regelt ein Bundesgesetz, das der Zustimmung des Bundesrates bedarf.

Artikel 135 [Vermögen bei Änderung des Gebietsstandes]

(1) Hat sich nach dem 8. Mai 1945 bis zum Inkrafttreten dieses Grundgesetzes die Landeszugehörigkeit eines Gebietes geändert, so steht in diesem Gebiete das Vermögen des Landes, dem das Gebiet angehört hat, dem Lande zu, dem es jetzt angehört.

(2) Das Vermögen nicht mehr bestehender Länder und nicht mehr bestehender anderer Körperschaften und Anstalten des öffentlichen Rechtes geht, soweit es nach seiner ursprünglichen Zweckbestimmung überwiegend für Verwaltungsaufgaben bestimmt war, oder nach seiner gegenwärtigen, nicht nur vorübergehenden Benutzung überwiegend Verwaltungsaufgaben dient, auf das Land oder die Körperschaft oder Anstalt des öffentlichen Rechtes über, die nunmehr diese Aufgaben erfüllen.

(3) Grundvermögen nicht mehr bestehender Länder geht einschließlich des Zubehörs, soweit es nicht bereits zu Vermögen im Sinne des Absatzes 1 gehört, auf das Land über, in dessen Gebiet es belegen ist.

(4) Sofern ein überwiegendes Interesse des Bundes oder das besondere Interesse eines Gebietes es erfordert, kann durch Bundesgesetz eine von den Absätzen 1 bis 3 abweichende Regelung getroffen werden.

(5) Im übrigen wird die Rechtsnachfolge und die Auseinandersetzung, soweit sie nicht bis zum 1. Januar 1952 durch Vereinbarung zwischen den beteiligten Ländern oder Körperschaften oder Anstalten des öffentlichen Rechtes erfolgt, durch Bundesgesetz geregelt, das der Zustimmung des Bundesrates bedarf.

1) Gegenstandslos durch Zeitablauf.

(6) [1]Beteiligungen des ehemaligen Landes Preußen an Unternehmen des privaten Rechtes gehen auf den Bund über. [2]Das Nähere regelt ein Bundesgesetz, das auch Abweichendes bestimmen kann.

(7) Soweit über Vermögen, das einem Lande oder einer Körperschaft oder Anstalt des öffentlichen Rechtes nach den Absätzen 1 bis 3 zufallen würde, von dem danach Berechtigten durch ein Landesgesetz, auf Grund eines Landesgesetzes oder in anderer Weise bei Inkrafttreten des Grundgesetzes verfügt worden war, gilt der Vermögensübergang als vor der Verfügung erfolgt.

Artikel 135a [Verbindlichkeiten des Reichs und anderer Körperschaften]

(1) Durch die in Artikel 134 Abs. 4 und Artikel 135 Abs. 5 vorbehaltene Gesetzgebung des Bundes kann auch bestimmt werden, daß nicht oder nicht in voller Höhe zu erfüllen sind

1. Verbindlichkeiten des Reiches sowie Verbindlichkeiten des ehemaligen Landes Preußen und sonstiger nicht mehr bestehender Körperschaften und Anstalten des öffentlichen Rechts,
2. Verbindlichkeiten des Bundes oder anderer Körperschaften und Anstalten des öffentlichen Rechts, welche mit dem Übergang von Vermögenswerten nach Artikel 89, 90, 134 und 135 im Zusammenhang stehen, und Verbindlichkeiten dieser Rechtsträger, die auf Maßnahmen der in Nummer 1 bezeichneten Rechtsträger beruhen,
3. Verbindlichkeiten der Länder und Gemeinden (Gemeindeverbände), die aus Maßnahmen entstanden sind, welche diese Rechtsträger vor dem 1. August 1945 zur Durchführung von Anordnungen der Besatzungsmächte oder zur Beseitigung eines kriegsbedingten Notstandes im Rahmen dem Reich obliegender oder vom Reich übertragener Verwaltungsaufgaben getroffen haben.

(2) Absatz 1 findet entsprechende Anwendung auf Verbindlichkeiten der Deutschen Demokratischen Republik oder ihrer Rechtsträger sowie auf Verbindlichkeiten des Bundes oder anderer Körperschaften und Anstalten des öffentlichen Rechts, die mit dem Übergang von Vermögenswerten der Deutschen Demokratischen Republik auf Bund, Länder und Gemeinden im Zusammenhang stehen, und auf Verbindlichkeiten, die auf Maßnahmen der Deutschen Demokratischen Republik oder ihrer Rechtsträger beruhen.

Artikel 136[1)] [Erster Zusammentritt des Bundesrates]

(1) Der Bundesrat tritt erstmalig am Tage des ersten Zusammentrittes des Bundestages zusammen.

(2) [1]Bis zur Wahl des ersten Bundespräsidenten werden dessen Befugnisse von dem Präsidenten des Bundesrates ausgeübt. [2]Das Recht der Auflösung des Bundestages steht ihm nicht zu.

Artikel 137 [Wählbarkeit von Angehörigen des Öffentlichen Dienstes u.a.]

(1) Die Wählbarkeit von Beamten, Angestellten des öffentlichen Dienstes, Berufssoldaten, freiwilligen Soldaten auf Zeit und Richtern im Bund, in den Ländern und den Gemeinden kann gesetzlich beschränkt werden.

(2) Für die Wahl des ersten Bundestages, der ersten Bundesversammlung und des ersten Bundespräsidenten der Bundesrepublik gilt das vom Parlamentarischen Rat zu beschließende Wahlgesetz.

(3) Die dem Bundesverfassungsgerichte gemäß Artikel 41 Absatz 2 zustehende Befugnis wird bis zu seiner Errichtung von dem Deutschen Obergericht für das Vereinigte Wirtschaftsgebiet wahrgenommen, das nach Maßgabe seiner Verfahrensordnung entscheidet.

Artikel 138 [Süddeutsches Notariat]

Änderungen der Einrichtungen des jetzt bestehenden Notariats in den Ländern *Baden*, Bayern, *Württemberg-Baden* und *Württemberg-Hohenzollern* bedürfen der Zustimmung der Regierungen dieser Länder.

Artikel 139 [Entnazifizierungsvorschriften]

Die zur „Befreiung des deutschen Volkes vom Nationalsozialismus und Militarismus“ erlassenen Rechtsvorschriften werden von den Bestimmungen dieses Grundgesetzes nicht berührt.

Artikel 140 [Übernahme von Glaubensbestimmungen der Weimarer Reichsverfassung]

Die Bestimmungen der Artikel 136, 137, 138, 139 und 141 der deutschen Verfassung vom 11. August 1919 sind Bestandteil dieses Grundgesetzes.

---

1) Gegenstandslos durch Zeitablauf.

Artikel 141 [Religionsunterricht]
Artikel 7 Absatz 3 Satz 1 findet keine Anwendung in einem Lande, in dem am 1. Januar 1949 eine andere landesrechtliche Regelung bestand.

Artikel 142 [Grundrechte in Landesverfassungen]
Ungeachtet der Vorschrift des Artikels 31 bleiben Bestimmungen der Landesverfassungen auch insoweit in Kraft, als sie in Übereinstimmung mit den Artikeln 1 bis 18 dieses Grundgesetzes Grundrechte gewährleisten.

Artikel 142a (aufgehoben)

Artikel 143 [Sondervorschriften für neue Bundesländer und Ost-Berlin]
(1) [1]Recht in dem in Artikel 3 des Einigungsvertrags genannten Gebiet kann längstens bis zum 31. Dezember 1992 von Bestimmungen dieses Grundgesetzes abweichen, soweit und solange infolge der unterschiedlichen Verhältnisse die völlige Anpassung an die grundgesetzliche Ordnung noch nicht erreicht werden kann. [2]Abweichungen dürfen nicht gegen Artikel 19 Abs. 2 verstoßen und müssen mit den in Artikel 79 Abs. 3 genannten Grundsätzen vereinbar sein.

(2) Abweichungen von den Abschnitten II, VIII, VIIIa, IX, X und XI sind längstens bis zum 31. Dezember 1995 zulässig.

(3) Unabhängig von Absatz 1 und 2 haben Artikel 41 des Einigungsvertrags und Regelungen zu seiner Durchführung auch insoweit Bestand, als sie vorsehen, daß Eingriffe in das Eigentum auf dem in Artikel 3 dieses Vertrags genannten Gebiet nicht mehr rückgängig gemacht werden.

Artikel 143a [Übergangsvorschriften für Bundeseisenbahnen]
(1) [1]Der Bund hat die ausschließliche Gesetzgebung über alle Angelegenheiten, die sich aus der Umwandlung der in bundeseigener Verwaltung geführten Bundeseisenbahnen in Wirtschaftsunternehmen ergeben. [2]Artikel 87e Abs. 5 findet entsprechende Anwendung. [3]Beamte der Bundeseisenbahnen können durch Gesetz unter Wahrung ihrer Rechtsstellung und der Verantwortung des Dienstherrn einer privat-rechtlich organisierten Eisenbahn des Bundes zur Dienstleistung zugewiesen werden.

(2) Gesetze nach Absatz 1 führt der Bund aus.

(3) [1]Die Erfüllung der Aufgaben im Bereich des Schienenpersonennahverkehrs der bisherigen Bundeseisenbahnen ist bis zum 31. Dezember 1995 Sache des Bundes. [2]Dies gilt auch für die entsprechenden Aufgaben der Eisenbahnverkehrsverwaltung. [3]Das Nähere wird durch Bundesgesetz geregelt, das der Zustimmung des Bundesrates bedarf.

Artikel 143b [Umwandlung der Deutschen Bundespost]
(1) [1]Das Sondervermögen Deutsche Bundespost wird nach Maßgabe eines Bundesgesetzes in Unternehmen privater Rechtsform umgewandelt. [2]Der Bund hat die ausschließliche Gesetzgebung über alle sich hieraus ergebenden Angelegenheiten.

(2) [1]Die vor der Umwandlung bestehenden ausschließlichen Rechte des Bundes können durch Bundesgesetz für eine Übergangszeit den aus der Deutschen Bundespost POSTDIENST und der Deutschen Bundespost TELEKOM hervorgegangenen Unternehmen verliehen werden. [2]Die Kapitalmehrheit am Nachfolgeunternehmen der Deutschen Bundespost POSTDIENST darf der Bund frühestens fünf Jahre nach Inkrafttreten des Gesetzes aufgeben. [3]Dazu bedarf es eines Bundesgesetzes mit Zustimmung des Bundesrates.

(3) [1]Die bei der Deutschen Bundespost tätigen Bundesbeamten werden unter Wahrung ihrer Rechtsstellung und der Verantwortung des Dienstherrn bei den privaten Unternehmen beschäftigt. [2]Die Unternehmen üben Dienstherrenbefugnisse aus. [3]Das Nähere bestimmt ein Bundesgesetz.

Artikel 143c [Übergangsvorschriften wegen Wegfalls der Finanzhilfen durch den Bund]
(1) [1]Den Ländern stehen ab dem 1. Januar 2007 bis zum 31. Dezember 2019 für den durch die Abschaffung der Gemeinschaftsaufgaben Ausbau und Neubau von Hochschulen einschließlich Hochschulkliniken und Bildungsplanung sowie für den durch die Abschaffung der Finanzhilfen zur Verbesserung der Verkehrsverhältnisse der Gemeinden und zur sozialen Wohnraumförderung bedingten Wegfall der Finanzierungsanteile des Bundes jährlich Beträge aus dem Haushalt des Bundes zu. [2]Bis

zum 31. Dezember 2013 werden diese Beträge aus dem Durchschnitt der Finanzierungsanteile des Bundes im Referenzzeitraum 2000 bis 2008 ermittelt.

(2) Die Beträge nach Absatz 1 werden auf die Länder bis zum 31. Dezember 2013 wie folgt verteilt:

1. als jährliche Festbeträge, deren Höhe sich nach dem Durchschnittsanteil eines jeden Landes im Zeitraum 2000 bis 2003 errechnet;
2. jeweils zweckgebunden an den Aufgabenbereich der bisherigen Mischfinanzierungen.

(3) [1]Bund und Länder überprüfen bis Ende 2013, in welcher Höhe die den Ländern nach Absatz 1 zugewiesenen Finanzierungsmittel zur Aufgabenerfüllung der Länder noch angemessen und erforderlich sind. [2]Ab dem 1. Januar 2014 entfällt die nach Absatz 2 Nr. 2 vorgesehene Zweckbindung der nach Absatz 1 zugewiesenen Finanzierungsmittel; die investive Zweckbindung des Mittelvolumens bleibt bestehen. [3]Die Vereinbarungen aus dem Solidarpakt II bleiben unberührt.

(4) Das Nähere regelt ein Bundesgesetz, das der Zustimmung des Bundesrates bedarf.

Artikel 143d [Übergangsvorschriften im Rahmen der Konsolidierungshilfen]

(1) [1]Artikel 109 und 115 in der bis zum 31. Juli 2009 geltenden Fassung sind letztmals auf das Haushaltsjahr 2010 anzuwenden. [2]Artikel 109 und 115 in der ab dem 1. August 2009 geltenden Fassung sind erstmals für das Haushaltsjahr 2011 anzuwenden; am 31. Dezember 2010 bestehende Kreditermächtigungen für bereits eingerichtete Sondervermögen bleiben unberührt. [3]Die Länder dürfen im Zeitraum vom 1. Januar 2011 bis zum 31. Dezember 2019 nach Maßgabe der geltenden landesrechtlichen Regelungen von den Vorgaben des Artikels 109 Absatz 3 abweichen. [4]Die Haushalte der Länder sind so aufzustellen, dass im Haushaltsjahr 2020 die Vorgabe aus Artikel 109 Absatz 3 Satz 5 erfüllt wird. [5]Der Bund kann im Zeitraum vom 1. Januar 2011 bis zum 31. Dezember 2015 von der Vorgabe des Artikels 115 Absatz 2 Satz 2 abweichen. [6]Mit dem Abbau des bestehenden Defizits soll im Haushaltsjahr 2011 begonnen werden. [7]Die jährlichen Haushalte sind so aufzustellen, dass im Haushaltsjahr 2016 die Vorgabe aus Artikel 115 Absatz 2 Satz 2 erfüllt wird; das Nähere regelt ein Bundesgesetz.

(2) [1]Als Hilfe zur Einhaltung der Vorgaben des Artikels 109 Absatz 3 ab dem 1. Januar 2020 können den Ländern Berlin, Bremen, Saarland, Sachsen-Anhalt und Schleswig-Holstein für den Zeitraum 2011 bis 2019 Konsolidierungshilfen aus dem Haushalt des Bundes in Höhe von insgesamt 800 Millionen Euro jährlich gewährt werden. [2]Davon entfallen auf Bremen 300 Millionen Euro, auf das Saarland 260 Millionen Euro und auf Berlin, Sachsen-Anhalt und Schleswig-Holstein jeweils 80 Millionen Euro. [3]Die Hilfen werden auf der Grundlage einer Verwaltungsvereinbarung nach Maßgabe eines Bundesgesetzes mit Zustimmung des Bundesrates geleistet. [4]Die Gewährung der Hilfen setzt einen vollständigen Abbau der Finanzierungsdefizite bis zum Jahresende 2020 voraus. [5]Das Nähere, insbesondere die jährlichen Abbauschritte der Finanzierungsdefizite, die Überwachung des Abbaus der Finanzierungsdefizite durch den Stabilitätsrat sowie die Konsequenzen im Falle der Nichteinhaltung der Abbauschritte, wird durch Bundesgesetz mit Zustimmung des Bundesrates und durch Verwaltungsvereinbarung geregelt. [6]Die gleichzeitige Gewährung der Konsolidierungshilfen und Sanierungshilfen auf Grund einer extremen Haushaltsnotlage ist ausgeschlossen.

(3) [1]Die sich aus der Gewährung der Konsolidierungshilfen ergebende Finanzierungslast wird hälftig von Bund und Ländern, von letzteren aus ihrem Umsatzsteueranteil, getragen. [2]Das Nähere wird durch Bundesgesetz mit Zustimmung des Bundesrates geregelt.

(4) [1]Als Hilfe zur künftig eigenständigen Einhaltung der Vorgaben des Artikels 109 Absatz 3 können den Ländern Bremen und Saarland ab dem 1. Januar 2020 Sanierungshilfen in Höhe von jährlich insgesamt 800 Millionen Euro aus dem Haushalt des Bundes gewährt werden. [2]Die Länder ergreifen hierzu Maßnahmen zum Abbau der übermäßigen Verschuldung sowie zur Stärkung der Wirtschafts- und Finanzkraft. [3]Das Nähere regelt ein Bundesgesetz, das der Zustimmung des Bundesrates bedarf. [4]Die gleichzeitige Gewährung der Sanierungshilfen und Sanierungshilfen auf Grund einer extremen Haushaltsnotlage ist ausgeschlossen.

Artikel 143e [Übergangsvorschrift wegen Umwandlung der Auftragsverwaltung für die Bundesautobahnen und Bundesstraßen in Bundesverwaltung]

(1) [1]Die Bundesautobahnen werden abweichend von Artikel 90 Absatz 2 längstens bis zum 31. Dezember 2020 in Auftragsverwaltung durch die Länder oder die nach Landesrecht zuständigen Selbstverwaltungskörperschaften geführt. [2]Der Bund regelt die Umwandlung der Auftragsverwaltung in

Bundesverwaltung nach Artikel 90 Absatz 2 und 4 durch Bundesgesetz mit Zustimmung des Bundesrates.

(2) Auf Antrag eines Landes, der bis zum 31. Dezember 2018 zu stellen ist, übernimmt der Bund abweichend von Artikel 90 Absatz 4 die sonstigen Bundesstraßen des Fernverkehrs, soweit sie im Gebiet dieses Landes liegen, mit Wirkung zum 1. Januar 2021 in Bundesverwaltung.

(3) Durch Bundesgesetz mit Zustimmung des Bundesrates kann geregelt werden, dass ein Land auf Antrag die Aufgabe der Planfeststellung und Plangenehmigung für den Bau und für die Änderung von Bundesautobahnen und von sonstigen Bundesstraßen des Fernverkehrs, die der Bund nach Artikel 90 Absatz 4 oder Artikel 143e Absatz 2 in Bundesverwaltung übernommen hat, im Auftrage des Bundes übernimmt und unter welchen Voraussetzungen eine Rückübertragung erfolgen kann.

Artikel 143f [Bedingtes Außerkrafttreten des Art. 143d GG, des FAG und sonstiger aufgrund von Art. 107 Abs. 2 GG erlassener Gesetze]

[1]Artikel 143d, das Gesetz über den Finanzausgleich zwischen Bund und Ländern sowie sonstige auf der Grundlage von Artikel 107 Absatz 2 in seiner ab dem 1. Januar 2020 geltenden Fassung erlassene Gesetze treten außer Kraft, wenn nach dem 31. Dezember 2030 die Bundesregierung, der Bundestag oder gemeinsam mindestens drei Länder Verhandlungen über eine Neuordnung der bundesstaatlichen Finanzbeziehungen verlangt haben und mit Ablauf von fünf Jahren nach Notifikation des Verhandlungsverlangens der Bundesregierung, des Bundestages oder der Länder beim Bundespräsidenten keine gesetzliche Neuordnung der bundesstaatlichen Finanzbeziehungen in Kraft getreten ist. [2]Der Tag des Außerkrafttretens ist im Bundesgesetzblatt bekannt zu geben.

Artikel 143g [Anwendung des Art. 107 GG]

Für die Regelung der Steuerertragsverteilung, des Länderfinanzausgleichs und der Bundesergänzungszuweisungen bis zum 31. Dezember 2019 ist Artikel 107 in seiner bis zum Inkrafttreten des Gesetzes zur Änderung des Grundgesetzes vom 13. Juli 2017 geltenden Fassung weiter anzuwenden.

Artikel 143h (aufgehoben)

Artikel 144 [Ratifizierung des Grundgesetzes]

(1) Dieses Grundgesetz bedarf der Annahme durch die Volksvertretungen in zwei Dritteln der deutschen Länder, in denen es zunächst gelten soll.

(2) Soweit die Anwendung dieses Grundgesetzes in einem der in Artikel 23 aufgeführten Länder oder in einem Teile eines dieser Länder Beschränkungen unterliegt, hat das Land oder der Teil des Landes das Recht, gemäß Artikel 38 Vertreter in den Bundestag und gemäß Artikel 50 Vertreter in den Bundesrat zu entsenden.

Artikel 145 [Inkrafttreten des Grundgesetzes]

(1) Der Parlamentarische Rat stellt in öffentlicher Sitzung unter Mitwirkung der Abgeordneten Groß-Berlins die Annahme dieses Grundgesetzes fest, fertigt es aus und verkündet es.

(2) Dieses Grundgesetz tritt mit Ablauf des Tages der Verkündung in Kraft.

(3) Es ist im Bundesgesetzblatte zu veröffentlichen.

Artikel 146 [Geltungsdauer des Grundgesetzes]

Dieses Grundgesetz, das nach Vollendung der Einheit und Freiheit Deutschlands für das gesamte deutsche Volk gilt, verliert seine Gültigkeit an dem Tage, an dem eine Verfassung in Kraft tritt, die von dem deutschen Volke in freier Entscheidung beschlossen worden ist.

Anhang: [Gemäß Art. 140 GG weitergeltende Artikel der Weimarer Reichsverfassung]

Artikel 136 WRV [Religionsunabhängigkeit von Rechten und Pflichten]

(1) Die bürgerlichen und staatsbürgerlichen Rechte und Pflichten werden durch die Ausübung der Religionsfreiheit weder bedingt noch beschränkt.

(2) Der Genuß bürgerlicher und staatsbürgerlicher Rechte sowie die Zulassung zu öffentlichen Ämtern sind unabhängig von dem religiösen Bekenntnis.

(3) [1]Niemand ist verpflichtet, seine religiöse Überzeugung zu offenbaren. [2]Die Behörden haben nur soweit das Recht, nach der Zugehörigkeit zu einer Religionsgesellschaft zu fragen, als davon Rechte und Pflichten abhängen oder eine gesetzlich angeordnete statistische Erhebung dies erfordert.

(4) Niemand darf zu einer kirchlichen Handlung oder Feierlichkeit oder zur Teilnahme an religiösen Übungen oder zur Benutzung einer religiösen Eidesform gezwungen werden.

Artikel 137 WRV [Religionsgesellschaften]

(1) Es besteht keine Staatskirche.

(2) [1]Die Freiheit der Vereinigung zu Religionsgesellschaften wird gewährleistet. [2]Der Zusammenschluß von Religionsgesellschaften innerhalb des Reichsgebiets unterliegt keinen Beschränkungen.

(3) [1]Jede Religionsgesellschaft ordnet und verwaltet ihre Angelegenheiten selbständig innerhalb der Schranken des für alle geltenden Gesetzes. [2]Sie verleiht ihre Ämter ohne Mitwirkung des Staates oder der bürgerlichen Gemeinde.

(4) Religionsgesellschaften erwerben die Rechtsfähigkeit nach den allgemeinen Vorschriften des bürgerlichen Rechtes.

(5) [1]Die Religionsgesellschaften bleiben Körperschaften des öffentlichen Rechtes, soweit sie solche bisher waren. [2]Anderen Religionsgesellschaften sind auf ihren Antrag gleiche Rechte zu gewähren, wenn sie durch ihre Verfassung und die Zahl ihrer Mitglieder die Gewähr der Dauer bieten. [3]Schließen sich mehrere derartige öffentlich-rechtliche Religionsgesellschaften zu einem Verbande zusammen, so ist auch dieser Verband eine öffentlich-rechtliche Körperschaft.

(6) Die Religionsgesellschaften, welche Körperschaften des öffentlichen Rechtes sind, sind berechtigt, auf Grund der bürgerlichen Steuerlisten nach Maßgabe der landesrechtlichen Bestimmungen Steuern zu erheben.

(7) Den Religionsgesellschaften werden die Vereinigungen gleichgestellt, die sich die gemeinschaftliche Pflege einer Weltanschauung zur Aufgabe machen.

(8) Soweit die Durchführung dieser Bestimmungen eine weitere Regelung erfordert, liegt diese der Landesgesetzgebung ob.

Artikel 138 WRV [Staatsleistungen; Kirchengut]

(1) [1]Die auf Gesetz, Vertrag oder besonderen Rechtstiteln beruhenden Staatsleistungen an die Religionsgesellschaften werden durch die Landesgesetzgebung abgelöst. [2]Die Grundsätze hierfür stellt das Reich auf.

(2) Das Eigentum und andere Rechte der Religionsgesellschaften und religiösen Vereine an ihren für Kultus-, Unterrichts- und Wohltätigkeitszwecke bestimmten Anstalten, Stiftungen und sonstigen Vermögen werden gewährleistet.

Artikel 139 WRV [Sonn- und Feiertagsruhe]

Der Sonntag und die staatlich anerkannten Feiertage bleiben als Tage der Arbeitsruhe und der seelischen Erhebung gesetzlich geschützt.

Artikel 141 WRV [Religiöse Handlungen in öffentlichen Anstalten]

Soweit das Bedürfnis nach Gottesdienst und Seelsorge im Heer, in Krankenhäusern, Strafanstalten oder sonstigen öffentlichen Anstalten besteht, sind die Religionsgesellschaften zur Vornahme religiöser Handlungen zuzulassen, wobei jeder Zwang fernzuhalten ist.

Gesetz über die Wahrnehmung der Integrationsverantwortung des Bundestages und des Bundesrates in Angelegenheiten der Europäischen Union (Integrationsverantwortungsgesetz – IntVG)[1)]

Vom 22. September 2009 (BGBl. I S. 3022)
(FNA 170-9)

zuletzt geändert durch Art. 1 G zur Umsetzung der GGÄnderungen für die Ratifizierung des Vertrags von Lissabon vom 1. Dezember 2009 (BGBl. I S. 3822)

§ 1 Integrationsverantwortung

(1) Der Bundestag und der Bundesrat nehmen in Angelegenheiten der Europäischen Union ihre Integrationsverantwortung insbesondere nach Maßgabe der folgenden Bestimmungen wahr.

(2) Der Bundestag und der Bundesrat sollen über Vorlagen nach diesem Gesetz in angemessener Frist beraten und Beschluss fassen und dabei die für die Beschlussfassung auf der Ebene der Europäischen Union maßgeblichen Fristvorgaben berücksichtigen.

§ 2 Vereinfachtes Vertragsänderungsverfahren

Eine Zustimmung der Bundesrepublik Deutschland zu einem Beschluss des Europäischen Rates gemäß Artikel 48 Absatz 6 Unterabsatz 2 und 3 des Vertrags über die Europäische Union erfolgt durch ein Gesetz gemäß Artikel 23 Absatz 1 des Grundgesetzes.

§ 3 Besondere Vertragsänderungsverfahren

(1) Eine Zustimmung der Bundesrepublik Deutschland zu einem Beschluss des Rates gemäß Artikel 218 Absatz 8 Unterabsatz 2 Satz 2 oder gemäß Artikel 311 Absatz 3 des Vertrags über die Arbeitsweise der Europäischen Union erfolgt durch ein Gesetz gemäß Artikel 23 Absatz 1 des Grundgesetzes.

(2) Absatz 1 gilt auch für Bestimmungen, die der Rat gemäß Artikel 25 Absatz 2, Artikel 223 Absatz 1 Unterabsatz 2 oder Artikel 262 des Vertrags über die Arbeitsweise der Europäischen Union erlässt.

(3) [1]Der deutsche Vertreter im Europäischen Rat darf einem Beschlussvorschlag gemäß Artikel 42 Absatz 2 Unterabsatz 1 Satz 2 des Vertrags über die Europäische Union nur zustimmen oder sich bei einer Beschlussfassung enthalten, nachdem der Bundestag hierzu einen Beschluss gefasst hat. [2]Einen entsprechenden Antrag im Bundestag kann auch die Bundesregierung stellen. [3]Ohne einen solchen Beschluss des Bundestages muss der deutsche Vertreter im Europäischen Rat den Beschlussvorschlag ablehnen. [4]Nachdem ein Beschluss des Europäischen Rates gemäß Artikel 42 Absatz 2 Unterabsatz 1 Satz 2 des Vertrags über die Europäische Union gefasst worden ist, erfolgt eine Zustimmung der Bundesrepublik Deutschland durch ein Gesetz gemäß Artikel 23 Absatz 1 des Grundgesetzes.

§ 4 Brückenklauseln

(1) [1]Der deutsche Vertreter im Europäischen Rat darf einem Beschlussvorschlag gemäß Artikel 48 Absatz 7 Unterabsatz 1 Satz 1 oder Unterabsatz 2 des Vertrags über die Europäische Union nur zustimmen oder sich bei einer Beschlussfassung enthalten, nachdem hierzu ein Gesetz gemäß Artikel 23 Absatz 1 des Grundgesetzes in Kraft getreten ist. [2]Ohne ein solches Gesetz muss der deutsche Vertreter im Europäischen Rat den Beschlussvorschlag ablehnen.

(2) [1]Der deutsche Vertreter im Rat darf einem Beschlussvorschlag gemäß Artikel 81 Absatz 3 Unterabsatz 2 des Vertrags über die Arbeitsweise der Europäischen Union nur zustimmen oder sich bei einer Beschlussfassung enthalten, nachdem hierzu ein Gesetz gemäß Artikel 23 Absatz 1 des Grundgesetzes in Kraft getreten ist. [2]Ohne ein solches Gesetz muss der deutsche Vertreter im Rat den Beschlussvorschlag ablehnen.

§ 5 Zustimmung im Europäischen Rat bei besonderen Brückenklauseln

(1) [1]Der deutsche Vertreter im Europäischen Rat darf einem Beschlussvorschlag gemäß Artikel 31 Absatz 3 des Vertrags über die Europäische Union oder gemäß Artikel 312 Absatz 2 Unterabsatz 2

1) Verkündet als Art. 1 des G v. 22. 9. 2009 (BGBl. I S. 3022); Inkrafttreten gem. Art. 4 dieses G am 25. 9. 2009.

des Vertrags über die Arbeitsweise der Europäischen Union nur zustimmen oder sich bei einer Beschlussfassung enthalten, nachdem der Bundestag hierzu einen Beschluss gefasst hat. [2]Einen entsprechenden Antrag im Bundestag kann auch die Bundesregierung stellen. [3]Ohne einen solchen Beschluss des Bundestages muss der deutsche Vertreter im Europäischen Rat den Beschlussvorschlag ablehnen.

(2) Zusätzlich zu dem Beschluss des Bundestages muss der Bundesrat einen entsprechenden Beschluss gefasst haben, wenn Gebiete betroffen sind,

1. für welche eine Gesetzgebungszuständigkeit des Bundes nicht besteht,
2. für welche die Länder gemäß Artikel 72 Absatz 2 des Grundgesetzes das Recht zur Gesetzgebung haben,
3. für welche die Länder gemäß Artikel 72 Absatz 3 oder Artikel 84 Absatz 1 des Grundgesetzes abweichende Regelungen treffen können oder
4. deren Regelung durch ein Bundesgesetz der Zustimmung des Bundesrates bedarf.

§ 6 Zustimmung im Rat bei besonderen Brückenklauseln

(1) [1]Der deutsche Vertreter im Rat darf einem Beschlussvorschlag gemäß Artikel 153 Absatz 2 Unterabsatz 4, Artikel 192 Absatz 2 Unterabsatz 2 oder Artikel 333 Absatz 1 oder Absatz 2 des Vertrags über die Arbeitsweise der Europäischen Union nur zustimmen oder sich bei einer Beschlussfassung enthalten, nachdem der Bundestag hierzu einen Beschluss gefasst hat. [2]§ 5 Absatz 1 Satz 2 und 3 gilt entsprechend.

(2) § 5 Absatz 2 gilt entsprechend.

§ 7 Kompetenzerweiterungsklauseln

(1) [1]Der deutsche Vertreter im Rat darf einem Beschlussvorschlag gemäß Artikel 83 Absatz 1 Unterabsatz 3 oder Artikel 86 Absatz 4 des Vertrags über die Arbeitsweise der Europäischen Union nur zustimmen oder sich bei einer Beschlussfassung enthalten, nachdem hierzu ein Gesetz gemäß Artikel 23 Absatz 1 des Grundgesetzes in Kraft getreten ist. [2]Ohne ein solches Gesetz muss der deutsche Vertreter im Rat den Beschlussvorschlag ablehnen.

(2) Absatz 1 gilt entsprechend für Satzungsänderungen gemäß Artikel 308 Absatz 3 des Vertrags über die Arbeitsweise der Europäischen Union.

§ 8 Flexibilitätsklausel

[1]Der deutsche Vertreter im Rat darf einem Vorschlag zum Erlass von Vorschriften gemäß Artikel 352 des Vertrags über die Arbeitsweise der Europäischen Union nur zustimmen oder sich bei einer Beschlussfassung enthalten, nachdem hierzu ein Gesetz gemäß Artikel 23 Absatz 1 des Grundgesetzes in Kraft getreten ist. [2]Ohne ein solches Gesetz muss der deutsche Vertreter im Rat den Vorschlag zum Erlass von Vorschriften ablehnen.

§ 9 Notbremsemechanismus

(1) Der deutsche Vertreter im Rat muss in den Fällen des Artikels 48 Absatz 2 Satz 1, des Artikels 82 Absatz 3 Unterabsatz 1 Satz 1 und des Artikels 83 Absatz 3 Unterabsatz 1 Satz 1 des Vertrags über die Arbeitsweise der Europäischen Union beantragen, den Europäischen Rat zu befassen, wenn der Bundestag ihn hierzu durch einen Beschluss angewiesen hat.

(2) Wenn im Schwerpunkt Gebiete im Sinne des § 5 Absatz 2 betroffen sind, muss der deutsche Vertreter im Rat einen Antrag nach Absatz 1 auch dann stellen, wenn ein entsprechender Beschluss des Bundesrates vorliegt.

§ 10 Ablehnungsrecht bei Brückenklauseln

(1) Für die Ablehnung einer Initiative des Europäischen Rates gemäß Artikel 48 Absatz 7 Unterabsatz 3 des Vertrags über die Europäische Union gilt:

1. Wenn bei einer Initiative im Schwerpunkt ausschließliche Gesetzgebungszuständigkeiten des Bundes betroffen sind, kann der Bundestag die Ablehnung der Initiative beschließen.
2. In allen anderen Fällen kann der Bundestag oder der Bundesrat die Ablehnung der Initiative beschließen.

(2) Der Präsident des Bundestages oder der Präsident des Bundesrates unterrichtet die Präsidenten der zuständigen Organe der Europäischen Union über die Ablehnung der Initiative und setzt die Bundesregierung darüber in Kenntnis.

(3) Die Absätze 1 und 2 gelten entsprechend für einen Vorschlag der Europäischen Kommission für einen Beschluss des Rates gemäß Artikel 81 Absatz 3 Unterabsatz 3 des Vertrags über die Arbeitsweise der Europäischen Union.

§ 11 Subsidiaritätsrüge

(1) Der Bundestag und der Bundesrat können in ihren Geschäftsordnungen regeln, wie eine Entscheidung über die Abgabe einer begründeten Stellungnahme gemäß Artikel 6 des Protokolls über die Anwendung der Grundsätze der Subsidiarität und der Verhältnismäßigkeit herbeizuführen ist.

(2) Der Präsident des Bundestages oder der Präsident des Bundesrates übermittelt die begründete Stellungnahme an die Präsidenten der zuständigen Organe der Europäischen Union und setzt die Bundesregierung darüber in Kenntnis.

§ 12 Subsidiaritätsklage

(1) [1]Auf Antrag eines Viertels seiner Mitglieder ist der Bundestag verpflichtet, eine Klage gemäß Artikel 8 des Protokolls über die Anwendung der Grundsätze der Subsidiarität und der Verhältnismäßigkeit zu erheben. [2]Auf Antrag eines Viertels seiner Mitglieder, die die Erhebung der Klage nicht stützen, ist deren Auffassung in der Klageschrift deutlich zu machen.

(2) Der Bundesrat kann in seiner Geschäftsordnung regeln, wie ein Beschluss über die Erhebung einer Klage gemäß Absatz 1 herbeizuführen ist.

(3) Die Bundesregierung übermittelt die Klage im Namen des Organs, das über ihre Erhebung gemäß Absatz 1 oder gemäß Absatz 2 beschlossen hat, unverzüglich an den Gerichtshof der Europäischen Union.

(4) Das Organ, das die Erhebung der Klage gemäß Absatz 1 oder gemäß Absatz 2 beschlossen hat, übernimmt die Prozessführung vor dem Gerichtshof der Europäischen Union.

(5) Wird im Bundestag oder im Bundesrat ein Antrag zur Erhebung einer Klage gemäß Absatz 1 oder gemäß Absatz 2 gestellt, so kann das andere Organ eine Stellungnahme abgeben.

§ 13 Unterrichtung

(1) [1]Die Bundesregierung hat den Bundestag und den Bundesrat in Angelegenheiten dieses Gesetzes umfassend, zum frühestmöglichen Zeitpunkt, fortlaufend und in der Regel schriftlich zu unterrichten. [2]Einzelheiten der Unterrichtungspflichten aufgrund des Gesetzes über die Zusammenarbeit von Bundesregierung und Deutschem Bundestag in Angelegenheiten der Europäischen Union vom 12. März 1993 (BGBl. I S. 311), das durch Artikel 2 Absatz 1 des Gesetzes vom 17. November 2005 (BGBl. I S. 3178) geändert worden ist, des Gesetzes über die Zusammenarbeit von Bund und Ländern in Angelegenheiten der Europäischen Union vom 12. März 1993 (BGBl. I S. 313, 1780), das zuletzt durch Artikel 2 des Gesetzes vom 5. September 2006 (BGBl. I S. 2098) geändert worden ist, und anderer Regelungen bleiben unberührt.

(2) [1]Die Bundesregierung unterrichtet den Bundestag und den Bundesrat, wenn der Rat in Vorbereitung einer Initiative des Europäischen Rates nach Artikel 48 Absatz 7 des Vertrags über die Europäische Union befasst wird. [2]Das Gleiche gilt, wenn der Europäische Rat eine derartige Initiative ergriffen hat. [3]Die Bundesregierung unterrichtet den Bundestag und den Bundesrat über einen Vorschlag der Europäischen Kommission nach Artikel 81 Absatz 3 Unterabsatz 2 des Vertrags über die Arbeitsweise der Europäischen Union.

(3) [1]Die Bundesregierung übermittelt dem Bundestag und dem Bundesrat binnen zwei Wochen nach Zuleitung von Initiativen, Vorschlägen oder Beschlüssen, auf die sich die vorstehenden Bestimmungen beziehen, eine ausführliche Erläuterung der Folgen für die vertraglichen Grundlagen der Europäischen Union sowie eine Bewertung der integrationspolitischen Notwendigkeit und Auswirkungen. [2]Ferner erläutert die Bundesregierung,

1. ob es zur Mitwirkung des Bundestages und des Bundesrates eines Gesetzes gemäß Artikel 23 Absatz 1 Satz 2 oder 3 des Grundgesetzes bedarf;
2. wenn das Verfahren nach § 9 in Betracht kommt, ob Entwürfe zu Gesetzgebungsakten gemäß
   a) Artikel 48 Absatz 1 des Vertrags über die Arbeitsweise der Europäischen Union wichtige Aspekte des deutschen Systems der sozialen Sicherheit, insbesondere dessen Geltungsbereich, Kosten oder Finanzstruktur, verletzen oder dessen finanzielles Gleichgewicht beeinträchtigen würden,

b) Artikel 82 Absatz 2 oder Artikel 83 Absatz 1 oder 2 des Vertrags über die Arbeitsweise der Europäischen Union grundlegende Aspekte der deutschen Strafrechtsordnung berühren würden.

(4) [1]Bei eilbedürftigen Vorlagen verkürzt sich die Frist des Absatzes 3 so, dass eine der Integrationsverantwortung angemessene Behandlung in Bundestag und Bundesrat gewährleistet ist. [2]Ist eine besonders umfangreiche Bewertung erforderlich, kann die Frist verlängert werden.

(5) [1]Über einen Antrag eines anderen Mitgliedstaates im Rat gemäß Artikel 48 Absatz 2 Satz 1, Artikel 82 Absatz 3 Unterabsatz 1 Satz 1 oder Artikel 83 Absatz 3 Unterabsatz 1 Satz 1 des Vertrags über die Arbeitsweise der Europäischen Union unterrichtet die Bundesregierung den Bundestag und den Bundesrat unverzüglich schriftlich. [2]Diese Unterrichtung umfasst die Gründe des Antragstellers.

(6) [1]Zu Vorschlägen für Gesetzgebungsakte der Europäischen Union übermittelt die Bundesregierung binnen zwei Wochen nach Überweisung an die Ausschüsse des Bundestages, spätestens jedoch zu Beginn der Beratungen in den Ratsgremien, eine umfassende Bewertung. [2]Sie enthält Angaben zur Zuständigkeit der Europäischen Union zum Erlass des vorgeschlagenen Gesetzgebungsaktes und zu dessen Vereinbarkeit mit den Grundsätzen der Subsidiarität und Verhältnismäßigkeit.

(7) [1]Die Bundesregierung unterrichtet Bundestag und Bundesrat zum frühestmöglichen Zeitpunkt über den Abschluss eines Gesetzgebungsverfahrens der Europäischen Union. [2]Diese Unterrichtung enthält auch eine Bewertung, ob die Bundesregierung den Gesetzgebungsakt mit den Grundsätzen der Subsidiarität und der Verhältnismäßigkeit für vereinbar hält.

Gesetz über die Zusammenarbeit von Bundesregierung und Deutschem Bundestag in Angelegenheiten der Europäischen Union (EUZBBG)

Vom 4. Juli 2013 (BGBl. I S. 2170)
(FNA 170-10)

Der Bundestag hat das folgende Gesetz beschlossen:

§ 1 Mitwirkung des Bundestages

(1) [1]In Angelegenheiten der Europäischen Union wirkt der Bundestag an der Willensbildung des Bundes mit und hat das Recht zur Stellungnahme. [2]Die Bundesregierung hat ihn umfassend und zum frühestmöglichen Zeitpunkt zu unterrichten.

(2) [1]Angelegenheiten der Europäischen Union im Sinne von Artikel 23 des Grundgesetzes sind insbesondere Vertragsänderungen und entsprechende Änderungen auf der Ebene des Primärrechts sowie Rechtsetzungsakte der Europäischen Union. [2]Um eine Angelegenheit der Europäischen Union handelt es sich auch bei völkerrechtlichen Verträgen und intergouvernementalen Vereinbarungen, wenn sie in einem Ergänzungs- oder sonstigen besonderen Näheverhältnis zum Recht der Europäischen Union stehen.

§ 2 Ausschuss für die Angelegenheiten der Europäischen Union

[1]Der Bundestag bestellt einen Ausschuss für die Angelegenheiten der Europäischen Union. [2]Der Bundestag kann den Ausschuss ermächtigen, für ihn Stellungnahmen abzugeben. [3]Er kann ihn ermächtigen, die Rechte des Bundestages gemäß Artikel 23 des Grundgesetzes gegenüber der Bundesregierung wahrzunehmen. [4]Er kann ihn auch ermächtigen, die Rechte wahrzunehmen, die dem Bundestag in den vertraglichen Grundlagen der Europäischen Union eingeräumt sind.

§ 3 Grundsätze der Unterrichtung

(1) [1]Die Bundesregierung unterrichtet den Bundestag in Angelegenheiten der Europäischen Union umfassend, zum frühestmöglichen Zeitpunkt und fortlaufend. [2]Diese Unterrichtung erfolgt grundsätzlich schriftlich durch die Weiterleitung von Dokumenten oder die Abgabe von eigenen Berichten der Bundesregierung, darüber hinaus mündlich. [3]Der mündlichen Unterrichtung kommt lediglich eine ergänzende und erläuternde Funktion zu. [4]Die Bundesregierung stellt sicher, dass diese Unterrichtung die Befassung des Bundestages ermöglicht.

(2) [1]Die Unterrichtung erstreckt sich insbesondere auf die Willensbildung der Bundesregierung, die Vorbereitung und den Verlauf der Beratungen innerhalb der Organe der Europäischen Union, die Stellungnahmen des Europäischen Parlaments, der Europäischen Kommission und der anderen Mitgliedstaaten der Europäischen Union sowie die getroffenen Entscheidungen. [2]Dies gilt auch für alle vorbereitenden Gremien und Arbeitsgruppen.

(3) [1]Die Pflicht zur Unterrichtung umfasst auch die Vorbereitung und den Verlauf der Beratungen der informellen Ministertreffen, des Eurogipfels, der Eurogruppe sowie vergleichbarer Institutionen, die auf Grund völkerrechtlicher Verträge und sonstiger Vereinbarungen, die in einem Ergänzungs- oder sonstigen besonderen Näheverhältnis zum Recht der Europäischen Union stehen, zusammentreten. [2]Dies gilt auch für alle vorbereitenden Gremien und Arbeitsgruppen.

(4) Der Kernbereich exekutiver Eigenverantwortung der Bundesregierung bleibt von den Unterrichtungspflichten unberührt.

(5) Der Bundestag kann auf einzelne Unterrichtungen verzichten, es sei denn, dass eine Fraktion oder fünf Prozent der Mitglieder des Bundestages widersprechen.

§ 4 Übersendung von Dokumenten und Berichtspflichten

(1) [1]Die Unterrichtung des Bundestages nach § 3 erfolgt insbesondere durch Übersendung von allen bei der Bundesregierung eingehenden

1. Dokumenten
   a) der Organe der Europäischen Union, der informellen Ministertreffen, des Ausschusses der Ständigen Vertreter und sonstiger Ausschüsse und Arbeitsgruppen des Rates,

b) des Eurogipfels, der Eurogruppe und vergleichbarer Institutionen, die auf der Grundlage von völkerrechtlichen Verträgen und sonstigen Vereinbarungen, die in einem Ergänzungs- oder sonstigen besonderen Näheverhältnis zum Recht der Europäischen Union stehen, zusammentreten,
c) aller die Institutionen nach den Buchstaben a und b vorbereitenden Gremien und Arbeitsgruppen;

2. Berichten der Ständigen Vertretung der Bundesrepublik Deutschland bei der Europäischen Union beziehungsweise der Bundesregierung zu
   a) Sitzungen der in Nummer 1 genannten Institutionen,
   b) Sitzungen des Europäischen Parlaments und seiner Ausschüsse,
   c) Einberufungen, Verhandlungen und Ergebnissen von Trilogen,
   d) Beschlüssen der Europäischen Kommission.

[2]Der Bundestag muss bereits im Voraus und so rechtzeitig informiert werden, dass er sich über den Gegenstand der Sitzungen sowie die Position der Bundesregierung eine Meinung bilden und auf die Verhandlungslinie und das Abstimmungsverhalten der Bundesregierung Einfluss nehmen kann. [3]Berichte über Sitzungen müssen zumindest die von der Bundesregierung und von anderen Staaten vertretenen Positionen, den Verlauf der Verhandlungen und Zwischen- und Endergebnisse darstellen sowie über eingelegte Parlamentsvorbehalte unterrichten.

(2) [1]Die Bundesregierung übersendet dem Bundestag zudem

1. Dokumente und Informationen über Initiativen, Stellungnahmen, Konsultationsbeiträge, Programmentwürfe und Erläuterungen der Bundesregierung für Organe der Europäischen Union, informelle Ministertreffen sowie den Eurogipfel, die Eurogruppe und vergleichbare Institutionen auf der Grundlage von völkerrechtlichen Verträgen und sonstigen Vereinbarungen, die in einem Ergänzungs- oder sonstigen besonderen Näheverhältnis zum Recht der Europäischen Union stehen,
2. entsprechende Initiativen, Stellungnahmen, Konsultationsbeiträge und Erläuterungen der Regierungen von Mitgliedstaaten der Europäischen Union,
3. entsprechende Initiativen, Stellungnahmen, Konsultationsbeiträge und Erläuterungen des Bundesrates und der Länder sowie
4. Sammelweisungen für den deutschen Vertreter im Ausschuss der Ständigen Vertreter.

[2]Dies gilt auch für alle vorbereitenden Gremien und Arbeitsgruppen.

(3) Die Bundesregierung gibt Auskunft über ihr vorliegende inoffizielle Dokumente zu Angelegenheiten der Europäischen Union und stellt diese auf Anforderung frühestmöglich zur Verfügung.

(4) [1]Vor Tagungen des Europäischen Rates, des Rates, der informellen Ministertreffen, des Eurogipfels, der Eurogruppe und vergleichbarer Institutionen auf der Grundlage von völkerrechtlichen Verträgen und sonstigen Vereinbarungen, die in einem Ergänzungs- oder sonstigen besonderen Näheverhältnis zum Recht der Europäischen Union stehen, unterrichtet die Bundesregierung den Bundestag schriftlich und mündlich zu jedem Beratungsgegenstand. [2]Diese Unterrichtung umfasst die Grundzüge des Sach- und Verhandlungsstandes sowie die Verhandlungslinie der Bundesregierung sowie deren Initiativen. [3]Nach den Tagungen unterrichtet die Bundesregierung schriftlich und mündlich über die Ergebnisse.

(5) Die Bundesregierung übersendet dem Bundestag regelmäßig, mindestens vierteljährlich, Frühwarnberichte über aktuelle politische Entwicklungen in Angelegenheiten der Europäischen Union.

(6) Die Bundesregierung unterrichtet den Bundestag ferner

1. über die Einleitung von Vertragsverletzungsverfahren nach den Artikeln 258 und 260 des Vertrags über die Arbeitsweise der Europäischen Union durch Übermittlung von Mahnschreiben und mit Gründen versehenen Stellungnahmen sowie erläuternden Informationen und Dokumenten, insbesondere der Antwortschreiben der Bundesregierung, soweit diese Verfahren die ausgebliebene, unvollständige oder fehlerhafte Umsetzung von Richtlinien durch den Bund betreffen,
2. über Verfahren vor dem Gerichtshof der Europäischen Union, bei denen die Bundesrepublik Deutschland Verfahrensbeteiligte ist. Zu Verfahren, an denen sich die Bundesregierung beteiligt, übermittelt sie die entsprechenden Dokumente, und
3. auf Anforderung über weitere Verfahren vor dem Gerichtshof der Europäischen Union und übermittelt die entsprechenden Dokumente, soweit sie ihr vorliegen.

§ 5 Vorhaben der Europäischen Union

(1) Vorhaben der Europäischen Union (Vorhaben) im Sinne dieses Gesetzes sind insbesondere

1. Vorschläge und Initiativen für Beschlüsse zur Aufnahme von Verhandlungen zu Änderungen der vertraglichen Grundlagen der Europäischen Union,
2. Vorschläge und Initiativen für Beschlüsse zur Aufnahme von Verhandlungen zur Vorbereitung von Beitritten zur Europäischen Union,
3. Vorschläge und Initiativen für Beschlüsse gemäß Artikel 140 Absatz 2 des Vertrages über die Arbeitsweise der Europäischen Union zur Einführung des Euro,
4. Vorschläge für Gesetzgebungsakte der Europäischen Union,
5. Verhandlungsmandate für die Europäische Kommission zu Verhandlungen über völkerrechtliche Verträge der Europäischen Union,
6. Beratungsgegenstände, Initiativen sowie Verhandlungsmandate und Verhandlungsrichtlinien für die Europäische Kommission im Rahmen der gemeinsamen Handelspolitik und der Welthandelsrunden,
7. Mitteilungen, Stellungnahmen, Grün- und Weißbücher sowie Empfehlungen der Europäischen Kommission,
8. Berichte, Aktionspläne und Politische Programme der Organe der Europäischen Union,
9. Interinstitutionelle Vereinbarungen der Organe der Europäischen Union,
10. Haushalts- und Finanzplanung der Europäischen Union,
11. Entwürfe zu völkerrechtlichen Verträgen und sonstigen Vereinbarungen, wenn sie in einem Ergänzungs- oder sonstigen besonderen Näheverhältnis zum Recht der Europäischen Union stehen,
12. Beratungsgegenstände, Vorschläge und Initiativen, die im Rahmen von völkerrechtlichen Verträgen und Vereinbarungen im Sinne von Nummer 11 behandelt werden.

(2) Vorhaben im Sinne dieses Gesetzes sind auch Vorschläge und Initiativen der Europäischen Union, bei denen eine Mitwirkung des Bundestages nach dem Integrationsverantwortungsgesetz vom 22. September 2009 (BGBl. I S. 3022) in der jeweils geltenden Fassung erforderlich ist.

(3) Für Angelegenheiten

1. des Europäischen Stabilitätsmechanismus gelten unbeschadet der §§ 1 bis 4 die Bestimmungen des ESM-Finanzierungsgesetzes vom 13. September 2012 (BGBl. I S. 1918) in der jeweils geltenden Fassung,
2. der Europäischen Finanzstabilisierungsfazilität gelten unbeschadet der §§ 1 bis 4 die Bestimmungen des Stabilisierungsmechanismusgesetzes vom 22. Mai 2010 (BGBl. I S. 627) in der jeweils geltenden Fassung,
3. der Gemeinsamen Außen- und Sicherheitspolitik und der Gemeinsamen Sicherheits- und Verteidigungspolitik gilt § 7.

§ 6 Förmliche Zuleitung, Berichtsbogen und Umfassende Bewertung, Abschluss von EU-Gesetzgebungsverfahren

(1) [1]Die Bundesregierung übersendet dem Bundestag alle Vorhaben mit einem Zuleitungsschreiben (förmliche Zuleitung). [2]Das Zuleitungsschreiben enthält auf der Grundlage des zuzuleitenden Dokuments die folgenden Hinweise:

1. den wesentlichen Inhalt und die Zielsetzung des Vorhabens,
2. das Datum des Erscheinens des betreffenden Dokuments in deutscher Sprache,
3. die Rechtsgrundlage,
4. das anzuwendende Verfahren und
5. die Benennung des federführenden Bundesministeriums.

(2) [1]Die Bundesregierung übermittelt binnen zwei Wochen nach förmlicher Zuleitung eines Vorhabens einen Bericht gemäß der Anlage (Berichtsbogen). [2]Dieser enthält insbesondere die Bewertung des Vorhabens hinsichtlich seiner Vereinbarkeit mit den Grundsätzen der Subsidiarität und der Verhältnismäßigkeit.

(3) [1]Zu Vorschlägen für Gesetzgebungsakte der Europäischen Union übermittelt die Bundesregierung zudem binnen zwei Wochen nach Überweisung an die Ausschüsse des Bundestages, spätestens jedoch zu Beginn der Beratungen in den Ratsgremien, eine Umfassende Bewertung. [2]Neben Angaben zur Zuständigkeit der Europäischen Union zum Erlass des vorgeschlagenen Gesetzgebungsaktes und

zu dessen Vereinbarkeit mit den Grundsätzen der Subsidiarität und Verhältnismäßigkeit enthält diese Bewertung im Rahmen einer umfassenden Abschätzung der Folgen für die Bundesrepublik Deutschland Aussagen insbesondere in rechtlicher, wirtschaftlicher, finanzieller, sozialer und ökologischer Hinsicht zu Regelungsinhalt, Alternativen, Kosten, Verwaltungsaufwand und Umsetzungsbedarf. [3]Zu anderen Vorhaben im Sinne von § 5 Absatz 1 erfolgt die Erstellung einer entsprechenden Umfassenden Bewertung nur auf Anforderung.

(4) [1]Bei eilbedürftigen Vorhaben verkürzen sich die Fristen der Absätze 2 und 3 so, dass eine rechtzeitige Unterrichtung und die Gelegenheit zur Stellungnahme nach § 8 Absatz 1 Satz 1 für den Bundestag gewährleistet sind. [2]Ist eine besonders umfangreiche Bewertung erforderlich, kann die Frist verlängert werden.

(5) Darüber hinaus erstellt die Bundesregierung zu besonders komplexen oder bedeutsamen Vorhaben auf Anforderung vertiefende Berichte.

(6) Die Bundesregierung unterrichtet den Bundestag über den Abschluss eines Gesetzgebungsverfahrens der Europäischen Union; diese Unterrichtung enthält auch eine Bewertung, ob die Bundesregierung den Gesetzgebungsakt mit den Grundsätzen der Subsidiarität und Verhältnismäßigkeit für vereinbar hält; bei Richtlinien informiert die Bundesregierung über die zu berücksichtigenden Fristen für die innerstaatliche Umsetzung und den Umsetzungsbedarf.

§ 7 Gemeinsame Außen- und Sicherheitspolitik und Gemeinsame Sicherheits- und Verteidigungspolitik

(1) [1]Im Bereich der Gemeinsamen Außen- und Sicherheitspolitik und der Gemeinsamen Sicherheits- und Verteidigungspolitik unterrichtet die Bundesregierung umfassend, fortlaufend und zum frühestmöglichen Zeitpunkt. [2]Die Unterrichtung erfolgt in der Regel schriftlich. [3]Sie umfasst die Zuleitung einer Übersicht der absehbar zur Beratung anstehenden Rechtsakte, deren Bewertung und eine Einschätzung über den weiteren Beratungsverlauf. [4]Über Tagungen des Europäischen Rates und des Rates, die Beschlüsse und Schlussfolgerungen im Bereich der Gemeinsamen Außen- und Sicherheitspolitik und der Gemeinsamen Sicherheits- und Verteidigungspolitik zum Gegenstand haben, gilt § 4 Absatz 4 entsprechend.

(2) [1]Ergänzend leitet die Bundesregierung dem Bundestag auf Anforderung Dokumente von grundsätzlicher Bedeutung nach Maßgabe des § 6 Absatz 1 zu. [2]§ 6 Absatz 2 gilt entsprechend.

(3) Zudem unterrichtet die Bundesregierung fortlaufend und zeitnah mündlich über alle relevanten Entwicklungen im Bereich der Gemeinsamen Außen- und Sicherheitspolitik und der Gemeinsamen Sicherheits- und Verteidigungspolitik.

(4) Über die Sitzungen des Politischen und Sicherheitspolitischen Komitees unterrichtet die Bundesregierung die zuständigen Ausschüsse des Bundestages mündlich.

§ 8 Stellungnahmen des Bundestages

(1) [1]Vor ihrer Mitwirkung an Vorhaben gibt die Bundesregierung dem Bundestag Gelegenheit zur Stellungnahme. [2]Hierzu übermittelt die Bundesregierung dem Bundestag fortlaufend aktualisierte Informationen über den Beratungsablauf, die es ermöglichen, den für eine Stellungnahme geeigneten Zeitpunkt zu bestimmen, und teilt mit, bis zu welchem Zeitpunkt auf Grund des Beratungsverlaufs eine Stellungnahme angemessen erscheint.

(2) [1]Gibt der Bundestag eine Stellungnahme ab, legt die Bundesregierung diese ihren Verhandlungen zugrunde. [2]Die Bundesregierung unterrichtet fortlaufend über die Berücksichtigung der Stellungnahme in den Verhandlungen.

(3) [1]Der Bundestag kann seine Stellungnahme im Verlauf der Beratung des Vorhabens anpassen und ergänzen. [2]Absatz 2 Satz 1 gilt entsprechend.

(4) [1]Macht der Bundestag von der Gelegenheit zur Stellungnahme gemäß Artikel 23 Absatz 3 Satz 1 des Grundgesetzes Gebrauch, legt die Bundesregierung in den Verhandlungen einen Parlamentsvorbehalt ein, wenn der Beschluss des Bundestages in einem seiner wesentlichen Belange nicht durchsetzbar ist. [2]Die Bundesregierung unterrichtet den Bundestag in einem gesonderten Bericht unverzüglich darüber. [3]Dieser Bericht muss der Form und dem Inhalt nach angemessen sein, um eine Beratung in den Gremien des Bundestages zu ermöglichen. [4]Vor der abschließenden Entscheidung bemüht sich die Bundesregierung, Einvernehmen mit dem Bundestag herzustellen. [5]Dies gilt auch dann, wenn der Bundestag bei Vorhaben der Europäischen Union zu Fragen der kommunalen Daseinsvorsorge Stel-

lung nimmt. [6]Das Recht der Bundesregierung, in Kenntnis der Stellungnahme des Bundestages aus wichtigen außen- oder integrationspolitischen Gründen abweichende Entscheidungen zu treffen, bleibt unberührt.

(5) [1]Nach der abschließenden Beschlussfassung unterrichtet die Bundesregierung den Bundestag unverzüglich schriftlich, insbesondere über die Durchsetzung seiner Stellungnahme. [2]Sollten nicht alle Belange der Stellungnahme berücksichtigt worden sein, benennt die Bundesregierung auch die Gründe hierfür. [3]Auf Verlangen eines Viertels der Mitglieder des Bundestages erläutert die Bundesregierung diese Gründe im Rahmen einer Plenardebatte.

§ 9 Aufnahme von Verhandlungen über Beitritte und Vertragsänderungen

(1) Mit der Unterrichtung über Vorschläge und Initiativen für Beschlüsse zur Aufnahme von Verhandlungen

1. zur Vorbereitung eines Beitritts zur Europäischen Union oder
2. zu Änderungen der vertraglichen Grundlagen der Europäischen Union

weist die Bundesregierung den Bundestag auf sein Recht zur Stellungnahme nach § 8 hin.

(2) [1]Vor der abschließenden Entscheidung im Rat oder im Europäischen Rat soll die Bundesregierung Einvernehmen mit dem Bundestag herstellen. [2]Das Recht der Bundesregierung, in Kenntnis der Stellungnahme des Bundestages aus wichtigen außen- oder integrationspolitischen Gründen abweichende Entscheidungen zu treffen, bleibt unberührt.

§ 9a Einführung des Euro in einem Mitgliedstaat

(1) Mit der Unterrichtung über Vorschläge und Initiativen für Beschlüsse des Rates gemäß Artikel 140 Absatz 2 des Vertrages über die Arbeitsweise der Europäischen Union zur Einführung des Euro in einem weiteren Mitgliedstaat weist die Bundesregierung den Bundestag auf sein Recht zur Stellungnahme nach § 8 hin.

(2) [1]Vor der abschließenden Entscheidung im Rat soll die Bundesregierung mit dem Bundestag Einvernehmen herstellen. [2]Das Recht der Bundesregierung, in Kenntnis der Stellungnahme des Bundestages aus wichtigen außen- oder integrationspolitischen Gründen abweichende Entscheidungen zu treffen, bleibt unberührt.

§ 10 Zugang zu Datenbanken, vertrauliche Behandlung von Dokumenten

(1) Die Bundesregierung eröffnet dem Bundestag im Rahmen der Datenschutzvorschriften Zugang zu Dokumentendatenbanken der Europäischen Union, die ihr zugänglich sind.

(2) [1]Die Dokumente der Europäischen Union werden grundsätzlich offen weitergegeben. [2]Die Sicherheitseinstufung der Organe der Europäischen Union über eine besondere Vertraulichkeit wird vom Bundestag beachtet. [3]Eine für diese Dokumente oder für andere im Rahmen dieses Gesetzes an den Bundestag zu übermittelnden Informationen, Berichte und Mitteilungen eventuell erforderliche nationale Einstufung als vertraulich wird vor Versendung von der Bundesregierung vorgenommen und vom Bundestag beachtet. [4]Die Gründe für die Einstufung sind auf Anforderung zu erläutern.

(3) Dem besonderen Schutzbedürfnis laufender vertraulicher Verhandlungen trägt der Bundestag durch eine vertrauliche Behandlung Rechnung.

§ 11 Verbindungsbüro des Bundestages

(1) [1]Der Bundestag kann über ein Verbindungsbüro unmittelbare Kontakte zu Einrichtungen der Europäischen Union pflegen, soweit dies der Wahrnehmung seiner Mitwirkungsrechte in Angelegenheiten der Europäischen Union dient. [2]Die Fraktionen des Bundestages entsenden Vertreter in das Verbindungsbüro.

(2) Die Bundesregierung unterstützt über die Ständige Vertretung der Bundesrepublik Deutschland bei der Europäischen Union und die bilaterale Botschaft der Bundesrepublik Deutschland beim Königreich Belgien das Verbindungsbüro des Bundestages im Hinblick auf seine fachlichen Aufgaben.

§ 12 Inkrafttreten, Außerkrafttreten

[1]Dieses Gesetz tritt am Tag nach der Verkündung[1)] in Kraft. [2]Gleichzeitig tritt das Gesetz über die Zusammenarbeit von Bundesregierung und Deutschem Bundestag in Angelegenheiten der Europäi-

1) Verkündet am 12. 7. 2013.

schen Union vom 12. März 1993 (BGBl. I S. 311, 1780), das zuletzt durch Artikel 2 des Gesetzes vom 13. September 2012 (BGBl. 2012 II S. 1006) geändert worden ist, außer Kraft.

Anlage
(zu § 6 Absatz 2)

Berichtsbogen

Thema:
Sachgebiet:
Rats-Dok.-Nr.:
KOM.-Nr.:
Nr. des interinstitutionellen Dossiers:
Nr. der Bundesratsdrucksache:
Nachweis der Zulässigkeit für europäische Regelungen:
(Prüfung der Rechtsgrundlage)
Subsidiaritätsprüfung:
Verhältnismäßigkeitsprüfung:
Zielsetzung:
Inhaltliche Schwerpunkte:
Politische Bedeutung:
Was ist das besondere deutsche Interesse?
Bisherige Position des Bundestages:
Position des Bundesrates:
Position des Europäischen Parlaments:
Bisherige Position der Bundesregierung:
Meinungsstand im Rat:
Verfahrensstand (Stand der Befassung) und Zeitplan:
Finanzielle Auswirkungen:
Zeitplan für die Behandlung im

a) Bundesrat:
b) Europäischen Parlament:
c) Rat:

Gesetz über die Zusammenarbeit von Bund und Ländern in Angelegenheiten der Europäischen Union

Vom 12. März 1993 (BGBl. I S. 313)
(FNA 170-3)
zuletzt geändert durch Art. 1 ÄndG vom 22. September 2009 (BGBl. I S. 3031)

Der Bundestag hat mit Zustimmung des Bundesrates das folgende Gesetz beschlossen:

§ 1 [Mitwirkung durch Bundesrat]
In Angelegenheiten der Europäischen Union wirken die Länder durch den Bundesrat mit.

§ 2 [Umfassende und frühzeitige Unterrichtung des Bundesrates]
Die Bundesregierung unterrichtet den Bundesrat unbeschadet des Artikels 2 des Gesetzes zu den Verträgen vom 25. März 1957 zur Gründung der Europäischen Wirtschaftsgemeinschaft und der Europäischen Atomgemeinschaft vom 27. Juli 1957 (BGBl. II S. 753) umfassend und zum frühestmöglichen Zeitpunkt über alle Vorhaben im Rahmen der Europäischen Union, die für die Länder von Interesse sein könnten.

§ 3 [Gelegenheit zur Stellungnahme]
Vor der Festlegung der Verhandlungsposition zu einem Vorhaben der Europäischen Union gibt die Bundesregierung dem Bundesrat rechtzeitig Gelegenheit zur Stellungnahme binnen angemessener Frist, soweit Interessen der Länder berührt sind.

§ 4 [Beteiligung von Ländervertretern an Beratungen der Bundesregierung]
(1) Soweit der Bundesrat an einer entsprechenden innerstaatlichen Maßnahme mitzuwirken hätte oder soweit die Länder innerstaatlich zuständig wären, beteiligt die Bundesregierung vom Bundesrat benannte Vertreter der Länder an Beratungen zur Festlegung der Verhandlungsposition zu dem Vorhaben.

(2) [1]Gegenstand der Beratungen nach Absatz 1 ist auch die Anwendung der §§ 5 und 6 auf das Vorhaben. [2]Dabei ist zwischen Bund und Ländern ein Einvernehmen anzustreben.

§ 5 [Berücksichtigung der Stellungnahme des Bundesrates]
(1) Soweit in einem Bereich ausschließlicher Zuständigkeiten des Bundes Interessen der Länder berührt sind oder soweit im übrigen der Bund das Recht zur Gesetzgebung hat, berücksichtigt die Bundesregierung die Stellungnahme des Bundesrates bei der Festlegung der Verhandlungsposition zu dem Vorhaben.

(2) [1]Wenn bei einem Vorhaben im Schwerpunkt Gesetzgebungsbefugnisse der Länder betroffen sind und der Bund kein Recht zur Gesetzgebung hat oder ein Vorhaben im Schwerpunkt die Einrichtung der Behörden der Länder oder ihre Verwaltungsverfahren betrifft, ist insoweit bei Festlegung der Verhandlungsposition durch die Bundesregierung die Stellungnahme des Bundesrates maßgeblich zu berücksichtigen; im übrigen gilt Absatz 1. [2]Die gesamtstaatliche Verantwortung des Bundes, einschließlich außen-, verteidigungs- und integrationspolitisch zu bewertender Fragen, ist zu wahren. [3]Stimmt die Auffassung der Bundesregierung nicht mit der Stellungnahme des Bundesrates überein, ist ein Einvernehmen anzustreben. [4]Zur Herbeiführung dieses Einvernehmens erfolgt erneute Beratung der Bundesregierung mit Vertretern der Länder. [5]Kommt ein Einvernehmen nicht zustande und bestätigt der Bundesrat daraufhin seine Auffassung mit einem mit zwei Dritteln seiner Stimmen gefaßten Beschluß, so ist die Auffassung des Bundesrates maßgebend. [6]Die Zustimmung der Bundesregierung ist erforderlich, wenn Entscheidungen zu Ausgabenerhöhungen oder Einnahmeminderungen für den Bund führen können.

§ 6 [Beteiligung von Ländervertretern an Verhandlungen in Beratungsgremien der Kommission und des Rates]
(1) [1]Bei einem Vorhaben, bei dem der Bundesrat an einer entsprechenden innerstaatlichen Maßnahme mitzuwirken hätte oder bei dem die Länder innerstaatlich zuständig wären oder das sonst wesentliche Interessen der Länder berührt, zieht die Bundesregierung auf Verlangen Vertreter der Länder zu den

Verhandlungen in den Beratungsgremien der Kommission und des Rates hinzu, soweit ihr dies möglich ist. [2]Die Verhandlungsführung liegt bei der Bundesregierung; Vertreter der Länder können mit Zustimmung der Verhandlungsführung Erklärungen abgeben.

(2) [1]Wenn im Schwerpunkt ausschließliche Gesetzgebungsbefugnisse der Länder auf den Gebieten der schulischen Bildung, der Kultur oder des Rundfunks betroffen sind, überträgt die Bundesregierung die Verhandlungsführung in den Beratungsgremien der Kommission und des Rates und bei Ratstagungen in der Zusammensetzung der Minister auf einen Vertreter der Länder. [2]Für diese Ratstagungen kann vom Bundesrat nur ein Mitglied einer Landesregierung im Ministerrang benannt werden. [3]Die Ausübung der Rechte durch den Vertreter der Länder erfolgt unter Teilnahme von und in Abstimmung mit dem Vertreter der Bundesregierung. [4]Die Abstimmung der Verhandlungsposition mit dem Vertreter der Bundesregierung im Hinblick auf eine sich ändernde Verhandlungslage erfolgt entsprechend den für die interne Willensbildung geltenden Regeln und Kriterien. [5]Der Bundesrat kann für Ratstagungen in der Zusammensetzung der Minister, bei denen Vorhaben behandelt werden, die nicht im Schwerpunkt ausschließliche Gesetzgebungsbefugnisse der Länder in den Bereichen schulische Bildung, Kultur oder Rundfunk, jedoch sonstige ausschließliche Gesetzgebungsbefugnisse der Länder betreffen, als Vertreter der Länder Mitglieder von Landesregierungen im Ministerrang benennen, die berechtigt sind, in Abstimmung mit dem Vertreter der Bundesregierung Erklärungen abzugeben. [6]Betrifft ein Vorhaben ausschließliche Gesetzgebungsbefugnisse der Länder, jedoch nicht im Schwerpunkt die Bereiche schulische Bildung, Kultur oder Rundfunk, so übt die Bundesregierung die Verhandlungsführung in den Beratungsgremien der Kommission und des Rates und bei Ratstagungen in der Zusammensetzung der Minister in Abstimmung mit dem Vertreter der Länder aus.

(3) [1]Absatz 2 gilt nicht für Rechte, die der Bundesrepublik Deutschland als Vorsitz im Rat zustehen. [2]Bei der Ausübung dieser Rechte setzt sich die Bundesregierung, soweit Vorhaben im Sinne des Absatzes 2 Satz 1 betroffen sind, mit dem Vertreter der Länder ins Benehmen.

(4) Auf Tagesordnungspunkte der Ratstagungen, die der Rat ohne Aussprache genehmigt, findet Absatz 2 keine Anwendung, wenn diese Behandlung mit dem Vertreter der Länder abgestimmt worden ist.

§ 7 [Klageerhebung im Interesse der Länder]

(1) [1]Die Bundesregierung macht auf Verlangen des Bundesrates unbeschadet eigener Klagerechte der Länder von dem im Vertrag über die Europäische Union vorgesehenen Klagemöglichkeiten Gebrauch, soweit die Länder durch ein Handeln oder Unterlassen von Organen der Union in Bereichen ihrer Gesetzgebungsbefugnisse betroffen sind und der Bund kein Recht zur Gesetzgebung hat. [2]Dabei ist die gesamtstaatliche Verantwortung des Bundes, einschließlich außen-, verteidigungs- und integrationspolitisch zu bewertender Fragen, zu wahren.

(2) Absatz 1 gilt entsprechend, wenn die Bundesregierung im Verfahren vor dem Europäischen Gerichtshof Gelegenheit zur Stellungnahme hat.

(3) Hinsichtlich der Prozeßführung vor dem Europäischen Gerichtshof stellt die Bundesregierung in den in den Absätzen 1 und 2 genannten Fällen sowie für Vertragsverletzungsverfahren, in denen die Bundesrepublik Deutschland Partei ist, mit dem Bundesrat Einvernehmen her, soweit Gesetzgebungsbefugnisse der Länder betroffen sind und der Bund kein Recht zur Gesetzgebung hat.

(4) [1]Über die Einlegung des zulässigen Rechtsmittels beim Europäischen Gerichtshof gegen eine länderübergreifende Finanzkorrektur der Europäischen Gemeinschaften stellt die Bundesregierung mit den betroffenen Ländern Einvernehmen her. [2]Wird das Einvernehmen nicht erzielt, ist die Bundesregierung auf ausdrückliches Verlangen betroffener Länder zur Einlegung des Rechtsmittels verpflichtet. [3]In diesem Fall werden die Kosten des Rechtsmittelverfahrens von den Ländern getragen, welche die Einlegung des Rechtsmittels verlangt haben.

§ 8 [Befugnisse und Status der Länderbüros]

[1]Die Länder können unmittelbar zu Einrichtungen der Europäischen Union ständige Verbindungen unterhalten, soweit dies zur Erfüllung ihrer staatlichen Befugnisse und Aufgaben nach dem Grundgesetz dient. [2]Die Länderbüros erhalten keinen diplomatischen Status. [3]Stellung und Aufgaben der Ständigen Vertretung in Brüssel als Vertretung der Bundesrepublik Deutschland bei den Europäischen Gemeinschaften gelten uneingeschränkt auch in den Fällen, in denen die Wahrnehmung der Rechte,

die der Bundesrepublik Deutschland als Mitgliedstaat der Europäischen Union zustehen, auf einen Vertreter der Länder übertragen wird.

§ 9 [Vereinbarung zwischen Bund und Ländern]
[1]Einzelheiten der Unterrichtung und Beteiligung der Länder nach diesem Gesetz sowie nach dem Integrationsverantwortungsgesetz vom 22. September 2009 (BGBl. I S. 3022) sind in der Anlage geregelt. [2]Weitere Einzelheiten bleiben einer Vereinbarung zwischen Bund und Ländern vorbehalten.

§ 10 [Wahrung der Rechte von Gemeinden und Gemeindeverbänden]
(1) Bei Vorhaben der Europäischen Union ist das Recht der Gemeinden und Gemeindeverbände zur Regelung der Angelegenheiten der örtlichen Gemeinschaft zu wahren und sind ihre Belange zu schützen.

(2) [1]Nimmt der Bundesrat bei Vorhaben der Europäischen Union zu Fragen der kommunalen Daseinsvorsorge Stellung, ist die Stellungnahme von der Bundesregierung unter den Voraussetzungen des § 5 zu berücksichtigen. [2]Die Beteiligungsrechte des Bundesrates gemäß § 5 Absatz 2 bleiben unberührt.

§ 11 [Geltungsbereich]
Dieses Gesetz gilt nicht für den Bereich der Gemeinsamen Außen- und Sicherheitspolitik der Europäischen Union.

§ 12 [Geltungsbereich]
Dieses Gesetz gilt auch für Vorhaben, die auf Beschlüsse des Rates und der im Rat vereinigten Vertreter der Regierungen der Mitgliedstaaten gerichtet sind.

§ 13 [Erweiterte Mitwirkungsbefugnisse]
Die in § 9 genannte Vereinbarung kann weitere Fälle vorsehen, in denen die Länder entsprechend diesem Gesetz mitwirken.

§ 14 [Ländervertreter, Gemeindevertreter]
(1) [1]Vor der Zustimmung zu einem Beschluss über die Zusammensetzung des Ausschusses der Regionen nach Artikel 305 Absatz 2 des Vertrags über die Arbeitsweise der Europäischen Union stellt die Bundesregierung das Einvernehmen mit dem Bundesrat her. [2]Die gesamtstaatliche Verantwortung des Bundes ist zu wahren.

(2) [1]Die Bundesregierung schlägt dem Rat als Mitglieder des Ausschusses der Regionen und deren Stellvertreter die von den Ländern benannten Vertreter vor. [2]Die Länder regeln ein Beteiligungsverfahren für die Gemeinden und Gemeindeverbände, das sichert, daß diese auf Vorschlag der kommunalen Spitzenverbände mit drei gewählten Vertretern im Regionalausschuß vertreten sind.

§ 15 [Außerkrafttreten]
Artikel 2 des Gesetzes vom 19. Dezember 1986 zur Einheitlichen Europäischen Akte vom 28. Februar 1986 (BGBl. II S. 1102) tritt mit Inkrafttreten dieses Gesetzes außer Kraft.

§ 16 [Inkrafttreten]
[1]Dieses Gesetz tritt mit dem Tage der Gründung der Europäischen Union in Kraft. [2]Dieser Tag ist im Bundesgesetzblatt bekanntzugeben. [3]Abweichend von Satz 1 tritt § 5 Abs. 3 am 1. Januar 1993 in Kraft.

Anlage
(zu § 9)

Einzelheiten der Unterrichtung und Beteiligung der Länder

I. Allgemeine Bestimmungen

1. Die Regierungen von Bund und Ländern stellen durch geeignete institutionelle und organisatorische Vorkehrungen sicher, dass die Handlungsfähigkeit der Bundesrepublik Deutschland und eine flexible Verhandlungsführung in Angelegenheiten der Europäischen Union gewährleistet sind. Bund und Länder setzen sich bei Gesprächen auf Ebene der Europäischen Union nicht in Widerspruch zu abgestimmten Positionen. Im Sinne einer Frühwarnung unterrichten Bund und Länder einander über Entwicklungen in Angelegenheiten der Europäischen Union, die in beidseitigem Interesse liegen.
2. Die Informations- und Mitwirkungsrechte der Länder im Hinblick auf Vorhaben der Europäischen Union beschränken sich nicht auf rechtsverbindliche Handlungsinstrumente der Europäischen Union, sondern erstrecken sich auch auf Grünbücher, Weißbücher, Aktionsprogramme, Mitteilungen und Empfehlungen. Vorhaben sind auch so genannte Gemischte Beschlüsse und die Vorbereitung und der Abschluss völkerrechtlicher Abkommen.
3. Unterrichtet die Bundesregierung den Bundestag oder die deutschen Mitglieder des Europäischen Parlaments schriftlich über Vorhaben der Europäischen Union in Bereichen, in denen die Länder die Verhandlungsführung haben, erfolgt diese Unterrichtung in Absprache mit den vom Bundesrat benannten Vertretern der Länder.

II. Unterrichtung des Bundesrates

1. Die Bundesregierung unterrichtet den Bundesrat nach Maßgabe dieses Gesetzes umfassend, zum frühestmöglichen Zeitpunkt, fortlaufend und in der Regel schriftlich über alle Vorhaben, die für die Länder von Interesse sein könnten. Dies geschieht insbesondere durch Übersendung von der Bundesregierung vorliegenden
   a) Dokumenten
      aa) der Europäischen Kommission, soweit sie an den Rat gerichtet oder der Bundesregierung auf sonstige Weise offiziell zugänglich gemacht worden sind. Die Bundesregierung trägt dafür Sorge, dass bei Vorhaben, die ausschließliche Gesetzgebungsmaterien der Länder betreffen oder deren wesentliche Interessen berühren, dem Bundesrat auch der Bundesregierung vorliegende vorbereitende Papiere der Kommission zur Verfügung gestellt werden, die für die Meinungsbildung des Bundesrates von Bedeutung sein können. Dies gilt auch für inoffizielle Dokumente (so genannte „non papers");
      bb) des Europäischen Rates, des Rates, der informellen Ministertreffen und der Ratsgremien.
   b) Berichten und Mitteilungen von Organen der Europäischen Union über Sitzungen
      aa) des Europäischen Rates, des Rates und der informellen Ministertreffen;
      bb) des Ausschusses der Ständigen Vertreter und sonstiger Ausschüsse oder Arbeitsgruppen des Rates;
      cc) der Beratungsgremien bei der Europäischen Kommission.
   c) Berichten der Ständigen Vertretung der Bundesrepublik Deutschland bei der Europäischen Union über
      aa) Sitzungen des Rates und der Ratsgruppen (einschließlich der Berichte über Sitzungen der Freunde der Präsidentschaft sowie der Antici-Gruppe), der informellen Ministertreffen und des Ausschusses der Ständigen Vertreter;
      bb) Sitzungen des Europäischen Parlaments und seiner Ausschüsse;
      cc) Entscheidungen der Europäischen Kommission;
      dd) geplante Rechtsakte.

      Die Empfänger haben dafür Sorge zu tragen, dass diese Berichte nur an einen begrenzten Personenkreis in den jeweils zuständigen obersten Landesbehörden weitergeleitet werden.
   d) Dokumenten und Informationen über Initiativen, Stellungnahmen und Erläuterungen der Bundesregierung für Organe der Europäischen Union, einschließlich der Sammelweisung für

den deutschen Vertreter im Ausschuss der Ständigen Vertreter sowie Initiativen der Regierungen von Mitgliedstaaten der Europäischen Union gegenüber Rat und Europäischer Kommission, die der Bundesregierung offiziell zugänglich gemacht werden und die für die Meinungsbildung der Länder von Bedeutung sind.
Die Unterrichtung umfasst auch Vorhaben, die auf Beschlüsse der im Rat vereinigten Vertreter der Regierungen der Mitgliedstaaten gerichtet sind.
Im Übrigen erfolgt die Unterrichtung mündlich.

2. Mit der Unterrichtung nach § 2 und nach dieser Anlage übermittelt die Bundesregierung dem Bundesrat die Angaben der Europäischen Kommission und die ihr vorliegenden Angaben der Mitgliedstaaten im Rahmen der Gesetzesfolgenabschätzung zu den Folgen des Vorhabens insbesondere in rechtlicher, wirtschaftlicher, finanzieller, sozialer und ökologischer Hinsicht.
3. Die Berichtsbögen zu Vorhaben der Europäischen Union und die Umfassenden Bewertungen zu Gesetzgebungsakten, die dem Bundestag nach § 7 des Gesetzes über die Zusammenarbeit von Bundesregierung und Deutschem Bundestag in Angelegenheiten der Europäischen Union übermittelt werden, lässt die Bundesregierung dem Bundesrat gleichzeitig zukommen.
4. Die Ministerien des Bundes und der Länder eröffnen sich untereinander und dem Bundesrat im Rahmen der geltenden Datenschutzvorschriften Zugang zu ressortübergreifenden Dokumentendatenbanken zu Vorhaben im Rahmen der Europäischen Union. Die Bundesregierung wird sich bemühen, dass Dokumentendatenbanken der Europäischen Union, die den Regierungen der Mitgliedstaaten zugänglich sind, auch dem Bundesrat und den Regierungen der Länder zugänglich gemacht werden. Einzelheiten müssen gesondert geregelt werden.
5. Die Dokumente der Europäischen Union werden grundsätzlich offen weitergegeben. Die Sicherheitseinstufung der Organe der Europäischen Union über eine besondere Vertraulichkeit wird vom Bundesrat beachtet. Eine für diese Dokumente oder für andere im Rahmen dieses Gesetzes an den Bundesrat zu übermittelnde Informationen, Berichte und Mitteilungen eventuell erforderliche nationale Einstufung als vertraulich wird vor Versendung von der Bundesregierung vorgenommen und vom Bundesrat beachtet. Die Gründe für die Einstufung sind auf Anforderung zu erläutern.

III. Vorbereitende Beratungen

1. Die Bundesregierung lädt die Ländervertreter zu Beratungen zur Festlegung der Verhandlungsposition zu Vorhaben ein, soweit der Bundesrat an einer entsprechenden innerstaatlichen Maßnahme mitzuwirken hätte oder soweit die Länder innerstaatlich zuständig wären. Dabei soll auch Einvernehmen über die Anwendung von den §§ 5 und 6 auf ein Vorhaben angestrebt werden.
2. Bei der Einordnung eines Vorhabens unter die Regelungen dieses Gesetzes ist auf den konkreten Inhalt der Vorlage der Europäischen Union abzustellen. Die Zuordnung der Zuständigkeit des Bundes oder der Länder folgt aus der innerstaatlichen Kompetenzordnung.
Bei Beurteilung der Frage, ob bei einem Vorhaben der Bund im nationalen Bereich das Recht zur Gesetzgebung hat, ist in den in Artikel 72 Absatz 2 des Grundgesetzes genannten Gebieten der konkurrierenden Gesetzgebung auch darauf abzustellen, ob eine Erforderlichkeit bundesgesetzlicher Regelung im Sinne von Artikel 72 Absatz 2 des Grundgesetzes bestehen würde.
In den Bereichen, in denen die Länder das Recht der Abweichungsgesetzgebung nach Artikel 72 Absatz 3 des Grundgesetzes haben, berücksichtigt die Bundesregierung die Stellungnahme des Bundesrates bei der Festlegung der Verhandlungsposition. Stimmt die Auffassung der Bundesregierung nicht mit der Stellungnahme des Bundesrates überein, unterrichtet die Bundesregierung den Bundesrat und lädt die vom Bundesrat benannten Ländervertreter zur Beratung ein, um eine übereinstimmende Haltung anzustreben.
Hinsichtlich des Regelungsschwerpunkts des Vorhabens ist darauf abzustellen, ob eine Materie im Mittelpunkt des Vorhabens steht oder ganz überwiegend Regelungsgegenstand ist. Das ist nicht nur quantitativ bestimmbar, sondern auch das Ergebnis einer qualitativen Beurteilung.
Stimmt die Auffassung der Bundesregierung darüber, ob bei einem Vorhaben der Europäischen Union im Schwerpunkt Gesetzgebungsbefugnisse der Länder, die Einrichtung ihrer Behörden oder ihre Verwaltungsverfahren betroffen sind, nicht mit der Haltung des Bundesrates überein, unterrichtet die Bundesregierung den Bundesrat und lädt unverzüglich die vom Bundesrat benannten Ländervertreter zur Beratung ein, um eine übereinstimmende Haltung zu erzielen.

3. In den Fällen, in denen innerstaatlich eine Zusammenarbeit von Bund und Ländern vorgesehen ist, ist bei der Festlegung der Verhandlungsposition – auch auf Ebene der Europäischen Union – ein gemeinsames Vorgehen anzustreben; Bund und Länder streben im Bereich der Forschungspolitik entsprechend der Regelung des Artikels 91b des Grundgesetzes auch im Rahmen der Europäischen Union ein gemeinsames Vorgehen an. Entsprechend wird bei Festlegung der Verhandlungsposition verfahren, wenn der Regelungsschwerpunkt des Vorhabens nur schwer feststellbar ist.
4. Bund und Länder nutzen regelmäßige Sitzungen des Ausschusses für Fragen der Europäischen Union des Bundesrates – bei Bedarf beziehungsweise Verlangen einer Seite auch in politischer Besetzung – zu einem frühzeitigen Austausch über aktuelle Entwicklungen auf Ebene der Europäischen Union. Die Willensbildung der Länder bleibt dem Bundesratsverfahren vorbehalten. Ein neuer Sachstand auf Ebene der Europäischen Union kann eine erneute Befassung erforderlich machen.

IV. Stellungnahme des Bundesrates

1. Um die rechtzeitige Abgabe einer Stellungnahme zu ermöglichen, informiert die Bundesregierung den Bundesrat bei allen Vorhaben, die Interessen der Länder berühren, über den zeitlichen Rahmen der Behandlung in den Ratsgremien.
   Je nach Verhandlungslage teilt die Bundesregierung dem Bundesrat auch mit, bis zu welchem Zeitpunkt eine Stellungnahme wegen der sich aus dem Verfahrensablauf der Europäischen Union ergebenden zeitlichen Vorgaben noch berücksichtigt werden kann.
   Ist aus Sicht der Bundesregierung bereits im Vorfeld von Vorhaben der Europäischen Union die Einbringung einer deutschen Position angezeigt, fordert die Bundesregierung den Bundesrat auf, Stellung zu nehmen.
2. Der Bundesrat kann seine Stellungnahme im Verlauf der Beratung des Vorhabens in den Gremien der Europäischen Union anpassen und ergänzen. Zu diesem Zweck unterrichtet die Bundesregierung den Bundesrat durch ständige Kontakte – in einer der Sache jeweils angemessenen Form – und weist darauf hin, wenn sich die Beschlussgrundlage wesentlich geändert hat und deshalb eine aktualisierte Stellungnahme des Bundesrates erforderlich ist.
3. Stimmt in den Fällen von § 5 Absatz 2 die Auffassung der Bundesregierung nicht mit der Stellungnahme des Bundesrates überein, unterrichtet sie den Bundesrat und lädt unverzüglich die vom Bundesrat benannten Ländervertreter zur erneuten Beratung ein, um möglichst Einvernehmen zu erzielen. Die Länder weisen darauf hin, dass das Einvernehmen gegebenenfalls unter den Vorbehalt einer Beschlussfassung des Bundesrates zu stellen ist. Kommt dieses Einvernehmen nicht zustande, beschließt der Bundesrat unverzüglich darüber, ob seine Stellungnahme aufrechterhalten wird.
4. Weicht die Bundesregierung von einer Stellungnahme des Bundesrates ab, so teilt sie auf Verlangen des Bundesrates nach Abschluss eines Vorhabens die maßgeblichen Gründe mit.

V. Umsetzung von Recht der Europäischen Union

1. Die Bundesregierung nimmt im Interesse einer rechtzeitigen Ergreifung der erforderlichen Verfahrensschritte für Rechtsakte der Europäischen Union, für deren Umsetzung ausschließlich die Länder zuständig sind, sowie für Rechtsakte der Europäischen Union, die von Bund und Ländern durch jeweils eigene Umsetzungsmaßnahmen gemeinsam umzusetzen sind, frühzeitig Kontakt mit den Ländern auf. Die Bundesregierung lässt die Listen mit dem aktuellen Stand der umzusetzenden Rechtsakte, die sie dem Bundestag übermittelt, dem Bundesrat gleichzeitig zukommen.
2. Die Bundesregierung unterrichtet den Bundesrat über die Einleitung von Vertragsverletzungsverfahren nach den Artikeln 258, 260 des Vertrags über die Arbeitsweise der Europäischen Union durch Übermittlung von Mahnschreiben und mit Gründen versehenen Stellungnahmen, soweit diese Verfahren die Nichtumsetzung von Richtlinien durch ein Land oder mehrere Länder betreffen. In diesen Fällen fertigt die Bundesregierung ihre Stellungnahmen in Abstimmung mit den betroffenen Ländern.

VI. Verfahren vor den Europäischen Gerichten

1. Im Hinblick auf die hier zu wahrenden Verfahrensfristen unterrichtet die Bundesregierung den Bundesrat unverzüglich von allen Dokumenten und Informationen über Verfahren vor dem Europäischen Gerichtshof und dem Gericht erster Instanz, an denen die Bundesregierung beteiligt ist. Dies gilt auch für Urteile zu Verfahren, an denen sich die Bundesregierung beteiligt.
2. Macht die Bundesregierung bei Vorliegen der Voraussetzungen von § 7 Absatz 1 auf Beschluss des Bundesrates von den im Vertrag über die Europäische Union und im Vertrag über die Arbeitsweise der Europäischen Union vorgesehenen Klagemöglichkeiten Gebrauch, so fertigt sie die Klageschrift in Abstimmung mit den Ländern. Von den Ländern wird hierfür rechtzeitig eine ausführliche Stellungnahme zur Sache zur Verfügung gestellt. Die Prozessführung erfolgt in Abstimmung mit den Ländern.
   Entsprechendes gilt, wenn die Bundesregierung das zulässige Rechtsmittel beim Europäischen Gerichtshof gegen eine länderübergreifende Finanzkorrektur der Europäischen Union im Einvernehmen mit den betroffenen Ländern oder auf ausdrückliches Verlangen betroffener Länder nach § 7 Absatz 4 einlegt. Bei Vertragsverletzungsverfahren gegen die Bundesrepublik Deutschland, bei denen eine Haftung eines oder mehrerer Länder gegenüber dem Bund nach Artikel 104a Absatz 6 Satz 1 des Grundgesetzes in Betracht kommt, erfolgt die Prozessführung insoweit ebenfalls in Abstimmung mit den Ländern.
3. Nummer 2 gilt entsprechend, wenn die Bundesregierung in Verfahren vor dem Europäischen Gerichtshof Gelegenheit zur Stellungnahme hat.

VII. Vertragsrevision, Beitritt und Assoziierungsverhandlungen der Europäischen Union

1. Hinsichtlich des Artikels 48 des Vertrags über die Europäische Union gilt: Beabsichtigt der Rat, einen Beschluss zur Aufnahme von Verhandlungen zu Änderungen der vertraglichen Grundlagen der Europäischen Union zu fassen, informiert die Bundesregierung den Bundesrat und unterrichtet über ihre Willensbildung.
   Der Bundesrat wird über die Verhandlungen unterrichtet, soweit Länderinteressen betroffen sein könnten. Das gilt auch für den Fall, dass die Verhandlungen wiederum von Persönlichen Beauftragten geführt werden sollten.
   Die Bundesregierung berücksichtigt die Stellungnahme des Bundesrates bei den Verhandlungen in entsprechender Anwendung von § 5.
   Die Länder können mit einem Beobachter – maximal zwei Beobachtern, falls ausschließliche Länderkompetenzen betroffen sind – an Ressortgesprächen zur Vorbereitung der Regierungskonferenzen sowie – soweit möglich von Fall zu Fall – an den Regierungskonferenzen selbst teilnehmen.
2. Hinsichtlich des Artikels 49 des Vertrags über die Europäische Union gilt: Beabsichtigt der Rat, einen Beschluss zur Aufnahme von Verhandlungen zur Vorbereitung von Beitritten zur Europäischen Union zu fassen, informiert die Bundesregierung den Bundesrat und unterrichtet über ihre Willensbildung.
   Der Bundesrat wird über die Verhandlungen unterrichtet, soweit Länderinteressen betroffen sein könnten. Die Bundesregierung informiert auf Wunsch den Ausschuss für Fragen der Europäischen Union des Bundesrates über die Entwicklung von Beitrittsverhandlungen.
   Die Bundesregierung berücksichtigt die Stellungnahme des Bundesrates bei den Verhandlungen in entsprechender Anwendung von § 5.
   Die Länder können mit einem Ländervertreter an Ressortabstimmungen der Verhandlungsposition sowie – soweit möglich – an der Ratsarbeitsgruppe „Erweiterung" teilnehmen, wenn der konkret zu behandelnde Fragenbereich die ausschließliche Gesetzgebungskompetenz der Länder oder deren wesentliche Interessen berührt.
3. Hinsichtlich des Artikels 217 des Vertrags über die Arbeitsweise der Europäischen Union sowie für die Abkommen nach Artikel 207 Absatz 3 des Vertrags über die Arbeitsweise der Europäischen Union gelten die Regelungen dieses Gesetzes mit der Ausnahme, dass sich die Teilnahme des Ländervertreters auf die Verhandlungen in der Ratsgruppe zur Aushandlung des Mandats für die Kommission beschränkt.

Gesetz zur finanziellen Beteiligung am Europäischen Stabilitätsmechanismus (ESM-Finanzierungsgesetz – ESMFinG)

Vom 13. September 2012 (BGBl. I S. 1918)
(FNA 660-9)
zuletzt geändert durch Art. 1 ÄndG vom 29. November 2014 (BGBl. I S. 1821)

Der Bundestag hat das folgende Gesetz beschlossen:

§ 1 Übernahme des deutschen Anteils am Stammkapital des Europäischen Stabilitätsmechanismus; Veränderung des konsolidierten Darlehensvolumens von Europäischem Stabilitätsmechanismus und Europäischer Finanzstabilisierungsfazilität

(1) Zur Erfüllung der Verpflichtungen aus dem Beitritt zum Europäischen Stabilitätsmechanismus beteiligt sich die Bundesrepublik Deutschland am Gesamtbetrag des einzuzahlenden Kapitals des Europäischen Stabilitätsmechanismus in Höhe von 80 Milliarden Euro mit einem Betrag in Höhe von 21,71712 Milliarden Euro sowie am Gesamtbetrag des abrufbaren Kapitals des Europäischen Stabilitätsmechanismus in Höhe von 620 Milliarden Euro mit einem Betrag in Höhe von 168,30768 Milliarden Euro.

(2) [1]Das Bundesministerium der Finanzen wird ermächtigt, für das abrufbare Kapital in Höhe von 168,30768 Milliarden Euro Gewährleistungen zu übernehmen. [2]Zahlungen auf das abrufbare Kapital sind im Rahmen des Bundeshaushalts zu leisten

1. nach Artikel 9 Absatz 2 des Vertrags zur Einrichtung des Europäischen Stabilitätsmechanismus zur Wiederherstellung der ursprünglichen Höhe des eingezahlten Kapitals, wenn das eingezahlte Kapital durch den Ausgleich eines Zahlungsausfalls unter die vereinbarte Summe von 80 Milliarden Euro fällt;
2. nach Artikel 9 Absatz 3 des Vertrags zur Einrichtung des Europäischen Stabilitätsmechanismus zur Vermeidung eines Verzugs des Europäischen Stabilitätsmechanismus bei der Erfüllung seiner Zahlungsverpflichtungen;
3. nach Artikel 25 Absatz 2 des Vertrags zur Einrichtung des Europäischen Stabilitätsmechanismus im Rahmen eines vorübergehend revidierten erhöhten Kapitalabrufs;
4. nach Artikel 9 Absatz 1 des Vertrags zur Einrichtung des Europäischen Stabilitätsmechanismus aufgrund eines einstimmigen Beschlusses des Gouverneursrates des Europäischen Stabilitätsmechanismus.

(3) Die Bundesregierung wird ermächtigt, durch ihren Vertreter im Gouverneursrat einem Beschluss nach Artikel 10 Absatz 1 des Vertrags zur Einrichtung des Europäischen Stabilitätsmechanismus zur Veränderung des konsolidierten Darlehensvolumens von Europäischem Stabilitätsmechanismus und Europäischer Finanzstabilisierungsfazilität im Sinne des Artikels 39 des Vertrags zur Einrichtung des Europäischen Stabilitätsmechanismus insoweit zuzustimmen, als Finanzmittel, die für die Durchführung der von der Europäischen Finanzstabilisierungsfazilität bis zum 30. März 2012 zugesagten Notmaßnahmen erforderlich sind, bis zu einer Höhe von 200 Milliarden Euro bei der Berechnung des konsolidierten Darlehensvolumens im Sinne des Artikels 39 des Vertrags zur Einrichtung des Europäischen Stabilitätsmechanismus nicht in Abzug gebracht werden.

§ 2 Gewährung von Stabilitätshilfen durch den Europäischen Stabilitätsmechanismus

[1]Der Europäische Stabilitätsmechanismus ist berechtigt, unter den im Vertrag zur Einrichtung des Europäischen Stabilitätsmechanismus genannten Voraussetzungen und entsprechend dem dort geregelten Verfahren einer Vertragspartei des Europäischen Stabilitätsmechanismus Stabilitätshilfen zu gewähren, wenn dies unabdingbar ist, um die Finanzstabilität der Währungsunion insgesamt und seiner Mitgliedstaaten zu wahren. [2]Dem Europäischen Stabilitätsmechanismus zur Verfügung stehende Instrumente der Stabilitätshilfe sind vorsorgliche Finanzhilfen, Finanzhilfen zur Rekapitalisierung von Finanzinstituten einer Vertragspartei, Darlehen sowie der Ankauf von Anleihen einer Vertragspartei auf dem Primär- oder Sekundärmarkt. [3]Finanzhilfen zur Rekapitalisierung von Finanzinstituten können einer Vertragspartei oder auf deren Antrag direkt Finanzinstituten dieser Vertragspartei gewährt werden.

§ 3 Haushalts- und Stabilitätsverantwortung

(1) Der Deutsche Bundestag nimmt in Angelegenheiten des Europäischen Stabilitätsmechanismus seine Verantwortung für den Haushalt und für den Bestand und die Fortentwicklung der Stabilität der Wirtschafts- und Währungsunion insbesondere nach Maßgabe der folgenden Bestimmungen wahr.

(2) [1]Der Deutsche Bundestag berät und beschließt über Vorlagen nach diesem Gesetz in angemessener Frist. [2]Dabei berücksichtigt er die für die Beschlussfassung auf der Ebene des Euro-Währungsgebietes maßgeblichen Fristvorgaben.

§ 4 Parlamentsvorbehalt für Entscheidungen im Europäischen Stabilitätsmechanismus

(1) [1]In Angelegenheiten des Europäischen Stabilitätsmechanismus, die die haushaltspolitische Gesamtverantwortung des Deutschen Bundestages betreffen, wird diese vom Plenum des Deutschen Bundestages wahrgenommen. [2]Die haushaltspolitische Gesamtverantwortung ist insbesondere betroffen

1. bei der Entscheidung nach Artikel 13 Absatz 2 des Vertrags zur Einrichtung des Europäischen Stabilitätsmechanismus, einer Vertragspartei des Europäischen Stabilitätsmechanismus auf deren Hilfeersuchen Stabilitätshilfe in Form einer im Vertrag zur Einrichtung des Europäischen Stabilitätsmechanismus vorgesehenen Finanzhilfefazilität zu gewähren,
2. bei der Annahme einer Vereinbarung über die Finanzhilfefazilität nach Artikel 13 Absatz 3 Satz 3 des Vertrags zur Einrichtung des Europäischen Stabilitätsmechanismus, einer Zustimmung zu einem entsprechenden Memorandum of Understanding nach Artikel 13 Absatz 4 des Vertrags zur Einrichtung des Europäischen Stabilitätsmechanismus und im Falle der Gewährung einer direkt an Finanzinstitute gewährten Finanzhilfe bei der Annahme einer institutsspezifischen Vereinbarung,
3. bei Beschlüssen im Rahmen des Europäischen Stabilitätsmechanismus zur Veränderung des genehmigten Stammkapitals sowie des maximalen Darlehensvolumens nach Artikel 10 Absatz 1 des Vertrags zur Einrichtung des Europäischen Stabilitätsmechanismus; Artikel 2 Absatz 1 des Gesetzes zu dem Vertrag vom 2. Februar 2012 zur Einrichtung des Europäischen Stabilitätsmechanismus bleibt unberührt,
4. bei Beschlüssen im Rahmen des Europäischen Stabilitätsmechanismus über die Festlegung und Änderung von Obergrenzen der für ein bestimmtes Finanzhilfeinstrument insgesamt zur Verfügung stehenden Mittel.

(2) [1]In den Fällen, die die haushaltspolitische Gesamtverantwortung betreffen, darf die Bundesregierung einem Beschlussvorschlag in Angelegenheiten des Europäischen Stabilitätsmechanismus durch ihren Vertreter nur zustimmen oder sich bei einer Beschlussfassung enthalten, nachdem das Plenum hierzu einen zustimmenden Beschluss gefasst hat. [2]Ohne einen solchen Beschluss des Plenums muss der deutsche Vertreter den Beschlussvorschlag ablehnen. [3]Der Vertreter der Bundesregierung hat an der Beschlussfassung teilzunehmen.

(3) Werden gemäß Artikel 5 Absatz 6 Buchstabe m des Vertrags zur Einrichtung des Europäischen Stabilitätsmechanismus Aufgaben des Gouverneursrates auf das Direktorium übertragen, gelten die §§ 3 bis 6 entsprechend.

§ 5 Beteiligung des Haushaltsausschusses des Deutschen Bundestages

(1) [1]In allen sonstigen die Haushaltsverantwortung des Deutschen Bundestages berührenden Angelegenheiten des Europäischen Stabilitätsmechanismus, in denen eine Entscheidung des Plenums gemäß § 4 nicht vorgesehen ist, wird der Haushaltsausschuss des Deutschen Bundestages beteiligt. [2]Der Haushaltsausschuss überwacht die Vorbereitung und Durchführung der Vereinbarungen über Stabilitätshilfen.

(2) [1]Der vorherigen Zustimmung des Haushaltsausschusses bedürfen:

1. Entscheidungen über die Bereitstellung zusätzlicher Instrumente ohne Änderung des Gesamtfinanzierungsvolumens einer bestehenden Finanzhilfefazilität oder wesentliche Änderungen der Bedingungen der Finanzhilfefazilität,
2. Beschlüsse über den Abruf von Kapital nach Artikel 9 Absatz 1 des Vertrags zur Einrichtung des Europäischen Stabilitätsmechanismus sowie die Annahme oder wesentliche Änderung der Regelungen und Bedingungen, die für Kapitalabrufe nach Artikel 9 Absatz 4 des Vertrags zur Einrichtung des Europäischen Stabilitätsmechanismus gelten,

3. die Annahme oder wesentliche Änderung der Leitlinien für die Durchführungsmodalitäten der einzelnen dem Europäischen Stabilitätsmechanismus nach den Artikeln 14 bis 18 des Vertrags zur Einrichtung des Europäischen Stabilitätsmechanismus sowie gemäß einem Beschluss nach Artikel 19 des Vertrags zur Einrichtung des Europäischen Stabilitätsmechanismus zur Verfügung stehenden Finanzhilfeinstrumente, der Preisgestaltungsleitlinien nach Artikel 20 Absatz 2 des Vertrags zur Einrichtung des Europäischen Stabilitätsmechanismus, der Leitlinien für Anleiheoperationen nach Artikel 21 Absatz 2 des Vertrags zur Einrichtung des Europäischen Stabilitätsmechanismus, der Leitlinien für die Anlagepolitik nach Artikel 22 Absatz 1 des Vertrags zur Einrichtung des Europäischen Stabilitätsmechanismus, der Leitlinien für die Dividendenpolitik nach Artikel 23 Absatz 3 des Vertrags zur Einrichtung des Europäischen Stabilitätsmechanismus und der Vorschriften für die Einrichtung, Verwaltung und Verwendung weiterer Fonds nach Artikel 24 Absatz 4 des Vertrags zur Einrichtung des Europäischen Stabilitätsmechanismus,
4. die ausführlichen Regelungen und Bedingungen für Kapitalveränderungen nach Artikel 10 Absatz 2 des Vertrags zur Einrichtung des Europäischen Stabilitätsmechanismus,
5. die Annahme von Bestimmungen oder Auslegungen zur Regelung der beruflichen Schweigepflicht nach Artikel 34 des Vertrags zur Einrichtung des Europäischen Stabilitätsmechanismus.

[2]Die Bundesregierung darf in diesen Fällen einem Beschlussvorschlag in Angelegenheiten des Europäischen Stabilitätsmechanismus durch ihren Vertreter nur zustimmen oder sich bei einer Beschlussfassung enthalten, nachdem der Haushaltsausschuss hierzu einen zustimmenden Beschluss gefasst hat. [3]Einen entsprechenden Antrag im Haushaltsausschuss kann auch die Bundesregierung stellen. [4]Ohne einen solchen Beschluss des Haushaltsausschusses muss der deutsche Vertreter den Beschlussvorschlag ablehnen. [5]Der Vertreter der Bundesregierung hat an der Beschlussfassung teilzunehmen.

(3) [1]In den nicht von Absatz 2 erfassten Fällen, die die Haushaltsverantwortung des Deutschen Bundestages berühren, hat die Bundesregierung den Haushaltsausschuss zu beteiligen und seine Stellungnahmen zu berücksichtigen. [2]Dies gilt insbesondere bei Beschlüssen über die Auszahlung einzelner Tranchen der gewährten Stabilitätshilfe.

(4) Der von Deutschland nach Artikel 5 Absatz 1 des Vertrags zur Einrichtung des Europäischen Stabilitätsmechanismus ernannte Gouverneur und dessen Stellvertreter sind verpflichtet, den Haushaltsausschuss des Deutschen Bundestages auf Verlangen mindestens eines Viertels seiner Mitglieder, das mindestens von zwei Fraktionen im Ausschuss unterstützt werden muss, zu informieren und Auskünfte zu erteilen, soweit nicht Tatbestände nach § 6 dieses Gesetzes betroffen sind.

(5) Das Plenum des Deutschen Bundestags kann die Befugnisse des Haushaltsausschusses jederzeit durch einen mit einfacher Mehrheit gefassten Beschluss an sich ziehen und durch einfachen Beschluss ausüben.

(6) [1]Ein Antrag oder eine Vorlage der Bundesregierung gilt als dem Haushaltsausschuss überwiesen im Sinne der Geschäftsordnung des Bundestages. [2]§ 70 der Geschäftsordnung gilt entsprechend, wobei das Verlangen eines Viertels der Mitglieder des Haushaltsausschusses von mindestens zwei Fraktionen im Ausschuss unterstützt werden muss.

§ 6 Beteiligung durch ein Sondergremium

(1) [1]Soweit ein Aufkauf von Staatsanleihen auf dem Sekundärmarkt nach Artikel 18 des Vertrags zur Einrichtung des Europäischen Stabilitätsmechanismus geplant ist, kann die Bundesregierung die besondere Vertraulichkeit der Angelegenheit geltend machen. [2]Die besondere Vertraulichkeit liegt vor, sofern bereits die Tatsache der Beratung oder Beschlussfassung geheim gehalten werden muss, um den Erfolg der Maßnahme nicht zu vereiteln. [3]Die Annahme der besonderen Vertraulichkeit ist von der Bundesregierung zu begründen.

(2) [1]In diesem Fall können die in den §§ 4 und 5 bezeichneten Beteiligungsrechte von Mitgliedern des Haushaltsausschusses wahrgenommen werden, die vom Deutschen Bundestag für die Dauer einer Legislaturperiode in geheimer Wahl mit der Mehrheit der Mitglieder des Deutschen Bundestages gewählt werden (Sondergremium). [2]Die Anzahl der Mitglieder und eine gleich große Anzahl von Stellvertretern ist die kleinstmögliche, bei der jede Fraktion zumindest ein Mitglied benennen kann, die Mehrheitsverhältnisse gewahrt werden und bei der die Zusammensetzung des Plenums widergespiegelt wird. [3]Das nach § 3 Absatz 3 des Stabilisierungsmechanismusgesetzes gewählte Sondergremium nimmt die Rechte nach diesem Gesetz wahr. [4]Eine Wahl nach den Sätzen 1 und 2 findet erstmals in

der Wahlperiode statt, in der nach Außerkrafttreten des Stabilisierungsmechanismusgesetzes kein Gremium nach § 3 Absatz 3 des Stabilisierungsmechanismusgesetzes gewählt werden kann.

(3) [1]Das Sondergremium kann der Annahme der besonderen Vertraulichkeit unverzüglich widersprechen. [2]Im Falle des Widerspruchs nehmen das Plenum die in § 4 und der Haushaltsausschuss die in § 5 bezeichneten Beteiligungsrechte wahr.

(4) Das Sondergremium berichtet dem Deutschen Bundestag über Inhalt und Ergebnis seiner Beratungen, sobald die Gründe für die besondere Vertraulichkeit entfallen sind.

§ 7 Unterrichtung durch die Bundesregierung

(1) [1]Die Bundesregierung hat den Deutschen Bundestag und den Bundesrat in Angelegenheiten dieses Gesetzes umfassend, zum frühestmöglichen Zeitpunkt, fortlaufend und in der Regel schriftlich zu unterrichten. [2]Sie hat dem Deutschen Bundestag in Angelegenheiten, die seine Kompetenzen betreffen, Gelegenheit zur Stellungnahme zu geben und seine Stellungnahmen zu berücksichtigen.

(2) [1]Die Bundesregierung übermittelt dem Deutschen Bundestag alle ihr zur Verfügung stehenden Dokumente zur Ausübung der Beteiligungsrechte des Deutschen Bundestages. [2]Sie übermittelt diese Dokumente auch dem Bundesrat.

(3) Dem besonderen Schutzbedürfnis laufender vertraulicher Verhandlungen tragen der Deutsche Bundestag und der Bundesrat durch eine vertrauliche Behandlung Rechnung.

(4) [1]Im Falle des Stabilitätshilfeersuchens einer Vertragspartei des Europäischen Stabilitätsmechanismus nach Artikel 13 Absatz 1 des Vertrags zur Einrichtung des Europäischen Stabilitätsmechanismus übermittelt die Bundesregierung dem Deutschen Bundestag und dem Bundesrat binnen sieben Tagen nach Antragstellung eine erste Einschätzung zu Inhalt und Umfang der beantragten Hilfen. [2]Beabsichtigt die Bundesregierung, der Gewährung von Stabilitätshilfe nach Artikel 13 Absatz 2 des Vertrags zur Einrichtung des Europäischen Stabilitätsmechanismus zuzustimmen, übermittelt sie rechtzeitig eine umfassende Einschätzung zu Inhalt und Umfang der beantragten Hilfen sowie eine Stellungnahme zu der Bewertung der Europäischen Kommission nach Artikel 13 Absatz 1 des Vertrags zur Einrichtung des Europäischen Stabilitätsmechanismus und eine Abschätzung der finanziellen Folgen.

(5) [1]Der Haushaltsausschuss des Deutschen Bundestages ist darüber hinaus regelmäßig über das Finanzmanagement des Europäischen Stabilitätsmechanismus im Sinne des Kapitels 5 des Vertrags zur Einrichtung des Europäischen Stabilitätsmechanismus schriftlich zu unterrichten. [2]Die Bundesregierung übermittelt ihm zudem die nach Artikel 27 Absatz 2 des Vertrags zur Einrichtung des Europäischen Stabilitätsmechanismus zusammengefassten Quartalsabschlüsse sowie die Gewinn- und Verlustrechnung des Europäischen Stabilitätsmechanismus.

(6) Die fortlaufende Unterrichtung der Bundesregierung enthält auch Angaben zur jeweiligen Berücksichtigung der nach diesem Gesetz abgegebenen Stellungnahmen des Deutschen Bundestages und des Haushaltsausschusses des Deutschen Bundestages bei den Verhandlungen.

(7) [1]Die Unterrichtungspflichten nach den Absätzen 1 bis 6 können in Fällen besonderer Vertraulichkeit nach § 6 Absatz 1 auf die Mitglieder des Sondergremiums beschränkt werden, solange die Gründe für die besondere Vertraulichkeit bestehen. [2]Nach Fortfall dieser Gründe holt die Bundesregierung die Unterrichtung des Deutschen Bundestages unverzüglich nach.

(8) [1]Die Informationen zur Unterrichtung nach Absatz 5 lässt die Bundesregierung dem Bundesrat ebenfalls zukommen. [2]Die fortlaufende Unterrichtung der Bundesregierung enthält auch Angaben zur jeweiligen Berücksichtigung von Stellungnahmen des Bundesrates in Angelegenheiten dieses Gesetzes. [3]In den Fällen des Absatzes 7 wird der Bundesrat dann informiert, wenn die Gründe für die besondere Vertraulichkeit nicht mehr vorliegen.

(9) Die von Deutschland oder vom deutschen Gouverneur ernannten Vertreter im Europäischen Stabilitätsmechanismus dürfen sich gegenüber einem Auskunftsverlangen des Deutschen Bundestages sowie seiner Ausschüsse und Mitglieder nicht auf die Schweigepflicht nach Artikel 34 des Vertrags zur Einrichtung des Europäischen Stabilitätsmechanismus berufen.

(10) Die Rechte des Deutschen Bundestages aus dem Gesetz über die Zusammenarbeit von Bundesregierung und Deutschem Bundestag in Angelegenheiten der Europäischen Union und die Rechte des Bundesrates aus dem Gesetz über die Zusammenarbeit von Bund und Ländern in Angelegenheiten der Europäischen Union bleiben unberührt.

§ 8 Inkrafttreten

Dieses Gesetz tritt am Tag nach der Verkündung[1] in Kraft.

Die verfassungsmäßigen Rechte des Bundesrates sind gewahrt.

1) Verkündet am 18.9.2012.

Die Verfassung der französischen Republik*)

Vom 4. Oktober 1958

zuletzt geändert durch das Verfassungsgesetz Nr. 2008-724 vom 23. Juli 2008[1)]

Inhalt

Präambel

Das französische Volk verkündet feierlich seine Verbundenheit mit den Menschenrechten und mit den Grundsätzen der nationalen Souveränität, wie sie in der Erklärung von 1789 niedergelegt wurden, welche durch die Präambel der Verfassung von 1946 bestätigt und ergänzt wurde, sowie mit den in der Umweltcharta von 2004 festgelegten Rechten und Pflichten.

Kraft dieser Grundsätze und des Selbstbestimmungsrechts der Völker bietet die Republik den überseeischen Gebieten, die den Willen zum Beitritt bekunden, neue, auf das gemeinsame Ideal von Freiheit, Gleichheit und Brüderlichkeit gegründete und im Hinblick auf ihre demokratische Entwicklung geschaffene Institutionen an.

Artikel 1 [Staatsform; Staatsgrundsätze]

[1]Frankreich ist eine unteilbare, laizistische, demokratische und soziale Republik. [2]Sie gewährleistet die Gleichheit aller Bürger vor dem Gesetz ohne Unterschied der Herkunft, Rasse oder Religion. [3]Sie achtet jeden Glauben. [4]Sie ist dezentral organisiert.

---

*) Übersetzung: Dr. Christian Kovács, LL.M., Brüssel, dort für den Einheitlichen Abwicklungsausschuss tätig.

1) Gemäß Artikel 46 Absatz 1 des Verfassungsgesetzes Nr. 2008-724 vom 23. Juli 2008 treten die Artikel 11, 13, 25 Absatz 3, 34-1, 39, 44, 56, 61-1, 65, 69, 71-1 und 73 der Verfassung nach Maßgabe der durch die Gesetze und verfassungsausführenden Gesetze festgelegten erforderlichen Ausführungsbestimmungen in Kraft.

Das Gesetz fördert den gleichen Zugang für Frauen und Männer zu den Wahlmandaten und Wahlämtern, ebenso wie zu beruflicher und sozialer Verantwortung.

Titel I

Die Souveränität

Artikel 2 [Sprache, Nationalsymbole, Wahlspruch, Grundsatz]

Die Sprache der Republik ist Französisch.

Das Nationalemblem ist die blau-weiß-rote Trikolore.

Die Nationalhymne ist die *Marseillaise*.

Der Wahlspruch der Republik lautet: "Freiheit, Gleichheit, Brüderlichkeit".

Ihr Grundsatz ist: Regierung des Volkes durch das Volk und für das Volk.

Artikel 3 [Volkssouveränität; Wahlrechtsgrundsätze]

Die nationale Souveränität liegt beim Volke, das sie durch seine Vertreter und auf dem Wege des Volksentscheids ausübt.

Weder ein Teil des Volkes noch eine Einzelperson kann ihre Ausübung für sich in Anspruch nehmen.

[1]Nach Maßgabe der Verfassung kann die Wahl unmittelbar oder mittelbar erfolgen. [2]Sie ist immer allgemein, gleich und geheim.

Wahlberechtigt sind nach Maßgabe des Gesetzes alle volljährigen französischen Staatsangehörigen beiderlei Geschlechts, die im Besitz ihrer bürgerlichen und staatsbürgerlichen Rechte sind.

Artikel 4 [Politische Parteien]

[1]Die politischen Parteien und Gruppierungen wirken bei den Wahlentscheidungen mit. [2]Ihre Bildung und die Ausübung ihrer Tätigkeit sind frei. [3] Sie haben die Grundsätze der nationalen Souveränität und der Demokratie zu achten.

Sie tragen nach Maßgabe der Gesetze zur Verwirklichung des in Artikel 1 Absatz 2 enthaltenen Grundsatzes bei.

Das Gesetz garantiert die pluralistische Meinungsäußerung und die gerechte Teilhabe von Parteien und politischen Gruppen am demokratischen Leben der Nation.

Titel II

Der Präsident der Republik

Artikel 5 [Hüter der Verfassung, Garant der Staatlichkeit]

[1]Der Präsident der Republik wacht über die Einhaltung der Verfassung. [2]Er stellt durch seine Schiedsgewalt die ordnungsgemäße Tätigkeit der öffentlichen Gewalten sowie die Kontinuität des Staates sicher.

Er ist der Garant der nationalen Unabhängigkeit, der Integrität des Staatsgebietes und der Einhaltung der Verträge.

Artikel 6 [Direktwahl]

Der Präsident der Republik wird in allgemeiner und unmittelbarer Wahl für die Dauer von fünf Jahren gewählt.

Niemand darf mehr als zwei aufeinander folgende Mandate ausüben.

Die Durchführungsbestimmungen regelt ein verfassungsausführendes Gesetz.

Artikel 7 [Wahlverfahren]

[1]Der Präsident der Republik wird mit der absoluten Mehrheit der abgegebenen Stimmen gewählt. [2]Wird diese im ersten Wahlgang nicht erreicht, so wird am vierzehnten darauf folgenden Tage ein zweiter Wahlgang durchgeführt. [3]Für diesen dürfen sich nur die zwei Kandidaten zur Wahl stellen, die im ersten Wahlgang die meisten Stimmen erhalten haben, gegebenenfalls nach dem Rücktritt von Kandidaten, welche mehr Stimmen auf sich vereinigen konnten.

Der Wahltermin wird von der Regierung festgesetzt.

Die Wahl des neuen Präsidenten findet spätestens zwanzig Tage und frühestens fünfunddreißig Tage vor Ablauf der Amtszeit des amtierenden Präsidenten statt.

Im Falle einer Vakanz des Amtes des Präsidenten der Republik, ganz gleich aus welchem Grunde, oder im Falle der Verhinderung, die auf Antrag der Regierung von dem Verfassungsrat mit der absoluten Mehrheit seiner Mitglieder festgestellt wird, werden die Befugnisse des Präsidenten der Republik, ausgenommen diejenigen nach Artikel 11 und 12, vorübergehend vom Präsidenten des Senats und, falls auch dieser an der Ausübung dieses Amtes gehindert ist, von der Regierung wahrgenommen.

Im Falle einer Vakanz des Amtes des Präsidenten oder wenn der Verfassungsrat die Verhinderung für endgültig erklärt hat, findet die Wahl des neuen Präsidenten, ausgenommen im Falle höherer Gewalt, welche vom Verfassungsrat festgestellt wird, frühestens zwanzig Tage und spätestens fünfunddreißig Tage nach Eintritt der Vakanz oder der Erklärung der endgültigen Verhinderung statt.

Wenn in den sieben Tagen vor Ablauf der Frist für die Einreichung der Kandidatenvorschläge eine Person, die weniger als dreißig Tage vor diesem Zeitpunkt öffentlich ihre Entscheidung für eine Kandidatur erklärt hatte, verstirbt oder verhindert ist, kann der Verfassungsrat beschließen, die Wahl zu verschieben.

Wenn vor dem ersten Wahlgang einer der Kandidaten verstirbt oder verhindert ist, erklärt der Verfassungsrat die Verschiebung der Wahl.

Im Falle des Todes oder der Verhinderung eines der beiden Kandidaten, die im ersten Wahlgang noch vor eventuellen Rücktritten die meisten Stimmen auf sich vereinigen konnten, erklärt der Verfassungsrat, dass der gesamte Wahlvorgang zu wiederholen ist; das Gleiche gilt bei Tod oder Verhinderung eines der beiden für den zweiten Wahlgang verbliebenen Kandidaten.

In allen diesen Fällen wird der Verfassungsrat angerufen gemäß den in Artikel 61 Absatz 2 festgelegten Voraussetzungen oder gemäß denjenigen über die Einreichung einer Kandidatur, wie sie durch das nach Artikel 6 vorgesehene verfassungsausführende Gesetz bestimmt werden.

[1]Der Verfassungsrat kann die in den Absätzen 3 und 5 vorgesehenen Fristen verlängern, ohne dass hierdurch die Wahl später als fünfunddreißig Tage nach der Entscheidung des Verfassungsrates stattfinden darf. [2]Wenn die Anwendung der Bestimmungen dieses Absatzes zur Folge hat, dass die Wahl auf einen Zeitpunkt nach Ablauf der Amtszeit des amtierenden Präsidenten verschoben wird, so bleibt dieser bis zur Einsetzung seines Nachfolgers im Amt.

Weder die Artikel 49 und 50 noch der Artikel 89 der Verfassung dürfen Anwendung finden während der Vakanz des Amtes des Präsidenten der Republik oder während des Zeitraums zwischen der Erklärung der endgültigen Verhinderung des Präsidenten der Republik und der Wahl seines Nachfolgers.

Artikel 8 [Ernennung und Rücktritt des Premierministers; Regierungsbildung]

[1]Der Präsident der Republik ernennt den Premierminister. [2]Er entlässt ihn aus seinem Amt, wenn dieser den Rücktritt der Regierung erklärt.

Auf Vorschlag des Premierministers ernennt und entlässt er die anderen Mitglieder der Regierung.

Artikel 9 [Vorsitz im Ministerrat]

Der Präsident der Republik führt den Vorsitz im Ministerrat.

Artikel 10 [Gesetzesausfertigung; neue Beratung]

Der Präsident der Republik fertigt die Gesetze binnen fünfzehn Tagen nach der Übermittlung des endgültig angenommenen Gesetzes an die Regierung aus.

[1]Er kann vor Ablauf dieser Frist vom Parlament eine neue Beratung des Gesetzes oder einzelner Artikel desselben verlangen. [2]Diese neue Beratung darf nicht verweigert werden.

Artikel 11 [Volksentscheid]

Der Präsident der Republik kann auf Vorschlag der Regierung während der Sitzungsperioden oder auf gemeinsamen Vorschlag beider Kammern, welche im *Journal officiel* veröffentlicht werden, jeden Gesetzesentwurf zum Volksentscheid bringen, der die Organisation der öffentlichen Gewalten sowie Reformen der Wirtschafts-, Sozial- oder Umweltpolitik der Nation und der dazu beitragenden öffentlichen Dienste betrifft oder auf die Ermächtigung zur Ratifikation eines Vertrages abzielt, der, ohne gegen die Verfassung zu verstoßen, Auswirkungen auf das Funktionieren der Institutionen hätte.

Wird der Volksentscheid auf Vorschlag der Regierung durchgeführt, gibt diese vor jeder Kammer eine Erklärung ab, der sich eine Aussprache anschließt.

[1]Ein Volksentscheid über einen im Absatz 1 genannten Gegenstand kann auf Initiative von einem Fünftel der Mitglieder des Parlaments und mit Unterstützung von einem Zehntel der in den Wahllisten eingetragenen Wähler organisiert werden. [2] Diese Initiative hat die Form eines Gesetzesvorschlags und darf nicht die Abschaffung einer gesetzlichen Vorschrift zum Gegenstand haben, die weniger als vor einem Jahr verkündet wurde.

Die Bedingungen ihrer Vorlage und diejenigen, unter denen der Verfassungsrat die Einhaltung der Vorschriften des vorhergehenden Absatzes kontrolliert, werden durch ein verfassungsausführendes Gesetz festgelegt.

Wird der Gesetzesvorschlag von beiden Kammern nicht binnen einer durch verfassungsausführendes Gesetz bestimmten Frist beraten, unterbreitet ihn der Präsident der Republik dem Volksentscheid.

Wenn der Gesetzesvorschlag vom französischen Volk nicht angenommen wird, darf zu demselben Thema vor Ablauf einer Frist von zwei Jahren nach dem Datum der Abstimmung kein Vorschlag über die Abhaltung eines Volksentscheids vorgelegt werden.

Führt der Volksentscheid zur Annahme des Gesetzesentwurfs oder Gesetzesvorschlags, so verkündet der Präsident der Republik das Gesetz innerhalb von fünfzehn Tagen nach der Bekanntgabe der Ergebnisse der Volksbefragung.

Artikel 12 [Auflösung der Nationalversammlung]
Der Präsident der Republik kann nach Beratung mit dem Premierminister und den Präsidenten der Kammern die Auflösung der Nationalversammlung erklären.

Die allgemeinen Wahlen finden frühestens zwanzig und spätestens vierzig Tage nach der Auflösung statt.

[1]Die Nationalversammlung tritt von Verfassungs wegen am zweiten Donnerstag nach ihrer Wahl zusammen. [2]Fällt dieses Zusammentreten nicht in den für die ordentliche Sitzungsperiode vorgesehenen Zeitraum, so wird von Rechts wegen eine Sitzungsperiode für die Dauer von fünfzehn Tagen eröffnet.

In dem auf diese Wahl folgenden Jahr darf keine erneue Auflösung erfolgen.

Artikel 13 [Zeichnungs- und Ernennungsrechte]
Der Präsident der Republik unterzeichnet die im Ministerrat beschlossenen gesetzesvertretenden Verordnungen und Dekrete.

Er nimmt die Ernennung zu den zivilen und militärischen Staatsämtern vor.

Die Mitglieder des Staatsrates, der Großkanzler der Ehrenlegion, die Botschafter und außerordentlichen Gesandten, die Hauptträte am Rechnungshof, die Präfekten, die Vertreter des Staates in den unter Artikel 74 fallenden überseeischen Körperschaften und in Neukaledonien, die Offiziere im Generalsrang, die Rektoren der Akademien und die Direktoren der Zentralverwaltungen werden im Ministerrat ernannt.

Ein verfassungsausführendes Gesetz bestimmt die anderen Ämter, deren Besetzung im Ministerrat beschlossen wird, ebenso wie die Bedingungen, unter denen das Ernennungsrecht des Präsidenten der Republik von diesem übertragen werden kann, um in seinem Namen ausgeübt zu werden.

[1]Ein verfassungsausführendes Gesetz bestimmt andere als die in Absatz 3 genannten Stellen oder Ämter, für die aufgrund ihrer Bedeutung für die Gewährleistung von Rechten und Freiheiten oder das wirtschaftliche und soziale Leben der Nation das Ernennungsrecht des Präsidenten der Republik erst nach öffentlicher Stellungnahme der hierfür zuständigen ständigen Ausschüsse in jeder Kammer ausgeübt wird. [2]Der Präsident der Republik kann die Erenennung nicht vornehmen, wenn die Zusammenzählung der ablehnenden Stimmen in jedem Ausschuss mindestens drei Fünftel der in den Ausschüssen abgegebenen Stimmen darstellt. [3]Das Gesetz bestimmt die zuständigen ständigen Ausschüsse nach den jeweils betroffenen Stellen und Ämtern.

Artikel 14 [Akkreditierung der Gesandten]
Der Präsident der Republik akkreditiert die Botschafter und die außerordentlichen Gesandten bei den auswärtigen Mächten; die auswärtigen Botschafter und außerordentlichen Gesandten werden bei ihm akkreditiert.

Artikel 15 [Oberbefehl über die Streitkräfte]
[1]Der Präsident der Republik ist der Oberbefehlshaber der Streitkräfte. [2]Er führt den Vorsitz in den obersten Räten und Ausschüssen für die nationale Verteidigung.

Artikel 16 [Notstandsrecht]
Wenn die Institutionen der Republik, die Unabhängigkeit der Nation, die Integrität ihres Staatsgebietes oder die Erfüllung ihrer internationalen Verpflichtungen schwer und unmittelbar bedroht sind und wenn gleichzeitig die ordnungsgemäße Ausübung der verfassungsmäßigen öffentlichen Gewalten unterbrochen ist, ergreift der Präsident der Republik nach förmlicher Beratung mit dem Premierminister, den Präsidenten der Kammern sowie dem Verfassungsrat die unter diesen Umständen erforderlichen Maßnahmen.

Er informiert die Nation hierüber durch eine Erklärung.

[1]Diese Maßnahmen müssen von dem Willen getragen sein, den verfassungsmäßigen öffentlichen Gewalten innerhalb kürzester Frist die Mittel zur Erfüllung ihrer Aufgaben sicherzustellen. [2]Hierzu wird der Verfassungsrat gehört.

Das Parlament tritt von Verfassungs wegen zusammen.

Die Nationalversammlung darf während der Ausübung der außerordentlichen Vollmachten nicht aufgelöst werden.

[1]Nach dreißig Tagen der Ausübung der außerordentlichen Vollmachten kann der Verfassungsrat vom Präsidenten der Nationalversammlung, dem Präsidenten des Senats, sechzig Abgeordneten oder sechzig Senatoren zu dem Zwecke angerufen werden zu überprüfen, ob die Absatz 1 aufgezählten Bedingungen noch vorliegen. [2]Er befindet innerhalb kürzester Fristen durch öffentliche Stellungnahme. [3]Nach Ablauf von sechzig Tagen sowie zu jedem späteren Zeitpunkt nimmt er diese Prüfung unter den gleichen Bedingungen von Verfassungs wegen vor.

Artikel 17 [Begnadigungsrecht]
Der Präsident der Republik übt im Einzelfall das Begnadigungsrecht aus.

Artikel 18 [Kommunikation mit dem Parlament]
Der Präsident der Republik verkehrt mit den beiden Kammern des Parlaments durch Mitteilungen, die er verlesen lässt und über die keine Aussprache stattfindet.

[1]Er kann vor dem Parlament das Wort ergreifen, das zu diesem Zweck als Kongress zusammentritt. [2]Seine Erklärung kann Anlass für eine Aussprache geben, welche in seiner Abwesenheit geführt wird und nicht Gegenstand einer Abstimmung ist.

Außerhalb der Sitzungsperioden werden die Parlamentskammern eigens zu diesem Zweck einberufen.

Artikel 19 [Gegenzeichnungspflicht der Regierung]
Die Verfügungen des Präsidenten der Republik werden mit Ausnahme derjenigen nach Artikel 8 Absatz 1 sowie den Artikeln 11, 12, 16, 18, 54, 56 und 61 vom Premierminister und gegebenenfalls von den verantwortlichen Ministern gegengezeichnet.

Titel III

Die Regierung

Artikel 20 [Aufgaben und Befugnisse]
Die Regierung bestimmt und leitet die Politik der Nation.

Sie verfügt über die Verwaltung und die Streitkräfte.

Sie ist gegenüber dem Parlament verantwortlich nach Maßgabe und nach den festgelegten Verfahren der Artikeln 49 und 50.

Artikel 21 [Aufgaben und Befugnisse des Premierministers]
[1]Der Premierminister leitet die Tätigkeit der Regierung. [2]Er ist für die nationale Verteidigung verantwortlich. [3]Er gewährleistet die Ausführung der Gesetze. [4]Vorbehaltlich der Bestimmungen des Artikels 13 übt er das Verordnungsrecht aus und nimmt die Ernennung zu den zivilen und militärischen Ämtern vor.

Er kann bestimmte seiner Befugnisse den Ministern übertragen.

Er vertritt gegebenenfalls den Präsidenten der Republik im Vorsitz in den in Artikel 15 genannten Räten und Ausschüssen.

Er kann ihn ausnahmsweise aufgrund eines ausdrücklichen Auftrags und für eine feste Tagesordnung im Vorsitz einer Ministerratssitzung vertreten.

Artikel 22 [Gegenzeichnungspflicht der Minister]
Die Verfügungen des Premierministers werden gegebenenfalls von den mit ihrer Ausführung betrauten Ministern gegengezeichnet.

Artikel 23 [Inkompatibilität]
Das Amt eines Regierungsmitglieds ist unvereinbar mit der Ausübung eines jeglichen parlamentarischen Mandats, einer jeglichen Tätigkeit in Berufsverbänden auf nationaler Ebene und eines jeglichen öffentlichen Amtes oder jeglicher beruflichen Tätigkeit.

Ein verfassungsausführendes Gesetz legt die Bedingungen fest, unter denen die Inhaber solcher Mandate, Tätigkeiten oder Ämter ersetzt werden.

Die Mitglieder des Parlaments werden gemäß den Bestimmungen des Artikels 25 ersetzt.

Titel IV
Das Parlament

Artikel 24 [Bikameralismus; Wahlverfahren]
[1]Das Parlament beschließt die Gesetze. [2]Es kontrolliert das Regierungshandeln. [3]Es bewertet die Politiken.

Das Parlament besteht aus der Nationalversammlung und dem Senat.

Die Abgeordneten der Nationalversammlung, deren Zahl fünfhundertsiebenundsiebzig nicht überschreiten darf, werden in unmittelbarer Wahl gewählt.

[1]Der Senat, dessen Mitgliederzahl dreihundertachtundvierzig nicht überschreiten darf, wird in mittelbarer Wahl gewählt. [2]Er gewährleistet die Vertretung der Gebietskörperschaften der Republik.

Die außerhalb Frankreichs ansässigen Franzosen sind in der Nationalversammlung und im Senat vertreten.

Artikel 25 [Parlamentsrecht]
Ein verfassungsausführendes Gesetz bestimmt die Amtsdauer jeder Kammer, die Zahl ihrer Mitglieder, deren Diäten, die Wählbarkeitsbedingungen, die Regelung der Unwählbarkeit sowie der Inkompatibilitäten.

Es legt ferner die Bedingungen für die Wahl der Personen fest, die berufen sind, im Falle einer Vakanz von Sitzen bis zur vollständigen oder teilweisen Neuwahl der jeweiligen Kammer an die Stelle der betreffenden Abgeordneten oder Senatoren zu treten oder diese im Falle der Annahme eines Regierungsamtes zeitweise zu ersetzen.

Ein unabhängiger Ausschuss, dessen Zusammensetzung und die Bestimmungen über die Organisation und Arbeitsweise durch Gesetz festgelegt werden, befindet durch öffentliche Stellungnahme über die Textentwürfe und Gesetzesvorschläge, welche die Grenzen der Wahlbezirke der Abgeordneten festlegen oder die Verteilung der Sitze der Abgeordneten und Senatoren verändern.

Artikel 26 [Indemnität und Immunität]
Kein Mitglied des Parlaments darf wegen der in Ausübung seines Mandates geäußerten Meinungen oder vorgenommenen Abstimmungen verfolgt, Gegenstand einer Fahndung sein, verhaftet, in Haft gehalten oder verurteilt werden.

[1]Kein Mitglied des Parlaments darf ohne die Genehmigung des Präsidiums der Kammer, der es angehört, wegen eines Verbrechens oder eines Vergehens verhaftet oder einer anderen freiheitsberaubenden oder freiheitsentziehenden Maßnahme unterworfen werden. [2]Diese Genehmigung ist nicht erforderlich im Falle der Ergreifung auf frischer Tat bei Begehung eines Verbrechens oder Vergehens oder im Falle einer endgültigen Verurteilung.

Die Inhaftierung, die freiheitsberaubenden oder freiheitsbeschränkenden Maßnahmen oder die Strafverfolgung eines Mitglieds des Parlaments werden für die Dauer der Sitzungsperiode ausgesetzt, wenn die Kammer, der es angehört, dies verlangt.

Die betroffene Kammer tritt von Verfassungs wegen zu zusätzlichen Sitzungen zusammen, um gegebenenfalls die Anwendung des obigen Absatzes zu ermöglichen.

Artikel 27 [Freies Mandat; Stimmrecht]

Jedes imperative Mandat ist nichtig.

Das Stimmrecht der Parlamentsmitglieder ist höchstpersönlich auszuüben.

[1]Das verfassungsausführende Gesetz kann ausnahmsweise die Übertragung des Stimmrechts gestatten. [2]In diesem Falle darf niemandem mehr als ein Mandat übertragen werden.

Artikel 28 [Sitzungsperiode, Sitzungstage]

Das Parlament tritt von Verfassungs wegen zu einer ordentlichen Sitzungsperiode zusammen, die am ersten Werktag im Oktober beginnt und am letzten Werktag im Juni endet.

[1]Die Zahl der Sitzungstage, die jede Kammer im Laufe der ordentlichen Sitzungsperiode abhält, darf einhundertzwanzig nicht überschreiten. [2]Die Sitzungswochen werden von jeder Kammer festgelegt.

Der Premierminister, nach Beratung mit dem Präsidenten der betreffenden Kammer, oder die Mehrheit der Mitglieder jeder Kammer kann das Abhalten zusätzlicher Sitzungstage beschließen.

Die Sitzungstage und Sitzungszeiten werden durch die Geschäftsordnung der jeweiligen Kammer festgelegt.

Artikel 29 [Außerordentliche Sitzungsperiode]

Das Parlament tritt auf Verlangen des Premierministers oder der Mehrheit der Mitglieder der Nationalversammlung zu einer außerordentlichen Sitzungsperiode mit feststehender Tagesordnung zusammen.

Findet eine außerordentliche Sitzungsperiode auf Verlangen der Mitglieder der Nationalversammlung statt, so ergeht das Schließungsdekret sobald das Parlament die Tagesordnung, für die es einberufen wurde, erledigt hat, spätestens jedoch zwölf Tage nach seinem Zusammentritt.

Nur der Premierminister kann vor Ablauf des Monats, der auf das Schließungsdekret folgt, eine neue Sitzungsperiode verlangen.

Artikel 30 [Eröffnung und Schließung]

Ausgenommen die Fälle, in denen das Parlament unmittelbar von Verfassungs wegen zusammentritt, werden die außerordentlichen Sitzungsperioden durch Dekret des Präsidenten der Republik eröffnet und geschlossen.

Artikel 31 [Zutritt der Regierung]

[1]Die Regierungsmitglieder haben Zutritt zu beiden Kammern. [2]Sie sind auf ihr Ersuchen anzuhören.

Sie können sich von Regierungsreferenten begleiten lassen.

Artikel 32 [Wahl der Kammerpräsidenten]

[1]Der Präsident der Nationalversammlung wird für die Dauer der Legislaturperiode gewählt. [2]Der Präsident des Senats wird nach jeder Teilerneuerung gewählt.

Artikel 33 [Öffentlichkeit der Sitzungen]

[1]Die Sitzungen beider Kammern sind öffentlich. [2]Der volle Wortlaut der Debatten wird im *Journal officiel* veröffentlicht.

Jede Kammer kann auf Verlangen des Premierministers oder eines Zehntels ihrer Mitglieder unter Ausschluss der Öffentlichkeit tagen.

Titel V
Die Beziehungen zwischen Regierung Parlament

Artikel 34 [Materien der Gesetzgebung]
Durch Gesetz werden geregelt:
- die staatsbürgerlichen Rechte und die den Staatsbürgern zur Ausübung ihrer Grundrechte gewährten grundlegenden Garantien; die Freiheit, der Pluralismus und die Unabhängigkeit der Medien; die den Staatsbürgern durch die Erfordernisse der nationalen Verteidigung auferlegten Verpflichtungen hinsichtlich ihrer Person und ihres Vermögens;
- die Staatsangehörigkeit, der Personenstand, die Rechtsfähigkeit, das eheliche Güterrecht sowie das Erb- und Schenkungsrecht;
- die Festlegung der Verbrechen und Vergehen sowie die darauf stehenden Strafen, das Strafverfahrensrecht, die Amnestie, die Schaffung neuer Gerichtsbarkeiten und die Rechtsstellung der Richter und Staatsanwälte;
- die Besteuerungsgrundlage, die Steuersätze und das Erhebungsverfahren für Steuern und Abgaben aller Art; die Regelung der Geldemission.

Durch Gesetz werden ferner geregelt:
- der Wahlmodus der beiden Kammern des Parlaments, der lokalen Versammlungen und der Vertretungen der außerhalb Frankreichs ansässigen Franzosen sowie die Bedingungen, unter denen die Wahlmandate und Wahlämter der beschließenden Versammlungen der Gebietskörperschaften ausgeübt werden;
- die Schaffung neuer Arten von Anstalten des öffentlichen Rechts;
- die den zivilen und militärischen Staatsbeamten gewährten grundlegenden Garantien;
- die Verstaatlichung von Unternehmen und die Überführung öffentlicher Unternehmen in Privateigentum.

Durch Gesetz werden die Grundsätze bestimmt für:
- die allgemeine Organisation der nationalen Verteidigung;
- die Selbstverwaltung der Gebietskörperschaften, ihre Zuständigkeiten und ihre Einnahmequellen;
- das Unterrichtswesen;
- die Erhaltung der Umwelt;
- das Eigentumsrecht, das Sachenrecht sowie das zivil- und handelsrechtliche Schuldrecht;
- das Arbeitsrecht, das Recht der Gewerkschaften und die Sozialversicherung.

Die Haushaltsgesetze bestimmen die Einnahmen und Ausgaben des Staates nach der Maßgabe und den Vorbehalten eines verfassungsausführenden Gesetzes.

Die Gesetze über die Finanzierung der Sozialversicherung legen, nach Maßgabe und den Vorbehalten eines verfassungsausführenden Gesetzes, die allgemeinen Bedingungen ihres finanzwirtschaftlichen Gleichgewichts fest und bestimmen unter Berücksichtigung der zu erwartenden Einnahmen die Ausgabenzwecke.

Haushaltsgesetze bestimmen die Ziele der Wirtschafts- und Sozialpolitik des Staates.

Planungsgesetze bestimmen die Ziele des Staatshandelns.

[1]Der mehrjährige Rahmen der Staatsfinanzen wird durch Planungsgesetze bestimmt. [2]Diese verschreiben sich dem Ziel der Ausgeglichenheit des Haushalts.

Die Bestimmungen dieses Artikels können durch ein verfassungsausführendes Gesetz näher geregelt und ergänzt werden.

Artikel 34-1 [Resolutionen]
Die Kammern können nach Maßgabe eines verfassungsausführenden Gesetzes Resolutionen beschließen.

Vorschläge zu Resolutionen, von denen die Regierung der Ansicht ist, dass deren Annahme oder Ablehnung ihr der Natur nach das Vertrauen entziehen würde, oder solche, die Anweisungen an sie beinhalten würden, sind unzulässig und können nicht auf die Tagesordnung gesetzt werden.

Artikel 35 [Kriegserklärung]
Zur Kriegserklärung ermächtigt das Parlament.

[1]Die Regierung setzt das Parlament über ihre Entscheidung, bewaffnete Streitkräfte im Ausland einzusetzen, spätestens drei Tage nach Beginn des Einsatzes in Kenntnis. [2]Sie erläutert die verfolgten Ziele. [3]Diese Information kann Anlass für eine Aussprache sein, welcher keine Abstimmung folgt.

[1]Wenn die Dauer des Einsatzes vier Monate übersteigt, legt die Regierung dessen Verlängerung dem Parlament zur Genehmigung vor. [2]Sie kann die Nationalversammlung auffordern, abschließend zu entscheiden.

Liegt der Ablauf der Frist von vier Monaten außerhalb der Sitzungsperiode des Parlaments, befindet es nach Eröffnung der folgenden Sitzungsperiode.

Artikel 36 [Belagerungszustand]
Der Belagerungszustand wird im Ministerrat durch Verordnung verfügt.

Zu seiner Verlängerung über zwölf Tage hinaus kann nur das Parlament ermächtigen.

Artikel 37 [Materien der Verordnungsgebung]
Die Materien, die nicht Gegenstand der Gesetzgebung sind, werden auf dem Verordnungsweg geregelt.

[1]Texte in Gesetzesform, die für diese Materien erlassen wurden, können nach Anhörung des Staatsrates durch Dekrete geändert werden. [2]Diejenigen dieser Texte, die nach Inkrafttreten dieser Verfassung ergehen sollten, können nur dann durch Dekret geändert werden, wenn der Verfassungsrat erklärt hat, dass sie gemäß dem vorhergehenden Absatz Verordnungscharakter haben.

Artikel 37-1 [Experimentierklauseln]
Für einen bestimmten Zweck und eine begrenzte Dauer können Gesetze und Verordnungen Bestimmungen mit Versuchscharakter enthalten.

Artikel 38 [Gesetzesvertretende Verordnungen]
Die Regierung kann zur Durchführung ihres Programms das Parlament um die Ermächtigung ersuchen, während eines begrenzten Zeitraumes durch gesetzesvertretende Verordnungen Maßnahmen zu treffen, die normalerweise Gegenstand der Gesetzgebung sind.

[1]Die gesetzesvertretenden Verordnungen werden im Ministerrat nach Anhörung des Staatsrates beschlossen. [2]Sie treten mit ihrer Veröffentlichung in Kraft, werden jedoch hinfällig, wenn der Entwurf des Ratifikationsgesetzes im Parlament nicht vor dem durch das Ermächtigungsgesetz festgelegten Zeitpunkt eingebracht wird. [3]Sie können nur ausdrücklich ratifiziert werden.

Nach Ablauf der in Absatz 1 genannten Frist können gesetzesvertretende Verordnungen für die Materien, die durch die Gesetzgebung geregelt werden, nur noch durch Gesetz geändert werden.

Artikel 39 [Gesetzesinitiative, Einbringung]
Die Gesetzesinitiative steht gleichberechtigt dem Premierminister und den Mitgliedern des Parlaments zu.

[1]Die Gesetzesentwürfe werden nach Anhörung des Staatsrates im Ministerrat beraten und bei einer der beiden Kammern eingebracht. [2]Die Entwürfe von Haushaltsgesetzen und von Gesetzen zur Finanzierung der Sozialversicherung werden zuerst der Nationalversammlung vorgelegt. [3]Unbeschadet Artikel 44 letzter Absatz werden die Gesetzesentwürfe, die hauptsächlich die Organisation der Gebietskörperschaften zum Gegenstand haben, zuerst dem Senat vorgelegt.

Die Vorlage von Gesetzesentwürfen, die bei der Nationalversammlung oder dem Senat eingebracht werden, entspricht den Anforderungen, die durch ein verfassungsausführendes Gesetz bestimmt werden.

[1]Die Gesetzesentwürfe können nicht auf die Tagesordnung gesetzt werden, wenn die Konferenz der Präsidenten der zuerst angerufenen Kammer feststellt, dass die durch das verfassungsausführende Gesetz festgelegten Bestimmungen verkannt wurden. [2]Im Falle einer Meinungsverschiedenheit zwischen der Konferenz der Präsidenten und der Regierung kann der Präsident der betroffenen Kammer oder der Premierminister den Verfassungsrat anrufen, der binnen einer Frist von acht Tagen entscheidet.

Der Präsident einer der Kammern kann nach Maßgabe des Gesetzes einen von einem Mitglied dieser Kammer eingereichten Gesetzesvorschlag vorbehaltlich der Einwilligung des Letzteren und vor seiner Prüfung im Ausschuss dem Staatsrat zur Stellungnahme vorlegen.

Artikel 40 [Finanzwirksame Vorschläge und Anträge]
Gesetzesvorschläge und Änderungsanträge von Mitgliedern des Parlaments sind unzulässig, wenn ihre Annahme eine Verringerung der öffentlichen Einnahmen oder die Begründung oder Erhöhung öffentlicher Ausgaben zur Folge hätte.

Artikel 41 [Einwand der Unzulässigkeit]
Stellt sich im Laufe des Gesetzgebungsverfahrens heraus, dass ein Gesetzesvorschlag oder ein Änderungsantrag nicht in den Bereich der Gesetzgebung fällt oder einer gemäß Artikel 38 erteilten Ermächtigung entgegensteht, so kann die Regierung oder der Präsident der angerufenen Kammer seine Unzulässigkeit einwenden.

Im Fall einer Meinungsverschiedenheit zwischen der Regierung und dem Präsidenten der betroffenen Kammer entscheidet auf Verlangen einer der beiden Parteien der Verfassungsrat binnen acht Tagen.

Artikel 42 [Beratung in den Kammern]
Die Beratung der Gesetzesentwürfe oder Gesetzesvorschläge findet im Plenum über den Text statt, wie er von dem in Anwendung von Artikel 43 befassten Ausschuss angenommen wurde, oder bei dessen Fehlen über den Text, mit dem die Kammer befasst wurde.

Allerdings finden in erster Lesung Beratungen im Plenum über Entwürfe zur Verfassungsänderung, Haushaltsgesetzesentwürfe und Gesetzesentwürfe über die Finanzierung der Sozialversicherung über die von der Regierung vorgelegten Texte statt und in den anderen Lesungen über den von der anderen Kammer übermittelten Text.

[1]Die Beratung eines Gesetzesentwurfes oder Gesetzesvorschlags in erster Lesung im Plenum der angerufenen Kammer kann nicht vor Ablauf einer Frist von sechs Wochen nach dessen Einreichung stattfinden. [2]Sie kann in der zweiten befassten Kammer nicht vor Ablauf einer Frist von vier Wochen nach seiner Übermittlung stattfinden.

[1]Der vorhergehende Absatz findet keine Anwendung, wenn das beschleunigte Verfahren nach Maßgabe des Artikels 45 eingeleitet wurde. [2]Er findet ebenfalls keine Anwendung bei Haushaltsgesetzesentwürfen, Gesetzesentwürfen über die Finanzierung der Sozialversicherung und Gesetzesentwürfen über den Krisenfall.

Artikel 43 [Überweisung an die Ausschüsse]
Die Gesetzesentwürfe und Gesetzesvorschläge werden zur Prüfung an einen der ständigen Ausschüsse überwiesen, deren Zahl in jeder Kammer auf acht begrenzt ist.

Auf Ersuchen der Regierung oder der hierzu angerufenen Kammer werden Gesetzesentwürfe und Gesetzesvorschläge an einen eigens hierfür eingerichteten Ausschuss überwiesen.

Artikel 44 [Änderungsanträge]
[1]Die Mitglieder des Parlaments und die Regierung sind berechtigt, Änderungsanträge einzubringen. [2]Dieses Recht wird im Plenum oder im Ausschuss nach Maßgabe der Geschäftsordnungen der Kammern und in einem durch ein verfassungsausführendes Gesetz vorgegebenen Rahmen ausgeübt.

Nach Eröffnung der Aussprache kann sich die Regierung der Prüfung jedes Änderungsantrags widersetzen, der nicht zuvor dem Ausschuss vorgelegen hat.

Wenn die Regierung es verlangt, befindet die befasste Kammer in nur einer Abstimmung über die gesamte zur Beratung stehende Fassung oder einen Teil hiervon, wobei sie nur die von der Regierung vorgeschlagenen oder angenommenen Änderungsanträge berücksichtigt.

Artikel 45 [Paritätischer Ausschuss]
[1]Jeder Gesetzesentwurf oder Gesetzesvorschlag wird nacheinander in beiden Kammern des Parlaments mit dem Ziel beraten, zur Annahme einer übereinstimmenden Fassung zu gelangen. [2]Unbeschadet der Anwendung der Artikel 40 und 41 ist jeder Änderungsantrag in erster Lesung zulässig, soweit er einen, wenn auch nur indirekten, Bezug zum eingereichten oder übermittelten Text aufweist.

Konnte ein Gesetzesentwurf oder Gesetzesvorschlag infolge einer Meinungsverschiedenheit zwischen den beiden Kammern nach zwei Lesungen in jeder Kammer oder für den Fall, dass die Regierung sich zur Anwendung des beschleunigten Verfahrens entschlossen hat, ohne dass die Konferenzen der Präsidenten sich dem gemeinsam widersetzt hätten, nach nur einer Lesung in jeder Kammer nicht angenommen werden, so haben der Premierminister oder – im Falle eines Gesetzesvorschlags – die gemeinsam handelnden Präsidenten der beiden Kammern die Befugnis, einen paritätisch besetzten Ausschuss einzuberufen, der eine Fassung der noch strittigen Bestimmungen vorzuschlagen hat.

[1]Die von dem paritätisch besetzten Ausschuss ausgearbeitete Fassung kann von der Regierung den beiden Kammern zur Annahme vorgelegt werden. [2]Änderungsanträge sind nur mit Genehmigung der Regierung zulässig.

[1]Gelangt der paritätisch besetzte Ausschuss nicht zur Annahme einer gemeinsamen Fassung oder wird diese Fassung nicht gemäß den im vorangehenden Absatz genannten Bedingungen angenommen, so kann die Regierung nach einer erneuten Lesung in der Nationalversammlung und im Senat von der Nationalversammlung eine endgültige Beschlussfassung verlangen. [2]In diesem Falle kann die Nationalversammlung entweder auf die von dem paritätisch besetzten Ausschuss ausgearbeitete Fassung oder auf die von ihr zuletzt verabschiedete Fassung – gegebenenfalls durch einen oder mehrere vom Senat angenommene Änderungsanträge abgeändert – wieder zurückgreifen.

Artikel 46 [Verfassungsausführende Gesetze]

Die Gesetze, denen die Verfassung den Charakter von verfassungsausführenden Gesetzen verleiht, werden unter folgenden Bedingungen beschlossen und geändert:

[1]Der Entwurf oder Vorschlag darf in erster Lesung erst nach Ablauf der in Artikel 42 Absatz 3 festgelegten Fristen zur Beratung und Abstimmung vorgelegt werden. [2]Wenn jedoch das beschleunigte Verfahren nach Maßgabe des Artikels 45 Anwendung findet, wird der Entwurf oder Vorschlag der zunächst hiermit befassten Kammer erst nach Ablauf einer Frist von fünfzehn Tagen nach dessen Einreichung vorgelegt.

[1]Das Verfahren gemäß Artikel 45 findet Anwendung. [2]Im Falle des Fehlens einer Einigung zwischen den beiden Kammern kann der Text in letzter Lesung in der Nationalversammlung nur mit der absoluten Mehrheit ihrer Mitglieder angenommen werden.

Die den Senat betreffenden verfassungsausführenden Gesetze müssen von beiden Kammern in identischer Fassung beschlossen werden.

Die verfassungsausführenden Gesetze können erst verkündet werden, nachdem der Verfassungsrat ihre Verfassungsmäßigkeit erklärt hat.

Artikel 47 [Haushaltsgesetzgebung]

Das Parlament beschließt die Haushaltsgesetzesentwürfe nach Maßgabe eines verfassungsausführenden Gesetzes.

[1]Hat die Nationalversammlung in erster Lesung innerhalb einer Frist von vierzig Tagen nach Einbringung des Gesetzesentwurfs keinen Beschluss gefasst, so überweist ihn die Regierung dem Senat, der innerhalb einer Frist von fünfzehn Tagen einen Beschluss fassen muss.
[2]Danach wird gemäß den Bestimmungen in Artikel 45 verfahren.

Hat das Parlament innerhalb einer Frist von siebzig Tagen keinen Beschluss gefasst, können die Bestimmungen des Entwurfs durch eine gesetzesvertretende Verordnung in Kraft gesetzt werden.

Wurde das Haushaltsgesetz über die Einnahmen und Ausgaben eines Haushaltsjahres nicht rechtzeitig eingebracht, um vor Beginn dieses Haushaltsjahres verkündet zu werden, so fordert die Regierung in einem Dringlichkeitsverfahren vom Parlament die Ermächtigung zur Erhebung von Steuern und stellt durch Dekret die Mittel für die bewilligten Teile des Haushalts zur Verfügung.

Die in diesem Artikel vorgesehenen Fristen werden ausgesetzt, wenn sich das Parlament nicht in der Sitzungsperiode befindet.

Artikel 47-1 [Finanzierung der Sozialversicherung]

Das Parlament beschließt die Gesetzesentwürfe über die Finanzierung der Sozialversicherung nach Maßgabe eines verfassungsausführenden Gesetzes.

[1]Hat die Nationalversammlung in erster Lesung innerhalb einer Frist von zwanzig Tagen nach Einbringung des Gesetzesentwurfs keinen Beschluss gefasst, so überweist ihn die Regierung dem Senat, der innerhalb einer Frist von fünfzehn Tagen einen Beschluss fassen muss.
[2]Danach wird gemäß den Bestimmungen des Artikels 45 verfahren.

Hat das Parlament innerhalb einer Frist von fünfzig Tagen keinen Beschluss gefasst, können die Bestimmungen des Entwurfs durch eine gesetzesvertretende Verordnung in Kraft gesetzt werden.

Die in diesem Artikel vorgesehenen Fristen werden ausgesetzt, wenn sich das Parlament nicht in einer Sitzungsperiode befindet, und für jede Kammer in den Wochen, in denen sie gemäß Artikel 28 Absatz 2 beschlossen hat, keine Sitzungen abzuhalten.

Artikel 47-2 [Rechnungshof]
[1]Der Rechnungshof unterstützt das Parlament bei der Kontrolle des Regierungshandelns. [2]Er unterstützt das Parlament und die Regierung bei der Kontrolle der Ausführung der Haushaltsgesetze und der Anwendung der Gesetze über die Finanzierung der Sozialversicherung sowie bei der Bewertung der Politiken. [3]Durch seine öffentlichen Berichte trägt er zur Information der Bürger bei.

[1]Der Haushalt ist geordnet und der Wahrheit verpflichtet. [2]Er gibt ein wahrheitsgetreues Bild seiner Führung, des Vermögens und der Finanzsituation.

Artikel 48 [Tagesordnung]
Unbeschadet der Anwendung der letzten drei Absätze des Artikels 28 wird die Tagesordnung von jeder Kammer selbständig festgelegt.

Zwei von vier Sitzungswochen sind vorrangig der Prüfung und der Aussprache über die Texte vorbehalten, welche die Regierung in der von ihr bestimmten Reihenfolge auf die Tagesordnung zu setzen verlangt.

Darüber hinaus wird die Prüfung der Haushaltsgesetzesentwürfe, der Gesetzesentwürfe über die Finanzierung der Sozialversicherung sowie – unter Vorbehalt des nachfolgenden Absatzes – die von der anderen Kammer seit mindestens sechs Wochen übermittelten Vorlagen, die Gesetzesentwürfe über den Krisenfall und die Anträge, die auf Artikel 35 abstellen, auf Ersuchen der Regierung vorrangig auf die Tagesordnung gesetzt.

Eine von vier Sitzungswochen ist voranging und in der von der jeweiligen Kammer bestimmten Reihenfolge der Kontrolle der Regierung und der Bewertung der Politiken vorbehalten.

Ein Sitzungstag pro Monat ist in jeder Kammer einer auf Vorschlag der Oppositionsgruppen in der jeweils betroffenen Kammer sowie der dortigen Minderheitsgruppen festgesetzten Tagesordnung vorbehalten.

Mindestens eine Sitzung in der Woche – auch während der außerordentlichen Sitzungsperiode gemäß Artikel 29 – ist vorrangig den Fragen der Mitglieder des Parlaments und den Antworten der Regierung vorbehalten.

Artikel 49 [Vertrauensfrage; Misstrauensantrag]
Der Premierminister ersucht nach Beratung des Ministerrates die Nationalversammlung, der Regierung das Vertrauen über das Regierungsprogramm oder gegebenenfalls über eine Erklärung zur allgemeinen Politik auszusprechen.

[1]Die Nationalversammlung entzieht der Regierung das Vertrauen durch die Annahme eines Misstrauensantrages. [2]Ein solcher Antrag ist nur zulässig, wenn er von mindestens einem Zehntel der Mitglieder der Nationalversammlung unterzeichnet ist. [3]Die Abstimmung darf erst achtundvierzig Stunden nach der Einbringung des Antrags stattfinden. [4]Gezählt werden nur die für den Misstrauensantrag abgegebenen Stimmen; dieser kann nur mit der Mehrheit der der Nationalversammlung angehörenden Mitglieder angenommen werden. [5]Außer in dem im folgenden Absatz vorgesehenen Fall kann ein Abgeordneter im Laufe ein und derselben ordentlichen Sitzungsperiode nicht mehr als drei Misstrauensanträge und im Laufe ein und derselben außerordentlichen Sitzungsperiode nicht mehr als einen unterzeichnen.

[1]Der Premierminister kann nach Beratung des Ministerrates die Nationalversammlung ersuchen, der Regierung mittels der Abstimmung über einen Haushaltsgesetzesentwurf oder einen Gesetzesentwurf über die Finanzierung der Sozialversicherung das Vertrauen auszusprechen. [2]In diesem Falle gilt der Entwurf als angenommen, wenn nicht innerhalb der darauf folgenden vierundzwanzig Stunden ein Misstrauensantrag eingebracht und unter den im vorangegangenen Absatz genannten Bedingungen angenommen wird. [3]Darüber hinaus kann der Premierminister für einen Gesetzesentwurf oder Gesetzesvorschlag pro Sitzungsperiode auf dieses Verfahren zurückgreifen.

Der Premierminister hat das Recht, vom Senat die Zustimmung zu einer Erklärung zur allgemeinen Politik zu verlangen.

Artikel 50 [Rücktritt der Regierung]
Nimmt die Nationalversammlung einen Misstrauensantrag an oder lehnt sie das Regierungsprogramm oder eine Regierungserklärung zur allgemeinen Politik ab, so muss der Premierminister beim Präsidenten der Republik den Rücktritt der Regierung einreichen.

Artikel 50-1 [Kommunikation mit dem Parlament]
Die Regierung kann vor einer der beiden Kammern aus eigener Initiative oder nach Aufforderung einer parlamentarischen Gruppe im Sinne des Artikels 51-1 zu einem bestimmten Thema eine Erklärung abgeben, welche Gelegenheit zu einer Aussprache gibt und, falls die Regierung sich hierzu entschließt, Gegenstand einer Abstimmung sein kann, ohne dass ihr hierbei das Vertrauen entzogen werden könnte.

Artikel 51 [Aussetzung der Schließung der Sitzungsperiode]
[1]Die Schließung der ordentlichen Sitzungsperiode oder der außerordentlichen Sitzungsperioden wird von Rechts wegen ausgesetzt, um gegebenenfalls die Anwendung des Artikels 49 zu ermöglichen. [2]Zu demselben Zweck finden von Rechts wegen zusätzliche Sitzungen statt.

Artikel 51-1 [Rechte der Fraktionen]
[1]Die Geschäftsordnung jeder Kammer legt die Rechte der sich aus ihrer Mitte gebildeten parlamentarischen Fraktionen fest. [2]Sie anerkennt spezifische Rechte der Oppositions- und Minderheitenfraktionen der jeweils betroffenen Kammer.

Artikel 51-2 [Untersuchungsausschüsse]
Zwecks Erfüllung der in Artikel 24 Absatz 1 bezeichneten Kontroll- und Bewertungsaufgaben können aus der Mitte jeder Kammer Untersuchungsausschüsse gebildet werden, um nach Maßgabe des Gesetzes Informationen zu gewinnen.

[1]Ein Gesetz bestimmt die Regelungen ihrer Organisation und Arbeitsweise. [2]Die Bedingungen, unter denen sie gebildet werden, legt die Geschäftsordnung der jeweiligen Kammer fest.

Titel VI
Die internationalen Verträge und Abkommen

Artikel 52 [Ratifikation durch den Staatspräsidenten]
Der Präsident der Republik verhandelt und ratifiziert die Verträge.

Er wird über alle Verhandlungen unterrichtet, die auf den Abschluss eines nicht der Ratifikation unterliegenden, internationalen Abkommens abzielen.

Artikel 53 [Ratifikation aufgrund eines Gesetzes]
Friedensverträge, Handelsverträge, Verträge oder Abkommen über die internationale Organisation, ferner solche, die Verpflichtungen für die Staatsfinanzen nach sich ziehen, Bestimmungen gesetzlicher Art ändern, den Personenstand betreffen oder die Abtretung, den Tausch oder Erwerb von Staatsgebieten zum Gegenstand haben, können nur aufgrund eines Gesetzes ratifiziert oder genehmigt werden.

Sie werden erst mit der Ratifikation oder Genehmigung wirksam.

Keine Abtretung, kein Tausch, kein Erwerb von Staatsgebieten ist gültig ohne die Einwilligung der betroffenen Bevölkerung.

Artikel 53-1 [Verträge das Asyl betreffend]
Die Republik kann mit den europäischen Staaten, die durch identische Verpflichtungen auf dem Gebiet des Asylrechts sowie des Schutzes der Menschenrechte und Grundfreiheiten gebunden sind, Abkommen schließen, die ihre jeweiligen Zuständigkeiten bei der Prüfung der bei ihnen gestellten Asylanträge regeln.

Aber selbst wenn der Antrag aufgrund dieser Abkommen nicht in ihre Zuständigkeit fällt, haben die Behörden der Republik stets das Recht, jedem Ausländer, der wegen seines Einsatzes zugunsten der Freiheit verfolgt wird oder aus einem anderen Grunde den Schutz Frankreichs begehrt, Asyl zu gewähren.

Artikel 53-2 [Internationaler Strafgerichtshof]
Die Republik kann die Gerichtsbarkeit des Internationalen Strafgerichtshofes nach Maßgabe des am 18.Juli 1998 unterzeichneten Vertrages anerkennen.

Artikel 54 [Präventive Vertragskontrolle – Verfassungsänderung]
Hat der vom Präsidenten der Republik, vom Premierminister oder vom Präsidenten einer der beiden Kammern oder von sechzig Abgeordneten oder sechzig Senatoren angerufene Verfassungsrat erklärt, dass eine internationale Verpflichtung eine verfassungswidrige Klausel enthält, so kann die Ermächtigung zu deren Ratifikation oder Zustimmung erst nach der Änderung der Verfassung erfolgen.

Artikel 55 [Nachrang der Gesetze, Vorbehalt der Gegenseitigkeit]
Die ordnungsgemäß ratifizierten oder genehmigten Verträge oder Abkommen erlangen mit ihrer Veröffentlichung höhere Rechtskraft als Gesetze unter dem Vorbehalt, dass das Abkommen oder der Vertrag von der anderen Vertragspartei ebenfalls angewandt wird.

Titel VII
Der Verfassungsrat

Artikel 56 [Zusammensetzung]
[1]Der Verfassungsrat besteht aus neun Mitgliedern, deren Amtszeit neun Jahre beträgt, wobei eine Wiederwahl ausgeschlossen ist. [2]Der Verfassungsrat wird alle drei Jahre zu je einem Drittel erneuert. [3]Drei Mitglieder werden vom Präsidenten der Republik ernannt, drei vom Präsidenten der Nationalversammlung und drei vom Präsidenten des Senats. [4]Für diese Ernennungen ist das in Artikel 13 letzter Absatz vorgesehene Verfahren anwendbar. [5]Die vom Präsidenten der Kammern vorgenommenen Ernennungen werden dem zuständigen ständigen Ausschuss der jeweils betroffenen Kammer zur ausschließlichen Stellungnahme vorgelegt.

Außer den zuvor genannten neun Mitgliedern gehören dem Verfassungsrat von Rechts wegen und auf Lebenszeit die ehemaligen Präsidenten der Republik an.

[1]Der Präsident wird vom Präsidenten der Republik ernannt. [2]Bei Stimmengleichheit gibt seine Stimme den Ausschlag.

Artikel 57 [Inkompatibilitäten]
[1]Das Amt eines Mitglieds des Verfassungsrates ist unvereinbar mit dem eines Ministers oder eines Mitglieds des Parlaments. [2]Die übrigen Inkompatibilitäten regelt ein verfassungsausführendes Gesetz.

Artikel 58 [Prüfung der Präsidentenwahl]
Der Verfassungsrat wacht über die Ordnungsmäßigkeit der Wahl des Präsidenten der Republik.

Er prüft die Beschwerden und gibt das Wahlergebnis bekannt.

Artikel 59 [Prüfung der Parlamentswahl]
Der Verfassungsrat entscheidet im Falle der Anfechtung über die Ordnungsmäßigkeit der Wahl der Abgeordneten und Senatoren.

Artikel 60 [Prüfung der Verfahren bei Volksentscheiden]
[1]Der Verfassungsrat wacht über die Ordnungsmäßigkeit der Verfahren bei Volksentscheiden gemäß Artikeln 11 und 89 und Titel XV. [2]Er gibt deren Ergebnisse bekannt.

Artikel 61 [Präventive Normenkontrolle]
Die verfassungsausführenden Gesetze müssen vor ihrer Verkündung, die in Artikel 11 genannten Gesetzesvorschläge vor ihrer Unterbreitung zum Volksentscheid und die Geschäftsordnungen der parlamentarischen Kammern vor ihrem Inkrafttreten dem Verfassungsrat vorgelegt werden, der über ihre Verfassungsmäßigkeit befindet.

Zum gleichen Zweck können Gesetze vor ihrer Verkündung vom Präsidenten der Republik, vom Premierminister, vom Präsidenten der Nationalversammlung, vom Präsidenten des Senats oder von sechzig Abgeordneten oder sechzig Senatoren dem Verfassungsrat zugeleitet werden.

[1]In den in den beiden vorangehenden Absätzen vorgesehenen Fällen muss der Verfassungsrat binnen Monatsfrist entscheiden. [2]Auf Ersuchen der Regierung wird diese Frist jedoch bei Dringlichkeit auf acht Tage verkürzt.

In allen diesen Fällen wird durch die Anrufung des Verfassungsrates die Verkündungsfrist ausgesetzt.

Artikel 61-1 [Konkrete Normenkontrolle]
Wenn anlässlich eines laufenden Verfahrens vor einem Gericht behauptet wird, dass eine gesetzliche Vorschrift Rechte und Freiheiten verletzt, die von der Verfassung gewährleistet werden, kann der Verfassungsrat auf Vorlage des Staatsrates oder des Kassationsgerichts zu dieser Frage angerufen werden, der innerhalb einer bestimmten Frist befindet.

Die Anwendung dieses Artikels bestimmt sich nach Maßgabe eines verfassungsausführenden Gesetzes.

Artikel 62 [Entscheidungswirkungen]
Eine auf Grundlage von Artikel 61 für verfassungswidrig erklärte Bestimmung kann weder verkündet noch in Kraft gesetzt werden.

[1]Eine auf Grundlage von Artikel 61-1 für verfassungswidrige erklärte Bestimmung wird mit der Veröffentlichung der Entscheidung des Verfassungsrates oder zu einem späteren, durch diese Entscheidung bestimmten Zeitpunkt, aufgehoben. [2]Der Verfassungsrat legt die Bedingungen und Grenzen fest, unter denen die Auswirkungen, welche die Bestimmung nach sich gezogen hat, in Frage gestellt werden können.

[1]Gegen die Entscheidungen des Verfassungsrates gibt es kein Rechtsmittel. [2]Sie binden die öffentlichen Gewalten sowie alle Verwaltungsbehörden und Gerichte.

Artikel 63 [Vorbehalt des verfassungsausführenden Gesetzes]
Ein verfassungsausführendes Gesetz regelt die Organisation und die Arbeitsweise des Verfassungsrates, das vor ihm anzuwendende Verfahren und insbesondere die Fristen, innerhalb derer er mit Anfechtungen befasst werden kann.

Titel VIII

Die ordentliche Gerichtsbarkeit

Artikel 64 [Grundsätze]
Der Präsident der Republik ist der Garant für die Unabhängigkeit der Rechtsprechung.

Er wird vom Obersten Rat des Richterstandes unterstützt.

Ein verfassungsausführendes Gesetz regelt die Rechtsstellung der Richter und Staatsanwälte.

Die Richter sind unabsetzbar.

Artikel 65 [Oberster Rat des Richterstandes]
Der Oberste Rat des Richterstandes besteht aus einer Abteilung, die für die Richter zuständig ist, und einer Abteilung, die für die Staatsanwälte zuständig ist.

[1]In der für die Richter zuständigen Abteilung führt der erste Präsident des Kassationsgerichts den Vorsitz. [2]Sie besteht zudem aus fünf Richtern und einem Staatsanwalt, einem von diesem benannten Mitglied des Staatsrates, einem Rechtsanwalt sowie sechs qualifizierten Persönlichkeiten, die weder dem Parlament, noch der ordentlichen Gerichtsbarkeit oder der Verwaltung angehören. [3]Der Präsident der Republik, der Präsident der Nationalversammlung und der Präsident des Senates bestimmen jeweils zwei qualifizierte Persönlichkeiten. [4]Das in Artikel 13 letzter Absatz vorgesehene Verfahren ist auf die Ernennung der qualifizierten Persönlichkeiten anwendbar. [5]Die von den Präsidenten einer jeden Kammer des Parlaments vorgenommenen Ernennungen sind der ausschließlichen Stellungnahme des zuständigen ständigen Ausschusses der jeweils betroffenen Kammer zuzuleiten.

[1]In der für die Staatsanwälte zuständigen Abteilung führt der Generalstaatsanwalt beim Kassationsgericht den Vorsitz. [2]Sie besteht zudem aus fünf Staatsanwälten und einem Richter sowie dem Mitglied des Staatsrates und dem Anwalt und den sechs qualifizierten Persönlichkeiten, die im zweiten Absatz genannt sind.

[1]Die für die Richter zuständige Abteilung des Obersten Rates des Richterstandes unterbreitet Vorschläge für die Ernennung der Richter am Kassationsgericht, der ersten Präsidenten der Appellationsgerichte und die Präsidenten der *Tribunaux de grande instance.* [2]Die anderen Richter werden mit der Zustimmung dieser Abteilung ernannt.

Die für die Staatsanwälte zuständige Abteilung des Obersten Rates des Richterstandes nimmt Stellung zur Ernennung der Staatsanwälte.

[1]Die für die Richter zuständige Abteilung des Obersten Rates des Richterstandes entscheidet als Disziplinarrat der Richter. [2]In dieser Eigenschaft besteht sie – außer den in Absatz 2 genannten Mitgliedern – aus dem der für die Staatsanwälte zuständigen Abteilung angehörenden Richter.

[1]Die für die Staatsanwälte zuständige Abteilung des Obersten Rates des Richterstandes nimmt Stellung zu den Disziplinarmaßnahmen, die sie betreffen. [2]In dieser Eigenschaft besteht sie – außer den in Absatz 3 genannten Mitgliedern – aus dem der für die Richter zuständigen Abteilung angehörenden Staatsanwalt.

[1]Der Oberste Rat des Richterstandes tritt zu einer gemeinsamen Sitzung zusammen, um auf Stellungnahmegesuche zu antworten, die vom Präsidenten der Republik im Rahmen von Artikel 64 formuliert wurden. [2]In gleicher Zusammensetzung befindet er über Fragen betreffend die Standespflichten der Richter und Staatsanwälte sowie über jede die Arbeitsweise der Justiz betreffende Frage, zu der ihn der Justizminister anruft. [3]Die gemeinsame Sitzung besteht aus drei der fünf Richter, die in Absatz 2 genannt sind, aus drei der fünf Staatsanwälte, die in Absatz 3 genannt sind, sowie aus dem Mitglied des Staatsrates, dem Rechtsanwalt und den sechs qualifizierten Persönlichkeiten, die in Absatz 2 genannt sind. [4]In ihr führt der erste Präsident des Kassationsgerichts den Vorsitz, den der Generalstaatsanwalt an diesem Gericht vertreten kann.

Außer bei Disziplinarangelegenheiten kann der Justizminister an den Sitzungen der Abteilungen des Obersten Rates der Richterschaft teilnehmen.

Nach Maßgabe eines verfassungsausführenden Gesetzes kann der Oberste Rat der Richterschaft von einer Prozesspartei angerufen werden.

Die Voraussetzungen der Anwendung dieses Artikels bestimmen sich nach Maßgabe eines verfassungsausführenden Gesetzes.

Artikel 66 [Habeas Corpus]

Niemand darf willkürlich in Haft gehalten werden.

Die ordentliche Gerichtsbarkeit gewährleistet als Hüterin der persönlichen Freiheit nach Maßgabe der Gesetze die Einhaltung dieses Grundsatzes.

Artikel 66-1 [Verbot der Todesstrafe]

Niemand darf zur Todesstrafe verurteilt werden.

Titel IX
Der Hohe Gerichtshof

Artikel 67 [Rechtliche Verantwortlichkeit des Präsidenten der Republik]

Der Präsident der Republik kann vorbehaltlich der Bestimmungen der Artikel 53-2 und 68 für die in Ausübung seines Amtes vorgenommenen Handlungen nicht zur Verantwortung gezogen werden.

[1]Während seiner Amtszeit kann er nicht aufgefordert werden, vor einem französischen Gericht oder einer französischen Verwaltungsbehörde als Zeuge auszusagen, und kann auch nicht Gegenstand einer Klage, einer Untersuchung, einer Ermittlung oder einer Verfolgung sein. [2]Jede Verjährungs- oder Präklusionsfrist wird ausgesetzt.

Die Rechtssachen und Verfahren, die auf diese Weise verhindert werden, können nach Ablauf einer Frist von einem Monat ab Beendigung seiner Amtszeit gegen ihn wieder aufgenommen oder eingeleitet werden.

Artikel 68 [Amtsenthebungsverfahren gegen den Präsidenten der Republik]

[1]Der Präsident der Republik kann nur im Falle eines Verstoßes gegen seine Pflichten, der mit der Ausübung seines Amtes offensichtlich unvereinbar ist, des Amtes enthoben werden. [2]Die Amtsenthebung wird vom Parlament, das als Hoher Gerichtshof zusammentritt, ausgesprochen.

Der von einer der Kammern des Parlaments angenommene Vorschlag zur Einberufung des Hohen Gerichtshofes ist der anderen Kammer umgehend zu übermitteln, die dann binnen fünfzehn Tagen hierüber zu befinden hat.

[1]Der Präsident der Nationalversammlung führt den Vorsitz im Hohen Gerichtshof. [2]Dieser hat binnen eines Monats in geheimer Abstimmung über die Amtsenthebung zu entscheiden. [3]Seine Entscheidung hat sofortige Wirkung.

[1]Die Entscheidungen gemäß diesem Artikel werden mit der Mehrheit von zwei Dritteln der Mitglieder der betreffenden Kammer beziehungsweise des Hohen Gerichtshofes getroffen. [2]Eine Übertragung des Stimmrechts ist untersagt. [3]Gezählt werden nur die Stimmen, die sich für den Vorschlag zur Einberufung des Hohen Gerichtshofes oder die Amtsenthebung aussprechen.

Ein verfassungsausführendes Gesetz regelt das Nähere zur Anwendung dieses Artikels.

Titel X

Die strafrechtliche Verantwortung der Mitglieder der Regierung

Artikel 68-1 [Strafrechtliche Verantwortlichkeit der Regierungsmitglieder]

Die Mitglieder der Regierung sind strafrechtlich verantwortlich für die in Ausübung ihres Amtes vorgenommenen Handlungen, die zum Zeitpunkt ihrer Begehung als Verbrechen oder Vergehen galten.

Sie werden vom Gerichtshof der Republik abgeurteilt.

Der Gerichtshof der Republik ist an die Tatbestände der Verbrechen und Vergehen sowie an das Strafmaß gebunden, wie sie sich aus dem Gesetz ergeben.

Artikel 68-2 [Gerichtshof der Republik]

Der Gerichtshof der Republik besteht aus fünfzehn Richtern: zwölf Parlamentariern, die in gleicher Zahl von der Nationalversammlung und vom Senat nach jeder vollständigen oder teilweisen Neuwahl dieser Kammern aus deren Mitte gewählt werden, sowie drei Richtern des Kassationsgerichts, von denen einer den Vorsitz des Gerichtshofs der Republik führt.

Jedermann, der behauptet, durch ein Verbrechen oder Vergehen verletzt worden zu sein, das von einem Mitglied der Regierung in Ausübung seines Amtes begangen wurde, kann bei einem Beschwerdeausschuss eine Beschwerde vorbringen.

Dieser Ausschuss ordnet entweder die Einstellung des Verfahrens oder die Weiterleitung an den Generalstaatsanwalt beim Kassationsgericht zum Zwecke der Anrufung des Gerichtshofs der Republik an.

Der Generalstaatsanwalt beim Kassationsgericht kann den Gerichtshof der Republik auch von Amts wegen anrufen, wenn eine zustimmende Stellungnahme des Beschwerdeausschusses vorliegt.

Ein verfassungsausführendes Gesetz bestimmt das Nähere zur Anwendung dieses Artikels.

Artikel 68-3 [Rückwirkung]

Die Bestimmungen dieses Titels sind auch auf Taten anzuwenden, die vor seinem Inkrafttreten begangen wurden.

Titel XI

Der Wirtschafts-, Sozial- und Umweltrat

Artikel 69 [Aufgabe]

Der Wirtschafts-, Sozial- und Umweltrat nimmt auf Ersuchen der Regierung Stellung zu den Gesetzesentwürfen, gesetzesvertretenden Verordnungen oder Dekreten sowie zu den Gesetzesvorschlägen, die ihm vorgelegt werden.

Ein Mitglied des Wirtschafts-, Sozial- und Umweltrates kann von diesem benannt werden, um vor den parlamentarischen Kammern die Stellungnahme des Wirtschafts-, Sozial- und Umweltrates zu den ihm vorgelegten Gesetzesentwürfen oder Gesetzesvorschlägen darzulegen.

[1]Der Wirtschafts-, Sozial- und Umweltrat kann nach Maßgabe eines verfassungsausführenden Gesetzes auf dem Petitionswege angerufen werden. [2]Nach der Prüfung der Petition setzt er die Regierung und das Parlament über die Folgen seiner Vorschläge in Kenntnis.

Artikel 70 [Anhörung und Stellungnahme]
[1]Der Wirtschafts- Sozial- und Umweltrat kann von der Regierung und dem Parlament zu jedem wirtschaftlichen, sozialen oder die Umwelt betreffenden Problem gehört werden. [2]Die Regierung kann ihn auch zu jedem Entwurf eines Programmgesetzes, das die mehrjährige Ausrichtung der öffentlichen Finanzen betrifft, anhören. [3]Jeder Plan oder Entwurf eines Programmgesetzes wirtschaftlicher, sozialer oder die Umwelt betreffender Art wird ihm zur Stellungnahme vorgelegt.

Artikel 71 [Vorbehalt des verfassungsausführenden Gesetzes]
Die Zusammensetzung des Wirtschafts-, Sozial- und Umweltrates, dessen Mitgliederzahl zweihundertdreiunddreißig nicht übersteigen darf, sowie dessen Arbeitsweise regelt ein verfassungsausführendes Gesetz.

Titel XI/A

Der Verteidiger der Rechte

Artikel 71-1 [Funktion; Aufgaben]
Der Verteidiger der Rechte achtet auf die Einhaltung der Rechte und Freiheiten durch die Staatsverwaltung, die Gebietskörperschaften, die öffentlichen Einrichtungen sowie durch jedes Organ, das mit Aufgaben des öffentlichen Dienstes betraut ist, oder dem durch verfassungsausführendes Gesetz Kompetenzen verliehen wurden.

[1]Er kann nach Maßgabe eines verfassungsausführenden Gesetzes von jedermann angerufen werden, der sich durch die Arbeitsweise des öffentlichen Dienstes oder eines in Absatz 1 genannten Organs verletzt sieht. [2]Er kann von Amts wegen tätig werden.

[1]Ein verfassungsausführendes Gesetz bestimmt den Aufgabenbereich und die Umstände, unter denen der Verteidiger der Rechte tätig werden kann. [2]Es bestimmt die Voraussetzungen, unter denen er bei der Ausübung bestimmter seiner Aufgabenbereiche von einem Kollegium unterstützt werden kann.

[1]Der Verteidiger der Rechte wird vom Präsidenten der Republik unter Anwendung des iin Artikel 13 letzter Absatz vorgesehenen Verfahrens für ein Mandat von sechs Jahren ernannt, das nicht erneuert werden kann. [2]Seine Funktion ist unvereinbar mit der eines Regierungsmitglieds und eines Parlamentsmitglieds. [3]Die anderen Inkompatibilitäten werden durch ein verfassungsausführendes Gesetz bestimmt.

Der Verteidiger der Rechte legt dem Präsidenten der Republik und dem Parlament Rechenschaft über seine Tätigkeit ab.

Titel XII

Die Gebietskörperschaften

Artikel 72 [Selbstverwaltung]
[1]Gebietskörperschaften der Republik sind die Gemeinden, die Departements, die Regionen, die Körperschaften mit Sonderstatus und die überseeischen Körperschaften, deren Rechtsstellung durch Artikel 74 geregelt ist. [2]Jede andere Gebietskörperschaft wird durch Gesetz geschaffen, gegebenenfalls anstelle einer oder mehrerer in diesem Absatz genannter Körperschaften.

Die Gebietskörperschaften treffen die Entscheidungen in allen Zuständigkeitsbereichen, die auf ihrer Ebene am besten wahrgenommen werden können.

Nach Maßgabe der Gesetze verwalten diese Körperschaften sich selbst durch gewählte Räte und verfügen bei der Ausübung ihrer Zuständigkeiten über eine Verordnungsbefugnis.

Mit Ausnahme der Fälle, in denen die wesentlichen Voraussetzungen für die Wahrnehmung einer Grundfreiheit oder eines verfassungsmäßig garantierten Rechts betroffen sind, können die Gebietskörperschaften oder ihre Zusammenschlüsse nach Maßgabe eines verfassungsausführenden Gesetzes zu Versuchszwecken und für einen bestimmten Zweck und eine begrenzte Dauer von den in einem Gesetz oder einer Verordnung enthaltenen Bestimmungen, die die Ausübung ihrer Befugnisse regeln, abweichen, sofern dies das Gesetz beziehungsweise die Verordnung vorsieht.

[1]Keine Gebietskörperschaft kann die Aufsicht über eine andere ausüben. [2]Wenn die Wahrnehmung einer Befugnis die Mitwirkung mehrerer Gebietskörperschaften erforderlich macht, kann jedoch das

Gesetz eine von ihnen oder einen ihrer Zusammenschlüsse ermächtigen, die Modalitäten ihres gemeinsamen Handelns zu organisieren.

In den Gebietskörperschaften der Republik hat der Vertreter des Staates als Vertreter eines jeden Regierungsmitglieds die nationalen Interessen zu wahren, die Verwaltungsaufsicht auszuüben und über die Einhaltung der Gesetze zu wachen.

Artikel 72-1 [Beteiligung der Wähler]

Das Gesetz regelt die Bedingungen, unter denen die Wähler einer jeden Gebietskörperschaft durch die Wahrnehmung des Petitionsrechts beantragen können, dass eine Frage, die in den Zuständigkeitsbereich der Gebietskörperschaft fällt, auf die Tagesordnung der beschließenden Versammlung dieser Körperschaft gesetzt wird.

Nach Maßgabe eines verfassungsausführenden Gesetzes können die Beratungsentwürfe oder Entwürfe von Rechtsakten, die in die Zuständigkeit einer Gebietskörperschaft fallen, auf deren Initiative im Wege eines Volksentscheids den Wählern dieser Körperschaft zur Entscheidung vorgelegt werden.

[1]Ist die Schaffung einer Gebietskörperschaft mit Sonderstatus oder die Änderung ihrer Organisation geplant, kann durch Gesetz die Befragung der in den betroffenen Körperschaften eingetragenen Wähler beschlossen werden. [2]Auch bei Änderung der Grenzen der Gebietskörperschaften kann eine Befragung der Wähler nach Maßgabe des Gesetzes vorgenommen werden.

Artikel 72-2 [Finanzierung]

Den Gebietskörperschaften werden Mittel bereitgestellt, über die sie nach Maßgabe eines Gesetzes frei verfügen können.

[1]Ihnen können die Erträge jeglicher Art von Steuern ganz oder teilweise zufließen. [2]Das Gesetz kann sie ermächtigen, deren Bemessungsgrundlage und Steuersatz innerhalb der in ihm bestimmten Grenzen festzulegen.

[1]Die Steuereinnahmen und sonstigen Eigenmittel der Gebietskörperschaften machen für jede Art von Körperschaft einen entscheidenden Teil ihrer Mittel aus. [2]Ein verfassungsausführendes Gesetz legt die Bedingungen fest, unter denen diese Regel zur Anwendung kommt.

[1]Bei jeder Übertragung von Zuständigkeiten zwischen dem Staat und den Gebietskörperschaften werden Mittel in der Höhe zugewiesen, die bislang für deren Wahrnehmung bereitgestellt wurden. [2]Für jede Schaffung oder Ausweitung von Zuständigkeiten, die eine Erhöhung der Ausgaben der Gebietskörperschaften zur Folge hat, werden durch das Gesetz festgelegte Mittel bereitgestellt.

Das Gesetz sieht Ausgleichsmaßnahmen vor, um die Gleichstellung der Gebietskörperschaften zu fördern.

Artikel 72-3 [Rechtsstellung der überseeischen Gebiete]

Die Republik erkennt innerhalb des französischen Volkes die überseeischen Bevölkerungen in einem gemeinsamen Ideal von Freiheit, Gleichheit und Brüderlichkeit an.

Die Rechtsstellung von Guadeloupe, Französisch-Guyana, Martinique, La Réunion, Mayotte, Saint-Berthélemy, Saint-Martin, Saint-Pierre und Miquelon, der Inseln Wallis und Futuna sowie von Französisch-Polynesien wird geregelt durch Artikel 73 für die überseeischen Departements und Regionen und für die gemäß Artikel 73 letzter Absatz geschaffenen Gebietskörperschaften sowie durch Artikel 74 für die anderen Körperschaften.

Die Rechtsstellung von Neukaledonien wird durch Titel XIII geregelt.

Das Gesetzgebungssystem und die besondere Organisation der französischen Süd- und Antarktisgebiete und Clippertons werden durch Gesetz festgelegt.

Artikel 72-4 [Volksbefragungen und -entscheide in den überseeischen Gebieten]

[1]Ohne die vorherige Zustimmung der Wähler der Körperschaft oder des Teils der betroffenen Körperschaft, die unter den im folgenden Absatz vorgesehenen Bedingungen einzuholen ist, darf die Rechtsstellung einer der in Artikel 72-3 Absatz 2 aufgeführten Körperschaften ganz oder teilweise nicht durch eine andere der in den Artikeln 73 und 74 vorgesehenen Rechtsstellungen ersetzt werden. [2]Eine solche Änderung der Rechtsstellung ist durch ein verfassungsausführendes Gesetz zu beschließen.

[1]Der Präsident der Republik kann auf Vorschlag der Regierung während der Sitzungsperioden oder auf gemeinsamen Vorschlag beider Kammern des Parlaments, welcher im *Journal officiel* veröffentlicht wird, beschließen, die Wähler einer überseeischen Gebietskörperschaft über eine Frage, die ihre Organisation, ihre Befugnisse oder ihr Gesetzgebungssystem betrifft, abstimmen zu lassen. [2]Wenn der Volksentscheid auf eine im vorstehenden Absatz vorgesehene Änderung der Rechtsstellung abzielt und auf Vorschlag der Regierung durchgeführt wird, gibt diese vor jeder Kammer eine Erklärung ab, der sich eine Aussprache anschließt.

Artikel 73 [Aufgaben und Befugnisse]
[1]In den überseeischen Departements und Regionen sind Gesetze und Verordnungen unmittelbar anwendbar. [2]Sie können zwecks Berücksichtigung der besonderen Merkmale und Erfordernisse dieser Körperschaften angepasst werden.

Diese Anpassungen können von diesen Körperschaften in ihren jeweiligen Zuständigkeitsbereichen beschlossen werden, wenn sie hierzu, je nach Fall, durch Gesetz oder durch Verordnung ermächtigt sind.

Abweichend von Absatz 1 können die Körperschaften, deren Rechtsstellung durch diesen Artikel geregelt wird, zwecks Berücksichtigung ihrer Besonderheiten, je nach Fall, durch Gesetz oder durch Verordnung ermächtigt werden, die für ihr Territorium geltenden Vorschriften auf einer begrenzten Anzahl von Gebieten, die in den Gesetzgebungsbereich oder den Bereich der Verordnungsgebung fallen können, selbst festzulegen.

[1]Diese Vorschriften können sich nicht auf die Staatsangehörigkeit, die Bürgerrechte, die Garantie der Grundfreiheiten, den Personenstand und die Geschäftsfähigkeit, die Organisation der Justiz, das Strafrecht, das Strafprozessrecht, die Außenpolitik, die Verteidigung, die öffentliche Sicherheit und Ordnung, die Währung, das Kreditwesen und den Devisenhandel sowie das Wahlrecht beziehen. [2]Diese Aufzählung kann durch ein verfassungsausführendes Gesetz präzisiert und vervollständigt werden.

Die in den beiden vorstehenden Absätzen enthaltene Regelung ist auf das Departement und die Region von La Réunion nicht anwendbar.

[1]Die in den Absätzen 2 und 3 vorgesehenen Ermächtigungen werden auf Ersuchen der betroffenen Körperschaft nach Maßgabe und unter den Vorbehalten eines verfassungsausführenden Gesetzes beschlossen. [2]Sie können nicht erteilt werden, wenn die wesentlichen Voraussetzungen für die Wahrnehmung einer Grundfreiheit oder eines verfassungsmäßig garantierten Rechts betroffen sind.

Die Gründung einer Körperschaft durch Gesetz, die an die Stelle eines Departements und einer Region in Übersee tritt, oder die Einrichtung einer einzigen beschließenden Versammlung für diese beiden Körperschaften darf nur mit Zustimmung der in diesen Körperschaften eingetragenen Wähler erfolgen, die gemäß den in Artikel 72-4 Absatz 2 vorgesehenen Formen einzuholen ist.

Artikel 74 [Überseeische Körperschaften]
Die Rechtsstellung der unter diesen Artikel fallenden überseeischen Körperschaften trägt deren jeweiligen Belangen innerhalb der Republik Rechnung.

Diese Rechtsstellung wird durch ein verfassungsausführendes Gesetz geregelt, das nach Anhörung der beschließenden Versammlung beschlossen und in dem Folgendes festgelegt wird:

- die Bedingungen, unter denen die Gesetze und Verordnungen dort zur Anwendung kommen;
- die Befugnisse dieser Körperschaft; vorbehaltlich der von ihr bereits wahrgenommenen Befugnisse können Zuständigkeiten des Staates in den in Artikel 73 Absatz 4 aufgeführten Materien, die gegebenenfalls durch ein verfassungsausführendes Gesetz präzisiert und vervollständigt werden, nicht übertragen werden;
- die Regeln für die Organisation und die Arbeitsweise der Institutionen der Gebietskörperschaft sowie das System zur Wahl der beschließenden Versammlung;
- die Bedingungen, unter denen ihre Institutionen zu Gesetzesentwürfen und Gesetzesvorschlägen sowie Entwürfen von gesetzesvertretenden Verordnungen oder Dekreten mit besonderen Bestimmungen für die Körperschaft sowie bei der Ratifikation oder Billigung der in ihren Zuständigkeitsbereichen eingegangenen internationalen Verpflichtungen angehört werden.

Für die autonomen Körperschaften können im verfassungsausführenden Gesetz auch die Bedingungen festgelegt werden, unter denen:

- der Staatsrat eine besondere rechtliche Kontrolle über bestimmte Kategorien von Rechtsakten der beschließenden Versammlung ausübt, die diese bei der Wahrnehmung ihrer gesetzgeberischen Befugnisse erlässt;
- die beschließende Versammlung ein nach Inkrafttreten des Status der Körperschaft verkündetes Gesetz abändern kann, wenn der insbesondere von den Behörden der Körperschaft angerufene Verfassungsrat festgestellt hat, dass das Gesetz im Zuständigkeitsbereich dieser Körperschaft erlassen wurde;
- Maßnahmen, die aufgrund lokaler Erfordernisse gerechtfertigt sind, von der Körperschaft zugunsten ihrer Bevölkerung beim Zugang zum Arbeitsmarkt, bei der Wahrnehmung des Niederlassungsrechts zwecks Ausübung einer beruflichen Tätigkeit oder beim Schutz des Grundeigentums getroffen werden können;
- die Körperschaft unter Aufsicht des Staates an der Wahrnehmung der bei ihm verbliebenen Befugnisse unter Achtung der im gesamten Staatsgebiet für die Ausübung der Grundfreiheiten gegebenen Garantien teilhaben kann.

Weitere Einzelheiten betreffend die besondere Organisation der unter diesen Artikel fallenden Körperschaften werden durch Gesetz nach Anhörung ihrer beschließenden Versammlung festgelegt und geändert.

Artikel 74-1 [Verordnungsbefugnis der Zentralregierung]

Auf die in den Artikel 74 aufgeführten überseeischen Körperschaften und Neukaledonien kann die Regierung in den Bereichen, die weiterhin in die Zuständigkeit des Staates fallen, durch gesetzesvertretende Verordnungen und mit den erforderlichen Anpassungen die in Kontinentalfrankreich geltenden Bestimmungen mit Gesetzescharakter ausweiten, oder die in Kraft befindlichen Bestimmungen mit Gesetzescharakter über die besondere Organisation der Körperschaften anpassen, sofern das Gesetz für die betroffenen Bestimmungen den Rückgriff auf dieses Verfahren nicht ausdrücklich ausgeschlossen hat.

[1]Die gesetzesvertretenden Verordnungen werden im Ministerrat nach Anhörung der betreffenden beschließenden Versammlungen und des Staatsrates beschlossen. [2]Sie treten mit ihrer Veröffentlichung in Kraft, werden jedoch hinfällig, wenn das Parlament sie binnen achtzehn Monaten ab dieser Veröffentlichung nicht ratifiziert.

Artikel 75 [Persönliche Rechtsstellung]

Die Bürger der Republik, die nicht die Rechtsstellung des gemeinen bürgerlichen Rechts innehaben, auf das sich Artikel 34 ausschließlich bezieht, behalten ihre persönliche Rechtsstellung, solange sie nicht darauf verzichtet haben.

Artikel 75-1 [Regionalsprachen]

Die Regionalsprachen gehören zum kulturellen Erbe Frankreichs.

Titel XIII
Übergangsbestimmungen bezüglich Neukaledoniens

Artikel 76 [Abstimmung]

Die Bevölkerungen Neukaledoniens sind aufgerufen, vor dem 31. Dezember 1998 über die Bestimmungen des am 5. Mai 1998 in Nouméa unterzeichneten und am 27. Mai 1998 im *Journal officiel* der Französischen Republik veröffentlichten Abkommens abzustimmen.

Zur Teilnahme an der Abstimmung sind diejenigen Personen zugelassen, welche die in Artikel 2 des Gesetzes Nr. 88-1028 vom 9. November 1988 festgelegten Bedingungen erfüllen.

Die zur Durchführung der Abstimmung erforderlichen Maßnahmen werden nach Anhörung des Staatsrates per Dekret im Ministerrat beschlossen.

Artikel 77 [Weitere Entwicklung nach Zustimmung]

Nach der Zustimmung zu dem Abkommen durch die in Artikel 76 vorgesehenen Volksbefragung wird durch verfassungsausführendes Gesetz, das nach Stellungnahme der beschließenden Versammlung Neukaledoniens erlassen wird, zur Gewährleistung der weiteren Entwicklung Neukaledoniens unter

Wahrung der durch dieses Abkommen vorgegebenen Richtlinien und gemäß den zu seiner Umsetzung erforderlichen Modalitäten Folgendes festgelegt:

- die Befugnisse des Staates, die endgültig den Institutionen Neukaledoniens übertragen werden, die zeitliche Staffelung und die Modalitäten dieser Übertragungen sowie die Aufteilung der sich hieraus ergebenden Lasten;
- die Regeln betreffend die Organisation und die Funktionsweise der Institutionen Neukaledoniens und insbesondere die Bedingungen, unter denen bestimmte Kategorien von Rechtsakten der beschließenden Versammlung Neukaledoniens vor deren Veröffentlichung der Kontrolle des Verfassungsrates unterzogen werden können;
- die Regeln betreffend die Staatsbürgerschaft, das Wahlsystem, die Beschäftigungspolitik und den gewohnheitsrechtlichen Zivilstatus;
- die Bedingungen und die Fristen, unter denen die betroffenen Bevölkerungen Neukaledoniens über die Erlangung der vollen Souveränität zu befinden haben.

Die sonstigen Maßnahmen zur Umsetzung des in Artikel 76 genannten Abkommens werden durch Gesetz festgelegt.

Zur Bestimmung der Wählerschaft, welche die Mitglieder der beschließenden Versammlungen Neukaledoniens und der Provinzen zu wählen berufen ist, ist das Verzeichnis, auf das sich das in Artikel 76 genannte Abkommen und die Artikel 188 und 189 des verfassungsausführenden Gesetzes Nr. 99-209 vom 19. März 1999 betreffend Neukaledonien beziehen, das Verzeichnis, das anlässlich der in Artikel 76 vorgesehenen Abstimmung erstellt wurde und das die Personen, die nicht zur Teilnahme befugt sind, umfasst.

Artikel 78 bis 86 ***(aufgehoben)***

Titel XIV
Die Frankophonie und die Assoziierungsabkommen

Artikel 87 [Frankophonie]
Die Republik nimmt Anteil an der Entwicklung der Solidarität und der Zusammenarbeit zwischen den Staaten und Völkern, denen die französische Sprache gemeinsam ist.

Artikel 88 [Assoziierung]
Die Republik kann Abkommen mit Staaten schließen, die sich zur Entwicklung ihrer Kulturen mit ihr assoziieren wollen.

Titel XV
Die Europäischen Gemeinschaften und die Europäische Union

Artikel 88-1 [EU-spezifische Integrationsklausel]
Die Republik wirkt an der Europäischen Union mit, welche aus Staaten besteht, die sich in freier Entscheidung entschlossen haben, einige ihrer Kompetenzen gemeinsam nach Maßgabe des Vertrages über die Europäische Union und des Vertrages über die Arbeitsweise der Europäischen Union, wie diese sich aus dem am 13. Dezember 2007 in Lissabon unterzeichneten Vertrag ergeben, auszuüben.

Artikel 88-2 [Europäischer Haftbefehl]
Das Gesetz legt die Vorschriften über den Europäischen Haftbefehl in Anwendung der Rechtsakte fest, die von den europäischen Institutionen erlassen wurden.

Artikel 88-3 [Kommunalwahlrecht der Unionsbürger]
[1]Unter dem Vorbehalt der Gegenseitigkeit und gemäß den Regelungen des am 7. Februar 1992 unterzeichneten Vertrages über die Europäische Union kann das aktive und passive Wahlrecht bei Kommunalwahlen nur Unionsbürgern mit Wohnsitz in Frankreich gewährt werden. [2]Diese Bürger dürfen weder das Amt eines Bürgermeisters oder Beigeordneten ausüben, noch an der Nominierung der Wahlmänner zum Senat und an der Wahl der Senatoren teilnehmen. [3]Die Bedingungen für die Anwendung dieses Artikels regelt ein von beiden Kammern im gleichen Wortlaut beschlossenes verfassungsausführendes Gesetz.

Artikel 88-4 [Teilhabe der Kammern in EU-Angelegenheiten]
Die Regierung legt der Nationalversammlung und dem Senat die Entwürfe europäischer Gesetzgebungsakte sowie die Entwürfe oder Vorschläge anderer Rechtsakte der Europäischen Union unmittelbar nach deren Übermittlung an den Rat der Europäischen Union vor.

Gemäß den Regelungen der Geschäftsordnung der jeweiligen Kammer können Entschließungen zu den in Absatz 1 genannten Entwürfen oder Vorschlägen sowie zu jedem Dokument, das von einer Institution der Europäischen Union stammt, gegebenenfalls außerhalb der Sitzungsperioden, verabschiedet werden.

In jeder Parlamentskammer wird ein Ausschuss eingesetzt, der mit europäischen Angelegenheiten betraut ist.

Artikel 88-5 [Obligatorischer Volksentscheid vor EU-Erweiterung][1)]
Jeder Gesetzesentwurf, der zur Ratifikation eines Vertrages über den Beitritt eines Staates zur Europäischen Union und zu den Europäischen Gemeinschaften ermächtigt, wird vom Präsidenten der Republik zum Volksentscheid gebracht.

Jedoch kann das Parlament durch Annahme eines Antrages mit identischem Wortlaut in beiden Kammer mit einer Mehrheit von jeweils Dreifünfteln die Annahme eines Gesetzesentwurfs nach Maßgabe des in Artikel 89 Absatz 3 vorgesehenen Verfahrens gestatten.

Artikel 88-6 [Kontrolle des Subsidiaritätsprinzips in den Kammern]
[1]Die Nationalversammlung oder der Senat können eine begründete Stellungnahme über die Vereinbarkeit des Entwurfs eines europäischen Rechtsakts mit dem Subsidiaritätsprinzip abgeben. [2]Die Stellungnahme wird vom Präsidenten der betreffenden Kammer an die Präsidenten des Europäischen Parlaments, des Rates und der Europäischen Kommission gerichtet. [3]Die Regierung wird hiervon in Kenntnis gesetzt.

[1]Jede Kammer kann vor dem Gerichtshof der Europäischen Union Klage gegen einen europäischen Gesetzgebungsakt wegen Verletzung des Subsidiaritätsprinzips erheben. [2]Diese Klage wird von der Regierung beim Gerichtshof der Europäischen Union eingereicht.

[1]Zu diesem Zweck können nach Maßgabe der in den Geschäftsordnungen der beiden Kammern festgelegten Regelungen über die Initiative und die Erörterung, gegebenenfalls auch außerhalb der Sitzungsperioden, Entschließungen verabschiedet werden. [2]Auf Verlangen von sechzig Abgeordneten oder sechzig Senatoren ist die Klage von Rechts wegen zu erheben.

Artikel 88-7 [Rolle des Parlaments bei besonderen Brückenklauseln]
Durch die Annahme eines von der Nationalversammlung und dem Senat mit dem gleichen Wortlaut verabschiedeten Antrags kann sich das Parlament in den Fällen der Änderung der Bestimmungen für die Verabschiedung von Akten der Europäischen Union widersetzen, die im Rahmen der vereinfachten Änderung der Verträge oder der justiziellen Zusammenarbeit in Zivilsachen durch den Vertrag über die Europäische Union und den Vertrag über die Arbeitsweise der Europäischen Union, wie sie sich aus dem am 13. Dezember 2007 in Lissabon unterzeichneten Vertrag ergeben, vorgesehen sind.

Titel XVI
Änderungen der Verfassung

Artikel 89 [Volksentscheid oder Dreifünftelmehrheit im Kongress]
Die Initiative zur Verfassungsänderung steht sowohl dem Präsidenten der Republik auf Vorschlag des Premierministers als auch den Mitgliedern des Parlaments gleichberechtigt zu.

[1]Der Änderungsentwurf oder Änderungsvorschlag muss von beiden Kammern nach Maßgabe und unter Einhaltung der Fristen in Artikel 42 Absatz 3 begutachtet und in identischer Fassung verabschiedet werden. [2]Die Verfassungsänderung wird nach Annahme durch einen Volksentscheid endgültig.

---

1) Gemäß Artikel 47 Absatz 3 des Verfassungsgesetzes Nr. 2008-724 vom 23. Juli 2008 gilt Art. 88-5 in der vorliegenden Fassung nicht für Beitritte nach einer Regierungskonferenz, deren Einberufung vom Europäischen Rat vor dem 1. Juli 2004 beschlossen wurde.

[1]Der Änderungsentwurf wird jedoch nicht zum Volksentscheid gebracht, wenn der Präsident der Republik beschließt, ihn dem als Kongress einberufenen Parlament vorzulegen; in diesem Falle gilt der Änderungsentwurf nur dann als angenommen, wenn er die Mehrheit von drei Fünfteln der abgegebenen Stimmen erhält. [2]Das Präsidium des Kongresses ist das der Nationalversammlung.

Ein Verfahren zur Änderung der Verfassung darf nicht eingeleitet oder fortgesetzt werden, wenn die Integrität des Staatsgebietes gefährdet wird.

Die republikanische Regierungsform kann nicht zum Gegenstand einer Verfassungsänderung gemacht werden.

Titel XVII
Übergangsbestimmungen

(aufgehoben)

Erklärung der Menschenrechte von 1789

Die Vertreter des französischen Volkes, konstituiert als Nationalversammlung, haben in der Erwägung, dass die Unkenntnis, das Vergessen oder die Verachtung der Menschenrechte die alleinigen Ursachen des öffentlichen Unglücks und der Verderbtheit der Regierung sind, beschlossen, in einer feierlichen Erklärung die natürlichen, unveräußerlichen und geheiligten Menschenrechte darzulegen, damit diese Erklärung allen Mitgliedern des gesellschaftlichen Verbandes ständig gegenwärtig sei und diese unablässig an ihre Rechte und Pflichten erinnern möge; damit die Handlungen der gesetzgebenden und der vollziehenden Gewalt, indem sie in jedem Augenblick mit dem Zweck einer jeden politischen Einrichtung verglichen werden können, mehr geachtet werden mögen; damit die Ansprüche der Bürger, nunmehr auf einfache und unbestreitbare Grundsätze gegründet, sich immer auf die Wahrung der Verfassung und auf das Wohl aller richten mögen. Infolgedessen anerkennt und erklärt die Nationalversammlung in Gegenwart und unter dem Schutze des allerhöchsten Wesens die folgenden Menschen- und Bürgerrechte:

Artikel 1
[1]Die Menschen werden frei und gleich an Rechten geboren und bleiben es. [2]Die gesellschaftlichen Unterschiede dürfen nur im gemeinen Nutzen begründet sein.

Artikel 2
[1]Der Zweck jeder politischen Vereinigung ist die Erhaltung der natürlichen und unveräußerlichen Menschenrechte. [2]Diese Rechte sind die Freiheit, das Eigentum, die Sicherheit und der Widerstand gegen die Unterdrückung.

Artikel 3
[1]Der Ursprung aller Souveränität liegt wesenhaft in der Nation. [2]Keine Körperschaft und kein Einzelner darf eine Gewalt ausüben, die nicht ausdrücklich von ihr ausgeht.

Artikel 4
[1]Die Freiheit besteht darin, alles tun zu dürfen, was einem anderen nicht schadet. [2]Die Ausübung der natürlichen Rechte jedes Menschen hat also nur die Grenzen, die den übrigen Mitgliedern der Gesellschaft den Genuss eben dieser Rechte sicherstellt. [3]Diese Grenzen dürfen nur durch das Gesetz bestimmt werden.

Artikel 5
[1]Das Gesetz hat nur das Recht, die der Gesellschaft schädlichen Handlungen zu verbieten. [2]Alles, was durch das Gesetz nicht verboten ist, darf nicht verhindert werden, und niemand darf genötigt werden zu tun, was es nicht befiehlt.

Artikel 6
[1]Das Gesetz ist der Ausdruck des allgemeinen Willens. [2]Alle Bürger sind berechtigt, persönlich oder durch ihre Vertreter an seiner Gestaltung mitzuwirken. [3]Es soll für alle gleich sein, mag es beschützen oder bestrafen. [4]Da alle Bürger in seinen Augen gleich sind, sind sie gleichermaßen, nur nach ihrer Fähigkeit und ohne anderen Unterschied als den ihrer Tugenden und ihrer Talente zu allen öffentlichen Würden, Stellen und Ämtern, zugelassen.

Artikel 7
[1]Kein Mensch darf angeklagt, verhaftet oder in Haft gehalten werden, es sei denn in den durch das Gesetz bestimmten Fällen und in den Formen, die es vorgeschrieben hat. [2]Diejenigen, die willkürliche Befehle veranlassen, ausfertigen, vollziehen oder vollziehen lassen, sind zu bestrafen; doch hat auch jeder Bürger, der auf Grund eines Gesetzes vorgeladen oder festgenommen wird, auf der Stelle zu gehorchen: Leistet er Widerstand, so macht er sich strafbar.

Artikel 8
Das Gesetz darf nur solche Strafen festsetzen, die unbedingt und offenbar notwendig sind, und niemand kann anders als auf Grund eines vor Begehung der Straftat beschlossenen, verkündeten und rechtmäßig angewandten Gesetzes bestraft werden.

Artikel 9
Da jeder Mensch solange für unschuldig erachtet wird, bis er für schuldig erklärt wurde, soll, wenn seine Festnahme für unumgänglich gehalten wird, jede Härte, die nicht erforderlich ist, um sich seiner Person zu versichern, vom Gesetz streng unterbunden werden.

Artikel 10
Niemand darf wegen seiner Anschauungen, selbst religiöser Natur, belästigt werden, solange ihre Äußerung nicht die durch das Gesetz begründete öffentliche Ordnung stört.

Artikel 11
Der freie Austausch der Gedanken und Meinungen ist eines der kostbarsten Menschenrechte; jeder Bürger kann also frei reden, schreiben und drucken, vorbehaltlich seiner Verantwortlichkeit für den Missbrauch dieser Freiheit in den durch das Gesetz bestimmten Fällen.

Artikel 12
Die Gewährleistung der Menschen- und Bürgerrechte erfordert eine Streitmacht; diese Macht ist also zum Vorteil aller errichtet und nicht zum besonderen Nutzen derjenigen, denen sie anvertraut ist.

Artikel 13
Für den Unterhalt der Streitmacht und für die Ausgaben der Verwaltung ist eine allgemeine Abgabe unerlässlich; diese ist auf alle Bürger ihrem Vermögen entsprechend gleichmäßig zu verteilen.

Artikel 14
Alle Bürger haben das Recht, entweder selbst oder durch ihre Vertreter die Notwendigkeit allgemeine Abgaben festzustellen, diese frei zu bewilligen, ihre Verwendung zu überwachen sowie ihre Höhe, Veranlagung, Eintreibung und Dauer zu bestimmen.

Artikel 15
Die Gesellschaft hat das Recht, von jedem öffentlichen Beamten Rechenschaft über seine Amtsführung zu fordern.

Artikel 16
Eine jede Gesellschaft, in der weder die Gewährleistung der Rechte gesichert noch die Gewaltenteilung festgelegt ist, hat keine Verfassung.

Artikel 17
Da das Eigentum ein unverletzliches und geheiligtes Recht ist, darf es niemandem entzogen werden, es sei denn, dass die gesetzlich festgestellte öffentliche Notwendigkeit es offenbar erfordert und unter der Bedingung einer gerechten und vorherigen Entschädigung.

Präambel der Verfassung von 1946

Am Tage nach dem Siege, den die freien Völker über die Regimes davongetragen haben, die versucht hatten, die menschliche Person zu unterjochen und zu entwürdigen, verkündet das französische Volk von neuem, dass jedes menschliche Wesen ohne Unterschied der Rasse, der Religion oder des Glaubens unveräußerliche und geheiligte Rechte besitzt. Es bestätigt erneut feierlich die durch die Erklärung der Rechte von 1789 niedergelegten Rechte und Freiheiten des Menschen und des Bürgers und die von den Gesetzen der Republik anerkannten grundlegenden Prinzipien. Es verkündet überdies als für unsere Zeit besonders notwendig die nachstehenden politischen, wirtschaftlichen und sozialen Grundsätze:

Das Gesetz gewährleistet der Frau auf allen Gebieten die gleichen Rechte wie dem Manne.

Jedermann, der wegen seines Einsatzes zugunsten der Freiheit verfolgt wird, hat in den Gebieten der Republik Asylrecht.

Jeder hat die Pflicht zu arbeiten und das Recht, eine Beschäftigung zu erhalten. Niemand darf bei seiner Arbeit oder Beschäftigung wegen seiner Herkunft, seinen Anschauungen oder seines Glaubens geschädigt werden.

Jedermann darf seine Rechte und Belange durch gewerkschaftliche Tätigkeit verteidigen und sich der Gewerkschaft seiner Wahl anschließen.

Das Streikrecht wird im Rahmen der Gesetze, die es regeln, ausgeübt.

Jeder Arbeiter nimmt durch seine Delegierten an der kollektiven Festsetzung der Arbeitsbedingungen sowie an der Geschäftsführung der Betriebe teil.

Jedes Vermögen und jedes Unternehmen, dessen Betrieb den Charakter einer nationalen öffentlichen Daseinsvorsorge oder eines faktischen Monopols hat oder erlangt, muss in das Eigentum der Gemeinschaft überführt werden.

Die Nation stellt dem Einzelnen und der Familie die zu ihrer Entwicklung notwendigen Bedingungen sicher.

Sie gewährleistet allen, insbesondere dem Kinde, der Mutter und den alten Arbeitern den Schutz der Gesundheit, materielle Sicherheit, Ruhe und Freizeit. Jeder Mensch, der wegen seines Alters, seines körperlichen oder geistigen Zustands oder wegen der wirtschaftlichen Lage arbeitsunfähig ist, hat das Recht, von der Gemeinschaft angemessene Mittel für seinen Unterhalt zu erhalten.

Die Nation verkündet die Solidarität und Gleichheit aller Franzosen hinsichtlich der Lasten, die aus nationalen Notständen erwachsen.

Die Nation gewährleistet dem Kinde und dem Erwachsenen gleichen Zugang zur Schulbildung, zur Berufsausbildung und zur Kultur. Die Organisation des unentgeltlichen und laizistischen öffentlichen Bildungswesens auf allen Stufen ist eine Pflicht des Staates.

Die französische Republik richtet sich, ihrer Überlieferung getreu, nach den Regeln des Völkerrechts. Sie wird keinen Eroberungskrieg führen und ihre Streitkräfte niemals gegen die Freiheit irgendeines Volkes einsetzen.

Unter dem Vorbehalt der Gegenseitigkeit stimmt Frankreich den zur Organisation und Verteidigung des Friedens notwendigen Souveränitätseinschränkungen zu.

Frankreich bildet mit den überseeischen Völkern eine Union, die auf der Gleichheit der Rechte und Pflichten ohne Unterschied der Rasse oder Religion gegründet ist.

Die Französische Union setzt sich aus Nationen und Völkern zusammen, die ihre Ressourcen und ihre Anstrengungen zusammenlegen oder aufeinander abstimmen, um ihre jeweiligen Zivilisationen zu entwickeln, ihr Wohl zu mehren und ihre Sicherheit zu wahren.

Seiner überlieferten Sendung getreu, beabsichtigt Frankreich, die Völker, die es in seine Obhut genommen hat, der Freiheit, sich selbst zu verwalten und ihre eigenen Angelegenheiten demokratisch zu erledigen, zuzuführen; indem es jedes auf Willkür gegründete Kolonialsystem ablehnt, gewährleistet es allen gleichen Zutritt zu den öffentlichen Ämtern sowie die individuelle oder kollektive Ausübung der oben verkündeten oder bestätigten Rechte und Freiheiten.

Umweltcharta 2004

In der Erwägung dessen,

dass die natürlichen Ressourcen und das natürliche Gleichgewicht Voraussetzung für die Entstehung der Menschheit waren;

dass die Zukunft und gar der Fortbestand der Menschheit untrennbar mit ihrer natürlichen Umwelt verbunden sind;

dass die Umwelt das gemeinsame Erbe der Menschen ist;

dass der Mensch zunehmend Einfluss auf die Lebensbedingungen und seine eigene Entwicklung ausübt;

dass die biologische Vielfalt, die Entfaltung der Person und der Fortschritt der menschlichen Gesellschaften von bestimmten Konsumgewohnheiten oder Produktionstechniken und von der übermäßigen Nutzung der natürlichen Ressourcen beeinträchtigt werden;

dass die Erhaltung der Umwelt gleichermaßen wie die anderen grundlegenden Interessen der Nation angestrebt werden muss;

dass zur Gewährleistung einer nachhaltigen Entwicklung die Entscheidungen, die der Befriedigung der Bedürfnisse der Gegenwart dienen, nicht die Fähigkeit der künftigen Generationen und anderen Völker gefährden dürfen, ihre eigenen Bedürfnisse zu decken –

verkündet das französische Volk:

Artikel 1
Jeder hat das Recht, in einer ausgewogenen und gesunden Umwelt zu leben.

Artikel 2
Jeder Mensch hat die Pflicht, zur Erhaltung und Verbesserung der Umwelt beizutragen.

Artikel 3
Jeder Mensch muss nach Maßgabe des Gesetzes die Umweltbeeinträchtigungen, die von ihm auszugehen drohen, verhindern oder andernfalls deren Folgen begrenzen.

Artikel 4
Jeder Mensch muss nach Maßgabe des Gesetzes zur Beseitigung der Schäden beitragen, welche er an der Umwelt verursacht hat.

Artikel 5
Wenn der Eintritt eines Schadens, obwohl er nach dem gegenwärtigen Stand der wissenschaftlichen Erkenntnisse noch unsicher ist, die Umwelt auf schwere und irreversible Weise beeinträchtigen könnte, wachen die Behörden unter Anwendung des Vorsorgeprinzips in ihrer jeweiligen Zuständigkeit über die Ausführung von Verfahren zur Ermittlung von Risiken und über den Beschluss von vorläufigen Maßnahmen, die geeignet sind, dem Eintritt eines Schadens vorzubeugen.

Artikel 6
Die Politik hat eine nachhaltige Entwicklung zu fördern. Zu diesem Zweck bringt sie den Schutz und die Aufwertung der Umwelt, die wirtschaftliche Entwicklung und den sozialen Fortschritt in Ausgleich.

Artikel 7
Jeder Mensch hat nach Maßgabe und in den Grenzen des Gesetzes das Recht auf Zugang zu den Umweltinformationen, über welche die Behörden verfügen, und auf Mitwirkung an der Erarbeitung der öffentlichen Entscheidungen, die Auswirkungen auf die Umwelt haben.

Artikel 8
Umwelterziehung und -schulung sollen zur Wahrnehmung der in dieser Charta definierten Rechte und Pflichten beitragen.

Artikel 9
Forschung und Innovation sollen ihren Beitrag zur Erhaltung und Aufwertung der Umwelt leisten.

Artikel 10
Diese Charta leitet das Handeln Frankreichs auf europäischer und internationaler Ebene.

Verfassung der Italienischen Republik

Vom 27. Dezember 1947

zuletzt geändert durch G.U. Nr. 261/2020 vom 21. Oktober 2020
(bestätigt durch Verfassungsreferendum vom 20. und 21. September 2020)

Inhalt

GRUNDLEGENDE RECHTSSÄTZE

Artikel 1 [Staatsform]

Italien ist eine demokratische, auf die Arbeit gegründete Republik.

Die oberste Staatsgewalt steht dem Volke zu, das sie in den Formen und innerhalb der Grenzen der Verfassung ausübt.

Artikel 2 [Rechte und Pflichten]

Die Republik anerkennt und gewährleistet die unverletzlichen Rechte des Menschen, sei es als Einzelperson, sei es innerhalb der gesellschaftlichen Gebilde, in denen sich seine Persönlichkeit entfaltet, und fordert die Erfüllung der unabdingbaren Pflichten politischer, wirtschaftlicher und sozialer Verbundenheit.

Artikel 3 [Gleichheit]

Alle Staatsbürger haben die gleiche gesellschaftliche Würde und sind vor dem Gesetz ohne Unterschied des Geschlechtes, der Rasse, der Sprache, des Glaubens, der politischen Anschauungen, der persönlichen und sozialen Verhältnisse gleich.

Es ist Aufgabe der Republik, die Hindernisse wirtschaftlicher und sozialer Art zu beseitigen, die durch eine tatsächliche Einschränkung der Freiheit und Gleichheit der Staatsbürger der vollen Entfaltung der menschlichen Persönlichkeit und der wirksamen Teilnahme aller Arbeiter an der politischen, wirtschaftlichen und sozialen Gestaltung des Landes im Wege stehen.

Artikel 4 [Recht auf Arbeit]
Die Republik erkennt allen Staatsbürgern das Recht auf Arbeit zu und fördert die Bedingungen, durch die dieses Recht verwirklicht werden kann.

Jeder Staatsbürger hat die Pflicht, nach den eigenen Möglichkeiten und nach eigener Wahl eine Arbeit oder Tätigkeit auszuüben, die zum materiellen oder geistigen Fortschritt der Gesellschaft beiträgt.

Artikel 5 [Selbstverwaltung und Dezentralisierung]
Die eine, unteilbare Republik anerkennt und fördert die örtlichen Selbstverwaltungen; sie verwirklicht in den Dienstbereichen, die vom Staate abhängen, die weitgehendste Dezentralisierung der Verwaltung; sie passt die Grundsätze und Formen ihrer Gesetzgebung den Erfordernissen der Selbstverwaltung und Dezentralisierung an.

Artikel 6 [Sprachminderheiten]
Die Republik schützt mit besonderen Bestimmungen die sprachlichen Minderheiten.

Artikel 7 [Staat und Kirche]
Der Staat und die katholische Kirche sind, jedes im eigenen Ordnungsbereich, unabhängig und souverän.

[1]Ihre Beziehungen sind durch die Lateran-Verträge geregelt. [2]Die Abänderungen dieser Verträge, die von beiden Parteien angenommen werden, bedürfen nicht des für die Verfassungsänderung vorgesehenen Verfahrens.

Artikel 8 [Bekenntnisse]
Alle religiösen Bekenntnisse sind gleichermaßen vor dem Gesetze frei.

Die nichtkatholischen Bekenntnisse haben das Recht, ihren Aufbau nach eigenen Satzungen zu regeln, soweit sie nicht der italienischen Rechtsordnung widersprechen.

Ihre Beziehungen zum Staate werden auf Grund von Übereinkommen mit den entsprechenden Vertretungen geregelt.

Artikel 9 [Kultur und Forschung]
Die Republik fördert die Entwicklung der Kultur und die wissenschaftliche und technische Forschung.

Sie schützt die Landschaft und den historischen und künstlerischen Reichtum der Nation.

Artikel 10 [Völkerrecht]
Die italienische Rechtsordnung passt sich den allgemein anerkannten Bestimmungen des Völkerrechtes an.

Die Rechtsstellung des Ausländers wird in Übereinstimmung mit den völkerrechtlichen Bestimmungen und Verträgen gesetzlich geregelt.

Der Ausländer, der in seinem Lande an der tatsächlichen Ausübung der von der italienischen Verfassung gewährleisteten demokratischen Freiheiten behindert ist, genießt gemäß den gesetzlich vorgesehenen Bedingungen das Asylrecht im Gebiet der Republik.

Die Auslieferung der Ausländer wegen politischer Verbrechen ist unzulässig.

Artikel 11 [Souveränitätsverzicht; supranationale Zusammenarbeit]
Italien lehnt den Krieg als Mittel des Angriffes auf die Freiheit anderer Völker und als Mittel zur Lösung internationaler Streitigkeiten ab; unter der Bedingung der Gleichstellung mit den übrigen Staaten stimmt es den Beschränkungen der staatlichen Oberhoheit zu, sofern sie für eine Rechtsordnung nötig sind, die den Frieden und die Gerechtigkeit unter den Völkern gewährleistet; es fördert und begünstigt die auf diesen Zweck gerichteten überstaatlichen Zusammenschlüsse.

Artikel 12 [Flagge]
Die Flagge der Republik ist die italienische Trikolore: grün, weiß und rot, in drei senkrechten Streifen von gleichem Ausmaß.

I. Teil
RECHTE UND PFLICHTEN DER STAATSBÜRGER

I. Titel
BÜRGERLICHE BEZIEHUNGEN

Artikel 13 [Freiheit; habeas corpus]
Die persönliche Freiheit ist unverletzlich.

Unzulässig ist jegliche Form des Gewahrsams, der Überwachung oder Durchsuchung von Personen und jede andere Einschränkung der persönlichen Freiheit, es sei denn auf Grund einer begründeten Verfügung der Gerichtsbehörde und nur in den vom Gesetz vorgesehenen Fällen und Formen.

In den vom Gesetz ausdrücklich angegebenen dringlichen und notwendigen Ausnahmefällen kann die Sicherheitsbehörde vorläufige Maßnahmen ergreifen, die innerhalb von 48 Stunden der Gerichtsbehörde mitgeteilt werden müssen, die aber als aufgehoben gelten und ohne jede Wirkung bleiben, wenn diese sie nicht innerhalb der nächsten 48 Stunden bestätigt.

[1]Jede körperliche und seelische Gewaltanwendung gegenüber halten, vorbehaltlich der Beschränkungen, die das Gesetz aus Gründen der Gesundheit oder Sicherheit allgemein vorschreibt. [2]Keinerlei Beschränkung darf aus politischen Gründen festgesetzt werden.

Vorbehaltlich der gesetzlichen Verpflichtungen steht es jedem Staatsbürger frei, das Gebiet der Republik zu verlassen und wieder zu betreten.

Artikel 14 [Unverletzlichkeit der Wohnung]
Die Wohnung ist unverletzlich.

Überwachungen, Durchsuchungen oder Beschlagnahmen dürfen darin nicht vorgenommen werden, außer in den gesetzlich vorgesehenen Fällen und Formen gemäß den zum Schutz der persönlichen Freiheit vorgesehenen Garantien.

Die Erhebungen und Untersuchungen aus Gründen der öffentlichen Gesundheit und Unversehrtheit oder für wirtschaftliche und steuerliche Zwecke werden durch Sondergesetze geregelt.

Artikel 15 [Briefgeheimnis]
Die Freiheit und das Geheimnis des Schriftverkehrs und jeder anderen Form von Mitteilung sind unverletzlich.

Ihre Einschränkung darf nur auf Grund einer begründeten Verfügung der Gerichtsbehörde unter gesetzlich bestimmten Garantien erfolgen.

Artikel 16 [Freizügigkeit]
[1]Jeder Staatsbürger kann sich frei in jedem Teil des Staatsgebietes bewegen und aufhalten, vorbehaltlich der Beschränkungen, die das Gesetz aus Gründen der Gesundheit oder Sicherheit allgemein vorschreibt. [2]Keinerlei Beschränkung darf aus politischen Gründen festgesetzt werden.

Vorbehaltlich der gesetzlichen Verpflichtungen steht es jedem Staatsbürger frei, das Gebiet der Republik zu verlassen und wieder zu betreten.

Artikel 17 [Versammlungsfreiheit]
Die Staatsbürger haben das Recht, sich friedlich und ohne Waffen zu versammeln.

Für die Versammlungen, auch wenn sie an einem der Öffentlichkeit zugänglichen Ort stattfinden, ist keine Voranmeldung erforderlich.

Über Versammlungen an einem öffentlichen Ort muss eine Voranmeldung an die Behörden erstattet werden, die sie nur aus nachgewiesenen Gründen der Sicherheit oder der öffentlichen Unversehrtheit verbieten können.

Artikel 18 [Vereinigungsfreiheit]
Die Staatsbürger haben das Recht, sich frei und ohne Ermächtigung zu Zwecken zusammenzuschließen, die den einzelnen durch das Strafgesetz nicht untersagt sind.

Verboten sind die Geheimverbände und jene, die auch nur mittelbar durch Organisationen militärischen Charakters politische Ziele verfolgen.

Artikel 19 [Religionsfreiheit]
Jedermann hat das Recht, in jedweder Form, einzeln oder gemeinschaftlich, seinen religiösen Glauben frei zu bekennen, dafür zu werben und privat oder öffentlich den Kult auszuüben, vorausgesetzt, dass es sich nicht um religiöse Übungen handelt, die gegen die guten Sitten verstoßen.

Artikel 20 [Religiöse Vereinigungen]
Der kirchliche Charakter und der religiöse oder kultische Zweck einer Vereinigung oder Einrichtung dürfen nicht Ursache von besonderen gesetzlichen Beschränkungen noch von besonderen steuerlichen Belastungen für ihre Errichtung, Rechtsfähigkeit und jedwede Form von Tätigkeit sein.

Artikel 21 [Äußerungs-, Meinungs- und Pressefreiheit]
Jedermann hat das Recht, die eigenen Gedanken durch Wort, Schrift und jedes andere Mittel der Verbreitung frei zu äußern.

Die Presse darf weder einer behördlichen Ermächtigung noch einer Zensur unterworfen werden.

Eine Beschlagnahme darf nur auf Grund einer begründeten Verfügung der Gerichtsbehörde im Falle von Straftaten, bei denen das Pressegesetz ausdrücklich dazu ermächtigt, vorgenommen werden oder im Falle von Verletzung der Bestimmungen, die das Gesetz selbst für die Bezeichnung der Verantwortlichen vorschreibt.

[1]In solchen Fällen kann, wenn dafür eine absolute Dringlichkeit besteht und kein rechtzeitiges Eingreifen der Gerichtsbehörde möglich ist, die Beschlagnahme der periodischen Presse durch Beamte der Gerichtspolizei erfolgen, die sofort und spätestens innerhalb von 24 Stunden der Gerichtsbehörde Anzeige erstatten müssen. [2]Die Beschlagnahme gilt als aufgehoben und gänzlich unwirksam, wenn sie diese nicht in den folgenden 24 Stunden bestätigt.

Das Gesetz kann durch allgemeine Bestimmungen festlegen, dass die Mittel zur Finanzierung der periodischen Presse bekanntgegeben werden.

[1]Gedruckte Veröffentlichungen, Aufführungen und alle anderen Veranstaltungen, die gegen die guten Sitten verstoßen, sind verboten. [2]Das Gesetz bestimmt geeignete Maßnahmen zur Verhinderung und Unterdrückung von Verstößen.

Artikel 22 [Schutz des Rechtsstatus]
Niemandem darf aus politischen Gründen die Rechtsfähigkeit, die Staatsbürgerschaft oder der Name entzogen werden.

Artikel 23 [Inpflichtnahme durch Gesetz]
Persönliche oder vermögensrechtliche Leistungen können nur auf Grund eines Gesetzes auferlegt werden.

Artikel 24 [Gerichtsschutzgarantie]
Jedermann darf zum Schutz der eigenen Rechte und der rechtmäßigen Interessen vor einem Gericht Klage erheben.

Die Verteidigung ist in jedem Abschnitt und in jeder Stufe des Verfahrens ein unverletzliches Recht.

Den Mittellosen werden durch eigene Einrichtungen die Mittel zur Klage und Verteidigung bei jedem Gerichtsverfahren zugesichert.

Das Gesetz bestimmt die Bedingungen und Formen für die Wiedergutmachung von Justizirrtümern.

Artikel 25 [Gesetzlicher Richter; nulla poena sine lege]
Niemand darf seinem ordentlichen, durch Gesetz vorbestimmten Richter entzogen werden.

Niemand darf bestraft werden außer kraft eines Gesetzes, das vor Ausführung der Tat in Kraft getreten ist.

Außer in den durch Gesetz vorgesehenen Fällen darf niemand einer Sicherheitsmaßnahme unterworfen werden.

Artikel 26 [Auslieferungsschutz]
Die Auslieferung eines Staatsbürgers kann nur dann gestattet werden, wenn sie durch zwischenstaatliche Vereinbarungen ausdrücklich vorgesehen ist.

Sie kann keinesfalls wegen politischer Verbrechen zugelassen werden.

Artikel 27 [Unschuldsvermutung; Verbot unmenschlicher und der Todesstrafe]
Die strafrechtliche Haftung ist persönlich.

Der Angeklagte wird bis zur endgültigen Verurteilung nicht als schuldig betrachtet.

Die Strafen dürfen nicht in einer gegen das Empfinden der Menschlichkeit verstoßenden Behandlung bestehen und sollen die Umerziehung des Verurteilten anstreben.

Die Todesstrafe ist unzulässig.

Artikel 28 [Amtshaftung]
[1]Die Beamten und Angestellten des Staates und der öffentlichen Körperschaften sind gemäß den Straf-, Zivil- und Verwaltungsgesetzen unmittelbar für rechtsverletzende Handlungen verantwortlich. [2]In diesen Fällen erstreckt sich die zivilrechtliche Haftung auf den Staat und die öffentlichen Körperschaften.

II. Titel
GESELLSCHAFTLICHE BEZIEHUNGEN

Artikel 29 [Ehe und Familie]
Die Republik erkennt die Rechte der Familie als einer natürlichen, auf die Ehe gegründeten Gemeinschaft an.

Die Ehe ist auf der moralischen und rechtlichen Gleichstellung der Ehegatten innerhalb der im Gesetz bestimmten Einschränkungen zur Wahrung der Einheit der Familie aufgebaut.

Artikel 30 [Pflicht und Recht der Eltern; außereheliche Kinder]
Es ist Pflicht und Recht der Eltern, die Kinder, auch die außerhalb der Ehe geborenen, zu erhalten, auszubilden und zu erziehen.

In den Fällen der Unfähigkeit der Eltern sorgt das Gesetz dafür, dass die Aufgaben derselben erfüllt werden.

Das Gesetz gewährleistet den außerehelichen Kindern jeden rechtlichen und sozialen Schutz, soweit dieser mit den Rechten der Mitglieder der ehelichen Familie vereinbar ist.

Das Gesetz schreibt die Bestimmungen und die Grenzen für die Ermittlung der Vaterschaft vor.

Artikel 31 [Förderung der Familie; Schutz der Mutterschaft]
Die Republik unterstützt mit wirtschaftlichen Maßnahmen und anderweitigen Fürsorgen die Gründung der Familie und die Erfüllung der entsprechenden Pflichten unter besonderer Berücksichtigung der kinderreichen Familien.

Sie schützt die Mutterschaft, die Kindheit und die Jugend, indem sie die zu diesem Zweck erforderlichen Einrichtungen begünstigt.

Artikel 32 [Recht auf Gesundheit; kein Heilbehandlungszwang]
Die Republik hütet die Gesundheit als Grundrecht des einzelnen und als Interesse der Gemeinschaft und gewährleistet den Bedürftigen kostenlose Behandlung.

Niemand kann zu einer bestimmten Heilbehandlung verhalten werden, außer auf Grund einer gesetzlichen Verfügung.

Das Gesetz darf in keinem Fall die durch die Würde der menschlichen Person gezogenen Grenzen verletzen.

Artikel 33 [Kunst- und Wissenschaftsfreiheit; staatliche und nichtstaatliche Schulen]
Die Kunst und die Wissenschaft sind frei, und frei ist ihre Lehre.

Die Republik erlässt die allgemeinen Richtlinien über den Unterricht und errichtet staatliche Schulen aller Gattungen und Stufen.

Körperschaften und Einzelpersonen haben das Recht, ohne Belastung des Staates Schulen und Erziehungsanstalten zu errichten.

In der Festsetzung der Rechte und Pflichten der nichtstaatlichen Schulen, welche die Gleichstellung beantragen, muss ihnen das Gesetz volle Freiheit und ihren Schülern eine Schulbehandlung zusichern, die jener der Schüler in den Staatsschulen gleichwertig ist.

Für die Zulassung zu den verschiedenen Gattungen und Stufen der Schulen, für den Abschluss derselben und für die Befähigung zur Berufsausübung ist eine Staatsprüfung vorgeschrieben.

Die höheren Bildungsanstalten, Hochschulen und Akademien haben das Recht, sich innerhalb der durch Staatsgesetz festgelegten Grenzen eine eigenständige Ordnung zu geben.

Artikel 34 [Schulpflicht, Leistungs- und Wettbewerbsprinzip]

Die Schule steht jedermann offen.

Der Unterricht in den Grundschulen muss acht Jahre lang erteilt werden, ist obligatorisch und unentgeltlich.

Die fähigen und verdienstvollen Schüler haben, auch wenn sie mittellos sind, das Recht, die höchsten Studiengrade zu erreichen.

Die Republik verwirklicht dieses Recht durch Stipendien, Familienbeihilfen und andere Maßnahmen, die durch Wettbewerbe gewährt werden müssen.

III. Titel

WIRTSCHAFTLICHE BEZIEHUNGEN

Artikel 35 [Schutz der Arbeit]

Die Republik schützt die Arbeit in allen ihren Formen und Anwendungen.

Sie sorgt für die berufliche Schulung und Fortbildung der Arbeiter.

Sie fördert und begünstigt zwischenstaatliche Vereinbarungen und Organisationen, welche die Festigung und Regelung des Arbeitsrechtes anstreben.

Sie anerkennt unter Vorbehalt der durch Gesetz im Allgemeininteresse festgelegten Verpflichtungen die Freiheit der Auswanderung und schützt die italienische Arbeit im Ausland.

Artikel 36 [Arbeitslohn und Arbeitszeit]

Der Arbeiter hat Anspruch auf einen Lohn, der dem Umfang und der Qualität seiner Arbeit angemessen und jedenfalls ausreichend sein muss, ihm und der Familie ein freies und würdiges Leben zu gewährleisten.

Die Höchstdauer des Arbeitstages wird gesetzlich geregelt.

Der Arbeiter hat Anspruch auf einen wöchentlichen Ruhetag und auf einen bezahlten Jahresurlaub; er kann darauf nicht verzichten.

Artikel 37 [Arbeit der Frauen und Minderjährigen]

[1]Die arbeitende Frau hat dieselben Rechte und bei gleicher Arbeitsleistung denselben Lohn, die dem Arbeiter zustehen. [2]Die Arbeitsbedingungen müssen die Erfüllung ihrer wesenhaften Aufgabe im Dienst der Familie gestatten und der Mutter und dem Kind einen besonderen, angemessenen Schutz gewährleisten.

Das Gesetz bestimmt die unterste Altersgrenze für die entlohnte Arbeit.

Die Republik schützt die Arbeit der Minderjährigen mit besonderen Vorschriften und verbürgt ihnen bei gleicher Arbeit den Anspruch auf gleichen Lohn.

Artikel 38 [Sozialstaatliche Einrichtungen]

Jeder arbeitsunfähige Staatsbürger, dem die zum Leben erforderlichen Mittel fehlen, hat Anspruch auf Unterhalt und Fürsorge.

Die Arbeiter haben Anspruch auf Bereitstellung und Gewährleistung der ihren Lebenserfordernissen angemessenen Mittel bei Unfällen, Krankheit, Arbeitsunfähigkeit und Alter sowie bei unfreiwilliger Arbeitslosigkeit.

Die Arbeitsunfähigen und Körperbehinderten haben Anspruch auf Erziehung und Berufsausbildung.

Für die Erfüllung der in diesem Artikel vorgesehenen Aufgaben sorgen Organe und Anstalten, die vom Staat dafür eingerichtet oder ergänzt werden.

Die private Wohlfahrtspflege ist frei.

Artikel 39 [Gewerkschaften]

Die gewerkschaftliche Organisation ist frei.

Den Gewerkschaften darf keine andere Verpflichtung auferlegt werden als die Eintragung bei örtlichen oder zentralen Ämtern gemäß den gesetzlichen Bestimmungen.

Bedingung für die Eintragung ist, dass die Satzungen der Gewerkschaften einen inneren Aufbau auf demokratischer Grundlage festlegen.

[1]Die eingetragenen Gewerkschaften haben Rechtspersönlichkeit. [2]Sie können, einheitlich vertreten im Verhältnis ihrer eingeschriebenen Mitglieder, Arbeitskollektivverträge abschließen, die für alle Angehörigen der Berufsgruppen, auf die sich der Vertrag bezieht, verbindliche Wirkung haben.

Artikel 40 [Streikrecht]

Das Streikrecht wird im Rahmen der Gesetze, die dasselbe regeln, ausgeübt.

Artikel 41 [Wirtschaftsfreiheit und Nutzen der Gesellschaft]

Die Privatinitiative in der Wirtschaft ist frei.

Sie darf sich aber nicht im Gegensatz zum Nutzen der Gesellschaft oder in einer Weise, die die Sicherheit, Freiheit und menschliche Würde beeinträchtigt, betätigen.

Das Gesetz legt die Wirtschaftsprogramme und geeignete Kontrollen fest, damit die öffentliche und private Wirtschaftstätigkeit nach dem Allgemeinwohl ausgerichtet und abgestimmt werden kann.

Artikel 42 [Eigentum, Enteignung und Erbrecht]

[1]Das Eigentum ist öffentlich oder privat. [2]Die wirtschaftlichen Güter gehören dem Staat, Körperschaften oder Einzelpersonen.

Das Privateigentum wird durch Gesetz anerkannt und gewährleistet, welches die Arten seines Erwerbes, seines Genusses und die Grenzen zu dem Zweck regelt, seine sozialen Aufgaben sicherzustellen und es allen zugänglich zu machen.

Das Privateigentum kann in den durch Gesetz vorgesehenen Fällen und gegen Entschädigung aus Gründen des Allgemeinwohles enteignet werden.

Das Gesetz bestimmt die Vorschriften und Grenzen der gesetzlichen und testamentarischen Erbfolge und die Rechte des Staates am Nachlass.

Artikel 43 [Öffentliche Dienste und Monopole im Allgemeininteresse]

Aus Gründen des Allgemeinwohles kann das Gesetz dem Staat, den öffentlichen Körperschaften oder Vereinigungen von Arbeitern oder Verbrauchern bestimmte Unternehmen oder Kategorien von Unternehmen im vorhinein vorbehalten oder im Enteignungswege gegen Entschädigung übertragen, wenn diese wesentliche öffentliche Dienste oder Energiequellen oder Monopolstellungen betreffen und ihrem Wesen nach ein überwiegendes Allgemeininteresse haben.

Artikel 44 [Grundbesitz und Gesetz]

Um die rationelle Bewirtschaftung des Bodens zu erreichen und um gerechte soziale Verhältnisse zu schaffen, legt das Gesetz dem privaten Grundbesitz Pflichten und Schranken auf, setzt der Ausdehnung derselben je nach Region und landwirtschaftlichen Gebieten Grenzen, fördert und schreibt die Bodenverbesserung vor sowie die Umwandlung des Großgrundbesitzes und die Wiederherstellung der Produktionseinheiten; es unterstützt den kleinen und mittleren Grundbesitz.

Das Gesetz erlässt Maßnahmen zugunsten der Berggebiete.

Artikel 45 [Genossenschaftswesen und Handwerk]

[1]Die Republik erkennt die soziale Aufgabe des Genossenschaftswesens an, sofern es nach dem Grundsatz der Gegenseitigkeit und ohne Zwecke der Privatspekulation aufgebaut ist. [2]Das Gesetz fördert und begünstigt mit den geeignetsten Mitteln seine Entfaltung und sichert durch eine zweckdienliche Aufsicht seine Eigenart und Zielsetzung.

Das Gesetz trifft Vorkehrungen zum Schutz und zur Entfaltung des Handwerks.

Artikel 46 [Mitbestimmung der Arbeiter]
Zum Zwecke der wirtschaftlichen und sozialen Aufwertung der Arbeit und in Übereinstimmung mit den Erfordernissen der Produktion anerkennt die Republik das Recht der Arbeiter, an der Führung der Betriebe in den durch das Gesetz bestimmten Formen und Grenzen mitzuarbeiten.

Artikel 47 [Spartätigkeit und Eigenkapital des Volkes]
Die Republik fördert und schützt die Spartätigkeit in allen ihren Formen; sie regelt, koordiniert und beaufsichtigt die Ausübung des Kreditwesens.

Sie begünstigt die Nutzbarmachung des Sparkapitals des Volkes für Eigenwohnungen, für die Bildung des landwirtschaftlichen Kleinbesitzes und für die unmittelbare oder mittelbare Anlage in Aktien der Großunternehmen des Landes.

IV. Titel

POLITISCHE BEZIEHUNGEN

Artikel 48 [Wahlrecht als Bürgerpflicht]
Wahlberechtigt sind alle Staatsbürger, Männer und Frauen, die volljährig sind.

[1]Die Stimmabgabe ist persönlich und für alle Wahlberechtigten gleich; sie ist frei und geheim. [2]Ihre Ausübung ist Bürgerpflicht.

[1]Das Gesetz bestimmt die Voraussetzungen und Modalitäten für die Ausübung des Wahlrechts der im Ausland ansässigen Staatsbürger und gewährleistet die Effektivität dieses Rechtes. [2]Zu diesem Zwecke wird ein Auslandswahlkreis für die Parlamentswahlen errichtet; die diesem Wahlkreis zuzuweisende Anzahl von Sitzen wird anhand gesetzlich festgelegter Kriterien durch Verfassungsnorm bestimmt.

Eine Einschränkung des Wahlrechtes ist nur dann zulässig, wenn bürgerliche Handlungsunfähigkeit vorliegt oder auf Grund eines unwiderruflichen Strafurteils oder in den vom Gesetz angegebenen Fällen moralischer Unwürdigkeit.

Artikel 49 [Parteien]
Alle Staatsbürger haben das Recht, sich frei in Parteien zusammenzuschließen, um in demokratischer Form an der Ausrichtung der Staatspolitik mitzuwirken.

Artikel 50 [Eingaben der Staatsbürger]
Alle Staatsbürger können Eingaben an die Kammern richten, um gesetzliche Maßnahmen zu verlangen oder um allgemeine Notwendigkeiten darzulegen.

Artikel 51 [Zugang zu öffentlichen Ämtern]
[1]Alle Staatsbürger beiderlei Geschlechts haben unter gleichen Bedingungen gemäß den durch Gesetz bestimmten Erfordernissen Zugang zu den öffentlichen Ämtern und zu den Wahlmandaten. [2]Die Republik fördert demzufolge die Chancengleichheit von Frauen und Männern durch spezifische Maßnahmen.

Für die Zulassung zu den öffentlichen Ämtern und zu den Wahlmandaten kann das Gesetz die der Republik nicht angehörenden Italiener den Staatsbürgern gleichstellen.

Wer durch Wahlauftrag zu öffentlichen Funktionen berufen ist, hat das Recht, über die zu deren Ausübung nötige Zeit zu verfügen und seinen Arbeitsplatz beizubehalten.

Artikel 52 [Wehrpflicht, Streitkräfte]
Die Verteidigung des Vaterlandes ist heilige Pflicht des Staatsbürgers.

[1]Der Wehrdienst ist in den durch das Gesetz bestimmten Grenzen und Formen obligatorisch. [2]Die Leistung dieses Dienstes beeinträchtigt weder die Arbeitsstellung des Staatsbürgers noch die Ausübung der politischen Rechte.

Der Aufbau der Streitkräfte richtet sich nach dem demokratischen Geist der Republik.

Artikel 53 [Leistungsfähigkeit und Progression im Steuersystem]
Jedermann ist verpflichtet, im Verhältnis zu seiner Steuerkraft zu den öffentlichen Ausgaben beizutragen.

Das Steuersystem richtet sich nach den Grundsätzen der Progressivität.

Artikel 54 [Treue zur Republik, Gesetzesgehorsams- und Eidespflicht]
Alle Staatsbürger haben die Pflicht, der Republik treu zu sein und ihre Verfassung und Gesetze zu beachten.

Die Staatsbürger, denen öffentliche Aufgaben anvertraut sind, haben die Pflicht, sie pflichtgetreu und gewissenhaft zu erfüllen und in den durch das Gesetz bestimmten Fällen einen Eid zu leisten.

II. Teil
AUFBAU DER REPUBLIK

I. Titel
DAS PARLAMENT

I. Abschnitt
Die Kammern

Artikel 55 [Abgeordnetenkammer und Senat]
Das Parlament setzt sich aus der Abgeordnetenkammer und dem Senat der Republik zusammen.

Das Parlament tritt zur gemeinsamen Sitzung der Mitglieder der beiden Kammern nur in den durch die Verfassung bestimmten Fällen zusammen.

Artikel 56 [Wahl der Abgeordneten, Wahlkreise][1)]
Die Mitglieder der Abgeordnetenkammer werden in allgemeiner und direkter Wahl gewählt.

Die Zahl der Abgeordneten beträgt 400, von denen 8 im Auslandswahlkreis gewählt werden.

Zum Abgeordneten kann jeder Wahlberechtigte gewählt werden, der am Wahltag das 25. Lebensjahr vollendet hat.

Die Verteilung der Sitze auf die Wahlkreise erfolgt – mit Ausnahme der dem Auslandswahlkreis zugeteilten Sitze –, indem die sich aus der jeweils letzten allgemeinen Volkszählung ergebende Einwohnerzahl der Republik durch 392 geteilt wird und die Sitze im Verhältnis zur Bevölkerung jedes Wahlkreises nach ganzzahligen Quotienten und den höchsten Resten verteilt werden.

Artikel 57 [Regionale Basis des Senats][1)]
Die Mitglieder des Senats der Republik werden – mit Ausnahme der dem Auslandswahlkreis zugeteilten Sitze – auf regionaler Basis gewählt.

Die Anzahl der zu wählenden Senatoren beträgt 200, von denen vier im Auslandswahlkreis gewählt werden.

[1]Auf keine Region oder autonome Provinz dürfen weniger als drei Senatoren entfallen. [2]Die Region Molise hat zwei, das Aostatal einen Senator zu stellen.

Die Verteilung der Sitze auf die Regionen oder autonomen Provinzen erfolgt gemäß vorstehendem Absatz auf der Grundlage der sich aus der letzten allgemeinen Volkszählung ergebenden Bevölkerungszahl, wobei die Berechnung nach ganzzahligen Quotienten und den höchsten Resten durchzuführen ist.

Artikel 58 [Wahl der Senatoren]
Die Senatoren werden in allgemeiner und direkter Wahl von den Wählern gewählt, die das 25. Lebensjahr überschritten haben.

Zu Senatoren sind die Wähler wählbar, welche das 40. Lebensjahr vollendet haben.

Artikel 59 [Senatoren auf Lebenszeit]
Wer Präsident der Republik gewesen ist, wird – vorbehaltlich Verzicht – kraft seines Amtes und auf Lebenszeit Senator.

---

1) Vgl. zu den Übergangsbestimmungen G.U. Nr. 261/2020 v. 21.10.2020 S. 1 Art. 4.

Der Präsident der Republik kann Staatsbürger zu Senatoren auf Lebenszeit ernennen, die durch größte Verdienste auf sozialem, wissenschaftlichem, künstlerischem und literarischem Gebiet dem Vaterland Ruhm und Ehre eingebracht haben. Die Gesamtzahl der vom Präsidenten der Republik ernannten amtierenden Senatoren darf in keinem Fall fünf überschreiten.

Artikel 60 [Wahlperiode]
Die Abgeordnetenkammer und der Senat der Republik werden auf fünf Jahre gewählt.

Die Amtszeit beider Kammern kann nur durch Gesetz und nur im Falle eines Krieges verlängert werden.

Artikel 61 [Neuwahlen]
[1]Die Wahlen der neuen Kammern finden innerhalb von siebzig Tagen nach Amtsablauf der vorherigen statt. [2]Der erste Zusammentritt findet spätestens am 20. Tage nach den Wahlen statt.

Solange die neuen Kammern nicht zusammengetreten sind, gelten die Befugnisse der vorherigen als verlängert.

Artikel 62 [Zusammentritt und Einberufung der Kammern]
Die Kammern treten von Rechts wegen am ersten Werktage im Februar und im Oktober zusammen.

Jede Kammer kann auf Veranlassung ihres Präsidenten oder des Präsidenten der Republik oder eines Drittels ihrer Mitglieder außerordentlich einberufen werden.

Wenn eine Kammer außerordentlich zusammentritt, gilt auch die andere von Rechts wegen als einberufen.

Artikel 63 [Präsidenten]
Jede Kammer wählt unter ihren Mitgliedern den Präsidenten und das Präsidium.

Wenn das Parlament zu gemeinsamer Sitzung zusammentritt, stellt die Abgeordnetenkammer den Präsidenten und das Präsidium.

Artikel 64 [Geschäftsordnung, Öffentlichkeit, Mehrheitsprinzip]
Jede Kammer gibt sich mit absoluter Stimmenmehrheit ihrer Mitglieder die eigene Geschäftsordnung.

Die Sitzungen sind öffentlich; jede Kammer kann jedoch für sich und das Parlament in gemeinsamer Sitzung der beiden Kammern beschließen, in geheimer Sitzung zusammenzutreten.

Die Beschlüsse jeder einzelnen Kammer und des Parlaments sind ungültig, wenn nicht die Mehrheit ihrer Mitglieder anwesend ist und wenn sie nicht von der Mehrheit der Anwesenden angenommen werden, es sei denn, dass die Verfassung eine besondere Mehrheit vorschreibt.

[1]Die Mitglieder der Regierung haben, auch wenn sie den Kammern nicht angehören, das Recht und – auf Antrag – die Pflicht, den Sitzungen beizuwohnen. [2]Sie müssen jedes Mal, wenn sie es verlangen, angehört werden.

Artikel 65 [Inkompatibilitäten]
Das Gesetz bestimmt die Fälle der Nichtwählbarkeit und der Unvereinbarkeit mit der Stellung eines Abgeordneten oder Senators.

Niemand kann gleichzeitig beiden Kammern angehören.

Artikel 66 [Prüfungsrecht der Kammern]
Jede Kammer befindet über die Zulassungsberechtigung ihrer Mitglieder und über die nachträglich eingetretenen Gründe der Nichtwählbarkeit und Unvereinbarkeit.

Artikel 67 [Freies Mandat]
Jedes Mitglied des Parlaments vertritt die Nation und übt seine Tätigkeit ohne Bindung an das Wahlmandat aus.

Artikel 68 [Indemnität und Immunität]
Die Mitglieder des Parlaments können für die in Ausübung ihrer Amtsbefugnisse erfolgten Meinungsäußerungen und Abstimmungen nicht zur Verantwortung gezogen werden.

Kein Mitglied des Parlaments darf ohne Ermächtigung der Kammer, der es angehört, einer Leibesvisitation oder einer Hausdurchsuchung unterzogen werden, noch darf es verhaftet oder in anderer

Weise der persönlichen Freiheit beraubt oder in Haft gehalten werden, es sei denn, dass dies zur Vollstreckung eines rechtskräftigen Strafurteils geschieht oder dass es bei Begehung einer strafbaren Tat angetroffen wird, für welche die zwingende sofortige Festnahme vorgesehen ist.

Ebenso ist eine Ermächtigung erforderlich, um die Parlamentsmitglieder Abhörmaßnahmen jeglicher Form betreffend ihre Gespräche oder Mitteilungen zu unterziehen und um ihren Schriftverkehr zu beschlagnahmen.

Artikel 69 [Entschädigung]
Die Mitglieder des Parlaments erhalten eine durch Gesetz bestimmte Entschädigung.

II. Abschnitt

Das Zustandekommen der Gesetze

Artikel 70 [Gemeinsame Gesetzgebung]
Die gesetzgebende Tätigkeit wird von beiden Kammern gemeinsam ausgeübt.

Artikel 71 [Initianten, Initiativrecht des Volkes]
Die Gesetzesinitiative steht der Regierung, jedem Mitglied der Kammern und den Organen und Körperschaften zu, denen sie durch Verfassungsgesetz übertragen ist.

Das Volk übt die Gesetzesinitiative mittels einer in Artikeln abgefassten Gesetzesvorlage aus, die von mindestens fünfzigtausend Wählern einzureichen ist.

Artikel 72 [Gesetzgebungsverfahren]
Jede bei einer Kammer eingebrachte Gesetzesvorlage wird gemäß den Vorschriften ihrer Geschäftsordnung von einem Ausschuss und darauf von der Kammer selbst überprüft, die sie Artikel für Artikel und durch eine Schlussabstimmung annimmt.

Die Geschäftsordnung setzt abgekürzte Verfahren für jene Gesetzesvorlagen fest, die als dringlich erklärt worden sind.

[1]Sie kann ferner bestimmen, in welchen Fällen und Formen die Überprüfung und die Annahme der Gesetzesvorlagen an – auch ständige – Ausschüsse übertragen werden, die in der Weise zusammengesetzt sein müssen, dass sie das Verhältnis der Parlamentsfraktionen widerspiegeln. [2]Auch in solchen Fällen wird die Gesetzesvorlage bis zum Zeitpunkt ihrer endgültigen Annahme der Kammer zugeleitet, wenn die Regierung oder ein Zehntel der Mitglieder der Kammer oder ein Fünftel des Ausschusses verlangt, dass sie von der Kammer selbst erörtert oder beschlossen werde, oder aber, dass die Vorlage ihrer Genehmigung lediglich mittels Erklärungen zur Stimmabgabe unterworfen werde. [3]Die Geschäftsordnung bestimmt die Formen der Öffentlichkeit für die Arbeiten der Ausschüsse.

Das normale Verfahren der Überprüfung und unmittelbaren Annahme durch die Kammer wird immer angewendet bei Gesetzesvorlagen, die Verfassung und Wahlen, die Delegierung der Gesetzgebungsgewalt, die Ermächtigung zur Ratifizierung internationaler Verträge und die Annahme von Haushaltsplänen sowie Schlussabrechnungen betreffen.

Artikel 73 [Verkündung und Inkrafttreten]
Die Gesetze werden vom Präsidenten der Republik innerhalb eines Monats nach der Annahme verkündet.

Wenn die Kammern, jede mit absoluter Mehrheit ihrer Mitglieder, die Dringlichkeit eines Gesetzes erklären, so wird es innerhalb der darin festgelegten Frist verkündet.

Die Gesetze werden sofort nach der Verkündigung veröffentlicht und treten am fünfzehnten Tage nach ihrer Veröffentlichung in Kraft, wenn nicht die Gesetze selbst eine andere Frist bestimmen.

Artikel 74 [Botschaft des Präsidenten]
Bevor der Präsident der Republik das Gesetz verkündet, kann er mit einer begründeten Botschaft an die Kammern eine neuerliche Beschlussfassung verlangen.

Wenn die Kammern das Gesetz erneut annehmen, muss es verkündet werden.

Artikel 75 [Volksbefragung]
Eine Volksbefragung zwecks Abstimmung über die gänzliche oder teilweise Aufhebung eines Gesetzes oder eines Aktes mit Gesetzeskraft wird ausgeschrieben, wenn es fünfhunderttausend Wähler oder fünf Regionalräte verlangen.

Unzulässig ist die Volksbefragung über Gesetze, die Steuern oder den Haushalt, die Amnestie oder den Strafnachlass sowie die Ermächtigung zur Ratifizierung internationaler Verträge betreffen.

Zur Teilnahme an der Volksbefragung sind alle Staatsbürger berechtigt, die zur Wahl der Abgeordnetenkammer berufen sind.

Der einer Volksbefragung unterworfene Vorschlag gilt als angenommen, wenn an der Abstimmung die Mehrheit der Wahlberechtigten teilgenommen hat und die Mehrheit der gültig abgegebenen Stimmen erreicht worden ist.

Das Gesetz regelt das Verfahren zur Durchführung der Volksbefragung.

Artikel 76 [Parlamentsvorbehalt]
Die Ausübung der gesetzgebenden Tätigkeit darf nicht der Regierung übertragen werden, außer unter Festlegung von Grundsätzen und Richtlinien und nur für begrenzte Zeit und bestimmte Gegenstände.

Artikel 77 [Verordnungsgewalt der Regierung]
Die Regierung darf ohne Ermächtigung der Kammern keine Verordnungen erlassen, welche die Kraft eines ordentlichen Gesetzes haben.

Wenn die Regierung in Fällen außerordentlicher Notwendigkeit und Dringlichkeit unter ihrer Verantwortung vorläufige Maßnahmen mit Gesetzeskraft trifft, so muss sie diese am gleichen Tage den Kammern zur Umwandlung vorlegen, die – auch wenn sie auf gelöst sind – eigens zu diesem Zwecke einberufen werden und innerhalb von fünf Tagen zusammentreten.

[1]Die Verordnungen verlieren ihre Wirksamkeit rückwirkend, wenn sie nicht innerhalb von sechzig Tagen nach ihrer Veröffentlichung in Gesetz umgewandelt werden. [2]Die Kammern können jedoch durch Gesetz die Rechtsverhältnisse regeln, welche auf Grund der nicht umgewandelten Verordnungen entstanden sind.

Artikel 78 [Kriegszustand]
Die Kammern beschließen über den Kriegszustand und übertragen der Regierung die notwendigen Vollmachten.

Artikel 79 [Amnestie und Straferlass]
Die Amnestie und der Straferlass werden auf Grund eines mit der Zweidrittelmehrheit der Mitglieder einer jeden Kammer sowohl bei der Abstimmung über einen jeden Artikel als auch bei der Schlussabstimmung beschlossenen Gesetzes gewährt.

In dem Gesetz, das die Amnestie oder den Straferlass gewährt, wird die Frist für die entsprechende Anwendung festgesetzt.

Auf jeden Fall können die Amnestie und der Straferlass nicht auf Straftaten angewandt werden, die nach der Vorlage des Gesetzentwurfes begangen worden sind.

Artikel 80 [Ratifikation internationaler Verträge auf gesetzlicher Grundlage]
Die Kammern ermächtigen durch Gesetz zur Ratifizierung der internationalen Verträge, die politischer Natur sind oder die Schiedsverfahren oder Vorschriften über die Rechtspflege vorsehen, oder die Gebietsveränderungen oder finanzielle Belastungen oder Abänderungen von Gesetzen beinhalten.

Artikel 81 [Haushaltsplanung]
Der Staat stellt das Gleichgewicht zwischen Einnahmen und Ausgaben des Haushaltsplanes unter Berücksichtigung der günstigen und ungünstigen Phasen des Konjunkturzyklus sicher.

Die Kreditaufnahme ist nur zur Konjunkturberuhigung sowie – nach durch die beiden Kammern mit absoluter Mehrheit der jeweiligen Mitglieder erteilter Ermächtigung – bei Eintreten außerordentlicher Ereignisse zulässig.

Jedes Gesetz, das neue oder höhere Haushaltsausgaben vorsieht, sieht entsprechende finanzielle Mittel zu deren Deckung vor.

Die Kammern genehmigen für jedes Rechnungsjahr mittels eines Gesetzes die von der Regierung vorgelegten Haushaltspläne und Abschlussbilanzen.

Der vorläufige Haushalt kann nur durch ein Gesetz und nur für einen Zeitraum von nicht mehr als vier Monaten gebilligt werden.

Der Inhalt des Gesetzes zum Haushaltsplan sowie die grundlegenden Normen und Kriterien, welche das Gleichgewicht zwischen Einnahmen und Ausgaben des Staates und die Tragfähigkeit der Staatsverschuldung der Gesamtheit der öffentlichen Verwaltungen zum Gegenstand haben, werden mit absoluter Mehrheit der Mitglieder der Kammern und unter Berücksichtigung der Prinzipien des Verfassungsrechts verabschiedet.

Artikel 82 [Untersuchungsausschuss]

Jede Kammer kann Untersuchungen über Angelegenheiten von öffentlichem Interesse anordnen.

[1]Zu diesem Zweck ernennt sie aus den Reihen ihrer Mitglieder einen Ausschuss, der so zusammengesetzt ist, dass sich darin das Verhältnis der verschiedenen Fraktionen widerspiegelt. [2]Der Untersuchungsausschuss führt die Nachforschungen und Überprüfungen mit den gleichen Befugnissen und den gleichen Beschränkungen wie die Gerichtsbehörde durch.

II. Titel
DER PRÄSIDENT DER REPUBLIK

Artikel 83 [Wahl]

Der Präsident der Republik wird vom Parlament in gemeinsamer Sitzung seiner Mitglieder gewählt.

[1]An der Wahl nehmen drei Beauftragte für jede Region teil, die vom Regionalrat in der Weise gewählt werden, dass die Vertretung der Minderheiten gewahrt ist. [2]Das Aostatal hat nur einen Beauftragten.

[1]Die Wahl des Präsidenten der Republik findet in geheimer Abstimmung mit Zweidrittelmehrheit der Versammlung statt. [2]Nach dem dritten Wahlgang genügt die absolute Mehrheit.

Artikel 84 [Passives Wahlrecht, Inkompatibilität, Bezüge]

Zum Präsidenten der Republik kann jeder Staatsbürger gewählt werden, der das 50. Lebensjahr vollendet hat und im Genuss der bürgerlichen und politischen Rechte ist.

Das Amt des Präsidenten der Republik ist mit jedem anderen Amt unvereinbar.

Die Bezüge und die Ausstattung des Präsidenten werden durch Gesetz bestimmt.

Artikel 85 [Wahlperiode, Neuwahl]

Der Präsident der Republik wird auf sieben Jahre gewählt.

Dreißig Tage vor Ablauf der Amtszeit beruft der Präsident der Abgeordnetenkammer das Parlament und die Beauftragten der Regionen zu einer gemeinsamen Sitzung ein, um den neuen Präsidenten der Republik zu wählen.

[1]Wenn die Kammern aufgelöst sind oder wenn weniger als drei Monate bis zum Mandatsverfall fehlen, findet die Wahl innerhalb von fünfzehn Tagen nach dem Zusammentritt der neuen Kammern statt. [2]In der Zwischenzeit sind die Befugnisse des amtierenden Präsidenten verlängert.

Artikel 86 [Vertretung, dauernde Verhinderung]

Die Befugnisse des Präsidenten der Republik werden in jedem Fall, in dem er sie nicht wahrnehmen kann, vom Präsidenten des Senats ausgeübt.

Im Falle dauernder Verhinderung oder bei Tod oder Rücktritt des Präsidenten der Republik setzt der Präsident der Abgeordnetenkammer innerhalb von fünfzehn Tagen die Wahl des neuen Präsidenten der Republik an, vorbehaltlich der vorgesehenen längeren Frist, wenn die Kammern aufgelöst sind oder weniger als drei Monate bis zum Mandatsverfall fehlen.

Artikel 87 [Zuständigkeiten]

Der Präsident der Republik ist das Oberhaupt des Staates und verkörpert die nationale Einheit.

Er kann Botschaften an die Kammern richten.

Er schreibt die Wahlen für die neuen Kammern aus und bestimmt ihren ersten Zusammentritt.

Er genehmigt die Einbringung von Gesetzentwürfen der Regierung in den Kammern.

Er verkündet die Gesetze und verlautbart die Dekrete mit Gesetzeskraft und die Verordnungen.

Er ordnet die Volksbefragung in den von der Verfassung vorgesehenen Fällen an.

Er bestellt in den vom Gesetz bestimmten Fällen die Amtsträger des Staates.

Er beglaubigt und empfängt die diplomatischen Vertreter und ratifiziert nach vorheriger Ermächtigung durch die Kammern, sofern sie erforderlich ist, die internationalen Verträge.

Er hat den Oberbefehl über die Streitkräfte, er führt den Vorsitz in dem gemäß Gesetz gebildeten Obersten Verteidigungsrat und erklärt den von den Kammern beschlossenen Kriegszustand.

Er führt den Vorsitz im Obersten Gerichtsrat.

Er kann Begnadigungen gewähren und Strafen umwandeln.

Er verleiht die Auszeichnungen der Republik.

Artikel 88 [Auflösung der Kammern]

Der Präsident der Republik kann die Kammern oder auch nur eine von ihnen nach Anhören ihrer Präsidenten auflösen.

Er darf diese Befugnis in den letzten sechs Monaten seines Mandats nicht ausüben, es sei denn, sie stimmen mit den letzten sechs Monaten der Gesetzgebungsperiode zur Gänze oder zum Teil überein.

Artikel 89 [Gegenzeichnung]

Kein Akt des Präsidenten der Republik ist gültig, wenn er nicht von den beantragenden Ministern gegengezeichnet ist, die dafür die Verantwortung übernehmen.

Die Akte mit Gesetzeskraft und die anderen vom Gesetz bezeichneten Akte werden auch vom Präsidenten des Ministerrates gegengezeichnet.

Artikel 90 [Unverantwortlichkeit]

Der Präsident der Republik ist für die in Ausübung seiner Amtsbefugnisse begangenen Handlungen nicht verantwortlich, außer bei Hochverrat oder bei Anschlag auf die Verfassung.

In diesen Fällen wird er vom Parlament in gemeinsamer Sitzung mit absoluter Stimmenmehrheit seiner Mitglieder unter Anklage gestellt.

Artikel 91 [Amtseid]

Vor Übernahme seines Amtes leistet der Präsident der Republik vor dem Parlament in gemeinsamer Sitzung einen Eid, der Republik die Treue zu halten und die Verfassung zu befolgen.

III. Titel
DIE REGIERUNG

I. Abschnitt
Der Ministerrat

Artikel 92 [Zusammensetzung, Ernennung]

Die Regierung der Republik besteht aus dem Präsidenten des Ministerrates und den Ministern, welche zusammen den Ministerrat bilden.

Der Präsident der Republik ernennt den Präsidenten des Ministerrates und auf dessen Vorschlag die Minister.

Artikel 93 [Amtseid]

Der Präsident des Ministerrates und die Minister leisten vor der Amtsübernahme einen Eid in die Hand des Präsidenten der Republik.

Artikel 94 [Vertrauen in den Kammern]

Die Regierung muss das Vertrauen der beiden Kammern besitzen.

Jede Kammer gewährt oder entzieht das Vertrauen mittels eines begründeten Antrages, über den durch Namensaufruf abgestimmt wird.

Innerhalb von zehn Tagen nach ihrer Bildung stellt sich die Regierung den Kammern vor, um ihr Vertrauen zu erhalten.

Die Ablehnung eines Vorschlages der Regierung durch eine oder beide Kammern verpflichtet sie nicht zum Rücktritt.

Der Misstrauensantrag muss mindestens von einem Zehntel der Mitglieder der Kammer unterzeichnet sein und darf erst drei Tage nach der Einbringung zur Erörterung gestellt werden.

Artikel 95 [Bestimmungsmacht des Präsidenten des Ministerrates, Verantwortlichkeit der Minister]

[1]Der Präsident des Ministerrates bestimmt die allgemeine Politik der Regierung und übernimmt dafür die Verantwortung. [2]Er wahrt die Einheitlichkeit der Ausrichtung in Politik und Verwaltung, indem er die Tätigkeit der Minister fördert und koordiniert.

Die Minister sind gemeinsam für die Handlungen des Ministerrates und einzeln für die Handlungen ihres Geschäftsbereiches verantwortlich.

Das Gesetz regelt den Aufbau des Präsidiums des Ministerrates und setzt die Anzahl, den Aufgabenbereich und die Organisation der Ministerien fest.

Artikel 96 [Straftaten im Amt]

Der Präsident des Ministerrates und die Minister werden, auch wenn sie ihr Amt nicht mehr innehaben, wegen der in Ausübung ihrer Amtsbefugnisse begangenen Straftaten nach Ermächtigung durch den Senat der Republik oder durch die Abgeordnetenkammer gemäß den mit Verfassungsgesetz festgelegten Bestimmungen der ordentlichen Gerichtsbarkeit unterstellt.

II. Abschnitt

Die öffentliche Verwaltung

Artikel 97 [Ämterordnung]

Die öffentlichen Verwaltungen stellen – in Übereinstimmung mit dem Recht der Europäischen Union – das Gleichgewicht der Haushaltsbilanz und die Tragfähigkeit der öffentlichen Schulden sicher.

Die öffentlichen Ämter werden nach den gesetzlichen Bestimmungen in der Weise aufgebaut, dass die gute Führung und die Unparteilichkeit der Verwaltung gewährleistet sind.

In der Ämterordnung sind die Zuständigkeitsbereiche, die Befugnisse und die Eigenverantwortung der Beamten festgelegt.

Der Zutritt zu den Stellen der öffentlichen Verwaltung erfolgt, vorbehaltlich der durch Gesetz bestimmten Fälle, durch Wettbewerb.

Artikel 98 [Status der öffentlichen Angestellten]

Die öffentlichen Angestellten stehen im ausschließlichen Dienst des Staates.

Wenn sie Parlamentsmitglieder sind, können sie eine Beförderung nur auf Grund des Dienstalters erlangen.

Mit Gesetz können Beschränkungen des Rechts auf Einschreibung in politische Parteien für die Richter, die Berufssoldaten im aktiven Dienst, die Polizeibeamten und für die diplomatischen und konsularischen Vertreter im Auslande festgesetzt werden.

III. Abschnitt

Die Hilfsorgane

Artikel 99 [Rat für Wirtschaft und Arbeit]

[1]Der Italienische Rat für Wirtschaft und Arbeit setzt sich gemäß den geltenden Rechtsvorschriften aus Sachverständigen und Vertretern der Produktionszweige der Wirtschaft zusammen. [2]Bei der Auswahl der Vertreter ist der zahlenmäßigen und qualitativen Bedeutung der Produktionszweige Rechnung zu tragen.

Er ist Beratungsorgan der Kammern und der Regierung für die Sachgebiete und gemäß den Aufgaben, die ihm vom Gesetz übertragen werden.

Er hat Gesetzesinitiative und kann gemäß den gesetzlich festgelegten Grundsätzen und Grenzen zur Ausarbeitung der wirtschaftlichen und sozialen Gesetzgebung beitragen.

Artikel 100 [Staatsrat und Rechnungshof]

Der Staatsrat ist ein Organ zur verwaltungsrechtlichen Beratung und zum Schutz der Gerechtigkeit in der Verwaltung.

[1]Der Rechnungshof übt die Vorkontrolle über die Gesetzmäßigkeit der Regierungsmaßnahmen sowie die Nachkontrolle über die Gebarung des Staatshaushaltes aus. [2]In den durch Gesetz bestimmten Fällen und Formen nimmt er an der Kontrolle der Finanzgebarung jener Körperschaften teil, denen der Staat ordentliche Beiträge gibt. [3]Er berichtet unmittelbar den Kammern über das Ergebnis der durchgeführten Überprüfung.

Das Gesetz gewährleistet die Unabhängigkeit der beiden Einrichtungen und ihrer Mitglieder gegenüber der Regierung.

IV. Titel
DAS GERICHTSWESEN

I. Abschnitt
Gerichtsverfassung

Artikel 101 [Im Namen des Volkes, Gesetzesbindung]
Die Rechtspflege wird im Namen des Volkes ausgeübt.

Die Richter sind nur dem Gesetz unterworfen.

Artikel 102 [Verbot von Ausnahme- und Sondergerichten]
Die Rechtsprechung wird von ordentlichen Richtern ausgeübt, deren Einsetzung und Rechtsstellung durch die Rechtsvorschriften zur Gerichtsverfassung geregelt werden.

[1]Es dürfen keine Ausnahme- oder Sondergerichte errichtet werden. [2]Es können nur bei ordentlichen Gerichten Sonderabteilungen für bestimmte Sachgebiete errichtet werden, und zwar auch unter Mitwirkung von geeigneten Staatsbürgern, die nicht dem Richterstand angehören.

Das Gesetz regelt die Fälle und Formen der unmittelbaren Mitwirkung des Volkes an der Rechtsprechung.

Artikel 103 [Rechtsprechungsgewalt anderer Organe]
Der Staatsrat und die anderen Organe der Verwaltungsgerichtsbarkeit haben Rechtsprechungsgewalt zum Schutz der rechtmäßigen Interessen und, in besonderen durch Gesetz bezeichneten Fällen, auch der subjektiven Rechte gegenüber der öffentlichen Verwaltung.

Der Rechnungshof hat Rechtsprechungsgewalt auf dem Gebiete des öffentlichen Rechnungswesens und der anderen durch das Gesetz bezeichneten Sachgebiete.

[1]Die Militärgerichte haben in Kriegszeiten die durch Gesetz festgelegte Rechtsprechungsgewalt. [2]In Friedenszeiten haben sie Rechtsprechungsgewalt nur für militärische Delikte, die von Angehörigen der Streitkräfte begangen werden.

Artikel 104 [Unabhängigkeit, Oberster Gerichtsrat]
Die Richter bilden einen selbständigen und von jeder anderen Gewalt unabhängigen Stand.

Im Obersten Gerichtsrat führt der Präsident der Republik den Vorsitz.

Mitglieder sind kraft ihres Amtes der Erste Präsident und der Generalstaatsanwalt des Kassationsgerichtshofes.

Die anderen Mitglieder werden zu zwei Dritteln von allen ordentlichen Richtern aus den Angehörigen der verschiedenen Kategorien und zu einem Drittel vom Parlament in gemeinsamer Sitzung aus den Reihen der ordentlichen Hochschuldozenten für Rechtswissenschaften und der Rechtsanwälte mit fünfzehnjähriger Berufsausübung gewählt.

Der Rat ernennt einen stellvertretenden Präsidenten unter den vom Parlament gewählten Mitgliedern.

Die gewählten Mitglieder des Rates bleiben vier Jahre im Amt und dürfen nicht unmittelbar darauf wiedergewählt werden.

Solange sie im Amte sind, dürfen sie weder in den Berufslisten eingetragen sein, noch dem Parlament oder einem Regionalrat angehören.

Artikel 105 [Zuständigkeiten des Obersten Gerichtsrats]
Dem Obersten Gerichtsrat kommen gemäß den Bestimmungen der Gerichtsverfassung die Einstellungen, die Zuteilungen, die Versetzungen, die Beförderungen und Disziplinarmaßnahmen hinsichtlich der Richter zu.

Artikel 106 [Richterernennung]
Die Ernennung der Richter findet durch Wettbewerb statt.

Das Gesetz über die Gerichtsverfassung kann die Ernennung von ehrenamtlichen Richtern, auch mittels Wahl, für alle einzelnen Richtern zustehenden Aufgaben gestatten.

Auf Vorschlag des Obersten Gerichtsrates können wegen hervorragender Verdienste ordentliche Universitätsprofessoren für Rechtswissenschaften sowie Rechtsanwälte, die fünfzehn Jahre Berufstätigkeit aufweisen und in den besonderen Anwaltslisten für die höhere Gerichtsbarkeit eingetragen sind, zu Mitgliedern des Kassationsgerichtshofes berufen werden.

Artikel 107 [Richterstatus, Staatsanwalt]
[1]Die Richter sind unabsetzbar. [2]Sie dürfen weder dauernd noch zeitweilig vom Dienst enthoben und in einen anderen Amtssitz versetzt noch zu anderen Aufgaben bestimmt werden, es sei denn kraft eines Beschlusses des Obersten Gerichtsrates, der entweder aus den von der Gerichtsverfassung festgesetzten Gründen und unter Wahrung des darin vorgesehenen Verteidigungsrechtes oder mit Einwilligung der Betroffenen gefasst wird.

Der Justizminister hat die Befugnis, ein Disziplinarverfahren einzuleiten.

Die Richter unterscheiden sich nur durch die Verschiedenheit der Befugnisse.

Der Staatsanwalt genießt jenen rechtlichen Schutz, der durch die Bestimmungen der Gerichtsverfassung in Bezug auf ihn festgesetzt ist.

Artikel 108 [Vorbehalt des Gesetzes]
Die Bestimmungen über die Gerichtsverfassung und über jedes Richteramt werden durch Gesetz geregelt.

Das Gesetz gewährleistet die Unabhängigkeit der Richter der Sondergerichte, der Staatsanwaltschaft bei denselben und der Laienrichter, die an der Rechtsprechung mitwirken.

Artikel 109 [Gerichtspolizei]
Die Gerichtsbehörde verfügt unmittelbar über die Gerichtspolizei.

Artikel 110 [Zuständigkeit des Justizministers]
Unter Wahrung der Zuständigkeit des Obersten Gerichtsrates steht dem Justizminister die Organisation und Führung der Dienste der Rechtspflege zu.

II. Abschnitt

Bestimmungen über die Rechtsprechung

Artikel 111 [Gerichtliches Verfahren, Rechte des Angeklagten]
Die Rechtsprechung erfolgt im Wege des gesetzlich geregelten fairen Verfahrens.

[1]Alle gerichtlichen Verfahren sind in kontradiktorischen Verhandlungen unter Gleichstellung der Parteien vor einem unbeteiligten und unparteiischen Richter zu führen. [2]Eine angemessene Verfahrensdauer wird gesetzlich gewährleistet.

Im Strafprozess gewährleistet das Gesetz, dass die einer strafbaren Handlung beschuldigte Person in der kürzest möglichen Zeit über die Art und die Gründe der gegen sie erhobenen Anklage vertraulich verständigt wird; dass sie über die Zeit und die Bedingungen verfügt, die für die Vorbereitung der Verteidigung erforderlich sind; dass sie die Möglichkeit hat, vor dem Richter Personen zu vernehmen oder vernehmen zu lassen, die sie beschuldigen und – unter den gleichen Bedingungen wie die Anklage – zu ihrer Verteidigung die Vorladung und Vernehmung von Entlastungszeugen, sowie die Berücksichtigung jedes weiteren Beweismittels zu ihrer Entlastung zu erwirken; dass ihr ein Dolmetscher beisteht, wenn sie die im Verfahren verwendete Sprache nicht versteht oder nicht spricht.

[1]Der Strafprozess unterliegt dem Grundsatz der kontradiktorischen Beweisaufnahme. [2]Als Schuldbeweis gelten nicht die Aussagen von Personen, die sich aus freien Stücken einer Vernehmung durch den Angeklagten oder dessen Verteidiger bewusst und beständig entzogen haben.

Die Fälle, in denen die Beweisaufnahme mit der Zustimmung des Angeklagten oder infolge festgestellter objektiver Unmöglichkeit oder auch infolge eines nachweislich rechtswidrigen Verhaltens des Angeklagten nicht in kontradiktorischer Verhandlung geführt wird, werden gesetzlich geregelt.

Jede gerichtliche Maßnahme muss begründet sein.

[1]Gegen im Rahmen der ordentlichen Gerichtsbarkeit oder Sondergerichtsbarkeit erlassene Urteile oder Maßnahmen, die die Freiheit der Personen betreffen, kann stets beim Kassationsgerichtshof Berufung wegen Gesetzesverletzung eingelegt werden. [2]Eine Abweichung von dieser Bestimmung ist nur bei Urteilen der Militärgerichtsbarkeit in Kriegszeiten zulässig.

Gegen die Entscheidungen des Staatsrates und des Rechnungshofes ist die Berufung an den Kassationsgerichtshof nur aus Gründen der gerichtlichen Zuständigkeit zulässig.

Artikel 112 [Pflicht des Staatsanwalts zur Anklage]
Der Staatsanwalt hat die Pflicht, das Klagerecht in Strafsachen auszuüben.

Artikel 113 [Rechtsschutzgarantie]
Gegen die Akte der öffentlichen Verwaltung ist der Rechtsweg zum Schutz der Rechte und der rechtmäßigen Interessen vor den Organen der ordentlichen Gerichtsbarkeit oder der Verwaltungsgerichtsbarkeit immer zulässig.

Dieser Rechtsschutz darf nicht ausgeschlossen oder auf besondere Anfechtungsmittel oder auf bestimmte Arten von Akten beschränkt werden.

Das Gesetz bestimmt, welche Organe der Rechtsprechung die Akte der öffentlichen Verwaltung in den Fällen und mit den Wirkungen, die vom Gesetz selbst vorgesehen sind, aufheben können.

V. Titel

DIE REGIONEN, DIE PROVINZEN UND DIE GEMEINDEN

Artikel 114 [Autonome Körperschaften, Rom]
Gemeinden, Provinzen, Großstädte mit besonderem Status, Regionen und Staat bilden die Republik.

Gemeinden, Provinzen, Großstädte mit besonderem Status und Regionen sind autonome Körperschaften mit eigenen Statuten, Befugnissen und Aufgaben gemäß den in der Verfassung verankerten Grundsätzen.

[1]Hauptstadt der Republik ist Rom. [2]Ihre Grundordnung wird durch ein Staatsgesetz geregelt.

Artikel 115 *(aufgehoben)*

Artikel 116 [Verfassungsgesetzliche Sonderstatuten]
Friaul-Julisch Venetien, Sardinien, Sizilien, Trentino-Alto Adige/Südtirol und Aostatal/Vallée d'Aoste verfügen über besondere Formen und Arten der Autonomie gemäß Sonderstatuten, die mit Verfassungsgesetz genehmigt werden.

Die Autonomen Provinzen Trient und Bozen bilden die Region Trentino Alto Adige/Südtirol.

Auf Initiative der daran interessierten Region können, nach Anhören der örtlichen Körperschaften und unter Wahrung der Grundsätze laut Art. 119, den anderen Regionen mit Staatsgesetz weitere Formen und besondere Arten der Autonomie zuerkannt werden; [dies gilt] für die Sachgebiete gemäß Art. 117 Abs. 3 und Abs. 2 desselben Artikels unter Buchst. l), beschränkt auf die Friedensgerichtsbarkeit, und Buchst. n) und s).

Das [entsprechende] Gesetz wird von beiden Kammern mit absoluter Stimmenmehrheit ihrer Mitglieder auf der Grundlage des Einvernehmens zwischen Staat und entsprechender Region genehmigt.

Artikel 117 [Gesetzgebungsbefugnisse]
Staat und Regionen üben unter Wahrung der Verfassung sowie der aus der gemeinschaftlichen Rechtsordnung und aus den internationalen Verpflichtungen erwachsenden Einschränkungen die Gesetzgebungsbefugnis aus.

Für nachstehende Sachgebiete besitzt der Staat die ausschließliche Gesetzgebungsbefugnis:

a) Außenpolitik und internationale Beziehungen des Staates; Beziehungen des Staates mit der Europäischen Union; Asylrecht und rechtliche Stellung der Bürger von Staaten, die nicht der Europäischen Union angehören;
b) Einwanderung;
c) Beziehungen zwischen der Republik und den religiösen Bekenntnissen;
d) Verteidigung und Streitkräfte; Sicherheit des Staates; Waffen, Munition und Sprengstoffe;
e) Währung, Schutz der Spartätigkeit und Kapitalmärkte; Schutz des Wettbewerbs; Währungssystem; Steuersystem und Rechnungswesen des Staates; Einklang des öffentlichen Haushaltes; Finanzausgleich;
f) Organe des Staates und entsprechende Wahlgesetze; staatliche Referenden; Wahl zum Europäischen Parlament;
g) Aufbau und Organisation der Verwaltung des Staates und der gesamtstaatlichen öffentlichen Körperschaften;
h) öffentliche Ordnung und Sicherheit, mit Ausnahme der örtlichen Verwaltungspolizei;
i) Staatsbürgerschaft, Personenstand- und Melderegister;
l) Gerichtsbarkeit und Verfahrensvorschriften; Zivil- und Strafgesetzgebung; Verwaltungsgerichtsbarkeit;
m) Festsetzung der wesentlichen Leistungen im Rahmen der bürgerlichen und sozialen Grundrechte, die im ganzen Staatsgebiet gewährleistet sein müssen;
n) allgemeine Bestimmungen über den Unterricht;
o) Sozialvorsorge;
p) Wahlgesetzgebung, Regierungsorgane und grundlegende Aufgaben der Gemeinden, Provinzen und Großstädte mit besonderem Status;
q) Zoll, Schutz der Staatsgrenzen und internationale vorbeugende Maßnahmen;
r) Gewichte, Maße und Festsetzung der Zeit; Koordinierung der statistischen Information und informatische Koordinierung der Daten der staatlichen, regionalen und örtlichen Verwaltung; Geisteswerke;
s) Umwelt-, Ökosystem- und Kulturgüterschutz.

[1]Folgende Sachgebiete gehören zur konkurrierenden Gesetzgebung: die internationalen Beziehungen der Regionen und ihre Beziehungen zur Europäischen Union; Außenhandel; Arbeitsschutz und -sicherheit; Unterricht, unbeschadet der Autonomie der Schuleinrichtungen und unter Ausschluss der theoretischen und praktischen Berufsausbildung; Berufe; wissenschaftliche und technologische Forschung und Unterstützung der Innovation der Produktionszweige; Gesundheitsschutz; Ernährung; Sportgesetzgebung; Zivilschutz; Raumordnung; Häfen und Zivilflughäfen; große Verkehrs- und Schiffahrtsnetze; Regelung des Kommunikationswesens; Produktion, Transport und gesamtstaatliche Verteilung von Energie; Ergänzungs- und Zusatzvorsorge; Koordinierung der öffentlichen Finanzen und des Steuersystems; Aufwertung der Kultur- und Umweltgüter und Förderung und Organisation kultureller Tätigkeiten; Sparkassen; Landwirtschaftsbanken, Kreditinstitute regionalen Charakters; Körperschaften für Boden- und Agrarkredit regionalen Charakters. [2]Unbeschadet der dem staatlichen Gesetzgeber vorbehaltenen Befugnis zur Festsetzung wesentlicher Grundsätze steht die Gesetzgebungsbefugnis für Sachgebiete der konkurrierenden Gesetzgebung den Regionen zu.

Für alle Sachgebiete, die nicht ausdrücklich der staatlichen Gesetzgebung vorbehalten sind, steht den Regionen die Gesetzgebungsbefugnis zu.

Die Regionen und die Autonomen Provinzen Trient und Bozen nehmen für die in ihre Zuständigkeit fallenden Sachgebiete an den Entscheidungen im Rahmen des Rechtssetzungsprozesses der Europäischen Union teil und sorgen für Anwendung und Durchführung von völkerrechtlichen Abkommen und Rechtsakten der Europäischen Union; dabei sind die Verfahrensbestimmungen zu beachten, die mit Staatsgesetz festgesetzt werden, durch das die Einzelheiten der Ausübung der Ersetzungsbefugnis in Fällen der Untätigkeit geregelt sind.

[1]Vorbehaltlich der Übertragung der Befugnisse an die Regionen steht die Verordnungsgewalt für Sachgebiete der ausschließlichen Gesetzgebungsbefugnis dem Staat zu. [2]Für alle weiteren Sachgebiete steht die Verordnungsgewalt den Regionen zu. [3]Gemeinden, Provinzen und Großstädte mit besonde-

rem Status besitzen die Verordnungsgewalt für die Regelung der Organisation und der Wahrnehmung der ihnen zuerkannten Aufgaben.

Die Regionalgesetze beseitigen sämtliche Hindernisse, welche der vollständigen Gleichbehandlung von Mann und Frau in Gesellschaft, Kultur und Wirtschaft entgegenstehen, und fördern die Chancengleichheit von Mann und Frau beim Zugang zu Wahlämtern.

Die Vereinbarungen einer Region mit anderen Regionen zur besseren Ausübung der eigenen Funktionen werden einschließlich der Einrichtung gemeinsamer Organe mit Regionalgesetz ratifiziert.

Die Region kann für Sachgebiete in ihrem Zuständigkeitsbereich Abkommen mit Staaten und Vereinbarungen mit Gebietskörperschaften eines anderen Staates in den durch Staatsgesetzen geregelten Fällen und Formen abschließen.

Artikel 118 [Verwaltungsbefugnisse]

Die Verwaltungsbefugnisse sind den Gemeinden zuerkannt, unbeschadet der Fälle, in denen sie den Provinzen, Großstädten mit besonderem Status, Regionen und dem Staat zugewiesen werden, um deren einheitliche Ausübung auf der Grundlage der Prinzipien der Subsidiarität, der Differenzierung und der Angemessenheit zu gewährleisten.

Gemeinden, Provinzen und Großstädte mit besonderem Status üben eigene Verwaltungsbefugnisse sowie die Befugnisse aus, die ihnen mit Staats- oder Regionalgesetz entsprechend den Zuständigkeiten zugewiesen werden.

Ein Staatsgesetz regelt Formen der Koordinierung zwischen Staat und Regionen auf den Sachgebieten laut Art. 117 Abs. 2 Buchst. b) und h) sowie außerdem Formen der Vereinbarung und der Koordinierung auf dem Sachgebiet des Kulturgüterschutzes.

Staat, Regionen, Großstädte mit besonderem Status, Provinzen und Gemeinden fördern aufgrund des Subsidiaritätsprinzips die autonome Initiative sowohl einzelner Bürger als auch von Vereinigungen bei der Wahrnehmung von Tätigkeiten im allgemeinen Interesse.

Artikel 119 [Finanzautonomie]

Gemeinden, Provinzen, Großstädte mit besonderem Status und Regionen sind unter Berücksichtigung des bilanziellen Gleichgewichts finanziell unabhängig und tragen dazu bei, die ökonomischen und finanziellen Verpflichtungen einzuhalten, welche sich aus dem europäischen Recht ergeben.

[1]Gemeinden, Provinzen, Großstädte mit besonderem Status und Regionen besitzen eigene Einnahmequellen. [2]Sie erheben eigene Steuern und Einnahmen in Übereinstimmung mit der Verfassung und gemäß den Prinzipien der Koordinierung der öffentlichen Finanzen und des Steuersystems. [3]Sie sind an den Einnahmen aus den Staatssteuern beteiligt, die sich auf ihr Gebiet beziehen.

Das Staatsgesetz führt für Gebiete mit geringerer Steuerkraft pro Einwohner einen Ausgleichsfonds ohne Zweckbindung ein.

Die aus den in den vorstehenden Absätzen genannten Einnahmequellen erwachsenden Mittel geben Gemeinden, Provinzen, Großstädten mit besonderem Status und Regionen die Möglichkeit, die ihnen zugewiesenen öffentlichen Befugnisse zur Gänze zu finanzieren.

Der Staat bestimmt zusätzliche Mittel und trifft besondere Maßnahmen zugunsten bestimmter Gemeinden, Provinzen, Großstädte mit besonderem Status und Regionen, um die wirtschaftliche Entwicklung, den sozialen Zusammenhalt und die soziale Solidarität zu fördern, wirtschaftliche und soziale Ungleichheiten zu beseitigen, die effektive Ausübung der Personenrechte zu fördern oder andere Zwecke zu erfüllen, die nicht jenen der ordentlichen Ausübung ihrer Befugnisse entsprechen.

[1]Gemeinden, Provinzen, Großstädte mit besonderem Status und Regionen haben ein eigenes Vermögen, das ihnen gemäß den allgemeinen mit Staatsgesetz festgesetzten Prinzipien zuerkannt wird. [2]Sie dürfen sich nur zur Finanzierung von Investitionsausgaben und nur unter gleichzeitiger Veröffentlichung eines Tilgungsplans verschulden, und nur unter der Bedingung, dass das finanzielle Gleichgewicht aller Körperschaften der Region sichergestellt ist. [3]Jedwede Garantie seitens des Staates für von ihnen aufgenommenen Schulden ist ausgeschlossen.

Artikel 120 [Beschränkungsverbote, Ersetzungsbefugnisse der Regierung]

Die Region darf weder Zölle für Einfuhr, Ausfuhr oder Durchzugsverkehr von Region zu Region einführen, noch Maßnahmen treffen, die den freien Personen und Warenverkehr zwischen den Regionen irgendwie behindern, noch das Recht auf Arbeit in jedem beliebigen Teil des Staatsgebietes beschränken.

[1]Die Regierung ist – ohne Rücksicht auf die Gebietsgrenzen der lokalen Regierungen – befugt, bei Nichtbeachtung internationaler Bestimmungen und Abkommen oder der EU-Bestimmungen oder bei großer Gefahr für die öffentliche Ordnung und Sicherheit für Organe der Regionen, der Großstädte mit besonderem Status, der Provinzen und der Gemeinden zu handeln, sowie wenn es für den Schutz der Rechts- oder Wirtschaftseinheit und insbesondere für den Schutz der wesentlichen Dienstleistungen betreffend die Bürger- und Sozialrechte erforderlich ist. [2]Das Gesetz legt die Verfahren zur Gewährleistung dafür fest, dass die Ersetzungsbefugnis unter Berücksichtigung des Subsidiaritätsprinzips und des Prinzips der loyalen Zusammenarbeit ausgeübt wird.

Artikel 121 [Organe der Region]
Die Organe der Region sind: der Regionalrat, der Regionalausschuss und sein Präsident.

[1]Der Regionalrat übt die der Region zuerkannten Gesetzgebungsbefugnisse und die anderen ihm durch die Verfassung und durch die Gesetze zugewiesenen Befugnisse aus. [2]Er kann bei den Kammern Gesetzesvorlagen einbringen.

Der Regionalausschuss ist das Vollzugsorgan der Regionen.

Der Präsident des Regionalausschusses vertritt die Region; er bestimmt die Politik des Ausschusses und trägt die entsprechende Verantwortung; er beurkundet die Regionalgesetze und erlässt die Regionalverordnungen; er leitet die Ausübung der vom Staat an die Region übertragenen Verwaltungsbefugnisse, wobei er sich nach den Weisungen der Staatsregierung richtet.

Artikel 122 [Wahlsystem, Inkompatibilitäten]
Das Wahlsystem und die Fälle der Nichtwählbarkeit und Unvereinbarkeit des Präsidenten und der anderen Mitglieder des Regionalausschusses sowie der Mitglieder des Regionalrates werden mit Regionalgesetz geregelt, und zwar im Rahmen der mit Staatsgesetz festgelegten Grundsätze; dieses Staatsgesetz legt auch die Funktionsdauer der gewählten Organe fest.

Niemand darf gleichzeitig einem Regionalrat oder einem Regionalausschuss und einer der Parlamentskammern, einem anderen Regionalrat oder einem anderen Regionalausschuss bzw. dem Europäischen Parlament angehören.

Der Regionalrat wählt aus seiner Mitte einen Präsidenten und ein Präsidium.

Die Regionalratsmitglieder können für die in Ausübung ihrer Befugnisse geäußerten Meinungen und abgegebenen Stimmen nicht zur Verantwortung gezogen werden.

[1]Der Präsident des Regionalausschusses wird, sofern im Regionalstatut nichts anderes festgelegt ist, in allgemeiner und direkter Wahl gewählt. [2]Der Präsident ernennt die Mitglieder des Regionalausschusses und beruft sie auch ab.

Artikel 123 [Statut der Region]
[1]Jede Region hat ein Statut, das in Übereinstimmung mit der Verfassung die Form der Regierung und die wesentlichen Grundsätze ihres Aufbaus und ihrer Tätigkeit festlegt. [2]Das Statut regelt die Ausübung des Rechts auf die Volksinitiative und die Volksbefragung über Gesetze und Verwaltungsmaßnahmen der Region sowie die Veröffentlichung der Gesetze und Verordnungen der Region.

[1]Das Statut wird vom Regionalrat mit absoluter Mehrheit seiner Mitglieder mit Gesetz beschlossen und geändert, und zwar durch zwei mit einer Zwischenzeit von mindestens zwei Monaten gefasste Entschließungen. [2]Für dieses Gesetz ist der Sichtvermerk des Regierungskommissars nicht erforderlich. [3]Die Regierung kann innerhalb von dreißig Tagen nach Veröffentlichung die Frage der Verfassungsmäßigkeit der Regionalstatute vor dem Verfassungsgericht aufwerfen.

[1]Das Statut wird einem Referendum unterworfen, wenn innerhalb von drei Monaten nach seiner Veröffentlichung ein Fünfzigstel der Wahlberechtigten der Region oder ein Fünftel der Mitglieder des Regionalrates dies beantragen. [2]Das einem Referendum unterworfene Statut kann nicht beurkundet werden, wenn es nicht mit der Mehrheit der gültigen Stimmen genehmigt wird.

Im Statut jeder Region wird der Rat der örtlichen Autonomien als beratendes Organ zwischen der Region und den örtlichen Körperschaften geregelt.

Artikel 124 ***(aufgehoben)***

Artikel 125 [Verwaltungsgerichtsbarkeit]
[1]In der Region werden gemäß der durch Gesetz der Republik festgelegten Ordnung Organe der Verwaltungsgerichtsbarkeit erster Instanz errichtet. [2]Es können auch Abteilungen mit Sitz in einem vom Hauptort der Region verschiedenen Ort errichtet werden.

Artikel 126 [Auflösung der Organe]
[1]Mit begründetem Dekret des Präsidenten der Republik werden die Auflösung des Regionalrates und die Amtsenthebung des Präsidenten des Regionalausschusses verfügt, wenn diese Organe verfassungswidrige Handlungen oder schwere Gesetzesverletzungen begangen haben. [2]Die Auflösung des Regionalrats und die Enthebung des Präsidenten des Regionalausschusses können auch aus Gründen der Staatssicherheit verfügt werden. [3]Das Dekret wird nach Anhören einer aus Mitgliedern der Abgeordnetenkammer und des Senats gemäß den mit Staatsgesetz festgelegten Modalitäten zusammengesetzten Kommission für regionale Angelegenheiten genehmigt.

[1]Der Regionalrat kann gegen den Präsidenten des Regionalausschusses einen begründeten Misstrauensantrag einbringen, der von mindestens einem Fünftel der Regionalräte unterschrieben und mit der absoluten Mehrheit seiner Mitglieder bei namentlicher Abstimmung genehmigt werden muss. [2]Der Misstrauensantrag kann frühestens drei Tage nach seiner Einbringung beraten werden.

[1]Die Annahme des Misstrauensantrages gegen den in direkter und allgemeiner Wahl gewählten Präsidenten des Regionalausschusses sowie dessen Enthebung vom Amt, ständige Verhinderung, Tod oder freiwilliger Amtsverzicht ziehen den Rücktritt des Regionalausschusses und die Auflösung des Regionalrates nach sich. [2]Die gleichen Folgen bringt der geschlossene Rücktritt der Mehrheit der Regionalräte mit sich.

Artikel 127 [Verfassungsmäßigkeit der Gesetze]
Überschreitet ein Regionalgesetz nach Ansicht der Regierung die Zuständigkeit der Region, so kann die Regierung innerhalb sechzig Tagen nach seiner Veröffentlichung die Frage der Verfassungsmäßigkeit vor dem Verfassungsgerichtshof aufwerfen.

Verletzt ein Staatsgesetz oder Akt mit Gesetzeskraft des Staates oder einer anderen Region nach Ansicht einer Region deren Zuständigkeiten, so kann sie innerhalb sechzig Tagen nach Veröffentlichung des Gesetzes oder des Aktes mit Gesetzeskraft die Frage der Verfassungsmäßigkeit vor dem Verfassungsgerichtshof aufwerfen.

Artikel 128 bis 130 ***(aufgehoben)***

Artikel 131 [Die Regionen]
Es werden folgende Regionen errichtet:
– Piemont
– Aostatal
– Lombardei
– Trentino-Südtirol
– Venetien
– Friaul-Julisch Venetien
– Ligurien
– Emilia-Romagna
– Toskana
– Umbrien
– Marken
– Latium
– Abruzzen
– Molise
– Kampanien
– Apulien
– Basilicata
– Kalabrien
– Sizilien
– Sardinien.

Artikel 132 [Neugliederung von Regionen und von Provinzen und Gemeinden]
Mit Verfassungsgesetz kann nach Anhören der Regionalräte die Zusammenlegung bestehender Regionen oder die Schaffung neuer Regionen mit einer Mindestanzahl von einer Million Einwohnern verfügt werden, wenn soviel Gemeinderäte darum ansuchen, dass sie wenigstens ein Drittel der betroffenen Bevölkerung vertreten und wenn der Antrag durch Volksbefragung von der Mehrheit der Bevölkerung selbst angenommen wird.

Mit Zustimmung der Mehrheit der Bevölkerung der betreffenden Provinz oder der betreffenden Provinzen bzw. der betreffenden Gemeinde oder der betreffenden Gemeinden in einem Referendum und mit staatlichem Gesetz nach Anhören der Regionalräte kann die Zustimmung erteilt werden, dass Provinzen und Gemeinden, die darum ansuchen, von einer Region abgetrennt und einer anderen angegliedert werden.

Artikel 133 [Gebietsänderungen, neue Gemeinden]
Gebietsänderungen der Provinzen und die Errichtung neuer Provinzen im Bereiche einer Region werden auf Initiative der Gemeinden und nach Anhören der betreffenden Region durch Gesetz der Republik verfügt.

Die Region kann nach Anhören der betroffenen Bevölkerung mit eigenen Gesetzen in ihrem Gebiet neue Gemeinden errichten sowie ihre Gebietsabgrenzungen und Benennungen abändern.

VI. Titel
GARANTIEN DER VERFASSUNG

I. Abschnitt
Der Verfassungsgerichtshof

Artikel 134 [Zuständigkeiten]
Der Verfassungsgerichtshof urteilt:

- über Streitigkeiten betreffend die Verfassungsmäßigkeit der Gesetze und der Akte mit Gesetzeskraft des Staates und der Regionen;
- über Streitigkeiten betreffend die Zuständigkeit zwischen den Gewalten des Staates und über die Streitigkeiten zwischen dem Staat und den Regionen und zwischen den Regionen;
- gemäß der Verfassung über die Anklagen, die gegen den Präsidenten der Republik erhoben werden.

Artikel 135 [Zusammensetzung, Amtsdauer, Inkompatibilitäten]
Der Verfassungsgerichtshof besteht aus fünfzehn Richtern, die zu einem Drittel vom Präsidenten der Republik, zu einem Drittel vom Parlament in gemeinsamer Sitzung und zu einem Drittel von den obersten ordentlichen Gerichten und Verwaltungsgerichten ernannt werden.

Die Richter des Verfassungsgerichtshofes werden aus den, auch im Ruhestand befindlichen, Richtern der obersten ordentlichen Gerichte und Verwaltungsgerichte, aus den ordentlichen Hochschuldozenten der Rechtswissenschaften und aus Rechtsanwälten nach zwanzigjähriger Berufsausübung gewählt.

Die Richter des Verfassungsgerichtshofes werden für neun Jahre, die für jeden am Tage seiner Vereidigung beginnen, ernannt und können nicht wiederernannt werden.

Mit Ablauf dieser Frist erlöschen das Amt und die Ausübung der Befugnisse des Verfassungsrichters.

Der Verfassungsgerichtshof wählt aus seiner Mitte nach den vom Gesetz festgesetzten Bestimmungen den Präsidenten, der für drei Jahre im Amt bleibt und wieder wählbar ist, wobei aber für alle Fälle die Verfallsfrist des Richteramtes beibehalten wird.

Das Amt eines Richters des Verfassungsgerichtshofes ist unvereinbar mit dem Amt eines Mitgliedes des Parlaments oder eines Regionalrates, mit der Ausübung des Anwaltsberufes und mit allen anderen durch das Gesetz bezeichneten Stellungen oder Ämtern.

An den Anklageverfahren gegen den Präsidenten der Republik beteiligen sich außer den ordentlichen Richtern des Verfassungsgerichtshofes sechzehn Mitglieder, die durch Auslosung aus einem Verzeichnis von Staatsbürgern entnommen werden, die die Voraussetzungen für die Wählbarkeit zum

Senator besitzen; dieses Verzeichnis wird vom Parlament alle neun Jahre mittels Wahl nach demselben Verfahren erstellt, das für die Bestellung der ordentlichen Verfassungsrichter festgesetzt ist.

Artikel 136 [Entscheidungswirkungen]
Wenn der Verfassungsgerichtshof die Verfassungswidrigkeit einer gesetzlichen Bestimmung oder eines Aktes mit Gesetzeskraft erklärt, verliert die Bestimmung ihre Wirksamkeit vom Tage nach Veröffentlichung der Entscheidung.

Die Entscheidung des Gerichtshofes wird veröffentlicht und den Kammern sowie den betroffenen Regionalräten mitgeteilt, damit sie in den verfassungsmäßigen Formen das Weitere veranlassen, falls sie es für notwendig erachten.

Artikel 137 [Vorbehalt des Gesetzes]
Ein Verfassungsgesetz bestimmt die Bedingungen, die Formen und die Fristen für das Recht zur Einleitung der Verfahren über die Verfassungsmäßigkeit sowie die Garantien für die Unabhängigkeit der Richter des Verfassungsgerichtshofes.

Durch einfaches Gesetz werden die übrigen für die Errichtung und die Tätigkeit des Gerichtshofes erforderlichen Vorschriften festgelegt.

Gegen die Entscheidungen des Verfassungsgerichtshofes ist keinerlei Anfechtung zulässig.

II. Abschnitt
Verfassungsrevision

Verfassungsgesetze

Artikel 138 [Zweifache Beschlussfassung beider Kammern, Volksbefragung]
Die Gesetze der Verfassungsrevision und die anderen Verfassungsgesetze werden von jeder Kammer durch zwei mit einer Zwischenzeit von mindestens drei Monaten gefasste Beschlüsse angenommen und mit absoluter Mehrheit der Mitglieder beider Kammern bei der zweiten Abstimmung genehmigt.

[1]Diese Gesetze werden einer Volksbefragung unterworfen, wenn innerhalb von drei Monaten nach ihrer Veröffentlichung ein Fünftel der Mitglieder einer Kammer oder fünfhunderttausend Wähler oder fünf Regionalräte dies verlangen. [2]Das einer Volksbefragung unterworfene Gesetz wird nicht verkündet, wenn es nicht mit der Mehrheit der gültigen Stimmen angenommen worden ist.

Einer Volksbefragung wird nicht stattgegeben, wenn das Gesetz in der zweiten Abstimmung von beiden Kammern mit Zweidrittelmehrheit ihrer Mitglieder angenommen worden ist.

Artikel 139 [Unverfügbarkeit der Republik]
Die republikanische Staatsform kann nicht Gegenstand einer Verfassungsrevision sein.

ÜBERGANGS- UND SCHLUSSBESTIMMUNGEN

I.

Mit dem Inkrafttreten der Verfassung übt das Provisorische Staatsoberhaupt die Befugnisse als Präsident der Republik aus und nimmt diesen Titel an.

II.

Wenn zum Zeitpunkt der Wahl des Präsidenten der Republik nicht alle Regionalräte gebildet sind, nehmen an der Wahl nur die Mitglieder der beiden Kammern teil.

III.

Für die erste Zusammensetzung des Senates der Republik werden mit Dekret des Präsidenten der Republik die Abgeordneten der Verfassunggebenden Versammlung zu Senatoren ernannt, welche die gesetzlichen Voraussetzungen, um Senatoren sein zu können, besitzen und die:

- Präsidenten des Ministerrates oder gesetzgebender Versammlungen waren;
- Mitglieder des aufgelösten Senates waren;
- wenigstens dreimal gewählt wurden, inbegriffen die Wahl zur Verfassunggebenden Versammlung;
- in der Sitzung der Abgeordnetenkammer vom 9. November 1926 ihres Mandates verlustig erklärt wurden;
- infolge Verurteilung durch das faschistische Sondergericht zur Verteidigung des Staates mindestens eine fünfjährige Gefängnisstrafe verbüßt haben.

Ebenfalls werden mit Dekret des Präsidenten der Republik jene Mitglieder des aufgelösten Senates zu Senatoren ernannt, die Mitglieder der Beratenden Nationalversammlung waren.

[1]Auf das Recht, zum Senator ernannt zu werden, kann man vor Unterzeichnung des Ernennungsdekretes verzichten. [2]Die Annahme der Kandidatur bei den politischen Wahlen schließt in sich den Verzicht auf das Recht zur Ernennung als Senator.

IV.

Für die ersten Senatswahlen wird das Gebiet Molise als Region für sich betrachtet und erhält eine Anzahl von Senatoren, die ihr auf Grund ihrer Bevölkerungszahl zusteht.

V.

Die Verfügung des Artikels 80 der Verfassung wird – was die internationalen Verträge betrifft, die Finanzbelastungen oder Gesetzesänderungen mit sich bringen – mit dem Zeitpunkt der Einberufung der Kammern wirksam.

VI.

Innerhalb von fünf Jahren nach Inkrafttreten der Verfassung wird die Revision der zur Zeit bestehenden Sonderorgane der Gerichtsbarkeit vorgenommen, ausgenommen die Gerichtsbarkeit des Staatsrates, des Rechnungshofes und der Militärgerichte.

Innerhalb eines Jahres nach dem gleichen Zeitpunkt wird gemäß Artikel 111 durch Gesetz die Neuordnung des Obersten Militärgerichtes vorgenommen.

VII.

Solange nicht in Übereinstimmung mit der Verfassung das neue Gesetz über die Gerichtsordnung erlassen wird, werden weiterhin die Bestimmungen der geltenden Ordnung befolgt.

Solange der Verfassungsgerichtshof seine Tätigkeit nicht aufnimmt, erfolgt die Entscheidung über die im Artikel 134 angegebenen Streitfälle in den vor Inkrafttreten dieser Verfassung geltenden Formen und Grenzen.

VIII.

Die Wahlen der Regionalräte und der wählbaren Organe der Provinzialverwaltungen werden innerhalb eines Jahres nach Inkrafttreten der Verfassung ausgeschrieben.

[1]Gesetze der Republik regeln für jeden Zweig der öffentlichen Verwaltung den Übergang der den Regionen zuerkannten staatlichen Befugnisse. [2]Solange die Neuordnung und Aufteilung der Verwaltungsbefugnisse unter den örtlichen Körperschaften nicht geregelt ist, bleiben den Provinzen und Gemeinden jene Befugnisse, die sie zur Zeit ausüben, sowie die anderen, deren Ausübung ihnen die Regionen übertragen.

[1]Gesetze der Republik regeln den durch die Neuordnung erforderlichen Übergang der Beamten und Angestellten des Staates, auch jener der Zentralverwaltung, an die Regionen. [2]Zur Bildung ihrer Ämter müssen die Regionen, außer in Fällen der Notwendigkeit, das Dienstpersonal aus jenem des Staates und der örtlichen Körperschaften beziehen.

IX.

Die Republik passt innerhalb von drei Jahren nach Inkrafttreten der Verfassung ihre Gesetze den Erfordernissen der örtlichen Selbstverwaltungen und der den Regionen zuerkannten Gesetzgebungsvollmacht an.

X.

Auf die im Artikel 116 genannte Region Friaul-Julisch Venetien finden vorläufig die allgemeinen Bestimmungen des zweiten Teiles des V. Titels Anwendung, unbeschadet des Schutzes der sprachlichen Minderheiten in Übereinstimmung mit dem Artikel 6.

XI.

Innerhalb von fünf Jahren nach Inkrafttreten der Verfassung können durch Verfassungsgesetze in Abänderung der Aufzählung des Artikels 131 neue Regionen gebildet werden, auch wenn die vom ersten Absatz des Artikels 132 geforderten Voraussetzungen nicht zutreffen, wobei auf jeden Fall die Verpflichtung zur Befragung der beteiligten Bevölkerung aufrecht bleibt.

XII.

Die Neugründung der aufgelösten faschistischen Partei ist in jedweder Form verboten.

In Abweichung vom Artikel 48 werden für die Dauer von nicht mehr als fünf Jahren nach Inkrafttreten der Verfassung zeitweilige Beschränkungen des Wahlrechtes und der Wählbarkeit für die Verantwortlichen des faschistischen Regimes gesetzlich festgelegt.

XIII.

Die Mitglieder und Nachkommen des Hauses Savoyen sind nicht wahlberechtigt und können weder öffentliche Ämter noch Wahlmandate innehaben.

Den ehemaligen Königen des Hauses Savoyen, ihren Ehegattinnen und ihren männlichen Nachkommen sind die Einreise und der Aufenthalt im Staatsgebiet untersagt.

[1]Die im Staatsgebiet liegenden Güter der ehemaligen Könige des Hauses Savoyen, ihrer Ehegattinnen und ihrer männlichen Nachkommen verfallen dem Staate. [2]Die Übertragungen und die Begründungen von dinglichen Rechten auf diese Güter, die nach dem 2. Juni 1946 erfolgt sind, sind nichtig.

XIV.

Die Adelstitel sind nicht anerkannt.

Die Adelsprädikate der vor dem 28. Oktober 1922 gebrauchten Titel gelten als Teil des Namens.

Der Mauritiusorden bleibt als Spitalkörperschaft erhalten und übt seine Tätigkeit in den gesetzlichen Formen aus.

Das Gesetz regelt die Abschaffung des Adelsrates.

XV.

Mit dem Inkrafttreten der Verfassung gilt das Gesetzesdekret des Statthalters vom 25. Juni 1944, Nr. 151 über die vorläufige Ordnung des Staates als in Gesetz umgewandelt.

XVI.

Innerhalb eines Jahres nach Inkrafttreten der Verfassung werden die Revision und die Abstimmung derselben mit den früheren Verfassungsgesetzen, welche bisher nicht ausdrücklich oder stillschweigend abgeschafft wurden, vorgenommen.

XVII.

Die Verfassunggebende Versammlung wird von ihrem Präsidenten einberufen, um innerhalb 31. Januar 1948 das Gesetz für die Wahlen zum Senat der Republik, die Sonderstatute von Regionen und das Pressegesetz zu beschließen.

Bis zum Zeitpunkt der Wahlen der neuen Kammern kann die Verfassunggebende Versammlung einberufen werden, um notfalls auf den vom Artikel 2 Absatz 1 und 2 und Artikel 3 Absatz 1 und 2 des Gesetzesdekretes vom 16. März 1946, Nr. 98 ihrer Zuständigkeit übertragenen Sachgebieten zu beschließen.

[1]In diesem Zeitraum bleiben die ständigen Ausschüsse im Amt. [2]Die gesetzgebenden Ausschüsse verweisen die ihnen übermittelten Gesetzentwürfe mit allfälligen Bemerkungen und Änderungsvorschlägen an die Regierung zurück.

Die Abgeordneten können der Regierung Anfragen mit Antrag auf schriftliche Antwort vorlegen.

Die Verfassunggebende Versammlung wird zum Zwecke der Beschlussfassung gemäß Absatz 2 dieses Artikels von ihrem Präsidenten auf begründeten Antrag der Regierung oder von wenigstens 200 Abgeordneten einberufen.

XVIII.

Diese Verfassung wird vom provisorischen Staatsoberhaupt binnen fünf Tagen nach ihrer Genehmigung seitens der Verfassunggebenden Versammlung verkündet und tritt am 1. Januar 1948 in Kraft.

Der Wortlaut der Verfassung wird im Gemeindeamt jeder Gemeinde der Republik hinterlegt und liegt dort das ganze Jahr 1948 auf, damit jeder Staatsbürger darin Einsicht nehmen kann.

Die Verfassung wird, versehen mit dem Staatssiegel, in die amtliche Sammlung der Gesetze und Dekrete der Republik eingereiht.

Die Verfassung muss von allen Staatsbürgern und Staatsorganen als Grundgesetz der Republik treu befolgt werden.

Verfassung des Königreiches der Niederlande*)

In der Fassung der Bekanntmachung vom 16. Januar 2019 (Stb. 33).

Inhalt

Kapitel 1
Grundrechte

Artikel 1 [Gleichheit, Diskriminierungsverbot]

[1]Alle, die sich in den Niederlanden aufhalten, werden in gleichen Fällen gleich behandelt. [2]Niemand darf wegen seiner religiösen, weltanschaulichen oder politischen Anschauungen, seiner Rasse, seines Geschlechtes oder aus anderen Gründen diskriminiert werden.

Artikel 2 [Staatsangehörigkeit, Ausweisung, Auslieferung, Auswanderung]

(1) Die niederländische Staatsangehörigkeit wird durch Gesetz geregelt.

(2) Die Zulassung und Ausweisung von Ausländern wird durch Gesetz geregelt.

(3) [1]Eine Auslieferung kann nur aufgrund eines Vertrages erfolgen. [2]Weitere Vorschriften über die Auslieferung werden durch Gesetz erlassen.

(4) Jeder hat das Recht, das Land zu verlassen, außer in den durch Gesetz bezeichneten Fällen.

Artikel 3 [Öffentliche Ämter]

Alle Niederländer haben gleichermaßen Zugang zu öffentlichen Ämtern.

Artikel 4 [Wahlrecht]

Alle Niederländer haben gleichermaßen das Recht, die Mitglieder allgemeiner Vertretungsorgane zu wählen und sich zum Mitglied dieser Organe wählen zu lassen, unbeschadet der im Gesetz vorgesehenen Einschränkungen und Ausnahmen.

Artikel 5 [Petitionsrecht]

Jeder hat das Recht, schriftlich Gesuche an die zuständigen Stellen zu richten.

---

*) Herausgegeben vom Ministerium für Inneres und Königreichsbeziehungen, Abteilung Verfassungsfragen und Gesetzgebung, abgedruckt mit freundlicher Genehmigung der Botschaft des Königreichs der Niederlande, Berlin.

Artikel 6 [Religions- und Weltanschauungsfreiheit]
(1) Jeder hat das Recht, seine Religion oder Weltanschauung einzeln oder in Gemeinschaft mit anderen frei zu bekennen, unbeschadet der Verantwortung jedes einzelnen vor dem Gesetz.

(2) Hinsichtlich der Ausübung dieses Rechts außerhalb von Gebäuden und geschlossenen Räumen können zum Schutz der Gesundheit, im Interesse des Verkehrs und zur Beseitigung oder Abwehr von Störungen gesetzliche Vorschriften erlassen werden.

Artikel 7 [Meinungsfreiheit]
(1) Niemand bedarf der vorherigen Erlaubnis, seine Gedanken oder Meinungen in Druckerzeugnissen zu äußern, unbeschadet der Verantwortung jedes einzelnen vor dem Gesetz.

(2) [1]Für den Hörfunk und das Fernsehen gelten gesetzliche Vorschriften. [2]Es gibt keine Vorzensur für Hörfunk- und Fernsehsendungen.

(3) [1]Was den Inhalt seiner Gedanken oder Meinungen angeht, bedarf niemand der vorherigen Erlaubnis, sie mit anderen als den in Absatz 1 und 2 genannten Mitteln zu äußern, unbeschadet der Verantwortung jedes einzelnen vor dem Gesetz. [2]Für Veranstaltungen, die Personen unter sechzehn Jahren zugänglich sind, können zum Schutz der guten Sitten gesetzliche Vorschriften erlassen werden.

(4) Die vorhergehenden Absätze gelten nicht für Wirtschaftswerbung.

Artikel 8 [Vereinigungsfreiheit]
[1]Das Recht auf Bildung von Vereinen wird anerkannt. [2]Dieses Recht kann im Interesse der öffentlichen Ordnung durch Gesetz eingeschränkt werden.

Artikel 9 [Versammlungsfreiheit]
(1) Das Recht zur Versammlung und Demonstration wird anerkannt, unbeschadet der Verantwortung jedes einzelnen vor dem Gesetz.

(2) Zum Schutze der Gesundheit, im Interesse des Verkehrs und zur Beseitigung oder Abwehr von Störungen können gesetzliche Vorschriften erlassen werden.

Artikel 10 [Privatsphäre, Datenschutz]
(1) Jeder hat, unbeschadet der Einschränkungen durch Gesetz oder kraft Gesetzes, das Recht auf Wahrung seiner Privatsphäre.

(2) Der Schutz der Privatsphäre wird im Zusammenhang mit der Speicherung und Weitergabe persönlicher Daten durch Gesetz geregelt.

(3) Der Anspruch von Personen auf Einblick in die über sie gesammelten Daten und deren Verwendung sowie auf Berichtigung solcher Daten wird durch Gesetz geregelt.

Artikel 11 [Körperliche Unversehrtheit]
Jeder hat, unbeschadet der Einschränkungen durch Gesetz oder kraft Gesetzes, das Recht auf körperliche Unversehrtheit.

Artikel 12 [Unverletzlichkeit der Wohnung]
(1) Das Betreten einer Wohnung ohne Zustimmung des Bewohners ist nur den durch Gesetz oder kraft Gesetzes bezeichneten Personen in den durch Gesetz oder kraft Gesetzes bezeichneten Fällen erlaubt.

(2) Für das Betreten einer Wohnung gemäß Absatz 1 ist die vorherige Legitimation und die Mitteilung des Zwecks des Betretens der Wohnung erforderlich, unbeschadet der im Gesetz vorgesehenen Ausnahmen.

(3) [1]Der Bewohner erhält schnellstmöglich eine schriftliche Benachrichtigung über das Betreten der Wohnung. [2]Wenn das Betreten der Wohnung im Interesse der nationalen Sicherheit oder der Strafverfolgung erfolgt ist, kann nach durch Gesetz festzustellenden Regeln die Benachrichtigung zurückgestellt werden. [3]In den durch Gesetz zu bezeichnenden Fällen kann die Benachrichtigung unterbleiben, wenn sie dem Interesse der nationalen Sicherheit mit der Benachrichtigung dauerhaft zuwiderläuft.

Artikel 13 [Briefgeheimnis]
(1) Das Briefgeheimnis ist unverletzlich; Ausnahmen sind nur auf richterliche Anordnung in den durch Gesetz bezeichneten Fällen möglich.

(2) Das Fernmeldegeheimnis ist unverletzlich; Ausnahmen sind nur in den durch Gesetz bezeichneten Fällen für hierzu gesetzlich Beauftragte oder für Personen möglich, die von ihnen bevollmächtigt worden sind.

Artikel 14 [Enteignung, Entschädigung]

(1) Eine Enteignung ist nur im Interesse der Allgemeinheit und gegen eine im Voraus garantierte Entschädigung zulässig, und zwar gemäß durch Gesetz oder kraft Gesetzes zu erlassenden Vorschriften.

(2) Die Entschädigung braucht nicht im Voraus garantiert zu sein, wenn im Notfall eine unverzügliche Enteignung erforderlich ist.

(3) In den durch Gesetz oder kraft Gesetzes bezeichneten Fällen besteht ein Anspruch auf vollständige oder teilweise Entschädigung, wenn das Eigentum von den zuständigen Stellen im Interesse der Allgemeinheit vernichtet oder unbrauchbar gemacht wird oder wenn die Ausübung des Eigentumsrechts eingeschränkt wird.

Artikel 15 [Freiheit, habeas corpus]

(1) Außer in den durch Gesetz oder kraft Gesetzes bezeichneten Fällen darf niemandem die Freiheit entzogen werden.

(2) [1]Jemand, dem die Freiheit ohne richterliche Anordnung entzogen wird, kann seine Freilassung beim Richter beantragen. [2]Er wird in diesem Falle innerhalb einer durch Gesetz festzusetzenden Frist vom Richter gehört. [3]Der Richter ordnet die sofortige Freilassung an, wenn er die Freiheitsentziehung für unrechtmäßig hält.

(3) Die Sache, derentwegen jemandem die Freiheit entzogen wurde, wird innerhalb einer angemessenen Frist verhandelt.

(4) Derjenige, dem die Freiheit rechtmäßig entzogen worden ist, kann in der Ausübung von Grundrechten eingeschränkt werden, soweit diese mit der Freiheitsentziehung nicht vereinbar ist.

Artikel 16 [nulla poena sine lege]

Eine Tat kann nur bestraft werden, wenn die Strafbarkeit gesetzlich festgelegt war, bevor die Tat begangen wurde.

Artikel 17 [Gesetzlicher Richter]

Niemand darf gegen seinen Willen dem gesetzlichen Richter entzogen werden.

Artikel 18 [Rechtsbeistand]

(1) Jeder kann sich in Rechts- und Verwaltungssachen beistehen lassen.

(2) Für die Beiordnung eines Rechtsbeistands an Unbemittelte gelten gesetzliche Vorschriften.

Artikel 19 [Arbeitsbeschaffung, Arbeitsrecht, Berufsfreiheit]

(1) Die Schaffung von genügend Arbeitsplätzen ist Gegenstand der Sorge des Staates und der anderen öffentlich-rechtlichen Körperschaften.

(2) Vorschriften über die Rechtsstellung derjenigen, die Arbeit verrichten, über den Arbeitsschutz und über die Mitbestimmung werden durch Gesetz erlassen.

(3) Das Recht jedes Niederländers auf freie Wahl der Arbeit wird anerkannt, unbeschadet der Einschränkungen durch Gesetz oder kraft Gesetzes.

Artikel 20 [Existenzsicherheit, Sozialhilfe]

(1) Die Existenzsicherheit der Bevölkerung und die Verteilung des Wohlstandes sind Gegenstand der Sorge des Staates und der anderen öffentlich-rechtlichen Körperschaften.

(2) Vorschriften über den Anspruch auf soziale Sicherheit werden durch Gesetz erlassen.

(3) Niederländer, die ihren Lebensunterhalt nicht selbst bestreiten können, haben hierzulande einen durch Gesetz zu regelnden Anspruch auf öffentliche Sozialhilfe.

Artikel 21 [Umweltschutz]

Die Sorge des Staates und der anderen öffentlich-rechtlichen Körperschaften gilt der Bewohnbarkeit des Landes sowie dem Schutz und der Verbesserung der Umwelt.

Artikel 22 [Gesundheit, Wohnraum, Kultur]
(1) Der Staat und die anderen öffentlich-rechtlichen Körperschaften treffen Maßnahmen zur Förderung der Volksgesundheit.

(2) Die Schaffung von genügend Wohnraum ist Gegenstand der Sorge des Staates und der anderen öffentlich-rechtlichen Körperschaften.

(3) Der Staat und die anderen öffentlich-rechtlichen Körperschaften schaffen Voraussetzungen für die soziale und kulturelle Entfaltung und für die Freizeitgestaltung.

Artikel 23 [Unterrichtswesen]
(1) Das Unterrichtswesen ist Gegenstand ständiger Sorge der Regierung.

(2) [1]Die Erteilung von Unterricht ist frei, vorbehaltlich der behördlichen Aufsicht und, was die im Gesetz bezeichneten Unterrichtsarten betrifft, vorbehaltlich der Prüfung der Befähigung und der sittlichen Eignung der Lehrkräfte. [2]Näheres wird durch Gesetz geregelt.

(3) Der öffentliche Unterricht wird unter Wahrung der Freiheit des religiösen und weltanschaulichen Bekenntnisses durch Gesetz geregelt.

(4) [1]In jeder Gemeinde und in jeder öffentlich-rechtlichen Körperschaft im Sinne des Artikels 132a sorgen die öffentlich-rechtlichen Körperschaften dafür, dass an einer ausreichenden Anzahl öffentlicher Schulen genügend öffentlicher allgemeinbildender Grundschulunterricht erteilt wird. [2]Nach durch Gesetz zu erlassenden Vorschriften kann von dieser Bestimmung abgewichen werden, sofern in öffentlichen oder nichtöffentlichen Schulen die Gelegenheit geboten wird, an dieser Art von Unterricht teilzunehmen.

(5) Die Anforderungen, die an die Qualität des ganz oder teilweise aus öffentlichen Mitteln zu finanzierenden Unterrichts zu stellen sind, werden durch Gesetz geregelt; soweit es sich um Unterricht an Privatschulen handelt, ist die Freiheit der religiösen und weltanschaulichen Ausrichtung zu gewährleisten.

(6) [1]Diese Anforderungen werden für den allgemeinbildenden Grundschulunterricht so geregelt, dass die Qualität des ganz aus öffentlichen Mitteln finanzierten privaten Unterrichts und des öffentlichen Unterrichts gleichermaßen gewährleistet wird. [2]Bei dieser Regelung ist insbesondere die Freiheit des privaten Unterrichts bei der Wahl der Lehrmittel und der Anstellung der Lehrkräfte zu gewährleisten.

(7) [1]Der private allgemeinbildende Grundschulunterricht, der die durch Gesetz festzulegenden Bedingungen erfüllt, wird nach demselben Maßstab aus öffentlichen Mitteln finanziert wie der öffentliche Unterricht. [2]Es wird durch Gesetz bestimmt, unter welchen Bedingungen für den privaten allgemeinbildenden Sekundarunterricht und für den vorwissenschaftlichen Unterricht Beiträge aus öffentlichen Mitteln geleistet werden.

(8) Die Regierung unterrichtet die Generalstaaten alljährlich über die Lage im Bildungsbereich.

Kapitel 2
Regierung

§ 1
Der König

Artikel 24 [Nachfolger König Wilhelms I.]
Die Königswürde geht durch Erbfolge auf die gesetzlichen Nachfolger König Wilhelms I., Prinz von Oranien-Nassau, über.

Artikel 25 [Erbfolge, Nachkommen]
[1]Beim Tode des Königs geht die Königswürde durch Erbfolge auf seine gesetzlichen Nachkommen über, wobei das älteste Kind Vorrang hat, für dessen Nachfolge dieselbe Regel gilt. [2]Hat der verstorbene König keine eigenen Nachkommen, geht die Königswürde in gleicher Weise auf die gesetzlichen Nachkommen zunächst des elterlichen Zweiges, dann des großelterlichen Zweiges innerhalb der Erbfolgelinie über, sofern der verstorbene König mit ihnen nicht entfernter blutsverwandt war als im dritten Grade.

Artikel 26 [Ungeborenes Kind]
[1]Das zum Zeitpunkt des Todes des Königs ungeborene Kind gilt im Sinne der Erbfolge als bereits geboren. [2]Kommt es tot zur Welt, gilt es als nie geboren.

Artikel 27 [Verzicht]
[1]Bei einem Verzicht auf die Königswürde kommt es zur Erbfolge entsprechend den Regeln in den vorstehenden Artikeln. [2]Nach dem Verzicht geborene Kinder und ihre Nachkommen sind von der Erbfolge ausgeschlossen.

Artikel 28 [Eheschließung unter Gesetzesvorbehalt]
(1) Schließt der König eine Ehe ohne gesetzliche Zustimmung, verzichtet er auf die Königswürde.

(2) Schließt jemand, der vom König die Königswürde erben kann, eine solche Ehe, sind er, seine aus dieser Ehe hervorgegangenen Kinder und ihre Nachkommen von der Erbfolge ausgeschlossen.

(3) Die Generalstaaten beraten und beschließen über eine Gesetzesvorlage zur Gewährung der Zustimmung in einer Vollversammlung.

Artikel 29 [Gesetzlicher Ausschluss von der Erbfolge]
(1) Wenn außergewöhnliche Umstände dies erfordern, können durch Gesetz eine oder mehrere Personen von der Erbfolge ausgeschlossen werden.

(2) [1]Die entsprechende Vorlage wird vom König oder in seinem Auftrag eingebracht. [2]Die Generalstaaten beraten und beschließen darüber in einer Vollversammlung. [3]Für die Annahme der Vorlage ist eine Mehrheit von mindestens zwei Dritteln der abgegebenen Stimmen erforderlich.

Artikel 30 [Nachfolgeregelung durch Gesetz]
(1) [1]Wenn voraussichtlich ein Nachfolger fehlen wird, kann ein Nachfolger durch Gesetz ernannt werden. [2]Die Vorlage wird vom König oder in seinem Auftrag eingebracht. [3]Nach Einbringung der Vorlage werden die Kammern aufgelöst. [4]Die neuen Kammern beraten und beschließen über die Vorlage in einer Vollversammlung. [5]Für die Annahme der Vorlage ist eine Mehrheit von mindestens zwei Dritteln der abgegebenen Stimmen erforderlich.

(2) [1]Wenn beim Tode des Königs oder beim Verzicht auf die Königswürde ein Nachfolger fehlt, werden die Kammern aufgelöst. [2]Die neuen Kammern treten innerhalb von vier Monaten nach dem Tod oder nach dem Verzicht in einer Vollversammlung zusammen, um über die Ernennung eines Königs zu entscheiden. [3]Sie können einen Nachfolger nur mit einer Mehrheit von mindestens zwei Dritteln der abgegebenen Stimmen ernennen.

Artikel 31 [Nachfolge]
(1) Die Nachfolge eines ernannten Königs kann kraft Erbfolge nur von seinen gesetzlichen Nachkommen angetreten werden.

(2) Die Bestimmungen über die Erbfolge und Absatz 1 dieses Artikels gelten entsprechend für einen ernannten Nachfolger, solange er noch nicht König ist.

Artikel 32 [Eidesleistung, Huldigung]
[1]Nach seiner Amtsübernahme leistet der König so bald wie möglich seinen Eid, und es wird ihm so bald wie möglich in der Hauptstadt Amsterdam in einer öffentlichen Vollversammlung der Generalstaaten gehuldigt. [2]Er schwört oder gelobt Treue zur Verfassung und die gewissenhafte Ausübung seines Amtes. [3]Das Nähere regelt ein Gesetz.

Artikel 33 [Amtsausübung]
Der König übt sein Amt erst nach Vollendung des achtzehnten Lebensjahres aus.

Artikel 34 [Elterliche Gewalt und Vormundschaft]
[1]Das Gesetz regelt die elterliche Gewalt und die Vormundschaft über den minderjährigen König und die Aufsicht über die elterliche Gewalt und die Vormundschaft. [2]Die Generalstaaten beraten und beschließen hierüber in einer Vollversammlung.

Artikel 35 [Amtsfähigkeit des Königs]

(1) Wenn der Ministerrat der Auffassung ist, der König sei außerstande, sein Amt auszuüben, teilt er dies unter Vorlage der hierzu vom Staatsrat erbetenen Empfehlung den Generalstaaten mit, die daraufhin zu einer Vollversammlung zusammentreten.

(2) [1]Teilen die Generalstaaten diese Auffassung, dann erklären sie, der König sei außerstande, sein Amt auszuüben. [2]Diese Erklärung wird auf Anordnung des Vorsitzenden der Versammlung bekannt gegeben und wird sofort wirksam.

(3) [1]Sobald der König wieder zur Ausübung seines Amtes imstande ist, wird dies durch Gesetz erklärt. [2]Die Generalstaaten beraten und beschließen hierüber in einer Vollversammlung. [3]Sofort nach Bekanntmachung dieses Gesetzes übt der König sein Amt wieder aus.

(4) [1]Das Gesetz regelt erforderlichenfalls die Aufsicht über die Person des Königs, wenn erklärt worden ist, er sei außerstande, sein Amt auszuüben. [2]Die Generalstaaten beraten und beschließen hierüber in einer Vollversammlung.

Artikel 36 [Vorübergehende Nichtausübung des Amtes]

[1]Der König kann kraft eines Gesetzes sein Amt vorübergehend nicht ausüben und kraft eines Gesetzes, dessen Vorlage vom König oder in seinem Auftrag eingebracht wird, seine Amtstätigkeiten wieder aufnehmen. [2]Die Generalstaaten beraten und beschließen in einer Vollversammlung über diese Vorlage.

Artikel 37 [Regentschaft]

(1) Das Amt des Königs wird von einem Regenten ausgeübt:

a) solange der König das achtzehnte Lebensjahr nicht vollendet hat;
b) wenn ein ungeborenes Kind die Königswürde übernehmen könnte;
c) wenn erklärt worden ist, der König sei außerstande, sein Amt auszuüben;
d) wenn der König sein Amt vorübergehend nicht ausübt;
e) solange es nach dem Tode des Königs oder nach seinem Verzicht auf die Königswürde keinen Nachfolger gibt.

(2) [1]Der Regent wird durch Gesetz ernannt. [2]Die Generalstaaten beraten und beschließen hierüber in einer Vollversammlung.

(3) In den in Absatz 1 Buchstabe c und d genannten Fällen ist der Nachkomme des Königs, der sein mutmaßlicher Nachfolger ist, von Rechts wegen Regent, wenn er das achtzehnte Lebensjahr vollendet hat.

(4) [1]Der Regent schwört oder gelobt Treue zur Verfassung und die gewissenhafte Ausübung seines Amtes in einer Vollversammlung der Generalstaaten. [2]Näheres über die Regentschaft sowie die Nachfolge und die Vertretung des Regenten regelt ein Gesetz. [3]Die Generalstaaten beraten und beschließen hierüber in einer Vollversammlung.

(5) Für den Regenten gelten die Artikel 35 und 36 entsprechend.

Artikel 38 [Amtsausübung durch den Staatsrat]

Solange die Ausübung des Amtes des Königs nicht geregelt ist, wird es vom Staatsrat ausgeübt.

Artikel 39 [Mitglied des Königshauses]

Das Gesetz regelt, wer Mitglied des Königshauses ist.

Artikel 40 [Zuwendungen, Steuerfreiheit]

(1) [1]Der König erhält jährlich Zuwendungen zu Lasten des Reiches gemäß einer gesetzlichen Regelung. [2]Dieses Gesetz bestimmt, welche anderen Mitglieder des Königshauses Zuwendungen zu Lasten des Reiches erhalten und regelt diese Zuwendungen.

(2) [1]Die den Mitgliedern des Königshauses gewährten Zuwendungen zu Lasten des Reiches sowie die für die Ausübung ihres Amtes verwendeten Vermögensbestandteile sind frei von Personensteuer. [2]Ferner ist dasjenige, was der König oder sein mutmaßlicher Nachfolger gemäß Erbrecht oder durch Schenkung eines Mitglieds des Königshauses erhält, frei von Erbschaft-, Übertragung- und Schenkungsteuer. [3]Weitere Steuerbefreiungen können durch Gesetz gewährt werden.

(3) Für die Annahme der Vorlagen von in den vorstehenden Absätzen bezeichneten Gesetzen durch die Kammern der Generalstaaten ist eine Mehrheit von mindestens zwei Dritteln der abgegebenen Stimmen erforderlich.

Artikel 41 [Hausordnung]
Der König ordnet sein Haus unter Berücksichtigung des öffentlichen Interesses.

§ 2
König und Minister

Artikel 42 [Regierung; Verantwortlichkeit der Minister]
(1) Die Regierung besteht aus dem König und den Ministern.
(2) Der König ist unverletzlich; die Minister sind verantwortlich.

Artikel 43 [Ernennung und Entlassung]
Der Ministerpräsident und die übrigen Minister werden durch königlichen Erlass ernannt und entlassen.

Artikel 44 [Minister und Ministerium]
(1) [1]Durch königlichen Erlass werden Ministerien eingerichtet. [2]Sie werden von einem Minister geleitet.
(2) Es können auch Minister ernannt werden, die nicht mit der Leitung eines Ministeriums betraut sind.

Artikel 45 [Ministerrat]
(1) Die Minister bilden gemeinsam den Ministerrat.
(2) Der Ministerpräsident ist Vorsitzender des Ministerrats.
(3) Der Ministerrat berät und beschließt über die allgemeine Regierungspolitik und sorgt für die Einheitlichkeit dieser Politik.

Artikel 46 [Staatssekretäre]
(1) Durch königlichen Erlass können Staatssekretäre ernannt und entlassen werden.
(2) [1]Ein Staatssekretär tritt in den Fällen, in denen der Minister dies für notwendig hält, unter Befolgung der Weisungen des Ministers an dessen Stelle. [2]Der Staatssekretär ist in dieser Eigenschaft verantwortlich, unbeschadet der Verantwortung des Ministers.

Artikel 47 [Kontrasignatur]
Alle Gesetze und königlichen Erlasse werden vom König und von einem oder mehreren Ministern oder Staatssekretären unterzeichnet.

Artikel 48 [Mitunterzeichnung bei Ernennungen und Entlassungen]
[1]Der königliche Erlass, durch den der Ministerpräsident ernannt wird, wird von ihm mitunterzeichnet. [2]Die königlichen Erlasse, durch die die übrigen Minister und die Staatssekretäre ernannt und entlassen werden, werden vom Ministerpräsidenten mitunterzeichnet.

Artikel 49 [Reinigungseid]
Auf die durch Gesetz vorgeschriebene Weise leisten die Minister und Staatssekretäre bei ihrem Amtsantritt vor dem König einen Reinigungseid beziehungsweise geben eine Reinigungserklärung und ein Reinigungsgelöbnis ab und schwören oder geloben Treue zur Verfassung und die gewissenhafte Ausübung ihres Amtes.

Kapitel 3
Generalstaaten

§ 1
Organisation und Zusammensetzung

Artikel 50 [Vertretung des Volkes]
Die Generalstaaten vertreten das gesamte niederländische Volk.

Artikel 51 [Kammern]

(1) Die Generalstaaten bestehen aus der Zweiten Kammer und der Ersten Kammer.

(2) Die Zweite Kammer hat einhundertfünfzig Mitglieder.

(3) Die Erste Kammer hat fünfundsiebzig Mitglieder.

(4) Bei einer Vollversammlung werden die Kammern als Einheit betrachtet.

Artikel 52 [Wahlperiode]

(1) Die Wahlperiode beider Kammern dauert vier Jahre.

(2) Wenn für die Provinzialstaaten durch Gesetz eine andere Dauer der Wahlperiode als vier Jahre angesetzt wird, wird damit die Wahlperiode der Ersten Kammer entsprechend geändert.

Artikel 53 [Verhältniswahlrecht]

(1) Die Mitglieder beider Kammern werden auf der Grundlage des Verhältniswahlrechts innerhalb der durch Gesetz festzulegenden Grenzen gewählt.

(2) Die Wahlen sind geheim.

Artikel 54 [Wahl der Zweiten Kammer; Ausschluss vom Wahlrecht]

(1) Die Mitglieder der Zweiten Kammer werden in unmittelbarer Wahl von den Niederländern gewählt, die das achtzehnte Lebensjahr vollendet haben, unbeschadet der durch Gesetz zu bestimmenden Ausnahmen in Bezug auf Niederländer, die keine Landesansässigen sind.

(2) Vom Wahlrecht ausgeschlossen ist, wer wegen einer durch Gesetz bezeichneten Straftat mit rechtskräftiger gerichtlicher Entscheidung zu einer Freiheitsstrafe von mindestens einem Jahr verurteilt worden ist und wem hierbei gleichzeitig das Wahlrecht aberkannt wurde.

Artikel 55 [Wahl der Ersten Kammer]

[1]Die Mitglieder der Ersten Kammer werden von den Mitgliedern der Provinzialstaaten und den Mitgliedern eines Wahlgremiums im Sinne des Artikels 132a Absatz 3 gewählt. [2]Die Wahl findet, außer im Falle einer Auflösung der Kammer, innerhalb von drei Monaten nach der Wahl der Mitglieder der Provinzialstaaten statt.

Artikel 56 [Passives Wahlrecht]

Wer Mitglied der Generalstaaten werden will, muss niederländischer Staatsangehöriger sein, das achtzehnte Lebensjahr vollendet haben und nicht vom Wahlrecht ausgeschlossen sein.

Artikel 57 [Inkompatibilitäten]

(1) Niemand kann Mitglied beider Kammern sein.

(2) Ein Mitglied der Generalstaaten kann nicht gleichzeitig Minister, Staatssekretär, Mitglied des Staatsrats, Mitglied der Allgemeinen Rechnungskammer, Nationaler Ombudsmann oder stellvertretender Ombudsmann, Mitglied des Hohen Rates, Generalstaatsanwalt oder Untergeneralstaatsanwalt beim Hohen Rat sein.

(3) Gleichwohl kann ein Minister oder Staatssekretär, der sein Amt zur Verfügung gestellt hat, gleichzeitig Mitglied der Generalstaaten sein, bis über die Zurverfügungstellung entschieden worden ist.

(4) Das Gesetz kann bestimmen, dass andere öffentliche Ämter nicht gleichzeitig mit der Mitgliedschaft in den Generalstaaten oder in einer der beiden Kammern ausgeübt werden können.

Artikel 57a [Vertretung]

Die vorübergehende Vertretung eines Mitglieds der Generalstaaten wegen Schwangerschaft oder Entbindung sowie wegen Krankheit regelt das Gesetz.

Artikel 58 [Wahlprüfung]

Jede Kammer prüft die Vollmachten ihrer neu ernannten Mitglieder und entscheidet unter Berücksichtigung der durch Gesetz festzustellenden Regeln über Streitigkeiten, die in Bezug auf die Vollmachten oder die Wahl selbst entstehen.

Artikel 59 [Wahlrecht kraft Gesetzes]

Alles Weitere über das Wahlrecht und die Wahlen wird durch Gesetz geregelt.

Artikel 60 [Reinigungseid]
Auf die durch Gesetz vorgeschriebene Weise leisten die Mitglieder der Kammern bei ihrem Amtsantritt in der Versammlung einen Reinigungseid beziehungsweise geben eine Reinigungserklärung und ein Reinigungsgelöbnis ab und schwören oder geloben Treue zur Verfassung und die gewissenhafte Ausübung ihres Amtes.

Artikel 61 [Präsidenten, Schriftführer]
(1) Jede der beiden Kammern ernennt aus ihrer Mitte einen Präsidenten.

(2) [1]Jede der beiden Kammern ernennt einen Schriftführer. [2]Der Schriftführer und die übrigen Beamten der Kammern können nicht gleichzeitig Mitglied der Generalstaaten sein.

Artikel 62 [Versammlungsleitung]
Der Präsident der Ersten Kammer leitet die Vollversammlung.

Artikel 63 [Finanzielle Zuwendungen]
[1]Finanzielle Zuwendungen zugunsten von Mitgliedern und ehemaligen Mitgliedern der Generalstaaten und ihrer Hinterbliebenen werden durch Gesetz geregelt. [2]Die Kammern können eine diesbezügliche Gesetzesvorlage nur mit einer Mehrheit von mindestens zwei Dritteln der abgegebenen Stimmen annehmen.

Artikel 64 [Auflösung der Kammern]
(1) Jede der beiden Kammern kann durch königlichen Erlass aufgelöst werden.

(2) Der Erlass zur Auflösung enthält gleichzeitig die Vorschrift zur Neuwahl der aufgelösten Kammer und zum Zusammentreten der neugewählten Kammer innerhalb von drei Monaten.

(3) Die Auflösung wird an dem Tag wirksam, an dem die neugewählte Kammer zusammentritt.

(4) [1]Das Gesetz setzt die Dauer der Wahlperiode der Zweiten Kammer nach einer Auflösung fest; sie darf nicht länger sein als fünf Jahre. [2]Nach einer Auflösung endet die Wahlperiode der Ersten Kammer zu dem Zeitpunkt, zu dem die Wahlperiode der aufgelösten Kammer abgelaufen wäre.

§ 2
Verfahren

Artikel 65 [Regierungserklärung]
An jedem dritten Dienstag im September oder zu einem durch Gesetz festzulegenden früheren Zeitpunkt wird vom König oder in seinem Namen in einer Vollversammlung der Generalstaaten eine Erklärung über die von der Regierung zu verfolgende Politik abgegeben.

Artikel 66 [Öffentlichkeit]
(1) Die Sitzungen der Generalstaaten sind öffentlich.

(2) Die Öffentlichkeit wird ausgeschlossen, wenn ein Zehntel der anwesenden Mitglieder dies beantragt oder der Präsident dies für nötig hält.

(3) Die Kammer beziehungsweise die Vollversammlung entscheidet sodann, ob unter Ausschluss der Öffentlichkeit beraten und beschlossen werden soll.

Artikel 67 [Anwesenheitsquorum; Mehrheitsprinzip; Abstimmung]
(1) Die Kammern dürfen einzeln und in einer Vollversammlung nur beraten oder beschließen, wenn mehr als die Hälfte ihrer Mitglieder anwesend sind.

(2) Beschlüsse werden mit Stimmenmehrheit gefasst.

(3) Die Mitglieder sind bei der Stimmabgabe nicht weisungsgebunden.

(4) Die Abstimmung erfolgt mündlich und namentlich, wenn ein Mitglied dies beantragt.

Artikel 68 [Interpellation]
Die Minister und die Staatssekretäre erteilen den Kammern gesondert und in einer Vollversammlung mündlich oder schriftlich die von einem oder mehreren Mitgliedern gewünschten Auskünfte, wenn dies nicht dem Interesse des Staates widerspricht.

Artikel 69 [Sitzungsteilnahme]
(1) Die Minister und die Staatssekretäre sind zu den Sitzungen zugelassen und können an den Beratungen teilnehmen.

(2) Sie können von den Kammern gesondert und in einer Vollversammlung aufgefordert werden, der Sitzung beizuwohnen.

(3) Sie können sich in den Sitzungen von ihnen beauftragten Personen assistieren lassen.

Artikel 70 [Enqueterecht]
Beide Kammern haben gesondert und in der Vollversammlung das durch Gesetz zu regelnde Enqueterecht.

Artikel 71 [Indemnität]
Die Mitglieder der Generalstaaten, die Minister, die Staatssekretäre und andere Personen, die an den Beratungen teilnehmen, können für das, was sie in den Sitzungen der Generalstaaten oder der Parlamentsausschüsse gesagt haben oder diesen schriftlich vorgelegt haben, nicht rechtlich belangt oder haftbar gemacht werden.

Artikel 72 [Geschäftsordnung]
Die Kammern geben sich gesondert und in der Vollversammlung eine Geschäftsordnung.

Kapitel 4

Staatsrat, Allgemeine Rechnungskammer, Nationaler Ombudsmann und ständige Beratungsgremien

Artikel 73 [Kompetenzen des Staatsrats]
(1) [1]Der Staatsrat oder eine Abteilung des Staatsrats wird zu Gesetzesvorlagen und Entwürfen von Rechtsverordnungen sowie zu Vorschlägen zur Zustimmung zu Verträgen seitens der Generalstaaten gehört. [2]In durch Gesetz zu bezeichnenden Fällen kann die Anhörung unterbleiben.

(2) Dem Staatsrat oder einer Abteilung des Staatsrats obliegt die Untersuchung der Verwaltungsstreitigkeiten, über die durch königlichen Erlass entschieden wird; der Staatsrat beziehungsweise seine Abteilung empfiehlt eine Entscheidung.

(3) Durch Gesetz kann die Entscheidung in Verwaltungsstreitigkeiten dem Staatsrat oder einer Abteilung des Staatsrats übertragen werden.

Artikel 74 [Vorsitz des Königs, Mitglieder des Staatsrats]
(1) [1]Der König ist Vorsitzender des Staatsrats. [2]Der mutmaßliche Nachfolger des Königs hat nach Vollendung des achtzehnten Lebensjahres von Rechts wegen Sitz im Staatsrat. [3]Durch Gesetz oder kraft Gesetzes können andere Mitglieder des Königshauses Sitz im Staatsrat erhalten.

(2) Die Mitglieder des Staatsrats werden durch königlichen Erlass auf Lebenszeit ernannt.

(3) Sie werden auf eigenen Wunsch oder bei Erreichen einer durch Gesetz festzulegenden Altersgrenze entlassen.

(4) In den durch Gesetz bezeichneten Fällen können sie vom Staatsrat suspendiert oder entlassen werden.

(5) Ihre Rechtsstellung ist im Übrigen durch Gesetz geregelt.

Artikel 75 [Gesetzesvorbehalt]
(1) Organisation, Zusammensetzung und Zuständigkeit des Staatsrats regelt das Gesetz.

(2) Durch Gesetz können dem Staatsrat oder einer Abteilung des Staatsrats auch andere Aufgaben übertragen werden.

Artikel 76 [Kompetenzen der Allgemeinen Rechnungskammer]
Der Allgemeinen Rechnungskammer obliegt die Prüfung der Einnahmen und Ausgaben des Reiches.

Artikel 77 [Ernennung und Entlassung der Mitglieder]

(1) Die Mitglieder der Allgemeinen Rechnungskammer werden durch königlichen Erlass auf Lebenszeit auf Vorschlag der Zweiten Kammer der Generalstaaten ernannt, die jeweils drei Kandidaten vorschlägt.

(2) Sie werden auf eigenen Wunsch oder bei Erreichen einer durch Gesetz festzulegenden Altersgrenze entlassen.

(3) In den durch Gesetz bezeichneten Fällen können sie vom Hohen Rat suspendiert oder entlassen werden.

(4) Ihre Rechtsstellung ist im Übrigen durch Gesetz geregelt.

Artikel 78 [Gesetzesvorbehalt]

(1) Organisation, Zusammensetzung und Zuständigkeit der Allgemeinen Rechnungskammer regelt das Gesetz.

(2) Durch Gesetz können der Allgemeinen Rechnungskammer auch andere Aufgaben übertragen werden.

Artikel 78a [Nationaler Ombudsmann]

(1) Der Nationale Ombudsmann untersucht auf Antrag oder aus eigener Initiative die Handlungen von Verwaltungsorganen des Reichs und die Handlungen anderer durch Gesetz oder kraft Gesetzes bezeichneter Verwaltungsorgane.

(2) [1]Der Nationale Ombudsmann und ein stellvertretender Ombudsmann werden für eine durch Gesetz festzusetzende Frist von der Zweiten Kammer der Generalstaaten ernannt. [2]Sie werden auf eigenen Wunsch oder bei Erreichen einer durch Gesetz festzulegenden Altersgrenze entlassen. [3]In den durch Gesetz bezeichneten Fällen können sie von der Zweiten Kammer der Generalstaaten suspendiert oder entlassen werden. [4]Ihre Rechtsstellung ist im Übrigen durch Gesetz geregelt.

(3) Das Gesetz regelt die Zuständigkeit und Arbeitsweise des Nationalen Ombudsmanns.

(4) Durch Gesetz oder kraft Gesetzes können dem Nationalen Ombudsmann auch andere Aufgaben übertragen werden.

Artikel 79 [Ständige Beratungsgremien]

(1) Ständige Beratungsgremien auf dem Gebiet der staatlichen Gesetzgebung und Verwaltung werden durch Gesetz oder kraft Gesetzes eingesetzt.

(2) Organisation, Zusammensetzung und Zuständigkeit dieser Gremien regelt das Gesetz.

(3) Durch Gesetz oder kraft Gesetzes können diesen Gremien auch andere als beratende Aufgaben übertragen werden.

Artikel 80 [Gutachten]

(1) Die Gutachten der in diesem Kapitel bezeichneten Gremien werden nach durch Gesetz zu erlassenden Vorschriften veröffentlicht.

(2) Gutachten zu Gesetzesvorlagen, die vom König oder in seinem Auftrag eingebracht werden, werden außer in den durch Gesetz zu bezeichnenden Ausnahmen den Generalstaaten vorgelegt.

Kapitel 5
Gesetzgebung und Verwaltung

§ 1
Gesetze und andere Vorschriften

Artikel 81 [Gemeinsame Gesetzgebung]

Gesetze werden von der Regierung und den Generalstaaten gemeinsam erlassen.

Artikel 82 [Initiativberechtigte]

(1) Gesetzesvorlagen können vom König oder in seinem Auftrag und von der Zweiten Kammer der Generalstaaten eingebracht werden.

(2) Gesetzesvorlagen, deren Behandlung in der Vollversammlung der Generalstaaten vorgeschrieben ist, können vom König oder in seinem Auftrag und, soweit dies gemäß den betreffenden Artikeln in Kapitel 2 zulässig ist, von der Vollversammlung eingebracht werden.

(3) Von der Zweiten Kammer beziehungsweise von der Vollversammlung einzubringende Gesetzesvorlagen werden ihr von einem oder mehreren Mitgliedern unterbreitet.

Artikel 83 [Zweite Kammer oder Vollversammlung]

Vom König oder in seinem Auftrag eingebrachte Gesetzesvorlagen werden an die Zweite Kammer oder, wenn deren Behandlung in der Vollversammlung der Generalstaaten vorgeschrieben ist, an dieses Gremium gesandt.

Artikel 84 [Änderung der Vorlage]

(1) Solange eine vom König oder in seinem Auftrag eingebrachte Gesetzesvorlage nicht von der Zweiten Kammer beziehungsweise von der Vollversammlung angenommen worden ist, kann sie von ihr auf Vorschlag eines oder mehrerer Mitglieder und auf Betreiben der Regierung geändert werden.

(2) Solange die Zweite Kammer beziehungsweise die Vollversammlung eine von ihr einzubringende Gesetzesvorlage nicht angenommen hat, kann sie von ihr auf Vorschlag eines Mitglieds oder mehrerer Mitglieder und von dem Mitglied oder den Mitgliedern, von dem beziehungsweise denen sie unterbreitet worden ist, geändert werden.

Artikel 85 [Zuleitung an die Erste Kammer]

[1]Sobald die Zweite Kammer eine Gesetzesvorlage angenommen hat oder beschlossen hat, eine Vorlage einzubringen, leitet sie sie der Ersten Kammer zu, die die Vorlage in der Form berät, in der sie ihr von der Zweiten Kammer zugeleitet worden ist. [2]Die Zweite Kammer kann eines oder mehrere ihrer Mitglieder beauftragen, eine von ihr eingebrachte Vorlage in der Ersten Kammer zu verteidigen.

Artikel 86 [Zurückziehen der Vorlage]

(1) Solange eine Gesetzesvorlage nicht von den Generalstaaten angenommen worden ist, kann sie von demjenigen, der sie eingebracht hat, oder in seinem Auftrag zurückgezogen werden.

(2) Solange die Zweite Kammer beziehungsweise die Vollversammlung eine von ihr einzubringende Gesetzesvorlage nicht angenommen hat, kann sie von dem Mitglied oder den Mitgliedern, von dem beziehungsweise denen sie unterbreitet worden ist, zurückgezogen werden.

Artikel 87 [Annahme und Bestätigung]

(1) Eine Vorlage wird Gesetz, sobald sie von den Generalstaaten angenommen und vom König bestätigt worden ist.

(2) Der König und die Generalstaaten unterrichten sich gegenseitig von ihren Beschlüssen über Gesetzesvorlagen.

Artikel 88 [Verkündung, Inkrafttreten]

[1]Die Verkündung und das Inkrafttreten der Gesetze regelt das Gesetz. [2]Die Gesetze treten erst nach ihrer Verkündung in Kraft.

Artikel 89 [Rechtsverordnungen]

(1) Rechtsverordnungen ergehen durch königlichen Erlass.

(2) [1]Vorschriften in Rechtsverordnungen, deren Nichtbefolgung unter Strafe gestellt ist, können nur kraft Gesetzes erlassen werden. [2]Die Strafen werden durch Gesetz bestimmt.

(3) [1]Die Verkündung und das Inkrafttreten der Rechtsverordnungen regelt das Gesetz. [2]Sie treten erst nach ihrer Verkündung in Kraft.

(4) Die Absätze 2 und 3 gelten entsprechend für andere vom Reich erlassene allgemein verbindliche Vorschriften.

§ 2

Sonstige Bestimmungen

Artikel 90 [Förderung der internationalen Rechtsordnung]

Die Regierung fördert die Entwicklung der internationalen Rechtsordnung.

Artikel 91 [Zustimmung zu Verträgen; Abweichung des Vertrages von der Verfassung]
(1) [1]Ohne vorherige Zustimmung durch die Generalstaaten ist das Königreich nicht an Verträge gebunden und werden Verträge nicht gekündigt. [2]Die Fälle, in denen keine Zustimmung erforderlich ist, bezeichnet das Gesetz.

(2) [1]Durch Gesetz wird bestimmt, in welcher Weise die Zustimmung erteilt wird. [2]Das Gesetz kann eine stillschweigende Zustimmung vorsehen.

(3) Enthält ein Vertrag Bestimmungen, die von der Verfassung abweichen beziehungsweise eine solche Abweichung erforderlich machen, können die Kammern ihre Zustimmung nur mit einer Mehrheit von mindestens zwei Dritteln der abgegebenen Stimmen erteilen.

Artikel 92 [Übertragung von Hoheitsbefugnissen]
Durch Vertrag oder kraft eines Vertrags können völkerrechtlichen Organisationen Gesetzgebungs-, Verwaltungs- und Rechtsprechungsbefugnisse übertragen werden, erforderlichenfalls unter Berücksichtigung von Artikel 91 Absatz 3.

Artikel 93 [Verbindlichkeit von Verträgen und Beschlüssen]
Bestimmungen von Verträgen und Beschlüssen völkerrechtlicher Organisationen, die ihrem Inhalt nach allgemein verbindlich sein können, haben Verbindlichkeit nach ihrer Veröffentlichung.

Artikel 94 [Anwendungsvorrang]
Innerhalb des Königreichs geltende gesetzliche Vorschriften werden nicht angewandt, wenn die Anwendung mit allgemein verbindlichen Bestimmungen von Verträgen und Beschlüssen völkerrechtlicher Organisationen nicht vereinbar ist.

Artikel 95 [Veröffentlichung]
Die Veröffentlichung von Verträgen und Beschlüssen völkerrechtlicher Organisationen regelt das Gesetz.

Artikel 96 [Kriegserklärung]
(1) Nur nach vorheriger Zustimmung der Generalstaaten kann erklärt werden, dass sich das Königreich im Krieg befindet.

(2) Die Zustimmung ist nicht erforderlich, wenn sich infolge eines faktisch bereits bestehenden Kriegszustands Beratungen mit den Generalstaaten als nicht möglich erwiesen haben.

(3) Die Generalstaaten beraten und beschließen hierüber in einer Vollversammlung.

(4) Die Bestimmungen in Absatz 1 und 3 gelten entsprechend für eine Erklärung zur Beendigung eines Krieges.

Artikel 97 [Streitkräfte, Oberbefehl der Regierung]
(1) Zum Zwecke der Verteidigung und des Schutzes der Interessen des Königreichs, wie auch zur Aufrechterhaltung und Förderung der internationalen Rechtsordnung gibt es Streitkräfte.

(2) Die Regierung hat den Oberbefehl über die Streitkräfte.

Artikel 98 [Freiwillige und Wehrpflichtige]
(1) [1]Die Streitkräfte setzen sich aus Freiwilligen zusammen.

[2]Den Streitkräften können auch Wehrpflichtige angehören.

(2) Das Gesetz regelt die Wehrpflicht und die Befugnis zur Zurückstellung vom Wehrdienst.

Artikel 99 [Befreiung vom Wehrdienst]
Das Gesetz regelt die Befreiung vom Wehrdienst aufgrund ernsthafter Gewissensbedenken.

Artikel 99a [Zivilverteidigung]
Nach durch Gesetz festzustellenden Regeln können Pflichten für die Zivilverteidigung auferlegt werden.

Artikel 100 [Auskünfte über den Streitkräfteeinsatz]
(1) [1]Die Regierung erteilt den Generalstaaten im Voraus Auskünfte über den Einsatz und die Bereitstellung der Streitkräfte zur Aufrechterhaltung oder Förderung der internationalen Rechtsordnung.

[2]Hierzu zählt das Erteilen von Auskünften im Voraus über den Einsatz oder die Bereitstellung der Streitkräfte für humanitäre Hilfsleistungen im Falle eines bewaffneten Konflikts.

(2) [1]Absatz 1 findet keine Anwendung, wenn zwingende Gründe der Erteilung von Auskünften im Voraus entgegenstehen. [2]In diesem Fall werden Auskünfte schnellstmöglich erteilt.

Artikel 101 und 102 ***(aufgehoben)***

Artikel 103 [Ausnahmezustand]

(1) Es wird durch Gesetz bestimmt, in welchen Fällen zur Aufrechterhaltung der äußeren und inneren Sicherheit durch königlichen Erlass ein durch Gesetz als solcher zu bezeichnender Ausnahmezustand erklärt werden kann; das Gesetz regelt die Folgen.

(2) Dabei kann von den Verfassungsbestimmungen über die Befugnisse der Verwaltungsorgane der Provinzen, Gemeinden, öffentlich-rechtlichen Körperschaften im Sinne des Artikels 132a und Wasserverbände, von den Grundrechten nach Artikel 6, soweit es um die Ausübung des in jenem Artikel beschriebenen Rechts außerhalb von Gebäuden und geschlossenen Räumen geht, nach Artikel 7, 8, 9, 12 Absatz 2 und 3, 13 sowie von Artikel 113 Absatz 1 und 3 abgewichen werden.

(3) Unmittelbar nach der Erklärung des Ausnahmezustands und im Weiteren immer dann – solange der Ausnahmezustand nicht durch königlichen Erlass aufgehoben worden ist – wenn sie es für notwendig erachten, entscheiden die Generalstaaten über seine Fortdauer und beraten und beschließen darüber in einer Vollversammlung.

Artikel 104 [nullum tributum sine lege]

[1]Reichssteuern werden kraft eines Gesetzes erhoben. [2]Andere Reichsabgaben werden durch Gesetz geregelt.

Artikel 105 [Reichshaushalt]

(1) Der Reichshaushalt wird durch Gesetz festgestellt.

(2) Jedes Jahr werden Vorlagen für allgemeine Haushaltsgesetze vom König oder in seinem Auftrag zu dem in Artikel 65 bezeichneten Zeitpunkt eingebracht.

(3) [1]Den Generalstaaten wird über die Einnahmen und Ausgaben des Reiches entsprechend den gesetzlichen Bestimmungen Rechenschaft abgelegt. [2]Die von der Allgemeinen Rechnungskammer gebilligte Haushaltsrechnung wird den Generalstaaten vorgelegt.

(4) Das Gesetz enthält Vorschriften über die Verwaltung der Reichsfinanzen.

Artikel 106 [Währungssystem]

Das Währungssystem ist durch Gesetz geregelt.

Artikel 107 Gesetzbücher

(1) Das bürgerliche Recht, das Strafrecht, das Zivilprozessrecht und das Strafprozessrecht sind in allgemeinen Gesetzbüchern geregelt; bestimmte Gegenstände können in gesonderten Gesetzen geregelt werden.

(2) Das Gesetz enthält allgemeine verwaltungsrechtliche Vorschriften.

Artikel 108 ***(aufgehoben)***

Artikel 109 [Beamtenrecht]

[1]Die Rechtsstellung der Beamten ist durch Gesetz geregelt. [2]Das Gesetz enthält gleichzeitig Vorschriften über den Arbeitsschutz und die Mitbestimmung der Beamten.

Artikel 110 [Verwaltungsöffentlichkeit]

Die Behörden stellen bei der Durchführung ihrer Aufgaben Öffentlichkeit gemäß durch Gesetz zu erlassenden Vorschriften her.

Artikel 111 [Ritterorden]

Ritterorden werden durch Gesetz gestiftet.

Kapitel 6

Rechtsprechung

Artikel 112 [Zivilsachen]

(1) Der richterlichen Gewalt obliegt die Rechtsprechung in bürgerlichen Rechtsstreitigkeiten und in Bezug auf Schuldforderungen.

(2) [1]Das Gesetz kann die Entscheidung in Streitigkeiten, die nicht aufgrund bürgerlicher Rechtsverhältnisse entstanden sind, entweder der richterlichen Gewalt oder Gerichten überlassen, die nicht der richterlichen Gewalt angehören. [2]Das Verfahren und die Folgen der Entscheidungen regelt das Gesetz.

Artikel 113 [Strafsachen]

(1) Der richterlichen Gewalt obliegt des Weiteren die Rechtsprechung in Strafsachen.

(2) Das öffentliche Disziplinarrecht wird durch Gesetz geregelt.

(3) Eine Freiheitsstrafe kann ausschließlich von der richterlichen Gewalt verhängt werden.

(4) Für Rechtsprechung außerhalb der Niederlande und für das Wehrstrafrecht können durch Gesetz abweichende Regelungen erlassen werden.

Artikel 114 [Verbot der Todesstrafe]

Die Todesstrafe darf nicht verhängt werden.

Artikel 115 [Verwaltungsbeschwerde]

In Bezug auf die in Artikel 112 Absatz 2 bezeichneten Streitigkeiten ist Verwaltungsbeschwerde möglich.

Artikel 116 [Gerichtsorganisation]

(1) Das Gesetz bezeichnet die Gerichte, die zur richterlichen Gewalt gehören.

(2) Organisation, Zusammensetzung und Zuständigkeit der richterlichen Gewalt regelt das Gesetz.

(3) Das Gesetz kann bestimmen, dass an der Rechtsprechung der richterlichen Gewalt Personen beteiligt sind, die ihr nicht angehören.

(4) Das Gesetz regelt die Aufsicht über die Amtsausübung von Mitgliedern der richterlichen Gewalt, die mit der Rechtsprechung betraut sind, und von im vorigen Absatz bezeichneten Personen durch Mitglieder der richterlichen Gewalt, die mit der Rechtsprechung betraut sind.

Artikel 117 [Mitglieder der richterlichen Gewalt, Rechtsstellung]

(1) Die mit der Rechtsprechung betrauten Mitglieder der richterlichen Gewalt und der Generalstaatsanwalt beim Hohen Rat werden durch königlichen Erlass auf Lebenszeit ernannt.

(2) Sie werden auf eigenen Wunsch oder bei Erreichen der gesetzlichen Altersgrenze entlassen.

(3) In den durch Gesetz vorgeschriebenen Fällen können sie von einem durch Gesetz bezeichneten, zur richterlichen Gewalt gehörenden Gericht suspendiert oder entlassen werden.

(4) Ihre Rechtsstellung ist im Übrigen durch Gesetz geregelt.

Artikel 118 [Hoher Rat der Niederlande]

(1) Die Mitglieder des Hohen Rates der Niederlande werden auf Vorschlag der Zweiten Kammer der Generalstaaten ernannt, die jeweils drei Kandidaten vorschlägt.

(2) Dem Hohen Rat obliegt in den durch Gesetz bezeichneten Fällen und innerhalb der gesetzlichen Grenzen die Kassation richterlicher Entscheidungen wegen Verletzung des Rechts.

(3) Durch Gesetz können dem Hohen Rat auch andere Aufgaben übertragen werden.

Artikel 119 [Verbrechen im Amte]

[1]Die Mitglieder der Generalstaaten, die Minister und die Staatssekretäre werden wegen Verbrechen im Amte, auch nach ihrem Rücktritt, vor dem Hohen Rat zur Verantwortung gezogen. [2]Die Anordnung zur Verfolgung wird durch königlichen Erlass oder durch Beschluss der Zweiten Kammer gegeben.

Artikel 120 [Exemtion der Verfassung in der richterlichen Kontrolle]

Der Richter beurteilt nicht die Verfassungsmäßigkeit von Gesetzen und Verträgen.

Artikel 121 [Justizöffentlichkeit]
[1]Mit Ausnahme der durch Gesetz bezeichneten Fälle sind die Gerichtsverhandlungen öffentlich und werden die Urteile begründet. [2]Die Urteilsverkündung ist öffentlich.

Artikel 122 [Gnadenerweis; Amnestie]
(1) Ein Gnadenerweis wird durch königlichen Erlass auf Empfehlung eines durch Gesetz bezeichneten Gerichts und unter Berücksichtigung der durch Gesetz oder kraft Gesetzes erlassenen Vorschriften gewährt.

(2) Amnestie wird durch Gesetz oder kraft Gesetzes gewährt.

Kapitel 7

Provinzen, Gemeinden, öffentlich-rechtliche Körperschaften des karibischen Teils der Niederlande, Wasserverbände und andere öffentlich-rechtliche Körperschaften

Artikel 123 [Auflösung, Neubildung, Grenzänderung]
(1) Durch Gesetz können Provinzen und Gemeinden aufgelöst und können neue gebildet werden.

(2) Die Änderung von Provinz- und Gemeindegrenzen regelt das Gesetz.

Artikel 124 [Haushalt]
(1) Die Befugnis zur Regelung und Verwaltung des Haushalts der Provinzen und Gemeinden wird deren Verwaltungen überlassen.

(2) Die Regelung und Verwaltung kann den Provinzial und Gemeindeverwaltungen durch Gesetz oder kraft Gesetzes abverlangt werden.

Artikel 125 [Organe]
(1) [1]An der Spitze der Provinz stehen die Provinzialstaaten, an der Spitze der Gemeinde steht der Gemeinderat. [2]Ihre Sitzungen sind außer in den durch Gesetz zu regelnden Fällen öffentlich.

(2) Zur Provinzialverwaltung gehören auch die Deputiertenstaaten und der Kommissar des Königs, zur Gemeindeverwaltung der Gemeindevorstand und der Bürgermeister.

Artikel 126 [Weisungen der Regierung]
Durch Gesetz kann bestimmt werden, dass dem Kommissar des Königs die Ausführung von Weisungen der Regierung obliegt.

Artikel 127 [Verordnungen]
Die Provinzialstaaten und der Gemeinderat erlassen außer in durch Gesetz oder von ihnen kraft Gesetzes zu bezeichnenden Ausnahmefällen die Provinzial beziehungsweise Gemeindeverordnungen.

Artikel 128 [Übertragung von Befugnissen]
Außer in den in Artikel 123 bezeichneten Fällen kann die Übertragung von Befugnissen im Sinne von Artikel 124 Absatz 1 auf andere als die in Artikel 125 genannten Organe nur von den Provinzialstaaten beziehungsweise vom Gemeinderat vorgenommen werden.

Artikel 129 [Wahlen, Wahlperiode, Status der Mitglieder]
(1) [1]Die Mitglieder der Provinzialstaaten und des Gemeinderats werden unmittelbar von den in der Provinz beziehungsweise in der Gemeinde ansässigen Niederländern gewählt, die die für die Wahl der Zweiten Kammer der Generalstaaten geltenden Voraussetzungen erfüllen. [2]Für die Mitgliedschaft in einem der beiden Gremien gelten dieselben Voraussetzungen.

(2) Die Mitglieder werden auf der Grundlage des Verhältniswahlrechts innerhalb der durch Gesetz festzulegenden Grenzen gewählt.

(3) [1]Artikel 53 Absatz 2 und Artikel 59 sind anzuwenden. [2]Artikel 57a gilt entsprechend.

(4) Die Wahlperiode der Provinzialstaaten und des Gemeinderats dauert außer in den durch Gesetz zu bezeichnenden Ausnahmefällen vier Jahre.

(5) [1]Das Gesetz bestimmt, welche Ämter nicht gleichzeitig mit der Mitgliedschaft ausgeübt werden können. [2]Das Gesetz kann bestimmen, dass sich für die Mitgliedschaft Hindernisse durch Verwandt-

schaft oder Eheschließung ergeben und dass die Vornahme durch Gesetz bezeichneter Handlungen zum Verlust der Mitgliedschaft führen kann.

(6) Die Mitglieder sind bei der Stimmabgabe nicht weisungsgebunden.

Artikel 130 [Ausländerwahlrecht]

Das Gesetz kann das Recht, Mitglieder des Gemeinderats zu wählen, und das Recht, Mitglied des Gemeinderats zu sein, Landesansässigen zuerkennen, die keine Niederländer sind, sofern sie zumindest die Voraussetzungen erfüllen, die für Landesansässige gelten, die Niederländer sind.

Artikel 131 [Ernennungen]

[1]Der Kommissar des Königs und der Bürgermeister werden auf eine durch Gesetz zu bestimmende Weise angestellt, suspendiert und entlassen. [2]Kraft Gesetzes können nähere Vorschriften über die dabei anzuwendenden Verfahren erlassen werden.

Artikel 132 [Organisation, Verwaltungsaufsicht, Steuern]

(1) Die Organisation der Provinzen und Gemeinden sowie die Zusammensetzung und Zuständigkeit ihrer Verwaltungen regelt das Gesetz.

(2) Die Aufsicht über diese Verwaltungen regelt das Gesetz.

(3) Beschlüsse dieser Verwaltungen können nur in den durch Gesetz oder kraft Gesetzes zu bezeichnenden Fällen einer vorhergehenden Prüfung unterworfen werden.

(4) Beschlüsse dieser Verwaltungen können nur durch königlichen Erlass aufgehoben werden, wenn sie im Widerspruch zum geltenden Recht oder zum Allgemeininteresse stehen.

(5) [1]Das Gesetz trifft Vorkehrungen bei Unterlassungen in Bezug auf die nach Artikel 124 Absatz 2 vorgeschriebene Regelung und Verwaltung. [2]Abweichend von Artikel 125 und 127 können durch Gesetz Vorkehrungen für den Fall getroffen werden, dass die Verwaltung einer Provinz oder einer Gemeinde ihre Aufgaben grob vernachlässigt.

(6) Das Gesetz bestimmt, welche Steuern die Provinzial und Gemeindeverwaltungen erheben können; es regelt auch die finanziellen Beziehungen der Provinzen und Gemeinden zum Reich.

Artikel 132a [Öffentlich-rechtliche Körperschaften im karibischen Teil]

(1) Im karibischen Teil der Niederlande können andere öffentlich-rechtliche Gebietskörperschaften als Provinzen und Gemeinden durch Gesetz eingerichtet und aufgelöst werden.

(2) Die Artikel 124, 125 und 127 bis 132 gelten im Hinblick auf diese öffentlich-rechtlichen Körperschaften entsprechend.

(3) [1]In diesen öffentlich-rechtlichen Körperschaften wird ein Wahlgremium für die Erste Kammer gewählt. [2]Artikel 129 gilt entsprechend.

(4) Für diese öffentlich-rechtlichen Körperschaften können angesichts der besonderen Umstände, aufgrund deren sich diese öffentlich-rechtlichen Körperschaften wesentlich von jenen im europäischen Teil der Niederlande unterscheiden, Vorschriften erlassen und andere spezifische Maßnahmen ergriffen werden.

Artikel 133 [Wasserverbände]

(1) Die Auflösung und Gründung von Wasserverbänden, die Regelung ihrer Aufgaben und ihre Organisation sowie die Zusammensetzung ihrer Verwaltungen werden durch Provinzialverordnung nach durch Gesetz zu erlassenden Vorschriften geregelt, soweit durch Gesetz oder kraft Gesetzes nichts anderes bestimmt ist.

(2) Die Verordnungsbefugnisse und andere Zuständigkeiten der Wasserverbandsverwaltungen sowie die Öffentlichkeit ihrer Sitzungen regelt das Gesetz.

(3) [1]Die Aufsicht über diese Verwaltungen durch die Provinz und die sonstige Aufsicht regelt das Gesetz. [2]Beschlüsse dieser Verwaltungen können nur aufgehoben werden, wenn sie im Widerspruch zum geltenden Recht oder zum Allgemeininteresse stehen.

Artikel 134 [Berufs- und Gewerbeverbände, andere öffentliche Körperschaften]

(1) Durch Gesetz oder kraft Gesetzes können öffentliche Berufs und Gewerbeverbände und andere öffentliche Körperschaften gegründet und aufgelöst werden.

(2) [1]Die Aufgaben und die Organisation dieser öffentlichen Körperschaften, die Zusammensetzung und Zuständigkeit ihrer Verwaltungen sowie die Öffentlichkeit ihrer Sitzungen regelt das Gesetz. [2]Durch Gesetz oder kraft Gesetzes können ihren Verwaltungen Verordnungsbefugnisse übertragen werden.

(3) [1]Das Gesetz regelt die Aufsicht über diese Verwaltungen. [2]Beschlüsse dieser Verwaltungen können nur aufgehoben werden, wenn sie im Widerspruch zum geltenden Recht oder zum Allgemeininteresse stehen.

Artikel 135 [Gemeinsame Angelegenheiten]
[1]Das Gesetz enthält Vorschriften zur Regelung von Angelegenheiten, an denen zwei oder mehrere öffentliche Körperschaften beteiligt sind. [2]Dabei kann die Gründung einer neuen öffentlichen Körperschaft vorgesehen sein; in diesem Fall gilt Artikel 134 Absatz 2 und 3.

Artikel 136 [Streitentscheidung]
Über Streitigkeiten zwischen öffentlichen Körperschaften wird durch königlichen Erlass entschieden, es sei denn, sie fallen in die Zuständigkeit der richterlichen Gewalt oder die diesbezügliche Entscheidung ist durch Gesetz Dritten übertragen worden.

Kapitel 8

Änderung der Verfassung

Artikel 137 [Änderungsvorschläge]
(1) Durch ein Gesetz wird erklärt, dass eine Verfassungsänderung, wie sie darin vorgeschlagen ist, beraten werden soll.

(2) Die Zweite Kammer kann aufgrund eines vom König oder in seinem Auftrag eingereichten Vorschlags oder von sich aus die Vorlage eines solchen Gesetzes teilen.

(3) Nach Verkündung eines Gesetzes im Sinne von Absatz 1 wird die Zweite Kammer aufgelöst.

(4) [1]Nachdem die neue Zweite Kammer zusammengetreten ist, beraten beide Kammern in zweiter Lesung über die Änderungsvorlage im Sinne von Absatz 1. [2]Für ihre Annahme ist eine Mehrheit von mindestens zwei Dritteln der abgegebenen Stimmen erforderlich.

(5) Die Zweite Kammer kann aufgrund eines vom König oder in seinem Auftrag eingebrachten Vorschlags oder von sich aus mit einer Mehrheit von mindestens zwei Dritteln der abgegebenen Stimmen eine Änderungsvorlage teilen.

Artikel 138 [Abstimmung der Änderung auf die Verfassung]
(1) Bevor die in zweiter Lesung angenommenen Vorlagen zur Änderung der Verfassung vom König bestätigt werden, können durch Gesetz:

a) die angenommenen Vorlagen und die unveränderten Verfassungsbestimmungen soweit wie nötig aufeinander abgestimmt werden;
b) die Einteilung in Kapitel, Paragraphen und Artikel, deren Anordnung sowie die Überschriften geändert werden.

(2) Eine Gesetzesvorlage, die Bestimmungen im Sinne von Absatz 1 Buchstabe a enthält, können die Kammern nur mit einer Mehrheit von mindestens zwei Dritteln der abgegebenen Stimmen annehmen.

Artikel 139 [Inkrafttreten]
Die von den Generalstaaten angenommenen und vom König bestätigten Verfassungsänderungen treten sofort nach ihrer Verkündung in Kraft.

Artikel 140 [Fortgeltung verfassungswidrigen Rechts]
Bestehende Gesetze und andere Regelungen und Erlasse, die im Widerspruch zu einer Verfassungsänderung stehen, gelten so lange, bis eine diesbezügliche, der Verfassung entsprechende Maßnahme getroffen worden ist.

Artikel 141 [Wortlaut der geänderten Verfassung]
Der Wortlaut der geänderten Verfassung wird durch königlichen Erlass verkündet; dabei können Kapitel, Paragraphen und Artikel umnummeriert und Verweise entsprechend geändert werden.

Artikel 142 [Verfassung und Statut für das Königreich der Niederlande]
[1]Die Verfassung kann durch Gesetz mit dem Statut für das Königreich der Niederlande in Einklang gebracht werden. [2]Die Artikel 139, 140 und 141 gelten entsprechend.

Zusatzartikel

Artikel I
Artikel 57a und Artikel 129 Absatz 3 Satz 2 treten erst nach vier Jahren oder zu einem durch Gesetz oder kraft Gesetzes zu bezeichnenden Zeitpunkt in Kraft.

Artikel II
[1]Die Änderung in Artikel 54 Absatz 2 tritt erst nach fünf Jahren oder zu einem durch Gesetz oder kraft Gesetzes zu bezeichnenden Zeitpunkt in Kraft. [2]Diese Frist kann durch Gesetz um höchstens fünf Jahre verlängert werden.

Artikel III ***(aufgehoben)***

Artikel IV
In Artikel 1 des Statuts für das Königreich der Niederlande entfallen Absatz 2 sowie das Gliederungssymbol »1.« vor Absatz 1.

Artikel V –VIII ***(aufgehoben)***

Artikel IX
Artikel 16 gilt nicht für Straftaten, die kraft des Erlasses Außergewöhnliches Strafrecht unter Strafe gestellt sind.

Artikel X –XVIII ***(aufgehoben)***

Artikel XIX
Die Formel der Verkündung, festgelegt in Artikel 81, und die Formel für die Übermittlung und Inkenntnissetzung, festgelegt in Artikel 123, 124, 127, 128 und 130 der Verfassung nach dem Wortlaut von 1972, bleiben in Kraft, bis dafür eine Regelung getroffen worden ist.

Artikel XX –XXX ***(aufgehoben)***

Verfassungsartikel nach dem Wortlaut von 1972, die vorläufig in Kraft bleiben

Artikel 54 Absatz 2 [Ausschluss vom Wahlrecht]
Vom Wahlrecht ausgeschlossen ist:
a) wer wegen einer durch Gesetz bezeichneten Straftat mit rechtskräftiger gerichtlicher Entscheidung zu einer Freiheitsstrafe von mindestens einem Jahr verurteilt worden ist und wem hierbei gleichzeitig das Wahlrecht aberkannt wurde;
b) wer kraft einer rechtkräftigen gerichtlichen Entscheidung wegen eines geistigen Gebrechens zur Vornahme von Rechtsgeschäften unfähig ist.

Artikel 81 [Formel der Verkündung von Gesetzen]
[1]Die Formel der Verkündung von Gesetzen lautet wie folgt:

„Wir," usw. „König der Niederlande," usw.

„Allen, die dies sehen oder hören, Unseren Gruß! lassen wissen: dass Wir, in der Erwägung, dass" usw.

(Begründung des Gesetzes) „nach Anhörung des Staatsrates und im Einvernehmen mit den Generalstaaten gutheißen und billigen" usw.

(Inhalt des Gesetzes)

„Ausgefertigt" usw.

[2]Regiert eine Königin oder wird das Amt des Königs von einem Regenten oder dem Staatsrat ausgeübt, so wird die Formel entsprechend geändert.

Artikel 130 [Königliche Billigung der Gesetzesvorlage]

[1]Der König lässt die Generalstaaten so bald wie möglich davon in Kenntnis setzen, ob er eine von ihnen angenommene Gesetzesvorlage billigt oder nicht.

[2]Die Mitteilung erfolgt mit einer der folgenden Formeln:

„Der König stimmt der Vorlage zu.“

oder:

„Der König behält sich die erneute Prüfung der Vorlage vor.“

Bundes-Verfassungsgesetz (B-VG)

Vom 1. Oktober 1920, BGBl. 1/1920, wiederverlautbart mit BGBl. 1/1930,
zuletzt geändert durch Gesetz BGBl. I 24/2020 (Fassung mit Geltung ab 01.01.2021, Inhaltsübersicht, Artikelüberschriften, Hinweise auf aufgehobene Artikel und Satznummerierung nichtamtlich)

Inhalt

Erstes Hauptstück

Allgemeine Bestimmungen. Europäische Union

A.

Allgemeine Bestimmungen

Artikel 1 [Demokratische Republik]
Österreich ist eine demokratische Republik. Ihr Recht geht vom Volk aus.

Artikel 2 [Bundesstaatlichkeit]
(1) Österreich ist ein Bundesstaat.

(2) Der Bundesstaat wird gebildet aus den selbständigen Ländern: Burgenland, Kärnten, Niederösterreich, Oberösterreich, Salzburg, Steiermark, Tirol, Vorarlberg, Wien.

(3) Änderungen im Bestand der Länder oder eine Einschränkung der in diesem Absatz und in Art. 3 vorgesehenen Mitwirkung der Länder bedürfen auch verfassungsgesetzlicher Regelungen der Länder.

Artikel 3 [Bundesgebiet, Grenzänderungen und -bereinigungen]

(1) Das Bundesgebiet umfasst die Gebiete der Bundesländer.

(2) Staatsverträge, mit denen die Bundesgrenzen geändert werden, dürfen nur mit Zustimmung der betroffenen Länder abgeschlossen werden.

(3) [1]Grenzänderungen innerhalb des Bundesgebietes bedürfen übereinstimmender Gesetze des Bundes und der betroffenen Länder. [2]Für Grenzbereinigungen innerhalb des Bundesgebietes genügen übereinstimmende Gesetze der betroffenen Länder.

(4) Sofern es sich nicht um Grenzbereinigungen handelt, bedürfen Beschlüsse des Nationalrates über Grenzänderungen gemäß Abs. 2 und 3 der Anwesenheit von mindestens der Hälfte der Mitglieder und einer Mehrheit von zwei Dritteln der abgegebenen Stimmen.

Artikel 4 [Einheit des Wirtschaftsgebiets]

(1) Das Bundesgebiet bildet ein einheitliches Währungs-, Wirtschafts- und Zollgebiet.

(2) Innerhalb des Bundes dürfen Zwischenzolllinien oder sonstige Verkehrsbeschränkungen nicht errichtet werden.

Artikel 5 [Bundeshauptstadt]

(1) Bundeshauptstadt und Sitz der obersten Organe des Bundes ist Wien.

(2) Für die Dauer außergewöhnlicher Verhältnisse kann der Bundespräsident auf Antrag der Bundesregierung den Sitz oberster Organe des Bundes in einen anderen Ort des Bundesgebietes verlegen.

Artikel 6 [Staatsbürgerschaft, Landesbürger]

(1) Für die Republik Österreich besteht eine einheitliche Staatsbürgerschaft.

(2) Jene Staatsbürger, die in einem Land den Hauptwohnsitz haben, sind dessen Landesbürger; die Landesgesetze können jedoch vorsehen, dass auch Staatsbürger, die in einem Land einen Wohnsitz, nicht aber den Hauptwohnsitz haben, dessen Landesbürger sind.

(3) Der Hauptwohnsitz einer Person ist dort begründet, wo sie sich in der erweislichen oder aus den Umständen hervorgehenden Absicht niedergelassen hat, hier den Mittelpunkt ihrer Lebensbeziehungen zu schaffen; trifft diese sachliche Voraussetzung bei einer Gesamtbetrachtung der beruflichen, wirtschaftlichen und gesellschaftlichen Lebensbeziehungen einer Person auf mehrere Wohnsitze zu, so hat sie jenen als Hauptwohnsitz zu bezeichnen, zu dem sie das überwiegende Naheverhältnis hat.

(4) In den Angelegenheiten der Durchführung der Wahl des Bundespräsidenten, von Wahlen zu den allgemeinen Vertretungskörpern und zum Europäischen Parlament, der Wahl des Bürgermeisters durch die zur Wahl des Gemeinderates Berechtigten, in den Angelegenheiten der Durchführung von Volksbegehren, Volksabstimmungen und Volksbefragungen auf Grund der Bundesverfassung oder einer Landesverfassung sowie in den Angelegenheiten der unmittelbaren Mitwirkung der zum Gemeinderat Wahlberechtigten an der Besorgung der Angelegenheiten des eigenen Wirkungsbereiches der Gemeinde gelten für die Dauer einer Festnahme oder Anhaltung im Sinne des Bundesverfassungsgesetzes über den Schutz der persönlichen Freiheit, BGBl. Nr. 684/1988, die letzten, außerhalb des Ortes einer Festnahme oder Anhaltung gelegenen Wohnsitze und der letzte, außerhalb des Ortes einer Festnahme oder Anhaltung gelegene Hauptwohnsitz vor der Festnahme oder Anhaltung als Wohnsitze beziehungsweise Hauptwohnsitz der festgenommenen oder angehaltenen Person.

Artikel 7 [Gleichheit, Gleichstellung von Mann und Frau]

(1) [1]Alle Staatsbürger sind vor dem Gesetz gleich. [2]Vorrechte der Geburt, des Geschlechtes, des Standes, der Klasse und des Bekenntnisses sind ausgeschlossen. [3]Niemand darf wegen seiner Behinderung benachteiligt werden. [4]Die Republik (Bund, Länder und Gemeinden) bekennt sich dazu, die Gleichbehandlung von behinderten und nichtbehinderten Menschen in allen Bereichen des täglichen Lebens zu gewährleisten.

(2) [1]Bund, Länder und Gemeinden bekennen sich zur tatsächlichen Gleichstellung von Mann und Frau. [2]Maßnahmen zur Förderung der faktischen Gleichstellung von Frauen und Männern insbesondere durch Beseitigung tatsächlich bestehender Ungleichheiten sind zulässig.

(3) [1]Amtsbezeichnungen können in der Form verwendet werden, die das Geschlecht des Amtsinhabers oder der Amtsinhaberin zum Ausdruck bringt. [2]Gleiches gilt für Titel, akademische Grade und Berufsbezeichnungen.

(4) Den öffentlich Bediensteten, einschließlich der Angehörigen des Bundesheeres, ist die ungeschmälerte Ausübung ihrer politischen Rechte gewährleistet.

Artikel 8 [Staatssprache; kulturelle Vielfalt]

(1) Die deutsche Sprache ist, unbeschadet der den sprachlichen Minderheiten bundesgesetzlich eingeräumten Rechte, die Staatssprache der Republik.

(2) [1]Die Republik (Bund, Länder und Gemeinden) bekennt sich zu ihrer gewachsenen sprachlichen und kulturellen Vielfalt, die in den autochthonen Volksgruppen zum Ausdruck kommt. [2]Sprache und Kultur, Bestand und Erhaltung dieser Volksgruppen sind zu achten, zu sichern und zu fördern.

(3) [1]Die Österreichische Gebärdensprache ist als eigenständige Sprache anerkannt. [2]Das Nähere bestimmen die Gesetze.

Artikel 8a [Farben und Wappen der Republik]

(1) [1]Die Farben der Republik Österreich sind rot-weiß-rot. [2]Die Flagge besteht aus drei gleichbreiten waagrechten Streifen, von denen der mittlere weiß, der obere und der untere rot sind.

(2) [1]Das Wappen der Republik Österreich (Bundeswappen) besteht aus einem freischwebenden, einköpfigen, schwarzen, golden gewaffneten und rot bezungten Adler, dessen Brust mit einem roten, von einem silbernen Querbalken durchzogenen Schild belegt ist. [2]Der Adler trägt auf seinem Haupt eine goldene Mauerkrone mit drei sichtbaren Zinnen. [3]Die beiden Fänge umschließt eine gesprengte Eisenkette. [4]Er trägt im rechten Fang eine goldene Sichel mit einwärts gekehrter Schneide, im linken Fang einen goldenen Hammer.

(3) Nähere Bestimmungen, insbesondere über den Schutz der Farben und des Wappens sowie über das Siegel der Republik werden durch Bundesgesetz getroffen.

Artikel 9 [Völkerrecht; Übertragung von Hoheitsrechten]

(1) Die allgemein anerkannten Regeln des Völkerrechtes gelten als Bestandteile des Bundesrechtes.

(2) [1]Durch Gesetz oder durch einen gemäß Art. 50 Abs. 1 genehmigten Staatsvertrag können einzelne Hoheitsrechte auf andere Staaten oder zwischenstaatliche Einrichtungen übertragen werden. [2]In gleicher Weise können die Tätigkeit von Organen anderer Staaten oder zwischenstaatlicher Einrichtungen im Inland und die Tätigkeit österreichischer Organe im Ausland geregelt sowie die Übertragung einzelner Hoheitsrechte anderer Staaten oder zwischenstaatlicher Einrichtungen auf österreichische Organe vorgesehen werden. [3]Dabei kann auch vorgesehen werden, dass österreichische Organe der Weisungsbefugnis der Organe anderer Staaten oder zwischenstaatlicher Einrichtungen oder diese der Weisungsbefugnis österreichischer Organe unterstellt werden.

Artikel 9a [Landesverteidigung, Wehrpflicht]

(1) [1]Österreich bekennt sich zur umfassenden Landesverteidigung. [2]Ihre Aufgabe ist es, die Unabhängigkeit nach außen sowie die Unverletzlichkeit und Einheit des Bundesgebietes zu bewahren, insbesondere zur Aufrechterhaltung und Verteidigung der immerwährenden Neutralität. [3]Hiebei sind auch die verfassungsmäßigen Einrichtungen und ihre Handlungsfähigkeit sowie die demokratischen Freiheiten der Einwohner vor gewaltsamen Angriffen von außen zu schützen und zu verteidigen.

(2) Zur umfassenden Landesverteidigung gehören die militärische, die geistige, die zivile und die wirtschaftliche Landesverteidigung.

(3) [1]Jeder männliche Staatsbürger ist wehrpflichtig. [2]Staatsbürgerinnen können freiwillig Dienst im Bundesheer als Soldatinnen leisten und haben das Recht, diesen Dienst zu beenden.

(4) Wer die Erfüllung der Wehrpflicht aus Gewissensgründen verweigert und hievon befreit wird, hat die Pflicht, einen Ersatzdienst (Zivildienst) zu leisten.

Artikel 10 [Bundesgesetze, Bundesvollziehung]

(1) Bundessache ist die Gesetzgebung und die Vollziehung in folgenden Angelegenheiten:

1. Bundesverfassung, insbesondere Wahlen zum Nationalrat, und Volksbegehren, Volksabstimmungen und Volksbefragungen auf Grund der Bundesverfassung; Verfassungsgerichtsbarkeit; Verwaltungsgerichtsbarkeit mit Ausnahme der Organisation der Verwaltungsgerichte der Länder;

1a. Wahlen zum Europäischen Parlament; Europäische Bürgerinitiativen;

2. äußere Angelegenheiten mit Einschluss der politischen und wirtschaftlichen Vertretung gegenüber dem Ausland, insbesondere Abschluss von Staatsverträgen, unbeschadet der Zuständigkeit der Länder nach Art. 16 Abs. 1; Grenzvermarkung; Waren- und Viehverkehr mit dem Ausland; Zollwesen;
3. Regelung und Überwachung des Eintrittes in das Bundesgebiet und des Austrittes aus ihm; Ein- und Auswanderungswesen einschließlich des Aufenthaltsrechtes aus berücksichtigungswürdigen Gründen; Passwesen; Aufenthaltsverbot, Ausweisung und Abschiebung; Asyl; Auslieferung;
4. Bundesfinanzen, insbesondere öffentliche Abgaben, die ausschließlich oder teilweise für den Bund einzuheben sind; Monopolwesen;
5. Geld-, Kredit-, Börse- und Bankwesen; Maß- und Gewichts-, Normen- und Punzierungswesen;
6. Zivilrechtswesen einschließlich des wirtschaftlichen Assoziationswesens, jedoch mit Ausschluss von Regelungen, die den Grundstücksverkehr für Ausländer und den Verkehr mit bebauten oder zur Bebauung bestimmten Grundstücken verwaltungsbehördlichen Beschränkungen unterwerfen, einschließlich des Rechtserwerbes von Todes wegen durch Personen, die nicht zum Kreis der gesetzlichen Erben gehören; Privatstiftungswesen; Strafrechtswesen mit Ausschluss des Verwaltungsstrafrechtes und des Verwaltungsstrafverfahrens in Angelegenheiten, die in den selbständigen Wirkungsbereich der Länder fallen; Justizpflege; Einrichtungen zum Schutz der Gesellschaft gegen verbrecherische oder sonstige gefährliche Personen; Urheberrecht; Pressewesen; Enteignung, soweit sie nicht Angelegenheiten betrifft, die in den selbständigen Wirkungsbereich der Länder fallen; Angelegenheiten der Notare, der Rechtsanwälte und verwandter Berufe; außergerichtliche Vermittlung von Streitigkeiten in den Angelegenheiten des Zivilrechtswesens und des Strafrechtswesens;
7. Aufrechterhaltung der öffentlichen Ruhe, Ordnung und Sicherheit einschließlich der ersten allgemeinen Hilfeleistung, jedoch mit Ausnahme der örtlichen Sicherheitspolizei; Vereins- und Versammlungsrecht; Personenstandsangelegenheiten einschließlich des Matrikenwesens und der Namensänderung; Fremdenpolizei und Meldewesen; Waffen-, Munitions- und Sprengmittelwesen, Schießwesen;
8. Angelegenheiten des Gewerbes und der Industrie; öffentliche Agentien und Privatgeschäftsvermittlungen; Bekämpfung des unlauteren Wettbewerbes; Kartellrecht; Patentwesen sowie Schutz von Mustern, Marken und anderen Warenbezeichnungen; Angelegenheiten der Patentanwälte; Ingenieur- und Ziviltechnikerwesen; Kammern für Handel, Gewerbe und Industrie; Einrichtung beruflicher Vertretungen, soweit sie sich auf das ganze Bundesgebiet erstrecken, mit Ausnahme solcher auf land- und forstwirtschaftlichem Gebiet;
9. Verkehrswesen bezüglich der Eisenbahnen und der Luftfahrt sowie der Schifffahrt, soweit diese nicht unter Art. 11 fällt; Kraftfahrwesen; Angelegenheiten der wegen ihrer Bedeutung für den Durchzugsverkehr durch Bundesgesetz als Bundesstraßen erklärten Straßenzüge außer der Straßenpolizei; Strom- und Schifffahrtspolizei, soweit sie nicht unter Art. 11 fällt; Post- und Fernmeldewesen; Umweltverträglichkeitsprüfung für Bundesstraßen und Eisenbahn-Hochleistungsstrecken, bei denen mit erheblichen Auswirkungen auf die Umwelt zu rechnen ist;
10. Bergwesen; Forstwesen einschließlich des Triftwesens; Wasserrecht; Regulierung und Instandhaltung der Gewässer zum Zweck der unschädlichen Ableitung der Hochfluten oder zum Zweck der Schifffahrt und Flößerei; Wildbachverbauung; Bau und Instandhaltung von Wasserstraßen; Normalisierung und Typisierung elektrischer Anlagen und Einrichtungen, Sicherheitsmaßnahmen auf diesem Gebiet; Starkstromwegerecht, soweit sich die Leitungsanlage auf zwei oder mehrere Länder erstreckt; Dampfkessel- und Kraftmaschinenwesen; Vermessungswesen
11. Arbeitsrecht, soweit es nicht unter Art. 11 fällt, jedoch einschließlich des Arbeiterrechtes sowie des Arbeiter- und Angestelltenschutzes der Dienstnehmer in Sägen, Harzverarbeitungsstätten, Mühlen und Molkereien, die von land- und forstwirtschaftlichen Erwerbs- und Wirtschaftsgenossenschaften betrieben werden, sofern in diesen eine bundesgesetzlich zu bestimmende Anzahl von Dienstnehmern dauernd beschäftigt ist; für diese Dienstnehmer gelten die für die Dienstnehmer in gewerblichen Betrieben bestehenden Rechtsvorschriften; Sozial- und Vertragsversicherungswesen; Pflegegeldwesen; Sozialentschädigungsrecht; Ausbildungspflicht für Jugendliche; Kammern für Arbeiter und Angestellte, mit Ausnahme solcher auf land- und forstwirt-

schaftlichem Gebiet, jedoch auch für die Dienstnehmer in Sägen, Harzverarbeitungsstätten, Mühlen und Molkereien, die von land- und forstwirtschaftlichen Erwerbs- und Wirtschaftsgenossenschaften betrieben werden, sofern in diesen eine bundesgesetzlich zu bestimmende Anzahl von Dienstnehmern dauernd beschäftigt ist;

12. Gesundheitswesen mit Ausnahme des Leichen- und Bestattungswesens sowie des Gemeindesanitätsdienstes und Rettungswesens, hinsichtlich der Heil- und Pflegeanstalten, des Kurortewesens und der natürlichen Heilvorkommen jedoch nur die sanitäre Aufsicht; Maßnahmen zur Abwehr von gefährlichen Belastungen der Umwelt, die durch Überschreitung von Immissionsgrenzwerten entstehen; Luftreinhaltung, unbeschadet der Zuständigkeit der Länder für Heizungsanlagen; Abfallwirtschaft hinsichtlich gefährlicher Abfälle, hinsichtlich anderer Abfälle nur soweit ein Bedürfnis nach Erlassung einheitlicher Vorschriften vorhanden ist; Veterinärwesen; Ernährungswesen einschließlich der Nahrungsmittelkontrolle; Regelung des geschäftlichen Verkehrs mit Saat- und Pflanzgut, Futter-, Dünge- und Pflanzenschutzmitteln sowie mit Pflanzenschutzgeräten, einschließlich der Zulassung und bei Saat- und Pflanzgut auch der Anerkennung;

12a. Universitäts- und Hochschulwesen sowie das Erziehungswesen betreffend Studentenheime in diesen Angelegenheiten;

13. wissenschaftlicher und fachtechnischer Archiv- und Bibliotheksdienst; Angelegenheiten der künstlerischen und wissenschaftlichen Sammlungen und Einrichtungen des Bundes; Angelegenheiten der Bundestheater mit Ausnahme der Bauangelegenheiten; Denkmalschutz; Angelegenheiten des Kultus; Volkszählungswesen sowie – unter Wahrung der Rechte der Länder, im eigenen Land jegliche Statistik zu betreiben – sonstige Statistik, soweit sie nicht nur den Interessen eines einzelnen Landes dient; allgemeine Angelegenheiten des Schutzes personenbezogener Daten; Stiftungs- und Fondswesen, soweit es sich um Stiftungen und Fonds handelt, die nach ihren Zwecken über den Interessenbereich eines Landes hinausgehen und nicht schon bisher von den Ländern autonom verwaltet wurden;

14. Organisation und Führung der Bundespolizei; Regelung der Errichtung und der Organisierung sonstiger Wachkörper mit Ausnahme der Gemeindewachkörper; Regelung der Bewaffnung der Wachkörper und des Rechtes zum Waffengebrauch;

15. militärische Angelegenheiten; Angelegenheiten des Zivildienstes; Kriegsschadenangelegenheiten; Fürsorge für Kriegsgräber; aus Anlass eines Krieges oder im Gefolge eines solchen zur Sicherung der einheitlichen Führung der Wirtschaft notwendig erscheinende Maßnahmen, insbesondere auch hinsichtlich der Versorgung der Bevölkerung mit Bedarfsgegenständen;

16. Einrichtung der Bundesbehörden und sonstigen Bundesämter; Dienstrecht und Personalvertretungsrecht der Bundesbediensteten;

17. Bevölkerungspolitik.

(Anm.: Z 18 aufgehoben durch BGBl. I Nr. 12/2012)

(2) [1]In Bundesgesetzen über das bäuerliche Anerbenrecht sowie in den nach Abs. 1 Z 10 ergehenden Bundesgesetzen kann die Landesgesetzgebung ermächtigt werden, zu genau zu bezeichnenden einzelnen Bestimmungen Ausführungsbestimmungen zu erlassen. [2]Für diese Landesgesetze sind die Bestimmungen des Art. 15 Abs. 6 sinngemäß anzuwenden. [3]Die Vollziehung der in solchen Fällen ergehenden Ausführungsgesetze steht dem Bund zu, doch bedürfen die Durchführungsverordnungen, soweit sie sich auf die Ausführungsbestimmungen des Landesgesetzes beziehen, des vorherigen Einvernehmens mit der betreffenden Landesregierung.

(3) [1]Bevor der Bund Staatsverträge, die Durchführungsmaßnahmen im Sinne des Art. 16 erforderlich machen oder die den selbständigen Wirkungsbereich der Länder in anderer Weise berühren, abschließt, hat er den Ländern Gelegenheit zur Stellungnahme zu geben. [2]Liegt dem Bund eine einheitliche Stellungnahme der Länder vor, so ist der Bund beim Abschluss des Staatsvertrages an diese Stellungnahme gebunden. [3]Der Bund darf davon nur aus zwingenden außenpolitischen Gründen abweichen; er hat diese Gründe den Ländern unverzüglich mitzuteilen.

(Anm.: Abs. 4 bis 6 aufgehoben durch BGBl. Nr. 1013/1994)

Artikel 11 [Bundesgesetzgebung, Landesvollziehung]

(1) Bundessache ist die Gesetzgebung, Landessache die Vollziehung in folgenden Angelegenheiten:

1. Staatsbürgerschaft;
2. berufliche Vertretungen, soweit sie nicht unter Art. 10 fallen, jedoch mit Ausnahme jener auf land- und forstwirtschaftlichem Gebiet sowie auf dem Gebiet des Berg- und Schiführerwesens und des in den selbständigen Wirkungsbereich der Länder fallenden Sportunterrichtswesens;
3. Volkswohnungswesen mit Ausnahme der Förderung des Wohnbaus und der Wohnhaussanierung;
4. Straßenpolizei;
5. Assanierung;
6. Binnenschifffahrt hinsichtlich der Schifffahrtskonzessionen, Schifffahrtsanlagen und Zwangsrechte an solchen Anlagen, soweit sie sich nicht auf die Donau, den Bodensee, den Neusiedlersee und auf Grenzstrecken sonstiger Grenzgewässer bezieht; Strom- und Schifffahrtspolizei auf Binnengewässern mit Ausnahme der Donau, des Bodensees, des Neusiedlersees und der Grenzstrecken sonstiger Grenzgewässer;
7. Umweltverträglichkeitsprüfung für Vorhaben, bei denen mit erheblichen Auswirkungen auf die Umwelt zu rechnen ist; soweit ein Bedürfnis nach Erlassung einheitlicher Vorschriften als vorhanden erachtet wird, Genehmigung solcher Vorhaben;
8. Tierschutz, soweit er nicht nach anderen Bestimmungen in Gesetzgebung Bundessache ist, jedoch mit Ausnahme der Ausübung der Jagd oder der Fischerei;
9. Arbeiterrecht sowie Arbeiter- und Angestelltenschutz, soweit es sich um land- und forstwirtschaftliche Arbeiter und Angestellte handelt.

(2) Soweit ein Bedürfnis nach Erlassung einheitlicher Vorschriften als vorhanden erachtet wird, werden das Verwaltungsverfahren, die allgemeinen Bestimmungen des Verwaltungsstrafrechtes, das Verwaltungsstrafverfahren und die Verwaltungsvollstreckung auch in den Angelegenheiten, in denen die Gesetzgebung den Ländern zusteht, durch Bundesgesetz geregelt; abweichende Regelungen können in den die einzelnen Gebiete der Verwaltung regelnden Bundes- oder Landesgesetzen nur dann getroffen werden, wenn sie zur Regelung des Gegenstandes erforderlich sind.

(3) [1]Die Durchführungsverordnungen zu den nach den Abs. 1 und 2 ergehenden Bundesgesetzen sind, soweit in diesen Gesetzen nicht anderes bestimmt ist, vom Bund zu erlassen. [2]Die Art der Kundmachung von Durchführungsverordnungen, zu deren Erlassung die Länder in den Angelegenheiten des Abs. 1 Z 4 und 6 bundesgesetzlich ermächtigt werden, kann durch Bundesgesetz geregelt werden.

(4) Die Handhabung der gemäß Abs. 2 ergehenden Gesetze und der hiezu erlassenen Durchführungsverordnungen steht dem Bund oder den Ländern zu, je nachdem, ob die den Gegenstand des Verfahrens bildende Angelegenheit der Vollziehung nach Bundes- oder Landessache ist.

(5) [1]Soweit ein Bedürfnis nach Erlassung einheitlicher Vorschriften vorhanden ist, können durch Bundesgesetz einheitliche Emissionsgrenzwerte für Luftschadstoffe festgelegt werden. [2]Diese dürfen in den die einzelnen Gebiete der Verwaltung regelnden Bundes- und Landesvorschriften nicht überschritten werden.

(6) [1]Soweit ein Bedürfnis nach Erlassung einheitlicher Vorschriften als vorhanden erachtet wird, werden auch das Bürgerbeteiligungsverfahren für bundesgesetzlich zu bestimmende Vorhaben, die Beteiligung an den einem Bürgerbeteiligungsverfahren nachfolgenden Verwaltungsverfahren und die Berücksichtigung der Ergebnisse des Bürgerbeteiligungsverfahrens bei der Erteilung der für die betroffenen Vorhaben erforderlichen Genehmigungen sowie die Genehmigung der in Art. 10 Abs. 1 Z 9 genannten Vorhaben durch Bundesgesetz geregelt. [2]Für die Vollziehung dieser Vorschriften gilt Abs. 4.

(7) In den in Abs. 1 Z 7 und 8 genannten Angelegenheiten stehen der Bundesregierung und den einzelnen Bundesministern gegenüber der Landesregierung die folgenden Befugnisse zu:

1. die Befugnis, durch Bundesorgane in die Akten der Landesbehörden Einsicht zu nehmen;
2. die Befugnis, die Übermittlung von Berichten über die Vollziehung der vom Bund erlassenen Gesetze und Verordnungen zu verlangen;
3. die Befugnis, alle für die Vorbereitung der Erlassung von Gesetzen und Verordnungen durch den Bund notwendigen Auskünfte über die Vollziehung zu verlangen;
4. die Befugnis, in bestimmten Fällen Auskünfte und die Vorlage von Akten zu verlangen, soweit dies zur Ausübung anderer Befugnisse notwendig ist.

Artikel 12 [Grundsätzegesetzgebung des Bundes, Landesausführungsgesetzgebung und -vollziehung]

(1) Bundessache ist die Gesetzgebung über die Grundsätze, Landessache die Erlassung von Ausführungsgesetzen und die Vollziehung in folgenden Angelegenheiten:

1. Armenwesen; Heil- und Pflegeanstalten;
2. Elektrizitätswesen, soweit es nicht unter Art. 10 fällt.

(2) Grundsatzgesetze und Grundsatzbestimmungen in Bundesgesetzen sind als solche ausdrücklich zu bezeichnen.

Artikel 13 [Finanz-Verfassungsgesetz; gesamtwirtschaftliches Gleichgewicht]

(1) Die Zuständigkeiten des Bundes und der Länder auf dem Gebiet des Abgabenwesens werden durch ein eigenes Bundesverfassungsgesetz („Finanz-Verfassungsgesetz“) geregelt.

(2) [1]Bund, Länder und Gemeinden haben bei ihrer Haushaltsführung die Sicherstellung des gesamtwirtschaftlichen Gleichgewichtes und nachhaltig geordnete Haushalte anzustreben. [2]Sie haben ihre Haushaltsführung in Hinblick auf diese Ziele zu koordinieren.

(3) Bund, Länder und Gemeinden haben bei der Haushaltsführung die tatsächliche Gleichstellung von Frauen und Männern anzustreben.

Artikel 14 [Schulwesen]

(1) [1]Bundessache ist die Gesetzgebung und die Vollziehung auf dem Gebiet des Schulwesens sowie auf dem Gebiet des Erziehungswesens in den Angelegenheiten der Schülerheime, soweit in den folgenden Absätzen nicht anderes bestimmt ist. [2]Zum Schul- und Erziehungswesen im Sinne dieses Artikels zählen nicht die im Art. 14a geregelten Angelegenheiten.

(2) [1]Bundessache ist die Gesetzgebung, Landessache die Vollziehung in den Angelegenheiten des Dienstrechtes und des Personalvertretungsrechtes der Lehrer für öffentliche Pflichtschulen, soweit im Abs. 4 lit. a nicht anderes bestimmt ist. [2]In diesen Bundesgesetzen kann die Landesgesetzgebung ermächtigt werden, zu genau zu bezeichnenden einzelnen Bestimmungen Ausführungsbestimmungen zu erlassen; hiebei finden die Bestimmungen des Art. 15 Abs. 6 sinngemäß Anwendung. [3]Durchführungsverordnungen zu diesen Bundesgesetzen sind, soweit darin nicht anderes bestimmt ist, vom Bund zu erlassen.

(3) Bundessache ist die Gesetzgebung über die Grundsätze, Landessache die Erlassung von Ausführungsgesetzen und die Vollziehung in folgenden Angelegenheiten:

a) äußere Organisation (Aufbau, Organisationsformen, Errichtung, Erhaltung, Auflassung, Sprengel, Klassenschülerzahlen und Unterrichtszeit) der öffentlichen Pflichtschulen;
b) äußere Organisation der öffentlichen Schülerheime, die ausschließlich oder vorwiegend für Schüler von Pflichtschulen bestimmt sind;
c) fachliche Anstellungserfordernisse für die von den Ländern, Gemeinden oder von Gemeindeverbänden anzustellenden Kindergärtnerinnen und Erzieher an Horten und an Schülerheimen, die ausschließlich oder vorwiegend für Schüler von Pflichtschulen bestimmt sind,

(4) Landessache ist die Gesetzgebung und die Vollziehung in folgenden Angelegenheiten:

a) Behördenzuständigkeit zur Ausübung der Diensthoheit über die Lehrer für öffentliche Pflichtschulen auf Grund der gemäß Abs. 2 ergehenden Gesetze;
b) Kindergartenwesen und Hortwesen.

(5) Abweichend von den Bestimmungen der Abs. 2 bis 4 ist Bundessache die Gesetzgebung und die Vollziehung in folgenden Angelegenheiten:

a) Öffentliche Praxisschulen, Übungskindergärten, Übungshorte und Übungsschülerheime, die einer öffentlichen Schule zum Zweck lehrplanmäßig vorgesehener Übungen eingegliedert sind;
b) öffentliche Schülerheime, die ausschließlich oder vorwiegend für Schüler der in lit. a genannten Praxisschulen bestimmt sind;
c) Dienstrecht und Personalvertretungsrecht der Lehrer, Erzieher und Kindergärtnerinnen für die in lit. a und b genannten öffentlichen Einrichtungen.

(5a) [1]Demokratie, Humanität, Solidarität, Friede und Gerechtigkeit sowie Offenheit und Toleranz gegenüber den Menschen sind Grundwerte der Schule, auf deren Grundlage sie der gesamten Bevölkerung, unabhängig von Herkunft, sozialer Lage und finanziellem Hintergrund, unter steter Sicherung und Weiterentwicklung bestmöglicher Qualität ein höchstmögliches Bildungsniveau sichert. [2]Im partnerschaftlichen Zusammenwirken von Schülern, Eltern und Lehrern ist Kindern und Jugendlichen die bestmögliche geistige, seelische und körperliche Entwicklung zu ermöglichen, damit sie zu gesunden, selbstbewussten, glücklichen, leistungsorientierten, pflichttreuen, musischen und kreativen Menschen werden, die befähigt sind, an den sozialen, religiösen und moralischen Werten orientiert Verantwortung für sich selbst, Mitmenschen, Umwelt und nachfolgende Generationen zu übernehmen. [3]Jeder Jugendliche soll seiner Entwicklung und seinem Bildungsweg entsprechend zu selbständigem Urteil und sozialem Verständnis geführt werden, dem politischen, religiösen und weltanschaulichen Denken anderer aufgeschlossen sein sowie befähigt werden, am Kultur- und Wirtschaftsleben Österreichs, Europas und der Welt teilzunehmen und in Freiheits- und Friedensliebe an den gemeinsamen Aufgaben der Menschheit mitzuwirken.

(6) [1]Schulen sind Einrichtungen, in denen Schüler gemeinsam nach einem umfassenden, festen Lehrplan unterrichtet werden und im Zusammenhang mit der Vermittlung von allgemeinen oder allgemeinen und beruflichen Kenntnissen und Fertigkeiten ein umfassendes erzieherisches Ziel angestrebt wird. [2]Öffentliche Schulen sind jene Schulen, die vom gesetzlichen Schulerhalter errichtet und erhalten werden. [3]Gesetzlicher Schulerhalter ist der Bund, soweit die Gesetzgebung und Vollziehung in den Angelegenheiten der Errichtung, Erhaltung und Auflassung von öffentlichen Schulen Bundessache ist. [4]Gesetzlicher Schulerhalter ist das Land oder nach Maßgabe der landesgesetzlichen Vorschriften die Gemeinde oder ein Gemeindeverband, soweit die Gesetzgebung oder Ausführungsgesetzgebung und die Vollziehung in den Angelegenheiten der Errichtung, Erhaltung und Auflassung von öffentlichen Schulen Landessache ist. [5]Öffentliche Schulen sind allgemein ohne Unterschied der Geburt, des Geschlechtes, der Rasse, des Standes, der Klasse, der Sprache und des Bekenntnisses, im Übrigen im Rahmen der gesetzlichen Voraussetzungen zugänglich. [6]Das Gleiche gilt sinngemäß für Kindergärten, Horte und Schülerheime.

(6a) Die Gesetzgebung hat ein differenziertes Schulsystem vorzusehen, das zumindest nach Bildungsinhalten in allgemeinbildende und berufsbildende Schulen und nach Bildungshöhe in Primar- und Sekundarschulbereiche gegliedert ist, wobei bei den Sekundarschulen eine weitere angemessene Differenzierung vorzusehen ist.

(7) Schulen, die nicht öffentlich sind, sind Privatschulen; diesen ist nach Maßgabe der gesetzlichen Bestimmungen das Öffentlichkeitsrecht zu verleihen.

(7a) Die Schulpflicht beträgt zumindest neun Jahre und es besteht auch Berufsschulpflicht.

(8) [1]Dem Bund steht die Befugnis zu, sich in den Angelegenheiten, die nach Abs. 2 und 3 in die Vollziehung der Länder fallen, von der Einhaltung der auf Grund dieser Absätze erlassenen Gesetze und Verordnungen Kenntnis zu verschaffen, zu welchem Zweck er auch Organe in die Schulen und Schülerheime entsenden kann. [2]Werden Mängel wahrgenommen, so kann dem Landeshauptmann durch Weisung (Art. 20 Abs. 1) die Abstellung der Mängel innerhalb einer angemessenen Frist aufgetragen werden. [3]Der Landeshauptmann hat für die Abstellung der Mängel nach Maßgabe der gesetzlichen Vorschriften Sorge zu tragen und ist verpflichtet, um die Durchführung solcher Weisungen zu bewirken, auch die ihm in seiner Eigenschaft als Organ des selbständigen Wirkungsbereiches des Landes zu Gebote stehenden Mittel anzuwenden.

(9) [1]Auf dem Gebiet des Dienstrechtes der Lehrer, Erzieher und Kindergärtnerinnen gelten für die Verteilung der Zuständigkeiten zur Gesetzgebung und Vollziehung hinsichtlich der Dienstverhältnisse zum Bund, zu den Ländern, zu den Gemeinden und zu den Gemeindeverbänden, soweit in den vorhergehenden Absätzen nicht anderes bestimmt ist, die diesbezüglichen allgemeinen Regelungen der Art. 10 und 21. [2]Gleiches gilt für das Personalvertretungsrecht der Lehrer, Erzieher und Kindergärtnerinnen.

(10) [1]In den Angelegenheiten der Schulgeldfreiheit sowie des Verhältnisses der Schule und Kirchen (Religionsgesellschaften) einschließlich des Religionsunterrichtes in der Schule, soweit es sich nicht um Angelegenheiten der Universitäten und Hochschulen handelt, können Bundesgesetze vom Nationalrat nur in Anwesenheit von mindestens der Hälfte der Mitglieder und mit einer Mehrheit von zwei Dritteln der abgegebenen Stimmen beschlossen werden. [2]Das Gleiche gilt, wenn die Grundsätze des Abs. 6a verlassen werden sollen und für die Genehmigung der in vorstehenden Angelegenheiten abgeschlossenen Staatsverträge der im Art. 50 bezeichneten Art.

(11) (Anm.: aufgehoben durch Art. I Z 2 BVG, BGBl. Nr. 316/1975)

Artikel 14a [Landwirtschaftliches Schulwesen]

(1) Auf dem Gebiet des land- und forstwirtschaftlichen Schulwesens sowie auf dem Gebiet des land- und forstwirtschaftlichen Erziehungswesens in den Angelegenheiten der Schülerheime, ferner in den Angelegenheiten des Dienstrechtes und des Personalvertretungsrechtes der Lehrer und Erzieher an den unter diesen Artikel fallenden Schulen und Schülerheimen sind Gesetzgebung und Vollziehung Landessache, soweit in den folgenden Absätzen nicht anderes bestimmt ist.

(2) Bundessache ist die Gesetzgebung und Vollziehung in folgenden Angelegenheiten:

a) höhere land- und forstwirtschaftliche Lehranstalten sowie Anstalten für die Ausbildung und Fortbildung der Lehrer an land- und forstwirtschaftlichen Schulen;
b) Fachschulen für die Ausbildung von Forstpersonal;
c) öffentliche land- und forstwirtschaftliche Fachschulen, die zur Gewährleistung von lehrplanmäßig vorgesehenen Übungen mit einer der unter den lit. a und b genannten öffentlichen Schulen oder mit einer land- und forstwirtschaftlichen Versuchsanstalt des Bundes organisatorisch verbunden sind;
d) Schülerheime, die ausschließlich oder vorwiegend für Schüler der unter den lit. a bis c genannten Schulen bestimmt sind;
e) Dienstrecht und Personalvertretungsrecht der Lehrer und Erzieher für die unter den lit. a bis d genannten Einrichtungen;
f) Subventionen zum Personalaufwand der konfessionellen land- und forstwirtschaftlichen Schulen;
g) land- und forstwirtschaftliche Versuchsanstalten des Bundes, die mit einer vom Bund erhaltenen land- und forstwirtschaftlichen Schule zur Gewährleistung von lehrplanmäßig vorgesehenen Übungen an dieser Schule organisatorisch verbunden sind.

(3) [1]Soweit es sich nicht um die im Abs. 2 genannten Angelegenheiten handelt, ist Bundessache die Gesetzgebung, Landessache die Vollziehung in den Angelegenheiten

a) des Religionsunterrichtes
b) des Dienstrechtes und des Personalvertretungsrechtes der Lehrer für öffentliche land- und forstwirtschaftliche Berufs- und Fachschulen und der Erzieher für öffentliche Schülerheime, die ausschließlich oder vorwiegend für Schüler dieser Schulen bestimmt sind, ausgenommen jedoch die Angelegenheiten der Behördenzuständigkeit zur Ausübung der Diensthoheit über diese Lehrer und Erzieher.

[2]In den auf Grund der Bestimmungen unter lit. b ergehenden Bundesgesetzen kann die Landesgesetzgebung ermächtigt werden, zu genau zu bezeichnenden einzelnen Bestimmungen Ausführungsbestimmungen zu erlassen; hiebei finden die Bestimmungen des Art. 15 Abs. 6 sinngemäß Anwendung. [3]Durchführungsverordnungen zu diesen Bundesgesetzen sind, soweit darin nicht anderes bestimmt ist, vom Bund zu erlassen.

(4) Bundessache ist die Gesetzgebung über die Grundsätze, Landessache die Erlassung von Ausführungsgesetzen und die Vollziehung

a) hinsichtlich der land- und forstwirtschaftlichen Berufsschulen: in den Angelegenheiten der Festlegung sowohl des Bildungszieles als auch von Pflichtgegenständen und der Unentgeltlichkeit des Unterrichtes sowie in den Angelegenheiten der Schulpflicht und des Übertrittes von der Schule eines Landes in die Schule eines anderen Landes;
b) hinsichtlich der land- und forstwirtschaftlichen Fachschulen: in den Angelegenheiten der Festlegung der Aufnahmevoraussetzungen, des Bildungszieles, der Organisationsformen, des Unterrichtsausmaßes und der Pflichtgegenstände, der Unentgeltlichkeit des Unterrichtes und des Übertrittes von der Schule eines Landes in die Schule eines anderen Landes;
c) in den Angelegenheiten des Öffentlichkeitsrechtes der privaten land- und forstwirtschaftlichen Berufs- und Fachschulen mit Ausnahme der unter Abs. 2 lit. b fallenden Schulen;
d) hinsichtlich der Organisation und des Wirkungskreises von Beiräten, die in den Angelegenheiten des Abs. 1 an der Vollziehung der Länder mitwirken.

(5) [1]Die Errichtung der im Abs. 2 unter den lit. c und g bezeichneten land- und forstwirtschaftlichen Fachschulen und Versuchsanstalten ist nur zulässig, wenn die Landesregierung des Landes, in dem die Fachschule beziehungsweise Versuchsanstalt ihren Sitz haben soll, der Errichtung zugestimmt hat. [2]Diese Zustimmung ist nicht erforderlich, wenn es sich um die Errichtung einer land- und forstwirtschaftlichen Fachschule handelt, die mit einer Anstalt für die Ausbildung und Fortbildung der Lehrer

an land- und forstwirtschaftlichen Schulen zur Gewährleistung von lehrplanmäßig vorgesehenen Übungen organisatorisch verbunden werden soll.

(6) Dem Bund steht die Befugnis zu, in den Angelegenheiten, die nach Abs. 3 und 4 in die Vollziehung der Länder fallen, die Einhaltung der von ihm erlassenen Vorschriften wahrzunehmen.

(7) Die Bestimmungen des Art. 14 Abs. 5a, 6, 6a, 7, 7a und 9 gelten sinngemäß auch für die im ersten Satz des Abs. 1 bezeichneten Gebiete.

(8) Art. 14 Abs. 10 gilt sinngemäß.

Artikel 14b [Öffentliches Auftragswesen]

(1) Bundessache ist die Gesetzgebung in den Angelegenheiten des öffentlichen Auftragswesens, soweit diese nicht unter Abs. 3 fallen.

(2) [1]Die Vollziehung in den Angelegenheiten des Abs. 1 ist

1. Bundessache hinsichtlich
a) der Vergabe von Aufträgen durch den Bund;
b) der Vergabe von Aufträgen durch Stiftungen, Fonds und Anstalten im Sinne des Art. 126b Abs. 1;
c) der Vergabe von Aufträgen durch Unternehmungen im Sinne des Art. 126b Abs. 2, wenn die finanzielle Beteiligung oder der durch andere finanzielle oder sonstige wirtschaftliche oder organisatorische Maßnahmen vermittelte Einfluss des Bundes mindestens gleich groß ist wie die finanzielle Beteiligung oder der Einfluss der Länder;
d) der Vergabe von Aufträgen durch bundesgesetzlich eingerichtete Selbstverwaltungskörperschaften;
e) der Vergabe von Aufträgen durch in lit. a bis d und Z 2 lit. a bis d nicht genannte Rechtsträger
aa) die vom Bund finanziert werden, wenn der Finanzierungsanteil des Bundes mindestens gleich groß ist wie der der Länder;
bb) die hinsichtlich ihrer Leitung der Aufsicht des Bundes unterliegen, soweit die Vergabe nicht unter sublit. aa oder Z 2 lit. e sublit. aa fällt
cc) deren Verwaltungs-, Leitungs- oder Aufsichtsorgane aus Mitgliedern bestehen, die vom Bund ernannt worden sind, wenn der Bund mindestens gleich viele Mitglieder ernannt hat wie die Länder, soweit die Vergabe nicht unter sublit. aa oder bb oder Z 2 lit. e sublit. aa oder bb fällt;
f) der gemeinsamen Vergabe von Aufträgen durch den Bund und die Länder, wenn der Anteil des Bundes am geschätzten Gesamtauftragswert mindestens gleich groß ist wie die Summe der Anteile der Länder;
g) der Vergabe von Aufträgen durch in lit. a bis f und Z 2 nicht genannte Rechtsträger;

2. Landessache hinsichtlich
a) der Vergabe von Aufträgen durch das Land, die Gemeinden und die Gemeindeverbände;
b) der Vergabe von Aufträgen durch Stiftungen, Fonds und Anstalten im Sinne des Art. 127 Abs. 1 und des Art. 127a Abs. 1 und 8;
c) der Vergabe von Aufträgen durch Unternehmungen im Sinne des Art. 126b Abs. 2, soweit sie nicht unter Z 1 lit. c fällt, sowie der Vergabe von Aufträgen durch Unternehmungen im Sinne des Art. 127 Abs. 3 und des Art. 127a Abs. 3 und 8;
d) der Vergabe von Aufträgen durch landesgesetzlich eingerichtete Selbstverwaltungskörperschaften;
e) der Vergabe von Aufträgen durch in Z 1 lit. a bis d und lit. a bis d nicht genannte Rechtsträger,
aa) die vom Land allein oder gemeinsam mit dem Bund oder anderen Ländern finanziert werden, soweit die Vergabe nicht unter Z 1 lit. e sublit. aa fällt;
bb) die hinsichtlich ihrer Leitung der Aufsicht des Landes unterliegen, soweit die Vergabe nicht unter Z 1 lit. e sublit. aa oder bb oder sublit. aa fällt;
cc) deren Verwaltungs-, Leitungs- oder Aufsichtsorgane aus Mitgliedern bestehen, die vom Land ernannt worden sind, soweit die Vergabe nicht unter Z 1 lit. e sublit. aa bis cc oder sublit. aa oder bb fällt;
f) der gemeinsamen Vergabe von Aufträgen durch den Bund und die Länder, soweit diese nicht unter Z 1 lit. f fällt, sowie der gemeinsamen Vergabe von Aufträgen durch mehrere Länder.

[2]Gemeinden gelten unabhängig von der Zahl ihrer Einwohner als Rechtsträger, die im Sinne der Z 1 lit. b und c und der Z 2 lit. b und c der Zuständigkeit des Rechnungshofes unterliegen. [3]Im Rahmen

der Z 1 lit. b, c, e und f werden Auftraggeber im Sinne der Z 1 dem Bund und Auftraggeber im Sinne der Z 2 dem jeweiligen Land zugerechnet. [4]Sind nach Z 2 lit. c, e oder f mehrere Länder beteiligt, so richtet sich die Zuständigkeit zur Vollziehung nach dem Überwiegen des Merkmals, das nach der entsprechenden Litera (Sublitera) der Z 1 für die Abgrenzung der Vollziehungszuständigkeit des Bundes von jener der Länder maßgebend ist oder wäre, dann nach dem Sitz des Auftraggebers, dann nach dem Schwerpunkt der Unternehmenstätigkeit des Auftraggebers, dann nach dem Sitz (Hauptwohnsitz) der vergebenden Stelle, kann jedoch auch danach die Zuständigkeit nicht bestimmt werden, so ist dasjenige beteiligte Land zuständig, das im Zeitpunkt der Einleitung des Vergabeverfahrens zum Vorsitz im Bundesrat berufen ist oder zuletzt war.

(3) Landessache ist die Gesetzgebung und die Vollziehung in den Angelegenheiten der Nachprüfung im Rahmen der Vergabe von Aufträgen durch Auftraggeber im Sinne des Abs. 2 Z 2.

(4) [1]Der Bund hat den Ländern Gelegenheit zu geben, an der Vorbereitung von Gesetzesvorhaben in Angelegenheiten des Abs. 1 mitzuwirken. [2]Nach Abs. 1 ergehende Bundesgesetze, die Angelegenheiten regeln, die in Vollziehung Landessache sind, dürfen nur mit Zustimmung der Länder kundgemacht werden.

(5) [1]Die Durchführungsverordnungen zu den nach Abs. 1 ergehenden Bundesgesetzen sind, soweit in diesen Gesetzen nicht anderes bestimmt ist, vom Bund zu erlassen. [2]Abs. 4 und Art. 42a sind auf solche Verordnungen sinngemäß anzuwenden.

(6) Anm.: aufgehoben durch BGBl. I Nr. 51/2012)

Artikel 15 [Bundes- und Landesgesetzgebung]

(1) Soweit eine Angelegenheit nicht ausdrücklich durch die Bundesverfassung der Gesetzgebung oder auch der Vollziehung des Bundes übertragen ist, verbleibt sie im selbständigen Wirkungsbereich der Länder.

(2) [1]In den Angelegenheiten der örtlichen Sicherheitspolizei, das ist des Teiles der Sicherheitspolizei, der im ausschließlichen oder überwiegenden Interesse der in der Gemeinde verkörperten örtlichen Gemeinschaft gelegen und geeignet ist, durch die Gemeinschaft innerhalb ihrer örtlichen Grenzen besorgt zu werden, wie die Wahrung des öffentlichen Anstandes und die Abwehr ungebührlicherweise hervorgerufenen störenden Lärmes, steht dem Bund die Befugnis zu, die Führung dieser Angelegenheiten durch die Gemeinde zu beaufsichtigen und wahrgenommene Mängel durch Weisungen an den Landeshauptmann (Art. 103) abzustellen. [2]Zu diesem Zweck können auch Inspektionsorgane des Bundes in die Gemeinde entsendet werden; hievon ist in jedem einzelnen Fall der Landeshauptmann zu verständigen.

(3) Die landesgesetzlichen Bestimmungen in den Angelegenheiten des Theater- und Kinowesens sowie der öffentlichen Schaustellungen, Darbietungen und Belustigungen haben für das Gebiet einer Gemeinde, in dem die Landespolizeidirektion zugleich Sicherheitsbehörde erster Instanz ist, der Landespolizeidirektion wenigstens die Überwachung der Veranstaltungen, soweit sie sich nicht auf betriebstechnische, bau- und feuerpolizeiliche Rücksichten erstreckt, und die Mitwirkung in erster Instanz bei Verleihung von Berechtigungen, die in solchen Gesetzen vorgesehen werden, zu übertragen.

(4) Inwieweit in den Angelegenheiten der Straßenpolizei mit Ausnahme der örtlichen Straßenpolizei (Art. 118 Abs. 3 Z 4) und der Strom- und Schifffahrtspolizei auf Binnengewässern mit Ausnahme der Donau, des Bodensees, des Neusiedlersees und der Grenzstrecken sonstiger Grenzgewässer für das Gebiet einer Gemeinde, in dem die Landespolizeidirektion zugleich Sicherheitsbehörde erster Instanz ist, der Landespolizeidirektion die Vollziehung übertragen wird, wird durch übereinstimmende Gesetze des Bundes und des betreffenden Landes geregelt.

(5) Anm.: aufgehoben durch BGBl. Nr. 51/2012)

(6) [1]Soweit dem Bund bloß die Gesetzgebung über die Grundsätze vorbehalten ist, obliegt innerhalb des bundesgesetzlich festgelegten Rahmens die nähere Ausführung der Landesgesetzgebung. [2]Das Bundesgesetz kann für die Erlassung der Ausführungsgesetze eine Frist bestimmen, die ohne Zustimmung des Bundesrates nicht kürzer als sechs Monate und nicht länger als ein Jahr sein darf. [3]Wird diese Frist von einem Land nicht eingehalten, so geht die Zuständigkeit zur Erlassung des Ausführungsgesetzes für dieses Land auf den Bund über. [4]Sobald das Land das Ausführungsgesetz erlassen hat, tritt das Ausführungsgesetz des Bundes außer Kraft. [5]Sind vom Bund keine Grundsätze aufgestellt, so kann die Landesgesetzgebung solche Angelegenheiten frei regeln. [6]Sobald der Bund Grundsätze

aufgestellt hat, sind die landesgesetzlichen Bestimmungen binnen der bundesgesetzlich zu bestimmenden Frist dem Grundsatzgesetz anzupassen.

(7) Die Kundmachung der im Landesgesetzblatt zu verlautbarenden Rechtsvorschriften (Art. 97 Abs. 1) sowie der Rechtsvorschriften der Gemeinden, der Gemeindeverbände und der sonstigen im Bereich der Vollziehung der Länder eingerichteten Behörden kann im Rahmen des Rechtsinformationssystems des Bundes erfolgen.

(8) In den Angelegenheiten, die nach Art. 11 und 12 der Bundesgesetzgebung vorbehalten sind, steht dem Bund das Recht zu, die Einhaltung der von ihm erlassenen Vorschriften wahrzunehmen.

(9) Die Länder sind im Bereich ihrer Gesetzgebung befugt, die zur Regelung des Gegenstandes erforderlichen Bestimmungen auch auf dem Gebiet des Straf- und Zivilrechtes zu treffen.

(10) In Landesgesetzen, durch die die bestehende Organisation der Behörden der allgemeinen staatlichen Verwaltung in den Ländern geändert oder neu geregelt wird, kann eine sprengelübergreifende Zusammenarbeit von Bezirksverwaltungsbehörden einschließlich der Organe der Städte mit eigenem Statut (Art. 116 Abs. 3), insbesondere auch die Übertragung behördlicher Zuständigkeiten, vorgesehen werden.

(11) Die Sprengel der politischen Bezirke sind durch Verordnung der Landesregierung festzulegen.

Artikel 15a [Bund-Länder sowie Ländervereinbarungen]

(1) [1]Bund und Länder können untereinander Vereinbarungen über Angelegenheiten ihres jeweiligen Wirkungsbereiches schließen. [2]Der Abschluss solcher Vereinbarungen namens des Bundes obliegt je nach dem Gegenstand der Bundesregierung oder den Bundesministern. Vereinbarungen, die auch die Organe der Bundesgesetzgebung binden sollen, dürfen nur von der Bundesregierung mit Genehmigung des Nationalrates abgeschlossen werden, wobei Art. 50 Abs. 3 auf solche Beschlüsse des Nationalrates sinngemäß anzuwenden ist; sie sind im Bundesgesetzblatt kundzumachen.

(2) Vereinbarungen der Länder untereinander können nur über Angelegenheiten ihres selbständigen Wirkungsbereiches getroffen werden und sind der Bundesregierung unverzüglich zur Kenntnis zu bringen.

(3) [1]Die Grundsätze des völkerrechtlichen Vertragsrechtes sind auf Vereinbarungen im Sinne des Abs. 1 anzuwenden. [2]Das Gleiche gilt auch für Vereinbarungen im Sinne des Abs. 2, soweit nicht durch übereinstimmende Verfassungsgesetze der betreffenden Länder anderes bestimmt ist.

Artikel 16 [Staatsverträge der Länder]

(1) Die Länder können in Angelegenheiten, die in ihren selbständigen Wirkungsbereich fallen, Staatsverträge mit an Österreich angrenzenden Staaten oder deren Teilstaaten abschließen.

(2) [1]Der Landeshauptmann hat die Bundesregierung vor der Aufnahme von Verhandlungen über einen solchen Staatsvertrag zu unterrichten. [2]Vor dessen Abschluss ist vom Landeshauptmann die Zustimmung der Bundesregierung einzuholen. [3]Die Zustimmung gilt als erteilt, wenn die Bundesregierung nicht binnen acht Wochen von dem Tage, an dem das Ersuchen um Zustimmung beim Bundeskanzleramt eingelangt ist, dem Landeshauptmann mitgeteilt hat, dass die Zustimmung verweigert wird. [4]Die Bevollmächtigung zur Aufnahme von Verhandlungen und der Abschluss des Staatsvertrages obliegen dem Bundespräsidenten auf Vorschlag der Landesregierung und mit Gegenzeichnung des Landeshauptmannes.

(3) [1]Auf Verlangen der Bundesregierung sind Staatsverträge nach Abs. 1 vom Land zu kündigen. [2]Kommt ein Land dieser Verpflichtung nicht rechtzeitig nach, so geht die Zuständigkeit dazu auf den Bund über.

(4) [1]Die Länder sind verpflichtet, Maßnahmen zu treffen, die in ihrem selbständigen Wirkungsbereich zur Durchführung von Staatsverträgen erforderlich werden; kommt ein Land dieser Verpflichtung nicht rechtzeitig nach, so geht die Zuständigkeit zu solchen Maßnahmen, insbesondere zur Erlassung der notwendigen Gesetze, auf den Bund über. [2]Eine gemäß dieser Bestimmung vom Bund getroffene Maßnahme, insbesondere ein solcherart erlassenes Gesetz oder eine solcherart erlassene Verordnung, tritt außer Kraft, sobald das Land die erforderlichen Maßnahmen getroffen hat.

(5) [1]Ebenso hat der Bund bei Durchführung von Staatsverträgen das Überwachungsrecht auch in solchen Angelegenheiten, die zum selbständigen Wirkungsbereich der Länder gehören. [2]Hiebei stehen dem Bund die gleichen Rechte gegenüber den Ländern zu wie bei den Angelegenheiten der mittelbaren Bundesverwaltung (Art. 102).

(6) Anm.: aufgehoben durchBGB. Br. 1013/1994)

Artikel 17 [Bund und Länder als Träger von Privatrechten]
Durch die Bestimmungen der Art. 10 bis 15 über die Zuständigkeit in Gesetzgebung und Vollziehung wird die Stellung des Bundes und der Länder als Träger von Privatrechten in keiner Weise berührt.

Artikel 18 [Legalitätsprinzip]
(1) Die gesamte staatliche Verwaltung darf nur auf Grund der Gesetze ausgeübt werden.

(2) Jede Verwaltungsbehörde kann auf Grund der Gesetze innerhalb ihres Wirkungsbereiches Verordnungen erlassen.

(3) [1]Wenn die sofortige Erlassung von Maßnahmen, die verfassungsgemäß einer Beschlussfassung des Nationalrates bedürfen, zur Abwehr eines offenkundigen, nicht wieder gutzumachenden Schadens für die Allgemeinheit zu einer Zeit notwendig wird, in der der Nationalrat nicht versammelt ist, nicht rechtzeitig zusammentreten kann oder in seiner Tätigkeit durch höhere Gewalt behindert ist, kann der Bundespräsident auf Vorschlag der Bundesregierung unter seiner und deren Verantwortlichkeit diese Maßnahmen durch vorläufige gesetzändernde Verordnungen treffen. [2]Die Bundesregierung hat ihren Vorschlag im Einvernehmen mit dem vom Hauptausschuss des Nationalrates einzusetzenden ständigen Unterausschuss (Art. 55 Abs. 3) zu erstatten. [3]Eine solche Verordnung bedarf der Gegenzeichnung der Bundesregierung.

(4) [1]Jede nach Abs. 3 erlassene Verordnung ist von der Bundesregierung unverzüglich dem Nationalrat vorzulegen, den der Bundespräsident, falls der Nationalrat in diesem Zeitpunkt keine Tagung hat, während der Tagung aber der Präsident des Nationalrates für einen der der Vorlage folgenden acht Tage einzuberufen hat. [2]Binnen vier Wochen nach der Vorlage hat der Nationalrat entweder an Stelle der Verordnung ein entsprechendes Bundesgesetz zu beschließen oder durch Beschluss das Verlangen zu stellen, dass die Verordnung von der Bundesregierung sofort außer Kraft gesetzt wird. [3]Im letzterwähnten Fall muss die Bundesregierung diesem Verlangen sofort entsprechen. [4]Zum Zweck der rechtzeitigen Beschlussfassung des Nationalrates hat der Präsident die Vorlage spätestens am vorletzten Tag der vierwöchigen Frist zur Abstimmung zu stellen; die näheren Bestimmungen trifft das Bundesgesetz über die Geschäftsordnung des Nationalrates. [5]Wird die Verordnung nach den vorhergehenden Bestimmungen von der Bundesregierung aufgehoben, treten mit dem Tag des Inkrafttretens der Aufhebung die gesetzlichen Bestimmungen wieder in Kraft, die durch die Verordnung aufgehoben worden waren.

(5) Die im Abs. 3 bezeichneten Verordnungen dürfen nicht eine Abänderung bundesverfassungsgesetzlicher Bestimmungen bedeuten und weder eine dauernde finanzielle Belastung des Bundes, noch eine finanzielle Belastung der Länder oder Gemeinden, noch finanzielle Verpflichtungen der Staatsbürger, noch eine Veräußerung von Bundesvermögen, noch Maßnahmen in den im Art. 10 Abs. 1 Z 11 bezeichneten Angelegenheiten, noch endlich solche auf dem Gebiet des Koalitionsrechtes oder des Mieterschutzes zum Gegenstand haben.

Artikel 19 [Oberste Organe der Vollziehung, Betätigung in der Privatwirtschaft]
(1) Die obersten Organe der Vollziehung sind der Bundespräsident, die Bundesminister und Staatssekretäre sowie die Mitglieder der Landesregierungen.

(2) Durch Bundesgesetz kann die Zulässigkeit der Betätigung der im Abs. 1 bezeichneten Organe und von sonstigen öffentlichen Funktionären in der Privatwirtschaft beschränkt werden.

Artikel 20 [Verwaltungsorgane]
(1) [1]Unter der Leitung der obersten Organe des Bundes und der Länder führen nach den Bestimmungen der Gesetze auf Zeit gewählte Organe, ernannte berufsmäßige Organe oder vertraglich bestellte Organe die Verwaltung. [2]Sie sind den ihnen vorgesetzten Organen für ihre amtliche Tätigkeit verantwortlich und, soweit in Gesetzen gemäß Abs. 2 nicht anderes bestimmt ist, an deren Weisungen gebunden. [3]Das nachgeordnete Organ kann die Befolgung einer Weisung ablehnen, wenn die Weisung entweder von einem unzuständigen Organ erteilt wurde oder die Befolgung gegen strafgesetzliche Vorschriften verstoßen würde.

(2) [1]Durch Gesetz können Organe
1. zur sachverständigen Prüfung,
2. zur Kontrolle der Gesetzmäßigkeit der Verwaltung,
3. mit Schieds-, Vermittlungs- und Interessenvertretungsaufgaben,
4. zur Sicherung des Wettbewerbs und zur Durchführung der Wirtschaftsaufsicht,
5. zur Aufsicht und Regulierung elektronischer Medien und zur Förderung der Medien,
6. zur Durchführung einzelner Angelegenheiten des Dienst- und Disziplinarrechts,
7. zur Durchführung und Leitung von Wahlen, oder,
8. soweit dies nach Maßgabe des Rechts der Europäischen Union geboten ist,

von der Bindung an Weisungen der ihnen vorgesetzten Organe freigestellt werden. [2]Durch Landesverfassungsgesetz können weitere Kategorien weisungsfreier Organe geschaffen werden. [3]Durch Gesetz ist ein der Aufgabe des weisungsfreien Organs angemessenes Aufsichtsrecht der obersten Organe vorzusehen, zumindest das Recht, sich über alle Gegenstände der Geschäftsführung der weisungsfreien Organe zu unterrichten, und – soweit es sich nicht um Organe gemäß den Z 2, 5 und 8 handelt – das Recht, weisungsfreie Organe aus wichtigem Grund abzuberufen.

(3) [1]Alle mit Aufgaben der Bundes-, Landes- und Gemeindeverwaltung betrauten Organe sowie die Organe anderer Körperschaften des öffentlichen Rechts sind, soweit gesetzlich nicht anderes bestimmt ist, zur Verschwiegenheit über alle ihnen ausschließlich aus ihrer amtlichen Tätigkeit bekannt gewordenen Tatsachen verpflichtet, deren Geheimhaltung im Interesse der Aufrechterhaltung der öffentlichen Ruhe, Ordnung und Sicherheit, der umfassenden Landesverteidigung, der auswärtigen Beziehungen, im wirtschaftlichen Interesse einer Körperschaft des öffentlichen Rechts, zur Vorbereitung einer Entscheidung oder im überwiegenden Interesse der Parteien geboten ist (Amtsverschwiegenheit). [2]Die Amtsverschwiegenheit besteht für die von einem allgemeinen Vertretungskörper bestellten Funktionäre nicht gegenüber diesem Vertretungskörper, wenn er derartige Auskünfte ausdrücklich verlangt.

(4) [1]Alle mit Aufgaben der Bundes-, Landes- und Gemeindeverwaltung betrauten Organe sowie die Organe anderer Körperschaften des öffentlichen Rechts haben über Angelegenheiten ihres Wirkungsbereiches Auskünfte zu erteilen, soweit eine gesetzliche Verschwiegenheitspflicht dem nicht entgegensteht; berufliche Vertretungen sind nur gegenüber den ihnen jeweils Zugehörigen auskunftspflichtig und dies insoweit, als dadurch die ordnungsgemäße Erfüllung ihrer gesetzlichen Aufgaben nicht verhindert wird. [2]Die näheren Regelungen sind hinsichtlich der Organe des Bundes sowie der durch die Bundesgesetzgebung zu regelnden Selbstverwaltung in Gesetzgebung und Vollziehung Bundessache, hinsichtlich der Organe der Länder und Gemeinden sowie der durch die Landesgesetzgebung zu regelnden Selbstverwaltung in der Grundsatzgesetzgebung Bundessache, in der Ausführungsgesetzgebung und in der Vollziehung Landessache.

Artikel 21 [Dienstrecht, Arbeitnehmerschutz]

(1) [1]Den Ländern obliegt die Gesetzgebung und Vollziehung in den Angelegenheiten des Dienstrechtes einschließlich des Dienstvertragsrechtes und des Personalvertretungsrechtes der Bediensteten der Länder, der Gemeinden und der Gemeindeverbände, soweit für alle diese Angelegenheiten in Abs. 2, in Art. 14 Abs. 2, Abs. 3 lit. c und Abs. 5 lit. c und in Art. 14a Abs. 2 lit. e und Abs. 3 lit. b nicht anderes bestimmt ist. [2]Über Streitigkeiten aus vertraglichen Dienstverhältnissen entscheiden die ordentlichen Gerichte.

(2) [1]Den Ländern obliegt die Gesetzgebung und Vollziehung in den Angelegenheiten des Arbeitnehmerschutzes der Bediensteten (Abs. 1) und der Personalvertretung der Bediensteten der Länder, soweit die Bediensteten nicht in Betrieben tätig sind. [2]Soweit nach dem ersten Satz nicht die Zuständigkeit der Länder gegeben ist, fallen die genannten Angelegenheiten in die Zuständigkeit des Bundes.

(3) [1]Soweit in diesem Gesetz nicht anderes bestimmt ist, wird die Diensthoheit gegenüber den Bediensteten des Bundes von den obersten Organen des Bundes ausgeübt. [2]Die Diensthoheit gegenüber den Bediensteten der Länder wird von den obersten Organen der Länder ausgeübt; soweit dieses Gesetz entsprechende Ausnahmen hinsichtlich der Bediensteten des Bundes vorsieht, kann durch Landesverfassungsgesetz bestimmt werden, dass die Diensthoheit gegenüber den Bediensteten des Landes von gleichartigen Organen ausgeübt wird.

(4) [1]Die Möglichkeit des Wechsels zwischen dem Dienst beim Bund, bei den Ländern, bei den Gemeinden und bei den Gemeindeverbänden bleibt den öffentlich Bediensteten jederzeit gewahrt.

[2]Gesetzliche Bestimmungen, wonach die Anrechnung von Dienstzeiten davon abhängig unterschiedlich erfolgt, ob sie beim Bund, bei einem Land, bei einer Gemeinde oder bei einem Gemeindeverband zurückgelegt worden sind, sind unzulässig. [3]Um eine gleichwertige Entwicklung des Dienstrechtes, des Personalvertretungsrechtes und des Arbeitnehmerschutzes bei Bund, Ländern und Gemeinden zu ermöglichen, haben Bund und Länder einander über Vorhaben in diesen Angelegenheiten zu informieren.

(5) Durch Gesetz kann vorgesehen werden, dass

1. Beamte zur Ausübung bestimmter Leitungsfunktionen oder in den Fällen, in denen dies auf Grund der Natur des Dienstes erforderlich ist, befristet ernannt werden;
2. nach Ablauf der Befristung oder bei Änderung der Organisation der Behörden oder der dienstrechtlichen Gliederungen durch Gesetz keine Ernennung erforderlich ist;
3. es, soweit die Zuständigkeit zur Ernennung gemäß Art. 66 Abs. 1 übertragen ist, in den Fällen einer Versetzung oder einer Änderung der Verwendung keiner Ernennung bedarf.

(6) In den Fällen des Abs. 5 besteht kein Anspruch auf eine gleichwertige Verwendung.

Artikel 22 [Hilfeleistung der Organe]

Alle Organe des Bundes, der Länder, der Gemeinden und der Gemeindeverbände sowie der sonstigen Selbstverwaltungskörper sind im Rahmen ihres gesetzmäßigen Wirkungsbereiches zur wechselseitigen Hilfeleistung verpflichtet.

Artikel 23 [Staatshaftung].

(1) Der Bund, die Länder, die Gemeinden und die sonstigen Körperschaften und Anstalten des öffentlichen Rechts haften für den Schaden, den die als ihre Organe handelnden Personen in Vollziehung der Gesetze durch ein rechtswidriges Verhalten wem immer schuldhaft zugefügt haben.

(2) Personen, die als Organe eines im Abs. 1 bezeichneten Rechtsträgers handeln, sind ihm, soweit ihnen Vorsatz oder grobe Fahrlässigkeit zur Last fällt, für den Schaden haftbar, für den der Rechtsträger dem Geschädigten Ersatz geleistet hat.

(3) Personen, die als Organe eines im Abs. 1 bezeichneten Rechtsträgers handeln, haften für den Schaden, den sie in Vollziehung der Gesetze dem Rechtsträger durch ein rechtswidriges Verhalten unmittelbar zugefügt haben.

(4) Die näheren Bestimmungen zu den Abs. 1 bis 3 werden durch Bundesgesetz getroffen.

(5) Ein Bundesgesetz kann auch bestimmen, inwieweit auf dem Gebiet des Post- und Fernmeldewesens von den in den Abs. 1 bis 3 festgelegten Grundsätzen abweichende Sonderbestimmungen gelten.

B.
Europäische Union

Artikel 23a [Wahl der Mitglieder des EP]

(1) Die Mitglieder des Europäischen Parlaments werden in Österreich auf Grund des gleichen, unmittelbaren, persönlichen, freien und geheimen Wahlrechtes der Männer und Frauen, die am Wahltag das 16. Lebensjahr vollendet haben und am Stichtag der Wahl entweder die österreichische Staatsbürgerschaft besitzen und nicht nach Maßgabe des Rechts der Europäischen Union vom Wahlrecht ausgeschlossen sind oder die Staatsangehörigkeit eines anderen Mitgliedstaates der Europäischen Union besitzen und nach Maßgabe des Rechts der Europäischen Union wahlberechtigt sind, nach den Grundsätzen der Verhältniswahl gewählt.

(2) Das Bundesgebiet bildet für die Wahlen zum Europäischen Parlament einen einheitlichen Wahlkörper.

(3) Wählbar sind die in Österreich zum Europäischen Parlament Wahlberechtigten, die am Wahltag das 18. Lebensjahr vollendet haben.

(4) Art. 26 Abs. 5 bis 7 ist sinngemäß anzuwenden.

(5) Anm.: aufgehoben durch BGBl. I Nr. 27/2007)

(6) Anm.: aufgehoben durch BGBl. I Nr. 27/2007)

Artikel 23b [Mandat im EP]

(1) [1]Öffentlich Bediensteten ist, wenn sie sich um ein Mandat im Europäischen Parlament bewerben, die für die Bewerbung um das Mandat erforderliche freie Zeit zu gewähren. [2]Öffentlich Bedienstete, die zu Mitgliedern des Europäischen Parlaments gewählt wurden, sind für die Dauer der Mandatsausübung unter Entfall der Dienstbezüge außer Dienst zu stellen. [3]Das Nähere wird durch Gesetz geregelt.

(2) [1]Universitätslehrer können eine Tätigkeit in Forschung und Lehre und die Prüfungstätigkeit auch während der Zugehörigkeit zum Europäischen Parlament fortsetzen. [2]Die Dienstbezüge für diese Tätigkeit sind entsprechend den tatsächlich erbrachten Leistungen zu bemessen, dürfen aber 25 % der Bezüge eines Universitätslehrers nicht übersteigen.

(3) Insoweit dieses Bundesverfassungsgesetz die Unvereinbarkeit von Funktionen mit der Zugehörigkeit oder mit der ehemaligen Zugehörigkeit zum Nationalrat vorsieht, sind diese Funktionen auch mit der Zugehörigkeit oder mit der ehemaligen Zugehörigkeit zum Europäischen Parlament unvereinbar.

Artikel 23c [Ernennung von Mitgliedern der EU-Organe]

(1) Die Erstellung der österreichischen Vorschläge für die Ernennung von Mitgliedern der Europäischen Kommission, von Mitgliedern des Gerichtshofes der Europäischen Union, von Mitgliedern des Rechnungshofes, von Mitgliedern des Wirtschafts- und Sozialausschusses, von Mitgliedern des Ausschusses der Regionen und deren Stellvertretern und von Mitgliedern des Verwaltungsrates der Europäischen Investitionsbank obliegt der Bundesregierung.

(2) [1]Vor der Erstellung der Vorschläge für die Ernennung von Mitgliedern der Europäischen Kommission, des Gerichtshofes der Europäischen Union, des Rechnungshofes und des Verwaltungsrates der Europäischen Investitionsbank hat die Bundesregierung dem Nationalrat und dem Bundespräsidenten mitzuteilen, wen sie vorzuschlagen beabsichtigt. [2]Die Bundesregierung hat über die Vorschläge das Einvernehmen mit dem Hauptausschuss des Nationalrates herzustellen.

(3) Vor der Erstellung der Vorschläge für die Ernennung von Mitgliedern des Wirtschafts- und Sozialausschusses hat die Bundesregierung Vorschläge der gesetzlichen und sonstigen beruflichen Vertretungen der verschiedenen Gruppen des wirtschaftlichen und sozialen Lebens einzuholen.

(4) [1]Die Vorschläge für die Ernennung von Mitgliedern des Ausschusses der Regionen und deren Stellvertretern hat die Bundesregierung auf Grund von Vorschlägen der Länder sowie des Österreichischen Gemeindebundes und des Österreichischen Städtebundes zu erstellen. [2]Jedes Land hat ein Mitglied und dessen Stellvertreter vorzuschlagen; die sonstigen Mitglieder und deren Stellvertreter sind vom Österreichischen Gemeindebund und vom Österreichischen Städtebund gemeinsam vorzuschlagen.

(5) Die Bundesregierung hat dem Nationalrat mitzuteilen, wen sie nach Abs. 3 und 4 vorgeschlagen hat, und dem Bundesrat mitzuteilen, wen sie nach Abs. 2, 3 und 4 vorgeschlagen hat.

Artikel 23d [Mitwirkung der Länder in EU-Angelegenheiten]

(1) [1]Der Bund hat die Länder unverzüglich über alle Vorhaben im Rahmen der Europäischen Union, die den selbständigen Wirkungsbereich der Länder berühren oder sonst für sie von Interesse sein könnten, zu unterrichten und ihnen Gelegenheit zur Stellungnahme zu geben. [2]Solche Stellungnahmen sind an das Bundeskanzleramt zu richten. [3]Gleiches gilt für die Gemeinden, soweit der eigene Wirkungsbereich oder sonstige wichtige Interessen der Gemeinden berührt werden. [4]Die Vertretung der Gemeinden obliegt in diesen Angelegenheiten dem Österreichischen Städtebund und dem Österreichischen Gemeindebund (Art. 115 Abs. 3).

(2) [1]Haben die Länder eine einheitliche Stellungnahme zu einem Vorhaben erstattet, das Angelegenheiten betrifft, in denen die Gesetzgebung Landessache ist, so darf der Bund bei Verhandlungen und Abstimmungen in der Europäischen Union nur aus zwingenden integrations- und außenpolitischen Gründen von dieser Stellungnahme abweichen. [2]Der Bund hat den Ländern diese Gründe unverzüglich mitzuteilen.

(3) [1]Betrifft ein Vorhaben auch Angelegenheiten, in denen die Gesetzgebung Landessache ist, so kann die Bundesregierung die Befugnis, an den Tagungen des Rates teilzunehmen und in diesem Rahmen zu diesem Vorhaben die Verhandlungen zu führen und die Stimme abzugeben, einem von den Ländern namhaft gemachten Mitglied einer Landesregierung übertragen. [2]Die Wahrnehmung dieser Befugnis durch den Vertreter der Länder erfolgt unter Beteiligung des zuständigen Bundesministers

und in Abstimmung mit diesem; Abs. 2 gilt auch für ihn. [3]Der Vertreter der Länder ist dabei in Angelegenheiten der Bundesgesetzgebung dem Nationalrat, in Angelegenheiten der Landesgesetzgebung den Landtagen gemäß Art. 142 verantwortlich.

(4) Die näheren Bestimmungen zu den Abs. 1 bis 3 sind in einer Vereinbarung zwischen dem Bund und den Ländern (Art. 15a Abs. 1) festzulegen.

(5) [1]Die Länder sind verpflichtet, Maßnahmen zu treffen, die in ihrem selbständigen Wirkungsbereich zur Durchführung von Rechtsakten im Rahmen der Europäischen Union erforderlich werden; kommt ein Land dieser Verpflichtung nicht rechtzeitig nach und wird dies vom Gerichtshof der Europäischen Union gegenüber Österreich festgestellt, so geht die Zuständigkeit zu solchen Maßnahmen, insbesondere zur Erlassung der notwendigen Gesetze, auf den Bund über. [2]Eine gemäß dieser Bestimmung vom Bund getroffene Maßnahme, insbesondere ein solcherart erlassenes Gesetz oder eine solcherart erlassene Verordnung, tritt außer Kraft, sobald das Land die erforderlichen Maßnahmen getroffen hat.

Artikel 23e [Mitwirkung von Nationalrat und Bundesrat in EU-Angelegenheiten]

(1) Der zuständige Bundesminister hat den Nationalrat und den Bundesrat unverzüglich über alle Vorhaben im Rahmen der Europäischen Union zu unterrichten und ihnen Gelegenheit zur Stellungnahme zu geben.

(2) Der zuständige Bundesminister hat den Nationalrat und den Bundesrat über einen bevorstehenden Beschluss des Europäischen Rates oder des Rates betreffend

1. den Übergang von der Einstimmigkeit zur qualifizierten Mehrheit oder
2. den Übergang von einem besonderen Gesetzgebungsverfahren zum ordentlichen Gesetzgebungsverfahren

ausdrücklich und so rechtzeitig zu unterrichten, dass dem Nationalrat und dem Bundesrat die Wahrnehmung der Zuständigkeiten nach diesem Artikel ermöglicht wird.

(3) [1]Hat der Nationalrat eine Stellungnahme zu einem Vorhaben erstattet, das auf die Erlassung eines verbindlichen Rechtsaktes gerichtet ist, der sich auf die Erlassung von Bundesgesetzen auf dem im Rechtsakt geregelten Gebiet auswirken würde, so darf der zuständige Bundesminister bei Verhandlungen und Abstimmungen in der Europäischen Union nur aus zwingenden integrations- und außenpolitischen Gründen von dieser Stellungnahme abweichen. [2]Beabsichtigt der zuständige Bundesminister, von der Stellungnahme des Nationalrates abzuweichen, so hat er den Nationalrat neuerlich zu befassen. [3]Ist das Vorhaben auf die Erlassung eines verbindlichen Rechtsaktes gerichtet, der entweder die Erlassung bundesverfassungsgesetzlicher Bestimmungen erfordern würde oder Regelungen enthält, die nur durch solche Bestimmungen getroffen werden könnten, so ist eine Abweichung jedenfalls nur zulässig, wenn ihr der Nationalrat innerhalb angemessener Frist nicht widerspricht. [4]Der zuständige Bundesminister hat dem Nationalrat nach der Abstimmung in der Europäischen Union unverzüglich Bericht zu erstatten und ihm gegebenenfalls die Gründe mitzuteilen, aus denen er von der Stellungnahme abgewichen ist.

(4) [1]Hat der Bundesrat eine Stellungnahme zu einem Vorhaben erstattet, das auf die Erlassung eines verbindlichen Rechtsaktes gerichtet ist, der entweder die Erlassung bundesverfassungsgesetzlicher Bestimmungen erfordern würde, durch die die Zuständigkeit der Länder in Gesetzgebung oder Vollziehung gemäß Art. 44 Abs. 2 eingeschränkt wird, oder Regelungen enthält, die nur durch solche Bestimmungen getroffen werden könnten, so darf der zuständige Bundesminister bei Verhandlungen und Abstimmungen in der Europäischen Union nur aus zwingenden integrations- und außenpolitischen Gründen von dieser Stellungnahme abweichen. [2]Eine Abweichung ist jedenfalls nur zulässig, wenn ihr der Bundesrat innerhalb angemessener Frist nicht widerspricht. [3]Der zuständige Bundesminister hat dem Bundesrat nach der Abstimmung in der Europäischen Union unverzüglich Bericht zu erstatten und ihm gegebenenfalls die Gründe mitzuteilen, aus denen er von der Stellungnahme abgewichen ist.

Artikel 23f [Mitwirkung von Nationalrat und Bundesrat in EU-Angelegenheiten]

(1) Der Nationalrat und der Bundesrat üben die im Vertrag über die Europäische Union, im Vertrag über die Arbeitsweise der Europäischen Union und in den diesen Verträgen beigegebenen Protokollen in der jeweils geltenden Fassung vorgesehenen Zuständigkeiten der nationalen Parlamente aus.

(2) Jeder Bundesminister berichtet dem Nationalrat und dem Bundesrat zu Beginn jedes Jahres über die in diesem Jahr zu erwartenden Vorhaben des Rates und der Europäischen Kommission sowie über die voraussichtliche österreichische Position zu diesen Vorhaben.

(3) Weitere Unterrichtungsverpflichtungen sind durch Bundesgesetz vorzusehen.

(4) Der Nationalrat und der Bundesrat können ihren Wünschen über Vorhaben der Europäischen Union in Mitteilungen an die Organe der Europäischen Union Ausdruck geben.

Artikel 23g [EU-Gesetzgebung und Subsidiaritätsprinzip]

(1) Der Nationalrat und der Bundesrat können zu einem Entwurf eines Gesetzgebungsakts im Rahmen der Europäischen Union in einer begründeten Stellungnahme darlegen, weshalb der Entwurf nicht mit dem Subsidiaritätsprinzip vereinbar ist.

(2) Der Nationalrat und der Bundesrat können vom zuständigen Bundesminister eine Äußerung zur Vereinbarkeit von Entwürfen gemäß Abs. 1 mit dem Subsidiaritätsprinzip verlangen, die im Regelfall innerhalb von zwei Wochen nach Einlangen des Verlangens vorzulegen ist.

(3) [1]Der Bundesrat hat die Landtage unverzüglich über alle Entwürfe gemäß Abs. 1 zu unterrichten und ihnen Gelegenheit zur Stellungnahme zu geben. [2]Bei Beschlussfassung einer begründeten Stellungnahme gemäß Abs. 1 hat der Bundesrat die Stellungnahmen der Landtage zu erwägen und die Landtage über solche Beschlüsse zu unterrichten.

Artikel 23h [Klage wegen Verstoßes gegen das Subsidiaritätsprinzip]

(1) Der Nationalrat und der Bundesrat können beschließen, dass gegen einen Gesetzgebungsakt im Rahmen der Europäischen Union beim Gerichtshof der Europäischen Union Klage wegen Verstoßes gegen das Subsidiaritätsprinzip erhoben wird.

(2) Das Bundeskanzleramt übermittelt die Klage im Namen des Nationalrates oder des Bundesrates unverzüglich an den Gerichtshof der Europäischen Union.

Artikel 23i [Mitwirkung an EU-Rechtsakten, die der Zustimmung der Mitgliedstaaten bedürfen]

(1) [1]Das österreichische Mitglied im Europäischen Rat darf einer Initiative gemäß Art. 48 Abs. 7 des Vertrags über die Europäische Union in der Fassung des Vertrags von Lissabon nur dann zustimmen, wenn es der Nationalrat mit Zustimmung des Bundesrates auf Grund eines Vorschlages der Bundesregierung dazu ermächtigt hat. [2]Diese Beschlüsse des Nationalrates und des Bundesrates bedürfen jeweils der Anwesenheit von mindestens der Hälfte der Mitglieder und einer Mehrheit von zwei Dritteln der abgegebenen Stimmen.

(2) Soweit nach dem Recht der Europäischen Union für die nationalen Parlamente die Möglichkeit der Ablehnung einer Initiative oder eines Vorschlages betreffend

1. den Übergang von der Einstimmigkeit zur qualifizierten Mehrheit oder
2. den Übergang von einem besonderen Gesetzgebungsverfahren zum ordentlichen Gesetzgebungsverfahren

vorgesehen ist, kann der Nationalrat mit Zustimmung des Bundesrates diese Initiative oder diesen Vorschlag innerhalb der nach dem Recht der Europäischen Union vorgesehenen Fristen ablehnen.

(3) [1]Beschlüsse des Rates, durch die neue Kategorien von Eigenmitteln der Europäischen Union eingeführt werden, bedürfen der Genehmigung des Nationalrates und der Zustimmung des Bundesrates; Art. 50 Abs. 4 zweiter Satz ist sinngemäß anzuwenden. [2]Andere Beschlüsse des Rates, mit denen Bestimmungen über das System der Eigenmittel der Europäischen Union festgelegt werden, bedürfen der Genehmigung des Nationalrates. Art. 23e Abs. 2 gilt sinngemäß.

(4) Auf andere Beschlüsse des Europäischen Rates oder des Rates, die nach dem Recht der Europäischen Union erst nach Zustimmung der Mitgliedstaaten im Einklang mit ihren jeweiligen verfassungsrechtlichen Vorschriften in Kraft treten, ist Art. 50 Abs. 4 sinngemäß anzuwenden.

(5) Beschlüsse des Nationalrates und des Bundesrates nach diesem Artikel sind vom Bundeskanzler im Bundesgesetzblatt kundzumachen.

Artikel 23j [Mitwirkung an der GASP]

(1) [1]Österreich wirkt an der Gemeinsamen Außen- und Sicherheitspolitik der Europäischen Union auf Grund des Titels V Kapitel 1 und 2 des Vertrags über die Europäische Union in der Fassung des

Vertrags von Lissabon mit, der in Art. 3 Abs. 5 und in Art. 21 Abs. 1 insbesondere die Wahrung beziehungsweise Achtung der Grundsätze der Charta der Vereinten Nationen vorsieht. [2]Dies schließt die Mitwirkung an Aufgaben gemäß Art. 43 Abs. 1 dieses Vertrags sowie an Maßnahmen ein, mit denen die Wirtschafts- und Finanzbeziehungen zu einem oder mehreren Drittländern ausgesetzt, eingeschränkt oder vollständig eingestellt werden. [3]Auf Beschlüsse des Europäischen Rates über eine gemeinsame Verteidigung ist Art. 50 Abs. 4 sinngemäß anzuwenden.

(2) Für Beschlüsse im Rahmen der Gemeinsamen Außen- und Sicherheitspolitik der Europäischen Union auf Grund des Titels V Kapitel 2 des Vertrags über die Europäische Union in der Fassung des Vertrags von Lissabon gilt Art. 23e Abs. 3 sinngemäß.

(3) Bei Beschlüssen über die Einleitung einer Mission außerhalb der Europäischen Union, die Aufgaben der militärischen Beratung und Unterstützung, Aufgaben der Konfliktverhütung und der Erhaltung des Friedens oder Kampfeinsätze im Rahmen der Krisenbewältigung einschließlich Frieden schaffender Maßnahmen und Operationen zur Stabilisierung der Lage nach Konflikten umfasst, sowie bei Beschlüssen gemäß Art. 42 Abs. 2 des Vertrags über die Europäische Union in der Fassung des Vertrags von Lissabon betreffend die schrittweise Festlegung einer gemeinsamen Verteidigungspolitik ist das Stimmrecht im Einvernehmen zwischen dem Bundeskanzler und dem für auswärtige Angelegenheiten zuständigen Bundesminister auszuüben.

(4) Eine Zustimmung zu Maßnahmen gemäß Abs. 3 darf, wenn der zu fassende Beschluss eine Verpflichtung Österreichs zur Entsendung von Einheiten oder einzelnen Personen bewirken würde, nur unter dem Vorbehalt gegeben werden, dass es diesbezüglich noch der Durchführung des für die Entsendung von Einheiten oder einzelnen Personen in das Ausland verfassungsrechtlich vorgesehenen Verfahrens bedarf.

Artikel 23k [Ausschusszuständigkeiten; Ausführungsregelungen]

(1) Nähere Bestimmungen zu den Art. 23e, 23f Abs. 1, 2 und 4 sowie 23g bis 23j treffen das Bundesgesetz über die Geschäftsordnung des Nationalrates und die Geschäftsordnung des Bundesrates.

(2) [1]Die Zuständigkeiten des Nationalrates nach den Art. 23e, 23f Abs. 4, 23g und 23j Abs. 2 obliegen dessen Hauptausschuss. [2]Das Bundesgesetz über die Geschäftsordnung des Nationalrates kann vorsehen, dass der Hauptausschuss einen ständigen Unterausschuss wählt, für den Art. 55 Abs. 3 sinngemäß gilt. [3]Der Hauptausschuss kann diesem ständigen Unterausschuss Zuständigkeiten nach dem ersten Satz übertragen. [4]Eine solche Übertragung kann jederzeit ganz oder teilweise widerrufen werden. [5]Durch das Bundesgesetz über die Geschäftsordnung des Nationalrates können Zuständigkeiten des Hauptausschusses nach dem ersten Satz dem Nationalrat oder dem ständigen Unterausschuss des Hauptausschusses gemäß dem zweiten Satz übertragen werden.

(3) Zuständigkeiten des Bundesrates nach den Art. 23e, 23f Abs. 4 und 23g können durch die Geschäftsordnung des Bundesrates einem von diesem zu wählenden Ausschuss übertragen werden.

Zweites Hauptstück
Gesetzgebung des Bundes

A.
Nationalrat

Artikel 24 [Legislativkompetenz]

Die Gesetzgebung des Bundes übt der Nationalrat gemeinsam mit dem Bundesrat aus.

Artikel 25 [Sitz]

(1) Der Sitz des Nationalrates ist die Bundeshauptstadt Wien.

(2) Für die Dauer außerordentlicher Verhältnisse kann der Bundespräsident auf Antrag der Bundesregierung den Nationalrat in einen anderen Ort des Bundesgebietes berufen.

Artikel 26 [Wahlrecht, Wahlkreise, Wahltag]

(1) Der Nationalrat wird vom Bundesvolk auf Grund des gleichen, unmittelbaren, persönlichen, freien und geheimen Wahlrechtes der Männer und Frauen, die am Wahltag das 16. Lebensjahr vollendet haben, nach den Grundsätzen der Verhältniswahl gewählt.

(2) [1]Das Bundesgebiet wird in räumlich geschlossene Wahlkreise geteilt, deren Grenzen die Landesgrenzen nicht schneiden dürfen; diese Wahlkreise sind in räumlich geschlossene Regionalwahlkreise zu untergliedern. [2]Die Zahl der Abgeordneten wird auf die Wahlberechtigten der Wahlkreise (Wahlkörper) im Verhältnis der Zahl der Staatsbürger, die nach dem Ergebnis der letzten Volkszählung im jeweiligen Wahlkreis den Hauptwohnsitz hatten, vermehrt um die Zahl der Staatsbürger, die am Zähltag im Bundesgebiet zwar nicht den Hauptwohnsitz hatten, aber in einer Gemeinde des jeweiligen Wahlkreises in der Wählerevidenz eingetragen waren, verteilt; in gleicher Weise wird die Zahl der einem Wahlkreis zugeordneten Abgeordneten auf die Regionalwahlkreise verteilt. [3]Die Wahlordnung zum Nationalrat hat ein abschließendes Ermittlungsverfahren im gesamten Bundesgebiet vorzusehen, durch das sowohl ein Ausgleich der den wahlwerbenden Parteien in den Wahlkreisen zugeteilten als auch eine Aufteilung der noch nicht zugeteilten Mandate nach den Grundsätzen der Verhältniswahl erfolgt. [4]Eine Gliederung der Wählerschaft in andere Wahlkörper ist nicht zulässig.

(3) [1]Der Wahltag muss ein Sonntag oder ein gesetzlicher Feiertag sein. [2]Treten Umstände ein, die den Anfang, die Fortsetzung oder die Beendigung der Wahlhandlung verhindern, so kann die Wahlbehörde die Wahlhandlung auf den nächsten Tag verlängern oder verschieben.

(4) Wählbar sind die zum Nationalrat Wahlberechtigten, die am Stichtag die österreichische Staatsbürgerschaft besitzen und am Wahltag das 18. Lebensjahr vollendet haben.

(5) Ein Ausschluss vom Wahlrecht oder von der Wählbarkeit kann, auch in jeweils unterschiedlichem Umfang, nur durch Bundesgesetz als Folge rechtskräftiger gerichtlicher Verurteilung vorgesehen werden.

(6) [1]Wahlberechtigte, die voraussichtlich am Wahltag verhindert sein werden, ihre Stimme vor der Wahlbehörde abzugeben, etwa wegen Ortsabwesenheit, aus gesundheitlichen Gründen oder wegen Aufenthalts im Ausland, können ihr Wahlrecht auf Antrag unter Angabe des Grundes durch Briefwahl ausüben. [2]Die Identität des Antragstellers ist glaubhaft zu machen. [3]Der Wahlberechtigte hat durch Unterschrift an Eides statt zu erklären, dass die Stimmabgabe persönlich und geheim erfolgt ist.

(7) Die näheren Bestimmungen über das Wahlverfahren werden durch Bundesgesetz getroffen.

Artikel 26a [Wahlbehörden]

(1) [1]Die Durchführung und Leitung der Wahlen zum Europäischen Parlament, der Wahlen zum Nationalrat, der Wahl des Bundespräsidenten, von Volksabstimmungen und Volksbefragungen, die Mitwirkung bei der Überprüfung von Volksbegehren sowie die Mitwirkung bei der Durchführung von Europäischen Bürgerinitiativen obliegt Wahlbehörden, die vor jeder Wahl zum Nationalrat neu gebildet werden. [2]Diesen haben als stimmberechtigte Beisitzer Vertreter der wahlwerbenden Parteien anzugehören, der Bundeswahlbehörde auch Richter des Dienst- oder Ruhestandes; die Zahl der Beisitzer ist in der Wahlordnung zum Nationalrat festzusetzen. [3]Die nichtrichterlichen Beisitzer werden auf Grund von Vorschlägen der wahlwerbenden Parteien entsprechend ihrer bei der letzten Wahl zum Nationalrat festgestellten Stärke berufen. [4]Im zuletzt gewählten Nationalrat vertretene wahlwerbende Parteien, die danach keinen Anspruch auf Berufung von Beisitzern hätten, sind jedoch berechtigt, einen Beisitzer für die Bundeswahlbehörde vorzuschlagen.

(2) [1]Die Führung der Wählerevidenz und die Anlegung der entsprechenden Verzeichnisse bei einer Wahl zum Europäischen Parlament, einer Wahl zum Nationalrat, einer Wahl des Bundespräsidenten, einer Volksabstimmung und einer Volksbefragung obliegt der Gemeinde im übertragenen Wirkungsbereich. [2]Die Speicherung der Daten der Wählerevidenzen erfolgt in einem zentralen Wählerregister, in dem auch Wählerevidenzen aufgrund der Landesgesetzgebung gespeichert werden können; die Länder und Gemeinden können diese Daten für solche Verzeichnisse in ihrem Zuständigkeitsbereich verwenden.

Artikel 27 [Gesetzgebungsperiode]

(1) Die Gesetzgebungsperiode des Nationalrates dauert fünf Jahre, vom Tag seines ersten Zusammentrittes an gerechnet, jedenfalls aber bis zu dem Tag, an dem der neue Nationalrat zusammentritt.

(2) [1]Der neugewählte Nationalrat ist vom Bundespräsidenten längstens innerhalb dreißig Tagen nach der Wahl einzuberufen. [2]Diese ist von der Bundesregierung so anzuordnen, dass der neugewählte Nationalrat am Tag nach dem Ablauf des fünften Jahres der Gesetzgebungsperiode zusammentreten kann.

Artikel 28 [Einberufung]

(1) Der Bundespräsident beruft den Nationalrat in jedem Jahr zu einer ordentlichen Tagung ein, die nicht vor dem 15. September beginnen und nicht länger als bis zum 15. Juli des folgenden Jahres währen soll.

(2) [1]Der Bundespräsident kann den Nationalrat auch zu außerordentlichen Tagungen einberufen. [2]Wenn es die Bundesregierung oder mindestens ein Drittel der Mitglieder des Nationalrates oder der Bundesrat verlangt, ist der Bundespräsident verpflichtet, den Nationalrat zu einer außerordentlichen Tagung einzuberufen, und zwar so, dass der Nationalrat spätestens binnen zwei Wochen nach Eintreffen des Verlangens beim Bundespräsidenten zusammentritt; die Einberufung bedarf keiner Gegenzeichnung. [3]Zur Einberufung einer außerordentlichen Tagung auf Antrag von Mitgliedern des Nationalrates oder auf Antrag des Bundesrates ist ein Vorschlag der Bundesregierung nicht erforderlich.

(3) Der Bundespräsident erklärt die Tagungen des Nationalrates auf Grund Beschlusses des Nationalrates für beendet.

(4) [1]Bei Eröffnung einer neuen Tagung des Nationalrates innerhalb der gleichen Gesetzgebungsperiode werden die Arbeiten nach dem Stand fortgesetzt, in dem sie sich bei der Beendigung der letzten Tagung befunden haben. [2]Bei Beendigung einer Tagung können einzelne Ausschüsse vom Nationalrat beauftragt werden, ihre Arbeiten fortzusetzen. [3]Mit dem Beginn einer neuen Gesetzgebungsperiode gelten vom Nationalrat der vorangegangenen Gesetzgebungsperiode nicht erledigte Volksbegehren und an den Nationalrat gerichtete Bürgerinitiativen als Verhandlungsgegenstände des neu gewählten Nationalrates. [4]Durch das Bundesgesetz über die Geschäftsordnung des Nationalrates kann dies auch für weitere Verhandlungsgegenstände des Nationalrates bestimmt werden.

(5) [1]Innerhalb einer Tagung beruft der Präsident des Nationalrates die einzelnen Sitzungen ein. [2]Wenn innerhalb einer Tagung die im Bundesgesetz über die Geschäftsordnung des Nationalrates festgesetzte Anzahl der Mitglieder des Nationalrates oder die Bundesregierung es verlangt, ist der Präsident verpflichtet, eine Sitzung einzuberufen. [3]Nähere Bestimmungen trifft das Bundesgesetz über die Geschäftsordnung des Nationalrates, das auch eine Frist festzusetzen hat, innerhalb derer der Nationalrat zusammenzutreten hat.

(6) Für den Fall, dass die gewählten Präsidenten des Nationalrates an der Ausübung ihres Amtes verhindert oder deren Ämter erledigt sind, hat das Bundesgesetz über die Geschäftsordnung des Nationalrates Sonderbestimmungen über die Einberufung des Nationalrates zu treffen.

Artikel 29 [Auflösung]

(1) [1]Der Bundespräsident kann den Nationalrat auflösen, er darf dies jedoch nur einmal aus dem gleichen Anlass verfügen. [2]Die Neuwahl ist in diesem Fall von der Bundesregierung so anzuordnen, dass der neugewählte Nationalrat längstens am hundertsten Tag nach der Auflösung zusammentreten kann.

(2) Vor Ablauf der Gesetzgebungsperiode kann der Nationalrat durch einfaches Gesetz seine Auflösung beschließen.

(3) Nach einer gemäß Abs. 2 erfolgten Auflösung sowie nach Ablauf der Zeit, für die der Nationalrat gewählt ist, dauert die Gesetzgebungsperiode bis zum Tag, an dem der neugewählte Nationalrat zusammentritt.

Artikel 30 [Präsidium; Geschäftsordnung; Parlamentsdirektion]

(1) Der Nationalrat wählt aus seiner Mitte den Präsidenten, den zweiten und dritten Präsidenten.

(2) [1]Die Geschäfte des Nationalrates werden auf Grund eines besonderen Bundesgesetzes geführt. [2]Das Bundesgesetz über die Geschäftsordnung des Nationalrates kann nur bei Anwesenheit von mindestens der Hälfte der Mitglieder und mit einer Mehrheit von zwei Dritteln der abgegebenen Stimmen beschlossen werden.

(3) [1]Zur Unterstützung der parlamentarischen Aufgaben und zur Besorgung der Verwaltungsangelegenheiten im Bereich der Organe der Gesetzgebung des Bundes sowie gleichartiger Aufgaben und Verwaltungsangelegenheiten, die die in Österreich gewählten Mitglieder des Europäischen Parlaments betreffen, ist die Parlamentsdirektion berufen, die dem Präsidenten des Nationalrates untersteht. [2]Für den Bereich des Bundesrates ist die innere Organisation der Parlamentsdirektion im Einvernehmen mit dem Vorsitzenden des Bundesrates zu regeln, dem bei Besorgung der auf Grund dieses Gesetzes dem Bundesrat übertragenen Aufgaben auch das Weisungsrecht zukommt.

(4) Dem Präsidenten des Nationalrates stehen insbesondere auch die Ernennung der Bediensteten der Parlamentsdirektion und alle übrigen Befugnisse in Personalangelegenheiten dieser Bediensteten zu.

(5) Der Präsident des Nationalrates kann den parlamentarischen Klubs zur Erfüllung parlamentarischer Aufgaben Bedienstete der Parlamentsdirektion zur Dienstleistung zuweisen.

(6) [1]Bei der Vollziehung der nach diesem Artikel dem Präsidenten des Nationalrates zustehenden Verwaltungsangelegenheiten ist dieser oberstes Verwaltungsorgan und übt diese Befugnisse allein aus. [2]Die Erlassung von Verordnungen steht dem Präsidenten des Nationalrates insoweit zu, als diese ausschließlich in diesem Artikel geregelte Verwaltungsangelegenheiten betreffen.

Artikel 30a [Geheimnisschutz]

[1]Der besondere Schutz und die Geheimhaltung von Informationen im Bereich des Nationalrates und des Bundesrates werden auf Grund eines besonderen Bundesgesetzes geregelt. [2]Das Bundesgesetz über die Informationsordnung des Nationalrates und des Bundesrates kann vom Nationalrat nur in Anwesenheit von mindestens der Hälfte der Mitglieder und mit einer Mehrheit von zwei Dritteln der abgegebenen Stimmen beschlossen werden. [3]Es bedarf überdies der in Anwesenheit von mindestens der Hälfte der Mitglieder und mit einer Mehrheit von zwei Dritteln der abgegebenen Stimmen zu erteilenden Zustimmung des Bundesrates.

Artikel 30b [Disziplinarrecht der Parlamentsbeamten]

(1) Zur Erlassung von Disziplinarerkenntnissen und zur Entscheidung über Suspendierungen hinsichtlich der Beamten der Parlamentsdirektion, des Rechnungshofes und der Volksanwaltschaft wird bei der Parlamentsdirektion eine Disziplinarkommission eingerichtet.

(2) Die Mitglieder der Disziplinarkommission und die Disziplinaranwälte sind vom Präsidenten des Nationalrates, vom Präsidenten des Rechnungshofes und vom Vorsitzenden der Volksanwaltschaft zu bestellen.

(3) Die näheren Bestimmungen über die Organisation und das Verfahren der Disziplinarkommission sowie die Stellung und Bestellung der Disziplinaranwälte werden durch Bundesgesetz getroffen.

Artikel 31 [Beschlussfassung, Mehrheitsprinzip]

Zu einem Beschluss des Nationalrates ist, soweit in diesem Gesetz nicht anderes bestimmt oder im Bundesgesetz über die Geschäftsordnung des Nationalrates für einzelne Angelegenheiten nicht anderes festgelegt ist, die Anwesenheit von mindestens einem Drittel der Mitglieder und die unbedingte Mehrheit der abgegebenen Stimmen erforderlich.

Artikel 32 [Öffentlichkeit]

(1) Die Sitzungen des Nationalrates sind öffentlich.

(2) Die Öffentlichkeit wird ausgeschlossen, wenn es vom Vorsitzenden oder von der im Bundesgesetz über die Geschäftsordnung des Nationalrates festgesetzten Anzahl der Mitglieder verlangt und vom Nationalrat nach Entfernung der Zuhörer beschlossen wird.

Artikel 33 [Parlamentsberichterstattung]

Wahrheitsgetreue Berichte über die Verhandlungen in den öffentlichen Sitzungen des Nationalrates und seiner Ausschüsse bleiben von jeder Verantwortung frei.

B.
Bundesrat

Artikel 34 [Vertretung der Länder]

(1) Im Bundesrat sind die Länder im Verhältnis zur Bürgerzahl im Land gemäß den folgenden Bestimmungen vertreten.

(2) [1]Das Land mit der größten Bürgerzahl entsendet zwölf, jedes andere Land so viele Mitglieder, als dem Verhältnis seiner Bürgerzahl zur erstangeführten Bürgerzahl entspricht, wobei Reste über die Hälfte der Verhältniszahl als voll gelten. [2]Jedem Land gebührt jedoch eine Vertretung von wenigstens drei Mitgliedern. [3]Für jedes Mitglied wird ein Ersatzmitglied bestellt.

(3) Die Zahl der demnach von jedem Land zu entsendenden Mitglieder wird vom Bundespräsidenten nach jeder allgemeinen Volkszählung festgesetzt.

Artikel 35 [Wahl des Bundesrates]

(1) [1]Die Mitglieder des Bundesrates und ihre Ersatzmitglieder werden von den Landtagen für die Dauer ihrer Gesetzgebungsperiode nach dem Grundsatz der Verhältniswahl gewählt, jedoch muss wenigstens ein Mandat der Partei zufallen, die die zweithöchste Anzahl von Sitzen im Landtag oder, wenn mehrere Parteien die gleiche Anzahl von Sitzen haben, die zweithöchste Zahl von Wählerstimmen bei der letzten Landtagswahl aufweist. [2]Bei gleichen Ansprüchen mehrerer Parteien entscheidet das Los.

(2) Die Mitglieder des Bundesrates müssen nicht dem Landtag angehören, der sie entsendet; sie müssen jedoch zu diesem Landtag wählbar sein.

(3) Nach Ablauf der Gesetzgebungsperiode eines Landtages oder nach seiner Auflösung bleiben die von ihm entsendeten Mitglieder des Bundesrates so lange in Funktion, bis der neue Landtag die Wahl in den Bundesrat vorgenommen hat.

(4) Die Bestimmungen der Art. 34 und 35 können nur abgeändert werden, wenn im Bundesrat - abgesehen von der für seine Beschlussfassung überhaupt erforderlichen Stimmenmehrheit - die Mehrheit der Vertreter von wenigstens vier Ländern die Änderung angenommen hat.

Artikel 36 [Vorsitz des Bundesrates]

(1) Im Vorsitz des Bundesrates wechseln die Länder halbjährlich in alphabetischer Reihenfolge.

(2) [1]Als Vorsitzender fungiert der an erster Stelle entsendete Vertreter des zum Vorsitz berufenen Landes, dessen Mandat auf jene Partei zu entfallen hat, die die höchste Anzahl von Sitzen im Landtag oder, wenn mehrere Parteien die gleiche Anzahl von Sitzen haben, die höchste Zahl von Wählerstimmen bei der letzten Landtagswahl aufweist; bei gleichen Ansprüchen mehrerer Parteien entscheidet das Los. [2]Der Landtag kann jedoch beschließen, dass der Vorsitz von einem anderen Vertreter des Landes geführt werden soll, dessen Mandat im Bundesrat auf diese Partei entfällt; ein solcher Beschluss bedarf jedenfalls der Zustimmung der Mehrheit jener Mitglieder des Landtages, deren Mandate im Landtag auf diese Partei entfallen. [3]Die Bestellung der Stellvertreter des Vorsitzenden wird durch die Geschäftsordnung des Bundesrates geregelt. [4]Der Vorsitzende führt den Titel „Präsident des Bundesrates“, seine Stellvertreter führen den Titel „Vizepräsident des Bundesrates“.

(3) [1]Der Bundesrat wird von seinem Vorsitzenden an den Sitz des Nationalrates einberufen. [2]Der Vorsitzende ist verpflichtet, den Bundesrat sofort einzuberufen, wenn wenigstens ein Viertel seiner Mitglieder oder die Bundesregierung es verlangt.

(4) [1]Die Landeshauptmänner sind berechtigt, an allen Verhandlungen des Bundesrates teilzunehmen. [2]Sie haben nach den näheren Bestimmungen der Geschäftsordnung des Bundesrates das Recht, auf ihr Verlangen jedes Mal zu Angelegenheiten ihres Landes gehört zu werden.

Artikel 37 [Beschlussfassung, Geschäftsordnung, Öffentlichkeit]

(1) Zu einem Beschluss des Bundesrates ist, soweit in diesem Gesetz nicht anders bestimmt ist oder in der Geschäftsordnung des Bundesrates für einzelne Angelegenheiten nicht anders festgelegt ist, die Anwesenheit von mindestens einem Drittel der Mitglieder und die unbedingte Mehrheit der abgegebenen Stimmen erforderlich.

(2) [1]Der Bundesrat gibt sich seine Geschäftsordnung durch Beschluss. [2]Dieser Beschluss kann nur bei Anwesenheit der Hälfte der Mitglieder mit einer Mehrheit von mindestens zwei Dritteln der abgegebenen Stimmen gefasst werden. [3]In der Geschäftsordnung können auch über den inneren Bereich des Bundesrates hinauswirkende Bestimmungen getroffen werden, sofern dies für die Regelung der Geschäftsbehandlung im Bundesrat erforderlich ist. [4]Der Geschäftsordnung kommt die Wirkung eines Bundesgesetzes zu; sie ist durch den Bundeskanzler im Bundesgesetzblatt kundzumachen.

(3) [1]Die Sitzungen des Bundesrates sind öffentlich. [2]Die Öffentlichkeit kann jedoch gemäß den Bestimmungen der Geschäftsordnung durch Beschluss aufgehoben werden. [3]Die Bestimmungen des Art. 33 gelten auch für öffentliche Sitzungen des Bundesrates und seiner Ausschüsse.

C.

Bundesversammlung

Artikel 38 [Zusammensetzung, Aufgaben]

Der Nationalrat und der Bundesrat treten als Bundesversammlung in gemeinsamer öffentlicher Sitzung zur Angelobung des Bundespräsidenten, ferner zur Beschlussfassung über eine Kriegserklärung am Sitz des Nationalrates zusammen.

Artikel 39 [Einberufung, Vorsitz, Geschäftsordnung]

(1) [1]Die Bundesversammlung wird - abgesehen von den Fällen des Art. 60 Abs. 6, des Art. 63 Abs. 2, des Art. 64 Abs. 4 und des Art. 68 Abs. 2 - vom Bundespräsidenten einberufen. [2]Der Vorsitz wird abwechselnd vom Präsidenten des Nationalrates und vom Vorsitzenden des Bundesrates, das erste Mal von jenem, geführt.

(2) In der Bundesversammlung wird das Bundesgesetz über die Geschäftsordnung des Nationalrates sinngemäß angewendet.

(3) Die Bestimmungen des Art. 33 gelten auch für die Sitzungen der Bundesversammlung.

Artikel 40 [Form der Beschlüsse]

(1) Die Beschlüsse der Bundesversammlung werden von ihrem Vorsitzenden beurkundet und vom Bundeskanzler gegengezeichnet.

(2) Die Beschlüsse der Bundesversammlung über eine Kriegserklärung sind vom Bundeskanzler amtlich kundzumachen.

D.

Der Weg der Bundesgesetzgebung

Artikel 41 [Initiativberechtigte]

(1) Gesetzesvorschläge gelangen an den Nationalrat als Anträge seiner Mitglieder, des Bundesrates oder eines Drittels der Mitglieder des Bundesrates sowie als Vorlagen der Bundesregierung.

(2) [1]Jedes von 100 000 Stimmberechtigten oder von je einem Sechstel der Stimmberechtigten dreier Länder unterstützte Volksbegehren ist von der Bundeswahlbehörde dem Nationalrat zur Behandlung vorzulegen. [2]Stimmberechtigt ist, wer am letzten Tag des Eintragungszeitraums das Wahlrecht zum Nationalrat besitzt. [3]Das Volksbegehren muss eine durch Bundesgesetz zu regelnde Angelegenheit betreffen und kann in Form eines Gesetzesantrages gestellt werden. [4]Bundesgesetzlich kann eine elektronische Unterstützung eines Volksbegehrens durch die Stimmberechtigten vorgesehen werden, wobei zu gewährleisten ist, dass sie nur persönlich und nur einmal erfolgt.

(3) Die näheren Bestimmungen über das Verfahren für das Volksbegehren werden durch Bundesgesetz getroffen.

Artikel 42 [Mitwirkung des Bundesrates]

(1) Jeder Gesetzesbeschluss des Nationalrates ist unverzüglich von dessen Präsidenten dem Bundesrat zu übermitteln.

(2) Ein Gesetzesbeschluss kann, soweit nicht verfassungsgesetzlich anderes bestimmt ist, nur dann beurkundet und kundgemacht werden, wenn der Bundesrat gegen diesen Beschluss keinen mit Gründen versehenen Einspruch erhoben hat.

(3) Dieser Einspruch muss dem Nationalrat binnen acht Wochen nach Einlangen des Gesetzesbeschlusses beim Bundesrat von dessen Vorsitzenden schriftlich übermittelt werden; er ist dem Bundeskanzler zur Kenntnis zu bringen.

(4) [1]Wiederholt der Nationalrat seinen ursprünglichen Beschluss bei Anwesenheit von mindestens der Hälfte der Mitglieder, so ist dieser zu beurkunden und kundzumachen. [2]Beschließt der Bundesrat, keinen Einspruch zu erheben, oder wird innerhalb der im Abs. 3 festgesetzten Frist kein mit Begründung versehener Einspruch erhoben, so ist der Gesetzesbeschluss zu beurkunden und kundzumachen.

(5) Insoweit Gesetzesbeschlüsse des Nationalrates die Geschäftsordnung des Nationalrates, die Auflösung des Nationalrates, ein Bundesgesetz, mit dem nähere Bestimmungen über die Erstellung des Bundesfinanzrahmengesetzes, des Bundesfinanzgesetzes und über die sonstige Haushaltsführung des Bundes getroffen werden, ein Bundesfinanzrahmengesetz, ein Bundesfinanzgesetz, eine vorläufige

Vorsorge im Sinne von Art. 51a Abs. 4 oder eine Verfügung über Bundesvermögen, die Übernahme oder Umwandlung einer Haftung des Bundes, das Eingehen oder die Umwandlung einer Finanzschuld des Bundes oder die Genehmigung eines Bundesrechnungsabschlusses betreffen, steht dem Bundesrat keine Mitwirkung zu.

Artikel 42a [Zustimmung der Länder]
[1]Insoweit ein Gesetzesbeschluss des Nationalrates der Zustimmung der Länder bedarf, ist er unmittelbar nach Beendigung des Verfahrens gemäß Art. 42 vom Bundeskanzler den Ämtern der Landesregierungen der beteiligten Länder bekanntzugeben. [2]Die Zustimmung gilt als erteilt, wenn der Landeshauptmann nicht innerhalb von acht Wochen nach dem Tag, an dem der Gesetzesbeschluss beim Amt der Landesregierung eingelangt ist, dem Bundeskanzler mitgeteilt hat, dass die Zustimmung verweigert wird. [3]Vor Ablauf dieser Frist darf die Kundmachung des Gesetzesbeschlusses nur erfolgen, wenn die Landeshauptmänner der beteiligten Länder die ausdrückliche Zustimmung des Landes mitgeteilt haben.

Artikel 43 [Volksabstimmung]
Einer Volksabstimmung ist jeder Gesetzesbeschluss des Nationalrates nach Beendigung des Verfahrens gemäß Art. 42 beziehungsweise gemäß Art. 42a, jedoch vor seiner Beurkundung durch den Bundespräsidenten, zu unterziehen, wenn der Nationalrat es beschließt oder die Mehrheit der Mitglieder des Nationalrates es verlangt.

Artikel 44 [Verfassungsgesetz; Verfassungsbestimmung; Gesamtänderung]
(1) Verfassungsgesetze oder in einfachen Gesetzen enthaltene Verfassungsbestimmungen können vom Nationalrat nur in Anwesenheit von mindestens der Hälfte der Mitglieder und mit einer Mehrheit von zwei Dritteln der abgegebenen Stimmen beschlossen werden; sie sind als solche („Verfassungsgesetz", „Verfassungsbestimmung") ausdrücklich zu bezeichnen.

(2) Verfassungsgesetze oder in einfachen Gesetzen enthaltene Verfassungsbestimmungen, durch die die Zuständigkeit der Länder in Gesetzgebung oder Vollziehung eingeschränkt wird, bedürfen überdies der in Anwesenheit von mindestens der Hälfte der Mitglieder und mit einer Mehrheit von zwei Dritteln der abgegebenen Stimmen zu erteilenden Zustimmung des Bundesrates.

(3) Jede Gesamtänderung der Bundesverfassung, eine Teiländerung aber nur, wenn dies von einem Drittel der Mitglieder des Nationalrates oder des Bundesrates verlangt wird, ist nach Beendigung des Verfahrens gemäß Art. 42, jedoch vor der Beurkundung durch den Bundespräsidenten, einer Abstimmung des gesamten Bundesvolkes zu unterziehen.

Artikel 45 [Mehrheit bei der Volksabstimmung]
(1) In der Volksabstimmung entscheidet die unbedingte Mehrheit der gültig abgegebenen Stimmen.

(2) Das Ergebnis der Volksabstimmung ist amtlich zu verlautbaren.

Artikel 46 [Verfahren der Volksabstimmung]
(1) Der Bundespräsident ordnet die Volksabstimmung an.

(2) Stimmberechtigt bei Volksabstimmungen ist, wer am Abstimmungstag das Wahlrecht zum Nationalrat besitzt.

(3) Die näheren Bestimmungen über das Verfahren für die Volksabstimmung werden durch Bundesgesetz getroffen. Art. 26 Abs. 6 ist sinngemäß anzuwenden.

Artikel 47 [Beurkundung der Bundesgesetze]
(1) Das verfassungsmäßige Zustandekommen der Bundesgesetze wird durch den Bundespräsidenten beurkundet.

(2) Die Vorlage zur Beurkundung erfolgt durch den Bundeskanzler.

(3) Die Beurkundung ist vom Bundeskanzler gegenzuzeichnen.

Artikel 48 [Kundmachung in Sonderfällen]
Bundesgesetze und gemäß Art. 50 Abs. 1 genehmigte Staatsverträge werden mit Berufung auf den Beschluss des Nationalrates, Bundesgesetze, die auf einer Volksabstimmung beruhen, mit Berufung auf das Ergebnis der Volksabstimmung kundgemacht.

Artikel 49 [Kundmachung und Inkrafttreten]

(1) [1]Die Bundesgesetze sind vom Bundeskanzler im Bundesgesetzblatt kundzumachen. [2]Soweit nicht ausdrücklich anderes bestimmt ist, treten sie mit Ablauf des Tages ihrer Kundmachung in Kraft und gelten für das gesamte Bundesgebiet.

(2) [1]Die Staatsverträge gemäß Art. 50 Abs. 1 sind vom Bundeskanzler im Bundesgesetzblatt kundzumachen. [2]Ist ein Staatsvertrag gemäß Art. 50 Abs. 1 Z 1 in mehr als zwei Sprachen authentisch festgelegt worden, reicht es aus, wenn

1. zwei authentische Sprachfassungen und eine Übersetzung in die deutsche Sprache,
2. wenn jedoch die deutsche Sprachfassung authentisch ist, diese und eine weitere authentische Sprachfassung

kundgemacht werden. [3]Anlässlich der Genehmigung eines Staatsvertrages gemäß Art. 50 Abs. 1 kann der Nationalrat beschließen, auf welche andere Weise als im Bundesgesetzblatt die Kundmachung des Staatsvertrages oder einzelner genau zu bezeichnender Teile desselben zu erfolgen hat; solche Beschlüsse des Nationalrates sind vom Bundeskanzler im Bundesgesetzblatt kundzumachen. [4]Soweit nicht ausdrücklich anderes bestimmt ist, treten Staatsverträge gemäß Art. 50 Abs. 1 mit Ablauf des Tages ihrer Kundmachung – im Fall des dritten Satzes mit Ablauf des Tages der Kundmachung des Beschlusses des Nationalrates – in Kraft und gelten für das gesamte Bundesgebiet; dies gilt nicht für Staatsverträge, die durch Erlassung von Gesetzen zu erfüllen sind (Art. 50 Abs. 2 Z 4).

(3) Verlautbarungen im Bundesgesetzblatt und gemäß Abs. 2 zweiter Satz müssen allgemein zugänglich sein und in ihrer kundgemachten Form vollständig und auf Dauer ermittelt werden können.

(4) Die näheren Bestimmungen über die Kundmachung im Bundesgesetzblatt werden durch Bundesgesetz getroffen.

Artikel 49a [Wiederverlautbarung]

(1) Der Bundeskanzler ist gemeinsam mit den zuständigen Bundesministern ermächtigt, Bundesgesetze, mit Ausnahme dieses Gesetzes, und im Bundesgesetzblatt kundgemachte Staatsverträge in ihrer geltenden Fassung durch Kundmachung im Bundesgesetzblatt wiederzuverlautbaren.

(2) In der Kundmachung über die Wiederverlautbarung können

1. überholte terminologische Wendungen richtiggestellt und veraltete Schreibweisen der neuen Schreibweise angepasst werden;
2. Bezugnahmen auf andere Rechtsvorschriften, die dem Stand der Gesetzgebung nicht mehr entsprechen, sowie sonstige Unstimmigkeiten richtiggestellt werden;
3. Bestimmungen, die durch spätere Rechtsvorschriften aufgehoben oder sonst gegenstandslos geworden sind, als nicht mehr geltend festgestellt werden;
4. Kurztitel und Buchstabenabkürzungen der Titel festgesetzt werden;
5. die Bezeichnungen der Artikel, Paragraphen, Absätze und dergleichen bei Ausfall oder Einbau einzelner Bestimmungen entsprechend geändert und hiebei auch Bezugnahmen darauf innerhalb des Textes der Rechtsvorschrift entsprechend richtiggestellt werden;
6. Übergangsbestimmungen sowie noch anzuwendende frühere Fassungen des Bundesgesetzes (Staatsvertrages) unter Angabe ihres Geltungsbereiches zusammengefasst werden.

(3) Soweit nicht ausdrücklich anderes bestimmt ist, treten das wiederverlautbarte Bundesgesetz (der wiederverlautbarte Staatsvertrag) und die sonstigen in der Kundmachung enthaltenen Anordnungen mit Ablauf des Kundmachungstages in Kraft.

Artikel 49b [Gegenstand der Volksbefragung; Fragestellung]

(1) [1]Eine Volksbefragung über eine Angelegenheit von grundsätzlicher und gesamtösterreichischer Bedeutung, zu deren Regelung die Bundesgesetzgebung zuständig ist, hat stattzufinden, sofern der Nationalrat dies auf Grund eines Antrages seiner Mitglieder oder der Bundesregierung nach Vorberatung im Hauptausschuss beschließt. [2]Wahlen sowie Angelegenheiten, über die ein Gericht oder eine Verwaltungsbehörde zu entscheiden hat, können nicht Gegenstand einer Volksbefragung sein.

(2) [1]Ein Antrag gemäß Abs. 1 hat einen Vorschlag für die der Volksbefragung zugrunde zu legende Fragestellung zu enthalten. [2]Diese hat entweder aus einer mit „ja“ oder „nein“ zu beantwortenden Frage oder aus zwei alternativen Lösungsvorschlägen zu bestehen.

(3) [1]Volksbefragungen sind unter sinngemäßer Anwendung von Art. 45 und 46 durchzuführen. Stimmberechtigt bei Volksbefragungen ist, wer am Befragungstag das Wahlrecht zum Nationalrat

besitzt. [2]Die Bundeswahlbehörde hat das Ergebnis einer Volksbefragung dem Nationalrat sowie der Bundesregierung vorzulegen.

E.
Mitwirkung des Nationalrates und des Bundesrates an der Vollziehung des Bundes

Artikel 50 [Parlamentsvorbehalt bei Staatsverträgen und EU-Verträgen]
(1) Der Abschluss von
1. politischen Staatsverträgen und Staatsverträgen, die gesetzändernden oder gesetzesergänzenden Inhalt haben und nicht unter Art. 16 Abs. 1 fallen, sowie
2. Staatsverträgen, durch die die vertraglichen Grundlagen der Europäischen Union geändert werden

bedarf der Genehmigung des Nationalrates.

(2) Für Staatsverträge gemäß Abs. 1 Z 1 gilt darüber hinaus Folgendes:
1. Sieht ein Staatsvertrag seine vereinfachte Änderung vor, so bedarf eine solche Änderung nicht der Genehmigung nach Abs. 1, sofern sich diese der Nationalrat nicht vorbehalten hat.
2. Insoweit ein Staatsvertrag Angelegenheiten des selbständigen Wirkungsbereiches der Länder regelt, bedarf er der Zustimmung des Bundesrates.
3. Ist ein Staatsvertrag in mehr als zwei Sprachen authentisch festgelegt worden, reicht es aus, wenn die Genehmigung nach Abs. 1
   a) auf der Grundlage von zwei authentischen Sprachfassungen und einer Übersetzung in die deutsche Sprache
   b) wenn jedoch die deutsche Sprachfassung authentisch ist, auf der Grundlage dieser und einer weiteren authentischen Sprachfassung

   erfolgt.
4. Anlässlich der Genehmigung eines Staatsvertrages kann der Nationalrat beschließen, in welchem Umfang dieser Staatsvertrag durch Erlassung von Gesetzen zu erfüllen ist.

(3) Auf Beschlüsse des Nationalrates nach Abs. 1 Z 1 und Abs. 2 Z 4 ist Art. 42 Abs. 1 bis 4 sinngemäß anzuwenden.

(4) [1]Staatsverträge gemäß Abs. 1 Z 2 dürfen unbeschadet des Art. 44 Abs. 3 nur mit Genehmigung des Nationalrates und mit Zustimmung des Bundesrates abgeschlossen werden. [2]Diese Beschlüsse bedürfen jeweils der Anwesenheit von mindestens der Hälfte der Mitglieder und einer Mehrheit von zwei Dritteln der abgegebenen Stimmen.

(5) Der Nationalrat und der Bundesrat sind von der Aufnahme von Verhandlungen über einen Staatsvertrag gemäß Abs. 1 unverzüglich zu unterrichten.

Artikel 50a [Mitwirkung des Nationalrates am Europäischen Stabilitätsmechanismus]
Der Nationalrat wirkt in Angelegenheiten des Europäischen Stabilitätsmechanismus mit.

Artikel 50b [Ermächtigung des österreichischen Vertreters]
[1]Ein österreichischer Vertreter im Europäischen Stabilitätsmechanismus darf
1. einem Vorschlag für einen Beschluss, einem Mitgliedstaat grundsätzlich Stabilitätshilfe zu gewähren,
2. einer Veränderung des genehmigten Stammkapitals und einer Anpassung des maximalen Darlehensvolumens des Europäischen Stabilitätsmechanismus sowie einem Abruf von genehmigtem nicht eingezahlten Stammkapital und
3. Änderungen der Finanzhilfeinstrumente

nur zustimmen oder sich bei der Beschlussfassung enthalten, wenn ihn der Nationalrat auf Grund eines Vorschlages der Bundesregierung dazu ermächtigt hat. [2]In Fällen besonderer Dringlichkeit kann der zuständige Bundesminister den Nationalrat befassen. [3]Ohne Ermächtigung des Nationalrates muss der österreichische Vertreter den Vorschlag für einen solchen Beschluss ablehnen.

Artikel 50c [Berichtspflicht und Stellungnahmen]
(1) [1]Der zuständige Bundesminister hat den Nationalrat unverzüglich in Angelegenheiten des Europäischen Stabilitätsmechanismus gemäß den Bestimmungen des Bundesgesetzes über die Geschäfts-

ordnung des Nationalrates zu unterrichten. [2]Durch das Bundesgesetz über die Geschäftsordnung des Nationalrates sind Stellungnahmerechte des Nationalrates vorzusehen.

(2) [1]Hat der Nationalrat rechtzeitig eine Stellungnahme in Angelegenheiten des Europäischen Stabilitätsmechanismus erstattet, so hat der österreichische Vertreter im Europäischen Stabilitätsmechanismus diese bei Verhandlungen und Abstimmungen zu berücksichtigen. [2]Der zuständige Bundesminister hat dem Nationalrat nach der Abstimmung unverzüglich Bericht zu erstatten und ihm gegebenenfalls die Gründe mitzuteilen, aus denen der österreichische Vertreter die Stellungnahme nicht berücksichtigt hat.

(3) Der zuständige Bundesminister berichtet dem Nationalrat regelmäßig über die im Rahmen des Europäischen Stabilitätsmechanismus getroffenen Maßnahmen.

Artikel 50d [Ausführungsregelungen; Unterausschüsse]

(1) Das Nähere zu den Art. 50b und 50c Abs. 2 und 3 bestimmt das Bundesgesetz über die Geschäftsordnung des Nationalrates.

(2) Durch das Bundesgesetz über die Geschäftsordnung des Nationalrates können weitere Zuständigkeiten des Nationalrates zur Mitwirkung an der Ausübung des Stimmrechtes durch österreichische Vertreter im Europäischen Stabilitätsmechanismus vorgesehen werden.

(3) [1]Zur Mitwirkung in Angelegenheiten des Europäischen Stabilitätsmechanismus wählt der mit der Vorberatung von Bundesfinanzgesetzen betraute Ausschuss des Nationalrates ständige Unterausschüsse. [2]Jedem dieser ständigen Unterausschüsse muss mindestens ein Mitglied jeder im Hauptausschuss des Nationalrates vertretenen Partei angehören. [3]Zuständigkeiten des Nationalrates nach Abs. 2, Art. 50b und 50c können durch das Bundesgesetz über die Geschäftsordnung des Nationalrates diesen ständigen Unterausschüssen übertragen werden. [4]Das Bundesgesetz über die Geschäftsordnung des Nationalrates hat Vorsorge zu treffen, dass die ständigen Unterausschüsse jederzeit einberufen werden und zusammentreten können. [5]Wird der Nationalrat nach Art. 29 Abs. 1 vom Bundespräsidenten aufgelöst, so obliegt den ständigen Unterausschüssen die Mitwirkung in Angelegenheiten des Europäischen Stabilitätsmechanismus.

Artikel 51 [Bundesfinanzrahmengesetz und Bundesfinanzgesetz]

(1) Der Nationalrat beschließt das Bundesfinanzrahmengesetz sowie innerhalb dessen Grenzen das Bundesfinanzgesetz; den Beratungen ist der jeweilige Entwurf der Bundesregierung zugrunde zu legen.

(2) [1]Die Bundesregierung hat dem Nationalrat jährlich spätestens bis zu einem in einem Bundesgesetz festgesetzten Zeitpunkt den Entwurf eines Bundesfinanzrahmengesetzes oder den Entwurf eines Bundesgesetzes, mit dem das Bundesfinanzrahmengesetz geändert wird, vorzulegen. [2]Das Bundesfinanzrahmengesetz hat für das folgende Finanzjahr und die drei nächstfolgenden Finanzjahre Obergrenzen der vom Nationalrat im jeweiligen Bundesfinanzgesetz zu genehmigenden Mittelverwendung auf der Ebene von Rubriken sowie die Grundzüge des Personalplanes zu enthalten; ausgenommen hievon sind die Mittelverwendungen für die Rückzahlung von Finanzschulden und zur vorübergehenden Kassenstärkung eingegangene Geldverbindlichkeiten sowie die Mittelverwendungen infolge eines Kapitalaustausches bei Währungstauschverträgen. [3]Für weitere Untergliederungen sind Obergrenzen für das folgende Finanzjahr und die drei nächstfolgenden Finanzjahre vorzusehen.

(3) [1]Die Bundesregierung hat dem Nationalrat den Entwurf eines Bundesfinanzgesetzes für das folgende Finanzjahr spätestens zehn Wochen vor Beginn jenes Finanzjahres vorzulegen, für das ein Bundesfinanzgesetz beschlossen werden soll. [2]Ausnahmsweise kann die Bundesregierung den Entwurf eines Bundesfinanzgesetzes auch für das folgende und das nächstfolgende Finanzjahr, nach Jahren getrennt, dem Nationalrat vorlegen.

(4) [1]Wird ausnahmsweise ein Bundesfinanzgesetz für das folgende und das nächstfolgende Finanzjahr beschlossen, so ist in der zweiten Hälfte des folgenden Finanzjahres der Entwurf eines Bundesgesetzes, mit dem das Bundesfinanzgesetz geändert wird, von der Bundesregierung bis spätestens zehn Wochen vor Beginn des nächstfolgenden Finanzjahres dem Nationalrat vorzulegen. [2]Die darin enthaltenen Änderungen des Bundesfinanzgesetzes haben sich jedenfalls auf das nächstfolgende Finanzjahr zu beziehen. [3]Der Entwurf ist bis zum Ende des folgenden Finanzjahres vom Nationalrat in Verhandlung zu nehmen. [4]Art. 51a Abs. 1 und 2 gilt sinngemäß.

(5) Das Bundesfinanzgesetz hat als Anlagen den Bundesvoranschlag und den Personalplan sowie weitere für die Haushaltsführung wesentliche Grundlagen zu enthalten.

(6) [1]Für die Haushaltsführung des Bundes gilt:

1. Es dürfen die Obergrenzen der Rubriken des Bundesfinanzrahmengesetzes weder überschritten werden, noch darf zu einer solchen Überschreitung ermächtigt werden
2. Es dürfen die Obergrenzen der durch ein Bundesgesetz gemäß Abs. 9 zu bestimmenden Untergliederungen des Bundesfinanzrahmengesetzes für das folgende Finanzjahr nicht überschritten werden noch darf zu einer solchen Überschreitung ermächtigt werden, es sei denn, es wird durch ein Bundesgesetz gemäß Abs. 9 vorgesehen, dass diese Obergrenzen mit Zustimmung des Bundesministers für Finanzen überschritten werden dürfen.

[2]Wird ausnahmsweise ein Bundesfinanzgesetz für das folgende und nächstfolgende Finanzjahr beschlossen, sind die Bestimmungen der Z 2 mit der Maßgabe anzuwenden, dass die in Abs. 2 letzter Satz genannten Obergrenzen für das folgende und das nächstfolgende Finanzjahr gelten.

(7) Die Obergrenzen des Abs. 6 Z 1 und 2 können in folgenden Fällen überschritten werden:

1. Bei Gefahr im Verzug dürfen auf Grund einer Verordnung der Bundesregierung im Einvernehmen mit dem mit der Vorberatung von Bundesfinanzgesetzen betrauten Ausschuss des Nationalrates unvorhersehbare und unabweisbare zusätzliche Mittel im Ausmaß von höchstens 2 vT der durch Bundesfinanzgesetz vorgesehenen Summe an Mittelverwendungen geleistet werden, wenn die Bedeckung sichergestellt ist. Trifft der mit der Vorberatung von Bundesfinanzgesetzen betraute Ausschuss des Nationalrates innerhalb von zwei Wochen keine Entscheidung, so gilt das Einvernehmen als hergestellt;
2. [1]Im Verteidigungsfall dürfen für Zwecke der umfassenden Landesverteidigung (Art. 9a) unabweisliche zusätzliche Mittel innerhalb eines Finanzjahres bis zur Höhe von insgesamt 10 vH der durch Bundesfinanzgesetz vorgesehenen Summe an Mittelverwendungen auf Grund einer Verordnung der Bundesregierung im Einvernehmen mit dem mit der Vorberatung von Bundesfinanzgesetzen betrauten Ausschuss des Nationalrates geleistet werden. [2]Soweit die Bereitstellung solcher zusätzlicher Mittel nicht durch Mitteleinsparungen oder zusätzlich aufgebrachte Mittel sichergestellt werden kann, hat die Verordnung der Bundesregierung den Bundesminister für Finanzen zu ermächtigen, durch Eingehen oder Umwandlung von Finanzschulden für die erforderliche Mittelbereitstellung zu sorgen.

(8) Bei der Haushaltsführung des Bundes sind die Grundsätze der Wirkungsorientierung insbesondere auch unter Berücksichtigung des Ziels der tatsächlichen Gleichstellung von Frauen und Männern, der Transparenz, der Effizienz und der möglichst getreuen Darstellung der finanziellen Lage des Bundes zu beachten.

(9) [1]Die näheren Bestimmungen über die Erstellung des Bundesfinanzrahmengesetzes, des Bundesfinanzgesetzes und über die sonstige Haushaltsführung des Bundes sind nach einheitlichen Grundsätzen entsprechend den Bestimmungen des Abs. 8 durch Bundesgesetz zu treffen. [2]In diesem sind insbesondere zu regeln:

1. die Maßnahmen für eine wirkungsorientierte Verwaltung insbesondere auch unter Berücksichtigung des Ziels der tatsächlichen Gleichstellung von Frauen und Männern;
2. die Maßnahmen zur Sicherstellung der Transparenz einschließlich der Pflicht zur Erstattung von Berichten an den mit der Vorberatung von Bundesfinanzgesetzen betrauten Ausschuss des Nationalrates;
3. Erstellung, Gliederung und Bindungswirkung des Bundesfinanzrahmengesetzes;
4. die Gliederung des Bundesvoranschlages;
5. die Bindungswirkung des Bundesfinanzgesetzes insbesondere in zeitlicher und betraglicher Hinsicht;
6. die Begründung von Vorbelastungen einschließlich der Voraussetzungen, bei deren Vorliegen Vorbelastungen einer Verordnung des Bundesministers für Finanzen im Einvernehmen mit dem mit der Vorberatung von Bundesfinanzgesetzen betrauten Ausschuss des Nationalrates oder einer gesetzlichen Ermächtigung bedürfen;
7. die Bildung von positiven und negativen Haushaltsrücklagen;
8. Verfügungen über Bundesvermögen einschließlich der Voraussetzungen, bei deren Vorliegen Verfügungen über Bundesvermögen einer Verordnung des Bundesministers für Finanzen im Einvernehmen mit dem mit der Vorberatung von Bundesfinanzgesetzen betrauten Ausschuss des Nationalrates oder einer gesetzlichen Ermächtigung bedürfen;

9. die Übernahme von Haftungen durch den Bund;
10. die Eingehung und Umwandlung von Verbindlichkeiten aus Geldmittelbeschaffungen, die nicht innerhalb desselben Finanzjahres getilgt werden, oder aus langfristigen Finanzierungen (Finanzschulden);
11. Anreiz- und Sanktionsmechanismen;
12. das Controlling;
13. die Mitwirkung des Rechnungshofes an der Ordnung des Rechnungswesens.

Artikel 51a [Haushaltsrecht in besonderen Fällen]

(1) Hat die Bundesregierung dem Nationalrat nicht rechtzeitig (Art. 51 Abs. 2 und 3) den Entwurf eines Bundesfinanzrahmengesetzes oder eines Bundesfinanzgesetzes vorgelegt, so kann ein Entwurf eines Bundesfinanzrahmengesetzes oder eines Bundesfinanzgesetzes im Nationalrat auch durch Antrag seiner Mitglieder eingebracht werden.

(2) Legt die Bundesregierung den Entwurf eines Bundesfinanzrahmengesetzes oder eines Bundesfinanzgesetzes nach der Stellung eines solchen Antrages vor, so kann der Nationalrat beschließen, den jeweiligen Entwurf seinen Beratungen zugrunde zu legen.

(3) Hat der Nationalrat in einem Finanzjahr kein Bundesfinanzrahmengesetz beschlossen, so gelten die Obergrenzen des letzten Finanzjahres, für welches Obergrenzen festgelegt wurden, weiter.

(4) [1]Hat der Nationalrat für ein Finanzjahr kein Bundesfinanzgesetz beschlossen und trifft er auch keine vorläufige Vorsorge durch Bundesgesetz, so ist der Bundeshaushalt nach den Bestimmungen des zuletzt beschlossenen Bundesfinanzgesetzes zu führen. [2]Finanzschulden können dann nur bis zur Hälfte der jeweils vorgesehenen Höchstbeträge und kurzfristige Verpflichtungen zur vorübergehenden Kassenstärkung bis zur Höhe der jeweils vorgesehenen Höchstbeträge eingegangen werden.

Artikel 51b [Budgetvollzug]

(1) Der Bundesminister für Finanzen hat dafür zu sorgen, dass bei der Haushaltsführung zuerst die fälligen Verpflichtungen abgedeckt und sodann die übrigen Mittelverwendungen getätigt werden, diese jedoch nur nach Maßgabe der Bedeckbarkeit und unter Beachtung der Grundsätze gemäß Art. 51 Abs. 8.

(2) [1]Wenn es die Entwicklung des Bundeshaushaltes erfordert oder sich im Verlauf des Finanzjahres eine wesentliche Änderung der gesamtwirtschaftlichen Entwicklung abzeichnet, kann der Bundesminister für Finanzen zur Steuerung des Bundeshaushaltes mit Zustimmung der Bundesregierung oder auf Grund bundesfinanzgesetzlicher Ermächtigung einen bestimmten Anteil der im Bundesfinanzgesetz vorgesehenen Mittelverwendung binden, sofern dadurch die Erfüllung fälliger Verpflichtungen des Bundes nicht berührt wird. [2]Er hat innerhalb von einem Monat nach Verfügung der Bindung dem mit der Vorberatung von Bundesfinanzgesetzen betrauten Ausschuss des Nationalrates zu berichten.

(3) Der Bundesminister für Finanzen hat die Mitglieder der Bundesregierung und die übrigen haushaltsleitenden Organe regelmäßig über den Budgetvollzug zu informieren.

Artikel 51c [Außer- und überplanmäßige Ausgaben]

(1) Mittelverwendungen, die im Bundesfinanzgesetz nicht vorgesehen sind oder die die vom Nationalrat genehmigten Mittelverwendungen überschreiten, dürfen im Rahmen der Haushaltsführung nur auf Grund bundesfinanzgesetzlicher Ermächtigung geleistet werden.

(2) [1]Der Nationalrat kann im Bundesfinanzgesetz den Bundesminister für Finanzen ermächtigen, der Überschreitung der im Bundesfinanzgesetz vorgesehenen Mittelverwendungen zuzustimmen. [2]Diese Ermächtigung darf nur erteilt werden, sofern die Überschreitung sachlich an Bedingungen geknüpft und ziffernmäßig bestimmt oder errechenbar ist. [3]Darüber hinaus dürfen mit Zustimmung des Bundesministers für Finanzen Überschreitungen der im Bundesfinanzgesetz vorgesehenen Mittelverwendungen erfolgen, wenn diese

1. auf Grund einer gesetzlichen Verpflichtung,
2. aus einer bestehenden Finanzschuld oder auf Grund von Währungstauschverträgen oder
3. auf Grund einer bereits im Zeitpunkt des Inkrafttretens des Bundesfinanzgesetzes bestehenden sonstigen Verpflichtung

erforderlich werden. [4]Die Zustimmung auf Grund der Bestimmungen dieses Absatzes darf nur im Falle eines unvorhergesehenen Erfordernisses und nur insoweit erteilt werden, als die Bedeckung sichergestellt ist und die jeweils verbindlich geltenden Obergrenzen gemäß Art. 51 Abs. 2 und 6 für das jeweilige Finanzjahr nicht überschritten werden. [5]Der Bundesminister für Finanzen kann die auf Grund der Bestimmungen dieses Absatzes erteilten Ermächtigungen zur Zustimmung zu Überschreitungen vorgesehener Mittelverwendungen – ausgenommen jene gemäß Z 2 – im Einvernehmen mit dem zuständigen haushaltsleitenden Organ an Leiter von Dienststellen übertragen, sofern dies für die Umsetzung einer wirkungsorientierten Verwaltung erforderlich ist.

(3) Der Bundesminister für Finanzen hat dem mit der Vorberatung von Bundesfinanzgesetzen betrauten Ausschuss des Nationalrates über die gemäß Abs. 2 getroffenen Maßnahmen vierteljährlich zu berichten.

Artikel 51d [Mitwirkung des Nationalrates]

(1) [1]Die Mitwirkung des Nationalrates an der Haushaltsführung obliegt dem mit der Vorberatung von Bundesfinanzgesetzen betrauten Ausschuss des Nationalrates. [2]Dieser kann bestimmte Aufgaben einem ständigen Unterausschuss übertragen, dem auch die Mitwirkung an der Haushaltsführung obliegt, wenn der Nationalrat vom Bundespräsidenten gemäß Art. 29 Abs. 1 aufgelöst wird. [3]Der mit der Vorberatung von Bundesfinanzgesetzen betraute Ausschuss und sein ständiger Unterausschuss sind auch außerhalb der Tagungen des Nationalrates (Art. 28) einzuberufen, wenn sich die Notwendigkeit dazu ergibt. [4]Nähere Bestimmungen trifft das Bundesgesetz über die Geschäftsordnung des Nationalrates.

(2) Weitere über Art. 51b Abs. 2 und 51c Abs. 3 hinausgehende Berichte sind dem mit der Vorberatung von Bundesfinanzgesetzen betrauten Ausschuss des Nationalrates nach Maßgabe besonderer bundesgesetzlicher Vorschriften zu übermitteln.

Artikel 52 [Parlamentarische Kontrolle]

(1) Der Nationalrat und der Bundesrat sind befugt, die Geschäftsführung der Bundesregierung zu überprüfen, deren Mitglieder über alle Gegenstände der Vollziehung zu befragen und alle einschlägigen Auskünfte zu verlangen sowie ihren Wünschen über die Ausübung der Vollziehung in Entschließungen Ausdruck zu geben.

(1a) Die zuständigen Ausschüsse des Nationalrates und des Bundesrates sind befugt, die Anwesenheit des Leiters eines gemäß Art. 20 Abs. 2 weisungsfreien Organs in den Sitzungen der Ausschüsse zu verlangen und diesen zu allen Gegenständen der Geschäftsführung zu befragen.

(2) [1]Kontrollrechte gemäß Abs. 1 bestehen gegenüber der Bundesregierung und ihren Mitgliedern auch in bezug auf Unternehmungen, an denen der Bund mit mindestens 50 vH des Stamm-, Grund- oder Eigenkapitals beteiligt ist und die der Kontrolle des Rechnungshofes unterliegen. [2]Einer solchen finanziellen Beteiligung ist die Beherrschung von Unternehmungen durch andere finanzielle oder sonstige wirtschaftliche oder organisatorische Maßnahmen gleichzuhalten. [3]Dies gilt auch für Unternehmungen jeder weiteren Stufe, bei denen die Voraussetzungen gemäß diesem Absatz vorliegen.

(3) Jedes Mitglied des Nationalrates und des Bundesrates ist befugt, in den Sitzungen des Nationalrates oder des Bundesrates kurze mündliche Anfragen an die Mitglieder der Bundesregierung zu richten.

(4) Die nähere Regelung hinsichtlich des Fragerechtes wird durch das Bundesgesetz über die Geschäftsordnung des Nationalrates sowie durch die Geschäftsordnung des Bundesrates getroffen.

Artikel 52a [Kontrolle der Nachrichtendienste]

(1) [1]Zur Überprüfung von Maßnahmen zum Schutz der verfassungsmäßigen Einrichtungen und ihrer Handlungsfähigkeit sowie von nachrichtendienstlichen Maßnahmen zur Sicherung der militärischen Landesverteidigung wählen die zuständigen Ausschüsse des Nationalrates je einen ständigen Unterausschuss. [2]Jedem Unterausschuss muss mindestens ein Mitglied jeder im Hauptausschuss des Nationalrates vertretenen Partei angehören.

(2) [1]Die ständigen Unterausschüsse sind befugt, von den zuständigen Bundesministern alle einschlägigen Auskünfte und Einsicht in die einschlägigen Unterlagen zu verlangen. [2]Dies gilt nicht für Auskünfte und Unterlagen, insbesondere über Quellen, deren Bekanntwerden die nationale Sicherheit oder die Sicherheit von Menschen gefährden würde.

(3) Die ständigen Unterausschüsse können auch außerhalb der Tagungen des Nationalrates zusammentreten, wenn sich die Notwendigkeit hiezu ergibt.

(4) Nähere Bestimmungen trifft das Bundesgesetz über die Geschäftsordnung des Nationalrates.

Artikel 52b [Kontrolle von dem Rechnungshof unterliegenden Angelegenheiten]

(1) [1]Zur Überprüfung eines bestimmten Vorganges in einer der Kontrolle des Rechnungshofes unterliegenden Angelegenheit der Bundesgebarung wählt der Ausschuss gemäß Art. 126d Abs. 2 einen ständigen Unterausschuss. [2]Diesem Unterausschuss muss mindestens ein Mitglied jeder im Hauptausschuss des Nationalrates vertretenen Partei angehören.

(2) Nähere Bestimmungen trifft das Bundesgesetz über die Geschäftsordnung des Nationalrates.

Artikel 53 [Untersuchungsausschüsse]

(1) [1]Der Nationalrat kann durch Beschluss Untersuchungsausschüsse einsetzen. [2]Darüber hinaus ist auf Verlangen eines Viertels seiner Mitglieder ein Untersuchungsausschuss einzusetzen.

(2) [1]Gegenstand der Untersuchung ist ein bestimmter abgeschlossener Vorgang im Bereich der Vollziehung des Bundes. [2]Das schließt alle Tätigkeiten von Organen des Bundes, durch die der Bund, unabhängig von der Höhe der Beteiligung, wirtschaftliche Beteiligungs- und Aufsichtsrechte wahrnimmt, ein. [3]Eine Überprüfung der Rechtsprechung ist ausgeschlossen.

(3) [1]Alle Organe des Bundes, der Länder, der Gemeinden und der Gemeindeverbände sowie der sonstigen Selbstverwaltungskörper haben einem Untersuchungsausschuss auf Verlangen im Umfang des Gegenstandes der Untersuchung ihre Akten und Unterlagen vorzulegen und dem Ersuchen eines Untersuchungsausschusses um Beweiserhebungen im Zusammenhang mit dem Gegenstand der Untersuchung Folge zu leisten. [2]Dies gilt nicht für die Vorlage von Akten und Unterlagen, deren Bekanntwerden Quellen im Sinne des Art. 52a Abs. 2 gefährden würde.

(4) Die Verpflichtung gemäß Abs. 3 besteht nicht, soweit die rechtmäßige Willensbildung der Bundesregierung oder von einzelnen ihrer Mitglieder oder ihre unmittelbare Vorbereitung beeinträchtigt wird.

(5) [1]Nähere Bestimmungen trifft das Bundesgesetz über die Geschäftsordnung des Nationalrates. [2]In diesem können eine Mitwirkung der Mitglieder der Volksanwaltschaft sowie besondere Bestimmungen über die Vertretung des Vorsitzenden und die Vorsitzführung vorgesehen werden. [3]Es hat auch vorzusehen, in welchem Umfang der Untersuchungsausschuss Zwangsmaßnahmen beschließen und um deren Anordnung oder Durchführung ersuchen kann.

Artikel 54 aufgehoben

Artikel 55 [Hauptausschuss]

(1) Der Nationalrat wählt aus seiner Mitte nach dem Grundsatz der Verhältniswahl den Hauptausschuss.

(2) Der Hauptausschuss ist auch außerhalb der Tagungen des Nationalrates (Art. 28) einzuberufen, wenn sich die Notwendigkeit hiezu ergibt.

(3) [1]Der Hauptausschuss wählt einen ständigen Unterausschuss, dem die in diesem Gesetz vorgesehenen Befugnisse obliegen. [2]Die Wahl erfolgt nach dem Grundsatz der Verhältniswahl; bei Bedachtnahme auf diesen Grundsatz muss jedoch dem Unterausschuss mindestens ein Mitglied jeder im Hauptausschuss vertretenen Partei angehören. [3]Das Bundesgesetz über die Geschäftsordnung des Nationalrates hat Vorsorge zu treffen, dass der ständige Unterausschuss jederzeit einberufen werden und zusammentreten kann. [4]Wird der Nationalrat nach Art. 29 Abs. 1 vom Bundespräsidenten aufgelöst, so obliegt dem ständigen Unterausschuss die Mitwirkung an der Vollziehung, die nach diesem Gesetz sonst dem Nationalrat (Hauptausschuss) zusteht.

(4) [1]Durch Bundesgesetz kann festgesetzt werden, dass bestimmte allgemeine Akte der Bundesregierung oder eines Bundesministers des Einvernehmens mit dem Hauptausschuss bedürfen sowie dass dem Hauptausschuss von Seiten der Bundesregierung oder eines Bundesministers Berichte zu erstatten sind. [2]Nähere Bestimmungen, insbesondere für den Fall, dass kein Einvernehmen zustande kommt, trifft das Bundesgesetz über die Geschäftsordnung des Nationalrates.

(5) [1]Für Verordnungen des zuständigen Bundesministers über Lenkungsmaßnahmen zur Sicherung einer ungestörten Produktion oder der Versorgung der Bevölkerung und sonstiger Bedarfsträger mit wichtigen Wirtschafts- und Bedarfsgütern ist die Zustimmung des Hauptausschusses des Nationalrates vorzusehen, wobei für den Fall von Gefahr im Verzug und über die Aufhebung solcher Verordnungen

besondere gesetzliche Regelungen getroffen werden können. [2]Beschlüsse des Hauptausschusses, mit denen derartigen Verordnungen die Zustimmung erteilt wird, können nur in Anwesenheit von mindestens der Hälfte seiner Mitglieder und mit einer Mehrheit von zwei Dritteln der abgegebenen Stimmen gefasst werden.

F.
Stellung der Mitglieder des Nationalrates und des Bundesrates

Artikel 56 [Freies Manda; Verzicht und erneute Zuweisung]

(1) Die Mitglieder des Nationalrates und die Mitglieder des Bundesrates sind bei der Ausübung dieses Berufes an keinen Auftrag gebunden.

(2) Hat ein Mitglied der Bundesregierung oder ein Staatssekretär auf sein Mandat als Mitglied des Nationalrates verzichtet, so ist ihm nach dem Ausscheiden aus diesem Amt, in den Fällen des Art. 71 nach der Enthebung von der Betrauung mit der Fortführung der Verwaltung, von der zuständigen Wahlbehörde das Mandat erneut zuzuweisen, wenn der Betreffende nicht gegenüber der Wahlbehörde binnen acht Tagen auf die Wiederausübung des Mandates verzichtet hat.

(3) Durch diese erneute Zuweisung endet das Mandat jenes Mitgliedes des Nationalrates, welches das Mandat des vorübergehend ausgeschiedenen Mitgliedes innegehabt hat, sofern nicht ein anderes Mitglied des Nationalrates, das später in den Nationalrat eingetreten ist, bei seiner Berufung auf sein Mandat desselben Wahlkreises gegenüber der Wahlbehörde die Erklärung abgegeben hat, das Mandat vertretungsweise für das vorübergehend ausgeschiedene Mitglied des Nationalrates ausüben zu wollen.

(4) Abs. 2 und 3 gelten auch, wenn ein Mitglied der Bundesregierung oder ein Staatssekretär die Wahl zum Mitglied des Nationalrates nicht angenommen hat.

Artikel 57 [Indemnität und Immunität]

(1) [1]Die Mitglieder des Nationalrates dürfen wegen der in Ausübung ihres Berufes geschehenen Abstimmungen niemals verantwortlich gemacht werden. [2]Wegen der in diesem Beruf gemachten mündlichen oder schriftlichen Äußerungen dürfen sie nur vom Nationalrat verantwortlich gemacht werden; dies gilt nicht bei behördlicher Verfolgung wegen Verleumdung oder wegen einer nach dem Bundesgesetz über die Informationsordnung des Nationalrates und des Bundesrates strafbaren Handlung.

(2) [1]Die Mitglieder des Nationalrates dürfen wegen einer strafbaren Handlung - den Fall der Ergreifung auf frischer Tat bei Verübung eines Verbrechens ausgenommen - nur mit Zustimmung des Nationalrates verhaftet werden. [2]Desgleichen bedürfen Hausdurchsuchungen bei Mitgliedern des Nationalrates der Zustimmung des Nationalrates.

(3) [1]Ansonsten dürfen Mitglieder des Nationalrates ohne Zustimmung des Nationalrates wegen einer strafbaren Handlung nur dann behördlich verfolgt werden, wenn diese offensichtlich in keinem Zusammenhang mit der politischen Tätigkeit des betreffenden Abgeordneten steht. [2]Die Behörde hat jedoch eine Entscheidung des Nationalrates über das Vorliegen eines solchen Zusammenhanges einzuholen, wenn dies der betreffende Abgeordnete oder ein Drittel der Mitglieder des mit diesen Angelegenheiten betrauten ständigen Ausschusses verlangt. [3]Im Falle eines solchen Verlangens hat jede behördliche Verfolgungshandlung sofort zu unterbleiben oder ist eine solche abzubrechen.

(4) [1]Die Zustimmung des Nationalrates gilt in allen diesen Fällen als erteilt, wenn der Nationalrat über ein entsprechendes Ersuchen der zur Verfolgung berufenen Behörde nicht innerhalb von acht Wochen entschieden hat; zum Zweck der rechtzeitigen Beschlussfassung des Nationalrates hat der Präsident ein solches Ersuchen spätestens am vorletzten Tag dieser Frist zur Abstimmung zu stellen. [2]Die tagungsfreie Zeit wird in diese Frist nicht eingerechnet.

(5) [1]Im Falle der Ergreifung auf frischer Tat bei Verübung eines Verbrechens hat die Behörde dem Präsidenten des Nationalrates sogleich die geschehene Verhaftung bekanntzugeben. [2]Wenn es der Nationalrat oder in der tagungsfreien Zeit der mit diesen Angelegenheiten betraute ständige Ausschuss verlangt, muss die Haft aufgehoben oder die Verfolgung überhaupt unterlassen werden.

(6) Die Immunität der Abgeordneten endigt mit dem Tag des Zusammentrittes des neugewählten Nationalrates, bei Organen des Nationalrates, deren Funktion über diesen Zeitpunkt hinausgeht, mit dem Erlöschen dieser Funktion.

(7) Die näheren Bestimmungen trifft das Bundesgesetz über die Geschäftsordnung des Nationalrates.

Artikel 58 [Immunität der Mitglieder des Bundesrates]
Die Mitglieder des Bundesrates genießen während der ganzen Dauer ihrer Funktion die Immunität von Mitgliedern des Landtages, der sie entsendet hat.

Artikel 59 [Inkompatibilität]
Kein Mitglied des Nationalrates, des Bundesrates oder des Europäischen Parlamentes kann gleichzeitig einem der beiden anderen Vertretungskörper angehören.

Artikel 59a [Öffentliche Bedienstete und Parlamentsmandat]
(1) Dem öffentlich Bediensteten ist, wenn er sich um ein Mandat im Nationalrat bewirbt, die für die Bewerbung um das Mandat erforderliche freie Zeit zu gewähren.

(2) [1]Der öffentlich Bedienstete, der Mitglied des Nationalrates oder des Bundesrates ist, ist auf seinen Antrag in dem zur Ausübung seines Mandates erforderlichen Ausmaß dienstfrei oder außer Dienst zu stellen. [2]Während der Dienstfreistellung gebühren die Dienstbezüge in dem Ausmaß, das der im Dienstverhältnis tatsächlich erbrachten Arbeitsleistung entspricht, höchstens aber 75 vH der Dienstbezüge; diese Grenze gilt auch, wenn weder die Dienstfreistellung noch die Außerdienststellung in Anspruch genommen wird. [3]Die Außerdienststellung bewirkt den Entfall der Dienstbezüge.

(3) [1]Kann ein öffentlich Bediensteter wegen der Ausübung seines Mandates an seinem bisherigen Arbeitsplatz nicht eingesetzt werden, so hat er Anspruch darauf, dass ihm eine zumutbar gleichwertige - mit seiner Zustimmung auch eine nicht gleichwertige - Tätigkeit zugewiesen wird. [2]Die Dienstbezüge richten sich nach der vom Bediensteten tatsächlich ausgeübten Tätigkeit.

Artikel 59b [Kontrolle der Bezüge]
(1) [1]Zur Kontrolle der Bezüge von öffentlich Bediensteten, die zu Mitgliedern des Nationalrates oder des Bundesrates gewählt wurden, wird bei der Parlamentsdirektion eine Kommission eingerichtet. [2]Der Kommission gehören an:

1. je ein von jedem Präsidenten des Nationalrates namhaft gemachter Vertreter,
2. zwei vom Vorsitzenden des Bundesrates mit Zustimmung seiner Stellvertreter namhaft gemachte Vertreter
3. zwei Vertreter der Länder
4. zwei Vertreter der Gemeinden und
5. ein Mitglied, das früher ein richterliches Amt ausgeübt hat.

[3]Die Mitglieder gemäß Z 3 bis 5 sind vom Bundespräsidenten zu ernennen, wobei die Bundesregierung bei ihren Vorschlägen (Art. 67) im Falle der Z 3 an einen gemeinsamen Vorschlag der Landeshauptleute und im Falle der Z 4 an einen Vorschlag des Österreichischen Gemeindebundes und an einen Vorschlag des Österreichischen Städtebundes gebunden ist. [4]Die Mitglieder der Kommission gemäß Z 1 bis 4 müssen Personen sein, die früher eine Funktion im Sinne des Art. 19 Abs. 2 ausgeübt haben. [5]Mitglied der Kommission kann nicht sein, wer einen Beruf mit Erwerbsabsicht ausübt. [6]Die Mitgliedschaft in der Kommission endet mit einer Gesetzgebungsperiode, jedoch nicht vor der Namhaftmachung oder Ernennung des neuen Mitgliedes.

(2) [1]Die Kommission gibt auf Antrag eines öffentlich Bediensteten, der Mitglied des Nationalrates oder des Bundesrates ist, oder auf Antrag seiner Dienstbehörde eine Stellungnahme zu Meinungsverschiedenheiten ab, die in Vollziehung des Art. 59a oder in dessen Ausführung ergangener gesetzlicher Vorschriften zwischen dem öffentlich Bediensteten und seiner Dienstbehörde entstehen. [2]Die Kommission gibt Stellungnahmen auch zu solchen Meinungsverschiedenheiten zwischen einem Richter und einem Senat oder einer Kommission im Sinne des Art. 87 Abs. 2 sowie zu Meinungsverschiedenheiten zwischen einem Mitglied des Nationalrates oder des Bundesrates und dem Präsidenten des Nationalrates in Vollziehung des Art. 30 Abs. 3 ab.

(3) [1]Das Mitglied des Nationalrates oder des Bundesrates, das öffentlich Bediensteter ist, ist verpflichtet, der Kommission jährlich mitzuteilen, welche Regelung es betreffend seine Dienstfreistellung oder Außerdienststellung gemäß Art. 59a getroffen hat und auf welche Weise die von ihm zu erbringende Arbeitsleistung überprüft wird. [2]Für Erhebungen der Kommission gilt Art. 53 Abs. 3 sinngemäß. [3]Die Kommission gibt sich eine Geschäftsordnung. [4]Die Kommission hat jährlich dem Nationalrat - soweit Mitglieder des Bundesrates betroffen sind, dem Bundesrat - einen Bericht zu erstatten, der zu veröffentlichen ist.

Drittes Hauptstück
Vollziehung des Bundes

A.
Verwaltung

1.
Bundespräsident

Artikel 60 [Direktwahl; Amtszeit; Absetzung]

(1) Der Bundespräsident wird vom Bundesvolk auf Grund des gleichen, unmittelbaren, persönlichen, freien und geheimen Wahlrechtes der zum Nationalrat wahlberechtigten Männer und Frauen gewählt; stellt sich nur ein Wahlwerber der Wahl, so ist die Wahl in Form einer Abstimmung durchzuführen. Art. 26 Abs. 5 bis 8 ist sinngemäß anzuwenden.

(2) [1]Gewählt ist, wer mehr als die Hälfte aller gültigen Stimmen für sich hat. [2]Ergibt sich keine solche Mehrheit, so findet ein zweiter Wahlgang statt. [3]Bei diesem können gültigerweise nur für einen der beiden Wahlwerber, die im ersten Wahlgang die meisten Stimmen erhalten haben, Stimmen abgegeben werden.

(3) Zum Bundespräsidenten kann nur gewählt werden, wer zum Nationalrat wählbar ist und am Wahltag das 35. Lebensjahr vollendet hat.

(4) Das Ergebnis der Wahl des Bundespräsidenten ist vom Bundeskanzler amtlich kundzumachen.

(5) [1]Das Amt des Bundespräsidenten dauert sechs Jahre. [2]Eine Wiederwahl für die unmittelbar folgende Funktionsperiode ist nur einmal zulässig.

(6) [1]Vor Ablauf der Funktionsperiode kann der Bundespräsident durch Volksabstimmung abgesetzt werden. [2]Die Volksabstimmung ist durchzuführen, wenn die Bundesversammlung es verlangt. [3]Die Bundesversammlung ist zu diesem Zweck vom Bundeskanzler einzuberufen, wenn der Nationalrat einen solchen Antrag beschlossen hat. [4]Zum Beschluss des Nationalrates ist die Anwesenheit von mindestens der Hälfte der Mitglieder und eine Mehrheit von zwei Dritteln der abgegebenen Stimmen erforderlich. [5]Durch einen derartigen Beschluss des Nationalrates ist der Bundespräsident an der ferneren Ausübung seines Amtes verhindert. [6]Die Ablehnung der Absetzung durch die Volksabstimmung gilt als neue Wahl und hat die Auflösung des Nationalrates (Art. 29 Abs. 1) zur Folge. [7]Auch in diesem Fall darf die gesamte Funktionsperiode des Bundespräsidenten nicht mehr als zwölf Jahre dauern.

Artikel 61 [Inkompatibilität; Schutz des Titels]

(1) Der Bundespräsident darf während seiner Amtstätigkeit keinem allgemeinen Vertretungskörper angehören, keinen anderen Beruf ausüben und muss zum Nationalrat wählbar sein.

(2) [1]Der Titel „Bundespräsident“ darf - auch mit einem Zusatz oder im Zusammenhange mit anderen Bezeichnungen - von niemandem anderen geführt werden. [2]Er ist gesetzlich geschützt.

Artikel 62 [Gelöbnis]

(1) Der Bundespräsident leistet bei Antritt seines Amtes vor der Bundesversammlung das Gelöbnis:

„Ich gelobe, dass ich die Verfassung und alle Gesetze der Republik getreulich beobachten und meine Pflicht nach bestem Wissen und Gewissen erfüllen werde.“

(2) Die Beifügung einer religiösen Beteuerung ist zulässig.

Artikel 63 [Immunität]

(1) Eine behördliche Verfolgung des Bundespräsidenten ist nur zulässig, wenn ihr die Bundesversammlung zugestimmt hat.

(2) [1]Der Antrag auf Verfolgung des Bundespräsidenten ist von der zuständigen Behörde beim Nationalrat zu stellen, der beschließt, ob die Bundesversammlung damit zu befassen ist. [2]Spricht sich der Nationalrat dafür aus, hat der Bundeskanzler die Bundesversammlung sofort einzuberufen.

Artikel 64 [Verhinderung]

(1) [1]Wenn der Bundespräsident verhindert ist, gehen alle seine Funktionen zunächst auf den Bundeskanzler über. [2]Ein Aufenthalt in einem anderen Mitgliedstaat der Europäischen Union gilt nicht als Verhinderung. [3]Dauert die Verhinderung jedoch länger als 20 Tage, oder ist der Bundespräsident ge-

mäß Art. 60 Abs. 6 an der ferneren Ausübung seines Amtes verhindert, so üben der Präsident, der zweite Präsident und der dritte Präsident des Nationalrates als Kollegium die Funktionen des Bundespräsidenten aus. [4]Das Gleiche gilt, wenn die Stelle des Bundespräsidenten dauernd erledigt ist.

(2) [1]Das nach Abs. 1 mit der Ausübung der Funktion des Bundespräsidenten betraute Kollegium entscheidet mit Stimmenmehrheit. [2]Der Vorsitz im Kollegium obliegt dem Präsidenten des Nationalrates, ebenso dessen Vertretung in der Öffentlichkeit.

(3) Ist einer oder sind zwei der Präsidenten des Nationalrates verhindert, oder ist deren Stelle dauernd erledigt, so bleibt das Kollegium auch ohne deren Mitwirkung beschlussfähig; entsteht dadurch Stimmengleichheit, so gibt die Stimme des ranghöheren Präsidenten den Ausschlag.

(4) Im Falle der dauernden Erledigung der Stelle des Bundespräsidenten hat die Bundesregierung sofort die Wahl des neuen Bundespräsidenten anzuordnen; das Kollegium hat nach erfolgter Wahl die Bundesversammlung unverzüglich zur Angelobung des Bundespräsidenten einzuberufen.

Artikel 65 [Befugnisse]

(1) [1]Der Bundespräsident vertritt die Republik nach außen, empfängt und beglaubigt die Gesandten, genehmigt die Bestellung der fremden Konsuln, bestellt die konsularischen Vertreter der Republik im Ausland und schließt die Staatsverträge ab. [2]Er kann anlässlich des Abschlusses eines nicht unter Art. 50 fallenden Staatsvertrages oder eines Staatsvertrages gemäß Art. 16 Abs. 1, der weder gesetzändernd noch gesetzesergänzend ist, anordnen, dass dieser Staatsvertrag durch Erlassung von Verordnungen zu erfüllen ist.

(2) Weiter stehen ihm - außer den ihm nach anderen Bestimmungen dieser Verfassung übertragenen Befugnissen - zu:

a) die Ernennung der Bundesbeamten, einschließlich der Offiziere, und der sonstigen Bundesfunktionäre, die Verleihung von Amtstiteln an solche
b) die Schaffung und Verleihung von Berufstiteln;
c) für Einzelfälle: die Begnadigung der von den Gerichten rechtskräftig Verurteilten, die Milderung und Umwandlung der von den Gerichten ausgesprochenen Strafen, die Nachsicht von Rechtsfolgen und die Tilgung von Verurteilungen im Gnadenweg, ferner die Niederschlagung des strafgerichtlichen Verfahrens bei den von Amts wegen zu verfolgenden strafbaren Handlungen;
d) die Erklärung unehelicher Kinder zu ehelichen auf Ansuchen der Eltern.

(3) Inwieweit dem Bundespräsidenten außerdem noch Befugnisse hinsichtlich Gewährung von Ehrenrechten, außerordentlichen Zuwendungen, Zulagen und Versorgungsgenüssen, Ernennungs- oder Bestätigungsrechten und sonstigen Befugnissen in Personalangelegenheiten zustehen, bestimmen besondere Gesetze.

Artikel 66 [Übertragung von Befugnissen]

(1) Der Bundespräsident kann das ihm zustehende Recht der Ernennung von Bundesbeamten bestimmter Kategorien den zuständigen Mitgliedern der Bundesregierung übertragen und sie ermächtigen, ihrerseits diese Befugnis für bestimmte Kategorien von Bundesbeamten an ihnen nachgeordnete Organe weiter zu übertragen.

(2) Der Bundespräsident kann zum Abschluss bestimmter Kategorien von Staatsverträgen, die weder unter Art. 16 Abs. 1 noch unter Art. 50 fallen, die Bundesregierung oder die zuständigen Mitglieder der Bundesregierung ermächtigen; eine solche Ermächtigung erstreckt sich auch auf die Befugnis zur Anordnung, dass diese Staatsverträge durch Erlassung von Verordnungen zu erfüllen sind.

(3) Der Bundespräsident kann zum Abschluss von Staatsverträgen nach Art. 16 Abs. 1, die weder gesetzändernd noch gesetzesergänzend sind, auf Vorschlag der Landesregierung und mit Gegenzeichnung des Landeshauptmannes die Landesregierung ermächtigen; eine solche Ermächtigung erstreckt sich auch auf die Befugnis zur Anordnung, dass dieser Staatsvertrag durch Erlassung von Verordnungen zu erfüllen ist.

Artikel 67 [Vorschlag und Gegenzeichnung der Bundesregierung]

(1) [1]Alle Akte des Bundespräsidenten erfolgen, soweit nicht verfassungsmäßig anderes bestimmt ist, auf Vorschlag der Bundesregierung oder des von ihr ermächtigten Bundesministers. [2]Inwieweit die Bundesregierung oder der zuständige Bundesminister hiebei selbst an Vorschläge anderer Stellen gebunden ist, bestimmt das Gesetz.

(2) Alle Akte des Bundespräsidenten bedürfen, soweit nicht verfassungsgesetzlich anderes bestimmt ist, zu ihrer Gültigkeit der Gegenzeichnung des Bundeskanzlers oder der zuständigen Bundesminister.

Artikel 67a [Präsidentschaftskanzlei]

(1) [1]Zur Unterstützung des Bundespräsidenten bei der Besorgung seiner Amtsgeschäfte ist die Präsidentschaftskanzlei berufen, die dem Bundespräsidenten untersteht. [2]Das Nähere über den Geschäftsgang in der Präsidentschaftskanzlei kann durch eine vom Bundespräsidenten zu erlassende Geschäftsordnung geregelt werden.

(2) Art. 67 gilt nicht für die Erlassung der Geschäftsordnung der Präsidentschaftskanzlei, für die Ernennung von Bediensteten der Präsidentschaftskanzlei und die Verleihung von Amtstiteln an diese sowie für Akte des Bundespräsidenten in Ausübung der Diensthoheit diesen gegenüber.

Artikel 68 [Verantwortung, Anklage]

(1) Der Bundespräsident ist für die Ausübung seiner Funktionen der Bundesversammlung gemäß Art. 142 verantwortlich.

(2) Zur Geltendmachung dieser Verantwortung ist die Bundesversammlung auf Beschluss des Nationalrates oder des Bundesrates vom Bundeskanzler einzuberufen.

(3) Zu einem Beschluss, mit dem eine Anklage im Sinne des Art. 142 erhoben wird, bedarf es der Anwesenheit von mehr als der Hälfte der Mitglieder jedes der beiden Vertretungskörper und einer Mehrheit von zwei Dritteln der abgegebenen Stimmen.

(4) Auf das Verfahren gemäß Art. 141 Abs. 1 lit. d sind die Abs. 2 und 3 sinngemäß anzuwenden.

2.

Bundesregierung

Artikel 69 [Bundeskanzler, Vizekanzler, Bundesminister]

(1) [1]Mit den obersten Verwaltungsgeschäften des Bundes sind, soweit diese nicht dem Bundespräsidenten übertragen sind, der Bundeskanzler, der Vizekanzler und die übrigen Bundesminister betraut. [2]Sie bilden in ihrer Gesamtheit die Bundesregierung unter dem Vorsitz des Bundeskanzlers.

(2) [1]Der Vizekanzler ist zur Vertretung des Bundeskanzlers in dessen gesamtem Wirkungsbereich berufen. [2]Sind der Bundeskanzler und der Vizekanzler gleichzeitig verhindert, so wird der Bundeskanzler durch das dienstälteste, bei gleichem Dienstalter durch das an Jahren älteste, nicht verhinderte Mitglied der Bundesregierung vertreten.

(3) [1]Die Bundesregierung fasst ihre Beschlüsse einstimmig. [2]Eine Beschlussfassung im Umlaufweg ist zulässig. [3]Tritt die Bundesregierung in persönlicher Anwesenheit ihrer Mitglieder zusammen, ist sie beschlussfähig, wenn mehr als die Hälfte ihrer Mitglieder anwesend ist.

Artikel 70 [Ernennung, Entlassung]

(1) [1]Der Bundeskanzler und auf seinen Vorschlag die übrigen Mitglieder der Bundesregierung werden vom Bundespräsidenten ernannt. [2]Zur Entlassung des Bundeskanzlers oder der gesamten Bundesregierung ist ein Vorschlag nicht erforderlich; die Entlassung einzelner Mitglieder der Bundesregierung erfolgt auf Vorschlag des Bundeskanzlers. [3]Die Gegenzeichnung erfolgt, wenn es sich um die Ernennung des Bundeskanzlers oder der gesamten Bundesregierung handelt, durch den neubestellten Bundeskanzler; die Entlassung bedarf keiner Gegenzeichnung.

(2) Die Mitglieder der Bundesregierung müssen nicht dem Nationalrat angehören, aber zum Nationalrat wählbar sein.

(3) Wird vom Bundespräsidenten eine neue Bundesregierung zu einer Zeit bestellt, in welcher der Nationalrat nicht tagt, so hat er den Nationalrat zum Zweck der Vorstellung der neuen Bundesregierung zu einer außerordentlichen Tagung (Art. 28 Abs. 2) einzuberufen, und zwar so, dass der Nationalrat binnen einer Woche zusammentritt.

Artikel 71 [Fortführung der Verwaltung]

[1]Ist die Bundesregierung aus dem Amt geschieden, hat der Bundespräsident bis zur Bildung der neuen Bundesregierung Mitglieder der scheidenden Bundesregierung mit der Fortführung der Verwaltung und einen von ihnen mit dem Vorsitz in der einstweiligen Bundesregierung zu betrauen. [2]Mit der Fortführung der Verwaltung kann auch ein dem ausgeschiedenen Bundesminister beigegebener Staats-

sekretär oder ein leitender Beamter des betreffenden Bundesministeriums betraut werden. [3]Diese Bestimmung gilt sinngemäß, wenn einzelne Mitglieder aus der Bundesregierung ausgeschieden sind. [4]Der mit der Fortführung der Verwaltung Beauftragte trägt die gleiche Verantwortung wie ein Bundesminister (Art. 76).

Artikel 72 [Angelobung]

(1) [1]Die Mitglieder der Bundesregierung werden vor Antritt ihres Amtes vom Bundespräsidenten angelobt. [2]Die Beifügung einer religiösen Beteuerung ist zulässig.

(2) Die Bestallungsurkunden des Bundeskanzlers, des Vizekanzlers und der übrigen Bundesminister werden vom Bundespräsidenten mit dem Tag der Angelobung ausgefertigt und vom neubestellten Bundeskanzler gegengezeichnet.

(3) Diese Bestimmungen sind auch auf die Fälle des Art. 71 sinngemäß anzuwenden.

Artikel 73 [Vertretung, Stimmrechtsübertragung]

(1) [1]Im Falle der zeitweiligen Verhinderung eines Bundesministers beauftragt dieser im Einvernehmen mit einem anderen Bundesminister diesen, einen ihm beigegebenen Staatssekretär oder einen leitenden Beamten des betreffenden Bundesministeriums mit seiner Vertretung; eine solche Beauftragung mit der Vertretung ist dem Bundespräsidenten und dem Bundeskanzler zur Kenntnis zu bringen. [2]Ein Aufenthalt in einem anderen Mitgliedstaat der Europäischen Union gilt nicht als Verhinderung. [3]Ist ein Bundesminister nicht in der Lage, einen Vertretungsauftrag im Sinne des ersten Satzes zu erteilen, so beauftragt der Bundeskanzler im Einvernehmen mit dem Vizekanzler einen anderen Bundesminister, einen dem verhinderten Bundesminister beigegebenen Staatssekretär oder einen leitenden Beamten des betreffenden Bundesministeriums mit dessen Vertretung; eine solche Beauftragung mit der Vertretung ist dem Bundespräsidenten zur Kenntnis zu bringen. [4]Der Vertreter eines Bundesministers trägt die gleiche Verantwortung wie ein Bundesminister (Art. 76).

(2) Der zuständige Bundesminister kann die Befugnis, an den Tagungen des Rates teilzunehmen und in diesem Rahmen zu einem bestimmten Vorhaben die Verhandlungen zu führen und die Stimme abzugeben, einem anderen Bundesminister oder einem Staatssekretär übertragen.

(3) [1]Ein Mitglied der Bundesregierung, das sich in einem anderen Mitgliedstaat der Europäischen Union aufhält, kann seine Angelegenheiten im Nationalrat oder Bundesrat durch einen ihm beigegebenen Staatssekretär oder einen anderen Bundesminister wahrnehmen lassen. [2]Ein Mitglied der Bundesregierung, das nicht vertreten ist, kann sein Stimmrecht in der Bundesregierung einem anderen Bundesminister übertragen; seine Verantwortlichkeit wird dadurch nicht berührt. [3]Das Stimmrecht kann nur einem Mitglied der Bundesregierung übertragen werden, das nicht bereits mit der Vertretung eines anderen Mitgliedes der Bundesregierung betraut ist und dem nicht schon ein Stimmrecht übertragen worden ist.

Artikel 74 [Vertrauensversagung, Amtsenthebung]

(1) Versagt der Nationalrat der Bundesregierung oder einzelnen ihrer Mitglieder durch ausdrückliche Entschließung das Vertrauen, so ist die Bundesregierung oder der betreffende Bundesminister des Amtes zu entheben.

(2) [1]Zu einem Beschluss des Nationalrates, mit dem das Vertrauen versagt wird, ist die Anwesenheit der Hälfte der Mitglieder des Nationalrates erforderlich. [2]Doch ist, wenn es die im Bundesgesetz über die Geschäftsordnung des Nationalrates festgesetzte Anzahl der Mitglieder verlangt, die Abstimmung auf den zweitnächsten Werktag zu vertagen. [3]Eine neuerliche Vertagung der Abstimmung kann nur durch Beschluss des Nationalrates erfolgen.

(3) [1]Unbeschadet der dem Bundespräsidenten nach Art. 70 Abs. 1 sonst zustehenden Befugnis sind die Bundesregierung oder ihre einzelnen Mitglieder vom Bundespräsidenten in den gesetzlich bestimmten Fällen oder auf ihren Wunsch des Amtes zu entheben.

Artikel 75 [Regierung und Parlament]

[1]Die Mitglieder der Bundesregierung sowie die Staatssekretäre sind berechtigt, an allen Verhandlungen des Nationalrates, des Bundesrates und der Bundesversammlung sowie der Ausschüsse (Unterausschüsse) dieser Vertretungskörper teilzunehmen, jedoch an Verhandlungen des ständigen Unterausschusses des Hauptausschusses und der Untersuchungsausschüsse des Nationalrates nur auf besondere Einladung. [2]Sie haben nach den näheren Bestimmungen des Bundesgesetzes über die Geschäftsord-

nung des Nationalrates sowie der Geschäftsordnung des Bundesrates das Recht, auf ihr Verlangen jedes Mal gehört zu werden. [3]Der Nationalrat, der Bundesrat und die Bundesversammlung sowie deren Ausschüsse (Unterausschüsse) können die Anwesenheit der Mitglieder der Bundesregierung verlangen und diese um die Einleitung von Erhebungen ersuchen.

Artikel 76 [Verantwortung, Anklage]

(1) Die Mitglieder der Bundesregierung (Art. 69 und 71) sind dem Nationalrat gemäß Art. 142 verantwortlich.

(2) Zu einem Beschluss, mit dem eine Anklage gemäß Art. 142 erhoben wird, bedarf es der Anwesenheit von mehr als der Hälfte der Mitglieder.

Artikel 77 [Leitung der Bundesverwaltung]

(1) Zur Besorgung der Geschäfte der Bundesverwaltung sind die Bundesministerien und die ihnen unterstellten Ämter berufen.

(2) Die Zahl der Bundesministerien, ihr Wirkungsbereich und ihre Einrichtung werden durch Bundesgesetz bestimmt.

(3) [1]Mit der Leitung des Bundeskanzleramtes ist der Bundeskanzler, mit der Leitung der anderen Bundesministerien je ein Bundesminister betraut. [2]Der Bundespräsident kann die sachliche Leitung bestimmter, zum Wirkungsbereich des Bundeskanzleramtes gehörender Angelegenheiten, und zwar auch einschließlich der Aufgaben der Personalverwaltung und der Organisation, unbeschadet des Fortbestandes ihrer Zugehörigkeit zum Bundeskanzleramt eigenen Bundesministern übertragen; solche Bundesminister haben bezüglich der betreffenden Angelegenheiten die Stellung eines zuständigen Bundesministers.

(4) Der Bundeskanzler und die übrigen Bundesminister können ausnahmsweise auch mit der Leitung eines zweiten Bundesministeriums betraut werden.

Artikel 78 [Minister ohne Portfolio, Staatssekretäre]

(1) In besonderen Fällen können Bundesminister auch ohne gleichzeitige Betrauung mit der Leitung eines Bundesministeriums bestellt werden.

(2) [1]Den Bundesministern können zur Unterstützung in der Geschäftsführung und zur parlamentarischen Vertretung Staatssekretäre beigegeben werden, die unter denselben Voraussetzungen und in gleicher Weise wie die Bundesminister bestellt werden und aus dem Amt scheiden. [2]Der Bundeskanzler kann seine Angelegenheiten im Nationalrat und im Bundesrat im Einvernehmen mit dem Vizekanzler, der mit der Leitung eines Bundesministeriums betraut ist, durch einen Staatssekretär, der diesem beigegeben ist, wahrnehmen lassen. [3]Der Vizekanzler, der mit der Leitung eines Bundesministeriums betraut ist, kann seine Angelegenheiten im Nationalrat und im Bundesrat im Einvernehmen mit dem Bundeskanzler durch einen Staatssekretär, der diesem beigegeben ist, wahrnehmen lassen.

(3) [1]Der Bundesminister kann den Staatssekretär mit dessen Zustimmung auch mit der Besorgung bestimmter Aufgaben betrauen. [2]Der Staatssekretär ist dem Bundesminister auch bei Erfüllung dieser Aufgaben unterstellt und an seine Weisungen gebunden.

3.
Sicherheitsbehörden des Bundes

Artikel 78a [Bundesminister für Inneres und nachgeordnete Behörden]

(1) [1]Oberste Sicherheitsbehörde ist der Bundesminister für Inneres. [2]Ihm sind die Landespolizeidirektionen, ihnen wiederum die Bezirksverwaltungsbehörden als Sicherheitsbehörden nachgeordnet.

(2) Sind Leben, Gesundheit, Freiheit oder Eigentum von Menschen gegenwärtig gefährdet oder steht eine solche Gefährdung unmittelbar bevor, so sind die Sicherheitsbehörden, ungeachtet der Zuständigkeit einer anderen Behörde zur Abwehr der Gefahr, bis zum Einschreiten der jeweils zuständigen Behörde zur ersten allgemeinen Hilfeleistung zuständig.

(3) Inwieweit Organe der Gemeinden als Sicherheitsbehörden einzuschreiten haben, bestimmen die Bundesgesetze.

Artikel 78b [Landespolizeidirektionen]

(1) [1]Für jedes Land besteht eine Landespolizeidirektion. [2]An ihrer Spitze steht der Landespolizeidirektor. [3]Der Landespolizeidirektor der Landespolizeidirektion Wien trägt die Funktionsbezeichnung „Landespolizeipräsident".

(2) Der Bundesminister für Inneres bestellt den Landespolizeidirektor im Einvernehmen mit dem Landeshauptmann.

(3) Der Bundesminister für Inneres hat jede staatspolitisch wichtige oder für die Aufrechterhaltung der öffentlichen Ruhe, Ordnung und Sicherheit im gesamten Land maßgebliche Weisung, die er einem Landespolizeidirektor erteilt, dem Landeshauptmann mitzuteilen.

Artikel 78c [Sicherheitsbehörden erster Instanz]

[1]Inwieweit für das Gebiet einer Gemeinde die Landespolizeidirektion zugleich Sicherheitsbehörde erster Instanz ist, wird durch Bundesgesetz geregelt. [2]Für Wien ist die Landespolizeidirektion zugleich Sicherheitsbehörde erster Instanz.

Artikel 78d [Wachkörper]

(1) [1]Wachkörper sind bewaffnete oder uniformierte oder sonst nach militärischem Muster eingerichtete Formationen, denen Aufgaben polizeilichen Charakters übertragen sind. [2]Zu den Wachkörpern sind insbesondere nicht zu zählen: Das zum Schutz einzelner Zweige der Landeskultur, wie der Land- und Forstwirtschaft (Feld-, Flur- und Forstschutz), des Bergbaues, der Jagd, der Fischerei oder anderer Wasserberechtigungen aufgestellte Wachpersonal, die Organe der Marktaufsicht, der Feuerwehr.

(2) Für das Gebiet einer Gemeinde, in der die Landespolizeidirektion zugleich Sicherheitsbehörde erster Instanz ist, darf von einer anderen Gebietskörperschaft ein Wachkörper nicht errichtet werden.

4.

Bundesheer

Artikel 79 [Aufgaben]

(1) [1]Dem Bundesheer obliegt die militärische Landesverteidigung. [2]Es ist nach den Grundsätzen eines Milizsystems einzurichten.

(2) Das Bundesheer ist, soweit die gesetzmäßige zivile Gewalt seine Mitwirkung in Anspruch nimmt, ferner bestimmt

1. auch über den Bereich der militärischen Landesverteidigung hinaus
   a) zum Schutz der verfassungsmäßigen Einrichtungen und ihrer Handlungsfähigkeit sowie der demokratischen Freiheiten der Einwohner;
   b) zur Aufrechterhaltung der Ordnung und Sicherheit im Inneren überhaupt;
2. zur Hilfeleistung bei Elementarereignissen und Unglücksfällen außergewöhnlichen Umfanges.

(3) Weitere Aufgaben des Bundesheeres werden durch Bundesverfassungsgesetz geregelt.

(4) Welche Behörden und Organe die Mitwirkung des Bundesheeres zu den im Abs. 2 genannten Zwecken unmittelbar in Anspruch nehmen können, bestimmt das Wehrgesetz.

(5) Selbständiges militärisches Einschreiten zu den im Abs. 2 genannten Zwecken ist nur zulässig, wenn entweder die zuständigen Behörden durch höhere Gewalt außerstande gesetzt sind, das militärische Einschreiten herbeizuführen, und bei weiterem Zuwarten ein nicht wieder gutzumachender Schaden für die Allgemeinheit eintreten würde, oder wenn es sich um die Zurückweisung eines tätlichen Angriffes oder um die Beseitigung eines gewalttätigen Widerstandes handelt, die gegen eine Abteilung des Bundesheeres gerichtet sind.

Artikel 80 [Befehlsgewalt]

(1) Den Oberbefehl über das Bundesheer führt der Bundespräsident.

(2) Soweit nicht nach dem Wehrgesetz der Bundespräsident über das Heer verfügt, steht die Verfügung dem zuständigen Bundesminister innerhalb der ihm von der Bundesregierung erteilten Ermächtigung zu.

(3) Die Befehlsgewalt über das Bundesheer übt der zuständige Bundesminister (Art. 76 Abs. 1) aus.

Artikel 81 [Mitwirkung der Länder]
Durch Bundesgesetz wird geregelt, inwieweit die Länder bei der Ergänzung, Verpflegung und Unterbringung des Heeres und der Beistellung seiner sonstigen Erfordernisse mitwirken.

Artikel 81a und b (aufgehoben)

5.
Universitäten

Artikel 81c [Autonomie]
(1) [1]Die öffentlichen Universitäten sind Stätten freier wissenschaftlicher Forschung, Lehre und Erschließung der Künste. [2]Sie handeln im Rahmen der Gesetze autonom und können Satzungen erlassen. [3]Die Mitglieder universitärer Kollegialorgane sind weisungsfrei.

(2) Bundesgesetzlich kann vorgesehen werden, dass die Tätigkeit an der Universität sowie die Mitwirkung in Organen der Universität und der Studierendenvertretung von Personen, die nicht die österreichische Staatsbürgerschaft besitzen, zulässig ist.

(3) (Anm.: aufgehoben durch BGBl. I Nr. 51/2012)

B.
Ordentliche Gerichtsbarkeit

Artikel 82 [Bundesgerichtsbarkeit]
(1) Die ordentliche Gerichtsbarkeit geht vom Bund aus.

(2) Die Urteile und Erkenntnisse werden im Namen der Republik verkündet und ausgefertigt.

Artikel 83 [Gesetzlicher Richter]
(1) [1]Die Organisation und die Zuständigkeit der ordentlichen Gerichte werden durch Bundesgesetz geregelt. [2]Die Sprengel der Bezirksgerichte sind durch Verordnung der Bundesregierung festzulegen.

(2) Niemand darf seinem gesetzlichen Richter entzogen werden.

(3) (Anm.: aufgehoben durch Art. I Z 1 BGBl. Nr. 73/1968)

Artikel 84 [Aufhebung der Militärgerichtsbarkeit]
Die Militärgerichtsbarkeit ist - außer für Kriegszeiten - aufgehoben.

Artikel 85 [Abschaffung der Todesstrafe]
Die Todesstrafe ist abgeschafft.

Artikel 86 [Richterernennung]
(1) Die Richter werden, sofern nicht in diesem Gesetz anderes bestimmt ist, gemäß dem Antrag der Bundesregierung vom Bundespräsidenten oder auf Grund seiner Ermächtigung vom zuständigen Bundesminister ernannt; die Bundesregierung oder der Bundesminister hat Besetzungsvorschläge der durch Bundesgesetz hiezu berufenen Senate einzuholen.

(2) Der dem zuständigen Bundesminister vorzulegende und der von ihm an die Bundesregierung zu leitende Besetzungsvorschlag hat, wenn genügend Bewerber vorhanden sind, mindestens drei Personen, wenn aber mehr als eine Stelle zu besetzen ist, mindestens doppelt so viele Personen zu umfassen, als Richter zu ernennen sind.

Artikel 87 [Unabhängigkeit der Richter]
(1) Die Richter sind in Ausübung ihres richterlichen Amtes unabhängig.

(2) In Ausübung seines richterlichen Amtes befindet sich ein Richter bei Besorgung aller ihm nach dem Gesetz und der Geschäftsverteilung zustehenden gerichtlichen Geschäfte, mit Ausschluss der Justizverwaltungssachen, die nicht nach Vorschrift des Gesetzes durch Senate oder Kommissionen zu erledigen sind.

(3) [1]Die Geschäfte sind auf die Richter des ordentlichen Gerichtes für die durch Bundesgesetz bestimmte Zeit im Voraus zu verteilen. [2]Eine nach dieser Geschäftsverteilung einem Richter zufallende Sache darf ihm nur durch Verfügung des durch Bundesgesetz hiezu berufenen Senates und nur im Fall

seiner Verhinderung oder dann abgenommen werden, wenn er wegen des Umfangs seiner Aufgaben an deren Erledigung innerhalb einer angemessenen Frist gehindert ist.

Artikel 87a [Nichtrichterliche Bedienstete]

(1) Durch Bundesgesetz kann die Besorgung einzelner, genau zu bezeichnender Arten von Geschäften der Gerichtsbarkeit erster Instanz besonders ausgebildeten nichtrichterlichen Bundesbediensteten übertragen werden.

(2) Der nach der Geschäftsverteilung zuständige Richter kann jedoch jederzeit die Erledigung solcher Geschäfte sich vorbehalten oder an sich ziehen.

(3) [1]Bei der Besorgung der im Abs. 1 bezeichneten Geschäfte sind die nichtrichterlichen Bundesbediensteten nur an die Weisungen des nach der Geschäftsverteilung zuständigen Richters gebunden. [2]Art. 20 Abs. 1 dritter Satz ist anzuwenden.

Artikel 88 [Ruhestand]

(1) Durch Bundesgesetz wird eine Altersgrenze bestimmt, mit deren Erreichung die Richter in den dauernden Ruhestand treten.

(2) [1]Im Übrigen dürfen Richter nur in den vom Gesetz vorgeschriebenen Fällen und Formen und auf Grund eines förmlichen richterlichen Erkenntnisses ihres Amtes entsetzt oder wider ihren Willen an eine andere Stelle oder in den Ruhestand versetzt werden. [2]Diese Bestimmungen finden jedoch auf Übersetzungen und Versetzungen in den Ruhestand keine Anwendung, die durch eine Änderung der Gerichtsorganisation nötig werden. [3]In einem solchen Fall wird durch das Gesetz festgestellt, innerhalb welchen Zeitraumes Richter ohne die sonst vorgeschriebenen Förmlichkeiten übersetzt und in den Ruhestand versetzt werden können.

(3) Die zeitweise Enthebung der Richter vom Amt darf nur durch Verfügung des Gerichtsvorstehers oder Gerichtspräsidenten oder der übergeordneten Gerichtsbehörde bei gleichzeitiger Verweisung der Sache an das zuständige ordentliche Gericht stattfinden.

Artikel 88a [Sprengelrichter]

[1]Durch Bundesgesetz kann bestimmt werden, dass bei einem übergeordneten ordentlichen Gericht Stellen für Sprengelrichter vorgesehen werden können. [2]Die Zahl der Sprengelrichterstellen darf 3 vH der bei den nachgeordneten ordentlichen Gerichten bestehenden Richterstellen nicht übersteigen. [3]Die Verwendung der Sprengelrichter bei den nachgeordneten ordentlichen Gerichten und gegebenenfalls bei dem übergeordneten ordentlichen Gericht selbst wird von dem durch Bundesgesetz hiezu berufenen Senat des übergeordneten ordentlichen Gerichtes bestimmt. [4]Sprengelrichter dürfen nur mit der Vertretung von Richtern nachgeordneter ordentlicher Gerichte beziehungsweise von Richtern des übergeordneten ordentlichen Gerichtes selbst und nur im Falle der Verhinderung dieser Richter oder dann betraut werden, wenn diese Richter wegen des Umfangs ihrer Aufgaben an deren Erledigung innerhalb einer angemessenen Frist gehindert sind.

Artikel 89 [Normenkontrolle]

(1) Die Prüfung der Gültigkeit gehörig kundgemachter Verordnungen, Kundmachungen über die Wiederverlautbarung eines Gesetzes (Staatsvertrages), Gesetze und Staatsverträge steht, soweit in den folgenden Absätzen nicht anderes bestimmt ist, den ordentlichen Gerichten nicht zu.

(2) Hat ein ordentliches Gericht gegen die Anwendung einer Verordnung aus dem Grund der Gesetzwidrigkeit, einer Kundmachung über die Wiederverlautbarung eines Gesetzes (Staatsvertrages) aus dem Grund der Gesetzwidrigkeit, eines Gesetzes aus dem Grund der Verfassungswidrigkeit oder eines Staatsvertrages aus dem Grund der Rechtswidrigkeit Bedenken, so hat es den Antrag auf Aufhebung dieser Rechtsvorschrift beim Verfassungsgerichtshof zu stellen.

(3) Ist die vom ordentlichen Gericht anzuwendende Rechtsvorschrift bereits außer Kraft getreten, so hat der Antrag des ordentlichen Gerichtes an den Verfassungsgerichtshof die Entscheidung zu begehren, dass die Rechtsvorschrift gesetzwidrig, verfassungswidrig oder rechtswidrig war.

(4) Durch Bundesgesetz ist zu bestimmen, welche Wirkungen ein Antrag gemäß Abs. 2 oder 3 für das beim ordentlichen Gericht anhängige Verfahren hat.

Artikel 90 [Öffentlichkeit; Anklageverfahren]

(1) [1]Die Verhandlungen in Zivil- und Strafrechtssachen vor dem erkennenden ordentlichen Gericht sind mündlich und öffentlich. [2]Ausnahmen bestimmt das Gesetz.

(2) Im Strafverfahren gilt der Anklageprozess.

Artikel 90a [Staatsanwaltschaften]

[1]Staatsanwälte sind Organe der ordentlichen Gerichtsbarkeit. [2]In Verfahren wegen mit gerichtlicher Strafe bedrohter Handlungen nehmen sie Ermittlungs- und Anklagefunktionen wahr. [3]Durch Bundesgesetz werden die näheren Regelungen über ihre Bindung an die Weisungen der ihnen vorgesetzten Organe getroffen.

Artikel 91 [Laienrichter]

(1) Das Volk hat an der Rechtsprechung mitzuwirken.

(2) Bei den mit schweren Strafen bedrohten Verbrechen, die das Gesetz zu bezeichnen hat, sowie bei allen politischen Verbrechen und Vergehen entscheiden Geschworene über die Schuld des Angeklagten.

(3) Im Strafverfahren wegen anderer strafbarer Handlungen nehmen Schöffen an der Rechtsprechung teil, wenn die zu verhängende Strafe ein vom Gesetz zu bestimmendes Maß überschreitet.

Artikel 92 [Oberster Gerichtshof]

(1) Oberste Instanz in Zivil- und Strafrechtssachen ist der Oberste Gerichtshof.

(2) [1]Dem Obersten Gerichtshof können Mitglieder der Bundesregierung, einer Landesregierung, eines allgemeinen Vertretungskörpers oder des Europäischen Parlaments nicht angehören; für Mitglieder eines allgemeinen Vertretungskörpers oder des Europäischen Parlaments, die auf eine bestimmte Gesetzgebungs- oder Funktionsperiode gewählt wurden, dauert die Unvereinbarkeit auch bei vorzeitigem Verzicht auf das Mandat bis zum Ablauf der Gesetzgebungs- oder Funktionsperiode fort. [2]Zum Präsidenten oder Vizepräsidenten des Obersten Gerichtshofes kann nicht ernannt werden, wer eine der eben erwähnten Funktionen in den letzten fünf Jahren ausgeübt hat.

Artikel 93 [Amnestien]

Amnestien wegen gerichtlich strafbarer Handlungen werden durch Bundesgesetz erteilt.

Artikel 94 [Trennung von der Verwaltung]

(1) Die Justiz ist von der Verwaltung in allen Instanzen getrennt.

(2) [1]Durch Bundes- oder Landesgesetz kann in einzelnen Angelegenheiten anstelle der Erhebung einer Beschwerde beim Verwaltungsgericht ein Instanzenzug von der Verwaltungsbehörde an die ordentlichen Gerichte vorgesehen werden. [2]In den Angelegenheiten der Vollziehung des Bundes, die nicht unmittelbar von Bundesbehörden besorgt werden, sowie in den Angelegenheiten der Art. 11, 12, 14 Abs. 2 und 3 und 14a Abs. 3 und 4 dürfen Bundesgesetze gemäß dem ersten Satz nur mit Zustimmung der Länder kundgemacht werden. [3]Für Landesgesetze gemäß dem ersten Satz gilt Art. 97 Abs. 2 sinngemäß.

Viertes Hauptstück
Gesetzgebung und Vollziehung der Länder

A.
Allgemeine Bestimmungen

Artikel 95 [Landtage, Landtagswahlen]

(1) [1]Die Gesetzgebung der Länder wird von den Landtagen ausgeübt. [2]Die Landtage werden auf Grund des gleichen, unmittelbaren, persönlichen, freien und geheimen Wahlrechtes der nach den Landtagswahlordnungen wahlberechtigten männlichen und weiblichen Landesbürger nach den Grundsätzen der Verhältniswahl gewählt. [3]Die Landesverfassung kann vorsehen, dass auch Staatsbürger, die vor Verlegung ihres Hauptwohnsitzes in das Ausland, einen Wohnsitz im Land hatten, für die Dauer ihres Auslandsaufenthalts, längstens jedoch für einen Zeitraum von zehn Jahren, zum Landtag wahlberechtigt sind.

(2) Die Landtagswahlordnungen dürfen die Bedingungen des Wahlrechtes und der Wählbarkeit nicht enger ziehen als die Bundesverfassung für Wahlen zum Nationalrat und die Bedingungen der Wählbarkeit nicht weiter ziehen als die bundesgesetzlichen Bestimmungen für Wahlen zum Nationalrat.

(3) [1]Die Wähler üben ihr Wahlrecht in Wahlkreisen aus, von denen jeder ein geschlossenes Gebiet umfassen muss und die in räumlich geschlossene Regionalwahlkreise unterteilt werden können. [2]Die Zahl der Abgeordneten ist auf die Wahlkreise im Verhältnis der Bürgerzahl zu verteilen. [3]Die Landtagswahlordnung kann ein abschließendes Ermittlungsverfahren im gesamten Landesgebiet vorsehen, durch das sowohl ein Ausgleich der den wahlwerbenden Parteien in den Wahlkreisen zugeteilten als auch eine Aufteilung der noch nicht zugeteilten Mandate nach den Grundsätzen der Verhältniswahl erfolgt. [4]Eine Gliederung der Wählerschaft in andere Wahlkörper ist nicht zulässig.

(4) [1]Die näheren Bestimmungen über das Wahlverfahren werden durch die Landtagswahlordnungen getroffen. [2]Art. 26 Abs. 6 ist sinngemäß anzuwenden.

(5) [1]Für öffentlich Bedienstete, die sich um ein Mandat im Landtag bewerben oder die zu Abgeordneten eines Landtages gewählt werden, gilt Art. 59a, strengere Regelungen sind zulässig. [2]Durch Landesverfassungsgesetz kann eine Einrichtung mit den gleichen Befugnissen und der gleichen Pflicht zur Veröffentlichung eines Berichtes wie die der Kommission gemäß Art. 59b geschaffen werden.

Artikel 96 [Mitgliedschaft im Landtag]

(1) Die Mitglieder des Landtages genießen die gleiche Immunität wie die Mitglieder des Nationalrates; die Bestimmungen des Art. 57 sind sinngemäß anzuwenden.

(2) Die Bestimmungen der Art. 32 und 33 gelten auch für die Sitzungen der Landtage und ihrer Ausschüsse.

(3) Durch Landesgesetz kann für Mitglieder des Landtages, die aus Anlass ihrer Wahl in den Bundesrat oder in die Landesregierung auf ihr Mandat verzichten, eine dem Art. 56 Abs. 2 bis 4 entsprechende Regelung getroffen werden.

Artikel 97 [Landesgesetzgebung]

(1) Zu einem Landesgesetz sind der Beschluss des Landtages, die Beurkundung und Gegenzeichnung nach den Bestimmungen der Landesverfassung und die Kundmachung durch den Landeshauptmann im Landesgesetzblatt erforderlich.

(2) Insoweit ein Landesgesetz bei der Vollziehung die Mitwirkung von Bundesorganen vorsieht, muss hiezu die Zustimmung der Bundesregierung eingeholt werden.

(3) [1]Wenn die sofortige Erlassung von Maßnahmen, die verfassungsgemäß einer Beschlussfassung des Landtages bedürfen, zur Abwehr eines offenkundigen, nicht wieder gutzumachenden Schadens für die Allgemeinheit zu einer Zeit notwendig wird, in der der Landtag nicht rechtzeitig zusammentreten kann oder in seiner Tätigkeit durch höhere Gewalt behindert ist, kann die Landesregierung im Einvernehmen mit einem nach dem Grundsatz der Verhältniswahl bestellten Ausschuss des Landtages diese Maßnahmen durch vorläufige gesetzändernde Verordnungen treffen. [2]Sie sind von der Landesregierung unverzüglich der Bundesregierung zur Kenntnis zu bringen. [3]Sobald das Hindernis für das Zusammentreten des Landtages weggefallen ist, ist dieser einzuberufen. [4]Art. 18 Abs. 4 gilt sinngemäß.

(4) Die im Abs. 3 bezeichneten Verordnungen dürfen jedenfalls nicht eine Abänderung landesverfassungsgesetzlicher Bestimmungen bedeuten und weder eine dauernde finanzielle Belastung des Landes, noch eine finanzielle Belastung des Bundes oder der Gemeinden, noch finanzielle Verpflichtungen der Staatsbürger, noch eine Veräußerung von Landesvermögen, noch Maßnahmen in Angelegenheiten der Kammern für Arbeiter und Angestellte auf land- und forstwirtschaftlichem Gebiet zum Gegenstand haben.

Artikel 98 [Bundeszustimmung zu Landesgesetzen]

[1]Insoweit ein Gesetzesbeschluss der Zustimmung der Bundesregierung bedarf, ist er unmittelbar nach der Beschlussfassung des Landtages vom Landeshauptmann dem Bundeskanzleramt bekanntzugeben. [2]Die Zustimmung gilt als erteilt, wenn die Bundesregierung nicht innerhalb von acht Wochen nach dem Tag, an dem der Gesetzesbeschluss beim Bundeskanzleramt eingelangt ist, dem Landeshauptmann mitgeteilt hat, dass die Zustimmung verweigert wird. [3]Vor Ablauf dieser Frist darf die Kund-

machung des Gesetzesbeschlusses nur erfolgen, wenn die Bundesregierung die ausdrückliche Zustimmung mitgeteilt hat.

Artikel 99 [Landesverfassung]

(1) Die durch Landesverfassungsgesetz zu erlassende Landesverfassung kann, insoweit dadurch die Bundesverfassung nicht berührt wird, durch Landesverfassungsgesetz abgeändert werden.

(2) Ein Landesverfassungsgesetz kann nur bei Anwesenheit der Hälfte der Mitglieder des Landtages und mit einer Mehrheit von zwei Dritteln der abgegebenen Stimmen beschlossen werden.

Artikel 100 [Auflösung des Landtages]

(1) [1]Jeder Landtag kann auf Antrag der Bundesregierung mit Zustimmung des Bundesrates vom Bundespräsidenten aufgelöst werden; eine solche Auflösung darf jedoch nur einmal aus dem gleichen Anlass verfügt werden. [2]Die Zustimmung des Bundesrates muss bei Anwesenheit der Hälfte der Mitglieder und mit einer Mehrheit von zwei Dritteln der abgegebenen Stimmen beschlossen werden. [3]An der Abstimmung dürfen die Vertreter des Landes, dessen Landtag aufgelöst werden soll, nicht teilnehmen.

(2) Im Falle der Auflösung sind nach den Bestimmungen der Landesverfassung binnen drei Wochen Neuwahlen auszuschreiben; die Einberufung des neugewählten Landtages hat binnen vier Wochen nach der Wahl zu erfolgen.

Artikel 101 [Landesregierung, Landeshauptmann]

(1) Die Vollziehung jedes Landes übt eine vom Landtag zu wählende Landesregierung aus.

(2) Die Mitglieder der Landesregierung müssen nicht dem Landtag angehören, aber zum Landtag wählbar sein.

(3) Die Landesregierung besteht aus dem Landeshauptmann, der erforderlichen Zahl von Stellvertretern und weiteren Mitgliedern.

(4) [1]Der Landeshauptmann wird vom Bundespräsidenten, die anderen Mitglieder der Landesregierung werden vom Landeshauptmann vor Antritt des Amtes auf die Bundesverfassung angelobt. [2]Die Beifügung einer religiösen Beteuerung ist zulässig.

Artikel 101a (aufgehoben)

Artikel 102 [Mittelbare und unmittelbare Bundesverwaltung]

(1) [1]Im Bereich der Länder üben die Vollziehung des Bundes, soweit nicht eigene Bundesbehörden bestehen (unmittelbare Bundesverwaltung), der Landeshauptmann und die ihm unterstellten Landesbehörden aus (mittelbare Bundesverwaltung). [2]Soweit in Angelegenheiten, die in mittelbarer Bundesverwaltung besorgt werden, Bundesbehörden mit der Vollziehung betraut sind, unterstehen diese Bundesbehörden in den betreffenden Angelegenheiten dem Landeshauptmann und sind an dessen Weisungen (Art. 20 Abs. 1) gebunden; ob und inwieweit solche Bundesbehörden mit Akten der Vollziehung betraut werden, bestimmen die Bundesgesetze; sie dürfen, soweit es sich nicht um die Betrauung mit der Vollziehung von im Abs. 2 angeführten Angelegenheiten handelt, nur mit Zustimmung der beteiligten Länder kundgemacht werden.

(2) Folgende Angelegenheiten können im Rahmen des verfassungsmäßig festgestellten Wirkungsbereiches unmittelbar von Bundesbehörden besorgt werden:

Grenzvermarkung; Waren- und Viehverkehr mit dem Ausland; Zollwesen; Regelung und Überwachung des Eintrittes in das Bundesgebiet und des Austrittes aus ihm; Aufenthaltsrecht aus berücksichtigungswürdigen Gründen; Passwesen; Aufenthaltsverbot, Ausweisung und Abschiebung; Asyl; Auslieferung; Bundesfinanzen; Monopolwesen; Geld-, Kredit-, Börse- und Bankwesen; Maß- und Gewichts-, Normen- und Punzierungswesen; Justizwesen; Pressewesen; Aufrechterhaltung der öffentlichen Ruhe, Ordnung und Sicherheit einschließlich der ersten allgemeinen Hilfeleistung, jedoch mit Ausnahme der örtlichen Sicherheitspolizei; Vereins- und Versammlungsrecht; Fremdenpolizei und Meldewesen; Waffen-, Munitions- und Sprengmittelwesen, Schießwesen; Kartellrecht; Patentwesen sowie Schutz von Mustern, Marken und anderen Warenbezeichnungen; Verkehrswesen; Strom- und Schifffahrtspolizei; Post- und Fernmeldewesen; Bergwesen; Regulierung und Instandhaltung der Donau; Wildbachverbauung; Bau und Instandhaltung von Wasserstraßen; Vermessungswesen; Arbeitsrecht; Sozial- und Vertragsversicherungswesen; Pflegegeldwesen; Sozialentschädigungsrecht; geschäftlicher Verkehr mit Saat- und Pflanzgut, Futter-, Dünge- und Pflanzenschutzmitteln sowie mit Pflanzenschutzgeräten, einschließlich der Zulassung und bei Saat- und Pflanzgut auch der Anerkennung; Denkmalschutz; allgemeine Angelegenheiten des Schutzes personenbezogener Daten; Organisation und Führung der Bundespolizei; militärische Angelegenheiten; Angelegenheiten des Zivildienstes; Bevölkerungspolitik; land- und forstwirtschaftliches Schul- und Erziehungswesen in den Angelegenheiten des Art. 14a Abs. 2 sowie Zentrallehranstalten; Universitäts- und Hochschulwesen sowie das Erziehungswesen betreffend Studentenheime in diesen Angelegenheiten; Ausbildungspflicht für Jugendliche; öffentliches Auftragswesen.

(3) Dem Bund bleibt es vorbehalten, auch in den im Abs. 2 aufgezählten Angelegenheiten den Landeshauptmann mit der Vollziehung des Bundes zu beauftragen.

(4) Die Errichtung von eigenen Bundesbehörden für andere als die im Abs. 2 bezeichneten Angelegenheiten kann nur mit Zustimmung der beteiligten Länder erfolgen.

(5) Wenn in einem Land in Angelegenheiten der unmittelbaren Bundesverwaltung die sofortige Erlassung von Maßnahmen zur Abwehr eines offenkundigen, nicht wieder gutzumachenden Schadens für die Allgemeinheit zu einer Zeit notwendig wird, zu der die obersten Organe der Verwaltung des Bundes wegen höherer Gewalt dazu nicht in der Lage sind, hat der Landeshauptmann an deren Stelle die Maßnahmen zu treffen.

Artikel 102a (aufgehoben)

Artikel 103 [Weisungsrechte in der mittelbaren Bundesverwaltung]

(1) In den Angelegenheiten der mittelbaren Bundesverwaltung ist der Landeshauptmann an die Weisungen der Bundesregierung sowie der einzelnen Bundesminister gebunden (Art. 20) und verpflichtet, um die Durchführung solcher Weisungen zu bewirken, auch die ihm in seiner Eigenschaft als Organ des selbständigen Wirkungsbereiches des Landes zu Gebote stehenden Mittel anzuwenden.

(2) [1]Die Landesregierung kann bei Aufstellung ihrer Geschäftsordnung beschließen, dass einzelne Gruppen von Angelegenheiten der mittelbaren Bundesverwaltung wegen ihres sachlichen Zusammenhanges mit Angelegenheiten des selbständigen Wirkungsbereiches des Landes im Namen des Landeshauptmannes von Mitgliedern der Landesregierung zu führen sind. [2] In diesen Angelegenheiten sind die betreffenden Mitglieder der Landesregierung an die Weisungen des Landeshauptmannes ebenso gebunden (Art. 20) wie dieser an die Weisungen der Bundesregierung oder der einzelnen Bundesminister.

(3) [1]Nach Abs. 1 ergehende Weisungen der Bundesregierung oder der einzelnen Bundesminister sind auch in Fällen des Abs. 2 an den Landeshauptmann zu richten. [2]Dieser ist, wenn er die bezügliche Angelegenheit der mittelbaren Bundesverwaltung nicht selbst führt, unter seiner Verantwortlichkeit (Art. 142 Abs. 2 lit. e) verpflichtet, die Weisung an das in Betracht kommende Mitglied der Landesregierung unverzüglich und unverändert auf schriftlichem Wege weiterzugeben und ihre Durchführung zu überwachen. [3]Wird die Weisung nicht befolgt, trotzdem der Landeshauptmann die erforderlichen Vorkehrungen getroffen hat, so ist auch das betreffende Mitglied der Landesregierung gemäß Art. 142 der Bundesregierung verantwortlich.

(4) Anm.: aufgehoben durch BGBl. I Nr. 51/2012)

Artikel 104 [Privatrechtliche Geschäfte]

(1) Die Bestimmungen des Art. 102 sind auf Einrichtungen zur Besorgung der im Art. 17 bezeichneten Geschäfte des Bundes nicht anzuwenden.

(2) [1]Die mit der Verwaltung des Bundesvermögens betrauten Bundesminister können jedoch die Besorgung solcher Geschäfte dem Landeshauptmann und den ihm unterstellten Behörden im Land übertragen. [2]Eine solche Übertragung kann jederzeit ganz oder teilweise widerrufen werden. [3]Inwieweit in besonderen Ausnahmefällen für die bei Besorgung solcher Geschäfte aufgelaufenen Kosten vom Bund ein Ersatz geleistet wird, wird durch Bundesgesetz bestimmt. [4]Art. 103 Abs. 2 und 3 gilt sinngemäß.

Artikel 105 [Rechtsstallung des Landeshauptmanns; Verantwortung der Landesregierung]

(1) [1]Der Landeshauptmann vertritt das Land. [2]Er trägt in den Angelegenheiten der mittelbaren Bundesverwaltung die Verantwortung gegenüber der Bundesregierung gemäß Art. 142. [3]Der Landes-

hauptmann wird durch das von der Landesregierung bestimmte Mitglied der Landesregierung (Landeshauptmann-Stellvertreter) vertreten. [4]Diese Bestellung ist dem Bundeskanzler zur Kenntnis zu bringen. [5]Tritt der Fall der Vertretung ein, so ist das zur Vertretung bestellte Mitglied der Landesregierung bezüglich der Angelegenheiten der mittelbaren Bundesverwaltung gleichfalls der Bundesregierung gemäß Art. 142 verantwortlich. [6]Der Geltendmachung einer solchen Verantwortung des Landeshauptmannes oder des ihn vertretenden Mitgliedes der Landesregierung steht die Immunität nicht im Weg. [7]Ebenso steht die Immunität auch nicht der Geltendmachung der Verantwortung eines Mitgliedes der Landesregierung im Falle des Art. 103 Abs. 3 im Weg.

(2) Die Mitglieder der Landesregierung sind dem Landtag gemäß Art. 142 verantwortlich.

(3) Zu einem Beschluss, mit dem eine Anklage im Sinne des Art. 142 erhoben wird, bedarf es der Anwesenheit der Hälfte der Mitglieder.

Artikel 106 [Landesamtsdirektor]

[1]Zur Leitung des inneren Dienstes des Amtes der Landesregierung wird ein rechtskundiger Bediensteter des Amtes der Landesregierung als Landesamtsdirektor bestellt. [2]Er ist auch in den Angelegenheiten der mittelbaren Bundesverwaltung das Hilfsorgan des Landeshauptmannes.

Artikel 107 (aufgehoben)

B.

Die Bundeshauptstadt Wien

Artikel 108 [Stadt- und Landesfunktionen]

Für die Bundeshauptstadt Wien als Land hat der Gemeinderat auch die Funktion des Landtages, der Stadtsenat auch die Funktion der Landesregierung, der Bürgermeister auch die Funktion des Landeshauptmannes, der Magistrat auch die Funktion des Amtes der Landesregierung und der Magistratsdirektor auch die Funktion des Landesamtsdirektors.

Artikel 109 [Mittelbare Bundesverwaltung]

Art. 102 Abs. 1 gilt für die Bundeshauptstadt Wien mit der Maßgabe, dass die Vollziehung des Bundes, soweit nicht eigene Bundesbehörden bestehen (unmittelbare Bundesverwaltung), der Bürgermeister als Landeshauptmann und der ihm unterstellte Magistrat als Bezirksverwaltungsbehörde ausüben (mittelbare Bundesverwaltung).

Artikel 110 und 111 (aufgehoben)

Artikel 112 [Anwendbare Bestimmungen]

Nach Maßgabe der Art. 108 und 109 gelten für die Bundeshauptstadt Wien im Übrigen die Bestimmungen des Abschnittes A des sechsten Hauptstückes mit Ausnahme des Art. 117 Abs. 6 zweiter Satz, des Art. 119 Abs. 4 und des Art. 119a. Art. 142 Abs. 2 lit. e findet auch auf die Führung des vom Bund der Bundeshauptstadt Wien übertragenen Wirkungsbereiches Anwendung.

Fünftes Hauptstück

Vollziehung auf dem Gebiet des Schul- und Erziehungswesens

Artikel 113 [Vollziehung im Schulwesen]

(1) Die Vollziehung auf dem Gebiet des Schulwesens und auf dem Gebiet des Erziehungswesens in Angelegenheiten der Schülerheime gemäß Art. 14, jedoch mit Ausnahme des Kindergartenwesens und Hortwesens gemäß Art. 14 Abs. 4 lit. b, ist vom zuständigen Bundesminister und – soweit es sich nicht um Zentrallehranstalten handelt – von den dem zuständigen Bundesminister unterstellten Bildungsdirektionen zu besorgen.

(2) Abweichend von Abs. 1 tritt in den Angelegenheiten der Vollziehung gemäß Art. 14 Abs. 2, Abs. 3 lit. a und b sowie Abs. 4 lit. a nach den näheren Bestimmungen der Landesverfassung die Landesregierung oder einzelne Mitglieder derselben (Art. 101 Abs. 1) an die Stelle des Bundesministers.

(3) Für jedes Land wird eine als Bildungsdirektion zu bezeichnende gemeinsame Behörde des Bundes und des Landes eingerichtet.

(4) [1]Den Bildungsdirektionen obliegen die Vollziehung des Schulrechtes für öffentliche Schulen gemäß Art. 14, einschließlich der Qualitätssicherung, der Schulaufsicht sowie des Bildungscontrollings, und die Vollziehung des Dienstrechtes und des Personalvertretungsrechtes der Lehrer für öffentliche Schulen und der sonstigen Bundesbediensteten an öffentlichen Schulen. [2]Durch Bundesgesetz können sonstige Angelegenheiten der Bundesvollziehung, durch Landesgesetz sonstige Angelegenheiten der Landesvollziehung auf die Bildungsdirektion übertragen werden oder kann die Mitwirkung der Bildungsdirektion bei deren Vollziehung vorgesehen werden. [3]Diese Angelegenheiten müssen in sachlichem Zusammenhang mit den in Abs. 1 und 2 genannten Angelegenheiten stehen. In den Angelegenheiten der Bundesvollziehung dürfen Bundesgesetze gemäß dem zweiten Satz nur mit Zustimmung der Länder kundgemacht werden. [4]In diesen Angelegenheiten ist die Bildungsdirektion dem Bundesminister unterstellt. [5]Für Landesgesetze gemäß dem zweiten Satz gilt Art. 97 Abs. 2 sinngemäß. [6]In den Angelegenheiten der Landesvollziehung ist die Bildungsdirektion der Landesregierung (oder einem einzelnen Mitglied derselben) unterstellt.

(5) [1]Unbeschadet der Abs. 1 und 2 können Aufgaben auf dem Gebiet der Vollziehung des Dienstrechtes und des Personalvertretungsrechtes der Lehrer, insbesondere Aufgaben auf den Gebieten des Disziplinarrechts, der Leistungsfeststellung, der Gleichbehandlung und des Bedienstetenschutzes durch Gesetz auf andere Organe übertragen werden. [2]Die Erhaltung öffentlicher Pflichtschulen kann auf Gemeinden oder Gemeindeverbände übertragen werden.

(6) [1]An der Spitze der Bildungsdirektion steht der Bildungsdirektor. [2]Der zuständige Bundesminister bestellt den Bildungsdirektor im Einvernehmen mit dem Landeshauptmann auf dessen Vorschlag. [3]Die Bestellung des Bildungsdirektors ist auf fünf Jahre befristet. [4]Wiederbestellungen sind zulässig. [5]Kommt kein Einvernehmen zustande, kann der Landeshauptmann vorläufig eine Person mit der Funktion des Bildungsdirektors betrauen. [6]Nähere Bestimmungen trifft das Bundesgesetz gemäß Abs. 10.

(7) [1]Der Bildungsdirektor ist bei der Erfüllung seiner Aufgaben in den Angelegenheiten der Bundesvollziehung an die Weisungen des zuständigen Bundesministers und in den Angelegenheiten der Landesvollziehung an die Weisungen der Landesregierung (oder eines einzelnen Mitgliedes derselben) gebunden. [2]In übergreifenden Angelegenheiten ist der Bildungsdirektor an die Weisungen des zuständigen Bundesministers im Einvernehmen mit der Landesregierung (oder einem einzelnen Mitglied derselben) gebunden.

(8) [1]Durch Landesgesetz kann vorgesehen werden, dass der Landeshauptmann der Bildungsdirektion als Präsident vorsteht. [2]Der Landeshauptmann kann in diesem Fall das in Betracht kommende Mitglied der Landesregierung durch Verordnung mit der Ausübung dieser Funktion betrauen. [3]Sieht ein Landesgesetz einen Präsidenten vor, gilt Abs. 7 für den Präsidenten. [4]In einem solchen Fall ist der Bildungsdirektor an die Weisungen des Präsidenten gebunden. [5]Weisungen des zuständigen Bundesministers bzw. der Landesregierung (oder eines einzelnen Mitgliedes derselben) können auch unmittelbar an den Bildungsdirektor gerichtet werden. [6]Der Präsident hat Weisungen an den Bildungsdirektor in Angelegenheiten der Bundesvollziehung unverzüglich dem zuständigen Bundesminister zur Kenntnis zu bringen.

(9) [1]Bund und Land haben der Bildungsdirektion die zur Besorgung ihrer Aufgaben erforderliche Zahl an Bediensteten des Bundes bzw. des Landes zuzuweisen. [2]Der Bildungsdirektor übt die Dienst- und Fachaufsicht über alle Bundes- und Landesbediensteten in der Bildungsdirektion aus.

(10) [1]Die näheren Bestimmungen über die Einrichtung, die Organisation und die Kundmachung von Verordnungen der Bildungsdirektion einschließlich der Anforderungen an die persönliche und fachliche Eignung des Bildungsdirektors sowie dessen Bestellung werden durch Bundesgesetz getroffen. [2]Dieses Bundesgesetz kann vorsehen, dass der zuständige Bundesminister in einzelnen Angelegenheiten das Einvernehmen mit der Landesregierung (oder einem einzelnen Mitglied derselben) herzustellen hat. [3]Der Bund hat den Ländern Gelegenheit zu geben, an der Vorbereitung solcher Gesetzesvorhaben mitzuwirken; das Gesetz darf nur mit Zustimmung der Länder kundgemacht werden.

Artikel 114 (aufgehoben)

Sechstes Hauptstück
Selbstverwaltung

A.
Gemeinden

Artikel 115 [Grundsatzfragen]
(1) Soweit in den folgenden Artikeln von Gemeinden die Rede ist, sind darunter die Ortsgemeinden zu verstehen.

(2) [1]Soweit nicht ausdrücklich eine Zuständigkeit des Bundes festgesetzt ist, hat die Landesgesetzgebung das Gemeinderecht nach den Grundsätzen der folgenden Artikel dieses Abschnittes zu regeln. [2]Die Zuständigkeit zur Regelung der gemäß den Art. 118, 118a und 119 von den Gemeinden zu besorgenden Angelegenheiten einschließlich eines allfälligen Ausschlusses des Instanzenzuges bestimmt sich nach den allgemeinen Vorschriften dieses Bundesverfassungsgesetzes.

(3) Der Österreichische Gemeindebund und der Österreichische Städtebund sind berufen, die Interessen der Gemeinden zu vertreten.

Artikel 116 [Selbstverwaltungsrecht]
(1) [1]Jedes Land gliedert sich in Gemeinden. [2]Die Gemeinde ist Gebietskörperschaft mit dem Recht auf Selbstverwaltung und zugleich Verwaltungssprengel. [3]Jedes Grundstück muss zu einer Gemeinde gehören.

(2) [1]Die Gemeinde ist selbständiger Wirtschaftskörper. [2]Sie hat das Recht, innerhalb der Schranken der allgemeinen Bundes- und Landesgesetze Vermögen aller Art zu besitzen, zu erwerben und darüber zu verfügen, wirtschaftliche Unternehmungen zu betreiben sowie im Rahmen der Finanzverfassung ihren Haushalt selbständig zu führen und Abgaben auszuschreiben.

(3) [1]Einer Gemeinde mit mindestens 20 000 Einwohnern ist, wenn Landesinteressen hiedurch nicht gefährdet werden, auf ihren Antrag durch Landesgesetz ein eigenes Statut (Stadtrecht) zu verleihen. [2]Eine Stadt mit eigenem Statut hat neben den Aufgaben der Gemeindeverwaltung auch die der Bezirksverwaltung zu besorgen.

(4) Anm.: aufgehoben durch Art. I Z 14 BVG, BGBl. Br. 490/1984)

Artikel 116a [Gemeindeverbände]
(1) [1]Zur Besorgung ihrer Angelegenheiten können sich Gemeinden durch Vereinbarung zu Gemeindeverbänden zusammenschließen. [2]Eine solche Vereinbarung bedarf der Genehmigung der Aufsichtsbehörde. [3]Die Genehmigung ist durch Verordnung zu erteilen, wenn eine dem Gesetz entsprechende Vereinbarung der beteiligten Gemeinden vorliegt und die Bildung des Gemeindeverbandes

1. im Falle der Besorgung von Angelegenheiten der Hoheitsverwaltung die Funktion der beteiligten Gemeinden als Selbstverwaltungskörper nicht gefährdet,
2. im Falle der Besorgung von Angelegenheiten der Gemeinden als Träger von Privatrechten aus Gründen der Zweckmäßigkeit, Wirtschaftlichkeit und Sparsamkeit im Interesse der beteiligten Gemeinden gelegen ist.

(2) [1]Im Interesse der Zweckmäßigkeit kann die zuständige Gesetzgebung (Art. 10 bis 15) zur Besorgung von Angelegenheiten der Wirkungsbereiche der Gemeinde die Bildung von Gemeindeverbänden vorsehen, doch darf dadurch die Funktion der Gemeinden als Selbstverwaltungskörper und Verwaltungssprengel nicht gefährdet werden. [2]Bei der Bildung von Gemeindeverbänden im Wege der Vollziehung sind die beteiligten Gemeinden vorher zu hören.

(3) Die Organe der Gemeindeverbände, die Angelegenheiten des eigenen Wirkungsbereiches der Gemeinde besorgen sollen, sind nach demokratischen Grundsätzen zu bilden.

(4) [1]Die Landesgesetzgebung hat die Organisation der Gemeindeverbände zu regeln, wobei als deren Organe jedenfalls eine Verbandsversammlung, die aus gewählten Vertretern aller verbandsangehörigen Gemeinden zu bestehen hat, und ein Verbandsobmann vorzusehen sind. [2]Für Gemeindeverbände, die durch Vereinbarung gebildet worden sind, sind weiters Bestimmungen über den Beitritt und Austritt von Gemeinden sowie über die Auflösung des Gemeindeverbandes zu treffen.

(5) Die Zuständigkeit zur Regelung der von den Gemeindeverbänden zu besorgenden Angelegenheiten bestimmt sich nach den allgemeinen Vorschriften dieses Bundesverfassungsgesetzes.

(6) Ein Zusammenschluss von Gemeinden verschiedener Länder zu Gemeindeverbänden ist nach Maßgabe einer Vereinbarung zwischen den betreffenden Ländern gemäß Art. 15a zulässig, in die insbesondere Regelungen über die Genehmigung der Bildung der Gemeindeverbände und die Wahrnehmung der Aufsicht aufzunehmen sind.

Artikel 116b [Vereinbarungen von Gemeinden]

[1]Gemeinden eines Landes können untereinander Vereinbarungen über ihren jeweiligen Wirkungsbereich abschließen, wenn die Landesgesetzgebung dies vorsieht. [2]Die Landesgesetzgebung hat dabei auch Regelungen über die Kundmachung derartiger Vereinbarungen sowie über die Entscheidung von Meinungsverschiedenheiten zu treffen. [3]Für Vereinbarungen von Gemeinden verschiedener Länder gilt Art. 116a Abs. 6 sinngemäß.

Artikel 117 [Gemeindeorgane]

(1) Als Organe der Gemeinde sind jedenfalls vorzusehen:

a) der Gemeinderat, das ist ein von den Wahlberechtigten der Gemeinde zu wählender allgemeiner Vertretungskörper;
b) der Gemeindevorstand (Stadtrat), bei Städten mit eigenem Statut der Stadtsenat;
c) der Bürgermeister.

(2) [1]Der Gemeinderat wird auf Grund des gleichen, unmittelbaren, persönlichen, freien und geheimen Wahlrechtes der männlichen und weiblichen Staatsbürger, die in der Gemeinde ihren Hauptwohnsitz haben, nach den Grundsätzen der Verhältniswahl gewählt. [2]Die Wahlordnung kann jedoch vorsehen, dass auch Staatsbürger, die in der Gemeinde einen Wohnsitz, nicht aber den Hauptwohnsitz haben, wahlberechtigt sind. [3]Die Wahlordnung darf die Bedingungen des Wahlrechtes und der Wählbarkeit nicht enger ziehen als die Landtagswahlordnung; es kann jedoch bestimmt werden, dass Personen, die sich noch nicht ein Jahr in der Gemeinde aufhalten, dann nicht wahlberechtigt und wählbar sind, wenn ihr Aufenthalt in der Gemeinde offensichtlich nur vorübergehend ist. [4]Unter den in der Wahlordnung festzulegenden Bedingungen sind auch Staatsangehörige anderer Mitgliedstaaten der Europäischen Union wahlberechtigt und wählbar. [5]Die Wahlordnung kann bestimmen, dass die Wähler ihr Wahlrecht in Wahlkreisen ausüben, von denen jeder ein geschlossenes Gebiet umfassen muss. [6]Eine Gliederung der Wählerschaft in andere Wahlkörper ist nicht zulässig. [7]Art. 26 Abs. 6 ist sinngemäß anzuwenden. [8]Für den Fall, dass keine Wahlvorschläge eingebracht werden, kann in der Wahlordnung bestimmt werden, dass Personen als gewählt gelten, deren Namen auf den Stimmzetteln am häufigsten genannt werden.

(3) Zu einem Beschluss des Gemeinderates ist die einfache Mehrheit der in beschlussfähiger Anzahl anwesenden Mitglieder desselben erforderlich; es können jedoch für bestimmte Angelegenheiten andere Beschlusserfordernisse vorgesehen werden.

(4) [1]Die Sitzungen des Gemeinderates sind öffentlich, es können jedoch Ausnahmen vorgesehen werden. [2]Wenn der Gemeindevoranschlag oder der Gemeinderechnungsabschluss behandelt wird, darf die Öffentlichkeit nicht ausgeschlossen werden.

(5) Im Gemeinderat vertretene Wahlparteien haben nach Maßgabe ihrer Stärke Anspruch auf Vertretung im Gemeindevorstand.

(6) [1]Der Bürgermeister wird vom Gemeinderat gewählt. [2]In der Landesverfassung kann vorgesehen werden, dass die zur Wahl des Gemeinderates Berechtigten den Bürgermeister wählen. [3]In diesem Fall ist Art. 26 Abs. 6 sinngemäß anzuwenden.

(7) [1]Die Geschäfte der Gemeinden werden durch das Gemeindeamt (Stadtamt), jene der Städte mit eigenem Statut durch den Magistrat besorgt. [2]Zum Leiter des inneren Dienstes des Magistrates ist ein rechtskundiger Bediensteter des Magistrates als Magistratsdirektor zu bestellen.

(8) In Angelegenheiten des eigenen Wirkungsbereiches der Gemeinde kann die Landesgesetzgebung die unmittelbare Teilnahme und Mitwirkung der zum Gemeinderat Wahlberechtigten vorsehen.

Artikel 118 [Eigener Wirkungskreis]

(1) Der Wirkungsbereich der Gemeinde ist ein eigener und ein vom Bund oder vom Land übertragener.

(2) [1]Der eigene Wirkungsbereich umfasst neben den im Art. 116 Abs. 2 angeführten Angelegenheiten alle Angelegenheiten, die im ausschließlichen oder überwiegenden Interesse der in der Gemeinde verkörperten örtlichen Gemeinschaft gelegen und geeignet sind, durch die Gemeinschaft in-

nerhalb ihrer örtlichen Grenzen besorgt zu werden. [2]Die Gesetze haben derartige Angelegenheiten ausdrücklich als solche des eigenen Wirkungsbereiches der Gemeinde zu bezeichnen.

(3) Der Gemeinde sind zur Besorgung im eigenen Wirkungsbereich die behördlichen Aufgaben insbesondere in folgenden Angelegenheiten gewährleistet:

1. Bestellung der Gemeindeorgane unbeschadet der Zuständigkeit überörtlicher Wahlbehörden; Regelung der inneren Einrichtungen zur Besorgung der Gemeindeaufgaben;
2. Bestellung der Gemeindebediensteten und Ausübung der Diensthoheit unbeschadet der Zuständigkeit überörtlicher Disziplinar-, Qualifikations- und Prüfungskommissionen;
3. örtliche Sicherheitspolizei (Art. 15 Abs. 2), örtliche Veranstaltungspolizei;
4. Verwaltung der Verkehrsflächen der Gemeinde, örtliche Straßenpolizei;
5. Flurschutzpolizei;
6. örtliche Marktpolizei;
7. örtliche Gesundheitspolizei, insbesondere auch auf dem Gebiet des Hilfs- und Rettungswesens sowie des Leichen- und Bestattungswesens;
8. Sittlichkeitspolizei;
9. örtliche Baupolizei; örtliche Feuerpolizei; örtliche Raumplanung;
10. außergerichtliche Vermittlung von Streitigkeiten in den Angelegenheiten des Zivilrechtswesens und des Strafrechtswesens;
11. freiwillige Feilbietungen beweglicher Sachen.

(4) [1]Die Gemeinde hat die Angelegenheiten des eigenen Wirkungsbereiches im Rahmen der Gesetze und Verordnungen des Bundes und des Landes in eigener Verantwortung frei von Weisungen und unter Ausschluss eines Rechtsmittels an Verwaltungsorgane außerhalb der Gemeinde zu besorgen. [2]In den Angelegenheiten des eigenen Wirkungsbereiches besteht ein zweistufiger Instanzenzug; dieser kann gesetzlich ausgeschlossen werden. [3]In den Angelegenheiten des eigenen Wirkungsbereiches kommt dem Bund und dem Land ein Aufsichtsrecht über die Gemeinde (Art. 119a) zu.

(5) Der Bürgermeister, die Mitglieder des Gemeindevorstandes (Stadtrates, Stadtsenates) und allenfalls bestellte andere Organe der Gemeinde sind für die Erfüllung ihrer dem eigenen Wirkungsbereich der Gemeinde zugehörigen Aufgaben dem Gemeinderat verantwortlich.

(6) [1]In den Angelegenheiten des eigenen Wirkungsbereiches hat die Gemeinde das Recht, ortspolizeiliche Verordnungen nach freier Selbstbestimmung zur Abwehr unmittelbar zu erwartender oder zur Beseitigung bestehender, das örtliche Gemeinschaftsleben störender Missstände zu erlassen, sowie deren Nichtbefolgung als Verwaltungsübertretung zu erklären. [2]Solche Verordnungen dürfen nicht gegen bestehende Gesetze und Verordnungen des Bundes und des Landes verstoßen.

(7) [1]Auf Antrag einer Gemeinde kann die Besorgung einzelner Angelegenheiten des eigenen Wirkungsbereiches nach Maßgabe des Art. 119a Abs. 3 durch Verordnung der Landesregierung beziehungsweise durch Verordnung des Landeshauptmannes auf eine staatliche Behörde übertragen werden. [2]Soweit durch eine solche Verordnung eine Zuständigkeit auf eine Bundesbehörde übertragen werden soll, bedarf sie der Zustimmung der Bundesregierung. [3]Soweit durch eine solche Verordnung des Landeshauptmannes eine Zuständigkeit auf eine Landesbehörde übertragen werden soll, bedarf sie der Zustimmung der Landesregierung. [4]Eine solche Verordnung ist aufzuheben, sobald der Grund für ihre Erlassung weggefallen ist. [5]Die Übertragung erstreckt sich nicht auf das Verordnungsrecht nach Abs. 6.

(8) Die Errichtung eines Gemeindewachkörpers oder eine Änderung seiner Organisation ist der Bundesregierung anzuzeigen.

Artikel 118a [Gemeindewachkörper]

(1) Durch Bundes- oder Landesgesetz kann bestimmt werden, dass die Angehörigen eines Gemeindewachkörpers mit Zustimmung der Gemeinde zur Besorgung des Exekutivdienstes für die zuständige Behörde ermächtigt werden können.

(2) [1]Mit Zustimmung der Gemeinde kann die Bezirksverwaltungsbehörde Angehörige eines Gemeindewachkörpers ermächtigen, an der Handhabung des Verwaltungsstrafgesetzes im selben Umfang mitzuwirken wie die übrigen Organe des öffentlichen Sicherheitsdienstes. [2]Diese Ermächtigung kann nur erteilt werden, soweit die Organe des öffentlichen Sicherheitsdienstes in der den Gegenstand des Verwaltungsstrafverfahrens bildenden Angelegenheit die Einhaltung der Verwaltungsvorschriften

zu überwachen haben oder soweit diese Angelegenheit im Wirkungsbereich der Gemeinde zu besorgen ist.

Artikel 119 [Übertragener Wirkungskreis]
(1) Der übertragene Wirkungsbereich umfasst die Angelegenheiten, die die Gemeinde nach Maßgabe der Bundesgesetze im Auftrag und nach den Weisungen des Bundes oder nach Maßgabe der Landesgesetze im Auftrag und nach den Weisungen des Landes zu besorgen hat.

(2) [1]Die Angelegenheiten des übertragenen Wirkungsbereiches werden vom Bürgermeister besorgt. [2]Er ist hiebei in den Angelegenheiten der Bundesvollziehung an die Weisungen der zuständigen Organe des Bundes, in den Angelegenheiten der Landesvollziehung an die Weisungen der zuständigen Organe des Landes gebunden und nach Abs. 4 verantwortlich.

(3) [1]Der Bürgermeister kann einzelne Gruppen von Angelegenheiten des übertragenen Wirkungsbereiches - unbeschadet seiner Verantwortlichkeit - wegen ihres sachlichen Zusammenhanges mit den Angelegenheiten des eigenen Wirkungsbereiches Mitgliedern des Gemeindevorstandes (Stadtrates, Stadtsenates), anderen nach Art. 117 Abs. 1 geschaffenen Organen oder bei Kollegialorganen deren Mitgliedern zur Besorgung in seinem Namen übertragen. [2]In diesen Angelegenheiten sind die betreffenden Organe oder deren Mitglieder an die Weisungen des Bürgermeisters gebunden und nach Abs. 4 verantwortlich.

(4) [1]Wegen Gesetzesverletzung sowie wegen Nichtbefolgung einer Verordnung oder einer Weisung können die in den Abs. 2 und 3 genannten Organe, soweit ihnen Vorsatz oder grobe Fahrlässigkeit zur Last fällt, wenn sie auf dem Gebiet der Bundesvollziehung tätig waren, vom Landeshauptmann, wenn sie auf dem Gebiet der Landesvollziehung tätig waren, von der Landesregierung ihres Amtes verlustig erklärt werden. [2]Die allfällige Mitgliedschaft einer solchen Person zum Gemeinderat wird hiedurch nicht berührt.

Artikel 119a [Aufsichtsrecht und Gebarensprüfung]
(1) Der Bund und das Land üben das Aufsichtsrecht über die Gemeinde dahin aus, dass diese bei Besorgung des eigenen Wirkungsbereiches die Gesetze und Verordnungen nicht verletzt, insbesondere ihren Wirkungsbereich nicht überschreitet und die ihr gesetzlich obliegenden Aufgaben erfüllt.

(2) [1]Das Land hat ferner das Recht, die Gebarung der Gemeinde auf ihre Sparsamkeit, Wirtschaftlichkeit und Zweckmäßigkeit zu überprüfen. [2]Das Ergebnis der Überprüfung ist dem Bürgermeister zur Vorlage an den Gemeinderat zu übermitteln. [3]Der Bürgermeister hat die auf Grund des Überprüfungsergebnisses getroffenen Maßnahmen innerhalb von drei Monaten der Aufsichtsbehörde mitzuteilen.

(3) Das Aufsichtsrecht und dessen gesetzliche Regelung stehen, insoweit als der eigene Wirkungsbereich der Gemeinde Angelegenheiten aus dem Bereich der Bundesvollziehung umfasst, dem Bund, im Übrigen den Ländern zu; das Aufsichtsrecht ist von den Behörden der allgemeinen staatlichen Verwaltung auszuüben.

(4) [1]Die Aufsichtsbehörde ist berechtigt, sich über jedwede Angelegenheit der Gemeinde zu unterrichten. [2]Die Gemeinde ist verpflichtet, die von der Aufsichtsbehörde im einzelnen Fall verlangten Auskünfte zu erteilen und Prüfungen an Ort und Stelle vornehmen zu lassen.

(5) Anm.: aufgehoben durch BGBl. I Nr. 51/2012)

(6) [1]Die Gemeinde hat im eigenen Wirkungsbereich erlassene Verordnungen der Aufsichtsbehörde unverzüglich mitzuteilen. [2]Die Aufsichtsbehörde hat gesetzwidrige Verordnungen nach Anhörung der Gemeinde durch Verordnung aufzuheben und die Gründe hiefür der Gemeinde gleichzeitig mitzuteilen.

(7) [1]Sofern die zuständige Gesetzgebung (Abs. 3) als Aufsichtsmittel die Auflösung des Gemeinderates vorsieht, kommt diese Maßnahme in Ausübung des Aufsichtsrechtes des Landes der Landesregierung, in Ausübung des Aufsichtsrechtes des Bundes dem Landeshauptmann zu. [2]Die Zulässigkeit der Ersatzvornahme als Aufsichtsmittel ist auf die Fälle unbedingter Notwendigkeit zu beschränken. [3]Die Aufsichtsmittel sind unter möglichster Schonung erworbener Rechte Dritter zu handhaben.

(8) [1]Einzelne von der Gemeinde im eigenen Wirkungsbereich zu treffende Maßnahmen, durch die auch überörtliche Interessen in besonderem Maß berührt werden, insbesondere solche von besonderer finanzieller Bedeutung, können durch die zuständige Gesetzgebung (Abs. 3) an eine Genehmigung der

Aufsichtsbehörde gebunden werden. [2]Als Grund für die Versagung der Genehmigung darf nur ein Tatbestand vorgesehen werden, der die Bevorzugung überörtlicher Interessen eindeutig rechtfertigt.

(9) [1]Die Gemeinde ist Partei des aufsichtsbehördlichen Verfahrens und hat das Recht, Beschwerde beim Verwaltungsgericht (Art. 130 bis 132) zu erheben. [2]Sie ist Partei des Verfahrens vor dem Verwaltungsgericht und hat das Recht, Revision beim Verwaltungsgerichtshof (Art. 133) und Beschwerde beim Verfassungsgerichtshof (Art. 144) zu erheben.

(10) Die Bestimmungen dieses Artikels sind auf die Aufsicht über Gemeindeverbände, soweit diese Angelegenheiten des eigenen Wirkungsbereiches der Gemeinde besorgen, entsprechend anzuwenden.

Artikel 120 [Gebietsgemeinden]

[1]Die Zusammenfassung von Ortsgemeinden zu Gebietsgemeinden, deren Einrichtung nach dem Muster der Selbstverwaltung sowie die Festsetzung weiterer Grundsätze für die Organisation der allgemeinen staatlichen Verwaltung in den Ländern ist Sache der Bundesverfassungsgesetzgebung; die Ausführung obliegt der Landesgesetzgebung. [2]Die Regelung der Zuständigkeit in Angelegenheiten des Dienstrechtes und des Personalvertretungsrechtes der Bediensteten der Gebietsgemeinden ist Sache der Bundesverfassungsgesetzgebung.

B.

Sonstige Selbstverwaltung

Artikel 120a [Selbstverwaltungskörper]

(1) Personen können zur selbständigen Wahrnehmung öffentlicher Aufgaben, die in ihrem ausschließlichen oder überwiegenden gemeinsamen Interesse gelegen und geeignet sind, durch sie gemeinsam besorgt zu werden, durch Gesetz zu Selbstverwaltungskörpern zusammengefasst werden.

(2) [1]Die Republik anerkennt die Rolle der Sozialpartner. [2]Sie achtet deren Autonomie und fördert den sozialpartnerschaftlichen Dialog durch die Einrichtung von Selbstverwaltungskörpern.

Artikel 120b [Rechte und Pflichten der Selbstverwaltungskörper]

(1) [1]Die Selbstverwaltungskörper haben das Recht, ihre Aufgaben in eigener Verantwortung frei von Weisungen zu besorgen und im Rahmen der Gesetze Satzungen zu erlassen. [2]Dem Bund oder dem Land kommt ihnen gegenüber nach Maßgabe der gesetzlichen Bestimmungen hinsichtlich der Rechtmäßigkeit der Verwaltungsführung ein Aufsichtsrecht zu. [3]Darüber hinaus kann sich das Aufsichtsrecht auch auf die Zweckmäßigkeit der Verwaltungsführung erstrecken, wenn dies auf Grund der Aufgaben des Selbstverwaltungskörpers erforderlich ist.

(2) [1]Den Selbstverwaltungskörpern können Aufgaben staatlicher Verwaltung übertragen werden. [2]Die Gesetze haben derartige Angelegenheiten ausdrücklich als solche des übertragenen Wirkungsbereiches zu bezeichnen und eine Weisungsbindung gegenüber dem zuständigen obersten Verwaltungsorgan vorzusehen.

(3) Durch Gesetz können Formen der Mitwirkung der Selbstverwaltungskörper an der staatlichen Vollziehung vorgesehen werden.

Artikel 120c [Organe; Aufgabenerfüllung]

(1) Die Organe der Selbstverwaltungskörper sind aus dem Kreis ihrer Mitglieder nach demokratischen Grundsätzen zu bilden.

(2) Eine sparsame und wirtschaftliche Erfüllung der Aufgaben der Selbstverwaltungskörper ist nach Maßgabe der gesetzlichen Bestimmungen durch Beiträge ihrer Mitglieder oder durch sonstige Mittel sicherzustellen.

(3) [1]Die Selbstverwaltungskörper sind selbständige Wirtschaftskörper. [2]Sie können im Rahmen der Gesetze zur Erfüllung ihrer Aufgaben Vermögen aller Art erwerben, besitzen und darüber verfügen.

Siebentes Hauptstück

Rechnungs- und Gebarungskontrolle

Artikel 121 [Rechnungskontrolle]

(1) Zur Überprüfung der Gebarung des Bundes, der Länder, der Gemeindeverbände, der Gemeinden und anderer durch Gesetz bestimmter Rechtsträger ist der Rechnungshof berufen.

(2) Der Rechnungshof verfasst den Bundesrechnungsabschluss und legt ihn dem Nationalrat vor.

(3) [1]Alle Urkunden über Finanzschulden des Bundes sind, soweit sich aus ihnen eine Verpflichtung des Bundes ergibt, vom Präsidenten des Rechnungshofes, in dessen Verhinderung von seinem Stellvertreter, gegenzuzeichnen. [2]Die Gegenzeichnung gewährleistet lediglich die Gesetzmäßigkeit der Schuldaufnahme und die ordnungsmäßige Eintragung in das Hauptbuch der Staatsschuld.

(4) [1]Der Rechnungshof hat bei Unternehmungen und Einrichtungen, die seiner Kontrolle unterliegen und für die eine Berichterstattungspflicht an den Nationalrat besteht, jedes zweite Jahr die durchschnittlichen Einkommen einschließlich aller Sozial- und Sachleistungen sowie zusätzliche Leistungen für Pensionen von Mitgliedern des Vorstandes und des Aufsichtsrates sowie aller Beschäftigten durch Einholung von Auskünften bei diesen Unternehmungen und Einrichtungen zu erheben und darüber dem Nationalrat zu berichten. [2]Die durchschnittlichen Einkommen der genannten Personenkreise sind hiebei für jede Unternehmung und jede Einrichtung gesondert auszuweisen.

Artikel 122 [Rechtsstellung]

(1) [1]Der Rechnungshof untersteht unmittelbar dem Nationalrat. [2]Er ist in Angelegenheiten der Bundesgebarung und der Gebarung der gesetzlichen beruflichen Vertretungen, soweit sie in die Vollziehung des Bundes fallen, als Organ des Nationalrates, in Angelegenheiten der Länder-, Gemeindeverbände- und Gemeindegebarung sowie der Gebarung der gesetzlichen beruflichen Vertretungen, soweit sie in die Vollziehung der Länder fallen, als Organ des betreffenden Landtages tätig.

(2) Der Rechnungshof ist von der Bundesregierung und den Landesregierungen unabhängig und nur den Bestimmungen des Gesetzes unterworfen.

(3) Der Rechnungshof besteht aus einem Präsidenten und den erforderlichen Beamten und Hilfskräften.

(4) [1]Der Präsident des Rechnungshofes wird auf Vorschlag des Hauptausschusses vom Nationalrat für eine Funktionsperiode von zwölf Jahren gewählt; eine Wiederwahl ist unzulässig. [2]Er leistet vor Antritt seines Amtes dem Bundespräsidenten die Angelobung.

(5) Der Präsident des Rechnungshofes muss zum Nationalrat wählbar sein, darf weder einem allgemeinen Vertretungskörper noch dem Europäischen Parlament angehören und in den letzten fünf Jahren nicht Mitglied der Bundesregierung oder einer Landesregierung gewesen sein.

Artikel 123 [Verantwortlichkeit und Abberufung des Präsidenten]

(1) Der Präsident des Rechnungshofes ist hinsichtlich der Verantwortlichkeit den Mitgliedern der Bundesregierung oder den Mitgliedern der in Betracht kommenden Landesregierung gleichgestellt, je nachdem der Rechnungshof als Organ des Nationalrates oder eines Landtages tätig ist.

(2) Er kann durch Beschluss des Nationalrates abberufen werden.

Artikel 123a [Rechte des Präsidenten]

(1) Der Präsident des Rechnungshofes ist berechtigt, an den Verhandlungen über die Berichte des Rechnungshofes, die Bundesrechnungsabschlüsse, Anträge betreffend die Durchführung besonderer Akte der Gebarungsüberprüfung durch den Rechnungshof und die den Rechnungshof betreffenden Untergliederungen des Entwurfes des Bundesfinanzgesetzes im Nationalrat sowie in seinen Ausschüssen (Unterausschüssen) teilzunehmen.

(2) Der Präsident des Rechnungshofes hat nach den näheren Bestimmungen des Bundesgesetzes über die Geschäftsordnung des Nationalrates das Recht, auf sein Verlangen in den Verhandlungen zu den in Abs. 1 angeführten Gegenständen jedes Mal gehört zu werden.

Artikel 124 [Vertretung des Präsidenten]

(1) [1]Der Präsident des Rechnungshofes wird im Falle seiner Verhinderung vom rangältesten Beamten des Rechnungshofes vertreten. [2]Dies gilt auch, wenn das Amt des Präsidenten erledigt ist. [3]Die Stellvertretung des Präsidenten des Rechnungshofes im Nationalrat wird durch das Bundesgesetz über die Geschäftsordnung des Nationalrates bestimmt.

(2) Im Falle der Stellvertretung des Präsidenten gelten für den Stellvertreter die Bestimmungen des Art. 123 Abs. 1.

Artikel 125 [Ernennung der Beamten und Hilfskräfte; Diensthoheit]

(1) [1]Die Beamten des Rechnungshofes ernennt auf Vorschlag und unter Gegenzeichnung des Präsidenten des Rechnungshofes der Bundespräsident; das Gleiche gilt für die Verleihung der Amtstitel. [2]Doch kann der Bundespräsident den Präsidenten des Rechnungshofes ermächtigen, Beamte bestimmter Kategorien zu ernennen.

(2) Die Hilfskräfte ernennt der Präsident des Rechnungshofes.

(3) Die Diensthoheit des Bundes gegenüber den beim Rechnungshof Bediensteten wird vom Präsidenten des Rechnungshofes ausgeübt.

Artikel 126 [Inkompatibilitäten]

[1]Kein Mitglied des Rechnungshofes darf an der Leitung und Verwaltung von Unternehmungen beteiligt sein, die der Kontrolle durch den Rechnungshof unterliegen. [2]Ebensowenig darf ein Mitglied des Rechnungshofes an der Leitung und Verwaltung sonstiger auf Gewinn gerichteter Unternehmungen teilnehmen.

Artikel 126a [Rechtsstreitigkeiten]

[1]Entstehen zwischen dem Rechnungshof und einem Rechtsträger (Art. 121 Abs. 1) Meinungsverschiedenheiten über die Auslegung der gesetzlichen Bestimmungen, die die Zuständigkeit des Rechnungshofes regeln, so entscheidet auf Antrag der Bundesregierung oder einer Landesregierung oder des Rechnungshofes der Verfassungsgerichtshof. [2]Alle Rechtsträger sind verpflichtet, entsprechend der Rechtsanschauung des Verfassungsgerichtshofes eine Überprüfung durch den Rechnungshof zu ermöglichen.

Artikel 126b [Aufgaben des Rechnungshofes]

(1) Der Rechnungshof hat die gesamte Staatswirtschaft des Bundes, ferner die Gebarung von Stiftungen, Fonds und Anstalten zu überprüfen, die von Organen des Bundes oder von Personen (Personengemeinschaften) verwaltet werden, die hiezu von Organen des Bundes bestellt sind.

(2) [1]Der Rechnungshof überprüft weiters die Gebarung von Unternehmungen, an denen der Bund allein oder gemeinsam mit anderen der Zuständigkeit des Rechnungshofes unterliegenden Rechtsträgern jedenfalls mit mindestens 50 vH des Stamm-, Grund- oder Eigenkapitals beteiligt ist oder die der Bund allein oder gemeinsam mit anderen solchen Rechtsträgern betreibt. [2]Der Rechnungshof überprüft weiters jene Unternehmungen, die der Bund allein oder gemeinsam mit anderen der Zuständigkeit des Rechnungshofes unterliegenden Rechtsträgern durch finanzielle oder sonstige wirtschaftliche oder organisatorische Maßnahmen tatsächlich beherrscht. [3]Die Zuständigkeit des Rechnungshofes erstreckt sich auch auf Unternehmungen jeder weiteren Stufe, bei denen die Voraussetzungen gemäß diesem Absatz vorliegen.

(3) Der Rechnungshof ist befugt, die Gebarung öffentlich-rechtlicher Körperschaften mit Mitteln des Bundes zu überprüfen.

(4) [1]Der Rechnungshof hat auf Beschluss des Nationalrates oder auf Verlangen von Mitgliedern des Nationalrates in seinen Wirkungsbereich fallende besondere Akte der Gebarungsüberprüfung durchzuführen. [2]Die nähere Regelung wird durch das Bundesgesetz über die Geschäftsordnung des Nationalrates getroffen. [3]Desgleichen hat der Rechnungshof auf begründetes Ersuchen der Bundesregierung oder eines Bundesministers solche Akte durchzuführen und das Ergebnis der ersuchenden Stelle mitzuteilen.

(5) Die Überprüfung des Rechnungshofes hat sich auf die ziffernmäßige Richtigkeit, die Übereinstimmung mit den bestehenden Vorschriften, ferner auf die Sparsamkeit, Wirtschaftlichkeit und Zweckmäßigkeit zu erstrecken.

Artikel 126c [Kontrolle der Sozialversicherungsträger]

Der Rechnungshof ist befugt, die Gebarung der Träger der Sozialversicherung zu überprüfen.

Artikel 126d [Berichterstattung]

(1) [1]Der Rechnungshof erstattet dem Nationalrat über seine Tätigkeit im vorausgegangenen Jahr spätestens bis 31. Dezember jeden Jahres Bericht. [2]Überdies kann der Rechnungshof über einzelne Wahrnehmungen jederzeit unter allfälliger Antragstellung an den Nationalrat berichten. [3]Der Rechnungshof

hat jeden Bericht gleichzeitig mit der Vorlage an den Nationalrat dem Bundeskanzler mitzuteilen. [4]Die Berichte des Rechnungshofes sind nach Vorlage an den Nationalrat zu veröffentlichen.

(2) [1]Für die Verhandlung der Berichte des Rechnungshofes wird im Nationalrat ein ständiger Ausschuss eingesetzt. [2]Bei der Einsetzung ist der Grundsatz der Verhältniswahl einzuhalten.

Artikel 127 [Überprüfung und Berichterstattung im Bereich der Länder]

(1) [1]Der Rechnungshof hat die in den selbständigen Wirkungsbereich der Länder fallende Gebarung sowie die Gebarung von Stiftungen, Fonds und Anstalten zu überprüfen, die von Organen eines Landes oder von Personen (Personengemeinschaften) verwaltet werden, die hiezu von Organen eines Landes bestellt sind. [2]Die Überprüfung hat sich auf die ziffernmäßige Richtigkeit, die Übereinstimmung mit den bestehenden Vorschriften, ferner auf die Sparsamkeit, Wirtschaftlichkeit und Zweckmäßigkeit der Gebarung zu erstrecken; sie umfasst jedoch nicht die für die Gebarung maßgebenden Beschlüsse der verfassungsmäßig zuständigen Vertretungskörper.

(2) Die Landesregierungen haben alljährlich die Voranschläge und Rechnungsabschlüsse dem Rechnungshof zu übermitteln.

(3) [1]Der Rechnungshof überprüft weiter die Gebarung von Unternehmungen, an denen das Land allein oder gemeinsam mit anderen der Zuständigkeit des Rechnungshofes unterliegenden Rechtsträgern mit mindestens 50 vH des Stamm-, Grund- oder Eigenkapitals beteiligt ist oder die das Land allein oder gemeinsam mit anderen solchen Rechtsträgern betreibt. [2]Hinsichtlich der Prüfzuständigkeit bei einer tatsächlichen Beherrschung gilt Art. 126b Abs. 2 sinngemäß. [3]Die Zuständigkeit des Rechnungshofes erstreckt sich auch auf Unternehmungen jeder weiteren Stufe, bei denen die Voraussetzungen gemäß diesem Absatz vorliegen.

(4) Der Rechnungshof ist befugt, die Gebarung öffentlich-rechtlicher Körperschaften mit Mitteln des Landes zu überprüfen.

(5) [1]Das Ergebnis seiner Überprüfung gibt der Rechnungshof der betreffenden Landesregierung bekannt. [2]Diese hat hiezu Stellung zu nehmen und die auf Grund des Prüfungsergebnisses getroffenen Maßnahmen innerhalb von drei Monaten dem Rechnungshof mitzuteilen.

(6) [1]Der Rechnungshof erstattet dem Landtag über seine Tätigkeit im vorausgegangenen Jahr, die sich auf das betreffende Land bezieht, spätestens bis 31. Dezember jeden Jahres Bericht. [2]Überdies kann der Rechnungshof über einzelne Wahrnehmungen jederzeit an den Landtag berichten. [3]Der Rechnungshof hat jeden Bericht gleichzeitig mit der Vorlage an den Landtag der Landesregierung sowie der Bundesregierung mitzuteilen. [4]Die Berichte des Rechnungshofes sind nach Vorlage an den Landtag zu veröffentlichen.

(7) [1]Der Rechnungshof hat auf Beschluss des Landtages oder auf Verlangen einer durch Landesverfassungsgesetz zu bestimmenden Anzahl von Mitgliedern eines Landtages, die ein Drittel nicht übersteigen darf, in seinen Wirkungsbereich fallende besondere Akte der Gebarungsprüfung durchzuführen. [2]Solange der Rechnungshof auf Grund eines solchen Antrages dem Landtag noch keinen Bericht erstattet hat, darf ein weiterer derartiger Antrag nicht gestellt werden. [3]Desgleichen hat der Rechnungshof auf begründetes Ersuchen der Landesregierung solche Akte durchzuführen und das Ergebnis der ersuchenden Stelle mitzuteilen.

(8) Die Bestimmungen dieses Artikels gelten auch für die Überprüfung der Gebarung der Stadt Wien, wobei an die Stelle des Landtages der Gemeinderat und an die Stelle der Landesregierung der Stadtsenat tritt.

Artikel 127a [Kontrolle und Berichterstattung im Bereich der Gemeinden]

(1) [1]Der Kontrolle durch den Rechnungshof unterliegt die Gebarung der Gemeinden mit mindestens 10 000 Einwohnern sowie die Gebarung von Stiftungen, Fonds und Anstalten, die von Organen einer Gemeinde oder von Personen (Personengemeinschaften) verwaltet werden, die hiezu von Organen einer Gemeinde bestellt sind. [2]Die Überprüfung hat sich auf die ziffernmäßige Richtigkeit, die Übereinstimmung mit den bestehenden Vorschriften, ferner auf die Sparsamkeit, Wirtschaftlichkeit und Zweckmäßigkeit der Gebarung zu erstrecken.

(2) Die Bürgermeister haben alljährlich die Voranschläge und Rechnungsabschlüsse dem Rechnungshof und gleichzeitig der Landesregierung zu übermitteln.

(3) [1]Der Rechnungshof überprüft weiter die Gebarung von Unternehmungen, an denen eine Gemeinde mit mindestens 10 000 Einwohnern allein oder gemeinsam mit anderen der Zuständigkeit des

Rechnungshofes unterliegenden Rechtsträgern mit mindestens 50 vH des Stamm-, Grund- oder Eigenkapitals beteiligt ist oder die die Gemeinde allein oder gemeinsam mit anderen solchen Rechtsträgern betreibt. [2]Hinsichtlich der Prüfzuständigkeit bei einer tatsächlichen Beherrschung gilt Art. 126b Abs. 2 sinngemäß. [3]Die Zuständigkeit des Rechnungshofes erstreckt sich auch auf Unternehmungen jeder weiteren Stufe, bei denen die Voraussetzungen gemäß diesem Absatz vorliegen.

(4) Der Rechnungshof ist befugt, die Gebarung öffentlich-rechtlicher Körperschaften mit Mitteln einer Gemeinde mit mindestens 10 000 Einwohnern zu überprüfen.

(5) [1]Der Rechnungshof gibt das Ergebnis seiner Überprüfung dem Bürgermeister bekannt. [2]Der Bürgermeister hat hiezu Stellung zu nehmen und die auf Grund des Prüfungsergebnisses getroffenen Maßnahmen innerhalb von drei Monaten dem Rechnungshof mitzuteilen. [3]Der Rechnungshof hat das Ergebnis seiner Gebarungsüberprüfung samt einer allenfalls abgegebenen Äußerung des Bürgermeisters der Landesregierung und der Bundesregierung mitzuteilen.

(6) [1]Der Rechnungshof erstattet dem Gemeinderat über seine Tätigkeit im vorausgegangenen Jahr, soweit sie sich auf die betreffende Gemeinde bezieht, spätestens bis 31. Dezember Bericht. [2]Er hat jeden Bericht gleichzeitig mit der Vorlage an den Gemeinderat auch der Landesregierung sowie der Bundesregierung mitzuteilen. [3]Die Berichte des Rechnungshofes sind nach Vorlage an den Gemeinderat zu veröffentlichen.

(7) [1]Der Rechnungshof hat auf begründetes Ersuchen der Landesregierung die Gebarung bestimmter Gemeinden mit weniger als 10 000 Einwohnern zu überprüfen. [2]Die Abs. 1 und 3 bis 6 sind sinngemäß anzuwenden. [3]In jedem Jahr dürfen nur zwei derartige Ersuchen gestellt werden. [4]Solche Ersuchen sind nur hinsichtlich jener Gemeinden zulässig, die im Vergleich mit anderen Gemeinden über eine auffällige Entwicklung bei Schulden oder Haftungen verfügen.

(8) [1]Der Rechnungshof hat auf Beschluss des Landtages die Gebarung bestimmter Gemeinden mit weniger als 10 000 Einwohnern zu überprüfen. [2]Die Abs. 1 und 3 bis 6 sind mit der Maßgabe sinngemäß anzuwenden, dass der Bericht des Rechnungshofes auch dem Landtag mitzuteilen ist. [3]In jedem Jahr dürfen nur zwei derartige Anträge gestellt werden. [4]Solche Anträge sind nur hinsichtlich jener Gemeinden zulässig, die im Vergleich mit anderen Gemeinden über eine auffällige Entwicklung bei Schulden oder Haftungen verfügen.

(9) Die für die Überprüfung der Gebarung der Gemeinden geltenden Bestimmungen sind bei der Überprüfung der Gebarung der Gemeindeverbände sinngemäß anzuwenden.

Artikel 127b [Kontrolle und Berichterstattung bei den beruflichen Vertretungen]

(1) Der Rechnungshof ist befugt, die Gebarung der gesetzlichen beruflichen Vertretungen zu überprüfen.

(2) Die gesetzlichen beruflichen Vertretungen haben dem Rechnungshof alljährlich den Voranschlag und den Rechnungsabschluss zu übermitteln.

(3) Die Überprüfung des Rechnungshofes hat sich auf die ziffernmäßige Richtigkeit, die Übereinstimmung mit den bestehenden Vorschriften, ferner auf die Sparsamkeit und Wirtschaftlichkeit der Gebarung zu erstrecken; diese Überprüfung umfasst jedoch nicht die für die Gebarung in Wahrnehmung der Aufgaben als Interessenvertretung maßgeblichen Beschlüsse der zuständigen Organe der gesetzlichen beruflichen Vertretungen.

(4) [1]Der Rechnungshof hat das Ergebnis seiner Überprüfung dem Vorsitzenden des satzungsgebenden Organs (Vertretungskörpers) der gesetzlichen beruflichen Vertretung bekanntzugeben. [2]Dieser hat das Ergebnis der Überprüfung samt einer allfälligen Stellungnahme dazu dem satzungsgebenden Organ (Vertretungskörper) der gesetzlichen beruflichen Vertretung vorzulegen. [3]Der Rechnungshof hat das Ergebnis der Überprüfung gleichzeitig auch der zur obersten Aufsicht über die gesetzliche berufliche Vertretung zuständigen Behörde mitzuteilen. [4]Die Berichte des Rechnungshofes sind nach Vorlage an das satzungsgebende Organ (den Vertretungskörper) zu veröffentlichen.

Artikel 127c [Kontrolleinrichtungen der Länder]

Ist in einem Land ein Landesrechnungshof eingerichtet, können durch Landesverfassungsgesetz folgende Regelungen getroffen werden:

1. eine dem Art. 126a erster Satz entsprechende Bestimmung mit der Maßgabe, dass Art. 126a zweiter Satz auch in diesem Fall gilt;

2. dem Art. 127a Abs. 1 bis 6 entsprechende Bestimmungen betreffend Gemeinden mit weniger als 10 000 Einwohnern;
3. dem Art. 127a Abs. 7 und 8 entsprechende Bestimmungen betreffend Gemeinden mit mindestens 10 000 Einwohnern.

(4. *Anm.: aufgehoben durch BGBl. I Nr. 651/2012)*

Artikel 128 [Ausführungsgesetzgebung]
Die näheren Bestimmungen über die Einrichtung und Tätigkeit des Rechnungshofes werden durch Bundesgesetz getroffen.

Achtes Hauptstück
Garantien der Verfassung und Verwaltung

A.
Verwaltungsgerichtsbarkeit

Artikel 129 [Verwaltungsgerichte des Bundes und der Länder]
[1]Für jedes Land besteht ein Verwaltungsgericht des Landes. [2]Für den Bund bestehen ein als Bundesverwaltungsgericht zu bezeichnendes Verwaltungsgericht des Bundes und ein als Bundesfinanzgericht zu bezeichnendes Verwaltungsgericht des Bundes für Finanzen.

Artikel 129a bis 129f (aufgehoben)

Artikel 130 [Zuständigkeiten der Verwaltungsgerichte]
(1) Die Verwaltungsgerichte erkennen über Beschwerden
1. gegen den Bescheid einer Verwaltungsbehörde wegen Rechtswidrigkeit
2. gegen die Ausübung unmittelbarer verwaltungsbehördlicher Befehls- und Zwangsgewalt wegen Rechtswidrigkeit
3. wegen Verletzung der Entscheidungspflicht durch eine Verwaltungsbehörde
4. *(aufgehoben durch Art. 1 Z. 13, BGBl. I Nr. 138/2017).*

(1a) Das Verwaltungsgericht des Bundes erkennt über die Anwendung von Zwangsmitteln gegenüber Auskunftspersonen eines Untersuchungsausschusses des Nationalrates nach Maßgabe des Bundesgesetzes über die Geschäftsordnung des Nationalrates.

(2) [1]Durch Bundes- oder Landesgesetz können sonstige Zuständigkeiten der Verwaltungsgerichte zur Entscheidung über
1. Beschwerden wegen Rechtswidrigkeit eines Verhaltens einer Verwaltungsbehörde in Vollziehung der Gesetze oder
2. Beschwerden wegen Rechtswidrigkeit eines Verhaltens eines Auftraggebers in den Angelegenheiten des öffentlichen Auftragswesens oder
3. Streitigkeiten in dienstrechtlichen Angelegenheiten der öffentlich Bediensteten oder
4. Beschwerden, Streitigkeiten oder Anträge in sonstigen Angelegenheiten

vorgesehen werden. [2]In den Angelegenheiten der Vollziehung des Bundes, die nicht unmittelbar von Bundesbehörden besorgt werden, sowie in den Angelegenheiten der Art. 11, 12, 14 Abs. 2 und 3 und 14a Abs. 3 und 4 dürfen Bundesgesetze gemäß Z 1 und 4 nur mit Zustimmung der Länder kundgemacht werden.

(2a) Die Verwaltungsgerichte erkennen über Beschwerden von Personen, die durch das jeweilige Verwaltungsgericht in Ausübung seiner gerichtlichen Zuständigkeiten in ihren Rechten gemäß der Verordnung (EU) 2016/679 zum Schutz natürlicher Personen bei der Verarbeitung personenbezogener Daten, zum freien Datenverkehr und zur Aufhebung der Richtlinie 95/46/EG (Datenschutz-Grundverordnung) – DSGVO, ABl. Nr. L 119 vom 4. 5. 2016 S. 1, verletzt zu sein behaupten.

(3) Außer in Verwaltungsstrafsachen und in den zur Zuständigkeit des Verwaltungsgerichtes des Bundes für Finanzen gehörenden Rechtssachen liegt Rechtswidrigkeit nicht vor, soweit das Gesetz der Verwaltungsbehörde Ermessen einräumt und sie dieses im Sinne des Gesetzes geübt hat.

(4) [1]Über Beschwerden gemäß Abs. 1 Z 1 in Verwaltungsstrafsachen hat das Verwaltungsgericht in der Sache selbst zu entscheiden. [2]Über Beschwerden gemäß Abs. 1 Z 1 in sonstigen Rechtssachen hat das Verwaltungsgericht dann in der Sache selbst zu entscheiden, wenn

1. der maßgebliche Sachverhalt feststeht oder
2. die Feststellung des maßgeblichen Sachverhaltes durch das Verwaltungsgericht selbst im Interesse der Raschheit gelegen oder mit einer erheblichen Kostenersparnis verbunden ist.

(5) Von der Zuständigkeit der Verwaltungsgerichte ausgeschlossen sind Rechtssachen, die zur Zuständigkeit der ordentlichen Gerichte oder des Verfassungsgerichtshofes gehören sofern nicht in diesem Gesetz anderes bestimmt ist.

Artikel 131 [Zuständigkeit der Verwaltungsgerichte der Länder und des Bundes]

(1) Soweit sich aus Abs. 2 und 3 nicht anderes ergibt, erkennen über Beschwerden nach Art. 130 Abs. 1 die Verwaltungsgerichte der Länder.

(2) [1]Soweit sich aus Abs. 3 nicht anderes ergibt, erkennt das Verwaltungsgericht des Bundes über Beschwerden gemäß Art. 130 Abs. 1 in Rechtssachen in den Angelegenheiten der Vollziehung des Bundes, die unmittelbar von Bundesbehörden besorgt werden. [2]Sieht ein Gesetz gemäß Art. 130 Abs. 2 Z 2 eine Zuständigkeit der Verwaltungsgerichte vor, erkennt das Verwaltungsgericht des Bundes über Beschwerden in Rechtssachen in den Angelegenheiten des öffentlichen Auftragswesens, die gemäß Art. 14b Abs. 2 Z 1 in Vollziehung Bundessache sind. [3]Sieht ein Gesetz gemäß Art. 130 Abs. 2 Z 3 eine Zuständigkeit der Verwaltungsgerichte vor, erkennt das Verwaltungsgericht des Bundes über Streitigkeiten in dienstrechtlichen Angelegenheiten der öffentlich Bediensteten des Bundes.

(3) Das Verwaltungsgericht des Bundes für Finanzen erkennt über Beschwerden gemäß Art. 130 Abs. 1 Z 1 bis 3 in Rechtssachen in Angelegenheiten der öffentlichen Abgaben (mit Ausnahme der Verwaltungsabgaben des Bundes, der Länder und Gemeinden) und des Finanzstrafrechts sowie in sonstigen gesetzlich festgelegten Angelegenheiten, soweit die genannten Angelegenheiten unmittelbar von den Abgaben- oder Finanzstrafbehörden des Bundes besorgt werden.

(4) [1]Durch Bundesgesetz kann

1. eine Zuständigkeit der Verwaltungsgerichte der Länder vorgesehen werden: in Rechtssachen in den Angelegenheiten gemäß Abs. 2 und 3;
2. eine Zuständigkeit der Verwaltungsgerichte des Bundes vorgesehen werden:
   a) in Rechtssachen in den Angelegenheiten der Umweltverträglichkeitsprüfung für Vorhaben, bei denen mit erheblichen Auswirkungen auf die Umwelt zu rechnen ist (Art. 10 Abs. 1 Z 9 und Art. 11 Abs. 1 Z 7);
   b) in Rechtssachen in den Angelegenheiten des Art. 14 Abs. 1 und 5;
   c) in sonstigen Rechtssachen in den Angelegenheiten der Vollziehung des Bundes, die nicht unmittelbar von Bundesbehörden besorgt werden, sowie in den Angelegenheiten der Art. 11, 12, 14 Abs. 2 und 3 und 14a Abs. 3.

[2]Bundesgesetze gemäß Z 1 und Z 2 lit. c dürfen nur mit Zustimmung der Länder kundgemacht werden.

(5) [1]Durch Landesgesetz kann in Rechtssachen in den Angelegenheiten des selbständigen Wirkungsbereiches der Länder eine Zuständigkeit der Verwaltungsgerichte des Bundes vorgesehen werden. [2]Art. 97 Abs. 2 gilt sinngemäß.

(6) [1]Über Beschwerden in Rechtssachen, in denen ein Gesetz gemäß Art. 130 Abs. 2 Z 1 und 4 eine Zuständigkeit der Verwaltungsgerichte vorsieht, erkennen die in dieser Angelegenheit gemäß den Abs. 1 bis 4 dieses Artikels zuständigen Verwaltungsgerichte. [2]Ist gemäß dem ersten Satz keine Zuständigkeit gegeben, erkennen über solche Beschwerden die Verwaltungsgerichte der Länder.

Artikel 131a (aufgehoben)

Artikel 132 [Beschwerdebefugnis].

(1) Gegen den Bescheid einer Verwaltungsbehörde kann wegen Rechtswidrigkeit Beschwerde erheben:

1. wer durch den Bescheid in seinen Rechten verletzt zu sein behauptet;
2. der zuständige Bundesminister in Rechtssachen in einer Angelegenheit der Art. 11, 12, 14 Abs. 2 und 3 und 14a Abs. 3 und 4.

(2) Gegen die Ausübung unmittelbarer verwaltungsbehördlicher Befehls- und Zwangsgewalt kann wegen Rechtswidrigkeit Beschwerde erheben, wer durch sie in seinen Rechten verletzt zu sein behauptet.

(3) Wegen Verletzung der Entscheidungspflicht kann Beschwerde erheben, wer im Verwaltungsverfahren als Partei zur Geltendmachung der Entscheidungspflicht berechtigt zu sein behauptet.

(4) Wer in anderen als den in Abs. 1 und 2 genannten Fällen und in den Fällen, in denen ein Gesetz gemäß Art. 130 Abs. 2 eine Zuständigkeit der Verwaltungsgerichte vorsieht, wegen Rechtswidrigkeit Beschwerde erheben kann, bestimmen die Bundes- oder Landesgesetze.

(5) In den Angelegenheiten des eigenen Wirkungsbereiches der Gemeinde kann Beschwerde beim Verwaltungsgericht erst nach Erschöpfung des Instanzenzuges erhoben werden.

Artikel 132a (aufgehoben)

Artikel 133 [Zuständigkeit des Verwaltungsgerichtshofes]

(1) Der Verwaltungsgerichtshof erkennt über

1. Revisionen gegen das Erkenntnis eines Verwaltungsgerichtes wegen Rechtswidrigkeit
2. Anträge auf Fristsetzung wegen Verletzung der Entscheidungspflicht durch ein Verwaltungsgericht;
3. Kompetenzkonflikte zwischen Verwaltungsgerichten oder zwischen einem Verwaltungsgericht und dem Verwaltungsgerichtshof.

(2) Durch Bundes- oder Landesgesetz können sonstige Zuständigkeiten des Verwaltungsgerichtshofes zur Entscheidung über Anträge eines ordentlichen Gerichtes auf Feststellung der Rechtswidrigkeit eines Bescheides oder eines Erkenntnisses eines Verwaltungsgerichtes vorgesehen werden.

(2a) Der Verwaltungsgerichtshof erkennt über die Beschwerde einer Person, die durch den Verwaltungsgerichtshof in Ausübung seiner gerichtlichen Zuständigkeiten in ihren Rechten gemäß der DSGVO verletzt zu sein behauptet.

(3) Rechtswidrigkeit liegt nicht vor, soweit das Verwaltungsgericht Ermessen im Sinne des Gesetzes geübt hat.

(4) [1]Gegen ein Erkenntnis des Verwaltungsgerichtes ist die Revision zulässig, wenn sie von der Lösung einer Rechtsfrage abhängt, der grundsätzliche Bedeutung zukommt, insbesondere weil das Erkenntnis von der Rechtsprechung des Verwaltungsgerichtshofes abweicht, eine solche Rechtsprechung fehlt oder die zu lösende Rechtsfrage in der bisherigen Rechtsprechung des Verwaltungsgerichtshofes nicht einheitlich beantwortet wird. [2]Hat das Erkenntnis nur eine geringe Geldstrafe zum Gegenstand, kann durch Bundesgesetz vorgesehen werden, dass die Revision unzulässig ist.

(5) Von der Zuständigkeit des Verwaltungsgerichtshofes ausgeschlossen sind Rechtssachen, die zur Zuständigkeit des Verfassungsgerichtshofes gehören.

(6) Gegen das Erkenntnis eines Verwaltungsgerichtes kann wegen Rechtswidrigkeit Revision erheben:

1. wer durch das Erkenntnis in seinen Rechten verletzt zu sein behauptet;
2. die belangte Behörde des Verfahrens vor dem Verwaltungsgericht;
3. der zuständige Bundesminister in den im Art. 132 Abs. 1 Z 2 genannten Rechtssachen.

(4. *aufgehoben durch BGBl. I. Nr. 138/2017)*

(7) Wegen Verletzung der Entscheidungspflicht kann einen Antrag auf Fristsetzung stellen, wer im Verfahren vor dem Verwaltungsgericht als Partei zur Geltendmachung der Entscheidungspflicht berechtigt zu sein behauptet.

(8) Wer in anderen als den in Abs. 6 genannten Fällen wegen Rechtswidrigkeit Revision erheben kann, bestimmen die Bundes- oder Landesgesetze.

(9) [1]Auf die Beschlüsse der Verwaltungsgerichte sind die für ihre Erkenntnisse geltenden Bestimmungen dieses Artikels sinngemäß anzuwenden. [2]Inwieweit gegen Beschlüsse der Verwaltungsgerichte Revision erhoben werden kann, bestimmt das die Organisation und das Verfahren des Verwaltungsgerichtshofes regelnde besondere Bundesgesetz.

Artikel 134 [Zusammensetzung; Stellung der Mitglieder]

(1) Die Verwaltungsgerichte und der Verwaltungsgerichtshof bestehen aus je einem Präsidenten, einem Vizepräsidenten und der erforderlichen Zahl von sonstigen Mitgliedern.

(2) [1]Den Präsidenten, den Vizepräsidenten und die sonstigen Mitglieder des Verwaltungsgerichtes eines Landes ernennt die Landesregierung; diese hat, soweit es sich nicht um die Stelle des Präsidenten oder des Vizepräsidenten handelt, Dreiervorschläge der Vollversammlung des Verwaltungsgerichtes

oder eines aus ihrer Mitte zu wählenden Ausschusses, der aus dem Präsidenten, dem Vizepräsidenten und mindestens fünf sonstigen Mitgliedern des Verwaltungsgerichtes des Landes zu bestehen hat, einzuholen. [2]Die Mitglieder der Verwaltungsgerichte der Länder müssen das Studium der Rechtswissenschaften oder die rechts- und staatswissenschaftlichen Studien abgeschlossen haben und über eine fünfjährige juristische Berufserfahrung verfügen.

(3) [1]Den Präsidenten, den Vizepräsidenten und die sonstigen Mitglieder der Verwaltungsgerichte des Bundes ernennt der Bundespräsident auf Vorschlag der Bundesregierung; diese hat, soweit es sich nicht um die Stelle des Präsidenten oder des Vizepräsidenten handelt, Dreiervorschläge der Vollversammlung des Verwaltungsgerichtes oder eines aus ihrer Mitte zu wählenden Ausschusses, der aus dem Präsidenten, dem Vizepräsidenten und mindestens fünf sonstigen Mitgliedern des Verwaltungsgerichtes des Bundes zu bestehen hat, einzuholen. [2]Die Mitglieder des Verwaltungsgerichtes des Bundes müssen das Studium der Rechtswissenschaften oder die rechts- und staatswissenschaftlichen Studien abgeschlossen haben und über eine fünfjährige juristische Berufserfahrung verfügen, die Mitglieder des Verwaltungsgerichtes des Bundes für Finanzen müssen ein einschlägiges Studium abgeschlossen haben und über eine fünfjährige einschlägige Berufserfahrung verfügen.

(4) [1]Den Präsidenten, den Vizepräsidenten und die sonstigen Mitglieder des Verwaltungsgerichtshofes ernennt der Bundespräsident auf Vorschlag der Bundesregierung; diese erstattet ihre Vorschläge, soweit es sich nicht um die Stelle des Präsidenten oder des Vizepräsidenten handelt, auf Grund von Dreiervorschlägen der Vollversammlung des Verwaltungsgerichtshofes oder eines aus ihrer Mitte zu wählenden Ausschusses, der aus dem Präsidenten, dem Vizepräsidenten und mindestens fünf sonstigen Mitgliedern des Verwaltungsgerichtshofes zu bestehen hat. [2]Die Mitglieder des Verwaltungsgerichtshofes müssen das Studium der Rechtswissenschaften oder die rechts- und staatswissenschaftlichen Studien abgeschlossen haben und über eine zehnjährige juristische Berufserfahrung verfügen. [3]Wenigstens der vierte Teil soll aus Berufsstellungen in den Ländern, womöglich aus dem Verwaltungsdienst der Länder, entnommen werden.

(5) Den Verwaltungsgerichten und dem Verwaltungsgerichtshof können Mitglieder der Bundesregierung, einer Landesregierung, des Nationalrates, des Bundesrates, eines Landtages oder des Europäischen Parlaments nicht angehören, dem Verwaltungsgerichtshof ferner Mitglieder eines sonstigen allgemeinen Vertretungskörpers; für Mitglieder eines allgemeinen Vertretungskörpers oder des Europäischen Parlaments, die auf eine bestimmte Gesetzgebungs- oder Funktionsperiode gewählt wurden, dauert die Unvereinbarkeit auch bei vorzeitigem Verzicht auf das Mandat bis zum Ablauf der Gesetzgebungs- oder Funktionsperiode fort.

(6) Zum Präsidenten oder Vizepräsidenten eines Verwaltungsgerichtes oder des Verwaltungsgerichtshofes kann nicht ernannt werden, wer eine der in Abs. 5 bezeichneten Funktionen in den letzten fünf Jahren ausgeübt hat.

(7) [1]Die Mitglieder der Verwaltungsgerichte und des Verwaltungsgerichtshofes sind Richter. [2]Art. 87 Abs. 1 und 2 und Art. 88 Abs. 1 und 2 sind mit der Maßgabe sinngemäß anzuwenden, dass die Altersgrenze, mit deren Erreichung die Mitglieder der Verwaltungsgerichte der Länder in den dauernden Ruhestand treten oder ihr Dienstverhältnis endet, durch Landesgesetz bestimmt wird.

(8) Die Diensthoheit gegenüber den beim Verwaltungsgerichtshof Bediensteten wird vom Präsidenten ausgeübt.

Artikel 135 [Spruchkörper, Geschäftsverteilung]

(1) [1]Die Verwaltungsgerichte erkennen durch Einzelrichter. [2]Im Gesetz über das Verfahren der Verwaltungsgerichte oder in Bundes- oder Landesgesetzen kann vorgesehen werden, dass die Verwaltungsgerichte durch Senate entscheiden. [3]Die Größe der Senate wird durch das Gesetz über die Organisation des Verwaltungsgerichtes festgelegt. [4]Die Senate sind von der Vollversammlung oder einem aus ihrer Mitte zu wählenden Ausschuss, der aus dem Präsidenten, dem Vizepräsidenten und einer gesetzlich zu bestimmenden Zahl von sonstigen Mitgliedern des Verwaltungsgerichtes zu bestehen hat, aus den Mitgliedern des Verwaltungsgerichtes und, soweit in Bundes- oder Landesgesetzen die Mitwirkung von fachkundigen Laienrichtern an der Rechtsprechung vorgesehen ist, aus einer in diesen zu bestimmenden Anzahl von fachkundigen Laienrichtern zu bilden. [5]Insoweit ein Bundesgesetz vorsieht, dass ein Verwaltungsgericht des Landes in Senaten zu entscheiden hat oder dass fachkundige Laienrichter an der Rechtsprechung mitwirken, muss hiezu die Zustimmung der beteiligten Länder

eingeholt werden. [6]Der Verwaltungsgerichtshof erkennt durch Senate, die von der Vollversammlung oder einem aus ihrer Mitte zu wählenden Ausschuss, der aus dem Präsidenten, dem Vizepräsidenten und einer gesetzlich zu bestimmenden Zahl von sonstigen Mitgliedern des Verwaltungsgerichtshofes zu bestehen hat, aus den Mitgliedern des Verwaltungsgerichtshofes zu bilden sind.

(2) [1]Die vom Verwaltungsgericht zu besorgenden Geschäfte sind durch die Vollversammlung oder einen aus ihrer Mitte zu wählenden Ausschuss, der aus dem Präsidenten, dem Vizepräsidenten und einer gesetzlich zu bestimmenden Zahl von sonstigen Mitgliedern des Verwaltungsgerichtes zu bestehen hat, auf die Einzelrichter und die Senate für die gesetzlich bestimmte Zeit im Voraus zu verteilen. [2]Die vom Verwaltungsgerichtshof zu besorgenden Geschäfte sind durch die Vollversammlung oder einen aus ihrer Mitte zu wählenden Ausschuss, der aus dem Präsidenten, dem Vizepräsidenten und einer gesetzlich zu bestimmenden Zahl von sonstigen Mitgliedern des Verwaltungsgerichtshofes zu bestehen hat, auf die Senate für die gesetzlich bestimmte Zeit im Voraus zu verteilen.

(3) Eine nach der Geschäftsverteilung einem Mitglied zufallende Sache darf ihm nur durch das gemäß Abs. 2 zuständige Organ und nur im Fall seiner Verhinderung oder dann abgenommen werden, wenn es wegen des Umfangs seiner Aufgaben an deren Erledigung innerhalb einer angemessenen Frist gehindert ist.

(4) Art. 89 ist auf die Verwaltungsgerichte und den Verwaltungsgerichtshof sinngemäß anzuwenden.

Artikel 135a [Nichtrichterlicher Bedienstete]

(1) Im Gesetz über die Organisation des Verwaltungsgerichtes kann die Besorgung einzelner, genau zu bezeichnender Arten von Geschäften besonders ausgebildeten nichtrichterlichen Bediensteten übertragen werden.

(2) Das nach der Geschäftsverteilung zuständige Mitglied des Verwaltungsgerichtes kann jedoch jederzeit die Erledigung solcher Geschäfte sich vorbehalten oder an sich ziehen.

(3) [1]Bei der Besorgung der im Abs. 1 bezeichneten Geschäfte sind die nichtrichterlichen Bediensteten nur an die Weisungen des nach der Geschäftsverteilung zuständigen Mitgliedes des Verwaltungsgerichtes gebunden. [2]Art. 20 Abs. 1 dritter Satz ist anzuwenden.

Artikel 136 [Ausführungsgesetze]

(1) Die Organisation der Verwaltungsgerichte der Länder wird durch Landesgesetz geregelt, die Organisation der Verwaltungsgerichte des Bundes durch Bundesgesetz.

(2) [1]Das Verfahren der Verwaltungsgerichte mit Ausnahme des Verwaltungsgerichtes des Bundes für Finanzen wird durch ein besonderes Bundesgesetz einheitlich geregelt. [2]Der Bund hat den Ländern Gelegenheit zu geben, an der Vorbereitung solcher Gesetzesvorhaben mitzuwirken. [3]Durch Bundes- oder Landesgesetz können Regelungen über das Verfahren der Verwaltungsgerichte getroffen werden, wenn sie zur Regelung des Gegenstandes erforderlich sind oder soweit das im ersten Satz genannte besondere Bundesgesetz dazu ermächtigt.

(3) [1]Das Verfahren des Verwaltungsgerichtes des Bundes für Finanzen wird durch Bundesgesetz geregelt. [2]Durch Bundesgesetz kann auch das Abgabenverfahren vor den Verwaltungsgerichten der Länder geregelt werden.

(3a) Das Bundesgesetz über die Geschäftsordnung des Nationalrates kann für das Verfahren des Verwaltungsgerichtes des Bundes gemäß Art. 130 Abs. 1a besondere Bestimmungen treffen.

(3b) In den Fällen des Art. 130 Abs. 2 Z 4 können für das Verfahren der Verwaltungsgerichte durch Bundes- oder Landesgesetz besondere Bestimmungen getroffen werden.

(4) Die Organisation und das Verfahren des Verwaltungsgerichtshofes werden durch ein besonderes Bundesgesetz geregelt.

(5) Die Vollversammlungen der Verwaltungsgerichte und des Verwaltungsgerichtshofes beschließen auf Grund der nach den vorstehenden Absätzen erlassenen Gesetze Geschäftsordnungen.

B.

Verfassungsgerichtsbarkeit

Artikel 137 [Vermögensrechtliche Ansprüche]

Der Verfassungsgerichtshof erkennt über vermögensrechtliche Ansprüche gegen den Bund, die Länder, die Gemeinden und die Gemeindeverbände, die weder im ordentlichen Rechtsweg auszutragen noch durch Bescheid einer Verwaltungsbehörde zu erledigen sind.

Artikel 138 [Kompetenzkonflikte]

(1) Der Verfassungsgerichtshof erkennt über Kompetenzkonflikte

1. zwischen Gerichten und Verwaltungsbehörden;
2. zwischen ordentlichen Gerichten und Verwaltungsgerichten oder dem Verwaltungsgerichtshof sowie zwischen dem Verfassungsgerichtshof selbst und allen anderen Gerichten;
3. zwischen dem Bund und einem Land oder zwischen den Ländern untereinander.

(2) Der Verfassungsgerichtshof stellt weiters auf Antrag der Bundesregierung oder einer Landesregierung fest, ob ein Akt der Gesetzgebung oder Vollziehung in die Zuständigkeit des Bundes oder der Länder fällt.

Artikel 138a [Bund-Länder und Ländervereinbarungen]

(1) Auf Antrag der Bundesregierung oder einer beteiligten Landesregierung stellt der Verfassungsgerichtshof fest, ob eine Vereinbarung im Sinne des Art. 15a Abs. 1 vorliegt und ob von einem Land oder dem Bund die aus einer solchen Vereinbarung folgenden Verpflichtungen, soweit es sich nicht um vermögensrechtliche Ansprüche handelt, erfüllt worden sind.

(2) Wenn es in einer Vereinbarung im Sinne des Art. 15a Abs. 2 vorgesehen ist, stellt der Verfassungsgerichtshof ferner auf Antrag einer beteiligten Landesregierung fest, ob eine solche Vereinbarung vorliegt und ob die aus einer solchen Vereinbarung folgenden Verpflichtungen, soweit es sich nicht um vermögensrechtliche Ansprüche handelt, erfüllt worden sind.

Artikel 138b [Anfechtung von Entscheidungen des Nationalrates und seiner Organe]

(1) Der Verfassungsgerichtshof erkennt über

1. die Anfechtung von Beschlüssen des Geschäftsordnungsausschusses des Nationalrates, mit denen ein Verlangen eines Viertels der Mitglieder des Nationalrates, einen Untersuchungsausschuss einzusetzen, für ganz oder teilweise unzulässig erklärt wird, durch ein dieses Verlangen unterstützendes Viertel seiner Mitglieder wegen Rechtswidrigkeit;
2. den hinreichenden Umfang von grundsätzlichen Beweisbeschlüssen des Geschäftsordnungsausschusses des Nationalrates auf Antrag eines Viertels seiner Mitglieder gemäß Z 1;
3. die Rechtmäßigkeit des Beschlusses eines Untersuchungsausschusses des Nationalrates, mit dem das Bestehen eines sachlichen Zusammenhanges eines Verlangens eines Viertels seiner Mitglieder betreffend die Erhebung weiterer Beweise mit dem Untersuchungsgegenstand bestritten wird, auf Antrag des dieses Verlangen unterstützenden Viertels seiner Mitglieder;
4. Meinungsverschiedenheiten zwischen einem Untersuchungsausschuss des Nationalrates, einem Viertel seiner Mitglieder und informationspflichtigen Organen über die Verpflichtung, dem Untersuchungsausschuss Informationen zur Verfügung zu stellen, auf Antrag des Untersuchungsausschusses, eines Viertels seiner Mitglieder oder des informationspflichtigen Organs;
5. die Rechtmäßigkeit des Beschlusses eines Untersuchungsausschusses des Nationalrates, mit dem das Bestehen eines sachlichen Zusammenhanges eines Verlangens eines Viertels seiner Mitglieder betreffend die Ladung einer Auskunftsperson mit dem Untersuchungsgegenstand bestritten wird, auf Antrag des dieses Verlangen unterstützenden Viertels seiner Mitglieder;
6. Meinungsverschiedenheiten zwischen einem Untersuchungsausschuss des Nationalrates und dem Bundesminister für Justiz über das Erfordernis und die Auslegung einer Vereinbarung über die Rücksichtnahme auf die Tätigkeit der Strafverfolgungsbehörden auf Antrag des Untersuchungsausschusses oder des Bundesministers für Justiz;
7. Beschwerden einer Person, die durch ein Verhalten

a) eines Untersuchungsausschusses des Nationalrates,

b) eines Mitgliedes eines solchen Ausschusses in Ausübung seines Berufes als Mitglied des Nationalrates oder
c) gesetzlich zu bestimmender Personen in Ausübung ihrer Funktion im Verfahren vor dem Untersuchungsausschuss

in ihren Persönlichkeitsrechten verletzt zu sein behauptet.

(2) Der Verfassungsgerichtshof erkennt ferner über die Anfechtung von Entscheidungen des Präsidenten des Nationalrates und des Vorsitzenden des Bundesrates betreffend die Klassifizierung von Informationen, die dem Nationalrat beziehungsweise dem Bundesrat zur Verfügung stehen, durch das informationspflichtige Organ wegen Rechtswidrigkeit.

Artikel 139 [Gesetzwidrigkeit von Verordnungen]

(1) [1]Der Verfassungsgerichtshof erkennt über Gesetzwidrigkeit von Verordnungen

1. auf Antrag eines Gerichtes;
2. von Amts wegen, wenn er die Verordnung in einer bei ihm anhängigen Rechtssache anzuwenden hätte;
3. auf Antrag einer Person, die unmittelbar durch diese Gesetzwidrigkeit in ihren Rechten verletzt zu sein behauptet, wenn die Verordnung ohne Fällung einer gerichtlichen Entscheidung oder ohne Erlassung eines Bescheides für diese Person wirksam geworden ist;
4. auf Antrag einer Person, die als Partei einer von einem ordentlichen Gericht in erster Instanz entschiedenen Rechtssache wegen Anwendung einer gesetzwidrigen Verordnung in ihren Rechten verletzt zu sein behauptet, aus Anlass eines gegen diese Entscheidung erhobenen Rechtsmittels;
5. einer Bundesbehörde auch auf Antrag einer Landesregierung oder der Volksanwaltschaft;
6. einer Landesbehörde auch auf Antrag der Bundesregierung oder, wenn landesverfassungsgesetzlich die Volksanwaltschaft auch für den Bereich der Verwaltung des betreffenden Landes für zuständig erklärt wurde, der Volksanwaltschaft oder einer Einrichtung gemäß Art. 148i Abs. 2;
7. einer Aufsichtsbehörde nach Art. 119a Abs. 6 auch auf Antrag der Gemeinde, deren Verordnung aufgehoben wurde.

[2]Auf Anträge gemäß Z 3 und 4 ist Art. 89 Abs. 3 sinngemäß anzuwenden.

(1a) [1]Wenn dies zur Sicherung des Zwecks des Verfahrens vor dem ordentlichen Gericht erforderlich ist, kann die Stellung eines Antrages gemäß Abs. 1 Z 4 durch Bundesgesetz für unzulässig erklärt werden. [2]Durch Bundesgesetz ist zu bestimmen, welche Wirkung ein Antrag gemäß Abs. 1 Z 4 hat.

(1b) Der Verfassungsgerichtshof kann die Behandlung eines Antrages gemäß Abs. 1 Z 3 oder 4 bis zur Verhandlung durch Beschluss ablehnen, wenn er keine hinreichende Aussicht auf Erfolg hat.

(2) Wird in einer beim Verfassungsgerichtshof anhängigen Rechtssache, in der der Verfassungsgerichtshof eine Verordnung anzuwenden hat, die Partei klaglos gestellt, so ist ein bereits eingeleitetes Verfahren zur Prüfung der Gesetzmäßigkeit der Verordnung dennoch fortzusetzen.

(3) [1]Der Verfassungsgerichtshof darf eine Verordnung nur insoweit als gesetzwidrig aufheben, als ihre Aufhebung ausdrücklich beantragt wurde oder als er sie in der bei ihm anhängigen Rechtssache anzuwenden hätte. [2]Gelangt der Verfassungsgerichtshof jedoch zur Auffassung, dass die ganze Verordnung

1. der gesetzlichen Grundlage entbehrt,
2. von einer unzuständigen Behörde erlassen wurde oder,
3. in gesetzwidriger Weise kundgemacht wurde,

so hat er die ganze Verordnung als gesetzwidrig aufzuheben. [3]Dies gilt nicht, wenn die Aufhebung der ganzen Verordnung offensichtlich den rechtlichen Interessen der Partei zuwiderläuft, die einen Antrag gemäß Abs. 1 Z 3 oder 4 gestellt hat oder deren Rechtssache Anlass für die amtswegige Einleitung des Verordnungsprüfungsverfahrens gegeben hat.

(4) [1]Ist die Verordnung im Zeitpunkt der Fällung des Erkenntnisses des Verfassungsgerichtshofes bereits außer Kraft getreten und wurde das Verfahren von Amts wegen eingeleitet oder der Antrag von einem Gericht oder von einer Person gestellt, die durch die Gesetzwidrigkeit der Verordnung in ihren Rechten verletzt zu sein behauptet, so hat der Verfassungsgerichtshof auszusprechen, ob die Verordnung gesetzwidrig war. [2]Abs. 3 gilt sinngemäß.

(5) [1]Das Erkenntnis des Verfassungsgerichtshofes, mit dem eine Verordnung als gesetzwidrig aufgehoben wird, verpflichtet die zuständige oberste Behörde des Bundes oder des Landes zur unverzüg-

lichen Kundmachung der Aufhebung. [2]Dies gilt sinngemäß für den Fall eines Ausspruches gemäß Abs. 4. [3]Die Aufhebung tritt mit Ablauf des Tages der Kundmachung in Kraft, wenn nicht der Verfassungsgerichtshof für das Außerkrafttreten eine Frist bestimmt, die sechs Monate, wenn aber gesetzliche Vorkehrungen erforderlich sind, 18 Monate nicht überschreiten darf.

(6) [1]Ist eine Verordnung wegen Gesetzwidrigkeit aufgehoben worden oder hat der Verfassungsgerichtshof gemäß Abs. 4 ausgesprochen, dass eine Verordnung gesetzwidrig war, so sind alle Gerichte und Verwaltungsbehörden an den Spruch des Verfassungsgerichtshofes gebunden. [2]Auf die vor der Aufhebung verwirklichten Tatbestände mit Ausnahme des Anlassfalles ist jedoch die Verordnung weiterhin anzuwenden, sofern der Verfassungsgerichtshof nicht in seinem aufhebenden Erkenntnis anderes ausspricht. [3]Hat der Verfassungsgerichtshof in seinem aufhebenden Erkenntnis eine Frist gemäß Abs. 5 gesetzt, so ist die Verordnung auf alle bis zum Ablauf dieser Frist verwirklichten Tatbestände mit Ausnahme des Anlassfalles anzuwenden.

(7) [1]Für Rechtssachen, die zur Stellung eines Antrages gemäß Abs. 1 Z 4 Anlass gegeben haben, ist durch Bundesgesetz zu bestimmen, dass das Erkenntnis des Verfassungsgerichtshofes, mit dem die Verordnung als gesetzwidrig aufgehoben wird, eine neuerliche Entscheidung dieser Rechtssache ermöglicht. [2]Dies gilt sinngemäß für den Fall eines Ausspruches gemäß Abs. 4.

Artikel 139a [Gesetzwidrigkeit von Kundmachungen über Wiederverlautbarungen]

[1]Der Verfassungsgerichtshof erkennt über Gesetzwidrigkeit von Kundmachungen über die Wiederverlautbarung eines Gesetzes (Staatsvertrages). [2]Art. 139 ist sinngemäß anzuwenden.

Artikel 140 [Verfassungswidrigkeit von Gesetzen]

(1) [1]Der Verfassungsgerichtshof erkennt über Verfassungswidrigkeit

1. von Gesetzen
   a) auf Antrag eines Gerichtes
   b) von Amts wegen, wenn er das Gesetz in einer bei ihm anhängigen Rechtssache anzuwenden hätte;
   c) auf Antrag einer Person, die unmittelbar durch diese Verfassungswidrigkeit in ihren Rechten verletzt zu sein behauptet, wenn das Gesetz ohne Fällung einer gerichtlichen Entscheidung oder ohne Erlassung eines Bescheides für diese Person wirksam geworden ist;
   d) auf Antrag einer Person, die als Partei einer von einem ordentlichen Gericht in erster Instanz entschiedenen Rechtssache wegen Anwendung eines verfassungswidrigen Gesetzes in ihren Rechten verletzt zu sein behauptet, aus Anlass eines gegen diese Entscheidung erhobenen Rechtsmittels;
2. von Bundesgesetzen auch auf Antrag einer Landesregierung, eines Drittels der Mitglieder des Nationalrates oder eines Drittels der Mitglieder des Bundesrates;
3. von Landesgesetzen auch auf Antrag der Bundesregierung oder, wenn dies landesverfassungsgesetzlich vorgesehen ist, auf Antrag eines Drittels der Mitglieder des Landtages.

[2]Auf Anträge gemäß Z 1 lit. c und d ist Art. 89 Abs. 3 sinngemäß anzuwenden.

(1a) [1]Wenn dies zur Sicherung des Zwecks des Verfahrens vor dem ordentlichen Gericht erforderlich ist, kann die Stellung eines Antrages gemäß Abs. 1 Z 1 lit. d durch Bundesgesetz für unzulässig erklärt werden. [2]Durch Bundesgesetz ist zu bestimmen, welche Wirkung ein Antrag gemäß Abs. 1 Z 1 lit. d hat.

(1b) Der Verfassungsgerichtshof kann die Behandlung eines Antrages gemäß Abs. 1 Z 1 lit. c oder d bis zur Verhandlung durch Beschluss ablehnen, wenn er keine hinreichende Aussicht auf Erfolg hat.

(2) Wird in einer beim Verfassungsgerichtshof anhängigen Rechtssache, in der der Verfassungsgerichtshof ein Gesetz anzuwenden hat, die Partei klaglos gestellt, so ist ein bereits eingeleitetes Verfahren zur Prüfung der Verfassungsmäßigkeit des Gesetzes dennoch fortzusetzen.

(3) [1]Der Verfassungsgerichtshof darf ein Gesetz nur insoweit als verfassungswidrig aufheben, als seine Aufhebung ausdrücklich beantragt wurde oder als der Verfassungsgerichtshof das Gesetz in der bei ihm anhängigen Rechtssache anzuwenden hätte. [2]Gelangt der Verfassungsgerichtshof jedoch zu der Auffassung, dass das ganze Gesetz von einem nach der Kompetenzverteilung nicht berufenen Gesetzgebungsorgan erlassen oder in verfassungswidriger Weise kundgemacht wurde, so hat er das ganze Gesetz als verfassungswidrig aufzuheben. [3]Dies gilt nicht, wenn die Aufhebung des ganzen Gesetzes offensichtlich den rechtlichen Interessen der Partei zuwiderläuft, die einen Antrag gemäß Abs. 1 Z 1 lit. c oder d gestellt hat oder deren Rechtssache Anlass für die amtswegige Einleitung des Gesetzesprüfungsverfahrens gegeben hat.

(4) [1]Ist das Gesetz im Zeitpunkt der Fällung des Erkenntnisses des Verfassungsgerichtshofes bereits außer Kraft getreten und wurde das Verfahren von Amts wegen eingeleitet oder der Antrag von einem Gericht oder von einer Person gestellt, die durch die Verfassungswidrigkeit des Gesetzes in ihren Rechten verletzt zu sein behauptet, so hat der Verfassungsgerichtshof auszusprechen, ob das Gesetz verfassungswidrig war. [2]Abs. 3 gilt sinngemäß.

(5) [1]Das Erkenntnis des Verfassungsgerichtshofes, mit dem ein Gesetz als verfassungswidrig aufgehoben wird, verpflichtet den Bundeskanzler oder den zuständigen Landeshauptmann zur unverzüglichen Kundmachung der Aufhebung. [2]Dies gilt sinngemäß für den Fall eines Ausspruches gemäß Abs. 4. [3]Die Aufhebung tritt mit Ablauf des Tages der Kundmachung in Kraft, wenn nicht der Verfassungsgerichtshof für das Außerkrafttreten eine Frist bestimmt. [4]Diese Frist darf 18 Monate nicht überschreiten.

(6) [1]Wird durch ein Erkenntnis des Verfassungsgerichtshofes ein Gesetz als verfassungswidrig aufgehoben, so treten mit dem Tag des Inkrafttretens der Aufhebung, falls das Erkenntnis nicht anderes ausspricht, die gesetzlichen Bestimmungen wieder in Kraft, die durch das vom Verfassungsgerichtshof als verfassungswidrig erkannte Gesetz aufgehoben worden waren. [2]In der Kundmachung über die Aufhebung des Gesetzes ist auch zu verlautbaren, ob und welche gesetzlichen Bestimmungen wieder in Kraft treten.

(7) [1]Ist ein Gesetz wegen Verfassungswidrigkeit aufgehoben worden oder hat der Verfassungsgerichtshof gemäß Abs. 4 ausgesprochen, dass ein Gesetz verfassungswidrig war, so sind alle Gerichte und Verwaltungsbehörden an den Spruch des Verfassungsgerichtshofes gebunden. [2]Auf die vor der Aufhebung verwirklichten Tatbestände mit Ausnahme des Anlassfalles ist jedoch das Gesetz weiterhin anzuwenden, sofern der Verfassungsgerichtshof nicht in seinem aufhebenden Erkenntnis anderes ausspricht. [3]Hat der Verfassungsgerichtshof in seinem aufhebenden Erkenntnis eine Frist gemäß Abs. 5 gesetzt, so ist das Gesetz auf alle bis zum Ablauf dieser Frist verwirklichten Tatbestände mit Ausnahme des Anlassfalles anzuwenden.

(8) [1]Für Rechtssachen, die zur Stellung eines Antrages gemäß Abs. 1 Z 1 lit. d Anlass gegeben haben, ist durch Bundesgesetz zu bestimmen, dass das Erkenntnis des Verfassungsgerichtshofes, mit dem das Gesetz als verfassungswidrig aufgehoben wird, eine neuerliche Entscheidung dieser Rechtssache ermöglicht. [2]Dies gilt sinngemäß für den Fall eines Ausspruches gemäß Abs. 4.

Artikel 140a [Rechtswidrigkeit von Staatsverträgen]

[1]Der Verfassungsgerichtshof erkennt über Rechtswidrigkeit von Staatsverträgen. [2]Auf die politischen, gesetzändernden und gesetzesergänzenden Staatsverträge und auf die Staatsverträge, durch die die vertraglichen Grundlagen der Europäischen Union geändert werden, ist Art. 140, auf alle anderen Staatsverträge Art. 139 sinngemäß mit folgenden Maßgaben anzuwenden:

1. Ein Staatsvertrag, dessen Verfassungs- oder Gesetzwidrigkeit der Verfassungsgerichtshof feststellt, ist mit Ablauf des Tages der Kundmachung des Erkenntnisses von den zu seiner Vollziehung berufenen Organen nicht mehr anzuwenden, wenn nicht der Verfassungsgerichtshof eine Frist bestimmt, innerhalb der der Staatsvertrag weiterhin anzuwenden ist; diese Frist darf bei den politischen, gesetzändernden und gesetzesergänzenden Staatsverträgen und bei den Staatsverträgen, durch die die vertraglichen Grundlagen der Europäischen Union geändert werden, zwei Jahre, bei allen anderen Staatsverträgen ein Jahr nicht überschreiten.
2. Ferner treten mit Ablauf des Tages der Kundmachung des Erkenntnisses eine Anordnung, dass der Staatsvertrag durch die Erlassung von Verordnungen zu erfüllen ist, oder ein Beschluss, dass der Staatsvertrag durch die Erlassung von Gesetzen zu erfüllen ist, außer Kraft.

Artikel 141 [Wahlanfechtungen, Mandatsverluste]

(1) [1]Der Verfassungsgerichtshof erkennt

a) über die Anfechtung der Wahl des Bundespräsidenten, von Wahlen zu den allgemeinen Vertretungskörpern, zum Europäischen Parlament und zu den satzungsgebenden Organen (Vertretungskörpern) der gesetzlichen beruflichen Vertretungen;
b) über Anfechtungen von Wahlen in die Landesregierung und in die mit der Vollziehung betrauten Organe einer Gemeinde;
c) auf Antrag eines allgemeinen Vertretungskörpers auf Mandatsverlust eines seiner Mitglieder oder – sofern in den das Verfahren des jeweiligen Vertretungskörpers regelnden Rechtsvorschriften

vorgesehen – auf Antrag des Vorsitzenden oder eines Drittels der Mitglieder des Vertretungskörpers; auf Antrag von mindestens der Hälfte der in Österreich gewählten Mitglieder des Europäischen Parlaments auf Mandatsverlust eines dieser Mitglieder des Europäischen Parlaments;

d) auf Antrag der Bundesversammlung auf Amtsverlust des Bundespräsidenten;

e) auf Antrag des Nationalrates auf Amtsverlust eines Mitgliedes der Bundesregierung, eines Staatssekretärs, des Präsidenten des Rechnungshofes oder eines Mitgliedes der Volksanwaltschaft;

f) auf Antrag eines Landtages auf Amtsverlust eines Mitgliedes der Landesregierung;

g) auf Antrag eines Gemeinderates auf Mandatsverlust eines Mitgliedes des mit der Vollziehung betrauten Organs der Gemeinde hinsichtlich dieser Funktion und auf Antrag eines satzungsgebenden Organs (Vertretungskörpers) einer gesetzlichen beruflichen Vertretung auf Mandatsverlust eines seiner Mitglieder;

h) über die Anfechtung des Ergebnisses von Volksbegehren, Volksabstimmungen, Volksbefragungen und Europäischen Bürgerinitiativen;

i) über die Aufnahme von Personen in Wählerevidenzen und die Streichung von Personen aus Wählerevidenzen;

j) über die Anfechtung von selbstständig anfechtbaren Bescheiden und Entscheidungen der Verwaltungsbehörden sowie – sofern bundes- oder landesgesetzlich vorgesehen – der Verwaltungsgerichte in den Fällen der lit. a bis c und g bis i.

[2]Die Anfechtung gemäß lit. a, b, h, i und j kann auf die behauptete Rechtswidrigkeit des Verfahrens gegründet werden, der Antrag gemäß lit. c und g auf einen gesetzlich vorgesehenen Grund für den Verlust der Mitgliedschaft in einem allgemeinen Vertretungskörper, im Europäischen Parlament, in einem mit der Vollziehung betrauten Organ einer Gemeinde oder in einem satzungsgebenden Organ (Vertretungskörper) einer gesetzlichen beruflichen Vertretung, der Antrag gemäß lit. d, e und f auf einen gesetzlich vorgesehenen Grund für den Amtsverlust. [3]Der Verfassungsgerichtshof hat einer Anfechtung stattzugeben, wenn die behauptete Rechtswidrigkeit des Verfahrens erwiesen wurde und auf das Verfahrensergebnis von Einfluss war. [4]In einem Verfahren vor der Verwaltungsbehörde haben auch der allgemeine Vertretungskörper und das satzungsgebende Organ (Vertretungskörper) der gesetzlichen beruflichen Vertretung Parteistellung.

(2) Wird einer Anfechtung gemäß Abs. 1 lit. a stattgegeben und dadurch die teilweise oder gänzliche Wiederholung der Wahl zu einem allgemeinen Vertretungskörper, zum Europäischen Parlament oder zu einem satzungsgebenden Organ der gesetzlichen beruflichen Vertretungen erforderlich, so verlieren die betroffenen Mitglieder dieses Vertretungskörpers ihr Mandat im Zeitpunkt der Übernahme desselben durch jene Mitglieder, die bei der innerhalb von 100 Tagen nach der Zustellung des Erkenntnisses des Verfassungsgerichtshofes durchzuführenden Wiederholungswahl gewählt wurden.

(3) Anm.: aufgehoben durch BGBl. I Nr. 51/2012)

Artikel 142 [Anklage wegen verfassungsmäßiger Verantwortlichkeit]

(1) Der Verfassungsgerichtshof erkennt über die Anklage, mit der die verfassungsmäßige Verantwortlichkeit der obersten Bundes- und Landesorgane für die durch ihre Amtstätigkeit erfolgten schuldhaften Rechtsverletzungen geltend gemacht wird.

(2) Die Anklage kann erhoben werden:

a) gegen den Bundespräsidenten wegen Verletzung der Bundesverfassung: durch Beschluss der Bundesversammlung;

b) gegen die Mitglieder der Bundesregierung, die ihnen hinsichtlich der Verantwortlichkeit gleichgestellten Organe und die Staatssekretäre wegen Gesetzesverletzung: durch Beschluss des Nationalrates;

c) gegen einen österreichischen Vertreter im Rat wegen Gesetzesverletzung in Angelegenheiten, in denen die Gesetzgebung Bundessache wäre: durch Beschluss des Nationalrates, wegen Gesetzesverletzung in Angelegenheiten, in denen die Gesetzgebung Landessache wäre: durch gleichlautende Beschlüsse aller Landtage;

d) gegen die Mitglieder einer Landesregierung und die ihnen hinsichtlich der Verantwortlichkeit durch dieses Gesetz oder durch die Landesverfassung gleichgestellten Organe wegen Gesetzesverletzung: durch Beschluss des zuständigen Landtages;

e) gegen einen Landeshauptmann, dessen Stellvertreter (Art. 105 Abs. 1) oder ein Mitglied der Landesregierung (Art. 103 Abs. 2 und 3) wegen Gesetzesverletzung sowie wegen Nichtbefolgung der

Verordnungen oder sonstigen Anordnungen (Weisungen) des Bundes in Angelegenheiten der mittelbaren Bundesverwaltung, wenn es sich um ein Mitglied der Landesregierung handelt, auch der Weisungen des Landeshauptmannes in diesen Angelegenheiten: durch Beschluss der Bundesregierung;

f) gegen Organe der Bundeshauptstadt Wien, soweit sie Aufgaben aus dem Bereich der Bundesvollziehung im eigenen Wirkungsbereich besorgen, wegen Gesetzesverletzung: durch Beschluss der Bundesregierung;

g) gegen einen Landeshauptmann wegen Nichtbefolgung einer Weisung gemäß Art. 14 Abs. 8: durch Beschluss der Bundesregierung;

h) gegen einen Präsidenten der Bildungsdirektion oder das mit der Ausübung dieser Funktion betraute Mitglied der Landesregierung wegen Gesetzesverletzung sowie wegen Nichtbefolgung der Verordnungen oder sonstigen Anordnungen (Weisungen) des Bundes: durch Beschluss der Bundesregierung; wegen Nichtbefolgung sonstiger Anordnungen (Weisungen) des Landes: durch Beschluss des zuständigen Landtages;

i) gegen die Mitglieder einer Landesregierung wegen Gesetzesverletzung sowie wegen Behinderung der Befugnisse gemäß Art. 11 Abs. 7, soweit sie Angelegenheiten des Art. 11 Abs. 1 Z 8 betreffen: durch Beschluss des Nationalrates oder der Bundesregierung.

(3) Wird von der Bundesregierung gemäß Abs. 2 lit. e die Anklage nur gegen einen Landeshauptmann oder dessen Stellvertreter erhoben, und erweist es sich, dass einem nach Art. 103 Abs. 2 mit Angelegenheiten der mittelbaren Bundesverwaltung befassten anderen Mitglied der Landesregierung ein Verschulden im Sinne des Abs. 2 lit. e zur Last fällt, so kann die Bundesregierung jederzeit bis zur Fällung des Erkenntnisses ihre Anklage auch auf dieses Mitglied der Landesregierung ausdehnen.

(4) [1]Das verurteilende Erkenntnis des Verfassungsgerichtshofes hat auf Verlust des Amtes, unter besonders erschwerenden Umständen auch auf zeitlichen Verlust der politischen Rechte, zu lauten; bei geringfügigen Rechtsverletzungen in den in Abs. 2 unter c, e, g und h erwähnten Fällen kann sich der Verfassungsgerichtshof auf die Feststellung beschränken, dass eine Rechtsverletzung vorliegt. [2]Der Verlust des Amtes des Präsidenten der Bildungsdirektion hat auch den Verlust jenes Amtes zur Folge, mit dem das Amt des Präsidenten gemäß Art. 113 Abs. 8 verbunden ist.

(5) Der Bundespräsident kann von dem ihm nach Art. 65 Abs. 2 lit. c zustehenden Recht nur auf Antrag des Vertretungskörpers oder der Vertretungskörper, von dem oder von denen die Anklage beschlossen worden ist, wenn aber die Bundesregierung die Anklage beschlossen hat, nur auf deren Antrag Gebrauch machen, und zwar in allen Fällen nur mit Zustimmung des Angeklagten.

Artikel 143 [Anlage wegen Straftaten]

[1]Die Anklage gegen die in Art. 142 Genannten kann auch wegen strafgerichtlich zu verfolgender Handlungen erhoben werden, die mit der Amtstätigkeit des Anzuklagenden in Verbindung stehen. [2]In diesem Falle wird der Verfassungsgerichtshof allein zuständig; die bei den ordentlichen Strafgerichten etwa bereits anhängige Untersuchung geht auf ihn über. [3]Der Verfassungsgerichtshof kann in solchen Fällen neben dem Art. 142 Abs. 4 auch die strafgesetzlichen Bestimmungen anwenden.

Artikel 144 [Beschwerde gegen Entscheidungen der Verwaltungsgerichte]

(1) Der Verfassungsgerichtshof erkennt über Beschwerden gegen das Erkenntnis eines Verwaltungsgerichtes, soweit der Beschwerdeführer durch das Erkenntnis in einem verfassungsgesetzlich gewährleisteten Recht oder wegen Anwendung einer gesetzwidrigen Verordnung, einer gesetzwidrigen Kundmachung über die Wiederverlautbarung eines Gesetzes (Staatsvertrages), eines verfassungswidrigen Gesetzes oder eines rechtswidrigen Staatsvertrages in seinen Rechten verletzt zu sein behauptet.

(2) Der Verfassungsgerichtshof kann die Behandlung einer Beschwerde bis zur Verhandlung durch Beschluss ablehnen, wenn sie keine hinreichende Aussicht auf Erfolg hat oder von der Entscheidung die Klärung einer verfassungsrechtlichen Frage nicht zu erwarten ist.

(3) [1]Findet der Verfassungsgerichtshof, dass durch das angefochtene Erkenntnis des Verwaltungsgerichtes ein Recht im Sinne des Abs. 1 nicht verletzt wurde, hat er auf Antrag des Beschwerdeführers die Beschwerde zur Entscheidung darüber, ob der Beschwerdeführer durch das Erkenntnis in einem sonstigen Recht verletzt wurde, dem Verwaltungsgerichtshof abzutreten. [2]Auf Beschlüsse gemäß Abs. 2 ist der erste Satz sinngemäß anzuwenden.

(4) [1]Auf die Beschlüsse der Verwaltungsgerichte sind die für ihre Erkenntnisse geltenden Bestimmungen dieses Artikels sinngemäß anzuwenden. [2]Inwieweit gegen Beschlüsse der Verwaltungsgerichte Beschwerde erhoben werden kann, bestimmt das das die Organisation und das Verfahren des Verfassungsgerichtshofes regelnde besondere Bundesgesetz.

(5) Soweit das Erkenntnis oder der Beschluss des Verwaltungsgerichtes die Zulässigkeit der Revision zum Inhalt hat, ist eine Beschwerde gemäß Abs. 1 unzulässig.

Artikel 144a (aufgehoben)

Artikel 145 [Verletzung des Völkerrechts]
Der Verfassungsgerichtshof erkennt über Verletzungen des Völkerrechtes nach den Bestimmungen eines besonderen Bundesgesetzes.

Artikel 146 [Exekution der Erkenntnisse]
(1) Die Exekution der Erkenntnisse des Verfassungsgerichtshofes nach Art. 126a, Art. 127c Z 1 und Art. 137 wird von den ordentlichen Gerichten durchgeführt.

(2) [1]Die Exekution der übrigen Erkenntnisse des Verfassungsgerichtshofes liegt dem Bundespräsidenten ob. [2]Sie ist nach dessen Weisungen durch die nach seinem Ermessen hiezu beauftragten Organe des Bundes oder der Länder einschließlich des Bundesheeres durchzuführen. [3]Der Antrag auf Exekution solcher Erkenntnisse ist vom Verfassungsgerichtshof beim Bundespräsidenten zu stellen. [4]Die erwähnten Weisungen des Bundespräsidenten bedürfen, wenn es sich um Exekutionen gegen den Bund oder gegen Bundesorgane handelt, keiner Gegenzeichnung nach Art. 67.

Artikel 147 [Zusammensetzung; Befähigung; Inkompatibilitäten]
(1) Der Verfassungsgerichtshof besteht aus einem Präsidenten, einem Vizepräsidenten, zwölf weiteren Mitgliedern und sechs Ersatzmitgliedern.

(2) [1]Den Präsidenten, den Vizepräsidenten, sechs weitere Mitglieder und drei Ersatzmitglieder ernennt der Bundespräsident auf Vorschlag der Bundesregierung; diese Mitglieder und Ersatzmitglieder sind aus dem Kreis der Richter, Verwaltungsbeamten und Professoren eines rechtswissenschaftlichen Faches an einer Universität zu entnehmen. [2]Die übrigen sechs Mitglieder und drei Ersatzmitglieder ernennt der Bundespräsident auf Grund von Vorschlägen, die für drei Mitglieder und zwei Ersatzmitglieder der Nationalrat und für drei Mitglieder und ein Ersatzmitglied der Bundesrat erstatten. [3]Drei Mitglieder und zwei Ersatzmitglieder müssen ihren ständigen Wohnsitz außerhalb der Bundeshauptstadt Wien haben. [4]Verwaltungsbeamte des Dienststandes, die zu Mitgliedern oder Ersatzmitgliedern ernannt werden, sind unter Entfall ihrer Bezüge außer Dienst zu stellen. [5]Dies gilt nicht für zum Ersatzmitglied ernannte Verwaltungsbeamte, die von allen weisungsgebundenen Tätigkeiten befreit worden sind, für die Dauer dieser Befreiung.

(3) Die Mitglieder und die Ersatzmitglieder des Verfassungsgerichtshofes müssen das Studium der Rechtswissenschaften oder die rechts- und staatswissenschaftlichen Studien abgeschlossen haben und über eine zehnjährige juristische Berufserfahrung verfügen.

(4) [1]Dem Verfassungsgerichtshof können Mitglieder der Bundesregierung, einer Landesregierung, eines allgemeinen Vertretungskörpers oder des Europäischen Parlaments nicht angehören; für Mitglieder eines allgemeinen Vertretungskörpers oder des Europäischen Parlaments, die auf eine bestimmte Gesetzgebungs- oder Funktionsperiode gewählt wurden, dauert die Unvereinbarkeit auch bei vorzeitigem Verzicht auf das Mandat bis zum Ablauf der Gesetzgebungs- oder Funktionsperiode fort. [2]Endlich können dem Verfassungsgerichtshof Personen nicht angehören, die Angestellte oder sonstige Funktionäre einer politischen Partei sind.

(5) Zum Präsidenten oder Vizepräsidenten des Verfassungsgerichtshofes kann nicht ernannt werden, wer eine der im Abs. 4 bezeichneten Funktionen in den letzten fünf Jahren ausgeübt hat.

(6) [1]Auf die Mitglieder und die Ersatzmitglieder des Verfassungsgerichtshofes finden Art. 87 Abs. 1 und 2 und Art. 88 Abs. 2 Anwendung; die näheren Bestimmungen werden in dem gemäß Art. 148 ergehenden Bundesgesetz geregelt. [2]Als Altersgrenze, nach deren Erreichung ihr Amt endet, wird der 31. Dezember des Jahres bestimmt, in dem das Mitglied oder das Ersatzmitglied das siebzigste Lebensjahr vollendet hat.

(7) [1]Wenn ein Mitglied oder Ersatzmitglied drei aufeinanderfolgenden Einladungen zu einer Verhandlung des Verfassungsgerichtshofes ohne genügende Entschuldigung keine Folge geleistet hat, so hat dies nach seiner Anhörung der Verfassungsgerichtshof festzustellen. [2]Diese Feststellung hat den Verlust der Mitgliedschaft oder der Eigenschaft als Ersatzmitglied zur Folge.

(8) Die Diensthoheit gegenüber den beim Verfassungsgerichtshof Bediensteten wird vom Präsidenten ausgeübt.

Artikel 148 [Ausführungsbestimmungen]
Die näheren Bestimmungen über die Organisation und das Verfahren des Verfassungsgerichtshofes werden durch ein besonderes Bundesgesetz und auf Grund dieses durch eine vom Verfassungsgerichtshof zu beschließende Geschäftsordnung geregelt.

Neuntes Hauptstück
Volksanwaltschaft

Artikel 148a [Beschwerderecht; Prüfungsrecht]
(1) [1]Jedermann kann sich bei der Volksanwaltschaft wegen behaupteter Missstände in der Verwaltung des Bundes einschließlich dessen Tätigkeit als Träger von Privatrechten, insbesondere wegen einer behaupteten Verletzung in Menschenrechten, beschweren, sofern er von diesen Missständen betroffen ist und soweit ihm ein Rechtsmittel nicht oder nicht mehr zur Verfügung steht. [2]Jede solche Beschwerde ist von der Volksanwaltschaft zu prüfen. [3]Dem Beschwerdeführer sind das Ergebnis der Prüfung sowie die allenfalls getroffenen Veranlassungen mitzuteilen.

(2) Die Volksanwaltschaft ist berechtigt, von ihr vermutete Missstände in der Verwaltung des Bundes einschließlich dessen Tätigkeit als Träger von Privatrechten, insbesondere von ihr vermutete Verletzungen in Menschenrechten, von Amts wegen zu prüfen.

(3) Zum Schutz und zur Förderung der Menschenrechte obliegt es der Volksanwaltschaft und den von ihr eingesetzten Kommissionen (Art. 148h Abs. 3), im Bereich der Verwaltung des Bundes einschließlich dessen Tätigkeit als Träger von Privatrechten

1. den Ort einer Freiheitsentziehung zu besuchen und zu überprüfen,
2. das Verhalten der zur Ausübung unmittelbarer verwaltungsbehördlicher Befehls- und Zwangsgewalt ermächtigten Organe zu beobachten und begleitend zu überprüfen sowie
3. für Menschen mit Behinderungen bestimmte Einrichtungen und Programme zu überprüfen beziehungsweise zu besuchen.

(4) [1]Unbeschadet des Abs. 1 kann sich jedermann wegen behaupteter Säumnis eines Gerichtes mit der Vornahme einer Verfahrenshandlung bei der Volksanwaltschaft beschweren, sofern er davon betroffen ist. [2]Abs. 2 gilt sinngemäß.

(5) [1]Der Volksanwaltschaft obliegt ferner die Mitwirkung an der Erledigung der an den Nationalrat gerichteten Petitionen und Bürgerinitiativen. [2]Näheres bestimmt das Bundesgesetz über die Geschäftsordnung des Nationalrates.

(6) Die Volksanwaltschaft ist in Ausübung ihres Amtes unabhängig.

Artikel 148b [Unterstützungspflicht; Amtsverschwiegenheit]
(1) [1]Alle Organe des Bundes, der Länder, der Gemeinden und der Gemeindeverbände sowie der sonstigen Selbstverwaltungskörper haben die Volksanwaltschaft bei der Besorgung ihrer Aufgaben zu unterstützen, ihr Akteneinsicht zu gewähren und auf Verlangen die erforderlichen Auskünfte zu erteilen. [2]Amtsverschwiegenheit besteht nicht gegenüber der Volksanwaltschaft.

(2) [1]Die Volksanwaltschaft unterliegt der Amtsverschwiegenheit im gleichen Umfang wie das Organ, an das die Volksanwaltschaft in Erfüllung ihrer Aufgaben herangetreten ist. [2]Bei der Erstattung der Berichte an den Nationalrat ist die Volksanwaltschaft zur Wahrung der Amtsverschwiegenheit aber nur insoweit verpflichtet, als dies im Interesse der Parteien oder der nationalen Sicherheit geboten ist.

(3) Die Abs. 1 und 2 gelten sinngemäß auch für die Mitglieder der Kommissionen und die Mitglieder und Ersatzmitglieder des Menschenrechtsbeirats.

Artikel 148c [Empfehlungen; Fristsetzung]

[1]Die Volksanwaltschaft kann den mit den obersten Verwaltungsgeschäften des Bundes betrauten Organen Empfehlungen für die in einem bestimmten Fall oder aus Anlass eines bestimmten Falles zu treffenden Maßnahmen erteilen. [2]In Angelegenheiten der Selbstverwaltung oder der Verwaltung durch weisungsfreie Behörden kann die Volksanwaltschaft dem zuständigen Organ der Selbstverwaltung oder der weisungsfreien Behörde Empfehlungen erteilen; derartige Empfehlungen sind auch dem obersten Verwaltungsorgan des Bundes zur Kenntnis zu bringen. [3]Das betreffende Organ hat binnen einer bundesgesetzlich zu bestimmenden Frist entweder diesen Empfehlungen zu entsprechen und dies der Volksanwaltschaft mitzuteilen oder schriftlich zu begründen, warum der Empfehlung nicht entsprochen wurde. [4]Die Volksanwaltschaft kann in einem bestimmten Fall oder aus Anlass eines bestimmten Falles einen auf die Beseitigung der Säumnis eines Gerichtes (Art. 148a Abs. 4) gerichteten Fristsetzungsantrag stellen sowie Maßnahmen der Dienstaufsicht anregen.

Artikel 148d [Berichterstattung]

(1) [1]Die Volksanwaltschaft hat dem Nationalrat und dem Bundesrat jährlich über ihre Tätigkeit zu berichten. [2]Überdies kann die Volksanwaltschaft über einzelne Wahrnehmungen jederzeit an den Nationalrat und den Bundesrat berichten. [3]Die Berichte der Volksanwaltschaft sind nach Vorlage an den Nationalrat und den Bundesrat zu veröffentlichen.

(2) [1]Die Mitglieder der Volksanwaltschaft haben das Recht, an den Verhandlungen über die Berichte der Volksanwaltschaft im Nationalrat und im Bundesrat sowie in deren Ausschüssen (Unterausschüssen) teilzunehmen und auf ihr Verlangen jedes Mal gehört zu werden. [2]Dieses Recht steht den Mitgliedern der Volksanwaltschaft auch hinsichtlich der Verhandlungen über die die Volksanwaltschaft betreffenden Untergliederungen des Entwurfes des Bundesfinanzgesetzes im Nationalrat und in seinen Ausschüssen (Unterausschüssen) zu. [3]Näheres bestimmen das Bundesgesetz über die Geschäftsordnung des Nationalrates und die Geschäftsordnung des Bundesrates.

Artikel 148e (aufgehoben)

Artikel 148f [Auslegung gesetzlicher Grundlagen]

Entstehen zwischen der Volksanwaltschaft und der Bundesregierung oder einem Bundesminister Meinungsverschiedenheiten über die Auslegung der gesetzlichen Bestimmungen, die die Zuständigkeit der Volksanwaltschaft regeln, so entscheidet auf Antrag der Bundesregierung oder der Volksanwaltschaft der Verfassungsgerichtshof.

Artikel 148g [Sitz; Zusammensetzung; Vorsitz; Inkompatibilitäten]

(1) [1]Die Volksanwaltschaft hat ihren Sitz in Wien. [2]Sie besteht aus drei Mitgliedern, von denen jeweils eines den Vorsitz ausübt. [3]Die Funktionsperiode beträgt sechs Jahre. [4]Eine mehr als einmalige Wiederwahl der Mitglieder der Volksanwaltschaft ist unzulässig.

(2) [1]Die Mitglieder der Volksanwaltschaft werden vom Nationalrat auf Grund eines Gesamtvorschlages des Hauptausschusses gewählt. [2]Der Hauptausschuss erstellt seinen Gesamtvorschlag bei Anwesenheit von mindestens der Hälfte seiner Mitglieder, wobei die drei mandatsstärksten Parteien des Nationalrates das Recht haben, je ein Mitglied für diesen Gesamtvorschlag namhaft zu machen. [3]Bei Mandatsgleichheit gibt die Zahl der bei der letzten Nationalratswahl abgegebenen Stimmen den Ausschlag. [4]Die Mitglieder der Volksanwaltschaft leisten vor Antritt ihres Amtes dem Bundespräsidenten die Angelobung.

(3) [1]Der Vorsitz in der Volksanwaltschaft wechselt jährlich zwischen den Mitgliedern in der Reihenfolge der Mandatsstärke, bei Mandatsgleichheit der Stimmenstärke, der die Mitglieder namhaft machenden Parteien. [2]Diese Reihenfolge wird während der Funktionsperiode der Volksanwaltschaft unverändert beibehalten.

(4) [1]Im Falle des vorzeitigen Ausscheidens eines Mitgliedes der Volksanwaltschaft hat jene im Nationalrat vertretene Partei, die dieses Mitglied namhaft gemacht hat, ein neues Mitglied namhaft zu machen. [2]Die Neuwahl für den Rest der Funktionsperiode ist gemäß Abs. 2 durchzuführen. [3]Bis zur allfälligen Erlassung einer neuen Geschäftsverteilung ist die geltende Geschäftsverteilung auf das neue Mitglied sinngemäß anzuwenden.

(5) [1]Die Mitglieder der Volksanwaltschaft müssen zum Nationalrat wählbar sein und über Kenntnisse der Organisation und Funktionsweise der Verwaltung und Kenntnisse auf dem Gebiet der Men-

schenrechte verfügen. [2]Sie dürfen während ihrer Amtstätigkeit weder einem allgemeinen Vertretungskörper noch dem Europäischen Parlament angehören, nicht Mitglied der Bundesregierung oder einer Landesregierung sein und keinen anderen Beruf ausüben.

(6) Jedes Mitglied der Volksanwaltschaft ist hinsichtlich der Verantwortlichkeit gemäß Art. 142 den Mitgliedern der Bundesregierung gleichgestellt.

Artikel 148h [Ernennung des Personals; Diensthoheit]

(1) [1]Die Beamten der Volksanwaltschaft ernennt auf Vorschlag und unter Gegenzeichnung des Vorsitzenden der Volksanwaltschaft der Bundespräsident; das Gleiche gilt für die Verleihung von Amtstiteln. [2]Der Bundespräsident kann jedoch den Vorsitzenden der Volksanwaltschaft ermächtigen, Beamte bestimmter Kategorien zu ernennen. [3]Die Hilfskräfte ernennt der Vorsitzende der Volksanwaltschaft. [4]Der Vorsitzende der Volksanwaltschaft ist insoweit oberstes Verwaltungsorgan und übt diese Befugnisse allein aus.

(2) Die Diensthoheit des Bundes gegenüber den bei der Volksanwaltschaft Bediensteten wird vom Vorsitzenden der Volksanwaltschaft ausgeübt.

(3) [1]Zur Besorgung der Aufgaben nach Art. 148a Abs. 3 hat die Volksanwaltschaft Kommissionen einzusetzen und einen Menschenrechtsbeirat zu ihrer Beratung einzurichten. [2]Der Menschenrechtsbeirat besteht aus einem Vorsitzenden, einem stellvertretenden Vorsitzenden und sonstigen Mitgliedern und Ersatzmitgliedern, die von der Volksanwaltschaft ernannt werden. [3]Inwieweit die Volksanwaltschaft bei der Ernennung der Mitglieder und Ersatzmitglieder des Menschenrechtsbeirats an Vorschläge anderer Stellen gebunden ist, wird bundesgesetzlich bestimmt. [4]Der Vorsitzende, der stellvertretende Vorsitzende und die sonstigen Mitglieder des Menschenrechtsbeirats sind in Ausübung ihrer Tätigkeit an keine Weisungen gebunden.

(4) [1]Die Volksanwaltschaft beschließt eine Geschäftsordnung und eine Geschäftsverteilung, in der insbesondere zu bestimmen ist, welche Aufgaben von den Mitgliedern der Volksanwaltschaft selbständig wahrzunehmen sind. [2]Die Beschlussfassung über die Geschäftsordnung und die Geschäftsverteilung erfordert Einstimmigkeit der Mitglieder der Volksanwaltschaft.

Artikel 148i [Zuständigkeit im Landesbereich]

(1) Durch Landesverfassungsgesetz können die Länder die Volksanwaltschaft auch für den Bereich der Verwaltung des betreffenden Landes für zuständig erklären; diesfalls ist Art. 148f sinngemäß anzuwenden.

(2) Schaffen die Länder für den Bereich der Landesverwaltung Einrichtungen mit gleichartigen Aufgaben wie die Volksanwaltschaft, kann durch Landesverfassungsgesetz eine dem Art. 148f entsprechende Regelung getroffen werden.

(3) Ein Land, das hinsichtlich der Aufgaben nach Art. 148a Abs. 3 von der Ermächtigung des Abs. 1 nicht Gebrauch macht, hat durch Landesverfassungsgesetz eine Einrichtung mit den Aufgaben nach Art. 148a Abs. 3 gleichartigen Aufgaben für den Bereich der Landesverwaltung zu schaffen und zur Besorgung dieser Aufgaben den Art. 148c und Art. 148d entsprechende Regelungen zu treffen.

Artikel 148j [Ausführungsbestimmungen]

Nähere Bestimmungen zur Ausführung dieses Hauptstückes sind bundesgesetzlich zu treffen.

Zehntes Hauptstück
Schlussbestimmungen

Artikel 149 [Verfassungsgesetze]

(1) Neben diesem Gesetz haben im Sinne des Art. 44 Abs. 1 unter Berücksichtigung der durch dieses Gesetz bedingten Änderungen als Verfassungsgesetze zu gelten:

- Staatsgrundgesetz vom 21. Dezember 1867, RGBl. Nr. 142, über die allgemeinen Rechte der Staatsbürger für die im Reichsrate vertretenen Königreiche und Länder (Anm.: Art. 8 aufgehoben durch Art. 8, BGBl. Nr. 684/1988);
- Gesetz vom 27. Oktober 1862, RGBl. Nr. 88, zum Schutze des Hausrechtes;
- Beschluss der Provisorischen Nationalversammlung vom 30. Oktober 1918, StGBl. Nr. 3;
- Gesetz vom 3. April 1919, StGBl. Nr. 209, betreffend die Landesverweisung und die Übernahme des Vermögens des Hauses Habsburg-Lothringen;

- Gesetz vom 3. April 1919, StGBl. Nr. 211, über die Aufhebung des Adels, der weltlichen Ritter- und Damenorden und gewisser Titel und Würden;
- Abschnitt V des III. Teiles des Staatsvertrages von Saint-Germain vom 10. September 1919, StGBl. Nr. 303 aus 1920.

(2) Art. 20 des Staatsgrundgesetzes vom 21. Dezember 1867, RGBl. Nr. 142, sowie das auf Grund dieses Artikels erlassene Gesetz vom 5. Mai 1869, RGBl. Nr. 66, treten außer Kraft.

Artikel 150 [Übergang zur bundesstaatlichen Bestimmung]

(1) Der Übergang zu der durch dieses Gesetz eingeführten bundesstaatlichen Verfassung wird durch ein eigenes, zugleich mit diesem Gesetz in Kraft tretendes Verfassungsgesetz geregelt.

(2) [1]Gesetze, die erst einer neuen Fassung bundesverfassungsgesetzlicher Bestimmungen entsprechen, dürfen von der Kundmachung des die Änderung bewirkenden Bundesverfassungsgesetzes an erlassen werden. [2]Sie dürfen jedoch nicht vor dem Inkrafttreten der neuen bundesverfassungsgesetzlichen Bestimmungen in Kraft treten, soweit sie nicht lediglich Maßnahmen vorsehen, die für ihre mit dem Inkrafttreten der neuen bundesverfassungsgesetzlichen Bestimmungen beginnende Vollziehung erforderlich sind.

Artikel 151 (hier nicht abgedruckt)

Artikel 152 [Vollziehung des B-VG]

Mit der Vollziehung dieses Bundes-Verfassungsgesetzes ist die Bundesregierung betraut.

Anlage (hier nicht abgedruckt)

Verfassungsgesetz der Republik Österreich
Staatsgrundgesetz über die allgemeinen Rechte der Staatsbürger
Österreich StGG

Vom 21. Dezember 1867, RGBl. Nr. 142/1867, i.d.F. BGBl. 684/1988

Inhalt

Artikel 1 *(nicht Bestandteil des Bundesrechts)*

Artikel 2 [Gleichheit vor dem Gesetz]
Vor dem Gesetze sind alle Staatsbürger gleich.

Artikel 3 [Zugänglichkeit öffentlicher Ämter]
(1) Die öffentlichen Aemter sind für alle Staatsbürger gleich zugänglich.

(2) Für Ausländer wird der Eintritt in dieselben von der Erwerbung des österreichischen Staatsbürgerrechtes abhängig gemacht.

Artikel 4 [Freizügigkeit]
(1) Die Freizügigkeit der Person und des Vermögens innerhalb des Staatsgebietes unterliegt keiner Beschränkung.

(2) *(nicht Bestandteil des Bundesrechts)*

(3) Die Freiheit der Auswanderung ist von Staatswegen nur durch die Wehrpflicht beschränkt.

(4) Abfahrtsgelder dürfen nur in Anwendung der Reciprocität erhoben werden.

Artikel 5 [Eigentum]
[1]Das Eigenthum ist unverletzlich. [2]Eine Enteignung gegen den Willen des Eigenthümers kann nur in den Fällen und in der Art eintreten, welche das Gesetz bestimmt.

Artikel 6 [Aufenthalts- und Berufsfreiheit; Freiheit des Liegenschaftsverkehrs]
(1) Jeder Staatsbürger kann an jedem Orte des Staatsgebietes seinen Aufenthalt und Wohnsitz nehmen, Liegenschaften jeder Art erwerben und über dieselben frei verfügen, sowie unter den gesetzlichen Bedingungen jeden Erwerbszweig ausüben.

(2) Für die todte Hand sind Beschränkungen des Rechtes, Liegenschaften zu erwerben und über sie zu verfügen, im Wege des Gesetzes aus Gründen des öffentlichen Wohles zulässig.

Artikel 7 [Aufhebung der Untertänigkeit und Hörigkeit]
[1]Jeder Unterthänigkeits- und Hörigkeitsverband ist für immer aufgehoben. [2]Jede aus dem Titel des getheilten Eigenthumes auf Liegenschaften haftende Schuldigkeit oder Leistung ist ablösbar, und es darf in Zukunft keine Liegenschaft mit einer derartigen unablösbaren Leistung belastet werden.

Artikel 8 ***(aufgehoben)***

Artikel 9 [Hausrecht]

(1) Das Hausrecht ist unverletzlich.

(2) Das bestehende Gesetz vom 27. October 1862 (Reichs-Gesetz-Blatt Nr. 88) zum Schutze des Hausrechtes wird hiemit als Bestandtheil dieses Staatsgrundgesetzes erklärt.

Artikel 10 [Briefgeheimnis]

Das Briefgeheimniß darf nicht verletzt und die Beschlagnahme von Briefen, außer dem Falle einer gesetzlichen Verhaftung oder Haussuchung, nur in Kriegsfällen oder auf Grund eines richterlichen Befehles in Gemäßheit bestehender Gesetze vorgenommen werden.

Artikel 10 a [Fernmeldegeheimnis]

(1) Das Fernmeldegeheimnis darf nicht verletzt werden.

(2) Ausnahmen von der Bestimmung des vorstehenden Absatzes sind nur auf Grund eines richterlichen Befehles in Gemäßheit bestehender Gesetze zulässig.

Artikel 11 [Petitionsrecht]

(1) Das Petitionsrecht steht Jedermann zu.

(2) Petitionen unter einem Gesammtnamen dürfen nur von gesetzlich anerkannten Körperschaften oder Vereinen ausgehen.

Artikel 12 [Versammlungs- und Vereinsfreiheit]

[1]Die österreichischen Staatsbürger haben das Recht, sich zu versammeln und Vereine zu bilden. [2]Die Ausübung dieser Rechte wird durch besondere Gesetze geregelt.

Artikel 13 [Meinungs- und Pressefreiheit]

(1) Jedermann hat das Recht, durch Wort, Schrift, Druck oder durch bildliche Darstellung seine Meinung innerhalb der gesetzlichen Schranken frei zu äußern.

(2) [1]Die Presse darf weder unter Censur gestellt, noch durch das Concessions-System beschränkt werden. [2]Administrative Postverbote finden auf inländische Druckschriften keine Anwendung.

Artikel 14 [Glaubens- und Gewissensfreiheit]

(1) Die volle Glaubens- und Gewissensfreiheit ist Jedermann gewährleistet.

(2) Der Genuß der bürgerlichen und politischen Rechte ist von dem Religionsbekenntnisse unabhängig; doch darf den staatsbürgerlichen Pflichten durch das Religionsbekenntniß kein Abbruch geschehen.

(3) Niemand kann zu einer kirchlichen Handlung oder zur Theilnahme an einer kirchlichen Feierlichkeit gezwungen werden, in sofern er nicht der nach dem Gesetze hiezu berechtigten Gewalt eines Anderen untersteht.

Artikel 15 [Kirchen und Religionsgesellschaften]

Jede gesetzlich anerkannte Kirche und Religionsgesellschaft hat das Recht der gemeinsamen öffentlichen Religionsübung, ordnet und verwaltet ihre inneren Angelegenheiten selbständig, bleibt im Besitze und Genusse ihrer für Cultus-, Unterrichts- und Wohlthätigkeitszwecke bestimmten Anstalten, Stiftungen und Fonde, ist aber, wie jede Gesellschaft, den allgemeinen Staatsgesetzen unterworfen.

Artikel 16 [Häusliche Religionsübung]

Den Anhängern eines gesetzlich nicht anerkannten Religionsbekenntnisses ist die häusliche Religionsübung gestattet, in soferne dieselbe weder rechtswidrig, noch sittenverletzend ist.

Artikel 17 [Wissenschaftsfreiheit; Unterricht und Erziehung]

(1) Die Wissenschaft und ihre Lehre ist frei.

(2) Unterrichts- und Erziehungsanstalten zu gründen und an solchen Unterricht zu ertheilen, ist jeder Staatsbürger berechtigt, der seine Befähigung hiezu in gesetzlicher Weise nachgewiesen hat.

(3) Der häusliche Unterricht unterliegt keiner solchen Beschränkung.

(4) Für den Religionsunterricht in den Schulen ist von der betreffenden Kirche oder Religionsgesellschaft Sorge zu tragen.

(5) Dem Staate steht rücksichtlich des gesammten Unterrichts- und Erziehungswesens das Recht der obersten Leitung und Aufsicht zu.

Artikel 17a [Kunstfreiheit]
Das künstlerische Schaffen, die Vermittlung von Kunst sowie deren Lehre sind frei.

Artikel 18 [Ausbildung und Berufswahl]
Es steht Jedermann frei, seinen Beruf zu wählen und sich für denselben auszubilden, wie und wo er will.

Artikel 19 [Volksstämme; Sprachen]
(1) Alle Volksstämme des Staates sind gleichberechtigt, und jeder Volksstamm hat ein unverletzliches Recht auf Wahrung und Pflege seiner Nationalität und Sprache.

(2) Die Gleichberechtigung aller landesüblichen Sprachen in Schule, Amt und öffentlichem Leben wird vom Staate anerkannt.

(3) In den Ländern, in welchen mehrere Volksstämme wohnen, sollen die öffentlichen Unterrichtsanstalten derart eingerichtet sein, daß ohne Anwendung eines Zwanges zur Erlernung einer zweiten Landessprache jeder dieser Volksstämme die erforderlichen Mittel zur Ausbildung in seiner Sprache erhält.

Artikel 20 ***(aufgehoben)***

Verfassung der Republik Polen*)

Vom 2. April 1997 (Dz. U. 1997, Nr. 78, Pos. 483)
geändert am 8. September 2006 (Dz. U. 2006, Nr. 200, Pos. 1471) sowie am 7. Mai 2009 (Dz. U. 2009, Nr. 114, Pos. 946)

Inhalt

[Präambel]

In der Sorge um die Existenz unseres Vaterlandes und seine Zukunft, nachdem wir im Jahre 1989 die Möglichkeit wiedererlangt haben, souverän und demokratisch über sein Schicksal zu bestimmen, geben wir uns, das Polnische Volk – alle Bürger der Republik, sowohl diejenigen, welche an Gott als Quelle der Wahrheit, der Gerechtigkeit, des Guten und des Schönen glauben, als auch diejenigen, welche diesen Glauben nicht teilen, sondern diese universellen Werte aus anderen Quellen ableiten, gleich an Rechten und Pflichten gegenüber dem Gemeinwohl, Polen, in Dankbarkeit gegenüber unseren Vorfahren für ihre Arbeit, für ihren Kampf um die unter großen Opfern erlangte Unabhängigkeit, für die Kultur, die im christlichen Erbe des Volkes und in allgemein menschlichen Werten verwurzelt ist, an die besten Traditionen der Ersten und Zweiten Republik anknüpfend, verpflichtet, an die kommenden Generationen alles Wertvolle aus dem über tausendjährigen Erbe weiterzugeben, mit unseren über die gesamte Welt verstreuten Landsleuten gemeinschaftlich verbunden, im Bewusstsein der Notwendigkeit, mit allen Ländern für das Wohl der Menschheitsfamilie zusammen zu arbeiten, im Gedenken an die bitteren Erfahrungen aus der Zeit, in der die Grundfreiheiten und Grundrechte der Menschen in unserem Vaterland verletzt wurden, im Willen, die Bürgerrechte stets zu garantieren sowie die Redlichkeit und die Leistungsfähigkeit der Tätigkeit der öffentlichen Institutionen zu gewährleisten, im Bewusstsein der Verantwortung vor Gott oder vor dem eigenen Gewissen, die Verfassung der Republik Polen als grundlegendes Recht des Staates, gestützt auf die Achtung vor Freiheit und Gerechtigkeit, die Zusammenarbeit der öffentlichen Gewalten, den gesellschaftlichen Dialog sowie auf das Subsidiaritätsprinzip, das die Rechte der Bürger und deren Gemeinschaften stärkt. Alle, die diese Verfassung zum Wohl der Dritten Republik anwenden werden, fordern wir auf, dabei die dem Menschen angeborene Würde, sein Recht auf Freiheit und seine Pflicht zur Solidarität mit anderen Menschen zu achten, und diese Prinzipien als unverletzliche Grundlage der Republik Polen zu achten.

*) Übersetzung: RAin Tina de Vries, Institut für Ostrecht München, in Anlehnung an die Übersetzung von Misior, Ewa; Szmyt, Andrzej; Maul, Matthias, Warschau 1997, mit freundlicher Genehmigung der Sejmkanzlei.

Kapitel I.
Die Republik

Artikel 1 [Gemeingut Republik]
Die Republik Polen ist Gemeingut aller Bürger.

Artikel 2 [Staatsgrundsätze]
Die Republik Polen ist ein demokratischer Rechtsstaat, der die Grundsätze der gesellschaftlichen Gerechtigkeit verwirklicht.

Artikel 3 [Einheitsstaat]
Die Republik Polen ist ein Einheitsstaat.

Artikel 4 [Volkssouveränität, Demokratie]
(1) Die oberste Gewalt in der Republik Polen gehört dem Volk.

(2) Das Volk übt die Gewalt durch seine Vertreter oder unmittelbar aus.

Artikel 5 [Grundaufgaben des Staates]
Die Republik Polen schützt die Unabhängigkeit und die Unverletzlichkeit ihres Territoriums, gewährleistet die Freiheiten und Rechte der Menschen und der Bürger sowie die Sicherheit der Bürger, schützt das nationale Erbe und gewährleistet den Umweltschutz, geleitet von dem Prinzip einer ausgewogenen Entwicklung.

Artikel 6 [Kulturelles Erbe]
(1) Die Republik Polen schafft die Bedingungen für die Verbreitung und den gleichen Zugang zu den Kulturgütern, die die Quelle der Identität des polnischen Volkes, seines Bestandes und seiner Entwicklung sind.

(2) Die Republik Polen unterstützt die Polen, die im Ausland wohnen, dabei, ihre Verbindung mit dem nationalen kulturellen Erbe aufrechtzuerhalten.

Artikel 7 [Vorbehalt des Gesetzes]
Die Organe der öffentlichen Gewalt handeln auf der Grundlage und in den Grenzen des Rechts.

Artikel 8 [Vorrang der Verfassung]
(1) Die Verfassung ist das oberste Recht der Republik Polen.

(2) Die Vorschriften der Verfassung sind unmittelbar anzuwenden, es sei denn, die Verfassung bestimmt etwas anderes.

Artikel 9 [Völkerrecht]
Die Republik Polen befolgt das sie bindende Völkerrecht.

Artikel 10 [Gewaltenteilung]
(1) Die Ordnung der Republik Polen stützt sich auf die Teilung und das Gleichgewicht der gesetzgebenden, der vollziehenden und der rechtsprechenden Gewalt.

(2) Die gesetzgebende Gewalt üben Sejm und Senat, die vollziehende Gewalt der Präsident der Republik Polen und der Ministerrat, die rechtsprechende Gewalt die Gerichte und die Gerichtshöfe aus.

Artikel 11 [Politische Parteien]
(1) [1]Die Republik Polen gewährleistet die Freiheit der Gründung und Tätigkeit der politischen Parteien. [2]Die politischen Parteien vereinigen die polnischen Bürger auf der Grundlage von Freiwilligkeit und Gleichheit, um auf die Gestaltung der Staatspolitik mit demokratischen Methoden einzuwirken.

(2) Die Finanzierung der politischen Parteien ist öffentlich.

Artikel 12 [Interessenvertretungen]
Die Republik Polen gewährleistet die Freiheit der Gründung und Tätigkeit der Gewerkschaften, der gesellschaftlichen Berufsorganisationen der Landwirte, der Vereine, der Bürgerbewegungen, anderer freiwilliger Vereinigungen sowie der Stiftungen.

Artikel 13 [Verbotene Parteien]
Verboten ist das Bestehen politischer Parteien und anderer Organisationen, die sich in ihren Programmen auf totalitäre Methoden und Praktiken des Nazismus, Faschismus und Kommunismus berufen sowie solcher, deren Programm oder deren Tätigkeit Rassen- und Nationalitätenhass, Gewalt zum Zweck der Machtübernahme oder zur Einflussnahme auf die Politik des Staates voraussetzt oder zulässt, oder die Geheimhaltung der Strukturen oder der Mitgliedschaft vorsieht.

Artikel 14 [Massenmedien]
Die Republik Polen gewährleistet die Freiheit der Presse und anderer Massenmedien.

Artikel 15 [Territoriale Gliederung]
(1) Die territoriale Struktur der Republik Polen gewährleistet die Dezentralisierung der öffentlichen Gewalt.

(2) Die grundlegende territoriale Gliederung des Staates wird durch Gesetz geregelt, wobei gesellschaftliche, wirtschaftliche oder kulturelle Verbindungen berücksichtigt werden und gewährleistet wird, dass die Gebietseinheiten die Fähigkeit besitzen, die öffentlichen Aufgaben auszuführen.

Artikel 16 [Kommunale Selbstverwaltung]
(1) Die Gesamtheit der Einwohner einer Einheit der grundlegenden territorialen Gliederung bildet kraft Gesetzes eine Selbstverwaltungsgemeinde.

(2) [1]Die kommunale Selbstverwaltung wirkt an der Ausübung der öffentlichen Gewalt mit. [2]Den ihr im Rahmen der Gesetze zustehenden wesentlichen Teil der öffentlichen Aufgaben führt die Selbstverwaltung im eigenen Namen und in eigener Verantwortung aus.

Artikel 17 [Berufliche Selbstverwaltung]
(1) Durch Gesetz können berufliche Selbstverwaltungen gebildet werden, welche Personen vertreten, die Berufe des öffentlichen Vertrauens ausüben, und die Sorge tragen für die ordnungsgemäße Ausübung des Berufs in den Grenzen des öffentlichen Interesses und zu dessen Schutz.

(2) [1]Durch Gesetz können auch andere Arten von Selbstverwaltungen gebildet werden. [2]Diese Selbstverwaltungen dürfen weder die Freiheit der Berufsausübung verletzen noch die Freiheit der Aufnahme einer wirtschaftlichen Tätigkeit einschränken.

Artikel 18 [Ehe und Familie; Elternrecht]
Die Ehe als Verbindung von Frau und Mann, die Familie, die Mutterschaft und die Elternschaft stehen unter dem Schutz und der Fürsorge der Republik Polen.

Artikel 19 [Veteranen]
Die Republik Polen gewährt den Veteranen der Kämpfe um die Unabhängigkeit, insbesondere den Kriegsinvaliden besondere Fürsorge.

Artikel 20 [Soziale Marktwirtschaft]
Die soziale Marktwirtschaft, gestützt auf die Freiheit der wirtschaftlichen Tätigkeit, das Privateigentum und die Solidarität, den Dialog und die Zusammenarbeit der Sozialpartner, bildet die Grundlage der wirtschaftlichen Ordnung der Republik Polen.

Artikel 21 [Eigentum und Erbrecht]
(1) Die Republik Polen schützt das Eigentum und das Recht der Vererbung.

(2) Eine Enteignung ist nur zulässig, wenn sie zu öffentlichen Zwecken und gegen eine gerechte Entschädigung durchgeführt wird.

Artikel 22 [Wirtschaftsfreiheit]
Eine Einschränkung der Freiheit der wirtschaftlichen Tätigkeit ist nur durch Gesetz zulässig und nur wegen eines wichtigen gesellschaftlichen Interesses.

Artikel 23 [Landwirtschaftlicher Familienbetrieb]
[1]Die Grundlage der landwirtschaftlichen Ordnung des Staates ist der Familienbetrieb. [2]Diese Regel lässt die Bestimmungen der Art. 21 und Art. 22 unberührt.

Artikel 24 [Arbeit]
[1]Die Arbeit steht unter dem Schutz der Republik Polen. [2]Der Staat übt die Aufsicht über die Bedingungen der Ausführung der Arbeit aus.

Artikel 25 [Kirchen]
(1) Kirchen und andere Religionsgemeinschaften sind gleichberechtigt.

(2) Die öffentlichen Behörden in der Republik Polen wahren die Unparteilichkeit in Angelegenheiten der religiösen, weltanschaulichen und philosophischen Anschauungen und gewährleisten die Freiheit, diese im öffentlichen Leben zu äußern.

(3) Die Beziehungen zwischen dem Staat und den Kirchen sowie anderen Religionsgemeinschaften werden nach den Grundsätzen der Achtung ihrer Autonomie sowie der gegenseitigen Unabhängigkeit eines jeden in seinem Bereich, sowie des Zusammenwirkens zum Wohle des Menschen und des Gemeinwohls gestaltet.

(4) Die Beziehungen zwischen der Republik Polen und der Katholischen Kirche regeln der völkerrechtliche Vertrag, der mit dem Heiligen Stuhl geschlossen wurde, und die Gesetze.

(5) Die Beziehungen zwischen der Republik Polen und anderen Kirchen sowie Religionsgemeinschaften bestimmen die Gesetze, die aufgrund von Verträgen verabschiedet werden, welche vom Ministerrat mit ihren zuständigen Vertretern abgeschlossen wurden.

Artikel 26 [Streitkräfte]
(1) Die Streitkräfte der Republik Polen dienen dem Schutz der Unabhängigkeit des Staates und der Integrität seines Territoriums sowie der Gewährleistung der Sicherheit und der Unverletzlichkeit der Grenzen.

(2) Die Streitkräfte wahren in politischen Angelegenheiten Neutralität und unterliegen der zivilen und demokratischen Kontrolle.

Artikel 27 [Amtssprache]
[1]In der Republik Polen ist die polnische Sprache Amtssprache. [2]Diese Vorschrift verletzt nicht die Rechte der nationalen Minderheiten, die sich aus den ratifizierten völkerrechtlichen Verträgen ergeben.

Artikel 28 [Wappen; Flagge; Hymne]
(1) Das Wappen der Republik Polen ist das Bild eines weißen Adlers mit Krone auf rotem Feld.

(2) Die Farben der Republik Polen sind weiß und rot.

(3) Die Nationalhymne der Republik Polen ist die „Dąbrowski Mazurka".

(4) Wappen, Farben und Hymne der Republik unterliegen dem rechtlichen Schutz.

(5) Die Einzelheiten über Wappen, Farben und Nationalhymne regelt das Gesetz.

Artikel 29 [Hauptstadt]
Die Hauptstadt der Republik Polen ist Warschau.

Kapitel II.
Freiheiten, Rechte und Pflichten des Menschen und des Bürgers

Allgemeine Grundsätze

Artikel 30 [Menschenwürde]
[1]Die angeborene und unveräußerliche Würde des Menschen bildet die Quelle der Freiheiten und Rechte des Menschen und des Bürgers. [2]Sie ist unverletzlich, und ihre Achtung und ihr Schutz ist Verpflichtung der öffentlichen Gewalten.

Artikel 31 [Freiheit; Vorbehalt des Gesetzes; Wesensgehalt]
(1) Die Freiheit des Menschen steht unter rechtlichem Schutz.

(2) [1]Jedermann ist verpflichtet, die Freiheiten und Rechte Anderer zu achten. [2]Niemand darf zu etwas gezwungen werden, das ihm das Recht nicht gebietet.

(3) [1]Einschränkungen des Gebrauchs der verfassungsrechtlichen Freiheiten und Rechte dürfen nur durch Gesetz beschlossen werden und nur dann, wenn sie in einem demokratischen Staat notwendig

sind für seine Sicherheit oder die öffentliche Ordnung oder zum Schutz der Umwelt, der Gesundheit, der öffentlichen Moral oder der Freiheiten und Rechte anderer Personen. [2]Diese Einschränkungen dürfen das Wesen der Freiheiten und Rechte nicht verletzen.

Artikel 32 [Gleichheit]

(1) [1]Alle sind vor dem Recht gleich. [2]Alle haben das Recht auf gleiche Behandlung durch die öffentlichen Gewalten.

(2) Niemand darf aus irgendeinem Grund im politischen, gesellschaftlichen oder wirtschaftlichen Leben diskriminiert werden.

Artikel 33 [Frau und Mann]

(1) Frau und Mann haben in der Republik Polen die gleichen Rechte im familiären, im politischen, im gesellschaftlichen und im wirtschaftlichen Leben.

(2) Frau und Mann haben insbesondere die gleichen Rechte auf Bildung, Beschäftigung und beruflichen Aufstieg, auf gleiche Entlohnung für gleichwertige Arbeit, auf soziale Sicherung sowie auf die Ausübung von Ämtern, die Erfüllung von Funktionen und den Erwerb öffentlicher Würden und Auszeichnungen.

Artikel 34 [Staatsangehörigkeit]

(1) [1]Die polnische Staatsangehörigkeit erwirbt man durch die Abstammung von Eltern, die polnische Staatsangehörige sind. [2]Andere Fälle des Erwerbs der polnischen Staatsangehörigkeit regelt das Gesetz.

(2) Ein polnischer Staatsbürger darf die polnische Staatsangehörigkeit nicht verlieren, es sei denn, er selbst verzichtet darauf.

Artikel 35 [Nationale und ethnische Minderheiten]

(1) Die Republik Polen gewährleistet den polnischen Staatsangehörigen, die nationalen und ethnischen Minderheiten angehören, die Freiheit der Erhaltung und der Entwicklung der eigenen Sprache, der Erhaltung von Bräuchen und Traditionen sowie der Entwicklung der eigenen Kultur.

(2) Nationale und ethnische Minderheiten haben das Recht auf Bildung eigener Ausbildungs- und Kultureinrichtungen sowie von Einrichtungen, die dem Schutz der religiösen Identität dienen und das Recht auf Beteiligung an Entscheidungen in Angelegenheiten, die ihre kulturelle Identität betreffen.

Artikel 36 [Fürsorge während eines Auslandsaufenthalts]

Während des Aufenthalts im Ausland hat der polnische Staatsbürger das Recht auf Fürsorge durch die Republik Polen.

Artikel 37 [Garantie der Rechte; Ausländer]

(1) Wer unter der Gewalt der Republik Polen steht, genießt die in der Verfassung gewährleisteten Freiheiten und Rechte.

(2) Ausnahmen von diesem Grundsatz in Bezug auf Ausländer bestimmt das Gesetz.

Persönliche Freiheiten und Rechte

Artikel 38 [Schutz des Lebens]

Die Republik Polen gewährleistet jedem Menschen durch das Recht den Schutz des Lebens.

Artikel 39 [Einwilligungsvorbehalt bei Experimenten]

Niemand darf ohne freiwillig geäußerte Einwilligung wissenschaftlichen, darunter medizinischen Experimenten unterzogen werden.

Artikel 40 [Folterverbot]

[1]Niemand darf der Folter oder einer grausamen, unmenschlichen oder erniedrigenden Behandlung oder Strafe unterworfen werden. [2]Die Anwendung von Körperstrafen ist verboten.

Artikel 41 [Freiheit; habeas corpus]
(1) [1]Die Unverletzlichkeit der Person und die persönliche Freiheit werden jedermann gewährleistet. [2]Der Entzug oder die Einschränkung der Freiheit darf nur nach den Grundsätzen und in dem Verfahren erfolgen, das im Gesetz bestimmt wird.

(2) [1]Jeder, dem die Freiheit nicht aufgrund eines gerichtlichen Urteils entzogen wurde, hat das Recht auf Anrufung eines Gerichts, um unverzüglich die Legalität dieses Entzugs feststellen zu lassen. [2]Über den Freiheitsentzug ist unverzüglich die Familie oder eine vom Festgehaltenen genannte Person zu benachrichtigen.

(3) [1]Jeder Festgenommene soll unverzüglich und in einer für ihn verständlichen Weise über die Ursache der Festnahme informiert werden. [2]Er soll innerhalb von achtundvierzig Stunden nach der Festnahme einem Gericht zur Verfügung überstellt werden. [3]Der Festgenommene ist freizulassen, wenn ihm nicht innerhalb von vierundzwanzig Stunden nach der Überstellung zur Verfügung des Gerichts ein Beschluss des Gerichts über die Untersuchungshaft zugestellt wurde, zusammen mit der Darlegung der Vorwürfe.

(4) Jeder, dem die Freiheit entzogen wurde, ist in menschenwürdiger Weise zu behandeln.

(5) Jeder, dem die Freiheit widerrechtlich entzogen wurde, hat das Recht auf Entschädigung.

Artikel 42 [nullum crimen sine lege, Unschuldsvermutung]
(1) [1]Der strafrechtlichen Verantwortlichkeit unterliegt nur derjenige, der eine Tat begangen hat, die durch ein Gesetz unter Androhung von Strafe verboten ist, welches zum Zeitpunkt der Begehung galt. [2]Dieser Grundsatz hindert nicht die Bestrafung für eine Tat, welche zum Zeitpunkt der Begehung eine Straftat im Sinne des Völkerrechts darstellte.

(2) [1]Jeder, gegen den ein Strafverfahren geführt wird, hat das Recht auf Verteidigung in allen Stadien des Verfahrens. [2]Er kann insbesondere einen Verteidiger wählen oder nach den im Gesetz festgelegten Grundsätzen einen Pflichtverteidiger in Anspruch nehmen.

(3) Jeder gilt als unschuldig, solange seine Schuld nicht durch ein rechtskräftiges Gerichtsurteil festgestellt wurde.

Artikel 43 [Verbot der Verjährung]
Kriegsverbrechen und Verbrechen gegen die Menschlichkeit unterliegen nicht der Verjährung.

Artikel 44 [Ruhen der Verjährung]
Die Verjährung von Straftaten, die von Trägern öffentlicher Ämter oder in ihrem Auftrag begangen wurden und die aus politischen Gründen nicht verfolgt wurden, ruht, bis zum Zeitpunkt des Fortfalls dieser Gründe.

Artikel 45 [Zugang zum Gericht]
(1) Jedermann hat das Recht auf gerechte und öffentliche Untersuchung der Sache ohne unbegründete Verzögerung vor einem zuständigen, selbständigen, unparteiischen und unabhängigen Gericht.

(2) [1]Der Ausschluss der Öffentlichkeit von der Verhandlung kann wegen der Moral, der Sicherheit des Staates und der öffentlichen Ordnung sowie zum Schutz des Privatlebens der Parteien oder aufgrund eines anderen wichtigen privaten Interesses erfolgen. [2]Das Urteil ist öffentlich bekanntzugeben.

Artikel 46 [Einziehung]
Die Einziehung von Sachen darf nur in den im Gesetz bestimmten Fällen und nur aufgrund einer rechtskräftigen Gerichtsentscheidung erfolgen.

Artikel 47 [Persönlichkeitsrechte]
Jeder hat das Recht auf rechtlichen Schutz des Privat- und Familienlebens, der Ehre und des guten Rufes sowie das Recht, über sein persönliches Leben zu entscheiden.

Artikel 48 [Elternrechte]
(1) [1]Die Eltern haben das Recht, ihre Kinder im Einklang mit den eigenen Überzeugungen zu erziehen. [2]Die Erziehung soll die Reife des Kindes und seine Gewissens- und Bekenntnisfreiheit sowie seine Überzeugungen berücksichtigen.

(2) Die Beschränkung oder Entziehung der elterlichen Gewalt darf nur in den im Gesetz bestimmten Fällen und nur aufgrund einer rechtskräftigen Gerichtsentscheidung erfolgen.

Artikel 49 [Freiheit der Kommunikation]
[1]Es werden die Freiheit zu kommunizieren und der Schutz des Kommunikationsgeheimnisses gewährleistet. [2]Ihre Beschränkung darf allein in den im Gesetz bestimmten Fällen und in der in ihm bestimmten Weise erfolgen.

Artikel 50 [Unverletzlichkeit der Wohnung]
[1]Die Unverletzlichkeit der Wohnung wird gewährleistet. [2]Die Durchsuchung der Wohnung, von Räumen oder eines Fahrzeugs darf allein in den im Gesetz bestimmten Fällen und in der in ihm bestimmten Weise erfolgen.

Artikel 51 [Datenschutz; Zugang zu öffentlichen Urkunden]
(1) Niemand darf anders als auf Grund eines Gesetzes zur Offenbarung von Informationen über die eigene Person verpflichtet werden.

(2) Die öffentlichen Behörden dürfen keine anderen Informationen über die Staatsbürger beschaffen, sammeln oder zugänglich machen, als solche, die in einem demokratischen Rechtsstaat unumgänglich sind.

(3) [1]Jeder hat das Recht auf Zugang zu ihn betreffenden öffentlichen Urkunden und Datensammlungen. [2]Eine Beschränkung dieses Rechts kann durch Gesetz bestimmt werden.

(4) Jeder hat das Recht die Berichtigung und die Löschung unrichtiger, unvollständiger oder in widerrechtlicher Weise beschaffter Informationen zu fordern.

(5) Die Grundsätze und das Verfahren der Sammlung und des Zugänglichmachens von Informationen regelt das Gesetz.

Artikel 52 [Freizügigkeit]
(1) Jedem wird die Freiheit gewährleistet, sich auf dem Gebiet der Republik Polen zu bewegen und den Wohn- und Aufenthaltsort zu wählen.

(2) Jeder kann das Gebiet der Republik Polen frei verlassen.

(3) Die in Abs. 1 und 2 genannten Freiheiten können Beschränkungen unterliegen, die gesetzlich bestimmt werden.

(4) Ein polnischer Staatsbürger darf nicht aus dem Land ausgewiesen werden und ihm darf die Rückkehr ins Land nicht untersagt werden.

(5) Eine Person, deren polnische Herkunft entsprechend dem Gesetz festgestellt wurde, darf sich auf dem Gebiet der Republik Polen dauerhaft niederlassen.

Artikel 53 [Gewissens- und Religionsfreiheit]
(1) Jedem wird die Freiheit des Gewissens und der Religion gewährleistet.

(2) [1]Die Religionsfreiheit umfasst die Freiheit, eine Religion nach eigener Wahl anzunehmen oder zu bekennen sowie die Freiheit, die eigene Religion individuell oder mit anderen, öffentlich oder privat durch Vornahme von Kulthandlungen, durch Gebete, der Teilnahme an Zeremonien, das Praktizieren und das Lehren auszuüben. [2]Die Freiheit der Religion umfasst auch den Besitz von Heiligtümern und anderen Orten des Kultes entsprechend den Bedürfnissen der Gläubigen sowie das Recht der Personen, religiöse Hilfe dort in Anspruch zu nehmen, wo sie sich aufhalten.

(3) [1]Die Eltern haben das Recht, ihren Kindern moralische und religiöse Erziehung und Unterricht nach ihren Anschauungen zu gewährleisten. [2]Die Vorschrift des Art. 48 findet entsprechende Anwendung.

(4) Die Religion einer Kirche oder einer anderen Glaubensgemeinschaft mit einem rechtlich geregelten Status kann in der Schule unterrichtet werden, wobei die Freiheit des Gewissens und der Religion anderer Personen nicht verletzt werden darf.

(5) Die Freiheit, die Religion auszuüben, kann allein im Wege des Gesetzes eingeschränkt werden und nur, wenn es zum Schutz der Sicherheit des Staates, der öffentlichen Ordnung, der Gesundheit, der Moral oder der Freiheiten und Rechte Anderer notwendig ist.

(6) Niemand darf zur Teilnahme oder zur Nichtteilnahme an religiösen Praktiken gezwungen werden.

(7) Niemand darf durch die Organe der öffentlichen Gewalt verpflichtet werden, seine Weltanschauung, seine religiösen Überzeugungen oder seine Konfession zu offenbaren.

Artikel 54 [Meinungs-, Presse- und Rundfunkfreiheit; Verbot der Zensur]

(1) Jedem wird die Freiheit gewährleistet, seine Anschauungen zu äußern sowie Informationen zu beschaffen oder zu verbreiten.

(2) [1]Eine Vorzensur der Massenmedien und eine Konzessionierung der Presse sind verboten. [2]Durch Gesetz kann die Pflicht eingeführt werden, eine vorhergehende Konzession für das Betreiben einer Radio- oder Fernsehanstalt zu erlangen.

Artikel 55 [Auslieferung]

(1) Die Auslieferung eines polnischen Bürgers ist verboten mit Ausnahme der Fälle, die in Abs. 2 und 3 genannt werden.

(2) Die Auslieferung eines polnischen Bürgers kann auf Antrag eines anderen Staates oder eines internationalen Gerichtsorgans erfolgen, wenn eine solche Möglichkeit aus einem von der Republik Polen ratifizierten internationalen Abkommen folgt oder aus einem Gesetz, das einen Rechtsakt einer internationalen Organisation, deren Mitglied die Republik Polen ist, umsetzt, unter der Voraussetzung, dass die Tat, die der Auslieferungsantrag betrifft:

1) außerhalb des Gebietes der Republik Polen begangen wurde und
2) eine Straftat nach dem Recht der Republik Polen darstellt oder eine Straftat nach dem Recht der Republik Polen darstellen würde, im Falle, dass sie auf dem Gebiet der Republik Polen begangen worden wäre, sowohl zum Zeitpunkt der Straftatbegehung als auch zum Zeitpunkt der Antragstellung.

(3) Der Erfüllung der in Abs. 2 Nr. 1 und 2 genannten Bedingungen bedarf eine Auslieferung nicht, die auf Antrag eines internationalen Gerichtsorgans erfolgen soll, das auf der Grundlage eines von der Republik Polen ratifizierten internationalen Abkommens ins Leben gerufen wurde, soweit es sich um das der Gerichtsbarkeit dieses Organs unterliegende Verbrechen des Völkermords, des Verbrechens gegen die Menschlichkeit, ein Kriegsverbrechen oder das Verbrechen der Aggression handelt.

(4) Die Auslieferung ist verboten, wenn sie eine Person betrifft, die der Begehung einer gewaltlosen Straftat aus politischen Gründen verdächtigt wird, oder wenn durch ihren Vollzug die Freiheiten und Rechte der Menschen und Bürger verletzt würden.

(5) Über die Zulässigkeit der Auslieferung entscheidet das Gericht.

Artikel 56 [Asylrecht]

(1) Ausländer können in der Republik Polen das Asylrecht nutzen nach den Grundsätzen, die im Gesetz bestimmt werden.

(2) Einem Ausländer, der in der Republik Polen Schutz vor Verfolgung sucht, kann der Status als Flüchtling nach den die Republik Polen bindenden völkerrechtlichen Verträgen zuerkannt werden.

Politische Freiheiten und Rechte

Artikel 57 [Versammlungsfreiheit]

[1]Jedem wird die Freiheit gewährleistet, friedliche Versammlungen zu organisieren und daran teilzunehmen. [2]Eine Beschränkung dieser Freiheit kann durch Gesetz bestimmt werden.

Artikel 58 [Vereinigungsfreiheit]

(1) Jedem wird die Vereinigungsfreiheit gewährleistet.

(2) [1]Verboten sind Vereinigungen, deren Ziel oder Tätigkeit verfassungs- oder gesetzwidrig ist. [2]Über die Ablehnung der Eintragung oder das Verbot der Tätigkeit einer solchen Vereinigung entscheidet das Gericht.

(3) Das Gesetz bestimmt, welche Arten von Vereinigungen der gerichtlichen Registrierung unterfallen, das Verfahren dieser Registrierung sowie die Formen der Aufsicht über solche Vereinigungen.

Artikel 59 [Koalitionsfreiheit; Streikrecht]

(1) Es wird die Freiheit gewährleistet, sich in Gewerkschaften, in sozialen Berufsorganisationen der Landwirte sowie in Arbeitgeberorganisationen zu vereinigen.

(2) Die Gewerkschaften sowie die Arbeitgeber und ihre Organisationen haben das Recht zu Verhandlungen, insbesondere, um kollektive Streitigkeiten zu lösen oder kollektive Arbeitsverträge und andere Übereinkünfte abzuschließen.

(3) [1]Den Gewerkschaften steht das Recht zu, einen Arbeitnehmerstreik und andere Formen des Protests in den durch Gesetz bestimmten Grenzen zu organisieren. [2]Im Hinblick auf das Gemeinwohl kann das Gesetz die Durchführung eines Streiks beschränken oder ihn in Bezug auf bestimmte Kategorien von Arbeitnehmern oder in bestimmten Bereichen verbieten.

(4) Der Umfang der Freiheit, sich in Gewerkschaften und Arbeitgeberorganisationen zu vereinigen, sowie anderer gewerkschaftlicher Freiheiten darf nur solchen gesetzlichen Begrenzungen unterliegen, welche nach den die Republik Polen bindenden völkerrechtlichen Verträgen zulässig sind.

Artikel 60 [Zugang zum öffentlichen Dienst]
Polnische Bürger, die alle öffentlichen Rechte genießen, haben das Recht auf Zugang zum öffentlichen Dienst nach einheitlichen Grundsätzen.

Artikel 61 [Zugang zu Informationen]
(1) [1]Der Bürger hat das Recht, Informationen zu erhalten über die Tätigkeit der Organe der öffentlichen Gewalten sowie über Personen, die öffentliche Ämter bekleiden. [2]Dieses Recht umfasst auch den Erhalt von Informationen über die Tätigkeit der Organe der wirtschaftlichen und beruflichen Selbstverwaltung sowie anderer Personen und Organisationseinheiten, soweit sie Aufgaben der öffentlichen Gewalt ausüben und den kommunalen Besitz oder das Vermögen des Fiskus verwalten.

(2) Das Recht, Informationen zu erhalten, umfasst auch den Zugang zu Urkunden und den Zutritt zu den Sitzungen der in allgemeinen Wahlen gewählten Kollegialorgane der öffentlichen Gewalt mit der Möglichkeit, Ton- oder Bildaufnahmen zu machen.

(3) Eine Beschränkung der in den Abs. 1 und 2 genannten Rechte darf allein wegen des in den Gesetzen vorgeschriebenen Schutzes der Freiheiten und Rechte anderer Personen und Wirtschaftssubjekte sowie zum Schutz der öffentlichen Ordnung, der Sicherheit oder eines wichtigen staatlichen Wirtschaftsinteresses erfolgen.

(4) Das Verfahren der Erteilung der in den Abs. 1 und 2 genannten Informationen bestimmen die Gesetze und in Bezug auf den Sejm und den Senat deren Geschäftsordnungen.

Artikel 62 [Wahlrecht]
(1) Der polnische Bürger hat das Recht auf die Teilnahme an einem Referendum sowie das Recht auf die Wahl des Präsidenten der Republik, der Abgeordneten, der Senatoren und der Vertreter der Organe der örtlichen Selbstverwaltung, wenn er spätestens am Tag der Wahl das 18. Lebensjahr vollendet hat.

(2) Das Recht auf die Teilnahme an einem Referendum und das Wahlrecht stehen solchen Personen nicht zu, die durch eine rechtskräftige Gerichtsentscheidung entmündigt wurden oder denen die öffentlichen Rechte oder die Wahlrechte entzogen wurden.

Artikel 63 [Petitionsrecht]
[1]Jedermann hat das Recht, Petitionen, Anträge und Beschwerden im öffentlichen oder eigenen Interesse sowie im Interesse einer anderen Person mit deren Zustimmung an die Organe der öffentlichen Gewalt und an gesellschaftliche Organisationen und Institutionen zu richten, soweit sie im Zusammenhang mit den von diesen ausgeführten, ihnen übertragenen öffentlichen Verwaltungsaufgaben stehen. [2]Das Verfahren zur Untersuchung der Petitionen, Anträge und Beschwerden bestimmt das Gesetz.

Ökonomische, soziale und kulturelle Freiheiten und Rechte

Artikel 64 [Eigentum und Erbrecht]
(1) Jeder hat Recht auf Eigentum, andere Vermögensrechte sowie das Recht der Vererbung.

(2) Das Eigentum, andere Vermögensrechte und das Recht der Vererbung unterstehen einem für alle gleichen rechtlichen Schutz.

(3) Das Eigentum darf nur im Wege des Gesetzes und nur insoweit eingeschränkt werden, als das Wesen des Eigentumsrechts nicht verletzt wird.

Artikel 65 [Berufsfreiheit; Recht auf Arbeit]

(1) [1]Jedem wird die Freiheit der Wahl und der Ausübung des Berufes sowie die freie Wahl des Arbeitsplatzes gewährleistet. [2]Die Ausnahmen bestimmt das Gesetz.

(2) Eine Arbeitspflicht darf nur durch Gesetz auferlegt werden.

(3) [1]Eine dauerhafte Beschäftigung von Kindern unter 16 Jahren ist verboten. [2]Die Formen und den Charakter einer zulässigen Beschäftigung bestimmt das Gesetz.

(4) Die Mindesthöhe des Arbeitslohns oder die Methode der Festlegung dieser Höhe bestimmt das Gesetz.

(5) Die öffentlichen Gewalten verfolgen eine Politik, die eine produktive Vollbeschäftigung anstrebt durch die Realisierung von Programmen zur Bekämpfung der Arbeitslosigkeit, darunter der Organisation und der Unterstützung von Berufsberatung und beruflicher Schulung sowie der öffentlichen Arbeiten und der Arbeitssubvention.

Artikel 66 [Arbeitnehmerrechte]

(1) [1]Jedermann hat das Recht auf sichere und hygienische Arbeitsbedingungen. [2]Die Art der Verwirklichung dieses Rechts und die Pflichten des Arbeitgebers bestimmt das Gesetz.

(2) [1]Der Arbeitnehmer hat das Recht auf die im Gesetz bestimmten arbeitsfreien Tage und jährlichen bezahlten Urlaub. [2]Die Höchstarbeitszeit bestimmt das Gesetz.

Artikel 67 [Soziale Sicherung]

(1) [1]Der Bürger hat das Recht auf soziale Sicherung im Falle von Arbeitsunfähigkeit wegen Krankheit oder Invalidität sowie nach Erreichen des Rentenalters. [2]Den Umfang und die Formen der sozialen Sicherung bestimmt das Gesetz.

(2) Ein Bürger, der nicht aus eigenem Willen ohne Beschäftigung ist und keine anderen Mittel zum Unterhalt besitzt, hat das Recht auf soziale Sicherung, deren Umfang und Form das Gesetz bestimmt.

Artikel 68 [Schutz der Gesundheit]

(1) Jeder hat das Recht auf Schutz der Gesundheit.

(2) [1]Den Bürgern sichern die öffentlichen Gewalten – unabhängig von ihrer materiellen Situation – gleichen Zugang zu den Leistungen der Gesundheitsfürsorge, die aus öffentlichen Mitteln finanziert wird. [2]Die Voraussetzungen und den Umfang der Erteilung der Leistungen regelt das Gesetz.

(3) Die öffentlichen Gewalten sind verpflichtet, Kindern, schwangeren Frauen, behinderten Personen und Personen im fortgeschrittenen Alter besondere Gesundheitsfürsorge zu gewährleisten.

(4) Die öffentlichen Gewalten sind verpflichtet, Infektionskrankheiten zu bekämpfen und den negativen Auswirkungen der Umweltverschmutzung auf die Gesundheit vorzubeugen.

(5) Die öffentlichen Gewalten unterstützten die Entwicklung des Sports, insbesondere bei Kindern und Jugendlichen.

Artikel 69 [Behinderte]

Die öffentlichen Gewalten leisten behinderten Personen gemäß dem Gesetz Hilfe bei der Existenzsicherung, der Vorbereitung auf die Arbeit und der gesellschaftlichen Kommunikation.

Artikel 70 [Recht auf Bildung]

(1) [1]Jeder hat das Recht auf Bildung. [2]Bis zum achtzehnten Lebensjahr besteht eine Unterrichtspflicht. [3]Die Art der Durchführung der Schulpflicht bestimmt das Gesetz.

(2) [1]Der Unterricht an öffentlichen Schulen ist unentgeltlich. [2]Das Gesetz darf vorsehen, dass einige Bildungsangebote öffentlicher Hochschulen entgeltlich sind.

(3) [1]Eltern haben die Freiheit, andere als öffentliche Schulen für ihre Kinder zu wählen. [2]Die Bürger und Institutionen haben das Recht, Grundschulen, weiterführende Schulen und Hochschulen sowie Erziehungsanstalten zu gründen. [3]Die Voraussetzungen der Gründung und Tätigkeit der nichtöffentlichen Schulen sowie die Beteiligung der öffentlichen Gewalt an ihrer Finanzierung und die Grundsätze der pädagogischen Aufsicht über die Schulen und Erziehungsanstalten werden durch Gesetz bestimmt.

(4) [1]Die öffentlichen Gewalten gewährleisten den Bürgern allgemeinen und gleichen Zugang zur Bildung. [2]Zu diesem Zweck gründen und fördern sie Systeme der individuellen finanziellen und or-

ganisatorischen Hilfe für Schüler und Studenten. [3]Die Voraussetzungen der Hilfeleistung bestimmt das Gesetz.

(5) Es wird die Autonomie der Hochschulen nach den im Gesetz bestimmten Grundsätzen gewährleistet.

Artikel 71 [Familie; Mutterschutz]

(1) [1]In seiner Sozial- und Wirtschaftspolitik berücksichtigt der Staat das Wohl der Familie. [2]Familien, die sich in einer schwierigen materiellen und sozialen Lage befinden, insbesondere kinderreiche Familien und unvollständige, haben das Recht auf besondere Hilfe seitens der öffentlichen Gewalten.

(2) Die Mutter hat vor und nach der Geburt eines Kindes das Recht auf besondere Hilfe der öffentlichen Gewalten, deren Umfang vom Gesetz bestimmt wird.

Artikel 72 [Rechte der Kinder]

(1) [1]Die Republik Polen gewährleistet den Schutz der Rechte der Kinder. [2]Jeder hat das Recht, von den Organen der öffentlichen Gewalt den Schutz des Kindes vor Gewalt, Grausamkeit, Ausbeutung und Demoralisierung zu fordern.

(2) Ein Kind, das nicht unter elterlicher Sorge steht, hat das Recht auf Sorge und Hilfe der öffentlichen Gewalten.

(3) Bei der Feststellung der Rechte des Kindes sind die Organe der öffentlichen Gewalt sowie die für das Kind verantwortlichen Personen verpflichtet, die Meinung des Kindes zu hören und im Rahmen des Möglichen zu berücksichtigen.

(4) Das Gesetz bestimmt die Kompetenzen und das Verfahren der Berufung des Beauftragten für die Rechte des Kindes.

Artikel 73 [Kunst; Wissenschaft]

Die Freiheit der künstlerischen Betätigung, der wissenschaftlichen Forschung und der Veröffentlichung der Ergebnisse, die Freiheit der Lehre sowie die Freiheit der Nutzung der Kulturgüter werden jedem gewährleistet.

Artikel 74 [Umweltschutz]

(1) Die öffentlichen Gewalten verfolgen eine Politik, die der gegenwärtigen und den kommenden Generationen ökologische Sicherheit gewährleistet.

(2) Der Umweltschutz ist die Pflicht der öffentlichen Gewalten.

(3) Jeder hat das Recht auf Information über den Zustand und den Schutz der Umwelt.

(4) Die öffentlichen Gewalten unterstützen die Tätigkeit der Bürger zum Schutz und zur Verbesserung des Zustands der Umwelt.

Artikel 75 [Wohnungsbau; Mieterschutz]

(1) Die öffentlichen Gewalten betreiben eine Politik, die der Befriedigung der Wohnbedürfnisse der Bürger förderlich ist, und die insbesondere der Obdachlosigkeit entgegenwirkt, sie unterstützen die Entwicklung des sozialen Wohnungsbaus und fördern die Bemühungen der Bürger, Wohneigentum zu erlangen.

(2) Den Schutz der Rechte der Mieter bestimmt das Gesetz.

Artikel 76 [Verbraucherschutz]

[1]Die öffentlichen Gewalten schützen die Verbraucher und Mieter vor Handlungen, die ihre Gesundheit, ihre Privatsphäre und Sicherheit bedrohen, sowie vor unlauteren Marktpraktiken. [2]Den Umfang des Schutzes bestimmt das Gesetz.

Mittel zum Schutz der Freiheiten und Rechte

Artikel 77 [Staatshaftung; Rechtsweggarantie]

(1) Jeder hat das Recht auf Entschädigung des Schadens, der ihm durch unrechtmäßiges Handeln eines Organs der öffentlichen Gewalt zugefügt wurde.

(2) Das Gesetz darf niemandem den Gerichtsweg zur Geltendmachung einer Verletzung der Freiheiten oder Rechte versperren.

Artikel 78 [Grundsatz des zweiinstanzlichen Verfahrens]
[1]Jede der Parteien hat das Recht, Entscheidungen und Beschlüsse anzufechten, die in der ersten Instanz getroffen wurden. [2]Ausnahmen von dieser Regel und das Verfahren der Anfechtung bestimmt das Gesetz.

Artikel 79 [Verfassungsbeschwerde]
(1) Jeder, dessen verfassungsmäßige Freiheiten oder Rechte verletzt wurden, hat das Recht, nach den Grundsätzen, die im Gesetz bestimmt sind, eine Beschwerde beim Verfassungsgericht einzulegen und die Verfassungsmäßigkeit eines Gesetzes oder eines anderen Normativakts prüfen zu lassen, auf dessen Grundlage ein Gericht oder ein Organ der öffentlichen Verwaltung endgültig über seine in der Verfassung bestimmten Freiheiten, Rechte oder Pflichten entschieden hat.

(2) Die Vorschrift des Abs. 1 betrifft nicht die in Art. 56 genannten Rechte.

Artikel 80 [Beauftragter für Bürgerrechte]
Jeder hat das Recht, sich gemäß den im Gesetz bestimmten Grundsätzen an den Beauftragten für Bürgerrechte zu wenden mit dem Antrag auf Hilfe beim Schutz seiner Freiheiten oder Rechte, die von einem Organ der öffentlichen Gewalt verletzt wurden.

Artikel 81 [Einschränkung der Grundrechtsdurchsetzung]
Die in Art. 65 Abs. 4 und 5, Art. 66, Art. 69, Art. 71 und Art. 74 bis 76 genannten Rechte können in den im Gesetz bestimmten Grenzen geltend gemacht werden.

Pflichten

Artikel 82 [Treuepflicht]
Die Pflicht jedes polnischen Bürgers ist die Treue zur Republik Polen und die Sorge um das Gemeinwohl.

Artikel 83 [Rechtsbefolgungspflicht]
Jeder hat die Pflicht, das Recht der Republik Polen zu befolgen.

Artikel 84 [Steuer- und Abgabenpflicht]
Jeder ist verpflichtet, die im Gesetz bestimmten öffentlichen Lasten und Leistungen zu tragen, darunter die der Steuer.

Artikel 85 [Wehrpflicht]
(1) Pflicht des polnischen Bürgers ist die Verteidigung des Vaterlandes.

(2) Den Umfang der Wehrpflicht regelt das Gesetz.

(3) Ein Bürger, dessen religiöse Anschauungen oder dessen moralische Prinzipien, die er bekennt, die Leistung des Wehrdienstes nicht zulassen, kann zu einem Ersatzdienst gemäß den im Gesetz bestimmten Grundsätzen verpflichtet werden.

Artikel 86 [Umweltschutz]
[1]Jeder ist zu sorgfältigem Umgang mit der Umwelt verpflichtet und trägt die Verantwortung für die von ihm verursachte Verschlechterung ihres Zustands. [2]Die Grundsätze der Verantwortlichkeit bestimmt das Gesetz.

Kapitel III.
Rechtsquellen

Artikel 87 [Allgemeines Recht]
(1) Die Quellen des allgemein geltenden Rechts der Republik Polen sind: Die Verfassung, die Gesetze, die ratifizierten völkerrechtlichen Verträge sowie die Rechtsverordnungen.

(2) Die Quellen des allgemein geltenden Rechts der Republik Polen sind die Akte des lokalen Rechts in dem Gebiet, in dem die Organe handeln, die sie beschlossen haben.

Artikel 88 [Verkündung von Normativakten]

(1) Bedingung für das Inkrafttreten der Gesetze, Rechtsverordnungen sowie der Akte des lokalen Rechts ist ihre Verkündung.

(2) Die Grundsätze und das Verfahren der Verkündung von Normativakten werden vom Gesetz bestimmt.

(3) [1]Völkerrechtliche Verträge, die nach vorheriger Zustimmung, die durch Gesetz erfolgte, ratifiziert wurden, werden gemäß dem für Gesetze bestimmten Verfahren veröffentlicht. [2]Die Grundsätze der Veröffentlichung anderer völkerrechtlicher Verträge bestimmt das Gesetz.

Artikel 89 [Ratifikation völkerrechtlicher Verträge]

(1) Die Ratifikation eines völkerrechtlichen Vertrages durch die Republik Polen und seine Kündigung bedürfen einer vorhergehenden vertraglichen Zustimmung durch Gesetz, falls der Vertrag

1) den Frieden, Bündnisse, politische oder militärische Abkommen,
2) die Freiheiten, Rechte oder Pflichten der Bürger, die in der Verfassung bestimmt werden,
3) die Mitgliedschaft der Republik Polen in einer internationalen Organisation,
4) eine erhebliche finanzielle Belastung des Staates,
5) Angelegenheiten, die im Gesetz geregelt werden oder für die die Verfassung ein Gesetz voraussetzt,

betrifft.

(2) Der Ministerpräsident unterrichtet den Sejm von der Absicht, dem Präsidenten der Republik Polen einen völkerrechtlichen Vertrag zur Ratifikation vorzulegen, der einer im Gesetz geäußerten Zustimmung nicht bedarf.

(3) Die Grundsätze und das Verfahren des Abschlusses, der Ratifikation und der Kündigung von völkerrechtlichen Verträgen bestimmt das Gesetz.

Artikel 90 [Supranationale Organisationen]

(1) Die Republik Polen kann aufgrund eines völkerrechtlichen Vertrages einer internationalen Organisation oder einem internationalen Organ Kompetenzen von Organen der staatlichen Gewalt in einigen Angelegenheiten übertragen.

(2) Das Zustimmungsgesetz zu einem völkerrechtlichen Vertrag im Sinne des Abs. 1 wird vom Sejm mit einer Mehrheit von zwei Dritteln der Stimmen in Anwesenheit von mindestens der Hälfte der gesetzlichen Zahl der Abgeordneten und vom Senat mit der Mehrheit von zwei Dritteln der Stimmen in Anwesenheit von mindestens der Hälfte der gesetzlichen Zahl der Senatoren angenommen.

(3) Die Zustimmung zur Ratifikation eines solchen Vertrages kann auch in einem landesweiten Referendum gemäß Art. 125 beschlossen werden.

(4) Den Beschluss über die Auswahl des Verfahrens der Zustimmung zur Ratifikation fasst der Sejm mit absoluter Mehrheit der Stimmen in Anwesenheit von mindestens der Hälfte der gesetzlichen Zahl der Abgeordneten.

Artikel 91 [Vorrang von Vertrags- und Sekundärrecht]

(1) Ein ratifizierter völkerrechtlicher Vertrag, der im Gesetzblatt der Republik Polen veröffentlicht wurde, bildet einen Teil der innerstaatlichen Rechtsordnung und ist unmittelbar anzuwenden, es sei denn, seine Anwendung ist abhängig von der Verabschiedung eines Gesetzes.

(2) Ein völkerrechtlicher Vertrag, dessen Ratifikation ein Zustimmungsgesetz vorausgegangen ist, hat Vorrang vor dem Gesetz, wenn das Gesetz mit dem Vertrag unvereinbar ist.

(3) Das von einer internationalen Organisation, die durch einen von der Republik Polen ratifizierten Vertrag konstituiert wurde, erzeugte Recht gilt unmittelbar und hat im Falle einer Kollision mit dem Gesetz Vorrang, wenn dies aus dem Vertrag folgt.

Artikel 92 [Verordnungen]

(1) [1]Verordnungen werden von den in der Verfassung genannten Organen auf der Grundlage einer im Gesetz enthaltenen Einzelermächtigung und zum Zweck seiner Durchführung erlassen. [2]Die Ermächtigung soll das für den Erlass der Verordnung zuständige Organ und den übertragenen Gegenstandsbereich bezeichnen sowie den Inhalt des Rechtsaktes betreffende Richtlinien enthalten.

(2) Das zum Erlass der Verordnung ermächtigte Organ darf seine in Abs. 1 genannten Kompetenzen keinem anderen Organ übertragen.

Artikel 93 [Binnenrecht]
(1) Beschlüsse des Ministerrats sowie Anordnungen des Ministerpräsidenten und der Minister haben Binnencharakter und verpflichten nur die Organisationseinheiten, die dem Organ unterstellt sind, welches diese Akte erlassen hat.

(2) [1]Anordnungen können nur aufgrund eines Gesetzes erlassen werden. [2]Sie können keine Entscheidungsgrundlage gegenüber Bürgern, juristischen Personen und anderen Rechtsträgern bilden.

(3) Beschlüsse und Anordnungen unterliegen der Kontrolle bezüglich ihrer Vereinbarkeit mit dem allgemein geltenden Recht.

Artikel 94 [Lokales Recht]
Die Organe der kommunalen Selbstverwaltung sowie die lokalen Organe der staatlichen Verwaltung können auf der Grundlage und in den Grenzen einer durch Gesetz übertragenen Ermächtigung Akte des lokalen Rechts erlassen, die in dem Gebiet gültig sind, in dem diese Organe handeln.

Kapitel IV.
Sejm und der Senat

Artikel 95 [Gesetzgebung; Regierungskontrolle]
(1) Die gesetzgebende Gewalt in der Republik Polen üben der Sejm und der Senat aus.

(2) Der Sejm übt die Kontrolle über die Tätigkeit des Ministerrats in dem von den Vorschriften der Verfassung und der Gesetze bestimmten Umfang aus.

Wahlen und Amtszeit

Artikel 96 [Sejm]
(1) Der Sejm besteht aus 460 Abgeordneten.

(2) Die Wahlen zum Sejm sind allgemein, gleich, unmittelbar und proportional und finden in geheimer Abstimmung statt.

Artikel 97 [Senat]
(1) Der Senat besteht aus 100 Senatoren.

(2) Die Wahlen zum Senat sind allgemein, unmittelbar und finden in geheimer Abstimmung statt.

Artikel 98 [Dauer der Legislaturperiode]
(1) [1]Der Sejm und der Senat werden für eine Amtszeit von vier Jahren gewählt. [2]Die Amtszeit des Sejms und des Senats beginnt mit dem Tag, an welchem sich der neugewählte Sejm zu seiner ersten Sitzung versammelt und dauert bis zu dem Tag, der der Sitzung des Sejms der nächsten Wahlperiode vorausgeht.

(2) [1]Wahlen zum Sejm und Senat ordnet der Präsident der Republik Polen nicht später als 90 Tage vor Ablauf von vier Jahren nach Beginn der Amtszeit von Sejm und Senat an. [2]Als Wahltag setzt er einen arbeitsfreien Tag fest, der innerhalb einer Frist von dreißig Tagen vor dem Ablauf von vier Jahren seit dem Beginn der Amtszeit des Sejms und des Senats liegt.

(3) [1]Der Sejm kann mit einer Mehrheit von mindestens zwei Dritteln der gesetzlichen Zahl der Abgeordneten eine Verkürzung seiner Amtszeit beschließen. [2]Die Verkürzung der Amtszeit des Sejms bedeutet zugleich die Verkürzung der Amtszeit des Senats. [3]Die Vorschrift des Abs. 5 findet entsprechende Anwendung.

(4) [1]Der Präsident der Republik kann nach Einholung der Meinung des Sejmmarschalls und des Senatsmarschalls in den in der Verfassung bestimmten Fällen die Verkürzung der Amtszeit des Sejms anordnen. [2]Zugleich mit der Amtszeit des Sejms wird die Amtszeit des Senats verkürzt.

(5) [1]Ordnet der Präsident der Republik die Verkürzung der Amtszeit des Sejms an, so bestimmt er zugleich Wahlen zum Sejm und Senat und setzt als Wahltag einen Tag nicht später als 45 Tage nach der Anordnung der Verkürzung der Amtszeit des Sejms fest. [2]Der Präsident der Republik beruft die erste Sitzung des neugewählten Sejms nicht später als 15 Tage nach dem Wahltag ein.

(6) Die Vorschrift des Abs. 1 findet entsprechende Anwendung, falls die Amtszeit des Sejms verkürzt wird.

Artikel 99 [Passives Wahlrecht]
(1) In den Sejm kann ein polnischer Bürger gewählt werden, der wahlberechtigt ist und spätestens am Wahltag das einundzwanzigste Lebensjahr vollendet hat.

(2) In den Senat kann ein polnischer Bürger gewählt werden, der wahlberechtigt ist und spätestens am Wahltag das dreißigste Lebensjahr vollendet hat.

(3) Wer wegen eines vorsätzlich begangenen Offizialdelikts rechtskräftig zu einer Freiheitsstrafe verurteilt wurde, darf nicht in den Sejm oder den Senat gewählt werden.

Artikel 100 [Kandidatur]
(1) Die Kandidaten für das Amt eines Abgeordneten oder Senators können von den politischen Parteien oder von den Wählern aufgestellt werden.

(2) Es ist nicht erlaubt, gleichzeitig für den Sejm und den Senat zu kandidieren.

(3) Die Grundsätze und Verfahrensweise der Aufstellung der Kandidaten und der Durchführung der Wahlen sowie die Bedingungen ihrer Gültigkeit bestimmt das Gesetz.

Artikel 101 [Wahlprüfung]
(1) Die Gültigkeit der Sejm- und Senatswahlen stellt das Oberste Gericht fest.

(2) Den Wählern steht nach den im Gesetz bestimmten Grundsätzen das Recht zu, gegen die Gültigkeit der Wahlen Protest beim Obersten Gericht zu erheben.

Abgeordnete und Senatoren

Artikel 102 [Inkompatibilität]
Es ist nicht erlaubt, gleichzeitig Abgeordneter und Senator zu sein.

Artikel 103 [Abgeordnetenmandat und Ämter]
(1) [1]Das Abgeordnetenmandat ist unvereinbar mit dem Amt des Präsidenten der Polnischen Nationalbank, des Präsidenten der Obersten Kontrollkammer, des Beauftragten für die Bürgerrechte, des Beauftragten für die Rechte des Kindes und deren Stellvertreter, der Mitgliedschaft im Rat für Geldpolitik oder im Landesrat für Rundfunk und Fernsehen, dem Amt eines Botschafters sowie mit der Beschäftigung in der Kanzlei des Sejms oder des Senats, der Kanzlei des Präsidenten der Republik sowie mit einer Beschäftigung in der Regierungsverwaltung. [2]Dieses Verbot betrifft nicht die Mitglieder des Ministerrats und die Staatssekretäre in der Regierungsverwaltung.

(2) Richter, Staatsanwälte, Beamte, Soldaten während des aktiven Militärdienstes, Polizeifunktionäre und Funktionäre der Staatsschutzdienste dürfen das Abgeordnetenmandat nicht ausüben.

(3) Andere Fälle des Verbots der Verbindung eines Abgeordnetenmandats mit der Ausübung öffentlicher Funktionen und das Verbot, das Mandat auszuüben, können im Gesetz bestimmt werden.

Artikel 104 [Abgeordnete]
(1) Die Abgeordneten sind Vertreter des Volkes. Sie sind an Weisungen der Wähler nicht gebunden.

(2) Vor Beginn der Mandatsausübung leisten die Abgeordneten folgenden Eid vor dem Sejm:

„Ich schwöre feierlich, meine Pflichten dem Volke gegenüber redlich und gewissenhaft zu erfüllen, die Souveränität und die Interessen des Staates zu schützen, alles für das Wohlergehen des Vaterlandes und das Wohl der Bürger zu tun und die Verfassung und das übrige Recht der Republik Polen zu wahren."

Der Eid kann unter Hinzufügung des Satzes: „So wahr mir Gott helfe" geleistet werden.

(3) Eine Weigerung, den Eid abzulegen, bedeutet den Verzicht auf das Mandat.

Artikel 105 [Indemnität und Immunität der Abgeordneten]
(1) [1]Ein Abgeordneter darf für seine Tätigkeit, die in den Bereich der Mandatsausübung fällt, weder während der Mandatsausübung noch nach dem Erlöschen des Mandats zur Verantwortung gezogen werden. [2]Wegen einer solchen Tätigkeit ist der Abgeordnete ausschließlich dem Sejm gegenüber ver-

antwortlich, und im Falle der Verletzung von Rechten Dritter darf er nur mit Zustimmung des Sejms gerichtlich zur Verantwortung gezogen werden.

(2) Von dem Tag der Verkündung der Wahlergebnisse bis zum Tag, an dem das Mandat erlischt, darf der Abgeordnete ohne Zustimmung des Sejms nicht strafrechtlich zur Verantwortung gezogen werden.

(3) [1]Ein Strafverfahren, das gegen eine Person vor dem Tag ihrer Wahl zum Abgeordneten eingeleitet wurde, wird auf Verlangen des Sejms bis zum Zeitpunkt des Erlöschens des Mandats ausgesetzt. [2]In einem solchen Fall ruht die Verjährung in dem Strafverfahren bis zu diesem Zeitpunkt.

(4) [1]Der Abgeordnete kann zustimmen, dass er strafrechtlich zur Verantwortung gezogen wird. [2]In diesem Fall finden die Vorschriften der Abs. 2 und 3 keine Anwendung.

(5) [1]Der Abgeordnete darf ohne Zustimmung des Sejms weder festgenommen noch verhaftet werden, mit Ausnahme, dass er auf frischer Tat betroffen wird und wenn seine Festnahme für die Gewährleistung eines ordnungsgemäßen Verfahrensablaufes unentbehrlich ist. [2]Von der Festnahme wird unverzüglich der Sejmmarschall benachrichtigt, der eine sofortige Freilassung des Festgenommenen anordnen kann.

(6) Die ausführlichen Grundsätze der strafrechtlichen Verfolgung von Abgeordneten sowie die Verfahrensweise bestimmt das Gesetz.

Artikel 106 [Schutz des Mandats]
Die unerlässlichen Voraussetzungen zur wirksamen Erfüllung der Abgeordnetenpflichten sowie den Schutz der aus der Mandatsausübung resultierenden Rechte bestimmt das Gesetz.

Artikel 107 [Verbot der wirtschaftlichen Tätigkeit]
(1) In dem vom Gesetz bestimmten Umfang darf der Abgeordnete keine wirtschaftliche Betätigung ausüben, die ihm Vorteile aus dem Vermögen des Fiskus oder der kommunalen Selbstverwaltung verschafft, und solches Vermögen auch nicht erwerben.

(2) Bei einer Verletzung der Verbote, die in Abs. 1 genannt werden, kann der Abgeordnete aufgrund eines vom Sejmmarschall beantragten Beschlusses des Sejms vor dem Staatsgerichtshof zur Verantwortung gezogen werden, der in der Angelegenheit des Mandatsentzugs entscheidet.

Artikel 108 [Entsprechende Anwendung auf Senatoren]
Auf Senatoren werden die Vorschriften der Art. 103–107 entsprechend angewandt.

Organisation und Arbeitsweise

Artikel 109 [Sitzungen]
(1) Der Sejm und der Senat beraten in Sitzungen.

(2) Die erste Sitzung des Sejms und des Senats wird vom Präsidenten der Republik Polen auf einen Tag nicht später als 30 Tage nach dem Wahltag einberufen, mit Ausnahme der Fälle, die in Art. 98 Abs. 2 und 5 genannt werden.

Artikel 110 [Parlamentsämter; Ausschüsse]
(1) Der Sejm wählt aus seiner Mitte den Sejmmarschall und die Vizemarschälle.

(2) Der Sejmmarschall führt den Vorsitz in den Beratungen des Sejms, wacht über die Rechte des Sejms und vertritt den Sejm nach außen.

(3) [1]Der Sejm beruft ständige Ausschüsse. [2]Er kann auch Sonderausschüsse berufen.

Artikel 111 [Untersuchungsausschuss]
(1) Der Sejm kann zur Untersuchung einer bestimmten Sache einen Untersuchungsausschuss einsetzen.

(2) Die Verfahrensweise des Untersuchungsausschusses bestimmt das Gesetz.

Artikel 112 [Geschäftsordnung]
Die innere Struktur und Arbeitsweise des Sejms sowie das Verfahren der Berufung und der Geschäftsführung seiner Organe und die Art der Erfüllung der verfassungsrechtlichen und gesetzlichen Pflichten der staatlichen Organe gegenüber dem Sejm regelt die vom Sejm beschlossene Geschäftsordnung des Sejms.

Artikel 113 [Sitzungsöffentlichkeit]
[1]Die Sitzungen des Sejms sind öffentlich. [2]Falls das Wohl des Staates es verlangt, kann der Sejm mit absoluter Stimmenmehrheit in Anwesenheit von mindestens der Hälfte der gesetzlichen Zahl der Abgeordneten beschließen, geheim zu beraten.

Artikel 114 [Nationalversammlung]
(1) In den Fällen, die in der Verfassung bestimmt sind, bilden der Sejm und der Senat die Nationalversammlung, indem sie unter Leitung des Sejmmarschalls oder – in dessen Vertretung – des Senatsmarschalls gemeinsam beraten.

(2) Die Nationalversammlung beschließt ihre Geschäftsordnung.

Artikel 115 [Interpellations- und Fragerechte]
(1) Der Ministerpräsident und die übrigen Mitglieder des Ministerrats sind verpflichtet, Interpellationen und Anfragen von Abgeordneten innerhalb von 21 Tagen zu beantworten.

(2) Der Ministerpräsident und die übrigen Mitglieder des Ministerrats sind verpflichtet, Fragen über laufende Angelegenheiten während jeder Sitzung des Sejms zu beantworten.

Artikel 116 [Kriegszustand]
(1) Der Sejm entscheidet im Namen der Republik Polen über den Kriegszustand und den Friedensschluss.

(2) [1]Der Sejm kann einen Beschluss über den Kriegszustand allein im Falle eines bewaffneten Angriffs auf das Gebiet der Republik Polen fassen oder wenn aus internationalen Verträgen eine Verpflichtung zur gemeinsamen Verteidigung gegen eine Aggression folgt. [2]Wenn der Sejm sich nicht zu einer Sitzung versammeln kann, entscheidet der Präsident der Republik Polen über den Kriegszustand.

Artikel 117 [Auslandseinsätze der Streitkräfte; Aufenthalt fremder Streitkräfte]
[1]Die Grundsätze des Einsatzes der Streitkräfte außerhalb der Grenzen der Republik Polen bestimmt ein ratifizierter völkerrechtlicher Vertrag oder ein Gesetz. [2]Die Grundsätze des Aufenthalts fremder Streitkräfte auf dem Gebiet der Republik Polen und die Grundsätze ihrer Verlagerung durch das Gebiet der Republik Polen bestimmen ratifizierte völkerrechtliche Verträge oder die Gesetze.

Artikel 118 [Gesetzesinitiative]
(1) Die Gesetzgebungsinitiative steht den Abgeordneten, dem Senat, dem Präsidenten der Republik und dem Ministerrat zu.

(2) [1]Die Gesetzgebungsinitiative steht auch einer Gruppe von mindestens 100.000 Staatsbürgern zu, die das Wahlrecht zum Sejm haben. [2]Die Verfahrensweise in dieser Angelegenheit bestimmt das Gesetz.

(3) Die Antragsteller, die beim Sejm einen Gesetzentwurf einbringen, stellen die finanziellen Folgen seiner Durchführung dar.

Artikel 119 [Gesetzgebungsverfahren]
(1) Der Sejm erörtert einen Gesetzentwurf in drei Lesungen.

(2) Das Recht, während der Erörterung durch den Sejm Änderungen des Gesetzentwurfs einzubringen, steht dem Antragsteller des Entwurfs, den Abgeordneten und dem Ministerrat zu.

(3) Der Sejmmarschall kann die Abstimmung über eine Änderung ablehnen, die vorher nicht dem Ausschuss vorgelegt wurde.

(4) Der Antragsteller kann den Gesetzentwurf während des Gesetzgebungsverfahrens im Sejm bis zum Zeitpunkt der Beendigung der zweiten Lesung des Entwurfs zurücknehmen.

Artikel 120 [Beschlussfassung]
[1]Der Sejm beschließt die Gesetze mit einfacher Mehrheit der Stimmen in Anwesenheit von mindestens der Hälfte der gesetzlichen Zahl der Abgeordneten, es sei denn, die Verfassung bestimmt eine andere Mehrheit. [2]In dem gleichen Verfahren verabschiedet der Sejm auch Beschlüsse, es sei denn, ein Gesetz oder ein Beschluss des Sejms bestimmt etwas Anderes.

Artikel 121 [Senatsbeschluss]

(1) Ein vom Sejm beschlossenes Gesetz wird vom Sejmmarschall an den Senat weitergeleitet.

(2) [1]Der Senat kann das Gesetz innerhalb von dreißig Tagen seit der Weiterleitung entweder ohne Änderungen annehmen, Änderungen beschließen oder es insgesamt ablehnen. [2]Fasst der Senat innerhalb von dreißig Tagen nach der Weiterleitung des Gesetzes keinen entsprechenden Beschluss, gilt das Gesetz als in dem vom Sejm beschlossenen Wortlaut angenommen.

(3) Der Senatsbeschluss, durch den das Gesetz abgelehnt wird, oder eine Änderung, die im Senatsbeschluss vorgeschlagen wird, gilt als angenommen, wenn der Sejm sie nicht mit absoluter Stimmenmehrheit in Anwesenheit von mindestens der Hälfte der gesetzlichen Zahl der Abgeordneten ablehnt.

Artikel 122 [Ausfertigung der Gesetze, Veto des Präsidenten]

(1) Nach der Beendigung des in Art. 121 bestimmten Verfahrens legt der Sejmmarschall das beschlossene Gesetz dem Präsidenten der Republik zur Unterschrift vor.

(2) Der Präsident der Republik unterzeichnet das Gesetz innerhalb von einundzwanzig Tagen nach dem Tage der Vorlage und ordnet seine Veröffentlichung im Gesetzblatt der Republik Polen an.

(3) [1]Vor der Unterzeichnung des Gesetzes kann der Präsident der Republik einen Antrag beim Verfassungsgerichtshof einbringen, die Vereinbarkeit des Gesetzes mit der Verfassung zu prüfen. [2]Der Präsident der Republik darf die Unterzeichnung eines Gesetzes, das vom Verfassungsgerichtshof für verfassungsmäßig erklärt wurde, nicht verweigern.

(4) [1]Der Präsident der Republik lehnt die Unterzeichnung eines Gesetzes ab, welches der Verfassungsgerichtshof für verfassungswidrig erklärt hat. [2]Betrifft die Unvereinbarkeit mit der Verfassung nur einige Vorschriften des Gesetzes und stellt der Verfassungsgerichtshof nicht fest, dass diese mit dem Gesetz untrennbar verbunden sind, unterzeichnet der Präsident der Republik, nach Einholung der Stellungnahme des Sejmmarschalls, das Gesetz mit Ausnahme der vom Verfassungsgerichtshof für verfassungswidrig erklärten Vorschriften oder weist das Gesetz an den Sejm zurück, damit dieser die Unvereinbarkeit mit der Verfassung beseitigt.

(5) [1]Wenn der Präsident der Republik vor dem Verfassungsgerichtshof keinen Antrag nach Abs. 3 stellt, kann er das Gesetz mit einem begründeten Antrag an den Sejm zur erneuten Beratung zurückverweisen. [2]Nach einer erneuten Annahme des Gesetzes durch den Sejm mit einer Mehrheit von drei Fünfteln der Stimmen in Anwesenheit von mindestens der Hälfte der gesetzlichen Zahl der Abgeordneten, unterzeichnet der Präsident der Republik das Gesetz innerhalb von sieben Tagen und ordnet dessen Verkündung im Gesetzblatt der Republik Polen an. [3]Im Falle einer erneuten Verabschiedung des Gesetzes durch den Sejm steht dem Präsidenten der Republik nicht das Recht zu, den Verfassungsgerichtshof im Verfahren des Abs. 3 anzurufen.

(6) Die Anrufung des Verfassungsgerichtshofes durch den Präsidenten der Republik mit dem Antrag bezüglich der Vereinbarkeit eines Gesetzes mit der Verfassung oder die Beantragung der erneuten Beratung des Gesetzes beim Sejm hemmt den Lauf der in Abs. 2 zur Unterzeichnung des Gesetzes genannten Frist.

Artikel 123 [Dringende Gesetzesvorlage]

(1) Der Ministerrat kann einen von ihm beschlossenen Gesetzentwurf als dringend bezeichnen mit Ausnahme der Entwürfe von Steuergesetzen, der Gesetze, die die Wahl zum Präsidenten der Republik, zum Sejm, zum Senat und zu den Organen der kommunalen Selbstverwaltung betreffen, der Gesetze, die den Aufbau und die Zuständigkeit der öffentlichen Gewalten regeln, und der Kodizes.

(2) Die Geschäftsordnung des Sejms und die Geschäftsordnung des Senats regeln die Besonderheiten des Gesetzgebungsverfahrens im Fall eines dringenden Entwurfs.

(3) In einem Verfahren der Angelegenheit eines Gesetzes, dessen Entwurf als dringend bezeichnet wurde, beträgt die Frist zur Beratung durch den Senat vierzehn Tage und die Frist zur Unterzeichnung des Gesetzes durch den Präsidenten der Republik sieben Tage.

Artikel 124 [Entsprechende Anwendung auf den Senat]

Die Vorschriften der Art. 110, Art. 112, Art. 113 und Art. 120 finden entsprechende Anwendung auf den Senat.

Referendum

Artikel 125 [Referendum]

(1) In Fällen von besonderer Bedeutung für den Staat kann ein landesweites Referendum durchgeführt werden.

(2) Das Recht, ein landesweites Referendum anzuordnen, haben der Sejm mit absoluter Stimmenmehrheit in Anwesenheit von mindestens der Hälfte der gesetzlichen Zahl der Abgeordneten und der Präsident der Republik mit Zustimmung des Senats, die mit absoluter Mehrheit der Stimmen in Anwesenheit von mindestens der Hälfte der gesetzlichen Zahl der Senatoren erteilt werden muss.

(3) Wenn sich an dem landesweiten Referendum mehr als die Hälfte der Stimmberechtigten beteiligt haben, ist das Ergebnis des Referendums bindend.

(4) Die Gültigkeit eines landesweiten Referendums sowie eines Referendums gemäß Art. 235 Abs. 6 stellt das Oberste Gericht fest.

(5) Die Grundsätze und das Verfahren der Durchführung eines Referendums bestimmt das Gesetz.

Kapitel V.

Der Präsident der Republik Polen

Artikel 126 [Staatsoberhaupt; Hüter der Verfassung]

(1) Der Präsident der Republik Polen ist der oberste Vertreter der Republik Polen und der Garant für die Kontinuität der staatlichen Gewalt.

(2) Der Präsident der Republik wacht über die Einhaltung der Verfassung, hütet die Souveränität und die Sicherheit des Staates sowie die Unverletzlichkeit und die Unteilbarkeit seines Territoriums.

(3) Der Präsident der Republik übt seine Aufgaben im Umfang und nach den Grundsätzen aus, die in der Verfassung und in den Gesetzen bestimmt werden.

Artikel 127 [Direktwahl; Wählbarkeit; Wahlverfahren]

(1) Der Präsident der Republik wird vom Volk in allgemeinen, gleichen, unmittelbaren Wahlen gewählt und in geheimer Abstimmung.

(2) Der Präsident der Republik wird für eine fünfjährige Amtszeit gewählt und kann nur einmal wiedergewählt werden.

(3) [1]Zum Präsidenten der Republik kann jeder polnischer Bürger gewählt werden, der spätestens am Wahltag das 35. Lebensjahr vollendet hat und die vollen Wahlrechte zur Wahl des Sejms besitzt. [2]Der Kandidat wird von mindestens 100.000 Bürgern aufgestellt, die das Wahlrecht zum Sejm haben.

(4) [1]Zum Präsidenten der Republik ist der Kandidat gewählt, der mehr als die Hälfte der abgegebenen gültigen Stimmen erhalten hat. [2]Erhält keiner der Kandidaten die erforderliche Mehrheit, wird am vierzehnten Tag nach der ersten Wahl eine erneute Wahl durchgeführt.

(5) [1]In der erneuten Wahl wird zwischen den beiden Kandidaten gewählt, die in der ersten Abstimmung der Reihe nach die meisten Stimmen erhalten haben. [2]Zieht einer der Kandidaten seine Zustimmung zur Kandidatur zurück, verliert er das Wahlrecht oder stirbt er, wird an seiner Stelle der Kandidat zugelassen, der in der ersten Wahl die nächsthöhere Stimmenzahl erhalten hat. [3]In diesem Fall verschiebt sich das Datum der erneuten Wahl um weitere vierzehn Tage.

(6) Zum Präsidenten der Republik ist der Kandidat gewählt, der in der erneuten Wahl die Mehrheit der Stimmen erhalten hat.

(7) Die Grundsätze und die Verfahrensweise der Aufstellung der Kandidaten und die Durchführung der Wahlen sowie die Voraussetzungen der Gültigkeit der Wahl des Präsidenten der Republik bestimmt das Gesetz.

Artikel 128 [Amtszeit]

(1) Die Amtszeit des Präsidenten der Republik beginnt mit dem Tag seiner Amtsübernahme.

(2) Den Tag der Wahl zum Präsidenten der Republik setzt der Sejmmarschall auf einen Tag nicht früher als 100 Tage und nicht später als 75 Tage vor dem Ablauf der Amtszeit des amtierenden Präsidenten der Republik fest – und im Falle der vorzeitigen Beendigung der Amtszeit des Präsidenten der Republik nicht später als innerhalb von vierzehn Tage nach Beendigung der Amtszeit, wobei der

Wahltag auf einen arbeitsfreien Tag festzusetzen ist, der innerhalb eines Zeitraums von 60 Tagen nach dem Tag der Wahlanordnung liegt.

Artikel 129 [Wahlprüfung]

(1) Die Gültigkeit der Wahl des Präsidenten der Republik wird vom Obersten Gericht festgestellt.

(2) Dem Wähler steht das Recht zu, beim Obersten Gericht Protest gegen die Gültigkeit der Wahl zum Präsidenten der Republik gemäß den im Gesetz bestimmten Grundsätzen einzulegen.

(3) Im Falle der Feststellung der Ungültigkeit der Wahl des Präsidenten der Republik werden Neuwahlen durchgeführt nach den in Art. 128 Abs. 2 festgesetzten Grundsätzen für die vorzeitige Beendigung des Präsidenten der Republik.

Artikel 130 [Amtseid]

[1]Der Präsident der Republik tritt das Amt an, nachdem er vor der Nationalversammlung den folgenden Eid geleistet hat:

„Gemäß dem Willen des Volkes trete ich das Amt des Präsidenten der Republik Polen an und schwöre feierlich, dass ich den Bestimmungen der Verfassung Treue leisten werde, dass ich unbeugsam die Würde des Volkes, die Unabhängigkeit und die Sicherheit des Staates wahren werde und dass das Wohl des Vaterlandes und das Wohlergehen der Bürger mir immer oberste Pflicht sein werden.“

[2]Der Eid kann auch unter Hinzufügung des Satzes: „So wahr mir Gott helfe“ geleistet werden.

Artikel 131 [Vertretung durch den Sejmmarschall]

(1) [1]Kann der Präsident der Republik sein Amt vorübergehend nicht ausüben, teilt er das dem Sejmmarschall mit, der vorübergehend die Pflichten des Präsidenten der Republik übernimmt. [2]Ist der Präsident der Republik nicht in der Lage, dem Sejmmarschall mitzuteilen, dass er an der Amtsausübung verhindert ist, so entscheidet in diesem Fall der Verfassungsgerichtshof auf Antrag des Sejmmarschalls über die Feststellung von Hindernissen in der Amtsausübung durch den Präsidenten der Republik. [3]Erklärt er den Präsidenten der Republik für vorübergehend verhindert, das Amt des Präsidenten auszuüben, überträgt der Verfassungsgerichtshof die vorübergehende Erfüllung der Pflichten des Präsidenten der Republik dem Sejmmarschall.

(2) Der Sejmmarschall übt die Pflichten des Präsidenten der Republik in folgenden Fällen bis zur Wahl eines neuen Präsidenten der Republik vorübergehend aus:

1) Tod des Präsidenten der Republik,
2) Verzicht auf das Amt durch den Präsidenten der Republik,
3) Feststellung der Ungültigkeit der Wahl zum Präsidenten der Republik oder andere Gründe des Nichtantritts des Amtes nach der Wahl,
4) Erklärung des dauerhaften Unvermögens des Präsidenten zur Amtsausübung aufgrund gesundheitlicher Gründe durch die Nationalversammlung, die mit einer Mehrheit von mindestens zwei Dritteln der gesetzlichen Zahl der Mitglieder der Nationalversammlung beschlossen wurde,
5) Amtsenthebung des Präsidenten der Republik durch ein Urteil des Staatsgerichtshofes.

(3) Kann der Sejmmarschall die Pflichten des Präsidenten der Republik nicht erfüllen, übernimmt sie der Senatsmarschall.

(4) Die Person, die die Pflichten des Präsidenten der Republik erfüllt, darf keinen Beschluss über die Verkürzung der Amtszeit des Sejms fassen.

Artikel 132 [Inkompatibilität]

Der Präsident der Republik darf kein anderes Amt inne haben und keine öffentliche Funktion erfüllen mit Ausnahme derer, die mit der Ausübung des Amtes verbunden sind.

Artikel 133 [Völkerrechtliche Vertretung; präventive Vertragskontrolle]

(1) Der Präsident der Republik als Vertreter des Staates in den auswärtigen Beziehungen

1) ratifiziert und kündigt die völkerrechtlichen Verträge, hierüber informiert er den Sejm und den Senat,
2) ernennt die bevollmächtigten Vertreter der Republik Polen in anderen Staaten und bei internationalen Organisationen und beruft sie ab,
3) nimmt die Beglaubigungs- und Abberufungsschreiben der bei ihm akkreditierten diplomatischen Vertreter anderer Staaten und internationaler Organisationen entgegen.

(2) Der Präsident der Republik kann sich vor Ratifikation eines völkerrechtlichen Vertrages an den Verfassungsgerichtshof mit einem Antrag bezüglich der Vereinbarkeit des Vertrages mit der Verfassung wenden.

(3) Der Präsident der Republik arbeitet im Bereich der Außenpolitik mit dem Ministerpräsidenten und dem zuständigen Minister zusammen.

Artikel 134 [Oberbefehlshaber]

(1) Der Präsident der Republik ist Oberbefehlshaber der Streitkräfte der Republik Polen.

(2) Im Frieden übt der Präsident der Republik den Oberbefehl über die Streitkräfte mittelbar durch den Minister für Nationale Verteidigung aus.

(3) [1]Der Präsident der Republik ernennt den Chef des Generalstabs und die Kommandeure der Waffengattungen für eine befristete Zeit. [2]Die Dauer der Amtszeit, die Verfahrensweise und die Voraussetzungen der vorzeitigen Abberufung bestimmt das Gesetz.

(4) [1]Für die Zeit eines Krieges ernennt der Präsident der Republik auf Vorschlag des Ministerpräsidenten einen Oberkommandeur der Streitkräfte. [2]Im selben Verfahren kann er den Oberkommandeur abberufen. [3]Die Zuständigkeiten des Oberkommandeurs und die Grundsätze seiner Unterstellung unter die Verfassungsorgane der Republik Polen bestimmt das Gesetz.

(5) Der Präsident der Republik verleiht auf Vorschlag des Ministers für Nationale Verteidigung die im Gesetz bestimmten Militärdienstgrade.

(6) Die Befugnisse des Präsidenten der Republik, die mit dem Oberbefehl über die Streitkräfte in Zusammenhang stehen, werden im Einzelnen durch Gesetz bestimmt.

Artikel 135 [Rat für Nationale Sicherheit]

Das Organ zur Beratung des Präsidenten der Republik im Bereich der inneren und äußeren Sicherheit ist der Rat für Nationale Sicherheit.

Artikel 136 [Mobilmachung]

Im Fall einer unmittelbaren äußeren Bedrohung des Staates ordnet der Präsident der Republik auf Antrag des Ministerpräsidenten die allgemeine oder teilweise Mobilmachung und den Einsatz der Streitkräfte zur Verteidigung der Republik Polen an.

Artikel 137 [Staatsangehörigkeit]

Der Präsident der Republik verleiht die polnische Staatsangehörigkeit und erteilt die Zustimmung zum Verzicht auf die polnische Staatsangehörigkeit.

Artikel 138 [Orden]

Der Präsident der Republik verleiht Orden und Auszeichnungen.

Artikel 139 [Begnadigung]

[1]Der Präsident der Republik übt das Begnadigungsrecht aus. [2]Das Begnadigungsrecht findet keine Anwendung auf Personen, die vom Staatsgerichtshof verurteilt wurden.

Artikel 140 [Botschaft]

[1]Der Präsident der Republik kann sich mit einer Botschaft an den Sejm, den Senat oder an die Nationalversammlung wenden. [2]Die Botschaft ist nicht Gegenstand einer Debatte.

Artikel 141 [Kabinettsrat]

(1) [1]In Angelegenheiten von besonderer Bedeutung kann der Präsident der Republik den Kabinettsrat einberufen. [2]Der Kabinettsrat wird vom Ministerrat, der unter dem Vorsitz des Präsidenten der Republik berät, gebildet.

(2) Dem Kabinettsrat stehen die Befugnisse des Ministerrats nicht zu.

Artikel 142 [Rechtsverordnungen; Anordnungen; Beschlüsse]

(1) Der Präsident der Republik erlässt Rechtsverordnungen und Anordnungen gemäß den in Art. 92 und Art. 93 bestimmten Grundsätzen.

(2) Der Präsident der Republik erlässt Beschlüsse bei der Ausübung seiner übrigen Befugnisse.

Artikel 143 [Kanzlei des Präsidenten]

[1]Die Kanzlei des Präsidenten der Republik ist das Hilfsorgan des Präsidenten der Republik. [2]Der Präsident der Republik erlässt die Satzung der Kanzlei, zudem beruft und entlässt er den Chef der Kanzlei des Präsidenten der Republik.

Artikel 144 [Amtsakte; Zuständigkeit]

(1) In Ausübung seiner verfassungsmäßigen und gesetzlichen Befugnisse erlässt der Präsident der Republik Amtsakte.

(2) Amtsakte des Präsidenten der Republik bedürfen zu ihrer Gültigkeit der Unterschrift des Ministerpräsidenten, der durch die Unterzeichnung des Aktes die Verantwortung vor dem Sejm trägt.

(3) Die Vorschrift des Abs. 2 betrifft nicht:

1) die Anordnung von Wahlen zum Sejm und Senat,
2) die Einberufung der ersten Sitzung des neugewählten Sejms und Senats,
3) die Verkürzung der Amtszeit des Sejms in den von der Verfassung bestimmten Fällen,
4) die Gesetzesinitiative,
5) die Anordnung eines landesweiten Referendums,
6) die Unterzeichnung oder die Verweigerung der Unterzeichnung eines Gesetzes,
7) die Anordnung der Veröffentlichung eines Gesetzes oder eines völkerrechtlichen Vertrages im Gesetzblatt der Republik Polen,
8) eine Botschaft an den Sejm, den Senat oder die Nationalversammlung,
9) Anträge an den Verfassungsgerichtshof,
10) den Antrag auf Durchführung einer Kontrolle durch die Oberste Kontrollkammer,
11) die Nominierung und die Ernennung des Ministerpräsidenten,
12) die Entgegennahme des Rücktritts des Ministerrats und dessen Beauftragung mit der vorübergehenden Erfüllung der Amtspflichten,
13) den Antrag an den Sejm, ein Mitglied des Ministerrats vor dem Staatsgerichtshof zur Verantwortung zu ziehen,
14) die Abberufung eines Ministers, dem der Sejm das Misstrauen ausgesprochen hat,
15) die Einberufung des Kabinettsrats,
16) die Verleihung von Orden und Auszeichnungen,
17) die Berufung der Richter,
18) die Ausübung des Begnadigungsrechts,
19) die Verleihung der polnischen Staatsangehörigkeit und die Zustimmung zum Verzicht auf die polnische Staatsangehörigkeit,
20) die Berufung des Ersten Präsidenten des Obersten Gerichts,
21) die Berufung des Präsidenten und des stellvertretenden Präsidenten des Verfassungsgerichtshofes,
22) die Berufung des Präsidenten des Obersten Verwaltungsgerichts,
23) die Berufung der Präsidenten des Obersten Gerichts und der stellvertretenden Präsidenten des Obersten Verwaltungsgerichts,
24) den Antrag an den Sejm, den Präsidenten der Polnischen Nationalbank zu berufen,
25) die Berufung der Mitglieder des Rates für Geldpolitik,
26) die Berufung und die Abberufung der Mitglieder des Rates für Nationale Sicherheit,
27) die Berufung der Mitglieder des Landesrates für Rundfunk und Fernsehen,
28) den Erlass der Satzung der Kanzlei des Präsidenten der Republik sowie die Berufung und Entlassung des Chefs der Kanzlei des Präsidenten der Republik,
29) der Erlass von Anordnungen gemäß den in Art. 93 bestimmten Grundsätzen,
30) den Verzicht auf das Amt des Präsidenten der Republik.

Artikel 145 [Impeachment]

(1) Der Präsident der Republik kann aufgrund der Verletzung der Verfassung, eines Gesetzes oder wegen der Begehung einer Straftat vor dem Staatsgerichtshof zur Verantwortung gezogen werden.

(2) Der Beschluss, Anklage gegen den Präsidenten der Republik zu erheben, wird durch die Nationalversammlung mit einer Mehrheit von mindestens zwei Dritteln der Stimmen der gesetzlichen Zahl der Mitglieder der Nationalversammlung gefasst, auf Antrag von mindestens 140 Mitgliedern der Nationalversammlung.

(3) [1]Ab dem Tag, an dem der Beschluss, den Präsidenten der Republik vor dem Staatsgerichtshof anzuklagen, gefasst wurde, wird der Präsident der Republik von der Ausübung seines Amtes suspendiert. [2]Die Vorschrift des Art. 131 findet entsprechende Anwendung.

Kapitel VI.
Ministerrat und Regierungsverwaltung

Artikel 146 [Zuständigkeiten]

(1) Der Ministerrat leitet die Innen- und Außenpolitik der Republik Polen.

(2) In die Zuständigkeit des Ministerrats fallen die Angelegenheiten der Staatspolitik, die keinen anderen staatlichen Organen und der kommunalen Selbstverwaltung vorbehalten sind.

(3) Der Ministerrat leitet die Regierungsverwaltung.

(4) Der Ministerrat – im Umfang und nach den Grundsätzen, die durch die Verfassung und die Gesetze bestimmten werden:

1) gewährleistet die Ausführung der Gesetze,
2) erlässt Rechtsverordnungen,
3) koordiniert und kontrolliert die Arbeit der Organe der Regierungsverwaltung,
4) schützt die Interessen des Fiskus,
5) beschließt den Entwurf des Haushaltsgesetzes des Staates,
6) leitet die Ausführung des Haushalts des Staates und verabschiedet den staatlichen Rechnungsabschluss und den Bericht zur Ausführung des Haushalts,
7) gewährleistet die innere Sicherheit des Staates und die öffentliche Ordnung,
8) gewährleistet die äußere Sicherheit des Staates,
9) führt die allgemeine Leitung im Bereich der Beziehungen zu anderen Staaten und völkerrechtlichen Organisationen aus,
10) schließt völkerrechtliche Verträge, die der Ratifikation bedürfen, und bestätigt und kündigt andere völkerrechtliche Verträge,
11) führt die allgemeine Leitung im Bereich der Verteidigungsbereitschaft des Landes aus und bestimmt jährlich die Zahl der zum aktiven Militärdienst einzuberufenden Bürger,
12) bestimmt die Organisation und das Verfahren seiner Arbeit.

Artikel 147 [Zusammensetzung]

(1) Der Ministerrat besteht aus dem Ministerpräsidenten und den Ministern.

(2) Die stellvertretenden Ministerpräsidenten können in den Ministerrat berufen werden.

(3) Der Ministerpräsident und die stellvertretenden Ministerpräsidenten können auch die Funktion eines Ministers ausüben.

(4) In den Ministerrat können darüber hinaus auch die Vorsitzenden der in den Gesetzen genannten Komitees berufen werden.

Artikel 148 [Aufgaben des Ministerpräsidenten]

Der Ministerpräsident:

1) repräsentiert den Ministerrat,
2) leitet die Arbeit des Ministerrats,
3) erlässt Rechtsverordnungen,
4) gewährleistet die Durchführung der Politik des Ministerrats und bestimmt die Arten ihrer Durchführung,
5) koordiniert und kontrolliert die Arbeit der Mitglieder des Ministerrats,
6) übt die Aufsicht über die kommunale Selbstverwaltung in den von der Verfassung und von den Gesetzen bestimmten Grenzen und Formen aus,
7) ist Dienstvorgesetzter aller Beamten der Regierungsverwaltung.

Artikel 149 [Geschäftsbereiche]

(1) [1]Die Minister leiten bestimmte Bereiche der Regierungsverwaltung oder erfüllen die ihnen vom Ministerpräsidenten übertragenen Aufgaben. [2]Den Geschäftsbereich eines Ministers, der einen Bereich der Regierungsverwaltung leitet, bestimmt das Gesetz.

(2) [1]Der Minister, der einen Bereich der Regierungsverwaltung leitet, erlässt Rechtsverordnungen. [2]Der Ministerrat kann auf Antrag des Ministerpräsidenten eine Rechtsverordnung oder eine Anordnung eines Ministers aufheben.

(3) Auf die in Art. 147 Abs. 4 genannten Vorsitzenden eines Komitees finden die für einen Minister, der einen Bereich der Regierungsverwaltung leitet, geltenden Vorschriften entsprechende Anwendung.

Artikel 150 [Inkompatibilität]
Ein Mitglied des Ministerrats darf keine Tätigkeit ausüben, die im Widerspruch zu seinen öffentlichen Pflichten steht.

Artikel 151 [Amtseid]
[1]Der Ministerpräsident, die stellvertretenden Ministerpräsidenten und die Minister leisten vor dem Präsidenten der Republik Polen folgenden Eid:

„Ich trete das Amt des Ministerpräsidenten (des stellvertretenden Ministerpräsidenten, des Ministers) an und schwöre feierlich, dass ich den Bestimmungen der Verfassung und dem Recht der Republik Polen Treue leisten werde und dass das Wohl des Vaterlandes und das Wohlergehen der Staatsbürger mir immer oberste Pflicht sein werden.“

[2]Der Eid kann unter Hinzufügung des Satzes: „So wahr mir Gott helfe“ geleistet werden.

Artikel 152 [Wojewode]
(1) Der Wojewode ist der Vertreter des Ministerrats in der Wojewodschaft.

(2) Das Verfahren der Berufung und Abberufung der Wojewoden sowie deren Geschäftsbereich bestimmt das Gesetz.

Artikel 153 [Beamtenschaft]
(1) Die Beamtenschaft in den Behörden der Regierungsverwaltung ist tätig, um eine professionelle, redliche, unparteiische und politisch neutrale Erfüllung der Staatsaufgaben zu gewährleisten.

(2) Der Ministerpräsident ist Vorgesetzter der Beamtenschaft.

Artikel 154 [Regierungsbildung; Vertrauensfrage]
(1) [1]Der Präsident der Republik designiert den Ministerpräsidenten, welcher die Zusammensetzung des Ministerrats vorschlägt. [2]Der Präsident der Republik beruft den Ministerpräsidenten zusammen mit den übrigen Mitgliedern des Ministerrats innerhalb von vierzehn Tagen nach der ersten Sitzung des Sejms oder nach der Annahme des Rücktritts des vorherigen Ministerrats und nimmt den Eid der Mitglieder des neuberufenen Ministerrats entgegen.

(2) [1]Innerhalb von vierzehn Tagen nach der Berufung durch den Präsidenten der Republik stellt der Ministerpräsident dem Sejm das Handlungsprogramm des Ministerrats vor und beantragt, ihm das Vertrauen auszusprechen. [2]Das Vertrauensvotum beschließt der Sejm mit absoluter Stimmenmehrheit in Anwesenheit von mindestens der Hälfte der gesetzlichen Zahl der Abgeordneten.

(3) [1]Wird der Ministerrat nicht nach dem Verfahren des Abs. 1 berufen oder erhält er nicht gemäß dem Verfahren des Abs. 2 das Vertrauen ausgesprochen, wählt der Sejm innerhalb von vierzehn Tagen nach Ablauf der in Abs. 1 oder Abs. 2 bestimmten Fristen den Ministerpräsidenten und die von ihm vorgeschlagenen Mitglieder des Ministerrats mit absoluter Stimmenmehrheit in Anwesenheit von mindestens der Hälfte der gesetzlichen Abgeordnetenzahl. [2]Der Präsident der Republik beruft den auf diese Weise gewählten Ministerrat und vereidigt seine Mitglieder.

Artikel 155 [Berufung durch den Präsidenten]
(1) [1]Wird der Ministerrat nicht gemäß dem in Art. 154 Abs. 3 bestimmten Verfahren berufen, beruft der Präsident der Republik innerhalb von vierzehn Tagen den Ministerpräsidenten und auf dessen Vorschlag die übrigen Mitglieder des Ministerrats und vereidigt sie. [2]Innerhalb von vierzehn Tagen seit der Berufung des Ministerrats durch den Präsidenten der Republik spricht ihm der Sejm das Vertrauen mit der Mehrheit der Stimmen in Anwesenheit von mindestens der Hälfte der gesetzlichen Zahl der Abgeordneten aus.

(2) Wird dem Ministerrat das Vertrauen nicht gemäß Abs. 1 ausgesprochen, verkürzt der Präsident der Republik die Amtszeit des Sejms und ordnet Wahlen an.

Artikel 156 [Ministerverantwortung]
(1) Die Mitglieder des Ministerrats tragen vor dem Staatsgerichtshof die Verantwortung für die Verletzung der Verfassung oder der Gesetze sowie für im Zusammenhang mit dem bekleideten Amt begangene Straftaten.

(2) Den Beschluss, ein Mitglied des Ministerrats vor dem Staatsgerichtshof zur Verantwortung zu ziehen, fasst der Sejm auf Antrag des Präsidenten der Republik oder von mindestens 115 Abgeordneten mit einer Mehrheit von drei Fünfteln der gesetzlichen Zahl der Abgeordneten.

Artikel 157 [Verantwortlichkeit vor dem Sejm]
(1) Die Mitglieder des Ministerrats sind vor dem Sejm für die Tätigkeit des Ministerrats gemeinsam verantwortlich.

(2) Die Mitglieder des Ministerrats sind zugleich vor dem Sejm individuell verantwortlich für Angelegenheiten, die in ihren Zuständigkeitsbereich gehören oder mit denen sie vom Ministerpräsidenten beauftragt wurden.

Artikel 158 [Misstrauensvotum gegen den Ministerrat]
(1) [1]Der Sejm spricht dem Ministerrat das Misstrauen mit der Mehrheit der gesetzlichen Zahl der Abgeordneten auf einen Antrag hin aus, der von mindestens 46 Abgeordneten gestellt wurde und in dem ein Kandidat für das Amt des Ministerpräsidenten namentlich benannt wird. [2]Wird der Beschluss vom Sejm angenommen, nimmt der Präsident der Republik den Rücktritt des Ministerrats entgegen und beruft den neuen vom Sejm gewählten Ministerpräsidenten und auf seinen Vorschlag die übrigen Mitglieder des Ministerrats und nimmt ihren Eid entgegen.

(2) [1]Ein Antrag zu einem Beschluss, der in Abs. 1 genannt wird, darf nicht früher als sieben Tage nach seiner Einbringung zur Abstimmung gebracht werden. [2]Ein erneuter Antrag darf nicht früher als drei Monate seit dem Tag der Abstimmung des vorherigen Antrags gestellt werden. [3]Der erneute Antrag darf vor Ablauf von drei Monaten gestellt werden, wenn er von mindestens 115 Abgeordneten eingebracht wird.

Artikel 159 [Misstrauensvotum gegen einen Minister]
(1) [1]Der Sejm kann einem Minister das Misstrauen aussprechen. [2]Der Misstrauensantrag kann von mindestens 69 Abgeordneten gestellt werden. [3]Die Vorschrift des Art. 158 Abs. 2 findet entsprechende Anwendung.

(2) Der Präsident der Republik beruft den Minister ab, dem der Sejm das Misstrauen mit der Stimmenmehrheit der gesetzlichen Zahl der Abgeordneten ausgesprochen hat.

Artikel 160 [Vertrauensfrage]
[1]Der Ministerpräsident kann im Sejm beantragen, dem Ministerrat das Vertrauen auszusprechen. [2]Das Vertrauen wird dem Ministerrat mit der Mehrheit der Stimmen in Anwesenheit von mindestens der Hälfte der gesetzlichen Zahl der Abgeordneten ausgesprochen.

Artikel 161 [Regierungsumbildung]
Auf Vorschlag des Ministerpräsidenten nimmt der Präsident der Republik Änderungen in der Zusammensetzung des Ministerrats vor.

Artikel 162 [Rücktritt des Ministerrats]
(1) Der Ministerpräsident reicht den Rücktritt des Ministerrats in der ersten Sitzung des neugewählten Sejms ein.

(2) Der Ministerpräsident reicht den Rücktritt des Ministerrats auch dann ein, wenn:
1) der Sejm dem Ministerrat das Vertrauen nicht ausspricht,
2) dem Ministerrat das Misstrauen ausgesprochen wird,
3) der Ministerpräsident zurücktritt.

(3) Der Präsident der Republik nimmt den Rücktritt des Ministerrats entgegen und überträgt ihm die Weiterführung der Amtspflichten bis zur Berufung des neuen Ministerrats.

(4) Der Präsident der Republik kann in dem in Abs. 2 Nr. 3 genannten Fall die Annahme des Rücktritts des Ministerrats verweigern.

Kapitel VII.
Die kommunale Selbstverwaltung

Artikel 163 [Aufgaben; Gesetzesvorbehalt]
Die kommunale Selbstverwaltung erfüllt die öffentlichen Aufgaben, die nicht durch die Verfassung oder die Gesetze anderen Organen der öffentlichen Gewalt vorbehalten sind.

Artikel 164 [Gemeinde; Allzuständigkeit]
(1) Die Grundeinheit der kommunalen Selbstverwaltung ist die Gemeinde.

(2) Andere Einheiten der regionalen oder der lokalen und regionalen Selbstverwaltung bestimmt das Gesetz.

(3) Die Gemeinde erfüllt alle Aufgaben der kommunalen Selbstverwaltung, die nicht anderen Einheiten der kommunalen Selbstverwaltung vorbehalten sind.

Artikel 165 [Rechtspersönlichkeit; kommunale Garantien]
(1) [1]Die Einheiten der kommunalen Selbstverwaltung haben Rechtspersönlichkeit. [2]Ihnen stehen das Eigentumsrecht und andere Vermögensrechte zu.

(2) Die Selbständigkeit der Einheiten der kommunalen Selbstverwaltung steht unter gerichtlichem Schutz.

Artikel 166 [Eigene und übertragene Aufgaben]
(1) Öffentliche Aufgaben, die der Befriedigung der Bedürfnisse einer Selbstverwaltungsgemeinschaft dienen, werden durch die Einheit der kommunalen Selbstverwaltung als Eigenaufgabe erfüllt.

(2) [1]Wenn es sich aus den begründeten Bedürfnissen des Staates ergibt, kann den Einheiten der kommunalen Selbstverwaltung durch Gesetz die Erfüllung anderer öffentlicher Aufgaben übertragen werden. [2]Das Verfahren der Übertragung und die Art der Ausführung der übertragenen Aufgaben bestimmt das Gesetz.

(3) Zuständigkeitsstreitigkeiten zwischen den Organen der kommunalen Selbstverwaltung und der Regierungsverwaltung entscheiden die Verwaltungsgerichte.

Artikel 167 [Einnahmen]
(1) Den Einheiten der kommunalen Selbstverwaltung wird ein Anteil an den öffentlichen Einnahmen entsprechend den ihnen zufallenden Aufgaben gewährleistet.

(2) Die Einnahmen der Einheiten der kommunalen Selbstverwaltung sind ihre eigenen Einnahmen sowie die allgemeinen Subventionen und die zweckgebundenen Zuwendungen aus dem Staatshaushalt.

(3) Die Einnahmequellen der Einheiten der kommunalen Selbstverwaltung bestimmt das Gesetz.

(4) Änderungen der Aufgaben- und Zuständigkeitsbereiche der Einheiten der kommunalen Selbstverwaltung erfolgen zusammen mit den entsprechenden Änderungen bei der Verteilung der öffentlichen Einkommen.

Artikel 168 [Abgabenhoheit]
Im gesetzlich bestimmten Umfang haben die Einheiten der kommunalen Selbstverwaltung das Recht, die Höhe der kommunalen Abgaben und Gebühren festzusetzen.

Artikel 169 [Organe]
(1) Die Einheiten der kommunalen Selbstverwaltung führen ihre Aufgaben durch Entscheidungs- und Vollzugsorgane aus.

(2) [1]Die Wahlen zu den Entscheidungsorganen sind allgemein, gleich, unmittelbar und geheim. [2]Die Grundsätze und die Verfahrensweise der Aufstellung der Kandidaten und der Durchführung der Wahl sowie die Voraussetzungen der Gültigkeit der Wahl bestimmt das Gesetz.

(3) Die Grundsätze und die Verfahrensweise der Wahlen und die Abberufung der Vollzugsorgane der Einheiten der kommunalen Selbstverwaltung bestimmt das Gesetz.

(4) Die innere Ordnung der Einheiten der kommunalen Selbstverwaltung bestimmen in den Grenzen der Gesetze ihre Entscheidungsorgane.

Artikel 170 [Referendum]
[1]Die Mitglieder einer Selbstverwaltungsgemeinschaft können im Wege eines Referendums über Angelegenheiten, die diese Gemeinschaft betreffen, entscheiden, darunter auch über die Abberufung eines in unmittelbarer Wahl gewählten Organs der kommunalen Selbstverwaltung. [2]Die Grundsätze und die Verfahrensweise der Durchführung eines lokalen Referendums bestimmt das Gesetz.

Artikel 171 [Rechtsaufsicht]
(1) Die Tätigkeit der kommunalen Selbstverwaltung unterliegt der Aufsicht hinsichtlich ihrer Rechtmäßigkeit.

(2) Die Aufsichtsorgane über die Tätigkeit der Einheiten der kommunalen Selbstverwaltung sind der Ministerpräsident und die Wojewoden und im Bereich der finanziellen Angelegenheiten die regionalen Rechnungskammern.

(3) Der Sejm kann auf Antrag des Ministerpräsidenten ein Entscheidungsorgan der kommunalen Selbstverwaltung auflösen, falls dieses Organ die Verfassung oder die Gesetze erheblich verletzt.

Artikel 172 [Regionale und internationale Zusammenarbeit]
(1) Die Einheiten der kommunalen Selbstverwaltung haben das Recht, sich zusammenzuschließen.

(2) Eine Einheit der kommunalen Selbstverwaltung hat das Recht, internationalen Vereinigungen lokaler und regionaler Gemeinschaften beizutreten und auf Zusammenarbeit mit lokalen und regionalen Gemeinschaften anderer Staaten.

(3) Die Grundsätze, gemäß denen die Einheiten der kommunalen Selbstverwaltung die Rechte nach Abs. 1 und 2 in Anspruch nehmen können, bestimmt das Gesetz.

Kapitel VIII.
Gerichte und Gerichtshöfe

Artikel 173 [Institutionelle Unabhängigkeit]
Die Gerichte und Gerichtshöfe sind eine eigenständige und von den anderen Gewalten unabhängige Gewalt.

Artikel 174 [Im Namen der Republik]
Die Gerichte und Gerichtshöfe erlassen Urteile im Namen der Republik Polen.

Gerichte

Artikel 175 [Gerichtszweige]
(1) Die Rechtsprechung in der Republik Polen üben das Oberste Gericht, die ordentlichen Gerichte, die Verwaltungsgerichte und die Militärgerichte aus.

(2) Ausnahmegerichte und standrechtliche Verfahren dürfen nur für Kriegszeiten eingeführt werden.

Artikel 176 [Instanzengarantie]
(1) Das Gerichtsverfahren umfasst mindestens zwei Instanzen.

(2) Den Aufbau und die Zuständigkeiten der Gerichte und das Verfahren vor den Gerichten bestimmen die Gesetze.

Artikel 177 [Zuständigkeit der ordentlichen Gerichte]
Die ordentlichen Gerichte üben die Rechtsprechung in allen Angelegenheiten mit Ausnahme derer aus, die gesetzlich der Zuständigkeit anderer Gerichte vorbehalten sind.

Artikel 178 [Richterliche Unabhängigkeit]
(1) Bei der Ausübung ihres Amtes sind die Richter unabhängig und nur der Verfassung und den Gesetzen unterworfen.

(2) Den Richtern werden Arbeitsbedingungen und eine Vergütung gewährleistet, die der Würde ihres Amtes und dem Umfang ihrer Pflichten entsprechen.

(3) Ein Richter darf weder einer politischen Partei oder einer Gewerkschaft angehören noch eine öffentliche Tätigkeit ausüben, die mit den Grundsätzen der Unabhängigkeit der Gerichte und der Unabhängigkeit der Richter unvereinbar ist.

Artikel 179 [Ernennung der Richter]
Die Richter werden vom Präsidenten der Republik auf Vorschlag des Landesjustizrates auf unbestimmte Zeit berufen.

Artikel 180 [Absetzung der Richter]
(1) Die Richter sind unabsetzbar.

(2) Gegen seinen Willen darf ein Richter nur kraft einer gerichtlichen Entscheidung und nur in den gesetzlich bestimmten Fällen seines Amtes enthoben werden, von der Amtsausübung suspendiert werden oder an einen anderen Ort oder auf eine andere Stelle versetzt werden.

(3) [1]Ein Richter kann aufgrund einer Krankheit oder des Verlustes der Kräfte, die ihm die Ausübung seines Amtes unmöglich machen, in den Ruhestand versetzt werden. [2]Die Art des Verfahrens sowie die Weise, in der man das Gericht anrufen kann, bestimmt das Gesetz.

(4) Das Gesetz bestimmt die Altersgrenze, bei deren Erreichen die Richter in den Ruhestand treten.

(5) Werden der Aufbau der Gerichte oder die Grenzen der Gerichtsbezirke verändert, kann ein Richter unter Beibehaltung der vollen Bezüge an ein anderes Gericht oder in den Ruhestand versetzt werden.

Artikel 181 [Schutz der Richter]
[1]Ohne vorherige Zustimmung des gesetzlich bestimmten Gerichts darf ein Richter weder strafrechtlich zur Verantwortung gezogen werden noch darf ihm die Freiheit entzogen werden. [2]Ein Richter darf weder festgenommen noch in Haft genommen werden, es sei denn, er wird auf frischer Tat betroffen und die Festnahme ist zur Gewährleistung eines ordnungsgemäßen Verfahrensablaufes unentbehrlich. [3]Von der Festnahme ist unverzüglich der Präsident des örtlich zuständigen Gerichts zu unterrichten, der die sofortige Freilassung des Festgenommenen anordnen kann.

Artikel 182 [Beteiligung der Bürger an der Rechtsprechung]
Die Beteiligung der Bürger an der Ausübung der Rechtsprechung bestimmt das Gesetz.

Artikel 183 [Oberstes Gericht]
(1) Das Oberste Gericht übt die Aufsicht über die Tätigkeit der ordentlichen Gerichte und der Militärgerichte im Bereich der Entscheidungen aus.

(2) Das Oberste Gericht übt auch andere Tätigkeiten aus, die in der Verfassung und in den Gesetzen bestimmt werden.

(3) Den Ersten Präsidenten des Obersten Gerichts beruft der Präsident der Republik für eine sechsjährige Amtszeit aus der Mitte der Kandidaten, die von der Vollversammlung der Richter des Obersten Gerichts vorgeschlagen wurden.

Artikel 184 [Verwaltungsgerichtsbarkeit]
[1]Das Oberste Verwaltungsgericht und die übrigen Verwaltungsgerichte kontrollieren im gesetzlich bestimmten Umfang die Tätigkeit der öffentlichen Verwaltung. [2]Diese Kontrolle umfasst auch die Entscheidung über die Gesetzmäßigkeit der Beschlüsse der Organe der kommunalen Selbstverwaltung und der Normativakte der lokalen Organe der Regierungsverwaltung.

Artikel 185 [Präsident des Obersten Verwaltungsgerichts]
Den Präsidenten des Obersten Verwaltungsgerichts beruft der Präsident der Republik für eine sechsjährige Amtszeit aus der Mitte der Kandidaten, die von der Vollversammlung der Richter des Obersten Verwaltungsgerichts vorgeschlagen wurden.

Artikel 186 [Landesjustizrat]
(1) Der Landesjustizrat schützt die Unabhängigkeit der Gerichte und die Unabhängigkeit der Richter.

(2) Soweit Normativakte die Unabhängigkeit der Gerichte und der Richter berühren, kann der Landesjustizrat beim Verfassungsgerichtshof die Überprüfung ihrer Verfassungsmäßigkeit beantragen.

Artikel 187 [Zusammensetzung; Vorsitz]
(1) Der Landesjustizrat besteht aus:
1) dem Ersten Präsidenten des Obersten Gerichts, dem Justizminister, dem Präsidenten des Obersten Verwaltungsgerichts und einer vom Präsidenten der Republik berufenen Person,
2) fünfzehn Mitgliedern, die aus der Mitte der Richter des Obersten Gerichts, der ordentlichen Gerichte, der Verwaltungs- und Militärgerichte gewählt wurden,
3) vier Mitgliedern, die vom Sejm aus der Mitte der Abgeordneten, und zwei Mitgliedern, die vom Senat aus der Mitte der Senatoren gewählt wurden.

(2) Der Landesjustizrat wählt aus seiner Mitte einen Vorsitzenden und zwei stellvertretende Vorsitzende.

(3) Die Amtszeit der gewählten Mitglieder des Landesjustizrates dauert vier Jahre.

(4) Die Ordnung, den Umfang der Tätigkeit und die Arbeitsweise des Landesjustizrates sowie die Wahl seiner Mitglieder regelt ein Gesetz.

Verfassungsgerichtshof

Artikel 188 [Zuständigkeiten]
Der Verfassungsgerichtshof entscheidet über
1) die Vereinbarkeit der Gesetze und der völkerrechtlichen Verträge mit der Verfassung,
2) die Vereinbarkeit der Gesetze mit den ratifizierten völkerrechtlichen Verträgen, deren Ratifikation eine vorherige Zustimmung durch Gesetz voraussetzt,
3) die Vereinbarkeit der Rechtsvorschriften, die von zentralen Staatsorganen erlassen werden, mit der Verfassung, den ratifizierten völkerrechtlichen Verträgen und den Gesetzen,
4) die Vereinbarkeit der Ziele oder der Tätigkeit der politischen Parteien mit der Verfassung,
5) die Verfassungsbeschwerde gemäß Art. 79 Abs. 1.

Artikel 189 [Organstreitverfahren]
Der Verfassungsgerichtshof entscheidet über Kompetenzstreitigkeiten zwischen den zentralen Verfassungsorganen des Staates.

Artikel 190 [Entscheidungswirkungen; Mehrheitsprinzip]
(1) Die Entscheidungen des Verfassungsgerichtshofes sind allgemein verbindlich und endgültig.

(2) [1]Die Entscheidungen des Verfassungsgerichtshofes gemäß Art. 188 werden unverzüglich in der amtlichen Veröffentlichung bekannt gemacht, in der der Normativakt veröffentlicht wurde. [2]Ist der Akt nicht veröffentlicht worden, ist die Entscheidung im Amtsblatt der Republik Polen „Monitor Polski“ bekannt zu machen.

(3) [1]Die Entscheidung des Verfassungsgerichtshofes tritt am Tag der Verkündung in Kraft, der Verfassungsgerichtshof kann jedoch eine andere Frist bestimmen, mit deren Ablauf der Normativakt seine bindende Kraft verliert. [2]Diese Frist darf achtzehn Monate nicht überschreiten, wenn ein Gesetz betroffen ist, und wenn es einen anderen Normativakt betrifft, darf die Frist nicht länger als zwölf Monate betragen. [3]Im Falle eines Urteils, das finanzielle Aufwendungen zur Folge hat, die im Haushaltsgesetz nicht vorgesehenen sind, setzt der Verfassungsgerichtshof die Frist für das Außerkrafttreten des Gesetzes nach Anhörung des Ministerrats fest.

(4) Stellt der Verfassungsgerichtshof die Unvereinbarkeit eines Normativaktes mit der Verfassung, einem völkerrechtlichen Vertrag oder einem Gesetz fest und ist auf der Grundlage dieses Normativaktes eine rechtskräftige Gerichtsentscheidung, eine endgültige Verwaltungsentscheidung oder eine Entscheidung in anderen Angelegenheiten ergangen, so bildet die Entscheidung des Verfassungsgerichtshofes die Grundlage für die Wiederaufnahme des Verfahrens beziehungsweise für die Aufhebung der Entscheidung nach den Grundsätzen und gemäß der Verfahrensweise, die in den auf dieses Verfahren anwendbaren Vorschriften geregelt sind.

(5) Der Verfassungsgerichtshof trifft seine Entscheidungen mit Stimmenmehrheit.

Artikel 191 [Antragsberechtigte]

(1) Ein Verfahren beim Verfassungsgerichtshof gemäß Art. 188 können beantragen:

1) der Präsident der Republik, der Sejmmarschall, der Senatsmarschall, der Ministerpräsident, fünfzig Abgeordnete, dreißig Senatoren, der Erste Präsident des Obersten Gerichts, der Präsident des Obersten Verwaltungsgerichts, der Generalstaatsanwalt, der Präsident der Obersten Kontrollkammer, der Beauftragte für Bürgerrechte,
2) der Landesjustizrat in dem in Art. 186 Abs. 2 bezeichneten Umfang,
3) die Entscheidungsorgane der Einheiten der kommunalen Selbstverwaltung,
4) die Landesorgane der Gewerkschaften und die landesweiten Führungsorgane der Arbeitgeberorganisationen und der Berufsorganisationen,
5) die Kirchen und andere Religionsgemeinschaften,
6) die in Art. 79 bezeichneten Rechtsträger in dem dort bezeichneten Umfang.

(2) Die in Abs. 1 Nr. 3 bis 5 bezeichneten Rechtsträger können nur dann einen Antrag stellen, wenn der Normativakt ihren Tätigkeitsbereich betrifft.

Artikel 192 [Antragsberechtigte im Organstreitverfahren]

Ein Verfahren beim Verfassungsgerichtshof gemäß Art. 189 können beantragen: Der Präsident der Republik, der Sejmmarschall, der Senatsmarschall, der Ministerpräsident, der Erste Präsident des Obersten Gerichts, der Präsident des Obersten Verwaltungsgerichts und der Präsident der Obersten Kontrollkammer.

Artikel 193 [Konkrete Normenkontrolle]

Jedes Gericht kann dem Verfassungsgerichtshof eine Rechtsfrage bezüglich der Vereinbarkeit eines Normativaktes mit der Verfassung, den ratifizierten völkerrechtlichen Verträgen oder dem Gesetz vorlegen, wenn von der Beantwortung der Rechtsfrage die Entscheidung einer bei dem Gericht anhängigen Sache abhängig ist.

Artikel 194 [Zusammensetzung des Verfassungsgerichts]

(1) [1]Der Verfassungsgerichtshof besteht aus fünfzehn Richtern, die individuell vom Sejm für eine neunjährige Amtszeit aus solchen Personen gewählt werden, die sich durch Rechtskenntnisse auszeichnen. [2]Eine Wiederwahl an den Verfassungsgerichtshof ist nicht zulässig.

(2) Den Präsidenten und die Vizepräsidenten des Verfassungsgerichtshofes beruft der Präsident der Republik aus den Kandidaten, die von der Vollversammlung der Richter des Verfassungsgerichtshofes vorgeschlagen werden.

Artikel 195 [Unabhängigkeit; Inkompatibilität]

(1) Die Richter des Verfassungsgerichtshofes sind in der Ausübung ihres Amtes unabhängig und nur der Verfassung unterworfen.

(2) Den Richtern des Verfassungsgerichtshofes werden Arbeitsbedingungen und eine Vergütung gewährleistet, die der Würde ihres Amtes und dem Umfang ihrer Pflichten entsprechen.

(3) Die Richter des Verfassungsgerichtshofes dürfen, solange sie ihr Amt innehaben, weder einer politischen Partei oder einer Gewerkschaft angehören noch eine Tätigkeit ausüben, die mit den Grundsätzen der Unabhängigkeit der Gerichte und der Richter unvereinbar ist.

Artikel 196 [Schutz der Richter]

[1]Ohne vorherige Zustimmung des Verfassungsgerichtshofes darf ein Richter des Verfassungsgerichtshofes weder strafrechtlich zur Verantwortung gezogen werden noch darf ihm die Freiheit entzogen werden. [2]Der Richter darf weder festgenommen noch in Haft genommen werden, es sei denn, er wird auf frischer Tat betroffen und die Festnahme ist zur Gewährleistung eines ordnungsgemäßen Verfahrensablaufes unentbehrlich. [3]Von der Festnahme ist unverzüglich der Präsident des Verfassungsgerichtshofes zu unterrichten, der die sofortige Freilassung des Festgenommenen anordnen kann.

Artikel 197 [Gesetzesvorbehalt]

Die Organisation des Verfassungsgerichtshofes und die Verfahrensweise vor dem Verfassungsgerichtshof bestimmt das Gesetz.

Staatsgerichtshof

Artikel 198 [Verfassungsrechtliche Verantwortung]
(1) Wegen der Verletzung der Verfassung oder eines Gesetzes im Zusammenhang mit der Ausübung eines Amtes oder im Bereich der Amtsgeschäfte tragen die verfassungsrechtliche Verantwortung vor dem Staatsgerichtshof: der Präsident der Republik, der Ministerpräsident und die Mitglieder des Ministerrats, der Präsident der Polnischen Nationalbank, der Präsident der Obersten Kontrollkammer, die Mitglieder des Landesrates für Rundfunk und Fernsehen, die Personen, die der Ministerpräsident mit der Leitung eines Ministeriums beauftragt hat, und der Oberkommandeur der Streitkräfte.

(2) Auch die Abgeordneten und Senatoren tragen in dem durch Art. 107 bestimmten Umfang die verfassungsrechtliche Verantwortung vor dem Staatsgerichtshof.

(3) Welche Arten von Strafen vom Staatsgerichtshof verhängt werden können, bestimmt das Gesetz.

Artikel 199 [Zusammensetzung; Vorsitz; Unabhängigkeit]
(1) [1]Der Staatsgerichtshof besteht aus einem Vorsitzenden, zwei Stellvertretern des Vorsitzenden und sechzehn Mitgliedern, die durch den Sejm für eine Wahlperiode des Sejms gewählt werden und die keine Abgeordneten und Senatoren sein dürfen. [2]Die Stellvertreter des Vorsitzenden des Gerichtshofes und mindestens die Hälfte der Mitglieder des Staatsgerichtshofes müssen die Befähigung zum Richteramt haben.

(2) Vorsitzender des Staatsgerichtshofes ist der Erste Präsident des Obersten Gerichts.

(3) Die Mitglieder des Staatsgerichtshofes sind in der Ausübung des Richteramtes am Staatsgerichtshof unabhängig und nur der Verfassung und den Gesetzen unterworfen.

Artikel 200 [Schutz der Richter]
[1]Ohne vorherige Zustimmung des Staatsgerichtshofes darf ein Richter des Staatsgerichtshofes nicht strafrechtlich zur Verantwortung gezogen werden, noch darf ihm die Freiheit entzogen werden. [2]Der Richter darf weder festgenommen noch in Haft genommen werden, mit Ausnahme, dass er auf frischer Tat betroffen wird und die Festnahme zur Gewährleistung eines ordnungsgemäßen Verfahrensablaufes unentbehrlich ist. [3]Die Festnahme ist unverzüglich dem Präsidenten des Staatsgerichtshofes mitzuteilen, der die sofortige Freilassung des Festgenommenen anordnen kann.

Artikel 201 [Gesetzesvorbehalt]
Die Organisation des Staatsgerichtshofes und die Verfahrensweise vor dem Gerichtshof regelt das Gesetz.

Kapitel IX.

Organe der staatlichen Kontrolle und des Rechtsschutzes

Artikel 202 [Oberste Kontrollkammer]
(1) Die Oberste Kontrollkammer ist das oberste Organ der staatlichen Kontrolle.

(2) Die Oberste Kontrollkammer untersteht dem Sejm.

(3) Die Oberste Kontrollkammer handelt nach dem Kollegialitätsprinzip.

Artikel 203 [Kontrollmaßstäbe]
(1) Die Oberste Kontrollkammer überprüft die Tätigkeit der Organe der Regierungsverwaltung, der Polnischen Nationalbank, der staatlichen juristischen Personen und anderer staatlicher Organisationseinheiten unter dem Gesichtspunkt der Legalität, der Wirtschaftlichkeit, der Zweckmäßigkeit und der Redlichkeit.

(2) Die Oberste Kontrollkammer kann die Tätigkeit der kommunalen Selbstverwaltungsorgane, der kommunalen juristischen Personen und anderer kommunaler Organisationseinheiten unter den Gesichtspunkten der Legalität, der Wirtschaftlichkeit und der Redlichkeit kontrollieren.

(3) Die Oberste Kontrollkammer kann unter Legalitäts- und Wirtschaftlichkeitsgesichtspunkten auch die Tätigkeit anderer Organisationseinheiten und Wirtschaftssubjekte insoweit überprüfen, als sie staatliche oder kommunale Vermögen oder Mittel nutzen oder finanzielle Verpflichtungen zugunsten des Staates erfüllen.

Artikel 204 [Berichterstattung]

(1) Die Oberste Kontrollkammer legt dem Sejm vor:

1) eine Analyse der Ausführung des Staatshaushaltes und der Grundlagen der Geldpolitik,
2) ein Gutachten über die Entlastung des Ministerrats,
3) Informationen über die Ergebnisse von Kontrollen, von Schlussfolgerungen und Berichten, die im Gesetz bestimmt sind.

(2) Die Oberste Kontrollkammer erstattet dem Sejm jährlich Bericht über ihre Tätigkeit.

Artikel 205 [Amt des Präsidenten]

(1) Der Präsident der Obersten Kontrollkammer wird vom Sejm mit Zustimmung des Senats für sechs Jahre berufen und kann nur einmal wiederberufen werden.

(2) Der Präsident der Obersten Kontrollkammer darf mit Ausnahme einer Hochschulprofessur weder eine andere Stelle innehaben noch eine andere Berufstätigkeit ausüben.

(3) Der Präsident der Obersten Kontrollkammer darf weder einer politischen Partei oder einer Gewerkschaft angehören noch eine öffentliche Tätigkeit ausüben, die mit der Würde seines Amtes unvereinbar ist.

Artikel 206 [Schutz des Präsidenten]

[1]Ohne vorherige Zustimmung des Sejm darf der Präsident der Obersten Kontrollkammer nicht strafrechtlich zur Verantwortung gezogen werden, noch darf ihm die Freiheit entzogen werden. [2]Der Präsident der Obersten Kontrollkammer darf weder festgenommen noch in Haft genommen werden, mit Ausnahme, dass er auf frischer Tat betroffen wird und die Festnahme zur Gewährleistung eines ordnungsgemäßen Verfahrensablaufes unentbehrlich ist. [3]Die Festnahme ist unverzüglich dem Sejmmarschall mitzuteilen, der die sofortige Freilassung des Festgenommenen anordnen kann.

Artikel 207 [Gesetzesvorbehalt]

Den Aufbau der Obersten Kontrollkammer und ihre Verfahrensweise regelt das Gesetz.

Beauftragter für Bürgerrechte

Artikel 208 [Aufgabe]

(1) Der Beauftragte für Bürgerrechte hütet die in der Verfassung und in anderen Normativakten festgelegten Rechte und Freiheiten der Menschen und Bürger.

(2) Den Umfang und die Art der Tätigkeit des Beauftragten für Bürgerrechte regelt das Gesetz.

Artikel 209 [Amt des Beauftragten]

(1) Der Beauftragte für Bürgerrechte wird vom Sejm mit Zustimmung des Senats auf fünf Jahre berufen.

(2) Der Beauftragte für Bürgerrechte darf mit Ausnahme einer Hochschulprofessur weder eine andere Stelle innehaben noch eine andere Berufstätigkeit ausüben.

(3) Der Beauftragte für Bürgerrechte darf weder einer politischen Partei oder einer Gewerkschaft angehören noch eine öffentliche Tätigkeit ausüben, die mit der Würde seines Amtes unvereinbar ist.

Artikel 210 [Unabhängigkeit]

Der Beauftragte für Bürgerrechte ist in seiner Tätigkeit selbstständig, insbesondere von anderen staatlichen Organen unabhängig und ist allein dem Sejm gemäß den im Gesetz bestimmten Grundsätzen verantwortlich.

Artikel 211 [Schutz des Beauftragten]

[1]Ohne vorherige Zustimmung des Sejms darf der Beauftragte für Bürgerrechte nicht strafrechtlich zur Verantwortung gezogen werden, noch darf ihm die Freiheit entzogen werden. [2]Der Beauftragte für Bürgerrechte darf weder festgenommen noch in Haft genommen werden, mit Ausnahme, dass er auf frischer Tat betroffen wird und die Festnahme zur Gewährleistung eines ordnungsgemäßen Verfahrensablaufes unentbehrlich ist. [3]Die Festnahme ist unverzüglich dem Sejmmarschall mitzuteilen, der die sofortige Freilassung des Festgenommenen anordnen kann.

Artikel 212 [Berichterstattung]
Der Beauftragte für Bürgerrechte informiert jährlich den Sejm und den Senat über seine Tätigkeit und über die Einhaltung der Rechte und Freiheiten des Menschen und des Bürgers.

Landesrat für Rundfunk und Fernsehen

Artikel 213 [Aufgaben; Befugnisse]
(1) Der Landesrat für Rundfunk und Fernsehen hütet die Freiheit des Wortes, das Recht auf Information sowie das öffentliche Interesse an Rundfunk und Fernsehen.

(2) [1]Der Landesrat für Rundfunk und Fernsehen erlässt Rechtsverordnungen. [2]Bei individuellen Sachverhalten fasst er Beschlüsse.

Artikel 214 [Berufung; Inkompatibilität]
(1) Die Mitglieder des Landesrates für Rundfunk und Fernsehen werden vom Sejm, dem Senat und dem Präsidenten der Republik berufen.

(2) Das Mitglied des Landesrates für Rundfunk und Fernsehen darf weder einer politischen Partei oder einer Gewerkschaft angehören noch eine öffentliche Tätigkeit ausüben, die mit der Würde seines Amtes unvereinbar ist.

Artikel 215 [Gesetzesvorbehalt]
Die Grundsätze und die Art der Tätigkeit des Landesrates für Rundfunk und Fernsehen, seine Organisation sowie die Einzelheiten der Grundsätze der Berufung seiner Mitglieder bestimmt das Gesetz.

Kapitel X.
Öffentliche Finanzen

Artikel 216 [Finanzrechtliche Gesetzesvorbehalte; Kreditaufnahme]
(1) Die für öffentliche Zwecke bestimmten finanziellen Mittel werden nach der im Gesetz bestimmten Art gesammelt und ausgegeben.

(2) Der Erwerb, die Veräußerung und die Belastung von Immobilien, Anteilen oder Aktien und die Emission von Wertpapieren der Staatskasse, der Polnischen Nationalbank oder anderer staatlicher juristischer Personen erfolgt nach den gesetzlich bestimmten Grundsätzen und Verfahren.

(3) Die Einführung eines Monopols erfolgt im Wege des Gesetzes.

(4) Die Aufnahme von Darlehen und die Gewährung von Garantien und Finanzbürgschaften durch den Staat erfolgt nach den im Gesetz bestimmten Grundsätzen und Verfahren.

(5) [1]Es ist nicht gestattet, Darlehen aufzunehmen oder Garantien oder Finanzbürgschaften zu gewähren, infolge derer die öffentlichen Schulden des Staates drei Fünftel des Wertes des jährlichen Bruttoinlandsprodukts übersteigt. [2]Die Art der Berechnung des Wertes des jährlichen Bruttoinlandsproduktes sowie der öffentlichen Schulden des Staates bestimmt das Gesetz.

Artikel 217 [nullum tributum sine lege]
Das Auferlegen von Steuern und anderen öffentlichen Abgaben, die Festlegung der Subjekte und der Objekte der Besteuerung und der Steuersätze und auch der Grundsätze der Zuerkennung von Erleichterungen und Steuererlassen sowie die Festlegung von Personengruppen, die von der Steuer befreit sind, erfolgt im Wege des Gesetzes.

Artikel 218 [Vermögensverwaltung]
Den Aufbau des Fiskus und die Art der Verwaltung des Vermögens des Fiskus bestimmt das Gesetz.

Artikel 219 [Haushaltsgesetzgebung; Nothaushalt]
(1) Der Sejm beschließt den Staatshaushalt für das Haushaltsjahr in Form eines Haushaltsgesetzes.

(2) Die Grundsätze und die Verfahrensweise der Ausarbeitung des Entwurfs des Staatshaushalts, das Maß der Ausführlichkeit und die Anforderungen, denen dieser Entwurf des Haushaltsgesetzes genügen muss, sowie die Grundsätze und die Verfahrensweise der Ausführung des Haushaltsgesetzes bestimmt das Gesetz.

(3) [1]In Ausnahmefällen können die Einnahmen und Ausgaben des Staates durch ein provisorisches Haushaltsgesetz für einen Zeitraum von weniger als einem Jahr beschlossen werden. [2]Die Vorschriften, die den Haushaltsgesetzentwurf betreffen, finden entsprechende Anwendung auf die Vorlage des Gesetzes zur provisorischen Ausgabenermächtigung.

(4) Tritt das Haushaltsgesetz oder das provisorische Haushaltsgesetz nicht am Tag des Beginns des Haushaltsjahres in Kraft, führt der Ministerrat die Finanzwirtschaft aufgrund des eingebrachten Gesetzentwurfs.

Artikel 220 [Haushaltsdefizit]

(1) Die Erweiterung der Ausgaben oder die Verringerung der vom Ministerrat geplanten Einkünfte darf nicht dazu führen, dass der Sejm ein größeres Haushaltsdefizit als das in dem Entwurf des Haushaltsgesetzes vorgesehene beschließt.

(2) Das Haushaltsgesetz darf nicht vorsehen, dass das Haushaltsdefizit durch Eingehung von Verbindlichkeiten bei der Zentralbank des Staates gedeckt wird.

Artikel 221 [Initiativmonopol der Regierung]

Die Gesetzesinitiative bezüglich des Haushaltsgesetzes, eines provisorischen Haushaltsgesetzes, eines Haushaltsänderungsgesetzes oder eines Gesetzes über die Aufnahme öffentlicher Schulden sowie bezüglich eines Gesetzes über die Erteilung einer Finanzgarantie durch den Staat steht ausschließlich dem Ministerrat zu.

Artikel 222 [Frist zur Vorlage des Haushaltsentwurfs]

[1]Der Ministerrat legt dem Sejm den Haushaltsgesetzentwurf für das kommende Jahr spätestens drei Monate vor Beginn des Haushaltsjahres vor. [2]In Ausnahmefällen ist eine spätere Vorlage des Entwurfes zulässig.

Artikel 223 [Änderungen durch den Senat]

Der Senat kann Änderungen des Haushaltsgesetzes innerhalb von 20 Tagen nach der Weiterleitung an den Senat beschließen.

Artikel 224 [Fristgebundene Unterzeichnung; fristgebundene Normenkontrolle]

(1) [1]Der Präsident der Republik unterzeichnet innerhalb von sieben Tagen das Haushaltsgesetz oder das provisorische Haushaltsgesetz, nachdem ihm das Gesetz vom Sejmmarschall vorgelegt wurde. [2]Die Vorschrift des Art. 122 Abs. 5 findet auf das Haushaltsgesetz und das provisorische Haushaltsgesetz keine Anwendung.

(2) Ruft der Präsident der Republik vor der Unterzeichnung des Haushaltsgesetzes oder des provisorischen Haushaltsgesetzes den Verfassungsgerichtshof zur Entscheidung über die Vereinbarkeit dieses Gesetzes mit der Verfassung an, so entscheidet der Verfassungsgerichtshof in dieser Sache nicht später als innerhalb von zwei Monaten seit dem Tag des Einreichens des Antrags beim Gerichtshof.

Artikel 225 [Frist zur Beschlussfassung im Sejm]

Wird der Haushaltsgesetzentwurf seit dem Tag der Einbringung beim Sejm nicht innerhalb von vier Monaten dem Präsidenten der Republik zur Unterzeichnung vorgelegt, kann der Präsident innerhalb von vierzehn Tagen die Verkürzung der Amtszeit des Sejms anordnen.

Artikel 226 [Entlastung des Ministerrats]

(1) Der Ministerrat legt dem Sejm innerhalb von fünf Monaten nach Abschluss des Haushaltsjahres den Bericht über die Ausführung des Haushaltsgesetzes zusammen mit der Information über den Stand der Staatsverschuldung vor.

(2) Der Sejm erörtert den vorgelegten Bericht und fasst, nachdem er sich mit dem Gutachten der Obersten Kontrollkammer vertraut gemacht hat, innerhalb von neunzig Tagen seit dem Tag des Einreichens des Berichts beim Sejm einen Beschluss darüber, den Ministerrat zu entlasten oder nicht zu entlasten.

Artikel 227 [Nationalbank; Aufgaben]
(1) [1]Die Polnische Nationalbank ist die Zentralbank des Staates. [2]Ausschließlich ihr steht das Recht zu, Geld auszugeben sowie die Geldpolitik zu bestimmen und durchzuführen. [3]Die Polnische Nationalbank ist für den Wert des polnischen Geldes verantwortlich.

(2) Die Organe der Polnischen Nationalbank sind der Präsident der Polnischen Nationalbank, der Rat für Geldpolitik und der Vorstand der Polnischen Nationalbank.

(3) Der Präsident der Polnischen Nationalbank wird vom Sejm auf Vorschlag des Präsidenten der Republik für sechs Jahre berufen.

(4) Der Präsident der Polnischen Nationalbank darf weder einer politischen Partei oder einer Gewerkschaft angehören noch eine öffentliche Tätigkeit ausüben, die mit der Würde seines Amtes unvereinbar ist.

(5) Der Rat für Geldpolitik setzt sich zusammen aus dem Präsidenten der Polnischen Nationalbank als Vorsitzenden sowie Personen, die sich durch Wissen im Bereich des Finanzwesens auszeichnen und die in gleicher Anzahl vom Präsidenten der Republik, dem Sejm und dem Senat für sechs Jahre berufen werden.

(6) [1]Der Rat für Geldpolitik bestimmt jedes Jahr die Grundlagen der Geldpolitik und legt sie dem Sejm zur Kenntnisnahme vor gleichzeitig mit der Einbringung des Haushaltsgesetzentwurfes durch den Ministerrat. [2]Der Rat für Geldpolitik erstattet dem Sejm innerhalb von fünf Monaten nach Abschluss des Haushaltsjahres Bericht über die Durchführung der Grundkonzeptionen der Geldpolitik.

(7) Den Aufbau und die Grundsätze der Tätigkeit der Polnischen Nationalbank sowie die ausführlichen Grundsätze der Berufung und der Abberufung ihrer Organe bestimmt das Gesetz.

Kapitel XI.
Ausnahmezustände

Artikel 228 [Kriegszustand, Notstand, Katastrophenzustand]
(1) In besonderen Bedrohungssituationen, wenn die gewöhnlichen verfassungsrechtlichen Mittel nicht ausreichen, kann ein entsprechender Ausnahmezustand eingeführt werden: Kriegszustand, Notstand oder Katastrophenzustand.

(2) Der Ausnahmezustand darf nur auf Grundlage eines Gesetzes im Wege einer Rechtsverordnung eingeführt werden, die einer zusätzlichen öffentlichen Bekanntmachung unterliegt.

(3) Die Grundsätze der Tätigkeit der Organe der öffentlichen Gewalt sowie der Umfang, in dem die Rechte und Freiheiten der Menschen und Bürger während der Dauer der einzelnen Ausnahmezustände eingeschränkt werden können, regelt das Gesetz.

(4) Das Gesetz kann die Grundlage, den Umfang und die Verfahrensweise zum Ausgleich von Vermögensschäden regeln, die als Folge der Einschränkung der Freiheiten und Rechte der Menschen und Bürger während eines Ausnahmezustands eingetreten sind.

(5) Die Maßnahmen, die infolge der Einführung eines Ausnahmezustands getroffen wurden, müssen dem Grad der Bedrohung entsprechen und auf die schnellstmögliche Wiederherstellung einer normalen Funktion des Staates zielen.

(6) Während eines Ausnahmezustands dürfen folgende Gesetze nicht geändert werden: die Verfassung, die Wahlordnungen zum Sejm, zum Senat und den kommunalen Selbstverwaltungsorganen, das Gesetz über die Wahl des Präsidenten der Republik sowie die Gesetze über Ausnahmezustände.

(7) [1]Während des Ausnahmezustands und innerhalb von neunzig Tagen nach seiner Beendigung darf die Amtszeit des Sejms weder verkürzt werden noch ein landesweites Referendum durchgeführt werden, es dürfen keine Wahlen zum Sejm, zum Senat, zu den kommunalen Selbstverwaltungsorganen oder zum Präsidenten der Republik abgehalten werden und die Amtszeit dieser Organe unterliegt einer entsprechenden Verlängerung. [2]Wahlen zu den kommunalen Selbstverwaltungsorganen sind nur dort möglich, wo der Ausnahmezustand nicht eingeführt wurde.

Artikel 229 [Kriegszustand]
Im Fall einer Bedrohung des Staates von außen, eines bewaffneten Angriffs auf das Gebiet der Republik Polen oder wenn sich aus einem völkerrechtlichen Vertrag eine Verpflichtung zur gemeinsamen Abwehr eines Angriffs ergibt, kann der Präsident der Republik auf Antrag des Ministerrats den Kriegszustand für einen Teil oder für das gesamte Staatsgebiet einführen.

Artikel 230 [Höchstdauer des Ausnahmezustands]
(1) Im Fall der Bedrohung der verfassungsmäßigen Ordnung des Staates, der Sicherheit der Staatsbürger oder der öffentlichen Ordnung kann der Präsident der Republik auf Antrag des Ministerrats für eine bestimmte Zeit, jedoch nicht länger als neunzig Tage, den Ausnahmezustand für einen Teil oder für das gesamte Staatsgebiet einführen.

(2) Eine Verlängerung des Ausnahmezustands darf nur einmal mit Zustimmung des Sejms für eine Dauer von nicht mehr als sechzig Tagen erfolgen.

Artikel 231 [Parlamentsvorbehalt]
[1]Die Verordnung über die Einführung des Kriegs- oder Ausnahmezustands legt der Präsident der Republik dem Sejm innerhalb von achtundvierzig Stunden nach Unterzeichnung der Verordnung vor. [2]Der Sejm erörtert unverzüglich die Verordnung des Präsidenten der Republik. [3]Der Sejm kann sie mit absoluter Mehrheit der Stimmen in Anwesenheit von mindestens der Hälfte der gesetzlichen Zahl der Abgeordneten aufheben.

Artikel 232 [Katastrophenzustand]
[1]Um den Folgen von Naturkatastrophen oder von technischen Unfällen, die die Merkmale einer elementaren Katastrophe haben, entgegenzuwirken oder um deren Folgen zu beseitigen, kann der Ministerrat den Katastrophenzustand für einen Teil oder für das gesamte Staatsgebiet einführen. [2]Der Katastrophenzustand ist für eine bestimmte Zeit einzuführen, jedoch nicht länger als für 30 Tage. [3]Eine Verlängerung des Zustands kann nur mit Zustimmung des Sejms erfolgen.

Artikel 233 [Schranken der Beschränkung von Grundrechten]
(1) Ein Gesetz, das den Umfang der Einschränkung der Freiheiten und Rechte der Menschen und Bürger während der Dauer eines Kriegszustands oder eines Notstandes bestimmt, darf die Freiheiten und Rechte, die in den Art. 30 (Menschenwürde), Art. 34 und Art. 36 (Staatsangehörigkeit), Art. 38 (Schutz des Lebens) Art. 39, Art. 40 und Art. 41 Abs. 4 (menschenwürdige Behandlung), Art. 42 (Tragen strafrechtlicher Verantwortung), Art. 45 (Zugang zum Gericht), Art. 47 (Persönlichkeitsrechte), Art. 53 (Gewissen und Religion), Art. 63 (Petitionen), Art. 48 und Art. 72 (Familie und Kind) bestimmt sind, nicht einschränken.

(2) Unzulässig ist eine Einschränkung der Freiheiten und Rechte der Menschen und Bürger ausschließlich auf Grund der Rasse, des Geschlechts, der Sprache, der Konfession oder deren Fehlens, der gesellschaftlichen Herkunft, der Abstammung oder des Vermögens.

(3) Ein Gesetz, das den Umfang der Einschränkung der Freiheiten und Rechte des Menschen und des Bürgers während eines Katastrophenzustands bestimmt, darf die Freiheiten und Rechte einschränken, die in den Art. 22 (Freiheit der wirtschaftlichen Betätigung), Art. 41 Abs. 1, 3 und 5 (Freiheit der Person), Art. 50 (Unverletzlichkeit der Wohnung), Art. 52 Abs. 1 (Freizügigkeit und Aufenthaltsfreiheit auf dem Gebiet der Republik Polen), Art. 59 Abs. 3 (Streikrecht), Art. 64 (Eigentumsrecht), Art. 65 Abs. 1 (Freiheit der Arbeit), Art. 66 Abs. 1 (Recht auf sichere und hygienische Arbeitsbedingungen) und Art. 66 Abs. 2 (Recht auf Erholung) bestimmt werden.

Artikel 234 [Notverordnungen]
(1) [1]Wenn der Sejm während des Kriegszustands nicht zu Sitzungen zusammenkommen kann, erlässt der Präsident der Republik auf Antrag des Ministerrats Verordnungen mit Gesetzeskraft in dem Umfang und in den Grenzen, die im Art. 228 Abs. 3 bis 5 bestimmt werden. [2]Diese Verordnungen unterliegen der Bestätigung durch den Sejm auf dessen nächster Sitzung.

(2) Die in Abs. 1 bezeichneten Verordnungen haben den Charakter einer allgemein geltenden Rechtsquelle.

Kapitel XII.
Verfassungsänderung

Artikel 235 [Verfahren im Sejm und Senat; Referendum]
(1) Ein Gesetzentwurf über eine Änderung der Verfassung kann von mindestens einem Fünftel der gesetzlichen Zahl der Abgeordneten, vom Senat oder dem Präsidenten der Republik vorgelegt werden.

(2) Die Verfassungsänderung erfolgt im Wege eines Gesetzes, das im gleichen Wortlaut durch den Sejm und anschließend innerhalb einer Frist nicht länger als sechzig Tage vom Senat verabschiedet wird.

(3) Die Erste Lesung des Gesetzentwurfs über die Verfassungsänderung darf nicht früher als dreißig Tage seit dem Tag der Einbringung des Gesetzentwurfs im Sejm stattfinden.

(4) Das Gesetz über die Verfassungsänderung beschließt der Sejm mit einer Mehrheit von mindestens zwei Dritteln der Stimmen in Anwesenheit von mindestens der Hälfte der gesetzlichen Zahl der Abgeordneten und der Senat mit absoluter Mehrheit der Stimmen in Anwesenheit von mindestens der Hälfte der gesetzlichen Zahl der Senatoren.

(5) Die Verabschiedung eines Gesetzes durch den Sejm, welches die Vorschriften der Kapitel I, II oder XII der Verfassung ändert, darf nicht früher als am sechzigsten Tag nach der ersten Lesung der Gesetzentwurfs stattfinden.

(6) [1]Wenn das Gesetz zur Änderung der Verfassung die Vorschriften der Kapitel I, II oder XII betrifft, können die in Abs. 1 genannten Rechtssubjekte innerhalb einer Frist von fünfundvierzig Tagen nach Verabschiedung des Gesetzes durch den Senat fordern, dass ein Bestätigungsreferendum über das Gesetz durchgeführt wird. [2]Mit einem Antrag in dieser Sache wenden sich diese Rechtssubjekte an den Sejmmarschall, der unverzüglich die Durchführung des Referendums innerhalb von sechzig Tagen nach dem Stellen des Antrages anordnet. [3]Die Verfassungsänderung gilt als angenommen, wenn sie von der Mehrheit der abgegebenen Stimmen befürwortet wird.

(7) [1]Nach der Beendigung des in den Abs. 4 und 6 genannten Verfahrens legt der Sejmmarschall dem Präsidenten der Republik das verabschiedete Gesetz zur Unterzeichnung vor. [2]Der Präsident der Republik unterzeichnet das Gesetz innerhalb von einundzwanzig Tagen seit dem Tag der Vorlage und ordnet dessen Verkündung im Gesetzblatt der Republik Polen „Dziennik Ustaw“ an.

Kapitel XIII.
Übergangs- und Schlussvorschriften

Artikel 236 [Ausführungsgesetze]

(1) Innerhalb von zwei Jahren seit dem Tag des Inkrafttretens der Verfassung bringt der Ministerrat die Gesetzentwürfe, die zur Anwendung der Verfassung unerlässlich sind, im Sejm ein.

(2) [1]Die Gesetze, die zur Verwirklichung des Art. 176 Abs. 1 bezüglich des Verfahrens vor den Verwaltungsgerichten erforderlich sind, werden vor Ablauf von fünf Jahren seit dem Tag des Inkrafttretens der Verfassung verabschiedet. [2]Bis zum Inkrafttreten dieser Gesetze gelten die Vorschriften, die für die außerordentliche Revision gegen Beschlüsse des Obersten Verwaltungsgerichts anzuwenden sind.

Artikel 237 [Ausschüsse für Ordnungswidrigkeiten]

(1) Innerhalb eines Zeitraumes von vier Jahren nach dem Tag des Inkrafttretens der Verfassung sind die Ausschüsse für Ordnungswidrigkeiten bei den Amtsgerichten zur Verhandlung wegen Ordnungswidrigkeiten zuständig, wobei über eine Haftstrafe das Gericht beschließt.

(2) Über eine Berufung gegen einen Beschluss des Ausschusses erkennt das Gericht.

Artikel 238 [Bisherige Amtszeiten]

(1) Die Amtszeit der Verfassungsorgane der öffentlichen Gewalt und der Personen, die in diese vor dem Inkrafttreten der Verfassung gewählt oder berufen wurden, endet mit dem Ablauf der Frist, die in den vor dem Tag des Inkrafttretens der Verfassung geltenden Vorschriften bestimmt wurden.

(2) Ist die Amtszeit in den vor dem Tag des Inkrafttretens der Verfassung geltenden Vorschriften nicht festgesetzt und ist seit dem Tag der Wahl oder Berufung eine längere Zeit als die von der Verfassung bestimmte vergangen, endet die Amtszeit der Organe der öffentlichen Gewalt oder der Personen, die ihnen angehören, mit dem Ablauf eines Jahres nach dem Tag des Inkrafttretens der Verfassung.

(3) Ist die Amtszeit in den vor dem Tag des Inkrafttretens der Verfassung geltenden Vorschriften nicht festgesetzt und ist seit dem Tag der Wahl oder der Berufung eine kürzere Zeit vergangen, als das von der Verfassung für verfassungsmäßige Organe der öffentlichen Gewalt oder der Personen, die

ihnen angehören, bestimmt wird, ist die Zeitspanne, in der die Organe oder die Personen ihre Funktion nach den bisher geltenden Vorschriften ausgeübt haben, in die von der Verfassung festgesetzte Amtszeit einzurechnen.

Artikel 239 [Bisherige Verfassungsrechtsprechung]

(1) [1]Innerhalb eines Zeitraumes von zwei Jahren nach dem Tag des Inkrafttretens der Verfassung sind Entscheidungen des Verfassungsgerichtshofes über die Verfassungswidrigkeit der vor dem Inkrafttreten der Verfassung verabschiedeten Gesetze nicht endgültig und werden vom Sejm erörtert, der die Entscheidung des Verfassungsgerichtshofes mit der Mehrheit von zwei Dritteln der Stimmen in Anwesenheit von mindestens der Hälfte der gesetzlichen Zahl der Abgeordneten ablehnen kann. [2]Dies gilt nicht für Entscheidungen, die infolge von an den Verfassungsgerichtshof gerichteten Rechtsfragen erlassen wurden.

(2) Ein Verfahren wegen der Festlegung einer allgemeingültigen Auslegung eines Gesetzes, das vor dem Inkrafttreten der Verfassung eingeleitet wurde, ist einzustellen.

(3) [1]Am Tag des Inkrafttretens der Verfassung verlieren die Beschlüsse des Verfassungsgerichtshofes über die Auslegung der Gesetze ihre allgemeine Verbindlichkeit. [2]In Kraft bleiben die rechtskräftigen Gerichtsurteile und andere rechtskräftige Entscheidungen der Organe der öffentlichen Gewalt, die unter Berücksichtigung der vom Verfassungsgerichtshof für allgemein verbindlich erklärten Auslegung gefällt wurden.

Artikel 240 [Haushaltsdefizit]

Innerhalb eines Jahres seit dem Tag des Inkrafttretens der Verfassung kann das Haushaltsgesetz vorsehen, dass ein Haushaltsdefizit durch die Eingehung von Verpflichtungen der Zentralbank des Staates gedeckt wird.

Artikel 241 [Frühere völkerrechtliche Verträge; Rechtsüberleitung]

(1) Die völkerrechtlichen Verträge, die bisher von der Republik Polen aufgrund der zur Zeit ihrer Ratifikation geltenden verfassungsrechtlichen Vorschriften ratifiziert und im Gesetzblatt veröffentlicht wurden, gelten als Verträge, die durch ein vorhergehendes Zustimmungsgesetz ratifiziert wurden, und die Vorschriften des Art. 91 der Verfassung werden auf sie angewandt, wenn sich aus dem Inhalt des völkerrechtlichen Vertrages ergibt, dass sie die in Art. 89 Abs. 1 genannten Gegenstandsbereiche betreffen.

(2) Innerhalb von zwei Jahren nach dem Inkrafttreten der Verfassung legt der Ministerrat dem Sejm das Verzeichnis der völkerrechtlichen Verträge vor, die mit der Verfassung unvereinbare Bestimmungen enthalten.

(3) Die vor dem Inkrafttreten der Verfassung gewählten Senatoren, welche das 30. Lebensjahr nicht vollendet haben, behalten ihre Mandate bis zum Ende der Amtszeit, für die sie gewählt wurden.

(4) Das Verbinden des Abgeordneten- oder des Senatorenmandats mit einer Funktion oder einer Beschäftigung, für die das in Art. 103 bestimmte Verbot gilt, hat zur Folge, dass das Mandat nach Ablauf eines Monats nach dem Inkrafttreten der Verfassung erlischt, es sei denn, der Abgeordnete oder der Senator verzichtet auf die Funktion oder die Beschäftigung wird beendet.

(5) Angelegenheiten, die Gegenstand eines Gesetzgebungsverfahrens oder eines Verfahrens vor dem Verfassungs- oder dem Staatsgerichtshof sind und die vor dem Inkrafttreten der Verfassung eingeleitet wurden, werden gemäß den verfassungsrechtlichen Vorschriften fortgeführt, die am Tage ihrer Einleitung galten.

(6) [1]Innerhalb von zwei Jahren nach dem Inkrafttreten der Verfassung stellt der Ministerrat fest, welche Beschlüsse des Ministerrats und Anordnungen der Minister oder anderer Organe der Regierungsverwaltung, die vor dem Inkrafttreten der Verfassung beschlossen oder erlassen wurden, gemäß den in Art. 87 Abs. 1 und Art. 92 der Verfassung bestimmten Bedingungen durch Verordnungen zu ersetzen sind, die aufgrund einer gesetzlichen Ermächtigung erlassen werden, deren Entwurf der Ministerrat dem Sejm in angemessener Zeit vorlegt. [2]Innerhalb desselben Zeitraums legt der Ministerrat dem Sejm einen Gesetzentwurf vor, der bestimmt, welche Normativakte der Regierungsverwaltungsorgane, die vor dem Inkrafttreten der Verfassung erlassen wurden, Beschlüsse oder Anordnungen im Sinne des Art. 93 der Verfassung werden.

(7) Die am Tag des Inkrafttretens der Verfassung geltenden Akte des lokalen Rechts und die Gemeindevorschriften werden Akte des lokalen Rechts im Sinne des Art. 87 Abs. 2 der Verfassung.

Artikel 242 [Frühere Verfassungsgesetze]

Außer Kraft treten:

1) das Verfassungsgesetz vom 17. Oktober 1992 über die gegenseitigen Beziehungen zwischen der gesetzgebenden und der vollziehenden Gewalt der Republik Polen und über die kommunale Selbstverwaltung (Dz. U. 1995 Nr. 84, Pos. 426, Nr. 38, Pos. 184, Nr. 150 Pos. 729 und Dz. U. 1996, Nr. 106, Pos. 488),
2) das Verfassungsgesetz vom 23. April 1992 über die Verfahrensweise bei der Vorbereitung und der Verabschiedung der Verfassung der Republik Polen (Dz. U. Nr. 67, Pos. 336 und Dz. U. 1994 Nr. 61, Pos. 251).

Artikel 243 [Inkrafttreten]

Die Verfassung der Republik Polen tritt drei Monate nach dem Tage ihrer Verkündung in Kraft.[1)]

1) In Kraft getreten am 17.10.1997.

Schwedische Regierungsform*)

Vom 28. Februar 1974
Gesetz 1974:152
zuletzt geändert durch Gesetz 2010:1408 vom 25. November 2010
(vgl. für eine konsolidierte Fassung Gesetz 2011:109).

Inhalt

Erstes Kapitel
Grundlagen der Staatsform

Paragraph 1 [Volkssouveränität, Vorrang des Gesetzes]

(1) Alle Staatsgewalt in Schweden geht vom Volk aus.

(2) [1]Die schwedische Volksherrschaft gründet auf freier Meinungsbildung und auf allgemeinem und gleichem Wahlrecht. [2]Sie wird durch eine repräsentative und parlamentarische Staatsform und durch kommunale Selbstverwaltung verwirklicht.

(3) Die Staatsgewalt wird unter den Gesetzen ausgeübt.

Paragraph 2 [Staatsziele]

(1) Die Staatsgewalt wird mit Achtung vor dem gleichen Wert aller Menschen und vor der Freiheit und Würde des einzelnen Menschen ausgeübt.

(2) [1]Die persönliche, wirtschaftliche und kulturelle Wohlfahrt des Einzelnen ist das grundlegende Ziel der öffentlichen Tätigkeit. [2]Insbesondere sichert die öffentliche Hand das Recht auf Arbeit, Wohnung und Ausbildung und tritt für soziale Fürsorge und Sicherheit sowie gute Voraussetzungen für die Gesundheit ein.

(3) Die öffentliche Hand fördert eine nachhaltige Entwicklung, die zu einer guten Umwelt für die heutige und kommende Generationen führt.

(4) Die öffentliche Hand tritt dafür ein, dass die Ideen der Demokratie in allen Bereichen der Gesellschaft wegweisend werden und schützt das Privat- und Familienleben des Einzelnen.

(5) [1]Die öffentliche Hand tritt dafür ein, dass alle Menschen Teilhabe an und Gleichheit in der Gesellschaft erreichen können und dass die Kinderrechte gewahrt werden. [2]Die öffentliche Hand wirkt der Diskriminierung von Menschen auf Grund von Geschlecht, Hautfarbe, nationalem oder ethnischem

*) Übersetzung: Dr. Robert Kessel, Berlin.

Ursprung, sprachlicher oder religiöser Zugehörigkeit, Behinderung, sexueller Orientierung, Alter oder anderen, den Einzelnen als Person betreffenden Umständen entgegen.

(6) Die Möglichkeiten des samischen Volkes sowie ethnischer, sprachlicher und religiöser Minderheiten, ein eigenes Kultur- und Gemeinschaftsleben zu behalten und zu entwickeln, werden gefördert.

Paragraph 3 [Die schwedischen Grundgesetze]
Die Regierungsform, die Sukzessionsordnung, die Druckfreiheitsverordnung und das Äußerungsfreiheitsgrundgesetz sind die Grundgesetze des Reichs.[1)]

Paragraph 4 [Der Reichstag]
(1) Der Reichstag ist der vorderste Vertreter des Volkes.

(2) [1]Der Reichstag erlässt Gesetze, beschließt über staatliche Steuern und bestimmt, wie die staatlichen Mittel verwendet werden. [2]Der Reichstag überwacht die Führung des Reichs und die Verwaltung.

Paragraph 5 [Das Staatsoberhaupt]
Der König oder die Königin, der oder die gemäß der Sukzessionsordnung den Thron Schwedens innehat, ist das Staatsoberhaupt des Reichs.

Paragraph 6 [Die Regierung]
[1]Die Regierung steuert das Reich. [2]Sie ist dem Reichstag gegenüber verantwortlich.

Paragraph 7 [Die Kommunen]
Im Reich gibt es Kommunen auf lokaler und regionaler Ebene.

Paragraph 8 [Rechtsprechung und Verwaltung]
Die Rechtsprechung wird von den Gerichten, die öffentliche Verwaltung von staatlichen und kommunalen Verwaltungsbehörden wahrgenommen.

Paragraph 9 [Bei hoheitlicher Tätigkeit zu beachtende Grundsätze]
Gerichte und Verwaltungsbehörden sowie andere Stellen, die Aufgaben der öffentlichen Verwaltung wahrnehmen, beachten bei ihrer Tätigkeit jedermanns Gleichheit vor dem Gesetz und wahren Sachlichkeit und Unparteilichkeit.

Paragraph 10 [Internationale Zusammenarbeit]
[1]Schweden ist Mitglied der Europäischen Union. [2]Schweden beteiligt sich auch im Rahmen der Vereinten Nationen, des Europarates und in anderem Zusammenhang an der internationalen Zusammenarbeit.

Zweites Kapitel
Grundlegende Freiheiten und Rechte

Meinungsfreiheiten

Paragraph 1 [Katalog wichtiger Freiheiten und Rechte]
(1) Jedermann ist gegenüber der öffentlichen Hand zugesichert

1. Meinungsfreiheit: die Freiheit, in Rede, Schrift oder Bild oder auf andere Weise Auskünfte mitzuteilen und Gedanken, Ansichten und Gefühle auszudrücken,
2. Informationsfreiheit: die Freiheit, Auskünfte einzuholen und entgegenzunehmen sowie auf andere Weise an den Äußerungen anderer teilzuhaben,
3. Versammlungsfreiheit: die Freiheit, Zusammenkünfte zur Aufklärung, Meinungsäußerung oder für andere vergleichbare Zwecke oder die Darbietung eines künstlerischen Werkes zu veranstalten und an ihnen teilzunehmen,
4. Demonstrationsfreiheit: die Freiheit, auf öffentlichen Plätzen Demonstrationen zu veranstalten und an ihnen teilzunehmen,

1) Red. Anm.: Vom Abdruck der Sukzessionsordnung (Gesetz 1810:0926), der Druckfreiheitsverordnung (Gesetz 1949:105) und des Äußerungsfreiheitsgrundgesetzes (Gesetz 1991:1469) wurde abgesehen.

5. Vereinigungsfreiheit: die Freiheit, sich mit anderen zu allgemeinen oder besonderen Zwecken zusammenzuschließen, und
6. Religionsfreiheit: die Freiheit, allein oder gemeinsam mit anderen seine Religion auszuüben.

(2) Für die Druckfreiheit und die entsprechende Freiheit, sich in Radio, Fernsehen und anderen ähnlichen Kanälen, öffentlichen Aufführungen aus einer Datenbank sowie Filmen, Videos, Klangaufnahmen und anderen technischen Aufnahmen zu äußern, gelten die Druckfreiheitsverordnung und das Äußerungsfreiheitsgrundgesetz.

(3) Die Druckfreiheitsverordnung enthält auch Bestimmungen über das Recht, von Verwaltungsvorgängen Kenntnis zu nehmen.

Paragraph 2 [Unzulässigkeit staatlichen Zwangs]
[1]Niemand darf von der öffentlichen Hand gezwungen werden, seine Ansicht in politischer, religiöser, kultureller oder anderer Hinsicht preiszugeben. [2]Auch darf niemand von der öffentlichen Hand gezwungen werden, an Zusammenkünften zur Meinungsbildung oder an Demonstrationen oder anderen Meinungsäußerungen teilzunehmen oder einem politischen Zusammenschluss, einer Glaubensgemeinschaft oder einem anderen Zusammenschluss für Ansichten anzugehören, die in Satz 1 geregelt sind.

Paragraph 3 [Eintragung in staatlichen Registern]
Kein schwedischer Staatsangehöriger darf ohne Zustimmung allein aufgrund seiner politischen Einstellung in ein staatliches Register eingetragen werden.

Körperliche Integrität und Bewegungsfreiheit

Paragraph 4 [Todesstrafe]
Die Todesstrafe darf nicht vorkommen.

Paragraph 5 [Körperstrafe, Folter]
[1]Jedermann ist vor Körperstrafe geschützt. [2]Weiterhin darf niemand Folter oder medizinischer Beeinflussung ausgesetzt werden, um eine Äußerung zu erzwingen oder zu verhindern.

Paragraph 6 [Körperliche Zwangseingriffe, Eingriffe in die Privatsphäre]
(1) [1]Jedermann ist gegenüber der öffentlichen Hand vor körperlichen Zwangseingriffen auch in anderen Fällen als den in den §§ 4 und 5 geregelten geschützt. [2]Jedermann ist weiterhin vor Leibesvisitation, Hausdurchsuchung und ähnlichen Eingriffen sowie vor Untersuchungen von Briefen oder anderer vertraulicher Post und vor heimlicher Überwachung und Aufzeichnung von Telefongesprächen oder anderen vertraulichen Mitteilungen geschützt.

(2) Über das, was in Absatz 1 geregelt ist, hinaus ist jedermann gegenüber der öffentlichen Hand vor bedeutenden Eingriffen in die persönliche Integrität geschützt, die ohne Zustimmung vorgenommen werden und eine Überwachung oder Erfassung der persönlichen Verhältnisse des Einzelnen mit sich bringen.

Paragraph 7 [Ausweisung und Einreiseverbot, Entzug der Staatsangehörigkeit]
(1) Kein schwedischer Staatsangehöriger darf des Landes verwiesen oder an der Einreise in das Reich gehindert werden.

(2) [1]Keinem schwedischen Staatsangehörigen, der im Reich seinen Wohnsitz hat oder hatte, darf seine Staatsangehörigkeit entzogen werden. [2]Es kann jedoch vorgeschrieben werden, dass Kinder unter achtzehn Jahren bezüglich ihrer Staatsangehörigkeit den Eltern oder einem Elternteil folgen müssen.

Paragraph 8 [Fortbewegungsfreiheit]
[1]Jedermann ist gegenüber der öffentlichen Hand vor Freiheitsentziehung geschützt. [2]Schwedischen Staatsangehörigen ist auch im Übrigen die Freiheit zugesichert, sich innerhalb des Reichs zu bewegen und dieses zu verlassen.

Rechtssicherheit

Paragraph 9 [Rechtsschutz bei Freiheitsentziehung]
(1) [1]Hat eine andere Behörde[1)] als ein Gericht jemanden aufgrund einer Straftat oder des Verdachts einer Straftat die Freiheit entzogen, kann er die Freiheitsentziehung unverzüglich von einem Gericht überprüfen lassen. [2]Dies gilt jedoch nicht, wenn es um die Vollstreckung einer gemäß dem Urteil eines anderen Staates verhängten Freiheitsstrafe in Schweden geht.

(2) [1]Auch wer aus einem anderen Grund als dem im ersten Absatz angegebenen zwangsweise in Gewahrsam genommen wurde, kann die Ingewahrsamnahme unverzüglich von einem Gericht überprüfen lassen. [2]In solch einem Fall ist die Prüfung durch einen Ausschuss mit der gerichtlichen Überprüfung gleichgestellt, wenn die Zusammensetzung des Ausschusses gesetzlich geregelt ist und der Vorsitzende des Ausschusses ordentlicher Richter ist oder war.

(3) Ist mit der Überprüfung keine nach Absatz 1 oder 2 zuständige Behörde beauftragt worden, wird diese von den ordentlichen Gerichten vorgenommen.

Paragraph 10 [Rückwirkungsverbot]
(1) [1]Niemand darf wegen einer Tat zu einer Strafe oder einer anderen Rechtsfolge verurteilt werden, die nicht vorgesehen war, als die Tat begangen wurde. [2]Auch darf niemand für eine Tat zu einer härteren Rechtsfolge als derjenigen verurteilt werden, die zum damaligen Zeitpunkt galt. [3]Was für Rechtsfolgen der Tat vorgeschrieben ist, gilt auch für den Verfall und andere besondere Rechtswirkungen der Tat.

(2) [1]Steuern und staatliche Abgaben dürfen nicht über das Maß hinaus erhoben werden, das sich aus den Vorschriften ergibt, die in Kraft waren, als der die Steuer- oder Abgabenpflicht auslösende Umstand eintrat. [2]Gibt es aus Sicht des Reichstags besondere Gründe hierfür, darf ein Gesetz jedoch zur Folge haben, dass Steuern oder staatliche Abgaben erhoben werden, obwohl das Gesetz bei Eintritt des maßgeblichen Umstands noch nicht in Kraft getreten war, jedoch nur, wenn die Regierung oder ein Reichstagsausschuss dem Reichstag zu diesem Zeitpunkt bereits einen entsprechenden Gesetzentwurf vorgelegt hatten. [3]Gesetzentwürfen gleichgestellt sind schriftliche Mitteilungen der Regierung an den Reichstag, wonach ein solcher Gesetzentwurf zu erwarten ist. [4]Weiterhin kann der Reichstag Ausnahmen von Satz 1 vorschreiben, wenn er es aus besonderen Gründen im Zusammenhang mit Krieg, Kriegsgefahr oder einer schweren wirtschaftlichen Krise für erforderlich hält.

Paragraph 11 [Verbot von Ausnahmegerichten, Prozessgrundsätze]
(1) Ein Gericht darf nicht für eine bereits begangene Tat und auch nicht für einen einzelnen Konflikt oder ein einzelnes Verfahren errichtet werden.

(2) [1]Ein Prozess ist gerecht und innerhalb angemessener Zeit durchzuführen. [2]Die Verhandlung vor Gericht ist öffentlich.

Schutz vor Diskriminierung

Paragraph 12 [Minderheitenschutz]
Gesetze und andere Vorschriften dürfen nicht zur Folge haben, dass jemand benachteiligt wird, weil er hinsichtlich ethnischen Ursprungs, Hautfarbe oder anderer vergleichbarer Umstände oder hinsichtlich der sexuellen Orientierung einer Minderheit angehört.

Paragraph 13 [Gleichheit der Geschlechter]
Gesetze und andere Vorschriften dürfen nicht zur Folge haben, dass jemand aufgrund seines Geschlechts benachteiligt wird, es sei denn, die Vorschrift dient dazu, Gleichheit zwischen Männern und Frauen herzustellen oder sie betrifft die Wehrpflicht oder eine vergleichbare Dienstpflicht.

Paragraph 14 Arbeitskampfmaßnahmen
Vereinigungen von Arbeitnehmern sowie Arbeitgeber und Vereinigungen von Arbeitgebern haben das Recht, Arbeitskampfmaßnahmen durchzuführen, wenn sich aus Gesetz oder Vertrag nichts anderes ergibt.

---

1) Der schwedische Behördenbegriff umfasst auch die Regierung und Gerichte. Behörden nach deutschem Verständnis heißen in Schweden Verwaltungsbehörden, dieser Begriff wird z.B. in Kapitel 1 § 9 der Regierungsform verwendet.

Paragraph 15 Eigentumsschutz und Jedermannsrecht

(1) Jedermanns Eigentum ist dadurch geschützt, dass niemand gezwungen werden kann, auf sein Eigentum zugunsten der öffentlichen Hand oder eines Einzelnen durch Enteignung oder eine andere derartige Verfügung zu verzichten oder zu dulden, dass die öffentliche Hand die Nutzung von Boden oder Gebäuden einschränkt, es sei denn, dies ist erforderlich, um wichtige Allgemeininteressen zu wahren.

(2) [1]Demjenigen, der durch Enteignung oder eine andere derartige Verfügung gezwungen wird, auf sein Eigentum zu verzichten, wird für den Verlust volle Entschädigung zugesichert. [2]Entschädigung wird auch demjenigen zugesichert, der durch die öffentliche Hand auf eine Weise in der Nutzung von Boden oder Gebäuden eingeschränkt wird, dass im Gang befindliche Bodennutzung im betroffenen Teil des Grundstücks erheblich erschwert wird oder ein im Verhältnis zum Wert dieses Teils des Grundstücks bedeutender Schaden entsteht. [3]Die Entschädigung wird nach Grundsätzen bemessen, die gesetzlich festgelegt sind.

(3) Bei Einschränkungen der Nutzung von Boden oder Gebäuden aus Gesundheitsschutz-, Umweltschutz- oder Sicherheitsgründen gelten bezüglich des Rechts auf Entschädigung jedoch die Vorschriften des jeweiligen Fachgesetzes.

(4) Alle haben ungeachtet der obigen Vorschriften gemäß dem Jedermannsrecht Zugang zur Natur.

Paragraph 16 Urheberrecht

Schriftsteller, Künstler und Fotografen haben gemäß den gesetzlichen Bestimmungen ein Recht an ihren Werken.

Paragraph 17 Gewerbefreiheit

(1) Einschränkungen des Rechts, ein Gewerbe zu betreiben oder einen Beruf auszuüben, dürfen nur eingeführt werden, um wichtige Allgemeininteressen zu schützen und niemals zu dem Zweck, allein bestimmte Personen oder Unternehmen wirtschaftlich zu fördern.

(2) Das Recht der Samen, Rentierzucht zu betreiben, wird gesetzlich geregelt.

Paragraph 18 Ausbildung und Forschung

(1) [1]Alle Kinder, die der allgemeinen Schulpflicht unterliegen, haben Recht auf kostenfreie grundlegende Ausbildung in einer allgemeinen Schule. [2]Die öffentliche Hand ist dafür verantwortlich, dass es höhere Ausbildung gibt.

(2) Die Freiheit der Forschung ist gemäß den gesetzlichen Bestimmungen geschützt.

Paragraph 19 Europäische Menschenrechtskonvention

Gesetze und andere Vorschriften dürfen nicht im Widerspruch zu Schwedens Verpflichtungen aus der Konvention zum Schutze der Menschenrechte und Grundfreiheiten erlassen werden.

Voraussetzungen für Einschränkungen von Freiheiten und Rechten

Paragraph 20 [Katalog einschränkbarer Freiheiten und Rechte]

(1) Folgende Freiheiten und Rechte dürfen in dem Umfang, den die §§ 21 bis 24 gestatten, durch Gesetz eingeschränkt werden:

1. die Meinungsfreiheit, die Informationsfreiheit, die Versammlungsfreiheit, die Demonstrationsfreiheit und die Vereinigungsfreiheit (§ 1 Absatz 1 Nr. 1 bis 5),
2. der Schutz vor anderen körperlichen Eingriffen als den in §§ 4 und 5 geregelten, vor Leibesvisitation, Hausdurchsuchung und ähnlichen Eingriffen, vor Eingriffen in vertrauliche Post und Mitteilungen sowie vor sonstigen Eingriffen, die Überwachung und Erfassung der persönlichen Verhältnisse des Einzelnen mit sich bringen (§ 6),
3. die Bewegungsfreiheit (§ 8), und
4. die Öffentlichkeit der Gerichtsverhandlung (§ 11 Absatz 2 Satz 2).

(2) [1]Aufgrund gesetzlicher Ermächtigung dürfen die im ersten Absatz angegebenen Freiheiten und Rechte in den in Kapitel 8 § 5 angegebenen Fällen und dann durch andere Normen eingeschränkt werden, wenn es um das Verbot geht, etwas zu offenbaren, wovon jemand im öffentlichen Dienst oder bei Ausübung einer Dienstpflicht Kenntnis erlangt hat. [2]In gleicher Weise dürfen die Versammlungs-

freiheit und die Demonstrationsfreiheit auch in den in § 24 Absatz 1 Satz 2 angegebenen Fällen eingeschränkt werden.

Paragraph 21 [Zulässigkeit von Einschränkungen nach § 20]
[1]Einschränkungen gemäß § 20 sind nur zulässig, wenn sie Zwecke verfolgen, die in einer demokratischen Gesellschaft hinnehmbar sind. [2]Die Einschränkung darf niemals über das hinausgehen, was in Hinblick auf den verfolgten Zweck notwendig ist, und auch nicht so einschneidend sein, dass sie eine Bedrohung für die freie Meinungsbildung als eine der Grundlagen der Volksherrschaft darstellt. [3]Die Einschränkung darf nicht allein aufgrund politischer, religiöser, kultureller oder einer vergleichbaren Anschauung erfolgen.

Paragraph 22 [Ruhen eines Gesetzentwurfs]
(1) [1]Der Entwurf eines Gesetzes nach § 20 ruht, wenn dies nicht vom Reichstag abgelehnt wird, auf Antrag von mindestens zehn seiner Mitglieder ab dem Zeitpunkt für mindestens zwölf Monate, zu dem der erste Ausschussbericht zum Entwurf in der Kammer des Reichstags besprochen wurde. [2]Der Reichstag kann den Gesetzentwurf jedoch direkt annehmen, wenn sich mindestens fünf Sechstel der Abstimmenden darauf einigen.

(2) [1]Absatz 1 gilt nicht für Gesetzentwürfe, mittels derer die Geltungsdauer eines Gesetzes um bis zu zwei Jahre verlängert wird. [2]Er gilt auch nicht für Gesetzentwürfe, die allein folgendes betreffen:
1. das Verbot, etwas zu offenbaren, wovon jemand im öffentlichen Dienst oder bei Ausübung einer Dienstpflicht Kenntnis erlangt hat und dessen Geheimhaltung in Hinblick auf die in Kapitel 2 § 2 der Druckfreiheitsverordnung angegebenen Interessen notwendig ist,
2. Hausdurchsuchungen und ähnliche Eingriffe oder
3. Freiheitsstrafen für bestimmte Taten.

(3) Der Verfassungsausschuss prüft für den Reichstag, ob Absatz 1 auf einen Gesetzentwurf anwendbar ist.

Paragraph 23 [Einschränkungen der Meinungs- und Informationsfreiheit]
(1) [1]Meinungsfreiheit und Informationsfreiheit dürfen zugunsten der Sicherheit des Reichs, der Volksversorgung, der öffentlichen Ordnung und Sicherheit, des Ansehens des Einzelnen, der Unverletzlichkeit des Privatlebens und der Vorbeugung sowie Verfolgung von Straftaten eingeschränkt werden. [2]Weiterhin darf die Freiheit, sich bei gewerblicher Tätigkeit zu äußern, eingeschränkt werden. [3]Im Übrigen dürfen Einschränkungen der Meinungsfreiheit und der Informationsfreiheit nur erfolgen, wenn dies durch besonders wichtige Gründe veranlasst wird.

(2) Bei der Beurteilung der Frage, welche Einschränkungen auf Absatz 1 gestützt werden können, ist besonders die Wichtigkeit der weitestmöglichen Meinungsfreiheit und Informationsfreiheit in politischen, religiösen, gewerkschaftlichen, wissenschaftlichen und kulturellen Angelegenheiten zu beachten.

(3) Der Erlass von Vorschriften, die ohne Rücksicht auf den Inhalt der Äußerung die Art und Weise der Verbreitung und Entgegennahme von Äußerungen regeln, stellt keine Einschränkung der Meinungsfreiheit oder Informationsfreiheit dar.

Paragraph 24 [Einschränkungen der Versammlungs-, Demonstrations- und Vereinigungsfreiheit]
(1) [1]Versammlungsfreiheit und Demonstrationsfreiheit dürfen zugunsten der Ordnung und Sicherheit bei der Zusammenkunft oder Demonstration und des Verkehrs eingeschränkt werden. [2]Im Übrigen dürfen diese Freiheiten nur zugunsten der Sicherheit des Reichs und der Seuchenbekämpfung eingeschränkt werden.

(2) Die Vereinigungsfreiheit darf nur eingeschränkt werden, wenn dies Zusammenschlüsse betrifft, deren Tätigkeit militärischer oder ähnlicher Natur ist oder die eine Volksgruppe aufgrund ethnischen Ursprungs, Hautfarbe oder ähnlicher Umstände verfolgen.

Paragraph 25 [Einschränkungen der Freiheiten und Rechte von Ausländern]
(1) Für andere als schwedische Staatsangehörige im Reich dürfen durch Gesetz besondere Einschränkungen folgender Freiheiten und Rechte vorgenommen werden:

1. Meinungsfreiheit, Informationsfreiheit, Versammlungsfreiheit, Demonstrationsfreiheit, Vereinigungsfreiheit und Religionsfreiheit (§ 1 Absatz 1),
2. Schutz vor dem Zwang, seine Ansicht preiszugeben (§ 2 Satz 1),
3. Schutz vor körperlichen Eingriffen auch in anderen als den in §§ 4 und 5 geregelten Fällen, vor Leibesvisitation, Hausdurchsuchung und ähnlichen Eingriffen, vor Eingriffen in vertrauliche Post und Mitteilungen sowie vor sonstigen Eingriffen, die Überwachung und Erfassung der persönlichen Verhältnisse des Einzelnen beinhalten (§ 6),
4. Schutz vor Freiheitsentziehung (§ 8 Satz 1),
5. das Recht auf gerichtliche Überprüfung von Freiheitsentziehung aus anderem Grund als Straftaten oder Verdacht von Straftaten (§ 9 Absatz 2 und 3),
6. die Öffentlichkeit der Gerichtsverhandlung (§ 11 Absatz 2 Satz 2),
7. das Recht der Schriftsteller, Künstler und Fotografen an ihren Werken (§ 16),
8. das Recht, ein Gewerbe zu betreiben und einen Beruf auszuüben (§ 17),
9. Schutz für die Freiheit der Forschung (§ 18 Absatz 2), und
10. Schutz vor Eingriffen aufgrund von Anschauungen (§ 21 Satz 3).

(2) Auf Vorschriften über besondere Einschränkungen, die in Absatz 1 geregelt sind, ist § 22 Absatz 1, Absatz 2 Satz 1 und Absatz 3 anwendbar.

Drittes Kapitel Der Reichstag

Bildung und Zusammensetzung des Reichstags

Paragraph 1 [Wahlgrundsätze, Parteien]
(1) Die Abgeordneten des Reichstags werden in freier, heimlicher und direkter Wahl gewählt.

(2) Bei der Wahl werden Parteien gewählt, wobei die Wähler die Möglichkeit haben, Personen eine Stimme zu geben.

(3) Eine Partei ist eine Vereinigung oder eine Gruppe von Wählern, die unter einer besonderen Bezeichnung bei einer Wahl antritt.

Paragraph 2 [Zusammensetzung des Reichstags]
[1]Der Reichstag besteht aus einer Kammer mit 349 Abgeordneten. [2]Für die Abgeordneten gibt es Nachrücker.

Paragraph 3 Wahlen
Wahlen zum Reichstag werden alle vier Jahre abgehalten.

Paragraph 4 Aktives und passives Wahlrecht
(1) Wahlrecht bei der Reichstagswahl hat jeder schwedische Staatsangehörige, der seinen Wohnsitz im Reich hat oder einmal hatte und das 18. Lebensjahr vollendet hat.

(2) Nur derjenige, der die Bedingungen für das Wahlrecht erfüllt, kann Abgeordneter des Reichstags oder Nachrücker sein.

(3) Ob jemand wahlberechtigt ist, wird aufgrund einer vor der Wahl errichteten Wählerliste entschieden

Paragraph 5 Wahlkreise
Für die Reichstagswahlen ist das Reich in Wahlkreise eingeteilt.

Paragraph 6 Mandatsverteilung zwischen den Wahlkreisen
(1) Die Reichstagsmandate bestehen aus 310 festen Wahlkreismandaten und 39 Ausgleichsmandaten.

(2) [1]Die festen Wahlkreismandate werden unter den Wahlkreisen aufgrund einer Berechnung des Verhältnisses zwischen der Anzahl der Wahlberechtigten jedes Wahlkreises und der Anzahl Wahlberechtigter im ganzen Reich aufgeteilt. [2]Die Verteilung wird jeweils für vier Jahre festgelegt.

Mandatsverteilung zwischen den Parteien

Paragraph 7 [Vier-Prozent-Hürde]
(1) Die Mandate werden unter den Parteien aufgeteilt.

(2) [1]Nur Parteien, die im ganzen Reich mindestens vier Prozent der Stimmen erhalten haben, nehmen an der Verteilung der Mandate teil. [2]Eine Partei, die weniger Stimmen erhalten hat, nimmt jedoch an der Verteilung der festen Wahlkreismandate in einem Wahlkreis teil, in dem sie mindestens zwölf Prozent der Stimmen erhalten hat.

Paragraph 8 [Berechnung der Sitzverteilung im Reichstag]
(1) Die festen Wahlkreismandate werden in jedem Wahlkreis aufgrund des Wahlergebnisses im Wahlkreis proportional auf die Parteien verteilt.

(2) [1]Die Ausgleichsmandate werden so auf die Parteien verteilt, dass die Verteilung aller Reichstagsmandate, mit Ausnahme der festen Wahlkreismandate, die einer Partei mit weniger als vier Prozent der Stimmen zustehen, proportional zur Stimmenanzahl der an der Verteilung teilnehmenden Parteien im ganzen Reich ist. [2]Hat eine Partei bei der Verteilung der festen Wahlkreismandate mehr Mandate erhalten als ihrer proportionalen Vertretung im Reichstag entspricht, werden die Partei und ihre festen Wahlkreismandate bei der Verteilung der Ausgleichsmandate nicht berücksichtigt. [3]Nachdem die Ausgleichsmandate unter den Parteien aufgeteilt worden sind, werden sie Wahlkreisen zugeschlagen.

(3) Bei der Mandatsverteilung auf die Parteien wird das Sainte-Laguë-Verfahren angewendet, wobei der erste Divisor auf 1,4 gesetzt wird.

Paragraph 9 [Abgeordnete und Nachrücker]
Für jedes Mandat, das eine Partei erhalten hat, werden ein Reichstagsabgeordneter und ein Nachrücker bestimmt.

Paragraph 10 Wahlperiode
(1) Jede Wahl gilt für den Zeitraum zwischen dem Zusammentritt des neugewählten Reichstags und dem Zusammentritt des danach gewählten Reichstags.

(2) Der neugewählte Reichstag tritt am fünfzehnten Tag nach dem Wahltag zusammen, jedoch frühestens am vierten Tag nach der Bekanntgabe des Wahlergebnisses.

Paragraph 11 Zusätzliche Wahlen
(1) [1]Die Regierung kann zwischen Wahlen zusätzliche Reichstagswahlen anordnen. [2]Die zusätzliche Wahl ist innerhalb von drei Monaten nach dem Beschluss abzuhalten.

(2) [1]Nach einer Reichstagswahl darf die Regierung vor dem Ablauf von drei Monaten nach dem ersten Zusammentritt des neugewählten Reichstags keine zusätzlichen Wahlen anordnen. [2]Die Regierung darf auch während der Zeit keine zusätzlichen Wahlen anordnen, zu der ihre Mitglieder, nachdem sie alle entlassen wurden, ihre Geschäfte bis zum Zusammentritt einer neuen Regierung weiterführen.

(3) Kapitel 6 § 5 enthält weitere Bestimmungen über zusätzliche Wahlen.

Paragraph 12 Wahlprüfung
(1) [1]Die Reichstagswahl kann vor einem vom Reichstag eingesetzten Wahlprüfungsausschuss angefochten werden. [2]Die Entscheidung des Ausschusses ist unanfechtbar.

(2) [1]Wer zum Reichstagsabgeordneten gewählt wurde, übt sein Mandat auch aus, wenn die Wahl angefochten wurde. [2]Ändert sich das Wahlergebnis, nimmt ein neuer Abgeordneter seinen Platz ein, sobald die Änderungen bekanntgegeben wurden. [3]Dies gilt auch für Nachrücker.

(3) [1]Der Wahlprüfungsausschuss besteht aus einem Vorsitzenden, der ordentlicher Richter sein bzw. gewesen sein muss und der nicht dem Reichstag angehören darf, und sechs anderen Mitgliedern. [2]Die Mitglieder werden nach jeder Reichstagswahl gewählt, sobald diese wirksam geworden ist, für den Zeitraum bis zu einer neuen Wahl des Ausschusses. [3]Der Vorsitzende wird gesondert gewählt.

Paragraph 13 Weitere Bestimmungen
Weitere Bestimmungen zu den in § 1 Absatz 3 und den §§ 3 bis 12 geregelten Angelegenheiten sowie zur Bestellung von Nachrückern für Reichstagsabgeordnete sind in der Reichstagsordnung oder einem anderen Gesetz enthalten.

Viertes Kapitel

Die Reichstagsarbeit

Paragraph 1 Session
[1]Der Reichstag tritt jedes Jahr zur Session zusammen. [2]Die Session findet in Stockholm statt, es sei denn, Reichstag oder Reichstagspräsident bestimmen aus Rücksicht auf Sicherheit oder Freiheit des Reichstags etwas anderes.

Paragraph 2 Reichstagspräsident
Der Reichstag wählt für jede Wahlperiode aus seiner Mitte einen Präsidenten sowie einen ersten, zweiten und dritten Stellvertreter.

Paragraph 3 Ausschüsse
Der Reichstag wählt aus seiner Mitte nach den Bestimmungen der Reichstagsordnung Ausschüsse, darunter einen Verfassungsausschuss und einen Finanzausschuss.

Paragraph 4 Initiativrecht
Die Regierung und jeder Reichstagsabgeordnete dürfen gemäß den Bestimmungen der Reichstagsordnung Vorschläge in allen Angelegenheiten einbringen, die in die Zuständigkeit des Reichstags fallen, wenn in dieser Regierungsform nichts anderes geregelt ist.

Paragraph 5 Vorbereitung von Angelegenheiten
Eine von der Regierung oder einem Reichstagsabgeordneten unterbreitete Angelegenheit wird von einem Ausschuss vorbereitet, bevor darüber entschieden wird, wenn in dieser Regierungsform nichts anderes geregelt ist.

Entscheidung über Angelegenheiten

Paragraph 6 [Äußerungsrecht, Befangenheit]
(1) Wenn über eine Angelegenheit in der Kammer entschieden werden soll, dürfen sich jeder Reichstagsabgeordnete und jeder Minister[1)] gemäß den genaueren Bestimmungen der Reichstagsordnung äußern.

(2) In der Reichstagsordnung sind auch Bestimmungen über Befangenheit enthalten.

Paragraph 7 [Mehrheitsbeschluss, Stimmengleichheit]
[1]Bei Abstimmungen in der Kammer gilt diejenige Auffassung als Beschluss des Reichstags, auf die sich mehr als die Hälfte der Abstimmenden einigt, wenn in dieser Regierungsform oder, sofern es um Fragen des Verfahrens im Reichstag geht, in den Hauptbestimmungen der Reichstagsordnung nichts anderes geregelt ist. [2]Bestimmungen über das Verfahren bei gleicher Stimmenzahl sind in der Reichstagsordnung enthalten.

Paragraph 8 Verfolgung und Auswertung
Jeder Ausschuss verfolgt Reichstagsbeschlüsse innerhalb seines Arbeitsbereichs und wertet sie aus.

Paragraph 9 Öffentlichkeit in der Kammer
(1) Sitzungen der Kammer sind öffentlich.

(2) Eine Sitzung darf jedoch gemäß den Bestimmungen der Reichstagsordnung hinter verschlossenen Türen stattfinden.

Stellung der Abgeordneten

Paragraph 10 [Vereinbarkeit von Mandat und dienstlichen Verpflichtungen]
Reichstagsabgeordnete und Nachrücker dürfen ihr Mandat ungeachtet dienstlicher Aufgaben oder einer anderen derartigen Verpflichtung ausüben.

1) Der Begriff *statsråd* umfasst nach dem Verständnis der Regierungsform (vgl. Kapitel 6 § 1 Abs. 1) sowohl die Minister als auch den Ministerpräsidenten. Er wird hier als Minister übersetzt.

Paragraph 11 [Mandatsbeendigung]
(1) Reichstagsabgeordnete und Nachrücker dürfen ihr Mandat nicht niederlegen, ohne dass der Reichstag es gestattet hat.

(2) [1]Wenn es angezeigt ist, prüft der Wahlprüfungsausschuss von Amts wegen, ob ein Abgeordneter oder ein Nachrücker nach Kapitel 3 § 4 Abs. 2 wählbar ist. [2]Wer für nicht wählbar erklärt wird, ist damit seines Mandats enthoben.

(3) [1]Abgeordnete und Nachrücker dürfen ansonsten nur ihres Mandats enthoben werden, wenn sie sich durch eine Straftat offensichtlich als ungeeignet für das Mandat erwiesen haben. [2]Dies erfolgt durch gerichtlichen Beschluss.

Paragraph 12 [Immunität der Abgeordneten]
(1) [1]Wer ein Mandat als Reichstagsabgeordneter ausübt oder ausgeübt hat, darf nicht wegen Äußerungen oder Taten während der Mandatsausübung angeklagt werden, wenn der Reichstag es nicht durch einen Beschluss gestattet, auf den sich fünf Sechstel der Abstimmenden geeinigt haben. [2]Ohne diese Gestattung darf eine solche Person wegen Äußerungen oder Taten während der Mandatsausübung auch nicht der Freiheit beraubt oder an der Reise im Reich gehindert werden.

(2) Wird ein Reichstagsabgeordneter in anderen Fällen einer Straftat verdächtigt, werden gesetzliche Bestimmungen über Ergreifung, Festnahme und Verhaftung nur angewendet, wenn er die Straftat gesteht, auf frischer Tat betroffen wurde oder wenn es um eine Straftat geht, für die keine geringere Strafe als zwei Jahre Gefängnis angedroht sind.

Paragraph 13 [Nachrücker für Abgeordnete, Reichstagspräsident]
(1) [1]Solange ein Reichstagsabgeordneter Reichstagspräsident ist oder der Regierung angehört, wird sein Reichstagsmandat von einem Nachrücker ausgeübt. [2]Der Reichstag kann in der Reichstagsordnung bestimmen, dass ein Nachrücker an die Stelle eines Reichstagsabgeordneten tritt, wenn er beurlaubt ist.

(2) Die Bestimmungen in § 10 und § 12 Absatz 1 gelten auch für den Reichstagspräsidenten und sein Amt.

(3) Für einen Nachrücker, der das Amt eines Reichstagsabgeordneten ausübt, gelten die Bestimmungen für Abgeordnete.

Paragraph 14 Weitere Bestimmungen
Weitere Bestimmungen zur Reichstagsarbeit sind in der Reichstagsordnung enthalten.

Fünftes Kapitel
Das Staatsoberhaupt

Paragraph 1 [Throninhaber als Staatsoberhaupt]
Aus Kapitel 1 § 5 geht hervor, dass der König oder die Königin, der oder die gemäß der Sukzessionsordnung Schwedens Thron innehat, das Staatsoberhaupt des Reichs ist.

Paragraph 2 [Eigenschaften des Staatsoberhauptes, Inkompatibilitäten]
[1]Staatsoberhaupt darf nur sein, wer schwedischer Staatsangehöriger ist und das 18. Lebensjahr vollendet hat. [2]Die Person darf nicht zugleich Minister oder Reichstagspräsident bzw. -abgeordneter sein.

Paragraph 3 [Zusammenarbeit von Staatsoberhaupt und Ministerpräsidenten]
(1) [1]Das Staatsoberhaupt wird vom Ministerpräsidenten über die Angelegenheiten des Reichs unterrichtet. [2]Wenn es nötig ist, tritt die Regierung im Konzil unter dem Vorsitz des Staatsoberhauptes zusammen.

(2) Bevor das Staatsoberhaupt ins Ausland reist, setzt es sich mit dem Ministerpräsidenten ins Benehmen.

Paragraph 4 [Stellvertreter des Staatsoberhauptes]
Ist das Staatsoberhaupt daran gehindert, seine Aufgaben wahrzunehmen, tritt das gemäß der Thronfolge nächste nicht verhinderte Mitglied des Königshauses ein, um als vorübergehender Reichsvorsteher die Aufgaben des Staatsoberhauptes wahrzunehmen.

Paragraph 5 [Reichsvorsteher]
(1) [1]Stirbt das Königshaus aus, wählt der Reichstag einen Reichsvorsteher, der bis auf weiteres die Aufgaben des Staatsoberhauptes wahrnimmt. [2]Gleichzeitig wählt der Reichstag einen stellvertretenden Reichsvorsteher.

(2) Das gleiche gilt, wenn der König oder die Königin, der oder die Staatsoberhaupt ist, stirbt oder abdankt und der Thronfolger das 18. Lebensjahr noch nicht vollendet hat.

Paragraph 6 [Abdankungsfiktion]
[1]Hat der König oder die Königin, der oder die Staatsoberhaupt ist, seine oder ihre Aufgaben während einer zusammenhängenden Zeit von sechs Monaten nicht wahrgenommen oder wahrnehmen können, meldet die Regierung dies dem Reichstag. [2]Der Reichstag entscheidet, ob anzunehmen ist, dass der König oder die Königin abgedankt hat.

Paragraph 7 [Vorübergehender Reichsvorsteher]
(1) Der Reichstag kann jemanden bestimmen, der auf Anordnung der Regierung das Amt des vorübergehenden Reichsvorstehers ausübt, wenn dies keine nach § 4 oder § 5 zuständige Person kann.

(2) Der Reichstagspräsident oder, wenn er verhindert ist, der stellvertretende Reichstagspräsident üben auf Anordnung der Regierung das Amt des vorübergehenden Reichsvorstehers aus, wenn dies niemand kann, der sonst zuständig ist.

Paragraph 8 [Indemnität]
[1]Der König oder die Königin, der oder die Staatsoberhaupt ist, kann für seine oder ihre Taten nicht angeklagt werden. [2]Ein Reichsvorsteher kann für seine Taten als Staatsoberhaupt nicht angeklagt werden.

Sechstes Kapitel
Die Regierung

Die Zusammensetzung der Regierung

Paragraph 1 [Ministerpräsident und Minister]
(1) Die Regierung besteht aus dem Ministerpräsidenten und den übrigen Ministern.

(2) [1]Der Ministerpräsident wird nach den Bestimmungen der §§ 4 bis 6 bestimmt. [2]Der Ministerpräsident ernennt die übrigen Minister.

Paragraph 2 [Erfordernis schwedischer Staatsangehörigkeit, Inkompatibilitäten]
(1) Die Minister müssen schwedische Staatsangehörige sein.

(2) [1]Ein Minister darf sich nicht in einem Anstellungsverhältnis befinden. [2]Er darf auch keinen Auftrag ausführen oder eine Tätigkeit ausüben, wodurch das Vertrauen in ihn erschüttert werden könnte.

Paragraph 3 Abstimmung über den Ministerpräsidenten nach der Wahl
(1) [1]Der neugewählte Reichstag stimmt spätestens zwei Wochen nach seinem Zusammentritt über die Frage ab, ob der Ministerpräsident hinreichenden Rückhalt im Reichstag hat. [2]Stimmt mehr als die Hälfte der Mitglieder des Reichstags mit Nein ab, wird der Ministerpräsident entlassen.

(2) Die Abstimmung findet nicht statt, wenn der Ministerpräsident bereits entlassen wurde.

Regierungsbildung

Paragraph 4 [Wahl des Ministerpräsidenten]
(1) [1]Wenn ein Ministerpräsident bestimmt werden soll, lädt der Reichstagspräsident Vertreter aller Fraktionen im Reichstag zur Beratung. [2]Der Reichstagspräsident berät sich mit dem stellvertretenden Reichstagspräsidenten und macht dem Reichstag dann einen Vorschlag.

(2) [1]Der Reichstag stimmt innerhalb von vier Tagen, ohne Vorbereitung in einem Ausschuss, über den Vorschlag ab. [2]Stimmt mehr als die Hälfte der Mitglieder des Reichstags gegen den Vorschlag, ist er abgelehnt. [3]Ansonsten ist er angenommen.

Paragraph 5 [Verfahren bei Ablehnung eines vorgeschlagenen Ministerpräsidenten]
[1]Verwirft der Reichstag den Vorschlag des Reichstagspräsidenten, wird das Verfahren nach § 4 wiederholt. [2]Hat der Reichstag den Vorschlag des Reichstagspräsidenten viermal verworfen, wird das Verfahren abgebrochen und erst erneut aufgenommen, wenn eine Reichstagswahl abgehalten wurde. [3]Findet innerhalb von drei Monaten keine Wahl statt, ist innerhalb desselben Zeitraums eine zusätzliche Wahl durchzuführen.

Paragraph 6 [Verfahren nach Wahl des Ministerpräsidenten]
(1) [1]Hat der Reichstag einen Vorschlag zur Wahl eines neuen Ministerpräsidenten angenommen, gibt dieser dem Reichstag so schnell wie möglich die übrigen Minister bekannt. [2]Danach erfolgt der Regierungswechsel im Rahmen einer besonderen Regierungssitzung beim Staatsoberhaupt oder, wenn das Staatsoberhaupt verhindert ist, beim Reichstagspräsidenten. [3]Der Reichstagspräsident wird immer zu der Regierungssitzung geladen.

(2) Der Reichstagspräsident fertigt die Ernennung des Ministerpräsidenten im Namen des Reichstags aus.

Entlassung des Ministerpräsidenten oder eines anderen Ministers

Paragraph 7 [Misstrauensvotum]
(1) [1]Erklärt der Reichstag, dass der Ministerpräsident oder ein anderer Minister nicht das Vertrauen des Reichstags hat, entlässt der Reichstagspräsident den Minister. [2]Kann die Regierung zusätzliche Wahlen zum Reichstag anordnen und geschieht dies innerhalb von einer Woche nach der Misstrauenserklärung, findet eine Entlassung jedoch nicht statt.

(2) § 3 enthält Bestimmungen über die Entlassung des Ministerpräsidenten aus Anlass einer Abstimmung über den Ministerpräsidenten nach der Wahl.

Paragraph 8 [Entlassungsgründe]
[1]Ein Minister wird entlassen, wenn er es wünscht, der Ministerpräsident vom Reichstagspräsidenten und ein anderer Minister vom Ministerpräsidenten. [2]Der Ministerpräsident kann auch in anderen Fällen Minister entlassen.

Paragraph 9 [Akzessorietät der Ämter der Minister zum Amt des Ministerpräsidenten]
Wird der Ministerpräsident entlassen oder stirbt er, entlässt der Reichstagspräsident die übrigen Minister.

Paragraph 10 Stellvertreter des Ministerpräsidenten
[1]Der Ministerpräsident kann einen der übrigen Ministern dazu bestimmen, bei einer Verhinderung des Ministerpräsidenten seine Aufgaben wahrzunehmen. [2]Wurde kein Stellvertreter bestimmt oder ist auch der Stellvertreter verhindert, werden die Aufgaben des Ministerpräsidenten stattdessen vom dienstältesten Minister wahrgenommen. [3]Sind zwei oder mehrere Minister gleich lange im Amt, hat der älteste von ihnen den Vortritt.

Paragraph 11 Übergangsregierung
[1]Wurden sämtliche Mitglieder der Regierung entlassen, bleiben sie im Amt, bis eine neue Regierung antritt. [2]Wurde ein anderer Minister als der Ministerpräsident auf eigenen Wunsch entlassen, bleibt er im Amt, bis ein Nachfolger angetreten ist, wenn der Ministerpräsident es wünscht.

Paragraph 12 Verhinderung des Reichstagspräsidenten
Ist der Reichstagspräsident verhindert, übernimmt ein stellvertretender Reichstagspräsident die Aufgaben, die der Reichstagspräsident nach diesem Kapitel hat.

Siebtes Kapitel
Die Regierungsarbeit

Paragraph 1 Die Regierungskanzlei und ihre Aufgaben
[1]Zur Vorbereitung der Regierungsgeschäfte und Unterstützung der Regierung und der Minister bei ihrer sonstigen Tätigkeit gibt es eine Regierungskanzlei. [2]Zu dieser gehören Ministerien mit unter-

schiedlichen Tätigkeitsbereichen. [3]Die Regierung verteilt die Geschäfte auf die Ministerien. [4]Der Ministerpräsident ernennt aus den Ministern die Chefs der Ministerien.

Die Vorbereitung der Geschäfte

Paragraph 2 [Einholung von Auskünften und Stellungnahmen]
[1]Bei der Vorbereitung der Regierungsgeschäfte werden erforderliche Auskünfte und Stellungnahmen der betroffenen Behörden eingeholt. [2]Auskünfte und Stellungnahmen werden im erforderlichen Umfang auch von Kommunen eingeholt. [3]Auch Vereinigungen und Einzelnen wird im erforderlichen Umfang Gelegenheit zur Stellungnahme gegeben.

Paragraph 3 [Entscheidungskompetenz]
(1) Über Regierungsgeschäfte entscheidet die Regierung in den Kabinettssitzungen.

(2) Über Regierungsgeschäfte, die die Durchführung von Normen oder besonderen Regierungsbeschlüssen in der Landesverteidigung betreffen, kann jedoch im gesetzlich bestimmten Umfang unter Aufsicht des Ministerpräsidenten der Chef des zuständigen Ministeriums entscheiden.

Paragraph 4 [Kabinettssitzung]
[1]Der Ministerpräsident lädt die übrigen Minister zu den Kabinettssitzungen und hat bei Sitzungen den Vorsitz inne. [2]An den Kabinettssitzungen nehmen mindestens fünf Minister teil.

Paragraph 5 [Minister als Referenten]
[1]Bei einer Kabinettssitzung ist der Chef des Ministeriums Referent in den zu seinem Geschäftsbereich gehörenden Angelegenheiten. [2]Der Ministerpräsident kann jedoch bestimmen, dass eine oder eine Gruppe von Angelegenheiten, die zum Geschäftsbereich eines Ministeriums gehören, von einem anderen Minister als dem Chef dieses Ministeriums referiert werden.

Paragraph 6 Protokoll und abweichende Meinungen
[1]Bei den Kabinettssitzungen wird Protokoll geführt. [2]Abweichende Meinungen sind im Protokoll zu vermerken.

Paragraph 7 [Ausfertigung]
[1]Normen, Vorschläge an den Reichstag und andere auszufertigende Beschlüsse sind, um gültig zu werden, vom Ministerpräsidenten oder einem anderen Minister im Namen der Regierung zu unterzeichnen. [2]Die Regierung kann jedoch durch eine Verordnung bestimmen, dass in besonderen Fällen ein Beamter den Beschluss unterzeichnet, der ausgefertigt werden soll.

Achtes Kapitel
Gesetze und andere Vorschriften

Paragraph 1 [Arten von Vorschriften]
(1) [1]Vorschriften werden vom Reichstag in Form von Gesetzen und von der Regierung in Form von Verordnungen erlassen. [2]Vorschriften können nach Ermächtigung durch Reichstag oder Regierung auch von anderen Behörden als der Regierung und von Kommunen erlassen werden.

(2) Eine Ermächtigung zum Erlass von Vorschriften muss in Gesetzen oder Verordnungen erteilt werden.

Paragraph 2 In Form von Gesetzen erlassene Vorschriften
(1) Vorschriften werden in Form von Gesetzen erlassen, wenn sie
1. die persönliche Stellung Einzelner oder ihre persönlichen und wirtschaftlichen Verhältnisse untereinander,
2. das Verhältnis zwischen Einzelnen und der öffentlichen Hand unter der Voraussetzung, dass die Vorschriften Pflichten für Einzelne regeln oder im Übrigen Eingriffe in die persönlichen oder wirtschaftlichen Verhältnisse des Einzelnen betreffen,
3. die Grundlagen der Organisation und Tätigkeitsformen der Kommunen und der kommunalen Besteuerung sowie die übrigen Befugnisse der Kommunen und ihre Pflichten,

4. Glaubensgemeinschaften und die Grundlagen der Schwedischen Kirche als Glaubensgemeinschaft,
5. Volksbefragungen im ganzen Reich und das Verfahren bei einem Volksentscheid in einer Grundgesetzfrage, oder
6. die Wahl des Europaparlaments

regeln.

(2) Auch aus anderen Bestimmungen dieser Regierungsform und aus anderen Grundgesetzen folgt, dass Vorschriften gewissen Inhalts in Form von Gesetzen erlassen werden.

Von der Regierung erlassene Vorschriften

Paragraph 3 [Ermächtigungen durch den Reichstag]
(1) [1]Der Reichstag kann die Regierung ermächtigen, Vorschriften gemäß § 2 Absatz 1 Nr. 2 und 3 zu erlassen. [2]Die Vorschriften dürfen jedoch nicht
1. andere Rechtsfolgen von Straftaten als Bußgelder,
2. Steuern mit Ausnahme von Einfuhrzöllen auf Waren oder
3. Konkurs und Zwangsvollstreckung

regeln.

(2) Der Reichstag kann in einem Gesetz, das eine Ermächtigung gemäß Absatz 1 enthält, für den Fall eines Verstoßes gegen eine von der Regierung aufgrund der Ermächtigung erlassene Vorschrift auch andere Rechtsfolgen für Straftaten als Bußgelder vorschreiben.

Paragraph 4 [Weitere Ermächtigungen durch den Reichstag]
Der Reichstag kann die Regierung ermächtigen, Vorschriften gemäß § 2 Absatz 1 Nr. 1 bis 3 über Aufschub hinsichtlich der Erfüllung von Verpflichtungen zu erlassen.

Paragraph 5 [Weitere Ermächtigungen durch den Reichstag]
Der Reichstag kann die Regierung in einem Gesetz ermächtigen, Vorschriften über
1. den Zeitpunkt des Inkrafttretens eines Gesetzes,
2. den Zeitpunkt des Beginns oder Endes der Anwendbarkeit von Teilen eines Gesetzes, und
3. die Anwendung eines Gesetzes im Verhältnis zu einem anderen Land oder einer zwischenstaatlichen Organisation

zu erlassen.

Paragraph 6 [Prüfung von Vorschriften der Regierung durch den Reichstag]
Vorschriften, die die Regierung auf Grundlage einer in dieser Regierungsform vorgesehenen Ermächtigung erlassen hat, werden dem Reichstag zur Prüfung vorgelegt, wenn dieser es bestimmt.

Paragraph 7 [Weitere Normsetzungskompetenz der Regierung]
(1) Die Regierung darf über dasjenige, was aus den §§ 3 bis 5 folgt, hinaus
1. Vorschriften über den Vollzug von Gesetzen und
2. Vorschriften, die nach den Grundgesetzen nicht vom Reichstag erlassen werden müssen,

erlassen.

(2) [1]Vorschriften der Regierung gemäß Absatz 1 dürfen nicht den Reichstag oder seine Behörden betreffen. [2]Die Regierung darf auf Grundlage von Absatz 1 Nr. 2 auch keine Vorschriften erlassen, die die kommunale Besteuerung regeln.

Paragraph 8 [Verhältnis von Rechtsetzung durch Regierung und Reichstag]
Dass die Regierung in einer Angelegenheit Vorschriften erlassen darf, hindert den Reichstag nicht daran, Vorschriften in derselben Angelegenheit zu erlassen.

Vorschriften, die von anderen als Reichstag und Regierung erlassen werden

Paragraph 9 [Ermächtigung von Kommunen]
Der Reichstag kann Kommunen ermächtigen, Vorschriften gemäß § 2 Absatz 1 Nr. 2 zu erlassen, wenn die Vorschriften

1. Abgaben oder
2. auf die Regelung der Verkehrsverhältnisse in der Kommune abzielende Steuern

regeln.

Paragraph 10 [Abgeleitete Normsetzungsermächtigung]
Ermächtigt der Reichstag die Regierung nach diesem Kapitel, Vorschriften in einer Angelegenheit zu erlassen, kann er auch gestatten, dass die Regierung eine Verwaltungsbehörde oder Kommune ermächtigt, Vorschriften in der Angelegenheit zu erlassen.

Paragraph 11 [Ermächtigung nachgeordneter Behörden zur Normsetzung]
[1]Die Regierung darf eine Behörde unter der Regierung oder eine der Behörden des Reichstags ermächtigen, Vorschriften gemäß § 7 zu erlassen. [2]Eine Ermächtigung von Behörden des Reichstags darf jedoch nicht Verhältnisse innerhalb des Reichstags oder seiner Behörden betreffen.

Paragraph 12 [Prüfung behördlicher Vorschriften durch die Regierung]
Vorschriften, die eine Behörde unter der Regierung aufgrund einer Ermächtigung gemäß § 10 oder 11 erlassen hat, werden der Regierung zur Prüfung vorgelegt, wenn diese es bestimmt.

Paragraph 13 [Ermächtigung der Reichsbank und der Behörden des Reichstags zur Normsetzung]
(1) Der Reichstag kann die Reichsbank in einem Gesetz beauftragen, Vorschriften innerhalb ihres Verantwortungsbereichs gemäß Kapitel 9 und betreffend ihre Aufgabe zu erlassen, ein sicheres und effektives Zahlwesen zu fördern.

(2) Der Reichstag kann seine Behörden ermächtigen, Vorschriften zu erlassen, die die Verhältnisse innerhalb des Reichstags oder seiner Behörden betreffen.

Änderungen der Grundgesetze und der Reichstagsordnung

Paragraph 14 [Änderungen der Grundgesetze, ruhender Grundgesetzentwurf]
[1]Grundgesetze werden durch zwei gleichlautende Beschlüsse geändert. [2]Durch den ersten Beschluss wird der Grundgesetzentwurf als ruhend angenommen. [3]Der zweite Beschluss darf nicht gefasst werden, bevor im gesamten Reich nach dem ersten Beschluss Wahlen zum Reichstag abgehalten wurden und sich der neue Reichstag versammelt hat. [4]Weiterhin sollen zwischen dem Zeitpunkt, zu dem die Angelegenheit zum ersten Mal in der Kammer des Reichstags besprochen wurde, und der Wahl mindestens neun Monate vergehen, wenn der Verfassungsausschuss keine Ausnahme anordnet. [5]Ein solcher Beschluss ist spätestens bei der Vorbereitung der Angelegenheit zu fassen, mindestens fünf Sechstel der Mitglieder müssen zustimmen.

Paragraph 15 [Verhältnis zweier ruhender Grundgesetzentwürfe zueinander]
Der Reichstag darf keinen Entwurf über die Änderung eines Grundgesetzes als ruhend annehmen, der unvereinbar mit einem anderen ruhenden Grundgesetzentwurf ist, ohne gleichzeitig den zuerst angenommenen Entwurf abzulehnen.

Paragraph 16 [Volksentscheid bei Änderungen der Grundgesetze]
(1) [1]Zu einem ruhenden Grundgesetzentwurf wird ein Volksentscheid abgehalten, wenn dies mindestens ein Zehntel der Reichstagsabgeordneten beantragt und mindestens ein Drittel der Abgeordneten für den Antrag stimmt. [2]Ein solcher Antrag ist innerhalb von fünfzehn Tagen zu stellen, nachdem der Reichstag den Grundgesetzentwurf als ruhend angenommen hat. [3]Der Antrag wird nicht in einem Ausschuss vorbereitet.

(2) [1]Der Volksentscheid wird gleichzeitig mit der in § 14 genannten Reichstagswahl abgehalten. [2]Beim Entscheid erklären die bei der Wahl Stimmberechtigten, ob sie dem ruhenden Grundgesetzentwurf zustimmen oder nicht. [3]Der Entwurf ist abgelehnt, wenn mehr Personen gegen als für den Entwurf gestimmt haben und die Anzahl der Ablehnenden größer als die Hälfte derjenigen ist, die bei der Reichstagswahl gültige Stimmen abgegeben haben. [4]Andernfalls greift der Reichstag den Entwurf zur abschließenden Prüfung auf.

Paragraph 17 [Änderungen der Reichstagsordnung]
(1) [1]Die Reichstagsordnung wird auf die in § 14 Satz 1 bis 3 und § 15 angegebene Weise geändert. [2]Sie kann auch durch nur einen Beschluss geändert werden, wenn mindestens drei Viertel der Abstimmenden und mehr als die Hälfte der Reichstagsabgeordneten dafür stimmen.

(2) Ergänzungsbestimmungen der Reichstagsordnung werden jedoch auf dieselbe Weise wie einfache Gesetze erlassen.

(3) Absatz 1 gilt auch für den Erlass der in § 2 Absatz 1 Nr. 4 geregelten Gesetze.

Paragraph 18 Änderung und Aufhebung von Gesetzen
(1) Ein Gesetz darf nicht auf andere Weise als durch Gesetz geändert oder aufgehoben werden.

(2) [1]Für Änderung oder Aufhebung von Grundgesetzen oder der Reichstagsordnung gelten die §§ 14 bis 17. [2]Bei Änderung oder Aufhebung eines in § 2 Absatz 1 Nr. 4 geregelten Gesetzes gilt § 17 Absatz 1.

Paragraph 19 Ausfertigung und Verkündung von Vorschriften
(1) [1]Ein zustande gekommenes Gesetz wird von der Regierung so bald wie möglich ausgefertigt. [2]Ein Gesetz, das Vorschriften über den Reichstag oder seine Behörden enthält, die nicht in ein Grundgesetz oder die Reichstagsordnung aufgenommen werden sollen, kann jedoch vom Reichstag ausgefertigt werden.

(2) [1]Gesetze werden so bald wie möglich verkündet. [2]Dasselbe gilt für Verordnungen, wenn gesetzlich nichts anderes bestimmt ist.

Der Gesetzesrat

Paragraph 20 [Aufgaben und Zusammensetzung]
[1]Zur Abgabe von Stellungnahmen zu Gesetzentwürfen gibt es einen Gesetzesrat, dem Richter oder, bei Bedarf, ehemalige Richter des Obersten Gerichts und des Obersten Verwaltungsgerichts angehören. [2]Nähere Bestimmungen über Zusammensetzung und Dienst des Gesetzesrates werden in Form von Gesetzen erlassen.

Paragraph 21 [Anlässe für Stellungnahmen des Gesetzesrates]
(1) Stellungnahmen des Gesetzesrates werden von der Regierung oder, gemäß den näheren Angaben in der Reichstagsordnung, von einem Reichstagsausschuss eingeholt.

(2) Eine Stellungnahme wird eingeholt, bevor der Reichstag
1. Grundgesetze zur Druckfreiheit oder der entsprechenden Freiheit, sich in Radio, Fernsehen und anderen ähnlichen Kanälen, öffentlichen Aufführungen aus einer Datenbank sowie technischen Aufnahmen zu äußern,
2. Gesetze zur Begrenzung des Rechts, von Verwaltungsvorgängen Kenntnis zu nehmen,
3. in Kapitel 2, §§ 14 bis 16, 20 oder 25 geregelte Gesetze,
4. Gesetze über die Behandlung von ganz oder teilweise automatisierten persönlichen Angaben,
5. Gesetze über die kommunale Besteuerung oder den Kommunen Pflichten auferlegende Gesetze,
6. in § 2 Absatz 1 Nr. 1 oder 2 oder in Kapitel 11 oder 12 geregelte Gesetze oder
7. Gesetze nach Nummer 1 bis 6 ändernde oder aufhebende Gesetze

erlässt.

(3) [1]Die Bestimmungen in Absatz 2 gelten jedoch nicht, wenn die Beurteilung durch den Gesetzesrat aufgrund der Beschaffenheit des Entwurfs keine Bedeutung haben oder die Behandlung des Gesetzentwurfs verzögern würde, so dass erheblicher Schaden entsteht. [2]Schlägt die Regierung vor, dass der Reichstag in einer der in Absatz 2 geregelten Angelegenheiten ein Gesetz erlässt und wurde zuvor keine Stellungnahme des Gesetzesrates eingeholt, legt die Regierung dem Reichstag gleichzeitig die Gründe dafür dar. [3]Dass der Gesetzesrat zu einem Gesetzentwurf nicht Stellung genommen hat, führt niemals dazu, dass das Gesetz unanwendbar ist.

Paragraph 22 [Umfang der Untersuchung]
Die Beurteilung durch den Gesetzesrat bezieht sich darauf,
1. wie sich der Entwurf zu den Grundgesetzen und der übrigen Rechtsordnung verhält,
2. wie sich die Vorschriften des Entwurfs zueinander verhalten,

3. wie sich der Entwurf zu den Anforderungen der Rechtssicherheit verhält,
4. ob der Entwurf derart abgefasst ist, dass angenommen werden kann, das Gesetz erfüllt die angegebenen Zwecke und
5. welche Probleme bei der Anwendung auftreten können.

Neuntes Kapitel
Die Finanzmacht

Paragraph 1 Entscheidung über Einnahmen und Ausgaben des Staates
Der Reichstag entscheidet über staatliche Steuern und Abgaben sowie den Staatshaushalt.

Paragraph 2 Haushaltsentwurf
Die Regierung legt dem Reichstag einen Haushaltsentwurf vor.

Haushaltsbeschluss

Paragraph 3 [Möglichkeiten des Reichstags bei der Beschlussfassung]
(1) [1]Der Reichstag beschließt den Haushalt für das folgende Haushaltsjahr oder, wenn es besondere Gründe gibt, für eine weitere Haushaltsperiode. [2]Der Reichstag beschließt dabei über eine Berechnung der Einkünfte des Staates und über Mittel für bestimmte Zwecke.

(2) Der Reichstag kann beschließen, dass bestimmte Mittel für eine andere Zeit als die Haushaltsperiode bereitgestellt werden.

(3) Der Reichstag kann beschließen, dass Einkünfte des Staates für bestimmte Zwecke auf andere Weise in Anspruch genommen werden dürfen als durch Beschluss über Mittel.

Paragraph 4 [Beschluss innerhalb einer Haushaltsperiode]
Während der Haushaltsperiode kann der Reichstag über eine neue Berechnung der Einkünfte des Staates und über neue oder geänderte Mittel beschließen.

Paragraph 5 [Vorgehensweise bei fehlendem Haushaltsbeschluss]
(1) [1]Hat der Reichstag den Haushalt nicht vor dem Beginn der Haushaltsperiode beschlossen, beschließt er im erforderlichen Umfang über Mittel für die Zeit, bis ein Haushalt beschlossen wurde. [2]Der Reichstag kann den Finanzausschuss beauftragen, einen solchen Beschluss für den Reichstag zu fassen.

(2) Hat der Reichstag nicht gemäß Absatz 1 über Mittel für einen bestimmten Zweck beschlossen, gilt der letzte Haushalt, mit den aus anderen Beschlüssen des Reichstags folgenden Änderungen, bis über die Mittel beschlossen wurde.

Paragraph 6 Richtlinienbeschluss
Der Reichstag kann Richtlinien für die Tätigkeit des Staates auch für die Zeit nach der folgenden Haushaltsperiode beschließen.

Paragraph 7 Verwendung von Mitteln und Einkünften
Mittel und Einkünfte dürfen nicht auf andere Weise verwendet werden, als es vom Reichstag bestimmt wurde.

Vermögen und Verpflichtungen des Staates

Paragraph 8 [Verwaltung des Staatsvermögens, Kreditaufnahme]
(1) Die Regierung verwaltet und verfügt über das Vermögen des Staates, wenn es nicht für die Behörden des Reichstags bestimmt ist oder gesetzlich für besondere Verwaltung bestimmt wurde.

(2) Ohne dass der Reichstag es gestattet hat, darf die Regierung nicht Kredite aufnehmen oder andere ökonomische Verpflichtungen für den Staat eingehen.

Paragraph 9 [Grundlagen- und Einzelfallkompetenz des Reichstags]
[1]Der Reichstag beschließt über Grundlagen für die Verwaltung und Verfügungen hinsichtlich des Vermögens des Staates. [2]Der Reichstag kann auch beschließen, dass gewisse Maßnahmen nicht vorgenommen werden, ohne dass es der Reichstag gestattet hat.

Paragraph 10 Jahresabschluss für den Staat
Nach dem Ende der Haushaltsperiode legt die Regierung dem Reichstag einen Jahresabschluss für den Staat vor.

Paragraph 11 Weitere Bestimmungen über den Haushalt
Weitere Bestimmungen über Befugnisse und Pflichten von Reichstag und Regierung bezüglich des Haushalts werden in der Reichstagsordnung oder einem besonderen Gesetz geregelt.

Paragraph 12 Währungspolitik
[1]Die Regierung trägt die Verantwortung für übergreifende währungspolitische Fragen. [2]Sonstige Bestimmungen zur Währungspolitik werden in Form von Gesetzen erlassen.

Die Reichsbank

Paragraph 13 [Aufgaben, Stellung, Organisation und Kontrolle]
(1) [1]Die Reichsbank ist die Zentralbank des Reichs und eine Behörde unter dem Reichstag. [2]Die Reichsbank trägt die Verantwortung für die Geldpolitik. [3]Keine Behörde darf bestimmen, wie die Reichsbank in Fragen entscheiden soll, die die Geldpolitik berühren.

(2) [1]Die Reichsbank hat elf Vorstandsmitglieder, die vom Reichstag gewählt werden. [2]Die Reichsbank wird von einer Direktion geleitet, die von den Vorstandsmitgliedern berufen wird.

(3) [1]Der Reichstag prüft, ob die Mitglieder im Vorstand und der Direktion entlastet werden. [2]Verweigert der Reichstag einem Vorstandsmitglied die Entlastung, scheidet es damit aus seinem Amt aus. [3]Der Vorstand darf ein Mitglied der Direktion nur dann aus seinem Amt entfernen, wenn es nicht länger die Anforderungen erfüllt, die an die Ausführung seiner Aufgaben gestellt werden oder wenn es sich ernstliche Versäumnisse zuschulden kommen lassen hat.

(4) Bestimmungen über die Wahl des Vorstands und über Leitung und Tätigkeit der Reichsbank werden in Form von Gesetzen erlassen.

Paragraph 14 [Geldausgabemonopol]
[1]Allein die Reichsbank hat das Recht, Geldscheine und Münzen auszugeben. [2]Bestimmungen über Geld- und Zahlwesen werden im Übrigen in Form von Gesetzen erlassen.

Zehntes Kapitel
Internationale Beziehungen

Die Befugnis der Regierung, internationale Verträge zu schließen

Paragraph 1 [Vertragsschluss durch die Regierung]
Verträge mit anderen Staaten oder mit zwischenstaatlichen Organisationen werden von der Regierung geschlossen.

Paragraph 2 [Beauftragung von Verwaltungsbehörden]
Die Regierung kann eine Verwaltungsbehörde damit beauftragen, einen internationalen Vertrag in einer Angelegenheit zu schließen, bei der keine Mitwirkung von Reichstag oder Auslandsausschuss erforderlich ist.

Die Genehmigung internationaler Verträge durch den Reichstag

Paragraph 3 [Gegenstände genehmigungsbedürftiger Verträge]
(1) Es bedarf der Genehmigung des Reichstags, bevor die Regierung einen für das Reich bindenden internationalen Vertrag schließt, der
1. voraussetzt, dass ein Gesetz geändert oder aufgehoben oder dass ein neues Gesetz erlassen wird, oder
2. sonst einen Gegenstand hat, über den der Reichstag zu entscheiden hat.

(2) Ergeht der Reichstagsbeschluss nach Absatz 1 Nr. 1 oder 2 in einem besonderen Verfahren, ist dieses auch bei der Genehmigung des Vertrags durch den Reichstag zu beachten.

(3) [1]Auch in anderen Fällen bedarf es der Genehmigung des Reichstags, bevor die Regierung einen für das Reich bindenden Vertrag schließt, wenn der Vertrag von größerem Gewicht ist. [2]Die Regierung kann jedoch davon absehen, die Genehmigung des Reichstags einzuholen, wenn das Interesse des Reichs es erfordert. [3]In diesem Fall berät die Regierung mit dem Auslandsausschuss, bevor der Vertrag geschlossen wird.

Paragraph 4 [Verträge im Rahmen der Zusammenarbeit in der EU]
Ein Vertrag nach § 3, der im Rahmen der Zusammenarbeit in der Europäischen Union geschlossen wird, kann vom Reichstag auch dann genehmigt werden, wenn sich der Vertrag nicht in endgültigem Zustand befindet.

Paragraph 5 Andere internationale Verpflichtungen und Kündigung
Die Bestimmungen in den §§ 1 bis 4 gelten auch für andere Formen internationaler Verpflichtungen für das Reich als Verträge sowie für die Kündigung internationaler Verträge und Verpflichtungen.

Paragraph 6 Übertragung von Hoheitsrechten innerhalb der EU-Zusammenarbeit
(1) [1]Im Rahmen der Zusammenarbeit in der Europäischen Union kann der Reichstag Hoheitsrechte übertragen, die nicht die Grundsätze der Staatsform berühren. [2]Solch eine Übertragung setzt voraus, dass der Schutz der Freiheiten und Rechte innerhalb des Zusammenarbeitsbereiches, in dem die Übertragung erfolgt, demjenigen in dieser Regierungsform und in der Konvention zum Schutze der Menschenrechte und Grundfreiheiten entspricht.

(2) [1]Der Reichstag kann eine solche Übertragung beschließen, wenn mindestens drei Viertel der Abstimmenden und mehr als die Hälfte der Reichstagsabgeordneten dafür stimmen. [2]Der Beschluss des Reichstags kann auch nach den Regeln gefasst werden, die für eine Grundgesetzänderung gelten. [3]Die Übertragung darf erst beschlossen werden, nachdem der Reichstag Verträge gemäß § 3 genehmigt hat.

Übertragung von Hoheitsrechten außerhalb der EU-Zusammenarbeit

Paragraph 7 [Übertragbare Hoheitsrechte]
(1) In anderen als den in § 6 geregelten Fällen können Hoheitsrechte, die direkt in dieser Regierungsform wurzeln und die den Erlass von Vorschriften, die Verwendung des staatlichen Vermögens, Rechtsprechungs- oder Verwaltungsaufgaben oder Abschluss oder Kündigung von internationalen Verträgen betreffen, in begrenztem Umfang auf zwischenstaatliche Organisationen für friedliche Zusammenarbeit, denen sich das Reich angeschlossen hat oder anschließen wird, oder einem zwischenstaatlichen Gerichtshof übertragen werden.

(2) Hoheitsrechte, die Fragen des Erlasses, der Änderung oder Aufhebung von Grundgesetzen, der Reichstagsordnung oder des Reichstagswahlgesetzes oder Fragen der Begrenzung der in Kapitel 2 geregelten Freiheiten und Rechte betreffen, dürfen nicht nach Absatz 1 übertragen werden.

(3) Der Reichstag fasst Übertragungsbeschlüsse nach den Regeln, die in § 6 Absatz 2 angegeben sind.

Paragraph 8 [Rechtsprechungs- und Verwaltungsaufgaben]
(1) [1]Rechtsprechungs- und Verwaltungsaufgaben, die nicht direkt in dieser Regierungsform wurzeln, können in anderen als den in § 6 geregelten Fällen durch Beschluss des Reichstags auf einen anderen Staat, eine zwischenstaatliche Organisation oder eine ausländische oder internationale Einrichtung oder Gemeinschaft übertragen werden. [2]Der Reichstag darf die Regierung oder eine andere Behörde durch Gesetz ermächtigen, im Einzelfall über eine solche Übertragung zu beschließen.

(2) Umfasst die Aufgabe eine Ausübung von Hoheitsgewalt, fasst der Reichstag den Übertragungs- oder Ermächtigungsbeschluss nach den Regeln, die in § 6 Absatz 2 angegeben sind.

Paragraph 9 Künftige Änderungen internationaler Verträge
[1]Wird durch Gesetz angeordnet, dass ein internationaler Vertrag als schwedisches Recht gilt, darf der Reichstag beschließen, dass auch eine künftige, das Reich bindende Änderung des Vertrags als schwedisches Recht gilt. [2]Ein solcher Beschluss darf nur künftige Änderungen von begrenztem Umfang regeln. [3]Der Beschluss wird nach den Regeln gefasst, die in § 6 Absatz 2 angegeben sind.

Paragraph 10 Das Recht des Reichstags auf Information und Beratung über die EU-Zusammenarbeit

[1]Die Regierung informiert den Reichstag fortlaufend und berät mit dem vom Reichstag bestimmten Organ darüber, was im Rahmen der Zusammenarbeit in der Europäischen Union geschieht. [2]Nähere Bestimmungen über die Informations- und Beratungspflicht werden in der Reichstagsordnung geregelt.

Auslandsausschuss

Paragraph 11 [Zusammenarbeit mit der Regierung]

[1]Die Regierung hält den Auslandsausschuss fortlaufend über die außenpolitischen Verhältnisse unterrichtet, die für das Reich Bedeutung erlangen können, und bespricht sie mit dem Ausschuss so oft wie nötig. [2]In allen auswärtigen Angelegenheiten von größerem Gewicht berät sich die Regierung vor der Entscheidung mit dem Ausschuss, wenn dies stattfinden kann.

Paragraph 12 [Zusammensetzung, Sitzungen, Geheimhaltung]

(1) [1]Der Auslandsausschuss besteht aus einem Präsidenten und neun anderen Mitgliedern, die der Reichstag aus seiner Mitte wählt. [2]Nähere Bestimmungen über die Zusammensetzung des Auslandsausschusses werden in der Reichstagsordnung geregelt.

(2) [1]Der Auslandsausschuss tritt nach Einberufung durch die Regierung zusammen. [2]Die Regierung ist verpflichtet, den Ausschuss einzuberufen, wenn mindestens vier Mitglieder des Ausschusses die Besprechung einer Frage begehren. [3]Den Vorsitz bei Sitzungen mit dem Ausschuss führt das Staatsoberhaupt oder, wenn es verhindert ist, der Ministerpräsident.

(3) [1]Mitglieder des Auslandsausschusses und sonstige Personen mit Anknüpfung an den Ausschuss sollen Vorsicht walten lassen, wenn sie anderen mitteilen, worüber sie in dieser Eigenschaft Kenntnis erlangt haben. [2]Der Vorsitzende kann bedingungslose Schweigepflicht anordnen.

Paragraph 13 Unterrichtungspflicht staatlicher Behörden

Der Chef des Ministeriums, das sich mit auswärtigen Angelegenheiten befasst, wird fortlaufend unterrichtet, wenn bei einer staatlichen Behörde eine Frage aufkommt, die für das Verhältnis zu einem anderen Staat oder einer zwischenstaatlichen Organisation von Bedeutung ist.

Paragraph 14 Zwischenstaatliche Strafgerichtshöfe

Die Bestimmungen in Kapitel 2, § 7, Kapitel 4, § 12, Kapitel 5, § 8, Kapitel 11, § 8 und Kapitel 13, § 3 hindern Schweden nicht daran, seine Verpflichtungen aus dem Römischen Statut des Internationalen Strafgerichtshofs oder gegenüber anderen zwischenstaatlichen Strafgerichtshöfen zu erfüllen.

Elftes Kapitel
Die Rechtsprechung

Die Gerichte

Paragraph 1 [Gerichtsbarkeiten, Besetzung der Gerichte]

(1) [1]Der Oberste Gerichtshof, die Hofgerichte und die Thinggerichte sind die ordentlichen Gerichte. [2]Der Oberste Verwaltungsgerichtshof, die Kammergerichte und die Verwaltungsgerichte sind die ordentlichen Verwaltungsgerichte. [3]Das Recht auf Überprüfung eines Falls durch den Obersten Gerichtshof, den Obersten Verwaltungsgerichtshof, ein Hofgericht oder ein Kammergericht kann durch Gesetz begrenzt werden.

(2) [1]Sonstige Gerichte werden auf gesetzlicher Grundlage errichtet. [2]Kapitel 2 § 11 Abs. 1 enthält Bestimmungen, die die Errichtung von Gerichten in gewissen Fällen verbieten.

(3) [1]Beim Obersten Gerichtshof und beim Obersten Verwaltungsgerichtshof darf nur als Mitglied Dienst versehen, wer ordentlicher Richter bei einem der übrigen Gerichte ist oder war. [2]Bei den übrigen Gerichten gibt es ordentliche Richter. [3]In Hinblick auf Gerichte, die für die Behandlung einer oder mehrerer bestimmter Gruppen von Fällen errichtet wurden, dürfen hiervon jedoch in Gesetzen Ausnahmen gemacht werden.

Paragraph 2 [Weitere Bestimmungen zu den Gerichten]
Bestimmungen über die Rechtsprechungsaufgaben der Gerichte, die Grundzüge ihrer Organisation und den Prozess werden, über die in dieser Regierungsform berührten Punkte hinaus, in Form von Gesetzen erlassen.

Die Selbständigkeit der Rechtsprechung

Paragraph 3 [Weisungsfreiheit]
[1]Keine Behörde, und auch nicht der Reichstag, darf bestimmen, wie ein Gericht im Einzelfall entscheidet oder im Übrigen eine Rechtsregel anwendet. [2]Eine andere Behörde darf auch nicht entscheiden, wie richterliche Aufgaben zwischen einzelnen Richtern verteilt werden.

Paragraph 4 [Wahrnehmung von Rechtsprechungsaufgaben durch den Reichstag]
Rechtsprechungsaufgaben dürfen vom Reichstag nicht in weiterem Umfang wahrgenommen werden als aus Grundgesetzen und der Reichstagsordnung folgt.

Paragraph 5 [Grundsätzliches Rechtsprechungsmonopol]
Rechtsstreitigkeiten zwischen Einzelnen dürfen ohne gesetzliche Grundlage nicht von anderen Behörden als Gerichten entschieden werden.

Paragraph 6 Die Ernennung ordentlicher Richter
(1) Ordentliche Richter werden von der Regierung ernannt.

(2) Bei der Ernennung wird nur auf sachliche Gründe, wie Verdienst und Erfahrung, Augenmerk gelegt.

(3) Bestimmungen über die Grundlagen des Verfahrens bei der Ernennung ordentlicher Richter werden in Form von Gesetzen erlassen.

Rechtliche Stellung ordentlicher Richter

Paragraph 7 [Entfernung aus dem Dienst]
(1) Wer zum ordentlichen Richter ernannt wurde, darf nur aus dem Dienst entfernt werden, wenn
1. er sich durch eine Straftat oder grobe oder wiederholte Vernachlässigung der dienstlichen Pflichten als offensichtlich ungeeignet zur Ausübung des Dienstes erwiesen hat oder
2. er das geltende Pensionsalter erreicht hat oder nach dem Gesetz verpflichtet ist, aufgrund andauernden Verlusts des Arbeitsvermögens aus dem Dienst auszuscheiden.

(2) Wenn es aus organisatorischen Gründen nötig ist, darf auf eine andere vergleichbare Richterstelle versetzt werden, wer zum ordentlichen Richter ernannt wurde.

Paragraph 8 [Anklage und dienstliche Maßnahmen gegen Richter der Obersten Gerichte]
(1) Anklage wegen Straftaten, die ein Mitglied des Obersten Gerichtshofes oder des Obersten Verwaltungsgerichtshofes in Ausübung seines Dienstes begeht, wird vor dem Obersten Gerichtshof erhoben.

(2) [1]Der Oberste Verwaltungsgerichtshof prüft, ob ein Mitglied des Obersten Gerichtshofes aus seinem Dienst entfernt oder ausgeschlossen wird oder ob es sich einer ärztlichen Untersuchung unterziehen muss. [2]Betrifft ein solches Verfahren ein Mitglied des Obersten Verwaltungsgerichtshofes, wird es vom Obersten Gerichtshof geprüft.

(3) Verfahren gemäß Absatz 1 und 2 werden vom Ombudsmann des Reichstags oder dem Justizkanzler eingeleitet.

Paragraph 9 [Rechtsmittel der ordentlichen Richter gegen dienstliche Maßnahmen]
[1]Wurde ein ordentlicher Richter durch die Entscheidung einer anderen Behörde als eines Gerichts aus seinem Dienst entfernt, kann er verlangen, dass die Entscheidung von einem Gericht überprüft wird. [2]Bei einer solchen Überprüfung gehören dem Gericht ordentliche Richter an. [3]Dies gilt auch für Entscheidungen, durch die ein ordentlicher Richter von der Ausübung seines Dienstes ausgeschlossen oder verpflichtet wurde, sich einer ärztlichen Untersuchung zu unterziehen oder einer Disziplinarmaßnahme unterworfen wurde.

Paragraph 10 [Weitere Bestimmungen]
Grundlegende Bestimmungen über die Rechtsstellung ordentlicher Richter werden im Übrigen in Form von Gesetzen erlassen.

Paragraph 11 Erfordernis der Staatsangehörigkeit
[1]Ordentliche Richter müssen schwedische Staatsangehörige sein. [2]Im Übrigen darf das Erfordernis der schwedischen Staatsangehörigkeit für die Befugnis, Rechtsprechungsaufgaben auszuüben, nur in einem Gesetz oder gemäß Voraussetzungen aufgestellt werden, die in einem Gesetz geregelt sind.

Paragraph 12 Andere bei den Gerichten Angestellte
Für andere Angestellte bei den Gerichten als ordentliche Richter gilt Kapitel 12, §§ 5 bis 7.

Paragraph 13 Wiederaufnahmeverfahren und Wiedereinsetzung in den vorigen Stand
(1) [1]Wiederaufnahmeverfahren in einer entschiedenen Angelegenheit sowie Wiedereinsetzung in den vorigen Stand werden vom Obersten Verwaltungsgerichtshof oder, wenn es sich aus einem Gesetz ergibt, von einem niedrigeren Verwaltungsgericht bewilligt, soweit es Angelegenheiten betrifft, für die die Regierung, Verwaltungsgerichte oder Verwaltungsbehörden die höchste Instanz sind. [2]In anderen Fällen werden Wiederaufnahmeverfahren und Wiedereinsetzung in den vorigen Stand vom Obersten Gerichtshof oder, wenn es gesetzlich vorgesehen ist, von einem anderen Gericht bewilligt, das kein Verwaltungsgericht ist.

(2) Nähere Bestimmungen über Wiederaufnahmeverfahren und Wiedereinsetzung in den vorigen Stand werden in Form von Gesetzen erlassen.

Paragraph 14 Normenkontrolle
(1) [1]Findet ein Gericht, dass eine Vorschrift gegen eine Bestimmung der Grundgesetze oder eine sonstige höherrangige Norm verstößt, darf die Vorschrift nicht angewandt werden. [2]Dasselbe gilt, wenn die vorgeschriebene Ordnung beim Erlass der Vorschrift in wesentlicher Hinsicht außer Acht gelassen wurde.

(2) Bei der Prüfung eines Gesetzes gemäß dem ersten Absatz wird besonders beachtet, dass der Reichstag der vorderste Vertreter des Volkes ist und dass die Grundgesetze dem Gesetz vorgehen.

Zwölftes Kapitel
Die Verwaltung

Paragraph 1 Die staatliche Verwaltungsorganisation
Der Regierung unterstehen der Justizkanzler und andere staatliche Verwaltungsbehörden, die nicht nach dieser Regierungsform oder einem anderen Gesetz Behörden unter dem Reichstag sind.

Selbständigkeit der Verwaltung

Paragraph 2 [Weisungsfreiheit]
Keine Behörde, und auch nicht der Reichstag oder das beschlussfassende Organ einer Kommune, darf bestimmen, wie eine Verwaltungsbehörde in einem Einzelfall in einer Angelegenheit beschließt, die die Ausübung von Hoheitsgewalt gegenüber dem Einzelnen oder einer Kommune oder die Anwendung eines Gesetzes betrifft.

Paragraph 3 [Wahrnehmung von Verwaltungsaufgaben durch den Reichstag]
Verwaltungsaufgaben dürfen vom Reichstag nicht in weiterem Umfang wahrgenommen werden, als aus Grundgesetzen und der Reichstagsordnung folgt.

Paragraph 4 Übertragung von Verwaltungsaufgaben
(1) Verwaltungsaufgaben können den Kommunen übertragen werden.

(2) [1]Verwaltungsaufgaben können auch anderen juristischen Personen und einzelnen Individuen übertragen werden. [2]Umfasst die Aufgabe die Ausübung von Hoheitsgewalt, darf eine Übertragung nur auf gesetzlicher Grundlage vorgenommen werden.

Besondere Bestimmungen über staatliche Angestellte

Paragraph 5 [Zuständigkeit, Leistungsprinzip im öffentlichen Dienst]
(1) Arbeitnehmer bei Verwaltungsbehörden, die der Regierung unterstellt sind, werden von der Regierung oder der von der Regierung bestimmten Behörde angestellt.

(2) Bei Entscheidungen über staatliche Anstellungen wird nur auf sachliche Gründe, wie Verdienst und Erfahrung, Augenmerk gelegt.

Paragraph 6 [Erfordernis der schwedischen Staatsangehörigkeit für einige Ämter]
[1]Die Ombudsmänner des Reichstags und die Reichsrevisoren müssen schwedische Staatsangehörige sein. [2]Dasselbe gilt für den Justizkanzler. [3]Im Übrigen darf das Erfordernis schwedischer Staatsangehörigkeit für die Befugnis, beim Staat oder einer Kommune eine Anstellung innezuhaben oder einen Auftrag auszuüben, nur in Gesetzen oder gemäß in Gesetzen angegebenen Voraussetzungen aufgestellt werden.

Paragraph 7 [Weitere Bestimmungen]
Grundlegende Bestimmungen über die Rechtsstellung staatlich Angestellter werden, über die in dieser Regierungsform berührten Punkte hinaus, in Form von Gesetzen erlassen.

Dispens und Begnadigung

Paragraph 8 [Dispens]
Die Regierung kann Ausnahmen von Vorschriften in Verordnungen oder aufgrund von Regierungsbeschlüssen erlassenen Bestimmungen zulassen, wenn nichts anderes aus Gesetz oder Beschlüssen über die Bewilligung von Ausgaben folgt.

Paragraph 9 [Begnadigung und Niederschlagung von Strafverfahren]
(1) Die Regierung darf durch Begnadigung Strafen oder andere derartige Rechtsfolgen von Straftaten sowie andere derartige Eingriffe erlassen oder mildern, die Person oder Eigentum des Einzelnen betreffen und von einer Behörde angeordnet wurden.

(2) Gibt es hierfür besondere Gründe, darf die Regierung anordnen, dass weitere Maßnahmen zur Untersuchung oder Verurteilung einer strafbaren Handlung nicht vorgenommen werden.

Paragraph 10 Normenkontrolle
(1) [1]Findet ein öffentliches Organ, dass eine Vorschrift gegen eine Bestimmung der Grundgesetze oder eine sonstige höherrangige Norm verstößt, darf die Vorschrift nicht angewandt werden. [2]Dasselbe gilt, wenn die vorgeschriebene Ordnung beim Erlass der Vorschrift in wesentlicher Hinsicht außer Acht gelassen wurde.

(2) Bei der Prüfung eines Gesetzes gemäß dem ersten Absatz wird besonders beachtet, dass der Reichstag der vorderste Vertreter des Volkes ist und dass die Grundgesetze dem Gesetz vorgehen.

Dreizehntes Kapitel
Die Kontrollmacht

Überprüfung durch den Verfassungsausschuss

Paragraph 1 [Aufgaben und Rechte des Verfassungsausschusses]
(1) [1]Der Verfassungsausschuss überprüft die Dienstausübung der Minister und die Bearbeitung der Regierungsgeschäfte. [2]Der Ausschuss hat das Recht, für die Überprüfung Protokolle über Beschlüsse in Regierungsgeschäften, Vorgänge, die zu diesen Angelegenheiten gehören sowie die übrigen Vorgänge der Regierung zu erhalten, die der Ausschuss für seine Untersuchung für notwendig hält.

(2) Andere Ausschüsse und jeder Reichstagsabgeordnete dürfen dem Verfassungsausschuss schriftlich Fragen über die Dienstausübung der Minister und die Bearbeitung der Regierungsgeschäfte stellen.

Paragraph 2 [Mitteilungen an den Reichstag]
[1]Gibt es Gründe hierfür, mindestens jedoch einmal im Jahr, teilt der Verfassungsausschuss dem Reichstag mit, was er bei seiner Überprüfung herausgefunden hat, das eine Mitteilung wert ist. [2]Der Reichstag kann anlässlich dessen eine Schilderung gegenüber der Regierung vornehmen.

Paragraph 3 Anklage gegen Minister
[1]Wer Minister ist oder war kann für während der Ausübung des Dienstes begangene Straftaten nur verurteilt werden, wenn er durch die Straftat seine Dienstpflichten grob vernachlässigt hat. [2]Die Anklage wird vom Verfassungsausschuss angeordnet und vom Obersten Gerichtshof geprüft.

Paragraph 4 Misstrauensvotum
(1) [1]Der Reichstag kann aussprechen, dass ein Minister nicht das Vertrauen des Reichstags besitzt. [2]Ein für ein solches Misstrauensvotum erforderlicher Antrag muss von mindestens einem Zehntel der Abgeordneten des Reichstags gestellt werden, um zur Prüfung angenommen zu werden. [3]Für ein Misstrauensvotum muss mehr als die Hälfte der Mitglieder des Reichstags stimmen.

(2) [1]Ein Misstrauensantrag wird nicht zur Prüfung angenommen, wenn er in der Zeit zwischen Wahlen oder der Anordnung einer zusätzlichen Wahl und dem Zusammentritt des neuen Reichstags gestellt wird. [2]Ein Antrag, der einen Minister betrifft, der nach seiner Entlassung gemäß Kapitel 6 § 11 im Amt bleibt, darf nicht zur Prüfung angenommen werden.

(3) Ein Misstrauensantrag wird nicht in einem Ausschuss vorbereitet.

Paragraph 5 Interpellationen und Fragen
Ein Reichstagsabgeordneter darf gemäß den näheren Bestimmungen der Reichstagsordnung Interpellationen und Fragen an einen Minister in Angelegenheiten richten, die seine Dienstausübung berühren.

Paragraph 6 Ombudsmänner des Reichstags
(1) [1]Der Reichstag wählt einen oder mehrere Ombudsmänner (Justizombudsmänner), die gemäß der Instruktion, die der Reichstag beschließt, Aufsicht über die Anwendung von Gesetzen und anderen Vorschriften im Rahmen öffentlicher Tätigkeit ausüben. [2]Ein Ombudsmann darf eine Untersuchung in den in der Instruktion angegebenen Fällen einleiten.

(2) [1]Gerichte und Verwaltungsbehörden sowie Angestellte beim Staat und den Kommunen geben die schriftlichen Stellungnahmen und Äußerungen ab, die ein Ombudsmann begehrt. [2]Diese Pflicht haben auch andere, die unter der Aufsicht eines Ombudsmannes stehen. [3]Ein Ombudsmann hat das Recht, Zugang zu Protokollen und Vorgängen von Gerichten und Verwaltungsbehörden zu erhalten. [4]Staatsanwälte sollen einem Ombudsmann auf Anforderung Beistand leisten.

(3) Nähere Bestimmungen über die Ombudsmänner werden in der Reichstagsordnung oder in anderen Gesetzen erlassen.

Die Reichsrevision

Paragraph 7 [Stellung und Aufgaben der Reichsrevision]
[1]Die Reichsrevision ist eine Behörde unter dem Reichstag mit der Aufgabe, die vom Staat betriebene Tätigkeit zu überprüfen. [2]Bestimmungen über die Überprüfung anderer als staatlicher Tätigkeit durch die Reichsrevision werden in Form von Gesetzen erlassen.

Paragraph 8 [Organisation und Initiativrecht]
(1) [1]Die Reichsrevision wird von drei Reichsrevisoren geleitet, die vom Reichstag gewählt werden. [2]Der Reichstag darf einen Reichsrevisor nur aus seinem Amt entfernen, wenn er nicht länger die Voraussetzungen für das Amt erfüllt oder sich ernstliche Versäumnisse zuschulden kommen lassen hat.

(2) [1]Die Reichsrevisoren entscheiden, unter Beachtung der gesetzlichen Bestimmungen, selbständig, was überprüft wird. [2]Sie entscheiden selbständig und jeder für sich, wie die Überprüfung vorgenommen wird und über die Schlussfolgerungen ihrer Überprüfung.

Paragraph 9 [Weitere Bestimmungen]
Weitere Bestimmungen über die Reichsrevision werden in der Reichstagsordnung oder in anderen Gesetzen erlassen.

Vierzehntes Kapitel Die Kommunen

Paragraph 1 [Gewählte Versammlungen]
Das Beschlussrecht in den Kommunen wird von gewählten Versammlungen ausgeübt.

Paragraph 2 [Kommunale Selbstverwaltung]
[1]Die Kommunen regeln lokale und regionale Angelegenheiten von allgemeinem Interesse auf Grundlage der kommunalen Selbstverwaltung. [2]Nähere Bestimmungen hierüber enthält ein Gesetz. [3]Auf derselben Grundlage regelt die Kommunen auch die übrigen Angelegenheiten, die gesetzlich bestimmt sind.

Paragraph 3 [Proportionalitätsprinzip]
Eine Einschränkung der kommunalen Selbstverwaltung soll nicht über das hinausgehen, was mit Rücksicht auf die Zwecke notwendig ist, die sie veranlasst hat.

Paragraph 4 [Erhebung von Steuern]
Die Kommunen dürfen für die Regelung ihrer Angelegenheiten Steuern erheben.

Paragraph 5 [Kommunaler Finanzausgleich]
Den Kommunen darf gesetzlich auferlegt werden, zu den Kosten für die Angelegenheiten anderer Kommunen beizutragen, wenn es erforderlich ist, um gleichwertige ökonomische Voraussetzungen zu erreichen.

Paragraph 6 [Änderung der Einteilung des Reichs in Kommunen]
Vorschriften über die Grundlagen der Änderung der Einteilung des Reichs in Kommunen werden in Form von Gesetzen erlassen.

Fünfzehntes Kapitel
Krieg und Kriegsgefahr

Paragraph 1 Einberufung des Reichstags
[1]Gerät das Reich in Krieg oder Kriegsgefahr, beruft die Regierung oder der Reichstagspräsident den Reichstag zum Zusammentritt ein. [2]Wer die Einberufung ausfertigt, kann verfügen, dass der Reichstag andernorts als in Stockholm zusammentritt.

Die Kriegsdelegation

Paragraph 2 [Wahl, Beginn und Ende der Vertretung des Reichstags, Zusammensetzung]
(1) Befindet sich das Reich im Krieg oder in Kriegsgefahr, tritt eine aus der Mitte des Reichstags erwählte Kriegsdelegation an die Stelle des Reichstags, wenn es die Verhältnisse erfordern.

(2) [1]Befindet sich das Reich im Krieg, wird die Entscheidung, dass die Kriegsdelegation an die Stelle des Reichstags tritt, nach den näheren Bestimmungen in der Reichstagsordnung von den Mitgliedern des Auslandsausschusses getroffen. [2]Bevor die Entscheidung getroffen wird, erfolgt eine Beratung mit dem Ministerpräsidenten, wenn dies möglich ist. [3]Sind die Mitglieder des Ausschusses durch die Kriegsverhältnisse daran gehindert zusammenzutreten, wird die Entscheidung von der Regierung getroffen. [4]Befindet sich das Reich in Kriegsgefahr, wird die Entscheidung von den Mitgliedern des Auslandsausschusses zusammen mit dem Ministerpräsidenten getroffen. [5]Für eine solche Entscheidung müssen der Ministerpräsident und sechs Mitglieder des Ausschusses stimmen.

(3) [1]Die Kriegsdelegation und die Regierung können einvernehmlich oder eigenständig anordnen, dass der Reichstag seine Befugnisse wiedererlangt. [2]Die Anordnung wird getroffen, sobald es die Verhältnisse erlauben.

(4) Bestimmungen über die Zusammensetzung der Kriegsdelegation werden in der Reichstagsordnung erlassen.

Paragraph 3 [Grenzen der Befugnisse und Formen der Tätigkeit]
(1) [1]Während die Kriegsdelegation an die Stelle des Reichstags getreten ist, übt sie dessen Befugnisse aus. [2]Sie darf jedoch keine in § 11 Absatz 1 Satz 1, 2 oder 4 geregelten Beschlüsse fassen.

(2) Die Kriegsdelegation entscheidet selbst über die Formen ihrer Tätigkeit.

Paragraph 4 Regierungsbildung und Arbeitsformen der Regierung
Befindet sich das Reich im Krieg und kann die Regierung infolgedessen ihre Aufgaben nicht wahrnehmen, kann der Reichstag über die Bildung der Regierung und die Arbeitsformen der Regierung beschließen.

Befugnisse der Regierung

Paragraph 5 [Voraussetzungen der und Grenzen für die Alleinherrschaft der Regierung]
(1) Befindet sich das Reich im Krieg und können infolgedessen weder der Reichstag noch die Kriegsdelegation ihre Aufgaben wahrnehmen, nimmt die Regierung diese in dem Umfang wahr, der erforderlich ist, um das Reich zu schützen und den Krieg zu beenden.

(2) Die Regierung darf gestützt auf Absatz 1 Grundgesetze, die Reichstagsordnung oder das Reichstagswahlgesetz nicht erlassen, ändern oder aufheben.

Paragraph 6 [Rechtsetzung]
(1) [1]Befindet sich das Reich im Krieg oder in Kriegsgefahr oder herrschen solch außergewöhnliche Umstände, die von Krieg oder Kriegsgefahr, in der sich das Reich befunden hat, veranlasst wurden, kann die Regierung auf Grundlage einer gesetzlichen Ermächtigung durch Verordnung solche Vorschriften zu einem bestimmten Thema erlassen, die gemäß Grundgesetzen ansonsten in Form von Gesetzen zu erlassen wären. [2]Wenn es zugunsten der Verteidigungsbereitschaft erforderlich ist, kann die Regierung auch in anderen Fällen auf Grundlage einer Ermächtigung im Gesetz durch Verordnung bestimmen, dass eine in Form eines Gesetz erlassene Vorschrift über Requisition oder eine andere solche Verfügung anwendbar zu sein beginnt oder endet.

(2) [1]In einem Gesetz mit solch einer Ermächtigung ist genau anzugeben, unter welchen Voraussetzungen von der Ermächtigung Gebrauch gemacht werden darf. [2]Die Ermächtigung berechtigt nicht dazu, ein Grundgesetz, die Reichstagsordnung oder das Reichstagswahlgesetz zu erlassen, zu ändern oder aufzuheben.

Paragraph 7 Begrenzung von Freiheiten und Rechten
[1]Befindet sich das Reich im Krieg oder in unmittelbarer Kriegsgefahr, wird Kapitel 2 § 22 Abs. 1 nicht angewendet. [2]Dasselbe gilt, wenn die Kriegsdelegation in einem anderen Fall an die Stelle des Reichstags getreten ist.

Paragraph 8 Befugnisse anderer Behörden als der Regierung
[1]Befindet sich das Reich im Krieg oder in unmittelbarer Kriegsgefahr, kann die Regierung mit Ermächtigung des Reichstags anordnen, dass Aufgaben, die gemäß Grundgesetz von der Regierung wahrzunehmen sind, von einer anderen Behörde wahrgenommen werden. [2]Eine solche Ermächtigung darf keine Befugnisse gemäß § 5 und 6 umfassen, wenn es nicht nur darum geht, dass angeordnet wird, dass ein Gesetz in einer bestimmten Angelegenheit zu gelten beginnt.

Paragraph 9 Verhältnisse während einer Besetzung
(1) [1]Der Reichstag und die Regierung dürfen keine Entscheidungen auf besetztem Gebiet treffen. [2]Auf solchem Gebiet dürfen auch keine Befugnisse ausgeübt werden, die jemand in seiner Eigenschaft als Reichstagsabgeordneter oder Minister hat.

(2) [1]Jedes öffentliche Organ handelt auf besetztem Gebiet auf die Weise, die den Verteidigungsanstrengungen und der Widerstandstätigkeit sowie dem Schutz der Zivilbevölkerung und den übrigen schwedischen Interessen am meisten nützt. [2]Keinesfalls darf ein öffentliches Organ eine Entscheidung treffen oder eine Maßnahme vornehmen, die unter Verstoß gegen die Regeln des Völkerrechts einen Staatsangehörigen des Reichs verpflichtet, der Besatzungsmacht Beistand zu leisten.

(3) Wahlen zum Reichstag oder beschlussfassenden kommunalen Versammlungen dürfen nicht auf besetztem Gebiet abgehalten werden.

Paragraph 10 Das Staatsoberhaupt
[1]Befindet sich das Reich im Krieg, soll das Staatsoberhaupt der Regierung folgen. [2]Wenn sich das Staatsoberhaupt auf besetztem Gebiet oder an einem anderen Ort als die Regierung aufhält, ist es als verhindert anzusehen, seine Aufgaben als Staatsoberhaupt wahrzunehmen.

Paragraph 11 Wahlen zum Reichstag

(1) [1]Befindet sich das Reich im Krieg, dürfen Wahlen zum Reichstag nur nach einem Beschluss des Reichstags stattfinden. [2]Befindet sich das Reich in Kriegsgefahr, wenn eine Wahl abgehalten werden soll, kann der Reichstag beschließen, die Wahl zu verschieben. [3]Ein solcher Beschluss wird binnen eines Jahres und danach mit höchstens einem Jahr Zwischenraum überprüft. [4]In diesem Absatz geregelte Beschlüsse treten nur in Kraft, wenn mindestens drei Viertel der Reichstagsabgeordneten dafürstimmen.

(2) [1]Ist ein Teil des Reichs besetzt, wenn eine Wahl abgehalten werden soll, beschließt der Reichstag die nötigen Änderungen der Regeln in Kapitel 3. [2]Ausnahmen von Kapitel 3, §§ 1, 4, 5, 7 bis 9 und 12 dürfen jedoch nicht gemacht werden. [3]Was in Kapitel 3 §§ 5, 7 Abs. 2 und 8 Abs. 2 für das Reich bestimmt ist, gilt stattdessen für den Teil des Reichs, in dem die Wahl stattfindet. [4]Mindestens ein Zehntel aller Mandate müssen Ausgleichsmandate sein.

(3) [1]Eine Wahl, die aufgrund des ersten Absatzes nicht zur vorgeschriebenen Zeit abgehalten wurde, wird abgehalten, sobald dies geschehen kann, nachdem der Krieg oder die Kriegsgefahr aufgehört hat. [2]Die Regierung und der Reichstagspräsident stellen einvernehmlich oder eigenständig sicher, dass die hierfür notwendigen Maßnahmen ergriffen werden.

(4) Wurde eine Wahl infolge dieses Paragraphen zu einer anderen Zeit als vorgesehen abgehalten, legt der Reichstag den Zeitpunkt der nächsten darauf folgenden Wahl auf den Monat im vierten oder fünften Jahr nach der erstgenannten Wahl fest, in dem die Wahl nach der Reichstagsordnung abgehalten werden soll.

Paragraph 12 Beschlussrecht in den Kommunen

Befindet sich das Reich im Krieg oder in Kriegsgefahr oder herrschen solche außergewöhnlichen Verhältnisse, die von Krieg oder Kriegsgefahr verursacht wurden, in denen sich das Reich befand, wird das Beschlussrecht in den Kommunen auf die gesetzlich angegebene Weise ausgeübt.

Paragraph 13 Verteidigung des Reichs

(1) Die Regierung darf die Verteidigungsmacht des Reichs gemäß internationalem Recht einsetzen, um einem bewaffneten Angriff auf das Reich zu begegnen oder eine Verletzung des Territoriums des Reichs zu verhindern.

(2) Die Regierung darf der Verteidigungsmacht befehlen, gemäß internationalem Recht Gewalt anzuwenden, um eine Verletzung des Territoriums des Reichs im Frieden oder während eines Krieges zwischen fremden Staaten zu verhindern.

Paragraph 14 Kriegserklärung

Die Erklärung, dass das Reich im Krieg ist, darf, außer bei einem bewaffneten Angriff gegen das Reich, von der Regierung nicht ohne Zustimmung des Reichstags abgegeben werden.

Paragraph 15 Waffenstillstand

Die Regierung darf Waffenstillstandsabkommen abschließen, ohne die Zustimmung des Reichstags einzuholen und ohne sich mit dem Auslandsausschuss zu beraten, wenn ein Aufschub der Übereinkunft eine Gefahr für das Reich bedeuten würde.

Paragraph 16 Einsatz bewaffneter Kräfte

(1) Die Regierung darf schwedische bewaffnete Kräfte in andere Länder entsenden oder solche Kräfte auf andere Weise einsetzen, um einer internationalen Verpflichtung nachzukommen, die vom Reichstag anerkannt wurde.

(2) Schwedische bewaffnete Kräfte dürfen ansonsten in andere Länder entsendet oder dort eingesetzt werden, wenn

1. es in einem Gesetz gestattet ist, das die Voraussetzungen für die Maßnahmen angibt, oder
2. der Reichstag es in einem besonderen Fall gestattet.

Übergangsbestimmungen[1)]

Gesetz 1974:152

Nummer 1

[1]Durch diese Regierungsform wird die ältere Regierungsform aufgehoben. [2]Die ältere Regierungsform wird jedoch mit den unten angegebenen Ausnahmen bis zum Ende des Jahres anstelle der neuen Regierungsform angewandt, in dem der Reichstag diese abschließend annimmt und, in den unten angegeben Fällen, auch danach.

…

Nummer 6

(1) [1]Ältere Normen und Vorschriften behalten ihre Gültigkeit, auch wenn sie nicht in der Ordnung erlassen wurden, die bei Anwendung dieser Regierungsform beachtet hätte werden müssen. [2]Von Ermächtigungen, die vom König und Reichstag gemeinsam oder allein vom Reichstag beschlossen wurden, darf auch nach dem unter 1. angegebenen Zeitpunkt Gebrauch gemacht werden, bis der Reichstag etwas anderes bestimmt.

(2) Die Bestimmungen in Kapitel 8 § 17 dieser Regierungsform gelten für ältere Normen, die durch einen gemeinsamen Beschluss von König und Reichstag oder durch einen Beschluss des Reichstag zustande gekommen sind.

Nummer 7

(1) Bestimmungen in älteren Gesetzen oder anderen Normen über den König oder die königliche Majestät […] gelten für die Regierung, soweit nicht aus der Norm folgt oder sonst aus den Umständen hervorgeht, dass der König persönlich, der Oberste Gerichtshof, das Regierungsgericht oder das Kammergericht gemeint sind.

(2) Vorschriften, die gemäß älterem Gesetz oder einer anderen Norm vom König und dem Reichstag gemeinsam beschlossen werden sollen, werden stattdessen als Gesetze erlassen.

Nummer 8

Wird in einem Gesetz oder einer anderen Norm auf sonst eine Vorschrift verwiesen oder Bezug genommen, die durch eine Bestimmung dieser Regierungsform ersetzt wurde, wird stattdessen die neue Bestimmung angewandt.

…

Nummer 14

Durch diese Regierungsform wird nichts daran geändert, was bislang gemäß § 2 der älteren Regierungsform galt.

Gesetz 1976:871

Nummer 1

Die Änderungen der Regierungsform treten am 1. Januar 1977 in Kraft.

Nummer 2

[1]Ungeachtet von Kapitel 2 § 16 behalten ältere Vorschriften, die eine Ungleichbehandlung aufgrund des Geschlechts zur Folge haben, bis auf weiteres ihre Gültigkeit. [2]Solche Vorschriften dürfen geändert werden, auch wenn die Änderung eine fortgesetzte Ungleichbehandlung bedeutet.

Nummer 3

(aufgehoben)

---

1) Abgedruckt sind die noch geltenden Übergangsbestimmungen in ihrer heutigen Fassung.

Nummer 4

[1]Ungeachtet von Kapitel 2 § 1 Abs. 3 und § 14 Abs. 1 darf in Gesetzen vorgeschrieben werden, dass Filme und Videos nicht öffentlich vorgeführt werden dürfen, wenn sie nicht zuvor für eine solche Vorführung zugelassen wurden. [2]Gesetzlich darf auch vorgeschrieben werden, dass bewegliche Bilder aus einer Datenbank nicht vorgeführt werden dürfen, wenn die Bilder nicht zuvor für eine solche Vorführung zugelassen wurden.

Nummer 5

Ältere Normen und Vorschriften besitzen weiterhin Gültigkeit, auch wenn sie nicht in der Ordnung erlassen wurden, die bei Anwendung der Regierungsform in ihrer neuen Fassung beachtet hätte werden müssen.

Gesetz 1979:933

Nummer 1

Die Änderungen der Regierungsform treten am 1. Januar 1980 in Kraft.

Nummer 2

Ältere Vorschriften über Steuern oder Abgaben werden ungeachtet von Kapitel 2 § 10 Abs. 2 angewendet.

Gesetz 2010:1408

Nummer 1

Dieses Gesetz tritt am 1. Januar 2011 in Kraft.

Nummer 2

[1]Bis längstens zum 31. Dezember 2015 behalten ältere Vorschriften, die einen bedeutenden Eingriff in die persönliche Integrität zur Folge haben, ungeachtet von Kapitel 2 § 6 Abs. 2 ihre Gültigkeit. [2]Solche Vorschriften dürfen bis zu diesem Zeitpunkt geändert werden, auch wenn die Änderung bedeutet, dass der Eingriff fortbesteht.

Nummer 3

[1]Ungeachtet von Kapitel 2 § 12 behalten ältere Vorschriften, die eine Ungleichbehandlung aufgrund der sexuellen Orientierung zur Folge haben, bis auf weiteres ihre Gültigkeit. [2]Solche Vorschriften dürfen geändert werden, auch wenn die Änderung eine fortgesetzte Ungleichbehandlung bedeutet.

Nummer 4

Ungeachtet von Kapitel 11 § 3 behalten ältere Vorschriften über die Verteilung rechtsprechender Aufgaben zwischen Richtern bis auf weiteres ihre Gültigkeit.

Nummer 5

Ältere Vorschriften und Ermächtigungen gelten weiterhin, auch wenn sie nicht in der Ordnung erlassen wurden, die in der Regierungsform in ihrer neuen Fassung angegeben ist.

Nummer 6

Wird in einem Gesetz oder einer anderen Norm auf eine Vorschrift verwiesen, die durch eine Bestimmung der Regierungsform in ihrer neuen Fassung ersetzt wurde, wird stattdessen die neue Bestimmung angewendet.

Die Behandlung von Fragen in der Europäischen Union
Schwedische Reichstagsordnung – Zehntes Kapitel*)

Vom 28. Februar 1974
Gesetz 1974:153
zuletzt geändert durch Gesetz 2012:747 vom 22. November 2012

Paragraph 1 Informationen von der Europäischen Union
Der Reichstag erhält von den Institutionen der Union gemäß den Verträgen und den dazugehörenden Protokollen schriftliche Informationen über die Arbeit der Europäischen Union.

Paragraph 2 Die Pflicht der Regierung, den Reichstag über die EU-Arbeit zu informieren
(1) Die Regierung informiert den Reichstag gemäß Kap. 10, § 10 Regierungsform fortlaufend darüber, was im Rahmen der Zusammenarbeit in der Europäischen Union geschieht.

(2) Die Regierung legt dem Reichstag über ihr Handeln in der Europäischen Union Rechenschaft ab und legt ihm jedes Jahr eine Mitteilung vor, die einen Bericht über die Tätigkeit in der Europäischen Union enthält.

Paragraph 3 Die Pflicht der Regierung, den Reichstag über ihre Sicht auf Dokumente der Europäischen Union zu informieren
Die Regierung informiert den Reichstag über ihre Sicht auf die Dokumente, die die Institutionen der Europäischen Union dem Reichstag überreicht haben und die die Regierung für bedeutsam erachtet.

Paragraph 4 Arbeit der Ausschüsse mit EU-Fragen
(1) Ausschüsse verfolgen die Arbeit der Europäischen Union innerhalb der Arbeitsbereiche, die für jeden Ausschuss in Kap. 4, §§ 46ff. sowie den dazugehörenden Zusatzbestimmungen angegeben sind.

(2) [1]Die Regierung berät sich mit den Ausschüssen in den die Arbeit in der Europäischen Union betreffenden Fragen, die die Ausschüsse bestimmen. [2]Ein Ausschuss kann beschließen, dass diese Beratungen öffentlich stattfinden. [3]Im Übrigen werden die Bestimmungen in Kap. 4, § 13 mit Zusatzbestimmungen über nichtöffentliche und öffentliche Ausschusssitzungen angewendet.

(3) [1]Wenn es mindestens fünf Mitglieder eines Ausschusses begehren, beschließt dieser, sich gemäß Absatz 2 mit der Regierung zu beraten. [2]Der Ausschuss kann einen solchen Antrag ablehnen, wenn die begehrte Maßnahme die Behandlung der Frage verzögern würde, so dass erheblicher Schaden entstehen würde. [3]Der Ausschuss legt in diesem Fall im Protokoll die Gründe für die Ablehnung des Antrags dar.

(4) Bezüglich der Pflicht der Regierung und anderer staatlicher Behörden, in EU-Fragen Ausschüssen Auskünfte zu erteilen, gibt es Bestimmungen in Kap. 4, § 11.

Paragraph 5 Die Behandlung von EU-Dokumenten
(1) [1]Der Reichstag behandelt die dem Reichstag überreichten Grün- und Weißbücher auf die in diesem Paragraph angegebene Weise. [2]Der Reichstagspräsident kann nach Beratung mit Vertretern der verschiedenen Parteigruppen bestimmen, dass, mit Ausnahme von Entwürfen für Rechtsetzungsakte, auch andere Dokumente der Europäischen Union auf dieselbe Weise behandelt werden.

(2) Die Kammer überweist ein solches Dokument unter Anwendung von Kap. 4, §§ 1 und 7 dem gemäß den Bestimmungen in Kap. 4, §§ 46ff. mit dazugehörenden Zusatzbestimmungen berührten Ausschuss zur Prüfung.

(3) [1]Auf die Prüfung eines Dokuments durch einen Ausschuss ist Kap. 4, § 8 anwendbar. [2]Der Ausschuss holt erforderliche Auskünfte bei der Regierung ein.

(4) [1]Der Ausschuss legt der Kammer seine Prüfung in einer Stellungnahme dar. [2]Auf Beschlüsse über Stellungnahmen ist Kap. 4, §§ 15 und 16 anwendbar.

(5) Die Kammer beschließt über die Stellungnahme unter Anwendung der Regeln in Kap. 4, § 10, Kap. 5, §§ 1, 10 und 37 mit dazugehörenden Zusatzbestimmungen.

(6) Bezüglich der Pflicht der Regierung und anderer staatlicher Behörden, in EU-Fragen Ausschüssen Auskünfte zu erteilen, gibt es Bestimmungen in Kap. 4, § 11.

---

*) Übersetzung: Dr. Robert Kessel, Berlin.

Paragraph 6 Subsidiaritätskontrolle

(1) Der Reichstag prüft, ob der Entwurf eines Gesetzgebungsakts gegen das Subsidiaritätsprinzip verstößt.

(2) Die Kammer überweist einen Entwurf unter Anwendung von Kap. 4, §§ 1 und 7 dem gemäß den Bestimmungen in Kap. 4, §§ 46ff. mit dazugehörenden Zusatzbestimmungen berührten Ausschuss zur Prüfung.

(3) [1]Auf die Prüfung durch einen Ausschuss ist Kap. 4, § 8 anwendbar. [2]Die Regierung informiert innerhalb von zwei Wochen, nachdem dies der Ausschuss begehrt, darüber, wie sie die Anwendung des Subsidiaritätsprinzips im aktuellen Entwurf beurteilt.

(4) [1]Ist der Ausschuss der Ansicht, dass der Entwurf gegen das Subsidiaritätsprinzip verstößt, gibt er gegenüber der Kammer eine Stellungnahme ab, in der er vorschlägt, dass der Reichstag eine begründete Äußerung gegenüber den Vorsitzenden des Europäischen Parlaments, des Rats und der Kommission abgibt. [2]Der Ausschuss gibt auch dann eine Stellungnahme gegenüber der Kammer ab, wenn es mindestens fünf seiner Mitglieder begehren. [3]Anderenfalls meldet der Ausschuss der Kammer mittels Protokollauszugs, dass der Entwurf nicht gegen das Subsidiaritätsprinzip verstößt.

(5) Auf Beschlüsse des Ausschusses über Stellungnahmen ist Kap. 4, §§ 15 und 16 anwendbar.

(6) Die Kammer beschließt über die Stellungnahme unter Anwendung der Regeln in Kap. 4, § 10, Kap. 5, §§ 1, 10 und 37 mit dazugehörenden Zusatzbestimmungen.

(7) Ein Beschluss über eine begründete Äußerung wird den Vorsitzenden des Europäischen Parlaments, des Rats und der Kommission durch ein Reichstagsschreiben mitgeteilt.

(8) Der Verfassungsausschuss verfolgt die Anwendung des Subsidiaritätsprinzips und teilt der Kammer einmal im Jahr seine Beobachtungen mit.

Paragraph 7 Mitglieder im Konvent für Verfassungsänderungen innerhalb der Europäischen Union

(1) [1]Die Kammer wählt aus ihrer Mitte Mitglieder und deren Stellvertreter für den Konvent, der eingerichtet wird, um Vertragsänderungen innerhalb der Europäischen Union vorzubereiten. [2]Findet eine Reichstagswahl zu einer Zeit statt, während der ein Konvent tagt, hält der Reichstag nach der Reichstagswahl eine neue Wahl der Mitglieder und ihrer Stellvertreter für den Konvent ab. [3]Auf die Wahl werden im Übrigen die Bestimmungen in Kap. 7, §§ 7 und 25 und auf den Dienst der Stellvertreter Kap. 7, § 9 angewendet.

(2) Die Mitglieder des Konvents informieren bei Zusammenkünften mit der Kammer über die Arbeit des Konvents.

Paragraph 8 Billigung gewisser Initiativen der Europäischen Union

(1) [1]Der Reichstag soll eine Initiative des Europäischen Rats billigen oder ablehnen, derzufolge er eine Ermächtigung des Rats beschließen soll, wonach dieser die Beschlussordnung bei einem Beratungsgegenstand oder in einem bestimmten Fall von Einstimmigkeit auf qualifizierten Mehrheitsbeschluss oder von einem besonderen Rechtsetzungsverfahren zum gewöhnlichen Rechtsetzungsverfahren ändern darf. [2]Der Reichstag soll auch einen Vorschlag der Europäischen Kommission billigen oder ablehnen, demzufolge anzugeben ist, welche Aspekte des Familienrechts grenzüberschreitende Folgen haben und Gegenstand von Rechtsetzungsakten werden können, die gemäß dem gewöhnlichen Rechtsetzungsverfahren angenommen werden.

(2) Die Kammer überweist eine Initiative unter Anwendung von Kap. 4, §§ 1 und 7 dem gemäß den Bestimmungen in Kap. 4, §§ 46ff. mit dazugehörenden Zusatzbestimmungen berührten Ausschuss.

(3) [1]Auf die Behandlung durch einen Ausschuss ist Kap. 4, § 8 anwendbar. [2]Der Ausschuss holt erforderliche Auskünfte bei der Regierung ein.

(4) [1]Der Ausschuss legt der Kammer seinen Beschlussvorschlag in einer Stellungnahme dar. [2]Auf Beschlüsse über Stellungnahmen ist Kap. 4, §§ 15 und 16 anwendbar.

(5) Die Kammer beschließt über die Stellungnahme unter Anwendung der Regeln in Kap. 4, § 10, Kap. 5, §§ 1, 10 und 37 mit dazugehörenden Zusatzbestimmungen.

(6) Ein Beschluss über die Ablehnung einer Initiative oder eines Vorschlags wird dem Vorsitzenden des Europäischen Rats beziehungsweise den Vorsitzenden der Kommission und des Rats durch ein Reichstagsschreiben mitgeteilt.

Paragraph 9 EU-Ausschuss

(1) Für die Beratung gemäß Kap. 10, § 10 Regierungsform setzt der Reichstag in jeder Wahlperiode aus seiner Mitte einen Ausschuss für die Europäische Union (EU-Ausschuss) ein.

(2) Der EU-Ausschuss besteht aus einer ungeraden Anzahl von Mitgliedern, mindestens fünfzehn.

(3) [1]Bei den Ausschusssitzungen hat jede im Ausschuss vertretene Parteigruppe das Recht, ein Ausschussmitglied durch ein Mitglied desjenigen Ausschusses zu ersetzen, dessen Arbeitsbereich von den Fragen berührt wird, die Gegenstand der Besprechung mit der Regierung sind. [2]Dieses Recht besteht nicht für eine Parteigruppe, die bereits ein Mitglied oder einen Stellvertreter im Ausschuss hat, das beziehungsweise der gleichzeitig Mitglied des berührten Ausschusses ist.

Zusatzbestimmung

10.9.1 [Mitgliederzahl des EU-Ausschuss]

Die Anzahl der Mitglieder des EU-Ausschusses wird vom Reichstag auf Vorschlag des Wahlausschusses festgelegt.

Paragraph 10 Die Pflicht der Regierung, den EU-Ausschuss zu unterrichten und sich mit ihm zu beraten

(1) [1]Die Regierung unterrichtet den EU-Ausschuss über Fragen, die im Rat der Europäischen Union entschieden werden sollen. [2]Die Regierung berät mit dem Ausschuss auch darüber, wie die Verhandlungen im Rat vor dessen Entscheidung geführt werden sollen.

(2) Die Regierung berät sich mit dem EU-Ausschuss in anderen die Arbeit in der Europäischen Union berührenden Fragen, wenn der Ausschuss eine solche Beratung aus besonderen Gründen einfordert.

(3) Vor Treffen des Europäischen Rats berät sich die Regierung mit dem Ausschuss.

Paragraph 11 Sitzungen des EU-Ausschusses

(1) [1]Der EU-Ausschuss tritt hinter verschlossenen Türen zusammen. [2]Der Ausschuss kann jedoch beschließen, dass eine Sitzung ganz oder teilweise öffentlich stattfindet.

(2) Der Ausschuss kann gestatten, dass auch andere Personen als Mitglieder, Stellvertreter, Minister, Minister begleitende Angestellte und Angestellte des Ausschusses bei einer geschlossenen Sitzung anwesend sind.

(3) Im öffentlichen Teil einer Sitzung sind Vertreter einer staatlichen Behörde nicht verpflichtet, Angaben über etwas zu machen, das bei der Behörde der Geheimhaltung unterliegt.

Zusatzbestimmungen

10.11.1 [Einberufung von Sitzungen]

(1) [1]Der EU-Ausschuss tritt, einberufen durch den Reichstagspräsidenten, innerhalb von zwei Tagen nach seiner Wahl zum ersten Mal zusammen. [2]Danach tritt der Ausschuss nach Einberufung durch den Vorsitzenden zusammen. [3]Der Vorsitzende beruft den Ausschuss zu einer Sitzung ein, wenn es mindestens fünf Mitglieder des Ausschusses begehren.

(2) [1]Sämtlichen Mitgliedern und Stellvertretern wird eine persönliche Ladung geschickt. [2]Die Ladung soll wenn möglich spätestens um 18 Uhr am Vortag der Sitzung in den Räumen des Reichstags ausgehängt werden.

10.11.2 [Vorsitz vor Wahl des Vorsitzenden]

[1]Bevor ein Vorsitzender gewählt wurde, führt derjenige das Wort, der von den anwesenden Mitgliedern am längsten Mitglied des Reichstags ist. [2]Gehören zwei oder mehr Personen dem Reichstag gleich lange an, hat der Älteste von ihnen den Vortritt.

10.11.3 [Ton- und Bildaufzeichnungen]

Ton- und Bildaufzeichnungen dürfen im öffentlichen Teil einer Sitzung des EU-Ausschusses vorgenommen werden, wenn der Ausschuss nichts anderes beschließt.

10.11.4 [Besucher]

(1) [1]Im öffentlichen Teil einer Sitzung des EU-Ausschusses gibt es besondere Plätze für Zuhörer. [2]Zuhörer, die störend auftreten, dürfen sofort des Saals verwiesen werden. [3]Entsteht unter der Zuhörern Unruhe, darf der Vorsitzende sämtliche Zuhörer des Saals verweisen.

(2) [1]Besucher des öffentlichen Teils einer Sitzung des EU-Ausschusses haben nach Aufforderung ihre Garderobe und Taschen sowie solche Gegenstände abzugeben, die verwendet werden können, um bei der Sitzung die Ordnung zu stören. [2]Demjenigen, der einer solchen Aufforderung nicht nachkommt, kann der Zutritt zu der Sitzung verweigert werden. [3]Die Sachen der Eingelassenen werden während ihres Besuchs in besonderen Räumen aufbewahrt.

(3) Das Gesetz über die Sicherheitskontrolle in den Räumen des Reichstags enthält Bestimmungen über die Sicherheitskontrolle.

Paragraph 12 Schweigepflicht im EU-Ausschuss

Mitglieder, Stellvertreter und Angestellte des EU-Ausschusses dürfen nicht unbefugt offenbaren, was gemäß Beschluss der Regierung oder des Ausschusses mit Rücksicht auf die Sicherheit des Reichs oder andere besonders wichtige, vom Verhältnis zu einem fremden Staat oder einer zwischenstaatlichen Organisation bedingte Gründe, heimlich gehalten werden soll.

Paragraph 13 Protokoll bei Zusammentritten des EU-Ausschusses

(1) Bei Sitzungen des EU-Ausschusses wird Protokoll geführt.

(2) Stenografische Aufzeichnungen werden bei den Sitzungen des Ausschusses über das angefertigt, was bei den Beratungen des Ausschusses mit der Regierung geäußert wird.

Verfassung des Königreichs Spanien*)

Vom 29. Dezember 1978
zuletzt geändert durch B.O.E, Nr. 233 vom 27. September 2011

Inhalt

Juan Carlos I., König von Spanien, gibt allen, die Gegenwärtiges vernehmen, kund und zu wissen, dass die folgende

Verfassung

durch die Cortes gebilligt und das spanische Volk ratifiziert wurde:

PRÄAMBEL

Die spanische Nation, von dem Wunsch beseelt, Gerechtigkeit, Freiheit und Sicherheit herzustellen und das Wohl aller ihrer Bürger zu fördern, verkündet in Ausübung ihrer Souveränität ihren Willen,

das demokratische Zusammenleben im Rahmen der Verfassung und der Gesetze und in Übereinstimmung mit einer gerechten Wirtschafts- und Sozialordnung zu gewährleisten;

*) Übersetzung: Daniel R. Klein und Lic. María Pía Carazo Ortiz.

einen Rechtsstaat zu festigen, der die Herrschaft des Gesetzes als Ausdruck des Volkswillens gewährleistet;

alle Spanier und Völker Spaniens bei der Ausübung der Menschenrechte und bei der Pflege ihrer Kultur und Traditionen, Sprache und Institutionen zu schützen;

den Fortschritt von Wirtschaft und Kultur zu fördern, um würdige Lebensverhältnisse für alle zu sichern;

eine fortschrittliche demokratische Gesellschaft zu errichten;

bei der Stärkung friedlicher Beziehungen und guter Zusammenarbeit zwischen allen Völkern der Erde mitzuwirken.

Kraft dessen beschließen die Cortes und ratifiziert das spanische Volk die folgende Verfassung:

VORTITEL

Artikel 1 [Staatsgrundsätze, Staatsform]

(1) Spanien konstituiert sich als demokratischer und sozialer Rechtsstaat und bekennt sich zu Freiheit, Gerechtigkeit, Gleichheit und politischem Pluralismus als obersten Werten seiner Rechtsordnung.

(2) Träger der nationalen Souveränität ist das spanische Volk, von dem alle Staatsgewalt ausgeht.

(3) Die Staatsform Spaniens ist die parlamentarische Monarchie.

Artikel 2 [Einheit der Nation, Autonomie der Nationalitäten]

Die Verfassung gründet sich auf die unauflösliche Einheit der spanischen Nation, gemeinsames und unteilbares Vaterland aller Spanier, und anerkennt und gewährleistet das Recht auf Autonomie der Nationalitäten und Regionen, aus denen sie sich zusammensetzt, und die Solidarität zwischen ihnen.

Artikel 3 [Amtssprache, weitere Sprachen]

(1) [1]Kastilisch ist die offizielle spanische Amtssprache. [2]Alle Spanier haben die Pflicht, sie zu kennen, und das Recht, sie zu gebrauchen.

(2) Die weiteren spanischen Sprachen sind in den Autonomen Gemeinschaften und gemäß ihren jeweiligen Statuten ebenfalls offiziell.

(3) Der Reichtum der unterschiedlichen sprachlichen Gegebenheiten Spaniens ist ein kulturelles Erbe, das besonders zu achten und zu schützen ist.

Artikel 4 [Flaggen]

(1) Die spanische Flagge besteht aus drei Querstreifen: rot, gelb, rot; der gelbe Streifen hat die doppelte Breite eines jeden roten.

(2) [1]In den Statuten können eigene Flaggen und Embleme der Autonomen Gemeinschaften anerkannt werden. [2]Sie werden auf und in öffentlichen Gebäuden und bei offiziellen Anlässen zusammen mit der spanischen Fahne gehisst.

Artikel 5 [Hauptstadt]

Hauptstadt des Staates ist Madrid.

Artikel 6 [Politische Parteien]

[1]Die politischen Parteien sind Ausdruck des politischen Pluralismus, wirken bei der Bildung und Äußerung des Volkswillens mit und sind Hauptinstrument der politischen Beteiligung.
[2]Ihre Gründung und die Ausübung ihrer Tätigkeit sind im Rahmen der Verfassung und des Gesetzes frei. [3]Ihre innere Struktur und ihre Arbeitsweise müssen demokratisch sein.

Artikel 7 [Gewerkschaften und Unternehmerverbände]

[1]Die Gewerkschaften und Unternehmerverbände tragen zur Verteidigung und Förderung ihrer wirtschaftlichen und sozialen Interessen bei. [2]Ihre Gründung und die Ausübung ihrer Tätigkeit sind im Rahmen der Verfassung und des Gesetzes frei. [3]Ihre innere Struktur und ihre Arbeitsweise müssen demokratisch sein.

Artikel 8 [Streitkräfte]
(1) Die Streitkräfte, bestehend aus Heer, Flotte und Luftwaffe, haben zur Aufgabe, die Souveränität und Unabhängigkeit Spaniens zu gewährleisten und seine territoriale Integrität und verfassungsmäßige Ordnung zu verteidigen.

(2) Ein Organgesetz regelt die Grundlagen der Militärorganisation in Übereinstimmung mit den Grundsätzen der vorliegenden Verfassung.

Artikel 9 [Geltungsanspruch und Gewährleistungen der Verfassung]
(1) Die Bürger und die öffentliche Gewalt sind an die Verfassung und die übrige Rechtsordnung gebunden.

(2) Der öffentlichen Gewalt obliegt es, die Bedingungen dafür zu schaffen, dass Freiheit und Gleichheit des Einzelnen und der Gruppen, denen er angehört, tatsächlich und effektiv wirksam sind; die Hindernisse zu beseitigen, die ihrer vollen Entfaltung entgegenstehen oder diese erschweren; und die Teilnahme aller Bürger am politischen, wirtschaftlichen, kulturellen und sozialen Leben zu fördern.

(3) Die Verfassung gewährleistet das Prinzip der Legalität, die Hierarchie und die Publizität der Normen, das Verbot der Rückwirkung von Strafbestimmungen, die sich ungünstig oder restriktiv auf die Rechte des Einzelnen auswirken, die Rechtssicherheit, die Haftung der öffentlichen Gewalt und das Willkürverbot.

TITEL I
Grundrechte und -pflichten

Artikel 10 [Menschenwürde und Menschenrechte]
(1) Die Würde des Menschen, die ihm ureigenen unverletzlichen Rechte, die freie Entfaltung der Persönlichkeit, die Achtung des Gesetzes und der Rechte anderer sind Grundlage der politischen Ordnung und des sozialen Friedens.

(2) Die Normen, die sich auf die in der Verfassung anerkannten Grundrechte und -freiheiten beziehen, sind in Übereinstimmung mit der Allgemeinen Erklärung der Menschenrechte und den in diesem Bereich von Spanien ratifizierten internationalen Verträgen und Abkommen auszulegen.

Kapitel 1
Spanier und Ausländer

Artikel 11 [Staatsangehörigkeit]
(1) Die spanische Staatsangehörigkeit wird gemäß den Bestimmungen des Gesetzes erworben, beibehalten und entzogen.

(2) Keinem gebürtigen Spanier darf die Staatsangehörigkeit entzogen werden.

(3) [1]Der Staat kann mit den iberoamerikanischen Ländern oder solchen, die durch besondere Beziehungen mit Spanien verbunden waren oder sind, Verträge über doppelte Staatsangehörigkeit abschließen. [2]In diesen Ländern können Spanier ohne den Verlust ihrer durch Geburt erworbenen Staatsbürgerschaft das Bürgerrecht auch dann erhalten, wenn die betreffenden Länder ihren Bürgern ein reziprokes Recht nicht einräumen.

Artikel 12 [Volljährigkeit]
Die Spanier werden im Alter von 18 Jahren volljährig.

Artikel 13 [Rechte der Ausländer; Auslieferung und Asylrecht]
(1) Ausländer genießen in Spanien nach Maßgabe der Verträge und Gesetze die öffentlichen Freiheiten, die dieser Titel gewährleistet.

(2) Träger der in Artikel 23 anerkannten Rechte können nur Spanier sein, mit Ausnahme dessen, was auf der Grundlage der Gegenseitigkeit für das aktive und passive Wahlrecht bei Gemeindewahlen durch Vertrag oder Gesetz bestimmt wird.

(3) [1]Einer Auslieferung wird nur in Erfüllung eines Vertrages oder eines Gesetzes und unter Beachtung des Gegenseitigkeitsprinzips stattgegeben. [2]Von der Auslieferung ausgenommen sind politische Delikte, wobei terroristische Handlungen nicht als solche gelten.

(4) Das Gesetz legt die Bedingungen fest, nach denen Bürger anderer Länder und Staatenlose Asylrecht in Spanien genießen können.

Kapitel 2

Rechte und Freiheiten

Artikel 14 [Gleichheit]

Alle Spanier sind vor dem Gesetz gleich; niemand darf wegen seiner Abstammung, seiner Rasse, seines Geschlechts, seiner Religion, seiner Anschauung oder jedweder anderer persönlicher oder sozialer Umstände diskriminiert werden.

Abschnitt 1

Grundrechte und öffentliche Freiheiten

Artikel 15 [Leben und Unversehrtheit; Verbot der Folter und der Todesstrafe]

[1]Jeder hat das Recht auf Leben und körperliche und seelische Unversehrtheit; niemand darf jemals der Folter oder unmenschlichen und erniedrigenden Bestrafung oder Behandlung ausgesetzt werden. [2]Die Todesstrafe ist abgeschafft, mit Ausnahme der Bestimmungen, die die militärischen Strafgesetze für Kriegszeiten festlegen können.

Artikel 16 [Bekenntnis- und Religionsfreiheit]

(1) Die Freiheit des weltanschaulichen Bekenntnisses, der Religion und des Glaubens des Einzelnen und der Gemeinschaften wird gewährleistet; ihre Ausübung darf nur eingeschränkt werden, soweit dies zur Wahrung der vom Gesetz geschützten öffentlichen Ordnung notwendig ist.

(2) Niemand darf gezwungen werden, sich zu seiner Weltanschauung, seiner Religion oder seinem Glauben zu äußern.

(3) [1]Es gibt keine Staatsreligion. [2]Die öffentliche Gewalt berücksichtigt die religiösen Anschauungen der spanischen Gesellschaft und unterhält dementsprechend Beziehungen der Zusammenarbeit zur katholischen Kirche und den übrigen Konfessionen.

Artikel 17 [Freiheit und Sicherheit; habeas corpus]

(1) [1]Jeder hat das Recht auf Freiheit und Sicherheit. [2]Ein Freiheitsentzug darf nur unter Beachtung der Bestimmungen dieses Artikels und nur nach Maßgabe der vom Gesetz bestimmten Fälle und Form stattfinden.

(2) Die vorläufige Festnahme darf nicht länger dauern, als es für die Ermittlungen, die zur Klärung des Sachverhaltes führen sollen, unbedingt notwendig ist; in jedem Fall muss der Festgenommene nach einer Frist von höchstens zweiundsiebzig Stunden freigelassen oder dem Richter vorgeführt werden.

(3) [1]Jede festgenommene Person muss unverzüglich und auf für sie verständliche Art und Weise über ihre Rechte und die Gründe ihrer Festnahme informiert werden. [2]Bei polizeilichen und richterlichen Ermittlungen wird dem Festgenommenen nach Maßgabe der gesetzlichen Bestimmungen der Beistand eines Anwalts gewährleistet.

(4) [1]Das Gesetz sieht ein *Habeas-Corpus*-Verfahren vor, nach dem jede unrechtmäßig festgehaltene Person unverzüglich dem Richter vorzuführen ist. [2]Desgleichen bestimmt das Gesetz die Höchstdauer der Untersuchungshaft.

Artikel 18 [Persönlichkeitsrecht, Unverletzlichkeit der Wohnung, Kommunikationsgeheimnis]

(1) Jeder hat das Recht auf Ehre, auf die persönliche und familiäre Privatsphäre und das Recht am eigenen Bild.

(2) [1]Die Wohnung ist unverletzlich. [2]Zutritt und Durchsuchungen dürfen nur mit der Einwilligung des Besitzers oder aufgrund einer gerichtlichen Entscheidung erfolgen, außer in Fällen der frischen Tatbegehung.

(3) Das Kommunikationsgeheimnis sowie insbesondere das Post-, Fernmelde- und Fernsprechgeheimnis werden außer im Falle einer gerichtlichen Entscheidung gewährleistet.

(4) Das Gesetz beschränkt den Einsatz der elektronischen Datenverarbeitung, um die Ehre und die persönliche und familiäre Privatsphäre der Bürger und die volle Ausübung ihrer Rechte zu gewährleisten.

Artikel 19 [Freizügigkeit]
Alle Spanier haben das Recht auf freie Wahl des Wohnsitzes und auf Freizügigkeit innerhalb des nationalen Hoheitsgebiets.

[1]Ebenso haben sie nach Maßgabe der gesetzlichen Bestimmungen das Recht der freien Ein- und Ausreise. [2]Dieses Recht darf nicht aus politischen oder weltanschaulichen Gründen eingeschränkt werden.

Artikel 20 [Meinungs-, Kunst- und Wissenschaftsfreiheit]
(1) Es werden anerkannt und geschützt:

a) das Recht auf freie Äußerung und Verbreitung von Gedanken und Meinungen in Wort, Schrift oder durch jedes andere Medium;
b) das Recht auf literarische, künstlerische, wissenschaftliche und technische Erfindung und Schöpfung;
c) das Recht auf Freiheit der Lehre;
d) das Recht, Informationen über Medien jeder Art frei und wahrheitsgetreu zu verbreiten und frei zu empfangen. Das Gesetz regelt das Recht der Berufung auf Gewissensgründe und das Berufsgeheimnis im Zusammenhang mit der Ausübung dieser Freiheiten.

(2) Die Ausübung dieser Rechte darf durch keinerlei Vorzensur eingeschränkt werden.

(3) Das Gesetz regelt die Organisation und die parlamentarische Kontrolle der vom Staat oder irgendeiner öffentlichen Einrichtung abhängigen Kommunikationsmedien und gewährleistet den bedeutenden sozialen und politischen Gruppen den Zugang zu diesen Medien in Achtung des Pluralismus der Gesellschaft und der verschiedenen Sprachen Spaniens.

(4) Diese Freiheiten finden ihre Grenzen in der Achtung der in diesem Titel anerkannten Rechte, in den Vorschriften der sie ausgestaltenden Gesetze und insbesondere im Recht auf Ehre, Privatsphäre und das eigene Bild sowie dem Schutz der Jugend und Kinder.

(5) Die Beschlagnahme von Veröffentlichungen, Tonbandaufnahmen und anderen Informationsmedien darf nur aufgrund gerichtlicher Entscheidung erfolgen.

Artikel 21 [Versammlungsfreiheit]
(1) [1]Das Recht auf friedliche Versammlung ohne Waffen wird anerkannt. [2]Die Ausübung dieses Rechtes bedarf keiner vorherigen Genehmigung.

(2) [1]Von Versammlungen an öffentlichen Orten und Demonstrationen ist die zuständige Behörde zuvor in Kenntnis zu setzen. [2]Diese darf ein Verbot nur aussprechen, wenn die begründete Annahme einer Störung der öffentlichen Ordnung mit Gefahr für Personen oder Güter gegeben ist.

Artikel 22 [Vereinigungsfreiheit]
(1) Das Recht auf Vereinigungsfreiheit wird anerkannt.

(2) Vereinigungen, deren Ziele oder Mittel die Strafgesetze verletzen, sind ungesetzlich.

(3) Die gemäß diesem Artikel gegründeten Vereinigungen müssen sich zum alleinigen Zweck der Publizität in ein Register eintragen.

(4) Die Vereinigungen können nur kraft einer begründeten gerichtlichen Entscheidung aufgelöst oder in ihrer Tätigkeit unterbrochen werden.

(5) Geheimbünde und paramilitärische Vereinigungen sind verboten.

Artikel 23 [Teilhabe an öffentlichen Angelegenheiten, Zugang zu Ämtern]
(1) Alle Bürger haben das Recht, an den öffentlichen Angelegenheiten direkt oder durch in regelmäßigen, allgemeinen Wahlen frei gewählte Vertreter teilzunehmen.

(2) Ebenso haben sie unter den Bedingungen der Gleichheit und gemäß den gesetzlichen Bestimmungen das Recht auf Zugang zu öffentlichen Ämtern und Funktionen.

Artikel 24 [Rechtsschutz, gesetzlicher Richter, nemo tenetur, Unschuldsvermutung]
(1) Jede Person hat bei der Wahrnehmung ihrer legitimen Rechte und Interessen das Recht auf effektiven Schutz durch Richter und Gerichte; in keinem Fall darf jemand ohne Verteidigung bleiben.

(2) [1]Ebenso hat jeder das Recht auf einen vom Gesetz bestimmten ordentlichen Richter, auf Verteidigung und Beistand durch einen Rechtsanwalt, auf Information über die gegen ihn erhobene Anklage, auf einen öffentlichen Prozess ohne ungebührliche Verzögerungen und mit allen Garantien, auf Verwendung aller ihm zur Verteidigung zustehenden Beweismittel, auf die Weigerung, gegen sich selbst auszusagen oder sich für schuldig zu erklären, sowie auf die Vermutung der Unschuld. [2]Das Gesetz regelt die Fälle, in denen auf Grund der Verwandtschaft oder des Berufsgeheimnisses keine Verpflichtung zur Aussage über mutmaßliche strafbare Handlungen vorliegt.

Artikel 25 [nulla poena sine lege]
(1) Niemand darf für Handlungen oder Unterlassungen verurteilt oder bestraft werden, die nach der zum Zeitpunkt ihrer Ausführung gültigen Rechtsordnung keine Straftat, schuldhafte Handlung oder Ordnungswidrigkeit darstellen.

(2) [1]Gefängnisstrafen und Maßregeln der Besserung und Sicherung müssen auf Umerziehung und soziale Wiedereingliederung ausgerichtet sein und dürfen nicht in Zwangsarbeit bestehen. [2]Jeder zu einer Gefängnisstrafe Verurteilte genießt bei deren Verbüßung die in diesem Kapitel genannten Grundrechte, mit Ausnahme derjenigen, die durch den Inhalt des Strafurteils, den Sinn der Strafe oder das Strafvollzugsgesetz ausdrücklich eingeschränkt werden. [3]In jedem Fall hat er das Recht auf bezahlte Arbeit und die entsprechenden Leistungen der Sozialversicherung sowie auf den Zugang zum kulturellen Leben und auf die volle Entfaltung seiner Persönlichkeit.

(3) Die Zivilverwaltung darf keine Sanktionen verhängen, die unmittelbar oder mittelbar einen Freiheitsentzug bedeuten.

Artikel 26 [Unzulässigkeit von Ehrengerichten]
Ehrengerichte sind im Bereich der Zivilverwaltung und der Berufsverbände unzulässig.

Artikel 27 [Bildung und Schulwesen]
(1) [1]Alle haben das Recht auf Bildung. [2]Die Freiheit des Unterrichts wird anerkannt.

(2) Das Ziel von Bildung und Erziehung ist die freie Entfaltung der Persönlichkeit des Menschen unter Achtung der demokratischen Grundsätze des Zusammenlebens sowie der Grundrechte und Grundfreiheiten.

(3) Die öffentliche Gewalt gewährleistet den Eltern das Recht auf eine religiöse und moralische Erziehung ihrer Kinder im Einklang mit ihren eigenen Überzeugungen.

(4) Der Grundschulunterricht ist obligatorisch und kostenfrei.

(5) Die öffentliche Gewalt gewährleistet das Recht aller auf Bildung mittels einer allgemeinen Lehrplanung, unter wirksamer Beteiligung aller betroffenen Gruppen, sowie durch die Errichtung von Schulen und Bildungsstätten.

(6) Natürlichen und juristischen Personen wird die Freiheit zuerkannt, unter Achtung der Verfassungsgrundsätze Schulen und Bildungsstätten zu gründen.

(7) Die Lehrer, die Eltern und gegebenenfalls die Schüler beteiligen sich nach Maßgabe der gesetzlichen Bestimmungen an der Kontrolle und Leitung aller mit öffentlichen Mitteln unterhaltenen Schulen.

(8) Die öffentliche Gewalt beaufsichtigt und vereinheitlicht das Schulwesen, um die Einhaltung der Gesetze zu gewährleisten.

(9) Die öffentliche Gewalt unterstützt die Schulen und Bildungsstätten, welche die vom Gesetz festgelegten Bedingungen erfüllen.

(10) Die Autonomie der Universitäten wird im Rahmen der gesetzlichen Bestimmungen anerkannt.

Artikel 28 [Gewerkschaftsfreiheit]
(1) [1]Alle haben das Recht, sich frei gewerkschaftlich zu organisieren. [2]Durch Gesetz kann die Ausübung dieses Rechtes für die Streitkräfte, militärischen Einrichtungen und übrigen der Militärdisziplin unterstehenden Einheiten Beschränkungen oder Ausnahmen unterworfen werden; das Gesetz regelt ebenso die Sonderbestimmungen zur Ausübung dieses Rechtes durch die Beamten. [3]Die Gewerk-

schaftsfreiheit schließt das Recht ein, Gewerkschaften zu gründen und sich frei nach Wahl einer solchen anzuschließen, sowie das Recht der Gewerkschaften, Dachverbände zu bilden und internationale Gewerkschaftsorganisationen zu gründen oder sich solchen anzuschließen. [4]Niemand darf zum Eintritt in eine Gewerkschaft gezwungen werden.

(2) [1]Das Streikrecht der Arbeitnehmer zur Verteidigung ihrer Interessen wird anerkannt. [2]Das Gesetz, das die Ausübung dieses Rechtes regelt, legt die erforderlichen Gewährleistungen fest, um die wesentlichen Dienste zur Versorgung der Allgemeinheit sicherzustellen.

Artikel 29 [Petitionsrecht]

(1) Alle Spanier haben das Recht, individuell oder in Gemeinschaft mit anderen Petitionen schriftlich und in der vom Gesetz vorgesehenen Art und Weise vorzubringen.

(2) Die Mitglieder der Streitkräfte, militärischen Einrichtungen und übrigen der Militärdisziplin unterstehenden Einheiten dürfen dieses Recht nur individuell und gemäß ihren Sondergesetzen ausüben.

Abschnitt 2

Rechte und Pflichten der Bürger

Artikel 30 [Militärpflicht]

(1) Alle Spanier haben das Recht und die Pflicht, Spanien zu verteidigen.

(2) Das Gesetz legt die militärischen Pflichten der Spanier fest und regelt unter Wahrung der gebotenen Garantien die Wehrdienstverweigerung aus Gewissensgründen sowie alle weiteren Gründe für die Befreiung von der Wehrpflicht; das Gesetz kann gegebenenfalls zu einem sozialen Ersatzdienst verpflichten.

(3) Zur Erfüllung von Zwecken, die im Interesse der Allgemeinheit liegen, kann ein Zivildienst eingerichtet werden.

(4) Durch Gesetz können die Pflichten der Bürger in Fällen einer ernsten Bedrohung sowie von Katastrophen oder öffentlichen Unglücksfällen geregelt werden.

Artikel 31 [Steuersystem, Staatsausgaben]

(1) Alle tragen zum Aufkommen der öffentlichen Ausgaben bei, gemäß ihren wirtschaftlichen Möglichkeiten, mittels eines gerechten und von den Grundsätzen der Gleichheit und Progression geleiteten Steuersystems, das in keinem Fall bis zur Konfiskation führen darf.

(2) Die öffentlichen Mittel sind gleich und gerecht zu verteilen; Planung und Ausführung müssen den Kriterien der Wirksamkeit und Wirtschaftlichkeit entsprechen.

(3) Vermögensleistungen persönlichen oder öffentlichen Charakters dürfen nur durch Gesetz festgelegt werden.

Artikel 32 [Eheschließung]

(1) Mann und Frau haben das Recht, in voller Gleichberechtigung die Ehe zu schließen.

(2) Das Gesetz regelt die Formen der Ehe, das Alter und die Voraussetzungen für die Eheschließung, die Rechte und Pflichten der Ehegatten sowie die Gründe für Trennung und Auflösung und deren Auswirkungen.

Artikel 33 [Eigentum, Enteignung]

(1) Das Recht auf Privateigentum und das Erbrecht werden anerkannt.

(2) Die soziale Funktion dieser Rechte umgrenzt ihren Inhalt nach Maßgabe der Gesetze.

(3) Niemandem dürfen das Vermögen oder seine Rechte entzogen werden, es sei denn aus berechtigten Gründen des öffentlichen Nutzens oder des Allgemeininteresses und nur gegen entsprechende Entschädigung nach Maßgabe der Gesetze.

Artikel 34 [Stiftungen]

(1) Das Stiftungsrecht für Zwecke, die im Interesse der Allgemeinheit liegen, wird nach Maßgabe der Gesetze anerkannt.

(2) Ferner gelten für Stiftungen die in Artikel 22 Absätze 2 und 4 niedergelegten Bestimmungen.

Artikel 35 [Berufs- und Gewerbefreiheit]

(1) Alle Spanier haben die Pflicht zu arbeiten und das Recht auf Arbeit, auf die freie Wahl des Berufes oder Gewerbes, auf Fortkommen durch ihre Arbeit und auf eine Entlohnung, die zur Deckung ihrer Bedürfnisse und derer ihrer Familie ausreicht; eine Diskriminierung auf Grund des Geschlechts ist in keinem Fall zulässig.

(2) Durch Gesetz wird ein Arbeitnehmerstatut geregelt.

Artikel 36 [Berufskammern]

[1]Das Gesetz regelt die Besonderheiten der Rechtsordnung der Berufskammern und die Ausübung der mit Titel versehenen Berufe. [2]Die innere Struktur und Arbeitsweise der Kammern müssen demokratisch sein.

Artikel 37 [Arbeitnehmer und Arbeitgeber]

(1) Das Gesetz gewährleistet das Recht auf Kollektivverhandlung zwischen den Vertretern der Arbeitnehmer und der Arbeitgeber sowie die Verbindlichkeit der getroffenen Abkommen.

(2) [1]Das Recht der Arbeitnehmer und Arbeitgeber auf Maßnahmen des kollektiven Arbeitskampfes wird anerkannt. [2]Das Gesetz, das die Ausübung dieses Rechtes regelt, sieht, ungeachtet eventueller Beschränkungen, die Garantien vor, die zur Sicherung der für die Gemeinschaft wesentlichen Dienstleistungen erforderlich sind.

Artikel 38 [Freiheit der Unternehmen]

[1]Die Unternehmensfreiheit im Rahmen der Marktwirtschaft wird anerkannt. [2]Die öffentliche Gewalt gewährleistet und schützt die Ausübung dieser Freiheit und die Verteidigung der Produktivität gemäß den Erfordernissen der allgemeinen Wirtschaft und gegebenenfalls der Planung.

Kapitel 3
Leitprinzipien der Sozial- und Wirtschaftspolitik

Artikel 39 [Schutz der Familie und der Kinder]

(1) Die öffentliche Gewalt stellt den sozialen, wirtschaftlichen und rechtlichen Schutz der Familie sicher.

(2) [1]Die öffentliche Gewalt gewährleistet ebenso den vollen Schutz der Kinder, die ungeachtet ihrer Abstammung vor dem Gesetz gleich sind, und den der Mütter ohne Ansehen ihres Familienstandes. [2]Die Nachprüfung der Vaterschaft wird durch Gesetz ermöglicht.

(3) Die Eltern müssen ihren ehelichen ebenso wie nichtehelichen Kindern bis zu ihrer Volljährigkeit und in allen weiteren gesetzlich vorgesehenen Fällen jede Art von Unterstützung gewähren.

(4) Die Kinder genießen den Schutz, der in den internationalen Abkommen zur Wahrung ihrer Rechte vorgesehen ist.

Artikel 40 [Stabilitätspolitik, Arbeitsrecht]

(1) [1]Die öffentliche Gewalt fördert im Rahmen einer Politik wirtschaftlicher Stabilität die für den sozialen und wirtschaftlichen Fortschritt und für eine gerechtere Verteilung des regionalen und persönlichen Einkommens günstigen Bedingungen. [2]Insbesondere verfolgt sie eine auf die Vollbeschäftigung ausgerichtete Politik.

(2) [1]Die öffentliche Gewalt fördert gleichfalls eine Politik, die Berufsausbildung und Umschulung sicherstellt. [2]Sie überwacht Sicherheit und Hygiene am Arbeitsplatz und gewährleistet die erforderliche Erholung durch Begrenzung der Arbeitszeit sowie regelmäßigen bezahlten Urlaub und die Förderung geeigneter Erholungsstätten.

Artikel 41 [Sozialversicherung]

[1]Die öffentliche Gewalt unterhält ein öffentliches System der sozialen Sicherheit für alle Bürger, das ausreichende Unterstützung und Leistungen für den Bedarfsfall garantiert, vor allem im Fall der Arbeitslosigkeit. [2]Die ergänzenden Unterstützungsleistungen sind frei.

Artikel 42 [Arbeitnehmer im Ausland]
Der Staat wacht besonders über den Schutz der wirtschaftlichen und sozialen Rechte der spanischen Arbeitnehmer im Ausland und richtet seine Politik auf deren Rückkehr aus.

Artikel 43 [Gesundheitsschutz]
(1) Das Recht auf Schutz der Gesundheit wird anerkannt.

(2) [1]Der öffentlichen Gewalt obliegt die Organisation und der Schutz der öffentlichen Gesundheit durch vorbeugende Maßnahmen und die notwendigen Leistungen und Dienste.
[2]Das Gesetz bestimmt die diesbezüglichen Rechte und Pflichten aller.

(3) Die öffentliche Gewalt fördert die Aufklärung über Gesundheit und Hygiene, die Leibeserziehung und den Sport sowie eine angemessene Nutzung der Freizeit.

Artikel 44 [Kultur- und Wissenschaftsförderung]
(1) Die öffentliche Gewalt fördert und schützt den Zugang zur Kultur, auf die jeder ein Recht hat.

(2) Die öffentliche Gewalt fördert die Wissenschaft sowie die wissenschaftliche und technische Forschung zum Wohl der Allgemeinheit.

Artikel 45 [Umwelt]
(1) Alle haben das Recht auf eine Umwelt, die der Entfaltung der Persönlichkeit förderlich ist, sowie die Pflicht, sie zu erhalten.

(2) [1]Die öffentliche Gewalt wacht über die rationelle Nutzung aller natürlichen Ressourcen mit dem Ziel, die Lebensqualität zu schützen und zu verbessern und die Umwelt zu bewahren und wiederherzustellen. [2]Dabei stützt sie sich auf die unerlässliche Solidarität der Gemeinschaft.

(3) Für Verstöße gegen die Bestimmungen des vorigen Absatzes sieht das Gesetz strafrechtliche oder gegebenenfalls verwaltungsrechtliche Sanktionen vor sowie die Verpflichtung, den verursachten Schaden wiedergutzumachen.

Artikel 46 [Kulturerbe]
[1]Die öffentliche Gewalt gewährleistet die Erhaltung und fördert die Bereicherung des historischen, kulturellen und künstlerischen Erbes der Völker Spaniens sowie der Güter, aus denen es sich zusammensetzt, ungeachtet ihres rechtlichen Status und ihrer Trägerschaft.
[2]Verstöße gegen dieses Erbe sind durch das Strafrecht zu ahnden.

Artikel 47 [Recht auf Wohnung]
[1]Alle Spanier haben das Recht auf eine würdige und angemessene Wohnung. [2]Die öffentliche Gewalt fördert die Bedingungen und erlässt die entsprechenden Vorschriften, die zur Verwirklichung dieses Rechts erforderlich sind; sie regelt die Nutzung des Bodens im Interesse der Allgemeinheit, um Spekulationen zu verhindern.

Die Allgemeinheit ist am Wertzuwachs, der durch Städtebaumaßnahmen der öffentlichen Hand entsteht, zu beteiligen.

Artikel 48 [Teilhabe der Jugend]
Die öffentliche Gewalt fördert die Bedingungen für eine freie und wirksame Beteiligung der Jugend an der politischen, sozialen, wirtschaftlichen und kulturellen Entwicklung.

Artikel 49 [Rechte der Behinderten]
Die öffentliche Gewalt betreibt eine Politik der Vorsorge, Behandlung, Rehabilitation und Integration der körperlich und der geistig Behinderten; sie gewährleistet ihnen die benötigte spezialisierte Versorgung und unterstützt sie in besonderer Weise bei der Inanspruchnahme der Rechte, die dieser Titel allen Bürgern gewährt.

Artikel 50 [Rechte der Älteren]
[1]Die öffentliche Gewalt gewährleistet den Bürgern im Ruhestand das wirtschaftliche Auskommen durch angemessene und regelmäßig anzupassende Renten. [2]Außerdem fördert sie, unabhängig von familiären Verpflichtungen, ihr Wohlergehen durch ein System sozialer Leistungen, das ihre spezifischen Probleme in den Bereichen Gesundheit, Wohnung, Kultur und Freizeit berücksichtigt.

Artikel 51 [Verbraucherschutz]

(1) Die öffentliche Gewalt gewährleistet den Schutz der Verbraucher, indem sie ihre Sicherheit, Gesundheit und ihre legitimen wirtschaftlichen Interessen durch wirksame Maßnahmen schützt.

(2) Die öffentliche Gewalt fördert die Information und Aufklärung der Verbraucher; sie unterstützt deren Organisationen und hört diese in allen sie betreffenden Angelegenheiten nach Maßgabe des Gesetzes an.

(3) Das Gesetz regelt im Rahmen der Bestimmungen von Absatz 1 und 2 den Binnenhandel und das Recht der Zulassung von Waren und Produkten.

Artikel 52 [Berufsverbände]

[1]Das Gesetz regelt die Berufsverbände, die zur Verteidigung der sie betreffenden wirtschaftlichen Interessen beitragen. [2]Ihre innere Struktur und ihre Arbeitsweise müssen demokratisch sein.

Kapitel 4

Gewährleistung der Grundrechte und Grundfreiheiten

Artikel 53 [Grundrechtsbindung der öffentlichen Gewalt; Wesensgehaltsgarantie; Grundrechtsschutz]

(1) [1]Die in Kapitel 2 dieses Titels anerkannten Rechte und Freiheiten binden alle öffentliche Gewalt. [2]Nur durch Gesetz, das in jedem Fall ihren Wesensgehalt achten muss, kann ihre Ausübung geregelt werden; Rechtsschutz für diese Rechte und Freiheiten wird gemäß den Bestimmungen in Artikel 161 Absatz 1 a) gewährleistet.

(2) [1]Jeder Bürger kann durch ein Verfahren vor den ordentlichen Gerichten, das auf den Grundsätzen der Priorität und der Schnelligkeit beruht, sowie gegebenenfalls durch eine Verfassungsbeschwerde vor dem Verfassungsgericht den Schutz der in Artikel 14 und in Abschnitt 1 des Kapitels 2 anerkannten Rechte und Freiheiten ersuchen. [2]Die Verfassungsbeschwerde ist bei der in Artikel 30 anerkannten Wehrdienstverweigerung aus Gewissensgründen anwendbar.

(3) [1]Die Anerkennung, die Achtung und der Schutz der in Kapitel 3 anerkannten Grundsätze liegen der positiven Gesetzgebung, der Rechtsprechung und dem Handeln der öffentlichen Gewalt zugrunde. [2]Sie können nur vor der ordentlichen Gerichtsbarkeit in Übereinstimmung mit den dafür maßgeblichen Gesetzen geltend gemacht werden.

Artikel 54 [Ombudsmann]

[1]Ein Organgesetz regelt die Einrichtung des Ombudsmanns (*Defensor del Pueblo*), der als Hoher Beauftragter der Cortes Generales von diesen zum Schutz der in diesem Titel enthaltenen Rechte ernannt wird. [2]Zur Erfüllung seiner Aufgaben kann er die Tätigkeit der Verwaltung überwachen und darüber dem Parlament Bericht erstatten.

Kapitel 5

Die Aussetzung der Rechte und Freiheiten

Artikel 55 [Not- und Ausnahmezustand]

(1) [1]Die in den Artikeln 17, 18 Absätze 2 und 3, Artikeln 19, 20 Absätze 1a) und d) sowie 5, Artikeln 21, 28 Absatz 2 und Artikel 37 Absatz 2 anerkannten Rechte können vorübergehend aufgehoben werden, wenn die Erklärung des Not- oder Ausnahmezustandes gemäß den Bestimmungen der Verfassung beschlossen wird. [2]Artikel 17 Absatz 3 ist hiervon für den Fall der Erklärung des Ausnahmezustandes ausgenommen.

(2) Ein Organgesetz kann die Art und Weise und die Fälle festlegen, in denen der Schutz der in den Artikeln 17 Absatz 2 und 18 Absätze 2 und 3 anerkannten Rechte für bestimmte Personen im Zusammenhang mit Ermittlungen bezüglich der Tätigkeit bewaffneter Gruppen oder terroristischer Aktivitäten individuell und mit der erforderlichen gerichtlichen Mitwirkung sowie der angemessenen parlamentarischen Kontrolle ausgesetzt werden kann.

Der ungerechtfertigte oder missbräuchliche Einsatz der im Organgesetz verliehenen Befugnisse führt als Verletzung der von den Gesetzen anerkannten Rechte und Freiheiten zu strafrechtlicher Verantwortung.

TITEL II
Die Krone

Artikel 56 [König von Spanien]

(1) [1]Der König ist Oberhaupt des Staates, Symbol seiner Einheit und Dauer. [2]Er wacht als Schiedsrichter und Lenker über das ordnungsgemäße Funktionieren der Institutionen, vertritt als höchster Repräsentant den spanischen Staat in den internationalen Beziehungen, vor allem mit jenen Nationen, die mit Spanien eine historische Gemeinschaft bilden, und er übt die Funktionen aus, die ihm die Verfassung und die Gesetze ausdrücklich zuweisen.

(2) Er trägt den Titel König von Spanien und er kann die weiteren, der Krone zustehenden Titel benutzen.

(3) [1]Die Person des Königs ist unverletzlich und kann nicht zur Verantwortung gezogen werden. [2]Die Verfügungen des Königs werden stets in der in Artikel 64 vorgesehenen Form gegengezeichnet und sind ohne diese Gegenzeichnung ungültig; davon ausgenommen sind die Bestimmungen des Artikels 65 Absatz 2.

Artikel 57 [Thronfolge]

(1) [1]Die Krone Spaniens wird an die Nachfolger Seiner Majestät Don Juan Carlos I. von Borbón, legitimer Erbe der historischen Dynastie, vererbt. [2]Die Thronfolge folgt den Regeln der Erstgeburt und der Vertretung; dabei ist die frühere der späteren Linie vorzuziehen, innerhalb derselben Linie der nähere dem ferneren Grad, innerhalb desselben Grades der männliche dem weiblichen Thronfolger und innerhalb desselben Geschlechts die ältere der jüngeren Person.

(2) Der Kronprinz führt von seiner Geburt oder von dem Zeitpunkt an, in dem die Ereignisse zu seiner Ernennung führen, den Titel Prinz von Asturien sowie die weiteren Titel, die traditionsgemäß dem Thronfolger der Krone Spaniens zustehen.

(3) Bei Erlöschen aller rechtmäßig genannten Linien bestimmen die Cortes Generales die Thronfolge in der Art und Weise, die den Interessen Spaniens am besten dient.

(4) Personen, welche ein Anrecht auf die Thronfolge haben und gegen das ausdrückliche Verbot des Königs und der Cortes Generales die Ehe schließen, werden selbst ebenso wie ihre Nachkommen von der Thronfolge ausgeschlossen.

(5) Abdankung, Verzichte und jegliche Zweifel, die, *de facto* oder *de jure*, bei der Thronfolge auftreten, werden durch ein Organgesetz geregelt.

Artikel 58 [Gemahlin/Gemahl]

Die Gemahlin des Königs oder der Gemahl der Königin dürfen, mit Ausnahme der für die Regentschaft vorgesehenen Befugnisse, keine verfassungsmäßigen Aufgaben wahrnehmen.

Artikel 59 [Regentschaft]

(1) Im Falle der Minderjährigkeit des Königs übernimmt gemäß der in der Verfassung vorgesehenen Ordnung unverzüglich der Vater oder die Mutter des Königs oder, bei deren Fehlen, der in der Thronfolge nächststehende volljährige Verwandte die Regentschaft und übt sie während der Minderjährigkeit des Königs aus.

(2) [1]Ist der König zur Ausübung seines Amtes nicht in der Lage und wird das Unvermögen durch die Cortes Generales anerkannt, so übernimmt der Kronprinz, sofern er volljährig ist, unverzüglich die Regentschaft. [2]Ist er noch minderjährig, so wird nach der im vorangehenden Absatz bestimmten Art und Weise verfahren, bis der Kronprinz die Volljährigkeit erreicht hat.

(3) Falls es keine Person gibt, der die Regentschaft zusteht, so wird von den Cortes Generales eine Regentschaft benannt; diese kann aus einer, drei oder fünf Personen bestehen.

(4) Zur Ausübung der Regentschaft bedarf es der spanischen Nationalität und der Volljährigkeit.

(5) Die Regentschaft wird auf Grund eines Verfassungsmandats und stets im Namen des Königs ausgeübt.

Artikel 60 [Vormundschaft]

(1) [1]Vormund des minderjährigen Königs ist die Person, die der verstorbene König in seinem Testament benannt hat, vorausgesetzt, dass dieser Vormund volljährig und von Geburt Spanier ist. [2]Hat der verstorbene König niemanden benannt, so übernimmt der Vater oder die Mutter die Vormundschaft, solange er oder sie verwitwet ist. [3]Stehen diese Personen nicht zur Verfügung, so benennen die Cortes Generales den Vormund; jedoch können nur der Vater, die Mutter oder die direkten Vorfahren des Königs das Amt des Regenten und das des Vormunds gleichzeitig ausüben.

(2) Die Ausübung der Vormundschaft ist mit politischen Ämtern und politischer Repräsentation jeder Art unvereinbar.

Artikel 61 [Amtseid; Treueeid]

(1) Bei seiner Proklamation vor den Cortes Generales schwört der König den Eid, sein Amt getreu auszuüben, die Verfassung und die Gesetze zu wahren und für ihre Einhaltung Sorge zu tragen und die Rechte der Bürger und der Autonomen Gemeinschaften zu achten.

(2) Den gleichen Eid sowie den Treueeid gegenüber dem König schwören der Thronfolger bei Erreichen der Volljährigkeit und der Regent oder die Regenten bei der Übernahme ihres Amtes.

Artikel 62 [Aufgaben des Königs]

Dem König obliegt es:

a) die Gesetze zu billigen und zu verkünden;
b) die Cortes Generales einzuberufen und aufzulösen und die Wahlen gemäß den in der Verfassung festgelegten Bestimmungen festzusetzen;
c) eine Volksabstimmung in den von der Verfassung vorgesehenen Fällen festzusetzen;
d) den Kandidaten für das Amt des Ministerpräsidenten vorzuschlagen und ihn gegebenenfalls zu ernennen sowie ihn nach Maßgabe der Verfassung zu entlassen;
e) die Mitglieder der Regierung auf Vorschlag des Ministerpräsidenten zu ernennen und zu entlassen;
f) die im Kabinett (*Consejo de Ministros*) beschlossenen Verordnungen auszufertigen, die zivilen und militärischen Ämter zu vergeben und gemäß den Gesetzen Ehrentitel und Auszeichnungen zu verleihen;
g) sich über die Staatsangelegenheiten zu informieren und zu diesem Zweck, wenn es ihm angebracht erscheint, auf Antrag des Ministerpräsidenten in den Sitzungen des Kabinetts den Vorsitz einzunehmen;
h) den Oberbefehl über die Streitkräfte auszuüben;
i) das Begnadigungsrecht gemäß dem Gesetz auszuüben; dieses Gesetz darf keine Generalamnestien zulassen;
j) die Schirmherrschaft über die Königlichen Akademien zu übernehmen.

Artikel 63 [Aufgaben in den Außenbeziehungen]

(1) [1]Der König akkreditiert die Botschafter und andere diplomatische Vertreter. [2]Die ausländischen Vertreter in Spanien werden vor ihm akkreditiert.

(2) Dem König obliegt es, in Übereinstimmung mit der Verfassung und den Gesetzen die Zustimmung des Staates zur Übernahme internationaler Verpflichtungen durch Verträge zu bekunden.

(3) Dem König obliegt es, nach vorheriger Ermächtigung durch die Cortes Generales den Krieg zu erklären und Frieden zu schließen.

Artikel 64 [Gegenzeichnung]

(1) [1]Die Verfügungen des Königs werden vom Ministerpräsidenten und gegebenenfalls von den zuständigen Ministern gegengezeichnet. [2]Der Vorschlag und die Ernennung des Ministerpräsidenten sowie die in Artikel 99 vorgesehene Auflösung werden vom Präsidenten des Kongresses gegengezeichnet.

(2) Die Verantwortung für die Verfügungen des Königs liegt bei den gegenzeichnenden Personen.

Artikel 65 [Pauschalsumme für den Unterhalt]

(1) [1]Der König erhält aus dem Staatshaushalt eine Pauschalsumme für den Unterhalt seiner Familie und den des Königshauses. [2]Er verfügt frei über diese Summe.

(2) Der König ernennt und entlässt frei die zivilen und militärischen Mitglieder seines Hauses.

TITEL III
Die Cortes Generales

Kapitel 1
Die Kammern

Artikel 66 [Kongress der Abgeordneten und Senat]
(1) [1]Die Cortes Generales vertreten das spanische Volk. [2]Sie setzen sich aus dem Kongress der Abgeordneten und dem Senat zusammen.

(2) Die Cortes Generales üben die gesetzgebende Gewalt des Staates aus, sie bewilligen den Staatshaushalt, kontrollieren die Tätigkeit der Regierung und üben alle weiteren Kompetenzen aus, die ihnen die Verfassung zuweist.

(3) Die Cortes Generales sind unverletzlich.

Artikel 67 [Inkompatibilität und freies Mandat]
(1) Niemand kann gleichzeitig Mitglied beider Kammern sein oder Mitglied in einer Versammlung einer Autonomen Gemeinschaft und Abgeordneter im Kongress.

(2) Die Mitglieder der Cortes Generales können nicht durch ein imperatives Mandat gebunden werden.

(3) Zusammenkünfte von Parlamentariern, die ohne ordnungsgemäße Einberufung stattfinden, binden die Kammern nicht und können weder deren Funktionen erfüllen noch ihre Privilegien genießen.

Artikel 68 [Wahl der Abgeordneten]
(1) Der Kongress besteht aus mindestens 300 und höchstens 400 Abgeordneten, die in allgemeiner, freier, gleicher, unmittelbarer und geheimer Wahl gemäß dem Gesetz gewählt werden.

(2) [1]Wahlkreis ist die Provinz. [2]Ceuta und Melilla werden durch je einen Abgeordneten vertreten. [3]Die Verteilung der Gesamtzahl der Abgeordnetenmandate auf die Wahlkreise erfolgt durch das Gesetz; jedem Wahlkreis steht eine anfängliche Mindestvertretung zu; die Aufteilung der übrigen Mandate erfolgt im Verhältnis zur Bevölkerungszahl.

(3) Die Wahl wird in jedem Wahlkreis nach dem Verhältniswahlsystem durchgeführt.

(4) [1]Der Kongress wird auf vier Jahre gewählt. [2]Das Mandat der Abgeordneten endet vier Jahre nach ihrer Wahl oder am Tag der Auflösung der Kammer.

(5) [1]Wahlberechtigt und wählbar sind alle Spanier, die im Vollbesitz ihrer politischen Rechte sind. [2]Die Ausübung des Wahlrechts durch Spanier, die sich außerhalb des spanischen Hoheitsgebietes befinden, wird vom Gesetz anerkannt und vom Staat ermöglicht.

(6) [1]Die Wahlen finden zwischen 30 und 60 Tagen nach Beendigung des Mandats statt. [2]Der neu gewählte Kongress muss binnen 25 Tagen nach Abhalten der Wahlen einberufen werden.

Artikel 69 [Wahl der Senatoren]
(1) Der Senat ist die Kammer der territorialen Repräsentation.

(2) In jeder Provinz wählen die Wahlberechtigten gemäß einem Organgesetz je vier Senatoren in allgemeiner, freier, gleicher, unmittelbarer und geheimer Wahl.

(3) [1]In den Inselprovinzen bildet jede Insel oder Inselgruppe, die über ein Inselparlament oder einen Inselrat verfügt, einen Wahlkreis für die Senatorenwahl. [2]Den großen Inseln Gran Canaria, Mallorca und Teneriffa stehen je drei Senatoren und den folgenden Inseln oder Inselgruppen je ein Senator zu: Ibiza-Formentera, Menorca, Fuerteventura, Gomera, Hierro, Lanzarote und La Palma.

(4) Ceuta und Melilla wählen je zwei Senatoren.

(5) [1]Die Autonomen Gemeinschaften benennen außerdem je einen Senator sowie einen weiteren für jede Million Einwohner in ihrem jeweiligen Territorium. [2]Die Benennung obliegt der gesetzgebenden Versammlung oder, wenn diese fehlt, dem obersten Kollegialorgan der Autonomen Gemeinschaft, nach Maßgabe der Statuten, welche in jedem Fall eine angemessene Verhältniswahl gewährleisten müssen.

(6) [1]Der Senat wird auf vier Jahre gewählt. [2]Das Mandat der Senatoren endet vier Jahre nach der Wahl oder am Tage der Auflösung der Kammer.

Artikel 70 [Nichtwählbarkeit und Inkompatibilitäten]

(1) [1]Das Wahlgesetz legt die Gründe für die Nichtwählbarkeit sowie die Inkompatibilitäten von Abgeordneten und Senatoren fest. [2]Dazu gehören in jedem Fall:

a) die Mitglieder des Verfassungsgerichts;
b) die hohen Beamten der Staatsverwaltung, nach Maßgabe des Gesetzes und mit Ausnahme der Mitglieder der Regierung;
c) der Ombudsmann;
d) die aktiv tätigen Richter und Staatsanwälte;
e) die aktiven Berufssoldaten und die Mitglieder der Sicherheitskräfte und der Polizei;
f) die Mitglieder der Wahlausschüsse.

(2) Die Gültigkeit der Ernennungsurkunden der Mitglieder beider Kammern unterliegt der richterlichen Kontrolle gemäß den Bestimmungen des Wahlgesetzes.

Artikel 71 [Indemnität und Immunität; Diäten]

(1) Die Abgeordneten und Senatoren genießen Unverletzlichkeit hinsichtlich der in Ausübung ihres Mandats geäußerten Meinungen.

(2) [1]Ebenso genießen die Abgeordneten und Senatoren während ihrer Mandatszeit Immunität und dürfen nur unmittelbar bei Begehen einer Straftat festgenommen werden. [2]Sie dürfen nur mit vorheriger Erlaubnis der betreffenden Kammer angeklagt oder vor Gericht gestellt werden.

(3) Für Strafverfahren gegen Abgeordnete und Senatoren ist die Strafkammer des Obersten Gerichts zuständig.

(4) Die Abgeordneten und Senatoren beziehen Diäten, die von der jeweiligen Kammer festgesetzt werden.

Artikel 72 [Geschäftsordnungen, Präsidien, Hausrecht]

(1) [1]Die Kammern geben sich ihre Geschäftsordnungen, beschließen frei und eigenständig ihre Haushaltspläne und regeln im gemeinsamen Einvernehmen das Statut des Personals der Cortes Generales. [2]Die Geschäftsordnungen werden, ebenso wie deren Reformen, in ihrer Gesamtheit in abschließender Abstimmung beschlossen; hierfür ist die absolute Mehrheit erforderlich.

(2) [1]Die Kammern wählen jeweils ihren Präsidenten und die weiteren Mitglieder der Präsidien. [2]Bei gemeinsamen Sitzungen führt der Präsident des Kongresses den Vorsitz; für diese Sitzungen gilt eine von der absoluten Mehrheit beider Kammern beschlossene Geschäftsordnung der Cortes Generales.

(3) Die Präsidenten der Kammern üben in deren Namen das Hausrecht und die Polizeigewalt in ihrem jeweiligen Haus aus.

Artikel 73 [Ordentliche und außerordentliche Sitzungen]

(1) Die Kammern treten jährlich zu zwei ordentlichen Sitzungsperioden zusammen: die erste von September bis Dezember und die zweite von Februar bis Juni.

(2) [1]Auf Antrag der Regierung, des Ständigen Ausschusses oder der absoluten Mehrheit einer der Kammern können die Kammern zu außerordentlichen Sitzungen zusammenkommen.
[2]Diese müssen zu einer festgelegten Tagesordnung einberufen werden und sie sind beendet, sobald diese abgehandelt ist.

Artikel 74 [Nichtlegislative Aufgaben]

(1) Die Kammern kommen zu gemeinsamen Sitzungen zusammen, um die nichtlegislativen Kompetenzen wahrzunehmen, die Titel II den Cortes Generales ausdrücklich zuweist.

(2) [1]Die in den Artikeln 94 Absatz 1, 145 Absatz 2 und 158 Absatz 2 vorgesehenen Beschlüsse der Cortes Generales werden mit der Mehrheit jeder der Kammern gefasst. [2]Im ersten Fall leitet der Kongress das Verfahren ein, in den beiden anderen Fällen der Senat. [3]Kommt eine Einigung zwischen Senat und Kongress nicht zustande, so wird in allen Fällen versucht, diese durch einen gemischten Ausschuss, der aus der gleichen Anzahl von Abgeordneten und Senatoren besteht, herbeizuführen. [4]Der Ausschuss legt einen Text vor, über den in beiden Kammern abgestimmt wird. [5]Wird der Textvorschlag nicht in der vorliegenden Form angenommen, so entscheidet der Kongress mit absoluter Mehrheit.

Artikel 75 [Plenum und Ausschüsse; Ständige Gesetzgebungsausschüsse]
(1) Die Kammern nehmen ihre Aufgaben im Plenum und durch Ausschüsse wahr.

(2) [1]Die Kammern können die Annahme von Gesetzesentwürfen oder Gesetzesvorschlägen den Ständigen Gesetzgebungsausschüssen übertragen. [2]Das Plenum kann jedoch jederzeit eine Debatte und eine Abstimmung über jeden übertragenen Gesetzesentwurf oder -vorschlag verlangen.

(3) Ausgenommen von den Bestimmungen des vorangehenden Absatzes sind Verfassungsänderungen, internationale Fragen, Organgesetze und Rahmengesetze sowie der Staatshaushalt.

Artikel 76 [Untersuchungsausschüsse]
(1) [1]Der Kongress und der Senat sowie gegebenenfalls beide Kammern gemeinsam können Untersuchungsausschüsse über jegliche Angelegenheit von öffentlichem Interesse einsetzen. [2]Ihre Ergebnisse binden die Gerichte nicht und haben keinerlei Einfluss auf gerichtliche Entscheidungen; das Untersuchungsergebnis ist jedoch der Staatsanwaltschaft zwecks Einleitung eventuell notwendiger Maßnahmen zuzuleiten.

(2) [1]Es ist Pflicht, auf Ersuchen der Kammern zu erscheinen. [2]Das Gesetz legt die Sanktionen fest, die wegen Nichterfüllung dieser Pflicht auferlegt werden können.

Artikel 77 [Behandlung von Petitionen]
(1) Die Kammern können individuelle und kollektive Petitionen, die schriftlich vorzubringen sind, entgegennehmen; das direkte Vorbringen durch Kundgebungen der Bürger ist unzulässig.

(2) [1]Die Kammern können die eingehenden Petitionen an die Regierung weiterleiten. [2]Die Regierung ist verpflichtet, sich auf Antrag der Kammern zum Gegenstand der Petitionen zu äußern.

Artikel 78 [Aufgaben der Ständigen Ausschüsse]
(1) In jeder Kammer gibt es einen Ständigen Ausschuss, der aus mindestens 21 Mitgliedern besteht und in dem die Fraktionen im Verhältnis zu ihrer Mitgliederzahl vertreten sind.

(2) [1]Den Vorsitz in jedem Ständigen Ausschuss führt der Präsident der jeweiligen Kammer. [2]Die Ständigen Ausschüsse nehmen die in Artikel 73 genannte Aufgabe wahr und übernehmen die den Kammern nach Artikel 86 und 116 zustehenden Befugnisse im Fall der Auflösung oder des Ablaufs des Mandats der Kammern; ferner wahren sie die Funktionen der Kammern während der Zeit, in der diese keine Sitzungen abhalten.

(3) Bei Ablauf des Mandats der Cortes Generales oder im Falle von deren Auflösung üben die Ständigen Ausschüsse ihre Funktionen bis zur Konstituierung der neuen Cortes Generales aus.

(4) Wenn die entsprechende Kammer zusammengetreten ist, berichtet der Ständige Ausschuss über die behandelten Angelegenheiten und seine Beschlüsse.

Artikel 79 [Beschlussfähigkeit, Mehrheitsprinzip, persönliche Stimmabgabe]
(1) Um beschlussfähig zu sein, müssen die Kammern ordnungsgemäß einberufen und die Mehrheit ihrer Mitglieder muss anwesend sein.

(2) [1]Beschlüsse bedürfen zu ihrer Gültigkeit der Zustimmung der Mehrheit der anwesenden Mitglieder. [2]Dies gilt nicht für die besonderen Mehrheiten, die von der Verfassung oder den Organgesetzen vorgesehen sind sowie für jene, die die Geschäftsordnungen der Kammern für die Personenwahl bestimmen.

(3) Die Stimmabgabe der Senatoren und Abgeordneten ist persönlich und kann nicht übertragen werden.

Artikel 80 [Sitzungsöffentlichkeit]
Die Plenarsitzungen der Kammern sind öffentlich, es sei denn, dass die jeweilige Kammer mit absoluter Mehrheit oder nach Maßgabe der Geschäftsordnung einen gegenteiligen Beschluss fasst.

Kapitel 2
Die Gesetzgebung

Artikel 81 [Organgesetze]
(1) Organgesetze sind jene Gesetze, welche die Grundrechte und Grundfreiheiten konkretisieren und ausgestalten, jene, durch die die Autonomiestatuten und das allgemeine Wahlgesetz verabschiedet werden sowie diejenigen, die in der Verfassung als solche bestimmt sind.

(2) Die Verabschiedung, Änderung oder Aufhebung von Organgesetzen bedarf der absoluten Mehrheit des Kongresses in einer Schlussabstimmung über den Gesamtentwurf.

Artikel 82 [Gesetzgebungsermächtigung und Rahmengesetze]
(1) Die Cortes Generales können der Regierung die Befugnis übertragen, Normen mit Gesetzesrang in bestimmten, in Artikel 81 nicht enthaltenen Bereichen zu erlassen.

(2) Diese Ermächtigung muss durch ein Rahmengesetz erteilt werden, wenn es sich um die Abfassung von Gesetzestexten handelt, oder durch ein einfaches Gesetz, wenn es sich um die Zusammenführung mehrerer Gesetze zu einem einzigen handelt.

(3) [1]Die Gesetzgebungsermächtigung muss der Regierung ausdrücklich für einen bestimmten Bereich und unter Festsetzung einer Frist für die Ausführung erteilt werden. [2]Die Ermächtigung erlischt, sobald die Regierung die entsprechende Norm veröffentlicht hat. [3]Sie darf nicht als stillschweigend oder auf unbegrenzte Zeit erteilt verstanden werden. [4]Ebenso wenig erlaubt ist eine Weiterübertragung an andere behördliche Instanzen als die Regierung.

(4) Die Rahmengesetze legen präzise das Ziel und die Reichweite der Gesetzgebungsermächtigung sowie die Grundsätze und Kriterien fest, nach denen zu verfahren ist.

(5) Die Ermächtigung für die Zusammenführung von Rechtstexten legt den Regelungsbereich fest, auf den sich die Ermächtigung bezieht; sie gibt insbesondere an, ob die Ermächtigung sich auf das bloße Zusammenfassen zu einem einzigen Text beschränkt, oder ob sie auch die Ordnung, Klärung und Harmonisierung der betroffenen Rechtstexte einschließt.

(6) Unbeschadet der Zuständigkeit der Gerichte können die Ermächtigungsgesetze in jedem Fall zusätzliche Kontrollmöglichkeiten festlegen.

Artikel 83 [Grenzen der Ermächtigung]
Die Rahmengesetze dürfen in keinem Fall
a) die Abänderung der Rahmengesetze selbst gestatten,
b) die Befugnis zum Erlass von rückwirkenden Normen erteilen.

Artikel 84 [Widerspruchsfreiheit]
[1]Wenn ein Gesetzesvorschlag oder ein Änderungsantrag einer in Kraft befindlichen Gesetzgebungsermächtigung zuwiderläuft, kann sich die Regierung der Weiterbehandlung widersetzen. [2]In diesem Fall kann ein Vorschlag zur völligen oder teilweisen Aufhebung des Ermächtigungsgesetzes eingebracht werden.

Artikel 85 [Gesetzesvertretende Verordnungen]
Die Regierungsverordnungen, die eine delegierte Gesetzgebung beinhalten, werden als gesetzesvertretende Verordnungen *(Decretos Legislativos)* bezeichnet.

Artikel 86 [Gesetzesverordnungen]
(1) Im Falle einer außergewöhnlichen und dringenden Notwendigkeit kann die Regierung provisorische legislative Verfügungen in Form von Gesetzesverordnungen (*Decretos-leyes*) erlassen, die sich aber nicht auf die Ordnung der grundlegenden Institutionen des Staates, auf die in Titel I festgelegten Rechte, Pflichten und Freiheiten der Bürger, auf die Verwaltung der Autonomen Gemeinschaften oder auf das allgemeine Wahlrecht beziehen dürfen.

(2) [1]Die Gesetzesverordnungen müssen unverzüglich in ihrer Gesamtheit dem Kongress zur Beratung und Abstimmung vorgelegt werden; befindet sich der Kongress nicht in einer Sitzungsperiode, so muss er zu diesem Zweck innerhalb von 30 Tagen nach der Verkündung der Gesetzesverordnung einberufen werden. [2]Der Kongress muss innerhalb dieser Frist die Gesetzesverordnung ausdrücklich

bestätigen oder aufheben; zu diesem Zweck sieht die Geschäftsordnung ein besonderes, abgekürztes Verfahren vor.

(3) Innerhalb der im vorigen Absatz festgesetzten Frist können die Cortes Generales die Gesetzesverordnungen wie Gesetzesentwürfe im Dringlichkeitsverfahren behandeln.

Artikel 87 [Gesetzesinitiative]

(1) Die Gesetzesinitiative steht der Regierung, dem Kongress und dem Senat gemäß der Verfassung und den Geschäftsordnungen beider Kammern zu.

(2) Die Versammlungen der Autonomen Gemeinschaften können die Regierung um die Annahme eines Gesetzesentwurfes ersuchen oder beim Präsidium des Kongresses einen Gesetzesvorschlag einbringen, wobei sie bis zu drei Mitglieder der Versammlung mit dessen Verteidigung vor dieser Kammer beauftragen dürfen.

(3) [1]Ein Organgesetz regelt die Formen der Durchführung und die Voraussetzungen für eine Volksinitiative zum Einbringen von Gesetzesvorschlägen. [2]In jedem Fall sind mindestens 500 000 beglaubigte Unterschriften erforderlich. [3]Eine Volksinitiative ist nicht zulässig für Materien, die durch ein Organgesetz zu regeln sind, für Steuerangelegenheiten, für internationale Fragen sowie bezüglich des Begnadigungsrechts.

Artikel 88 [Billigung der Gesetzesentwürfe im Kabinett]

Die Gesetzesentwürfe werden vom Kabinett gebilligt, das sie dem Kongress zusammen mit einer Begründung und der Darstellung aller Umstände und Hintergründe, die für eine Entscheidung über den Entwurf relevant sind, vorlegt.

Artikel 89 [Beratung der Gesetzesvorschläge]

(1) Die Beratung über die Gesetzesvorschläge findet gemäß den Geschäftsordnungen der Kammern statt; dabei darf der den Gesetzesentwürfen zukommende Vorrang die Ausübung der in Artikel 87 geregelten Gesetzesinitiative nicht verhindern.

(2) Die Gesetzesvorschläge, die der Senat gemäß Artikel 87 berät, werden dem Kongress zur Beratung als Vorschläge zugeleitet.

Artikel 90 [Behandlung im Senat, Veto]

(1) Nach der Annahme des Entwurfs eines einfachen Gesetzes oder eines Organgesetzes durch den Kongress setzt dessen Präsident unverzüglich den Senatspräsidenten in Kenntnis, der den Text dem Senat zur Beratung vorlegt.

(2) [1]Binnen zwei Monaten nach Erhalt des Textes kann der Senat durch eine begründete Erklärung sein Veto einlegen oder Änderungsanträge einbringen. [2]Das Veto muss mit absoluter Mehrheit beschlossen werden. [3]Der Entwurf kann dem König nicht zur Billigung vorgelegt werden, wenn nicht der Kongress im Falle eines Vetos den ursprünglichen Text mit absoluter Mehrheit beschließt oder, nach Ablauf von zwei Monaten nach Einlegung des Vetos, den Text mit einfacher Mehrheit annimmt oder die Änderungsanträge mit einfacher Mehrheit annimmt oder ablehnt.

(3) Der Zeitraum von zwei Monaten, der dem Senat zur Einlegung eines Vetos oder zum Einbringen von Änderungsanträgen zusteht, verkürzt sich auf eine Frist von 20 Tagen, wenn die Regierung oder der Kongress den Entwurf für dringlich erklärt.

Artikel 91 [Billigung, Verkündung und Veröffentlichung]

Der König billigt innerhalb von 15 Tagen die von den Cortes Generales beschlossenen Gesetze; er verkündet sie und ordnet ihre unverzügliche Veröffentlichung an.

Artikel 92 [Konsultatives Referendum]

(1) Politische Entscheidungen von besonderer Tragweite können einem konsultativen Referendum unterworfen werden.

(2) Das Referendum wird auf Vorschlag des Ministerpräsidenten und nach vorheriger Genehmigung durch den Kongress vom König festgesetzt.

(3) Ein Organgesetz regelt die Bedingungen und Verfahrensweisen der verschiedenen Arten von Referenden, die die Verfassung vorsieht.

Kapitel 3

Die internationalen Verträge

Artikel 93 [Integrationsklausel]

[1]Durch ein Organgesetz kann der Abschluss von Verträgen genehmigt werden, durch die einer internationalen Organisation oder Institution die Ausübung von aus der Verfassung abgeleiteten Kompetenzen übertragen wird. [2]Es obliegt, je nach Fall, den Cortes Generales oder der Regierung, die Erfüllung dieser Verträge und der Beschlüsse zu gewährleisten, die die inter- oder supranationalen Einrichtungen, denen die Kompetenzen übertragen wurden, fassen.

Artikel 94 [Parlamentarische Zustimmung]

(1) Die Erteilung der Zustimmung des Staates zur Bindung an Verträge oder Abkommen bedarf in den folgenden Fällen der vorherigen Ermächtigung durch die Cortes Generales:

a) Verträge politischen Charakters;
b) Verträge oder Abkommen militärischen Charakters;
c) Verträge oder Abkommen, die die territoriale Integrität des Staates oder die in Titel I niedergelegten Grundrechte und Grundpflichten betreffen;
d) Verträge oder Abkommen, die Verpflichtungen für den Staatshaushalt mit sich bringen;
e) Verträge oder Abkommen, die die Änderung oder Aufhebung eines Gesetzes bedingen oder für deren Durchführung legislative Maßnahmen erforderlich sind.

(2) Über den Abschluss der übrigen Verträge oder Abkommen werden der Kongress und der Senat unverzüglich informiert.

Artikel 95 [Revision vor Integration]

(1) Der Abschluss eines internationalen Vertrages, welcher Bestimmungen enthält, denen die Verfassung entgegensteht, bedarf zuvor der Änderung der Verfassung.

(2) Die Regierung oder jede der beiden Kammern kann das Verfassungsgericht auffordern, eine Erklärung darüber abzugeben, ob ein solcher Widerspruch zur Verfassung besteht oder nicht.

Artikel 96 [Inkorporation; Kündigung]

(1) [1]Gültig abgeschlossene internationale Verträge werden nach ihrer offiziellen Veröffentlichung in Spanien Teil der innerstaatlichen Rechtsordnung. [2]Ihre Bestimmungen können nur in der von den Verträgen selbst vorgesehenen Form oder gemäß den allgemeinen Regeln des Völkerrechts aufgehoben, abgeändert oder ausgesetzt werden.

(2) Für die Kündigung internationaler Verträge und Abkommen gilt das gleiche Verfahren, das Artikel 94 für ihre Billigung vorsieht.

TITEL IV

Regierung und Verwaltung

Artikel 97 [Leitungsfunktion der Regierung]

[1]Die Regierung leitet die Innen- und Außenpolitik, die Zivil- und Militärverwaltung und die Verteidigung des Staates. [2]Sie übt die Exekutivfunktion und die Verordnungsgewalt gemäß der Verfassung und den Gesetzen aus.

Artikel 98 [Zusammensetzung; Geschäftsbereiche; Inkompatibilitäten]

(1) Die Regierung setzt sich aus dem Ministerpräsidenten, gegebenenfalls den Vizepräsidenten, den Ministern und den übrigen durch Gesetz bestimmten Mitgliedern zusammen.

(2) Der Ministerpräsident leitet die Geschäfte der Regierung und koordiniert die Tätigkeit der weiteren Regierungsmitglieder, unbeschadet ihrer Zuständigkeit und unmittelbaren Verantwortung für ihre Geschäftsbereiche.

(3) Die Mitglieder der Regierung dürfen keine anderen repräsentativen Aufgaben wahrnehmen als die, die sich aus dem parlamentarischen Mandat ergeben; sie dürfen keine andere als die sich aus ihrem Amt ergebende öffentliche Funktion und auch keine sonstige berufliche oder wirtschaftliche Tätigkeit ausüben.

(4) Das Gesetz regelt das Statut und die Inkompatibilitäten der Regierungsmitglieder.

Artikel 99 [Ministerpräsidenten-Kandidat, Vertrauensfrage]

(1) Nach jeder Neuwahl des Abgeordnetenkongresses und in den anderen von der Verfassung vorgesehenen Fällen schlägt der König nach vorheriger Beratung mit den Vertretern, die von den im Parlament vertretenen politischen Fraktionen ernannt worden sind, durch den Präsidenten des Kongresses einen Kandidaten für das Amt des Ministerpräsidenten vor.

(2) Der nach Absatz 1 vorgeschlagene Kandidat legt dem Kongress das politische Programm der von ihm zu bildenden Regierung vor und stellt die Vertrauensfrage.

(3) [1]Spricht der Kongress diesem Kandidaten mit der absoluten Mehrheit seiner Mitglieder das Vertrauen aus, so ernennt ihn der König zum Ministerpräsidenten. [2]Wird diese Mehrheit nicht erreicht, so findet 48 Stunden nach der ersten eine zweite Abstimmung über den gleichen Vorschlag statt; das Vertrauen gilt nun als ausgesprochen, wenn der Kongress mit einfacher Mehrheit für den Kandidaten stimmt.

(4) Wenn nach Durchführung dieser Wahlgänge die für eine Ernennung erforderliche Mehrheit nicht zustande kommt, so werden weitere Kandidatenvorschläge in der in den vorhergehenden Absätzen vorgesehenen Form behandelt.

(5) Falls innerhalb von zwei Monaten nach der ersten Abstimmung kein Kandidat das Vertrauen des Kongresses erhalten hat, so löst der König beide Kammern auf und setzt mit der Gegenzeichnung des Präsidenten des Kongresses Neuwahlen fest.

Artikel 100 [Ernennung und Entlassung der Regierungsmitglieder]

Die weiteren Mitglieder der Regierung werden auf Vorschlag des Ministerpräsidenten vom König ernannt und entlassen.

Artikel 101 [Ende der Amtszeit]

(1) Die Amtszeit der Regierung endet mit der Abhaltung allgemeiner Wahlen, in den von der Verfassung vorgesehenen Fällen des Vertrauensentzuges durch das Parlament oder bei Rücktritt oder Tod des Ministerpräsidenten.

(2) Die scheidende Regierung bleibt bis zum Amtsantritt der neuen Regierung im Amt.

Artikel 102 [Strafrechtliche Verantwortung; Hochverratsanklage]

(1) Der Ministerpräsident und die weiteren Mitglieder der Regierung können gegebenenfalls vor der Strafkammer des Obersten Gerichts strafrechtlich zur Verantwortung gezogen werden.

(2) Wenn die Anklage auf Hochverrat oder eine im Amt verübte Straftat gegen die Sicherheit des Staates lautet, so kann sie nur auf Initiative eines Viertels der Mitglieder des Kongresses und mit Zustimmung seiner absoluten Mehrheit erhoben werden.

(3) Das königliche Begnadigungsrecht ist auf diesen Artikel nicht anwendbar.

Artikel 103 [Grundsätze öffentlicher Verwaltung]

(1) Die öffentliche Verwaltung dient in objektiver Art und Weise dem Interesse der Allgemeinheit und handelt nach den Grundsätzen der Effektivität, Verwaltungshierarchie, Dezentralisierung, Dekonzentration und Koordination; sie ist an Gesetz und Recht gebunden.

(2) Die Organe der Staatsverwaltung werden nach Maßgabe des Gesetzes geschaffen, geleitet und koordiniert.

(3) Das Gesetz regelt das Statut der Beamten, den Zugang zu öffentlichen Ämtern nach den Grundsätzen der Eignung und Befähigung, die Besonderheiten bei der Ausübung ihres Rechts auf Gewerkschaftsfreiheit, die Inkompatibilitäten und die Gewährleistung der Unparteilichkeit bei der Ausübung ihrer Ämter.

Artikel 104 [Sicherheitskräfte]

(1) Die Sicherheitskräfte und -einheiten, die der Regierung unterstehen, haben die Aufgabe, die freie Ausübung der Rechte und Freiheiten zu schützen und die Sicherheit der Bürger zu gewährleisten.

(2) Ein Organgesetz bestimmt die Funktionen, die Leitprinzipien für den Einsatz und die Statuten der Sicherheitskräfte und -einheiten.

Artikel 105 [Gesetzliche Grundlagen des Verwaltungsrechts]
Das Gesetz regelt:
a) die Anhörung der Bürger, direkt oder durch gesetzlich anerkannte Organisationen und Vereinigungen, bei der Ausarbeitung sie betreffender Verwaltungsbestimmungen;
b) den Zugang der Bürger zu den Verwaltungsarchiven und -registern, außer in Fällen, die die Sicherheit und Verteidigung des Staates, die Ermittlung von Straftaten oder die Intimsphäre von Personen betreffen;
c) das Verfahren für den Erlass von Verwaltungsakten; dabei muss, falls begründet, die Anhörung der betroffenen Person gewährleistet sein.

Artikel 106 [Gerichtliche Kontrolle; Recht auf Entschädigung]
(1) Die Gerichte kontrollieren die Verordnungsgewalt und die Gesetzmäßigkeit des Verwaltungshandelns sowie die Achtung der Ziele, auf die es sich gründet.

(2) Privatpersonen haben gemäß den gesetzlichen Bestimmungen ein Recht auf Entschädigung eines jeden Schadens, der ihren Gütern oder Rechten zugefügt wird, sofern dieser Schaden Folge der Tätigkeit des öffentlichen Dienstes ist; ausgenommen sind Fälle höherer Gewalt.

Artikel 107 [Staatsrat]
[1]Der Staatsrat ist das höchste Beratungsorgan der Regierung. [2]Ein Organgesetz regelt seine Zusammensetzung und seine Zuständigkeiten.

TITEL V
Die Beziehungen zwischen Regierung und Parlament

Artikel 108 [Verantwortlichkeit der Regierung]
Die Regierung ist für ihre Politik gegenüber dem Kongress kollektiv verantwortlich.

Artikel 109 [Informationsrechte der Kammern]
Die Kammern und ihre Ausschüsse können über ihre jeweiligen Präsidenten jede erforderliche Information und Hilfe von der Regierung und ihren Ressorts sowie von allen Behörden des Staates und der Autonomen Gemeinschaften einholen.

Artikel 110 [Pflichten und Rechte der Regierung in den Kammern]
(1) Die Kammern und ihre Ausschüsse können die Anwesenheit der Mitglieder der Regierung verlangen.

(2) Die Mitglieder der Regierung haben Zutritt zu den Sitzungen der Kammern und ihrer Ausschüsse; sie haben das Recht, jederzeit gehört zu werden, und können verlangen, dass Beamte ihrer Ressorts in diesen Sitzungen informieren.

Artikel 111 [Interpellation]
(1) [1]Die Regierung und jedes ihrer Mitglieder müssen auf die in den Kammern gestellten Interpellationen und Anfragen antworten. [2]Für diese Art von Debatten sehen die Geschäftsordnungen eine Mindestzeit pro Woche vor.

(2) Jede Interpellation kann zu einem Entschließungsantrag führen, in dem die Kammer ihre Auffassung zum Ausdruck bringt.

Artikel 112 [Vertrauensfrage]
[1]Der Ministerpräsident kann nach vorheriger Beratung im Kabinett im Kongress die Vertrauensfrage über sein Regierungsprogramm oder eine allgemeinpolitische Erklärung stellen. [2]Das Vertrauen gilt als ausgesprochen, wenn die einfache Mehrheit der Abgeordneten dafür stimmt.

Artikel 113 [Misstrauensantrag]
(1) Der Kongress kann durch einen mit absoluter Mehrheit angenommenen Misstrauensantrag die Regierung politisch zur Verantwortung ziehen.

(2) Der Misstrauensantrag muss von mindestens einem Zehntel der Abgeordneten unterzeichnet werden und einen Kandidaten für das Amt des Ministerpräsidenten vorschlagen.

(3) [1]Über den Misstrauensantrag kann nicht vor Ablauf von fünf Tagen nach seinem Einbringen abgestimmt werden. [2]An den beiden ersten Tagen dieser Frist können Alternativanträge eingebracht werden.

(4) Wird der Misstrauensantrag vom Kongress abgelehnt, so können die Unterzeichner in der gleichen Sitzungsperiode keinen neuen Misstrauensantrag einbringen.

Artikel 114 [Rücktritt der Regierung]

(1) Wenn der Kongress der Regierung das Vertrauen verweigert, so reicht diese beim König ihren Rücktritt ein; anschließend wird gemäß den Bestimmungen in Artikel 99 ein neuer Ministerpräsident ernannt.

(2) [1]Wenn der Kongress einen Misstrauensantrag annimmt, so reicht die Regierung beim König ihren Rücktritt ein. [2]Der im Misstrauensantrag vorgeschlagene Kandidat hat von diesem Zeitpunkt an das Vertrauen der Kammer mit gleicher Wirkung wie mit der Einsetzung nach Artikel 99. [3]Der König ernennt ihn zum Ministerpräsidenten.

Artikel 115 [Auflösung des Kongresses]

(1) [1]Der Ministerpräsident kann nach vorheriger Beratung im Kabinett und unter seiner alleinigen Verantwortung die Auflösung des Kongresses, des Senats oder der Cortes Generales vorschlagen; diese wird vom König verfügt. [2]Das Auflösungsdekret setzt das Datum für die Neuwahlen fest.

(2) Ist ein Misstrauensantrag eingebracht, so kann der Auflösungsantrag nicht gestellt werden.

(3) Eine erneute Auflösung kann erst ein Jahr nach der vorherigen erfolgen, außer in dem in Artikel 99 Absatz 5 vorgesehenen Fall.

Artikel 116 [Alarmzustand, Ausnahmezustand, Notstand]

(1) Ein Organgesetz regelt den Alarmzustand, den Ausnahmezustand und den Notstand sowie die entsprechenden Zuständigkeiten und Einschränkungen.

(2) [1]Der Alarmzustand wird von der Regierung durch eine im Kabinett angenommene Verordnung für höchstens fünfzehn Tage erklärt. [2]Der Kongress, der zu diesem Zweck unverzüglich einberufen wird und ohne dessen Zustimmung die genannte Frist nicht verlängert werden kann, wird hiervon unterrichtet. [3]Die Verordnung bestimmt den territorialen Bereich, auf den sich die Auswirkungen der Erklärung erstrecken.

(3) [1]Der Ausnahmezustand wird von der Regierung durch eine im Kabinett nach vorheriger Billigung durch den Kongress angenommene Verordnung erklärt. [2]Die Billigung und die Ausrufung des Ausnahmezustands müssen ausdrücklich die Auswirkungen, den territorialen Bereich auf den er sich erstreckt, und seine Dauer bestimmen; letztere darf dreißig Tage nicht überschreiten; sie kann jedoch um die gleiche Frist und unter den gleichen Voraussetzungen verlängert werden.

(4) [1]Der Notstand wird ausschließlich auf Vorschlag der Regierung von der absoluten Mehrheit des Kongresses erklärt. [2]Der Kongress bestimmt den territorialen Bereich, die Dauer und die Bedingungen des Notstands.

(5) [1]Während des Alarmzustands, Ausnahmezustands oder Notstands kann der Kongress nicht aufgelöst werden. [2]Die Kammern gelten als automatisch einberufen, wenn sie sich nicht in einer Sitzungsperiode befinden. [3]Ihre Tätigkeit sowie die der anderen Verfassungsorgane darf während der Dauer dieser Zustände nicht unterbrochen werden.

Falls es nach Auflösung des Kongresses oder Ablauf seines Mandats zu einer Situation kommt, die zur Ausrufung eines dieser Zustände führt, so werden die Zuständigkeiten des Kongresses von seinem Ständigen Ausschuss wahrgenommen.

(6) Die Erklärung des Alarmzustands, Ausnahmezustands oder Notstands berührt das Prinzip der Verantwortlichkeit der Regierung und ihrer von der Verfassung und den Gesetzen anerkannten Träger nicht.

TITEL VI
Die rechtsprechende Gewalt

Artikel 117 [Justiz im Namen des Königs; Status der Richter]
(1) Die Rechtsprechung geht vom Volke aus und wird im Namen des Königs von Richtern ausgeübt; diese bilden die rechtsprechende Gewalt; sie sind unabhängig, nicht absetzbar, verantwortlich und allein dem Gesetz unterworfen.

(2) Die Richter können nur aus den Gründen und mit den Garantien, welche das Gesetz vorsieht, entlassen, suspendiert, versetzt oder in den Ruhestand versetzt werden.

(3) Die Ausübung der rechtsprechenden Gewalt durch Entscheidung und Vollstreckung obliegt in allen Arten von Verfahren ausschließlich den durch die Gesetze vorgesehenen Gerichten; diese Gesetze legen zugleich die Zuständigkeiten und Verfahrensweisen fest.

(4) Die Gerichte üben nur die in Absatz 3 festgelegten Funktionen aus sowie jene, die ihnen ausdrücklich zur Gewährleistung eines Rechts durch Gesetz zugewiesen sind.

(5) [1]Das Prinzip der Einheit der Gerichtsbarkeit ist die Grundlage der Organisation und Arbeitsweise der Gerichte. [2]Das Gesetz regelt unter Beachtung der Grundsätze der Verfassung die Ausübung der Militärgerichtsbarkeit im strikt militärischen Bereich sowie die Gerichtsbarkeit im Falle des Notstands.

(6) Ausnahmegerichte sind unzulässig.

Artikel 118 [Befolgungs- und Kooperationspflicht]
Alle rechtskräftigen Urteile und Entscheidungen der Richter und Gerichte sind zu befolgen; ebenso muss die von ihnen im Verlauf eines Prozesses und bei der Urteilsvollstreckung verlangte Zusammenarbeit geleistet werden.

Artikel 119 [Kostenloser Rechtsschutz]
Die Gerichtsbarkeit ist kostenlos, sofern das Gesetz dies bestimmt, in jedem Fall aber für Personen, die nicht über ausreichende Mittel verfügen, um einen Rechtsstreit zu führen.

Artikel 120 [Öffentlichkeit; Mündlichkeit; Urteilsbegründung]
(1) Die Tätigkeit der Gerichte ist öffentlich; die Prozessordnungen können Ausnahmen vorsehen.

(2) Das Gerichtsverfahren wird vorwiegend mündlich geführt, vor allem in Strafsachen.

(3) Urteile sind stets zu begründen und werden öffentlich verkündet.

Artikel 121 [Entschädigung für Justizirrtum]
Schäden, die durch einen Justizirrtum oder durch Unregelmäßigkeiten in der Ausübung der Justizverwaltung verursacht werden, berechtigen zu einer Entschädigung zu Lasten des Staates nach Maßgabe des Gesetzes.

Artikel 122 [Justizorganisation; Generalrat der Rechtsprechenden Gewalt]
(1) Das Organgesetz über die rechtsprechende Gewalt regelt die Zusammensetzung, Arbeitsweise und Leitung der Gerichte sowie die Rechtsstellung der Berufsrichter, die eine einheitliche Körperschaft bilden, und die des Personals der Justizverwaltung.

(2) [1]Der Generalrat der Rechtsprechenden Gewalt ist deren leitendes Organ. [2]Ein Organgesetz regelt seine Geschäftsordnung und die Inkompatibilitäten seiner Mitglieder und ihrer Ämter sowie insbesondere Fragen der Ernennung, Beförderung, Kontrolle und die Disziplinarordnung.

(3) Der Generalrat der Rechtsprechenden Gewalt setzt sich zusammen aus dem Präsidenten des Obersten Gerichtes, der ihm vorsteht, und aus zwanzig weiteren vom König für einen Zeitraum von fünf Jahren ernannten Mitgliedern: zwölf Richter aus allen Gerichtszweigen, gemäß den Bestimmungen des Organgesetzes, sowie vier auf Vorschlag des Kongresses und vier auf Vorschlag des Senates – in beiden Fällen mit einer Mehrheit von drei Fünfteln der Mitglieder der beiden Kammern – ausgewählte Personen aus den Reihen der Anwälte und anderer Juristen mit anerkannter Fachkompetenz und mehr als 15-jähriger Berufserfahrung.

Artikel 123 [Oberstes Gericht]
(1) Das Oberste Gericht, dessen Gerichtsbarkeit sich auf ganz Spanien erstreckt, ist das oberste rechtsprechende Organ, außer auf dem Gebiet der Verfassungsrechtsprechung.

(2) Der Präsident des Obersten Gerichts wird auf Vorschlag des Generalrates der Rechtsprechenden Gewalt in der vom Gesetz vorgesehenen Form vom König ernannt.

Artikel 124 [Staatsanwaltschaft]

(1) Die Staatsanwaltschaft hat, unbeschadet der anderen Organen übertragenen Funktionen, die Aufgabe, die Tätigkeit der Justiz zum Schutz der Gesetzlichkeit, der Rechte der Bürger und des vom Gesetz geschützten Allgemeinwohls von Amts wegen oder auf Antrag der betroffenen Personen in Gang zu setzen, die Unabhängigkeit der Gerichte zu überwachen und vor den Gerichten für das Gemeinwohl einzutreten.

(2) Die Staatsanwaltschaft übt ihre Funktionen durch eigene Organe gemäß den Grundsätzen der Einheitlichkeit des staatlichen Handelns, der hierarchischen Gliederung sowie in jedem Fall unter Achtung des Legalitätsprinzips und der Unparteilichkeit aus.

(3) Das Gesetz regelt das Organstatut der Staatsanwaltschaft.

(4) Der Generalstaatsanwalt wird auf Vorschlag der Regierung und nach Anhörung des Generalrats der Rechtsprechenden Gewalt vom König ernannt.

Artikel 125 [Mitwirkung der Bürger]

Die Bürger können Popularklage erheben und an der Rechtspflege über die Einrichtung der Geschworenen, in der Form und in den Strafverfahren, welche das Gesetz bestimmt, sowie an den gewohnheitsrechtlichen und traditionellen Gerichten mitwirken.

Artikel 126 [Stellung der Kriminalpolizei]

Die Kriminalpolizei untersteht bei ihren Aufgaben der Ermittlung von Straftaten, der Sammlung von Beweisen und der Festnahme des Täters den Richtern, den Gerichten und der Staatsanwaltschaft gemäß den Bestimmungen des Gesetzes.

Artikel 127 [Inkompatibilitäten]

(1) [1]Die Richter und Staatsanwälte dürfen während ihrer Amtszeit weder andere öffentliche Ämter innehaben, noch politischen Parteien oder Gewerkschaften angehören. [2]Ein Gesetz regelt die Organisationsform und Modalitäten für Berufsvereinigungen der Richter und Staatsanwälte.

(2) Das Gesetz legt die Inkompatibilitäten der Mitglieder der rechtsprechenden Gewalt fest, wobei deren vollständige Unabhängigkeit sichergestellt sein muss.

TITEL VII
Wirtschaft und Finanzwesen

Artikel 128 [Primat des Gemeinwohls]

(1) Der gesamte Reichtum des Landes ist in seinen verschiedenen Formen und unabhängig von der Rechtsträgerschaft dem Allgemeinwohl untergeordnet.

(2) [1]Die öffentliche Initiative im Wirtschaftsleben wird anerkannt. [2]Durch Gesetz können dem öffentlichen Sektor wesentliche Mittel oder Dienstleistungen vorbehalten werden, besonders im Falle eines Monopols; ebenso kann das Eingreifen in Unternehmen zugelassen werden, wenn das Allgemeinwohl dies erfordert.

Artikel 129 [Mitwirkung]

(1) Das Gesetz legt die Formen der Mitwirkung der Bürger an der Sozialversicherung und an der Tätigkeit derjenigen öffentlichen Organe fest, deren Funktion die Lebensqualität oder das Allgemeinwohl direkt berührt.

(2) [1]Die öffentliche Gewalt fördert wirksam die verschiedenen Formen der Mitwirkung in den Unternehmen und die Genossenschaften durch eine entsprechende Gesetzgebung. [2]Ebenso schafft sie Möglichkeiten, die den Zugang der Arbeitnehmer zum Besitz an den Produktionsmitteln fördern.

Artikel 130 [Modernisierung und Entwicklung]

(1) Die öffentliche Gewalt sorgt für die Modernisierung und Entwicklung aller Wirtschaftsbereiche, insbesondere von Landwirtschaft, Viehzucht, Fischerei und Handwerk, um dadurch den Lebensstandard aller Spanier anzugleichen.

(2) Zu dem gleichen Zweck sind die Gebirgsregionen besonders zu fördern.

Artikel 131 [Wirtschaftsplanung]

(1) Der Staat kann durch Gesetz die allgemeine Wirtschaftstätigkeit planen, um die Bedürfnisse der Gemeinschaft zu decken, um die Entwicklung der verschiedenen Regionen und Sektoren auszugleichen und zu harmonisieren und um das Wachstum von Einkommen und Vermögen sowie deren gerechtere Verteilung zu fördern.

(2) [1]Die Regierung erarbeitet Planentwürfe auf Grundlage der ihr von den Autonomen Gemeinschaften mitgeteilten Prognosen und unter Beratung und Mitarbeit der Gewerkschaften und anderer Berufs-, Unternehmer- und Wirtschaftsverbände. [2]Zu diesem Zweck wird ein Rat gebildet, dessen Zusammensetzung und Funktionen durch Gesetz geregelt werden.

Artikel 132 [Staatsvermögen, nationales Kulturerbe]

(1) Das Gesetz regelt die rechtliche Ordnung des Staats- und Gemeindebesitzes unter Achtung der Grundsätze der Unveräußerlichkeit, Unverjährbarkeit und Unpfändbarkeit; es regelt auch seine Entwidmung.

(2) Der Staatsbesitz wird durch Gesetz bestimmt; in jedem Fall gehören dazu die Küstenzonen, Strände, Hoheitsgewässer und die natürlichen Ressourcen der Wirtschaftszone sowie der Festlandsockel.

(3) Das Gesetz regelt das Staatsvermögen und das Kulturerbe der Nation, seine Verwaltung, seinen Schutz und seine Erhaltung.

Artikel 133 [nullum tributum sine lege]

(1) Die originäre Befugnis für die Erhebung von Steuern durch Gesetz liegt ausschließlich beim Staat.

(2) Die Autonomen Gemeinschaften und die Gebietskörperschaften können in Übereinstimmung mit der Verfassung und den Gesetzen Steuern erheben und ihre Entrichtung verlangen.

(3) Jede Steuervergünstigung, welche sich auf die Staatseinnahmen auswirkt, muss durch Gesetz festgelegt werden.

(4) Die öffentlichen Verwaltungen können nur gemäß den Gesetzen finanzielle Verpflichtungen eingehen und Ausgaben tätigen.

Artikel 134 [Haushaltsplanung durch Gesetz]

(1) Der Regierung obliegt die Aufstellung des Haushaltsplanes, den Cortes Generales seine Prüfung, Abänderung und Verabschiedung.

(2) Der Haushaltsplan wird für ein Jahr aufgestellt; er umfasst die Gesamtheit der Ausgaben und Einnahmen der öffentlichen Hand und legt den Gesamtbetrag der Steuervergünstigungen fest, welche sich auf die Staatseinnahmen auswirken.

(3) Die Regierung muss dem Kongress mindestens drei Monate vor Ablauf des vorjährigen den neuen Haushaltsplan vorlegen.

(4) Wenn das Haushaltsgesetz nicht vor dem ersten Tag des entsprechenden Rechnungsjahres verabschiedet ist, so gilt der vorherige Staatshaushalt bis zum Inkrafttreten des neuen als automatisch verlängert.

(5) Nach Verabschiedung des Haushaltsplanes kann die Regierung Gesetzesentwürfe vorlegen, die eine Erhöhung der öffentlichen Ausgaben oder eine Verminderung der Einnahmen im betreffenden Rechnungsjahr vorsehen.

(6) Gesetzesvorschläge oder Änderungsanträge, die eine Erhöhung der Kredite oder eine Verminderung der Einnahmen vorsehen, bedürfen zu ihrer Beratung der Zustimmung der Regierung.

(7) [1]Das Haushaltsgesetz kann keine neuen Steuern festsetzen. [2]Es kann Steuern modifizieren, wenn ein materielles Steuergesetz dies vorsieht.

Artikel 135 [Unionsrechtskonforme Staatsverschuldung]

(1) Alle öffentlichen Verwaltungen richten ihre Handlungen auf das Prinzip der Haushaltsstabilität aus.

(2) Der Staat und die Autonomen Gemeinschaften dürfen kein strukturelles Defizit ausweisen, das über der von der Europäischen Union für ihre Mitgliedstaaten festgelegten Höhe liegt.

[1]Ein Organgesetz legt das maximale strukturelle Defizit, das dem Staat und den Autonomen Gemeinschaften erlaubt ist, im Verhältnis zu ihrem Bruttoinlandsprodukt fest. [2]Die Gemeinden müssen einen ausgeglichenen Haushalt vorweisen.

(3) Der Staat und die Autonomen Gemeinschaften bedürfen einer Ermächtigung durch Gesetz, um Staatsschuldbriefe auszugeben oder Kredite aufzunehmen.

[1]Kredite zur Zins- und Kapitalzahlung der Staatsschuld gelten grundsätzlich als Bestandteil des Ausgabenpostens des Haushalts, und ihre Zurückzahlung hat absoluten Vorrang. [2]Diese Kredite können nicht abgeändert oder modifiziert werden, solange sie den Bedingungen des Emissionsgesetzes entsprechen.

Die Höhe der Staatsschuld aller öffentlichen Verwaltungen im Verhältnis zum Bruttoinlandsprodukt des Staates darf den im Vertrag über die Arbeitsweise der Europäischen Union festgelegten Referenzwert nicht überschreiten.

(4) [1]Die Höchstgrenzen des strukturellen Defizits und der Staatsschuld dürfen nur im Falle von Naturkatastrophen, Wirtschaftsrezession oder außerordentlichen Notsituationen, die sich der Staatskontrolle entziehen und sowohl die finanzielle Situation als auch die wirtschaftliche und soziale Nachhaltigkeit des Staates beeinträchtigen, überschritten werden. [2]Diese müssen von der absoluten Mehrheit der Mitglieder der Abgeordnetenkammer festgestellt werden.

(5) [1]Ein Organgesetz wird die Prinzipien, auf die sich dieser Artikel bezieht, sowie die Beteiligung der Organe – in den jeweiligen Verfahren – zur institutionellen Abstimmung der öffentlichen Verwaltungen in Sachen Steuer- und Finanzpolitik entwickeln. [2]Es regelt in jedem Fall:

a) die Verteilung der Höchstgrenzen der Defizit- und Schuldenhöhe auf die verschiedenen öffentlichen Verwaltungseinheiten, die Ausnahmetatbestände ihrer Überschreitung und Form und Frist zur Korrektur von Abweichungen, die im einen oder anderen Fall entstehen können;
b) Methoden und Verfahren zur Berechnung des strukturellen Defizits;
c) die Verantwortung jeder staatlichen Verwaltungseinheit im Falle der Nichterfüllung der Ziele der Haushaltsstabilität.

(6) Die Autonomen Regionen übernehmen in Übereinstimmung mit ihren jeweiligen Statuten und im Rahmen der Höchstgrenzen, auf die sich dieser Artikel bezieht, die sich daraus ergebenden Bestimmungen, um das Stabilitätsprinzip in ihren Haushaltsgesetzen und -entscheidungen zur wirksamen Anwendung zu bringen.

Artikel 136 [Rechnungshof]

(1) Der Rechnungshof ist das oberste Organ der Rechnungskontrolle und der Prüfung der Wirtschaftstätigkeit des Staates und des öffentlichen Sektors.

Er ist unmittelbar von den Cortes Generales abhängig und übt seine Prüfungs- und Kontrollfunktionen hinsichtlich der Staatsausgaben und -einnahmen in deren Vertretung aus.

(2) Die Rechnungen des Staates und des öffentlichen Sektors sind dem Rechnungshof zur Prüfung vorzulegen.

Unbeschadet seiner Zuständigkeit übermittelt der Rechnungshof den Cortes Generales einen jährlichen Bericht, in dem er gegebenenfalls die seiner Ansicht nach vorgekommenen Verstöße und die diesbezüglichen Verantwortlichkeiten mitteilt.

(3) Die Mitglieder des Rechnungshofes sind ebenso unabhängig und unabsetzbar und den gleichen Inkompatibilitätsregeln unterworfen wie die Richter.

(4) Ein Organgesetz regelt Zusammensetzung, Organisation und Aufgaben des Rechnungshofes.

TITEL VIII
Die territoriale Gliederung des Staates

Kapitel 1
Allgemeine Grundsätze

Artikel 137 [Autonomie der Teileinheiten]

[1]Das Staatsgebiet ist in Gemeinden, Provinzen und die sich konstituierenden Autonomen Gemeinschaften gegliedert. [2]Sie alle genießen Autonomie bei der Wahrnehmung ihrer jeweiligen Interessen.

Artikel 138 [Solidarität; Privilegienverbot]
(1) Der Staat gewährleistet die effektive Verwirklichung des in Artikel 2 der Verfassung niedergelegten Grundsatzes der Solidarität, indem er sich für die Herstellung eines angemessenen und gerechten wirtschaftlichen Gleichgewichts zwischen den verschiedenen Teilen des Staatsgebietes einsetzt, unter besonderer Berücksichtigung der Situation der Inseln.

(2) Die Unterschiede zwischen den Statuten der einzelnen Autonomen Gemeinschaften dürfen in keinem Fall zu wirtschaftlichen oder sozialen Privilegien führen.

Artikel 139 [Gleichheit im Staatsgebiet; Freizügigkeit]
(1) Alle Spanier haben im gesamten Staatsgebiet die gleichen Rechte und Pflichten.

(2) Keine Behörde darf Maßnahmen ergreifen, die direkt oder indirekt die Freizügigkeit und Niederlassungsfreiheit von Personen sowie den freien Güterverkehr im gesamten spanischen Staatsgebiet behindern.

Kapitel 2
Die Gemeindeverwaltung

Artikel 140 [Gemeindeautonomie; Gemeinderat und Bürgermeister]
[1]Die Verfassung gewährleistet die Autonomie der Gemeinden. [2]Diese besitzen volle Rechtspersönlichkeit. [3]Ihre Regierung und Verwaltung obliegt den jeweiligen Gemeindevertretungen, die sich aus den Bürgermeistern und den Gemeinderäten zusammensetzen. [4]Die Gemeinderäte werden von den Bürgern ihrer Gemeinde in allgemeiner, gleicher, freier, unmittelbarer und geheimer Wahl in der vom Gesetz vorgesehenen Form gewählt. [5]Die Bürgermeister werden von den Gemeinderäten oder von den Bürgern gewählt.

[6]Das Gesetz regelt die Voraussetzungen, unter denen die Einrichtung von Bürgerversammlungen möglich ist.

Artikel 141 [Provinzen; Gemeindezusammenschlüsse]
(1) [1]Die Provinz ist eine lokale Körperschaft mit eigener Rechtspersönlichkeit zur Erfüllung der Staatsgeschäfte, die sich aus dem Zusammenschluss von Gemeinden und der territorialen Gliederung ergibt. [2]Jede Veränderung der Provinzgrenzen muss von den Cortes Generales durch ein Organgesetz gebilligt werden.

(2) Die Regierung und autonome Verwaltung der Provinzen obliegt Provinzialräten oder anderen repräsentativen Körperschaften.

(3) Gemeindezusammenschlüsse können auch unabhängig von den Provinzen gebildet werden.

(4) Die Inseln der Archipele verfügen außerdem über eine eigene Verwaltung in Form von Inselparlamenten oder Inselräten.

Artikel 142 [Konnexität von Aufgaben und Finanzmitteln]
Die Gemeindehaushalte müssen über ausreichende Mittel zur Erfüllung der Funktionen verfügen, die das Gesetz den jeweiligen Körperschaften zuschreibt; diese Mittel stammen im Wesentlichen aus den eigenen Steuereinnahmen sowie aus Anteilen an Steuern des Staates und der Autonomen Gemeinschaften.

Kapitel 3
Die Autonomen Gemeinschaften

Artikel 143 [Autonomieprozess]
(1) In Ausübung des in Artikel 2 der Verfassung anerkannten Rechts auf Autonomie können aneinandergrenzende Provinzen mit Gemeinsamkeiten hinsichtlich ihrer historischen, kulturellen und wirtschaftlichen Gegebenheiten, die Inselgebiete und die Provinzen, die historisch eine Regionaleinheit bilden, die Selbstregierung erlangen und sich nach Maßgabe der Bestimmungen dieses Titels sowie der entsprechenden Statuten als Autonome Gemeinschaften konstituieren.

(2) [1]Die Initiative für den Autonomieprozess liegt bei allen interessierten Provinzialräten beziehungsweise dem entsprechenden Organ der Inseln sowie bei zwei Dritteln der Gemeinden, deren Be-

völkerung mindestens die Mehrheit der Wahlberechtigten jeder Provinz beziehungsweise Insel umfasst. [2]Diese Voraussetzungen müssen innerhalb von sechs Monaten nach dem ersten diesbezüglichen Beschluss einer der betroffenen Gebietskörperschaften erfüllt werden.

(3) Im Falle des Scheiterns kann die Initiative erst nach fünf Jahren wiederholt werden.

Artikel 144 [Organgesetz im nationalen Interesse]

Die Cortes Generales können aus Gründen des nationalen Interesses durch ein Organgesetz:

a) die Konstituierung einer Autonomen Gemeinschaft genehmigen, wenn deren territorialer Bereich den einer Provinz nicht überschreitet und die Voraussetzungen von Artikel 143 Absatz 1 nicht gegeben sind;
b) ein Autonomiestatut für Gebiete, die in keine Provinz eingegliedert sind, genehmigen oder gegebenenfalls beschließen;
c) die Initiative der Gebietskörperschaften, auf die sich Artikel 143 Absatz 2 bezieht, übernehmen.

Artikel 145 [Zusammenschluss-Verbot, Abkommen über die Zusammenarbeit]

(1) Der Zusammenschluss Autonomer Gemeinschaften ist in keinem Falle zulässig.

(2) [1]Die Autonomiestatuten können die Voraussetzungen, Bedingungen und Modalitäten vorsehen, gemäß derer die Autonomen Gemeinschaften untereinander Abkommen abschließen können, die die Ausführung und Gewährung ihrer eigenen Dienstleistungen betreffen, sowie Art und Wirkung der entsprechenden Mitteilung an die Cortes Generales. [2]In allen anderen Fällen bedürfen Abkommen über die Zusammenarbeit zwischen den Autonomen Gemeinschaften der Genehmigung durch die Cortes Generales.

Artikel 146 [Entwurf des Autonomiestatuts]

Der Entwurf des Autonomiestatuts wird von einer Versammlung ausgearbeitet, die sich aus den Mitgliedern des Provinzialrates beziehungsweise des zuständigen Inselorgans der betroffenen Provinzen und aus den in ihnen gewählten Abgeordneten und Senatoren zusammensetzt; der Entwurf wird den Cortes Generales zugeleitet, die ihn wie ein Gesetz behandeln.

Artikel 147 [Autonomiestatut als grundlegende Norm]

(1) Im Rahmen der vorliegenden Verfassung sind die Autonomiestatuten die grundlegende institutionelle Norm der jeweiligen Autonomen Gemeinschaft; der Staat erkennt sie an und schützt sie als integralen Bestandteil seiner Rechtsordnung.

(2) Die Autonomiestatuten müssen enthalten:

a) den Namen der Gemeinschaft, der ihrer historischen Identität am besten entspricht;
b) die Abgrenzung ihres Gebietes;
c) die Benennung, die Organisation und den Sitz ihrer autonomen Institutionen;
d) die im Rahmen der Verfassung übernommenen Zuständigkeiten und die Grundlagen für die Übernahme der ihnen entsprechenden Dienstleistungen.

(3) Die Reform der Autonomiestatuten erfolgt nach der in ihnen selbst vorgesehenen Verfahrensweise und bedarf in jedem Fall der Zustimmung der Cortes Generales durch ein Organgesetz.

Artikel 148 [Zuständigkeiten der Autonomen Gemeinschaften]

(1) Die Autonomen Gemeinschaften können auf folgenden Gebieten Zuständigkeiten übernehmen:

1. Organisation der Institutionen ihrer Selbstverwaltung;
2. Veränderungen der Gemeindegrenzen in ihrem Gebiet und allgemein die Funktionen, die der Staatsverwaltung bezüglich der lokalen Körperschaften obliegen und deren Übertragung die Gesetzgebung über die Kommunalverwaltung zulässt;
3. Raumordnung, Städte- und Wohnungsbau;
4. öffentliche Baumaßnahmen innerhalb ihres Gebietes, die von Interesse für die Autonome Gemeinschaft sind;
5. Eisenbahnen und Hauptstraßen, deren Verlauf sich ausschließlich auf das Gebiet der Autonomen Gemeinschaft beschränkt, sowie Verkehr und Transport auf diesen und die Übertragung per Kabel;
6. Not- und Sporthäfen, Sportflugplätze und generell solche Häfen und Flugplätze, über die keine kommerziellen Aktivitäten abgewickelt werden;
7. Landwirtschaft und Viehzucht im Rahmen der allgemeinen Wirtschaftsordnung;

8. Gebirgs- und Forstwirtschaft;
9. Durchführung des Umweltschutzes;
10. Entwurf, Bau und Betrieb von Wasserwerken, Kanälen und Bewässerungsanlagen, die von Interesse für die Autonome Gemeinschaft sind; Mineral- und Thermalquellen;
11. Binnenfischerei, Schalentierzucht und Aquakultur, Jagdwesen und Flussfischfang;
12. lokale Messen und Ausstellungen;
13. Förderung der wirtschaftlichen Entwicklung der Autonomen Gemeinschaft im Rahmen der von der gesamtstaatlichen Wirtschaftspolitik gesetzten Ziele;
14. Handwerk;
15. Museen, Bibliotheken und Musikkonservatorien, die von Interesse für die Autonome Gemeinschaft sind;
16. Pflege von Bau- und Kunstdenkmälern, die von Interesse für die Autonome Gemeinschaft sind;
17. Förderung der Kultur, der Forschung und gegebenenfalls des Unterrichts der Sprache der Autonomen Gemeinschaft;
18. Förderung und Gestaltung des Tourismus innerhalb ihres Gebietes;
19. Förderung von Sport- und Freizeitgestaltung;
20. Sozialfürsorge;
21. Gesundheit und Hygiene;
22. Bewachung und Schutz ihrer Gebäude und Einrichtungen; die Koordinierung und sonstige Befugnisse bezüglich der örtlichen Polizei nach Maßgabe eines Organgesetzes.

(2) Nach Ablauf von fünf Jahren können die Autonomen Gemeinschaften durch Reform ihrer Statuten ihre Zuständigkeiten innerhalb des in Artikel 149 festgelegten Rahmens allmählich erweitern.

Artikel 149 [Ausschließliche Zuständigkeit des Staates]

(1) Der Staat besitzt die ausschließliche Zuständigkeit in den folgenden Bereichen:
1. Regelung der Grundbedingungen, die die Gleichheit aller Spanier bei der Ausübung der verfassungsmäßigen Rechte und Erfüllung der verfassungsmäßigen Pflichten gewährleisten;
2. Staatsangehörigkeit, Ein- und Auswanderung, Ausländer- und Asylrecht;
3. internationale Beziehungen;
4. Verteidigung und Streitkräfte;
5. Justizverwaltung;
6. Gesetzgebung in den Bereichen Handelsrecht, Strafrecht und Strafvollzug; Prozessrecht, unbeschadet der notwendigen Sonderregelungen, die sich in dieser Hinsicht aus den Besonderheiten des materiellen Rechts der Autonomen Gemeinschaften ergeben;
7. Arbeitsgesetzgebung, unbeschadet ihrer Ausführung durch die Organe der Autonomen Gemeinschaften;
8. Zivilgesetzgebung, unbeschadet der Erhaltung, Modifizierung und Entwicklung der gegebenenfalls vorhandenen Zivil-, Foral- und Sonderrechte durch die Autonomen Gemeinschaften; in jedem Fall die sich auf die Anwendung und Wirksamkeit von Rechtsnormen beziehenden Regeln, die zivilrechtlichen Verhältnisse hinsichtlich der Eheformen, Ordnung der öffentlichen Register und Urkunden, Grundlagen der Vertragspflichten sowie Regelungen zur Lösung von Gesetzeskonflikten und zur Bestimmung der Rechtsquellen, in letzterem Fall unter Achtung der Normen des Foral- und Sonderrechts;
9. Gesetzgebung über geistige Eigentumsrechte und gewerblichen Rechtsschutz;
10. Zoll- und Tarifwesen; Außenhandel;
11. Währungssystem: Devisen, Geldwechsel und Konvertibilität; Grundlagen der Ordnung des Kredit-, Banken- und Versicherungswesens;
12. Gesetzgebung über Gewichte und Maße, Bestimmung der amtlichen Zeit;
13. Grundlagen und Koordinierung der allgemeinen Wirtschaftsplanung;
14. Staatshaushalt und Staatsschuld;
15. Förderung und allgemeine Koordinierung der wissenschaftlichen und technischen Forschung;
16. Sanitärkontrollen an den Grenzen; Grundlagen und allgemeine Koordinierung des Gesundheitswesens; Gesetzgebung über pharmazeutische Produkte;
17. Rahmengesetzgebung und wirtschaftliche Ordnung der Sozialversicherung, unbeschadet der Ausführung ihrer Leistungen durch die Autonomen Gemeinschaften;

18. rechtliche Grundlagen der öffentlichen Verwaltung und des Status ihrer Beamten, wobei allen vom Verwaltungshandeln Betroffenen gleiche Behandlung zu gewährleisten ist; einheitliches Verwaltungsverfahren, unbeschadet der Besonderheiten, die sich aus der Organisation der Autonomen Gemeinschaften ergeben; Gesetzgebung über Zwangsenteignung; Rahmengesetzgebung über Verwaltungsverträge und -konzessionen und die Haftung aller öffentlichen Verwaltungen;
19. Seefischerei, unbeschadet der Zuständigkeiten, die den Autonomen Gemeinschaften bei der Regelung dieses Bereichs zuerkannt werden;
20. Handelsmarine und Verleihung des Flaggenrechts; Beleuchtung der Küsten und maritimen Signale; Häfen und Flughäfen von allgemeinem Interesse; Kontrolle des Luftraums, Luftverkehrs und Lufttransports; Wetterdienst und Registrierung von Luftfahrzeugen;
21. Eisenbahnen und Straßenverkehr, sofern sie durch das Gebiet von mehr als einer Autonomen Gemeinschaft führen; allgemeines Verkehrswesen; Kraftfahrzeugverkehr; Postwesen und Telekommunikation; Luft- und Unterseekabel und Funkwesen;
22. Gesetzgebung, Ordnung und Konzession der Wasservorkommen und Wassernutzung, wenn die Gewässer mehr als eine Autonome Gemeinschaft durchfließen, und Genehmigung von Installationen des Elektrizitätsnetzes, wenn sie noch von einer anderen Autonomen Gemeinschaft genutzt werden oder der Energietransport das eigene Gebiet verlässt;
23. Rahmengesetzgebung über den Umweltschutz unbeschadet der Befugnisse der Autonomen Gemeinschaften zum Erlass zusätzlicher Schutzbestimmungen; Rahmengesetzgebung für Waldgebiete, Forstwirtschaft und Viehtriften;
24. öffentliche Baumaßnahmen, die von allgemeinem Interesse sind oder deren Ausführung sich auf mehr als eine Autonome Gemeinschaft auswirkt;
25. Grundlagen des Bergbaus und Energiewesens;
26. Herstellung, Handel, Besitz und Gebrauch von Waffen und Sprengkörpern;
27. Rahmengesetzgebung für Presse, Rundfunk und Fernsehen und für alle Medien der sozialen Kommunikation, unbeschadet der den Autonomen Gemeinschaften zustehenden Befugnisse zur konkreten Ausgestaltung und Anwendung dieser Normen;
28. Schutz des kulturellen, künstlerischen und baulichen Erbes Spaniens gegen Ausfuhr und Plünderung; staatliche Museen, Bibliotheken und Archive, unbeschadet ihrer Verwaltung durch die Autonomen Gemeinschaften;
29. öffentliche Sicherheit, unbeschadet der Möglichkeit zur Schaffung eigener Polizeikräfte durch die Autonomen Gemeinschaften in der Form, die die entsprechenden Statuten im Rahmen der Bestimmungen eines Organgesetzes vorsehen;
30. Regelung der Bedingungen für Erwerb, Ausstellung und Anerkennung akademischer und beruflicher Titel sowie die Rahmengesetzgebung für die Anwendung des Artikels 27 der Verfassung mit dem Ziel, die Erfüllung der Verpflichtungen der öffentlichen Gewalt auf diesem Gebiet zu gewährleisten;
31. Statistik für staatliche Zwecke;
32. Genehmigung zur Durchführung einer Volksbefragung im Wege eines Referendums.

(2) Unbeschadet der Zuständigkeiten, die die Autonomen Gemeinschaften übernehmen können, betrachtet der Staat den Dienst an der Kultur als eine Pflicht und wesentliche Aufgabe und fördert in Abstimmung mit den Autonomen Gemeinschaften den kulturellen Austausch zwischen ihnen.

(3) [1]Aufgabenbereiche, die von dieser Verfassung nicht ausdrücklich dem Staat zugewiesen sind, können auf Grundlage der entsprechenden Statuten von den Autonomen Gemeinschaften übernommen werden. [2]Die Zuständigkeit in Bereichen, die von den Autonomiestatuten nicht übernommen werden, liegt beim Staat, dessen Normen im Konfliktfall in allen Materien, die nicht zur ausschließlichen Kompetenz der Autonomen Gemeinschaften gehören, den Vorrang haben. [3]Das staatliche Recht ergänzt in jedem Fall das Recht der Autonomen Gemeinschaften.

Artikel 150 [Zuständigkeitsübertragung]

(1) [1]Die Cortes Generales können in Angelegenheiten gesamtstaatlicher Kompetenz allen oder einzelnen Autonomen Gemeinschaften die Befugnis übertragen, sich im Rahmen der Prinzipien, Grundlagen und Leitlinien eines Organgesetzes Rechtsnormen zu geben.

[2]Unbeschadet der Zuständigkeit der Gerichte wird in jedem Rahmengesetz die Modalität der parlamentarischen Kontrolle über diese Rechtsnormen der Autonomen Gemeinschaften festgelegt.

(2) [1]Der Staat kann den Autonomen Gemeinschaften durch ein Organgesetz Befugnisse aus der staatlichen Zuständigkeit übertragen, die ihrer Natur nach zur Übertragung geeignet sind. [2] Das Gesetz sieht in jedem Einzelfall die entsprechende Zuweisung finanzieller Mittel sowie die Formen der Kontrolle vor, die der Staat sich vorbehält.

(3) [1]Der Staat kann Gesetze erlassen, die die notwendigen Grundsätze für eine Harmonisierung der Rechtsnormen der Autonomen Gemeinschaften festlegen; diese kann sich auch auf Zuständigkeitsbereiche der Autonomen Gemeinschaften erstrecken, wenn es das Interesse der Allgemeinheit erfordert. [2]Es obliegt den Cortes Generales, mit absoluter Mehrheit jeder der Kammern diese Notwendigkeit festzustellen.

Artikel 151 [Beschleunigter Autonomieprozess]

(1) Der Zeitraum von fünf Jahren, den Artikel 148 Absatz 2 vorsieht, muss nicht eingehalten werden, wenn die Initiative für den Autonomieprozess innerhalb der von Artikel 143 Absatz 2 vorgesehenen Frist neben den Provinzialräten beziehungsweise den entsprechend zuständigen Inselorganen zugleich von drei Vierteln der Gemeinden der betroffenen Provinzen beschlossen wird, die mindestens die Mehrheit der Wahlberechtigten jeder einzelnen Provinz umfassen, und wenn diese Initiative gemäß einem Organgesetz durch ein Referendum von der absoluten Mehrheit der Wähler in jeder Provinz angenommen wird.

(2) Sind die in Absatz 1 festgelegten Voraussetzungen erfüllt, so wird das Autonomiestatut nach dem folgenden Verfahren ausgearbeitet:

1. Die Regierung ruft alle Abgeordneten und Senatoren, die in den Wahlkreisen des Gebietes gewählt wurden, welches die Autonomie anstrebt, zusammen, damit sie sich in einer Versammlung zu dem alleinigen Zweck konstituieren, den Entwurf eines Autonomiestatuts zu erarbeiten; dieses muss von der Versammlung mit der absoluten Mehrheit ihrer Mitglieder angenommen werden.
2. Nach Annahme des Statutsentwurfs durch die Parlamentarierversammlung wird er an den Verfassungsausschuss des Kongresses weitergeleitet, der ihn innerhalb von zwei Monaten unter Mitwirkung und Hilfe einer Delegation der vorschlagenden Versammlung prüft, um in gegenseitigem Einvernehmen seine endgültige Fassung zu bestimmen.
3. Wird dieses Einvernehmen erzielt, so wird der entsprechende Text den Wahlberechtigten der Provinzen, die zum Gebiet des Statutsentwurfs gehören, zur Volksabstimmung vorgelegt.
4. [1]Wenn der Entwurf des Statuts in allen Provinzen von der Mehrheit der abgegebenen gültigen Stimmen angenommen worden ist, wird er an die Cortes Generales weitergeleitet. [2]Das Plenum jeder der beiden Kammern beschließt die Annahme oder die Ablehnung des Textes. [3]Ist das Statut angenommen, so wird es vom König gebilligt und als Gesetz verkündet.
5. [1]Lässt sich das in Unterabsatz Nr. 2 erwähnte Einvernehmen nicht erzielen, so wird der Entwurf des Statuts als Gesetzesentwurf von den Cortes Generales beraten. [2]Der von ihnen gebilligte Text wird den Wahlberechtigten der Provinzen im Gebiet des Statutsentwurfs zur Volksabstimmung vorgelegt. [3]Wird der Text mit der Mehrheit der abgegebenen gültigen Stimmen in jeder Provinz angenommen, erfolgt dessen Verkündung gemäß den Bestimmungen des vorhergehenden Unterabsatzes.

(3) Die Ablehnung des Entwurfs des Autonomiestatuts durch eine oder mehrere der Provinzen in den Fällen von Unterabsatz 4 und 5 des vorhergehenden Absatzes schließt die Konstituierung der geplanten Autonomen Gemeinschaft durch die übrigen Provinzen nicht aus; sie geschieht in der Form, die das in Absatz 1 dieses Artikels vorgesehene Organgesetz festlegt.

Artikel 152 [Institutioneller Rahmen]

(1) [1]Die nach Artikel 151 angenommen Autonomiestatuten müssen einen organisatorischen Rahmen mit den folgenden Institutionen vorsehen: eine gesetzgebende Versammlung, die in allgemeinen Wahlen nach dem Verhältniswahlsystem, das außerdem die Repräsentation der verschiedenen Gebietsteile gewährleistet, gewählt wird, einen Regierungsrat mit exekutiven und administrativen Funktionen und einen Präsidenten, den die Versammlung aus ihren Mitgliedern wählt und den der König ernennt; dem Präsidenten obliegt die Leitung des Regierungsrates, er ist der höchste Repräsentant der jeweiligen Autonomen Gemeinschaft und vertritt den Staat in ihr. [2]Der Präsident und die Mitglieder des Regierungsrates sind gegenüber der Versammlung politisch verantwortlich.

[1]Ein hoher Gerichtshof ist, ungeachtet der dem Obersten Gericht obliegenden Rechtsprechung, höchste Instanz der Gerichtsbarkeit im Gebiet der Autonomen Gemeinschaft. [2]In den Statuten der Autonomen Gemeinschaften können, in Übereinstimmung mit dem Organgesetz über die rechtsprechende Gewalt und im Rahmen der Einheit und Unabhängigkeit derselben, die Voraussetzungen und Formen der Beteiligung der Gemeinschaften an der Regelung der territorialen Gerichtsorganisation vorgesehen werden.

Unbeschadet der Bestimmungen des Artikels 123 endet der Instanzenzug bei den Justizorganen derjenigen Autonomen Gemeinschaft, in der sich auch das in erster Instanz zuständige Organ befindet.

(2) Nach Billigung und Verkündung der jeweiligen Statuten können diese nur durch die in ihnen selbst festgelegten Verfahren und durch eine von allen Wahlberechtigten durchgeführte Volksabstimmung geändert werden.

(3) Durch den Zusammenschluss aneinandergrenzender Gemeinden können die Statuten eigene territoriale Bezirke mit voller Rechtspersönlichkeit schaffen.

Artikel 153 [Kontrolle der Autonomen Gemeinschaften]

Die Kontrolle der Tätigkeit der Organe der Autonomen Gemeinschaften wird wie folgt ausgeübt:

a) durch das Verfassungsgericht hinsichtlich der Verfassungsmäßigkeit der normativen Bestimmungen mit Gesetzeskraft;
b) durch die Regierung, nach Einholen eines Gutachtens des Staatsrates, im Hinblick auf die Ausübung der nach Artikel 150 Absatz 2 übertragenen Funktionen;
c) durch die Verwaltungsgerichtsbarkeit hinsichtlich der autonomen Verwaltung und ihrer Satzungen;
d) durch den Rechnungshof in Wirtschafts- und Haushaltsfragen.

Artikel 154 [Staatsverwaltung im Gebiet der Autonomen Gemeinschaft]

Ein von der Regierung ernannter Delegierter leitet die Verwaltung des Staates im Gebiet der Autonomen Gemeinschaft und koordiniert sie gegebenenfalls mit der Verwaltung der Gemeinschaft.

Artikel 155 [Zwangsmaßnahmen, Weisungen]

(1) Wenn eine Autonome Gemeinschaft die ihr von der Verfassung oder anderen Gesetzen auferlegten Verpflichtungen nicht erfüllt oder so handelt, dass ihr Verhalten einen schweren Verstoß gegen die allgemeinen Interessen Spaniens darstellt, so kann die Regierung nach vorheriger Aufforderung an den Präsidenten der Autonomen Gemeinschaft und, im Falle von deren Nichtbefolgung, mit der Zustimmung der absoluten Mehrheit des Senats die erforderlichen Maßnahmen ergreifen, um die Gemeinschaft zur zwangsweisen Erfüllung dieser Verpflichtungen anzuhalten oder um das erwähnte Interesse der Allgemeinheit zu schützen.

(2) Zur Durchführung der in Absatz 1 vorgesehenen Maßnahmen kann die Regierung allen Behörden der Autonomen Gemeinschaften Weisungen erteilen.

Artikel 156 [Finanzautonomie]

(1) Die Autonomen Gemeinschaften genießen finanzielle Autonomie für die Entwicklung und Ausübung ihrer Zuständigkeiten gemäß den Grundsätzen der Koordinierung mit der staatlichen Finanzverwaltung und der Solidarität aller Spanier.

(2) Die Autonomen Gemeinschaften können nach Maßgabe der Gesetze und Statuten bei der Erhebung, Eintreibung und Abrechnung der Steuern des Staates als Vertreter des Staates handeln oder mit ihm zusammenarbeiten.

Artikel 157 [Finanzmittel]

(1) Die Finanzmittel der Autonomen Gemeinschaften setzen sich zusammen aus:

a) ganz oder teilweise vom Staat überlassenen Steuern; Zuschläge auf staatliche Steuern und anderen Anteilen an den Einnahmen des Staates;
b) eigenen Steuern, Gebühren und Sonderabgaben;
c) Überweisungen aus einem interterritorialen Ausgleichsfonds und anderen Zuweisungen zu Lasten des Staatshaushalts;
d) Erträgen aus ihrem Vermögen und privatrechtlichen Einnahmen;
e) Einkünften aus Kreditgeschäften.

(2) Die Autonomen Gemeinschaften können in keinem Fall Besteuerungsmaßnahmen ergreifen, die sich auf Vermögen außerhalb ihres Gebietes beziehen oder die den freien Waren- und Dienstleistungsverkehr behindern.

(3) Durch ein Organgesetz können die Ausübung der in Absatz 1 aufgeführten finanziellen Zuständigkeiten, die Regelungen zur Beilegung möglicher Konflikte und die verschiedenen Formen der finanziellen Zusammenarbeit zwischen den Autonomen Gemeinschaften und dem Staat bestimmt werden.

Artikel 158 [Staatszuweisungen, Ausgleichsfonds]

(1) Im Staatshaushalt können für die Autonomen Gemeinschaften Zuweisungen vorgesehen werden unter Berücksichtigung des Umfangs der von ihnen übernommenen staatlichen Dienstleistungen und Tätigkeiten sowie der Gewährleistung eines Mindestniveaus der grundlegenden öffentlichen Dienstleistungen im gesamten spanischen Territorium.

(2) Zum Zwecke des Ausgleichs interterritorialer wirtschaftlicher Ungleichgewichte und der effektiven Verwirklichung des Solidaritätsprinzips wird ein Ausgleichsfonds für Investitionen geschaffen, dessen Mittel von den Cortes Generales unter den Autonomen Gemeinschaften und gegebenenfalls den Provinzen aufgeteilt werden.

TITEL IX
Das Verfassungsgericht

Artikel 159 [Zusammensetzung, Amtszeit, Inkompatibilitäten]

(1) Das Verfassungsgericht setzt sich aus zwölf vom König ernannten Mitgliedern zusammen; davon werden vier vom Kongress mit einer Dreifünftelmehrheit seiner Mitglieder, vier vom Senat ebenfalls mit Dreifünftelmehrheit, zwei von der Regierung und zwei vom Generalrat der Rechtsprechenden Gewalt vorgeschlagen.

(2) Die Mitglieder des Verfassungsgerichts müssen aus Richtern und Staatsanwälten, Universitätsprofessoren, Beamten und Rechtsanwälten ausgewählt werden; alle müssen anerkannt kompetente Juristen mit mehr als fünfzehnjähriger Berufserfahrung sein.

(3) Die Mitglieder des Verfassungsgerichts werden für einen Zeitraum von neun Jahren ernannt und alle drei Jahre zu einem Drittel erneuert.

(4) Die Mitgliedschaft im Verfassungsgericht ist unvereinbar mit jeder Art von repräsentativem Mandat, mit politischen oder Verwaltungsämtern, mit der Wahrnehmung einer leitenden Funktion in einer politischen Partei oder in einer Gewerkschaft und mit einer Beschäftigung bei solchen Organisationen, mit der Ausübung des Berufs des Richters oder Staatsanwalts und mit jeder beruflichen oder gewerblichen Tätigkeit.

Im Übrigen unterliegen die Mitglieder des Verfassungsgerichts den gleichen Inkompatibilitätsregeln wie alle Mitglieder der rechtsprechenden Gewalt.

(5) Die Mitglieder des Verfassungsgerichts sind in der Ausübung ihres Amtes unabhängig und unabsetzbar.

Artikel 160 [Präsident]

Der Präsident des Verfassungsgerichts wird auf Vorschlag des Plenums, das ihn unter seinen Mitgliedern auswählt, für den Zeitraum von drei Jahren vom König ernannt.

Artikel 161 [Verfahrensarten]

(1) Das Verfassungsgericht ist für das gesamte Hoheitsgebiet Spaniens in folgenden Fällen zuständig:

a) für Normenkontrollklagen gegen Gesetze und Rechtsnormen mit Gesetzeskraft. [2]Die Feststellung der Verfassungswidrigkeit einer Rechtsnorm mit Gesetzesrang, die Gegenstand der Auslegung durch die Rechtsprechung war, ist für diese verbindlich, ohne dass das ergangene Urteil oder die ergangenen Urteile ihre Rechtskraftwirkung verlieren.

b) für Verfassungsbeschwerden wegen der Verletzung der in Artikel 53 Absatz 2 dieser Verfassung enthaltenen Rechte und Freiheiten in den Fällen und Formen, die das Gesetz bestimmt;

c) für Zuständigkeitsstreitigkeiten zwischen dem Staat und den Autonomen Gemeinschaften oder zwischen letzteren;
d) in allen übrigen Materien, die die Verfassung oder ein Organgesetz dem Gericht zuweisen.

(2) [1]Die Regierung kann die von den Organen der Autonomen Gemeinschaften verabschiedeten Bestimmungen und Entscheidungen vor dem Verfassungsgericht anfechten.
[2]Die Anfechtung führt zur vorübergehenden Aufhebung der betreffenden Bestimmung oder Entscheidung. [3]Das Gericht muss diese aber innerhalb von fünf Monaten bestätigen oder endgültig aufheben.

Artikel 162 [Antragsteller]
(1) Befugt sind
a) zur Einlegung der Normenkontrollklage der Ministerpräsident, der Ombudsmann, fünfzig Abgeordnete, fünfzig Senatoren, die kollegialen Exekutivorgane der Autonomen Gemeinschaften und gegebenenfalls deren Versammlungen;
b) zur Einlegung der Verfassungsbeschwerde alle natürlichen oder juristischen Personen, die ein legitimes Interesse geltend machen, sowie der Ombudsmann und die Staatsanwaltschaft.

(2) In allen übrigen Fällen bestimmt ein Organgesetz die antragsbefugten Organe und Personen.

Artikel 163 [Konkrete Normenkontrolle]
Wenn ein rechtsprechendes Organ in einem Verfahren der Ansicht ist, dass eine im konkreten Fall anzuwendende Norm mit Gesetzesrang, auf deren Gültigkeit es bei der Entscheidung ankommt, verfassungswidrig sein könnte, legt es die Frage dem Verfassungsgericht vor, gemäß den Voraussetzungen, der Form und den Wirkungen, die vom Gesetz festgelegt werden; in keinem Fall darf ein Suspensiveffekt vorgesehen werden.

Artikel 164 [Veröffentlichung und Urteilswirkung]
(1) [1]Die Urteile des Verfassungsgerichts werden zusammen mit eventuellen Sondervoten im Staatsanzeiger veröffentlicht. [2]Sie sind vom Tage nach ihrer Veröffentlichung an rechtskräftig; Einsprüche gegen sie sind nicht möglich. Urteile, die die Verfassungswidrigkeit eines Gesetzes oder einer Norm mit Gesetzesrang feststellen, sowie diejenigen, die sich nicht auf die Frage einer individuellen Rechtsbeeinträchtigung beschränken, haben allgemeine Bindungswirkung.

(2) Soweit das Urteil nichts anderes bestimmt, behält das Gesetz in dem Teil, der nicht durch die Verfassungswidrigkeit betroffen ist, seine Gültigkeit.

Artikel 165 [Organgesetz]
Ein Organgesetz regelt die Arbeitsweise des Verfassungsgerichts, das Statut seiner Mitglieder, das vor diesem Gericht anzuwendende Verfahren und die Voraussetzungen der Klageerhebung.

TITEL X
Verfassungsänderung

Artikel 166 [Änderungsinitiative]
Die Initiative zur Verfassungsänderung erfolgt gemäß den Bestimmungen des Artikels 87 Absätze 1 und 2.

Artikel 167 [Dreifünftelmehrheiten, Kongress, Volksabstimmung]
(1) [1]Entwürfe für eine Verfassungsänderung müssen durch eine Mehrheit von drei Fünfteln jeder der beiden Kammern gebilligt werden. [2]Kommt ein Einvernehmen zwischen den beiden Kammern nicht zustande, so wird versucht, es durch die Bildung eines Ausschusses herbeizuführen, der paritätisch mit Abgeordneten und Senatoren besetzt ist und der einen Text vorlegt, über den Kongress und Senat beschließen.

(2) Kommt eine Annahme der Verfassungsänderung gemäß dem Verfahren nach Absatz 1 nicht zustande, so kann der Kongress die Änderung mit Zweidrittelmehrheit beschließen, wenn der Senat dem Text mit absoluter Mehrheit zugestimmt hat.

(3) Nach Billigung der Verfassungsänderung durch die Cortes Generales wird sie zur Annahme einer Volksabstimmung unterworfen, wenn innerhalb von fünfzehn Tagen nach der Billigung durch das

Parlament ein entsprechender Antrag von einem Zehntel der Mitglieder einer der beiden Kammern gestellt wird.

Artikel 168 [Auflösung der Cortes Generales in besonderen Revisionsfällen]
(1) Im Falle einer Gesamtrevision der Verfassung oder einer Verfassungsänderung, die sich auf den Vortitel, das Kapitel 2, Abschnitt 1 des Titels I oder den Titel II bezieht, muss die Annahme mit der Zweidrittelmehrheit beider Kammern erfolgen, die Cortes Generales werden sofort aufgelöst.

(2) Die neu gewählten Kammern müssen die Entscheidung bestätigen und den neuen Verfassungstext beraten, der mit einer Zweidrittelmehrheit beider Kammern gebilligt werden muss.

(3) Nach Billigung der Verfassungsänderung durch die Cortes Generales wird sie zur Annahme einer Volksabstimmung unterworfen.

Artikel 169 [Revisionsverbote]
Verfassungsänderungen können nicht in Kriegszeiten oder während der Dauer eines der in Artikel 116 vorgesehenen Zustände eingeleitet werden.

Zusatzbestimmungen

Erste. Die Verfassung schützt und achtet die historischen Rechte der Foralgebiete.

Die allgemeine Anpassung dieser Foralordnung wird gegebenenfalls im Rahmen der Verfassung und der Autonomiestatuten vorgenommen.

Zweite. Die in Artikel 12 dieser Verfassung enthaltene Regelung zur Volljährigkeit beeinträchtigt nicht die im privatrechtlichen Bereich von den Foralrechten geschützten Fälle.

Dritte. Die Änderung der Wirtschafts- und Steuerordnung des Kanarischen Archipels setzt einen vorherigen Bericht der Autonomen Gemeinschaften oder gegebenenfalls des provisorischen Selbstverwaltungsorgans voraus.

Vierte. In den Autonomen Gemeinschaften, in denen sich mehr als ein Regionalgericht befindet, können die entsprechenden Autonomiestatuten die bestehenden Gerichte beibehalten und gemäß den Bestimmungen des Organgesetzes über die rechtsprechende Gewalt und unter Beachtung der Einheit und Unabhängigkeit der rechtsprechenden Gewalt eine Verteilung der Zuständigkeiten vornehmen.

Übergangsbestimmungen

Erste. In den Gebieten mit provisorischem Autonomiestatus können die obersten Kollegialorgane durch einen Beschluss mit der absoluten Mehrheit ihrer Mitglieder die in Artikel 143 Absatz 2 den Provinzialräten beziehungsweise den zuständigen Inselorganen zuerkannte Initiative selbst übernehmen.

Zweite. Die Gebiete, in denen in der Vergangenheit Entwürfe für Autonomiestatuten durch eine Volksabstimmung angenommen wurden und die zum Zeitpunkt der Verkündung dieser Verfassung einen provisorischen Autonomiestatus haben, können unverzüglich in der in Artikel 148 Absatz 2 festgelegten Form verfahren, wenn ihre obersten präautonomen Organe dies mit absoluter Mehrheit beschließen und die Regierung hierüber informieren. Der Entwurf des Autonomiestatuts wird gemäß den Bestimmungen von Artikel 151 Nr. 2 auf Einberufung des präautonomen Organs hin ausgearbeitet.

Dritte. Die in Artikel 143 Absatz 2 vorgesehene Einleitung des Autonomieprozesses durch die lokalen Körperschaften oder ihre Mitglieder gilt bis zur Abhaltung der ersten Gemeindewahlen nach Inkrafttreten der Verfassung als mit voller Wirkung aufgeschoben.

Vierte. (1) Im Falle von Navarra und bezüglich seiner Eingliederung in den Allgemeinen Rat des Baskenlandes oder in den diesen ersetzenden Autonomiestatus der Basken obliegt die Initiative, entgegen den Bestimmungen des Artikels 143 der Verfassung, dem zuständigen Foralorgan, das die Entscheidung durch Mehrheitsbeschluss seiner Mitglieder trifft. Für die Gültigkeit dieser Initiative ist es außerdem erforderlich, dass die Entscheidung des zuständigen Foralorgans durch eine ausdrücklich hierzu angesetzte Volksabstimmung mit der Mehrheit der abgegebenen gültigen Stimmen angenommen wird.

(2) Falls die Initiative keinen Erfolg hat, kann sie nur in einer anderen Mandatsperiode des zuständigen Foralorgans und in jedem Falle nur nach Ablauf der in Artikel 143 festgelegten Mindestfrist wiederholt werden.

Fünfte. Die Städte Ceuta und Melilla können sich als Autonome Gemeinschaften konstituieren, wenn die entsprechenden Stadträte dies mit der absoluten Mehrheit ihrer Mitglieder beschließen und wenn die Cortes Generales dies gemäß den Bestimmungen des Artikels 144 durch ein Organgesetz genehmigen.

Sechste. Wenn dem Verfassungsausschuss des Kongresses mehrere Statutsentwürfe vorgelegt werden, so sind diese in der Reihenfolge ihres Eingangs zu behandeln. Die in Artikel 151 festgelegte Frist von zwei Monaten beginnt von dem Zeitpunkt an, in dem der Ausschuss die Beratung des Entwurfes beziehungsweise der sukzessive vorgelegten Entwürfe beendet hat.

Siebte. Die provisorischen Selbstverwaltungsorgane gelten in folgenden Fällen als aufgelöst:

a) nach Konstituierung der Organe, die in den gemäß dieser Verfassung angenommenen Autonomiestatuten vorgesehen sind;
b) wenn die Initiative zur Einleitung des Autonomieprozesses mangels Erfüllung der in Artikel 143 genannten Voraussetzungen keinen Erfolg hat;
c) wenn das Organ das ihm in der Ersten Übergangsbestimmung zugestandene Recht nicht innerhalb von drei Jahren ausgeübt hat.

Achte. (1) Die Kammern, die die vorliegende Verfassung verabschiedet haben, übernehmen nach deren Inkrafttreten die Funktionen und Kompetenzen, die diese Verfassung dem Kongress und dem Senat zuweist; in keinem Fall verlängert sich ihr Mandat über den 15. Juni 1981 hinaus.

(2) Die Verkündung der Verfassung gilt als verfassungsmäßige Voraussetzung für die Anwendung der in Artikel 99 enthaltenen Bestimmungen. Zu diesem Zweck beginnt mit der Verkündung eine Frist von dreißig Tagen, innerhalb derer die Anwendung der Bestimmungen des genannten Artikels zu erfolgen hat.

Innerhalb dieser Frist kann der gegenwärtige Ministerpräsident, der die für dieses Amt in der Verfassung vorgesehenen Funktionen und Kompetenzen übernimmt, entweder von der ihm in Artikel 115 zugestandenen Befugnis Gebrauch machen oder durch seinen Rücktritt die Anwendung der Bestimmungen des Artikels 99 herbeiführen; in letzterem Fall verbleibt er in der in Artikel 101 Absatz 2 vorgesehenen Position.

(3) Im Falle der in Artikel 115 vorgesehenen Auflösung und sofern die Bestimmungen von Artikel 68 und 69 nicht gesetzmäßig ausgeführt worden sind, gelten für die Wahlen die bis dahin gültigen Normen, mit den einzigen Ausnahmen, dass hinsichtlich der Nichtwählbarkeit und der Inkompatibilitäten die folgenden Bestimmungen unmittelbar anzuwenden sind: Artikel 70 Absatz 1b) 2. Halbsatz, die Bestimmungen über das Wahlalter sowie die in Artikel 69 Absatz 3 enthaltenen Regelung.

Neunte. Drei Jahre nach der Erstwahl der Mitglieder des Verfassungsgerichts wird eine Gruppe von vier Mitgliedern derselben Herkunft durch das Losverfahren zum Rücktritt veranlasst und eine entsprechende Neuernennung vorgenommen. Nur zu diesem Zweck gelten als eine Gruppe derselben Herkunft die zwei auf Vorschlag der Regierung und die zwei auf Vorschlag des Generalrats der Rechtsprechenden Gewalt ernannten Mitglieder. Nach weiteren drei Jahren wird das gleiche Verfahren zwischen den beiden vom zuvor durchgeführten Losverfahren nicht betroffenen Gruppen angewandt. Von diesem Zeitpunkt an sind die Bestimmungen des Artikels 159 Absatz 3 einzuhalten.

Aufhebungsbestimmung

(1) Das Gesetz 1/1977 vom 4. Januar über die Politische Reform gilt als aufgehoben; ebenso, soweit sie nicht schon durch das vorerwähnte Gesetz aufgehoben wurden, das Gesetz über die Grundsätze der nationalen Bewegung vom 17. Mai 1958, die Charta der Spanier vom 17. Juli 1945, die Charta der Arbeit vom 9. März 1938, das Gesetz über die Konstituierung der Cortes vom 17. Juli 1942 sowie das Gesetz über die Nachfolge in der Staatsführung vom 26. Juli 1947, die alle durch das Staatsorganisationsgesetz vom 10. Januar 1967 abgeändert wurden, das ebenso wie das Gesetz über die Volksabstimmung vom 22. Oktober 1945 als aufgehoben gilt.

(2) Soweit das Gesetz vom 25. Oktober 1839 noch irgendeine Gültigkeit haben könnte, gilt es bezüglich der Provinzen Alava, Giupúzcoa und Vizcaya als endgültig aufgehoben.

Gleichermaßen gilt das Gesetz vom 21. Juli 1876 als endgültig aufgehoben.

(3) Ebenso gelten alle den Bestimmungen dieser Verfassung zuwiderlaufenden Verfügungen als aufgehoben.

Schlussbestimmung

Diese Verfassung tritt am Tage der Veröffentlichung im Staatsanzeiger in Kraft. Sie wird auch in den übrigen Sprachen Spaniens veröffentlicht.

Verfassung der Tschechischen Republik*)

Vom 16. Dezember 1992

Verfassungsgesetz Nr. 1/1993 Sb. in der Fassung der Verfassungsgesetze Nr. 347/1997 Sb., Nr. 300/2000 Sb., Nr. 395/2001 Sb., Nr. 448/2001 Sb., Nr. 515/2002 Sb., Nr. 319/2009 Sb., Nr. 71/2012 Sb. und Nr. 98/2013 Sb.

Inhalt

Präambel

Wir, die Bürger der Tschechischen Republik in Böhmen, Mähren und Schlesien beschließen angesichts der Erneuerung eines unabhängigen tschechischen Staates, eingedenk aller guten Traditionen der althergebrachten Staatlichkeit der Länder der tschechischen Krone und der tschechoslowakischen Staatlichkeit, entschlossen, die Tschechische Republik im Geiste der unantastbaren Menschenwürde und Freiheit als Heimat gleichberechtigter und freier Bürger, welche sich ihrer Verpflichtung gegenüber dem Nächsten und ihrer Verantwortung gegenüber dem Ganzen bewusst sind, als einen freiheitlichen und demokratischen Staat, gegründet auf der Achtung der Menschenrechte und auf der Grundlage der Zivilgesellschaft, als Bestandteil der Familie der europäischen Demokratien und der Demokratien weltweit, aufzubauen, zu bewahren und zu entwickeln in dem Willen, gemeinsam die ererbten natürlichen und kulturellen, materiellen und immateriellen Reichtümer zu schützen und fortzuentwickeln, in dem Willen, sich nach allen anerkannten rechtsstaatlichen Prinzipien mittels eigener frei gewählter Vertreter zu richten, verabschieden diese Verfassung der Tschechischen Republik.

Erster Abschnitt
Grundbestimmungen

Artikel 1 [Rechtsstaat]

(1) Die Tschechische Republik ist ein souveräner, einheitlicher und demokratischer Rechtsstaat, gegründet auf der Achtung der Rechte und Freiheiten des Menschen und des Bürgers.

(2) Die Tschechische Republik erfüllt Verpflichtungen, die sich für sie aus dem internationalen Recht ergeben.

Artikel 2 [Demokratie]

(1) Das Volk ist die Quelle der staatlichen Gewalt; es übt diese mittels der Organe der gesetzgebenden, ausführenden und rechtsprechenden Gewalt aus.

(2) Durch ein Verfassungsgesetz können Fälle der direkten Ausübung von Staatsgewalt durch das Volk bestimmt werden.

(3) Die Staatsgewalt dient allen Bürgern und sie kann in den gesetzlich geregelten Fällen, innerhalb der gesetzlich bestimmten Grenzen und auf gesetzlich bestimmte Art und Weise ausgeübt werden.

*) Übersetzung: RAin Gwendolin Buddeberg M.A., München, überarbeitet und fortgeführt von Dr. Petr Bohata, München.

(4) Jeder Bürger ist frei zu tun, was nicht gesetzlich verboten ist und niemand darf gezwungen werden etwas zu tun, wozu er aufgrund eines Gesetzes nicht verpflichtet wäre.

Artikel 3 [Grundrechtecharta]
Die Charta der Grundrechte und -freiheiten ist Bestandteil der Verfassungsordnung der Tschechischen Republik.

Artikel 4 [Rechtsschutz]
Die Grundrechte und -freiheiten unterstehen dem Schutz der gerichtlichen Gewalt.

Artikel 5 [Politische Parteien]
Das politische System beruht auf dem freien und freiwilligen Entstehen und dem freien Wettbewerb von politischen Parteien, welche die demokratischen Grundprinzipien respektieren und Gewalt als Mittel zur Durchsetzung ihrer Interessen ablehnen.

Artikel 6 [Mehrheitsprinzip, Minderheitenschutz]
[1]Die politische Entscheidung folgt dem sich aus freien Abstimmungen ergebenden Willen der Mehrheit. [2]Mehrheitsentscheidungen haben den Schutz von Minderheiten zu beachten.

Artikel 7 [Naturschutz]
Der Staat hat den sorgfältigen Umgang mit den natürlichen Ressourcen und den Schutz des natürlichen Reichtums sicherzustellen.

Artikel 8 [Selbstverwaltung]
Die Selbstverwaltung der territorialen Selbstverwaltungseinheiten wird garantiert.

Artikel 9 [Verfassungsänderung]
(1) Die Verfassung kann nur durch Verfassungsgesetz ergänzt oder geändert werden.

(2) Eine Änderung der wesentlichen Grundlagen des demokratischen Rechtsstaats ist nicht zulässig.

(3) Durch Auslegung von Rechtsnormen kann nicht die Abschaffung oder Gefährdung der Grundlagen eines demokratischen Staates gerechtfertigt werden.

Artikel 10 [Völkervertragsrecht]
Verkündete völkerrechtliche Verträge, zu deren Ratifikation das Parlament seine Zustimmung erteilt hat, und an welche die Tschechische Republik gebunden ist, sind Bestandteil der Rechtsordnung; sieht ein internationaler Vertrag etwas anderes vor als ein Gesetz, findet der Vertrag Anwendung.

Artikel 10a [Integrationsklausel]
(1) Durch völkerrechtlichen Vertrag können einige Befugnisse von Organen der Tschechischen Republik auf internationale Organisationen oder Institutionen übertragen werden.

(2) Zur Ratifikation eines internationalen Vertrages gemäß Absatz 1 ist die Zustimmung des Parlaments erforderlich, es sei denn, ein Verfassungsgesetz sieht vor, dass die Zustimmung zur Ratifikation durch ein Referendum erteilt werden muss.

Artikel 10b [Teilhabe des Parlaments]
(1) Die Regierung informiert das Parlament regelmäßig und im Voraus über Fragen im Zusammenhang mit den sich aus der Mitgliedschaft der Tschechischen Republik in einer in Art. 10a aufgeführten internationalen Organisation oder Institution ergebenden Verpflichtungen.

(2) Die beiden Kammern des Parlaments äußern sich nach den Vorgaben ihrer Geschäftsordnungen zu einer vorbereiteten Entscheidung einer solchen internationalen Organisation oder Institution.

(3) Das Gesetz über die Grundsätze des Umgangs und der Beziehungen der beiden Kammern untereinander als auch mit Dritten kann die Wahrnehmung der Kompetenzen der beiden Kammern gemäß Absatz 2 einem gemeinsamen Kammerorgan anvertrauen.

Artikel 11 [Staatsgebiet]
Das Gebiet der Tschechischen Republik bildet eine unteilbare Einheit, deren Staatsgrenzen nur durch Verfassungsgesetz verändert werden können.

Artikel 12 [Staatsangehörigkeit]
(1) Den Erwerb und den Verlust der Staatsangehörigkeit der Tschechischen Republik regelt ein Gesetz.

(2) Niemandem darf die Staatsangehörigkeit gegen seinen Willen entzogen werden.

Artikel 13 [Hauptstadt]
Hauptstadt der Tschechischen Republik ist Prag.

Artikel 14 [Staatssymbole]
(1) Die Staatssymbole der Tschechischen Republik sind das große und kleine Staatswappen, die Nationalfarben, die Nationalflagge, die Flagge des Staatspräsidenten, das Staatssiegel und die Nationalhymne.

(2) Die Staatssymbole und ihre Verwendung regelt ein Gesetz.

Zweiter Abschnitt
Die Legislative

Artikel 15 [Zweikammerparlament]
(1) Die gesetzgebende Gewalt in der Tschechischen Republik obliegt dem Parlament.

(2) Das Parlament wird aus zwei Kammern gebildet, dem Abgeordnetenhaus und dem Senat.

Artikel 16 [Abgeordnete und Senatoren]
(1) Das Abgeordnetenhaus besteht aus 200 Abgeordneten, die für einen Zeitraum von vier Jahren gewählt werden.

(2) [1]Der Senat besteht aus 81 Senatoren, die für einen Zeitraum von sechs Jahren gewählt werden. [2]Alle zwei Jahre wird ein Drittel der Senatoren gewählt.

Artikel 17 [Neuwahlen]
(1) Die Wahlen für beide Kammern finden innerhalb einer Frist statt, die mit dem dreißigsten Tage vor dem Ablauf der Wahlperiode beginnt und am Tage ihres Ablaufs endet.

(2) Wird das Abgeordnetenhaus aufgelöst, finden innerhalb von sechzig Tagen nach seiner Auflösung Neuwahlen statt.

Artikel 18 [Aktives Wahlrecht]
(1) Die Wahlen zum Abgeordnetenhaus finden in geheimer Abstimmung auf der Grundlage eines allgemeinen, gleichen und unmittelbaren Wahlrechts nach den Grundsätzen der Verhältniswahl statt.

(2) Die Wahlen zum Senat finden in geheimer Abstimmung auf der Grundlage eines allgemeinen, gleichen und unmittelbaren Wahlrechts nach dem Grundsatz der Mehrheitswahl statt.

(3) Das Recht zu wählen besitzt jeder Bürger der Tschechischen Republik, der das 18. Lebensjahr vollendet hat.

Artikel 19 [Passives Wahlrecht]
(1) In das Abgeordnetenhaus kann jeder Bürger der Tschechischen Republik gewählt werden, der wahlberechtigt ist und das 21. Lebensjahr vollendet hat.

(2) In den Senat kann jeder Bürger der Tschechischen Republik gewählt werden, der wahlberechtigt ist und das 40. Lebensjahr vollendet hat.

(3) Das Mandat des Abgeordneten oder Senators entsteht mit seiner Wahl.

Artikel 20 [Ausführungsgesetz]
Weitere Voraussetzungen zur Ausübung des Wahlrechts, zur Organisation der Wahlen und den Umfang der gerichtlichen Überprüfbarkeit regelt ein Gesetz.

Artikel 21 [Einkammerzugehörigkeit]
Niemand kann zugleich beiden Kammern des Parlaments angehören.

Artikel 22 [Inkompatibilitäten]
(1) Mit der Funktion des Abgeordneten oder des Senators sind die Ausübung des Amtes des Staatspräsidenten, die Funktion des Richters und weitere durch das Gesetz festgelegte Funktionen nicht vereinbar.

(2) Mit dem Tag, an dem ein Abgeordneter oder Senator das Amt des Staatspräsidenten oder das Richteramt oder eine andere mit der Funktion des Abgeordneten nicht zu vereinbarende Funktion übernimmt, erlischt sein Mandat als Abgeordneter oder Senator.

Artikel 23 [Eidesleistung]

(1) Der Abgeordnete leistet seinen Eid in der ersten Sitzung des Abgeordnetenhauses, an der er teilnimmt.

(2) Der Senator leistet seinen Eid in der ersten Sitzung des Senats, an der er teilnimmt.

(3) Der Eid der Abgeordneten und Senatoren lautet: „Ich gelobe der Tschechischen Republik die Treue. Ich gelobe, ihre Verfassung und ihre Gesetze zu wahren. Ich gelobe bei meiner Ehre, dass ich mein Mandat im Interesse des ganzen Volkes und nach bestem Wissen und Gewissen ausüben werde."

Artikel 24 [Mandatsniederlegung]

[1]Jeder Abgeordnete oder Senator kann auf sein Mandat mittels einer persönlichen Erklärung in der Versammlung der Kammer, deren Mitglied er ist, verzichten. [2]Hindern ihn daran ernsthafte Umstände, so hat er nach den gesetzlichen Bestimmungen zu handeln.

Artikel 25 [Erlöschen des Mandats]

Das Mandat eines Abgeordneten oder Senators erlischt mit

a) Verweigerung des Eides oder Verknüpfung des Eides mit einer Bedingung,
b) Ablauf der Wahlperiode,
c) Niederlegung des Mandats,
d) Verlust der Wählbarkeit,
e) Auflösung des Abgeordnetenhauses bei Abgeordneten,
f) Entstehung der Unvereinbarkeit mit einer Funktion gemäß Artikel 22.

Artikel 26 [Freies Mandat]

Die Abgeordneten und Senatoren üben ihr Mandat höchstpersönlich und im Einklang mit dem geleisteten Eid aus und sind an keine Weisungen gebunden.

Artikel 27 [Indemnität, Immunität]

(1) Ein Abgeordneter oder Senator darf nicht wegen seiner Abstimmung im Abgeordnetenhaus oder im Senat oder in deren Gremien verfolgt werden.

(2) [1]Wegen der Äußerungen im Abgeordnetenhaus oder im Senat oder in deren Gremien darf kein Abgeordneter oder Senator strafrechtlich belangt werden. [2]Der Abgeordnete oder Senator ist nur der Disziplinarbefugnis der Kammer unterworfen, der er angehört.

(3) Bei Ordnungswidrigkeiten unterliegt der Abgeordnete oder Senator nur der Disziplinarbefugnis der jeweiligen Kammer, falls ein Gesetz nicht Abweichendes regelt.

(4) [1]Ein Abgeordneter oder Senator darf ohne Zustimmung der jeweiligen Kammer nicht strafrechtlich verfolgt werden. [2]Verweigert die Kammer ihre Zustimmung, ist die Strafverfolgung für die Dauer des Mandats ausgeschlossen.

(5) [1]Ein Abgeordneter oder Senator kann nur festgenommen werden, wenn er bei Begehung einer Straftat oder unmittelbar danach gefasst wird. [2]Das zuständige Organ ist verpflichtet, die Festnahme unverzüglich dem Vorsitzenden der Kammer anzuzeigen, deren Mitglied der Festgenommene ist; erteilt der Kammervorsitzende nicht innerhalb von 24 Stunden nach der Festnahme seine Zustimmung zur Übergabe des Festgenommenen an ein Gericht, ist das zuständige Organ zur Entlassung des Festgenommenen verpflichtet. [3]In der ersten nachfolgenden Sitzung entscheidet die Kammer abschließend über die Zulässigkeit der Strafverfolgung.

Artikel 28 [Zeugnisverweigerungsrecht]

Ein Abgeordneter oder Senator hat ein Zeugnisverweigerungsrecht hinsichtlich solcher Tatsachen, die er im Zusammenhang mit der Ausübung seines Mandats erfahren hat; dies gilt auch nach Beendigung des Mandats als Abgeordneter oder Senator.

Artikel 29 [Wahl der Kammervorsitzenden]

(1) Der Vorsitzende des Abgeordnetenhauses und dessen Stellvertreter werden vom Abgeordnetenhaus gewählt und abberufen.

(2) Der Vorsitzende des Senats und dessen Stellvertreter werden vom Senat gewählt und abberufen.

Artikel 30 [Untersuchungskommission]

(1) Auf Antrag von wenigstens einem Fünftel der Abgeordneten kann das Abgeordnetenhaus zur Untersuchung einer Angelegenheit von öffentlichem Interesse eine Untersuchungskommission errichten.

(2) Das Verfahren vor der Kommission regelt ein Gesetz.

Artikel 31 [Ausschüsse und Kommissionen]

(1) Die Kammern richten als ihre Organe Ausschüsse und Kommissionen ein.

(2) Die Tätigkeit der Ausschüsse und Kommissionen regelt ein Gesetz.

Artikel 32 [Parlamentsmandat und Regierungsmitgliedschaft]

Ein Abgeordneter oder Senator, der Mitglied der Regierung ist, kann weder Vorsitzender des Abgeordnetenhauses oder des Senats oder dessen Stellvertreter sein, noch Mitglied parlamentarischer Ausschüsse, Untersuchungskommissionen oder Kommissionen werden.

Artikel 33 [Senatsgesetze]

(1) Kommt es zur Auflösung des Abgeordnetenhauses, so hat der Senat in dringenden Angelegenheiten, die sonst den Erlass eines Gesetzes erforderlich machen würden, gesetzgeberische Maßnahmen zu ergreifen.

(2) Dem Senat steht es nicht zu, gesetzliche Maßnahmen zu ergreifen in Angelegenheiten der Verfassung, des Staatshaushalts und seines Jahresabschlusses, des Wahlgesetzes und internationaler Verträge gemäß Artikel 10.

(3) Gesetzgeberische Maßnahmen kann dem Senat nur die Regierung vorschlagen.

(4) Gesetzgeberische Maßnahmen des Senats unterzeichnet der Vorsitzende des Senats, der Staatspräsident und der Ministerpräsident; sie werden wie Gesetze verkündet.

(5) [1]Gesetzgeberische Maßnahmen des Senats müssen vom Abgeordnetenhaus in seiner ersten Sitzung genehmigt werden. [2]Genehmigt sie das Abgeordnetenhaus nicht, treten sie außer Kraft.

Artikel 34 [Kammertagungen, Unterbrechung]

(1) [1]Die Sitzungen der Kammern finden permanent statt. [2]Die Sitzung des Abgeordnetenhauses beruft der Staatspräsident alsbald ein, so dass sie spätestens dreißig Tage nach der Wahl eröffnet wird; tut er dies nicht, so tritt das Abgeordnetenhaus am dreißigsten Tage nach der Wahl zusammen.

(2) [1]Die Sitzung einer Kammer kann durch Beschluss unterbrochen werden. [2]Die Gesamtdauer der Sitzungsunterbrechung darf hundertzwanzig Tage im Jahr nicht überschreiten.

(3) [1]Während der Sitzungsunterbrechung kann der Vorsitzende des Abgeordnetenhauses oder des Senats die jeweilige Kammer vor dem festgesetzten Termin einberufen. [2]Dies tut er stets, wenn ihn der Staatspräsident, die Regierung oder mindestens ein Drittel der Kammermitglieder dazu auffordert.

(4) Die Sitzung des Abgeordnetenhauses endet mit Ablauf der Wahlperiode oder mit seiner Auflösung.

Artikel 35 [Auflösung des Abgeordnetenhauses]

(1) Der Staatspräsident kann das Abgeordnetenhaus auflösen, wenn

a) das Abgeordnetenhaus der neu ernannten Regierung, deren Vorsitzender vom Staatspräsidenten auf Vorschlag des Vorsitzenden des Abgeordnetenhauses ernannt wurde, nicht das Vertrauen ausspricht,
b) das Abgeordnetenhaus nicht innerhalb von drei Monaten nach der Regierungsvorlage eines Gesetzes einen Beschluss über das Gesetz fasst, mit deren Verhandlung die Regierung die Stellung der Vertrauensfrage verbunden hat,
c) die Sitzung des Abgeordnetenhauses länger unterbrochen wurde als dies zulässig ist,
d) das Abgeordnetenhaus länger als drei Monate nicht in der Lage war, Beschlüsse zu fassen, obwohl dessen Sitzung nicht unterbrochen war und es in diesem Zeitraum wiederholt einberufen wurde.

(2) Der Staatspräsident hat das Abgeordnetenhaus aufzulösen, falls dies durch das Abgeordnetenhaus aufgrund eines Beschlusses beantragt wird, der mit einer Dreifünftelmehrheit aller Abgeordneten gefasst wurde.

(3) Das Abgeordnetenhaus kann drei Monate vor Ablauf seiner Wahlperiode nicht mehr aufgelöst werden.

Artikel 36 [Sitzungsöffentlichkeit]
[1]Die Kammersitzungen sind öffentlich. [2]Die Öffentlichkeit kann nur unter gesetzlich bestimmten Bedingungen ausgeschlossen werden.

Artikel 37 [Gemeinsame Sitzung beider Kammern]
(1) Gemeinsame Sitzungen beider Kammern beruft der Vorsitzende des Abgeordnetenhauses ein.

(2) Für die gemeinsame Sitzung beider Kammern gilt die Geschäftsordnung des Abgeordnetenhauses.

Artikel 38 [Teilnahme von Regierungsmitgliedern an Parlamentssitzungen]
(1) [1]Ein Mitglied der Regierung hat das Recht, an Sitzungen beider Kammern, ihrer Ausschüsse und Kommissionen teilzunehmen. [2]Ihm wird das Wort erteilt, wann immer es danach verlangt.

(2) [1]Ein Mitglied der Regierung hat sich zu der Sitzung des Abgeordnetenhauses auf dessen Beschluss persönlich einzufinden. [2]Das gilt auch für die Sitzung eines Ausschusses, einer Kommission oder der Untersuchungskommission, in der sich das Mitglied der Regierung durch seinen Stellvertreter oder ein anderes Mitglied der Regierung vertreten lassen darf, wenn sein persönliches Erscheinen nicht ausdrücklich verlangt wird.

Artikel 39 [Beschlussfähigkeit, Mehrheitsprinzip, Verfassungsänderung]
(1) Die Kammern sind bei Anwesenheit von mindestens einem Drittel ihrer Mitglieder beschlussfähig.

(2) Zur Fassung eines Kammerbeschlusses ist die einfache Mehrheit der anwesenden Abgeordneten oder Senatoren erforderlich, es sei denn, diese Verfassung bestimmt etwas Abweichendes.

(3) Zur Beschlussfassung über die Ausrufung des Kriegszustands und zur Beschlussfassung über die Zustimmung zur Entsendung von Streitkräften der Tschechischen Republik auf ein Gebiet außerhalb der Tschechischen Republik oder zur Stationierung von Streitkräften anderer Staaten auf dem Gebiet der Tschechischen Republik sowie zur Beschlussfassung über die Teilnahme der Tschechischen Republik an Verteidigungssystemen einer internationalen Organisation, deren Mitglied die Tschechische Republik ist, bedarf es der absoluten Mehrheit aller Abgeordneten sowie der absoluten Mehrheit aller Senatoren.

(4) Zur Annahme eines Verfassungsgesetzes und zur Billigung eines internationalen Vertrages gemäß Artikel 10a Absatz 1 ist die Zustimmung einer Mehrheit von drei Fünfteln aller Abgeordneten und einer Mehrheit von drei Fünfteln der anwesenden Senatoren erforderlich.

Artikel 40 [Zustimmung beider Kammern]
Der Erlass des Wahlgesetzes und des Gesetzes über die Verhandlungsgrundsätze und die Beziehung beider Kammern zueinander sowie nach außen und des Gesetzes über die Geschäftsordnung des Senats bedarf der Zustimmung von Abgeordnetenhaus und Senat.

Artikel 41 [Gesetzesinitiative]
(1) Gesetzesvorlagen werden beim Abgeordnetenhaus eingebracht.

(2) Eine Gesetzesvorlage kann ein Abgeordneter, eine Gruppe von Abgeordneten, der Senat, die Regierung oder die Vertretung einer höheren territorialen Selbstverwaltungseinheit einbringen.

Artikel 42 [Haushaltsgesetzgebung]
(1) Die Vorlage des Gesetzes über den Staatshaushalt und den staatlichen Haushaltsabschluss bringt die Regierung ein.

(2) Diese Vorlagen behandelt und beschließt nur das Abgeordnetenhaus in öffentlicher Sitzung.

Artikel 43 [Militäreinsätze und Parlamentsvorbehalt]
(1) Das Parlament entscheidet über die Ausrufung des Kriegszustands, wenn die Tschechische Republik angegriffen wird oder wenn sie internationale vertragliche Verpflichtungen zur gemeinsamen Verteidigung gegen einen Angriff zu erfüllen hat.

(2) Das Parlament entscheidet über die Teilnahme der Tschechischen Republik an Verteidigungssystemen internationaler Organisationen, deren Mitglied die Tschechische Republik ist.

(3) Das Parlament erteilt seine Zustimmung

a) zur Entsendung von Streitkräften der Tschechischen Republik außerhalb des Gebiets der Tschechischen Republik,

b) zum Aufenthalt von Streitkräften anderer Staaten auf dem Gebiet der Tschechischen Republik,

wenn derartige Entscheidungen nicht der Regierung vorbehalten sind.

(4) Die Regierung entscheidet über die Entsendung von Streitkräften der Tschechischen Republik außerhalb des Gebiets der Tschechischen Republik und über die Stationierung von Streitkräften anderer Staaten auf dem Gebiet der Tschechischen Republik für die Dauer von höchstens 60 Tagen, wenn es sich um

a) die Erfüllung von Verbindlichkeiten aus internationalen Verträgen über die gemeinsame Verteidigung gegen Angriffe,

b) die Teilnahme an Friedensoperationen mit Zustimmung des Empfängerstaates gemäß der Entscheidung einer internationalen Organisation, deren Mitglied die Tschechische Republik ist,

c) die Teilnahme an Rettungseinsätzen bei Naturkatastrophen, Industrie- oder Umweltunfällen

handelt.

(5) Die Regierung entscheidet ferner über

a) die Überfahrt von Streitkräften anderer Staaten durch das Gebiet der Tschechischen Republik oder deren Überfliegen über das Gebiet der Tschechischen Republik,

b) die Teilnahme der Streitkräfte der Tschechischen Republik an militärischen Übungen außerhalb des Gebiets der Tschechischen Republik und über die Teilnahme von Streitkräften anderer Staaten an militärischen Übungen auf dem Gebiet der Tschechischen Republik.

(6) [1]Über die Entscheidungen nach Absatz 4 und 5 informiert die Regierung unverzüglich beide Kammern des Parlaments. [2]Das Parlament kann die Entscheidung der Regierung aufheben; zur Aufhebung der Entscheidung der Regierung genügt der ablehnende, von der absoluten Mehrheit der Mitglieder gefasste Beschluss einer der beiden Kammern.

Artikel 44 [Behandlung der Gesetzesvorlagen]

(1) Die Regierung hat das Recht, zu allen Gesetzesvorlagen Stellung zu nehmen.

(2) Nimmt die Regierung nicht innerhalb von dreißig Tagen nach Zustellung der Gesetzesvorlage Stellung, so gilt dies als zustimmende Stellungnahme.

(3) Die Regierung ist berechtigt zu fordern, dass das Abgeordnetenhaus die Behandlung einer Gesetzesvorlage innerhalb von drei Monaten nach ihrer Vorlage beendet, wenn die Regierung damit den Antrag verbindet, ihr das Vertrauen auszusprechen.

Artikel 45 [Weiterleitung an den Senat]

Eine Gesetzesvorlage, welcher das Abgeordnetenhaus seine Zustimmung erteilt hat, leitet es unverzüglich dem Senat zu.

Artikel 46 [Behandlung im Senat]

(1) Der Senat behandelt die Gesetzesvorlage und beschließt darüber innerhalb von dreißig Tagen nach ihrer Weiterleitung.

(2) Durch Beschluss stimmt der Senat der Gesetzesvorlage zu, weist sie zurück oder leitet sie an das Abgeordnetenhaus mit Änderungsvorschlägen zurück oder erklärt, sich nicht mit ihr befassen zu wollen.

(3) Wenn der Senat nicht innerhalb der in Absatz 1 bezeichneten Frist Stellung nimmt, gilt seine Zustimmung zur Gesetzesvorlage als erteilt.

Artikel 47 [Wiederholte Abstimmung im Abgeordnetenhaus]

(1) [1]Lehnt der Senat die Gesetzesvorlage ab, stimmt das Abgeordnetenhaus erneut über sie ab. [2]Das Gesetz kommt zustande, wenn die absolute Mehrheit aller Abgeordneten zustimmt.

(2) [1]Wenn der Senat die Gesetzesvorlage an das Abgeordnetenhaus mit Änderungsvorschlägen zurückleitet, stimmt das Abgeordnetenhaus über die vom Senat vorgeschlagene Fassung ab. [2]Durch seinen Beschluss gilt das Gesetz als angenommen.

(3) [1]Nimmt das Abgeordnetenhaus die Gesetzesvorlage nicht in der vom Senat vorgeschlagenen Fassung an, stimmt es erneut über die Gesetzesvorlage in der Fassung ab, in welcher sie an den Senat

weitergeleitet wurde. [2]Das Gesetz gilt als verabschiedet, wenn die absolute Mehrheit aller Abgeordneten zustimmt.

(4) Änderungsvorschläge sind bei der Beratung einer zurückgewiesenen oder zurückgeleiteten Gesetzesvorlage im Abgeordnetenhaus nicht zulässig.

Artikel 48 [Nichtbefassung im Senat]

Erklärt der Senat, sich nicht mit der Gesetzesvorlage beschäftigen zu wollen, kommt das Gesetz mit diesem Beschluss zustande.

Artikel 49 [Ratifikation internationaler Verträge]

Die Ratifikation internationaler Verträge über

a) die Rechte und Pflichten von Personen,
b) Bündnis-, Friedens- und andere politische Fragen,
c) die Mitgliedschaft der Tschechischen Republik in einer internationalen Organisation,
d) wirtschaftliche Angelegenheiten von allgemeiner Bedeutung,
e) solche Fragen, deren Regelung einem Gesetz vorbehalten ist,

erfordert die Zustimmung beider Kammern.

Artikel 50 [Suspensives Veto des Präsidenten]

(1) Der Staatspräsident ist berechtigt, ein zustande gekommenes Gesetz mit Ausnahme eines Verfassungsgesetzes mit einer Begründung innerhalb von fünfzehn Tagen nach Zuleitung zurückzuweisen.

(2) [1]Über das zurückgewiesene Gesetz stimmt das Abgeordnetenhaus erneut ab. [2]Änderungsvorschläge sind nicht zugelassen. [3]Besteht das Abgeordnetenhaus mit der absoluten Mehrheit aller Abgeordneten auf dem zurückgewiesenen Gesetz, wird das Gesetz verkündet. [4]Andernfalls gilt das Gesetz als nicht verabschiedet.

Artikel 51 [Unterzeichnung des Gesetzes]

Das verabschiedete Gesetz wird vom Vorsitzenden des Abgeordnetenhauses, vom Staatspräsidenten und vom Ministerpräsidenten unterzeichnet.

Artikel 52 [Verkündung des Gesetzes]

(1) Zur Gültigkeit eines Gesetzes bedarf es der Verkündung.

(2) Die Art und Weise der Verkündung eines Gesetzes und eines internationalen Vertrages bestimmt ein Gesetz.

Artikel 53 [Interpellation]

(1) Jeder Abgeordnete ist berechtigt, an die Regierung oder deren Mitglieder in ihren Zuständigkeitsbereichen Interpellationen zu richten.

(2) Die interpellierten Mitglieder der Regierung haben die Interpellation innerhalb von dreißig Tagen nach deren Einreichung zu beantworten.

Dritter Abschnitt

Die Exekutive

Der Staatspräsident

Artikel 54 [Staatsoberhaupt]

(1) Der Staatspräsident ist das Oberhaupt des Staates.

(2) Der Staatspräsident wird in einer Direktwahl gewählt.

(3) Der Staatspräsident kann für die Ausübung seiner Funktion nicht zur Verantwortung gezogen werden.

Artikel 55 [Amtsperiode]

[1]Der Staatspräsident übernimmt sein Amt mit der Eidesleistung. [2]Die Wahlperiode des Staatspräsidenten dauert fünf Jahre und beginnt am Tag seiner Vereidigung.

Artikel 56 [Neuwahl]

(1) Die Wahl der Staatspräsidenten erfolgt in einer geheimen Abstimmung aufgrund eines allgemeinen, gleichen und direkten Wahlrechts.

(2) [1]Zum Staatspräsidenten wurde der Kandidat gewählt, der mehr als die Hälfte der gültigen Stimmen der wahlberechtigten Bürger erhalten hat. [2]Ist ein solcher Kandidat nicht vorhanden, so findet vierzehn Tage nach Beginn des ersten Wahlgangs ein zweiter Wahlgang statt, in dem sich die zwei erfolgreichsten Kandidaten aus dem ersten Wahlgang zur Wahl stellen. [3]Bei Stimmengleichheit treten im zweiten Wahlgang alle Kandidaten an, die im ersten Wahlgang die höchste Anzahl der gültigen Stimmen der wahlberechtigten Bürger erhalten haben, und sind dies nicht mindestens zwei Kandidaten, so treten im zweiten Wahlgang auch die Kandidaten an, welche die zweithöchste Stimmenanzahl von gültigen Stimmen der wahlberechtigten Bürger erhalten haben.

(3) [1]Zum Staatspräsidenten wurde der Kandidat gewählt, der im zweiten Wahlgang die höchste Anzahl der gültigen Stimmen der wahlberechtigten Bürger erhalten hat. [2]Sind dies mehrere Kandidaten, so wurde kein Staatspräsident gewählt und innerhalb von zehn Tagen ist eine neue Wahl des Staatspräsidenten auszurufen.

(4) [1]Sofern ein Kandidat, der in den zweiten Wahlgang aufgestiegen ist, vor dem zweiten Wahlgang nicht mehr zum Staatspräsidenten gewählt werden darf und/oder auf sein Recht verzichtet, so steigt in den zweiten Wahlgang der Kandidat auf, der im ersten Wahlgang die nächsthöchste Anzahl der gültigen Stimmen der wahlberechtigten Bürger erhalten hat. [2]Der zweite Wahlgang findet auch dann statt, falls lediglich ein Kandidat teilnimmt.

(5) [1]Jeder Bürger der Tschechischen Republik, der das 18. Lebensjahr vollendet hat, ist dann berechtigt einen Kandidaten vorzuschlagen, falls seine Petition durch 50.000 der zur Wahl der Staatspräsidenten berechtigten Bürger der Tschechischen Republik unterstütz wird. [2]Einen Kandidaten können auch mindestens zwanzig Abgeordnete oder mindestens zehn Senatoren vorschlagen.

(6) Wahlberechtigt ist jeder Bürger der Tschechischen Republik der das 18. Lebensjahr vollendet hat.

(7) [1]Die Wahl des Staatspräsidenten findet innerhalb der letzten sechzig Tage der Amtsperiode des amtierenden Staatspräsidenten statt, spätestens jedoch dreißig Tage vor Ablauf der Amtsperiode des amtierenden Staatspräsidenten. [2]Wird das Amt des Staatspräsidenten vakant, so findet die Wahl des Staatspräsidenten innerhalb von neunzig Tagen statt.

(8) [1]Die Wahl zum Staatspräsidenten wird durch den Senatspräsidenten spätestens neunzig Tage vor ihrem Stattfinden ausgerufen. [2]Wird das Amt des Staatspräsidenten vakant, so hat der Senatspräsident die Wahl innerhalb von zehn Tagen und gleichzeitig spätestens achtzig Tage vor dem Stattfinden der Wahl auszurufen.

(9) Ist das Amt des Senatspräsidenten nicht besetzt, so wird die Wahl des Staatspräsidenten durch den Vorsitzenden des Abgeordnetenhauses ausgerufen.

Artikel 57 [Passives Wahlrecht]

(1) Zum Staatspräsident kann jeder Bürger gewählt werden, der in den Senat wählbar ist.

(2) Niemand kann für mehr als zwei aufeinanderfolgende Wahlperioden gewählt werden.

Artikel 58 [Vorschlags- und Wahlrecht]

Weitere Bedingungen für die Ausübung des Wahlrechts bei der Wahl des Staatspräsidenten, sowie die Einzelheiten des Vorschlagsrechts für die Kandidaten für das Amt des Staatspräsidenten, die Ausrufung und Durchführung der Wahl des Staatspräsidenten und die Verkündung der Wahlergebnisse sowie das gerichtliche Überprüfungsverfahren regelt ein Gesetz.

Artikel 59 [Amtseid]

(1) Der Staatspräsident leistet seinen Eid vor dem Senatspräsidenten in gemeinsamer Sitzung beider Kammern.

(2) Der Eid des Staatspräsidenten lautet: „Ich schwöre, der Tschechischen Republik die Treue zu halten. Ich schwöre, ihre Verfassung und ihre Gesetze zu wahren. Ich schwöre bei meiner Ehre, dass ich mein Amt im Interesse des gesamten Volkes und nach meinem bestem Wissen und Gewissen ausüben werde."

Artikel 60 [Ablehnung der Eidesleistung]
Weigert sich der Staatspräsident, den Eid zu leisten, oder leistet er den Eid unter Vorbehalt, so gilt er als nicht gewählt.

Artikel 61 [Amtsniederlegung]
Der Staatspräsident kann sein Amt durch Mitteilung an den Senatspräsidenten niederlegen.

Artikel 62 [Kompetenzen]
Der Staatspräsident
a) ernennt und entlässt den Ministerpräsidenten und die übrigen Mitglieder der Regierung, nimmt ihre Rücktrittsgesuche entgegen, entlässt die Regierung und nimmt deren Rücktrittsgesuch entgegen,
b) beruft die Sitzungen des Abgeordnetenhauses ein,
c) löst das Abgeordnetenhaus auf,
d) beauftragt die Regierung, deren Rücktrittsgesuch er entgegengenommen hat oder die er entlassen hat, mit der vorübergehenden Ausübung ihrer Funktion bis zur Berufung einer neuen Regierung,
e) ernennt die Richter des Verfassungsgerichts, seinen Vorsitzenden und dessen Stellvertreter,
f) beruft aus der Richterschaft den Vorsitzenden des Obersten Gerichts und dessen Stellvertreter,
g) erlässt und mildert gerichtlich auferlegte Strafen und erklärt die Verurteilung für nichtig,
h) ist berechtigt, ein im Parlament verabschiedetes Gesetz mit Ausnahme von Verfassungsgesetzen zurückzuweisen,
i) unterzeichnet Gesetze,
j) ernennt den Präsidenten und den Vizepräsidenten der Nationalen Kontrollbehörde,
k) ernennt die Mitglieder des Bankenrats der Tschechischen Nationalbank.

Artikel 63 [Kompetenzen, Kontrasignatur]
(1) Der Staatspräsident
a) vertritt ferner den Staat nach außen,
b) verhandelt und ratifiziert internationale Verträge; die Verhandlung internationale Verträge kann er auf die Regierung oder mit ihrer Zustimmung auf einzelne Mitglieder der Regierung übertragen,
c) ist Oberbefehlshaber der Streitkräfte,
d) empfängt Botschafter,
e) beauftragt und beruft Botschafter ab,
f) verkündet Wahlen für das Abgeordnetenhaus und den Senat,
g) ernennt und befördert Generäle,
h) verleiht und erteilt staatliche Auszeichnungen, wenn er nicht ein anderes Organ dazu ermächtigt,
i) ernennt die Richter,
j) ordnet an, dass ein Strafverfahren nicht eröffnet wird und bereits eröffnete Verfahren nicht fortgesetzt werden,
k) hat das Recht, Amnestie zu erteilen.

(2) Dem Staatspräsidenten kommen Befugnisse zu, die nicht ausdrücklich durch ein Verfassungsgesetz geregelt sind, wenn sie einfachgesetzlich bestimmt sind.

(3) Die in Absatz 1 und 2 aufgeführten Entscheidungen des Staatspräsidenten erfordern zu ihrer Wirksamkeit die Gegenzeichnung des Ministerpräsidenten oder eines von ihm ermächtigten Mitglieds der Regierung.

(4) Für Entscheidungen, welche die Gegenzeichnung des Ministerpräsidenten oder eines von ihm ermächtigten Mitglieds der Regierung erfordern, zeichnet die Regierung verantwortlich.

Artikel 64 [Teilnahmerechte]
(1) [1]Der Staatspräsident hat das Recht, an den Sitzungen beider Kammern des Parlaments, ihrer Ausschüsse und Kommissionen teilzunehmen. [2]Ihm wird das Wort erteilt, wann immer er dies beantragt.

(2) Der Staatspräsident hat das Recht, an den Sitzungen der Regierung teilzunehmen, von der Regierung und ihren Mitgliedern Berichte anzufordern oder mit der Regierung oder ihren Mitgliedern Fragen zu erörtern, die in ihren Zuständigkeitsbereich fallen.

Artikel 65 [Immunität, Anklage wegen Hochverrats]

(1) Der Staatspräsident kann während seiner Amtszeit nicht verhaftet, strafrechtlich oder wegen einer Ordnungswidrigkeit oder eines sonstigen Verwaltungsverstoßes verfolgt werden.

(2) [1]Der Senat kann mit Zustimmung des Abgeordnetenhauses gegen den Staatspräsidenten eine Klage vor dem Verfassungsgericht wegen Hochverrats oder wegen einer groben Verletzung der Verfassung oder eines anderen Bestandteils der Verfassungsordnung erheben; unter Hochverrat wird das Handeln des Staatspräsidenten gegen die Souveränität und Geschlossenheit der Republik sowie gegen die demokratische Grundordnung verstanden. [2]Das Verfassungsgericht kann aufgrund der Verfassungsklage des Senats beschließen, dass der Staatspräsident sein Amt und die Fähigkeit es wiederzuerlangen verliert.

(3) [1]Der Antrag auf Erhebung der Verfassungsklage erfordert die Zustimmung einer drei Fünftel Mehrheit aller anwesenden Senatoren. [2]Die Zustimmung des Abgeordnetenhauses zur Verfassungsklage bedarf einer drei Fünftel Mehrheit aller Abgeordneten; erteilt die Abgeordnetenkammer nicht innerhalb von drei Monaten ab Antragstellung des Senats die Zustimmung, so gilt, dass sie verweigert wurde.

Artikel 66 [Funktionsausübung vertretungshalber]

[1]Wird das Amt des Staatspräsidenten vakant und ist der neue Staatspräsident noch nicht gewählt, hat er den Amtseid noch nicht geleistet oder kann der Staatspräsident sein Amt aus zwingenden Gründen nicht ausüben und hat das Abgeordnetenhaus und der Senat darüber befunden, so kommt die Ausübung der in Artikel 63 Absatz 1 lit. a), bis e) und h), h bis k und Artikel 63 Absatz 2 genannten Funktionen dem Ministerpräsidenten zu. [2]Dem Vorsitzenden des Abgeordnetenhauses obliegt für die Dauer, in welcher der Ministerpräsident die aufgeführten Befugnisse des Staatspräsidenten ausübt, die Ausübung der Funktionen des Staatspräsidenten gemäß Artikel 62 lit. a) bis e) und k) und weiterhin Artikel 63 Absatz 1 lit. f), falls es sich um die Ausrufung von Senatswahlen handelt; wird das Amt des Staatspräsidenten zu einem Zeitpunkt vakant, zu dem das Abgeordnetenhaus aufgelöst ist, obliegt die Ausübung dieser Funktionen dem Senatsvorsitzenden, dem auch während der Zeit, in der der Regierungsvorsitzende bestimmte Rechte des Staatspräsidenten ausübt, die Ausübung der Funktion des Staatspräsidenten gemäß Artikel 63 Absatz 1 lit. f) bezüglich der Ausrufung der Wahl zum Abgeordnetenhaus zusteht.

Die Regierung

Artikel 67 [Zusammensetzung]

(1) Die Regierung ist das höchste Organ der ausführenden Gewalt.

(2) Die Regierung setzt sich zusammen aus dem Ministerpräsidenten, seinem Stellvertreter und den Ministern.

Artikel 68 [Regierungsbildung, Vertrauensvotum]

(1) Die Regierung ist dem Abgeordnetenhaus verantwortlich.

(2) Der Staatspräsident ernennt den Ministerpräsidenten und auf dessen Vorschlag die übrigen Mitglieder der Regierung und beauftragt sie mit der Leitung der Ministerien oder anderer Behörden.

(3) Die Regierung tritt innerhalb von dreißig Tagen nach ihrer Ernennung vor das Abgeordnetenhaus und fordert es auf, ihr das Vertrauen auszusprechen.

(4) [1]Solange der neu ernannten Regierung im Abgeordnetenhaus das Vertrauen nicht ausgesprochen wurde, ist gemäß Absatz 2 und 3 zu verfahren. [2]Erlangt auch die auf diese Weise ernannte Regierung nicht das Vertrauen des Abgeordnetenhauses, wird der Ministerpräsident durch den Staatspräsidenten auf Vorschlag des Vorsitzenden des Abgeordnetenhauses ernannt.

(5) In den übrigen Fällen ernennt und entlässt der Staatspräsident auf Vorschlag des Ministerpräsidenten die übrigen Mitglieder der Regierung und beauftragt sie mit der Leitung der Ministerien oder anderen Behörden.

Artikel 69 [Amtseid]

(1) Jedes Mitglied der Regierung legt seinen Eid vor dem Staatspräsidenten ab.

(2) Der Eid des Mitglieds der Regierung lautet: „Ich schwöre, der Tschechischen Republik die Treue zu halten. Ich schwöre, dass ich ihre Verfassung und ihre Gesetze achten und sie mit Leben ausfüllen werde. Ich schwöre bei meiner Ehre, dass ich mein Amt gewissenhaft ausüben und meine Stellung nicht missbrauchen werde.“

Artikel 70 [Inkompatibilität]
[1]Ein Mitglied der Regierung darf keine Tätigkeiten ausüben, die der Ausübung seiner Funktion zuwiderlaufen. [2]Einzelheiten regelt ein Gesetz.

Artikel 71 [Vertrauensfrage]
Die Regierung kann beim Abgeordnetenhaus den Antrag stellen, ihr das Vertrauen auszusprechen.

Artikel 72 [Misstrauensvotum]
(1) Das Abgeordnetenhaus kann der Regierung das Misstrauen aussprechen.

(2) [1]Der Misstrauensantrag wird nur behandelt, wenn er schriftlich von mindestens fünfzig Abgeordneten eingebracht wurde. [2]Zur Annahme des Antrags bedarf es der Zustimmung der absoluten Mehrheit aller Abgeordneten.

Artikel 73 [Rücktritt der Regierung]
(1) [1]Der Ministerpräsident stellt sein Rücktrittsgesuch beim Staatspräsidenten. [2]Die übrigen Regierungsmitglieder stellen ihr Rücktrittsgesuch über den Ministerpräsidenten beim Staatspräsidenten.

(2) [1]Die Regierung stellt ihr Rücktrittsgesuch, wenn das Abgeordnetenhaus ihre Aufforderung, ihr das Vertrauen auszusprechen, ablehnt oder ihr das Misstrauen ausspricht. [2]Die Regierung reicht ihr Rücktrittsgesuch stets nach Stattfinden der Eröffnungssitzung des neu gewählten Abgeordnetenhauses ein.

(3) Reicht die Regierung ihr Rücktrittsgesuch gemäß Absatz 2 ein, hat der Staatspräsident den Rücktritt anzunehmen.

Artikel 74 [Entlassung eines Ministers]
Der Staatspräsident entlässt ein Mitglied der Regierung, wenn dies vom Ministerpräsidenten vorgeschlagen wird.

Artikel 75 [Entlassung ohne Rücktrittsgesuch]
Der Staatspräsident entlässt die Regierung, wenn sie kein Rücktrittsgesuch eingereicht hat, obwohl sie dazu verpflichtet war.

Artikel 76 [Beschlussfassung]
(1) Die Regierung entscheidet kollegial.

(2) Zur Beschlussfassung der Regierung bedarf es der Zustimmung der absoluten Mehrheit aller Mitglieder.

Artikel 77 [Regierungschef; Vertretung]
(1) Der Ministerpräsident organisiert die Tätigkeit der Regierung, leitet ihre Sitzungen, tritt in ihrem Namen auf und führt weitere Tätigkeiten aus, die ihm durch die Verfassung oder andere Gesetze übertragen wurden.

(2) Der Ministerpräsident wird durch seinen Stellvertreter oder ein anderes beauftragtes Mitglied der Regierung vertreten.

Artikel 78 [Verordnungen]
[1]Zur Durchführung eines Gesetzes und innerhalb seiner Grenzen ist die Regierung berechtigt, Verordnungen zu erlassen. [2]Verordnungen werden vom Ministerpräsidenten und dem zuständigen Mitglied der Regierung unterzeichnet.

Artikel 79 [Institutioneller Gesetzesvorbehalt]
(1) Die Errichtung und die Zuständigkeit von Ministerien und anderen Verwaltungsbehörden können nur durch Gesetz festgelegt werden.

(2) Die Rechtsbeziehungen der Staatsbediensteten in den Ministerien und anderen Verwaltungsbehörden regelt ein Gesetz.

(3) Ministerien, andere Verwaltungsbehörden und Organe der territorialen Selbstverwaltung können aufgrund und im Rahmen eines Gesetzes Verwaltungsvorschriften erlassen, sofern sie dazu gesetzlich ermächtigt sind.

Artikel 80 [Staatsanwaltschaft]

(1) Die Staatsanwaltschaft vertritt die öffentliche Anklage im Strafverfahren; sie erfüllt auch weitere Aufgaben, wenn dies ein Gesetz vorsieht.

(2) Die Stellung und den Aufgabenbereich der Staatsanwaltschaft bestimmt ein Gesetz.

Vierter Abschnitt

Die Justiz

Artikel 81 [Richtervorbehalt]

Die gerichtliche Gewalt üben im Namen der Republik unabhängige Richter aus.

Artikel 82 [Richterliche Unabhängigkeit]

(1) [1]Die Richter sind bei Ausübung ihres Amtes unabhängig. [2]Ihre Unparteilichkeit darf durch niemanden gefährdet werden.

(2) Richter dürfen nicht gegen ihren Willen entlassen oder an ein anderes Gericht versetzt werden; Ausnahmen insbesondere aufgrund Verantwortung für Disziplinarverstöße regelt ein Gesetz.

(3) Das Amt des Richters ist nicht mit dem Amt des Staatspräsidenten, eines Mitglieds der Regierung oder einem Amt in der öffentlichen Verwaltung vereinbar; ein Gesetz bestimmt, mit welchen weiteren Tätigkeiten die Ausübung des Richteramtes unvereinbar ist.

Das Verfassungsgericht

Artikel 83 [Verfassungskontrolle]

Das Verfassungsgericht ist das richterliche Organ zum Schutze der Verfassung.

Artikel 84 [Ernennung von Verfassungsrichtern]

(1) Das Verfassungsgericht setzt sich aus 15 Richtern zusammen, die für zehn Jahre ernannt werden.

(2) Die Verfassungsrichter werden vom Staatspräsidenten mit Zustimmung des Senats ernannt.

(3) Zum Verfassungsrichter kann jeder unbescholtene Bürger ernannt werden, der zum Senat wählbar ist, einen Hochschulabschluss der Rechtswissenschaften vorweist und mindestens zehn Jahre im Juristenberuf tätig war.

Artikel 85 [Amtseid]

(1) Sein Amt erlangt ein Verfassungsrichter mit Leistung des Eides vor dem Staatspräsidenten.

(2) Der verfassungsrichterliche Eid lautet: „Ich schwöre bei meiner Ehre und meinem Gewissen, die Unverletzlichkeit der grundlegenden Menschen- und Bürgerrechte zu wahren, mich nach den Verfassungsgesetzen zu richten und nach meiner besten Überzeugung unabhängig und unparteiisch zu entscheiden."

(3) Verweigert ein Richter die Eidesleistung oder leistet er den Eid unter Vorbehalt, so gilt er als nicht ernannt.

Artikel 86 [Immunität; Zeugnisverweigerung]

(1) [1]Ein Verfassungsrichter kann ohne Zustimmung des Senats nicht strafrechtlich belangt werden. [2]Verweigert der Senat seine Zustimmung, ist die Strafverfolgung für die Dauer der Funktion als Verfassungsrichter ausgeschlossen.

(2) [1]Ein Verfassungsrichter kann nur festgenommen werden, wenn er bei Begehung einer Straftat oder unmittelbar darauf angetroffen wird. [2]Das zuständige Organ ist verpflichtet, die Festnahme dem Senatsvorsitzenden unverzüglich mitzuteilen. [3]Erteilt der Senatsvorsitzende nicht innerhalb von 24 Stunden nach der Festnahme seine Zustimmung, den Festgenommenen dem Gericht vorzuführen, ist das zuständige Organ zu seiner Entlassung verpflichtet. [4]In der ersten darauf folgenden Sitzung entscheidet der Senat über die Zulassung der Strafverfolgung mit endgültiger Wirkung.

(3) Einem Verfassungsrichter steht ein Zeugnisverweigerungsrecht über Tatsachen zu, welche ihm im Zusammenhang mit der Ausübung seines Amtes zur Kenntnis gelangt sind, und zwar auch nach Beendigung seines Amtes als Verfassungsrichter.

Artikel 87 [Verfahrensarten]

(1) Das Verfassungsgericht entscheidet

a) über die Aufhebung von Gesetzen oder einzelner gesetzlicher Bestimmungen, wenn sie zu der verfassungsmäßigen Ordnung im Widerspruch stehen,
b) über die Aufhebung sonstiger Rechtsvorschriften oder einzelner Bestimmungen, wenn sie mit der verfassungsmäßigen Ordnung oder zu einem Gesetz im Widerspruch stehen,
c) über die Verfassungsbeschwerde von Organen territorialer Selbstverwaltung gegen einen rechtswidrigen staatlichen Eingriff,
d) über eine Verfassungsbeschwerde gegen eine rechtskräftige Entscheidung und einen anderen Eingriff der Organe der öffentlichen Gewalt in die von der Verfassung garantierten Grundrechte und -freiheiten,
e) über ein Rechtsmittel gegen die Entscheidung in Angelegenheiten der Überprüfung der Wahl eines Abgeordneten oder Senators,
f) bei Zweifeln über den Verlust der Wählbarkeit und die Unvereinbarkeit der Ausübung einer Funktion eines Abgeordneten oder Senators gemäß Artikel 25,
g) über die Verfassungsklage des Senats gegen den Staatspräsidenten gemäß Artikel 65 Absatz 2,
h) über den Antrag des Staatspräsidenten auf Aufhebung eines Beschlusses des Abgeordnetenhauses und des Senats gemäß Artikel 66,
i) über Maßnahmen, die zur Vollziehung einer für die Tschechische Republik verbindlichen Entscheidung eines internationalen Gerichts erforderlich sind, wenn sie nicht auf andere Art und Weise vollzogen werden kann,
j) darüber, ob eine Entscheidung über die Auflösung einer politischen Partei oder eine andere die Tätigkeit einer politischen Partei betreffende Entscheidung im Einklang mit Verfassungs- und einfachen Gesetzen steht,
k) bei Meinungsverschiedenheiten über die Kompetenzen staatlicher Organe und von Organen territorialer Selbstverwaltung, wenn dafür nicht nach dem Gesetz ein anderes Organ zuständig ist.

(2) Das Verfassungsgericht entscheidet ferner vor seiner Ratifikation über die Vereinbarkeit eines internationalen Vertrages gemäß Artikel 10a und Artikel 49 mit der verfassungsmäßigen Ordnung. Bis zur Entscheidung des Verfassungsgerichts kann der Vertrag nicht ratifiziert werden.

(3) Ein Gesetz kann bestimmen, dass anstelle des Verfassungsgerichts das oberste Verwaltungsgericht entscheidet

a) über die Aufhebung von Rechtsvorschriften oder einzelner rechtlicher Bestimmungen, wenn sie im Widerspruch zu einem Gesetz stehen,
b) bei Meinungsverschiedenheiten über die Kompetenzen staatlicher Organe und von Organen territorialer Selbstverwaltung, wenn ein Gesetz die Zuständigkeit nicht einem anderen Organ zuweist.

Artikel 88 [Antragsberechtigte; Kontrollmaßstab]

(1) Ein Gesetz bestimmt, wer unter welchen Voraussetzungen berechtigt ist, einen Antrag auf Einleitung eines Verfahrens zu stellen, und weitere Regelungen über das Verfahren vor dem Verfassungsgericht.

(2) Die Richter des Verfassungsgerichts sind bei ihrer Entscheidungsfindung nur an die verfassungsmäßige Ordnung und das Gesetz nach Absatz 1 gebunden.

Artikel 89 [Entscheidungswirkung; Harmonisierung mit Vertragsrecht]

(1) Eine Entscheidung des Verfassungsgerichts ist vollstreckbar, sobald sie auf gesetzlich bestimmte Art und Weise verkündet wurde, wenn das Verfassungsgericht nicht anderweitig über ihre Vollstreckbarkeit befindet.

(2) Die vollstreckbaren Entscheidungen des Verfassungsgerichts sind für alle Organe und Personen verbindlich.

(3) Entscheidungen des Verfassungsgerichts, die gemäß Artikel 87 Absatz 2 feststellen, dass ein internationaler Vertrag nicht mit der Verfassungsordnung übereinstimmt, verhindern die Ratifikation des Vertrages solange, bis die Unstimmigkeit ausgeräumt worden ist.

Die Gerichte

Artikel 90 [Rechtsschutz]

[1]Die Gerichte sind insbesondere dazu berufen, dass sie dem Schutz der Rechte auf die gesetzlich bestimmte Art und Weise dienen. [2]Nur ein Gericht entscheidet über Schuld und die Bestrafung einer Straftat.

Artikel 91 [Gerichtsverfassung]

(1) [1]Das System der Gerichte bildet das Oberste Gericht, das Oberste Verwaltungsgericht, die Ober-, Kreis- und Bezirksgerichte. [2]Durch Gesetz können andere Bezeichnungen festgelegt werden.

(2) Wirkungsbereich und Organisation der Gerichte bestimmt ein Gesetz.

Artikel 92 [Oberstes Gericht]

Das Oberste Gericht ist das höchste Rechtsprechungsorgan in Angelegenheiten, welche in die Befugnis der Gerichte fallen, mit Ausnahme solcher, über die das Verfassungsgericht oder das Oberste Verwaltungsgericht entscheiden.

Artikel 93 [Richterberufung]

(1) [1]Richter werden vom Staatspräsidenten auf Lebenszeit in ihr Amt ernannt. [2]Mit Eidesleistung treten sie ihr Amt an.

(2) [1]Zum Richter kann jeder unbescholtene Bürger ernannt werden, der einen Hochschulabschluss der Rechtswissenschaften vorweist. [2]Die sonstigen Voraussetzungen bestimmt ein Gesetz.

Artikel 94 [Spruchkörper, Einzel- und Laienrichter]

(1) [1]Ein Gesetz regelt, in welchen Fällen Richter als Senat entscheiden und wie sich dieser zusammensetzt. [2]In sonstigen Fällen wird einzelrichterlich entschieden.

(2) Ein Gesetz kann festlegen, in welchen Angelegenheiten und auf welche Art und Weise auch andere Bürger an der Entscheidungsfindung des Gerichts beteiligt werden.

Artikel 95 [Bindung an Gesetz und Verträge, konkrete Normenkontrolle]

(1) Richter sind bei ihren Entscheidungen an das Gesetz und internationale Verträge gebunden, die Bestandteil der Rechtsordnung sind; sie sind berechtigt zu beurteilen, ob eine sonstige Rechtsvorschrift mit dem Gesetz oder einem internationalen Vertrag im Einklang steht.

(2) Kommt ein Gericht zu der Schlussfolgerung, dass ein Gesetz, das bei der Lösung eines Sachverhalts Anwendung finden soll, im Widerspruch zur verfassungsmäßigen Ordnung steht, legt es die Angelegenheit dem Verfassungsgericht vor.

Artikel 96 [Verfahrensstandards]

(1) Alle Verfahrensbeteiligten haben vor Gericht die gleichen Rechte.

(2) [1]Gerichtsverfahren sind mündlich und öffentlich; Ausnahmen bestimmt ein Gesetz. [2]Das Urteil wird stets öffentlich verkündet.

Fünfter Abschnitt
Die Oberste Kontrollbehörde

Artikel 97 [Finanzkontrolle]

(1) [1]Die Oberste Kontrollbehörde ist ein unabhängiges Organ. [2]Sie kontrolliert das Wirtschaften mit staatlichem Eigentum und die Erfüllung des Haushaltsplans.

(2) Präsident und Vizepräsident der Obersten Kontrollbehörde werden vom Staatspräsidenten auf Vorschlag des Abgeordnetenhauses ernannt.

(3) Stellung, Befugnisse, Organisationsstruktur und weitere Einzelheiten bestimmt ein Gesetz.

Sechster Abschnitt
Die Tschechische Nationalbank

Artikel 98 [Wahrung der Preisstabilität]
(1) [1]Die Tschechische Nationalbank ist zentrale Staatsbank. [2]Hauptziel ihrer Tätigkeit ist die Wahrung der Preisstabilität; in ihre Tätigkeiten kann nur aufgrund eines Gesetzes eingegriffen werden.

(2) Stellung, Befugnisse und weitere Einzelheiten bestimmt ein Gesetz.

Siebter Abschnitt
Territoriale Selbstverwaltung

Artikel 99 [Gemeinden und Kreise][1)]
Die Tschechische Republik gliedert sich in Gemeinden, welche die untersten Einheiten territorialer Selbstverwaltung, und in Kreise, welche die höheren Einheiten territorialer Selbstverwaltung sind.

Artikel 100 [Recht auf Selbstverwaltung]
(1) [1]Die Selbstverwaltungseinheiten sind regionale Zusammenschlüsse von Bürgern, die das Recht auf Selbstverwaltung haben. [2]Ein Gesetz bestimmt, wann sie Verwaltungsbezirke bilden.

(2) Eine Gemeinde ist stets Teil einer höheren territorialen Selbstverwaltungseinheit.

(3) Die Errichtung und Auflösung von höheren territorialen Selbstverwaltungseinheiten kann nur durch Verfassungsgesetz erfolgen.

Artikel 101 [Verwaltung durch Vertretungen, Schutz vor staatlichen Eingriffen]
(1) Gemeinden werden durch ihre Vertretung selbständig verwaltet.

(2) Höhere territoriale Selbstverwaltungseinheiten werden durch ihre Vertretung selbständig verwaltet.

(3) Territoriale Selbstverwaltungseinheiten sind öffentlich-rechtliche Gebietskörperschaften, welche Eigentum erwerben können und nach einem eigenen Haushaltsplan wirtschaften.

(4) Der Staat kann in die Tätigkeiten territorialer Selbstverwaltungseinheiten nur auf gesetzlich bestimmte Art und Weise eingreifen und nur, wenn dies zum Schutz eines Gesetzes erforderlich ist.

Artikel 102 [Wahlrecht]
(1) Die Mitglieder der Vertretungen werden in geheimer Abstimmung auf der Grundlage eines allgemeinen, gleichen und unmittelbaren Wahlrechts gewählt.

(2) [1]Die Amtsperiode der Vertretung dauert vier Jahre. [2]Ein Gesetz bestimmt, unter welchen Voraussetzungen Neuwahlen vor Ablauf der Amtszeit ausgerufen werden.

Artikel 103 *(aufgehoben)*

Artikel 104 [Kompetenzbereich der Gemeindevertretung]
(1) Die Kompetenzen der Vertretung können nur durch ein Gesetz bestimmt werden.

(2) Die Gemeindevertretung entscheidet in Selbstverwaltungsangelegenheiten, sofern nicht ein Gesetz eine höhere territoriale Selbstverwaltungseinheit dazu beauftragt.

(3) Die Vertretungen können im Rahmen ihrer Kompetenzen allgemein verbindliche Verordnungen erlassen.

Artikel 105 [Kompetenzübertragung durch Gesetz]
Die Ausführung der Staatsverwaltung kann Selbstverwaltungsorganen nur übertragen werden, wenn dies ein Gesetz bestimmt.

---

1) Red. Anm.: In der Tschechischen Republik sind die Bezirke (*okresy*) die kleineren und die Kreise (*kraje*) die größeren Verwaltungseinheiten.

Achter Abschnitt
Übergangs- und Schlussbestimmungen

Artikel 106 [Tschechischer Nationalrat]
(1) Mit dem Tag des Inkrafttretens dieser Verfassung wird der Tschechische Nationalrat zum Abgeordnetenhaus, dessen Wahlperiode mit dem 6. Juni 1996 endet.

(2) [1]Bis der Senat verfassungsgemäß gewählt worden ist, erfüllt die Funktion des Senats der Vorläufige Senat. [2]Der Vorläufige Senat gründet sich auf die durch ein Verfassungsgesetz bestimmte Art und Weise. [3]Bis zum Inkrafttreten dieses Gesetzes übernimmt die Funktionen des Senats das Abgeordnetenhaus.

(3) Das Abgeordnetenhaus kann nicht aufgelöst werden, solange es die Funktionen des Senats gemäß Absatz 2 wahrnimmt.

(4) Bis zum Erlass der Gesetze über die Geschäftsordnungen der Kammern wird in den einzelnen Kammern nach der Geschäftsordnung des Tschechischen Nationalrats verfahren.

Artikel 107 [Senatswahlen]
(1) Das Gesetz über die Senatswahlen regelt, auf welche Art und Weise bei den ersten Senatswahlen das Drittel der Senatoren bestimmt wird, deren Wahlperiode zwei Jahre dauert, und das Drittel der Senatoren, deren Wahlperiode vier Jahre dauert.

(2) Die Sitzung des Senats beruft der Staatspräsident so zeitig ein, dass sie spätestens dreißig Tage nach dem Wahltag stattfindet; veranlasst er das nicht, so tagt der Senat am dreißigsten Tag nach der Wahl.

Artikel 108 [Regierung]
Die nach den Wahlen im Jahr 1992 ernannte Regierung der Tschechischen Republik, die ihr Amt zum Tag des Inkrafttretens der Verfassung wahrnimmt, wird als gemäß dieser Verfassung ernannte Regierung erachtet.

Artikel 109 [Prokuratur]
Bis zur Einrichtung der Staatsanwaltschaft wird ihre Funktion von der Prokuratur der Tschechischen Republik wahrgenommen.

Artikel 110 [Militärgerichte]
Bis zum 31. Dezember 1993 schließt das Gerichtssystem auch die Militärgerichte ein.

Artikel 111 [Richter]
Die Richter aller Gerichte der Tschechischen Republik, die ihr Amt bis zum Tag des Inkrafttretens dieser Verfassung ausüben, gelten als gemäß der Verfassung der Tschechischen Republik ernannte Richter.

Artikel 112 [Verfassungsgesetze]
(1) Die Verfassungsordnung der Tschechischen Republik bilden diese Verfassung, die Charta der Grundrechte und -freiheiten, die nach dieser Verfassung verabschiedeten Verfassungsgesetze und die Gesetze der Nationalversammlung der Tschechoslowakischen Republik, der Föderalen Versammlung der Tschechoslowakischen Sozialistischen Republik und des Tschechischen Nationalrats zur Festlegung der Staatsgrenze der Tschechischen Republik und die nach dem 6. Juni 1992 erlassenen Gesetze des Tschechischen Nationalrats.

(2) Die bisher geltende Verfassung, das Verfassungsgesetz über die Tschechoslowakische Föderation, die Verfassungsgesetze, welche sie änderten und ergänzten, und das Gesetz des Tschechischen Nationalrats über die Staatssymbole Nr. 67/1990 Sb. werden aufgehoben.

(3) Die übrigen auf dem Gebiet der Tschechischen Republik zum Tag des Inkrafttretens dieser Verfassung geltenden Verfassungsgesetze haben Gesetzeskraft.

Artikel 113 [Inkrafttreten]
Diese Verfassung tritt am 1. Januar 1993 in Kraft.

Beschluss des Präsidiums des Tschechischen Nationalrats*)

Vom 16. Dezember 1992
über die Verkündung der Liste der Grundrechte und Grundfreiheiten als einem Bestandteil der Verfassungsordnung der Tschechischen Republik
Nr. 2/1993 Sb., in der Fassung des Verfassungsgesetzes Nr. 162/1998 Sb.

Inhalt

Die Föderale Versammlung, auf Grundlage der Vorschläge des Tschechischen und Slowakischen Nationalrats, in Anerkennung der Unantastbarkeit der natürlichen Rechte des Menschen, der Bürgerrechte und der Souveränität von Gesetzen, in Anknüpfung an die allgemein anerkannten Werte der Menschheit und an die demokratischen und eigenständigen Traditionen unserer Völker, eingedenk der bitteren Erfahrungen aus Zeiten, als die Menschenrechte und Grundfreiheiten in unserer Heimat unterdrückt wurden, in der Hoffnung auf Sicherung dieser Rechte durch die gemeinsamen Bemühungen aller freien Völker, ausgehend vom Selbstbestimmungsrecht des tschechischen und slowakischen Volkes, an den eigenen Anteil an der Verantwortung gegenüber künftigen Generationen für das Schicksal der gesamten Menschheit auf Erden gemahnend und den Willen zum Ausdruck bringend, dass sich die Tschechische und Slowakische Föderative Republik würdevoll in die Reihe der Staaten einfügt, welche diese Werte ehren, hat diese Charta der Grundrechte und -freiheiten beschlossen:

Erster Abschnitt
Allgemeine Bestimmungen

Artikel 1 [Würde, Freiheit, Gleichheit]

[1]Die Menschen sind in Würde und Rechten frei und gleich. [2]Grundrechte und -freiheiten sind unveräußerlich, unverzichtbar, unterliegen nicht der Verjährung und können nicht aufgehoben werden.

Artikel 2 [Demokratische Werte, Gesetzesvorbehalt]

(1) Der Staat ist auf demokratischen Werten aufgebaut und darf sich weder an eine ausschließliche Ideologie noch an ein religiöses Glaubensbekenntnis binden.

(2) Die Staatsgewalt darf nur in den durch Gesetz bestimmten Fällen und Grenzen und in vom Gesetz bestimmter Art und Weise ausgeübt werden.

(3) Jeder darf tun, was nicht gesetzlich verboten ist, und niemand darf zu etwas gezwungen werden, was ihm das Gesetz nicht auferlegt.

Artikel 3 [Diskriminierungsverbot]

(1) Die Grundrechte und -freiheiten werden allen ohne Unterscheidung nach Geschlecht, Rasse, Hautfarbe, Sprache, Glauben und Religion, politischer oder sonstiger Überzeugung, ethnischer oder sozialer Herkunft, Zugehörigkeit zu einer nationalen oder ethnischen Minderheit, Vermögen, Geburt oder sonstiger Stellung garantiert.

*) Übersetzung: RAin Gwendolin Buddeberg M.A., München, überarbeitet und fortgeführt von Dr. Petr Bohata, München.

(2) [1]Jeder hat das Recht, frei über seine Nationalität zu entscheiden. [2]Jegliche Einflussnahme auf eine solche Entscheidung und jegliche Ausübung von Druck gerichtet auf die Aufgabe der Nationalität ist verboten.

(3) Niemand darf in seinen Rechten wegen der Geltendmachung seiner Grundrechte und -freiheiten beschnitten werden.

Artikel 4 [Grundrechtsschranken]

(1) Pflichten dürfen nur aufgrund und in den Grenzen eines Gesetzes und nur unter Wahrung der Grundrechte und -freiheiten auferlegt werden.

(2) Die Grenzen der Grundrechte und -freiheiten dürfen unter den in der Charta der Grundrechte und -freiheiten (im Folgenden "Charta") aufgeführten Bedingungen nur durch Gesetz festgelegt werden.

(3) Die gesetzliche Beschränkung der Grundrechte und -freiheiten muss für alle Fälle, welche die festgelegten Bedingungen erfüllen, in gleicher Weise gelten.

(4) [1]Bei der Anwendung der Schranken der Grundrechte und -freiheiten sind deren Grundsätze und Sinn zu achten. [2]Solche Einschränkungen dürfen zu anderen Zwecken als jenen, für die sie festgelegt wurden, nicht missbraucht werden.

Zweiter Abschnitt
Menschenrechte und Grundfreiheiten

Erstes Kapitel
Grundlegende Menschenrechte und Freiheiten

Artikel 5 [Rechtsfähigkeit]

Jeder ist befähigt, Rechte zu haben.

Artikel 6 [Recht auf Leben]

(1) [1]Jeder hat das Recht auf Leben. [2]Das menschliche Leben ist schon vor der Geburt schutzwürdig.

(2) Niemand darf des Lebens beraubt werden.

(3) Die Todesstrafe ist unzulässig.

(4) Nach diesem Artikel ist es keine Rechtsverletzung, wenn jemand im Zusammenhang mit Handlungen, die nach dem Gesetz nicht strafbar sind, seines Lebens beraubt wurde.

Artikel 7 [Unantastbarkeit der Person; Folterverbot]

(1) [1]Die Unantastbarkeit der Person und ihrer Privatsphäre wird garantiert. [2]Beschränkungen sind nur in gesetzlich bestimmten Fällen zulässig.

(2) Niemand darf gefoltert oder einer grausamen, unmenschlichen oder erniedrigenden Behandlung oder Strafe unterzogen werden.

Artikel 8 [Freiheit, habeas corpus]

(1) Die persönliche Freiheit wird garantiert.

(2) [1]Niemand darf aus anderen Gründen und auf andere Weise, als dies gesetzlich festgelegt ist, verfolgt oder seiner Freiheit beraubt werden. [2]Niemandem darf nur wegen seiner Unfähigkeit, vertraglichen Pflichten nachzukommen, seine Freiheit entzogen werden.

(3) [1]Ein Beschuldigter oder ein einer Straftat Verdächtigter kann nur in gesetzlich bestimmten Fällen festgenommen werden. [2]Die festgenommene Person muss unverzüglich über die Gründe ihrer Festnahme informiert, verhört und spätestens nach 48 Stunden freigelassen oder dem Gericht übergeben werden. [3]Der Richter muss die festgenommene Person innerhalb von 24 Stunden nach der Übernahme verhören und über die Haft entscheiden, oder sie in die Freiheit entlassen.

(4) [1]Die Inhaftierung eines Beschuldigten ist nur aufgrund eines mit einer Begründung versehenen Haftbefehls eines Richters möglich. [2]Die verhaftete Person muss binnen 24 Stunden dem Gericht übergeben werden. [3]Der Richter muss die verhaftete Person innerhalb von 24 Stunden nach der Übernahme verhören und über die Haft entscheiden oder sie in die Freiheit entlassen.

(5) Niemand darf in Haft genommen werden, außer für die gesetzlich festgelegte Zeit und auf der Grundlage einer gerichtlichen Entscheidung.

(6) [1]Ein Gesetz bestimmt, in welchen Fällen eine Person ohne ihre Zustimmung in eine Einrichtung der Gesundheitspflege überführt oder in einer solchen festgehalten werden darf. [2]Eine solche Maßnahme muss innerhalb von 24 Stunden einem Gericht mitgeteilt werden, das über diese Unterbringung innerhalb von sieben Tagen entscheidet.

Artikel 9 [Verbot der Zwangsarbeit]

(1) Niemand darf zur Arbeit oder zur Leistung von Diensten gezwungen werden.

(2) Die Bestimmung des Absatzes 1 bezieht sich nicht auf:

a) Arbeiten, die aufgrund eines Gesetzes im Vollzug einer Freiheitsstrafe oder Personen auferlegt werden, die sich im Vollzug einer die Freiheitsentziehung ersetzenden Strafe befinden,
b) den Militärdienst oder einem den Militärdienst ersetzenden gesetzlich festgelegten Dienst,
c) einen aufgrund eines Gesetzes angeordneten Dienst im Falle von Naturkatastrophen, Unfällen oder anderen Gefahren, die Leben, Gesundheit oder bedeutende Vermögenswerte bedrohen,
d) gesetzlich auferlegte Handlungen zum Schutz von Leben, Gesundheit oder bedeutenden Vermögenswerten anderer.

Artikel 10 [Menschenwürde, Ehren- und Persönlichkeitsschutz]

(1) Jeder hat das Recht auf Erhalt seiner Menschenwürde, seiner persönlichen Ehre, seines guten Rufes und auf den Schutz seines Namens.

(2) Jeder hat das Recht auf Schutz vor unberechtigten Eingriffen in seine Privat- und Familiensphäre.

(3) Jeder hat das Recht auf Schutz gegen unberechtigte Sammlung, Veröffentlichung oder sonstigen Missbrauch seiner persönlichen Daten.

Artikel 11 [Eigentumsfreiheit, nullum tributum sine lege]

(1) [1]Jeder hat das Recht auf Eigentum. [2]Dem Eigentumsrecht aller Eigentümer wird der gleiche gesetzliche Inhalt und Schutz gewährt. [3]Das Erbrecht wird garantiert.

(2) Das Gesetz bestimmt, welches Eigentum zur Sicherung der Bedürfnisse der ganzen Gesellschaft, zur Entwicklung der Volkswirtschaft und des Gemeinwohls nur Eigentum des Staates, der Gemeinden oder bestimmter juristischer Personen sein darf; ein Gesetz kann auch bestimmen, dass bestimmte Sachen nur im Eigentum von Bürgern oder juristischen Personen mit Sitz in der Tschechischen und Slowakischen Föderativen Republik sein dürfen.

(3) [1]Eigentum verpflichtet. [2]Es darf nicht zur Verletzung der Rechte anderer missbraucht oder im Widerspruch zu den gesetzlich geschützten öffentlichen Interessen verwendet werden.
[3]Seine Verwendung darf die menschliche Gesundheit, Natur und Umwelt nicht über das gesetzlich festgelegte Maß hinaus schädigen.

(4) Eine Enteignung oder erzwungene Beschränkung des Eigentums ist zum Wohle der Allgemeinheit aufgrund eines Gesetzes und gegen Entschädigung möglich.

(5) Steuern und Gebühren dürfen nur aufgrund eines Gesetzes erhoben werden.

Artikel 12 [Unverletzlichkeit der Wohnung]

(1) [1]Die Wohnung ist unverletzlich. [2]Es ist nicht gestattet, sie ohne Zustimmung ihres Bewohners zu betreten.

(2) [1]Eine Hausdurchsuchung ist nur zum Zweck eines Strafverfahrens und nur aufgrund des schriftlichen und mit einer Begründung versehenen Beschlusses eines Richters zulässig. [2]Art und Weise der Durchführung einer Hausdurchsuchung bestimmt ein Gesetz.

(3) [1]Andere Eingriffe in die Unverletzlichkeit der Wohnung können vom Gesetz nur dann gestattet werden, wenn dies in der demokratischen Gesellschaft zum Schutz des menschlichen Lebens oder der Gesundheit, zum Schutz der Rechte und Freiheiten anderer oder zur Abwehr einer erheblichen Gefährdung der öffentlichen Sicherheit und Ordnung erforderlich ist. [2]Dient eine Wohnung auch als Sitz eines Unternehmens oder anderer wirtschaftlicher Tätigkeit, können solche Eingriffe durch Gesetz gestattet werden, wenn dies zur Aufgabenerfüllung der öffentlichen Verwaltung erforderlich ist.

Artikel 13 [Briefgeheimnis]

[1]Niemand darf das Briefgeheimnis oder das Geheimnis anderer Schriftstücke und Aufzeichnungen verletzen, sei es, dass sie privat aufbewahrt, postalisch versandt oder auf andere Weise befördert wer-

den, mit Ausnahme von Fällen und Verfahrensweisen, die ein Gesetz bestimmt. [2]Ebenso wird das Geheimnis telefonisch, telegrafisch oder durch ähnliche Anlagen übermittelter Nachrichten garantiert.

Artikel 14 [Freizügigkeit, Auslieferung]

(1) Die Freizügigkeit und die Freiheit des Aufenthalts werden garantiert.

(2) Jeder, der sich berechtigt auf dem Gebiet der Tschechischen und Slowakischen Föderativen Republik aufhält, hat das Recht, es frei zu verlassen.

(3) Diese Freiheiten können durch Gesetz beschränkt werden, wenn es für die Sicherheit des Staates, die Aufrechterhaltung der öffentlichen Ordnung, den Schutz der Gesundheit oder der Rechte und Freiheiten anderer, in ausgewiesenen Gebieten auch für den Naturschutz unerlässlich ist.

(4) [1]Jeder Bürger hat das Recht auf freies Betreten der Tschechischen und Slowakischen Föderativen Republik. [2]Ein Bürger kann nicht zum Verlassen seiner Heimat gezwungen werden.

(5) Ein Ausländer kann nur in durch Gesetz bestimmten Fällen ausgewiesen werden.

Artikel 15 [Meinungs-, Gewissens- und Religionsfreiheit; Freiheit der Wissenschaft und der Kunst]

(1) [1]Die Meinungs-, Gewissens- und die Religionsfreiheit werden garantiert. [2]Jeder hat das Recht, seine Religion oder seinen Glauben zu ändern oder ohne Glaubensbekenntnis zu sein.

(2) Die Freiheit von Wissenschaft und Kunst wird garantiert.

(3) [1]Niemand kann zur Ableistung des Militärdienstes gezwungen werden, wenn das im Widerspruch zu seinem Gewissen oder seinem religiösen Bekenntnis steht. [2]Einzelheiten regelt ein Gesetz.

Artikel 16 [Religions- und Glaubensfreiheit]

(1) Jeder hat das Recht, seine Religion oder seinen Glauben frei kundzutun, sei es allein oder gemeinsam mit anderen, privat oder öffentlich, in Gottesdienst, Unterricht, durch religiöse Handlungen oder die Wahrung von Zeremonien.

(2) Kirchen und Religionsgemeinschaften verwalten ihre Angelegenheiten selbst, insbesondere konstituieren sie ihre Organe, ernennen ihre Geistlichen und errichten Orden und andere kirchliche Einrichtungen unabhängig von den staatlichen Organen.

(3) Ein Gesetz bestimmt die Voraussetzungen für die Religionslehre an staatlichen Schulen.

(4) Die Ausübung dieser Rechte kann gesetzlich beschränkt werden, wenn solche Maßnahmen zur Wahrung der öffentlichen Sicherheit und Ordnung, der Gesundheit und Moral oder der Rechte und Freiheiten anderer in der demokratischen Gesellschaft unerlässlich sind.

Zweites Kapitel

Politische Rechte

Artikel 17 [Meinungsäußerungs- und Informationsfreiheit]

(1) Die Freiheit der Meinungsäußerung und das Recht auf Informationen sind garantiert.

(2) Jeder hat das Recht, seine Meinung in Wort, Schrift, in Druckerzeugnissen, Bild oder auf andere Weise auszudrücken, wie auch die Freiheit, ohne Rücksicht auf die Staatsgrenzen Ideen und Informationen zu suchen, zu empfangen und zu verbreiten.

(3) Zensur ist nicht zulässig.

(4) Die Meinungsfreiheit und das Recht, Informationen zu suchen und zu verbreiten, können durch Gesetz beschränkt werden, wenn es sich um Maßnahmen handelt, die zum Schutz der Rechte und Freiheiten anderer, für die Sicherheit des Staates, die öffentliche Sicherheit, Gesundheit und Moral in einer demokratischen Gesellschaft unerlässlich sind.

(5) [1]Staatsorgane und Organe territorialer Selbstverwaltung sind verpflichtet, in angemessener Weise über ihre Tätigkeit zu informieren. [2]Voraussetzungen und Durchführung bestimmt das Gesetz.

Artikel 18 [Petitionsrecht]

(1) Das Petitionsrecht wird garantiert; in Sachen des öffentlichen oder eines anderen gemeinschaftlichen Interesses hat jeder das Recht, sich mit, Anträgen, Vorschlägen und Beschwerden allein oder mit anderen an die staatlichen Organe oder die Organe der territorialen Selbstverwaltung zu wenden.

(2) Durch Petitionen darf nicht in die Unabhängigkeit der Gerichte eingegriffen werden.

(3) In Petitionen darf nicht zur Verletzung der durch die Charta garantierten Grundrechte und -freiheiten aufgefordert werden.

Artikel 19 [Versammlungsfreiheit]
(1) Das Recht, sich friedlich zu versammeln, wird garantiert.

(2) [1]Dieses Recht kann bei Versammlungen auf öffentlichen Plätzen durch Gesetz eingeschränkt werden, wenn es sich um Maßnahmen handelt, die zum Schutz der Rechte und Freiheiten anderer, der öffentlichen Ordnung, der Gesundheit, Moral, des Eigentums oder der Sicherheit des Staates in einer demokratischen Gesellschaft unerlässlich sind.
[2]Versammlungen dürfen jedoch nicht unter den Vorbehalt der Genehmigung durch ein Organ der öffentlichen Verwaltung gestellt werden.

Artikel 20 [Vereinigungsfreiheit, Parteien]
(1) [1]Das Recht frei Vereinigungen zu bilden wird garantiert. [2]Jeder hat das Recht, sich mit anderen in Vereinen, Gesellschaften und anderen Vereinigungen zu vereinigen.

(2) Die Bürger haben das Recht, auch politische Parteien und politische Bewegungen zu bilden und sich in ihnen zu vereinigen.

(3) Die Ausübung dieser Rechte kann nur in durch ein Gesetz bestimmten Fällen beschränkt werden, wenn dies für die Sicherheit des Staates und der Öffentlichkeit, zur Verhinderung von Straftaten oder den Schutz der Rechte und Freiheiten anderer in der demokratischen Gesellschaft unerlässlich ist.

(4) Politische Parteien und politische Bewegungen wie auch andere Vereinigungen sind vom Staat unabhängig.

Artikel 21 [Teilhabe an der Verwaltung; Wahlrecht; Zugang zu Ämtern]
(1) Die Bürger haben das Recht, sich an der Verwaltung der öffentlichen Angelegenheiten direkt oder durch freie Wahl ihrer Vertreter zu beteiligen.

(2) Wahlen müssen innerhalb von Fristen stattfinden, welche die gesetzlich festgelegten Wahlperioden nicht überschreiten.

(3) [1]Das Wahlrecht ist allgemein und gleich und wird in geheimer Abstimmung ausgeübt. [2]Die Voraussetzungen der Ausübung des Wahlrechtes bestimmt ein Gesetz.

(4) Die Bürger haben unter gleichen Voraussetzungen einen Zugang zu gewählten und anderen öffentlichen Funktionen.

Artikel 22 [Wettbewerb der politischen Kräfte]
Die gesetzliche Regelung aller politischen Rechte und Freiheiten und deren Auslegung und Anwendung müssen den freien Wettbewerb der politischen Kräfte in einer demokratischen Gesellschaft gewährleisten und schützen.

Artikel 23 [Widerstandsrecht]
Die Bürger haben das Recht auf Widerstand gegen jeden, der die durch diese Charta verankerte demokratische Ordnung der Menschenrechte und Grundfreiheiten zu beseitigen beabsichtigt, wenn das Einschreiten der Verfassungsorgane und die wirksame Anwendung gesetzlicher Mittel nicht möglich sind.

Dritter Abschnitt
Rechte nationaler und ethnischer Minderheiten

Artikel 24 [Diskriminierungsverbot]
Die Zugehörigkeit zu einer nationalen oder ethnischen Minderheit darf niemandem zum Schaden gereichen.

Artikel 25 [Minderheitenrechte]
(1) [1]Den Bürgern, die nationale oder ethnische Minderheiten bilden, wird eine allseitige Entwicklung garantiert, insbesondere das Recht, gemeinsam mit anderen Angehörigen der Minderheit die eigene Kultur zu entwickeln, das Recht, Informationen in ihrer Muttersprache zu verbreiten und zu empfangen, und das Recht, sich in nationalen Vereinigungen zu vereinigen.
[2]Einzelheiten bestimmt ein Gesetz.

(2) Den Bürgern, die nationalen oder ethnischen Minderheiten angehören, wird unter gesetzlich festgelegten Bedingungen zudem
a) das Recht auf Bildung in ihrer Muttersprache,
b) das Recht, ihre Muttersprache im Kontakt mit den Behörden zu verwenden,
c) das Recht, an der Lösung der ihre nationale und ethnische Minderheit betreffenden Angelegenheiten teilzunehmen
garantiert.

Vierter Abschnitt
Wirtschaftliche, soziale und kulturelle Rechte

Artikel 26 [Berufsfreiheit; Lebensunterhalt durch Arbeit]
(1) Jeder hat das Recht auf freie Berufswahl und freie Wahl der Ausbildung, auf unternehmerische Tätigkeit oder sonstige gewerbliche Tätigkeiten.
(2) Ein Gesetz kann Bedingungen und Beschränkungen für die Ausübung bestimmter Berufe oder Tätigkeiten festlegen.
(3) [1]Jeder hat das Recht, seinen Lebensunterhalt durch Arbeit zu bestreiten. [2]Bürger, die dieses Recht unverschuldet nicht ausüben können, werden durch den Staat in angemessenem Ausmaß materiell unterstützt; die Voraussetzungen regelt ein Gesetz.
(4) Das Gesetz kann eine abweichende Regelung für Ausländer festlegen.

Artikel 27 [Gewerkschaften]
(1) Jeder hat das Recht, sich zum Schutz seiner wirtschaftlichen und sozialen Interessen mit anderen frei zu vereinigen.
(2) [1]Gewerkschaften entstehen vom Staat unabhängig. [2]Eine Beschränkung der Anzahl der Gewerkschaften sowie die Bevorzugung einer von ihnen im Betrieb oder in der Branche sind unzulässig.
(3) Die Tätigkeit der Gewerkschaften und die Entstehung und Tätigkeit anderer Vereinigungen zum Schutz wirtschaftlicher und sozialer Interessen kann gesetzlich beschränkt werden, wenn es sich um eine in der demokratischen Gesellschaft unerlässliche Maßnahme zum Schutz der Sicherheit des Staates, der öffentlichen Ordnung oder der Rechte und Freiheiten anderer handelt.
(4) Das Recht auf Streik wird unter gesetzlich festgelegten Bedingungen garantiert; dieses Recht steht jedoch Richtern, Staatsanwälten, Angehörigen der Streitkräfte und den Sicherheitsorganen nicht zu.

Artikel 28 [Entlohnung]
[1]Arbeitnehmer haben das Recht auf gerechte Entlohnung ihrer Arbeit und auf zufriedenstellende Arbeitsbedingungen. [2]Einzelheiten regelt ein Gesetz.

Artikel 29 [Arbeitsschutz]
(1) Frauen, Jugendliche und Personen mit gesundheitlichen Beeinträchtigungen haben das Recht auf erhöhten Gesundheitsschutz bei der Arbeit und auf besondere Arbeitsbedingungen.
(2) Jugendliche und Personen mit gesundheitlichen Beeinträchtigungen haben das Recht auf besonderen Schutz in Arbeitsverhältnissen und auf Unterstützung bei der Berufsausbildung.
(3) Einzelheiten regelt ein Gesetz.

Artikel 30 [Materielle Sicherung]
(1) Die Bürger haben das Recht auf angemessene materielle Sicherung im Alter und bei Arbeitsunfähigkeit sowie beim Verlust des Versorgers.
(2) Jeder, der materiell Not leidet, hat das Recht auf die Unterstützung, welche zur Sicherung der grundlegenden Lebensbedingungen erforderlich ist.
(3) Einzelheiten regelt ein Gesetz.

Artikel 31 [Gesundheitsschutz]
[1]Jeder hat das Recht auf Gesundheitsschutz. [2]Die Bürger haben auf der Grundlage der öffentlichen Versicherung das Recht auf kostenlose Gesundheitspflege und gesundheitliche Hilfsmittel unter den gesetzlich geregelten Bedingungen.

Artikel 32 [Schutz der Familie]

(1) [1]Elternschaft und Familie stehen unter dem Schutz des Gesetzes. [2]Kindern und Jugendlichen wird besonderer Schutz garantiert.

(2) Einer Frau werden in der Schwangerschaft besondere Pflege, Arbeitsschutz und entsprechende Gesundheitsbedingungen garantiert.

(3) Ehelich und nichtehelich geborene Kinder haben die gleichen Rechte.

(4) [1]Die Pflege der Kinder und ihre Erziehung ist das Recht der Eltern; Kinder haben das Recht auf elterliche Erziehung und Sorge. [2]Die elterlichen Rechte können eingeschränkt und minderjährige Kinder können ihren Eltern gegen deren Willen nur aufgrund einer gerichtlichen Entscheidung aufgrund eines Gesetzes entzogen werden.

(5) Eltern, die für ihre Kinder sorgen, haben das Recht auf staatliche Unterstützung.

(6) Einzelheiten regelt ein Gesetz.

Artikel 33 [Bildung und Schule]

(1) [1]Jeder hat das Recht auf Bildung. [2]Für einen gesetzlich festgelegten Zeitraum gilt Schulpflicht.

(2) Die Bürger haben das Recht auf kostenlose Bildung in Grund- und Mittelschulen und je nach Fähigkeit des Bürgers und den Möglichkeiten der Gesellschaft auch an den Hochschulen.

(3) Die Einrichtung anderer als staatlicher Schulen und der Unterricht an diesen sind nur unter gesetzlich bestimmten Voraussetzungen möglich; an solchen Schulen kann Schulgeld erhoben werden.

(4) Ein Gesetz regelt, unter welchen Bedingungen Bürgern das Recht auf staatliche Hilfe beim Studium zusteht.

Artikel 34 [Geistiges Eigentum; Kulturerbe]

(1) Die Rechte auf die Ergebnisse geistiger schöpferischer Tätigkeit stehen unter dem Schutz des Gesetzes.

(2) Das Recht auf Zugang zum kulturellen Reichtum wird unter gesetzlich geregelten Bedingungen garantiert.

Artikel 35 [Umwelt]

(1) Jeder hat das Recht auf günstige Umweltbedingungen.

(2) Jeder hat das Recht auf rechtzeitige und vollständige Informationen über den Zustand der Umwelt und der natürlichen Ressourcen.

(3) Bei der Ausübung seiner Rechte darf niemand die Umwelt, die natürlichen Ressourcen, die Artenvielfalt der Natur und Kulturdenkmäler über das gesetzlich geregelte Maß hinaus gefährden oder schädigen.

Fünfter Abschnitt
Das Recht auf gerichtlichen und sonstigen Rechtsschutz

Artikel 36 [Rechtsschutzgarantie]

(1) Jeder kann in einem geregelten Verfahren sein Recht bei einem unabhängigen und unparteiischen Gericht und in gesondert geregelten Fällen bei einem anderen Organ geltend machen.

(2) [1]Wer behauptet, dass er durch die Entscheidung einer Verwaltungsbehörde in seinen Rechten beschnitten wurde, kann sich zur Überprüfung der Gesetzlichkeit dieser Entscheidung an das Gericht wenden, wenn ein Gesetz nichts Abweichendes bestimmt. [2]Die Überprüfung einer Entscheidung, welche die in der Charta enthaltenen Grundrechte und -freiheiten betrifft, darf von der Gerichtsbarkeit nicht ausgeschlossen werden.

(3) Jeder hat das Recht auf Ersatz des Schadens, welcher ihm durch eine rechtswidrige Entscheidung eines Gerichts, eines sonstigen staatlichen oder öffentlichen Verwaltungsorgans oder durch ein rechtswidriges behördliches Verfahren entstanden ist.

(4) Voraussetzungen und Einzelheiten regelt ein Gesetz.

Artikel 37 [Nemo tenetur; Verfahrensgarantien]

(1) Jeder hat das Recht, die Aussage zu verweigern, wenn sie ihn selbst oder eine nahestehende Person in die Gefahr einer Strafverfolgung bringt.

(2) Jeder hat im Verfahren vor den Gerichten, anderen Staatsorganen oder Selbstverwaltungsorganen das Recht auf rechtlichen Beistand ab dem Zeitpunkt der Einleitung des Verfahrens.

(3) Alle Beteiligten sind im Verfahren gleich gestellt.

(4) Wer erklärt, die Verfahrenssprache nicht zu beherrschen, hat das Recht auf einen Dolmetscher.

Artikel 38 [Gesetzlicher Richter; Verfahrensöffentlichkeit]

(1) [1]Niemand darf seinem gesetzlichen Richter entzogen werden. [2]Die Zuständigkeit des Gerichts und des Richters bestimmt ein Gesetz.

(2) [1]Jeder hat das Recht auf öffentliche Verhandlung seiner Sache ohne vermeidbare Verzögerung und in seiner Anwesenheit und auf die Möglichkeit, zu allen vorgebrachten Beweisen Stellung zu nehmen. [2]Die Öffentlichkeit kann nur in gesetzlich geregelten Fällen ausgeschlossen werden.

Artikel 39 [Nulla poena sine lege]

Nur ein Gesetz regelt, welche Handlung eine Straftat ist und welche Strafe sowie auch welche Rechts- oder Vermögenseinbußen für ihr Begehen festgesetzt werden kann.

Artikel 40 [Garantien im Strafverfahren; Unschuldsvermutung; ne bis in idem]

(1) Nur ein Gericht entscheidet bei Straftaten über Schuld und Strafe für strafbare Handlungen.

(2) Jeder, gegen den ein Strafverfahren geführt wird, gilt als unschuldig, solange seine Schuld nicht durch rechtskräftiges Urteil des Gerichts ausgesprochen wird.

(3) [1]Der Beschuldigte hat das Recht darauf, dass ihm Zeit und Möglichkeit zur Vorbereitung seiner Verteidigung gewährt werden, damit er sich selbst oder durch einen Verteidiger verteidigen kann. [2]Wählt er keinen Verteidiger, obwohl ein solcher gesetzlich vorgeschrieben ist, wird ihm ein Verteidiger vom Gericht gestellt. [3]Ein Gesetz legt fest, in welchen Fällen der Beschuldigte das Recht auf kostenlosen Beistand durch einen Verteidiger hat.

(4) Der Beschuldigte hat das Recht, die Aussage zu verweigern; dieses Recht darf ihm in keinem Fall entzogen werden.

(5) [1]Niemand darf für eine Tat strafrechtlich verfolgt werden, für die er schon einmal rechtskräftig verurteilt oder von der er schon einmal freigesprochen wurde. [2]Dieser Grundsatz schließt die Geltendmachung außerordentlicher Rechtsmittel in Übereinstimmung mit dem Gesetz nicht aus.

(6) [1]Die Strafbarkeit der Handlung und die Verhängung der Strafe bestimmt sich nach dem Gesetz, das zum Zeitpunkt der Begehung der Tat gilt. [2]Ein späteres Gesetz findet nur Anwendung, wenn es für den Täter günstiger ist.

Sechster Abschnitt
Gemeinsame Bestimmungen

Artikel 41 [Vorbehalt des Gesetzes]

(1) Die in Artikel 26, 27 Absatz 4, 28 bis 31, 32 Absatz 1 und 3, 33 und 35 der Charta aufgeführten Rechte können nur in den Grenzen der diese Bestimmungen ausführenden Gesetze geltend gemacht werden.

(2) Wenn in der Charta ein Gesetz erwähnt ist, ist damit ein Gesetz der Föderalen Versammlung gemeint, wenn aus der verfassungsmäßigen Einteilung der gesetzgebenden Befugnisse nicht hervorgeht, dass die Regelung den Gesetzen der nationalen Räte vorbehalten ist.

Artikel 42 [Begriff des Bürgers]

(1) Wenn in der Charta der Begriff "Bürger" verwandt wird, ist darunter ein Staatsbürger der Tschechischen und Slowakischen Föderativen Republik zu verstehen.

(2) Ausländer genießen in der Tschechischen und Slowakischen Föderativen Republik die durch die Charta garantierten Menschenrechte und Grundfreiheiten, sofern sie nicht ausdrücklich Bürgern zuerkannt werden.

(3) Sofern bisher geltende Vorschriften den Begriff "Bürger" verwenden, ist darunter jeder Mensch zu verstehen, wenn es sich um Grundrechte und -freiheiten handelt, welche die Charta ohne Rücksicht auf die Staatsbürgerschaft zuerkennt.

Artikel 43 [Asylrecht]
[1]Die Tschechische und Slowakische Föderative Republik gewährt Ausländern Asyl, welche wegen der Geltendmachung ihrer politischer Rechte und Freiheiten verfolgt werden. [2]Das Asyl kann demjenigen verwehrt werden, der den grundlegenden Menschenrechten und Freiheiten zuwider gehandelt hat.

Artikel 44 [Gesetzliche Einschränkungen]
[1]Ein Gesetz kann für Richter und Staatsanwälte das Recht einschränken, unternehmerisch tätig zu werden oder eine andere Wirtschaftstätigkeit und das unter Artikel 20 Absatz 2 angeführte Recht auszuüben; ebenso für Angestellte der Staatsverwaltung und der territorialen Selbstverwaltungen in gesetzlich bestimmten Funktionen auch das in Artikel 27 Absatz 4 verankerte Recht; für Angehörige der Sicherheits- und Streitkräfte auch die in den Artikeln 18, 19 und 27 Absatz 1 bis 3 genannten Rechte, sofern diese mit der Ausübung ihres Dienstes zusammenhängen. [2]Für Personen in Berufen, die unmittelbar zum Schutz des Lebens und der Gesundheit unerlässlich sind, kann das Recht zu streiken durch ein Gesetz eingeschränkt werden.

Ungarns Grundgesetz (25. April 2011)[1)]

Magyar Közlöny 2011 Nr. 43 S. 10656
geändert durch[2)]
- Erste Änderung von Ungarns Grundgesetz (18. Juni 2012)
  Magyar Közlöny 2012 Nr. 73 S. 11856
- *Zweite Änderung von Ungarns Grundgesetz (9. November 2012)*
  Magyar Közlöny 2012 Nr. 149 S. 25018
- Dritte Änderung von Ungarns Grundgesetz (21. Dezember 2012)
  Magyar Közlöny 2012 Nr. 177 S. 29770
- *Verfassungsgerichtsurteil 45/2012. (XII. 29.) AB*
  Magyar Közlöny 2012 Nr. 184 S. 38979
- Vierte Änderung von Ungarns Grundgesetz (25. März 2013)
  Magyar Közlöny 2013 Nr. 49 S. 6400
- Fünfte Änderung von Ungarns Grundgesetz (26. September 2013)
- Magyar Közlöny 2013 Nr. 158 S. 67822
- Sechste Änderung von Ungarns Grundgesetz (14. Juni 2016)
- Magyar Közlöny 2016 Nr. 86 S. 6450
- Siebte Änderung von Ungarns Grundgesetz (28. Juni 2018)
- Magyar Közlöny 2018 Nr. 97 S. 4714
- Achte Änderung von Ungarns Grundgesetz (12. Dezember 2019)
- Magyar Közlöny 2019 Nr. 201 S. 8567

Inhalt

Gott, segne den Ungarn!

Nationales Glaubensbekenntnis

Wir, die Mitglieder der ungarischen Nation, erklären am Anfang des neuen Jahrtausends in Verantwortung für jeden Ungarn das Folgende:

1) Übersetzer: Prof. Dr. Dr. h.c. Herbert Küpper, Institut für Ostrecht München.
2) Kursiv gesetzte Änderungsvorschriften betrafen alleine das Einführungsgesetz, das durch die vierte Änderung von Ungarns Grundgesetz aufgehoben wurde.
3) Aufgehoben; vom Abdruck wurde abgesehen.

Wir sind stolz darauf, dass unser König István der Heilige vor tausend Jahren den ungarischen Staat auf feste Grundlagen gestellt hat und unser Vaterland zu einem Teil des christlichen Europa gemacht hat.

Wir sind stolz auf unsere Vorfahren, die für das Fortbestehen unseres Landes, seine Freiheit und seine Unabhängigkeit gekämpft haben.

Wir sind stolz auf die großartigen geistigen Schöpfungen der ungarischen Menschen.

Wir sind stolz darauf, dass unser Volk Jahrhunderte hindurch in Kämpfen Europa beschützt und mit seinem Talent und seinem Fleiß dessen gemeinsame Werte bereichert hat.

Wir erkennen die nationserhaltende Rolle des Christentums an. Wir schätzen die verschiedenen religiösen Traditionen unseres Landes.

Wir versprechen, dass wir die geistige und seelische Einheit unserer in den Stürmen des vergangenen Jahrhunderts in Teile zerbrochenen Nation bewahren. Wir erklären, dass die mit uns lebenden Nationalitäten Teile der ungarischen politischen Gemeinschaft und staatsbildende Faktoren sind.

Wir verpflichten uns, unser Erbe, unsere einmalige Sprache, die ungarische Kultur, die Sprachen und Kulturen der Nationalitäten in Ungarn, die naturgegebenen und menschengemachten Werte des Karpatenbeckens zu pflegen und zu wahren. Wir tragen Verantwortung für unsere Nachfahren, deshalb schützen wir durch sorgfältigen Gebrauch unserer materiellen, geistigen und natürlichen Ressourcen die Lebensbedingungen der nach uns kommenden Generationen.

Wir glauben, dass unsere nationale Kultur ein reicher Beitrag zur Vielfalt der europäischen Einheit ist.

Wir respektieren die Freiheit und die Kultur anderer Völker, wir streben die Zusammenarbeit mit allen Nationen der Welt an.

Wir bekennen, dass die Grundlage der menschlichen Existenz die Menschenwürde ist.

Wir bekennen, dass sich die individuelle Freiheit nur in Zusammenarbeit mit Anderen entfalten kann.

Wir bekennen, dass die wichtigsten Rahmen unseres Zusammenlebens die Familie und die Nation, die grundlegenden Werte unserer Zusammengehörigkeit die Treue, der Glaube und die Nächstenliebe sind.

Wir bekennen, dass die Grundlage der Stärke der Gemeinschaft und der Ehre eines jeden Menschen die Arbeit und die Leistung des menschlichen Geistes ist.

Wir bekennen uns zu der Pflicht, den Gestrauchelten und den Armen zu helfen.

Wir bekennen, dass das gemeinsame Ziel des Bürgers und des Staates die Entfaltung des guten Lebens, der Sicherheit, der Ordnung und der Wahrheit ist.

Wir bekennen, dass es eine Volksherrschaft nur dort gibt, wo der Staat seinen Bürgern dient und ihre Angelegenheit billig und ohne Missbrauch und Parteilichkeit erledigt.

Wir ehren die Errungenschaften unserer historischen Verfassung und die Heilige Krone, die Ungarns verfassungsmäßige staatliche Kontinuität und die Einheit der Nation verkörpert.

Wir bekennen, dass es die grundlegende Pflicht des Staates ist, unsere in unserer historischen Verfassung wurzelnde Identität zu beschützen.

Wir erkennen die wegen fremder Besatzungen erfolgte Aussetzung unserer historischen Verfassung nicht an. Wir verweigern den unmenschlichen Verbrechen, die während der Herrschaft der nationalsozialistischen und kommunistischen Diktatur gegen die ungarische Nation und ihre Bürger begangen wurden, die Verjährung.

Wir erkennen die kommunistische Verfassung des Jahres 1949 nicht an, weil sie die Grundlage einer tyrannischen Herrschaft war, deshalb erklären wir sie für ungültig.

Wir stimmen mit den Abgeordneten der ersten freien Landesversammlung überein, die in ihrem ersten Beschluss[1)] erklärten, dass unsere heutige Freiheit aus unserer Revolution von 1956 entsprungen ist.

---

1) Der Sprachgebrauch ist ungenau, denn es handelt sich nicht um den ersten Beschluss des 1990 gewählten Parlaments, sondern um das erste Gesetz, das dieses Parlament erlassen hat: Gesetz 1990:XXVIII über die gesetzliche Verankerung der Bedeutung der Revolution und des Freiheitskampfes vom Oktober 1956, verabschiedet am 2.5.1990, verkündet am 8.5.1990. Allerdings enthält dieses Gesetz weder in seiner Präambel noch in seinem Normtext die erwähnte Textstelle. Ein Parlamentsbeschluss des Inhalts, wie in dieser Präambel zitiert, ist im Gesetzblatt nicht veröffentlicht.

Die Wiederherstellung der staatlichen Selbstbestimmung, die am neunzehnten März 1944 verlorengegangen ist, rechnen wir ab dem zweiten Mai 1990, der Konstituierung der ersten frei gewählten Volksvertretung. Diesen Tag betrachten wir als den Beginn der neuen Demokratie und Verfassungsordnung unseres Vaterlandes.

Wir bekennen, dass wir nach den Jahrzehnten des zwanzigsten Jahrhunderts, die zu einer moralischen Erschütterung geführt haben, unbedingt einer seelischen und geistigen Erneuerung bedürfen.

Wir vertrauen auf die gemeinsam gestaltete Zukunft und die Berufung der jungen Generationen. Wir glauben, dass unsere Kinder und Enkel mit ihrem Talent, ihrer Ausdauer und ihrer seelischen Stärke Ungarn wieder groß machen.

Unser Grundgesetz ist die Grundlage unserer Rechtsordnung, ein Bund zwischen den Ungarn der Vergangenheit, der Gegenwart und der Zukunft. Es ist ein lebender Rahmen, der den Willen der Nation und die Form, in der wir leben möchten, ausdrückt.

Wir, die Bürger Ungarns stehen bereit, die Ordnung unseres Landes auf die Zusammenarbeit der Nation zu gründen.

Grundlegung

Art. A) [Staatsname][1)]
UNSER VATERLAND heißt Ungarn.

Art. B) [Staatsgrundsätze]
(1) Ungarn ist ein unabhängiger demokratischer Rechtsstaat.

(2) Ungarns Staatsform ist die Republik.

(3) Die Quelle der öffentlichen Gewalt ist das Volk.

(4) Das Volk übt seine Gewalt mittels seiner gewählten Vertreter, ausnahmsweise unmittelbar aus.

Art. C) [Staatsgewalt; Gewaltmonopol]
(1) Das Wirken des ungarischen Staates beruht auf dem Grundsatz der Teilung der Gewalt.

(2) [1]Niemandes Tätigkeit kann auf gewaltsamen Erwerb oder Ausübung der Macht beziehungsweise auf ihren ausschließlichen Besitz gerichtet sein. [2]Jeder ist berechtigt und verpflichtet, gegenüber solchen Bestrebungen auf gesetzlichem Wege einzuschreiten.

(3) Um das Grundgesetz und die Rechtsvorschriften durchzusetzen, ist zur Anwendung von Gewalt der Staat berechtigt.

Art. D) [Auslandsungarn]
Ungarn trägt unter Berücksichtigung des Zusammenhalts der einheitlichen ungarischen Nation Verantwortung für das Schicksal der jenseits seiner Grenzen lebenden Ungarn, fördert den Erhalt und die Entwicklung ihrer Gemeinschaften, unterstützt ihre auf Bewahrung ihrer ungarischen Identität gerichteten Bestrebungen, die Durchsetzung ihrer individuellen und gemeinschaftlichen Rechte, die Schaffung ihrer gemeinschaftlichen Selbstverwaltungen und ihr Wohlergehen in ihrer Heimat sowie fördert ihre Zusammenarbeit untereinander und mit Ungarn.

Art. E) [Europäische Integration]
(1) Ungarn wirkt im Interesse der Entfaltung der Freiheit, der Wohlfahrt und der Sicherheit Ungarns und der europäischen Völker an der Schaffung der europäischen Einheit mit.

(2) [1]Ungarn kann zur mitgliedstaatlichen Teilnahme an der Europäischen Union auf der Grundlage eines völkerrechtlichen Vertrags – in dem Maße, wie es zur Ausübung der aus den Gründungsverträgen fließenden Rechte und Erfüllung der Pflichten notwendig ist – einzelne seiner aus dem Grundgesetz fließenden Befugnisse gemeinsam mit den anderen Mitgliedstaaten im Wege der Institutionen der Europäischen Union ausüben. [2]Die Wahrnehmung von Befugnissen gemäß diesem Absatz muss mit den im Grundgesetz niedergelegten grundlegenden Rechten und Freiheiten im Einklang stehen und kann weiterhin nicht Ungarns unveräußerliches Bestimmungsrecht in Bezug auf seine territoriale Einheit, seine Bevölkerung, seine Staatsform und seine staatliche Organisation beschränken.

---

1) Die eckigen Klammerzusätze sind nicht Teil des Normtextes.

(3) Das Recht der Europäischen Union kann – im Rahmen des Abs. (2) – allgemein verbindliche Verhaltensregeln festlegen.

(4) Zur Ermächtigung zur Anerkennung der verbindlichen Geltung des völkerrechtlichen Vertrags gemäß Abs. (2) sind die Stimmen von zwei Dritteln der Abgeordneten der Landesversammlung notwendig.

Art. F) [Verwaltungsgliederung]

(1) Die Hauptstadt Ungarns ist Budapest.

(2) [1]Das Gebiet Ungarns gliedert sich in die Hauptstadt, Komitate, Städte und Gemeinden. [2]In der Hauptstadt und den Städten können Bezirke gebildet werden.

Art. G) [Staatsbürgerschaft]

(1) [1]Mit seiner Geburt ist das Kind eines ungarischen Staatsbürgers ungarischer Staatsbürger. [2]Ein Kardinalgesetz kann auch andere Fälle der Entstehung oder des Erwerbs der ungarischen Staatsbürgerschaft festlegen.

(2) Ungarn beschützt seine Staatsbürger.

(3) Niemandem kann seine durch Geburt entstandene oder rechtmäßig erworbene ungarische Staatsbürgerschaft entzogen werden.

(4) Die detaillierten Regeln in Bezug auf die Staatsbürgerschaft bestimmt ein Kardinalgesetz.

Art. H) [Amtssprache]

(1) In Ungarn ist die Amtssprache das Ungarische.

(2) Ungarn schützt die ungarische Sprache.

(3) Ungarn schützt die ungarische Gebärdensprache als Teil der ungarischen Kultur.

Art. I) [Staatssymbole]

(1) [1]Ungarns Wappen ist ein gespaltener Schild mit spitzem Untersatz. [2]Sein erstes Feld ist in Rot und Silber siebenmal geschnitten. In seinem zweiten, roten Feld ist auf dem mittleren Teil eines grünen dreifachen Hügels, auf dem sich eine Goldkrone erhebt, ein silbernes Doppelkreuz. [3]Auf dem Schild ruht die ungarische Heilige Krone.

(2) Ungarns Fahne besteht aus drei gleich breiten, in der Reihenfolge von oben roten, weißen und grünen waagerechten Streifen, in denen die rote Farbe die Kraft, die weiße Farbe die Treue und die grüne Farbe die Hoffnung symbolisiert.

(3) Ungarns Nationalhymne ist die Dichtung mit dem Titel „Hymnus“ von Ferenc Kölcsey mit der Musik von Ferenc Erkel.

(4) [1]Wappen und Fahne können auch gemäß anderen historisch entstandenen Formen gebraucht werden. [2]Die detaillierten Regeln des Gebrauchs von Wappen und Fahne sowie die staatlichen Auszeichnungen bestimmt ein Kardinalgesetz.

Art. J) [Feiertage]

(1) Ungarns Nationalfeiertage sind:

a) der 15. März, zur Erinnerung an die Revolution und den Freiheitskampf der Jahre 1848-49;
b) der 20. August, zur Erinnerung an die Staatsgründung und an den Staatsgründer König István den Heiligen;
c) der 23. Oktober, zur Erinnerung an die Revolution und den Freiheitskampf des Jahres 1956.

(2) Der amtliche staatliche Feiertag ist der 20. August.

Art. K) [Währung]

Die amtliche Währung Ungarns ist der Forint.

Art. L) [Ehe und Familie]

(1) [1]Ungarn schützt die Institution der Ehe als einer zwischen Mann und Frau aufgrund freiwilliger Entschließung zu Stande gekommenen Lebensgemeinschaft sowie die Familie als die Grundlage des Fortbestehens der Nation. [2]Die Grundlage der Familienbeziehung ist die Ehe beziehungsweise das Verhältnis Eltern – Kind.

(2) Ungarn unterstützt die Entscheidung für Kinder.

(3) Den Schutz der Familien regelt ein Kardinalgesetz.

Art. M) [Wirtschaft]

(1) Ungarns Wirtschaft beruht auf der wertschöpfenden Arbeit und der Freiheit der Unternehmung.

(2) [1]Ungarn gewährleistet die Voraussetzungen eines lauteren wirtschaftlichen Wettbewerbs. [2]Ungarn schreitet gegen den Missbrauch einer Machtstellung ein und schützt die Rechte der Verbraucher.

Art. N) [Haushalt]

(1) Ungarn verwirklicht den Grundsatz der ausgeglichenen, transparenten und nachhaltigen Haushaltswirtschaft.

(2) Für die Verwirklichung des Grundsatzes gemäß Abs. (1) sind in erster Linie die Landesversammlung und die Regierung verantwortlich.

(3) Das Verfassungsgericht, die Gerichte, die örtlichen Selbstverwaltungen und andere staatliche Organe sind verpflichtet, im Zuge der Erfüllung ihrer Aufgaben den Grundsatz gemäß Abs. (1) zu respektieren.

Art. O) [Eigenverantwortung]

Jeder ist für sich selbst verantwortlich und ist gemäß seinen Fähigkeiten und Möglichkeiten verpflichtet, zur Erfüllung der staatlichen und gemeinschaftlichen Aufgaben beizutragen.

Art. P) [Umweltschutz]

(1) Die natürlichen Ressourcen, insbesondere der Produktivboden, die Wälder und die Wasservorräte, die biologische Vielfalt, insbesondere die heimischen Pflanzen- und Tierarten, sowie die kulturellen Werte bilden das gemeinsame Erbe der Nation, dessen Schutz, Erhaltung und Bewahrung für die kommenden Generationen die Pflicht des Staates und eines Jeden ist.

(2) Die zum Erreichen der Ziele gemäß Abs. (1) notwendigen Einschränkungen und Voraussetzungen des Erwerbs sowie der Nutzung des Eigentumsrechts an Produktivboden und Wäldern sowie die Regeln in Bezug auf die integrierte landwirtschaftliche Produktionsorganisation und auf die Familienwirtschaften, weiterhin auf andere landwirtschaftliche Betriebe bestimmt ein Kardinalgesetz.

Art. Q) [Außenpolitik; Völkerrecht]

(1) Ungarn strebt im Interesse der Schaffung und Erhaltung von Frieden und Sicherheit sowie einer nachhaltigen Entwicklung der Menschheit die Zusammenarbeit mit sämtlichen Völkern und Ländern der Welt an.

(2) Ungarn gewährleistet im Interesse der Erfüllung seiner völkerrechtlichen Pflichten die Übereinstimmung von Völkerrecht und ungarischem Recht.

(3) [1]Ungarn nimmt die allgemein anerkannten Regeln des Völkerrechts an. [2]Die anderen Quellen des Völkerrechts werden durch ihre Verkündung in einer Rechtsvorschrift zu einem Teil der ungarischen Rechtsordnung.

Art. R) [Rechtsordnung]

(1) Das Grundgesetz ist die Grundlage der Rechtsordnung Ungarns.

(2) Das Grundgesetz und die Rechtsvorschriften sind für Jeden verbindlich.

(3) Die Bestimmungen des Grundgesetzes sind in Übereinstimmung mit dessen Zweck, mit dem darin enthaltenen Nationalen Glaubensbekenntnis und mit den Errungenschaften unserer historischen Verfassung auszulegen.

(4) Der Schutz von Ungarns verfassungsmäßiger Identität und christlicher Kultur ist die Pflicht eines jeden Staatsorgans.

Art. S) [Änderungen des Grundgesetzes]

(1) Einen Vorschlag zur Annahme eines Grundgesetzes oder zur Änderung des Grundgesetzes können der Präsident der Republik, die Regierung, ein Ausschuss der Landesversammlung oder ein Abgeordneter der Landesversammlung unterbreiten.

(2) Zur Annahme eines Grundgesetzes oder zur Änderung des Grundgesetzes sind die Stimmen von zwei Dritteln der Abgeordneten der Landesversammlung notwendig.

(3) [1]Der Präsident der Landesversammlung unterzeichnet das angenommene Grundgesetz oder die angenommene Änderung des Grundgesetzes innerhalb von fünf Tagen und übersendet es dem Präsidenten der Republik. [2]Der Präsident der Republik unterzeichnet das übersandte Grundgesetz oder die übersandte Änderung des Grundgesetzes innerhalb von fünf Tagen ab Erhalt und ordnet die Verkündung im Amtsblatt an. [3]Falls der Präsident der Republik der Ansicht ist, dass die im Grundgesetz enthaltenen Verfahrensanforderungen in Bezug auf den Erlass des Grundgesetzes oder einer Änderung des Grundgesetzes nicht eingehalten wurden, beantragt er dessen Prüfung beim Verfassungsgericht. [4]Falls das Verfassungsgericht im Zuge seiner Prüfung eine Verletzung dieser Anforderungen nicht feststellt, unterzeichnet der Präsident der Republik das Grundgesetz oder die Änderung des Grundgesetzes unverzüglich und ordnet die Verkündung im Amtsblatt an.

(4) Die Bezeichnung der Änderung des Grundgesetzes im Zuge der Verkündung umfasst den Titel, die laufende Nummer der Änderung und den Tag der Verkündung.

Art. T) [Rechtsquellen]

(1) [1]Eine allgemein verbindliche Verhaltensregel kann durch das Grundgesetz und durch eine Rechtsvorschrift begründet werden, welche durch das im Grundgesetz bezeichnete Organ, das über eine Kompetenz zur Rechtssetzung verfügt, erlassen und im Amtsblatt verkündet wurde. [2]Ein Kardinalgesetz kann die Regeln der Verkündung von Verordnungen der Selbstverwaltung und der in einer Sonderrechtsordnung[1)] erlassenen Rechtsvorschriften auch abweichend festlegen.

(2) [1]Rechtsvorschriften sind das Gesetz, die Regierungsverordnung, die Verordnung des Ministerpräsidenten, die Ministerverordnung, die Verordnung des Präsidenten der Ungarischen Nationalbank, die Verordnung des Leiters eines selbständigen Regelungsorgans und die Verordnung der Selbstverwaltung. [2]Rechtsvorschriften sind weiterhin die Verordnungen, die der Verteidigungsrat in der Zeit des Ausnahmezustands und der Präsident der Republik in der Zeit des Notstands erlassen.

1) Die Sonderrechtsordnung bezeichnet die verschiedenen Arten des Ausnahmezustands: Art. 48-54.

(3) Eine Rechtsvorschrift kann nicht im Widerspruch zum Grundgesetz stehen.

(4) Ein Kardinalgesetz ist ein Gesetz, zu dessen Annahme und Änderung die Stimmen von zwei Dritteln der anwesenden Abgeordneten der Landesversammlung notwendig sind.

Art. U) [Kommunistische Diktatur]

(1) [1]Die auf der Herrschaft des Rechts gründende staatliche Ordnung, die im Zuge der ersten freien Wahlen von 1990 aus dem Willen der Nation geschaffen wurde, und die vorherige kommunistische Diktatur sind unvereinbar. [2]Die Ungarische Sozialistische Arbeiterpartei und ihre Rechtsvorgänger sowie die im Zeichen der kommunistischen Ideologie zu ihren Diensten geschaffenen sonstigen politischen Organisationen waren kriminelle Organisationen, deren Leiter unverjährbar verantwortlich sind

a) für die Aufrechterhaltung und Lenkung des Unterdrückungssystems, für die begangenen Rechtsverletzungen und für den Verrat an der Nation;
b) für die mit sowjetischer militärischer Hilfe erfolgte Liquidierung des auf dem Mehrparteiensystem aufbauenden demokratischen Versuchs der Jahre nach dem zweiten Weltkrieg;
c) für den Ausbau einer auf ausschließlicher Machtausübung und auf Gesetzlosigkeit aufbauenden Rechtsordnung;
d) für die Liquidierung der auf der Freiheit des Eigentums gründenden Wirtschaft und für die Verschuldung des Landes;
e) für die Unterordnung von Ungarns Wirtschaft, seinem Militär, seiner Diplomatie und seinen menschlichen Ressourcen unter fremde Interessen;
f) für die systematische Vernichtung der traditionellen Werte der europäischen Zivilisation;
g) dafür, dass die Staatsbürger und einzelne ihrer Gruppen ihrer grundlegenden Menschenrechte beraubt wurden oder diese schwer eingeschränkt wurden, insbesondere für die Tötung von Menschen, für ihre Auslieferung an eine fremde Macht, für ihre ungesetzliche Gefängnishaft, Verschleppung in Zwangsarbeitslager, Folterung und unmenschliche Behandlung; dafür, dass die Bürger willkürlich ihres Vermögens beraubt wurden, für die Beschränkung ihrer Rechte am Eigentum; für die vollständige Wegnahme der Freiheitsrechte der Bürger, für die Unterstellung der politischen Meinungs- und Willensäußerung unter staatlichen Zwang; für die nachteilige Unterscheidung zwischen Menschen im Hinblick auf ihre Abstammung, Weltanschauung oder politische Überzeugung, für die Verhinderung, dass sie auf der Grundlage ihres Wissens, Fleißes und Talents vorankommen und sich durchsetzen konnten; für die Schaffung und den Betrieb einer Geheimpolizei, die nach der ungesetzlichen Beobachtung und Beeinflussung des Privatlebens der Menschen strebte;
h) dafür, dass die am 23. Oktober 1956 ausgebrochene Revolution und Freiheitskampf in Zusammenarbeit mit den sowjetischen Besatzern in Blut ertränkt wurden, für die darauf folgende Schreckensherrschaft und Vergeltung, für die zwangsweise Flucht von zweihunderttausend ungarischen Menschen aus ihrem Vaterland;
i) für alle die gewöhnlichen Straftaten, die aus politischen Gründen begangen wurden und die die Justiz aus politischen Gründen nicht verfolgte.

[3]Die politischen Organisationen, die im Zuge des demokratischen Übergangs Anerkennung als Rechtsnachfolgerin der Ungarischen Sozialistischen Arbeiterpartei gewannen, teilen auch als Erben von deren ungesetzlich angehäuftem Vermögen die Verantwortlichkeit ihrer Vorgänger.

(2) Im Hinblick auf den Inhalt von Abs. (1) sind die wahrheitsgemäße Aufdeckung der Funktionsweise der kommunistischen Diktatur und das Gerechtigkeitsgefühl der Gesellschaft gemäß den Bestimmungen in Abs. (3)-(10) zu gewährleisten.

(3) [1]Im Interesse der staatlichen Bewahrung der Erinnerung im Zusammenhang mit der kommunistischen Diktatur ist eine Kommission des Nationalen Erinnerns tätig. [2]Die Kommission des Nationalen Erinnerns deckt die Machtfunktionen der kommunistischen Diktatur und die Rolle der Personen und Organisationen, die im Besitz der kommunistischen Macht waren, auf und veröffentlicht die Ergebnisse ihrer Tätigkeit in einem umfassenden Bericht sowie in weiteren Dokumenten.

(4) Die Machthaber der kommunistischen Diktatur sind verpflichtet, Tatsachenbehauptungen – mit Ausnahme von absichtlich abgegebenen, im Hinblick auf das Wesentliche unwahren Behauptungen – in Bezug auf ihre Rolle und ihre Handlungen im Zusammenhang mit dem Wirken der Diktatur zu

dulden, und ihre persönlichen Daten im Zusammenhang mit dieser ihrer Rolle und diesen ihren Handlungen können veröffentlicht werden.

(5) Die durch den Staat auf der Grundlage von Rechtsvorschriften gewährleisteten Renten oder andere Zuwendungen können für gesetzlich bestimmte Leiter der kommunistischen Diktatur in dem gesetzlich bestimmten Maß gesenkt werden; die Einnahmen hieraus sind gemäß den Bestimmungen in einem Gesetz zur Milderung der Schädigungen durch die kommunistische Diktatur und für die Pflege des Andenkens an die Opfer zu verwenden.

(6) Die Strafbarkeit derjenigen gesetzlich bestimmten, im Namen des Einparteienstaates, in seinem Interesse oder mit seinem Einverständnis in der kommunistischen Diktatur gegen Ungarn oder gegen Personen begangenen schweren Straftaten, die unter Außerachtlassung des bei der Begehung geltenden Strafgesetzes aus politischen Gründen nicht verfolgt wurden, gilt nicht als verjährt.

(7) Die Strafbarkeit der Straftaten gemäß Abs. (6) verjährt mit Ablauf des Zeitrahmens gemäß dem zum Zeitpunkt der Begehung geltenden Strafgesetz, gerechnet ab dem Tag des Inkrafttretens des Grundgesetzes, vorausgesetzt, dass gemäß dem zum Zeitpunkt der Begehung der Straftat geltenden Strafgesetz die Verjährung bis zum 1. Mai 1990 eingetreten wäre.

(8) Die Strafbarkeit der Straftaten gemäß Abs. (6) verjährt mit Ablauf des Zeitraums zwischen dem Zeitpunkt der Begehung und dem 1. Mai 1990, gerechnet ab dem Tag des Inkrafttretens des Grundgesetzes, vorausgesetzt, dass gemäß dem zum Zeitpunkt der Begehung der Straftat geltenden Strafgesetz die Verjährung zwischen dem 2. Mai 1990 und dem 31. Dezember 2011 eingetreten wäre und der Täter wegen der Straftat nicht verfolgt wurde.

(9) Für diejenigen, die vor dem 2. Mai 1990 ihres Lebens oder ihrer Freiheit aus politischen Gründen unrechtmäßig beraubt wurden und die im Zuge der durch den Staat in ihrem Eigentum ungerechterweise verursachten Schäden zu Schaden gekommen sind, kann ein neuer Entschädigungsrechtstitel, der eine Zuwendung in Geld oder anderen Vermögenswerten gewährt, in einer Rechtsvorschrift nicht festgelegt werden.

(10) Die in der kommunistischen Diktatur entstandenen Schriftstücke der kommunistischen Staatspartei, der mit ihrer Mitwirkung errichteten beziehungsweise unter ihrem unmittelbaren Einfluss stehenden gesellschaftlichen und Jugendorganisationen sowie der Gewerkschaften bilden das Eigentum des Staates, sie sind auf dieselbe Weise wie Schriftstücke, die zum Archivmaterial von öffentliche Aufgaben erfüllenden Organen gehören, in öffentlichen Archiven zu deponieren.

Freiheit und Verantwortung

Artikel I. [Allgemeine Grundrechtsbestimmungen]

(1) [1]DES MENSCHEN unverletzliche und unveräußerliche grundlegende Rechte sind zu respektieren. [2]Ihr Schutz ist die erstrangige Pflicht des Staates.

(2) Ungarn erkennt die grundlegenden individuellen und gemeinschaftlichen Rechte des Menschen an.

(3) [1]Die Regeln in Bezug auf grundlegende Rechte und Pflichten werden durch Gesetz festgelegt. [2]Ein grundlegendes Recht kann im Interesse der Verwirklichung eines anderen grundlegenden Rechts oder des Schutzes irgendeines Verfassungswertes, in dem unbedingt notwendigen Maß, verhältnismäßig zu dem Ziel, das erreicht werden soll, unter Respektierung des wesentlichen Inhalts des grundlegenden Rechts beschränkt werden.

(4) Den aufgrund Gesetzes errichteten Rechtssubjekten sind diejenigen grundlegenden Rechte gewährleistet sowie sie unterliegen denjenigen Pflichten, die sich angesichts ihrer Natur nicht alleine auf den Menschen beziehen.

Artikel II. [Menschenwürde; Leben]

[1]Die Menschenwürde ist unverletzlich. [2]Jeder Mensch hat das Recht auf Leben und auf Menschenwürde, dem Leben der Leibesfrucht gebührt ab der Empfängnis Schutz.

Artikel III. [Folter; Menschenversuche; Eugenik]

(1) [1]Niemand darf der Folter, einer unmenschlichen, erniedrigenden Behandlung oder Bestrafung unterworfen sowie in Sklaverei gehalten werden. [2]Menschenhandel ist verboten.

(2) Es ist verboten, am Menschen medizinische oder wissenschaftliche Experimente ohne dessen informierte freiwillige Zustimmung durchzuführen.

(3) Verboten sind Praktiken, die auf die menschliche Rasseveredlung abzielen, die Verwendung des menschlichen Körpers und von Körperteilen zu Zwecken der Gewinnerzielung sowie das Kopieren von Menschen.

Artikel IV. [Freiheit; habeas corpus]

(1) Jeder hat ein Recht auf Freiheit und auf persönliche Sicherheit.

(2) [1]Niemandem kann seine Freiheit anders als aus den im Gesetz bestimmten Gründen und aufgrund des im Gesetz bestimmten Verfahrens entzogen werden. [2]Ein tatsächlich lebenslang dauernder Freiheitsentzug kann nur wegen der Begehung vorsätzlicher gewalttätiger Straftaten verhängt werden.

(3) [1]Eine Person, die der Begehung einer Straftat verdächtigt und festgenommen wird, ist in der kürzest möglichen Zeit freizulassen oder vor Gericht zu stellen. [2]Das Gericht ist verpflichtet, die ihm vorgeführte Person anzuhören und unverzüglich in einem mit einer schriftlichen Begründung versehenen Beschluss über ihre Freilassung oder Verhaftung zu entscheiden.

(4) Wessen Freiheit ohne Grund oder auf gesetzwidrige Weise beschränkt worden ist, ist zum Ersatz seines Schadens berechtigt.

Artikel V. [Abwehrrechte]

Jeder hat gemäß den Bestimmungen in einem Gesetz das Recht auf die Abwehr rechtswidriger Angriffe, die gegen seine Person beziehungsweise sein Eigentum gerichtet sind oder diese unmittelbar bedrohen.

Artikel VI. [Privatsphäre; Datenschutz]

(1) [1]Jeder hat das Recht, dass sein Privat- und Familienleben, sein Heim, seine Kontakte und sein guter Ruf respektiert werden. [2]Die Ausübung der Freiheit der Meinungsäußerung und des Versammlungsrechts kann nicht mit der Beeinträchtigung des Privat- und Familienlebens sowie des Heims Anderer einhergehen.

(2) Der Staat gewährt der Ruhe des Heims rechtlichen Schutz.

(3) Jeder hat das Recht auf Schutz seiner persönlichen Daten sowie auf Kenntnisnahme und Verbreitung von Daten von öffentlichem Interesse.

(4) Die Durchsetzung des Rechts auf den Schutz der persönlichen Daten und auf Kenntnisnahme von Daten von öffentlichem Interesse wird durch eine unabhängige, durch ein Kardinalgesetz errichtete Behörde kontrolliert.

Artikel VII. [Gewissens- und Religionsfreiheit]

(1) [1]Jeder hat das Recht auf Gedanken-, Gewissens- und Religionsfreiheit. [2]Dieses Recht umfasst die freie Wahl oder Änderung der Religion oder anderen Überzeugung und die Freiheit, dass jeder seine Religion oder andere Überzeugung im Wege der Verrichtung religiöser Handlungen und Zeremonien oder auf sonstige Weise, sei es individuell, sei es gemeinsam mit Anderen, öffentlich oder im Privatleben kundtut oder nicht kundtut, ausübt oder lehrt.

(2) Diejenigen, die identische Glaubensgrundsätze befolgen, können zum Zweck der Ausübung ihrer Religion eine Religionsgemeinschaft, die in der in einem Kardinalgesetz bestimmten organisatorischen Form tätig ist, gründen.

(3) [1]Der Staat und die Religionsgemeinschaften wirken voneinander getrennt. [2]Die Religionsgemeinschaften sind selbstständig.

(4) [1]Der Staat und die Religionsgemeinschaften können zum Erreichen gemeinschaftlicher Ziele zusammenarbeiten. Über die Zusammenarbeit entscheidet die Landesversammlung auf Antrag der Religionsgemeinschaft. [2]Die an der Zusammenarbeit teilnehmenden Religionsgemeinschaften sind als rezipierte Kirche tätig. [3]Der Staat gewährt den rezipierten Kirchen im Hinblick auf ihre Teilnahme an Aufgaben, die dem Erreichen gemeinschaftlicher Ziele dienen, besondere Berechtigungen.

(5) Die gemeinsamen Regeln in Bezug auf die Religionsgemeinschaften sowie die Voraussetzungen der Zusammenarbeit, die rezipierten Kirchen und die detaillierten Regeln in Bezug auf sie bestimmt ein Kardinalgesetz.

Artikel VIII. [Versammlungs- und Vereinigungsfreiheit]

(1) Jeder hat das Recht auf friedliche Versammlung.

(2) Jeder hat das Recht, Organisationen zu gründen, und hat das Recht, Organisationen beizutreten.

(3) [1]Parteien können auf der Grundlage des Vereinigungsrechts frei entstehen und tätig sein. [2]Die Parteien wirken an der Formung und der Äußerung des Willens des Volkes mit. [3]Die Parteien können unmittelbar keine öffentliche Gewalt ausüben.

(4) Die detaillierten Regeln der Tätigkeit und Wirtschaftsführung der Parteien bestimmt ein Kardinalgesetz.

(5) Gewerkschaften und andere Interessenvertretungsorganisationen können auf der Grundlage des Vereinigungsrechts frei entstehen und tätig sein.

Artikel IX. [Meinungs- und Pressefreiheit]

(1) Jeder hat das Recht auf die Freiheit der Meinungsäußerung.

(2) Ungarn anerkennt und schützt die Freiheit und Vielfalt der Presse, gewährleistet die Voraussetzungen der freien Unterrichtung, die zur Herausbildung der demokratischen öffentlichen Meinung notwendig ist.

(3) Im Interesse der Gewährleistung der zur Herausbildung einer demokratischen öffentlichen Meinung in der Zeit des Wahlkampfes notwendigen angemessenen Berichterstattung kann politische Werbung in Mediendienstleistungen ausschließlich ohne Gegenleistung, unter in einem Kardinalgesetz bestimmten Bedingungen, die die Chancengleichheit gewährleisten, veröffentlicht werden.

(4) Die Ausübung der Freiheit der Meinungsäußerung kann sich nicht auf die Verletzung der Menschenwürde Anderer richten.

(5) [1]Die Ausübung der Freiheit der Meinungsäußerung kann sich nicht auf die Verletzung der Würde der ungarischen Nation und nationaler, ethnischer, rassischer oder religiöser Gemeinschaften richten. [2]Personen, die einer solchen Gemeinschaft zugehören, sind – gemäß den Bestimmungen in einem Gesetz – berechtigt, gegen eine gemeinschaftsverletzende Meinungsäußerung ihre Ansprüche wegen der Verletzung ihrer Menschenwürde vor Gericht geltend zu machen.

(6) Die detaillierten Regeln in Bezug auf die Pressefreiheit sowie auf das Organ, das die Aufsicht über die Mediendienste, die Presseerzeugnisse und den Fernmeldemarkt versieht, bestimmt ein Kardinalgesetz.

Artikel X. [Wissenschafts- und Kunstfreiheit]

(1) Ungarn gewährleistet die Freiheit der wissenschaftlichen Forschung und der künstlerischen Schöpfung, weiterhin – im Interesse des Erwerbs von Wissen auf dem höchst möglichen Niveau – die Freiheit des Lernens sowie in dem in einem Gesetz bestimmten Rahmen des Lehrens.

(2) In der Frage wissenschaftlicher Wahrheit ist der Staat nicht berechtigt zu entscheiden, zur Bewertung wissenschaftlicher Forschungen sind alleine diejenigen berechtigt, die Wissenschaft betreiben.

(3) [1]Ungarn schützt die wissenschaftliche und künstlerische Freiheit der Ungarischen Akademie der Wissenschaften und der Ungarischen Akademie der Künste. [2]Die Hochschuleinrichtungen sind hinsichtlich des Inhalts und der Methoden von Forschung und Lehre selbstständig, ihre organisatorische Ordnung regelt ein Gesetz. [3]Die Ordnung der Wirtschaftsführung staatlicher Hochschuleinrichtungen bestimmt die Regierung in dem gesetzlichen Rahmen, ihre Wirtschaftsführung wird von der Regierung beaufsichtigt.

Artikel XI. [Recht auf Bildung]

(1) Jeder ungarische Staatsbürger hat das Recht auf Bildung.

(2) Ungarn gewährleistet dieses Recht, indem es die öffentliche Bildung ausweitet und allgemein zugänglich macht, durch einen kostenlosen und obligatorischen Volksschul-, einen kostenlosen und für jeden zugänglichen Oberschul- sowie einen für jeden aufgrund seiner Fähigkeiten zugänglichen Hochschulunterricht, weiterhin durch die materielle Unterstützung der Lernenden gemäß den Bestimmungen in einem Gesetz.

(3) Ein Gesetz kann die materielle Unterstützung der Teilnahme am Hochschulunterricht an die Teilnahme an einer Beschäftigung beziehungsweise an die Ausübung einer unternehmerischen Tätigkeit, wie sie durch das ungarische Recht geregelt werden, für eine bestimmte Zeit binden.

Artikel XII. [Berufsfreiheit; Chance auf Arbeit]

(1) [1]Jeder hat das Recht auf die freie Wahl der Arbeit und der Beschäftigung sowie auf Unternehmung. [2]Jeder ist verpflichtet, durch eine seinen Fähigkeiten und Möglichkeiten entsprechende Arbeitsverrichtung zum Wachstum der Gemeinschaft beizutragen.

(2) Ungarn ist bestrebt, die Voraussetzungen zu schaffen, dass jeder arbeitsfähige Mensch, der arbeiten will, arbeiten kann.

Artikel XIII. [Eigentum; Erbrecht; Enteignung]

(1) [1]Jeder hat das Recht auf Eigentum und Erbschaft. [2]Das Eigentum ist mit gesellschaftlicher Verantwortung verbunden.

(2) Eigentum kann nur ausnahmsweise und aus öffentlichem Interesse, in den Fällen und auf die Weise wie in einem Gesetz bestimmt, gegen volle, unbedingte und sofortige Entschädigung enteignet werden.

Artikel XIV. [Ausländer; Ausweisung; Asyl]

(1) [1]Eine fremde Bevölkerung kann nicht in Ungarn angesiedelt werden. [2]Ein ausländischer Staatsbürger – mit Ausnahme der Personen, die über das Recht der Bewegungs- und Aufenthaltsfreiheit verfügen – können auf dem Gebiet Ungarns auf der Grundlage eines durch die ungarischen Behörden individuell beurteilten Antrags leben. [3]Die grundlegenden Regeln der Voraussetzungen der Einreichung und Beurteilung des Antrags bestimmt ein Kardinalgesetz.

(2) [1]Ein ungarischer Staatbürger kann von dem Gebiet Ungarns nicht ausgewiesen werden und kann vom Ausland jederzeit heimkehren. [2]Ein Ausländer, der sich auf dem Gebiet Ungarns aufhält, kann nur auf der Grundlage eines gesetzmäßigen Beschlusses ausgewiesen werden. [3]Gruppenausweisungen sind verboten.

(3) Niemand kann in einen Staat ausgewiesen oder an einen Staat ausgeliefert werden, wo die Gefahr droht, dass er zum Tode verurteilt, gefoltert oder einer anderen unmenschlichen Behandlung oder Bestrafung unterzogen wird.

(4) [1]Ungarn gewährleistet denjenigen nicht ungarischen Staatsbürgern – falls weder ihr Ursprungsland noch ein anderes Land Schutz gewähren – auf Antrag Asylrecht, die in ihrem Vaterland oder in dem Land ihres gewöhnlichen Aufenthaltsorts wegen ihrer rassischen oder nationalen Zugehörigkeit, ihrer Zugehörigkeit zu einer bestimmten gesellschaftlichen Gruppe, ihrer religiösen beziehungsweise politischen Überzeugung verfolgt werden oder deren Angst vor Verfolgung begründet ist. [2]Kein Anrecht auf Asyl hat derjenige nicht ungarische Staatsbürger, der durch ein Land auf das Gebiet Ungarns gelangt ist, wo er einer Verfolgung oder der unmittelbaren Gefahr einer Verfolgung nicht ausgesetzt war.

(5) Die grundlegenden Regeln der Gewährung des Asylrechts bestimmt ein Kardinalgesetz.

Artikel XV. [Gleichheit und Rechtsfähigkeit]

(1) [1]Vor dem Gesetz ist jeder gleich. [2]Jeder Mensch ist rechtsfähig.

(2) Ungarn gewährleistet jedem die grundlegenden Rechte ohne jeden Unterschied, insbesondere ohne Unterscheidung gemäß Rasse, Farbe, Geschlecht, Behinderung, Sprache, Religion, politischer oder anderer Meinung, nationaler oder gesellschaftlicher Abkunft, Vermögens-, Geburts- oder sonstiger Lage.

(3) Frauen und Männer sind gleichberechtigt.

(4) Ungarn fördert die Verwirklichung der Chancengleichheit und des gesellschaftlichen Aufschließens durch besondere Maßnahmen.

(5) Ungarn schützt durch besondere Maßnahmen die Familien, die Kinder, die Frauen, die Alten und diejenigen, die mit einer Behinderung leben.

Artikel XVI. [Kinder- und Elternrechte]

(1) Jedes Kind hat das Recht auf den Schutz und die Fürsorge, die für seine angemessene körperliche, geistige und moralische Entwicklung notwendig sind.

(2) Die Eltern haben das Recht, die Erziehung zu wählen, die ihren Kindern gewährt werden soll.

(3) [1]Die Eltern sind verpflichtet, für ihre minderjährigen Kinder zu sorgen. [2]Diese Pflicht umfasst, dass sie ihr Kind lernen lassen.

(4) Volljährige Kinder sind verpflichtet, für ihre bedürftigen Eltern zu sorgen.

Artikel XVII. [Arbeitnehmer, Arbeitgeber]

(1) Arbeitnehmer und Arbeitgeber arbeiten – unter Berücksichtigung der Sicherung von Arbeitsplätzen, der Nachhaltigkeit der Volkswirtschaft und auch anderer gemeinschaftlicher Zwecke – zusammen.

(2) Die Arbeitnehmer, die Arbeitgeber sowie ihre Organisationen haben gemäß den Bestimmungen in einem Gesetz das Recht, miteinander zu verhandeln, auf dieser Grundlage Tarifverträge abzuschließen und zum Schutz ihrer Interessen gemeinsam aufzutreten, was das Recht der Arbeitnehmer auf Arbeitseinstellung einschließt.

(3) Jeder Arbeitnehmer hat das Recht auf Arbeitsbedingungen, die seine Gesundheit, Sicherheit und Würde respektieren.

(4) Jeder Arbeitnehmer hat das Recht auf tägliche und wöchentliche Ruhezeiten sowie auf jährlichen bezahlten Urlaub.

Artikel XVIII. [Verbot von Kinderarbeit; Jungendschutz]

(1) Die Beschäftigung von Kindern ist – mit Ausnahme der in einem Gesetz bestimmten Fälle, die ihre körperliche, geistige und moralische Entwicklung nicht gefährden – verboten.

(2) Ungarn gewährleistet mit besonderen Maßnahmen den Schutz von Jugendlichen und Eltern am Arbeitsplatz.

Artikel XIX. [Soziale Sicherheit]

(1) Ungarn ist bestrebt, jedem seiner Staatsbürger soziale Sicherheit zu gewähren. Jeder ungarische Staatsbürger ist im Falle von Mutterschaft, Krankheit, Invalidität, Behinderung, Verwitwung, Verwaisung und ohne eigene Schuld eingetretener Arbeitslosigkeit zu der in einem Gesetz bestimmten Unterstützung berechtigt.

(2) Ungarn verwirklicht die soziale Sicherheit im Falle der Abs. (1) gemäßen und anderer Bedürftiger durch ein System aus sozialen Instituten und Maßnahmen.

(3) Ein Gesetz kann die Art und den Umfang der sozialen Maßnahmen auch unter Orientierung an den für die Gemeinschaft nützlichen Tätigkeiten der Person, die die soziale Maßnahme in Anspruch nimmt, festlegen.

(4) [1]Ungarn fördert die Gewährleistung des Lebensunterhalts im Alter durch die Unterhaltung eines auf gesellschaftlicher Solidarität gründenden einheitlichen staatlichen Rentensystems und durch die Ermöglichung der Tätigkeit freiwillig gegründeter gesellschaftlicher Institute. [2]Ein Gesetz kann die Voraussetzungen der Berechtigung auf eine staatliche Rente auch unter Berücksichtigung der Anforderungen des gesteigerten Schutzes der Frauen festlegen.

Artikel XX. [Recht auf Gesundheit; Gentechnik]

(1) Jeder hat das Recht auf körperliche und seelische Gesundheit.

(2) Die Verwirklichung des Rechts gemäß Abs. (1) fördert Ungarn durch eine von genetisch veränderten Lebewesen freie Landwirtschaft, durch die Gewährleistung des Zugangs zu gesunden Lebensmitteln und zu Trinkwasser, durch die Organisation des Arbeitsschutzes und der Gesundheitsversorgung, durch die Unterstützung des Sports und der regelmäßigen körperlichen Ertüchtigung sowie durch die Gewährleistung des Schutzes der Umwelt.

Artikel XXI. [Umweltschutz]

(1) Ungarn erkennt das Recht eines jeden auf eine gesunde Umwelt an und verwirklicht es.

(2) Wer in der Umwelt Schaden verursacht, ist verpflichtet, diesen – gemäß den Bestimmungen in einem Gesetz – wiederherzustellen oder die Kosten der Wiederherstellung zu tragen.

(3) Es ist verboten, auf das Gebiet Ungarns verschmutzenden Müll zum Zweck der Ablagerung einzuführen.

Artikel XXII. [Menschenwürdige Unterkunft]

(1) [1]Der Staat gewährt dem Heim rechtlichen Schutz. [2]Ungarn ist bestrebt, jedem die Voraussetzungen einer menschenwürdigen Unterkunft und den Zugang zu öffentlichen Dienstleistungen[1)] zu gewährleisten.

1) Im Original: *közszolgáltatások*. Damit sind v.a. die kommunalen Versorgungsleistungen (Wasser, Strom, Gas etc.) gemeint.

(2) Der Staat und die örtlichen Selbstverwaltungen unterstützen die Schaffung der Voraussetzungen einer menschenwürdigen Unterkunft, weiterhin den Schutz des Gebrauchs des öffentlichen Raums zu öffentlichen Zwecken auch dadurch, dass sie bestrebt sind, sämtlichen ohne Obdach lebenden Personen eine Unterbringung zu gewährleisten.

(3) Der Aufenthalt im öffentlichen Raum als Lebensmittelpunkt ist verboten.

Artikel XXIII. [Aktives und passives Wahlrecht; Zugang zu öffentlichen Ämtern]

(1) Jeder volljährige ungarische Staatsbürger hat das Recht, bei den Wahlen der Abgeordneten der Landesversammlung, der Abgeordneten der örtlichen Selbstverwaltungen und der Bürgermeister sowie der Abgeordneten des Europaparlaments zu wählen und wählbar zu sein.

(2) Jeder volljährige Staatsbürger eines anderen Mitgliedstaates der Europäischen Union mit einem Wohnsitz in Ungarn hat das Recht, bei den Wahlen der Abgeordneten der örtlichen Selbstverwaltungen und der Bürgermeister sowie der Abgeordneten des Europaparlaments zu wählen und wählbar zu sein.

(3) Jede volljährige Person, die in Ungarn als Flüchtling, Einwanderer oder Niedergelassener anerkannt ist, hat das Recht, bei den Wahlen der Abgeordneten der örtlichen Selbstverwaltungen und der Bürgermeister zu wählen.

(4) Ein Kardinalgesetz kann das Wahlrecht oder dessen vollen Umfang an einen Wohnsitz in Ungarn und die Wählbarkeit an weitere Voraussetzungen knüpfen.

(5) [1]Bei den Wahlen der Abgeordneten der örtlichen Selbstverwaltungen und der Bürgermeister kann der Wahlbürger an seinem Wohnort oder gemeldeten Aufenthaltsort wählen. [2]Der Wahlbürger kann das Recht der Stimmabgabe an seinem Wohnort oder gemeldeten Aufenthaltsort ausüben.

(6) [1]Wem wegen der Begehung einer Straftat oder der Beschränktheit seiner Einsichtsfähigkeit durch ein Gericht das Wahlrecht entzogen wurde, verfügt nicht über das Wahlrecht. [2]Ein Staatsbürger eines anderen Mitgliedstaates der Europäischen Union mit Wohnsitz in Ungarn ist nicht wählbar, falls er aufgrund einer Rechtsvorschrift, gerichtlichen oder behördlichen Entscheidung des Staates seiner Staatsbürgerschaft in seinem Vaterland von der Ausübung dieses Rechts ausgeschlossen ist.

(7) 1Jeder, der bei den Wahlen der Abgeordneten der Landesversammlung wählen kann, hat das Recht, an landesweiten Volksabstimmungen teilzunehmen. [2]Jeder, der bei den Wahlen der Abgeordneten der örtlichen Selbstverwaltungen und der Bürgermeister wählen kann, hat das Recht, an örtlichen Volksabstimmungen teilzunehmen.

(8) [1]Jeder ungarische Staatsbürger hat das Recht, entsprechend seiner Eignung, seiner Bildung und seinem Fachwissen ein öffentliches Amt zu bekleiden. [2]Ein Gesetz bestimmt diejenigen öffentlichen Ämter, die ein Mitglied oder ein Amtsträger einer Partei nicht innehaben kann.

Artikel XXIV. [Recht auf eine gute Verwaltung]

(1) [1]Jeder hat das Recht, dass seine Angelegenheiten von den Behörden ohne Parteilichkeit, fair und innerhalb einer vernünftigen Frist erledigt werden. [2]Die Behörden sind gemäß den Bestimmungen in einem Gesetz verpflichtet, ihre Entscheidungen zu begründen.

(2) Jeder hat gemäß den Bestimmungen in einem Gesetz das Recht auf Ersatz des Schadens, den ihm die Behörden im Zuge der Erfüllung ihrer Aufgaben rechtswidrig verursacht haben.

Artikel XXV. [Petitionsrecht]

Jeder hat das Recht, sich alleine oder zusammen mit anderen schriftlich mit Anträgen, Beschwerden oder Vorschlägen an jedes Organ, das öffentliche Gewalt ausübt, zu wenden.

Artikel XXVI. [Rationale und innovative Verwaltung]

Der Staat strebt – im Interesse der Steigerung der Effizienz seiner Tätigkeit und des Niveaus der öffentlichen Leistungen, einer besseren Transparenz der öffentlichen Angelegenheiten und der Förderung der Chancengleichheit – den Gebrauch neuer technischer Lösungen und der Ergebnisse der Wissenschaft an.

Artikel XXVII. [Freizügigkeit; diplomatischer Schutz]

(1) Jeder, der sich gesetzmäßig auf dem Gebiet Ungarns aufhält, hat das Recht auf freie Bewegung und auf die freie Wahl seines Aufenthaltsorts.

(2) Jeder ungarische Staatsbürger hat das Recht, während der Zeit seines Aufenthalts im Ausland den Schutz Ungarns zu genießen.

Artikel XXVIII. [Faires Verfahren; Unschuldsvermutung; nulla poena sine lege]

(1) Jeder hat das Recht, dass jedwede gegen ihn erhobene Anklage oder seine Rechte und Pflichten in irgendeinem Prozess von einem durch Gesetz errichteten, unabhängigen und unparteiischen Gericht in einer fairen und öffentlichen Verhandlung innerhalb einer vernünftigen Frist beurteilt werden.

(2) Niemand gilt als schuldig, bis seine strafrechtliche Verantwortlichkeit durch rechtskräftigen Beschluss eines Gerichts festgestellt wird.

(3) [1]Eine Person, die einem Strafverfahren unterzogen wird, hat in jedem Abschnitt des Verfahrens das Recht auf Verteidigung. [2]Der Verteidiger kann wegen der Meinung, die er zum Ausdruck bringt, während er die Verteidigung versieht, nicht zur Verantwortung gezogen werden.

(4) Niemand kann wegen einer Handlung für schuldig erklärt und mit einer Strafe belegt werden, die zum Zeitpunkt ihrer Begehung keine Straftat gemäß dem ungarischen Recht oder – in dem durch einen völkerrechtlichen Vertrag beziehungsweise einen Rechtsakt der Europäischen Union bestimmten Umfang – gemäß dem Recht eines anderen Staates war.

(5) Absatz (4) schließt nicht aus, dass irgendeine Person wegen einer Handlung einem Strafverfahren unterzogen und verurteilt wird, die zum Zeitpunkt ihrer Begehung gemäß den allgemein anerkannten Regeln des Völkerrechts eine Straftat war.

(6) Mit Ausnahme der in einem Gesetz bestimmten außerordentlichen Fälle von Rechtsbehelfen kann niemand wegen einer Handlung einem Strafverfahren unterzogen und verurteilt werden, derentwegen er in Ungarn oder – in dem durch einen völkerrechtlichen Vertrag beziehungsweise einen Rechtsakt der Europäischen Union bestimmten Umfang – in einem anderen Staat entsprechend dem Gesetz bereits rechtskräftig freigesprochen oder verurteilt worden ist.

(7) Jeder hat das Recht, Rechtsbehelf gegen eine gerichtliche, behördliche oder andere Verwaltungsentscheidung einzulegen, die seine Rechte oder berechtigten Interessen verletzt.

Artikel XXIX. [Nationalitäten]

(1) [1]Die in Ungarn lebenden Nationalitäten sind staatsbildende Faktoren. [2]Jeder ungarische Staatsbürger, der irgendeiner Nationalität angehört, hat das Recht, seine Identität frei anzunehmen und zu bewahren. [3]Die in Ungarn lebenden Nationalitäten haben das Recht auf den Gebrauch der Muttersprache, auf den Gebrauch individueller und gemeinschaftlicher Namen in ihrer eigenen Sprache, auf die Pflege ihrer eigenen Kultur und auf muttersprachlichen Unterricht.

(2) Die in Ungarn lebenden Nationalitäten können örtliche und landesweite Selbstverwaltungen errichten.

(3) [1]Die detaillierten Regeln in Bezug auf die Rechte der in Ungarn lebenden Nationalitäten, die Nationalitäten und die Voraussetzungen der Anerkennung als Nationalität sowie die Regeln der Wahl der örtlichen und landesweiten Nationalitätenselbstverwaltungen bestimmt ein Kardinalgesetz. [2]Ein Kardinalgesetz kann die Anerkennung als Nationalität an ein Heimischsein von einer bestimmten Zeitdauer und an die Initiative einer bestimmten Anzahl von Personen, die sich zur Zugehörigkeit zu der gegebenen Nationalität bekennen, binden.

Artikel XXX. [Abgabenpflicht]

(1) Jeder trägt entsprechend seiner Leistungskraft beziehungsweise seiner Teilnahme an der Wirtschaft zur Deckung der gemeinsamen Bedürfnisse bei.

(2) Das Maß des Beitrags zur Deckung der gemeinsamen Bedürfnisse ist im Falle von Personen, die Kinder erziehen, unter Berücksichtigung der Ausgaben für die Kindererziehung festzulegen.

Artikel XXXI. [Verteidigung; Militärdienst]

(1) Jeder ungarische Staatsbürger ist zum Schutz des Vaterlands verpflichtet.

(2) Ungarn unterhält ein freiwilliges Verteidigungsreservesystem.

(3) [1]In der Zeit des Ausnahmezustands oder falls im Spannungsfall die Landesversammlung darüber beschließt, leisten die volljährigen Männer ungarischer Staatsbürgerschaft mit Wohnsitz in Ungarn Militärdienst. [2]Falls die Ableistung eines bewaffneten Dienstes mit der Gewissensüberzeugung des Wehrpflichtigen unvereinbar ist, leistet er einen unbewaffneten Dienst. [3]Die Formen der Ableistung des Militärdienstes und seine detaillierten Regeln bestimmt ein Kardinalgesetz.

(4) Volljährigen ungarischen Staatsbürgern mit Wohnsitz in Ungarn kann für die Zeit des Ausnahmezustands – gemäß den Bestimmungen in einem Kardinalgesetz – eine Arbeitspflicht zur Landesverteidigung vorgeschrieben werden.

(5) Volljährigen ungarischen Staatsbürgern mit Wohnsitz in Ungarn kann zur Erfüllung von Verteidigungs- und Katastrophenschutzaufgaben – gemäß den Bestimmungen in einem Kardinalgesetz – eine Zivilschutzpflicht vorgeschrieben werden.

(6) Im Interesse der Erfüllung von Verteidigungs- und Katastrophenschutzaufgaben kann – gemäß den Bestimmungen in einem Kardinalgesetz – jeder zur Erbringung von wirtschaftlichen und materiellen Leistungen verpflichtet werden.

Der Staat

Die Landesversammlung

Artikel 1 [Suprematie; Aufgaben und Befugnisse]

(1) Ungarns oberstes Volksvertretungsorgan ist die Landesversammlung.

(2) Die Landesversammlung

a) erlässt und ändert Ungarns Grundgesetz;
b) erlässt Gesetze;
c) nimmt den zentralen Haushalt an und genehmigt dessen Durchführung;
d) erteilt die Ermächtigung zur Anerkennung der verbindlichen Wirkung von völkerrechtlichen Verträgen, die in ihren Aufgaben- und Zuständigkeitsbereich fallen;
e) wählt den Präsidenten der Republik, die Mitglieder und den Präsidenten des Verfassungsgerichts, den Präsidenten der Kurie [1)], den Präsidenten des Landesgerichtsamtes, den Generalstaatsanwalt, den Beauftragten für die grundlegenden Rechte und seine Stellvertreter sowie den Präsidenten des Staatlichen Rechnungshofes;
f) wählt den Ministerpräsidenten, entscheidet über die Vertrauensfrage im Zusammenhang mit der Regierung;
g) löst eine grundgesetzwidrig tätige Abgeordnetenkörperschaft [2)] auf;
h) beschließt über die Erklärung des Kriegszustands und über den Friedensschluss;
i) trifft Entscheidungen, die die Sonderrechtsordnung betreffen sowie mit der Teilnahme an militärischen Operationen im Zusammenhang stehen;
j) übt eine Generalamnestie aus;
k) übt weitere im Grundgesetz und im Gesetz bestimmte Aufgaben- und Zuständigkeitsbereiche aus.

Artikel 2 [Wahl der Abgeordneten; Dauer des Parlaments]

(1) Die Abgeordneten der Landesversammlung werden von den Wahlbürgern auf der Grundlage des allgemeinen und gleichen Wahlrechts, mit einer unmittelbaren und geheimen Abstimmung, in einer Wahl, die den freien Ausdruck des Wählerwillens gewährleistet, auf die in einem Kardinalgesetz bestimmte Art gewählt.

(2) Die Teilnahme der in Ungarn lebenden Nationalitäten an der Arbeit der Landesversammlung regelt ein Kardinalgesetz.

(3) Die allgemeinen Wahlen der Abgeordneten der Landesversammlung sind – mit Ausnahme der Wahlen wegen der Selbstauflösung oder Auflösung der Landesversammlung – in den Monaten April oder Mai des vierten Jahres, das auf die Wahl der vorangehenden Landesversammlung folgt, abzuhalten.

Artikel 3 [Abgeordnetenmandat; Auflösung; Selbstauflösung]

(1) [1]Das Mandat der Landesversammlung beginnt mit ihrer konstituierenden Sitzung und dauert bis zu der konstituierenden Sitzung der folgenden Landesversammlung. [2]Die konstituierende Sitzung wird – auf einen Zeitpunkt innerhalb von dreißig Tagen nach der Wahl – von dem Präsidenten der Republik einberufen.

(2) Die Landesversammlung kann ihre Selbstauflösung aussprechen.

---

1) Im Original: *Kúria*. Dies war schon in vorsozialistischer Zeit die Bezeichnung für das oberste ordentliche Gericht.
2) Im Original: *képviselő-testület*. Das ist die Volksvertretung in den örtlichen Selbstverwaltungen: Art. 33.

(3) Der Präsident der Republik kann die Landesversammlung unter gleichzeitiger Ausschreibung von Wahlen auflösen, falls

a) die Landesversammlung in dem Fall, dass das Mandat der Regierung endet, die von dem Präsidenten der Republik als Ministerpräsident vorgeschlagene Person nicht innerhalb von vierzig Tagen ab dem Tag der Abgabe des ersten Personalvorschlags wählt, oder
b) die Landesversammlung den zentralen Haushalt für das gegebene Jahr nicht bis zum 31. März annimmt.

(4) Vor der Auflösung der Landesversammlung ist der Präsident der Republik verpflichtet, die Meinung des Ministerpräsidenten, des Präsidenten der Landesversammlung und der Führer der Abgeordnetengruppen in der Landesversammlung einzuholen.

(5) Der Präsident der Republik kann sein Recht gemäß Abs. (3) Buchst. a) so lange ausüben, bis die Landesversammlung den Ministerpräsidenten wählt. Der Präsident der Republik kann sein Recht gemäß Abs. (3) Buchst. b) so lange ausüben, bis die Landesversammlung den zentralen Haushalt annimmt.

(6) Innerhalb von neunzig Tagen ab der Selbstauflösung oder Auflösung der Landesversammlung ist eine neue Landesversammlung zu wählen.

Artikel 4 [Rechte und Pflichten der Abgeordneten; Ende des Mandats]

(1) Die Rechte und Pflichten der Abgeordneten der Landesversammlung sind gleich, sie üben ihre Tätigkeit im Interesse der Allgemeinheit aus, in diesem Zusammenhang können sie nicht angewiesen werden.

(2) [1]Dem Abgeordneten der Landesversammlung stehen das Immunitätsrecht und eine seine Unabhängigkeit gewährleistende Vergütung zu. [2]Ein Kardinalgesetz bestimmt diejenigen öffentlichen Ämter, die ein Abgeordneter der Landesversammlung nicht bekleiden kann, sowie kann auch andere Fälle der Unvereinbarkeit festlegen.

(3) Das Mandat des Abgeordneten der Landesversammlung endet

a) mit dem Ende des Mandats der Landesversammlung;
b) mit seinem Tod;
c) mit dem Ausspruch seiner Unvereinbarkeit;
d) mit seinem Rücktritt;
e) falls die zu seiner Wahl notwendigen Voraussetzungen nicht mehr bestehen;
f) falls er ein Jahr lang nicht an der Arbeit der Landesversammlung teilnimmt.

(4) Über die Feststellung, dass es an den zur Wahl eines Abgeordneten der Landesversammlung notwendigen Voraussetzungen fehlt, über den Ausspruch der Unvereinbarkeit sowie über die Feststellung, dass der Abgeordnete der Landesversammlung ein Jahr lang nicht an der Arbeit der Landesversammlung teilgenommen hat, beschließt die Landesversammlung mit den Stimmen von zwei Dritteln der anwesenden Abgeordneten der Landesversammlung.

(5) Die detaillierten Regeln in Bezug auf die Rechtsstellung und Vergütung der Abgeordneten der Landesversammlung bestimmt ein Kardinalgesetz.

Artikel 5 [Sitzungen; Beschlussfassung]

(1) [1]Die Sitzungen der Landesversammlung sind öffentlich. [2]Auf Antrag der Regierung oder irgendeines Abgeordneten der Landesversammlung kann die Landesversammlung mit den Stimmen von zwei Dritteln der Abgeordneten der Landesversammlung über die Abhaltung einer geschlossenen Sitzung beschließen.

(2) Die Landesversammlung wählt aus den Reihen ihrer Mitglieder einen Präsidenten, Vizepräsidenten und Schriftführer.

(3) Die Landesversammlung bildet ständige Ausschüsse, die aus Abgeordneten der Landesversammlung bestehen.

(4) Die Abgeordneten der Landesversammlung können zur Abstimmung ihrer Tätigkeit unter den in den Geschäftsordnungsbestimmungen bestimmten Voraussetzungen Abgeordnetengruppen in der Landesversammlung bilden.

(5) Die Landesversammlung ist beschlussfähig, falls bei der Sitzung mehr als die Hälfte der Abgeordneten der Landesversammlung anwesend sind.

(6) [1]Falls das Grundgesetz nichts Abweichendes bestimmt, fasst die Landesversammlung ihre Beschlüsse mit den Stimmen von mehr als der Hälfte der anwesenden Abgeordneten der Landesversammlung. [2]Die Geschäftsordnungsbestimmungen können das Fassen einzelner Entscheidungen an eine qualifizierte Mehrheit binden.

(7) [1]Die Landesversammlung legt in den mit den Stimmen von zwei Dritteln der anwesenden Abgeordneten der Landesversammlung verabschiedeten Geschäftsordnungsbestimmungen die Regeln ihres Betriebs und ihre Beratungsordnung fest. [2]Zur Gewährleistung des ungestörten Betriebs der Landesversammlung und zur Wahrung ihrer Würde übt der Präsident der Landesversammlung die in den Geschäftsordnungsbestimmungen bestimmten Ordnungs- und Disziplinarbefugnisse aus.

(8) Die Bestimmungen, die das regelmäßige Tagen der Landesversammlung gewährleisten, bestimmt ein Kardinalgesetz.

(9) [1]Für die Sicherheit der Landesversammlung sorgt eine Landesversammlungswache. [2]Die Tätigkeit der Landesversammlungswache wird durch den Präsidenten der Landesversammlung geleitet.

Artikel 6 [Gesetzgebungsverfahren]

(1) Ein Gesetz kann durch den Präsidenten der Republik, durch die Regierung, durch einen Ausschuss der Landesversammlung oder durch einen Abgeordneten der Landesversammlung initiiert werden.

(2) [1]Die Landesversammlung kann das verabschiedete Gesetz – auf einen vor der Schlussabstimmung seitens des Initiators des Gesetzes, der Regierung beziehungsweise des Präsidenten der Landesversammlung gestellten Antrag – zur Prüfung seiner Übereinstimmung mit dem Grundgesetz dem Verfassungsgericht übersenden. [2]Die Landesversammlung beschließt über den Antrag nach der Schlussabstimmung. [3]Falls der Antrag angenommen wird, übersendet der Präsident der Landesversammlung das verabschiedete Gesetz zur Prüfung seiner Übereinstimmung mit dem Grundgesetz unverzüglich dem Verfassungsgericht.

(3) [1]Der Präsident der Landesversammlung unterzeichnet ein verabschiedetes Gesetz innerhalb von fünf Tagen und übersendet es dem Präsidenten der Republik. [2]Der Präsident der Republik unterzeichnet das übersandte Gesetz innerhalb von fünf Tagen und ordnet seine Verkündung an. [3]Falls die Landesversammlung das Gesetz gemäß Abs. (2) zur Prüfung seiner Übereinstimmung mit dem Grundgesetz dem Verfassungsgericht übersandt hat, kann es der Präsident der Landesversammlung nur unterzeichnen und dem Präsidenten der Republik übersenden, falls das Verfassungsgericht keine Grundgesetzwidrigkeit festgestellt hat.

(4) Falls der Präsident der Republik das Gesetz oder irgendeine seiner Bestimmungen für im Widerspruch zum Grundgesetz stehend hält – und eine Prüfung gemäß Abs. (2) nicht erfolgt ist –, übersendet er das Gesetz zur Prüfung seiner Übereinstimmung mit dem Grundgesetz dem Verfassungsgericht.

(5) [1]Falls der Präsident der Republik mit dem Gesetz oder irgendeiner seiner Bestimmungen nicht einverstanden ist und von seinem Recht gemäß Abs. (4) keinen Gebrauch gemacht hat, kann er das Gesetz vor Unterzeichnung der Landesversammlung unter Mitteilung seiner Bedenken einmal zum Überdenken zurückschicken. [2]Die Landesversammlung berät das Gesetz erneut und beschließt wieder über seine Verabschiedung. [3]Der Präsident der Republik kann von diesem Recht auch Gebrauch machen, falls das Verfassungsgericht im Zuge einer aufgrund eines Beschlusses der Landesversammlung durchgeführten Prüfung keine Grundgesetzwidrigkeit festgestellt hat.

(6) [1]Das Verfassungsgericht beschließt über einen Antrag gemäß Abs. (2) und (4) vorrangig, aber spätestens innerhalb von dreißig Tagen. [2]Falls das Verfassungsgericht eine Grundgesetzwidrigkeit feststellt, berät die Landesversammlung das Gesetz zur Beendigung der Grundgesetzwidrigkeit erneut.

(7) Falls das Verfassungsgericht im Zuge einer auf Initiative des Präsidenten der Republik durchgeführten Prüfung keine Grundgesetzwidrigkeit feststellt, unterzeichnet der Präsident der Republik das Gesetz unverzüglich und ordnet seine Verkündung an.

(8) [1]Die Prüfung, ob ein durch die Landesversammlung gemäß Abs. (6) beratenes und verabschiedetes Gesetz mit dem Grundgesetz in Übereinstimmung steht, kann gemäß Abs. (2) und (4) wiederholt beim Verfassungsgericht beantragt werden. [2]Das Verfassungsgericht entscheidet über den wiederholten Antrag vorrangig, aber spätestens innerhalb von zehn Tagen.

(9) [1]Falls die Landesversammlung ein im Zuge des Nichteinverstandenseins des Präsidenten der Republik zurückgeschicktes Gesetz ändert, kann die Prüfung der Übereinstimmung mit dem Grund-

gesetz gemäß Abs. (2) beziehungsweise (4) ausschließlich im Hinblick auf die geänderten Bestimmungen beziehungsweise unter Berufung darauf beantragt werden, dass die in dem Grundgesetz enthaltenen Verfahrensvoraussetzungen in Bezug auf den Erlass des Gesetzes nicht erfüllt waren. [2]Falls die Landesversammlung ein im Zuge des Nichteinverstandenseins des Präsidenten der Republik zurückgeschicktes Gesetz mit unverändertem Text verabschiedet, kann der Präsident der Republik die Prüfung der Übereinstimmung mit dem Grundgesetz im Hinblick auf die Nichterfüllung der in dem Grundgesetz enthaltenen Verfahrensvoraussetzungen in Bezug auf den Erlass des Gesetzes beantragen.

Artikel 7 [Frage- und Interpellationsrechte]

(1) Der Abgeordnete der Landesversammlung kann an den Beauftragten für die grundlegenden Rechte, an den Präsidenten des Staatlichen Rechnungshofs, an den Generalstaatsanwalt und an den Präsidenten der Ungarischen Nationalbank Fragen in jedweder Angelegenheit, die in deren Aufgabenbereich gehört, richten.

(2) Der Abgeordnete der Landesversammlung kann an die Regierung und an die Mitglieder der Regierung Interpellationen und Fragen in jedweder Angelegenheit, die in deren Aufgabenbereich gehört, richten.

(3) Die Untersuchungstätigkeit der Ausschüsse der Landesversammlung und die Pflicht zum Erscheinen vor den Ausschüssen regelt ein Kardinalgesetz.

Landesweite Volksabstimmung

Artikel 8 [Volksabstimmung; Volksbegehren; Verfahren und Unzulässigkeit des Referendums]

(1) [1]Auf Antrag von mindestens zweihunderttausend Wahlbürgern ordnet die Landesversammlung eine landesweite Volksabstimmung an. [2]Auf Antrag des Präsidenten der Republik, der Regierung oder von hunderttausend Wahlbürgern kann die Landesversammlung eine landesweite Volksabstimmung anordnen. [3]Die in einer gültigen und erfolgreichen Volksabstimmung getroffene Entscheidung ist für die Landesversammlung verbindlich.

(2) Gegenstand einer landesweiten Volksinitiative kann eine in den Aufgaben- und Zuständigkeitsbereich der Landesversammlung gehörende Frage sein.

(3) Eine landesweite Volksabstimmung kann nicht

a) über Fragen, die auf die Änderung des Grundgesetzes gerichtet sind,
b) über den zentralen Haushalt, die Durchführung des zentralen Haushalts, die zentralen Steuerarten, Gebühren, Beiträge, Zölle sowie den Inhalt des Gesetzes über die zentralen Voraussetzungen der örtlichen Steuern;
c) über den Inhalt der Gesetze über die Wahl der Abgeordneten der Landesversammlung, der Abgeordneten der örtlichen Selbstverwaltungen und der Bürgermeister sowie der Abgeordneten des Europaparlaments;
d) über Pflichten aus völkerrechtlichen Verträgen;
e) über Personal- und Fragen der Bildung von Organisationen, die in den Zuständigkeitsbereich der Landesversammlung gehören;
f) über die Selbstauflösung der Landesversammlung;
g) über die Auflösung einer Abgeordnetenkörperschaft;
h) über die Erklärung des Kriegszustands, über die Ausrufung des Ausnahmezustands und des Notstands sowie über die Ausrufung und Verlängerung des Spannungsfalls;
i) über Fragen im Zusammenhang mit der Teilnahme an militärischen Operationen;
j) über die Ausübung einer Generalamnestie

abgehalten werden.

(4) Die landesweite Volksabstimmung ist gültig, falls mehr als die Hälfte aller Wahlbürger gültig abgestimmt hat, und sie ist erfolgreich, falls mehr als die Hälfte der gültig abstimmenden Wahlbürger dieselbe Antwort auf die formulierte Frage gegeben hat.

Der Präsident der Republik

Artikel 9 [Staatsoberhaupt; Oberbefehlshaber; Aufgaben und Befugnisse]
(1) Ungarns Staatsoberhaupt ist der Präsident der Republik, der die Einheit der Nation ausdrückt und über das demokratische Funktionieren der Staatsorganisation wacht.

(2) Der Präsident der Republik ist der Oberbefehlshaber der Ungarischen Streitkräfte.

(3) Der Präsident der Republik

a) repräsentiert Ungarn;
b) kann an den Sitzungen der Landesversammlung teilnehmen und dort das Wort ergreifen;
c) kann Gesetze initiieren;
d) kann eine landesweite Volksabstimmung beantragen;
e) schreibt die allgemeinen Wahlen der Abgeordneten der Landesversammlung, der Abgeordneten der örtlichen Selbstverwaltungen und der Bürgermeister sowie den Zeitpunkt der Wahlen des Europaparlaments und der landesweiten Volksabstimmungen aus;
f) trifft Entscheidungen, die die Sonderrechtsordnung berühren;
g) beruft die konstituierende Sitzung der Landesversammlung ein;
h) kann die Landesversammlung auflösen;
i) kann das angenommene Grundgesetz und die angenommene Änderung des Grundgesetzes zur Prüfung ihrer Übereinstimmung mit den grundgesetzlichen Anforderungen an ihren Erlass dem Verfassungsgericht übersenden, kann ein angenommenes Gesetz zur Prüfung seiner Übereinstimmung mit dem Grundgesetz dem Verfassungsgericht übersenden oder es der Landesversammlung zum Überdenken zurückschicken;
j) macht Vorschläge für die Person des Ministerpräsidenten, des Präsidenten der Kurie, des Präsidenten des Landesgerichtsamtes, des Generalstaatsanwalts und des Beauftragten für die grundlegenden Rechte;
k) ernennt die Berufsrichter und den Präsidenten des Haushaltsrats;
l) bestätigt den Präsidenten der Ungarischen Akademie der Wissenschaften und den Präsidenten der Ungarischen Akademie der Künste in seinem Amt;
m) gestaltet die Organisation seines Amtes aus.

(4) Der Präsident der Republik

a) erkennt auf der Grundlage der Ermächtigung der Landesversammlung die verbindliche Geltung völkerrechtlicher Verträge an;
b) beglaubigt und empfängt die Botschafter und Gesandten;
c) ernennt die Minister, den Präsidenten und die Vizepräsidenten der Ungarischen Nationalbank, die Leiter der selbstständigen Regelungsorgane und die Universitätslehrer;
d) betraut die Rektoren der Universitäten;
e) ernennt und befördert die Generäle;
f) verleiht die in einem Gesetz bestimmten Auszeichnungen, Preise und Titel sowie genehmigt das Tragen von Auszeichnungen ausländischer Staaten;
g) übt das Recht der individuellen Begnadigung aus;
h) entscheidet in den Fragen der Raumordnung, die in seinen Aufgaben- und Zuständigkeitsbereich fallen;
i) entscheidet in Angelegenheiten im Zusammenhang mit dem Erwerb und dem Ende der Staatsbürgerschaft;
j) entscheidet in all den Angelegenheiten, die ein Gesetz in seinen Zuständigkeitsbereich verweist.

(5) [1]Zu jeder der in Abs. (4) bestimmten Maßnahmen und Entscheidungen des Präsidenten der Republik ist die Gegenzeichnung eines Mitglieds der Regierung notwendig. [2]Das Gesetz kann verfügen, dass zu einer durch Gesetz in den Zuständigkeitsbereich des Präsidenten der Republik verwiesenen Entscheidung eine Gegenzeichnung nicht notwendig ist.

(6) Der Präsident der Republik lehnt die Erfüllung von Abs. (4) Buchst. b)-e) ab, falls es an den Voraussetzungen in einer Rechtsvorschrift fehlt oder er aus fundiertem Grund zu dem Schluss kommt, dass dies eine schwere Störung des demokratischen Funktionierens der Staatsorganisation bewirken würde.

(7) Der Präsident der Republik lehnt die Erfüllung von Abs. (4) Buchst. f) ab, falls dies die Werteordnung des Grundgesetzes verletzen würde.

Artikel 10 [Amtsdauer; Wiederwahl]

(1) Den Präsidenten der Republik wählt die Landesversammlung auf fünf Jahre.

(2) Jeder ungarische Staatsbürger, der sein fünfunddreißigstes Lebensjahr vollendet hat, kann zum Präsidenten der Republik gewählt werden.

(3) Der Präsident der Republik kann in dieses Amt höchstens einmal wiedergewählt werden.

Artikel 11 [Wahltermin]

(1) [1]Der Präsident der Republik ist mindestens dreißig und höchstens sechzig Tage vor dem Ablauf des Mandats des früheren Präsidenten der Republik, falls hingegen das Mandat vor der Zeit geendet ist, innerhalb von dreißig Tagen ab dem Ende zu wählen. [2]Der Präsident der Landesversammlung beraumt die Wahl des Präsidenten der Republik an. [3]Die Landesversammlung wählt den Präsidenten der Republik in geheimer Abstimmung.

(2) [1]Der Wahl des Präsidenten der Republik geht eine Nominierung voraus. [2]Zur Gültigkeit einer Nominierung sind schriftliche Empfehlungen von mindestens einem Fünftel der Abgeordneten der Landesversammlung notwendig. [3]Die Nominierung ist bei dem Präsidenten der Landesversammlung vor der Anordnung der Abstimmung einzureichen. [4]Jeder Abgeordnete der Landesversammlung kann einen Kandidaten empfehlen. [5]Wer mehrere Kandidaten empfiehlt, dessen sämtliche Empfehlungen sind ungültig.

(3) Aufgrund der ersten Abstimmung gewählter Präsident der Republik ist, wer die Stimmen von zwei Dritteln der Abgeordneten der Landesversammlung erhalten hat.

(4) [1]Falls die erste Abstimmung ergebnislos war, ist eine zweite Abstimmung abzuhalten. [2]Im Zuge der zweiten Abstimmung kann für die zwei Kandidaten gestimmt werden, die die meisten Stimmen erhalten haben. [3]Falls bei der ersten Abstimmung auf dem ersten Platz Stimmengleichheit herrscht, kann für die Kandidaten abgestimmt werden, die die höchste Anzahl an Stimmen bekommen haben. [4]Falls bei der ersten Abstimmung nur auf dem zweiten Platz Stimmengleichheit entsteht, kann für die Kandidaten abgestimmt werden, die die zwei höchsten Anzahlen an Stimmen bekommen haben. [5]Aufgrund der zweiten Abstimmung gewählter Präsident der Republik ist, wer – unabhängig von der Anzahl derer, die an der Abstimmung teilnehmen – die meisten gültigen Stimmen erhält. [6]Falls auch die zweite Abstimmung ergebnislos ist, ist aufgrund einer wiederholten Nominierung eine neue Wahl abzuhalten.

(5) Das Abstimmungsverfahren ist während höchstens zweier aufeinander folgender Tage zu beenden.

(6) Der gewählte Präsident der Republik tritt sein Amt bei Ablauf des Mandats des früheren Präsidenten der Republik, im Fall eines vorzeitigen Endes des Mandats an dem achten Tag nach der Verkündung des Ergebnisses der Wahl an, vor seinem Amtsantritt legt er vor der Landesversammlung einen Eid ab.

Artikel 12 [Inkompatibilität; Mandatsende]

(1) Die Person des Präsidenten der Republik ist unverletzlich.

(2) [1]Das Amt des Präsidenten der Republik ist unvereinbar mit allen anderen staatlichen, gesellschaftlichen, wirtschaftlichen und politischen Ämtern oder Mandaten. [2]Der Präsident der Republik kann keine andere bezahlte Berufstätigkeit ausüben, und für seine übrigen Tätigkeiten kann er – mit Ausnahme der Tätigkeiten, die dem Schutz des Urheberrechts unterfallen – keine Vergütung annehmen.

(3) Das Amt des Präsidenten der Republik endet

a) mit Ablauf seiner Mandatszeit;
b) mit seinem Tod;
c) falls er während eines Zeitraums von mehr als neunzig Tagen nicht in der Lage ist, seinen Aufgabenbereich wahrzunehmen;
d) falls die zu seiner Wahl notwendigen Voraussetzungen nicht mehr vorliegen;
e) mit Ausspruch der Unvereinbarkeit;

f) mit seinem Rücktritt;
g) mit der Enthebung aus dem Amt des Präsidenten der Republik.

(4) Über die Feststellung des Zustands, der die Versehung des Aufgabenbereichs des Präsidenten der Republik über neunzig Tage hinaus unmöglich macht, und des Fehlens der für seine Wahl notwendigen Voraussetzungen sowie über den Ausspruch der Unvereinbarkeit beschließt die Landesversammlung mit den Stimmen von zwei Dritteln der anwesenden Abgeordneten der Landesversammlung.

(5) Die detaillierten Regeln der Rechtsstellung des Präsidenten der Republik und des ehemaligen Präsidenten der Republik und ihre Vergütung bestimmt ein Kardinalgesetz.

Artikel 13 [Immunität; Amtsenthebungsverfahren]

(1) Gegen den Präsidenten der Republik kann ein Strafverfahren nur nach dem Ende seines Mandats eingeleitet werden.

(2) Gegen den Präsidenten der Republik, der das Grundgesetz oder im Zusammenhang mit der Ausübung seines Amtes irgendein Gesetz vorsätzlich verletzt beziehungsweise eine vorsätzliche Straftat begeht, kann ein Fünftel der Abgeordneten der Landesversammlung die Amtsenthebung beantragen.

(3) [1]Zur Einleitung des Enthebungsverfahrens sind die Stimmen von zwei Dritteln der Abgeordneten der Landesversammlung notwendig. [2]Die Abstimmung ist geheim.

(4) Beginnend mit dem Erlass des Beschlusses der Landesversammlung bis zum Abschluss des Enthebungsverfahrens kann der Präsident der Republik seine Befugnisse nicht ausüben.

(5) Die Durchführung des Enthebungsverfahrens gehört in den Zuständigkeitsbereich des Verfassungsgerichts.

(6) Falls das Verfassungsgericht als Ergebnis des Verfahrens die öffentlich-rechtliche Verantwortlichkeit des Präsidenten der Republik feststellt, kann es den Präsidenten der Republik seines Amtes entheben.

Artikel 14 [Vertretung durch den Parlamentspräsidenten]

(1) Den Aufgaben- und Zuständigkeitsbereich des Präsidenten der Republik nimmt der Präsident der Landesversammlung wahr, falls der Präsident der Republik vorübergehend verhindert ist bis zum Ende der Verhinderung, oder falls das Mandat des Präsidenten der Republik endet bis zum Amtsantritt des neuen Präsidenten der Republik.

(2) Die Tatsache, dass der Präsident der Republik vorübergehend verhindert ist, stellen der Präsident der Republik, die Regierung oder auf Antrag eines jeden Abgeordneten der Landesversammlung die Landesversammlung fest.

(3) In der Zeit, in der er den Präsidenten der Republik vertritt, kann der Präsident der Landesversammlung seine Rechte als Abgeordneter der Landesversammlung nicht ausüben, und an seiner Stelle nimmt ein von der Landesversammlung bestimmter Vizepräsident die Aufgaben des Präsidenten der Landesversammlung wahr.

Die Regierung

Artikel 15 [Aufgaben]

(1) [1]Die Regierung ist das allgemeine Organ der ausführenden Gewalt, dessen Aufgaben- und Zuständigkeitsbereich sich auf alles erstreckt, was durch das Grundgesetz oder eine Rechtsvorschrift nicht ausdrücklich in den Aufgaben- und Zuständigkeitsbereich eines anderen Organs verwiesen wird. [2]Die Regierung ist der Landesversammlung gegenüber verantwortlich.

(2) Die Regierung ist das oberste Organ der öffentlichen Verwaltung, sie kann gemäß den Bestimmungen in einem Gesetz Organe der Staatsverwaltung errichten.

(3) Im Rahmen ihres Aufgabenbereichs erlässt die Regierung in durch Gesetz nicht geregelten Gegenständen beziehungsweise aufgrund einer Ermächtigung in einem Gesetz Verordnungen.

(4) Die Verordnung der Regierung kann nicht im Widerspruch zu einem Gesetz stehen.

Artikel 16 [Zusammensetzung; Wahl des Ministerpräsidenten; Regierungsbildung]

(1) Mitglieder der Regierung sind der Ministerpräsident und die Minister.

(2) Der Ministerpräsident benennt in einer Verordnung aus den Reihen der Minister einen oder mehrere stellvertretende Ministerpräsidenten.

(3) Der Ministerpräsident wird auf Vorschlag des Präsidenten der Republik von der Landesversammlung gewählt.

(4) [1]Zur Wahl des Ministerpräsidenten sind die Stimmen von mehr als der Hälfte der Abgeordneten der Landesversammlung notwendig. [2]Der Ministerpräsident tritt sein Amt mit erfolgter Wahl an.

(5) Der Präsident der Republik macht seinen Vorschlag gemäß Abs. (3)

a) falls das Mandat des Ministerpräsidenten durch die Konstituierung der neu gewählten Landesversammlung geendet ist, auf der konstituierenden Sitzung der neuen Landesversammlung;

b) falls das Mandat des Ministerpräsidenten durch seinen Rücktritt, seinen Tod, den Ausspruch der Unvereinbarkeit, wegen des Fehlens der Voraussetzungen, die zu seiner Wahl notwendig sind, oder deshalb geendet ist, weil die Landesversammlung in einer Vertrauensabstimmung gegenüber dem Ministerpräsidenten ihr Misstrauen ausgedrückt hat, innerhalb von fünfzehn Tagen ab dem Ende des Mandats des Ministerpräsidenten.

(6) Falls die Landesversammlung die gemäß Abs. (5) zum Ministerpräsidenten vorgeschlagene Person nicht gewählt hat, unterbreitet der Präsident der Republik seinen neuen Vorschlag innerhalb von fünfzehn Tagen.

(7) [1]Die Minister werden auf Vorschlag des Ministerpräsidenten durch den Präsidenten der Republik ernannt. [2]Der Minister tritt sein Amt zu dem in der Ernennung bezeichneten Zeitpunkt an, fehlt es daran, mit seiner Ernennung.

(8) Die Regierung konstituiert sich mit der Ernennung der Minister.

(9) Das Regierungsmitglied legt vor der Landesversammlung einen Eid ab.

Artikel 17 [Gesetzliche Festlegung der Ministerien und Verwaltungsbehörden]

(1) Über die Aufzählung der Ministerien trifft ein Gesetz Bestimmungen.

(2) Ein Minister ohne Geschäftsbereich kann zur Versehung eines Aufgabenbereichs, den die Regierung bestimmt, ernannt werden.

(3) Das regionale Staatsverwaltungsorgan der Regierung mit allgemeinem Zuständigkeitsbereich[1)] sind das hauptstädtische und die Komitatsregierungsämter.

(4) Die Bestimmungen eines Kardinalgesetzes in Bezug auf die Bezeichnung eines Ministeriums, eines Ministers oder eines Verwaltungsorgans können durch Gesetz geändert werden.

(5) Die Rechtsstellung der Regierungsbeamten regelt ein Gesetz.

Artikel 18 [Richtlinienkompetenz; Ressortprinzip; Verantwortlichkeit]

(1) Der Ministerpräsident bestimmt die allgemeine Politik der Regierung.

(2) Der Minister leitet innerhalb des Rahmens der allgemeinen Politik der Regierung selbstständig die in seinen Aufgabenbereich gehörenden Zweige der Staatsverwaltung und die nachgeordneten Organe sowie versieht die durch die Regierung oder den Ministerpräsidenten bestimmten Aufgaben.

(3) Im Rahmen seines Aufgabenbereichs erlässt das Regierungsmitglied auf der Grundlage einer Ermächtigung in einem Gesetz oder einer Regierungsverordnung selbstständig oder mit dem Einverständnis eines anderen Ministers Verordnungen, die nicht im Widerspruch zu Gesetzen, Regierungsverordnungen und den Verordnungen des Präsidenten der Ungarischen Nationalbank stehen können.

(4) [1]Das Regierungsmitglied ist für seine Tätigkeit der Landesversammlung sowie der Minister dem Ministerpräsidenten verantwortlich. [2]Das Regierungsmitglied kann an den Sitzungen der Landesversammlung teilnehmen und dort das Wort ergreifen. [3]Die Landesversammlung und ein Ausschuss der Landesversammlung können Regierungsmitglieder zum Erscheinen auf ihren Sitzungen verpflichten.

(5) Die detaillierten Regeln der Rechtsstellung der Regierungsmitglieder, ihrer Vergütung sowie die Ordnung der Vertretung der Minister bestimmt ein Gesetz.

Artikel 19 [Teilhaberechte des Parlaments in EU-Angelegenheiten]

[1]Die Landesversammlung kann von der Regierung Aufklärung über den Standpunkt verlangen, der in den Institutionen der Europäischen Union, die unter Teilnahme der Exekutive tätig sind, vertreten

1) Dieser gewundene Ausdruck (im Original: *a Kormány általános hatáskörű területi államigazgatási szerve*) bezeichnet die allgemeine staatliche Mittelbehörde; man kann sie mit den deutschen Regierungspräsidenten in einigen Bundesländern vergleichen. Zur Funktion dieser Staatsbehörde als Kommunalaufsicht s. Art. 32 Abs. 4-5, Art. 34 Abs. 4.

werden soll, und kann zu den in dem Verfahren auf der Tagesordnung stehenden Entwürfen Stellung nehmen. [2]Die Regierung handelt im Zuge der Entscheidungsfindung der Europäischen Union unter Zugrundelegung der Stellungnahme der Landesversammlung.

Artikel 20 [Ende des Regierungsmandats]

(1) Mit dem Ende des Mandats des Ministerpräsidenten endet das Mandat der Regierung.

(2) Das Mandat des Ministerpräsidenten endet

a) mit der Konstituierung der neu gewählten Landesversammlung;
b) falls die Landesversammlung gegenüber dem Ministerpräsidenten ihr Misstrauen ausspricht und einen neuen Ministerpräsidenten wählt;
c) falls die Landesversammlung in einer durch den Ministerpräsidenten beantragten Vertrauensabstimmung dem Ministerpräsidenten ihr Misstrauen ausspricht;
d) mit seinem Rücktritt;
e) mit seinem Tod;
f) mit dem Ausspruch der Unvereinbarkeit;
g) falls die zu seiner Wahl notwendigen Voraussetzungen nicht mehr vorliegen.

(3) Das Mandat des Ministers endet

a) mit dem Ende des Mandats des Ministerpräsidenten;
b) mit dem Rücktritt des Ministers;
c) mit seiner Entlassung;
d) mit seinem Tod.

(4) Über die Feststellung, dass die zur Wahl des Ministerpräsidenten notwendigen Voraussetzungen fehlen, und über den Ausspruch der Unvereinbarkeit beschließt die Landesversammlung mit den Stimmen von zwei Dritteln der anwesenden Abgeordneten der Landesversammlung.

Artikel 21 [Konstruktiver Misstrauensantrag; Vertrauensfrage]

(1) Ein Fünftel der Abgeordneten der Landesversammlung kann schriftlich – unter Bezeichnung der für das Amt des Ministerpräsidenten vorgeschlagenen Person – gegenüber dem Ministerpräsidenten einen Misstrauensantrag einreichen.

(2) [1]Falls die Landesversammlung den Misstrauensantrag unterstützt, drückt sie damit ihr Misstrauen gegenüber dem Ministerpräsidenten aus und wählt zugleich die in dem Misstrauensantrag für das Amt des Ministerpräsidenten vorgeschlagene Person zum Ministerpräsidenten. [2]Zur Entscheidung der Landesversammlung sind die Stimmen von mehr als der Hälfte der Abgeordneten der Landesversammlung notwendig.

(3) [1]Der Ministerpräsident kann eine Vertrauensabstimmung beantragen. [2]Die Landesversammlung drückt gegenüber dem Ministerpräsidenten ihr Misstrauen aus, falls in der auf Vorschlag des Ministerpräsidenten abgehaltenen Vertrauensabstimmung mehr als die Hälfte der Abgeordneten der Landesversammlung den Ministerpräsidenten nicht unterstützt.

(4) [1]Der Ministerpräsident kann beantragen, dass die Abstimmung über eine durch die Regierung eingereichte Vorlage zugleich eine Vertrauensabstimmung sein soll. [2]Die Landesversammlung drückt gegenüber dem Ministerpräsidenten ihr Misstrauen aus, falls sie die durch die Regierung eingereichte Vorlage nicht unterstützt.

(5) Die Landesversammlung fasst ihre Entscheidung über die Vertrauensfrage nach drei Tagen ab der Unterbreitung des Misstrauensantrags oder des Antrags des Ministerpräsidenten gemäß Abs. (3) und (4), aber spätestens innerhalb von acht Tagen ab der Unterbreitung.

Artikel 22 [Geschäftsführende Regierung]

(1) Die Regierung übt ihre Befugnisse ab dem Ende ihres Mandats bis zur Konstituierung der neuen Regierung als geschäftsführende Regierung aus, die verbindliche Geltung eines völkerrechtlichen Vertrags kann sie jedoch nicht anerkennen und Verordnungen nur aufgrund einer Ermächtigung eines Gesetzes in unaufschiebbaren Fällen erlassen.

(2) Falls das Mandat des Ministerpräsidenten durch dessen Rücktritt oder durch die Konstituierung der neu gewählten Landesversammlung endet, übt der Ministerpräsident bis zur Wahl des neuen Ministerpräsidenten seine Befugnisse als geschäftsführender Ministerpräsident aus, er kann allerdings keine Vorschläge zur Entlassung eines Ministers oder zur Ernennung eines neuen Ministers machen

und Verordnungen nur auf der Grundlage der Ermächtigung eines Gesetzes in unaufschiebbaren Fällen erlassen.

(3) Falls das Mandat des Ministerpräsidenten mit dessen Tod, mit dem Ausspruch der Unvereinbarkeit, wegen des Fehlens der zu seiner Wahl notwendigen Voraussetzungen oder deshalb geendet ist, weil die Landesversammlung in einer Vertrauensabstimmung dem Ministerpräsidenten ihr Misstrauen ausgesprochen hat, übt bis zur Wahl des neuen Ministerpräsidenten der stellvertretende Ministerpräsident oder – im Falle mehrerer stellvertretender Ministerpräsidenten – der an erster Stelle bezeichnete stellvertretende Ministerpräsident die Befugnisse des Ministerpräsidenten mit den in Abs. (2) bestimmten Beschränkungen aus.

(4) Der Minister übt ab dem Ende des Mandats des Ministerpräsidenten bis zur Ernennung des neuen Ministers oder bis zu der Betrauung eines anderen Mitglieds der Regierung mit der vorübergehenden Wahrnehmung der Aufgaben des Ministers seine Befugnisse als geschäftsführender Minister aus, kann aber Verordnungen nur in unaufschiebbaren Fällen erlassen.

Selbstständige Regelungsorgane

Artikel 23 [Errichtung; Leitung; Aufgaben]

(1) Die Landesversammlung kann in einem Kardinalgesetz zur Erfüllung und Ausübung einzelner, in den Bereich der ausübenden Gewalt gehörender Aufgaben- und Zuständigkeitsbereiche selbstständige Regelungsorgane errichten.

(2) [1]Der Leiter des selbstständigen Regelungsorgans wird von dem Ministerpräsidenten oder – auf Vorschlag des Ministerpräsidenten – von dem Präsidenten der Republik für die in dem Kardinalgesetz bestimmte Zeitdauer ernannt. [2]Der Leiter des selbstständigen Regelungsorgans ernennt seinen Stellvertreter oder seine Stellvertreter.

(3) Der Leiter des selbstständigen Regelungsorgans legt der Landesversammlung jährlich über die Tätigkeit des selbstständigen Regelungsorgans Rechenschaft ab.

(4) [1]Der Leiter des selbstständigen Regelungsorgans erlässt aufgrund der Ermächtigung in einem Gesetz in seinem in dem Kardinalgesetz bestimmten Aufgabenbereich Verordnungen, die nicht im Widerspruch zu Gesetzen, Regierungsverordnungen, Verordnungen des Ministerpräsidenten, Ministerverordnungen und den Verordnungen des Präsidenten der Ungarischen Nationalbank stehen können. [2]Der Leiter des selbstständigen Regelungsorgans kann beim Erlass von Verordnungen durch den von ihm in einer Verordnung bezeichneten Stellvertreter vertreten werden.

Das Verfassungsgericht

Artikel 24 [Aufgaben und Befugnisse; Zusammensetzung]

(1) Das Verfassungsgericht ist das oberste Organ des Schutzes des Grundgesetzes.

(2) Das Verfassungsgericht

a) prüft die verabschiedeten, aber noch nicht verkündeten Gesetze unter dem Gesichtspunkt der Übereinstimmung mit dem Grundgesetz;
b) überprüft auf richterlichen Antrag vorrangig, aber spätestens innerhalb von neunzig Tagen die Übereinstimmung einer in der individuellen Sache anzuwendenden Rechtsvorschrift mit dem Grundgesetz;
c) überprüft auf der Grundlage einer Verfassungsbeschwerde die Übereinstimmung einer in der individuellen Sache angewendeten Rechtsvorschrift mit dem Grundgesetz;
d) überprüft auf der Grundlage einer Verfassungsbeschwerde die Übereinstimmung einer richterlichen Entscheidung mit dem Grundgesetz;
e) überprüft auf Antrag der Regierung, eines Viertels der Abgeordneten der Landesversammlung, des Präsidenten der Kurie, des Generalstaatsanwalts oder des Beauftragten für die grundlegenden Rechte die Übereinstimmung von Rechtsvorschriften mit dem Grundgesetz;
f) prüft, ob Rechtsvorschriften gegen einen völkerrechtlichen Vertrag verstoßen;
g) übt die in dem Grundgesetz beziehungsweise einem Kardinalgesetz bestimmten weiteren Aufgaben- und Zuständigkeitsbereiche aus.

(3) Das Verfassungsgericht

a) hebt in seinem Zuständigkeitsbereich in Abs. (2) Buchst. b), c) und e) die Rechtsvorschrift oder die Bestimmung in einer Rechtsvorschrift auf, die im Widerspruch zum Grundgesetz steht [1)];
b) hebt in seinem Zuständigkeitsbereich in Abs. (2) Buchst. d) die richterliche Entscheidung auf, die im Widerspruch zum Grundgesetz steht;
c) kann in seinem Zuständigkeitsbereich in Abs. (2) Buchst. f) die Rechtsvorschrift oder die Bestimmung in einer Rechtsvorschrift aufheben, die im Widerspruch zu einem völkerrechtlichen Vertrag steht;

beziehungsweise legt die Rechtsfolgen fest, die in einem Kardinalgesetz bestimmt sind.

(4) Das Verfassungsgericht kann die Bestimmungen einer Rechtsvorschrift, deren Überprüfung nicht beantragt wurde, nur in dem Fall überprüfen beziehungsweise aufheben, falls diese in engem inhaltlichen Zusammenhang mit den Bestimmungen der Rechtsvorschrift, deren Überprüfung beantragt wurde, stehen.

(5) [1]Das Verfassungsgericht kann das Grundgesetz und Änderungen des Grundgesetzes nur im Hinblick auf die grundgesetzlichen Verfahrensanforderungen in Bezug auf deren Erlass und Verkündung überprüfen. [2]Diese Prüfung kann

a) im Hinblick auf das angenommene, aber noch nicht verkündete Grundgesetz und Grundgesetzänderungen durch den Präsidenten der Republik,
b) innerhalb von dreißig Tagen ab der Verkündung durch die Regierung, ein Viertel der Abgeordneten der Landesversammlung, den Präsidenten der Kurie, den Generalstaatsanwalt oder den Beauftragten für die grundlegenden Rechte

beantragt werden.

(6) Das Verfassungsgericht beschließt über den Antrag gemäß Abs. (5) vorrangig, aber spätestens innerhalb von dreißig Tagen. Falls das Verfassungsgericht feststellt, dass das Grundgesetz oder die Änderung des Grundgesetzes nicht den Verfahrensanforderungen in Abs. (5) entsprochen hat, wird das Grundgesetz oder die Änderung des Grundgesetzes

a) im Fall des Abs. (5) Buchst. a) von der Landesversammlung erneut beraten,
b) im Fall des Abs. (5) Buchst. b) durch das Verfassungsgericht aufgehoben.

(7) [1]Das Verfassungsgericht hört gemäß den Bestimmungen in einem Kardinalgesetz das Erlassorgan einer Rechtsvorschrift, denjenigen, der das Gesetz initiiert hat, oder deren Vertreter an beziehungsweise zieht im Laufe des Verfahrens ihre Meinung bei, falls die Angelegenheit einen weiten Kreis von Personen berührt. [2]Dieser Abschnitt des Verfahrens ist öffentlich.

(8) [1]Das Verfassungsgericht ist ein Gremium aus fünfzehn Mitgliedern, dessen Mitglieder von der Landesversammlung mit den Stimmen von zwei Dritteln der Abgeordneten der Landesversammlung auf zwölf Jahre gewählt werden. [2]Die Landesversammlung wählt mit den Stimmen von zwei Dritteln der Abgeordneten der Landesversammlung aus den Reihen der Mitglieder des Verfassungsgerichts einen Präsidenten, das Mandat des Präsidenten endet mit Ablauf seiner Amtszeit als Verfassungsrichter. [3]Die Mitglieder des Verfassungsgerichts können nicht Mitglieder einer Partei sein und keine politische Tätigkeit entfalten.

(9) Die detaillierten Regeln der Befugnisse, der Organisation und der Arbeit des Verfassungsgerichts legt ein Kardinalgesetz fest.

Das Gericht

Artikel 25 [Gerichtsorganisation; Zuständigkeiten und Befugnisse]

(1) [1]Die Gerichte versehen rechtsprechende Tätigkeit. [2]Das oberste Gerichtsorgan ist die Kurie.

(2) Das Gericht entscheidet in Strafsachen, in privatrechtlichen Rechtsstreitigkeiten, über die Gesetzlichkeit von Verwaltungsbeschlüssen, über den Verstoß von Selbstverwaltungsverordnungen gegen eine andere Rechtsvorschrift und über deren Aufhebung, über die Feststellung, dass eine örtliche Selbstverwaltung ihre auf Gesetz beruhende Rechtsetzungsverpflichtung versäumt hat, und in den in einem Gesetz bestimmten übrigen Angelegenheiten.

(3) Neben den Bestimmungen in Abs. (2) gewährleistet die Kurie die Einheitlichkeit der Rechtsanwendung der Gerichte und erlässt für die Gerichte verbindliche Rechtseinheitlichkeitsbeschlüsse.

---

1) Zur faktischen Abschaffung der verfassungsgerichtlichen Normenkontrolle bei Finanzgesetzen s. Art. 37 Abs. 4.

(4) Die Gerichtsorganisation besteht aus mehreren Ebenen.

(5) [1]Die zentralen Aufgaben der Verwaltung der Gerichte versieht der Präsident des Landesgerichtsamtes. Der Landesrichterrat beaufsichtigt die zentrale Verwaltung der Gerichte. [2]Der Landesrichterrat und andere richterliche Selbstverwaltungsorgane arbeiten an der Verwaltung der Gerichte mit.

(6) [1]Der Präsident des Landesgerichtsamtes wird aus dem Kreise der Richter auf Vorschlag des Präsidenten der Republik durch die Landesversammlung auf neun Jahre gewählt. [2]Zur Wahl des Präsidenten des Landesgerichtsamtes sind die Stimmen von zwei Dritteln der Abgeordneten der Landesversammlung notwendig. [3]Ein Mitglied des Landesrichterrates ist der Präsident der Kurie, seine übrigen Mitglieder werden gemäß den Bestimmungen in einem Kardinalgesetz von den Richtern gewählt.

(7) Das Gesetz kann in einzelnen Rechtsstreitigkeiten auch das Verfahren anderer Organe ermöglichen.

(8) Die detaillierten Regeln der Organisation der Gerichte, ihrer Verwaltung und der Voraussetzungen ihrer zentralen Verwaltung und der Rechtsstellung der Richter sowie die Vergütung der Richter bestimmt ein Kardinalgesetz.

Artikel 26 [Unabhängigkeit der Richter; Ernennung; Amtsdauer]

(1) [1]Die Richter sind unabhängig und sind nur dem Gesetz unterworfen, sie können in ihrer Urteilstätigkeit nicht angewiesen werden. [2]Richter können nur aus den Gründen und im Rahmen eines Verfahrens wie in einem Kardinalgesetz bestimmt aus ihrem Amt entfernt werden. [3]Richter können nicht Mitglieder einer Partei sein und keine politische Tätigkeit entfalten.

(2) [1]Die Berufsrichter werden – gemäß den Bestimmungen in einem Kardinalgesetz – durch den Präsidenten der Republik ernannt. [2]Zum Richter kann ernannt werden, wer sein dreißigstes Lebensjahr vollendet hat. [3]Mit Ausnahme des Präsidenten der Kurie und des Präsidenten des Landesgerichtsamtes kann das Dienstverhältnis des Richters bis zum Erreichen des allgemeinen Altersrenteneintrittsalters bestehen.

(3) [1]Der Präsident der Kurie wird aus den Reihen der Richter auf Vorschlag des Präsidenten der Republik durch die Landesversammlung auf neun Jahre gewählt. [2]Zur Wahl des Präsidenten der Kurie sind die Stimmen von zwei Dritteln der Abgeordneten der Landesversammlung notwendig.

Artikel 27 [Spruchkörper; Übertragung an andere Gerichte]

(1) Das Gericht urteilt – falls ein Gesetz nichts Abweichendes bestimmt – in Kammern.

(2) Auch nicht hauptamtliche Richter nehmen in Angelegenheiten und auf eine Art und Weise wie durch ein Gesetz bestimmt an der Urteilstätigkeit teil.

(3) Als Einzelrichter und als Kammervorsitzender können nur Berufsrichter fungieren. In durch Gesetz bestimmten Angelegenheiten können im Zuständigkeitsbereich des Einzelrichters auch Gerichtssekretäre tätig sein, auf die im Zuge dieser Tätigkeit Art. 26 Abs. (1) anzuwenden ist.

(4) (aufgehoben)

Artikel 28 [Auslegung des einfachen Rechts]

[1]Die Gerichte legen im Zuge der Rechtsanwendung den Text der Rechtsvorschriften in erster Linie in Übereinstimmung mit deren Zweck und dem Grundgesetz aus. [2]Im Zuge der Feststellung des Zwecks einer Rechtsvorschrift sind in erster Linie die Präambel der Rechtsvorschrift beziehungsweise die Begründung der Vorlage, die auf den Erlass oder die Änderung der Rechtsvorschrift zielt, zu berücksichtigen. [3]Bei der Auslegung des Grundgesetzes und der Rechtsvorschriften ist vorauszusetzen, dass sie dem gesunden Menschenverstand und dem öffentlichen Wohl entsprechenden, moralischen und wirtschaftlichen Zwecken dienen.

Die Staatsanwaltschaft

Artikel 29 [Aufbau, Aufgaben und Befugnisse]

(1) [1]Der Generalstaatsanwalt und die Staatsanwaltschaft sind unabhängig, sie sind als Mitwirkende an der Rechtsprechung als öffentliche Ankläger das ausschließliche Organ zur Durchsetzung des Strafanspruchs des Staates. [2]Die Staatsanwaltschaft verfolgt Straftaten, schreitet gegen andere rechtsver-

letzende Handlungen und Unterlassungen ein sowie fördert die Vorbeugung rechtswidriger Handlungen.

(2) Der Generalstaatsanwalt und die Staatsanwaltschaft

a) üben gemäß den Bestimmungen in einem Gesetz Rechte im Zusammenhang mit der Ermittlung aus;
b) vertreten die öffentliche Anklage in gerichtlichen Verfahren;
c) üben die Aufsicht über die Gesetzlichkeit der Strafvollstreckung aus;
d) üben als Beschützer des öffentlichen Interesses die durch das Grundgesetz oder Gesetz bestimmten weiteren Aufgaben- und Zuständigkeitsbereiche aus.

(3) [1]Die staatsanwaltschaftliche Organisation wird durch den Generalstaatsanwalt geführt und geleitet, dieser ernennt die Staatsanwälte. [2]Mit Ausnahme des Generalstaatsanwalts kann das Dienstverhältnis des Staatsanwalts bis zum Erreichen des allgemeinen Altersrenteneintrittsalters bestehen.

(4) [1]Der Generalstaatsanwalt wird aus den Reihen der Staatsanwälte auf Vorschlag des Präsidenten der Republik durch die Landesversammlung auf neun Jahre gewählt. [2]Zur Wahl des Generalstaatsanwalts sind die Stimmen von zwei Dritteln der Abgeordneten der Landesversammlung notwendig.

(5) Der Generalstaatsanwalt legt jährlich der Landesversammlung Rechenschaft über seine Tätigkeit ab.

(6) Die Staatsanwälte können nicht Mitglieder einer Partei sein und keine politische Tätigkeit entfalten.

(7) Die detaillierten Regeln der Organisation der Staatsanwaltschaft und ihrer Tätigkeit und der Rechtsstellung des Generalstaatsanwalts und der Staatsanwälte sowie ihre Vergütung bestimmt ein Kardinalgesetz.

Der Beauftragte für die grundlegenden Rechte

Artikel 30 [Aufgaben; Ernennung und Amtsdauer]

(1) Der Beauftragte für die grundlegenden Rechte versieht eine grundrechtsschützende Tätigkeit, sein Verfahren kann jeder initiieren.

(2) Der Beauftragte für die grundlegenden Rechte prüft die ihm zur Kenntnis gelangten Missstände im Zusammenhang mit den grundlegenden Rechten oder lässt sie prüfen, er initiiert im Interesse ihrer Heilung allgemeine oder individuelle Maßnahmen.

(3) [1]Der Beauftragte für die grundlegenden Rechte und seine Stellvertreter werden von der Landesversammlung mit den Stimmen von zwei Dritteln der Abgeordneten der Landesversammlung auf sechs Jahre gewählt. [2]Die Stellvertreter versehen den Schutz der Interessen der kommenden Generationen sowie der Rechte der in Ungarn lebenden Nationalitäten. [3]Der Beauftragte für die grundlegenden Rechte und seine Stellvertreter können nicht Mitglieder einer Partei sein und keine politische Tätigkeit entfalten.

(4) Der Beauftragte für die grundlegenden Rechte legt jährlich der Landesversammlung Rechenschaft über seine Tätigkeit ab.

(5) Die detaillierten Regeln in Bezug auf den Beauftragten für die grundlegenden Rechte und seine Stellvertreter bestimmt ein Gesetz.

Die örtlichen Selbstverwaltungen

Artikel 31 [Örtliche Selbstverwaltung]

(1) In Ungarn sind im Interesse der Erledigung der örtlichen öffentlichen Angelegenheiten und der Ausübung der örtlichen öffentlichen Gewalt örtliche Selbstverwaltungen tätig.

(2) Über eine Angelegenheit, die in den Aufgaben- und Zuständigkeitsbereich der örtlichen Selbstverwaltung gehört, kann gemäß den Bestimmungen in einem Gesetz eine örtliche Volksabstimmung abgehalten werden.

(3) Die Regeln in Bezug auf die örtlichen Selbstverwaltungen bestimmt ein Kardinalgesetz.

Artikel 32 [Aufgaben und Befugnisse]

(1) Die örtliche Selbstverwaltung, im Bereich der Erledigung der örtlichen öffentlichen Angelegenheiten, im Rahmen des Gesetzes,

a) erlässt Verordnungen;
b) fasst Beschlüsse;
c) verwaltet selbstständig;
d) bestimmt ihre Organisations- und Betriebsordnung;
e) übt im Hinblick auf das Selbstverwaltungseigentum die dem Eigentümer zustehenden Rechte aus;
f) bestimmt ihren Haushalt und wirtschaftet auf dessen Grundlage selbstständig;
g) kann mit ihren zu diesem Zweck verwendbaren Vermögen und Einnahmen und ohne Gefährdung der Erfüllung ihrer Pflichtaufgaben unternehmerisch tätig sein;
h) entscheidet über die Arten und die Sätze der örtlichen Steuern;
i) kann Selbstverwaltungssymbole schaffen und örtliche Auszeichnungen und Ehrentitel begründen;
j) kann bei dem Organ, das über den Aufgaben- und Zuständigkeitsbereich verfügt, Auskünfte verlangen, Entscheidungen initiieren und Meinungen äußern;
k) kann sich frei mit anderen örtlichen Selbstverwaltungen zusammentun, kann Interessenvertretungsverbände gründen, kann in ihrem Aufgaben- und Zuständigkeitsbereich mit den örtlichen Selbstverwaltungen anderer Länder zusammenarbeiten und Mitglied in internationalen Selbstverwaltungsorganisationen sein;
l) übt die in einem Gesetz bestimmten weiteren Aufgaben- und Zuständigkeitsbereiche aus.

(2) In Ausübung ihres Aufgabenbereichs erlässt die örtliche Selbstverwaltung zur Ordnung der durch Gesetz nicht geregelten örtlichen gesellschaftlichen Verhältnisse beziehungsweise aufgrund einer Ermächtigung in einem Gesetz Selbstverwaltungsverordnungen.

(3) Die Selbstverwaltungsverordnung kann nicht im Widerspruch zu anderen Rechtsvorschriften stehen.

(4) [1]Die örtliche Selbstverwaltung übersendet die Selbstverwaltungsverordnung nach deren Verkündung unverzüglich dem hauptstädtischen und Komitatsregierungsamt. [2]Falls das hauptstädtische und Komitatsregierungsamt der Ansicht ist, dass die Selbstverwaltungsverordnung oder irgendeine ihrer Bestimmungen eine Rechtsvorschrift verletzt, kann es bei Gericht die Überprüfung der Selbstverwaltungsverordnung beantragen.

(5) [1]Das hauptstädtische und Komitatsregierungsamt kann bei Gericht beantragen, dass es das Versäumnis einer auf Gesetz beruhenden Pflicht zum Erlass einer Verordnung oder zum Erlass eines Beschlusses der örtlichen Selbstverwaltung feststellt. [2]Falls die örtliche Selbstverwaltung ihrer Pflicht zum Erlass einer Verordnung oder zum Erlass eines Beschlusses bis zu dem durch das Gericht in der Entscheidung, die das Versäumnis feststellt, bestimmten Zeitpunkt nicht genügt, ordnet das Gericht auf Antrag des hauptstädtischen und Komitatsregierungsamtes an, dass die zur Heilung der Versäumnis notwendigen Selbstverwaltungsverordnungen oder Selbstverwaltungsbeschlüsse im Namen der örtlichen Selbstverwaltung durch den Leiter des hauptstädtischen und Komitatsregierungsamtes erlassen werden.

(6) Das Eigentum der örtlichen Selbstverwaltungen ist öffentliches Eigentum, das der Erfüllung ihrer Aufgaben dient.

Artikel 33 [Innere Organisation]

(1) Den Aufgaben- und Zuständigkeitsbereich der örtlichen Selbstverwaltung übt die Abgeordnetenkörperschaft aus.

(2) [1]Die örtliche Abgeordnetenkörperschaft wird durch den Bürgermeister geleitet. [2]Der Vorsitzende der Abgeordnetenkörperschaft des Komitats wird von der Abgeordnetenkörperschaft des Komitats aus ihren eigenen Reihen für die Dauer ihres Mandats gewählt.

(3) Die Abgeordnetenkörperschaft kann gemäß den Bestimmungen in einem Kardinalgesetz Ausschüsse wählen und ein Amt errichten.

Artikel 34 [Zuständigkeitsverteilung]

(1) [1]Die örtliche Selbstverwaltung und die staatlichen Organe arbeiten zusammen, um gemeinschaftliche Zwecke zu verwirklichen. Ein Gesetz kann für die örtliche Selbstverwaltung verbindliche Aufgaben- und Zuständigkeitsbereiche festlegen. [2]Die örtliche Selbstverwaltung hat zur Erfüllung ihrer verbindlichen Aufgaben- und Zuständigkeitsbereiche das Recht auf damit im Verhältnis stehende Haushalts- beziehungsweise andere vermögenswerte Unterstützungen.

(2) Ein Gesetz kann anordnen, dass örtliche Selbstverwaltungen Pflichtaufgaben im Zusammenschluss versehen.

(3) Ein Gesetz oder eine auf gesetzlicher Ermächtigung beruhende Regierungsverordnung können für den Bürgermeister, den Vorsitzenden der Abgeordnetenkörperschaft des Komitats sowie für den Leiter oder Sachbearbeiter des Amtes der Abgeordnetenkörperschaft ausnahmsweise auch Aufgaben- und Zuständigkeitsbereiche der Staatsverwaltung festlegen.

(4) Die Regierung gewährleistet im Wege des hauptstädtischen und der Komitatsregierungsämter die Gesetzlichkeitsaufsicht über die örtlichen Selbstverwaltungen.

(5) Ein Gesetz kann zur Wahrung des Haushaltsgleichgewichts Kreditaufnahmen der örtlichen Selbstverwaltung von einem im Gesetz bestimmten Ausmaß oder andere Verpflichtungsübernahmen an Bedingungen beziehungsweise an die Zustimmung der Regierung knüpfen.

Artikel 35 [Örtliche Demokratie]

(1) Die örtlichen Selbstverwaltungsabgeordneten und Bürgermeister werden von den Wahlbürgern auf der Grundlage des allgemeinen und gleichen Wahlrechts, mit einer unmittelbaren und geheimen Abstimmung, in einer Wahl, die den freien Ausdruck des Wählerwillens gewährleistet, auf die in einem Kardinalgesetz bestimmte Art gewählt.

(2) Die allgemeine Wahl der örtlichen Selbstverwaltungsabgeordneten und der Bürgermeister ist im Oktober des fünften Jahres, das auf die vorhergehende allgemeine Wahl der örtlichen Selbstverwaltungsabgeordneten und Bürgermeister folgt, abzuhalten.

(3) [1]Das Mandat der Abgeordnetenkörperschaft dauert bis zum Tag der allgemeinen Wahl der örtlichen Selbstverwaltungsabgeordneten und Bürgermeister. [2]Falls eine Wahl in Ermangelung von Kandidaten unterbleibt, verlängert sich das Mandat der Abgeordnetenkörperschaft bis zu dem Tag der Nachwahlen. [3]Das Mandat des Bürgermeisters dauert bis zur Wahl des neuen Bürgermeisters.

(4) Die Abgeordnetenkörperschaft kann – gemäß den Bestimmungen in einem Kardinalgesetz – ihre Selbstauflösung aussprechen.

(5) Die Landesversammlung kann auf – nach Einholung der Stellungnahme des Verfassungsgerichts unterbreiteten – Antrag der Regierung eine Abgeordnetenkörperschaft auflösen, die grundgesetzwidrig tätig ist.

(6) Die Selbstauflösung und Auflösung beendet auch das Mandat des Bürgermeisters.

Öffentliche Finanzen

Artikel 36 [Haushalt; Schuldenbremse]

(1) [1]Die Landesversammlung erlässt in Bezug auf jedes Jahr ein Gesetz über den zentralen Haushalt und über die Durchführung des zentralen Haushalts. [2]Die Entwürfe der Gesetze über den zentralen Haushalt und über die Durchführung des zentralen Haushalts unterbreitet die Regierung innerhalb der in einem Gesetz vorgeschriebenen Frist der Landesversammlung.

(2) Die Entwürfe der Gesetze über den zentralen Haushalt und über dessen Durchführung müssen die staatlichen Ausgaben und Einnahmen in identischer Gliederung, auf transparente Weise und mit vernünftiger Detailliertheit enthalten.

(3) Mit der Verabschiedung des Gesetzes über den zentralen Haushalt ermächtigt die Landesversammlung die Regierung, die darin vorgesehenen Einnahmen einzutreiben und Ausgaben zu leisten.

(4) Die Landesversammlung kann kein Gesetz über den zentralen Haushalt verabschieden, als dessen Folge die Staatsverschuldung die Hälfte des Bruttoinlandsprodukts[1)] übersteigen würde.

(5) Solange die Staatsverschuldung die Hälfte des Bruttoinlandsprodukts übersteigt, kann die Landesversammlung nur ein solches Gesetz über den zentralen Haushalt verabschieden, das die Verringerung der Staatsverschuldung im Verhältnis zum Bruttoinlandsprodukt enthält.

(6) Von den Bestimmungen in Abs. (4) und (5) kann nur in der Zeit einer Sonderrechtsordnung in dem zu der Milderung der Folgen, die von den Umständen hervorgerufen wurden, welche die Sonderrechtsordnung ausgelöst haben, notwendigen Maße, oder im Fall eines dauerhaften und bedeuten-

1) Im Original: *teljes hazai össztermék* (wörtl.: vollständiges Inlandsgesamtprodukt). Diese Begriffsschöpfung ist volkswirtschaftlich wie philologisch falsch; gemeint ist wohl das Bruttoinlandsprodukt, das im Ungarischen korrekt mit *bruttó hazai termék* bezeichnet wird. Hier und an den weiteren Stellen wird die berichtigende Übersetzung „Bruttoinlandsprodukt“ gewählt.

den Rückgangs der Volkswirtschaft in dem zur Wiederherstellung des volkswirtschaftlichen Gleichgewichts notwendigen Maße abgewichen werden.

(7) Falls die Landesversammlung das Gesetz über den zentralen Haushalt nicht bis zum Beginn des Kalenderjahres erlassen hat, ist die Regierung berechtigt, die Einnahmen gemäß den Rechtsvorschriften einzutreiben und im Rahmen der Ausgabenvoranschläge, die in dem Gesetz über den zentralen Haushalt für das vorangegangene Kalenderjahr bestimmt sind, Ausgaben zeitanteilsmäßig zu tätigen.

Artikel 37 [Transparenz; Staatsverschuldung; Sondersteuer]

(1) Die Regierung ist verpflichtet, den zentralen Haushalt gesetzmäßig und zweckmäßig, unter effizienter Verwaltung der öffentlichen Finanzen und unter Gewährleistung der Transparenz durchzuführen.

(2) Im Zuge der Durchführung des zentralen Haushalts können – mit den in Art. 36 Abs. (6) bestimmten Ausnahmen – keine Darlehen aufgenommen und keine finanziellen Verpflichtungen eingegangen werden, die bewirken würden, dass die Staatsverschuldung die Hälfte des Bruttoinlandsprodukts überschreitet.

(3) Solange die Staatsverschuldung die Hälfte des Bruttoinlandsprodukts überschreitet, können – mit den in Art. 36 Abs. (6) bestimmten Ausnahmen – im Zuge der Durchführung des zentralen Haushalts keine Darlehen aufgenommen und keine finanziellen Verpflichtungen eingegangen werden, in deren Folge das Verhältnis der Staatsverschuldung zum Bruttoinlandsprodukt gegenüber dem, was in dem vorangehenden Jahr bestanden hat, zunehmen würde.

(4) [1]Solange die Staatsverschuldung die Hälfte des Bruttoinlandsprodukts überschreitet, kann das Verfassungsgericht in seinen Zuständigkeiten in Art. 24 Abs. (2) Buchst. b)-e) die Übereinstimmung von Gesetzen über den zentralen Haushalt, über die Durchführung des zentralen Haushalts, über die zentralen Steuerarten, über Gebühren und Beiträge, über Zölle sowie über die zentralen Bedingungen der örtlichen Steuern mit dem Grundgesetz ausschließlich im Zusammenhang mit dem Recht auf Leben und auf Menschenwürde, mit dem Recht auf Schutz der persönlichen Daten, mit dem Recht auf Freiheit der Gedanken, des Gewissens und der Religion oder mit den Rechten, die an die ungarische Staatsbürgerschaft anknüpfen, überprüfen und wegen deren Verletzung aufheben. [2]Das Verfassungsgericht ist berechtigt, auch die in diesen Gegenstandsbereich gehörenden Gesetze ohne Beschränkung aufzuheben, falls die Verfahrensvoraussetzungen im Grundgesetz in Bezug auf den Erlass und die Verkündung des Gesetzes nicht erfüllt sind.

(5) Im Falle von gesetzlichen Bestimmungen, die innerhalb des Zeitraums in Kraft getreten sind, in dem die Staatsverschuldung die Hälfte des Bruttoinlandsproduktes überschritten hat, ist Abs. (4) im Hinblick auf diesen Zeitraum auch dann anzuwenden, falls die Staatsverschuldung die Hälfte des Bruttoinlandsproduktes nicht mehr überschreitet.

(6) Die Berechnungsart der Staatsverschuldung und des Bruttoinlandsprodukts sowie die Regeln in Bezug auf die Durchführung der Bestimmungen in Art. 36 und in Abs. (1) bis (3) bestimmt ein Gesetz.

(7) (aufgehoben)

Artikel 38 [Staatseigentum]

(1) [1]Das Eigentum des Staates und der örtlichen Selbstverwaltungen ist nationales Vermögen. Zweck der Verwaltung und des Schutzes des nationalen Vermögens ist der Dienst am öffentlichen Interesse, die Erfüllung der gemeinschaftlichen Bedürfnisse und die Bewahrung der natürlichen Ressourcen sowie die Berücksichtigung der Bedürfnisse der kommenden Generationen. [2]Die Anforderungen an die Bewahrung und den Schutz des nationalen Vermögens und an die verantwortliche Bewirtschaftung des nationalen Vermögens bestimmt ein Kardinalgesetz.

(2) Den Kreis des ausschließlichen Eigentums des Staates und seiner ausschließlichen wirtschaftlichen Tätigkeit sowie die Beschränkungen und Voraussetzungen der Veräußerung nationalen Vermögens von aus volkswirtschaftlicher Sicht gesteigerter Bedeutung bestimmt unter Berücksichtigung der Zwecke gemäß Abs. (1) ein Kardinalgesetz.

(3) Nationales Vermögen kann nur zu dem in einem Gesetz bestimmten Zweck übertragen werden, unter der Berücksichtigung des Erfordernisses der Wertverhältnismäßigkeit mit den im Gesetz bestimmten Ausnahmen.

(4) Ein Vertrag in Bezug auf die Übertragung oder Nutzung von nationalem Vermögen kann nur mit einer Organisation geschlossen werden, deren Eigentümerstruktur, Aufbau sowie Tätigkeit in Be-

zug auf die Verwaltung des übertragenen oder zur Nutzung überlassenen nationalen Vermögens transparent sind.

(5) Die Wirtschaftsorganisationen im Eigentum des Staates und der örtlichen Selbstverwaltungen wirtschaften auf die in einem Gesetz bestimmte Weise, selbstständig und verantwortlich gemäß den Erfordernissen der Gesetzmäßigkeit, Zweckmäßigkeit und Effizienz.

Artikel 39 [Empfänger staatlicher Unterstützungen]

(1) Aus dem zentralen Haushalt können Unterstützungen oder auf einem Vertrag beruhende Auszahlungen nur solchen Organisationen gewährt oder geleistet werden, deren Eigentümerstruktur, Aufbau sowie Tätigkeit, die auf die Verwendung der Unterstützung gerichtet ist, transparent sind.

(2) [1]Jede Organisation, die mit öffentlichen Finanzen wirtschaftet, ist verpflichtet, öffentlich über ihre Wirtschaftsführung in Bezug auf die öffentlichen Finanzen Rechenschaft abzulegen. [2]Öffentliche Finanzen und das nationale Vermögen sind gemäß den Grundsätzen der Transparenz und der Sauberkeit des öffentlichen Lebens zu verwalten. [3]Die Daten in Bezug auf öffentliche Finanzen und auf das nationale Vermögen sind Daten von öffentlichem Interesse.

Artikel 40 [Alterssicherung]

Die grundlegenden Regeln der Tragung öffentlicher Lasten und des Altersrentensystems bestimmt im Interesse berechenbarer Beiträge zu der Befriedigung der gemeinschaftlichen Bedürfnisse und der Existenzsicherheit im Alter ein Kardinalgesetz.

Artikel 41 [Nationalbank]

(1) [1]Die Ungarische Nationalbank ist Ungarns Zentralbank. [2]Die Ungarische Nationalbank ist auf die in einem Kardinalgesetz bestimmte Weise für die Geldpolitik verantwortlich.

(2) Die Ungarische Nationalbank nimmt die Aufsicht über das Finanzvermittlungssystem wahr.

(3) Der Präsident der Ungarischen Nationalbank und ihre Vizepräsidenten werden durch den Präsidenten der Republik auf sechs Jahre ernannt.

(4) Der Präsident der Ungarischen Nationalbank legt jährlich der Landesversammlung Rechenschaft über die Tätigkeit der Ungarischen Nationalbank ab.

(5) [1]Der Präsident der Ungarischen Nationalbank erlässt auf der Grundlage einer Ermächtigung in einem Gesetz in seinem in einem Kardinalgesetz bestimmten Aufgabenbereich Verordnungen, die nicht im Widerspruch zu Gesetzen stehen können. [2]Der Präsident der Ungarischen Nationalbank kann bei dem Erlass von Verordnungen durch den Vizepräsidenten vertreten werden, welchen er in einer Verordnung bezeichnet hat.

(6) Die detaillierten Regeln der Organisation und der Tätigkeit der Ungarischen Nationalbank bestimmt ein Kardinalgesetz.

Artikel 42 [Finanzaufsicht]

(aufgehoben)

Artikel 43 [Rechnungshof]

(1) [1]Der Staatliche Rechnungshof ist das Organ der Landesversammlung für die Finanz- und Wirtschaftlichkeitskontrolle. [2]In seinem in einem Gesetz bestimmten Aufgabenbereich kontrolliert der Staatliche Rechnungshof die Durchführung des zentralen Haushalts, die Bewirtschaftung des Staatshaushalts, die Verwendung der Mittel aus dem Staatshaushalt und die Verwaltung des nationalen Vermögens. [3]Der Staatliche Rechnungshof führt seine Kontrollen unter den Gesichtspunkten der Gesetzmäßigkeit, der Zweckmäßigkeit und der Effizienz durch.

(2) Der Präsident des Staatlichen Rechnungshofs wird von der Landesversammlung mit den Stimmen von zwei Dritteln der Abgeordneten der Landesversammlung auf zwölf Jahre gewählt.

(3) Der Präsident des Staatlichen Rechnungshofs legt der Landesversammlung jährlich Rechenschaft über die Tätigkeit des Staatlichen Rechnungshofes ab.

(4) Die detaillierten Regeln der Organisation und der Tätigkeit des Staatlichen Rechnungshofes bestimmt ein Kardinalgesetz.

Artikel 44 [Haushaltsrat]

(1) Der Haushaltsrat ist ein die gesetzgebende Tätigkeit der Landesversammlung unterstützendes Organ, welches die Fundiertheit des zentralen Haushalts prüft.

(2) Der Haushaltsrat wirkt auf die in einem Gesetz bestimmte Art und Weise an der Vorbereitung des Gesetzes über den zentralen Haushalt mit.

(3) Zur Annahme des Gesetzes über den zentralen Haushalt ist im Interesse der Einhaltung der Bestimmungen in Art. 36 Abs. (4) und (5) die vorherige Zustimmung des Haushaltsrates notwendig.

(4) Die Mitglieder des Haushaltsrates sind der Präsident des Haushaltsrates, der Präsident der Ungarischen Nationalbank und der Präsident des Staatlichen Rechnungshofes. Den Präsidenten des Haushaltsrates ernennt der Präsident der Republik auf sechs Jahre.

(5) Die detaillierten Regeln der Tätigkeit des Haushaltsrats bestimmt ein Kardinalgesetz.

Die Ungarischen Streitkräfte

Artikel 45 [Grundlegende Aufgaben; Leitung]

(1) Ungarns Streitmacht sind die Ungarischen Streitkräfte. Die grundlegenden Aufgaben der Ungarischen Streitkräfte sind der militärische Schutz von Ungarns Unabhängigkeit, territorialer Unversehrtheit und Grenzen, die Erfüllung gemeinschaftlicher Verteidigungs- und Friedenserhaltungsaufgaben aus völkerrechtlichen Verträgen sowie die Durchführung humanitärer Tätigkeit in Übereinstimmung mit den Regeln des Völkerrechts.

(2) Zur Leitung der Ungarischen Streitkräfte sind – falls ein völkerrechtlicher Vertrag nichts anderes bestimmt – in dem im Grundgesetz und in einem Kardinalgesetz bestimmten Rahmen die Landesversammlung, der Präsident der Republik, der Verteidigungsrat, die Regierung sowie der über den Aufgaben- und Zuständigkeitsbereich verfügende Minister berechtigt. Die Tätigkeit der Ungarischen Streitkräfte wird von der Regierung geleitet.

(3) Die Ungarischen Streitkräfte wirken an der Vorbeugung von Katastrophen und an der Abwehr und Beseitigung von deren Folgen mit.

(4) Die hauptamtlichen Mitglieder der Ungarischen Streitkräfte können nicht Mitglieder einer Partei sein und keine politische Tätigkeit entfalten.

(5) Die detaillierten Regeln in Bezug auf die Organisation, die Aufgaben, die Leitung und Führung und die Tätigkeit der Ungarischen Streitkräfte bestimmt ein Kardinalgesetz.

Die Polizei und die nationalen Sicherheitsdienste

Artikel 46 [Grundlegende Aufgaben]

(1) [1]Die grundlegenden Aufgaben der Polizei sind die Verhinderung und Aufdeckung von Straftaten und der Schutz der öffentlichen Sicherheit, der öffentlichen Ordnung und der Ordnung der Staatsgrenze. [2]Die Polizei wirkt an der Verhinderung rechtswidriger Einwanderung mit.

(2) Die Tätigkeit der Polizei wird durch die Regierung geleitet.

(3) Die grundlegenden Aufgaben der nationalen Sicherheitsdienste sind der Schutz von Ungarns Unabhängigkeit und gesetzlicher Ordnung und die Durchsetzung seiner nationalen Sicherheitsinteressen.

(4) Die Tätigkeit der nationalen Sicherheitsdienste wird durch die Regierung geleitet.

(5) Die hauptamtlichen Mitglieder der Polizei und der nationalen Sicherheitsdienste können nicht Mitglieder einer Partei sein und keine politische Tätigkeit entfalten.

(6) Die detaillierten Regeln in Bezug auf die Organisation und die Tätigkeit der Polizei und der nationalen Sicherheitsdienste, die Regeln der Anwendung geheimdienstlicher Mittel und Methoden sowie die Regeln im Zusammenhang mit der Tätigkeit der nationalen Sicherheit bestimmt ein Kardinalgesetz.

Entscheidung über die Teilnahme an militärischen Operationen

Artikel 47 [Zuständigkeitsverteilung]

(1) Die Regierung entscheidet über Truppenbewegungen, die mit einem Grenzübertritt der Ungarischen Streitkräfte und ausländischer bewaffneter Kräfte einhergehen.

(2) Die Landesversammlung entscheidet – mit Ausnahme der in Abs. (3) bestimmten Fälle – mit den Stimmen von zwei Dritteln der anwesenden Abgeordneten der Landesversammlung über den Einsatz der Ungarischen Streitkräfte im Ausland oder in Ungarn, über ihre Stationierung im Ausland sowie über den Einsatz ausländischer bewaffneter Kräfte in Ungarn oder ausgehend vom Gebiet Ungarns und über deren Stationierung in Ungarn.

(3) Die Regierung entscheidet über den Einsatz der Ungarischen Streitkräfte und ausländischer bewaffneter Kräfte gemäß Abs. (2) sowie über andere Truppenbewegungen, die auf einer Entscheidung der Europäischen Union oder der Nordatlantikpakt-Organisation beruhen.

(4) Die Regierung berichtet – unter gleichzeitiger Unterrichtung des Präsidenten der Republik – der Landesversammlung unverzüglich über die Entscheidungen, die sie auf der Grundlage von Abs. (3) sowie in der Frage der Genehmigung der Teilnahme der Ungarischen Streitkräfte an einer Friedenserhaltung oder ihrer humanitären Tätigkeit in ausländischem Kriegsgebiet getroffen hat.

Sonderrechtsordnung

Gemeinsame Regeln in Bezug auf den Ausnahmezustand und den Notstand

Artikel 48 [Grundlegende Regelungen, Zwei-Drittel-Gesetz]

(1) Die Landesversammlung

a) ruft im Fall der Erklärung des Kriegszustands oder der unmittelbaren Gefahr eines bewaffneten Angriffs einer fremden Macht (Kriegsgefahr) den Ausnahmezustand aus und richtet den Verteidigungsrat ein;

b) ruft im Fall bewaffneter Handlungen, die auf den Umsturz der gesetzlichen Ordnung oder auf den ausschließlichen Erwerb der Macht gerichtet sind, weiterhin von schweren gewalttätigen Handlungen, die die Lebens- und Vermögenssicherheit in massenhaftem Ausmaß bedrohen und mit Waffen oder unter Bewaffnung begangen werden, den Notstand aus.

(2) Zur Erklärung des Kriegszustands, zum Friedensschluss sowie zur Ausrufung der Sonderrechtsordnung gemäß Abs. (1) sind die Stimmen von zwei Dritteln der Abgeordneten der Landesversammlung notwendig.

(3) Der Präsident der Republik ist berechtigt, den Kriegszustand zu erklären, den Ausnahmezustand auszurufen und den Verteidigungsrat einzurichten sowie den Notstand auszurufen, falls die Landesversammlung verhindert ist, diese Entscheidungen zu treffen.

(4) Die Landesversammlung ist dann verhindert, diese Entscheidungen zu treffen, falls sie nicht tagt und ihre Einberufung wegen der Kürze der Zeit, weiterhin wegen der Ereignisse, die den Kriegszustand, den Ausnahmezustand oder den Notstand hervorrufen, auf unüberwindliche Hindernisse stößt.

(5) Die Tatsache der Verhinderung, weiterhin die Begründetheit der Erklärung des Kriegszustands und der Ausrufung des Ausnahmezustands oder des Notstands stellen der Präsident der Landesversammlung, der Präsident des Verfassungsgerichts und der Ministerpräsident übereinstimmend fest.

(6) [1]Die Landesversammlung überprüft in ihrer ersten Sitzung nach dem Ende der Verhinderung die Begründetheit der Erklärung des Kriegszustands und der Ausrufung des Ausnahmezustands oder des Notstands und entscheidet über die Rechtmäßigkeit der angewandten Maßnahmen. [2]Zu dieser Entscheidung sind die Stimmen von zwei Dritteln der Abgeordneten der Landesversammlung notwendig.

(7) [1]In Zeiten des Ausnahmezustands oder Notstands kann die Landesversammlung nicht ihre Selbstauflösung aussprechen und kann nicht aufgelöst werden. [2]Die allgemeinen Wahlen der Abgeordneten der Landesversammlung können nicht während der Zeit des Ausnahmezustands und des Notstands ausgeschrieben und auch nicht abgehalten werden, in einem solchen Fall ist die neue Landesversammlung innerhalb von neunzig Tagen ab dem Ende des Ausnahmezustands oder des Notstands zu wählen. Falls die allgemeinen Wahlen der Abgeordneten der Landesversammlung bereits abgehalten worden sind, sich die neue Landesversammlung aber noch nicht konstituiert hat, beruft der Präsident der Republik die konstituierende Sitzung auf einen Zeitpunkt innerhalb von dreißig Tagen ab dem Ende des Ausnahmezustands oder des Notstands ein.

(8) Die Landesversammlung, die sich selbst aufgelöst hat oder aufgelöst wurde, kann in der Zeit des Ausnahmezustands durch den Verteidigungsrat und in der Zeit des Notstands auch durch den Präsidenten der Republik einberufen werden.

Ausnahmezustand

Artikel 49 [Verteidigungsrat]

(1) Der Präsident des Verteidigungsrates ist der Präsident der Republik, seine Mitglieder sind der Präsident der Landesversammlung, die Führer der Abgeordnetengruppen in der Landesversammlung, der Ministerpräsident, die Minister und – mit beratender Stimme – der Generalstabschef der Ungarischen Streitkräfte.

(2) Der Verteidigungsrat übt

a) die ihm durch die Landesversammlung übertragenen Rechte;
b) die Rechte des Präsidenten der Republik;
c) die Rechte der Regierung

aus.

(3) Der Verteidigungsrat entscheidet

a) über den Einsatz der Ungarischen Streitkräfte im Ausland oder in Ungarn, über ihre Teilnahme an einer Friedenserhaltung, über ihre humanitäre Tätigkeit in einem ausländischen Kriegsgebiet sowie über ihre Stationierung im Ausland;
b) über den Einsatz ausländischer bewaffneter Kräfte in Ungarn oder ausgehend vom Gebiet Ungarns sowie über deren Stationierung in Ungarn;
c) über die Einführung der in einem Kardinalgesetz bestimmten außerordentlichen Maßnahmen.

(4) Der Verteidigungsrat kann Verordnungen erlassen, mit denen er – gemäß den Bestimmungen in einem Kardinalgesetz – die Anwendung einzelner Gesetze aussetzen kann, von gesetzlichen Bestimmungen abweichen kann sowie sonstige außerordentliche Maßnahmen erlassen kann.

(5) Die Verordnungen des Verteidigungsrats treten mit dem Ende des Ausnahmezustands außer Kraft, außer wenn die Landesversammlung die Geltung der Verordnung verlängert.

Notstand

Artikel 50 [Einsatz des Militärs; Notverordnungen des Präsidenten]

(1) Die Ungarischen Streitkräfte können in der Zeit eines Notstands dann verwendet werden, falls der Einsatz der Polizei und der nationalen Sicherheitsdienste nicht ausreicht.

(2) In der Zeit des Notstands entscheidet in dem Fall, dass die Landesversammlung verhindert ist, der Präsident der Republik über die Verwendung der Ungarischen Streitkräfte gemäß Abs. (1).

(3) [1]In der Zeit eines Notstands führt der Präsident der Republik die in einem Kardinalgesetz bestimmten außerordentlichen Maßnahmen auf dem Verordnungsweg ein. [2]Der Präsident der Republik kann durch seine Verordnung – gemäß den Bestimmungen in einem Kardinalgesetz – die Anwendung einzelner Gesetze aussetzen, von gesetzlichen Bestimmungen abweichen sowie außerordentliche Maßnahmen treffen.

(4) [1]Der Präsident der Republik unterrichtet über die eingeführten außerordentlichen Maßnahmen unverzüglich den Präsidenten der Landesversammlung. [2]In der Zeit des Notstands tagt die Landesversammlung – im Fall ihrer Verhinderung der Ausschuss der Landesversammlung, der sich mit Verteidigungsangelegenheiten befasst – ununterbrochen. [3]Die Landesversammlung – im Fall ihrer Verhinderung der Ausschuss der Landesversammlung, der sich mit Verteidigungsangelegenheiten befasst – kann die Anwendung der außerordentlichen Maßnahmen, die der Präsident der Republik eingeführt hat, aussetzen.

(5) Die auf dem Verordnungswege eingeführten außerordentlichen Maßnahmen bleiben dreißig Tage lang in Geltung, außer falls ihre Geltung durch die Landesversammlung – im Fall ihrer Verhinderung durch den Ausschuss der Landesversammlung, der sich mit Verteidigungsangelegenheiten befasst – verlängert wird.

(6) Die Verordnung des Präsidenten der Republik tritt mit dem Ende des Notstands außer Kraft.

Spannungsfall

Artikel 51 [Voraussetzungen; Verordnungsrecht der Regierung]

(1) [1]Im Fall der Gefahr eines äußeren bewaffneten Angriffs oder im Interesse der Erfüllung einer Bündnispflicht ruft die Landesversammlung für bestimmte Zeit den Spannungsfall aus, gleichzeitig

damit ermächtigt sie die Regierung, die in einem Kardinalgesetz bestimmten außerordentlichen Maßnahmen einzuführen. [2]Die Dauer des Spannungsfalls kann verlängert werden.

(2) Zur Ausrufung der Sonderrechtsordnung gemäß Abs. (1) und zu ihrer Verlängerung sind die Stimmen von zwei Dritteln der anwesenden Abgeordneten der Landesversammlung notwendig.

(3) [1]Die Regierung kann nach der Beantragung, den Spannungsfall auszurufen, in Verordnungen Maßnahmen einführen, die von den Gesetzen abweichen, welche die Arbeit der öffentlichen Verwaltung, der Ungarischen Streitkräfte und der Organe, die die öffentliche Ordnung schützen, betreffen, hierüber unterrichtet sie laufend den Präsidenten der Republik und die ständigen Ausschüsse der Landesversammlung, die für den Gegenstand über den Aufgaben- und Zuständigkeitsbereich verfügen. [2]Die Geltung der so eingeführten Maßnahmen dauert bis zur Entscheidung der Landesversammlung in Bezug auf die Ausrufung des Spannungsfalls, aber höchstens sechzig Tage.

(4) Die Regierung kann in der Zeit des Spannungsfalls Verordnungen erlassen, mit denen sie – gemäß den Bestimmungen in einem Kardinalgesetz – die Anwendung einzelner Gesetze aussetzen, von gesetzlichen Bestimmungen abweichen sowie sonstige außerordentliche Maßnahmen ergreifen kann.

(5) Die Verordnungen der Regierung treten mit dem Ende des Spannungsfalls außer Kraft.

Terrorgefahrenlage

Artikel 51/A [Voraussetzungen; Verordnungsrecht der Regierung]

(1) [1]Im Fall der bedeutenden und unmittelbaren Gefahr eines Terrorangriffs oder im Fall eines Terrorangriffs ruft die Landesversammlung auf Antrag der Regierung die Terrorgefahrenlage aus, gleichzeitig ermächtigt sie die Regierung, die in einem Kardinalgesetz bestimmten außerordentlichen Maßnahmen einzuführen. [2]Die Dauer der Terrorgefahrenlage kann verlängert werden.

(2) Zur Ausrufung und Verlängerung der Sonderrechtsordnung gemäß Abs. 1 sind die Stimmen von zwei Dritteln der anwesenden Abgeordneten der Landesversammlung notwendig.

(3) [1]Nach der Beantragung der Ausrufung der Terrorgefahrenlage kann die Regierung in einer Verordnung Maßnahmen einführen, die von den Gesetzen, die die Organisation, den Betrieb und die Tätigkeit der öffentlichen Verwaltung, der Ungarischen Streitkräfte, der Ordnungsbehörden und der nationalen Sicherheitsdienste berühren, abweichen sowie in einem Kardinalgesetz bestimmt sind, worüber sie den Präsidenten der Republik und die ständigen Ausschüsse der Landesversammlung, die gemäß dem Gegenstand über einen Aufgaben- und Zuständigkeitsbereich verfügen, kontinuierlich unterrichtet. [2]Die Geltung der so eingeführten Maßnahmen dauert bis zu der Entscheidung der Landesversammlung in Bezug auf die Ausrufung der Terrorgefahrenlage, höchstens jedoch 15 Tage.

(4) Die Regierung kann in der Zeit der Terrorgefahrenlage Verordnungen erlassen, mit denen sie – gemäß den Bestimmungen in einem Kardinalgesetz – die Anwendung einzelner Gesetze aussetzen, von gesetzlichen Bestimmungen abweichen sowie sonstige außerordentliche Maßnahmen treffen kann.

(5) Während der Zeit der Geltung der Maßnahmen gemäß Abs. 3 und der Terrorgefahrenlage können die Ungarischen Streitkräfte dann eingesetzt werden, falls die Verwendung der Polizei und der nationalen Sicherheitsdienste nicht ausreicht.

(6) Mit dem Ende der Terrorgefahrenlage treten die Verordnungen der Regierung außer Kraft.

Unerwarteter Angriff

Artikel 52 [Sofortmaßnahmen]

(1) Falls unerwartet auswärtige bewaffnete Gruppen in das Gebiet Ungarns einbrechen, ist die Regierung verpflichtet, bis zu der Entscheidung in Bezug auf die Abwehr des Angriffs, auf den Schutz des Gebiets Ungarns mit heimischen und verbündeten Luftschutz- und Flugbereitschaftskräften und auf die Ausrufung des Notstands oder des Ausnahmezustands – notfalls gemäß einem durch den Präsidenten der Republik genehmigten bewaffneten Schutzplan – im Interesse des Schutzes der gesetzlichen Ordnung, der Lebens- und Vermögenssicherheit, der öffentlichen Ordnung und der öffentlichen Sicherheit sofort mit Kräften, die zu dem Angriff in Verhältnis stehen und darauf vorbereitet sind, Maßnahmen zu ergreifen.

(2) Die Regierung unterrichtet über die auf der Grundlage von Abs. (1) ergriffenen Maßnahmen unverzüglich die Landesversammlung und den Präsidenten der Republik.

(3) Die Regierung kann im Fall eines unerwarteten Angriffs die in einem Kardinalgesetz bestimmten außerordentlichen Maßnahmen einführen sowie Verordnungen erlassen, mit denen sie – gemäß den Bestimmungen in einem Kardinalgesetz – die Anwendung einzelner Gesetze aussetzen kann, von gesetzlichen Bestimmungen abweichen kann sowie sonstige außerordentliche Maßnahmen treffen kann.

(4) Die Verordnungen der Regierung treten mit dem Ende des unerwarteten Angriffs außer Kraft.

Gefahrenlage

Artikel 53 [Vorgehensweise]

(1) Im Fall einer Naturkatastrophe oder eines Industrieunfalls, welche die Lebens- und Vermögenssicherheit gefährden, sowie zur Abwehr von deren Folgen kann die Regierung die Gefahrenlage ausrufen und die in einem Kardinalgesetz bestimmten außergewöhnlichen Maßnahmen einführen.

(2) Die Regierung kann in einer Gefahrenlage Verordnungen erlassen, mit denen sie – gemäß den Bestimmungen in einem Kardinalgesetz – die Anwendung einzelner Gesetze aussetzen kann, von gesetzlichen Bestimmungen abweichen kann sowie sonstige außerordentliche Maßnahmen treffen kann.

(3) Verordnungen der Regierung gemäß Abs. (2) bleiben fünfzehn Tage in Geltung, außer wenn die Regierung – auf der Grundlage einer Ermächtigung der Landesversammlung – die Geltung der Verordnung verlängert.

(4) Die Verordnungen der Regierung treten mit dem Ende der Gefahrenlage außer Kraft.

Gemeinsame Regeln in Bezug auf die Sonderrechtsordnung

Artikel 54 [Grundrechtseingriffe und Verfassungsgarantie]

(1) In einer Sonderrechtsordnung kann die Ausübung der grundlegenden Rechte – mit Ausnahme der in Art. II. und III. sowie in Art. XXVIII. Abs. (2)-(6) festgelegten grundlegenden Rechte – ausgesetzt oder über das Maß gemäß Art. I. Abs. (3) hinaus eingeschränkt werden.

(2) In einer Sonderrechtsordnung kann die Anwendung des Grundgesetzes nicht ausgesetzt und kann die Tätigkeit des Verfassungsgerichts nicht beschränkt werden.

(3) Die Sonderrechtsordnung wird von dem zu der Einführung der Sonderrechtsordnung berechtigten Organ beendet, falls die Voraussetzungen ihrer Ausrufung nicht mehr bestehen.

(4) Die in einer Sonderrechtsordnung anzuwendenden detaillierten Regeln bestimmt ein Kardinalgesetz.

Schluss- und vermischte Bestimmungen

1. Ungarns Grundgesetz tritt am 1. Januar 2012 in Kraft.
2. Dieses Grundgesetz verabschiedet die Landesversammlung auf der Grundlage von § 19 Abs. (3) Buchst. a) und von § 24 Abs. (3) des Gesetzes 1949:XX.
3. Die Übergangsvorschriften im Zusammenhang mit dem Inkrafttreten des Grundgesetzes enthalten Nr. 8-26.
4. Die Regierung ist verpflichtet, der Landesversammlung die zur Durchführung des Grundgesetzes notwendigen Gesetzentwürfe zu unterbreiten.
5. Die vor dem Inkrafttreten des Grundgesetzes erlassenen Verfassungsgerichtsurteile verlieren ihre Geltung. Diese Bestimmung lässt die Rechtswirkungen, die diese Urteile entfalten, unberührt.
6. Der 25. April ist – zum Gedenken an die Verkündung des Grundgesetzes – der Tag des Grundgesetzes.
7. Die erste allgemeine Wahl der örtlichen Selbstverwaltungsabgeordneten und Bürgermeister nach dem Inkrafttreten des Grundgesetzes erfolgt im Oktober 2014.
8. Das Inkrafttreten des Grundgesetzes lässt die Geltung der vor seinem Inkrafttreten erlassenen Rechtsvorschriften, ausgegebenen öffentlich-rechtlichen Organisationsregelungsmittel und anderen rechtlichen Mitteln der staatlichen Lenkung, getroffenen Einzelfallentscheidungen sowie übernommenen völkerrechtlichen Verpflichtungen unberührt.
9. Der Rechtsnachfolger eines Organs, das seinen Aufgaben- und Zuständigkeitsbereich gemäß dem Gesetz 1949:XX über die Verfassung der Republik Ungarn ausübt, ist das Organ, das den Aufgaben- und Zuständigkeitsbereich auf der Grundlage des Grundgesetzes ausübt.
10. Als Bezugnahme auf Ungarn kann die Benennung „Republik Ungarn“ gemäß den am 31. Dezember 2011 gültigen Bestimmungen in Rechtsvorschriften auch nach Inkrafttreten des Grundgesetzes so lange gebraucht werden, wie die Umstellung auf den Gebrauch der grundgesetzgemäßen Benennung gemäß den Grundsätzen der verantwortlichen Wirtschaftsführung nicht verwirklicht werden kann.
11. Das Inkrafttreten des Grundgesetzes lässt – mit den Ausnahmen gemäß den Bestimmungen in Nr. 12-18 – das Mandat der Landesversammlung, der Regierung und der Abgeordnetenkörperschaften der örtlichen Selbstverwaltungen sowie der vor Inkrafttreten des Grundgesetzes ernannten oder gewählten Personen unberührt.
12. Das Grundgesetz ist auch im Hinblick auf das Mandat
    a) der amtierenden Landesversammlung und Abgeordneten der Landesversammlung mit Art. 3 und 4,
    b) des amtierenden Präsidenten der Republik mit Art. 12 und 13,
    c) der amtierenden Regierung und der amtierenden Mitglieder der Regierung mit Art. 20 und 21,
    d) der amtierenden Gerichtssekretäre mit Art. 27 Abs. (3),
    e) der amtierenden Vorsitzenden der Generalversammlungen der Komitate mit Art. 33 Abs. (2),
    f) der amtierenden Abgeordnetenkörperschaften der örtlichen Selbstverwaltungen und Bürgermeister mit Art. 35 Abs. (3)-(6)

    anzuwenden.
13. Die Berechnung der Frist gemäß Art. 4 Abs. (3) Buchst. f) Grundgesetz beginnt mit dem Inkrafttreten des Grundgesetzes.
14. (1) Rechtsnachfolger des Obersten Gerichts, des Landesjustizrats und seines Präsidenten sind im Hinblick auf die Rechtsprechungstätigkeit die Kurie, im Hinblick auf die Verwaltung der Gerichte – mit der in einem Kardinalgesetz bestimmten Ausnahme – der Präsident des Landesgerichtsamtes.

    (2) Das Mandat des Präsidenten des Obersten Gerichts, des Präsidenten des Landesjustizrats und seiner Mitglieder endet mit dem Inkrafttreten des Grundgesetzes.
15. (1) Das Erfordernis des Mindestlebensalters in Art. 26 Abs. (2) Grundgesetz ist – mit der Ausnahme in Abs. (2) – auf die Richter anzuwenden, die aufgrund eines nach Inkrafttreten des Grundgesetzes ausgeschriebenen Bewerbungsverfahrens ernannt werden.

    (2) Falls die Ernennung gemäß den Bestimmungen in einem Gesetz ohne Ausschreibung eines Bewerbungsverfahrens erfolgt, ist das Erfordernis des Mindestlebensalters auf die Richter anzuwenden, die nach dem Inkrafttreten des Grundgesetzes ernannt werden.

16. Die Bezeichnung des Amtes des parlamentarischen Beauftragten für die staatsbürgerlichen Rechte ist ab dem Inkrafttreten des Grundgesetzes Beauftragter für die grundlegenden Rechte. Rechtsnachfolger des parlamentarischen Beauftragten für die staatsbürgerlichen Rechte, des parlamentarischen Beauftragten für die nationalen und ethnischen Rechte[1)] und des parlamentarischen Beauftragten für die kommenden Generationen ist der Beauftragte für die grundlegenden Rechte. Der amtierende parlamentarische Beauftragte für die Rechte der nationalen und ethnischen Minderheiten ist ab Inkrafttreten des Grundgesetzes der Stellvertreter des Beauftragten für die grundlegenden Rechte, der den Schutz der Rechte der in Ungarn lebenden Nationalitäten versieht; der amtierende parlamentarische Beauftragte für die kommenden Generationen ist ab Inkrafttreten des Grundgesetzes der Stellvertreter des Beauftragten für die grundlegenden Rechte, der den Schutz der Interessen der kommenden Generationen versieht; ihr Mandat endet mit dem Ende des Mandats des Beauftragten für die grundlegenden Rechte.
17. Das Mandat des amtierenden Datenschutzbeauftragten endet mit dem Inkrafttreten des Grundgesetzes.
18. Die Benennung des Amtes des Vorsitzenden der Generalversammlung des Komitats ist bei Anwendung des Grundgesetzes ab dessen Inkrafttreten Vorsitzender der Abgeordnetenkörperschaft des Komitats. Die Abgeordnetenkörperschaft des Komitats gemäß dem Grundgesetz ist die Rechtsnachfolgerin der Generalversammlung des Komitats.
19. (1) Die Bestimmungen des Grundgesetzes sind – mit den Ausnahmen in Abs. (2)-(5) – auch in laufenden Angelegenheiten anzuwenden.
    (2) Art. 6 Grundgesetz ist ab der ersten Sitzung der Landesversammlung, die nach dem Inkrafttreten des Grundgesetzes beginnt, anzuwenden.
    (3) Ein Verfahren, das aufgrund eines Antrags eingeleitet wurde, den ein aufgrund des Grundgesetzes nicht mehr antragsberechtigter Antragsteller beim Verfassungsgericht vor Inkrafttreten des Grundgesetzes eingereicht hat, endet – falls das Verfahren ab dem Inkrafttreten des Grundgesetzes in die Zuständigkeit eines anderen Organs gehört, unter Überleitung des Antrags. Der Antragsteller kann den Antrag – gemäß den in einem Kardinalgesetz bestimmten Voraussetzungen – wiederholt einreichen.
    (4) Auf die am 1. Januar 2012 bestehenden Verträge und Zuwendungsberechtigungen sowie auf die laufenden Verfahren, die auf einen Vertragsabschluss oder die Gewährung einer Zuwendung gerichtet sind, sind Art. 38 Abs. (4) und Art. 39 Abs. (1) Grundgesetz im Fall einer dahingehenden Bestimmung eines Gesetzes gemäß den gesetzlichen Bestimmungen anzuwenden.
    (5) Der am 31. Dezember 2011 gültige § 70/E Abs. (3) Satz 3 Gesetz 1949:XX über die Verfassung der Republik Ungarn ist auf die Versorgungen, die gemäß den am 31. Dezember 2011 geltenden Regeln als Altersversorgung gelten, im Hinblick auf die Änderung von deren Voraussetzungen, Charakter und Summe, auf ihre Umformung in eine andere Versorgung oder ihre Beendigung bis zum 31. Dezember 2012 anzuwenden.
20. Die am 31. Dezember 2011 geltenden § 26 Abs. (6), § 28/D, § 28/E, § 31 Abs. (2) und (3) Gesetz 1949:XX über die Verfassung der Republik Ungarn sind auch nach Inkrafttreten des Grundgesetzes auf die bei Inkrafttreten des Grundgesetzes laufenden Verfahren anzuwenden.
21. Die Teilnahme der in Ungarn lebenden Nationalitäten an der Arbeit der Landesversammlung gemäß Art. 2 Abs. (2) Grundgesetz ist erstmalig bei der Arbeit der sich nach der ersten allgemeinen Wahl der Abgeordneten der Landesversammlung nach dem Inkrafttreten des Grundgesetzes konstituierenden Landesversammlung zu gewährleisten.
22. Das Inkrafttreten des Grundgesetzes lässt die Entscheidungen, die die Landesversammlung oder die Regierung vor dessen Inkrafttreten – gemäß dem Gesetz 1949:XX über die Verfassung der Republik Ungarn – über die Verwendung der Ungarischen Streitkräfte innerhalb des Landes oder im Ausland, über die Verwendung ausländischer bewaffneter Kräfte in Ungarn oder ausgehend vom Gebiet des Landes sowie über die Stationierung der Ungarischen Streitkräfte im Ausland beziehungsweise ausländischer bewaffneter Kräfte in Ungarn getroffen haben, unberührt.

---

1) Richtig muss es heißen: „Parlamentarischer Beauftragter für die Rechte der nationalen und ethnischen Minderheiten" (§ 32/B alte Verfassung). Das Wort „Minderheiten" fehlt auch im Original. Im folgenden Satz wird die bisherige Bezeichnung korrekt verwendet.

23. Auf einen ausgerufenen
    a) Ausnahmezustand sind die Bestimmungen des Grundgesetzes über den Ausnahmezustand,
    b) Notstand, falls dieser wegen bewaffneter Handlungen, die auf den Umsturz der verfassungsmäßigen Ordnung oder auf den ausschließlichen Erwerb der Macht gerichtet sind, beziehungsweise von schweren gewalttätigen Handlungen, die die Lebens- und Vermögenssicherheit in massenhaftem Ausmaß gefährden und mit Waffen oder unter Bewaffnung begangen werden, ausgerufen wurde, sind die Bestimmungen des Grundgesetzes über den Notstand,
    c) Notstand, falls dieser wegen einer Naturkatastrophe oder eines Industrieunfalls, welche die Lebens- und Vermögenssicherheit in massenhaftem Ausmaß gefährden, ausgerufen wurde, sind die Bestimmungen des Grundgesetzes über die Gefahrenlage,
    d) Spannungsfall sind die Bestimmungen des Grundgesetzes über den Spannungsfall,
    e) Zustand gemäß § 19/E Gesetz 1949:XX über die Verfassung der Republik Ungarn sind die Bestimmungen des Grundgesetzes über den unerwarteten Angriff und
    f) eine ausgerufene Gefahrenlage sind die Bestimmungen des Grundgesetzes über die Gefahrenlage

    anzuwenden.
24. (1) Wer bei Inkrafttreten des Grundgesetzes aufgrund eines rechtskräftigen Urteils unter der Geltung eines Verbots steht, öffentliche Angelegenheiten auszuüben, verfügt während dessen Dauer nicht über das Wahlrecht.

    (2) Wer bei Inkrafttreten des Grundgesetzes aufgrund eines rechtkräftigen Urteils einer Pflegschaft untersteht, die die Geschäftsfähigkeit beschränkt oder ausschließt, verfügt bis zur Aufhebung der Pflegschaft oder solange, wie das Gericht nicht das Bestehen des Wahlrechts feststellt, nicht über das Wahlrecht.
25. (1) Der am 31. Dezember 2011 gültige § 12 Abs. (2) Gesetz 1949:XX über die Verfassung der Republik Ungarn ist bis zum 31. Dezember 2013 auf die Übergabe örtlichen Selbstverwaltungseigentums an den Staat oder an andere örtliche Selbstverwaltungen anzuwenden.

    (2) Der am 31. Dezember 2011 gültige § 44/B Abs. (4) Gesetz 1949:XX über die Verfassung der Republik Ungarn ist bis zum 31. Dezember 2012 anzuwenden. Nach dem 31. Dezember 2011 können ein Gesetz oder aufgrund einer gesetzlichen Ermächtigung eine Regierungsverordnung für den Notär Aufgaben- und Zuständigkeitsbereiche der Staatsverwaltung festlegen.

    (3) Der am 31. Dezember 2011 gültige § 22 Abs. (1) und Abs. (3)-(5) Gesetz 1949:XX über die Verfassung der Republik Ungarn ist bis zum Inkrafttreten des Kardinalgesetzes gemäß Art. 5 Abs. (8) Grundgesetz anzuwenden. Das Kardinalgesetz gemäß Art. 5 Abs. (8) und Art. 7 Abs. (3) Grundgesetz erlässt die Landesversammlung bis zum 30. Juni 2012.

    (4) Bis zum 31. Dezember 2012 kann ein Kardinalgesetz den Erlass einzelner Entscheidungen der Landesversammlung an eine qualifizierte Mehrheit knüpfen.
26. Außer Kraft treten
    a) Gesetz 1949:XX über die Verfassung der Republik Ungarn,
    b) Gesetz 1972:I über die Änderung des Gesetzes 1949:XX und über den einheitlichen Text der Verfassung der Volksrepublik Ungarn,
    c) Gesetz 1989:XXXI über die Änderung der Verfassung,
    d) Gesetz 1990:XVI über die Änderung der Verfassung der Republik Ungarn,
    e) Gesetz 1990:XXIX über die Änderung der Verfassung der Republik Ungarn,
    f) Gesetz 1990:XL über die Änderung der Verfassung der Republik Ungarn,
    g) die Änderung der Verfassung vom 25. Mai 2010,
    h) die Änderung der Verfassung vom 5. Juli 2010,
    i) die Änderungen der Verfassung vom 6. Juli 2010,
    j) die Änderungen der Verfassung vom 11. August 2010,
    k) Gesetz 2010:CXIII über die Änderung des Gesetzes 1949:XX über die Verfassung der Republik Ungarn,
    l) Gesetz 2010:CXIX über die Änderung des Gesetzes 1949:XX über die Verfassung der Republik Ungarn,

m) Gesetz 2010:CLXIII über die Änderung des Gesetzes 1949:XX über die Verfassung der Republik Ungarn,
n) Gesetz 2011:LXI über die Änderung des Gesetzes 1949:XX über die Verfassung der Republik Ungarn, die zum Erlass einiger Übergangsbestimmungen im Zusammenhang mit dem Grundgesetz notwendig ist,
o) Gesetz 2011:CXLVI über die Änderung des Gesetzes 1949:XX über die Verfassung der Republik Ungarn und
p) Gesetz 2011:CLIX über die Änderung des Gesetzes 1949:XX über die Verfassung der Republik Ungarn.

27. (*aufgehoben*)
28. (*aufgehoben*)

Wir, die Abgeordneten der am 25. April 2010 gewählten Landesversammlung, im Bewusstsein unserer Verantwortung vor Gott und dem Menschen, indem wir von unserer verfassunggebenden Gewalt Gebrauch machen, legen Ungarns erstes einheitliches Grundgesetz gemäß dem Obigen fest.

Mögen Friede, Freiheit und Übereinstimmung herrschen.

Übergangsbestimmungen von Ungarns Grundgesetz (31. Dezember 2011)
(aufgehoben)